P9-AFW-567

BARRON'S

GED®

El Examen de Equivalencia de la Escuela Superior, Edición en Español

TERCERA EDICIÓN

Murray Rockowitz, Ph.D.
Ex-Director, Consejo de Examinadores,
   Junta de Educación,
Ciudad de Nueva York
Ex-Director, Escuela Superior John Phillip
   Sousa,
Ciudad de Nueva York
Ex-Presidente, Departamento de Inglés,
Escuela Superior Charles Evans Hughes,
Ciudad de Nueva York

Samuel C. Brownstein
Ex-Presidente, Departamento de Biología,
Escuela Superior Wingate,
Brooklyn, Ciudad de Nueva York

Max Peters
Presidente, Departamento de Matemáticas,
Escuela Superior Wingate,
Brooklyn, Ciudad de Nueva York

Ira K. Wolf, Ph.D.
Ex-Profesor de Matemáticas,
Escuela Superior Benjamín N. Cardozo,
Bayside, Ciudad de Nueva York

Johanna M. Bolton
Instructora, Programa de Escuela Superior
   para Adultos,
Universidad Comunitaria de Daytona Beach,
Daytona Beach, Florida

Robert Feinstein
Instructor, Examen de GED para los
Servicios Educativos para Adultos,
Distrito Escolar Northport-East Northport,
Northport, Nueva York

Sally Ramsey
Ex-Instructora, Examen de GED,
Universidad de Southeastern Illinois,
Harrisburg, Illinois

Louis Gotlib
Profesor de Ciencias,
Escuela Superior Wissahickon,
Ambler, Pennsylvania

Kelly A. Battles
Profesor de Lenguaje
St. Augustine, Florida

COUNTY LIBRARY, TILLAMOOK, ORE.

BARRON'S

®GED es una marca registrada del Servicio de Pruebas GED del Consejo Estadounidense de Educación,
el cual no participó en la producción de este producto ni tampoco lo respalda de modo alguno.

© Copyright 2010, 2005, 1997 by Barron's Educational Series, Inc.
Translated and adapted from the original version in English, 14th edition.

All rights reserved. No part of this book may be reproduced in any form, by photostat, microfilm, xerography, or any other means, or incorporated into any information retrieval system, electronic or mechanical, without the written permission of the copyright owner.

All inquiries should be addressed to:
Barron's Educational Series, Inc.
250 Wireless Boulevard
Hauppauge, New York 11788
www.barronseduc.com

Library of Congress Control Number: 2009008052

ISBN-13: 978-0-7641-4301-4
ISBN-10: 0-7641-4301-8

Library of Congress Cataloging-in-Publication Data

Barron's GED : el examen de equivalencia de la escuela superior / Murray Rockowitz ... [et al.]. —
Ed. en español, 14. ed.
    p. cm.
  Rev. ed. of Barron's Cómo prepararse para el GED, el examen de equivalencia de la escuela superior.
  Translation and adaptation of: GED : high school equivalency exam. 14th ed. c2007.
  ISBN-13: 978-0-7641-4301-4
  ISBN-10: 0-7641-4301-8
  1. General educational development tests—Study guides. 2. High school equivalency examinations—Study guides. I. Rockowitz, Murray. II. Barron's Cómo prepararse para el GED, el examen de equivalencia de la escuela superior. 2. ed. III. GED. IV. Title: GED : El examen de equivalencia de la escuela superior.
V. Title: Examen de equivalencia de la escuela superior.

LB3060.33.G45B385 2010
373.126′2—dc22   2009008052

PRINTED IN THE UNITED STATES OF AMERICA
9 8 7

10%
POST-CONSUMER
WASTE
Paper contains a minimum
of 10% post-consumer
waste (PCW). Paper used
in this book was derived
from certified, sustainable
forestlands.

Contenido

DOS EXÁMENES DE PRÁCTICA

Prefacio

Esta edición incluye la información que usted necesita para pasar las pruebas de Desarrollo Educativo General (GED) requeridas para obtener el Certificado de Equivalencia de la Escuela Superior. Los autores, todos ellos especialistas en diferentes áreas curriculares de la escuela secundaria, han desarrollado ejercicios y pruebas que le ayudarán a prepararse para el Examen de GED.

PARA EL LECTOR

"Hasta muy recientemente, todo lo que se pedía a alguien que buscaba un trabajo era saber firmar y conocer las horas del reloj. Ahora, necesita tener un diploma de estudios superiores". Estas palabras, pronunciadas por un fabricante de productos electrónicos, son un aviso para los estudiantes y para los que buscan un trabajo. En el mundo actual, usted debe tener un diploma de la escuela superior...

• si desea un trabajo interesante—uno que no conduzca al estancamiento;
• si quiere ser aceptado al programa de capacitación de una gran compañía;
• si piensa progresar desde una labor simple en su trabajo a un nivel técnico avanzado;
• si planea continuar sus estudios en una escuela técnica;
• si desea conseguir un empleo técnico o profesional inicial en el servicio civil;
• si quiere ser aceptado para un cargo especializado en las fuerzas armadas.

Si todavía no ha terminado la escuela superior, este libro le ayudará a conseguir el preciado diploma de esta institución mediante el Examen de Equivalencia de la Escuela Superior. En los cincuenta estados, el Distrito de Columbia, muchos territorios de Estados Unidos y en la mayoría de las provincias de Canadá hay programas que le permitirán conseguirlo.

Para ayudarle, hemos analizado detenidamente el último Examen de GED y de acuerdo con este análisis, hemos preparado los materiales siguientes:

• explicación de las ideas claves,
• resúmenes concisos de cada tema,
• ejercicios de opción múltiple,
• exámenes prácticos.

Todo lo que usted necesita añadir es la determinación de usar estos materiales según el horario que hemos proporcionado en este libro. De hacerlo así, ganará usted la confianza y los conocimientos necesarios para aprobar el Examen de Equivalencia de la Escuela Superior y obtener su diploma.

PARA EL INSTRUCTOR

Si usa este libro de instrucción en sus clases para preparar el Examen de Equivalencia de la Escuela Superior, encontrará:

- todos los materiales de documentación necesarios;
- después de cada principio, las ilustraciones apropiadas;
- después de cada tema y subtema, una amplia gama de ejercicios;
- selecciones de lectura analizadas en detalle;
- respuestas para todos los ejercicios, así como explicaciones para las respuestas correctas en la mayoría de los casos.

No le será necesario recurrir a otras fuentes para conseguir material suplementario. Hemos incluido más que suficiente material de práctica y ejercicios para cualquier estudiante en su clase que desee el diploma de la escuela superior.

CAPÍTULO 1

Cómo Preparar el Examen de GED

LA IMPORTANCIA DEL EXAMEN DE GED

El Examen de General Educational Development (Desarrollo Educativo General, o GED) ofrece a toda persona que no ha recibido su diploma de escuela superior la oportunidad de conseguir un Certificado de Equivalencia de Escuela Superior. Dicho certificado es equivalente al diploma de escuela superior y es necesario para todos los que deseen continuar su educación en la universidad o en programas relacionados con su carrera. Asimismo, es un paso muy importante a la hora de obtener un buen trabajo.

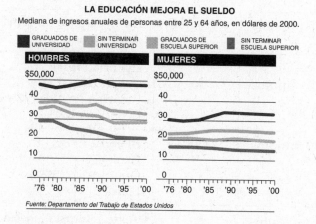

LA EDUCACIÓN MEJORA EL SUELDO
Mediana de ingresos anuales de personas entre 25 y 64 años, en dólares de 2000.

Fuente: Departamento del Trabajo de Estados Unidos

Estudie estos gráficos por un momento. Note que las líneas indican los promedios de los ingresos anuales de personas entre 25 y 64 años de edad. Compare ahora la línea de los graduados de escuelas superiores con la línea correspondiente a los que nunca terminaron la escuela superior y verá que los graduados ganaron en 2000 mucho más que los del otro grupo. Los hombres ganaron casi 10,000 dólares más al año y las mujeres más de 5,000 dólares. Si consideramos los ingresos totales entre los 25 y 64 años, los hombres que se graduaron de la escuela superior ganaron aproximadamente 400,000 dólares más que los no graduados y las mujeres graduadas ganaron por sobre 200,000 dólares más que las que nunca se graduaron. Es indudable que *el diploma de la escuela superior mejora el sueldo.*

Este libro se escribió para ayudarle a preparar su Examen de GED. El libro contiene repasos de todos los temas, ejercicios de práctica y también exámenes de práctica para que usted se familiarice con el contenido y la estructura del examen. Más de dos millones de personas han usado este libro para ayudarse a pasar el Examen de GED. ¡Usted también podrá hacerlo!

LAS CINCO ÁREAS DEL EXAMEN DE GED

El Examen de GED consta de cinco pruebas:

1. Lenguaje, Escritura
2. Prueba de Estudios Sociales
3. Prueba de Ciencias
4. Lenguaje, Lectura
5. Prueba de Matemáticas

Las cinco pruebas están concebidas para comprobar las destrezas y conceptos que un estudiante ha adquirido después de cuatro años de estudios en la escuela secundaria. Una característica importante de las pruebas es que, aun cuando las preguntas abarquen áreas de estudio específicas, como las ciencias, usted no nece-

GUÍA DEL EXAMEN DE EQUIVALENCIA DE LA ESCUELA SUPERIOR
DURACIÓN TOTAL: 7 HORAS, 5 MINUTOS

	Sección	Tiempo permitido	Número de preguntas	Descripciones
Prueba 1	Lenguaje, Escritura Parte I	75 minutos	50	Estructura de Oraciones (30%) Empleo (30%) Aspectos Técnicos (25%) Organización (15%)
	Parte II	45 minutos		Ensayo sobre un tema determinado
Prueba 2	Estudios Sociales	70 minutos	50	Historia (40%) Geografía (15%) Ciencias Políticas (25%) Economía (20%)
Prueba 3	Ciencias	80 minutos	50	Biología (50%) Geología Química } (50%) Física
Prueba 4	Lenguaje, Lectura	65 minutos	40	Texto Literario (poesía, drama, prosa antes de 1920, prosa 1920–1960, prosa después de 1960) (75%) Texto No Novelesco (prosa no novelesca, reseñas críticas, documentos comerciales) (25%)
Prueba 5	Matemáticas Parte I (con calculadora)	45 minutos	25	Números y Operaciones (25%) Geometría (25%) Mediciones y Análisis de Datos (25%) Álgebra (25%)
	Parte II (sin calculadora)	45 minutos	25	(igual que arriba)

sita memorizar hechos, detalles, fechas, o definiciones exactas, pues gran parte de esta información va incluida en la prueba misma. Usted debe ser capaz de leer y comprender el material que se le presente y luego responder a las preguntas que se le hagan sobre éste.

Con excepción del ensayo requerido en la prueba de destreza gráfica, todas las preguntas en el Examen de GED son de opción múltiple. Se le dará una breve declaración o pasaje, quizás un mapa, una tabla o un diagrama, y se le pedirá que responda a una o más preguntas de opción múltiple relacionadas con dicho material. Este libro le ayudará a analizar y utilizar la información así presentada.

PREGUNTAS FRECUENTES SOBRE EL EXAMEN DE GED

1. *¿Quién puede tomar el Examen de GED?* Los adultos que satisfacen los requisitos de aceptación establecidos por sus departamentos de educación estatales, territoriales o provinciales.

2. *¿Dónde puede uno tomar el GED?* El Concilio de Educación Norteamericano (*American Council on Education—ACE*) mantiene un sitio web informativo en inglés *(http: www.acenet.edu/clll/ged)* que enumera los lugares en que se ofrece el Examen de GED en los 50 estados del país y también en ciertos territorios fuera de los Estados Unidos. El sitio también provee información adicional sobre el GED. Usted también puede llamar o dirigirse a su escuela superior local para obtener información sobre los lugares para tomar el examen más próximos a su domicilio.

3. *¿Qué notas se necesitan para conseguir un Diploma de Equivalencia de Escuela Superior?* Los requisitos varían según los estados, territorios y provincias. Verá entonces que en algunos estados el candidato debe obtener como mínimo 410 puntos en cada una de las cinco pruebas o un promedio mínimo de 450 puntos en las cinco pruebas (200 es la puntuación mínima y 800 la más alta). Las mayoría de los estados requieren una puntuación promedio mínima de 450 y ninguna prueba individual inferior a 350 o 410 puntos.

4. *¿Qué tipos de preguntas hay en el GED?* En la Parte II de la Prueba de Escritura se le pide escribir un ensayo. Para la mayoría de las demás preguntas se le dará información mediante pasajes escritos, gráficos, diagramas, mapas o tablas, y se le pedirá que responda a una o más preguntas de opción múltiple basadas en la información recién mencionada. Se le darán cinco opciones para responder a cada una de las preguntas, con la excepción de las preguntas de matemáticas de formato alternativo.

5. *¿Cómo puede la experiencia fuera de la sala de clases ayudarme a pasar las pruebas del Examen de GED?* Muchas personas se preguntan cuán difícil es el Examen de GED, especialmente si han estado alejadas de la escuela por largo tiempo. Lo que usted debe comprender es que su aprendizaje ha continuado desde que usted dejó la escuela. Usted lee los periódicos y se entera de la actualidad política, usted viaja y habla con mucha gente, escucha la radio, mira la televisión y va al cine. Todas estas experiencias son formas de aprendizaje y contribuyen a enriquecer su educación.

6. *¿Por qué la madurez y la motivación representan una gran ventaja?* Los estudiantes más maduros han tenido experiencias que a menudo les ayudarán a visualizar o comprender los problemas que el Examen de GED les presenta. Además, los estudiantes con más años encima comprenden mejor la necesidad de tener buenos hábitos de estudio y tienen más disci-

plina para trabajar regularmente con este libro. Una vez que se ha tomado la decisión de prepararse para el Examen de GED, la mitad de la batalla está ganada. Muchos educadores saben que la motivación, el deseo de aprender, es el primer paso hacia el éxito.

7. *¿Cuándo estará usted preparado para tomar el Examen de GED?* Después de repasar la materia y hacer los ejercicios, haga los exámenes de práctica que aparecen al final del libro y contabilice los resultados. Si su puntuación está en la categoría de Bueno o Excelente, usted debiera estar preparado para tomar el examen. De no ser así, no intente tomar el examen, continúe estudiando y concéntrese en las áreas donde tiene más dificultades.

ORGANIZACIÓN DE UN PLAN DE ESTUDIOS

ALGUNAS SUGERENCIAS PARA ESTUDIAR MEJOR

Los pedagogos están de acuerdo en decir que para una mayor eficiencia en el aprendizaje es necesario seguir ciertos pasos. Como persona dotada de madurez, tenemos la certeza de que usted comprenderá la ventaja de seguir las diez sugerencias siguientes.

1. **Condiciones físicas.** Encuentre un lugar tranquilo, sin ruido ni distracciones. No estudie en espacios muy calurosos.

2. **Escoja el momento oportuno.** Aprenderá más rápidamente si divide sus estudios en sesiones en lugar de intentar aprender todo un capítulo de una vez. No intente estudiar todo el fin de semana, pues se fatigará al cabo de pocas horas. Es mejor estudiar un poco cada día que hacerlo en uno o dos días.

3. **Haga un calendario de estudios.** Un horario de estudios debe ser factible, realista, práctico y, sobre todo, adecuado a sus requisitos y demás obligaciones. Decida qué días y horas cree que puede dedicar al estudio. Haga un calendario y obedézcalo.

4. **Aproveche el tiempo.** Hay momentos cuando va en el autobús o en el metro que pueden ser muy buenos para memorizar problemas de ortografía o para estudiar reglas de gramática o definiciones de términos.

5. **Sea eficaz.** Mucha gente dice que el aprendizaje es más rápido por las mañanas. Use los fines de semana para este propósito o antes de su horario de trabajo. No deje las horas de estudio para la noche.

6. **Repase.** Dedique ciertos días al repaso. Le permitirá reforzar los conocimientos aprendidos, le hará sentirse satisfecho de conocer todo lo que ha aprendido y le motivará a seguir adelante.

7. **Escriba mientras aprende.** Escriba sobre lo que está estudiando. Escribiendo se mejora la ortografía. Tome notas de las ideas principales de las selecciones que está leyendo. Esto le evitará distracciones y podrá autoevaluarse. Los expertos afirman que cuantos más sentidos use en el estudio, más eficaz será su aprendizaje.

8. **Lea.** La mejor manera de mejorar la comprensión de la lectura es practicar ésta muy a menudo. La mayoría de la preguntas en la prueba son de interpretación de lecturas. Lea el periódico detenidamente y las editoriales. Anime a sus familiares y amigos a conversar sobre las ideas que han leído en la prensa. Por supuesto, este libro provee ejercicios de lectura específicamente relacionados con las distintas fases el examen, pero no olvide que la lectura en general no tiene sustituto.

9. **Use el diccionario.** Aparte de este libro, el diccionario puede ayudarle a preparar el Diploma de Equivalencia de Escuela Superior. Es importante tener uno cerca para consultar cualquier duda sobre el significado de las palabras. Tenga siempre cerca un diccionario de bolsillo y, si desea uno de mayor alcance y con excelentes fotografías y dibujos explicativos, le recomendamos *El Pequeño Larousse Ilustrado* de la Editorial Larousse.

10. **El Método IPL2R.** Los cinco pasos requeridos para estudiar con eficacia se conocen como el Método IPL2R.

   - *I* indica *Inspeccionar*: Examina usted el material que desea aprender para tener una idea general de su contenido.

   - *P* indica *Preguntar*: Convierte usted el tópico, en este caso el título de la sección que está estudiando, en una pregunta o en varias preguntas. Por ejemplo, si el título de la sección es "Llegar a Conclusiones", usted convierte el título en la pregunta: "¿Cómo puedo llegar a conclusiones en lo que leo?"

   - *L* indica *Leer*: Aprovecha usted las instrucciones que le damos en este libro para optimizar su lectura; por ejemplo, cómo reconocer la idea principal, encontrar los detalles, desarrollar la capacidad crítica, detectar la propaganda, determinar la causa y el efecto, y comparar y contrastar diversas ideas.

   - La primera *R* indica *Recitar*: Cierra usted el libro y pronuncia en voz alta lo que acaba de memorizar. Sobre todo, debe incluir las ideas principales que ha encontrado y cualquier nombre, palabra o dato difícil de recordar.

   - La segunda *R* indica *Revisar*: Examina usted sus apuntes, los renglones que ha subrayado, o el esquema que ha preparado. A continuación vuelve usted a revisarlo todo, hasta estar seguro de dominar el tema; por ejemplo, la escritura correcta de palabras complejas o una regla de puntuación que es difícil de memorizar.

   No olvide el resumen del Método IPL2R:

   Inspeccionar
   Preguntar
   Leer
   Recitar
   Revisar

ANTES DEL DÍA DEL EXAMEN

1. **Use este libro con sensatez.** El libro puede ayudarle a lograr su objetivo— el Diploma de Equivalencia de Escuela Superior. Después de completar el Examen de Diagnóstico, usted descubrirá sus puntos débiles y podrá concentrarse en ellos. Estudie las estrategias creadas para vencer en el examen y aplíquelas al hacer los ejercicios y realizar las pruebas de práctica.

2. **Practique la lectura y la escritura.** Además de aprovechar el material presentado en este libro, dedique más tiempo a la lectura. Lea periódicos y revistas. Practique también la escritura, escribiendo cartas a amigos y parientes. En vez de utilizar el teléfono, use la pluma.

3. **No se apresure en tomar el examen.** El apuro por inscribirse para tomar el Examen de GED no es una buena idea. Termine primero los ejercicios y las pruebas contenidos en este libro para asegurarse de estar listo. Aunque la mayoría de los estados le permitirán tomar el Examen de GED por segunda vez después de un período de espera, un fracaso inicial es algo desagradable y puede desalentarlo a tomar el examen de nuevo. En vez de

lanzarse confiando en la buena suerte, es mejor esperar hasta estar seguro. Además, no posponga el trabajo para más tarde, pues entonces deberá estudiar sin parar durante los días que le queden. Semejantes prácticas nunca dan buen resultado. Mucho mejor es establecer un horario de estudios objetivo que le dé suficiente tiempo para prepararse.

4. **Sepa lo que puede esperar.** Cuando haya terminado con el material preparatorio de este libro, estará familiarizado con todas las clases de preguntas que forman parte del Examen de GED. Los ejercicios y las preguntas de las pruebas de práctica son muy parecidos a los ejercicios y las preguntas del examen. Sabiendo lo que puede esperar le ayudará a calmar su ansiedad.

5. **Cálmese.** Relájese y descanse durante la tarde previa al examen. Una noche bien dormida le pondrá alerta y le ayudará a pensar con lógica. Tampoco coma comidas pesadas antes del examen para evitar sentise soñoliento y lento.

TÁCTICAS Y ESTRATEGIAS EN LA SALA DE EXAMEN

1. **Disponga de tiempo suficiente para llegar al lugar del examen**. La presión que se siente durante el examen es considerable; por eso, usted no necesita la tensión adicional de estar preocupado de llegar a tiempo.

2. **Lea cuidadosamente todas las instrucciones y preguntas.** Responda las preguntas que se le dan, no las que usted esperaba que se le dieran. Busque las palabras clave como *excepto, exactamente* y *no.* Examine con cuidado las tablas, los gráficos y los diagramas para no perder información importante.

3. **No espere preguntas engañosas.** En todas las secciones del examen se emplea un enfoque directo y desprovisto de ambigüedades.

4. **Cuando le sea difícil encontrar la respuesta, elimine las opciones que están claramente erradas.** Y luego considere las opciones que le queden.

5. **No permita que una o dos preguntas difíciles le molesten**. Algunas preguntas son claramente más difíciles que otras. Recuerde que no es necesario obtener el 100% en este examen. Nadie se saca el 100%.

6. **No quede atascado con alguna pregunta**. Si una pregunta le está tomando demasiado tiempo, ponga un círculo alrededor de ella y contéstela lo mejor que pueda. Luego, si le queda tiempo al final del examen, vuelva a revisar todas las preguntas con círculos.

7. **No cambie sus respuestas a menos que tenga buena razón para hacerlo.** Las corazonadas y los pálpitos sirven de muy poco. La mayoría de las veces la respuesta original es la correcta.

8. **Verifique con frecuencia el orden de sus respuestas.** Asegúrese de estar anotando sus respuestas en los espacios correctos.

9. **Use su tiempo con cordura.** Después de terminar las pruebas de práctica de este libro, usted estará familiarizado con los intervalos de tiempo requeridos para contestar todas las partes del examen.

10. **Asegúrese de no dejar marcas de lápiz en la hoja de respuestas.** Toda marca puede interferir con la puntuación del examen. Si usted desea cambiar una respuesta, asegúrese de borrar completamente la respuesta original. Además, no doble ni arrugue la hoja de respuestas.

11. **Responda todas las preguntas, aun cuando deba hacer conjeturas.** Su puntuación final dependerá del número de respuestas correctas y no se

restarán puntos por respuestas incorrectas. Por eso, es mejor dar respuestas basadas en suposiciones que no responder del todo. Por supuesto, cuando sea posible, elimine todas las respuestas equivocadas antes de hacer conjeturas.

12. **Mantenga toda la calma posible.** Los sicólogos afirman que más del 90% de todas las personas están convencidas de que obtienen malos resultados en exámenes *de cualquier tipo.* Pero más del 80% de las personas que han tomado el Examen de Equivalencia de Escuela Superior en el área de Nueva York lo han aprobado. Algo estarán haciendo bien, sin duda alguna, y usted también podrá imitarlos si tiene buena actitud y se prepara con esmero.

SUGERENCIAS PARA UN HORARIO DE ESTUDIOS

La labor de leer este libro y de aprender su contenido puede parecer algo imposible—después de todo, ¡es un enorme libro! Sin embargo, el trabajo se facilita si usted divide el libro en lecciones pequeñas. Los autores tomaron esto en cuenta y fragmentaron todo el libro en pequeñas lecciones individuales, las cuales usted podrá examinar, repasar y dominar una tras otra.

Un Comentario Sobre el Tiempo

No trate de aprenderlo todo ni de responder a todas las preguntas de las pruebas de práctica en una sola sesión. Trabaje a su ritmo propio y a su manera. Le sugerimos enérgicamente que sea flexible. Use este libro para satisfacer sus requisitos individuales. Si su punto débil son las matemáticas y se siente fuerte en geometría, concentre sus energías en las matemáticas. Si desea saltarse una sección de estudios y primero trabajar con los exámenes, hágalo. Recuerde que los exámenes de equivalencia se ofrecen con bastante frecuencia y que además, en la mayoría de los estados, usted puede dar una prueba, o dos, o tres en una ocasión y las demás en otra, o bien, tomar las cinco de una vez. No olvide tampoco que si fracasa en una prueba, puede darla de nuevo, una y otra vez. No obstante, lo probable es que usted dé las cinco pruebas de una sola vez y que tenga éxito en todas. Ese es el objetivo de este libro.

SITIOS WEB EN INGLÉS RELATIVOS AL EXAMEN DE GED

SITIOS WEB GENERALES

Para información adicional sobre el Examen de GED, visite los sitios web siguientes.

www.ged-online.com/index-google.html

www.literacydirectory.org/

www.acenet.edu/AM/Template.cfm?Section=GEDTS

www.floridatechnet.org/GED/LessonPlans/Lessons.htm

en.wikipedia.org/wiki/GED

www.gedonline.org/facts/facts.html

education-portal.com/articles/All_About_the_GED

www.oltraining.com/catalog/be_ged/loc.html (lista de los sitios web sobre el GED en todos los estados)

www.studyguidezone.com/ged.htm

www.4tests.com/training/

www.testpreview.com/modules/socialstudies.htm

SITIOS WEB ESTATALES

Asegúrese de verificar el sitio web de su estado para obtener información específica sobre las horas y días de las pruebas, los lugares en que éstas se realizarán y los requisitos.

Alabama: www.acs.cc.al.us/ged/ged.aspx

Alaska: www.ajcn.state.ak.us/abe/ged.htm

Arkansas: dwe.arkansas.gov/ged.htm

Arizona: www.ade.state.az.us/adult-ed/

California: www.cde.ca.gov/ta/tg/gd/

Colorado: www.cde.state.co.us/cdeadult/GEDindex.htm

Connecticut: www.state.ct.us/sde/deps/Adult/ged/index.html

Delaware: www.k12.de.us/adulted/ged.html

Florida: www.aceofflorida.org/ged/

Georgia: www.dtae.tec.ga.us/adultlit/ged.html

Hawaii: doe.k12.hi.us/communityschools/diplomaged.htm

Idaho: www.idahoptv.org/learn/careers.cfm

Illinois: www.gedillinois.org/

Indiana: www.doe.state.in.us/adulted/

Iowa: www.readiowa.org/GED/gedfacts.html

Kansas: www.kansasregents.org/adult_ed/ged.html

Kentucky: kyae.ky.gov/students/ged.htm

Louisiana: www.doe.state.la.us/lde/family/525.html

Maine: www.maine.gov/education/aded/dev/index.htm

Maryland: www.marylandpublicschools.org/MSDE/programs/GED/

Massachusetts: www.doe.mass.edu/ged/

Michigan: www.michigan.gov/mdcd/0,1607,7-122-1680_2798_2801---,00.html

Minnesota: mnabe.themlc.org/GED.html

Mississippi: sbcjcweb.sbcjc.cc.ms.us/adulted/ged/default.asp

Missouri: www.gedonlineclass.com/

Montana: www.opi.state.mt.us/GED/Index.html

Nebraska: www.nde.state.ne.us/ADED/home.htm

Nevada: www.literacynet.org/nvadulted/programs-ged.html

New Hampshire: www.ed.state.nh.us/education/doe/organization/adultlearning/Adulted/new_hampshire_ged_testing_program.htm

New Jersey: www.state.nj.us/njded/students/ged/

New Mexico: www.ped.state.nm.us/div/ais/assess/ged/gedfaq.html

New York: www.emsc.nysed.gov/ged/

North Carolina: www.ncccs.cc.nc.us/Basic_Skills/ged.htm

North Dakota: www.dpi.state.nd.us/adulted/index.shtm

Ohio: www.ohioliteracynetwork.org/ged.html

Oklahoma: ok.cls.utk.edu/ged_tests.html

Oregon: www.oregon.gov/CCWD/GED/index.shtml

Pennsylvania: www.able.state.pa.us/able/cwp/view.asp?a=5&Q=39791&g=
176&ableNav=|2620|2786|&ableNav=|2766|&ableNav=|2759|2766|

Rhode Island: www.ridoe.net/adulted_ged/Default.htm

South Carolina: www.sclrc.org/ged.htm

South Dakota: www.state.sd.us/dol/abe/ged_testing_home.htm

Tennessee: www.state.tn.us/labor-wfd/AE/aeged.htm

Texas: www.tea.state.tx.us/ged/

Utah: www.usoe.k12.ut.us/adulted/GED/tv/tips.htm

Vermont: www.state.vt.us/educ/new/html/pgm_adulted/ged/info.html

Virginia: www.pen.k12.va.us/VDOE/Instruction/Adult/ged.html;
www.vaged.vcu.edu/index.shtml

Washington: www.sbctc.ctc.edu/ged/default.asp

Washington, DC: www.dcadultliteracy.org/services/ged.html

West Virginia: www.wvabe.org/ged_centers.htm

Wisconsin: dpi.wi.gov/ged_hsed/gedhsed.html

Wyoming: www.wyomingworkforce.org/

USO DE LA CALCULADORA CASIO FX-260SOLAR

Antes de empezar la Parte I, se le dará una calculadora Casio fx-260SOLAR y dispondrá de unos minutos para familiarizarse con ella. Aunque no se le exige usar la calculadora, le recomendamos enérgicamente que lo haga. Su uso le ayudará a evitar los errores de cálculo que conducen a respuestas incorrectas y reducirá considerablemente el tiempo requerido para resolver los problemas, dándole más tiempo para trabajar en las preguntas más difíciles. Después de terminar la Parte I, deberá devolver la calculadora y proceder con la Parte II sin ella.

Toda experiencia previa en el uso de calculadoras le ayudará a trabajar con la Casio fx-260, ya que ésta funciona como cualquier otra calculadora manual. Pero si nunca ha usado una calculadora, le conviene comprar o pedir prestada una antes de dar el examen. La solución más eficaz es comprar este mismo modelo, el cual está disponible en las tiendas.

A medida que practica con los ejercicios de este libro, use la calculadora para ayudarse a resolver la mitad de las preguntas. Resuelva la otra mitad sin calculadora, ya que en el examen deberá realizar cálculos por su cuenta para resolver muchos problemas y es importante tener buena habilidad para realizar cálculos sin depender demasiado de la calculadora.

Un diagrama básico de la calculadora Casio fx-260 que se le prestará en el examen aparece en la página siguiente. Observe que la calculadora posee muchas más teclas de las que usted necesita para dar el examen.

He aquí algunas reglas básicas para usar una calculadora:

• Oprima las teclas firmemente y asegúrese de haber oprimido las teclas correctas verificándolas en la ventanilla.

- Oprima $\boxed{\text{AC}}$ (o una tecla similar) después de completar cada problema para borrarlo por completo antes de empezar con un nuevo problema. Si oprime $\boxed{\text{C}}$, borrará sólamente el último número que ha tecleado.

- Los números y el punto decimal aparecen en la ventanilla, pero los signos operacionales (como $\boxed{+}$ or $\boxed{\times}$ or $\boxed{\div}$) no aparecen.

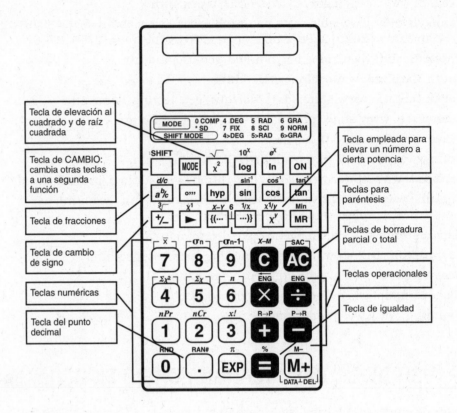

Operaciones Básicas

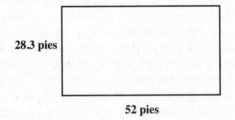

28.3 pies

52 pies

¿Cuántos pies cuadrados de alfombra se necesitan para cubrir todo el piso de la oficina en el diagrama de arriba?

OPRIMA   *28.3,*   luego $\boxed{\times}$,   luego *52,*   luego $\boxed{=}$

Respuesta: 1471.6 pies cuadrados

Trabajo con Paréntesis

Encuentre: 12(117 ÷ 13) – 68

OPRIMA *12* ✕ [[(··· *117* + *13* ···)]] – *68* =

Respuesta: 40

Nota: El modelo fx-260 tiene teclados para paréntesis, pero otras calculadoras pueden no tenerlos.

Trabajo con Fracciones

Broadway	3/4 de millas
Avenida Alicia	2 1/2 millas
Calle Stockton	4 millas

Según el signo de carretera mostrado arriba, ¿cuánto más lejos después de Broadway se encuentra la Avenida Alicia?

OPRIMA *2* [a b/c] *1* [a b/c] *2* – [a b/c] *3* [a b/c] *4* =

Respuesta: 1 3/4 millas

Nota: No todas las calculadoras son capaces de calcular fracciones.

Trabajo con Números Positivos o Negativos

¿Cuál es el valor de la expresión siguiente?

–3(–6 + 8) – (–12)

OPRIMA *3* [+/–] ✕ [[(··· *6* [+/–] + *8* ···)]] – *12* [+/–] =

Respuesta: 6

Nota: Algunas calculadoras le permiten teclear números negativos empleando la tecla [–].

Trabajo con Exponentes

Un recipiente que contiene cascajo tiene forma de cubo en el cual cada lado mide 17 pies. ¿Cuál es el volumen del recipiente?

OPRIMA *17* $[X^y]$ *3* =

Respuesta: 4,913 pies cúbicos

Trabajo con Raíces Cuadradas

¿Entre qué dos números enteros se encuentra la raíz cuadrada de 138?

OPRIMA *138* [SHIFT] $[X^2]$

Respuesta: Entre 11 y 12

Cómo Encontrar una Respuesta y Usar una Cuadrícula de Respuestas

De las 50 preguntas en la prueba, 10 no serán de opción múltiple. Usted deberá proveer la respuesta por su cuenta y luego anotarla en una cuadrícula (vea la ilustración.)

Anotación de Números Enteros

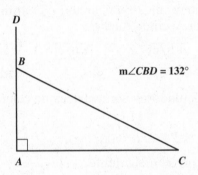

m∠CBD = 132°

¿Cuál es la medida de ∠ACB en grados?
(Usando sus conocimientos sobre triángulos y ángulos suplementarios adquiridos en el Capítulo 24, usted calcula que la respuesta correcta es 42°).

Respuesta: 42°

Puede usted registrar su respuesta en la cuadrícula de respuestas de cuatro modos distintos (vea la ilustración abajo.) Todos son correctos.

Asegúrese de escribir la respuesta en la línea con cuadrados horizontales en la parte más alta de la cuadrícula y luego registre la misma respuesta rellenando los círculos numerados debajo. No se preocupe con el signo de grados (°) ya que éste es innecesario.

Anotación de Números con Decimales

Sharon y sus colegas desean comprar un tocadiscos portátil y regalarlo a su jefe, quién está próximo a jubilar. El tocadiscos cuesta $86.99. Sharon junta $47.35 de sus colegas y contribuye con $20 por su cuenta. ¿Cuánto más dinero necesita para hacer la compra?

Respuesta: $19.64

Aquí hay un solo modo de llenar la cuadrícula. Observe que el punto decimal debe anotarse y que éste ocupa toda una columna. No es necesario registrar el signo $.

Anotación de Fracciones

Un fontanero mide una cañería y ve que ésta tiene 1 5/8 pulgadas. ¿Cuánto debe recortar a la cañería para que ésta encaje en una conexión de 1 3/8 de largo?

Respuesta: 2/8 o 1/4

La cuadrícula puede llenarse de las maneras siguientes, todas las cuales son correctas.

Anotación de Puntos Sobre una Cuadrícula de Coordenadas

Dos líneas se intersectan en un punto cuyas coordenadas son (5, –3). Muestre la ubicación del punto de intersección en la cuadrícula abajo.

Respuesta: Vea la cuadrícula

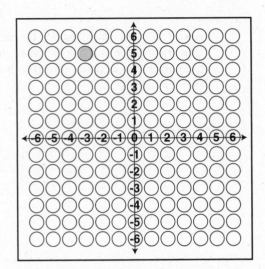

Nota: La cuadrícula de coordenadas ilustrada arriba es semejante a la cuadrícula de coordenadas rectangular en el Capítulo 23. Sin embargo, los ejes x e y no están marcados, así que es esencial que usted memorice cuál es cuál. De las 50 preguntas en el examen, probablemente habrá sólo dos preguntas relacionadas con cuadrículas de coordenadas.

ESTRATEGIAS DE PRÁCTICA PARA PREGUNTAS SIN OPCIÓN MÚLTIPLE

Aprender a llenar la cuadrícula de respuestas es cosa fácil. Más difícil es sentir confianza en las respuestas que usted obtiene sin tener el beneficio de verlas confirmadas en una de las opciones múltiples. No obstante, muchos de los ejercicios en los capítulos siguientes requieren que usted provea respuestas por su cuenta y esto debiera fortalecer su confianza en los resultados. En el Capítulo 25 se sugiere muy enérgicamente que, con excepción de la estrategia llamada "elección razonada", usted siempre debiera primero obtener la respuesta mediante el cálculo y luego compararla con las respuestas en las opciones múltiples.

Examen de Diagnóstico

Las hojas de instrucciones, las fórmulas matemáticas* y los formatos de preguntas de este examen están concebidos para reflejar fielmente todos los elementos que componen el verdadero examen. Dicho examen está compuesto de cinco partes.

	Pruebas	Preguntas	Tiempo Permitido
Prueba 1:	Lenguaje, Escritura, Parte I	50	1 hora, 15 minutos
	Lenguaje, Escritura, Parte II	Ensayo	45 minutos
Prueba 2:	Estudios Sociales	50	1 hora, 10 minutos
Prueba 3:	Ciencias	66	1 hora, 35 minutos
Prueba 4:	Lenguaje, Lectura	40	1 hora, 5 minutos
Prueba 5:	Matemáticas, Parte I	25	45 minutos
	Matemáticas, Parte II	25	45 minutos

Hay más preguntas sobre ciencias en la prueba de diagnóstico (66) que en el verdadero Examen de GED (50). Esto se refleja en el Tiempo Permitido (1:35 minutos vs. 1:20 minutos).

Para este examen, hemos incluido una hoja de respuestas y una tabla de autoevaluación. Consulte la clave de respuestas para verificar sus respuestas. Lea las explicaciones de las respuestas para comprender con seguridad por qué éstas eran correctas. Después de haber calculado el puntaje de las cinco pruebas, examine los materiales de autoevaluación para determinar sus puntos fuertes y débiles, como también su puntaje total.

El objetivo principal de este examen es el de ayudarle a conocer lo que usted sabe y lo que no sabe, para que usted pueda concentrar sus energías allí donde se encuentre más inseguro. Así, cuando llegue el momento de dar los dos exámenes de práctica al final de este libro, usted estará preparado y mejorará su puntaje.

SIMULE LAS CONDICIONES DEL EXAMEN

Para crear condiciones similares a las que usted experimentará en el verdadero examen, no tome más tiempo para cada prueba que el tiempo indicado.

*Las instrucciones y las fórmulas matemáticas están adaptadas con el permiso correspondiente de GED Testing Service del American Council on Education.

HOJA DE RESPUESTAS
DEL EXAMEN DE DIAGNÓSTICO

PRUEBA 1: LENGUAJE, PRUEBA DE ESCRITURA

1. ① ② ③ ④ ⑤	21. ① ② ③ ④ ⑤	41. ① ② ③ ④ ⑤
2. ① ② ③ ④ ⑤	22. ① ② ③ ④ ⑤	42. ① ② ③ ④ ⑤
3. ① ② ③ ④ ⑤	23. ① ② ③ ④ ⑤	43. ① ② ③ ④ ⑤
4. ① ② ③ ④ ⑤	24. ① ② ③ ④ ⑤	44. ① ② ③ ④ ⑤
5. ① ② ③ ④ ⑤	25. ① ② ③ ④ ⑤	45. ① ② ③ ④ ⑤
6. ① ② ③ ④ ⑤	26. ① ② ③ ④ ⑤	46. ① ② ③ ④ ⑤
7. ① ② ③ ④ ⑤	27. ① ② ③ ④ ⑤	47. ① ② ③ ④ ⑤
8. ① ② ③ ④ ⑤	28. ① ② ③ ④ ⑤	48. ① ② ③ ④ ⑤
9. ① ② ③ ④ ⑤	29. ① ② ③ ④ ⑤	49. ① ② ③ ④ ⑤
10. ① ② ③ ④ ⑤	30. ① ② ③ ④ ⑤	50. ① ② ③ ④ ⑤
11. ① ② ③ ④ ⑤	31. ① ② ③ ④ ⑤	
12. ① ② ③ ④ ⑤	32. ① ② ③ ④ ⑤	
13. ① ② ③ ④ ⑤	33. ① ② ③ ④ ⑤	
14. ① ② ③ ④ ⑤	34. ① ② ③ ④ ⑤	
15. ① ② ③ ④ ⑤	35. ① ② ③ ④ ⑤	
16. ① ② ③ ④ ⑤	36. ① ② ③ ④ ⑤	
17. ① ② ③ ④ ⑤	37. ① ② ③ ④ ⑤	
18. ① ② ③ ④ ⑤	38. ① ② ③ ④ ⑤	
19. ① ② ③ ④ ⑤	39. ① ② ③ ④ ⑤	
20. ① ② ③ ④ ⑤	40. ① ② ③ ④ ⑤	

PRUEBA 2: PRUEBA DE ESTUDIOS SOCIALES

1. ① ② ③ ④ ⑤	21. ① ② ③ ④ ⑤	41. ① ② ③ ④ ⑤
2. ① ② ③ ④ ⑤	22. ① ② ③ ④ ⑤	42. ① ② ③ ④ ⑤
3. ① ② ③ ④ ⑤	23. ① ② ③ ④ ⑤	43. ① ② ③ ④ ⑤
4. ① ② ③ ④ ⑤	24. ① ② ③ ④ ⑤	44. ① ② ③ ④ ⑤
5. ① ② ③ ④ ⑤	25. ① ② ③ ④ ⑤	45. ① ② ③ ④ ⑤
6. ① ② ③ ④ ⑤	26. ① ② ③ ④ ⑤	46. ① ② ③ ④ ⑤
7. ① ② ③ ④ ⑤	27. ① ② ③ ④ ⑤	47. ① ② ③ ④ ⑤
8. ① ② ③ ④ ⑤	28. ① ② ③ ④ ⑤	48. ① ② ③ ④ ⑤
9. ① ② ③ ④ ⑤	29. ① ② ③ ④ ⑤	49. ① ② ③ ④ ⑤
10. ① ② ③ ④ ⑤	30. ① ② ③ ④ ⑤	50. ① ② ③ ④ ⑤
11. ① ② ③ ④ ⑤	31. ① ② ③ ④ ⑤	
12. ① ② ③ ④ ⑤	32. ① ② ③ ④ ⑤	
13. ① ② ③ ④ ⑤	33. ① ② ③ ④ ⑤	
14. ① ② ③ ④ ⑤	34. ① ② ③ ④ ⑤	
15. ① ② ③ ④ ⑤	35. ① ② ③ ④ ⑤	
16. ① ② ③ ④ ⑤	36. ① ② ③ ④ ⑤	
17. ① ② ③ ④ ⑤	37. ① ② ③ ④ ⑤	
18. ① ② ③ ④ ⑤	38. ① ② ③ ④ ⑤	
19. ① ② ③ ④ ⑤	39. ① ② ③ ④ ⑤	
20. ① ② ③ ④ ⑤	40. ① ② ③ ④ ⑤	

PRUEBA 3: PRUEBA DE CIENCIAS

1. ① ② ③ ④ ⑤	23. ① ② ③ ④ ⑤	45. ① ② ③ ④ ⑤
2. ① ② ③ ④ ⑤	24. ① ② ③ ④ ⑤	46. ① ② ③ ④ ⑤
3. ① ② ③ ④ ⑤	25. ① ② ③ ④ ⑤	47. ① ② ③ ④ ⑤
4. ① ② ③ ④ ⑤	26. ① ② ③ ④ ⑤	48. ① ② ③ ④ ⑤
5. ① ② ③ ④ ⑤	27. ① ② ③ ④ ⑤	49. ① ② ③ ④ ⑤
6. ① ② ③ ④ ⑤	28. ① ② ③ ④ ⑤	50. ① ② ③ ④ ⑤
7. ① ② ③ ④ ⑤	29. ① ② ③ ④ ⑤	51. ① ② ③ ④ ⑤
8. ① ② ③ ④ ⑤	30. ① ② ③ ④ ⑤	52. ① ② ③ ④ ⑤
9. ① ② ③ ④ ⑤	31. ① ② ③ ④ ⑤	53. ① ② ③ ④ ⑤
10. ① ② ③ ④ ⑤	32. ① ② ③ ④ ⑤	54. ① ② ③ ④ ⑤
11. ① ② ③ ④ ⑤	33. ① ② ③ ④ ⑤	55. ① ② ③ ④ ⑤
12. ① ② ③ ④ ⑤	34. ① ② ③ ④ ⑤	56. ① ② ③ ④ ⑤
13. ① ② ③ ④ ⑤	35. ① ② ③ ④ ⑤	57. ① ② ③ ④ ⑤
14. ① ② ③ ④ ⑤	36. ① ② ③ ④ ⑤	58. ① ② ③ ④ ⑤
15. ① ② ③ ④ ⑤	37. ① ② ③ ④ ⑤	59. ① ② ③ ④ ⑤
16. ① ② ③ ④ ⑤	38. ① ② ③ ④ ⑤	60. ① ② ③ ④ ⑤
17. ① ② ③ ④ ⑤	39. ① ② ③ ④ ⑤	61. ① ② ③ ④ ⑤
18. ① ② ③ ④ ⑤	40. ① ② ③ ④ ⑤	62. ① ② ③ ④ ⑤
19. ① ② ③ ④ ⑤	41. ① ② ③ ④ ⑤	63. ① ② ③ ④ ⑤
20. ① ② ③ ④ ⑤	42. ① ② ③ ④ ⑤	64. ① ② ③ ④ ⑤
21. ① ② ③ ④ ⑤	43. ① ② ③ ④ ⑤	65. ① ② ③ ④ ⑤
22. ① ② ③ ④ ⑤	44. ① ② ③ ④ ⑤	66. ① ② ③ ④ ⑤

PRUEBA 4: LENGUAJE, PRUEBA DE LECTURA

1. ① ② ③ ④ ⑤	16. ① ② ③ ④ ⑤	31. ① ② ③ ④ ⑤
2. ① ② ③ ④ ⑤	17. ① ② ③ ④ ⑤	32. ① ② ③ ④ ⑤
3. ① ② ③ ④ ⑤	18. ① ② ③ ④ ⑤	33. ① ② ③ ④ ⑤
4. ① ② ③ ④ ⑤	19. ① ② ③ ④ ⑤	34. ① ② ③ ④ ⑤
5. ① ② ③ ④ ⑤	20. ① ② ③ ④ ⑤	35. ① ② ③ ④ ⑤
6. ① ② ③ ④ ⑤	21. ① ② ③ ④ ⑤	36. ① ② ③ ④ ⑤
7. ① ② ③ ④ ⑤	22. ① ② ③ ④ ⑤	37. ① ② ③ ④ ⑤
8. ① ② ③ ④ ⑤	23. ① ② ③ ④ ⑤	38. ① ② ③ ④ ⑤
9. ① ② ③ ④ ⑤	24. ① ② ③ ④ ⑤	39. ① ② ③ ④ ⑤
10. ① ② ③ ④ ⑤	25. ① ② ③ ④ ⑤	40. ① ② ③ ④ ⑤
11. ① ② ③ ④ ⑤	26. ① ② ③ ④ ⑤	
12. ① ② ③ ④ ⑤	27. ① ② ③ ④ ⑤	
13. ① ② ③ ④ ⑤	28. ① ② ③ ④ ⑤	
14. ① ② ③ ④ ⑤	29. ① ② ③ ④ ⑤	
15. ① ② ③ ④ ⑤	30. ① ② ③ ④ ⑤	

PRUEBA 5: PRUEBA DE MATEMÁTICAS, PARTE I

1. ① ② ③ ④ ⑤
2. ① ② ③ ④ ⑤
3.

	⁄	⁄	⁄	
.	.	.	.	.
⓪	⓪	⓪	⓪	⓪
①	①	①	①	①
②	②	②	②	②
③	③	③	③	③
④	④	④	④	④
⑤	⑤	⑤	⑤	⑤
⑥	⑥	⑥	⑥	⑥
⑦	⑦	⑦	⑦	⑦
⑧	⑧	⑧	⑧	⑧
⑨	⑨	⑨	⑨	⑨

4. ① ② ③ ④ ⑤
5. ① ② ③ ④ ⑤
6.

	⁄	⁄	⁄	
.	.	.	.	.
⓪	⓪	⓪	⓪	⓪
①	①	①	①	①
②	②	②	②	②
③	③	③	③	③
④	④	④	④	④
⑤	⑤	⑤	⑤	⑤
⑥	⑥	⑥	⑥	⑥
⑦	⑦	⑦	⑦	⑦
⑧	⑧	⑧	⑧	⑧
⑨	⑨	⑨	⑨	⑨

7. ① ② ③ ④ ⑤
8. ① ② ③ ④ ⑤
9. ① ② ③ ④ ⑤
10. ① ② ③ ④ ⑤

11. ① ② ③ ④ ⑤
12. ① ② ③ ④ ⑤
13. ① ② ③ ④ ⑤
14.

	⁄	⁄	⁄	
.	.	.	.	.
⓪	⓪	⓪	⓪	⓪
①	①	①	①	①
②	②	②	②	②
③	③	③	③	③
④	④	④	④	④
⑤	⑤	⑤	⑤	⑤
⑥	⑥	⑥	⑥	⑥
⑦	⑦	⑦	⑦	⑦
⑧	⑧	⑧	⑧	⑧
⑨	⑨	⑨	⑨	⑨

15. ① ② ③ ④ ⑤
16. ① ② ③ ④ ⑤
17. ① ② ③ ④ ⑤
18. ① ② ③ ④ ⑤
19.

	⁄	⁄	⁄	
.	.	.	.	.
⓪	⓪	⓪	⓪	⓪
①	①	①	①	①
②	②	②	②	②
③	③	③	③	③
④	④	④	④	④
⑤	⑤	⑤	⑤	⑤
⑥	⑥	⑥	⑥	⑥
⑦	⑦	⑦	⑦	⑦
⑧	⑧	⑧	⑧	⑧
⑨	⑨	⑨	⑨	⑨

20. ① ② ③ ④ ⑤

21. ① ② ③ ④ ⑤
22.

	⁄	⁄	⁄	
.	.	.	.	.
⓪	⓪	⓪	⓪	⓪
①	①	①	①	①
②	②	②	②	②
③	③	③	③	③
④	④	④	④	④
⑤	⑤	⑤	⑤	⑤
⑥	⑥	⑥	⑥	⑥
⑦	⑦	⑦	⑦	⑦
⑧	⑧	⑧	⑧	⑧
⑨	⑨	⑨	⑨	⑨

23. ① ② ③ ④ ⑤
24. ① ② ③ ④ ⑤
25.

	⁄	⁄	⁄	
.	.	.	.	.
⓪	⓪	⓪	⓪	⓪
①	①	①	①	①
②	②	②	②	②
③	③	③	③	③
④	④	④	④	④
⑤	⑤	⑤	⑤	⑤
⑥	⑥	⑥	⑥	⑥
⑦	⑦	⑦	⑦	⑦
⑧	⑧	⑧	⑧	⑧
⑨	⑨	⑨	⑨	⑨

PRUEBA 5: PRUEBA DE MATEMÁTICAS, PARTE II

26. ① ② ③ ④ ⑤

27.

36. ① ② ③ ④ ⑤

37. ① ② ③ ④ ⑤

38. ① ② ③ ④ ⑤

39. ① ② ③ ④ ⑤

40. ① ② ③ ④ ⑤

41. ① ② ③ ④ ⑤

42. ① ② ③ ④ ⑤

43. ① ② ③ ④ ⑤

44. ① ② ③ ④ ⑤

45. ① ② ③ ④ ⑤

46. ① ② ③ ④ ⑤

47.

28. ① ② ③ ④ ⑤

29. ① ② ③ ④ ⑤

30. ① ② ③ ④ ⑤

31. ① ② ③ ④ ⑤

32. ① ② ③ ④ ⑤

33. ① ② ③ ④ ⑤

34. ① ② ③ ④ ⑤

35. ① ② ③ ④ ⑤

48. ① ② ③ ④ ⑤

49. ① ② ③ ④ ⑤

50.

EXAMEN DE DIAGNÓSTICO

PRUEBA 1: LENGUAJE, ESCRITURA, PARTE I

INSTRUCCIONES

La Prueba de Escritura tiene como propósito valorar su habilidad para usar el español clara y efectivamente. En esta prueba se evalúa cómo se debe escribir el español y no cómo se habla. La prueba incluye tanto preguntas de opción múltiple como un ensayo. Estas instrucciones se refieren sólo a la parte de la sección de preguntas de opción múltiple, mientras que las instrucciones para el ensayo se darán aparte.

La sección de preguntas de opción múltiple consiste en párrafos con oraciones numeradas. Algunas de las oraciones contienen errores de estructura, de uso o de técnicas (ortografía, puntuación, uso de mayúsculas.) Después de leer todas las oraciones numeradas, conteste las preguntas que hay a continuación. Algunas preguntas se refieren a oraciones que son correctas tal como aparecen. La respuesta correcta para estas oraciones es la opción que deja la oración según apareció originalmente. La mejor respuesta para otras preguntas es seleccionar la oración que corresponde al tiempo verbal y al punto de vista que se usa en el resto del párrafo.

Dispone usted de 75 minutos para contestar las preguntas de opción múltiple y tan sólo puede destinar 45 minutos al ensayo. Trabaje con cuidado, pero no dedique demasiado tiempo a una sola pregunta. Puede empezar a escribir el ensayo una vez que haya acabado de responder las preguntas de opción múltiple.

Para anotar las respuestas, llene uno de los círculos numerados que aparecen al lado del número correspondiente a la pregunta que está contestando.

POR EJEMPLO:

Oración 1: **Nos sentimos muy honrados de conoser al Gobernador Ramírez.**

¿Qué corrección debe hacer a la frase?

(1) poner una coma después de <u>sentimos</u> ① ② ● ④ ⑤
(2) cambiar honrados por <u>onrados</u>
(3) cambiar <u>conoser</u> por <u>conocer</u>
(4) cambiar <u>al</u> a <u>el</u>
(5) ninguna

En este ejemplo, la palabra "conoser" es incorrecta y debe cambiarse a "conocer". Por eso, debe llenarse el círculo número 3.

CONTINÚE EN LA PÁGINA SIGUIENTE

PRUEBA 1: LENGUAJE, ESCRITURA, PARTE I

Las preguntas 1 a 9 se refieren al siguiente párrafo.

(1) Una combinación de atributos haces que la horticultura se haya convertido en una afición nacional tanto para la gente joven como mayor. (2) Se ve en el incremento jamás visto del número de catálogos, de semillas vendidos a individuales y la creencia que la horticultura en primavera proporciona un feliz escape del abatimiento del invierno. (3) Los amantes de la horticultura unánimemente están de acuerdo que la mayoría de los vegetales cultivados en casa cuando están maduros tienen una gran calidad: que rara vez se encuentra en los vegetales que se compran en los mercados comerciales. (4) Desde la Primavera hasta finales de Otoño, una huerta bien planificada y cuidada puede incrementar el valor nutritivo de la dieta familiar. (5) Los refrigeradores hacen posible la conservación de los vegetales sobrantes para que los pueda disfrutar más adelante otros vegetales pueden almacenarse en un área fría durante algunos meses. (6) No se debe pasar por alto la conveniencia que supone tener vegetales en el patio interior; para muchos, tan sólo esto justifica el tener una pequeña huerta en casa. (7) Además, las huertas proporcionan ejercisio y recreación tanto para las familias urbanas como suburbanas. (8) Aunque la inversión inicial en horticultura puede ser nominal, uno no puede aludir el hecho que la horticultura requiere trabajo manual y tiempo. (9) Los trabajos desatendidos que deberían hacerse regularmente pueden terminar en un fracaso o crear un sentimiento negativo hacia la horticultura.

1. Oración 1: **Una combinación de atributos haces que la horticultura se haya convertido en una afición nacional tanto para la gente joven como mayor.**

   ¿Qué corrección se debería hacer en esta oración?

   (1) insertar una coma después de <u>atributos</u>
   (2) cambiar <u>haces</u> por <u>hace</u>
   (3) poner en mayúscula <u>Horticultura</u>
   (4) cambiar <u>como</u> por <u>que</u>
   (5) sin error

2. Oración 2: **Se ve en el incremento jamás visto del número de catálogos, de semillas vendidos a individuales y la creencia que la horticultura en primavera proporciona un feliz escape del abatimiento del invierno.**

   ¿Qué corrección se debería hacer en esta oración?

   (1) cambiar <u>visto</u> por <u>vista</u>
   (2) cambiar <u>número</u> por <u>cantidad</u>
   (3) sacar la coma después de <u>catálogos</u>
   (4) poner una coma después de <u>primavera</u>
   (5) sin error

3. Oración 3: **Los amantes de la horticultura unánimemente están de acuerdo que la mayoría de los vegetales cultivados en casa cuando están maduros tienen una gran calidad: que rara vez se encuentra en los vegetales que se compran en los mercados comerciales.**

   ¿Qué puntuación es la más apropiada para conectar las palabras subrayadas? Si cree que la versión original es la correcta, escoja la opción 1.

   (1) calidad: que rara vez
   (2) calidad. Que rara vez
   (3) calidad que rara vez
   (4) calidad; que rara vez
   (5) calidad—que rara vez

4. Oración 4: **Desde la Primavera hasta finales de Otoño, una huerta bien planificada y cuidada puede incrementar el valor nutritivo de la dieta familiar.**

   ¿Qué corrección se debería hacer en esta oración?

   (1) sacar las mayúsculas en <u>Primavera</u> y <u>Otoño</u>
   (2) cambiar <u>bien</u> por <u>bueno</u>
   (3) cambiar <u>nutritivo</u> por <u>nutricional</u>
   (4) poner coma después de <u>cuidada</u>
   (5) sin error

CONTINÚE EN LA PÁGINA SIGUIENTE

PRUEBA 1: LENGUAJE, ESCRITURA, PARTE I

5. Oración 5: **Los refrigeradores hacen posible la conservación de los vegetales sobrantes para que los pueda disfrutar más <u>adelante otros vegetales</u> pueden almacenarse en un área fría durante algunos meses.**

   ¿Cuál es la mejor manera de escribir la parte de la oración que se encuentra subrayada? Si cree que la versión original es la correcta, escoja la opción 1.

   (1) adelante otros vegetales
   (2) adelante, otros vegetales
   (3) adelante; otros vegetales
   (4) adelante, mientras que otros vegetales
   (5) adelante; mientras que otros vegetales

6. Oración 6: **No se debe pasar por alto la conveniencia que supone tener vegetales en el patio interior; para muchos, tan sólo esto justifica el tener una pequeña huerta en casa.**

   ¿Qué corrección se debería hacer en esta oración?

   (1) insertar una coma después de <u>conveniencia</u>
   (2) cambiar <u>interior</u> por <u>interrior</u>
   (3) cambiar el punto y coma después de <u>interior</u> por una coma
   (4) sacar el acento a <u>sólo</u>
   (5) sin error

7. Oración 7: **Además, las huertas proporcionan ejercisio y recreación tanto para las familias urbanas como suburbanas.**

   ¿Qué corrección se debería hacer en esta oración?

   (1) sacar la coma después de <u>además</u>
   (2) cambiar <u>ejercisio</u> por <u>ejercicio</u>
   (3) poner un punto y coma después de <u>recreación</u>
   (4) cambiar <u>suburbanas</u> por <u>sub-urbanas</u>
   (5) sin error

8. Oración 8: **Aunque la inversión inicial en horticultura puede ser nominal, uno no puede aludir el hecho que la horticultura requiere trabajo manual y tiempo.**

   ¿Qué corrección se debería hacer en esta oración?

   (1) cambiar <u>aunque</u> por <u>porque</u>
   (2) sacar la coma después de <u>nominal</u>
   (3) cambiar <u>aludir</u> por <u>eludir</u>
   (4) cambiar <u>requiere</u> por <u>requierre</u>
   (5) sin error

9. Oración 9: **Los trabajos desatendidos que deberían hacerse regularmente pueden terminar en un fracaso o crear un sentimiento negativo hacia la horticultura.**

   ¿Qué corrección se debería hacer en esta oración?

   (1) insertar una coma después de <u>trabajos</u>
   (2) insertar una coma después de <u>regularmente</u>
   (3) cambiar <u>pueden</u> por <u>puede</u>
   (4) cambiar <u>o</u> por <u>a pesar de</u>
   (5) sin error

<u>Las preguntas 10 a 19</u> se basan en el siguiente párrafo.

   (1) En los próximos años, las familias deberán aprender como usar la computadora como ayuda. (2) Con el incremento de la cantidad de información que una familia necesita procesar, tener una computadora en casa se convertirá en una necesidad tanto para la toma de decisiones como para llevar un registro de las entradas y salidas de dinero. (3) La revolución de las comunicaciones en el hogar es predecible con la llegada de la computadora. Ésta puede servir como fuente y procesador de información. (4) Una colosal cantidad de información proveniente de diferentes fuentes estará instantáneamente a la disposición de la familia para que ésta pueda tomar decisions más eficientemente. (5) La computadora planificará las comidas, encenderá las luces en los momentos apropiados hará un seguimiento de los horarios de los miembros de la familia, calculará presupuestos, revisará los créditos, los gastos y las cuentas bancarias. (6) Como un equipamiento más de la casa la computadora liberará a los miembros de la familia de sus

CONTINÚE EN LA PÁGINA SIGUIENTE

PRUEBA 1: LENGUAJE, ESCRITURA, PARTE I

repetidas obligaciones administrativas. (7) Una terminal en casa puede servir también como un centro de educación para los deberes escolares de los niños, así como parte de un programa de aprendizage para los padres y los adultos de la familia. (8) Un efecto inmediato en la toma de decisiones familiares será un incremento de los momentos de tiempo libre disponibles por todos. (9) Por razones económicas, muchas familias decidirán usar el tiempo libre para realizar un segundo trabajo. (10) Con el creciente interés en el desarrollo personal, puede que las familias dediquen tiempo a algunas de estas nuevas opciones, por ejemplo, programas educativos que faciliten los cambios de carrera así como incrementar las posibilidades de ganar más dinero.

10. Oración 1: **En los próximos años, las familias deberán aprender como usar la computadora como ayuda.**

    ¿Qué corrección se debería hacer en esta oración?

    (1) sacar la coma después de <u>años</u>
    (2) cambiar <u>deberán</u> por <u>deben</u>
    (3) cambiar <u>usar</u> por <u>hussar</u>
    (4) poner acento en el primer <u>como</u>
    (5) sin error

11. Oración 2: **Con el incremento de la cantidad de información que una familia necesita procesar, tener una computadora en casa se convertirá en una necesidad tanto para la toma de decisiones como para llevar un registro de las entradas y salidas de dinero.**

    ¿Qué corrección se debería hacer en esta oración?

    (1) cambiar <u>Con</u> por <u>A pesar de</u>
    (2) cambiar <u>necesita</u> por <u>necesitan</u>
    (3) sacar la coma después de <u>procesar</u>
    (4) cambiar <u>decisiones</u> por <u>desiciones</u>
    (5) sin error

12. Oración 3: **La revolución de las comunicaciones en el hogar es predecible con la llegada de la <u>computadora. Ésta puede servir</u> como fuente y procesador de información.**

    ¿Cuál es la mejor manera de escribir las palabras que están subrayadas? Si cree que la versión original es la correcta, escoja la opción 1.

    (1) computadora. Ésta puede servir
    (2) computadora, ésta puede servir
    (3) computadora; ésta puede servir
    (4) computadora, Ésta puede servir
    (5) computadora ésta puede servir

13. Oración 4: **Una colosal cantidad de información proveniente de diferentes fuentes estará instantáneamente a la disposición de la familia para que ésta pueda tomar decisions más eficientemente.**

    ¿Qué corrección se debería hacer en esta corrección?

    (1) insertar una coma después de <u>información</u>
    (2) insertar una coma después de <u>fuentes</u>
    (3) insertar una coma después de <u>familia</u>
    (4) cambiar <u>disposición</u> por <u>desposesión</u>
    (5) sin error

14. Oración 5: **La computadora planificará las comidas, encenderá las luces en los momentos apropiados hará un seguimiento de los horarios de los miembros de la familia, calculará presupuestos, revisará los créditos, los gastos y las cuentas bancarias.**

    ¿Qué corrección se debería hacer en esta oración?

    (1) sacar la coma después de <u>comidas</u>
    (2) poner una coma después de <u>apropiados</u>
    (3) cambiar <u>miembros</u> por <u>mienbros</u>
    (4) poner acento en <u>bancárias</u>
    (5) sin error

CONTINÚE EN LA PÁGINA SIGUIENTE

PRUEBA 1: LENGUAJE, ESCRITURA, PARTE I

15. Oración 6: **Como un equipamiento más de la casa la computadora liberará a los miembros de la familia de sus repetidas obligaciones administrativas.**

    ¿Qué corrección se debería hacer en esta corrección?

    (1) cambiar <u>como</u> por <u>aunque</u>
    (2) poner una coma después de <u>casa</u>
    (3) cambiar <u>liberará</u> por <u>libera</u>
    (4) cambiar <u>administrativas</u> por <u>aministrativas</u>
    (5) sin error

16. Oración 7: **Una terminal en casa puede servir también como un centro de educación para los deberes escolares de los niños, así como parte de un programa de aprendizage para los padres y los adultos de la familia.**

    ¿Qué corrección se debería hacer en esta oración?

    (1) sacar el acento a <u>también</u>
    (2) cambiar <u>así como</u> por <u>aunque</u>
    (3) cambiar <u>aprendizage</u> por <u>aprendizaje</u>
    (4) poner una coma después de <u>padres</u>
    (5) sin error

17. Oración 8: **Un efecto inmediato en la toma de decisiones familiares será un incremento de los momentos de tiempo libre disponibles por todos.**

    ¿Qué corrección se debería hacer en esta oración?

    (1) cambiar <u>inmediato</u> por <u>immediato</u>
    (2) cambiar <u>decisiones</u> por <u>desiciones</u>
    (3) poner una coma después de <u>disponibles</u>
    (4) cambiar <u>tiempo libre</u> por <u>tiempos libres</u>
    (5) sin error

18. Oración 9: **Por razones económicas, muchas familias decidirán usar el tiempo libre para realizar un segundo trabajo.**

    ¿Qué corrección se debería hacer en esta oración?

    (1) sacar la coma después de <u>económicas</u>
    (2) cambiar <u>decidirán</u> por <u>decidieron</u>
    (3) cambiar <u>el</u> por <u>su</u>
    (4) cambiar <u>realizar</u> por <u>realisar</u>
    (5) sin error

19. Oración 10: **Con el creciente interés en el desarrollo personal, puede que las familias dediquen tiempo a algunas de estas opciones, por ejemplo, programas educativos que faciliten los cambios de carrera así como incrementar las posibilidades de ganar más dinero.**

    ¿Qué corrección se debería hacer en esta oración?

    (1) cambiar <u>interés en</u> por <u>interés al</u>
    (2) cambiar <u>opciones</u> por <u>opsiones</u>
    (3) cambiar <u>educativos</u> por <u>educacionales</u>
    (4) cambiar <u>incrementar</u> por <u>incrementen</u>
    (5) sin error

<u>Las preguntas 20 a 28</u> se refieren a los siguientes párrafos.

(1) Para aminorar la amenaza de un trabajo defectuoso o fraudes en las reparaciones del auto, haya un número de pasos constructivos que se pueden tomar. (2) Aunque estas medidas no le pueden ofrecer una protección completa al menos son un seguro prudente para su cartera y su tiempo.

(3) Primero, nunca espere hasta que un problema pequeño se convierta en uno grande y costoso. (4) Siempre lleve su auto a revisar cuando crea que puede tener un problema.

(5) Pero antes de llevar el auto, haga una lista de todos los problemas o posibles "síntomas", de tal manera que estaría preparado para describir el problema con la mayor precisión posible.

(6) No pida que le pongan el auto "a punto", (7) que este tipo de requerimientos generales puede representar trabajos innecesarios en su auto.

(8) En su primera visita, asegúrese de conseguir una copia de la autorización de trabajo que usted debe firmar o el precio estimado del total del coste de las reparaciones. (9) No se vaya antes de conseguirlo.

(10) Pida en el garaje de reparaciones que le llamen pot teléfono cuando hayan determinado qué trabajo ecsactamente se debe realizar en su auto. (11) Cuando reciba la llamada, dígales que quiere volver al establecimiento para optener otra orden de autorización específica del trabajo y con el costo de las reparaciones incluidas.

CONTINÚE EN LA PÁGINA SIGUIENTE

PRUEBA 1: LENGUAJE, ESCRITURA, PARTE I

20. Oración 1: **Para aminorar la amenaza de un trabajo defectuoso o fraudes en las reparaciones del auto, haya un número de pasos constructivos que se pueden tomar.**

    ¿Qué corrección se debería hacer en esta oración?

    (1) cambiar <u>defectuoso</u> por <u>defetuoso</u>
    (2) sacar la coma después de <u>auto</u>
    (3) cambiar <u>haya</u> por <u>hay</u>
    (4) cambiar <u>pueden</u> por <u>han podido</u>
    (5) sin error

21. Oración 2: **Aunque estas medidas no le pueden ofrecer una protección completa al menos son un seguro prudente para su cartera y su tiempo.**

    ¿Qué corrección se debería hacer en esta oración?

    (1) cambiar <u>aunque</u> por <u>mientras</u>
    (2) insertar una coma después de <u>completa</u>
    (3) cambiar <u>al menos</u> por <u>almenos</u>
    (4) cambiar <u>para</u> por <u>por</u>
    (5) sin error

22. Oración 3: **Primero, nunca espere hasta que un problema pequeño se convierta en uno grande y costoso.**

    ¿Qué corrección se debería hacer en esta oración?

    (1) sacar la coma después de <u>primero</u>
    (2) cambiar <u>hasta que</u> por <u>porque</u>
    (3) cambiar <u>pequeño</u> por <u>peqeño</u>
    (4) cambiar <u>costoso</u> por <u>costosa</u>
    (5) sin error

23. Oración 4: **Siempre lleve su auto a revisar cuando crea que puede tener un problema.**

    ¿Qué corrección se debería hacer en esta oración?

    (1) cambiar <u>lleve</u> por <u>llevad</u>
    (2) cambiar <u>revisar</u> por <u>rebisar</u>
    (3) cambiar <u>cuando</u> por <u>mientras</u>
    (4) poner acento en <u>qué</u>
    (5) sin error

24. Oración 5: **Pero antes de llevar el auto, haga una lista de todos los problemas o posibles "síntomas", de tal manera que estaría preparado para describir el problema con la mayor precisión posible.**

    ¿Qué corrección se debería hacer en esta oración?

    (1) sacar la coma después de <u>auto</u>
    (2) cambiar <u>síntomas</u> por <u>símtomas</u>
    (3) cambiar <u>estaría preparado</u> por <u>esté preparado</u>
    (4) cambiar <u>con la mayor</u> por <u>con el mayor</u>
    (5) sin error

25. Oraciones 6 y 7: **No pida que le pongan el auto <u>"a punto", que</u> este tipo de requerimientos generales puede representar trabajos innecesarios en su auto.**

    ¿Cuál es la mejor manera de escribir la parte subrayada de la oración? Si cree que la versión original es la correcta, escoja la opción 1.

    (1) "a punto", que
    (2) "a punto" que
    (3) "a punto", aunque
    (4) "a punto": que
    (5) "a punto", ya que

26. Oraciones 8 y 9: **En su primera visita, asegúrese de conseguir una copia de la autorización de trabajo que usted debe firmar o el precio estimado del total del coste de las reparaciones. No se vaya antes de conseguirlo.**

    ¿Qué corrección se debería hacer en estas oraciones?

    (1) sacar el acento a <u>asegúrese</u>
    (2) cambiar <u>de la</u> por <u>del</u> en *autorización*
    (3) cambiar <u>debe</u> por <u>debió</u>
    (4) cambiar <u>coste</u> por <u>costo</u>
    (5) sin error

CONTINÚE EN LA PÁGINA SIGUIENTE

PRUEBA 1: LENGUAJE, ESCRITURA, PARTE I

27. Oración 10: **Pida en el garaje de reparaciones que le llamen por teléfono cuando hayan determinado qué trabajo ecsactamente se debe realizar en su auto.**

    ¿Qué corrección se debería hacer en esta oración?

    (1) cambiar garaje por garage
    (2) cambiar le llamen por lo llamen
    (3) cambiar hayan por han
    (4) cambiar ecsactamente por exactamente
    (5) sin error

28. Oración 11: **Cuando reciba la llamada, dígales que quiere volver al establecimiento para optener otra orden de autorización específica del trabajo y con el costo de las reparaciones incluidas.**

    ¿Qué corrección se debería hacer en esta oración?

    (1) cambiar optener por obtener
    (2) cambiar dígales por dígalos
    (3) sacar el acento a específica
    (4) cambiar incluidas por inclusivas
    (5) sin error

Las preguntas 29 a 37 se basan en los siguientes párrafos.

   (1) El dinero disponible, los gustos familiares y las facilidades de preparación, así como su uso final y el coste, todo ello influye en la toma de decisiones a la hora de la compra. (2) La unidad de precio puede ayudarle a hacer comparaciones de precios sin tener que adivinar.
   (3) La unidad de precio es, como su misma palabra dice, el precio por cada unidad. (4) Para ser más específico, le proporciona el precio por una onza o por una libra o por 100 o por pie cuadrado. (5) Este precio por unidad facilita al consumidor hacer la mejor compra entre diferentes productos dispuesta en diferentes tamaños de paquetes con diferentes precios como totales.
   (6) Miles de cadenas de establecimientos de comida tienen programas de unidad de precios. (7) Tales programas son requeridos por las leyes locales de diferentes áreas, pero generalmente son voluntarios.

   (8) Las tiendas que ofrecen la unidad de precio normalmente usan un sistema de etiquetado por estanterías. una etiqueta en el borde de abajo de la estantería donde se especifica el nombre del producto, el tamaño, el total del precio y la unidad de precio. (9) Cuando se introdujo por primera vez la unidad de precio hubieron problemas en el sistema de etiquetado por estanterías, ya que es difícil mantener las etiquetas en el lugar correcto de cada estantería. (10) Pero, a medida que la unidad de precio ha tenido una mayor aceptación, algunos de estos problemas mecanicos se han solucionado y la información en el etiquetado se usa cada vez más por parte de los compradores.

29. Oración 1: **El dinero disponible, los gustos familiares y las facilidades de preparación, así como su uso final y el coste, todo ello influye en la toma de decisiones a la hora de la compra.**

    Si se escribiera de nuevo la oración empezando por

    La toma de decisiones a la hora de la compra está influida...

    ...la siguiente palabra(s) debiera ser:

    (1) a través
    (2) por
    (3) en
    (4) de tal manera que
    (5) por lo tanto

30. Oración 1: **El dinero disponible, los gustos familiares y las facilidades de preparación, así como su uso final y el coste, todo ello influye en la toma de decisiones a la hora de la compra.**

    ¿Qué corrección se debería hacer en esta oración?

    (1) cambiar su por el
    (2) cambiar disponible por disponibles
    (3) poner acento en la e a éllo
    (4) cambiar a la hora por alahora
    (5) sin error

CONTINÚE EN LA PÁGINA SIGUIENTE

PRUEBA 1: LENGUAJE, ESCRITURA, PARTE I

31. Oración 2: **La unidad de precio puede ayudarle a hacer comparaciones de precios sin tener que adivinar.**

    ¿Qué corrección se debería hacer en esta oración?

    (1) cambiar puede por podría
    (2) poner acento en comparaciónes
    (3) insertar una coma después de precios
    (4) cambiar adivinar por adibinar
    (5) sin error

32. Oraciones 3 y 4: **La unidad de precio es, como su misma palabra dice, el precio por cada unidad. Para ser más específico, le proporciona el precio por una onza o por una libra o por 100 o por pie cuadrado.**

    ¿Cuál es la mejor manera de escribir la parte subrayada de la oración? Si cree que la versión original es la correcta, escoja la opción 1.

    (1) unidad. Para ser más específico,
    (2) unidad, para ser más específico,
    (3) unidad: Para ser más específico,
    (4) unidad; para ser más específico,
    (5) unidad—para ser más específico,

33. Oración 5: **Este precio por unidad facilita al consumidor hacer la mejor compra entre diferentes productos dispuesta en diferentes tamaños de paquetes con diferentes precios como totales.**

    ¿Qué correción se debería hacer en esta oración?

    (1) cambiar unidad por unidades
    (2) cambiar dispuesta por dispuestos
    (3) poner acento a tamáños
    (4) cambiar como por que
    (5) sin error

34. Oraciones 6 y 7: **Miles de cadenas de establecimientos de comida tienen programas de unidad de precios. Tales programas son requeridos por las leyes locales en diferentes áreas, pero generalmente son voluntarios.**

    ¿Cuál es la mejor combinación de palabras para conectar las dos oraciones?

    (1) y tales programas
    (2) aunque estos programas
    (3) mientras que estos programas
    (4) programas de unidad de precio que son
    (5) programas de unidad de precio, algunos que son

35. Oración 8: **Las tiendas que ofrecen la unidad de precio normalmente usan un sistema de etiquetado por estanterías. una etiqueta en el borde de abajo de la estantería donde se especifica el nombre del producto, el tamaño, el total del precio y la unidad de precio.**

    ¿Cuál es la mejor manera de escribir la parte subrayada de la oración? Si cree que la versión original es la correcta, escoja la opción 1.

    (1) estanterías. una etiqueta
    (2) estanterías. Una etiqueta
    (3) estanterías—una etiqueta
    (4) estanterías por una etiqueta
    (5) estanterías y una etiqueta

36. Oración 9: **Cuando se introdujo por primera vez la unidad de precio hubieron problemas en el sistema de etiquetado por estanterías, ya que es difícil mantener las etiquetas en el lugar correcto de cada estantería.**

    ¿Qué corrección se debería hacer en esta oración?

    (1) cambiar introdujo por introdució
    (2) poner coma después de precio
    (3) cambiar hubieron por habrían
    (4) sacar el acento a estanterías
    (5) sin error

CONTINÚE EN LA PÁGINA SIGUIENTE

PRUEBA 1: LENGUAJE, ESCRITURA, PARTE I

37. Oración 10: **Pero, a medida que la unidad de precio ha tenido una mayor aceptación, algunos de estos problemas mecanicos se han solucionado y la información en el etiquetado se usa cada vez más por parte de los compradores.**

    ¿Qué corrección se debería hacer en esta oración?

    (1) cambiar <u>aceptación</u> por <u>acceptación</u>
    (2) sacar la coma después de <u>aceptación</u>
    (3) cambiar <u>han solucionado</u> por <u>solucionó</u>
    (4) poner acento a <u>mecánicos</u>
    (5) sin error

<u>Las preguntas 38 a 47</u> se basan en los siguientes párrafos.

(1) Usted se va a mudar. (2) Declaración común entre los estadounidenses. (3) Usted sería una excepción si mantuviera su actual residencia por el resto de su vida. (4) Cerca de una de cada cinco personas se muda cada año, visto de otra manera, la persona promedio se muda una vez cada cinco años.

(5) Volviendo a tener en cuenta el término medio la mayoría de las mudanzas de las pertenencias domésticas se realizan sin dificultad, aunque algunas veces no. (6) La mudanza puede realizarse sin ninguna novedad, pero hay que reconocer que se encuentran muchos fáctores que pueden llevar a la frustración, a la incertidumbre y a un cambio inesperado del curso de las acciones.

(7) La mayoría de las mudanzas llevan consigo la satisfacción de un desarrollo positivo. (8) O bien ha habido una promoción en el trabajo (9) o bien la oportunidad de mudarse a un lugar con mejor clima. (10) Tal vez se trata de una oportunidad a largo término que le permite estar cerca de sus amigos más íntimos o de sus nietos. (11) La otra cara de la moneda es qué se deja atrás un barrio o comunidad en la que se ha vivido. (12) También el trabajo personal que se necesita realizar en una mudanza deja a los miembros de la familia exhaustos, justo en el momento en que se necesita estar en buena forma.

38. Oraciones 1 y 2: **Usted se va a mudar. Declaración común entre los estadounidenses.**

    ¿Cuál es la mejor combinación de palabras para conectar las dos oraciones?

    (1) Esta será una declaración que es común
    (2) Esta es una declaración que es común
    (3) Esta tal vez es una declaración que es común
    (4) Esta siendo una declaración que es común
    (5) Esta sería una declaración que es común

39. Oración 3: **Usted sería una excepción si mantuviera su actual residencia por el resto de su vida.**

    ¿Qué corrección se debería hacer en esta oración?

    (1) cambiar <u>sería</u> por <u>será</u>
    (2) cambiar <u>excepción</u> por <u>exepción</u>
    (3) insertar una coma después de <u>excepción</u>
    (4) cambiar <u>su</u> por <u>la</u>
    (5) sin error

40. Oración 4: **Cerca de una de cada cinco personas se muda cada <u>año, visto de otra</u> manera, la persona promedio se muda una vez cada cinco años.**

    ¿Cuál es la mejor manera de escribir la parte subrayada de la oración? Si cree que la versión original es la correcta, escoja la opción 1.

    (1) año, visto de otra
    (2) año, aunque visto de otra
    (3) año, y visto de otra
    (4) año, porque visto de otra
    (5) año, o visto de otra

CONTINÚE EN LA PÁGINA SIGUIENTE

PRUEBA 1: LENGUAJE, ESCRITURA, PARTE I

41. Oración 5: **Volviendo a tener en cuenta el término medio la mayoría de las mudanzas de las pertenencias domésticas se realizan sin dificultad, aunque algunas veces no.**

    ¿Qué corrección se debería hacer en esta oración?

    (1) insertar una coma después de <u>término medio</u>
    (2) sacar el acento en <u>domésticas</u>
    (3) sacar la coma después de <u>dificultad</u>
    (4) cambiar <u>aunque</u> por <u>no obstante</u>
    (5) sin error

42. Oración 6: **La mudanza puede realizarse sin ninguna novedad, pero hay que reconocer que se encuentran muchos fáctores que pueden llevar a la frustración, a la incertidumbre y a un cambio inesperado del curso de las acciones.**

    ¿Qué corrección se debería hacer en esta oración?

    (1) cambiar <u>experiencia</u> por <u>esperiencia</u>
    (2) sacar la coma después de <u>novedad</u>
    (3) cambiar <u>se encuentran</u> por <u>se encuentra</u>
    (4) sacar el acento a <u>fáctores</u>
    (5) sin error

43. Oración 7: **La mayoría de las mudanzas llevan consiguo la satisfacción de un desarrollo positivo.**

    ¿Qué corrección se debería hacer en esta oración?

    (1) cambiar <u>la mayoría</u> por <u>la mayor parte</u>
    (2) cambiar <u>llevan</u> por <u>llevarán</u>
    (3) cambiar <u>consiguo</u> por <u>consigo</u>
    (4) cambiar <u>satisfacción</u> por <u>satisfación</u>
    (5) sin error

44. Oraciones 8 y 9: **O bien ha habido una promoción en el <u>trabajo o bien</u> la oportunidad de mudarse a un lugar con mejor clima.**

    ¿Cuál es la mejor manera de escribir la parte subrayada de la oración? Si cree que la versión original es la correcta, escoja la opción 1.

    (1) trabajo o bien
    (2) trabajo, o bien
    (3) trabajo; o bien
    (4) trabajo: o bien
    (5) trabajo—o bien

45. Oración 10: **Tal vez se trata de una oportunidad a largo término que le permite estar cerca de sus amigos más íntimos o de sus nietos.**

    ¿Qué corrección se debería hacer en esta oración?

    (1) cambiar <u>se trata</u> por <u>se tratan</u>
    (2) insertar una coma después de <u>oportunidad</u>
    (3) cambiar <u>cerca de</u> por <u>cerca a</u>
    (4) sacar el acento a <u>íntimos</u>
    (5) sin error

46. Oración 11: **La otra cara de la moneda es qué se deja atrás un barrio o comunidad en la que se ha vivido.**

    ¿Qué corrección se debería hacer en esta oración?

    (1) poner una coma después de <u>moneda</u>
    (2) sacar el acento a <u>qué</u>
    (3) cambiar <u>atrás</u> por <u>a trás</u>
    (4) cambiar <u>que</u> por <u>cual</u>
    (5) sin error

CONTINÚE EN LA PÁGINA SIGUIENTE

PRUEBA 1: LENGUAJE, ESCRITURA, PARTE I

47. Oración 12: **También el trabajo personal que se necesita realizar en una mudanza deja a los miembros de la familia exhaustos, justo en el momento en que se necesita estar en buena forma.**

    ¿Qué corrección se debería hacer en esta oración?

    (1) insertar comas después de realizar y en una mudanza
    (2) cambiar exhaustos por exaustos
    (3) cambiar justo por justamente
    (4) cambiar estar por ser
    (5) sin error

Las preguntas 48 a 50 se basan en los siguientes párrafos.

(1) En la pesca el primer paso para el pescador de caña es mejorar su equipo de tal manera que la gama de cebos, pesos e hilos disponibles se incremente substancialmente. (2) Normalmente, la bobina giratoria y la caña se seleccionan en la próxima fase de mejoramiento.

(3) La bobina giratoria consiste en una canilla que lleva un largo hilo monofilo, un aro de suporte o un dispositivo de recogida que dirige el hilo hacia la bobina y un colgante que rota alrededor del dispositivo de recogida devolviendo el hilo a la canilla.

(4) En operación, el cebo, conectado al hilo monofilo y colgando varias pulgadas lejos de la punta de la caña, se lanza en un movimiento en forma de arco que va desde una posición ligeramente detrás del hombro hasta el frente del pescador.

(5) Un ajuste adecuado entre la presión ejercida por el dedo sobre el hilo mientras éste se desliza de la bobina y la aceleración de la caña permite controlar la distancia que recorrerá el cebo.

(6) La combinación de cebos tan ligeros que no pesan más de un dieciseisavo de onza e hilos monofilos de dos libras provee gran deleite al pescador interesado en peces de pequeño tamaño. Para deporte con peces más grandes se necesitan hilos y cebos de mayor resistencia y peso.

(7) Los cebos vienen en una gama casi infinita de pesos, tamaños, formas y colores, e incluyen cucharas ondulatorias, modelos que giran o se sacuden, otros que tienen forma de insecto o son insectos verdaderos.

(8) Con una bobina giratoria adecuada, cualquier novato tiene la oportunidad de dedicarse a la pesca deportiva. (9) Esta categoría incluye al mundialmente famoso y aristocrático salmón, las truchas de escamas grandes y pequeñas, el tímalo, los róbalos y los lucios.

48. Oración 1: **En la pesca el primer paso para el pescador de caña es mejorar su equipo de tal manera que la gama de cebos, pesos e hilos disponibles se incremente substancialmente.**

    ¿Qué corrección se debería hacer en esta oración?

    (1) poner una coma después de pesca
    (2) cambiar primer por primero
    (3) cambiar cebos por cevos
    (4) cambiar e por y
    (5) sin error ,

49. Oración 2: **Normalmente, la bobina giratoria y la caña se seleccionan en la próxima fase de mejoramiento.**

    Si escribe de nuevo la frase empezando por

    La próxima fase de mejoramiento…

    …la continuación óptima será:

    (1) ha sido seleccionada la bobina
    (2) es seleccionando la bobina
    (3) sería seleccionando la bobina
    (4) es la selección de la bobina
    (5) hubiera sido la selección de la bobina

50. Oración 3: **La bobina giratoria consiste en una canilla que lleva un largo hilo monofilo, un aro de suporte o un dispositivo de recogida que dirige el hilo hacia la bobina y un colgante que rota alrededor del dispositivo de recogida devolviendo el hilo a la canilla.**

    ¿Qué corrección se debería hacer en esta oración?

    (1) cambiar suporte por soporte
    (2) cambiar dispositivo por dipositivo
    (3) sacar la coma después de monofilo
    (4) cambiar dirige por dirije
    (5) sin error

CONTINÚE EN LA PÁGINA SIGUIENTE

PRUEBA 1: LENGUAJE, ESCRITURA, PARTE II

La Prueba de Escritura tiene como propósito valorar su habilidad de expresarse por escrito. Se le pide que escriba una composición en la cual debe explicar algo, presentar su opinión sobre algún tema, o describir una experiencia personal.

Sugerencia

Durante nuestra niñez experimentamos muchas experiencias que van desde lo cómico hasta lo triste. En la obra *Tom Sawyer* de Mark Twain podemos observar algunas memorables experiencias que Tom tiene; por ejemplo, cuando se pierde en una caverna o cuando retorna justo a tiempo para su propio funeral. Cada uno de nosotros ha tenido alguna experiencia juvenil tan especial que con frecuencia vuelve a mencionarse en las reuniones familiares o entre los amigos. Quizás la gran experiencia que usted ha tenido ocurrió en una excursión, en el escuela o durante las vacaciones.

Tema a tratar

Piense sobre una experiencia de su niñez que parezca ser recordada por otros con frecuencia. Puede ser una experiencia triste, cómica, emocionante o simplemente fuera de lo ordinario. ¿Qué experiencia semejante puede recordar?

INSTRUCCIONES

Escriba un ensayo de aproximadamente 250 palabras en el que se describe un acontecimiento de su vida. Provea detalles. Tiene 45 minutos para escribir sobre este tema.

Verifique

- Lea cuidadosamente la sugerencia, la pregunta y las instrucciones.
- Decida si la sugerencia es expositora, persuasiva o narrativa.
- Antes de empezar, planifique su ensayo.
- Use un papel en blanco como borrador para crear un esquema inicial.
- Escriba su ensayo en la hoja de respuesta con renglones rayados que se le suministra en el examen.
- Lea cuidadosamente lo que ha escrito y haga las correcciones necesarias.
- Asegúrese de que el tema esté bien enfocado, organizado e integrado, y no olvide de respetar las reglas de ortografía.

FIN DEL EXAMEN

PRUEBA 2: ESTUDIOS SOCIALES

INSTRUCCIONES

La Prueba de Estudios Sociales consiste en preguntas de opción múltiple con el propósito de evaluar sus conocimientos generales sobre estudios sociales. La mayoría de las preguntas se basan en selecciones cortas que a menudo incluyen gráficos, tablas o dibujos. Estudie la información que ofrece cada selección y conteste las preguntas que siguen a ésta. Repase dicha información cuantas veces sea necesario para responder las preguntas.

Dispone usted de 70 minutos para responder todas las preguntas. Trabaje con cuidado, pero no dedique demasiado tiempo a una sola pregunta. Asegúrese de responder todas las preguntas, pues no se le penalizará por respuestas incorrectas.

Para indicar sus respuestas, marque el espacio numerado en su hoja de respuestas que corresponda a la pregunta en la prueba.

POR EJEMPLO:

Los primeros colonizadores de América del Norte buscaban lugares donde asentarse que tuvieran un suministro de agua adecuado y en donde se pudiera llegar por barco. Por eso, muchas de las primeras ciudades se fundaron cerca

(1) de las montañas   ① ② ● ④ ⑤
(2) de las praderas
(3) de los ríos
(4) de los glaciares
(5) de las mesetas

Las respuesta correcta es "de los ríos"; por lo tanto, debe marcar el círculo número 3 en la hoja de respuestas.

CONTINÚE EN LA PÁGINA SIGUIENTE

PRUEBA 2: ESTUDIOS SOCIALES

<u>Las preguntas 1 a 3</u> se basan en el pasaje siguiente.

El gobernador tiene el poder de vetar artículos individuales del proyecto de presupuesto, añadiéndole a cada uno un mensaje y presentándolo de nuevo a la legislatura, si ésta continúa aún en sesión. Estos artículos pueden ser derogados por su veto. Esta autoridad, que no posee el presidente de los Estados Unidos, se basa en la gran responsabilidad que se ha otorgado al gobernador para controlar la integridad del presupuesto en todas sus partes.

Todos los proyectos presupuestarios que se han pasado en los últimos diez días de sesión legislativa se basan en lo que se llama la regla de los "30 días". No puede aprobarse una ley, a no ser que en 30 días (domingos incluidos) haya sido firmada por el gobernador.

El poder de veto no se usa escasamente. Más de uno de cada cuatro proyectos no se aprueban, víctimas del poder residente en manos del órgano ejecutivo.

1. El pasaje indica que el gobernador

   (1) veta cerca de una cuarta parte de los proyectos
   (2) veta cerca de tres cuartas partes de los proyectos
   (3) veta todos los proyectos de la sesión legislativa
   (4) no veta ningún proyecto en toda la sesión legislativa
   (5) usa el poder del veto muy escasamente

2. La regla de los "30 días" se refiere

   (1) al límite de tiempo para ejercer el veto
   (2) al veto de bolsillo
   (3) al tiempo disponible para apelar la acción del gobernador
   (4) a los proyectos pasados en los últimos diez días de sesión legislativa
   (5) al límite para aprobar una ley después de ser vetada por el gobernador

3. El poder de veto del gobernador es mayor que el del presidente. Por eso tiene el poder de

   (1) tomar el tiempo que quiera para firmar un proyecto
   (2) vetar un proyecto antes de diez días
   (3) ignorar los proyectos de ley durante el último mes de la legislatura
   (4) vetar artículos individuales del proyecto de presupuesto
   (5) vencer las dos terceras partes de los votos de la legislatura

<u>Las preguntas 4 a 6</u> se refieren a la selección siguiente.

La primera línea de defensa para el consumidor es la información. Antes de comprar un producto—y especialmente antes de hacer una compra grande de cualquier tipo—infórmese sobre la garantía de fábrica y de las provisiones de seguridad.

Recuerde que la garantía es una declaración por parte del fabricante o vendedor de protección al producto o servicio adquirido. Las garantías normalmente tienen límites o condiciones. Por eso, es mejor obtener todas las promesas por escrito.

Antes de comprar un producto o de requerir un servicio cubierto por una garantía, asegúrese de preguntar:

—¿Qué cubre esta garantía?

—¿A quién debo llamar cuando necesite una reparación del producto bajo garantía?

—¿Las reparaciones deben hacerlas en la fábrica o por un "representante de servicio autorizado" para que la garantía sea efectiva?

—¿Quién paga por los repuestos, la mano de obra y los gastos de envío?

—¿Hasta cuándo dura la garantía?

—Si hay un reembolso a prorrata, ¿cuáles son las condiciones?

—Si la garantía provee un reembolso, ¿es en efectivo o es un crédito para reemplazar el producto?

Mantenga la garantía y el recibo de compra para referencia futura.

CONTINÚE EN LA PÁGINA SIGUIENTE

PRUEBA 2: ESTUDIOS SOCIALES

4. El consejo que se da al consumidor en este pasaje se refiere a

   (1) la ética de los negocios
   (2) las garantías incondicionales
   (3) la seguridad de un producto
   (4) las promesas no garantizadas
   (5) la información antes de hacer una compra

5. Según este pasaje, la garantía debería ser

   (1) condicional
   (2) por escrito
   (3) hecha por el vendedor
   (4) cancelable
   (5) dependiente del uso del producto

6. Las garantías incluyen normalmente la siguiente excepción:

   (1) lo que cubre la garantía
   (2) quién hace las reparaciones
   (3) dónde se hacen las reparaciones
   (4) quién paga los gastos relacionados con las reparaciones
   (5) devolución del dinero pagado por el producto

Las preguntas 7 a 8 se refieren al gráfico siguiente.

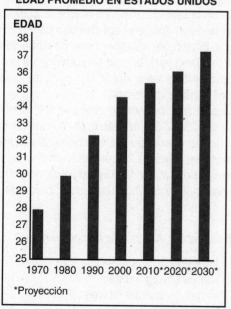

EDAD PROMEDIO EN ESTADOS UNIDOS

EDAD

1970 1980 1990 2000 2010* 2020* 2030*

*Proyección

7. ¿Qué situación es probable que ocurra, después de observar el período que se muestra en el gráfico?

   (1) Los publicistas pondrán más énfasis en la población juvenil
   (2) El tamaño de la familia media aumentará
   (3) Los distritos escolares crearán más escuelas elementales
   (4) El costo de los programas de seguridad social aumentará
   (5) La población empezará a disminuir

8. ¿Qué factor posiblemente podría hacer cambiar la dirección de la tendencia indicada en el gráfico?

   (1) el desarrollo de un remedio contra el cáncer
   (2) el aumento del índice de natalidad
   (3) un período prolongado de depresión económica
   (4) el incremento de la mortalidad infantil
   (5) el control de la contaminación

9. Las políticas del gobierno destinadas a fortalecer el desarrollo económico mediante el aumento del consumo podría encontrarse con grandes oponentes. ¿De qué grupo?

   (1) los líderes laborales
   (2) los ejecutivos de negocios
   (3) los líderes militares
   (4) los ecologistas
   (5) los pequeños empresarios

CONTINÚE EN LA PÁGINA SIGUIENTE

PRUEBA 2: ESTUDIOS SOCIALES

Las preguntas 10 a 11 se refieren a la caricatura siguiente.

10. ¿Cuál es la idea principal de esta caricatura?

    (1) En el mundo no existe energía suficiente para sobrevivir más tiempo
    (2) Las preocupaciones de los ecologistas han tenido poco impacto sobre las acciones de los industriales
    (3) La lucha entre la energía y el entorno no se puede resolver
    (4) La necesidad de producir energía entra en conflicto con la necesidad de preservar el entorno
    (5) Hay un estancamiento en la relación entre los industriales y los defensores del entorno

11. Relacionado con la situación a fines de la década de los años 70, el gobierno federal de Estados Unidos siguió una política que

    (1) daba prioridad a las demandas de energía sobre los problemas del entorno
    (2) estaba al lado de los ecologistas y contra las corporaciones
    (3) buscaba nuevas fuentes de energía fuera de Estados Unidos
    (4) intentaba desviar la atención nacional hacia otros temas
    (5) negociaba imparcialmente con los industriales y los ecologistas

12. Los presidentes de Estados Unidos desde la Segunda Guerra Mundial hasta hoy han sido más influyentes en el área de

    (1) los derechos civiles
    (2) los asuntos urbanos
    (3) las relaciones exteriores
    (4) los derechos de los estados norteamericanos
    (5) los derechos humanos

Las preguntas 13 y 14 se basan en el pasaje siguiente.

No todos los nombres de lugares en los mapas se refieren a lugares visibles. Es fácil imaginar un lugar cuando su nombre en el mapa se refiere a un lugar específico, pero cuando uno ve nombres como Círculo Ártico, Círculo Antártico, Trópico de Cáncer o Trópico de Capricornio, la imagen mental no se desarrolla con la misma facilidad. Estas marcas imaginarias en la superficie de la tierra aparecen generalmente dibujadas como líneas de puntos azules. Al cruzar una de estas líneas en la vida real, usted no la detecta con el ojo ni la siente en la piel.

Los Trópicos de Cáncer y Capricornio reciben sus nombres de las constelaciones de estrellas. Los historiadores creen que los antiguos geógrafos romanos fueron los primeros en llamar Cáncer y Capricornio a estas líneas imaginarias.

El Trópico de Cáncer se encuentra paralelo al ecuador en la latitud 23°27'N y marca el punto del extremo norteño donde el sol cae verticalmente al mediodía. El nombre se refiere a la constelación de Cáncer (el Cangrejo), la cual se comienza a ver en el hemisferio norte a partir del 20, 21 o 22 de junio, cerca del solsticio de verano.

El Trópico de Capricornio está paralelo al ecuador en la latitud 23°27'S y señala el punto del extremo sureño donde el sol cae verticalmente al mediodía. Su nombre se refiere a la constelación de Capricornio (la Cabra), la cual aparece en el hemisferio sur hacia el 21 o 22 de diciembre, cerca del solsticio de invierno.

13. Los Círculos Ártico y Antártico son

    (1) imágenes mentales
    (2) marcas imaginarias
    (3) líneas de puntos azules
    (4) lugares visibles
    (5) fácilmente detectables

CONTINÚE EN LA PÁGINA SIGUIENTE

PRUEBA 2: ESTUDIOS SOCIALES

14. El Trópico de Cáncer y el Trópico de Capricornio son similares por el hecho de

    (1) ser lugares específicos
    (2) ser de origen reciente
    (3) marcar los mismos puntos
    (4) ir paralelos al ecuador
    (5) ser llamados Trópicos por los navegantes

Las preguntas 15 y 16 se basan en el pasaje siguiente.

Hace ochenta y siete años nuestros padres crearon una nueva nación en este continente que concebía y consagraba la libertad y seguía la idea de que todos los hombres han sido creados iguales.

Ahora estamos inmersos en una gran guerra civil, poniendo a prueba la resistencia de esta nación o cualquier otra nación así concebida. Estamos ahora reunidos en el gran campo de batalla de esta guerra. Hemos tenido que usar una porción de este campo como lugar para el reposo final de aquellos que han dado la vida para que esta nación pudiera sobrevivir. Es totalmente adecuado y apropiado que hayamos hecho esto.

Pero, en un sentido más amplio, no podemos dedicar—no podemos consagrar—no podemos venerar esta tierra. Los valientes, vivos o muertos, que han luchado aquí, la han consagrado mucho más allá de nuestras pobres capacidades.

—Abraham Lincoln

15. En el primer párrafo, el orador se refiere a

    (1) la Declaración de la Independencia
    (2) los Artículos de la Confederación
    (3) la Constitución de Estados Unidos
    (4) la Ordenanza del Noroeste
    (5) la Doctrina Monroe

16. El objetivo del discurso era

    (1) conmemorar una batalla
    (2) recordar los comienzos de nuestra nación
    (3) consagrar un cementerio
    (4) deplorar la guerra civil
    (5) buscar apoyo político en las elecciones

Las preguntas 17 a 19 se refieren a la siguiente tabla con listas sobre las características de las naciones A y B.

Factores de producción	*Nación A*
Tierra (recursos naturales)	Escasez relativa
Trabajo	Abundancia relativa
Capital	Abundancia relativa
Dirección empresarial	Abundancia relativa

Factores de producción	*Nación B*
Tierra (recursos naturales)	Abundancia relativa
Trabajo	Abundancia relativa
Capital	Escasez relativa
Dirección empresarial	Escasez relativa

17. ¿Qué decisión económica posiblemente puede beneficiar a la nación A?

    (1) permitir una balanza de pagos desfavorable
    (2) buscar mercados exteriores
    (3) atraer inversión de países extranjeros
    (4) estimular la inmigración
    (5) incrementar las importaciones

18. A principios del siglo XIX, ¿qué nación se parecía a la nación A?

    (1) Estados Unidos
    (2) Gran Bretaña
    (3) Rusia
    (4) Turquía
    (5) China

19. Si la nación B se quisiera industrializar, ¿como podría animar a sus propios ciudadanos a invertir su capital en industrias domésticas?

    (1) permitiendo una balanza de pagos desfavorable y buscando colonias
    (2) permitiendo una balanza de pagos desfavorable y estimulando la inmigración
    (3) atrayendo inversions extranjeras y estimulando la inmigración
    (4) instituyendo aranceles proteccionistas altos y haciendo concesiones fiscales a los negocios
    (5) reduciendo los impuestos a las importaciones

CONTINÚE EN LA PÁGINA SIGUIENTE

PRUEBA 2: ESTUDIOS SOCIALES

20. "Nuestra política hacia Europa…es no interferir con los asuntos internos de ninguna de estas potencias".
    —Presidente Monroe, 1823.

    "Debe ser la política de Estados Unidos apoyar a la gente libre que está resistiendo los intentos se subyugación por parte de las minorías armadas o de las presiones extranjeras".
    —Presidente Truman, 1947.

    La conclusión más válida extraída de estas declaraciones es que

    (1) el presidente Truman sigue la misma teoría del presidente Monroe sobre las relaciones exteriores
    (2) durante los siglos XIX y XX, Estados Unidos no tenía interés en asuntos internacionales
    (3) durante el siglo XIX, los acontecimientos en Europa no afectaron a Estados Unidos
    (4) el presidente Truman cambió la política del presidente Monroe
    (5) las condiciones eran diferentes en 1947 que las de 1823

Las preguntas 21 y 22 se basan en los gráficos siguientes.

De todas las mujeres con hijos menores de 6 años que viven con sus maridos, ¿cuántas trabajan?

'60	18.6%
'65	29.3%
'70	30.3%
'75	36.7%
'80	45.1%
'85	53.4%
'90	58.9%
'96	62.7%

De todas las mujeres que trabajan, ¿cuántas tienen hijos menores de 6 años?

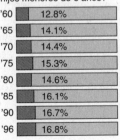

'60	12.8%
'65	14.1%
'70	14.4%
'75	15.3%
'80	14.6%
'85	16.1%
'90	16.7%
'96	16.8%

De todas las mujeres que trabajan, que tienen hijos menores de 6 años y que viven con sus maridos, ¿cuántas trabajan...

	JORNADA COMPLETA	JORNADA PARCIAL
'60	69.6%	30.4%
'65	68.8%	31.2%
'70	64.9%	35.1%
'75	64.9%	35.1%
'80	64.9%	35.1%
'85	65.7%	34.3%
'90	64.2%	35.8%
'96	62.8%	37.2%

Fuente: Agencia de Estadísticas Laborales

21. El período con el mayor aumento en el porcentaje de mujeres que trabajan, que tienen hijos menores de 6 años y que viven con sus maridos fue

    (1) '60–'65
    (2) '70–'75
    (3) '80–'85
    (4) '85–'90
    (5) '90–'96

22. El porcentaje de mujeres que trabajan jornadas parciales permaneció más uniforme que el resto entre

    (1) '60 y '70
    (2) '70 y '80
    (3) '75 y '85
    (4) '80 y '90
    (5) '90 y '96

La pregunta 23 se basa en el gráfico siguiente.

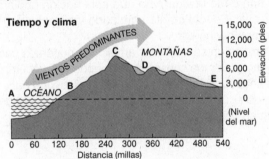

Fuente: Current Events, 1990 (adaptación)

23. ¿Qué área de este gráfico sería la más cálida y seca?

    (1) A
    (2) B
    (3) C
    (4) D
    (5) E

CONTINÚE EN LA PÁGINA SIGUIENTE

PRUEBA 2: ESTUDIOS SOCIALES

La pregunta 24 se basa en el diagrama siguiente.

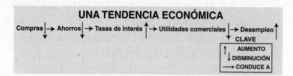

UNA TENDENCIA ECONÓMICA

Compras → Ahorros → Tasas de interés ↑ → Utilidades comerciales → Desempleo ↑

CLAVE
↑ AUMENTO
↓ DISMINUCIÓN
→ CONDUCE A

24. ¿Qué está ocurriendo en el diagrama económico ilustrado arriba?

(1) aumento del ingreso real
(2) devaluación de la moneda
(3) crecimiento
(4) recesión
(5) recuperación

25. "Todas las formas de vida se han desarrollado partiendo de formas anteriores. En todos los casos, la forma más apropiada sobrevivió y la forma más débil se extinguió. Lo mismo ocurre con la gente y las naciones."

Este pasaje expresa un punto de vista que se encuentra con mayor frecuencia en

(1) el fundamentalismo
(2) el darwinismo social
(3) el liberalismo
(4) el socialismo utópico
(5) el igualitarismo

Las preguntas 26 a 28 se basan en el gráfico siguiente.

Una imagen de las finanzas familiares

	1992	1995	1996	2001
Ingreso familiar *medio, pretributario*	$30,400	$32,700	$33,400	**$39,900**
Valor neto familiar *medio*	56,800	60,900	71,600	**86,100**
Porcentaje de familias que poseen acciones *directo o indirecto*	36.7%	40.4%	48.8%	**51.9%**
Valor medio de las acciones *en familias que poseen acciones*	$12,000	$15,400	$25,000	**$28,000**
Deuda como porcentaje del total de bienes familiares	14.6%	14.7%	14.4%	**12.5%**
Familias con pagos de deudas correspondientes al 40% o más del ingreso	10.9%	10.5%	12.7%	**11.0%**

Fuente: Reserva Federal

26. Entre 1992 y 2001, el ingreso familiar medio

(1) aumentó rápidamente
(2) disminuyó rápidamente
(3) aumentó continuamente
(4) disminuyó continuamente
(5) permaneció sin cambios

27. La deuda como porcentaje de los bienes familiares totales probablemente disminuyó entre 1988 y 2001 porque

(1) los pagos de las deudas bajaron
(2) las acciones valían más
(3) el valor neto saltó más que en años previos
(4) los ingresos aumentaron
(5) las acciones aumentaron significativamente

28. Según la tabla, todos los factores siguientes disminuyeron en cada año excepto uno:

(1) ingreso familiar
(2) valor neto familiar
(3) deuda como porcentaje del total de los bienes familiares
(4) valor medio de las acciones
(5) porcentaje de todas las familias con acciones

Las preguntas 29 a 31 se basan en el pasaje siguiente.

No solamente debemos destinar nuestros esfuerzos a reducir el número de delincuentes. Debemos incrementar las oportunidades para que la juventud lleve una vida productiva.

Debemos ofrecer a estos delincuentes o jóvenes con propensión a la delincuencia un Nuevo Comienzo. Debemos asegurarnos de que los recursos y las habilidades esenciales para su tratamiento y rehabilitación estén disponibles. Debido a que muchos de estos jóvenes, hombres y mujeres, viven en familias con problemas psicológicos y económicos, un programa exitoso de rehabilitación puede incluir consejería familiar, guía vocacional, servicios de educación y salud. El programa debe reforzar a la familia y las escuelas. Debe ofrecer a los tribunales otras opciones aparte de encarcelar a estos jóvenes.

—Lyndon B. Johnson

CONTINÚE EN LA PÁGINA SIGUIENTE

PRUEBA 2: ESTUDIOS SOCIALES

29. Este discurso pone énfasis en

    (1) el diagnóstico y la investigación
    (2) la prevención y la rehabilitación
    (3) la rehabilitación y la investigación
    (4) el tratamiento y el diagnóstico
    (5) la investigación y el diagnóstico

30. El objetivo principal de este discurso es

    (1) proveer ayuda financiera federal
    (2) dar consejo a las familias con problemas
    (3) apoyar la investigación y la experimentación
    (4) fomentar las casas de rehabilitación
    (5) abogar por una legislación que combata la delincuencia juvenil

31. El pasaje implica que

    (1) los delincuentes no pueden tener vidas productivas
    (2) la detención de los delincuentes es innecesaria
    (3) la delincuencia es causada por los problemas familiares
    (4) el gobierno federal debería asumir la responsabilidad de la prevención de la delincuencia juvenil
    (5) los tribunales deberían encarcelar a los delincuentes

Las preguntas 32 y 33 se basan en la fotografía siguiente.

32. El propósito de la fotografía es el de mostrar

    (1) cuán peligroso es transportar mercadería en un vagón descubierto
    (2) cuán vulnerable es la mercadería que se encuentra al descubierto
    (3) distintos modos de transportar la leche
    (4) cómo los recipientes de leche eran transportados por tren
    (5) el primer vagón cubierto que transportó leche

33. La fotografía fue probablemente tomada

    (1) durante la década de 1940
    (2) durante la década de 1950
    (3) durante la década de 1960
    (4) durante la década de 1970
    (5) durante la década de 1980

La pregunta 34 se basa en el gráfico siguiente.

Resultados de la elección presidencial de 2004

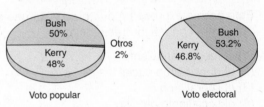

Voto popular — Bush 50%, Kerry 48%, Otros 2%

Voto electoral — Bush 53.2%, Kerry 46.8%

34. ¿Qué generalización es respaldada por la información que provee este gráfico?

    (1) A menudo el voto electoral no refleja el voto popular
    (2) La Cámara de Representantes determina las elecciones presidenciales en las que participan candidatos de terceros partidos
    (3) El sistema de colegio electoral debilita el sistema de dos partidos
    (4) Los miembros del colegio electoral a menudo votan contra los candidatos de su partido
    (5) Los votos electorales resultan en elecciones con resultados más similares

CONTINÚE EN LA PÁGINA SIGUIENTE

PRUEBA 2: ESTUDIOS SOCIALES

Las preguntas 35 a 37 se basan en el gráfico siguiente.

Promedio diario de tiempo empleado en determinadas actividades (horas:minutos)

	Niños de 2 a 7	Niños de 8 a 18
Mirar TV	1:59	3:16
Escuchar CDs o casetes	0:21	1:05
Leer	0:45	0:44
Escuchar radio	0:24	0:48
Usar la computadora	0:07	0:31
Jugar videojuegos	0:08	0:27
Usar el Internet	0:01	0:13

Porcentaje de niños que diariamente usan una computadora

Todos los niños	42%
2 a 7 años de edad	26
8 a 18 años de edad	51
Blancos	45
Negros	39
Hispanos	28
De bajos recursos	29
De ingresos medios	40
De ingresos altos	50

35. La encuesta menciona todos los medios de comunicación, *excepto*

(1) TV
(2) lectura
(3) radio
(4) internet
(5) películas

36. Según el gráfico, el usuario de computadora más probable sería

(1) un blanco de 8 a 18 años
(2) uno de bajos recursos de 2 a 7 años
(3) un hispano de ingresos medios
(4) uno de ingresos altos de 2 a 7 años
(5) un negro de 2 a 7 años

37. El medio de comunicación predominante entre los niños de 2 a 18 años es

(1) TV
(2) lectura
(3) radio
(4) computadora
(5) internet

38. Una fuente principal es el testimonio ocular de un acontecimiento o acontecimientos en un período determinado. ¿Cuál podría ser un ejemplo de fuente principal de información sobre la vida en las colonias americanas del siglo XVIII?

(1) un diario de un tendero colonialista
(2) una pintura del período colonial hecha por un artista del siglo XX
(3) una novela sobre la Guerra Revolucionaria Norteamericana
(4) una reproducción de un mueble usado durante el período colonial
(5) una historia social de este período

Las preguntas 39 y 40 se basan en el siguiente gráfico.

Ingresos semanales medios de trabajadoras de 25 años o más, con jornadas completas, según su nivel educativo (*en dólares de 1998*)

	'80	'98	Cambio '80-'98
Sin diploma de escuela superior	$324	$283	−12.7%
Diploma de escuela superior solamente	$397	$396	− 0.3
Educación universitaria incompleta o diploma asociado	$457	$476	+ 4.2
Diploma de licenciada o más	$574	$707	+23.2

Ingresos medios de mujeres según raza y nivel educativo, 1998

Fuentes: Agencia de Estadísticas Laborales, RFA Dismal Sciences

39. Entre 1980 y 1998, la mayor disminución de los ingresos semanales correspondió a las mujeres que

(1) no tenían diploma de escuela superior
(2) tenían diploma de escuela superior
(3) tenían educación universitaria incompleta
(4) tenían un diploma asociado
(5) tenían diploma de licenciada

40. Los ingresos de las blancas e hispanas fueron mayores a los de las negras que

(1) no tenían diploma de escuela superior
(2) tenían diploma de escuela superior
(3) tenían un diploma asociado
(4) tenían diploma de licenciada
(5) tenían más que un diploma de licenciada

CONTINÚE EN LA PÁGINA SIGUIENTE

PRUEBA 2: ESTUDIOS SOCIALES

Las preguntas 41 a 43 están basadas en las declaraciones hechas por los oradores *A, B, C, D* y *E*.

Orador *A*: El gobierno no puede funcionar bien sin ellos. El flujo de información que proveen el congreso y las agencias federales es vital para el funcionamiento de nuestro sistema democrático.

Orador *B*: Sí, pero el silencio en que generalmente operan me hace sospechar que están influyendo de modo impropio sobre los encargados de hacer las leyes.

Orador *C*: No olvides, que ellos no sólo intentan influir sobre la opinión en Washington, sino que también intentan afectar a la opinión pública a lo largo de toda la nación y así crear un clima favorable a sus puntos de vista.

Orador *D*: Esto es verdad. Cualquier político que ignora 40,000 cartas, está arriesgándose. Les tenemos que prestar atención, tanto si aceptan nuestras opiniones o no.

Orador *E*: Estoy de auerdo con el orador *C*. La opinión pública es esencial para el funcionamiento del modo de vida norteamericano.

41. ¿Qué grupo de oradores cree usted que están conversando?

    (1) los abogados
    (2) los periodistas
    (3) los funcionarios del gobierno
    (4) los analistas de los medios de comunicación
    (5) los cabilderos o grupos de presión

42. ¿Qué orador está más preocupado con el impacto de los métodos usados por este grupo, que según él pasan por encima del sistema democrático?

    (1) *A*
    (2) *B*
    (3) *C*
    (4) *D*
    (5) *E*

43. ¿Qué orador insinúa que los que hacen las leyes tienen que abordar temas que no conocen bien?

    (1) *A*
    (2) *B*
    (3) *C*
    (4) *D*
    (5) *E*

La pregunta 44 se refiere a esta caricatura.

"¡Y Feliz Año de Elecciones para usted también!"

44. ¿Qué afirmación resume mejor la idea principal de esta caricatura?

    (1) El voto del ciudadano es un medio poderoso de influir sobre los legisladores que buscan la reelección
    (2) Los ciudadanos dependen de la rama legislativa del gobierno para su protección
    (3) Los legisladores federales y estatales normalmente están de acuerdo en la mayoría de los temas de las campañas electorales.
    (4) El público normalmente no está a favor de una legislación para la protección del consumidor
    (5) Los votantes son persuadidos fácilmente por parte de los políticos que buscan votos

Las preguntas 45 a 47 se refieren al siguiente pasaje.

La gente y los grupos que proveen el estímulo y el contacto necesarios para el desarrollo social—los agentes sociales—normalmente se dividen en dos clases: (1) aquellos que tienen autoridad sobre el individuo como los padres y los maestros, y (2) aquellos que están en posición de igualdad con él— amigos de la misma edad, compañeros de clase o el círculo de amigos en general. La familia es el agente social durante los primeros años de la vida y es por eso que tiene una gran influencia natural. Pero, debido al aumento de especialización de las funciones de la familia, la rapidez del cambio social que tiende a dividir generaciones y los altos niveles de movilidad y fluidez social, los grupos de amigos adquieren una creciente importancia en la vida moderna urbana.

CONTINÚE EN LA PÁGINA SIGUIENTE

PRUEBA 2: ESTUDIOS SOCIALES

45. Los padres, maestros y amigos de la misma edad comparten el papel de

    (1) la gente que tiene autoridad sobre el individuo
    (2) los miembros de los grupos de amigos
    (3) el círculo de amigos
    (4) el círculo familiar
    (5) agentes sociales

46. Todas estas razones muestran el aumento de la importancia del papel de los compañeros en el desarrollo social individual, excepto la siguiente:

    (1) la movilidad social
    (2) el flujo social
    (3) el desequilibrio generacional
    (4) el crecimiento del número de compañeros
    (5) la especialización de las funciones de la familia

47. En la vida moderna urbana, la familia

    (1) ejerce una gran influencia
    (2) está creciendo en importancia
    (3) está siendo reemplazada por el grupo de compañeros
    (4) está diversificándose
    (5) sólo es influyente en los primeros años de la vida

Las preguntas 48 a 49 se refieren a las siguientes declaraciones hechas por los oradores A, B y C.

Orador A: El incremento del contacto entre las naciones y las gentes es muy característico de nuestros tiempos. Una decisión sencilla de la OPEC o una corporación multinacional puede provocar olas de cambio en nuestra sociedad global.

Orador B: Si tuviéramos que sobrevivir, todos los pasajeros de nuestra nave espacial Tierra deberíamos participar para resolver los problemas que amenazan la condición humana—la pobreza, el agotamiento de recursos, la contaminación, la violencia y la guerra.

Orador C: Hemos de entender que ninguna cultura posee una visión del mundo compartida universalmente. Hay gente que tiene diferentes sistemas de valores, así como modos de pensar y actuar. Esta gente no ve al mundo como nosotros lo vemos.

48. ¿Qué conceptos están discutiendo los oradores A y B?

    (1) la autodeterminación
    (2) el nacionalismo
    (3) la conservación
    (4) la interdependencia
    (5) el proteccionismo

49. El orador C expresa su deseo a favor de la reducción de

    (1) el etnocentrismo
    (2) el globalismo
    (3) la movilidad social
    (4) la tolerancia religiosa
    (5) la interdependencia

La pregunta 50 se refiere a la siguiente caricatura.

"Testigo de cargo"

50. La caricatura está relacionada con la responsabilidad de una determinada situación histórica. ¿Cuál?

    (1) el uso de gas venenoso durante la Segunda Guerra Mundial
    (2) los esclavos en los campos en la Unión Soviética en la época de Stalin
    (3) el antisemitismo y racismo en Europa entre 1930 y 1945
    (4) las prácticas racistas en Sudáfrica
    (5) el *blitzkrieg* alemán en la Segunda Guerra Mundial

FIN DEL EXAMEN

PRUEBA 3: CIENCIAS

INSTRUCCIONES

La Prueba de Ciencias consiste en preguntas de opción múltiple que evalúan sus conocimientos generales de las ciencias. Las preguntas se basan en lecturas cortas que frecuentemente van acompañadas de gráficos, diagramas o dibujos. Estudie la información que se le ofrece y luego conteste las preguntas que siguen. Refiérase a dicha información cuantas veces le sea necesario para contestar las preguntas.

Dispone de 95 minutos para contestar las preguntas. Trabaje con cuidado. Pero no pase demasiado tiempo en una sola pregunta. No se le penalizará por respuestas incorrectas.

Para indicar sus respuestas, marque el espacio numerado en la hoja de respuestas al lado del número que corresponde a la pregunta.

POR EJEMPLO:

¿Cuál de las siguientes es la unidad más pequeña?

    (1) una solución   ① ② ● ④ ⑤
    (2) una molécula
    (3) un átomo
    (4) un compuesto
    (5) una mezcla

La respuesta correcta es "un átomo"; por lo tanto, debe marcar el círculo número 3 en la hoja de respuestas.

Nota: *Las secciones de ciencias que aparecen en los dos exámenes de práctica al final de este libro, del mismo modo que la sección de ciencias en el Examen de GED real, comprenden 50 preguntas. La sección que usted tiene en sus manos cuenta con 66 preguntas para diagnosticar mejor sus puntos fuertes y débiles en las ciencias. Por eso dispone de 95 minutos y no de 80, como ocurrirá en el examen real.*

CONTINÚE EN LA PÁGINA SIGUIENTE

PRUEBA 3: CIENCIAS

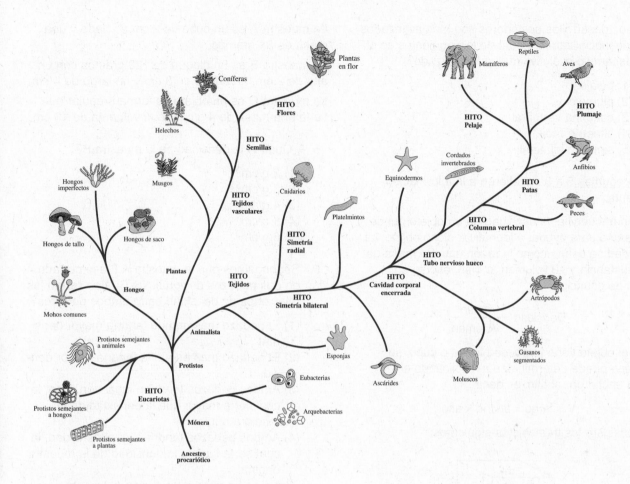

Las preguntas 1 a 4 se refieren al dibujo.

El dibujo muestra las relaciones evolutivas entre las principales clases de organismos. Los puntos de divergencia muestran a los ancestros comunes y cada rama representa una nueva clase de organismos.

1. ¿Cuál es el hito más tardío de la evolución?

   (1) tejidos
   (2) simetría bilateral
   (2) plumaje
   (4) flores
   (5) columna vertebral

2. ¿Cuál de los siguientes muestra el orden de aparición correcto, del más temprano al más tardío?

   (1) musgos, helechos, coníferas
   (2) coníferas, musgos, helechos
   (3) helechos, musgos, coníferas
   (4) helechos, coníferas, musgos
   (5) coníferas, helechos, musgos

3. Si es más probable que los grupos que compartieron ancestros comunes estén estrechamente relacionados, ¿qué grupos están más estrechamente relacionados evolutivamente?

   (1) equinodermos y moluscos
   (2) aves y reptiles
   (3) ascárides y gusanos segmentados
   (4) protistos y mohos
   (5) equinodermos y peces

CONTINÚE EN LA PÁGINA SIGUIENTE

PRUEBA 3: CIENCIAS

4. Los desarrollos posteriores son más avanzados y especializados. ¿Cuál de los siguientes es el desarrollo evolutivo más especializado?

   (1) pelaje
   (2) plumaje
   (3) columna vertebral
   (4) simetría radial
   (5) simetría bilateral

<u>Las preguntas 5 a 8</u> se refieren a la información siguiente:

Con frecuencia, la densidad de un objeto puede emplearse para ayudar a identificar dicho objeto. La densidad se define como la razón entre la masa de una sustancia y su volumen, o bien, escrito en forma de ecuación:

$$\text{Densidad} = \frac{\text{masa}}{\text{volumen}}$$

Si el objeto tiene forma de bloque o cubo, su volumen puede determinarse multiplicando el largo por el ancho por el alto, es decir

$$V = \text{largo} \times \text{ancho} \times \text{alto}$$

Considere los tres objetos siguientes:

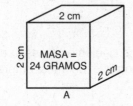

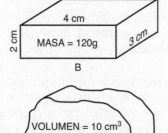

La muestra A es un cubo de 2 cm por lado y una masa de 24 gramos.

La muestra B es un bloque de 120 gramos con un alto de 2 cm, un ancho de 3 cm y un largo de 4 cm.

La muestra C es un objeto de forma irregular que tiene una masa de 4 g/cm^3 y un volumen de 10 cm.

5. ¿Cuál es la densidad de la muestra B?

   (1) 2 g/cm^3
   (2) 3 g/cm^3
   (3) 4 g/cm^3
   (4) 5 g/cm^3
   (5) 6 g/cm^3

6. Supongamos que la muestra A fuese cortada en dos pedazos desiguales. ¿Cuáles serían las relaciones de densidad entre ambos pedazos?

   (1) El pedazo más grande tendría mayor densidad
   (2) El pedazo más pequeño tendría mayor densidad
   (3) Ambos pedazos tendrían igual densidad, la cual sería mayor que la densidad de la muestra original
   (4) Ambos pedazos tendrían igual densidad, la cual sería igual a la densidad de la muestra original
   (5) No se ha dado información suficiente para responder

7. Al calentarse un globo, su volumen aumenta al doble. ¿Qué pasa con su densidad?

   (1) La densidad aumenta al doble
   (2) La densidad aumenta cuatro veces
   (3) La densidad permanence inalterada
   (4) La densidad se reduce a la mitad
   (5) No se ha dado información suficiente para responder

8. ¿Cuál es la masa de la muestra C?

   (1) 20 g
   (2) 30 g
   (3) 40 g
   (4) 60 g
   (5) 80 g

CONTINÚE EN LA PÁGINA SIGUIENTE

PRUEBA 3: CIENCIAS

9. Una isla puede crearse cuando el material expulsado por un volcán submarino gradualmente va acumulándose hasta sobresalir en la superficie. Esto ha ocurrido en numerosos lugares del océano Pacífico. Con el pasar del tiempo, otra isla puede empezar a formarse a cierta distancia de la isla original. Es posible que las cadenas de islas, tales como las islas de Hawaii, hayan sido creadas de esta manera. Una razón por la que esto ocurre puede ser que

(1) el volcán se desplaza por el fondo del océano
(2) las placas de tierra y roca que cubren el interior de nuestro planeta se mueven lentamente y así desplazan al volcán
(3) cuando se creó la primera isla, la lava volcánica siguió fluyendo y creó otra isla
(4) los volcanes eruptaron en lugares donde las islas iban a crearse
(5) las erupciones volcánicas no tienen nada que ver con la creación de islas

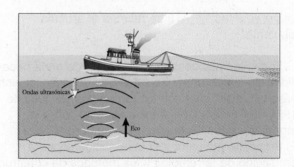

10. El dibujo muestra una onda emitida por el sistema sonar del barco, la cual llega hasta el fondo marino y luego rebota de vuelta al barco. Si se conoce la velocidad de la onda sonora y el tiempo durante el cual la onda viaja, puede determinarse a qué distancia se encuentra el fondo. La onda de sonar viaja a 1,000 metros por segundo. Si le toma 4 segundos para viajar al fondo marino y luego volver, ¿cuál es la profundidad del océano en ese lugar?

(1) 500 metros
(2) 1,000 metros
(3) 2,000 metros
(4) 4,000 metros
(5) 8,000 metros

Las preguntas 11 a 13 se refieren al pasaje siguiente.

La mayoría de nosotros hemos jugado con imanes cuando éramos niños. Los imanes pueden ser fabricados o pueden encontrarse en estado natural. Los griegos de la antiguedad fueron los primeros en usar imanes. Para ello emplearon un mineral llamado magnetita, el cual tenía el poder de atraer o repeler ciertos metales. Es interesante notar que si se rompe un imán en dos pedazos, cada pedazo tendrá su polo norte y su polo sur.

En general, todos los imanes, cualesquiera fuesen sus formas, poseen un polo norte y un polo sur. Los polos iguales se atraen y los polos distintos se repelen. Un compás funciona porque emplea un imán que gira libremente y que es atraído o repelido por los polos magnéticos del planeta.

El electroimán representa uno de los usos más comunes que se da a los imanes. Este aparato funciona al hacerse pasar una corriente eléctrica por material magnético, tal como un clavo de hierro.

11. ¿Que tipo de imán puede controlarse mediante el ajuste del flujo de corriente eléctrica, como se hace en los depósitos de chatarra para levantar y luego dejar caer grandes pedazos de metal?

(1) magnetita
(2) un electroimán
(3) un imán presente en la naturaleza
(4) un imán de barra
(5) un imán con dos polos norte

12. ¿Qué extremo del compás indicará el norte?

(1) su polo norte
(2) su polo sur
(3) cualquier extremo, según se encuentre éste encima o debajo del ecuador
(4) depende de qué está hecho el imán
(5) depende de qué metales estén alrededor del compás

CONTINÚE EN LA PÁGINA SIGUIENTE

PRUEBA 3: CIENCIAS

13. Los imanes de tipo alnico se emplean en la industria porque poseen gran fuerza en relación con su tamaño. ¿Cuál es la respuesta correcta en lo referente a un imán alnico?

    (1) Debe pasarse una corriente eléctrica a través de él
    (2) Debe ser atraído por todos los metales
    (3) Debe ser un imán en estado natural
    (4) Debe tener un polo norte y un polo sur
    (5) Ninguna de las respuestas previas es correcta

Las preguntas 14 a 16 se refieren al artículo siguiente.

Los dos tipos de motor más comunes son el de gasolina de combustión interna y el diésel. Cada uno presenta ventajas y desventajas en determinadas situaciones. En el motor de combustión interna usado en la mayoría de los automóviles y cortadoras de césped, una mezcla de gasolina y aire es encendida con una chispa que lanza la bujía. El aire provee el oxígeno necesario para la combustión.

El motor diésel funciona mediante la mezcla de combustible y aire bajo gran presión, lo cual permite el encendido de la mezcla. La enorme presión requerida exige que las paredes de los cilindros y el bloque del motor sean muy resistentes. El encendido del motor diésel puede ser más difícil, pero su combustible es más barato que la gasolina, así que el uso de vehículos con motor diésel resulta menos costoso.

14. ¿Qué declaración es correcta referente al motor de combustión interna pero no del motor diésel?

    (1) Requiere tanto combustible como aire
    (2) Su operación cuesta menos
    (3) Requiere una bujía
    (4) Funciona al comprimirse la mezcla de aire y combustible, lo cual permite su encendido
    (5) Necesita menor cantidad de aire

15. ¿Por qué los motores diésel se usan en camiones que recorren grandes distancias?

    (1) La gasolina no está disponible en todas partes
    (2) El combustible diésel es menos caro que la gasolina
    (3) Los motores de combustión interna contaminan el entorno
    (4) Las bujías no son confiables
    (5) Los motores tienen paredes más resistentes

16. ¿Qué tipo de motor emplearía un automóvil de carrera y por qué?

    (1) motor de combustión interna porque su uso es más barato
    (2) motor de combustión interna porque pesa menos
    (3) motor de combustión interna porque usa menos combustible
    (4) motor diésel porque no requiere bujías
    (5) motor diésel porque es más resistente

Las preguntas 17 a 19 se refieren al artículo siguiente.

Todas las naciones están de acuerdo en la necesidad de cooperar en los esfuerzos de investigación para estudiar y predecir los terremotos. En julio de 1956, la Primera Conferencia Mundial sobre la Ingeniería para Terremotos se celebró en Tokio. El propósito fue compartir información sobre la predicción de terremotos y los métodos de construcción de edificios y puentes que puedan resistir las sacudidas.

¿Qué causa los terremotos? La corteza de la tierra es un mosaico de pedazos limitados por profundas grietas llamadas fallas. Cuando fuerzas profundas dentro de la tierra mueven estos pedazos, empiezan a generarse ondas que provocan tremendas sacudidas en las fallas. Estas ondas pueden ser detectadas por los sismógrafos en todo el mundo. Si el terremoto se produce debajo del océano, produce una enorme ola, llamada tsunami, que puede provocar grandes daños cuando llega a la costa.

CONTINÚE EN LA PÁGINA SIGUIENTE

PRUEBA 3: CIENCIAS

Elemento	Símbolo	# de protones	# de neutrones	# de electrones	Unidad de masa atómica (uma)	Carga iónica más común	Muestra de compuesto con Cl
Litio	Li	3	X	3	7	+1	LiCl
Sodio	Na	11	12	11	23	+1	NaCl
Calcio	Ca	20	20	20	40	+2	$CaCl_2$
Magnesio	Mg	12	12	10	24	+2	$MgCl_2$
Aluminio	Al	13	14	13	27	+3	Z

17. ¿Cuál es la causa más frecuente de los terremotos?

    (1) movimientos dentro del planeta
    (2) el plegamiento de tierra
    (4) el derrumbamiento de tierra
    (4) las corrientes submarinas
    (5) los tsunamis

18. ¿Cómo se puede reducir al mínimo la destrucción ocasionada por un terremoto?

    (1) uso más frecuente de sismógrafos
    (2) mejorar la construcción de los edificios
    (3) métodos más rápidos de evacuación
    (4) detección y alarma tempranas
    (5) mejor control de los tsunamis

19. Las explosiones nucleares pueden ser detectadas por los sismógrafos porque

    (1) causan tsunamis
    (2) ocurren en las fallas geológicas
    (3) producen terremotos
    (4) producen grandes ondas en la corteza terrestre
    (5) comprimen las rocas

Las preguntas 20 a 23 se refieren a la tabla.

La tabla más arriba muestra la composición de algunos metales comunes, sus cargas cuando forman iones y una muestra de compuestos cuando el ion metálico se combina con un ion Cl –1. Los protones tienen una carga de +1, los neutrones no tienen carga y los electrones tienen una carga de –1. Los átomos neutros tienen números iguales de protones y electrones. La masa de un átomo proviene de sus protones y neutrones, cada uno de los cuales posee una masa de 1 uma (unidad de masa atómica), mientras que la masa de un electrón generalmente no se toma en cuenta en los cálculos por ser tan pequeña. Los compuestos iónicos estables se forman de una combinación de un ion positivo y un ion negativo, de modo tal que la carga general de los iones equivale a cero.

20. ¿Cuál es el valor de X, el número de neutrones en un átomo de litio?

    (1) 3
    (2) 4
    (3) 5
    (4) 6
    (5) 7

21. ¿Cuál sería la carga de un ion de magnesio?

    (1) –1
    (2) +2
    (3) –2
    (4) +1
    (5) +3

22. ¿Cuál es la fórmula del cloruro de aluminio, representado por la Z en la tabla más arriba?

    (1) Al_3Cl
    (2) AlCl
    (3) $AlCl_2$
    (4) $AlCl_3$
    (5) Al_3Cl_3

CONTINÚE EN LA PÁGINA SIGUIENTE

PRUEBA 3: CIENCIAS

23. ¿Qué le pasa a un átomo cuando pierde un electrón?

    (1) adquiere una carga de +1 y pierde 1 uma de masa
    (2) adquiere una carga de +1 y gana 1 uma de masa
    (3) adquiere una carga de +1 y no tiene cambio de masa
    (4) adquiere una carga de −1 y pierde 1 uma de masa
    (5) adquiere una carga de −1 y gana 1 uma de masa

Las preguntas 24 a 29 se refieren al artículo siguiente.

La fotosíntesis es un proceso complejo con muchos pasos intermedios. El agua del suelo es absorbida por las raíces de la planta, sube por tubitos llamados xilema hacia el tallo y las hojas. El dióxido de carbono, difundido del aire por los estomas hacia las hojas, entra en contacto con el agua y se disuelve. La solución de dióxido de carbono en agua se difunde entonces a través de las paredes celulares hacia el interior de las células. Los corpúsculos dentro de la célula, llamados cloroplastos, contienen clorofila, que es un pigmento verde que captura la energía luminosa del sol y la transforma en energía química. Esta energía química convierte el dióxido de carbono y agua en otros compuestos. Dichos compuestos van volviéndose cada vez más complejos hasta que finalmente se produce un azúcar. El oxígeno es liberado como producto secundario del proceso fotosintético.

24. ¿Qué estructura de la planta está directamente relacionada con la producción de azúcar?

    (1) el estoma
    (2) el xilema
    (3) la pared celular
    (4) la membrana
    (5) el cloroplasto

25. Para que se produzca la fotosíntesis, el agua del suelo debe ser transportada hasta la hoja. ¿Qué estructura conduce el agua del suelo a la hoja?

    (1) la clorofila
    (2) el estoma
    (3) el xilema
    (4) el floema
    (5) el cloroplasto

26. ¿Cuál es el principal producto de la fotosíntesis? (O bien, ¿cuáles son los principales productos de la fotosíntesis?)

    (1) sólo la clorofila
    (2) azúcares y agua
    (3) agua y oxígeno
    (4) sólo oxígeno
    (5) oxígeno y azúcares

27. El azúcar está formado de carbón, hidrógeno y oxígeno. En el proceso de la fotosíntesis, ¿cuál es la fuente de estos elementos químicos?

    (1) sólo el dióxido de carbono
    (2) sólo el agua
    (3) el dióxido de carbono o bien el agua
    (4) el dióxido de carbono y el agua
    (5) ni el dióxido de carbono ni el agua

28. ¿Cuál es la función de la clorofila en la fotosíntesis?

    (1) es la fuente de los carbohidratos
    (2) produce dióxido de carbono
    (3) cambia la energía de la luz a energía química
    (4) suministra energía química
    (5) proporciona el color verde

29. El dióxido de carbono entra en las plantas a través de

    (1) las raíces
    (2) el xilema
    (3) la membrana del plasma
    (4) el estoma
    (5) los espacios intercelulares

CONTINÚE EN LA PÁGINA SIGUIENTE

PRUEBA 3: CIENCIAS

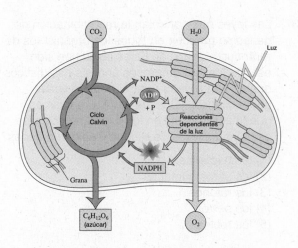

30. El dibujo muestra el esquema de la fotosíntesis. ¿Cuál de los siguientes factores debe estar presente para que las plantas produzcan azúcares?

    I. luz
    II. dióxido de carbono
    III. agua

    (1) sólo I
    (2) sólo II
    (3) sólo I y II
    (4) sólo II y III
    (5) I, II y III

31. Las plantas, expuestas a la luz solar, absorben el dióxido de carbono para producir glucosa y a cambio desprenden oxígeno. ¿Cuál de las afirmaciones siguientes es la que probablemente aumentaría los resultados del proceso?

    (1) Incrementar la cantidad de oxígeno en el aire
    (2) Añadir glucosa al suelo
    (3) Poner las plantas en la sombra
    (4) Reducir la cantidad de dióxido de carbono en el aire
    (5) Aumentar la cantidad de dióxido de carbono en el aire

Las preguntas 32 a 34 se refieren al artículo siguiente.

En el proceso de la evolución, algunos individuos dentro de una población poseen características físicas que les dan mayor poder de supervivencia entre los otros miembros de su especie. Estas características pueden ayudarles a atraer una mejor pareja, encontrar alimentos, esconderse de los depredadores, o defen-

derse mejor. Estos individuos con mayor poder de supervivencia tendrán mayor posibilidad de transmitir sus genes a generaciones futuras, estimulando así la evolución a largo plazo de toda su especie.

El pico de un ave generalmente define el tipo de alimento que el ave consume. Algunas aves rapaces tienen picos curvos y aguzados. Otras aves poseen picos largos y finos para extraer el néctar de las flores. El tucán sudamericano posee un pico enorme, de brillante colorido y cuyo largo puede corresponder a la mitad del cuerpo del ave. El tucán usa este pico para recoger fruta.

32. ¿Cuál es la probable razón de que los cálaos africanos se parezcan al tucán sudamericano, aunque no sean de la misma especie?

    (1) La semejanza es pura coincidencia
    (2) Ha habido un intercambio genético entre los dos tipos de aves
    (3) Los dos tipos de aves proceden del mismo antepasado
    (4) Los dos tipos de aves comen frutas en las selvas tropicales
    (5) Los tucanes han emigrado de África

33. Durante la Revolución Industrial en Inglaterra se construyeron enormes fábricas que lanzaban nubes de humo sin parar. Una especie de polilla blanca que vivía sobre las cortezas de árboles de madera clara (donde era prácticamente invisible a sus enemigos) se vio amenazada. Cuando el humo de las fábricas tiznó de negro todo el entorno, los troncos de los árboles también quedaron tiznados. A medida que pasó el tiempo, la población de estas polillas disminuyó dramáticamente. La razón principal de esta disminución se debe a que

    (1) las polillas blancas eran ahora visibles sobre la madera tiznada y los pájaros las podían comer fácilmente
    (2) el tizne del humo era venenoso para las polillas
    (3) el tizne del humo destruyó la principal fuente de alimento de las polillas
    (4) el tizne del humo destruyó los huevos de las polillas
    (5) las polillas debieron buscar otros árboles porque los árboles originales estaban ahora tiznados

CONTINÚE EN LA PÁGINA SIGUIENTE

PRUEBA 3: CIENCIAS

34. Las serpientes son criaturas solitarias. Con pocas excepciones, salen del huevo y se alejan para vivir solas. Ocasionalmente, una serpiente hembra emitirá una sustancia olorosa llamada feromona que dejará por su camino La razón para dejar esa sustancia se debe a que el único proceso vital que la serpiente es incapaz de realizar sola es la

    (1) respiración
    (2) hibernación
    (3) reproducción
    (4) regulación
    (5) locomoción

35. El potasio está recibiendo atención especial como complemento nutritivo. El potasio conduce una carga eléctrica y es muy importante en la transmisión de los impulsos nerviosos y de la contracción muscular. Frutas como el plátano y los albaricoques secos son muy ricas en potasio. Estos alimentos se recomiendan para aquellas personas que sufren de falta de potasio debido a que sus medicamentos ocasionan pérdida de agua en el organismo. ¿Por qué puede haber trastornos cardíacos si se pierde potasio?

    (1) El corazón necesita plátanos y albaricoques
    (2) El corazón absorbe mucho potasio
    (3) La presión sanguínea elevada puede tratarse
    (4) La presión sanguínea baja puede tratarse
    (5) Los músculos del corazón requieren potasio para poder contraerse

36. Los óxidos de carbono, azufre y nitrógeno que salen por las chimeneas de las fábricas que queman carbón reaccionan con el agua presente en la atmósfera para formar ácidos. La contaminación que producen estos gases son la causa de las siguientes formas de daño ambiental *excepto*

    (1) la deformidad física de los peces en desarrollo
    (2) la corrosión de los edificios
    (3) la muerte de muchos árboles en los bosques
    (4) el daño a los pulmones humanos
    (5) la contaminación por aguas cloacales de los suministros de agua

37. Las leyes que controlan la recombinación de genes se parecen en todos los organismos de reproducción sexual. Estas leyes han sido estudiadas en numerosos análisis estadísticos que se han llevado a cabo durante varias generaciones. ¿Cuál de estos organismos puede ser más útil en los experimentos para estudiar las leyes de recombinación de genes?

    (1) las bacterias
    (2) los seres humanos
    (3) los ratones
    (4) los perros
    (5) los robles

38. El diagrama de abajo muestra los cambios en la población de lobos y alces en los bosques norteños en un período de seis años. ¿Qué explicación es la más razonable?

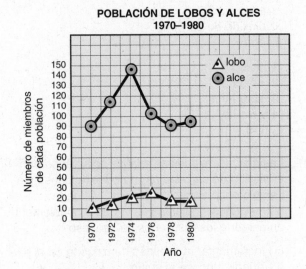

POBLACIÓN DE LOBOS Y ALCES
1970–1980

    (1) Los alces producen más descendencia cuando hay pocos lobos
    (2) Cuando hay muchos alces, hay más gente que los caza
    (3) Los lobos producen más descendencia cuando hay muchos alces
    (4) La población tanto de lobos como de alces varía según las condiciones del tiempo
    (5) La población de lobos no tiene ninguna relación con la disponibilidad de alces

CONTINÚE EN LA PÁGINA SIGUIENTE

PRUEBA 3: CIENCIAS

39 . En un principio, la atmósfera de la tierra no tenía oxígeno. Éste se produjo cuando las bacterias desarrollaron un pigmento verde que hizo posible la fotosíntesis. ¿Cuál de los siguientes grupos representa la secuencia en que los organismos aparecieron en la tierra?

(1) animales, bacterias verdes, bacterias no verdes
(2) bacterias verdes, animales, bacterias no verdes
(3) animales, bacterias no verdes, bacterias verdes
(4) bacterias no verdes, bacterias verdes, animales
(5) bacterias no verdes, animales, bacterias verdes

La pregunta 40 se refiere al diagrama siguiente.

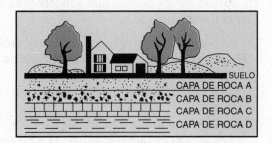

40. Cuando los sedimentos se depositan en el océano, forman nuevas capas encima de las ya existentes. El sedimento puede convertirse en rocas que contienen fósiles. ¿Qué conclusión puede sacar un geólogo sobre los fósiles encontrados en las capas de rocas que aparecen en el diagrama?

(1) Todos los fósiles tienen la misma edad
(2) Las edades relativas de los fósiles no se pueden determinar
(3) Los fósiles en la capa de roca D son más viejos que los de la capa A
(4) Los fósiles en la capa de roca B son más viejos que los de la capa C
(5) Los fósiles en la capa de roca A son más viejos que los de la capa B

41. El virus del SIDA se transmite de una persona infectada por la introducción directa de su sangre u otro fluido corporal al cuerpo de otra persona. Un individuo puede contraer SIDA mediante cualesquiera de las siguientes posibilidades, *excepto*

(1) por respirar el aire de la respiración de una persona con SIDA
(2) por hacer el acto sexual con una persona infectada
(3) por usar una aguja hipodérmica que ha sido anteriormente usada por alguien que tiene la enfermedad
(4) por recibir una transfusión de sangre procedente de una persona infectada
(5) por contagio del virus de una mujer embarazada a su feto

42. Las plantas de maíz pueden tener ciertos genes que las hacen inmunes a los efectos venenosos de los herbicidas. Estos genes pueden originarse espontáneamente por mutación y luego pasar a futuras generaciones. ¿Qué puede hacer un cultivador de plantas para desarrollar una línea de maíz que no se muera por los herbicidas?

(1) Aplicar herbicidas para causar mutaciones
(2) Prevenir las mutaciones a través de un control cuidadoso de las condiciones del ambiente
(3) Buscar plantas inmunes mediante la aplicación de herbicidas y la reproducción de las que sobrevivan
(4) No usar fertilizantes y reproducir las plantas que sobrevivan
(5) No usar herbicidas y reproducir las plantas que se han mutado

CONTINÚE EN LA PÁGINA SIGUIENTE

PRUEBA 3: CIENCIAS

43. Desde la mitad del siglo XX, se han desarrollado muchas variedades de plantas. ¿Cuáles son algunas de las razones para desarrollar nuevas cepas de plantas?

    I. resistencia a insectos y enfermedades
    II. aumento del valor nutritivo
    III. mayor cantidad de agua y fertilizante requeridos para el crecimiento

    (1) I solamente
    (2) II solamente
    (3) I y II solamente
    (4) I y III solamente
    (5) I, II y III

44. Los cambios de fase son procesos en los que un material cambia de un estado de materia a otro. Por ejemplo, el derretimiento es un cambio de fase en el que un sólido cambia a un líquido. Los cambios de fase comprenden absorción o liberación de energía. ¿Cuáles de los siguientes cambios de fase comprenden la liberación de energía?

    I. congelamiento
    II. evaporación
    III. condensación

    (1) I solamente
    (2) I y II solamente
    (3) I y III solamente
    (4) II y III solamente
    (5) I, II y III

Las preguntas 45 a 49 se refieren al artículo siguiente.

En la actualidad, algunas plantas se clonan para producir millones de plantas más a partir de un pequeño trozo de la planta original. La clonación de plantas es posible gracias a que cada una de las células de la planta contiene un programa detallado contenido en los cromosomas para reproducirse. Después de poner un trozo de la planta en un caldo de cultivo, se le añaden hormonas llamadas auxina y citocinina que estimulan el desarrollo de nuevas plantas. Estas nuevas plantas son genéticamente idénticas a la planta original y a sí mismas.

El equipo y los procedimientos empleados en la clonación son más caros que los utilizados en otras formas de propagación vegetativa. La ventaja de la clonación es que permite la creación de un enorme número de plantas en poco tiempo. Por ejemplo, una nueva variedad de planta puede clonarse hasta producir un millón de ejemplares en sólo seis meses. Este procedimiento es muy útil para desarrollar plantas resistentes a enfermedades que no sólo sobrevivirán en climas difíciles sino además producirán una abundante cosecha.

45. ¿Por qué razón se usa la clonación para reproducir plantas?

    (1) Permite producir plantas con mayor variabilidad genética
    (2) Permite producir plantas en forma más barata que con otros métodos vegetativos
    (3) Comprende un procedimiento sexual que produce semillas
    (4) Permite producir gran número de plantas en corto tiempo
    (5) Permite producir plantas de gran variedad

46. Es posible clonar plantas que son idénticas a la planta materna porque

    (1) los científicos han creado programas detallados para hacer una gran diversidad de plantas
    (2) cada célula de una planta es idéntica a la otra
    (3) los cromosomas poseen detallados programas genéticos que son idénticos a los de la planta materna
    (4) se emplean hormonas para inducir la reproducción en la planta
    (5) es fácil cultivar plantas cuando las condiciones son adecuadas

47. ¿Qué afirmaciones describen a las hormonas auxina y citocinina?

    (1) Son formas de reproducción vegetativa
    (2) Pueden desarrollarse en un zigoto
    (3) Estimulan la producción de nuevas plantas
    (4) Inhiben la producción de nuevas plantas
    (5) Son formas de reproducción asexual

48. ¿Cómo se define la clonación?

    (1) una forma de reproducción sexual
    (2) una forma de reproducción vegetativa
    (3) una hormona inorgánica
    (4) un componente inorgánico del caldo de cultivo
    (5) una auxina

CONTINÚE EN LA PÁGINA SIGUIENTE

PRUEBA 3: CIENCIAS

Sustancia	pH	Sabor	Color del tornasol	Color del rojo metílico
Jugo de naranja	2	Agrio	Rojo	Rojo
Vinagre	3	Agrio	Rojo	Rojo
Agua	7	Ninguno	Sin cambio	Amarillo
Agua jabonosa	9	Amargo	Azul	Amarillo
Amoníaco	11	Amargo	Azul	Amarillo
Limpiacañerías	13	Amargo	Azul	Amarillo

49. Una diferencia importante entre las plantas producidas por clonación y las plantas obtenidas de semillas es que

    (1) las plantas clonadas son más saludables
    (2) las plantas clonadas son idénticas a la planta materna
    (3) las plantas obtenidas de semillas son idénticas a la planta materna
    (4) las plantas obtenidas de semillas están mejor adaptadas a las condiciones que determinan su crecimiento
    (5) las plantas clonadas no requieren grandes cuidados

50. Si las partículas son solubles en agua, deben disolverse en ésta y la solución resultante debe ser transparente. A veces, sin embargo, parte de la substancia quedará como un precipitado en el fondo del recipiente.

    ¿Por qué encontramos en algunas etiquetas de medicamentos la inscripción "Agítese antes de usar"?

    (1) El líquido es una solución
    (2) La mezcla no es una solución
    (3) Las partículas tienen el tamaño de moléculas
    (4) Las partículas no son visibles
    (5) La luz atraviesa la solución

Las preguntas 51 a 53 se refieren a la tabla de arriba.

La tabla muestra algunas sustancias que se encuentran en cualquier casa e indica sus propiedades ácido-base. El pH es una manera de describir la acidez de una sustancia, de modo que un pH bajo revela mayor acidez y un pH alto indica mayor base (alcalinidad). Un pH de 7 es neutro. El rojo metílico y el tornasol son ejemplos de indicadores ácido-base, es decir, son sustancias químicas que cambian de color según el pH. (Nota: Aunque la tabla provee información sobre el sabor, éste nunca se considera una práctica de laboratorio aceptable.)

51. La leche agria probablemente tendría un pH próximo a

    (1) 2
    (2) 7
    (3) 8
    (4) 10
    (5) 12

52. Cierta marca de detergente posee un pH de 10.5. ¿Cuál de las propiedades siguientes es probable que posea?

    (1) tiene sabor agrio y es tornasol-rojo
    (2) tiene sabor amargo y es tornasol-rojo
    (3) tiene sabor agrio y es tornasol-azul
    (4) tiene sabor amargo y es tornasol-azul
    (5) tiene sabor agrio y el tornasol no cambia

CONTINÚE EN LA PÁGINA SIGUIENTE

PRUEBA 3: CIENCIAS

53. Una sustancia desconocida tiene sabor amargo. ¿Cuáles serán los colores más probables de los dos indicadores ácido-base?

    (1) el tornasol sería rojo y el rojo metílico sería amarillo
    (2) el tornasol sería rojo y el rojo metílico sería rojo
    (3) el tornasol sería azul y el rojo metílico sería rojo
    (4) el tornasol sería azul y el rojo metílico sería amarillo
    (5) el tornasol sería azul y el rojo metílico sería azul

54. ¿Cuál de estas normas generales explica mejor el hecho de que un cubito de hielo enfría una bebida?

    (1) El frío se mueve hacia los objetos de mayor temperatura
    (2) El calor se mueve hacia los objetos de mayor densidad
    (3) El calor se mueve hacia los objetos de menor densidad
    (4) El frío se mueve hacia los objetos de menor temperatura
    (5) El calor se mueve hacia los objetos de menor temperatura

Las preguntas 55 a 58 se refieren al pasaje y diagrama siguientes.

Cuando se levanta el aire, se expande y su temperatura disminuye. Contrariamente, cuando el aire desciende, se comprime y se calienta. Cuando el aire se enfría, su humedad relativa aumenta. Cuando esta humedad relativa llega al 100%, la humedad se condensa en el aire.

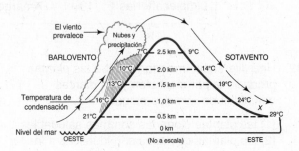

El diagrama muestra la dirección en que prevalence el viento y las temperaturas del aire en diferentes alturas a ambos lados de la montaña.

55. ¿Cuál debería ser la temperatura aproximada del aire en la cima de la montaña?

    (1) 12°C
    (2) 10°C
    (3) 0°C
    (4) 7°C
    (5) 4°C

56. ¿En qué lado de la montaña y a qué altura es la humedad relativa probablemente de 100%?

    (1) en el lado de barlovento a 0.5 km
    (2) en el lado de barlovento a 2.5 km
    (3) en el lado de sotavento a 1.0 km
    (4) en el lado de sotavento a 2.5 km
    (5) en el lado de sotavento a 1.5 km

CONTINÚE EN LA PÁGINA SIGUIENTE

PRUEBA 3: CIENCIAS

57. ¿Cómo cambia la temperatura del aire cuando éste se levanta en el lado de barlovento de la montaña entre el nivel del mar y 0.5 km?

    (1) Su temperatura sube debido a la compresión del aire
    (2) Su temperatura sube debido a la expansión del aire
    (3) Su temperatura baja debido a la compresión del aire
    (4) Su temperatura baja debido a la expansión del aire
    (5) Su temperatura sube y baja debido a la expansión del aire

58. ¿Qué aspecto geográfico está ubicado en la base de la montaña en el lado de sotavento (ubicación X)?

    (1) una region árida y desértica
    (2) una selva
    (3) un glaciar
    (4) un gran lago
    (5) un río

59. Las actividades humanas producen o añaden los siguientes elementos contaminadores, *excepto*

    (1) el sonido
    (2) el polen
    (3) la radiación
    (4) el humo
    (5) los óxidos de carbono

Las preguntas 60 y 61 se refieren al pasaje y diagrama siguientes.

El bloque marcado con la letra A está siendo tirado hacia arriba a una velocidad constante por el peso que está cayendo en el otro lado. Debido a que la velocidad es constante, la fuerza que lo tira hacia arriba debe ser igual a la magnitud de la fuerza que lo frena. La fuerza opuesta se llama roce.

60. ¿Cómo cambiaría la situación si se usara un peso más grande?

    (1) Nada cambiaría
    (2) Tanto el bloque como el peso se acelerarían en lugar de mantener una velocidad constante
    (3) Tanto el bloque como el peso irían a una velocidad constante más rápida
    (4) El peso se aceleraría, pero el bloque continuaría moviéndose a una velocidad constante
    (5) Tanto el bloque como el peso disminuirían su velocidad

61. Aunque usted está más familiarizado con los animales que tienen un esqueleto interno, llamado endoesqueleto, el esqueleto de algunos organismos cubre sus cuerpos por fuera. Este exoesqueleto provee excelente sostén y protección pero, a medida que el animal crece, el esqueleto permanence igual. Como resultado, el exoesqueleto debe ser cambiado, o mudado, cada cierto tiempo.

    Los animales con exoesqueleto se llaman invertebrados. De los animales enumerados a continuación, cuál *no* es un invertebrado?

    (1) langosta
    (2) tortuga
    (3) caracol
    (4) cangrejo
    (5) araña

CONTINÚE EN LA PÁGINA SIGUIENTE

PRUEBA 3: CIENCIAS

Botella	Moscas macho en la botella	Moscas hembra en la botella	¿Papel atrapamoscas presente?	Comida	Luz
Uno	10 sin alas, 10 aladas	10 sin alas, 10 aladas	Sí	Sí	Sí
Dos	10 sin alas, 10 aladas	10 sin alas, 10 aladas	No	Sí	Sí

Las preguntas 62–66 se refieren a la información siguiente.

El siguiente experimento se realizó para ver si había situaciones en las que una mosca sin alas pudiese tener una ventaja sobre una mosca alada normal. La tabla más arriba muestra las condiciones del experimento.

62. ¿Cuál de las siguientes es la variable independiente en este experimento?

    (1) la presencia de alimento en las botellas
    (2) la cantidad de luz que tenían las moscas
    (3) la presencia de papel atrapamoscas en las botellas
    (4) el sexo de las moscas
    (5) el experimento tiene un patrón de comparación

63. ¿En qué botella se podría predecir que las moscas sin alas tienen una ventaja?

    (1) botella 1
    (2) botella 2
    (3) ambas botellas
    (4) ninguna botella
    (5) depende del tipo de alimento que se provea

64. ¿Cuál sería una variable adecuada para medirse al final del experimento?

    (1) el peso de las moscas
    (2) el número de moscas vivas
    (3) la cantidad de alimento comido por las moscas
    (4) la respuesta de las moscas a la luz y la oscuridad
    (5) las diferencias en la supervivencia entre las moscas macho y moscas hembra

65. En la naturaleza, las moscas sin alas a veces aparecen espontáneamente. Esto se llama

    (1) una ley de la naturaleza
    (2) una mutación
    (3) un gene
    (4) un alelo
    (5) una generación espontánea

66. ¿Qué principio general de la naturaleza podría explicarse si se descubriera que la mayoría de las moscas aladas murieron en el papel atrapamoscas?

    (1) El papel atrapamoscas es un medio eficaz de controlar la proliferación de insectos
    (2) Las moscas de la fruta existen bajo distintas formas en la naturaleza
    (3) La evolución favorece las formas que poseen la mejor característica o rasgo para la lucha por la supervivencia
    (4) La utilidad de una característica o rasgo en la lucha por la supervivencia depende del entorno en el cual el animal vive
    (5) Los procesos de los ecosistemas naturales no pueden reproducirse en laboratorios

FIN DEL EXAMEN

PRUEBA 4: LENGUAJE, LECTURA

INSTRUCCIONES

La Prueba de Lenguaje y Lectura consiste en pasajes extraídos de la literatura y de artículos sobre literatura y las artes que abarcan los años pre-1920, 1920–1960 y post-1960, y por lo menos un documento comercial. Cada pasaje va seguido por preguntas de opción múltiple relacionadas con el material de lectura.

Primero lea cada pasaje y luego conteste las preguntas que le siguen. Refiérase al material de lectura cuantas veces sea necesario para responder las preguntas.

Cada pasaje va precedido por una "pregunta de orientación". Dicha pregunta le ayuda a encontrar el rumbo general de la materia. No conteste estas preguntas de orientación, ya que su único propósito es el de ayudarle a concentrarse en las ideas presentadas en el material de lectura.

Dispone de 65 minutos para contestar las preguntas. Trabaje con cuidado, pero no dedique demasiado tiempo a una sola pregunta. Asegúrese de responder todas las respuestas, pues no se le penalizará por respuestas incorrectas.

Para indicar sus respuestas, llene uno de los círculos numerados en la hoja de respuestas que aparecen al lado del número correspondiente a la pregunta que está contestando en la prueba.

POR EJEMPLO:

Era el sueño de Susana. El color azul metálico resplandecía y le brillaba el cromo de las ruedas. El motor se había limpiado con el mismo esmero. Adentro, las luces iluminaban el tablero de instrumentos y los asientos estaban recubiertos de cuero fino.

Lo más probable es que el sujeto de este pasaje sea

(1) un avión   ① ② ● ④ ⑤
(2) un equipo estéreo
(3) un automóvil
(4) un bote
(5) una motocicleta

La respuesta correcta es "un automóvil"; por lo tanto, debe marcar el círculo número 3 en la hoja de respuestas.

CONTINÚE EN LA PÁGINA SIGUIENTE

PRUEBA 4: LENGUAJE, LECTURA

Las preguntas 1 a 5 se refieren al documento comercial siguiente.

¿CUÁN FLEXIBLE DEBE SER EL AMBIENTE LABORAL DE LOS EMPLEADOS?

**Manual para Empleados:
Ambientes Laborales**

Teletrabajo

(1) La Compañía tiene el propósito de crear un ambiente laboral flexible en el que se equilibran los requisitos de los clientes, de los empleados, y de la Compañía. (2) Por lo tanto,
(5) la Compañía trata de ser creativa en lo que respecta a lugares y estilos de trabajo. (3) Los convenios de teletrabajo pueden basarse en circunstancias temporales o establecerse como parte de un horario regular. (4) En cualquier
(10) caso, se prefiere que los empleados trabajen en la oficina cuando esto sea posible. (5) Esto permite que los empleados estén disponibles para los clientes y establece un ambiente de consistencia y cooperación entre los grupos de
(15) trabajo. (6) Cuando los empleados deseen trabajar en casa, la Compañía les pide que lo hagan dentro de un ambiente de disponibilidad, comunicación y productividad. (7) Todos los convenios de teletrabajo estarán subordinados a
(20) la aprobación del jefe de los empleados. (8) En general, todo teletrabajo debe seguir los reglamentos siguientes.

- (9) Los empleados deben llegar a un acuerdo con su jefe por lo menos una semana antes de
(25) comenzar su teletrabajo.
- (10) Los empleados deben llamar a su oficina de modo regular.
- (11) Los empleados deben mantener informado a su jefe sobre sus paraderos de modo que el
(30) jefe pueda ubicarlos fácilmente.
- (12) Trabajar en casa significa trabajar para la Compañía. No significa tomar tiempo libre para realizar proyectos que no conciernen a la Compañía.
(35) - (13) Los empleados no deben acostumbrarse a trabajar en casa en días previos o posteriores a vacaciones o días feriados.
- (14) En circunstancias normales, no se debe teletrabajar más de un día a la semana o más
(40) de tres días al mes.

1. ¿Cuál es el significado de *teletrabajo*?

    (1) trabajar principalmente al teléfono
    (2) trabajar desde la casa
    (3) trabajar en la oficina
    (4) trabajar con la computadora
    (5) responder llamadas telefónicas para la Compañía

2. Según este manual, ¿cuál de los siguientes es un reglamento empleado en el teletrabajo? (Renglones 19–40).

    (1) el teletrabajo debe practicarse por lo menos cuatro días al mes
    (2) es aceptable trabajar desde la casa en los días previos o posteriores a vacaciones o días feriados
    (3) los empleados deben llamar a su oficina por lo menos una vez cada hora
    (4) los empleados deben informar a su jefe sobre sus paraderos
    (5) tomar vacaciones es lo mismo que trabajar en casa

3. ¿Cuál de los siguientes sería un ejemplo de teletrabajo "dentro de un ambiente de disponibilidad, comunicación y productividad?" (Renglones 16–18).

    (1) el empleado rutinariamente llama a su jefe
    (2) el empleado se comunica mediante su teléfono celular
    (3) el empleado llama a los clientes desde su oficina
    (4) el empleado debe informar sobre su paradero a su jefe en una sola ocasión
    (5) el empleado trabaja menos cuando teletrabaja

4. Si la Compañía deseara despedir a un empleado por mal uso del teletrabajo, ¿cuál de las siguientes sería una razón válida?

    (1) el empleado teletrabajó regularmente más de tres días cada mes
    (2) el empleado llamó a su oficina
    (3) el empleador no otorgó horas libres al empleado
    (4) el empleador no informó al empleado sobre los reglamentos del teletrabajo
    (5) la Compañía tiene una política de "no culpabilidad individual"

CONTINÚE EN LA PÁGINA SIGUIENTE

PRUEBA 4: LENGUAJE, LECTURA

5. ¿Cuál es el propósito principal de la política sobre teletrabajo de la Compañía?

   (1) reducir la cantidad de trabajo que deben realizar los empleados
   (2) crear un ambiente laboral más flexible y equilibrado para los empleados
   (3) proveer más tiempo para vacaciones
   (4) permitir la comunicación directa entre el cliente y el empleado
   (5) ahorrar dinero para la Compañía

Las preguntas 6 a 10 se refieren al pasaje siguiente, tomado de una obra de ficción en prosa.

¿QUÉ PUEDE HACER UN PADRE ACONGOJADO?

Ion ve a un cargador que acarrea telas para costales y decide hablarle.

—¿Qué hora es, amigo?—le pregunta.

—Las nueve pasadas. ¿Qué haces allí parado? Muévete.

Ion avanza unos pasos, parece encogerse, y se entrega a su dolor. No puede aguantar más. Le da un pequeño tirón a las riendas. —Al establo—piensa, y la pequeña yegua, como si le entendiera, comienza a trotar.

Uno de los cocheros, al lado de la estufa, se levanta a medias, gruñe soñoliento y estira el brazo hacia un balde con agua.

—¿Quieres un trago?—le pregunta Ion.

—¡Cómo no voy a querer un trago!

—Salud, entonces. Pero escucha, compadre, ¿sabías que se me murió mi hijo? ¿Escuchaste? Esta semana, en el hospital…es un cuento largo.

Ion se detiene para ver el efecto que tienen sus palabras, pero no ve ninguno...el cochero volvió a dormirse. Tanto como el cochero quiere un trago, tanto desea hablar el viejo. ¿Es que no hay nadie que escuche?

—Saldré a cuidar de la yegua—, piensa Ion. —Tiempo para dormir habrá siempre. De eso no hay duda.

Cuando está solo no se atreve a pensar en su hijo. Puede hablar de él a todos, pero pensar en él, imaginárselo, es terriblemente doloroso.

—Así están las cosas, mi vieja yegua. No hay más Kuzma Ionich. Ahora, supongamos que tú tuviste un potrillo, que tú eras la madre del potrillo, y repentinamente, digamos, ese potrillo se fue y te dejó viviendo después de él. Sería triste, no te parece?

La yegua rumia, escucha, y respira sobre la mano de su amo…

Los sentimientos abruman a Ion y éste termina contándole a su yegua toda la historia.

6. En este cuento, es irónico que

   (1) el cochero desee un trago
   (2) el cargador diga a Ion que se mueva
   (3) Ion cuente su historia a una yegua
   (4) Ion haya quedado sin comida para su yegua
   (5) la yegua hubiera tenido un potrillo

7. Ion va a cuidar a su yegua. Lo hace probablemente para

   (1) tener algo que hacer
   (2) protestar el elevado precio del forraje
   (3) demostrar su gran amor por su yegua
   (4) demostrar que no le molesta el comportamiento del cochero
   (5) dejar de lado su sentimiento de culpabilidad

8. Este cuento del siglo XIX tiene lugar seguramente en

   (1) una ciudad norteamericana
   (2) una ciudad del este de Europa
   (3) una granja del norte de Europa
   (4) un pequeño pueblo norteamericano
   (5) una ciudad de Inglaterra

9. La intención del autor de usar el tiempo presente se debe seguramente a su deseo de

   (1) hacer más moderno su cuento
   (2) aumentar el largo del cuento
   (3) aumentar el sentimiento de inmediación para el lector
   (4) escribir el cuento lo más conscientemente posible
   (5) reforzar el punto de vista de primera persona

10. La situación de Ion es mostrada al lector cuando Ion

   (1) pregunta la hora al cargador
   (2) pide un trago al cochero
   (3) se habla a sí mismo
   (4) lucha contra el sueño
   (5) se compara con la madre del potrillo

CONTINÚE EN LA PÁGINA SIGUIENTE

PRUEBA 4: LENGUAJE, LECTURA

Las preguntas 11 a 15 se refieren al pasaje siguiente, tomado de una obra no ficticia en prosa.

¿CÓMO ERA LA VIDA FRONTERIZA PARA UNA MUJER?

Siempre estaba allí, justo delante de la puerta de entrada, para dar la bienvenida a los visitantes cuya presencia era anunciada por el sonido de cascos y el retumbo de las ruedas sobre el
(5) puente de madera. Si se encontraba en la cocina, ayudando a su cocinera de Bohemia, aparecía en su delantal, alzando un cucharón de hierro enmantequillado o saludando con dedos manchados con cerezas al recién llegado. Nunca
(10) se detenía para asegurar un mechón con horquilla; era atractiva en desabillé y lo sabía. La habían visto correr en bata hacia la puerta, cepillo en mano y su largo cabello negro agitado sobre sus hombros para saludar a Cyrus Dalzell,
(15) presidente de la Colorado & Utah, y el gran hombre nunca se sintió más halagado que entonces. Para él y para los admiradores de edad madura que venían de visita, todo lo que la Sra. Forrester hiciese era siempre digno de una dama.
(20) Según éstos, no había vestido ni situación en los que ella no luciera encantadora. El mismo capitán Forrester, hombre de pocas palabras, le dijo al juez Pommeroy que nunca la había visto más fascinante que en aquel día cuando el nuevo toro
(25) la persiguió por el pastizal. Ella se había olvidado del toro y fue por la pradera a recoger flores silvestres. Él escuchó su grito y, mientras corría resoplando colina abajo, ella volaba como una liebre por el borde de la ciénaga, muerta de la
(30) risa y tercamente aferrando el parasol carmesí que había creado el disturbio.

La Sra. Forrester tenía veinticinco años menos que su marido y era su segunda esposa. Se desposaron en California y la trajo recién casada
(35) a Aguasdulces. Ese era su hogar aun entonces, cuando sólo vivían allí unos pocos meses cada año.

—Willa Cather

11. El narrador describe a la Sra. Forrester como a una mujer joven que no sólo era hospitalaria sino además encantadora gracias a su

(1) educación
(2) aspecto
(3) inteligencia
(4) agilidad
(5) devoción

12. ¿Qué recurso literario se usa en los renglones 28–29?

(1) subestimación
(2) hipérbole
(3) símil
(4) onomatopeya
(5) metáfora

13. Las palabras "según éstos" en el renglón 20 se refieren a

(1) los vecinos de la Sra. Forrester
(2) los hombres de edad madura
(3) los días de verano
(4) los pensamientos del narrador
(5) los transeúntes

14. ¿Con qué palabras describe el narrador la elegancia natural de la Sra. Forrester?

(1) "Encantadora"
(2) "Atractiva en desabillé"
(3) "Fascinante"
(4) Todas las respuestas previas son correctas
(5) Ninguna respuesta previa es correcta

15. ¿Qué descripción en los renglones 21–32 revelan la opinión que el capitán Forrester tiene de su esposa?

(1) Su actitud la hacía más atractiva
(2) A menudo descuidaba sus deberes de ama de casa
(3) Era una mujer frágil, fácil de herir
(4) Fue derrotada por las adversidades de la vida
(5) Era terca cuando trataba con su marido

CONTINÚE EN LA PÁGINA SIGUIENTE

PRUEBA 4: LENGUAJE, LECTURA

Las preguntas 16 a 20 se basan en el poema siguiente.

¿CÓMO ES CUANDO LOS POSTES ELÉCTRICOS REEMPLAZAN A LOS ÁRBOLES?

Sobre sus costados, parecidos a vigas caídas
sin corteza áspera
A cien pies uno del otro, yacen los postes
eléctricos.
Sólo ayer, este camino estaba bordeado
de eucaliptos, en pasillos.
Hileras de árboles, asientos para ancianos.
Ahora olores de árboles flotan por el aire,
residuos de vida.
Los postes están levantados. Cosas verticales,
frígidas y sin pasión.
Se esfuerzan en llenar los hoyos que son
cuencas dejados por los árboles. Postes
idénticos, encajados con cemento
debajo, parasíticamente atados a cables
activos encima.
Impostores de árboles, nunca se retractarán
de su sabiondería de buho telegráfico,
allí están parados—¡rígidos!
Niños tristes, tratan de treparlos, buscando
hojas entre las millas y millas de ininterrumpidos
bosques eléctricos.

16. ¿Cuál es la frase que mejor expresa las ideas de este poema?

    (1) los nuevos árboles
    (2) cosas verticales prometedoras
    (3) mejoramiento del entorno
    (4) trepa de árboles
    (5) olores de árboles

17. El poeta parece estar resentido con

    (1) la corteza áspera de los postes
    (2) los nuevos olores de los postes
    (3) la falta de vida de los postes
    (4) la falta de diversidad de los postes
    (5) la energía eléctrica de los postes

18. En este poema, los niños están tristes porque

    (1) los postes son demasiado resbaladizos para ser trepados
    (2) los postes son demasiado rígidos para ser trepados
    (3) se les ha prohibido subirse a los postes
    (4) los postes han reemplazado a los árboles
    (5) han llegado a querer a los buhos

19. El punto de vista del poeta queda expresado por el uso de frases como

    (1) vigas caídas
    (2) postes eléctricos
    (3) cosas verticales sin pasión
    (4) hoyos que son cuencas
    (5) cables activos

20. Un ejemplo de una figura de dicción poética se encuentra en las palabras

    (1) olores de árboles
    (2) encajados con cemento
    (3) impostores de árboles
    (4) niños tristes
    (5) buscando hojas entre las millas

CONTINÚE EN LA PÁGINA SIGUIENTE

PRUEBA 4: LENGUAJE, LECTURA

<u>Las preguntas 21 a 25</u> se refieren al poema siguiente.

¿CUÁL ES LA REACCIÓN DEL MAESTRO ANTE LA MUERTE DE SU ALUMNA?

Recuerdo los rulos del cuello, lacios y húmedos
   como zarcillos;
Y su mirada rápida, una sonrisa oblicua
   de pececito;
(5) Y como, al sobresaltarla y pedirle que hable, las
   ligeras sílabas saltaban por ella,
Y ella se equilibraba en el deleite de su
   pensamiento,
Un pajarito, feliz, con su cola al viento,
(10) Su canción haciendo temblar varillas
   y ramitas.
La sombra cantaba con ella;
Las hojas, sus susurros tornados en besos;
Y la tierra cantaba en los valles descoloridos
(15)   bajo la rosa.

Oh, cuando estaba triste, se lanzaba
   a profundidades tan puras,
Que ni un padre podia encontrarla:
Raspando su mejilla contra la paja;
(20) Revolviendo el agua más clara.

Mi gorrión, no estás aquí,
Esperando como un helecho, haciendo una
   sombra puntiaguda.
Los lados de piedras mojadas no pueden
   consolarme,
(25) Ni el musgo, herido con la última luz.

Si sólo yo pudiera sacarte con suave empujón
   de este sueño,
Mi querida niña herida, mi paloma de pasitos
(30)   raudos.
Sobre esta tumba húmeda, pronuncio las
   palabras de mi amor:
Yo, sin derechos en este asunto,
Ni padre ni amante.
                    —Theodore Roethke, "Elegía por Jane"

21. El poeta escribió este poema principalmente
   para

   (1) describir a Jane
   (2) criticar a Jane
   (3) llorar a Jane
   (4) recordar a Jane
   (5) olvidar a Jane

22. El sentimiento del poeta por Jane, tal como
   está indicado en el poema, es uno de

   (1) admiración temerosa
   (2) reverencia
   (3) pesadumbre
   (4) nostalgia
   (5) amor

23. ¿A qué compara el poeta a Jane repetidas
   veces?

   (1) una flor
   (2) una estrella fugaz
   (3) un pájaro
   (4) un pequeño animal
   (5) una hermosa canción

24. El cambio que se observa en el poema a partir
   del renglón 21 es que el poeta

   (1) se resigna
   (2) recuerda otros detalles
   (3) se compara a un padre
   (4) habla directamente a la alumna muerta
   (5) se encoleriza por perderla

25. El impacto del poema es fuerte porque el poeta
   siente que él

   (1) es como un padre para Jane
   (2) es como un amante para Jane
   (3) es como un maestro para Jane
   (4) no tiene derecho de escribirle este poema
   (5) es responsable de la tragedia

CONTINÚE EN LA PÁGINA SIGUIENTE

PRUEBA 4: LENGUAJE, LECTURA

Las preguntas 26 a 30 se refieren al siguiente pasaje de una obra de teatro.

¿CÓMO RESPONDE LA FAMILIA A LA OFERTA DE LINDNER?

WALTER: Quiero decir—he trabajado como conductor gran parte de mi vida—y mi esposa aquí, hace labores domésticas en las cocinas de otra
(5) gente. Y así lo hace mi madre—lo que quiero decir, somos gente común…

LINDNER: Sí, Sr. Younger—

WALTER: *[Como un niño pequeño, mirando*
(10) *hacia sus zapatos y luego hacia el hombre de nuevo]* Y—ah—bueno, mi padre, bueno, él fue un obrero gran parte de su vida.

LINDNER: *[Totalmente confuso]* Oh, bien—

(15) WALTER: *[Mirando hacia sus zapatos de nuevo]* Mi padre golpeó a un hombre hasta casi matarlo una vez porque ese hombre le dijo una mala palabra o algo, ¿comprende
(20) lo que quiero decir?

LINDNER: No, me temo que no.

WALTER: *[Enderezándose por fin]* Bueno, lo que quiero decir es que venimos de gente que tiene mucho orgullo.
(25) Es decir, somos muy orgullosos. Y esa allí es mi hermana, y mi hermana va a ser una doctora—y estamos muy orgullosos—.

LINDNER: Está bien, estoy seguro que todo
(30) esto está muy bien, pero—

WALTER: *[Empieza a llorar y mira al hombre cara a cara]* Lo que le estoy diciendo es que lo llamamos acá para decirle que tenemos mucho
(35) orgullo y que éste es—es mi hijo, con quién tenemos la sexta generación de nuestra familia en este país, y que todos hemos pensado sobre su oferta y todos decidimos
(40) mudarnos a nuestra casa porque mi padre—mi padre se la ha ganado. *[MAMÁ tiene los ojos cerrados y se está meciendo hacia atrás y adelante como si estuviera*
(45) *en la iglesia, con su cabeza asin-*

tiendo el sí del amén] No queremos hacer problemas para nadie ni luchar por ninguna causa—pero trataremos de ser buenos vecinos.
(50) Eso es todo lo que tenemos que decir. *[Mira al hombre fijamente en los ojos]* No queremos su plata. *[Se da vuelta y se aleja]*

LINDNER: *[Mirando alrededor a todos]*
(55) Entiendo que han decidido mudarse.

BENEATHA: Eso es lo que el hombre dijo.

LINDNER: *[A MAMÁ en su ensueño]* Entonces quiero apelar a usted, Sra. Younger. Usted tiene más
(60) años y experiencia y estoy seguro que comprende mejor las cosas…

MAMÁ: *[Levantándose]* Me temo que usted no entiende. Mi hijo dijo que nos vamos a mudar y a mí no me
(65) queda nada que decir. *[Sacude su cabeza con doble sentido]* Usted sabe, señor, como son los jóvenes de hoy en día. No hay nada que
(70) hacerles. Hasta luego.

LINDNER: *[Guardando sus materiales]* Bueno—si están tan seguros, no tengo nada más que decir… *[Termina de guardarlos. Es casi*
(75) *ignorado por la familia, cuyos miembros están concentrados en WALTER LEE. Al llegar a la puerta, LINDNER se para y mira alrededor]* Espero que todos sepan lo
(80) que están haciendo. *[Sacude su cabeza y se va]*

—Lorraine Hansberry, *Una pasa al sol*

CONTINÚE EN LA PÁGINA SIGUIENTE

PRUEBA 4: LENGUAJE, LECTURA

26. La historia que Walter cuenta de su padre, de cómo éste casi mata a otro hombre por haberle dicho una mala palabra, es

    (1) una anécdota
    (2) una mentira
    (3) una advertencia
    (4) un sueño
    (5) una alusión

27. Desde este momento, la familia

    (1) permanecerá en el ghetto
    (2) intentará una nueva vida
    (3) venderá su casa
    (4) volverá al sur
    (5) luchará por alguna causa

28. Después de este incidente, el jefe de la familia será

    (1) Travis
    (2) Mamá
    (3) Walter
    (4) Ruth
    (5) Beneatha

29. El Sr. Lindner

    (1) entiende a la familia Younger
    (2) odia a la familia Younger
    (3) tiene simpatía por la familia Younger
    (4) es tolerante con la familia Younger
    (5) está en desacuerdo con la familia Younger

30. La palabra que mejor describe a la familia de Walter es

    (1) sencilla
    (2) perversa
    (3) orgullosa
    (4) camorrista
    (5) no cooperadora

Las preguntas 31 a 35 se refieren al pasaje siguiente.

¿CÓMO RECUERDA SU NIÑEZ UN JEFE INDIO?

He actuado en películas y en espectáculos del Oeste Salvaje, he trabajado de intérprete entre el indio y el hombre blanco. He conocido a presidentes y reyes, escritores, científicos y artistas. He tenido momentos de gran felicidad y recibido muchos honores, pero nunca he olvidado mi libre y turbulenta niñez cuando vivía en un tipi y oía el llamado de los coyotes bajo las estrellas…cuando los vientos nocturnos, el sol y todo lo demás en nuestro mundo primitivo reflejaba la sabiduría y la benevolencia del Gran Espíritu. Recuerdo ver a mi madre inclinándose sobre una fogata y asando carne de búfalo, y a mi padre volviendo por la noche con un antílope sobre sus hombros. Recuerdo jugar con los otros niños en las riberas de un río limpio, ni nunca olvidaré cuando mi abuelo me enseñó a hacer un arco y flechas de madera dura y pedernal, y un anzuelo de la costilla de un ratón de campo. No soy sentimental, pero los recuerdos me persiguen mientras repaso escenas de aquellos días en que aún no tenía la edad de comprender que todo lo que era indio pasaría al pasado.

El niño norteamericano corriente de hoy habría gozado de los privilegios que yo tuve en la pradera aún intacta, cien años atrás. Por lo general me despertaba a tiempo para ver el amanecer. Si el tiempo era cálido, caminaba hacia el río que corría cerca de nuestra aldea, recogía el agua con mis manos, la bebía y luego me zambullía. El río provenía de los cerros y acarreaba consigo hojas, flores y ramas. Podía ver los peces que se congregaban en las pozas al lado de la catarata. Los pájaros tenían nidos y volaban por las laderas; ocasionalmente podía ver mapaches y zorros en los arbustos. Las águilas hacían círculos en lo alto, vigilando la tierra para cazar ratones u otros animalitos de desayuno o para alimentar las crías en los nidos. Nunca habían horas suficientes en el día para agotar el placer de observar a todas las criaturas—desde la araña que tejía su mágica y casi invisible tela hasta las águilas calvas en sus gruesos nidos sobre los árboles más altos, enseñando a su progenie a lanzarse al vacío.

—Recuerdos del Jefe Zorro Rojo

CONTINÚE EN LA PÁGINA SIGUIENTE

PRUEBA 4: LENGUAJE, LECTURA

31. El sentimiento que impera en esta selección es de

    (1) nostalgia
    (2) amargura
    (3) resignación
    (4) envidia
    (5) anticipación

32. Uno de los recuerdos más importantes del jefe son

    (1) los espectáculos del Oeste Salvaje
    (2) los muchos honores recibidos
    (3) haber conocido presidentes y reyes
    (4) los miembros de su familia
    (5) los coyotes

33. El primitivo mundo del escritor se caracterizaba por

    (1) la evidencia del Gran Espíritu
    (2) anzuelos hechos de costillas
    (3) arcos y flechas
    (4) el llamado de los coyotes
    (5) los vientos nocturnos

34. El amor por la naturaleza que tenía el escritor lo condujo a

    (1) observarla muy cuidadosamente
    (2) beneficiarse de su calor
    (3) coleccionar especímenes
    (4) buscar animales pequeños
    (5) dormir tarde

35. La naturaleza de cien años atrás era preferible a la naturaleza actual porque era

    (1) más variada
    (2) más salvaje
    (3) más mágica
    (4) más amistosa
    (5) aún intacta

Las preguntas 36 a 40 se refieren al comentario siguiente sobre las obras *Romeo y Julieta* e *Historia del Lado Oeste* (*West Side Story*).

¿CÓMO SE COMPARAN *ROMEO Y JULIETA* Y *WEST SIDE STORY*?

¡Qué gloriosos versos caen de los labios de los personajes de Shakespeare! Es verdad que existe un vigor de jazz juguetón en algunas partes de *West Side Story,* como la canción sobre
(5) el policía Krupke, pero ésta palidece ante el despliegue pirotécnico del discurso de la Reina Mab de Mercurio. Hay ternura en "María", pero cuán trabado de lengua es el héroe del siglo XX al lado del joven que gritó, "Se burla él de
(10) cicatrices que nunca una herida abandonaron". "Toma mi mano y ya estaremos a medio camino", se dicen María y Tony, y tal subestimación de la realidad es conmovedora. Pero "Galopad de prisa, corceles de patas ardientes"
(15) y las líneas que siguen resplandecen con una gloria que nunca disminuye. Podrían seguirse multiplicando las comparaciones del lenguaje y siempre, por supuesto, Shakespeare sería el ganador.
(20) Sin su gran poesía *Romeo y Julieta* no sería una gran tragedia. Y después de todo posiblemente no lo sea, pues como se ha comentado con frecuencia, el héroe y la heroína de Shakespeare son un poquito demasiado ligeros
(25) para acarrear el peso de una trágica grandeza. Su triste situación es más patética que trágica. Y si esto se aplica a ellos, igualmente se aplicará a Tony y María, en cuyo caso hay más aflicción que tragedia. No obstante, hay trage-
(30) dia implícita en la situación del ambiente que rodea a la joven pareja contemporánea, y esto no debe pasarse por alto ni subestimarse. Esencialmente, sin embargo, lo que vemos es que los cuatro jóvenes tratan de consumar la
(35) felicidad en el umbral en que se encuentran, una felicidad que han gustado tan brevemente. Los cuatro pierden la oportunidad de hacerlo, la pareja del Renacimiento por los caprichos del destino y los jóvenes de nuestro mundo por los
(40) prejuicios y odios que los rodean. Los cuatro son valientes y dignos de nuestro afecto. Los cuatro despiertan nuestra compasión, aun cuando no nos sacudan con temor aristotélico.

CONTINÚE EN LA PÁGINA SIGUIENTE

PRUEBA 4: LENGUAJE, LECTURA

(45) Los poetas y los dramaturgos continuarán escribiendo sobre amantes jóvenes cuyos destinos los juntan y separan. Tal espectáculo siempre nos inquietará y conmoverá.

36. El autor de esta selección implica que

(1) las canciones de *West Side Story* no tienen fuerza suficiente
(2) el lenguaje empleado en *West Side Story* nos deja indiferentes
(3) el lenguaje de *Romeo y Julieta* carece el vigor que posee *West Side Story*
(4) el lenguaje de *Romeo y Julieta* prevalece sobre el de *West Side Story*
(5) el lenguaje de *West Side Story* compite con los versos de *Romeo y Julieta*

37. Al comparar el lenguaje de *Romeo y Julieta* con el de *West Side Story,* el autor

(1) no toma una posición determinada
(2) goza ambos por igual
(3) prefiere el de *Romeo y Julieta*
(4) prefiere el de *West Side Story*
(5) resta importancia a las diferencias

38. Ambas obras comparten una debilidad. Esta debilidad es

(1) la ligereza de sus héroes y heroínas
(2) la ausencia de emociones profundas
(3) su construcción dramática
(4) la falta de sustancia en sus temas
(5) la falta de potencia linguística

39. Las parejas en ambas obras comparten todas las características siguientes, *excepto*

(1) una situación patética
(2) falta de oportunidad para alcanzar la felicidad
(3) valentía
(4) incapacidad de infundir temor al lector
(5) incapacidad de despertar lástima en el lector

40. Las parejas de ambas obras difieren en la naturaleza de

(1) su situación
(2) su destino final
(3) la causa de su trágica situación
(4) su atractivo
(5) al amor del uno por el otro

FIN DEL EXAMEN

PRUEBA 5: MATEMÁTICAS

INSTRUCCIONES

La Prueba de Matemáticas consiste en preguntas de opción múltiple y de otro formato que evalúan sus conocimientos generales de matemáticas y su habilidad para resolver problemas. Las preguntas están basadas en lecturas cortas que frecuentemente incluyen gráficos, diagramas o dibujos.

Dispone de 45 minutos para responder las preguntas. Trabaje con cuidado, pero no dedique demasiado tiempo a una sola pregunta. Asegúrese de responder todas las preguntas. No se le penalizará por respuestas incorrectas.

En la página 70 hay algunas fórmulas que quizás pueda necesitar. No todas las preguntas requieren usar las fórmulas ni todas las fórmulas dadas serán necesarias.

Algunas preguntas contienen más información de lo que es necesario para resolver el problema. Otras preguntas no proveen suficiente información para resolver el problema. Si la pregunta no proporciona suficiente información para resolver el problema, la respuesta correcta será "No se provee información suficiente".

El uso de calculadoras se permite para la Parte I.

Para indicar sus respuestas en la hoja de respuestas, llene uno de los círculos numerados que aparecen al lado del número de la pregunta que está contestando.

POR EJEMPLO:

Si se paga una factura de supermercado de $15.75 con un billete de $20 dólares, ¿cuánto dinero se dará de cambio?

(1) $5.26
(2) $4.75
(3) $4.25
(4) $3.75
(5) $3.25

① ② ● ④ ⑤

La respuesta correcta es "$4.25"; por lo tanto, usted debe marcar el círculo número 3 en la hoja de respuestas.

CONTINÚE EN LA PÁGINA SIGUIENTE

PRUEBA 5: MATEMÁTICAS

FÓRMULAS

Descripción	Fórmula
ÁREA (A) de un:	
cuadrado	$A = l^2$, donde l = lado
rectángulo	$A = la$, donde l = longitud, a = altura
paralelógramo	$A = ba$, donde b = base, a = altura
triángulo	$A = \dfrac{1}{2}\,ba$, donde b = base, a = altura
trapezoide	$A = \dfrac{1}{2}(b_1 + b_2)\,a$, donde b = base, a = altura
círculo	$A = \pi r^2$, donde π = 3.14, r = radio
PERÍMETRO (P) de un:	
cuadrado	$P = 4l$, donde l = lado
rectángulo	$P = 2l + 2a$, donde l = longitud, a = ancho
triángulo	$P = a + b + c$, donde a, b, c son los lados
circunferencia (C) de un círculo	$C = \pi d$, donde π = 3.14, d = diámetro
VOLUMEN (V) de un:	
cubo	$V = l^3$, donde l = lado
recipiente rectangular	$V = xyz$, donde x = longitud, y = ancho, z = altura
cilindro	$V = \pi r^2 a$, donde π = 3.14, r = radio, a = altura
pirámide cuadrada	$V = \dfrac{1}{3}\,(\textit{borde de la base})^2 a$
cono	$V = \dfrac{1}{3}\pi r^2 a$
Relación pitagórica	$c^2 = a^2 + b^2$, donde c = hipotenusa, a y b son los catetos de un triángulo rectángulo
Distancia (d) entre dos puntos de un plano	$d = \sqrt{(x_2 - x_1)^2 + (y_2 - y_1)^2}$, donde (x_1, y_1) y (x_2, y_2) son dos puntos de un plano
Inclinación de una línea (m)	$m = \dfrac{y_2 - y_1}{x_2 - x_1}$, donde (x_1, y_1) y (x_2, y_2) son dos puntos de un plano
MEDICIONES DE TENDENCIA CENTRAL	$media = \dfrac{x_1 + x_2 + \cdots + x_n}{n}$, donde las x son los valores para los cuales se desea una media y n = número de valores de la serie
	$mediana$ = el punto en un conjunto ordenado de números, en el cual la mitad de los números son superiores y la mitad de los números son inferiores a este valor
Interés simple (i)	$i = crt$, donde c = capital, r = razón, t = tiempo
Distancia (d) como función de razón y tiempo	$d = rt$, donde r = razón y t = tiempo
Costo total (c)	$c = nr$, donde n = número de unidades y r = costo por unidad

CONTINÚE EN LA PÁGINA SIGUIENTE

PRUEBA 5: MATEMÁTICAS, PARTE I

Instrucciones: Dispone Ud. de 45 minutos para completar esta sección. Puede usar su calculadora.

1. En 5 días consecutivos un repartidor de mercadería ha hecho una lista de su millaje, que es la siguiente: 135, 162, 98, 117, 216. Si su camión usa un promedio de un galón de gasolina cada 14 millas, ¿cuántos galones ha necesitado aproximadamente para estos 5 días?

    (1) 42
    (2) 52
    (3) 115
    (4) 147
    (5) 153

2. Los parquímetros en Springfield señalan: "12 minutos por 5¢. Depositar como máximo 50¢". ¿Cuál es el tiempo máximo, en horas, permitido a un conductor para estacionar en esta zona con parquímetro?

    (1) 1
    (2) 1.2
    (3) 12
    (4) 2
    (5) No se da información suficiente

La pregunta 3 se refiere a la figura siguiente.

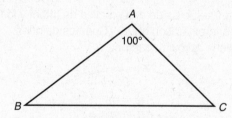

3. Si $AB = AC$ y m $\angle A = 100°$, ¿cuál es la medida del ángulo B?

    Marque su respuesta en los círculos de la cuadrícula de la hoja de respuestas.

4. Hay una oferta especial de camisas. El precio para cierto estilo era de $20 por cada camisa, mientras que otro tipo se vendía a $25 cada camisa. Si se vendieron 432 camisas a $20 cada una y 368 camisas a $25 cada una, el número de dólares recaudado en la venta de camisas puede representarse así:

    (1) 800(20 + 25)
    (2) (20)(368) + (25)(432)
    (3) (20)(800) + (25)(800)
    (4) 45(432 + 68)
    (5) (20)(432) + (25)(368)

5. Un equipo de hockey ganó X partidos, perdió Y y empató Z. ¿Qué fracción de los partidos jugados fue ganada?

    (1) $\dfrac{X}{X+Y+Z}$

    (2) $\dfrac{X}{XYZ}$

    (3) $\dfrac{X}{XY}$

    (4) $\dfrac{X}{X+Y}$

    (5) $\dfrac{X}{X-Y-Z}$

6. La mitad de los estudiantes de la escuela secundaria Madison caminan a la escuela. Una cuarta parte de los que quedan van a la escuela en bicicleta. ¿Qué parte de los estudiantes viajan en otro medio de transporte?

    Marque su respuesta en los círculos de la cuadrícula de la hoja de respuestas.

CONTINÚE EN LA PÁGINA SIGUIENTE

PRUEBA 5: MATEMÁTICAS, PARTE I

7. ¿Cuál de los gráficos siguientes es la solución para la desigualdad $2x > 4$?

   (1) ![línea numérica de -3 a 3, punto abierto en 0]

   (2) ![línea numérica de -3 a 3, punto abierto en -1]

   (3) ![línea numérica de -3 a 3, punto abierto en 1]

   (4) ![línea numérica de -3 a 3, punto abierto en 2]

   (5) ![línea numérica de -3 a 3, punto abierto en 3]

8. Un acuario tiene forma de rectángulo de tres dimensiones. Su largo es de 3 pies, su ancho de 1 pie 8 pulgadas, y su alto de 1 pie 6 pulgadas. ¿Cuál es el volumen, en pies cúbicos, del acuario?

   (1) 6.16
   (2) 6.4
   (3) 7.5
   (4) 7.875
   (5) 8.64

9. Un mástil de bandera hace una sombra de 16 pies. Por otro lado, una asta de 9 pies de altura hace una sombra de 6 pies. ¿Cuál es la altura del mástil de bandera?

   (1) 18
   (2) 19
   (3) 20
   (4) 24
   (5) No se da información suficiente

10. La distribución de los alumnos inscritos en una universidad es de

    360 alumnos en primer año
    300 alumnos en segundo año
    280 alumnos en tercer año
    260 alumnos en cuarto año

    ¿Cuál es el porcentaje de los estudiantes de primer año entre la población total de estudiantes?

    (1) 18%
    (2) 20%
    (3) 25%
    (4) 30%
    (5) No se da información suficiente

11. En un monedero hay 6 monedas de cinco centavos, 5 monedas de diez centavos y 8 monedas de veinticinco centavos. Si una moneda se saca al azar, ¿qué posibilidades hay de que sea una moneda de diez centavos?

    (1) $\dfrac{5}{19}$

    (2) $\dfrac{5}{14}$

    (3) $\dfrac{5}{8}$

    (4) $\dfrac{5}{6}$

    (5) $\dfrac{19}{5}$

12. Los líderes en el Torneo de Golf Península acabaron con un puntaje de 272, 284, 287, 274, 275, 283, 278, 276, y 281. ¿Cuál es la mediana de este puntaje?

    (1) 273
    (2) 274
    (3) 276
    (4) 278
    (5) 280

13. León trae un balde a la práctica de fútbol y lo llena hasta la mitad con agua. ¿Cuántos galones contiene aproximadamente?

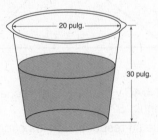

1 pulg. cúbica = 0.0043 galón

    (1) 10
    (2) 15
    (3) 18
    (4) 20
    (5) 28

CONTINÚE EN LA PÁGINA SIGUIENTE

PRUEBA 5: MATEMÁTICAS, PARTE I

14. La escala en un mapa es de 1 pulgada = 150 millas. La distancia entre las ciudades de

    Benton y Dover en el mapa es de $3\frac{1}{2}$ pulgadas. ¿Cuál es la distancia entre las dos ciudades en millas?

    Marque su respuesta en los círculos de la cuadrícula de la hoja de respuestas.

La pregunta 15 se basa en la figura siguiente.

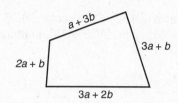

15. ¿Cuál es el perímetro de la figura?

    (1) $8a + 5b$
    (2) $9a + 7b$
    (3) $7a + 5b$
    (4) $6a + 6b$
    (5) $8a + 6b$

La pregunta 16 se basa en la tabla siguiente.

VENTA DE ALTAVOCES	
Descuento de 1/3 de los precios corrientes	
40 vatios	$159.99
60 vatios	$183.99
80 vatios	$219.99
Toda instalación: $150	

16. Kirsten desea comprar un par de altavoces. La lista de arriba indica los precios de cada par pero no incluye el descuento de 1/3. Si Kirsten compra los altavoces de 40 vatios al precio con descuento y pide que se los instalen, ¿cuál será la cuenta final, incluyendo el impuesto de ventas del 8%?

    (1) más de $400
    (2) entre $225 y $250
    (3) entre $250 y $260
    (4) entre $260 y $270
    (5) entre $270 y $280

17. En la Tienda para Hombres estaban anunciando las rebajas primaverales, entre las cuales se encontraban los siguientes artículos rebajados:

    corbatas: 3 por $33
    camisas: 3 por $55
    pantalones: $32.75 por el par
    chaquetas: $108.45 cada una

    ¿Cuál es el precio de 6 corbatas, 3 camisas, 2 pares de pantalones y 1 chaqueta?

    (1) $157.20
    (2) $180.20
    (3) $242.15
    (4) $212.95
    (5) $294.95

18. ¿En cuál de las listas siguientes están los números escritos de mayor a menor?

    (1) 0.80, 19%, 0.080, $\frac{1}{2}$, $\frac{3}{5}$

    (2) 0.80, $\frac{1}{2}$, 0.080, $\frac{3}{5}$, 19%

    (3) 0.80, $\frac{3}{5}$, $\frac{1}{2}$, 19%, 0.080

    (4) $\frac{1}{2}$, 0.80, $\frac{3}{5}$, 19%, 0.080

    (5) $\frac{3}{5}$, $\frac{1}{2}$, 19%, 0.080, 0.80

19. Si un avión completa su vuelo en 1,364 millas en 5 horas y 30 minutos, ¿cuál es la velocidad promedio, en millas por hora?

    Marque su respuesta en los círculos de la cuadrícula de la hoja de respuestas.

20. La distancia entre dos cuerpos celestes es de 85,000,000,000 millas. Escrito científicamente, este número es

    (1) 8.5×10^{-10}
    (2) 8.5×10^{10}
    (3) 85×10^{9}
    (4) 0.85×10^{-9}
    (5) 850×10^{7}

CONTINÚE EN LA PÁGINA SIGUIENTE

PRUEBA 5: MATEMÁTICAS, PARTE I

21. ¿Cuál es el valor de $3ab - x^2y$ si $a = 4$, $b = 5$, $y = 3$, y $x = 2$?

    (1) 18
    (2) 24
    (3) 48
    (4) 54
    (5) 72

La pregunta 22 se basa en el gráfico siguiente.

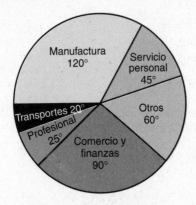

El gráfico muestra cómo 180,000 asalariados en una ciudad se ganan la vida en un período de tiempo determinado.

22. ¿Cuál es el número de personas que trabajan en transportes durante este período?

    Marque su respuesta en los círculos de la cuadrícula de la hoja de respuestas.

23. Un caminante recorre 12 millas hacia el norte. Luego camina 16 millas hacia el este. Al parar, ¿a cuántas millas de su punto de partida se encuentra el caminante?

    (1) 12
    (2) 16
    (3) 18
    (4) 20
    (5) No se da información suficiente

La pregunta 24 se basa en la figura siguiente.

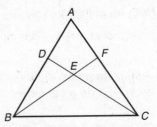

24. Si $\overline{BF}$ bisecta $\angle ABC$, $\overline{CD}$ bisecta $\angle ACB$, m$\angle ABC = 68°$, y m$\angle ACB = 72°$, entonces m$\angle BEC =$

    (1) 90°
    (2) 98°
    (3) 100°
    (4) 110°
    (5) 120°

25. Las dimensiones del cuarto ilustrado abajo son de 6.5 pies por 7.2 pies. Si la superficie será cubierta por una alfombra a $2.10 por pie cuadrado, ¿cuánto costará?

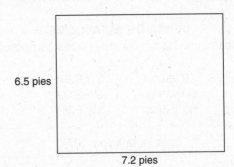

6.5 pies

7.2 pies

Marque su respuesta en los círculos de la cuadrícula de la hoja de respuestas.

CONTINÚE EN LA PÁGINA SIGUIENTE

PRUEBA 5: MATEMÁTICAS, PARTE II

Instrucciones: Dispone de 45 minutos para responder las preguntas 26 a 50. Aparte de NO poder usar la calculadora, las instrucciones son las mismas que para la Parte I. Usted PUEDE consultar la Hoja de Fórmulas.

26. John pesaba 192 libras. Su doctor lo puso a dieta, en la que perdió al menos 4 libras cada mes. ¿Cuál fue el peso de John después de 6 meses de dieta?

    (1) 160 libras
    (2) 165 libras
    (3) 167 libras
    (4) 168 libras
    (5) No se da información suficiente

27. El señor Ames compró un bono por $10,000.

    El bono produce un interés anual de $8\frac{1}{2}\%$.

    Si el interés se pagara cada 6 meses, ¿cuánto es cada pago?

28. Dada la ecuación $x^2 - x - 12 = 0$, ¿cuál de las opciones siguientes provee la(s) solución(es) de la ecuación?

    (1) sólo 4
    (2) sólo −4
    (3) 3 y 4
    (4) −3 y 4
    (5) −4 y 3

29. La proporción entre hombres y mujeres en una reunión fue de 9:2. Si había 12 mujeres en esta reunión, ¿qué ecuación podría emplearse para encontrar el número de hombres presentes en la reunión?

    (1) $\dfrac{12}{x} = \dfrac{9}{2}$

    (2) $24x = 180$

    (3) $\dfrac{9}{2} = \dfrac{x}{12}$

    (4) $7x = 24 + 9$

    (5) No se da información suficiente

30. ¿Cuál es la inclinación de la línea que une el punto A (2,1) y el punto B (4,7)?

    (1) $\dfrac{1}{3}$

    (2) $\dfrac{2}{3}$

    (3) $\dfrac{3}{2}$

    (4) 2

    (5) 3

31. En un partido de baloncesto, Bill alcanzó un puntaje tres veces mayor que el puntaje que obtuvo Jim. La suma de los puntos de Bill y Jim era 56. ¿Cuántos puntos hizo Bill?

    (1) 14
    (2) 28
    (3) 42
    (4) 48
    (5) No se da información suficiente

La pregunta 32 se basa en el gráfico siguiente.

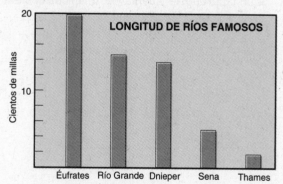

32. El gráfico muestra las longitudes de algunos ríos famosos. ¿Cuál de las afirmaciones siguientes es la correcta?

    (1) El Thames es más de media vez más largo que el Sena
    (2) El Dnieper tiene un largo de 1,200 millas
    (3) El Éufrates tiene cerca de 250 millas más de largo que el Río Grande
    (4) El Río Grande tiene cerca de 1,000 millas más de largo que el Sena
    (5) El Thames tiene un largo aproximado de 100 millas

CONTINÚE EN LA PÁGINA SIGUIENTE

PRUEBA 5: MATEMÁTICAS, PARTE II

La pregunta 33 se basa en el gráfico siguiente.

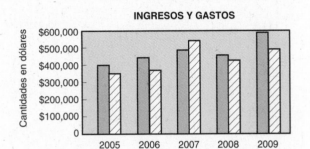

INGRESOS Y GASTOS

33. Este gráfico muestra los ingresos y los gastos para los años indicados. Los ingresos se designan por barras sombreadas y los gastos por barras a rayas. El año durante el cual los ingresos superaron los gastos en $100,000 fue

    (1) 2005
    (2) 2006
    (3) 2007
    (4) 2008
    (5) 2009

34. Si un lápiz cuesta y centavos, 6 lápices costarán

    (1) $6y$

    (2) $\dfrac{y}{6}$

    (3) $\dfrac{6}{y}$

    (4) $y + 6$

    (5) $\dfrac{y}{2}$

35. El señor Martin gana $12 por hora. Una semana el señor Martin trabajó 42 horas; la siguiente semana trabajó 37 horas. ¿Qué combinación matemática indica la cantidad de dólares que ganó en las dos semanas?

    (1) $12 \times 2 + 37$
    (2) $12 \times 42 + 42 \times 37$
    (3) $12 \times 37 + 42$
    (4) $12 + 42 \times 37$
    (5) $12(42 + 37)$

36. La receta de Kwan para hacer limonada requiere 8 onzas de jugo de limón por cada cuarto de galón de agua. Para preparar limonada para una fiesta, Kwan usó 4 galones de agua. ¿Cuánto jugo de limón necesitó?

    (1) 108 onzas

    (2) 5 cuartos

    (3) 96 onzas

    (4) 1 galón

    (5) $2\dfrac{1}{2}$ cuartos

La pregunta 37 se refiere a la figura siguiente.

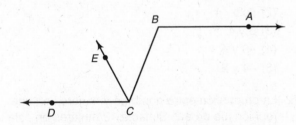

37. En la figura $\overrightarrow{AB} \parallel \overrightarrow{CD}$, $\overrightarrow{CE}$ bisecta $\angle BCD$, y m$\angle ABC = 112°$. Encuentre m$\angle ECD$.

    (1) 45°
    (2) 50°
    (3) 56°
    (4) 60°
    (5) No se da información suficiente

CONTINÚE EN LA PÁGINA SIGUIENTE

PRUEBA 5: MATEMÁTICAS, PARTE II

38. La señora Garvin compra un rollo de tela de 22 pies 4 pulgadas de longitud. Luego corta el rollo en cuatro partes iguales para hacer tapices. ¿Qué longitud tiene cada tapiz?

    (1) 5 pies
    (2) 5 pies 7 pulgadas
    (3) 5 pies 9 pulgadas
    (4) 6 pies 7 pulgadas
    (5) No se da información suficiente

Las preguntas 39 y 40 se refieren al gráfico siguiente.

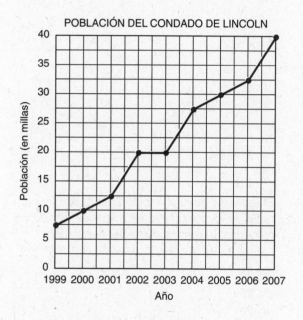

POBLACIÓN DEL CONDADO DE LINCOLN

El gráfico muestra el crecimiento de la población del condado de Lincoln entre 1999 y 2007.

39. ¿Cuál era la población del condado de Lincoln en el año 2004?

    (1) 20,000
    (2) 25,000
    (3) 26,000
    (4) 27,500
    (5) 30,000

40. ¿El crecimiento de la población en el condado de Lincoln entre 1999 y 2000 fue el mismo que en cuál de los siguientes?

    (1) 2000–2001 y también 2001–2002
    (2) 2000–2001 y también 2004–2005
    (3) 2004–2005 y también 2006–2007
    (4) 2001–2002 y también 2002–2003
    (5) 2002–2003 y también 2004–2006

41. Una caja tiene forma de sólido rectangular con un lado de base cuadrada de x unidades de longitud y 8 unidades de altura. El volumen de la caja es de 392 unidades cúbicas. ¿Con cuál de las siguientes ecuaciones se puede encontrar el valor de x?

    (1) $x^2 = 392$
    (2) $8x = 392$
    (3) $8x^3 = 392$
    (4) $8x^2 = 392$
    (5) $8 + x^2 = 392$

42. En la elección del consejo educativo había tres candidatos. La Sra. Clay recibió dos veces más votos que el Sr. Dunn. Y el Sr. Arnold recibió 66 votos más que el Sr. Dunn. ¿Cuántos votos recibió la Sra. Clay?

    (1) 209
    (2) 275
    (3) 320
    (4) 402
    (5) No se da información suficiente

CONTINÚE EN LA PÁGINA SIGUIENTE

PRUEBA 5: MATEMÁTICAS, PARTE II

La pregunta 43 se basa en la figura siguiente.

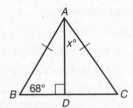

43. Si $AB = AC$, $\overline{AD} \perp \overline{BC}$, y m$\angle B = 68°$, ¿cuál es el valor de x?

    (1) 12°
    (2) 22°
    (3) 32°
    (4) 44°
    (5) 68°

La pregunta 44 se basa en la información siguiente.

En la figura debajo, la línea $\overrightarrow{PQ}$ es paralela a la línea $\overrightarrow{RS}$.

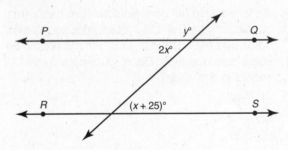

44. ¿Cuál es el valor de x?

    (1) 15
    (2) 20
    (3) 25
    (4) 30
    (5) 35

45. ¿La raíz cuadrada de 30 es un número que se encuentra entre cuál pareja de números?

    (1) 3 y 4
    (2) 4 y 5
    (3) 5 y 6
    (4) 6 y 7
    (5) 15 y 16

La pregunta 46 se refiere a la figura siguiente.

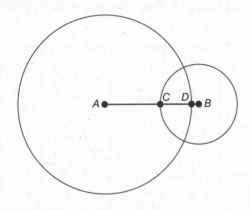

46. El radio del círculo A mide 20 pulgadas y el radio del círculo B mide 8 pulgadas. Si $CD = 6$ pulgadas, ¿cuántas pulgadas tiene AB?

    (1) 22
    (2) 24
    (3) 25
    (4) 28
    (5) No se da información suficiente

CONTINÚE EN LA PÁGINA SIGUIENTE

PRUEBA 5: MATEMÁTICAS, PARTE II

47. El gráfico de un cuadrado se muestra en la cuadrícula debajo.

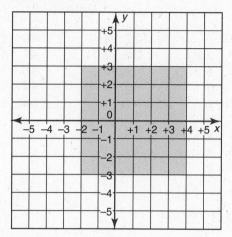

¿Qué punto corresponde al centro del cuadrado?

Marque su respuesta en los círculos de la cuadrícula de la hoja de respuestas.

48. Una mujer compra n libras de azúcar a c centavos la libra. Para pagar da un billete de $10 dólares. El cambio que recibe en centavos es de

(1) $nc - 1000$

(2) $n + c - 1000$

(3) $1000 - (n + c)$

(4) $1000 - nc$

(5) No se da información suficiente

49. Si $x = 10$, todas las respuestas siguientes son correctas, *excepto*

(1) $3x + 1 > 12$

(2) $2x - 3 < 25$

(3) $x^2 + 1 > x^2 - 1$

(4) $4x - 1 = 39$

(5) $2x - 7 < 7 - 2x$

La pregunta 50 se basa en la figura siguiente.

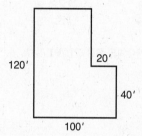

50. El Sr. Denby planea construir una casa en el terreno que se muestra. ¿Qué superficie en pies cuadrados tiene este terreno?

Marque su respuesta en los círculos de la cuadrícula de la hoja de respuestas.

FIN DEL EXAMEN

CLAVES DE LAS RESPUESTAS, RESÚMENES DE LOS RESULTADOS Y GRÁFICOS DE AUTOEVALUACIÓN

PRUEBA 1: LENGUAJE, PRUEBA DE ESCRITURA, PARTE I/PÁGINA 22

I. VERIFIQUE SUS RESPUESTAS:

1. 2	10. 4	19. 4	28. 1	37. 4	46. 2
2. 3	11. 5	20. 3	29. 2	38. 2	47. 5
3. 3	12. 1	21. 2	30. 1	39. 5	48. 1
4. 1	13. 5	22. 5	31. 5	40. 5	49. 4
5. 4	14. 2	23. 5	32. 1	41. 1	50. 1
6. 5	15. 2	24. 3	33. 2	42. 4	
7. 2	16. 3	25. 5	34. 4	43. 3	
8. 3	17. 5	26. 5	35. 3	44. 1	
9. 5	18. 3	27. 4	36. 2	45. 5	

II. ANOTE SU PUNTAJE

Número de respuestas correctas

Excelente _____
45–50

Bien _____
39–44

Regular _____
33–38

III. EVALÚE SU PUNTAJE: ¿Ha contestado correctamente al menos 35 preguntas? Si no es así, necesita más práctica en la Prueba de Escritura, Parte I. En todo caso, puede mejorar su calificación a Excelente o Bien si analiza sus errores.

IV. ANALICE SUS ERRORES: Para determinar sus puntos débiles, indique el número de respuestas correctas que tuvo bajo cada una de las categorías que aparecen abajo (las cuales corresponden a las categorías del examen real). Analice sus respuestas incorrectas viendo las respuestas correctas en los análisis de respuestas que comienzan en la página 86. Luego, para fortalecer sus puntos débiles, revise el material pertinente que aparece en los Capítulos 3–7 antes de intentar el Examen de Práctica Uno.

Categoría	Ejercicio	Su puntaje
Estructura de la oración	3, 5, 12, 25, 29, 32–34, 38, 40, 44, 49	
Empleo	1, 8, 18–20, 24, 30, 46	
Mecánica		
Puntuación	2, 14–15, 21, 35–36, 41, 48	
Uso de mayúsculas	4	
Deletreo	7, 10, 16, 27–28, 37, 42–43, 50	
Sin error	6, 9, 11, 13, 17, 22–23, 26, 31, 39, 45, 47	

Total _____

PRUEBA 2: ESTUDIOS SOCIALES/PÁGINA 34

I. VERIFIQUE SUS RESPUESTAS:

1. 1	11. 1	21. 1	31. 3	41. 5
2. 4	12. 3	22. 2	32. 4	42. 2
3. 4	13. 2	23. 5	33. 1	43. 1
4. 5	14. 4	24. 4	34. 4	44. 1
5. 2	15. 1	25. 2	35. 5	45. 5
6. 5	16. 3	26. 3	36. 1	46. 4
7. 4	17. 2	27. 4	37. 1	47. 1
8. 2	18. 2	28. 3	38. 1	48. 4
9. 4	19. 4	29. 2	39. 1	49. 1
10. 4	20. 4	30. 5	40. 3	50. 3

II. ANOTE SU PUNTAJE

Número de respuestas correctas

Excelente _____
45–50

Bien _____
40–44

Regular _____
35–39

III. EVALÚE SU PUNTAJE: ¿Ha contestado correctamente al menos 35 preguntas? Si no es así, necesita más práctica en la Prueba de Estudios Sociales. En todo caso, puede mejorar su calificación a Excelente o Bien si analiza sus errores.

IV. ANALICE SUS ERRORES: Para determinar sus puntos débiles, indique el número de respuestas correctas que tuvo bajo cada una de las categorías que aparecen abajo (las cuales corresponden a las categorías del examen real). Analice sus respuestas incorrectas viendo las respuestas correctas en los análisis de respuestas que comienzan en la página 89. Luego, para fortalecer sus puntos débiles, revise el material pertinente que aparece en los Capítulos 10–12 (incluyendo el "Glosario de Términos de Estudios Sociales") antes de intentar el Examen de Práctica Uno.

Categoría	Ejercicio	Su puntaje
Ciencia política	1–3, 12, 29–31, 34, 41–44, 48–49	
Economía	4–6, 9, 17–19, 21–22, 24, 26–28, 35–37, 39–40	
Historia	15–16, 20, 25, 32–33, 38, 50	
Geografía	7–8, 10–11, 13–14, 23, 45–47	

Total _____

PRUEBA 3: CIENCIAS/PÁGINA 45

I. VERIFIQUE SUS RESPUESTAS:

1. **3**	12. **2**	23. **3**	34. **3**	45. **4**	56. **2**
2. **1**	13. **4**	24. **5**	35. **5**	46. **3**	57. **4**
3. **2**	14. **2**	25. **3**	36. **5**	47. **3**	58. **1**
4. **4**	15. **2**	26. **5**	37. **3**	48. **2**	59. **2**
5. **4**	16. **2**	27. **4**	38. **3**	49. **2**	60. **2**
6. **4**	17. **1**	28. **3**	39. **4**	50. **2**	61. **2**
7. **4**	18. **2**	29. **4**	40. **3**	51. **1**	62. **3**
8. **3**	19. **4**	30. **5**	41. **1**	52. **4**	63. **1**
9. **2**	20. **2**	31. **5**	42. **3**	53. **4**	64. **2**
10. **3**	21. **2**	32. **4**	43. **3**	54. **5**	65. **2**
11. **2**	22. **4**	33. **1**	44. **3**	55. **5**	66. **4**

II. ANOTE SU PUNTAJE:

Número de respuestas correctas

Excelente _____
60–66

Bien _____
49–59

Regular _____
40–48

III. EVALÚE SU PUNTAJE: ¿Ha contestado correctamente al menos 40 preguntas? Si no es así, necesita más práctica en la Prueba de Ciencias. En todo caso, puede mejorar su calificación a Excelente o Bien si analiza sus errores.

IV. ANALICE SUS ERRORES: Para determinar sus puntos débiles, haga un círculo alrededor del número de cada una de sus respuestas incorrectas. Esto revelará el área específica que necesita mayor preparación. Después de comparar sus respuestas incorrectas con las respuestas correctas descritas en los análisis de respuestas que comienzan en la página 92, enumere los términos que requieren más estudio y véalos en el "Glosario de Términos Científicos". A continuación fortalezca sus puntos débiles estudiando el material indicado en los capítulos 13–15 antes de intentar el Examen de Práctica Uno.

Categoría	Ejercicio	Su puntaje
Biología	1–4, 24–39, 41–43, 45–49, 59, 61–66	
Ciencias terrestres	9–13, 17–19, 40, 44, 55–58	
Química	20–23, 44, 50–53	
Física	5–8, 14–16, 54, 60	

Total _____

PRUEBA 4: LENGUAJE, LECTURA/PÁGINA 60

I. VERIFIQUE SUS RESPUESTAS:

1. **2**	9. **3**	17. **3**	25. **4**	33. **1**
2. **4**	10. **5**	18. **4**	26. **3**	34. **1**
3. **1**	11. **2**	19. **3**	27. **2**	35. **5**
4. **1**	12. **3**	20. **3**	28. **3**	36. **4**
5. **2**	13. **2**	21. **3**	29. **5**	37. **3**
6. **3**	14. **4**	22. **5**	30. **3**	38. **1**
7. **1**	15. **1**	23. **3**	31. **1**	39. **4**
8. **2**	16. **1**	24. **4**	32. **4**	40. **3**

II. ANOTE SU PUNTAJE:

Número de respuestas correctas

Excelente   _____
               36–40

Bien   _____
               32–35

Regular   _____
               28–31

III. EVALÚE SU PUNTAJE:

¿Ha contestado correctamente al menos 28 preguntas? Si no es así, necesita más práctica en la Prueba de Lectura. En todo caso, puede mejorar su calificación a Excelente o Bien si analiza sus errores.

IV. ANALICE SUS ERRORES:

Para determinar sus puntos débiles, indique el número de respuestas correctas que tuvo bajo cada una de las categorías que aparecen abajo. Analice sus respuestas incorrectas viendo las respuestas correctas en los análisis de respuestas que comienzan en la página 97. Luego, para fortalecer sus puntos débiles, revise el material pertinente en la sección *Habilidades Básicas para la Lectura*, en la sección *Lectura de Prosa, Poesía y Teatro* y el "Glosario de Términos Literarios," todos en el Capítulo 16.

Categoría	Ejercicio	Su puntaje
Identificación de la idea principal	5, 16, 21	
Enumeración de los detalles	2, 12, 17–18, 23–24, 32–33, 38–40	
Obtención del significado	1, 13–15, 19–20, 22, 34–35	
Deducción	3, 4, 7, 10, 25, 36–37	
Determinación del tono y sentimiento	6, 9, 26–27, 31	
Determinación del carácter	11, 28–30	
Determinación del medio	8	

Total _____

Para ver su desempeño según la forma literaria, escriba el puntaje que ha obtenido y compárelo con el número total de ejercicios por forma.

Forma literaria	Ejercicio	Su puntaje
Ficción en prosa	6–15	
Prosa no novelesca	1–5, 31–40	
Poesía	16–25	
Drama	26–30	

Total _____

PRUEBA 5: MATEMÁTICAS/PÁGINA 71

I. VERIFIQUE SUS RESPUESTAS:

1. **2**	11. **1**	21. **3**	31. **3**	41. **4**
2. **4**	12. **4**	22. **10,000**	32. **4**	42. **5**
3. **40**	13. **4**	23. **4**	33. **5**	43. **2**
4. **5**	14. **525**	24. **4**	34. **1**	44. **3**
5. **1**	15. **2**	25. **98.28**	35. **5**	45. **3**
6. **3/8, ó .375**	16. **5**	26. **5**	36. **4**	46. **1**
7. **5**	17. **5**	27. **425**	37. **3**	47. **(1,0)**
8. **3**	18. **3**	28. **4**	38. **2**	48. **4**
9. **4**	19. **248**	29. **3**	39. **4**	49. **5**
10. **4**	20. **2**	30. **5**	40. **2**	50. **10,400**

II. ANOTE SU PUNTAJE:

Número de respuestas correctas

Excelente _____
40–50

Bien _____
32–39

Regular _____
28–31

III. EVALÚE SU PUNTAJE: ¿Ha contestado correctamente al menos 28 preguntas? Si no es así, necesita más práctica en la Prueba de Matemáticas. En todo caso, puede mejorar su calificación a Excelente o Bien si analiza sus errores.

IV. ANALICE SUS ERRORES: Para determinar sus puntos débiles, indique el número de respuestas correctas que obtuvo bajo cada una de las categorías que aparecen abajo. Analice sus respuestas incorrectas viendo las respuestas correctas en los análisis de respuestas que comienzan en la página 99. Luego, para fortalecer sus puntos débiles, revise el material pertinente que aparece en los Capítulos 18–25 antes de intentar el Examen de Práctica Uno.

Categoría	Ejercicio	Su puntaje
Números y operaciones básicas	1, 2, 4, 12, 19, 26, 35, 45	
Fracciones y mediciones	6, 11, 36, 38	
Decimales y porcentajes	10, 18, 20, 27, 29	
Análisis de datos	14, 16, 17, 22, 32, 33, 39, 40	
Álgebra	5, 7, 8, 15, 21, 28, 31, 34, 41, 42, 48, 49	
Geometría	3, 9, 13, 23, 24, 25, 30, 37, 43, 44, 46, 47, 50	

Total _____

SU PUNTAJE TOTAL EN EL EXAMEN DE GED

La Prueba de Lenguaje, Escritura _____

La Prueba de Estudios Sociales _____

La Prueba de Ciencias _____

La Prueba de Lenguaje, Lectura _____

La Prueba de Matemáticas _____

Total _____

ANÁLISIS DE LAS RESPUESTAS

PRUEBA 1: LENGUAJE, ESCRITURA, PARTE I/PÁGINA 22

1. **2** El sujeto de la oración es una combinación; por lo tanto, el verbo debe concordar en tercera persona del singular.

2. **3** No se puede separar con una coma este grupo nominal. Por lo tanto, la coma sobra entre *catálogo* y *semillas*.

3. **3** Para conectar las dos oraciones es necesario sacar los dos puntos, ya que es una subordinación.

4. **1** En los meses y las estaciones, la mayúscula no se usa en español.

5. **4** La oración compuesta se puede corregir creando una subordinada adverbial entre la primera idea y la segunda.

6. **5** No es necesaria ninguna corrección.

7. **2** La palabra *ejercicio* está mal escrita.

8. **3** *Aludir* y *eludir* tienen un significado bien diferente, aunque a menudo se confunden. *Aludir* significa referirse a una persona o cosa sin nombrarla. *Eludir* significa esquivar una dificultad o problema.

9. **5** No es necesaria ninguna corrección.

10. **4** En este caso, *cómo* lleva acento porque es un adverbio interrogativo de modo.

11. **5** No es necesaria ninguna corrección.

12. **1** Dos oraciones son necesarias. Por lo tanto, la versión original es correcta. Aunque si quisiéramos crear una coordinada debería ponerse la conjunción *que*.

13. **5** No es necesaria ninguna corrección.

14. **2** Se necesita una coma para separar las distintas enumeraciones.

15. **2** Es necesaria una coma después de la cláusula introductoria.

16. **3** La palabra *aprendizage* está mal escrita. Va con *j* porque termina en *aje* (aunque a veces hay excepciones que deben memorizarse).

17. **5** No es necesaria ninguna corrección.

18. **3** En este caso se requiere un adjetivo demostrativo para indicar que es el tiempo libre de las familias.

19. **4** Hay un problema de concordancia. Mientras *dediquen* está en tercera persona del plural del presente del indicativo, *incrementar* es simplemente el infinitivo.

20. **3** El verbo está mal conjugado. En lugar del presente del subjuntivo (el cual requiere la conjunción *que*), debe escribirse el presente del indicativo.

21. **2** Después de una cláusula introductoria es necesario escribir una coma.

22. **5** No es necesaria ninguna corrección.

23. **5** No es necesaria ninguna corrección.

24. **3** En este caso el tiempo del verbo no está correcto.

25. **5** Para conectar las dos oraciones es necesario poner la locución conjuntiva condicional; sólo así tendrá sentido la oración.

26. **5** No es necesaria ninguna corrección.

27. **4** La palabra *exactamente* está mal deletreada.

28. **1** La palabra *obtener* se escribe con *b*.

29. **2** En este caso la preposición *por* es la correcta y las demás locuciones no lo son.

30. **1** En todas las demás enumeraciones se ha escrito un artículo; por lo tanto debe escribirse el artículo *el*.

31. **5** No es necesaria ninguna corrección.

32. **1** El escrito original es correcto, ya que hace una separación entre las dos oraciones.

33. **2** Los productos son los que se encuentran en los paquetes; por lo tanto, deben concordar en género y número.

34. **4** Para conectar las dos oraciones y formar una subordinada se necesita la conjunción *que*.

35. **3** Si no se usa una raya explicativa, la oración es confusa.

36. **2** Una coma es necesaria después de una cláusula introductoria.

37. **4** La palabra *mecánicos* es esdrújula y por eso lleva acento escrito.

38. **2** Con el verbo *ser* en el presente del indicativo se armonizan los tiempos verbales y se logra una conexión óptima entre las dos oraciones. Las otras opciones no tienen sentido, ya sea por la concordancia o el mal uso de los verbos.

39. **5** No es necesaria ninguna corrección.

40. **5** La conjunción *o* denota otra manera de ver las cosas. Las demás son incorrectas.

41. **1** Se necesita una coma después de una cláusula introductoria.

42. **4** *Factores* no lleva acento y menos en la **a**. La sílaba acentuada es *to*, pero como la palabra termina en **s**, no se acentúa con tilde (la misma regla se aplica a las palabras que terminan en **n**).

43. **3** La palabra *consigo* no lleva una **u** entre la **g** y la **o**.

44. **1** La version original de la locución conjuntiva es correcta. No es necesaria la puntuación entre las opciones.

45. **5** No se necesita ninguna corrección.

46. **2** La conjunción *que* no lleva acento porque no es ni interrogativa ni exclamativa.

47. **5** No se necesita ninguna corrección.

48. **1** *En la pesca* es la cláusula introductoria y requiere una coma.

49. **4** Al escribir de nuevo la oración, el presente del indicativo es el verbo correcto. El pretérito imperfecto y el subjuntivo no concuerdan.

50. **1** La confusión con el inglés es fácil (*support*), pero *soporte* es la palabra correcta en español.

PRUEBA 1: LENGUAJE, ESCRITURA I/PÁGINA 32

EJEMPLO DE ENSAYO

Recuerdo el día cuando me caí de la bicicleta de mi hermano. El suceso sigue vívido en mi mente y creo que siempre lo tendré presente.

Fue en un hermoso día primaveral cuando mi hermano mayor y yo decidimos salir montados en la misma bicicleta. La bicicleta de mi hermano era un Rayo Rápido con sillín de montura y un guardafango que cubría el neumático trasero. Ese guardafango era mi "asiento". Al comenzar a subir una larga cuesta mientras yo me sujetaba sobre el guardafango, recuerdo que le grité "¡Me estoy resbalando!" Él me respondió "Aguántate un rato". Traté, pero a los siete años mis manos eran pequeñas y débiles, no pude sujetarme y caí sobre el camino de asfalto. Mis manos y rodillas sufrieron el impacto. Cuando me levanté vi que tenía peladas las dos rodillas. Me fui llorando a casa, ayudada por mi hermano, y al llegar mi madre se puso furiosa al ver mis heridas. No sólo estaba enojada porque al día siguiente iba a usar un vestido corto para el Programa Escolar sobre la Biblia, sino porque me había advertido de no montarme en la bicicleta de mi hermano. Me imagino que debí haberla escuchado.

Qué sensación tan fuerte fue esa. Parece que ocurrió recién ayer, cuando siento que voy deslizándome del guardafango. Nunca olvidaré ese día.

PRUEBA 2: ESTUDIOS SOCIALES/PÁGINA 34

1. **1** El último párrafo del pasaje deja claro que el veto del gobernador no se usa escasamente, lo cual es indicado por el hecho de que uno de cuatro proyectos no recibe aprobación.

2. **4** En el segundo párrafo de la selección se menciona la norma de los "30 días". La primera oración afirma que todos los proyectos han pasado en los diez últimos días de la sesión legislativa conforme a esta norma.

3. **4** La primera oración del primer párrafo afirma que el gobernador tiene el poder de vetar artículos por separado en el proyecto del presupuesto. Esta autoridad no la posee el presidente de Estados Unidos.

4. **5** Casi toda la selección trata de un plan de acción por parte del consumidor antes de comprar cualquier producto. Vea la segunda oración y las primeras palabras del tercer párrafo.

5. **2** Se advierte al consumidor de lograr que todas las promesas del vendedor se hagan por escrito.

6. **5** Se menciona específicamente que el reembolso prorrateado (o parcial) del dinero, ya sea en efectivo o en crédito para reemplazar el producto, puede ser parte de la garantía.

7. **4** En el año 2030, el número de estadounidenses que tendrán la edad para obtener los beneficios de seguridad social aumentará.

8. **2** Un gran incremento en el índice de natalidad bajará la edad promedio, ya que habrá mayor población infantil para contrarrestar la edad de los demás estadounidenses.

9. **4** Las personas que se preocupan por el medio ambiente tienen miedo de que un aumento de la producción y el consumo pueda significar mayor contaminación del aire (por los humos de las industrias y los incineradores de los edificios), así como de los ríos, lagos y arroyos (por los desperdicios industriales y las aguas cloacales). Asimismo, aumentará el problema de los vertederos de desperdicios sólidos y el nivel del ruido.

10. **4** No hay ningún indicio de movimiento para solucionar el problema de la energía. Esto se ve en la caricatura, donde los dos ciclistas que representan la energía y el entorno continúan pedaleando en diferentes direcciones.

11. **1** El aumento en un quíntuplo del precio del petróleo crudo importado entre 1973 y 1980 afectó severamente la economía de EUA. Esto forzó a buscar recursos energéticos domésticos alternativos pero con potencial de ejercer efectos negativos sobre el medio ambiente.

12. **3** La pregunta está relacionada con el gran cambio de la política exterior de EUA, del aislamiento al internacionalismo. De 1920 a 1940, este país no tenía ninguna relación militar ni política con otros países no americanos. Tampoco formó parte de la Liga de las Naciones. Después de la Segunda Guerra Mundial, que acabó en 1945, Estados Unidos ha seguido una política de seguridad colectiva. El presidente F.D. Roosevelt abogó por las Naciones Unidas, organización en la que este país fue miembro fundador. El presidente Truman se comprometió a ayudar a Europa mediante el Plan Marshall, la Doctrina Truman y la OTAN. Los presidentes que le sucedieron continuaron proporcionando ayuda económica a Asia y África, especialmente Corea del Sur y Vietnam, y asistencia militar al Medio Oriente y a naciones asiáticas.

El presidente Kennedy creó los Cuerpos de Paz y el presidente Nixon intentó negociar la paz en Vietnam e Israel. Otras opciones están relacionadas con áreas en donde el congreso, la corte suprema y los estados han sido más influyentes que el presidente.

13. **2** El pasaje indica que el Círculo Ártico y el Círculo Antártico son "marcas imaginarias en la superficie de la tierra".

14. **4** Está dicho que tanto el Trópico de Cáncer como el Trópico de Capricornio van paralelos al ecuador.

15. **1** El año de la Proclamación de Gettysburg fue en 1863. Ochenta y siete años antes se había firmado la Declaración de Independencia, que declaraba la libertad de las 13 colonias y afirmaba que los hombres han sido creados iguales.

16. **3** El discurso se realizó en el cementerio de Gettysburg. En el párrafo segundo, Lincoln expresa el propósito del discurso.

17. **2** Debido a la falta de tierras para la agricultura, la nación A usará su abundante fuerza de trabajo, capital y habilidades de gestión para desarrollar su industria. Los productos obtenidos pueden ser vendidos en los mercados nacional y extranjeros.

18. **2** En el siglo XVII, Inglaterra lideraba el mundo con sus productos manufacturados y sus factores de producción se parecían a los de la Nación A.

19. **4** La Nación B, con sus recursos naturales y fuerza de trabajo, debe estimular la creación de nuevas industrias mediante aranceles proteccionistas y concesiones contributivas para atraer capital inversionista.

20. **4** El propósito de la Doctrina Truman, a diferencia de la política de no interferencia del presidente Monroe, fue de apoyar los gobiernos de Grecia y Turquía contra la agresión directa o indirecta del comunismo. Grecia en 1947 estaba en condición muy débil después de la ocupación alemana durante la Segunda Guerra Mundial y estaba bajo el ataque de guerrillas comunistas.

21. **1** Desde 1960 a 1965, el aumento fue de 29.3% menos 18.6%, o bien 10.7%, es decir mayor que el aumento en cualquier otro intervalo.

22. **2** Entre 1970 y 1980, el porcentaje de mujeres que trabajaban jornadas parciales permaneció sin cambios (35.1%).

23. **5** El Área E es la más alejada de cualquier concentración grande de agua. La humedad del océano acarreada por los vientos caería en forma de lluvia antes de llegar al Área E.

24. **4** Cuando la demanda, el ahorro y los beneficios empresariales disminuyen, el resultado es un aumento del desempleo y sobreviene lo que se llama una recesión.

25. **2** El darwinismo social se hizo popular en la segunda mitad del siglo XIX. Se basó en la teoría de la selección natural de los pueblos y las naciones e intentó justificar la creciente diferencia entre los pobres y los ricos en Estados Unidos.

26. **3** Desde 1992 a 2001, el ingreso familiar medio antes de pagar impuesto alguno (*pretributario*) aumentó continuamente.

27. **4** La deuda como porcentaje de los bienes familiares totales probablemente se redujo entre 1998 y 2001 porque el ingreso había aumentado en más de $6,000.

28. **3** Según la tabla, la deuda como porcentaje del total de los bienes familiares se redujo en cada año excepto 1995.

29. **2** El objetivo del discurso del presidente Johnson fue el de ayudar a la gente joven con problemas a llevar una vida productiva. En relación con la delincuencia y el potencial de delincuencia en la juventud, su primera preocupación fue prevenir que cayeran en la delincuencia. Pero de ocurrir ésto, el compromiso debiera ser el de ayudarlos a convertirse en ciudadanos provechosos. Estas ideas se expresan en los dos primeros párrafos.

30. **5** El presidente Johnson expresa su recomendación de crear la Acta de Prevención de la Delincuencia Juvenil de 1967.

31. **3** Recomienda el asesoramiento familiar, porque muchos delincuentes "viven en familias con problemas psicológicos y económicos".

32. **4** La foto revela un viejo método de transporte de leche por tren.

33. **1** La foto fue tomada en la década de los años 40, cuando los trenes todavía eran la forma más común de transporte de mercadería.

34. **4** Al compararse los dos gráficos se ve que el voto electoral reflejó al voto popular en 2004.

35. **5** El cine no está mencionado como medio de comunicación.

36. **1** El mayor porcentaje, 51%, corresponde a los que están entre 8 y 18 años de edad, y los blancos, con 45%, usan las computadoras más que los negros e hispanos.

37. **1** La actividad de mirar TV va muy por delante de las demás seis actividades mencionadas.

38. **1** Una fuente principal es el testimonio ocular (visual) de un acontecimiento, tal como lo es la descripción en un diario, o un artefacto que se construyó en un período específico.

39. **1** Con una caída del 12.7%, los ingresos semanales cayeron más entre las mujeres sin diploma de escuela superior.

40. **3** El gráfico indica que los ingresos medios de blancas e hispanas fueron mayores a los ingresos de negras con diploma asociado.

41. **5** Los cabilderos o grupos de presión representan los intereses especiales de ciertos grupos que intentan influir a los congresistas proporcionándoles información, preparando proyectos de ley y testificando en audiencias.

42. **2** (B) Los cabilderos a veces usan recursos poco apropiados para influir sobre los legisladores, incluyendo regalos y contribuciones a sus campañas electorales. Las leyes que los cabilderos respaldan muchas veces no benefician al público en general.

43. **1** (A) Miles de proyectos de ley en muchas áreas se presentan durante cada sesión del congreso. Los comités permanentes son los que negocian estos proyectos e intentan aportar su experiencia sobre cada tema.

44. **1** Los legisladores (los Boy Scouts de la caricatura), preocupados por su reelección, presentan un proyecto de ley de protección al consumidor durante la campaña electoral.

45. **5** Los padres, los maestros y los amigos de la misma edad se mencionan en las dos clases de agentes sociales.

46. **4** En la última oración se mencionan todas las razones con excepción del *número* de amigos. Se menciona que el grupo está adquiriendo mayor importancia.

47. **1** En la segunda oración del pasaje se refiere a la gran influencia de la familia.

48. **4** El orador A habla de un mundo que se ha hecho pequeño gracias a la tecnología moderna. El orador B está de acuerdo y añade que los problemas en un área se convierten en problemas de toda la humanidad. Ambos piensan que el mundo se ha transformado en una sola comunidad y la interdependencia es el factor para la supervivencia del mundo.

49. **1** El etnocentrismo opina que la cultura propia es superior a todas las demás. El orador C habla en defensa de la apreciación de los valores de otras culturas y modos de vida.

50. **3** Millones de personas consideradas inferiores fueron asesinadas por el gobierno nazi de Alemania.

PRUEBA 3: CIENCIAS/PÁGINA 45

1. **3** El plumaje representa una rama tardía en este árbol, lo cual significa que apareció tarde en el proceso evolutivo. Observe que los tejidos aparecieron mucho antes en este proceso de ramificación.

2. **1** La rama producida por las plantas revela que los musgos aparecieron antes de los helechos y que los helechos aparecieron antes de las coníferas.

3. **2** Las aves y los reptiles son ramas tardías de la rama animal en el árbol filogénico. Observe además que se encuentran uno al lado del otro.

4. **4** El último de estos desarrollos evolutivos es el plumaje. Las plumas aparecen al final de la rama animal.

5. **4** El volumen del bloque es 3 cm × 2 cm × 4 cm ó 24 cm^3. La masa que se da es de 120 gramos. Empleando la fórmula de densidad provista, 120 g/24 cm^3 = 5 g/cm^3. La respuesta correcta es la 4.

6. **4** Si un objeto se corta en pedazos más pequeños, su identidad no cambia ni tampoco cambia su densidad. Es verdad que el volumen del nuevo pedazo será menor, pero su masa también será menor. Observe que la opción 3 es parecida a la opción 4, pero también que la segunda parte de cada respuesta es distinta. Asegúrese de leer todas las opciones detenidamente antes de elegir su respuesta.

7. **4** Un globo que se calienta no experimenta cambio en su masa. A usted se le dijo que el volumen aumenta al doble. Así, al hacer un cálculo de densidad, usted estaría dividiendo la misma masa por el doble del volumen. Al dividir por el doble, se obtiene la mitad. Por ejemplo, un globo de 100 gramos y un volumen de 50 cm^3 tendría una densidad de 2 g/cm^3. Si su volumen aumenta a 100 cm^3, su nueva densidad sería 1 g/cm^3 (la mitad de la densidad original).

8. **3** Si la densidad es la masa dividida por el volumen, entonces la masa es densidad multiplicada por el volumen, de modo que 4 g/cm^3 × 10 cm^3 = 40 g.

9. **2** Según la teoría del desplazamiento continental de las placas tectónicas, la superficie de la tierra se encuentra en movimiento. Sin embargo, el canal de lava del volcán va muy profundo al interior de la tierra, prácticamente a su mismo centro, y es estable. Una teoría sobre la formación de las islas hawaianas sugiere que una sección de la tierra se mueve sobre el túnel de lava que forma al volcán, el cual arroja suficiente lava como para formar una isla; luego, a medida que una nueva sección de la tierra se mueve sobre el túnel, otra isla empieza a formarse.

10. **3** El tiempo total que la onda sonora demora en ir desde el barco hasta el fondo y de vuelta al barco es de 4 segundos. Es decir, tomó 2 segundos en ir y 2 en volver; por lo tanto, 2 segundos × 1,000 metros/segundo = 2,000 metros.

11. **2** Sólo un electroimán puede activarse y desactivarse. Note que la opción 5 es algo imposible, de modo que usted debiera rechazar tal opción de inmediato.

12. **2** Como los polos opuestos de un imán se atraen, el polo norte de la tierra debiera atraer el polo sur de una aguja de compás. Esto es siempre así, no importa dónde se encuentre usted en el globo.

13. **4** El pasaje indica claramente que todos los imanes tienen un polo sur y un polo norte. Siendo así, no interesa de qué clase de imán se trate: la opción 4 es la correcta.

14. **2** El pasaje indica que la operación del motor diésel es menos costosa. La opción 1 corresponde a ambos motores, y la opción 5 ni siquiera se menciona en el pasaje.

15. **2** En viajes largos, el costo del combustible sería un factor muy importante; por eso, siendo el combustible diésel más barato, la respuesta correcta es la opción 2.

16. **2** Tratándose de un automóvil de carrera, su velocidad es el factor primordial. Los motores de combustión interna pesan menos y permiten así mayor velocidad. Ni el costo ni el uso de bujías tiene importancia alguna.

17. **1** Los terremotos son el resultado del movimiento de masas de roca bajo la superficie de la tierra que provocan una ruptura en las capas rocosas y el desplazamiento de sus segmentos en el punto de ruptura (falla). El plegamiento de las capas de rocas es resultado de la acción de fuerzas menores que actúan durante períodos de tiempo más prolongados. Las fuerzas producidas por los aludes son demasiado pequeñas para producir terremotos.

18. **2** En 2010 un terremoto en Haití causó centenares de miles de muertos y la destrucción de gran parte de las casas y edificios de la isla. Un par de semanas más tarde un nuevo terremoto de *mayor* intensidad en Chile causó menos de mil muertos y la destrucción de un número pequeño de casas y edificios. En Chile existe un estricto código de construcción creado para minimizar el efecto de terremotos. En Haití no hay código alguno.

19. **4** Los sismógrafos detectan las ondas en la corteza terrestre, tanto si provienen de un terremoto como de una explosión nuclear.

20. **2** La masa de un átomo proviene de sus protones y neutrones, cada uno de los cuales pesa 1 uma. Si un átomo tiene una masa de 7 uma, entonces el número de protones y neutrones debe equivaler a 7. Total de 7 – 3 protones = 4 neutrones.

21. **2** Un átomo neutro tiene igual número de protones y neutrones. Un ion positivo posee protones extra (o bien, una escasez de electrones). Un átomo con 12 protones y 10 electrones tendrá una carga de +2.

22. **4** Un ion de Al tiene una carga de +3 y un ion de Cl tiene una carga de –1. Se necesitan 3 cargas de -1 para cancelar (o equilibrar) una carga iónica de +3. Por lo tanto, hay tres iones de Cl por cada ion de Al.

23. **3** Un átomo que pierde un electrón tendrá un protón "extra" y una carga de +1. Según el párrafo, la masa del electrón es tan pequeña que puede ignorarse para la mayoría de los cálculos. Sólo la opción 3 cumple con ambos requisitos.

24. **5** Muchas de las partes de la planta están envueltas en el proceso, pero es en el cloroplasto donde verdaderamente tiene lugar el proceso químico.

25. **3** El agua del suelo es transportada a través del xilema.

26. **5** Se necesita energía química para dividir el agua en H^+ (combinado en la glucosa) y O_2.

27. **4** El hidrógeno y el dióxido de carbono producen sucesivamente azúcares.

28. **3** La clorofila en los cloroplastos de las células transforma la energía luminosa en energía química.

29. **4** Los estomas son aperturas por donde el dióxido de carbono entra en la hoja.

30. **5** Observe que la figura le muestra que tanto la luz como el agua y el dióxido de carbono actúan sobre la planta para producir azúcares. Por lo tanto, los tres son necesarios y la opción 5 es la respuesta correcta.

31. **5** Debido a que el dióxido de carbono se usa en la fotosíntesis, si se incrementara la cantidad de dióxido de carbono el proceso sería más rápido.

32. **4** Las aves se parecen entre sí porque han evolucionado hasta adaptarse al mismo estilo de vida. Las opciones 2, 3 y 5 contradicen la afirmación sobre la inexistencia del parentezco.

33. **1** Según la información, cuando las polillas blancas se posaban sobre la corteza de color claro eran invisibles para sus enemigos. Pero cuando las cortezas quedaron tiznadas por el humo, las polillas quedaron claramente visibles.

34. **3** El único proceso vital que la serpiente es incapaz de realizar sola es la reproducción.

35. **5** Como el corazón es un músculo con nervios que conducen impulsos, el potasio es una sustancia nutritiva importante. La mayoría de los medicamentos que se recetan a los enfermos del corazón tienden a eliminar el exceso de agua. De este modo, se pierde el potasio disuelto.

36. **5** Los gases salidos por la chimenea se combinan con el agua de la atmósfera para producir la lluvia ácida que puede perjudicar a los embriones de los animales, los edificios, los árboles y los pulmones.

37. **3** Los ratones tienen mucha descendencia y por eso el período de tiempo transcurrido entre las generaciones es corto. La opción 1 es incorrecta, ya que las bacterias no se reproducen sexualmente. Las opciones 2 y 4 no son correctas, ya que los perros y los hombres no son tan prolíficos como los ratones. Los robles son extremadamente prolíficos, pero su

etapa de crecimiento es muy larga antes de que puedan producir bellotas.

38. **3** La población de lobos alcanzó el máximo un año después de la máxima población de alces. Esto quiere decir que muchos lobos debieron nacer cuando la población de alces estuvo en su punto máximo.

39. **4** El pasaje implica que la bacteria verde evolucionó de las formas bacteriales no verdes que en un comienzo existieron en la tierra. Los animales necesitan oxígeno para vivir, por lo tanto vinieron después de que la bacteria verde había cambiado la atmósfera.

40. **3** Los fósiles de la capa de roca D son más viejos que los de la capa A. Los fósiles se encuentran en rocas sedimentarias, compuestas de una capa encima de otra de material depositado. La capa de sedimento más vieja (D) aparece en el fondo, mientras que la más joven se encuentra encima de todas las demás.

41. **1** Cuando se respira no se transmiten fluidos corporales. En el acto sexual, cada miembro de la pareja tiene contacto íntimo con los fluidos del otro cuerpo. Por eso, la opción 2 es incorrecta. Las opciones 3, 4 y 5 están relacionadas con la transmisión de sangre de persona a persona.

42. **3** El problema de un cultivador de plantas es determinar cuáles son las plantas inmunes, que son las que sobreviven a los herbicidas.

43. **3** Se usan nuevas cepas de plantas para proporcionar beneficios a granjeros y consumidores. Las opciones I y II proporcionarían beneficios, pero el uso de más agua y fertilizante aumentaría los costos y eliminaría los beneficios.

44. **3** Para que una sustancia se derrita, debe tomar energía. El congelamiento es lo opuesto al derretimiento, pues implica una liberación (o pérdida) de energía. Cuando una sustancia se evapora, obtiene energía, y cuando se condensa (el proceso opuesto) libera energía. De este modo, las opciones I y III (pero no la II) son correctas.

45. **4** La clonación se usa para producir un gran número de plantas en un período corto de tiempo. Según el pasaje, un millón de plantas pueden obtenerse por clonación en sólo seis meses.

46. **3** Según el pasaje, cada célula contiene un programa detallado para reproducirse que está contenido en los cromosomas.

47. **3** Las hormonas auxina y citocinina estimulan la producción de nuevas plantas. Las hormonas son sustancias que regulan el crecimiento y la reproducción de los organismos.

48. **2** La clonación se define como una forma de propagación vegetativa. La propagación vegetativa es una forma de reproducción asexual, es decir, sólo se requiere la planta original.

49. **2** Los procesos sexuales combinan la herencia del padre y la madre y producen una descendencia distinta a ambos. En cambio en la clonación y otros métodos vegetativos no se produce cambio en el genotipo.

50. **2** La medicina es una suspensión, no una solución. Todas las opciones incorrectas son características de las soluciones.

51. **1** Las sustancias agrias como el jugo y el vinagre tienen valores pH (ácidos) bajos. Sólo la opción 1 tiene un valor pH ácido. Los demás son neutros (opción 2) o bases (opciones 3, 4 y 5).

52. **4** Un pH de 10.5 is claramente base y debiera tener propiedades similares a las del agua jabonosa y del amoníaco. Ambos tienen sabor amargo y vuelven azul al tornasol, lo cual concuerda con la opción 4.

53. **4** Una sustancia amarga sugiere una base. Las bases vuelven azul al tornasol y amarillo al rojo metílico, por lo que la respuesta correcta es la opción 4. Oberve que la información necesaria se encuentra en la tabla y usted no necesita saber los detalles sobre los ácidos, las bases y los indicadores para resolver este problema.

54. **5** El calor es una forma de energía que se mueve espontáneamente desde regiones de altas temperaturas hacia otras más bajas.

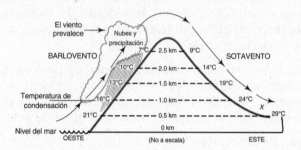

55. **5** En la parte oeste de la montaña, la temperatura baja hasta 3°C cada 0.5 km. A 2.5 km, la temperatura es 7°C. En la cima es 3°C menos, o 4°C. Se obtiene el mismo resultado si se usan los datos del lado este de la montaña, donde la temperatura baja 5°C cada 0.5 km.

56. **2** Cuando hay precipitación, la humedad relativa es del 100%. En el diagrama, la precipitación ocurre en la parte de barlovento a 2.5 km de altura.

57. **4** A medida que el aire se levanta, se expande. Cuando se expande, se enfría. Uno se da cuenta de que el aire que se escapa de un neumático está frío y eso se debe a que en ese momento está expandiéndose.

58. **1** A medida que el aire desciende en el lado de sotavento de la montaña, se calienta. Como resultado, es muy poco probable que haya una precipitación en esta parte. Al no haber precipitaciones, la región será árida. Los desiertos en la parte suroeste de Estados Unidos están ubicados en el lado de sotavento de las montañas.

59. **2** Algunas plantas desprenden polen. La actividad humana no afecta demasiado la cantidad de polen que hay en la atmósfera. Las sustancias generalmente se consideran contaminantes cuando alteran el ambiente a causa de la actividad humana. Cualquier porción del entorno puede contaminarse, incluyendo la atmósfera, la hidrósfera y la litósfera. Se dice que el entorno está contaminado cuando se le añade una sustancia en cantidad mayor a la que habría allí normalmente. Por ejemplo, cuando grandes cantidades de desperdicios se vierten en un río, el agua se contamina. Los peces y otros organismos que viven en el río pueden morir si el nivel de contaminación es muy elevado.

60. **2** El bloque y el peso están conectados; por lo tanto, tienen siempre la misma velocidad. Si la fuerza que mueve el bloque es mayor que el roce, el bloque debe acelerar.

61. **2** Aunque la tortuga tiene un carapacho duro externo que es similar a un exoesqueleto, también posee un esqueleto interno y está clasificada como un vertebrado.

62. **3** La variable independiente en un experimento es el factor o variable manipulado directamente por el experimentador, en este caso la presencia de papel atrapamoscas.

63. **1** La botella 1 tiene papel atrapamoscas en su interior. Aunque esto no constituye algo "natural", crea de todos modos una situación en que la incapacidad de volar es una ventaja.

64. **2** Tratándose de ver qué moscas tienen mayor ventaja, las aladas o las sin alas, la variable que debiera medirse sin duda alguna es el número de moscas sobrevivientes al final del experimento.

65. **2** Las mutaciones son cambios en los genes de los organismos.

66. **4** En la mayoría de las circunstancias naturales, se supone que las alas son útiles. Este experimento establece un ambiente artificial en el que los valores de la supervivencia están invertidos. No obstante, este tipo de ambiente puede existir en la naturaleza.

PRUEBA 4: LENGUAJE, LECTURA/PÁGINA 60

1. **2** El documento describe un ambiente de trabajo flexible que permite trabajar desde la casa.

2. **4** El tercer punto establece que "Los empleados deben mantener informado a su jefe sobre sus paraderos de modo que el jefe pueda ubicarlos fácilmente".

3. **1** Un empleado que rutinariamente llama a su jefe demuestra disponibilidad, comunicación e indirectamente, productividad.

4. **1** El último punto declara que los empleados no pueden trabajar más de tres días al mes.

5. **2** La declaración inicial menciona que la Compañía desea "crear un ambiente laboral flexible..."

6. **3** Sólo un animal está disponible para escuchar a Ion.

7. **1** Ion piensa que debiera hacer algo ya que siempre puede ir a dormir más tarde.

8. **2** El nombre del hijo, Kuzma Ionich, sugiere un país del este de Europa.

9. **3** El tiempo presente crea un ambiente en el que los eventos descritos parecen suceder ahora mismo.

10. **5** Ion pide a su yegua que suponga ser la madre de un potrillo que se ha muerto.

11. **2** El aspecto de la Sra. Forrester es enfocado continuamente. Ella es descrita como atractiva, encantadora y fascinante.

12. **3** Un símil es una comparación directa que usa palabras como "como". ("Ella volaba como una liebre.")

13. **2** El pronombre "ellos" se refiere a Cyrus Dalzell y a los otros hombres de edad madura que la admiraban.

14. **4** La elegancia natural de la Sra. Forrester queda descrita con los adjetivos de las respuestas 1, 2 y 3.

15. **1** Su desafiante actitud ante el peligro fascinó al capitán Forrester.

16. **1** Los postes han reemplazado a los eucaliptos y se han convertido, en cierto sentido, en nuevos árboles.

17. **3** El poeta llama a los postes "Cosas verticales. Frígidas y sin pasión".

18. **4** Los niños se dan cuenta de que no pueden trepar los "nuevos árboles" y echan de menos a los verdaderos.

19. **3** El poeta se queja de que los postes eléctricos son incapaces de sentimientos ("cosas verticales sin pasión") a diferencia de los árboles, miembros del Reino Vegetal y seres que viven y dan vida.

20. **3** "Impostores de árboles" es una metáfora en la cual los postes se comparan con gente falsa.

21. **3** En los renglones 26–27 menciona el desconsuelo del poeta, quién quisiera sacarla de "ese sueño" que es la muerte.

22. **5** En el renglón 32 habla de "mi amor".

23. **3** El poeta se refiere a Jane como "un pajarito", "mi gorrión" y "paloma de pasitos raudos".

24. **4** El poeta pasa de la tercera persona ("ella") a la primera persona ("tú").

25. **4** En el renglón 33 el poeta dice, "Yo, sin derechos en este asunto".

26. **3** Walter indica indirectamente que Linder, si lo insulta, puede esperar el mismo tratamiento.

27. **2** Puede deducirse que una nueva casa significará una nueva vida.

28. **3** Mama dice "Mi hijo dijo que nos vamos a mudar", indicando que Walter será el jefe de la familia.

29. **5** Cuando se va, Lindner sacude la cabeza indicando su desacuerdo.

30. **3** Walter dice, "Somos muy orgullosos".

31. **1** El autor repite la palabra "recuerdo" y afirma que "nunca he olvidado" y "nunca olvidaré".

32. **4** El jefe recuerda a su madre cocinando, a su padre volviendo de la caza y a su abuelo enseñándole.

33. **1** El escritor dice que su mundo reflejaba la sabiduría y benevolencia del Gran Espíritu.

34. **1** Según el autor, "Nunca había horas suficientes en el día para agotar el placer de observar a todas las criaturas."

35. **5** El autor describe los privilegios que tuvo "en la pradera aún intacta, cien años atrás."

36. **4** El autor afirma que en una comparación del lenguaje empleado, Shakespeare sería el ganador.

37. **3** Entre otras comparaciones desfavorables, el autor comenta que el lenguaje de las canciones de *West Side Story* palidece ante el discurso de Mercutio.

38. **1** El pasaje comenta que Romeo y Julieta "son un poquito demasiado ligeros" para la grandeza de la obra, lo cual "igualmente se aplicará a Tony y María".

39. **4** Se observa que los cuatro personajes principales no nos sacuden con temor.

40. **3** Romeo y Julieta sufren por los caprichos del destino, mientras que Tony y María sufren por el prejuicio y el odio.

PRUEBA 5: MATEMÁTICAS/PÁGINA 71

1. **2** Encuentre primero el millaje total.

$$135 + 162 + 98 + 117 + 216 = 728 \text{ millas}$$

Divida el millaje total (728) por el número de millas recorridas usando un galón de gasolina (14) para encontrar el número de galones de gasolina requeridos.

$$728 \div 14 = 52 \text{ gal.}$$

2. **4** Por 12 minutos pagará 5 centavos.
   Con $0.50 podría pagar por 10×12 minutos (120).
   120 minutos = 2 horas.

3. **40** Si $AB = AC$, entonces $\angle ABC$ es un triángulo isosceles y los ángulos de la base tienen la misma medida. Es decir, esto es m$\angle B$ = m$\angle C$.
   Entonces x = m$\angle B$ = m$\angle C$.

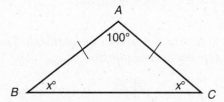

Debido a que la suma de las medidas de los ángulos de un triángulo es 180°, tenemos la ecuación siguiente:

$$
\begin{aligned}
x + x + 100 &= 180 \\
2x + 100 &= 180 \\
2x &= 180 - 100 = 80 \\
x &= 40
\end{aligned}
$$

4. **5** Como 432 camisas se han vendido a $20 cada una, la cantidad obtenida es 20×432.
   Luego, otras 368 camisas se han vendido por $25 cada una y la cantidad obtenida es de 25×368.
   El total de dinero obtenido de la venta es de $20 \times 432 + 25 \times 368$. Esta operación puede escribirse como

$$(20)(432) + (25)(368).$$

5. **1** El número total de partidos jugados por el equipo fue de $x + y + z$.
   El número de partidos ganados fue x.
   La parte de partidos ganados fue entonces $\dfrac{X}{X + Y + Z}$

6. **3/8 ó .375**

   $\dfrac{1}{2}$ de los alumnos caminaron a la escuela.

   $\dfrac{1}{4}$ de los otros $\dfrac{1}{2} = \dfrac{1}{4} \times \dfrac{1}{2} = \dfrac{1}{8}$ son alumnos que van en bicicleta.

   $\dfrac{1}{2} + \dfrac{1}{8} = \dfrac{4}{8} + \dfrac{1}{8} = \dfrac{5}{8}$ de los alumnos caminan o usan bicicleta.

   Entonces, $1 - \dfrac{5}{8} = \dfrac{3}{8}$ usan otros medios de transporte.

7. **5** Como $2x > 4$, entonces

$$x > \frac{4}{2} = 2.$$

La única opción que es mayor de 2 es 3.

8. **3** Como el acuario tiene tres dimensiones, su volumen corresponde a la fórmula $V = largo \times ancho \times alto$. Para obtener el volumen en pies cúbicos, las tres dimensiones deben expresarse en pies cúbicos.

El largo es 3 pies.

El ancho es 1 pie 8 pulg $= 1\frac{2}{3}$ pies $= \frac{5}{3}$ pies.

El alto es 1 pie 6 pulg $= 1\frac{1}{2}$ pies $= \frac{3}{2}$ pies.

$$V = 3 \times \frac{5}{3} \times \frac{3}{2} = \frac{15}{2} = 7.5 \text{ pies cúbicos.}$$

9. **4** Digamos que $x =$ la altura del mástil de bandera. Los dos mástiles y sus sombras pueden representarse por dos triángulos.

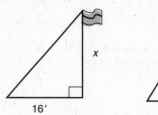

Como los triángulos son similares, los largos de los lados correspondientes están en proporción.

Usamos la proporción:

$$\frac{h \text{ (mástil)}}{h \text{ (asta)}} = \frac{l \text{ (sombra del mástil)}}{l \text{ (sombra de la asta)}}$$

$$\frac{x}{9} = \frac{16}{6}$$

$$6x = 9 \times 16 = 144$$

$$x = \frac{144}{6} = 24$$

10. **4** El número total de inscritos es $360 + 300 + 280 + 260 = 1,200$

La parte que representa a los estudiantes de primer año es

$$\frac{360}{1,200} = \frac{36}{120} = \frac{3}{10} = 30\%.$$

11. **1** El monedero contiene $6 + 5 + 8 = 19$ monedas, 5 de las cuales son monedas de 10 centavos. Por lo tanto, la probabilidad de que una moneda que se cae sea una de 10 centavos es de $\frac{5}{19}$.

12. **4** Cuando una cantidad impar de números se ordena de mayor a menor, el número que queda en el medio se llama mediana. En nuestro caso hay 9 números, de modo que la mediana es el quinto número.

272, 274, 275, 276, 278, 281, 283, 284, 287

↓

mediana

13. **4** Volumen de un cilindro: $\pi r^2 \times a$

$$3.14 \times 10^2 \times 30 = 9{,}420 \text{ pulg}^3$$
$$9{,}420 \times .0043 = 40.5 \text{ galones}$$

Si el balde está lleno a medias, entonces contiene aproximadamente 20 galones.

14. **525** Como 1 pulgada representa 150 millas en el mapa, 3 pulgadas representan $3(150) = 450$ millas y $\frac{1}{2}$ pulgada representa $\frac{1}{2}(150) = 75$ millas.

Entonces $3\frac{1}{2}$ pulgadas representan $450 + 75 = 525$ millas.

15. **2** Para encontrar el perímetro de la figura, hemos de sumar las longitudes de los cuatro lados.

$$2a + b + a + 3b + 3a + b + 3a + 2b = 9a + 7b.$$

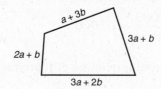

16. **5** $\$159.99 \times \dfrac{2}{3} = \$106.66$ (altavoces de 40 vatios después del descuento.)

$$\begin{array}{r} \$106.66 \\ + \$150 \text{ (instalación)} \\ \hline \$256.66 \\ \times \quad 1.08 \text{ (impuesto)} \\ \hline \end{array}$$

$277.19, cantidad que cae entre $270 y $280.

17. **5** 3 corbatas se vendieron por $33

6 corbatas han costado $2(\$33) = \$66$

3 camisas se vendieron por $55

Como los pantalones se vendieron por $32.75, 2 pantalones costaron $2(\$32.75) = \$65.50$

1 chaqueta se vendió por $108.45

$\$66 + \$55 + \$65.50 + \$108.45 = \$294.95$

18. **3** Escriba todos los números en forma de decimal y así será más fácil ordenarlos por tamaño.

$$19\% = 0.19, \quad \frac{1}{2} = 0.50, \quad \text{y} \quad \frac{3}{5} = 0.60.$$

El orden correcto de mayor a menor es

0.80, 0.60, 0.50, 0.19, 0.080

o bien, 0.80, $\dfrac{3}{5}$, $\dfrac{1}{2}$, 19%, 0.080

La respuesta correcta es (3).

19. **248** Para encontrar la velocidad promedio, en millas por hora, divida la distancia, en millas, por el tiempo, en horas. Como 5 horas y 30 minutos es $5\dfrac{1}{2}$, ó 5.5 horas, divida 1,364 por 5.5: $1364 \div 5.5 = 248$.

20. **2** Para anotar un número científicamente, escríbalo como el producto de un número entre 1 y 10 y elevado a la potencia de 10. En este caso, el número entre 1 y 10 es 8.5. Para ir de 8.5 a 85,000,000,000 debe mover la coma decimal diez lugares hacia la derecha. Así, $85,000,000,000 = 8.5 \times 10^{10}$.

21. **3** $3ab - x^2y = 3(4)(5) - (2)(2)(3)$
       $= 60 \qquad - 12 = 48$

22. **10,000** La suma de las medidas de los ángulos alrededor del centro de un círculo es 360°. La fracción que representa la parte del número total de trabajadores que trabajan en transporte es $\dfrac{20}{360} = \dfrac{1}{18}$.

$\dfrac{1}{18}$ de $180,000 = \dfrac{180,000}{18} = 10,000$

23. **4** En un triángulo rectángulo, usamos el teorema de Pitágoras.

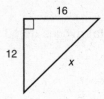

$x^2 = (12)^2 + (16)^2$
$x^2 = 144 + 256 = 400$
$x = \sqrt{400} = 20$

24. **4** Si m$\angle ABC = 68°$ y $\overline{BF}$ bisecta $\angle ABC$, entonces m$\angle EBC = \dfrac{1}{2}$ (68) = 34°.

Si m$\angle ACB = 72°$ y $\overline{CD}$ bisecta $\angle ACB$, entonces m$\angle ECB = \dfrac{1}{2}$ (72) = 36°.

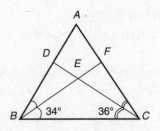

Como la suma de las medidas de un triángulo es 180°,

$$m\angle EBC + m\angle ECB + m\angle BEC = 180°$$
$$34 + 36 + m\angle BEC = 180°$$
$$70 + m\angle BEC = 180°$$
$$m\angle BEC = 180 - 70 = 110°$$

25. **98.28**

$$\begin{array}{r} 6.5 \\ \times\ 7.2 \\ \hline 46.8 \end{array} \quad \text{pies}^2 \text{ (superficie del cuarto)}$$
$$\times\ 2.10 \quad \text{(precio de la alfombra/pie}^2)$$

$$\$98.28 \quad \text{(precio total de la alfombra)}$$

26. **5** Sabemos que John Davis perdió al menos 4 libras cada mes. Pero puede haber perdido mucho más. No hay información suficiente para determinar cuál era su peso al cabo de seis meses.

27. **425** Para computar el interés anual del $8\frac{1}{2}$ % en $10,000, tenemos que hacer la operación siguiente:

$$\$10,000 \times 0.085 = \$850.$$

Si es cada seis meses, el Sr. Ames recibe $\frac{1}{2}$ de $850 = $425.

28. **4** Decomponga en factores la parte izquierda de la ecuación $x^2 - x - 12 = 0$:

$(x - 4)(x + 3) = 0,$
$x - 4 = 0$ o bien $x + 3 = 0$
$x = 4$ o bien $x = -3$

29. **3** Empleando la proporción inicial de 9:2, establezca una segunda proporción usando la información recibida y luego haga una ecuación de fracciones.

$\dfrac{9}{2} \begin{matrix}\text{(hombres)}\\\text{(mujeres)}\end{matrix} = \dfrac{x}{12} \begin{matrix}\text{(\# desconocido de hombres)}\\\text{(\# desconocido de mujeres)}\end{matrix}$

30. **5** La inclinación $\overleftrightarrow{AB} = \dfrac{\text{cambio en las coordenadas } y}{\text{cambio en las coordenadas } x}$

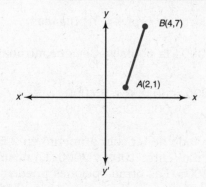

La inclinación de $\overleftrightarrow{AB} = \dfrac{7-1}{4-2} = \dfrac{6}{2} = 3$

31. **3** Si decidimos que x = número de puntos obtenidos por Jim y $3x$ = número de puntos obtenido por Bill,

$$x + 3x = 56$$
$$4x = 56$$
$$x = 56 \div 4 = 14$$
$$3x = 3(14) = 42$$

32. **4** Note que cada línea subdivisoria en el eje vertical representa 200 millas. El Río Grande tiene cerca de 1,500 millas de largo y el Sena tiene una longitud de unas 500 millas. Por lo tanto, el Río Grande tiene unas 1,000 millas más de largo que el Sena.

33. **5** En 2009 los ingresos fueron de $600,000 y los gastos de $500,000. Por eso, en 2009 los ingresos superaron los gastos en $100,000 ($600,000 – $500,000 = $100,000).

34. **1** Seis lápices costarán 6 veces más que el precio de 1 lápiz. Como y es el precio de 1 lápiz, el costo de 6 lápices es 6 veces $y = 6y$.

35. **5** En 2 semanas el Sr.Martin trabajó un total de $(42 + 37)$ horas y ganó $12 por cada hora trabajada. Por lo tanto, el número total de dólares que ganó fue de $12(42 + 37)$.

36. **4** Hay cuatro cuartos (qt) en 1 galón (gal). Kwan ha multiplicado la receta por 16 (1 qt $\times$ 16 = 4 gal) para la fiesta. Por eso, multiplique el jugo de limón por 16.
$16 \times 8 = 128$ onzas (oz), luego divida por 32 (oz/qt)
4 qt = 1 gal

37. **3** m$\angle BCD$ = m$\angle ABC$, ya que los pares de los ángulos interiores alternados de las líneas paralelas tienen la misma medida.
Entonces m$\angle BCD = 112°$.

$$\text{m}\angle ECD = \frac{1}{2}\,\text{m}\angle BCD = \frac{1}{2}(112°) = 56°$$

38. **2** 22 pies 4 pulg = 22(12) + 4 = 268 pulg

$268 \div 4 = 67$ pulg cada parte

$$\frac{67}{12} = 5\frac{7}{12}$$

Cada tapiz tiene un largo de 5 pies y 7 pulgadas.

39. **4** Según el gráfico, en 2004 la población se encontraba entre 25,000 y 30,000.

$$25,000 + 30,000 = 55,000$$
$$55,000 \div 2 = 27,500$$

40. **2** La población del Condado de Lincoln aumentó en 2,500 (o un segmento vertical en la cuadrícula) entre 1999 y 2000. Lo mismo ocurrió en 2000–2001 y 2004–2005. Las otras opciones pueden eliminarse porque uno o ambos años no mostraron un aumento de 2,500 personas.

41. **4** Use la fórmula $V = largo \times ancho \times alto$ para representar el volumen de un sólido rectangular.

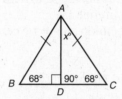

$$V = x \cdot x \cdot 8 = 8x^2$$
$$8x^2 = 392$$

42. **5** Debido a que no conocemos el número total de votos, no podemos hacer una ecuación para resolver el problema.

43. **2** Si $AB = AC$, m$\angle C$ = m$\angle B$ = 68° y $\overline{AD} \perp \overline{BC}$, m$\angle ADC$ = 90°.

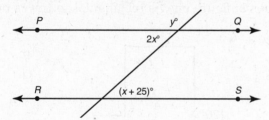

Como la suma de las medidas de los ángulos de un triángulo es 180°, tenemos

$$68 + 90 + m\angle x = 180°$$
$$158 + m\angle x = 180°$$
$$m\angle x = 180 - 158 = 22°$$

44. **3** Como PQ está paralelo a RS, los ángulos internos alternos son iguales: $2x = x + 25$. Al restar x de cada lado da $x = 25$.

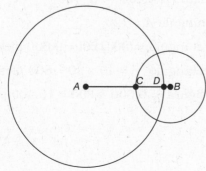

45. **3** Como $5^2 = 25$ y $6^2 = 36$, $\sqrt{30}$ está entre 5 y 6

46. **1** AD = radio del círculo grande = 20 pulg
BC = radio del círculo pequeño = 8 pulg

$CD = 6$
$DB = BC - CD = 8 - 6 = 2$
$AB = AD + DB = 20 + 2 = 22$ pulg

47. (1,0) El cuadrado representa 6 unidades × 6 unidades. Las coordenadas de su centro son (1,0). Su cuadrícula debe quedar así marcada.

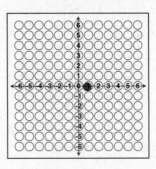

48. 4 Para encontrar el costo de n libras de azúcar a c centavos por libra, multiplique n por c para obtener nc.

Para saber el cambio recibido, reste nc centavos a 100 centavos. El resultado es $1000 - nc$.

49. 5 Verifique cada desigualdad o ecuación.

(1) $3(10) + 1 > 12$, $30 + 1 > 12$. Verdadera

(2) $2(10) - 3 < 25$, $20 - 3 < 25$. Verdadera

(3) $10^2 + 1 > 10^2 - 1$. $100 + 1 > 100 - 1$. Verdadera

(4) $4(10) - 1 = 39$, $40 - 1 = 39$. Verdadera

(5) $2(10) - 7 < 7 - 2(10)$, $20 - 7 < 7 - 20$. Falsa

La opción correcta es (5).

50. 10,400 Dividimos la figura en dos rectángulos, a través de la línea de puntos.

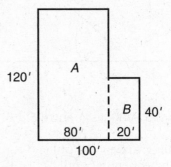

El ancho del rectángulo $A = 100 - 20 = 80$

La longitud del rectángulo $A = 120$

La superficie del rectángulo $= (80)(120) = 9,600$ pies^2

La superficie del rectángulo $B = 40 \times 20 = 800$ pies^2

La superficie de la figura $= 9,600 + 800 = 10,400$ pies^2

Uso de la Gramática

CAPÍTULO 3

LA FRASE Y LA ORACIÓN

Con frecuencia existe confusión entre la *frase* y la *oración*. La frase es la unidad mínima de la expresión escrita. Tiene más de una palabra y expresa una idea.

Hola, ¿qué tal?

Una oración es una frase más compleja y tiene un sujeto y un predicado. Además tiene un verbo.

Pablo fue al cine.

De este modo, todas las oraciones son frases, pero no todas las frases son oraciones.

LAS PARTES DE LA ORACIÓN

En una oración hay distintas clases de palabras que cumplen funciones diferentes. En español, las partes de la oración son nueve: el nombre, el artículo, el pronombre, el verbo, el adjetivo, el adverbio, la preposición, la conjunción y la interjección.

Estas partes de la oración pueden ser:

Variables: nombre, adjetivo, pronombre, artículo y verbo. Éstos admiten modificaciones.

Invariables: adverbio, preposición, conjunción e interjección. Éstos no admiten modificación alguna.

CONSEJO

Sustantivo es otra palabra que significa lo mismo que *nombre*.

USO DEL NOMBRE

El nombre se usa para nombrar personas, animales y cosas. Los nombres pueden ser:

1. Propios: cuando se atribuyen a una persona, cosa o animal determinado.

   María, Manhattan, Bobby

2. Comunes: cuando mencionan a personas, animales o cosas de la misma especie.

   mesa, ciudadano, caballo

El Género de los Nombres

Todos los nombres tienen género. El género indica el sexo de las personas, animales y el que en español se adjudica a las cosas. Así, puede ser masculino, femenino o neutro. Para determinar el género, hay que estudiar su significado y la terminación de la palabra.

1. El género masculino corresponde a un nombre de hombre, un animal macho, o una cosa que se incluya en este género por su significado, terminación o uso.

    Son masculinos los nombres terminados en **d**, **e**, **i**, **o**, **u**, **j**, **l**, **n**, **r**, **s**, **t**, aunque hay muchas excepciones.

EJEMPLO DE EXCEPCIONES

la llave, la fuente, la nieve, la tribu, la salud, la cárcel, la piel, la razón, la flor, la crisis, la cruz, la luz, la gente, la leche

2. El género femenino se refiere a todo nombre de mujer, animal hembra, o cosa que se incluya en este género por su significado, terminación o uso.

    Son femeninos los nombres terminados en **a**, **ción**, **sión**, **dad**, **tad**, **tud**, **umbre**, aunque aquí también hay excepciones.

EJEMPLO DE EXCEPCIONES

el día, el drama, el clima, el problema

3. El género neutro abarca lo indeterminado y lo que es genérico. Normalmente son nombres adjetivados o pronombres.

    A través del artículo se puede saber si la palabra es masculina, femenina o neutra.

la silla (femenina)
el jardín (masculina)
lo bueno (neutra)

   Hay nombres que cambian su terminación, según sean masculinos o femeninos. Generalmente, para formar el femenino se escribe una **a** en lugar de la **o** del masculino. En otros casos se añade una **sa**.

el secretario—la secretaria
el amigo—la amiga
el ciervo—la cierva
el vendedor—la vendedora
el tigre—la tigresa

   Hay nombres que cambian por completo.

el caballo—la yegua
el galló—la gallina

   Y hay nombres que tienen la misma terminación, sean masculinos o femeninos.

el astronauta—la astronauta
el médico—la médico

El Número de los Nombres

Todos los nombres tienen un número que nos indica si el nombre se refiere a una persona, animal o cosa, o varias personas, animales o cosas. Según esto, pueden estar escritos en singular o plural.

Para configurar los plurales, hay tres reglas básicas:

1. Todos los nombres que terminan en vocal no acentuada: en el plural se añade **s**.

   casa—casas
   armario—armarios
   buque—buques

2. En los nombres que terminan en vocal acentuada o consonante, se añade **es**.

   marfil—marfiles
   calcetín—calcetines
   maní—maníes

   Hay algunas excepciones, como pie—pies.

3. Los nombres que terminan en **z** hacen el plural con **ces**.

   lápiz—lápices
   capataz—capataces
   veloz—veloces

   También hay nombres que carecen de singular o no se usan en dicha forma.

   gafas, comicios, pinzas, víveres

   El nombre es un elemento indispensable en la oración. Si no aparece debe ser sustituido por un grupo nominal, adjetivo, pronombre, verbo, etc. que puede hacer las funciones propias del nombre.

   Comer es indispensable.
   El blanco es un color excelente.

PRÁCTICA

Escriba en los renglones la frase correcta (o bien escriba "Correcta" si la frase original está bien.) Luego vea los resultados bajo "Respuestas".

1. La clima era saludable en aquel pueblo.

   _____

2. El loro era demasiado habladora.

   _____

3. El sed que tenía era insaciable.

   _____

4. No me gusta el leche fría.

   _____

5. Los patos eran blancos.

   _____

6. El rascacielos era blanca.

   _____

7. Unos peces eran de color.

   _____

8. Los oasis africanos son una maravilla.

   _____

9. Las codornices son encantadores.

   _____

1. El clima era saludable en aquel pueblo.
2. El loro era demasiado hablador.
3. La sed que tenía era insaciable.
4. No me gusta la leche fría.
5. Correcta
6. El rascacielos era blanco.
7. Unos peces eran de colores.
8. Correcta
9. Las codornices son encantadoras.

USO DEL ARTÍCULO

El artículo es una parte variable de la oración que se pone delante de los nombres y sirve para identificarlos e indicar su género y número.
Los artículos pueden ser:

1. **Artículo determinado**, que antecede a un nombre que ya es conocido.

	Masculino	Femenino	Neutro
Singular	el	la	lo
Plural	los	las	

El artículo neutro se refiere a cosas abstractas. Puede preceder a un plural femenino.

Hay que ver lo encantadoras que son esas personas.

2. **Artículo indefinido o indeterminado**, que precede a un nombre que de antemano no conocemos.

	Masculino	Femenino
Singular	un	una
Plural	unos	unas

Los artículos siempre concuerdan en género y número con los nombres.

la casa, el vestido, las flores, unos zapatos, los colores, un niño, una zanahoria, unas cajas

Las formas masculinas *el* y *un* se pueden anteponer a nombres femeninos cuando empiezan con **a** o **ha** acentuadas. Si el nombre no sigue inmediatamente al artículo, esta norma no se cumple.

el alma, un hacha, el área, el aula, un arca
La terrible hacha
La triste alma

Las preposiciones *a* y *de*, seguidas del artículo *el*, producen normalmente las contracciones *al* y *del*. Pero no se escribe contracción antes de un título de un libro o del nombre de un diario o una revista.

El armario del recibidor está lleno.
No pongas las frutas al sol.
La noticia de El Espectador era escalofriante.

Recuerde que las formas *el, la, los, las* del artículo determinado y *un, una, unos, unas* del indeterminado se distinguen de los pronombres que se escriben igual, porque los artículos preceden forzosamente a un nombre y conciertan en género y número.

PRÁCTICA

Escriba en los renglones la frase correcta (o bien, escriba "Correcta" si la frase original está bien.) Luego vea los resultados bajo "Respuestas".

1. Soy subscritor del Periódico.

2. Mira la hermosa que es la tela.

3. El arca estaba llena de objetos viejos.

4. Le he comprado un libro a el hermano de María.

5. Un abeja me picó en la pierna.

6. El llave no entraba en la cerradura.

7. Vio una película *Sonrisas y lágrimas* y le gustó mucho.

8. La única arma que tenía era su intelecto.

9. Se veía la agua tan transparente.

10. Las aguas de este río no están sucias.

RESPUESTAS

1. Soy subscritor de El Periódico (si es que esta publicación se llama El Periódico. Si se llama Periódico, la oración correcta es "Soy subscritor de Periódico").
2. Mira lo hermosa que es la tela.
3. Correcta
4. Le he comprado un libro al hermano de María.
5. Una abeja me picó en la pierna.
6. La llave no entraba en la cerradura.
7. Vio la película *Sonrisas y lágrimas* y le gustó mucho.
8. Correcta
9. Se veía el agua tan transparente.
10. Correcta

USO DEL PRONOMBRE

El pronombre sustituye al nombre y toma el género y el número de éste. El pronombre es la parte variable de la oración.

Los pronombres pueden ser personales, posesivos, demostrativos, relativos, interrogativos o indefinidos.

Los Pronombres Personales

Persona gramatical	Sujeto	Complemento preposicional	Complemento directo	Complemento indirecto
Primera persona	yo nosotros nosotras	mí, conmigo nosotros nosotras	me nos	me nos
Segunda persona	tú, usted, vosotros, vosotras ustedes	ti, contigo	te os	te os
Tercera persona	él, ella ello, ellos, ellas	sí, consigo lo	lo, la, los, las, se	lo, le(se) les(se)

Los pronombres personales son los que designan a las personas gramaticales.

Singular: *yo, tú, él, ella*
Plural: *nosotros, nosotras, vosotros, vosotras, ellos, ellas*
Neutro: *ello* y el reflexivo se, en singular solamente.

Yo (sustituye a mi nombre) estudio matemáticas.
Llegó ella = Llegó María.

Según las distintas funciones (sujeto, complemento directo, indirecto, preposicional o circunstancial) que realizan tienen distintas formas.

Los pronombres personales se usan antes del verbo con excepción de los imperativos. Cuando el objeto indirecto y el directo van juntos, el pronombre *le* se convierte en *se*.

Le regaló una rosa.
Se la regaló.

El pronombre personal, según su función, se usa de la siguiente manera:

1. Como sujeto.
    Lo haremos entre tú y yo.
    Ella llegó tarde.
    Vosotros ireis mañana.
    Usted tiene toda la razón.

2. Como complemento preposicional o circunstancial.
    Este paquete es para ti.
    Me llevo el gato conmigo.
    Le dedico esta canción a usted.
    Sin mí, seguro que no se irá.
    Nos remitió el informe.

3. Como complemento directo.
    Me duele la cabeza.
    Lo vi comiendo en la pizzería.
    La conocí el otro día.
    Se las voy a dar mañana.
    Lo compré en la farmacia.

4. Como complemento indirecto.

> Me trajo una flor para mi cumpleaños.
> Le dejé una película de video para que la viera.
> Se las arreglan solos.
> No le permitieron entrar en la discoteca.

Los Pronombres Posesivos

Los pronombres posesivos son los que además de designar a la persona gramatical, la señalan como poseedora.

Los pronombres posesivos son *mío, tuyo, suyo, nuestro, vuestro* con sus respectivas formas plurales y femeninas.

> Este lápiz es mío.
> La tuya va a venir más tarde.

Los Pronombres Demostrativos

Los pronombres demostrativos son los que indican la proximidad o lejanía de las personas, cosas o animales.

Son pronombres demostrativos *éste, ésta, esto, éstos, éstas*
ése, ésa, eso, ésos, ésas
aquél, aquélla, aquello, aquéllos, aquéllas

> Ésta está más cerca que aquélla.
> Aquélla está más lejos que ésa.
> Ésa está más lejos que ésta.

Recuerde que un pronombre demostrativo se forma a partir de los adjetivos demostrativos y la diferencia entre ambos es el acento escrito que tienen los pronombres. Cuando se trata de un adjetivo demostrativo, va seguido por un nombre: *este libro* ("this book".) Cuando se trata de un pronombre demostrativo, no hay nombres que le sigan: *éste* ("this one".)

En español, hay muchas expresiones en que se usan adjetivos demostrativos.

> Ésto es. No le des más vueltas.
> Por ésto, creo que es necesario.
> En éstas estamos.
> A éso de las cuatro vino Marcos.

CONSEJO
Note que los pronombres neutros *esto, eso* *y aquello* nunca se acentúan.

Los Pronombres Indefinidos

Los pronombres indefinidos son los que designan sin identificar las personas o cosas a que se refieren.

Los pronombres *alguien, nadie, nada, algo* no tienen plurales. En cambio, *cualquier* tiene como plural *cualesquiera* y *quienquiera* tiene *quienesquieran*.

> Pido poco.
> Hablas demasiado.
> No tienes bastante.
> Lo perdí todo en las apuestas.
> Cualquiera diría.

También se usan como pronombres algunos adjetivos numerales.

> Vinieron solamente cuatro.
> Dos de ellos me preguntaron dónde estaba este lugar.

CONSEJO
Con frecuencia encontramos adjetivos haciendo la función de los pronombres indefinidos, como es el caso de *pocos, muchos, varios, bastante, tanto, demasiado, otro*.

PRÁCTICA

Escriba en los renglones la frase correcta (o bien, escriba "Correcta" si la frase original está bien.) Luego vea los resultados bajo "Respuestas".

1. Unos tantos y otros tampoco.

   _____

2. Esta carpeta es mío.

   _____

3. Lo suya es más importante.

   _____

4. La entregó las llaves.

   _____

5. Le ofrecieron un trabajo muy bueno.

   _____

6. Se la dije antes de que se fuera.

   _____

7. No le digas nada a nadie.

   _____

8. Se la perdió la pulsera en la piscina.

   _____

9. No es para tanto.

   _____

10. Quienquieran que vengan.

   _____

RESPUESTAS

1. Unos tanto y otros tampoco.
2. Esta carpeta es mía.
3. Lo suyo es más importante.
4. Le entregó las llaves.
5. Correcta
6. Se lo dije antes de que se fuera.
7. Correcta
8. Se le perdió la pulsera en la piscina.
9. Correcta
10. Quienesquiera que vengan.

Los Pronombres Relativos

Los pronombres relativos son pronombres que se refieren a un antecedente. Un antecedente es algo que viene antes de una persona, cosa o animal, y que debe concordar en género y número.

Son pronombres relativos _(el) que, (la) que, lo que, el cual, la cual, lo cual, (los) que, (las) que, los cuales, las cuales, quien, quienes, cuyo, cuya, cuyos, cuyas, cuanto, cuanta, cuantos, cuantas, donde._

1. **Que.** El pronombre relativo más común en español es _que. Que_ puede usarse para reemplazar una persona o cosa y puede actuar como el sujeto u objeto de la cláusula.

El señor que habla ahora es argentino.
El libro que está en la mesa es muy aburrido.

Note que el pronombre *que* también puede usarse después de una preposición, pero sólo cuando se refiere a un objeto.

La novela de que hablas es de Rojas.
Las herramientas con que trabajan son viejas.

2. *A quien, a quienes.* Estos pronombres relativos pueden reemplazar al pronombre relativo *que* cuando éste reemplaza a una persona que cumple la función de objeto directo de la cláusula.

El señor que conocimos anoche es el maestro.
El señor a quien conocimos anoche es el maestro.

3. *El que, la que, los que, las que.* Éstos pueden emplearse como sujeto u objeto de una cláusula y reemplazar a personas o cosas. El uso más común de estos pronombres es el de proveer énfasis.
   Son equivalentes a *the one who*, *the ones who* en inglés.

El que llega es mi hermano.
Los que cantaron fueron sus amigos.

4. *Lo que.* Este es un pronombre relativo neutro usado para reemplazar una idea abstracta o general en vez de un antecedente específico. Es similar a *what*.

Lo que necesitamos es más dinero.
No entiendo lo que dice.

5. *Cuyo.* Este pronombre es equivalente a *whose* en inglés. Concuerda con el nombre al cual modifica.

La persona cuya hija es la dueña del bar.
El señor cuyos zapatos están aquí fue al baño.

Los Pronombres Interrogativos

Los pronombres interrogativos son los que sirven para hacer preguntas. Coinciden en cuanto a la forma con los pronombres relativos, pero van acentuados.
   Los pronombres interrogativos son *qué, cuál, quién, cuánto* y sus variables en plural y femenino.

1. Se usan siempre en función apelativa.

Dime quién vino.
Dime cuál deseas.

2. *Quién* se usa referido a personas o cosas personificadas.

¿Quién era este señor?
¿Quiénes estaban en aquella fiesta?

3. *Qué* se usa para preguntar sobre la esencia de algo o la especie.

¿De qué se trata?
¿Qué es lo que más te gusta?

4. *Cuál* se refiere a preguntas sobre seres o cosas ya conocidas.

De estos vestidos, ¿cuál es el que te gusta más?

Los Pronombres Exclamativos

Las formas de estos pronombres coinciden con las de los interrogativos *quién*, *qué* y *cuánto*.

¡Qué bonita es esta falda!
¡Quién pudiera estar en tu situación!
¡Cuánto me alegro que hayas venido!

PRÁCTICA

Escriba en los renglones la frase correcta (o bien, escriba "Correcta" si la frase original está bien.) Luego vea los resultados bajo "Respuestas".

1. Cuál más, cuál menos, todo el mundo estaba envuelto.

   _____

2. ¿Quién camino tomaremos?

   _____

3. Quiénes mucho abarca, poco aprieta.

   _____

4. El niño, de cuyo patín se rompió, lo volví a ver ayer.

   _____

5. ¿Cuál mesa tienes en casa?

   _____

6. Las causas, las cuales provocaron el incendio, fueron investigadas.

   _____

7. El abogado, quién tanto había hablado en su favor, se contradijo.

   _____

8. Las madres, los niños de las cuales tuvieron el sarampión, crearon una asociación.

   _____

9. ¡Que locura hacer tantos kilómetros seguidos!

   _____

10. Dime cuánto sepas.

   _____

RESPUESTAS

1. Correcta
2. ¿Qué camino tomaremos?
3. Quién mucho abarca, poco aprieta.
4. El niño, cuyo patín se rompió, lo volví a ver ayer.
5. ¿Qué mesa tienes en casa?
6. Las causas que provocaron el incendio fueron investigadas.
7. Correcta
8. Las madres, cuyos niños tuvieron el sarampión, crearon una asociación.
9. ¡Qué locura hacer tantos kilómetros seguidos!
10. Dime cuanto sepas.

PRÁCTICA DE NOMBRES, ARTÍCULOS Y PRONOMBRES

Las siguientes frases contienen un error en el uso del nombre, pronombre o artículo. Indique cuáles de las palabras que están subrayadas están mal escritas y escríbalas correctamente. Ninguna frase contiene más de un error. También es posible que no haya ningún error.

1. <u>Luis</u> acompañó a <u>su</u> amigo a ver <u>la</u>
   (1)   (2)   (3)
   película en el <u>Teatro</u> Conde. <u>Sin error</u>.
          (4)   (5)

2. He aquí, <u>señor Martínez</u>, toda <u>la información</u>
           (1)   (2)
   que <u>le</u> he enviado a la empresa <u>Sarduy</u>.
     (3)   (4)
   <u>Sin error</u>.
     (5)

3. Se <u>la</u> dije, pero no <u>me</u> <u>lo</u> creyó. Estoy
    (1)   (2) (3)
   dispuesto a negociar en todo <u>lo</u> referente
                      (4)
   a los salarios. <u>Sin error</u>.
              (5)

4. <u>El</u> salario mínimo ha registrado un
   (1)
   <u>crecimiento</u> <u>de el</u> dos por ciento en los
     (2)   (3)
   últimos <u>años</u>. <u>Sin error</u>.
       (4)   (5)

5. <u>Dímelo</u> antes que sea demasiado tarde.
    (1)
   No <u>se</u> <u>lo</u> pienso contar a <u>nadie</u>. <u>Sin error</u>.
   (2)(3)   (4)   (5)

6. <u>Les</u> gustó <u>la ciudad</u>, aunque no pudieron
   (1)   (2)
   quedarse más tiempo. <u>Les</u> faltó tiempo para
                (3)
   <u>poderlo</u> disfrutar plenamente. <u>Sin error</u>.
    (4)   (5)

7. <u>Me</u> parece que no es <u>él</u>. Luis lleva el pelo
   (1)   (2)
   más corto y <u>se</u> <u>la</u> tiñe de rubio. <u>Sin error</u>.
         (3)(4)   (5)

8. <u>La</u> molesta el ruido. Por eso, María, <u>quién</u>
   (1)   (2)
   siempre <u>le</u> ha ayudado, <u>le</u> ha ofrecido
       (3)   (4)
   dormir en su cuarto. <u>Sin error</u>.
           (5)

9. El libro, <u>cuyos</u> páginas rompistes, era <u>mío</u>.
        (1)   (2)
   Ahora <u>me</u> tendrás que comprar <u>otro</u>.
       (3)   (4)
   <u>Sin error</u>.
     (5)

10. <u>Te</u> voy a decir <u>qué</u> he decidido hacer con
    (1)   (2)
    aquello que <u>te</u> conté. <u>Sin error</u>.
      (3)   (4)   (5)

Clave de las respuestas

1. **3**	3. **1**	5. **5**	7. **4**	9. **1**
2. **3**	4. **3**	6. **4**	8. **1**	10. **5**

Análisis de las respuestas

1. **3** El artículo definido *la* presupone que se sabe de qué película se trata. Por lo tanto es *una* en lugar de *la*, ya que no se dice el nombre de la película.

2. **3** No es necesario poner *le* como complemento indirecto ya que se menciona el nombre de la empresa.

3. **1** *La* en este caso es el complemento directo y por lo tanto es *lo*, ya que *se* equivale a *le* (ella) y es complemento indirecto.

4. **3** *De* y *el* forman la contracción *del*.

5. **5** Correcta

6. **4** *Poderlo* es incorrecto, ya que la terminación es el pronombre que sustituye a *ciudad*. Por lo tanto, tiene que ser *poderla*, por tratarse de una palabra femenina.

7. **4** *La* es incorrecto. Debería ser *lo*, ya que este pronombre sustituye a *pelo*.

8. **1** Aunque sea *ella* a quién le molesta el ruido, es un complemento indirecto y por lo tanto es "*le* molesta el ruido".

9. **1** El pronombre relativo *cuyo* y sus variantes siempre concuerdan en género y número con el nombre que va después, por lo tanto es "*cuyas* páginas".

10. **5** Correcta

USO DEL VERBO

Todos los verbos, tanto regulares como irregulares, experimentan cambios de acuerdo con los cambios de *persona* (tres formas singulares y tres plurales), *tiempo* (14 en español) y *modo* (indicativo o subjuntivo). Algunos verbos pueden además tener un cambio de voz, es decir, cambiar de voz *activa* a voz *pasiva*.

El verbo en español puede estar gobernado por la persona que está hablando (primera persona), la persona o personas que recibe(n) el habla (segunda persona *tú* o *usted*), o la persona o personas, cosa o cosas de que se habla (tercera persona). Los verbos están en tercera persona cuando el sujeto es un sustantivo. Aunque en español, igual que en inglés, hay pronombres para indicar a la persona, estos pronombres se usan con menor frecuencia en español ya que la persona está generalmente revelada por la terminación verbal (sabemos que *comienzas* se refiere a la segunda persona *tú*, mientras que *comienzo* sólo puede referirse a la primera persona *yo*.)

La forma básica de todo verbo es el infinitivo. Para cada verbo hay también dos participios: presente y pretérito. Aunque hay muchos verbos irregulares, la mayoría de los verbos en español pertenecen a una de tres conjugaciones básicas, es decir, las que terminan en **–ar**, **–er** o **–ir**.

Modelo de Conjugación de los Verbos Regulares

Tiempos Simples

(A) INDICATIVO		
1a conjugación	**2a conjugación**	**3a conjugación**
-AR	**-ER**	**-IR**
Infinitivo amar	temer	partir
Gerundio amando	temiendo	partiendo
Participio amado	temido	partido
Presente		
Yo am**o**	tem**o**	part**o**
Tú am**as**	tem**es**	part**es**
Él/ella am**a**	tem**e**	part**e**
Nosotros(as) am**amos**	tem**emos**	part**imos**
Vosotros(as) am**áis**	tem**éis**	part**ís**
Ellos(as) am**an**	tem**en**	part**en**
Pretérito imperfecto		
Yo am**aba**	tem**ía**	part**ía**
Tú am**abas**	tem**ías**	part**ías**
Él/ella am**aba**	tem**ía**	part**ía**
Nosotros(as) am**ábamos**	tem**íamos**	part**íamos**
Vosotros(as) am**abais**	tem**íais**	part**íais**
Ellos(as) am**aban**	tem**ían**	part**ían**
Pretérito indefinido (o perfecto)		
Yo am**é**	tem**í**	part**í**
Tú am**aste**	tem**iste**	part**iste**
Él/ella am**ó**	tem**ió**	part**ió**
Nosotros(as) am**amos**	tem**imos**	part**imos**
Vosotros(as) am**asteis**	tem**isteis**	part**isteis**
Ellos(as) am**aron**	tem**ieron**	part**ieron**

Futuro simple

Yo	am**aré**	tem**eré**	part**iré**
Tú	am**arás**	tem**erás**	part**irás**
Él/ella	am**ará**	tem**erá**	part**irá**
Nosotros(as)	am**aremos**	tem**eremos**	part**iremos**
Vosotros(as)	am**aréis**	tem**eréis**	part**iréis**
Ellos(as)	am**arán**	tem**erán**	part**irán**

Condicional

Yo	am**aría**	tem**ería**	part**iría**
Tú	am**arías**	tem**erías**	part**irías**
Él/ella	am**aría**	tem**ería**	part**iría**
Nosotros(as)	am**aríamos**	tem**eríamos**	part**iríamos**
Vosotros(as)	am**aríais**	tem**eríais**	part**iríais**
Ellos(as)	am**arían**	tem**erían**	part**irían**

Imperativo

	am**a**	tem**e**	part**e**
	am**ad**	tem**ed**	part**id**

(B) SUBJUNTIVO		
1a conjugación	**2a conjugación**	**3a conjugación**
-AR	**-ER**	**-IR**

Presente

(Que)

Yo	am**e**	tem**a**	part**a**
Tú	am**es**	tem**as**	part**as**
Él/ella	am**e**	tem**a**	part**a**
Nosotros(as)	am**emos**	tem**amos**	part**amos**
Vosotros(as)	am**éis**	tem**áis**	part**áis**
Ellos(as)	am**en**	tem**an**	part**an**

Pretérito imperfecto

Yo	am**ara/ase**	tem**iera/iese**	part**iera/iese**
Tú	am**aras/ases**	tem**ieras/ieses**	part**ieras/ieses**
Él/ella	am**ara/ase**	tem**iera/iese**	part**iera/iese**
Nosotros(as)	am**áramos/ ásemos**	tem**iéramos/ iésemos**	part**iéramos/ iésemos**
Vosotros(as)	am**arais/aseis**	tem**ierais/ieseis**	part**ierais/ieseis**
Ellos(as)	am**aran/asen**	tem**ieran/iesen**	part**ieran/iesen**

Futuro simple

Yo	am**are**	tem**iere**	part**iere**
Tú	am**ares**	tem**ieres**	part**ieres**
Él/ella	am**are**	tem**iere**	part**iere**
Nosotros(as)	am**áremos**	tem**iéremos**	part**iéremos**
Vosotros(as)	am**areis**	tem**iereis**	part**iereis**
Ellos(as)	am**aren**	tem**ieren**	part**ieren**

Tiempos Compuestos

Los tiempos compuestos se forman con las conjugaciones del verbo *haber* (que actúa como auxiliar) y el participio de cada verbo. Por ejemplo:

(A) INDICATIVO

Pretérito perfecto: he amado, has amado, etc.
Pretérito pluscuamperfecto: había amado, habías amado, etc.
Pretérito anterior: hube amado, hubiste amado, etc.
Futuro compuesto: habré amado, habrás amado, etc.
Condicional compuesto: habría amado, habrías amado, etc.

(B) SUBJUNTIVO

Pretérito perfecto: haya amado, hayas amado, etc.
Pretérito pluscuamperfecto: hubiera/hubiese amado, hubieras/hubieses amado, etc.
Futuro compuesto: hubiere amado, hubieres amado, etc.

Algunos verbos tienen dos formas de participio diferentes, como por ejemplo:

bendecido—bendito	freído—frito
confundido—confuso	hartado—harto
convencido—convicto	maldecido—maldito
elegido—electo	suspendido—suspenso

PRÁCTICA

Escriba en los renglones la frase correcta (o bien, escriba "Correcta" si la frase original está bien.) Luego vea los resultados bajo "Respuestas".

1. Había temido subir a la montaña rusa, si no me hubieras acompañado.

2. Cantó todo el día, hasta que la gente se hartaba.

3. Me compraré unos pendientes para ir a la boda.

4. No paguéis la cuenta, hoy les voy a invitar.

5. El traje te rejuvenece muchísimo.

6. He aumenté el precio del viaje.

7. Paseando por el parque, me encontraría a mi vecina.

8. Me dijo que partió mañana si todo iba bien.

9. Acuérdate de meter los cigarillos en el bolso.

10. Le comentaría que hablaría con su padre.

1. Hubiera/hubiese temido subir a la montaña rusa, si no me hubieras acompañado.
2. Cantó todo el día, hasta que la gente se hartó.
3. Correcta
4. No paguen la cuenta, hoy les voy a invitar.
5. Correcta
6. He aumentado el precio del viaje.
7. Paseando por el parque, me encontré a mi vecina.
8. Me dijo que partiría mañana si todo iba bien.
9. Correcta
10. Le comentó que hablaría con su padre.

Modelo de Conjugación de los Verbos Irregulares

Los verbos irregulares son los que se conjugan alterando la raíz o las terminaciones típicas de la conjugación regular.

1. Verbos con irregularidades en la raíz

- la **e** se convierte en **i**

  p**e**dir   p**i**do
  Presente indicativo: pido, pides, pide, pedimos, pedís, piden
  Gerundio: pidiendo

- la **o** se convierte en **u**

  p**o**drir   p**u**drió
  Pretérito indefinido: podrí, podristes, pudrió, podrimos, podristeis, pudrieron
  Gerundio: pudriendo

- la **o** se convierte en **ue**

  d**o**rmir   d**ue**rmo
  Presente indicativo: duermo, duermes, duerme, dormimos, dormís, duermen
  Gerundio: durmiendo

- la **i** se convierte en **ie**

  adqu**i**rir   adqu**ie**ro
  Presente indicativo: adquiero, adquieres, adquiere, adquirimos, adquirís, adquieren
  Gerundio: adquiriendo

- la **e** se convierte en **ie**

  qu**e**rer   qu**ie**ro
  Presente indicativo: quiero, quieres, quiero, queremos, quereis, quieren
  Gerundio: queriendo

- la **u** se convierte en **ue**

  j**u**gar   j**ue**go
  Presente indicativo: juego, juegas, juega, jugamos, jugais, juegan

Otros verbos irregulares de esta clase: acertar, almorzar, apostar, apretar, consolar, decir, helar, fregar, manifestar, mostrar, forzar, gobernar, sonar, soltar, tropezar, volver, probar, renovar, negar, pensar, etc.

2. Verbos irregulares consonánticos

- **la c se convierte en g**

decir   di**g**o
Presente indicativo: digo, dices, dice, decimos, decís, dicen
Presente subjuntivo: diga, digas, diga, digamos, digáis, digan

- **la c se convierte en zc**

conocer   cono**zc**o
Presente indicativo: conozco, conoces, conoce, conocemos, conocéis, conocen
Presente subjuntivo: conozca, conozcas, conozca, conozcamos, conozcáis, conozcan

- **la l se convierte en lg**

valer   va**lg**o
Presente indicativo: valgo, vales, vale, valemos, valéis, valen
Presente subjuntivo: valga, valgas, valga, valgamos, valgáis, valgan

- **la n se convierte en ng**

mante**n**er   mante**ng**o
Presente indicativo: mantengo, mantienes, mantiene, mantenemos, mantenéis, mantienen
Presente subjuntivo: mantenga, mantengas, mantenga, mantengamos, mantengáis, mantengan

- **la u se convierte en uy**

conclu**ir**   conclu**uy**o
Presente indicativo: concluyo, concluyes, concluye, concluimos, concluís, concluyen
Gerundio: concluyendo

3. Irregularidades en la vocal temática

- **Desaparece la vocal temática en el futuro y el condicional**

caber: cabré, cabría   salir: saldré, saldría
poder: podré, podría   valer: valdré, valdría
querer: querré, querría   tener: tendré, tendría
poner: pondré, pondría   venir: vendré, vendría

4. Irregularidades en el pretérito indefinido

- **alteraciones en las vocales: la e por la i, la a por la i, la o por la u**

ha**c**er   h**i**ce

- **alteraciones en las consonantes: la c por la j**

de**c**ir   di**j**o

5. Los verbos defectivos

Estos verbos presentan irregularidades como las que hemos presentado y además sólo se conjugan en determinados tiempos y personas.

gustar   Me gusta el helado.
doler   Me duele la cabeza.
soler   Suelo llegar siempre a tiempo.
nevar   Nieva mucho.
llover   Llueve desde ayer.
anochecer Cuando anocheció ayer, hacía mucho frío.

Verbos Irregulares más Comunes e Irregularidades más Notables

advertir	advirtió	obligar	obligue
alcanzar	alcancé	oír	oigo, oye
almorzar	almuerzo	pedir	pido
andar	anduve	poder	pudo, puedo, podré
caber	quepo, cupe	poner	pongo
caer	caigo, cayó	querer	quiero
conseguir	consigo	reducir	reduzco, redujo
convencer	convenzo	reír	río
corregir	corrijo	rogar	ruego
dar	doy, diera, diese	saber	sé, supe, sabré
entender	entiendo	salir	salgo
estar	estoy, estuve	ser	soy, era, fuese
explicar	expliqué	soltar	suelto
haber	hay	tener	tuve, tendría
huir	huyo	traer	traigo, traje, trayendo
ir	voy, fui	ver	vi, visto
nacer	nazco, naciera	vestir	visto
negar	niego	volar	vuelo

PRÁCTICA

Escriba en los renglones la frase correcta (o bien, escriba "Correcta" si la frase original está bien.) Luego vea los resultados bajo "Respuestas".

1. Me hubiera gustado ir a la fiesta, pero no podría.

   _____

2. En la última sesión de las Cortes han promulgando una nueva ley.

   _____

3. Yo traigo la bebida y tú trayes los postres.

   _____

4. Este vestido me queda muy suelto.

   _____

5. ¿No convenzo a nadie con lo que acabo de decir?

   _____

6. Me niego a que jueges todo el día sin parar.

   _____

7. Redujo la velocidad y condució más tranquilamente.

   _____

8. Tube una experiencia desagradable, pero ya pasó.

   _____

9. No creo que cabamos todos en el auto.

   _____

10. No nos obligues a abrir la ventana.

    _____

RESPUESTAS

1. Me hubiera gustado ir a la fiesta, pero no pude/podía.
2. En la última sesión de las Cortes han promulgado una nueva ley.
3. Yo traigo la bebida y tú traes los postres.
4. Correcta
5. ¿No convencí a nadie con lo que acabo de decir?
6. Me niego a que juegues todo el día sin parar.
7. Redujo la velocidad y condujo más tranquilamente.
8. Tuve una experiencia desagradable, pero ya pasó.
9. No creo que quepamos todos en el auto.
10. Correcta

PRÁCTICA DE LOS VERBOS

Las siguientes frases contienen un error en el uso de los verbos. Identifique las palabras subrayadas que están mal escritas y escríbalas correctamente. Ninguna frase contiene más de un error. También es posible que no haya ningún error.

1. Si <u>acertas</u> en esta lotería, nos <u>vamos</u> de
    (1)   (2)
vacaciones a algún país donde
<u>podamos tomar</u> el sol y <u>bucear</u> en el mar.
  (3)   (4)
<u>Sin error</u>.
  (5)

2. <u>Estudié</u> para el examen, pero finalmente no
  (1)
lo <u>hago</u>, ya que me <u>encontraba</u> enfermo con
   (2)   (3)
la gripe sin <u>poder salir</u> de casa. <u>Sin error</u>.
      (4)   (5)

3. Antes de <u>ir a dormir</u>, Juan le <u>cuenta</u> una
      (1)   (2)
historia a su hija para que <u>tenía</u> felices
          (3)
sueños y <u>duerma</u> bien. <u>Sin error</u>.
   (4)   (5)

4. <u>Desconfiaba</u> de que <u>llegara</u> pronto, pero
  (1)   (2)
luego se <u>dio</u> cuenta que no <u>tenía</u> por qué
    (3)   (4)
preocuparse. <u>Sin error</u>.
    (5)

5. Le <u>prohibió</u> que <u>jugara</u> en el jardín al lado
  (1)   (2)
de las plantas, pero sí le <u>permite</u> que <u>jugue</u>
     (3)   (4)
en el garaje. <u>Sin error</u>.
  (5)

6. El día de cacería no <u>fue</u> demasiado bueno.
    (1)
El conejo que <u>tenía</u> en la punta de mira de
    (2)
mi escopeta, <u>huió</u> y se <u>escondió</u> detrás de
   (3)   (4)
un árbol. <u>Sin error</u>.
  (5)

7. <u>Conozco</u> muy bien el problema. Si yo
  (1)
<u>fueras</u> tú, no <u>dudaría</u> en <u>tomar</u> una
 (2)   (3)   (4)
decisión lo antes posible. <u>Sin error</u>.
  (5)

8. <u>Querer</u> no es <u>poder</u>. Algunas veces uno
 (1)   (2)
<u>quiere</u> algo, pero no <u>puede</u> realizarlo.
 (3)   (4)
<u>Sin error</u>.
 (5)

9. Ayer el cielo <u>estuvo</u> tan nublado, que
    (1)
<u>decidiríamos</u> no <u>ir</u> al campo como <u>teníamos</u>
  (2)   (3)   (4)
previsto. <u>Sin error</u>.
   (5)

10. Me <u>complazco</u> en <u>notificarles</u> que
  (1)   (2)
<u>hubiera llegado</u> la hora de <u>celebrar</u> la unión
  (3)   (4)
entre estas dos empresas. <u>Sin error</u>.
  (5)

Clave de las respuestas

1. **1**	3. **3**	5. **4**	7. **2**	9. **2**
2. **2**	4. **5**	6. **3**	8. **5**	10. **3**

Análisis de las respuestas

1. **1** *Acertar* es un verbo irregular en el que la **e** de la raíz se convierte en **ie**. Por lo tanto, es *aciertas*.
2. **2** El tiempo del verbo no está en pasado. El pasado es *hice* (*hago* es el presente).
3. **3** La conjunción nos dice que necesitamos el subjuntivo. Por el hecho de que *tener* es un verbo irregular, la respuesta correcta es *tenga*.
4. **5** Correcta
5. **4** *Jugar* es un verbo irregular en el que la **u** se convierte en **ue**. Así, la respuesta es *juegue*.
6. **3** El verbo *huir* es también irregular y la **u** se convierte en **uy**. De ester modo, el pretérito indefinido es *huyó*.
7. **2** La concordancia entre el pronombre y el verbo está mal. Debería ser *fuera* ya que es primera persona del singular.
8. **5** Correcta
9. **2** La concordancia del tiempo está mal. No se trata de un tiempo condicional sino de un pretérito imperfecto. Por eso, la respuesta es *decidimos*.
10. **3** Existe un problema de concordancia en el tiempo. El pretérito pluscuamperfecto del subjuntivo debiera ser un pretérito perfecto del indicativo: *ha llegado*.

Los Verbos y las Preposiciones

- Verbo + preposición **_a_** + infinitivo verbal

aprender a (+ infinitivo)
aspirar a (+ infinitivo)
ayudar a (+ infinitivo)
comenzar a (+ infinitivo)
decidirse a (+ infinitivo)
dedicarse a (+ infinitivo)
detenerse a (+ infinitivo)
empezar a (+ infinitivo)
enseñar a (+ infinitivo)

invitar a (+ infinitivo)
ir a (+ infinitivo)
negarse a (+ infinitivo)
ponerse a (+ infinitivo)
prepararse a (+ infinitivo)
principiar a (+ infinitivo)
salir a (+ infinitivo)
venir a (+ infinitivo)
volver a (+ infinitivo)

El señor Gómez se negó a ir.
Juana se puso a correr.
El muchacho volvió a jugar.
Él fue a comer.

- Verbo + preposición **_a_** + nombre (o pronombre)

acercarse a (+ nombre o pronombre)
asistir a (+ nombre o pronombre)
asomarse a (+ nombre o pronombre)
dar a (+ nombre o pronombre)
dedicarse a (+ nombre o pronombre)
jugar a (+ nombre o pronombre)
llegar a ser (+ nombre o pronombre)
querer a (+ nombre o pronombre)
ser aficionado a (+ nombre o pronombre)
subir a (+ nombre o pronombre)

Nos acercamos a Newark.
Una muchacha bonita se acercó a la puerta.
Mi cuarto da al jardín. (a + el = al)
Me dedico al estudio. (a + el = al)

- Verbo + preposición **_con_** + infinitivo verbal

contar con (+ infinitivo)

soñar con (+ infinitivo)

Cuento con tener éxito.
Sueño con ir a Chile.

- Verbo + preposición **_con_** + (nombre o pronombre)

casarse con (+ nombre o pronombre)
cumplir con (+ nombre o pronombre)
dar con (+ nombre o pronombre)
encontrarse con (+ nombre o pronombre)

José se casó con Ana.

- Verbo + preposición **_de_** + infinitivo verbal

acabar de (+ infinitivo)
acordarse de (+ infinitivo)
alegrarse de (+ infinitivo)
cansarse de (+ infinitivo)

dejar de (+ infinitivo)
ocuparse de (+ infinitivo)
olvidarse de (+ infinitivo)
tratar de (+ infinitivo)

Guillermo acaba de llegar.
Me alegro de hablarle.
Me canso de esperar el taxi.

- Verbo + preposición **de** + nombre (o pronombre)

  acordarse de (+ nombre o pronombre)
  aprovecharse de (+ nombre o pronombre)
  bajar de (+ nombre o pronombre)
  burlarse de (+ nombre o pronombre)
  cambiar de (+ nombre o pronombre)
  cansarse de (+ nombre o pronombre)

  Me acuerdo de aquel hombre.
  Después de bajar del tren, fui a comer. (de + el = del)
  Todos los días cambio de ropa.
  Me canso de este trabajo.

- Verbo + preposición **en** + infinitivo verbal

  consentir en (+ infinitivo)   insistir en (+ infinitivo)
  convenir en (+ infinitivo)   quedar en (+ infinitivo)
  empeñarse en (+ infinitivo)   tardar en (+ infinitivo)

  El muchacho se empeñó en salir.
  El avión tardó en llegar.

- Verbo + preposición **en** + (nombre o pronombre)

  apoyarse en (+ nombre o pronombre)
  confiar en (+ nombre o pronombre)
  consistir en (+ nombre o pronombre)
  entrar en (+ nombre o pronombre)
  fijarse en (+ nombre o pronombre)
  pensar en (+ nombre o pronombre)
  ponerse en (+ nombre o pronombre)

  Me apoyé en la puerta.
  Entré en el restaurante.
  Pienso en mi trabajo.

USO DEL ADJETIVO

El adjetivo es la parte variable de la oración que califica o determina al nombre. El adjetivo concuerda con el género y el número del nombre.

Un adjetivo que termina en **o** en masculino singular cambia la **o** a **a** para convertirse en femenino.

roj**o**—roj**a**   pequeñ**o**—pequeñ**a**

Un adjetivo que expresa la nacionalidad de una persona, cuya terminación es una consonante, requiere la adición de una **a** para quedar en femenino singular.

Juan es español.   María es español**a**.

Un adjetivo que termina en **e** generalmente no cambia para formar el femenino.

Un muchacho inteligent**e**.
Una muchacha inteligent**e**.

Un adjetivo que termina en una consonante generalmente no cambia a femenino, excepto en el caso de nacionalidad, como se menciona arriba, y cuando el adjetivo termina en **án**, **ón**, **ín**, **or**.

Una pregunta difícil (norma general).
María es veloz (norma general).
Mary es irlandes**a** (nacionalidad).
Él es trabajador, ella es trabajadora (terminación **or**).

Igual que con los nombres, el plural del adjetivo se forma añadiendo una **s** cuando el adjetivo termina en vocal y añadiendo **es** cuando termina en consonante.

blanco—blancos   común—comunes
blanca—blancas   igual—iguales

Adjetivos Calificativos

El adjetivo calificativo expresa una cualidad de un nombre.

El perro es dócil.   El niño es pálido.

Adjetivos Demostrativos

El adjetivo demostrativo señala a gente, animales y cosas:

Este, esta, estos, estas
Ese, esa, esos, esas
Aquel, aquella, aquellos, aquellas

¿Prefieres esa blusa?—No, prefiero aquella.
Estos niños son bajos.—Pero estas niñas son altas.

Adjetivos Posesivos

El adjetivo posesivo indica posesión. Estos adjetivos pueden ser de formas plenas o breves.

Forma plena		Forma breve	
Singular	Plural	Singular	Plural
mío, mía	míos, mías	mi	mis
tuyo, tuya	tuyos, tuyas	tu	tus
suyo, suya (formal)	suyos, suyas (formal)	su (formal/ informal)	sus (formal/ informal)
nuestro, nuestra	nuestros, nuestras	nuestro, nuestra	nuestros, nuestras
vuestro, vuestra	vuestros, vuestras	vuestro, vuestra	vuestros, vuestras

Los adjetivos de forma breve van delante de la palabra que modifican, mientras que los de forma plena van detrás de la palabra que modifican.

Tina trae su equipaje.   Tina trae el equipaje suyo.
Mi camisa es roja.   La camisa roja es mía.

Adjetivos Determinativos

El adjetivo determinativo es el que especifica el significado del nombre: *alguno, ninguno, cierto, todo, mucho, poco, mismo, ambos, cada, demás, varios, bastante, demasiado*, etc.

Hay varios libros.
Algunos estudiantes lograron aprobar.

PRÁCTICA

Escriba en los renglones la frase correcta (o bien, escriba "Correcta" si la frase original está bien.) Luego vea los resultados bajo "Respuestas".

1. Andrés se negó ir al colegio.

   _____

2. Nosotros nos cansamos ver tanta televisión.

   _____

3. Aquellos camisas rojas son hermosos.

   _____

4. John es inglés pero Raquel es español.

   _____

5. La cantante es inteligenta y hermosa.

   _____

6. "Todos los hombres son iguals", dijo Pedrero.

   _____

7. Su pantalón y su zapatos son nuevos.

   _____

8. Nuestros sueños no son los sueños de ellos.

   _____

RESPUESTAS

1. Andrés se negó a ir al colegio.
2. Nosotros nos cansamos de ver tanta televisión.
3. Aquellas camisas rojas son hermosas.
4. John es inglés pero Raquel es española.
5. La cantante es inteligente y hermosa.
6. "Todos los hombres son iguales", dijo Pedrero.
7. Su pantalón y sus zapatos son nuevos.
8. Correcta

USO DEL ADVERBIO

El adverbio es la parte invariable de la oración que califica o determina el significado del verbo, del adjetivo o de otro adverbio.

Como bastante.
Es excesivamente fuerte.
Siempre piensa en lo mismo.

Por su significado se dividen en:

1. **Adverbios de modo:** *bien, mal, como, así, apenas, conforme, adrede, incluso, salvo, aparte, despacio, mayor, peor, aprisa, asimismo,* etc.

 Me parece muy bien.
 El conductor va demasiado despacio.

2. **Adverbios de lugar:** *aquí, acá, encima, ahí, allí, dentro, abajo, arriba, afuera, junto, enfrente, donde, adonde.*

 Llegó muy pronto.
 Es demasiado temprano.

3. **Adverbios de tiempo:** *después, ayer, jamás, pronto, ya, aún, tarde, temprano, nunca, cuando, ahora, despacio, aquí, apenas, todavía, mientras,* etc.

 Después de salir, empezó a llover.
 No volveré jamás.

4. **Adverbios de cantidad:** *harto, bastante, tan, tanto, además, cuan, cuanto, muy, poco, mucho, casi, nada, algo, más, menos, solo, excepto,* etc.

 Hay bastante comida para todos.
 No vimos casi nada del espectáculo.

5. **Adverbios de orden:** *sucesivamente, últimamente, finalmente, antes, después, luego,* etc.

 Últimamente hace mucho calor.
 Finalmente me concedieron esa beca.

6. **Adverbios de afirmación y negación:** *cierto, sí, también, efectivamente, seguramente, sin duda, jamás, no, nunca, tampoco, ninguno,* etc.

 Es cierto todo lo que dices.
 Sí, realmente vamos a desarrollar el proyecto.
 Este fin de semana tampoco podré ir.
 Nunca olvidaré tu ayuda.

7. **Adverbios de duda:** *acaso, quizás, probablemente,* etc.

 Déjamelo por si acaso.
 Quizás mañana vaya a la playa.

8. **Adverbios conjuntivos:** *entonces, también, así, tampoco.*

 Comió y también bebió mucho.

9. **Adverbios comparativos:** *más, tan, menos,* etc.

 Come más aprisa.
 Va tan lento que no llegará a tiempo.

CONSEJO

Cuando los adverbios derivados de los adjetivos que terminan en **mente** van en sucesión, sólo se escribe la terminación en el último adverbio. Por ejemplo, "Nos habló, breve, concisa y fríamente".

PRÁCTICA DE ADJETIVOS Y ADVERBIOS

Las siguientes frases pueden contener un error en el uso de adjetivos y adverbios. Identifique las palabras subrayadas que contienen errores y escríbalas correctamente. Ninguna frase contiene más de un error. También es posible que no haya ningún error.

1. Habla <u>menos</u> <u>bajo</u> que <u>difícilmente</u> <u>alguien</u>
    (1)   (2)   (3)   (4)
   lo entiende. <u>Sin error</u>.
              (5)

2. Aunque me siento <u>bien</u>, parezco <u>enfermo</u>,
                (1)   (2)
   porque he comido <u>muy</u> <u>rápido</u>. <u>Sin error</u>.
                (3)   (4)   (5)

3. Me siento <u>seguramente</u> cuando conduzco,
          (1)
   aunque <u>a veces</u> voy <u>muy</u> <u>despacio</u>.
        (2)   (3)   (4)
   <u>Sin error</u>.
   (5)

4. <u>Posiblemente</u> <u>no</u> me quedan <u>tanto que</u>
     (1)   (2)   (3)
   diez dólares para hacerle un <u>bonito</u> regalo
                           (4)
   a mi madre. <u>Sin error</u>.
             (5)

5. Queda <u>media</u> hora para volver al trabajo,
        (1)
   pero debemos darnos <u>prisa</u> porque está
                  (2)
   lejos de <u>aquí</u>. <u>Sin error</u>.
   (3)   (4)   (5)

6. Ha hablado <u>correctamente</u>, <u>desinteresada</u>
            (1)   (2)
   y <u>cuidadosamente</u>. Me ha parecido un
     (3)
   <u>buen</u> discurso. <u>Sin error</u>.
    (4)   (5)

7. <u>Primero</u> limpiaremos la casa, <u>luego</u>
     (1)   (2)
   descansaremos y <u>después</u> saldremos a
                (3)
   ver una película <u>cómica</u>. <u>Sin error</u>.
                (4)   (5)

8. Él es <u>más</u> enérgico <u>como</u> Juan, sin
        (1)   (2)
   embargo éste es <u>mucho más</u> <u>inteligente</u>
                (3)   (4)
   que aquél. <u>Sin error</u>.
            (5)

9. Es <u>sumamente</u> <u>extraordinariamente</u> haber
     (1)   (2)
   llegado hasta <u>aquí</u>, después de un
              (3)
   <u>larguísimo</u> viaje. <u>Sin error</u>.
     (4)   (5)

10. <u>Estos</u> cuadernos <u>blancos</u> son <u>quizás</u> <u>tuyo</u>.
     (1)   (2)   (3)   (4)
   <u>Sin error</u>.
   (5)

Clave de las respuestas

1. **1**	3. **1**	5. **5**	7. **5**	9. **2**
2. **5**	4. **3**	6. **1**	8. **2**	10. **4**

Análisis de las respuestas

1. **1** En este caso, el adverbio comparativo *tan* es el correcto.
2. **5** Correcta
3. **1** *Seguramente* debería ser un adjetivo, de modo que *seguro* es la opción correcta.
4. **3** La locución adverbial es *más que* refiriéndose a cantidad.
5. **5** Correcta
6. **1** Cuando hay una enumeración de adverbios, sólo se escribe la terminación **mente** en el último de ellos. Por eso, debería ser *correcta*.
7. **5** Correcta
8. **2** La comparación entre él y Juan es que uno es *más* enérgico *que* el otro.
9. **2** *Sumamente* hace de adverbio al adjetivo. Por lo tanto *extraordinariamente* debería ser un adjetivo: *extraordinario*.
10. **4** Tanto adjetivos como adverbios deben estar igualados en género y número. Si todos son plurales, *tuyo* debería ser *tuyos*.

USO DE LA PREPOSICIÓN

Una preposición es una palabra que conecta las palabras y, según sea el mensaje expresado en la oración, sirve para indicar la relación que existe entre las palabras.

Las preposiciones son: *a, ante, bajo, con, contra, de, desde, durante, en, entre, hacia, hasta, menos, para, por, salvo, según, sin, sobre, tras.*

El libro es de tus hijos.
Lo hago para ella.

1. Diferencia entre **para** y **por**
   Las preposiciones *para* y *por* generalmente se traducen como *for* en inglés. En español, *para* se emplea para indicar

   - una destinación. Mañana salgo para Madrid.
   - un propósito. Este vaso es para Raquel.
   - un objetivo. Estudio para ser médico.
   - una comparación. Para ser chino, habla bien el español.
   - una acción futura. Esta lección es para mañana.

   Mientras que *por* se emplea para indicar

   - un período de tiempo. Me quedé en casa por dos días.
   - un intercambio. ¿Cuánto me dará por mi trabajo?
   - a través. Vamos por el parque.
   - esfuerzo por algo o alguien. Luché por mi amigo.
   - averiguar sobre alguien. Preguntó por el muchacho.
   - identificación de frecuencia. Van allá cinco días por semana.
   - motivo. No lo hicieron por miedo.
   - el modo de ejecutar una cosa. Mándalo por barco.
   - un lugar o una fecha determinada. Tu casa está por allí.

2. El **a** personal
   Cuando el objeto directo del verbo es una persona, la preposición *a* se emplea delante del nombre o pronombre que representa a la persona.

   ¿A quién busca usted? Busco a Ricardo.
   Conozco a su hermana Helena.
   Llamo al médico (a + el = al).
   No veo a nadie.

> **RECUERDE**
>
> El *a* personal no se traduce al inglés: está para indicar que una persona está recibiendo directamente la acción del verbo.

USO DE LA CONJUNCIÓN

La conjunción es una palabra que conecta palabras, frases y oraciones.

Las conjunciones más comunes son: a fin de que, a menos que, antes de que, así que, aun, aunque, como, como si, con tal de que, cuando, de manera que, de modo que, después de que, e, en cuanto, hasta que, luego que, mas, mientras, mientras que, ni, ni siquiera, a pesar de que, así como, aun cuando, como que, como quiera que, dado que, desde que, mientras que, ni, o, o sea, para que, pero, por cuanto, por más que, porque, puesto que, que, si, siempre que, sin embargo, sino, sino que, siquiera, tan pronto como, tanto como, u, y, ya, ya que.

- **o** y **u**
  No olvide que ambas conjunciones tienen idéntico significado, pero que **u** se usa cuando la palabra siguiente empieza en **o**.

  ¿En septiembre o abril?
  ¿En septiembre u octubre?

- **y** y **e**

  Tampoco olvide que estas dos conjunciones son idénticas, empleándose la **e** cuando la palabra que la sigue empieza con **i**.

  primavera y otoño
  primavera e invierno

- **más** y **mas**

  La conjunción *mas* significa "pero" o "sin embargo", pero el adverbio *más* significa "mayor cantidad de algo."

  Intentó arrancar, mas nadie le ayudó.
  Quiero más leche.

- **sí** y **si**

  La conjunción *si* expresa (a) una condición que puede ser real o irreal, (b) introduce oraciones interrogativas indirectas, (c) tiene valor concesivo, mientras que *sí* es (d) un adverbio que se usa para responder afirmativamente o (e) un pronombre personal.

  No iré si llueve (a).
  No sé si esto es cierto (b).
  Si no ganamos, al menos no estuvimos muy mal (c).
  Sí, iré sin falta (d).
  No estén tan seguros de sí mismos (e).

USO DE LA INTERJECCIÓN

Las interjecciones son palabras o frases exclamativas que no desempeñan ninguna función dentro de una oración. Es decir, las interjecciones existen por sí solas y expresan sentimientos con entonación exclamativa.

¡Ay!
¡Vaya!
¡Qué va!
¡Hola!
¡Gracias!

Es importante no confundir las interjecciones con los nombres, adjetivos, verbos y oraciones de donde las interjecciones provienen.

¡Hombre! (proviene de un nombre)
¡Claro! (proviene de un adjetivo)
¡Anda! (proviene de un verbo)
¡Vaya si es tonto! (proviene de una oración)

Mecánica

L a mecánica abarca las reglas necesarias para pronunciar y escribir palabras correctamente, como también las reglas para relacionar las palabras
dentro de una oración o entre dos oraciones.

LA FONOLOGÍA

El conjunto de 27 letras que forman el alfabeto español es el siguiente.

A, a	B, b	C, c	D, d	E, e	F, f	G, g	H, h	I, i	J, j
a	*be*	*ce*	*de*	*e*	*efe*	*ge*	*hache*	*i*	*jota*

K, k	L, l	M, m	N, n	Ñ, ñ	O, o	P, p	Q, q	R, r	S, s
ka	*ele*	*eme*	*ene*	*eñe*	*o*	*pe*	*cu*	*erre*	*ese*

T, t	U, u	V, v	W, w	X, x	Y, y	Z, z
te	*u*	*ve*	*doble ve*	*equis*	*i griega*	*seta*

Las vocales se dividen en fuertes y abiertas (**a**, **e**, **o**) o débiles y cerradas (**i**, **u**).
Todas las demás letras se llaman consonantes.

DIPTONGOS Y TRIPTONGOS

Diptongo (dos sonidos) es el conjunto de dos vocales que se funden en una sola
sílaba. La unión puede ser de las vocales fuertes **a**, **e**, **o** con las débiles **i**, **u**, o
con la **y**.

hay, cuanto, piel, soy, aire, eufemismo

También puede ser la unión de las vocales débiles entre sí.

ruido, ruina

Los triptongos (tres sonidos) se producen cuando las vocales fuertes van precedidas de vocales débiles o precedidas de una vocal débil y seguidas de **y**, formando una sola sílaba.

codiciáis, Camagüey, buey, situéis

PRÁCTICA

Indique la diferencia entre diptongos y triptongos subrayando los conjuntos de dos o tres letras.

1. En la reunión, se habló de autorizar la venta de estas remesas.

2. El ruiseñor no dejó de cantar en todo el día.

3. Hay un baile este domingo en la sala de teatro.

4. El auto se quedó sin aceite y no pudo arrancar.

5. Tiene una gran deuda con Hacienda y la ley lo persigue.

6. Ella limpia la casa, mientras él lava los platos.

7. No telegrafiéis a tu hermano, ya que no vive más en ese pueblo.

8. El gato dijo "miau" cuando la vio.

9. No confiéis en lo que dice María: es una mentirosa.

10. El buey seguía arando el campo.

RESPUESTAS

Diptongos	**Triptongos**
reunión	conf**iéi**s
autorizar	b**uey**
r**ui**señor	m**iau**
b**ai**le	telegraf**iéi**s
auto	
ac**ei**te	
de**u**da	
l**ey**	
limp**ia**	
p**ue**blo	

REGLAS BÁSICAS DEL USO DE LAS LETRAS

- la *b* y la *v*

La **b** y la **v** tienen pronunciación parecida.

barco, bizcocho, vaso, vecino

Se debe tener en cuenta que el significado de la palabra puede cambiar según esté escrita con **b** o **v**.

bota (calzado)	vota (verbo *votar*)
barón (título de nobleza)	varón (hombre)
bacilo (microbio)	vacilo (verbo *vacilar*)
bienes (patrimonio)	vienes (verbo *venir*)
rebelar (verbo)	revelar (verbo)
sabia (inteligente)	savia (líquido de las plantas)

Las palabras que empiezan con la sílaba **ad**, se escriben con **v** (*advertencia*), así como los adjetivos terminados en **ava**, **ave**, **avo**, **eva**, **eve**, **iva**, **ivo** (*octava, esclavo, activo, decisiva*). Las palabras graves terminadas en **viro**, **vira** también se escriben con **v** (*carnívoro, herbívora*, excepto *víbora*).

PRÁCTICA

Inserte las letras correctas sobre las líneas.

1. El automó_il se paró cuando i_a cuesta arri_a.

2. Nadie _e_ió _e_idas alcohólicas en esa fiesta.

3. El pue_lo de mi madre es muy _onito.

4. El juez a_sol_ió al acusado por falta de prue_as.

5. El director a_andonó la reunión por estar em_riagado.

6. No sé si es _ajo o _arítono, pero ha _endido _arias gra_aciones.

7. Los estudiantes se re_elaron contra los profesores.

8. ¿Me podría en_ol_er el li_ro?

9. Esta_a sentado en la ri_era del río.

10. Se puso sus _otas nue_as para ir a _otar.

RESPUESTAS

1. El automó**v**il se paró cuando i**b**a cuesta arri**b**a.
2. Nadie **b**e**b**ió **b**e**b**idas alcohólicas en esa fiesta.
3. El pue**b**lo de mi madre es muy **b**onito.
4. El juez a**b**sol**v**ió al acusado por falta de prue**b**as.
5. El director a**b**andonó la reunión por estar em**b**riagado.
6. No sé si es **b**ajo o **b**arítono, pero ha **v**endido **v**arias gra**b**aciones.
7. Los estudiantes se re**b**elaron contra los profesores.
8. ¿Me podría en**v**ol**v**er el li**b**ro?
9. Esta**b**a sentado en la ri**b**era del río.
10. Se puso sus **b**otas nue**v**as para ir a **v**otar.

- la *c*, *s* y *z*

  La **c** tiene sonido de **z** delante de las vocales **e**, **y**.

  ciprés, cesta

  El sonido **k** se produce cuando la **c** va precedida por **a**, **o**, **u**.

  caramelo, colmado, cuna

  En muchas partes de Latinoamérica y España, la **z** y la **c** se pronuncian como si fueran una **s**, lo cual provoca muchos errores a la hora de escribir.

  Se escribe la **z** delante delante de una **a**, **o**, **u** (*caza, rezo, zurdo*). Note también que hay palabras que se escriben con doble **cc**. La primera se pronuncia aspirada con el sonido de la **k** y la segunda normalmente va seguida de una **i** y se pronuncia como la **z**.

PRÁCTICA

Inserte las letras correctas sobre las líneas.

1. La ambi__ión de Juanito es ser pre__idente.

2. La cole__ión de obras de arte es resultado de la coopera__ión entre museos.

3. Ayer vi un terrible a__idente en la __iudad.

4. En la __a__ería ca__aron __orros.

5. Para la __ita con el médico, debes pedir hora con antela__ión.

6. La ta__a de infla__ión disminuyó.

7. Andrés tiene di__ión perfecta en inglés.

8. Lola es muy __en__ible, por eso la afe__tan las películas de terror.

9. Gustavo estaba an__io__o por ver a su padre.

10. Tengo la convi__ión de que la solu__ión al problema no pre__enta dificul-
    tades.

RESPUESTAS

1. La ambi**ci**ón de Juanito es ser pre**s**idente.
2. La cole**cci**ón de obras de arte es resultado de la coopera**ci**ón entre museos.
3. Ayer vi un terrible a**cc**idente en la **c**iudad.
4. En la **c**a**c**ería **c**a**z**aron **z**orros.
5. Para la **c**ita con el médico, debes pedir hora con antela**ci**ón.
6. La ta**s**a de infla**ci**ón disminuyó.
7. Andrés tiene di**cci**ón perfecta en inglés.
8. Lola es muy **s**en**s**ible, por eso la afe**c**tan las películas de terror.
9. Gustavo estaba an**si**o**s**o por ver a su padre.
10. Tengo la convi**cci**ón de que la solu**ci**ón al problema no pre**s**enta dificultades.

- la **g suave** y la **g fuerte**
  La consonante **g** suena suave delante de la **a**, **o**, **u**, **l**, **r**.

  gaseosa, goma, guante, glosario, gruta

  La consonante **g** tiene sonido fuerte (como si fuera una **j**) delante de las vocales **e**, **i**.

  geografía, dirigir

PRÁCTICA

Inserte las letras correctas sobre las líneas.

1. Eli__a el que le guste más.

2. No le tra__e nada.

3. El médico me su__irió este remedio.

4. Acabo de corre__ir los exámenes.

5. La han ele__ido presidenta del conse__o.

6. Le aconse__é que no saliera.

7. Spielberg comenzó el roda__e de su nueva película.

8. El periodista fue de via__e para hacer un reporta__e.

9. Su__eta al perro para que no moleste a la __ente.

10. El sinvergüenza le hizo un chanta__e.

RESPUESTAS

1. Eli**j**a el que le guste más.
2. No le tra**j**e nada.
3. El médico me su**g**irió este remedio.
4. Acabo de corre**g**ir los exámenes.
5. La han ele**g**ido presidenta del conse**j**o.

6. Le aconsejé que no saliera.
7. Spielberg comenzó el rodaje de su nueva película.
8. El periodista fue de viaje para hacer un reportaje.
9. Sujeta al perro para que no moleste a la gente.
10. El sinvergüenza le hizo un chantaje.

- la **h**, **que**, **qui**, **gue**, **gui**
  La **h** no se pronuncia nunca en español. Es una letra muda.

  había, hora, hilo

  Lo mismo ocurre con la **u** cuando se encuentra en medio de la **q** o la **g** y la **e** o la **i**.

  quería, quieto, guerra, guisante

  Si queremos que la **u** se pronuncie, debemos poner una diéresis.

  pingüino, ungüento

PRÁCTICA

Escriba correctamente las oraciones siguientes.

1. La amburgesa con ensalada que e comido no me a gustado.
   _____

2. El barco qe va por el río, se undió por causa de una avería.
   _____

3. Estas ierbas son buenas para la digestión.
   _____

4. La exibición me gustó mucho, especialmente los cuadros exagonales.
   _____

5. Los militares an lanzado un coete a la luna.
   _____

6. El pensamiento es inerente a todo ser umano.
   _____

7. José tenía anelo de tocar la gitarra.
   _____

8. El ombre no dejó de mirar al ipopótamo y al pinguino
   _____

9. Él qería comer un estofado de gisantes.
   _____

10. Después de su operación al ígado, Juan tenía ambre.
    _____

RESPUESTAS

1. La **h**ambur**gu**esa que **h**e comido no me **h**a gustado.
2. El barco **qu**e va por el río, se **h**undió por causa de una avería.
3. Estas **h**ierbas son buenas para la digestión.
4. La ex**h**ibición me gustó mucho, especialmente los cuadros **h**exagonales.
5. Los militares **h**an lanzado un co**h**ete a la luna.
6. El pensamiento es in**h**erente a todo ser **h**umano.
7. José tenía an**h**elo de tocar la **gu**itarra.
8. El **h**ombre no dejó de mirar al **h**ipopótamo y al pin**gü**ino.

9. Él q**u**ería comer un estofado de **gu**isantes.
10. Después de su operación al **h**ígado, Juan tenía **h**ambre.

- la *ll* y la *y*

  Aunque en muchos lugares donde se habla el español la **ll** se pronuncia como la **y** (lo que se llama *yeísmo*), hay una diferencia en la fricción en el paladar cuando se pronuncian los dos sonidos.

  Se escriben con **ll** todas las palabras acabadas en **–illa, -llo, -ullo**.

  mesilla, cepillo, arrullo

  Se escriben con **y** (a) la conjunción copulativa *y*, (b) el adverbio *muy*, (c) todas las palabras cuyo final es un diptongo o triptongo, sean éstas singulares o plurales.

  Juan **y** Diego (a).
  Él es mu**y** bueno (b).
  La le**y** del fuerte, las le**y**es de los débiles (c).
  El bue**y** blanco y los bue**y**es castaños (c).

  Algunas palabras se pronuncian igual pero se escriben en forma diferente porque tienen distinto significado.

  Arrollo—Arroyo
  Le arrolló un coche cuando cruzaba la calle.
  El arroyo es de agua muy clara.

  Calló—Cayó
  Por fin ella calló y vino el silencio.
  Él se cayó del caballo.

  Halla—Haya
  Se halla entre dos caminos.
  Ojalá haya llegado.

  Malla—Maya
  Las manzanas están en un saco de malla.
  Los mayas construyeron templos.

  Rallar—Rayar
  Ralla el pan en el rallador.
  Dibujó una raya en el pavimento.

  Valla—Vaya
  Construyó una valla de madera muy alta.
  Está bien que ella vaya con ellos.

PRÁCTICA

Inserte las letras correctas sobre las líneas.

1. La __ama es un animal típico del Perú.

2. Me __amó para pedir una dirección.

3. En el arro__o había una rana.

4. El agua hervía en la o__a.

5. Él o__ó un fuerte ruido.

6. Se sentía mal, por eso andaba ca__ado.

7. El jarrón estaba __eno de flores.

8. Su __anto parecía __uvia.

9. ¡Va__a que va__ tan hermosa!

10. En el arro__o se enro__ó una serpiente.

1. La **ll**ama es un animal típico del Perú.
2. Me **ll**amó para pedir una dirección.
3. En el arro**y**o había una rana.
4. El agua hervía en la o**ll**a.
5. Él o**y**ó un fuerte ruido.
6. Se sentía mal, por eso andaba ca**ll**ado.
7. El jarrón estaba **ll**eno de flores.
8. Su **ll**anto parecía **ll**uvia.
9. ¡Va**y**a que va**ll**a tan hermosa!
10. En el arro**y**o se enro**ll**ó una serpiente.

- la *m* y la *n*
  Aunque su pronunciación es muy distinta, delante de la **b**, **p**, **f**, y **v**, la **m** y la **n** pueden confundirse. No obstante, hay un par de reglas básicas al respecto:
      La **m** se escribe delante de **b** y **p**.

  embrión, imponer

      La **n** se escribe delante de **f** y **v**.

  confiscar, inventar

      Por otra parte, delante de **n** se escribe **m**, excepto cuando se trata de palabras compuestas con los prefijos **con**, **en**, **in**, **circum**.

  gimnasio, alumno, connotación, ennoblecer, innecesario, circunferir

PRÁCTICA

Inserte las letras correctas sobre las líneas.

1. El señor puso é__fasis en la cultura.

2. Se co__pró un par de zapatos.

3. El músico creó una bella co__posición.

4. Comió tanto que se e__fermó.

5. Ella sintió e__vidia por su hermana.

6. Nos co__vidaron a comer al ca__po.

7. Sonaron las ca__panas de la iglesia.

8. Ca__bió el reloj por un brazalete.

9. La profesora le i__puso un duro castigo.

10. Julio es un chico muy e__prendedor.

1. El señor puso é**n**fasis en la cultura.
2. Se co**m**pró un par de zapatos.
3. El músico creó una bella co**m**posición.
4. Comió tanto que se e**n**fermó.
5. Ella sintió e**n**vidia por su hermana.
6. Nos co**n**vidaron a comer al ca**m**po.

7. Sonaron las ca**m**panas de la iglesia.
8. Ca**m**bió el reloj por un brazalete.
9. La profesora le i**m**puso un duro castigo.
10. Julio es un chico muy e**m**prendedor.

- la *r* y la *rr*

  La **r** se puede pronunciar con un sonido suave o simple de **ere**. Cuando tiene tal sonido se escribe en el interior de la palabra que no vaya precedida de **l**, **n**, **m**, o **s**, y al final de una palabra.

  cara, dorado, veremos, barómetro, amor, color

  La **r** se puede pronunciar con un sonido fuerte de **erre**. Cuando tiene tal sonido aparece al principio de la palabra y, aunque tenga una sola **r**, se pronuncia **erre**. También suena **erre** cuando va detrás de las consonantes **l**, **n**, **m** o **s**.

  rata, risa, honrar, alrededor

  Cuando se escriben dos **eres** juntas, el sonido es siempre de **erre**. La doble **rr** se escribe en el interior de la palabra siempre que no vaya precedida de **n**, **r** o **l**.

  arropar, arrugar, arrimar, perro

  La palabra compuesta cuyo segundo elemento comienza con **r** se escribe **rr**.

  vicerrector, antirreligioso, contrarréplica

PRÁCTICA

Escriba, dentro de los paréntesis, "f" si la **r** se pronuncia fuerte y "s" si se pronuncia suave.

1. La **r**azón ( ) por la que no vino es muy **r**azonable ( ).
2. El **r**ubio ( ) que salió a habla**r** ( ) era muy a**rr**ogante ( ).
3. Siemp**r**e ( ) le gusta en**r**edar ( ) a la gente.
4. Me dio **r**isa ( ) ve**r**lo ( ) con ese somb**r**e**r**o ( )( ).
5. En la p**r**ueba ( ) cometió muchos e**rr**o**r**es ( )( ).
6. Carlos ( ) se fue de pa**rr**anda ( ).
7. No que**r**íamos, ( ) pero **r**eg**r**esamos ( )( ) de Israel ( ).
8. Se puso **r**ojo ( ) cuando le hablé ace**r**ca ( ) de los **r**umores ( ).
9. Perdió ( ) la **r**eceta ( ) que le p**r**esc**r**ibió ( )( ) el médico.
10. Consiguió una p**rr**ó**rr**oga ( )( ) y ha**r**á ( ) el examen después.

RESPUESTAS

1. (f) (f)
2. (f) (s) (f)
3. (s) (f)
4. (f) (s) (s)(s)
5. (s) (f)(s)
6. (s) (f)
7. (s) (f)(s) (f)

8. (f) (s) (f)
9. (s) (f) (s)(s)
10. (s)(f) (s)

- la **s** y la **x**
  En algunos países de habla hispana, la **x** suena a veces como **s**. Siempre que el sonido sea equivalente a **cs**, **gs**, o **ks**, se escribe con **x**.

  examen, axioma

  Los compuestos de las preposiciones latinas **extra** y **ex** se escriben con **x**. Además, la terminación **xión** siempre es con **x**.

  extraordinario, exculpar
  anexión, complexión

  Muchas veces hay confusión entre **sc** y **xc**. La práctica es la única manera de saber cómo se usan estas letras correctamente.

  escribir, excavar

PRÁCTICA

1. Durante el partido, la audiencia se e__itó e__e__ivamente.

2. E__primió varios limones.

3. Sus e__periencias fueron e__epcionales.

4. El a__ensor no funcionaba.

5. Ella siempre tiene e__cusas.

6. Esa fue una e__cavación muy profunda.

7. En la e__cursión todos fueron di__iplinados.

8. El agua era fría en la pi__ina.

9. Alguien me e__taba e__piando.

10. Los adole__entes aprendieron mucho sobre los e__lavos.

RESPUESTAS

1. Durante el partido, la audiencia se **exc**itó **exc**e**s**ivamente.
2. **Ex**primió varios limones.
3. Sus **ex**periencias fueron **exc**epcionales.
4. El a**sc**ensor no funcionaba.
5. Ella siempre tiene **ex**cusas.
6. Esa fue una **ex**cavación muy profunda.
7. En la **ex**cursión todos fueron di**sc**iplinados.
8. El agua era fría en la pi**sc**ina.
9. Alguien me e**s**taba e**s**piando.
10. Los adole**sc**entes aprendieron mucho sobre los e**scl**avos.

EL DELETREO

La ortografía es básica para escribir correctamente. El ejercicio de deletreo que sigue incluye todas las reglas presentadas en esta sección.

PRÁCTICA

En cada conjunto hay una palabra escrita incorrectamente (excepto cuando todas están bien deletreadas, en cuyo caso escoja la opción 5.)

1. (1) sardina
    (2) zapato
    (3) escusa
    (4) frío
    (5) ningún error

2. (1) buei
    (2) pingüino
    (3) bautizar
    (4) almeja
    (5) ningún error

3. (1) automóvil
    (2) acero
    (3) bavosa
    (4) exceso
    (5) ningún error

4. (1) circunlocución
    (2) camaleón
    (3) extrangero
    (4) conformista
    (5) ningún error

5. (1) circumferencia
    (2) párroco
    (3) detrimento
    (4) dátil
    (5) ningún error

6. (1) cambiar
    (2) confrontar
    (3) desacer
    (4) dehesa
    (5) ningún error

7. (1) sílaba
    (2) provar
    (3) elija
    (4) soslayar
    (5) ningún error

8. (1) sospechable
    (2) tesorero
    (3) excelente
    (4) inmunizar
    (5) ningún error

9. (1) microbio
    (2) metraje
    (3) membrana
    (4) subyacer
    (5) ningún error

10. (1) menage
    (2) teñidura
    (3) trompetista
    (4) zambullida
    (5) ningún error

11. (1) baso
    (2) perspicaz
    (3) excusa
    (4) mellizo
    (5) ningún error

12. (1) barítono
    (2) navegación
    (3) carácter
    (4) arrodillar
    (5) ningún error

13. (1) facción
    (2) casamiento
    (3) conplicado
    (4) espeluznar
    (5) ningún error

14. (1) extorbar
    (2) fastidiar
    (3) pavor
    (4) breva
    (5) ningún error

15. (1) peatón
    (2) mugir
    (3) engranage
    (4) jirafa
    (5) ningún error

16. (1) multa
    (2) jabón
    (3) cirrosis
    (4) determinativo
    (5) ningún error

17. (1) excama
    (2) fresca
    (3) emperador
    (4) respingar
    (5) ningún error

18. (1) precisión
    (2) nubio
    (3) hemisferio
    (4) insentivo
    (5) ningún error

19. (1) nocturno
    (2) microscopio
    (3) rrenombrar
    (4) homólogo
    (5) ningún error

20. (1) codazo
    (2) macabro
    (3) masaje
    (4) preistoria
    (5) ningún error

21. (1) desenbuchar
    (2) epitelio
    (3) convulsión
    (4) jardín
    (5) ningún error

22. (1) cordinar
    (2) comprimir
    (3) ordenar
    (4) precinto
    (5) ningún error

23. (1) optimizar
    (2) oasis
    (3) bostezar
    (4) macizo
    (5) ningún error

24. (1) oracional
    (2) irracional
    (3) introducción
    (4) hispanoárabe
    (5) ningún error

25. (1) nieve
    (2) antagonista
    (3) socabón
    (4) compungido
    (5) ningún error

26. (1) sicatriz
    (2) desflorar
    (3) festivo
    (4) grillo
    (5) ningún error

27. (1) desventura
    (2) comunicación
    (3) conpresa
    (4) fiebre
    (5) ningún error

28. (1) cómputo
    (2) narciso
    (3) pólvora
    (4) renegado
    (5) ningún error

29. (1) pinsa
    (2) tándem
    (3) también
    (4) teléfono
    (5) ningún error

30. (1) titilar
    (2) viento
    (3) tegido
    (4) principio
    (5) ningún error

31. (1) ventrílocuo
    (2) lectura
    (3) jocoso
    (4) helenístico
    (5) ningún error

32. (1) corporación
    (2) calendario
    (3) analizar
    (4) imvasión
    (5) ningún error

33. (1) terapia
    (2) urbano
    (3) exséntrico
    (4) carnívoro
    (5) ningún error

34. (1) lechuza
    (2) prisma
    (3) rescatar
    (4) acordar
    (5) ningún error

35. (1) roto
    (2) pinzel
    (3) potestad
    (4) pecho
    (5) ningún error

36. (1) matizar
    (2) excabación
    (3) rescindir
    (4) póquer
    (5) ningún error

37. (1) porqueriza
    (2) impermeable
    (3) subir
    (4) néctar
    (5) ningún error

38. (1) sucionar
    (2) requiebro
    (3) parafina
    (4) mosaico
    (5) ningún error

39. (1) morrocotudo
    (2) limeño
    (3) infinita
    (4) catecismo
    (5) ningún error

40. (1) arco
    (2) persiana
    (3) canpo
    (4) anhelo
    (5) ningún error

41. (1) gobernador
    (2) orror
    (3) incapaz
    (4) podrido
    (5) ningún error

42. (1) luciérnaga
    (2) novillo
    (3) impresionante
    (4) yanta
    (5) ningún error

43. (1) hervario
    (2) razón
    (3) socavón
    (4) rojizo
    (5) ningún error

44. (1) rasiocinio
    (2) instituto
    (3) exquisito
    (4) soberanía
    (5) ningún error

45. (1) parque
    (2) supermercado
    (3) corazón
    (4) agridulce
    (5) ningún error

46. (1) hijo
    (2) lleno
    (3) sicólogo
    (4) psicólogo
    (5) ningún error

47. (1) garrote
    (2) cuchillo
    (3) emvidia
    (4) rima
    (5) ningún error

48. (1) contrarestar
    (2) rizo
    (3) disipación
    (4) cráneo
    (5) ningún error

49. (1) logotipo
    (2) reunión
    (3) excimir
    (4) estómago
    (5) ningún error

50. (1) consagrar
    (2) ravia
    (3) proceder
    (4) conquistar
    (5) ningún error

51. (1) rampa
    (2) ciprés
    (3) catálogo
    (4) caballo
    (5) ningún error

52. (1) enprendedor
    (2) ciruela
    (3) barco
    (4) imponer
    (5) ningún error

53. (1) procedimiento
    (2) violeta
    (3) taza
    (4) lápiz
    (5) ningún error

54. (1) exibición
    (2) reportaje
    (3) cesta
    (4) liviano
    (5) ningún error

55. (1) emfatizar
    (2) villano
    (3) procedente
    (4) interrumpir
    (5) ningún error

56. (1) desierto
    (2) horrible
    (3) aqueducto
    (4) miniatura
    (5) ningún error

57. (1) incripción
    (2) pampa
    (3) invadir
    (4) pueblo
    (5) ningún error

58. (1) resurreción
    (2) composición
    (3) mambo
    (4) restauración
    (5) ningún error

59. (1) matanza
    (2) monarquía
    (3) sujetar
    (4) juerguista
    (5) ningún error

60. (1) embalage
    (2) vieja
    (3) azúcar
    (4) robusto
    (5) ningún error

61. (1) correjir
    (2) escribir
    (3) conocer
    (4) vigente
    (5) ningún error

62. (1) quería
    (2) congelación
    (3) bautizar
    (4) exsederse
    (5) ningún error

63. (1) hipocondríaco
    (2) monasterio
    (3) comparar
    (4) exortar
    (5) ningún error

64. (1) claraboya
    (2) desinibir
    (3) lección
    (4) paréntesis
    (5) ningún error

65. (1) comtingente
    (2) pastelería
    (3) bostezo
    (4) radio
    (5) ningún error

66. (1) gisante
    (2) pandilla
    (3) reloj
    (4) pulsera
    (5) ningún error

67. (1) enriqecer
    (2) potencia
    (3) altura
    (4) huerta
    (5) ningún error

68. (1) panteón
    (2) dependencia
    (3) solucción
    (4) gusano
    (5) ningún error

69. (1) retribución
    (2) écsodo
    (3) arrugado
    (4) bandeja
    (5) ningún error

70. (1) ritmo
    (2) barbacoa
    (3) ariesgado
    (4) colaboración
    (5) ningún error

71. (1) simple
    (2) sensación
    (3) erución
    (4) admiración
    (5) ningún error

72. (1) oriental
    (2) isleño
    (3) entretener
    (4) acensor
    (5) ningún error

73. (1) perseguir
    (2) laborar
    (3) avorto
    (4) complejo
    (5) ningún error

74. (1) liberación
    (2) extrañar
    (3) contagiar
    (4) aprender
    (5) ningún error

75. (1) encontrar
    (2) insisivo
    (3) quemar
    (4) resurgir
    (5) ningún error

76. (1) embellecer
    (2) qirófano
    (3) retener
    (4) remover
    (5) ningún error

77. (1) espiritual
    (2) carpintero
    (3) impresora
    (4) cartílago
    (5) ningún error

78. (1) romamce
    (2) tenor
    (3) restablecer
    (4) calentar
    (5) ningún error

79. (1) arroz
    (2) limpio
    (3) desovediente
    (4) estéril
    (5) ningún error

80. (1) invertebrado
    (2) hombre
    (3) abrebiatura
    (4) ambivalente
    (5) ningún error

81. (1) émfasis
    (2) canción
    (3) emoción
    (4) encoger
    (5) ningún error

82. (1) sinceridad
    (2) estabilización
    (3) espolón
    (4) onda
    (5) ningún error

83. (1) congregar
    (2) estribar
    (3) auislio
    (4) almacenar
    (5) ningún error

84. (1) metamorfosis
    (2) optener
    (3) admitir
    (4) extender
    (5) ningún error

85. (1) envidia
    (2) versátil
    (3) estimular
    (4) ostrucción
    (5) ningún error

86. (1) recivir
    (2) prohibido
    (3) empezar
    (4) discusión
    (5) ningún error

87. (1) pieza
    (2) pequenio
    (3) paragüero
    (4) contaminación
    (5) ningún error

88. (1) vejez
    (2) distinsión
    (3) planificación
    (4) vigor
    (5) ningún error

89. (1) exterior
    (2) combinación
    (3) hereje
    (4) bahul
    (5) ningún error

90. (1) emfermizo
    (2) insoportable
    (3) bisutería
    (4) manjar
    (5) ningún error

91. (1) verter
    (2) avogado
    (3) anclar
    (4) importante
    (5) ningún error

92. (1) satisfacción
    (2) inqilino
    (3) instrumento
    (4) transversal
    (5) ningún error

93. (1) juvilación
    (2) instalación
    (3) excitante
    (4) bebedor
    (5) ningún error

94. (1) oscuridad
    (2) iniciativa
    (3) esplicación
    (4) obscuridad
    (5) ningún error

95. (1) exposición
    (2) intérrprete
    (3) entereza
    (4) anestesia
    (5) ningún error

96. (1) desbordar
    (2) aogado
    (3) estropear
    (4) revelar
    (5) ningún error

97. (1) finjir
    (2) grabar
    (3) visión
    (4) estrategia
    (5) ningún error

98. (1) tempestad
    (2) ombligo
    (3) alteza
    (4) inherente
    (5) ningún error

99. (1) aropar
    (2) historia
    (3) intromisión
    (4) inhabilidad
    (5) ningún errror

100. (1) honrado
     (2) antelación
     (3) selección
     (4) inperfecto
     (5) ningún error

Clave de las respuestas

1. 3	26. 1	51. 5	76. 2
2. 1	27. 3	52. 1	77. 5
3. 3	28. 5	53. 5	78. 1
4. 3	29. 1	54. 1	79. 3
5. 1	30. 3	55. 1	80. 3
6. 3	31. 5	56. 3	81. 1
7. 2	32. 4	57. 1	82. 5
8. 5	33. 3	58. 1	83. 3
9. 5	34. 5	59. 5	84. 2
10. 1	35. 2	60. 1	85. 4
11. 1	36. 2	61. 1	86. 1
12. 5	37. 5	62. 4	87. 2
13. 3	38. 1	63. 4	88. 2
14. 1	39. 5	64. 2	89. 4
15. 3	40. 3	65. 1	90. 1
16. 5	41. 2	66. 1	91. 2
17. 1	42. 4	67. 1	92. 2
18. 4	43. 1	68. 3	93. 1
19. 3	44. 1	69. 2	94. 3
20. 4	45. 5	70. 3	95. 2
21. 1	46. 5	71. 3	96. 2
22. 1	47. 3	72. 4	97. 1
23. 5	48. 1	73. 3	98. 5
24. 5	49. 3	74. 5	99. 1
25. 3	50. 2	75. 2	100. 4

Respuestas

1.	**3**	excusa
2.	**1**	buey
3.	**3**	babosa
4.	**3**	extranjero
5.	**1**	circunferencia
6.	**3**	deshacer
7.	**2**	probar
8.	**5**	ningún error
9.	**5**	ningún error
10.	**1**	menaje
11.	**1**	vaso
12.	**5**	ningún error
13.	**3**	complicado
14.	**1**	estorbar
15.	**3**	engranaje
16.	**5**	ningún error
17.	**1**	escama
18.	**4**	incentivo
19.	**3**	renombrar
20.	**4**	prehistoria
21.	**1**	desembuchar
22.	**1**	coordinar
23.	**5**	ningún error
24.	**5**	ningún error
25.	**3**	socavón
26.	**1**	cicatriz
27.	**3**	compresa
28.	**5**	ningún error
29.	**1**	pinza
30.	**3**	tejido
31.	**5**	ningún error
32.	**4**	invasión
33.	**3**	excéntrico
34.	**5**	ningún error
35.	**2**	pincel
36.	**2**	excavación
37.	**5**	ningún error
38.	**1**	succionar
39.	**5**	ningún error
40.	**3**	campo
41.	**2**	horror
42.	**4**	llanta
43.	**1**	herbario
44.	**1**	raciocinio
45.	**5**	ningún error
46.	**5**	ningún error
47.	**3**	envidia
48.	**1**	contrarrestar
49.	**3**	eximir
50.	**2**	rabia
51.	**5**	ningún error
52.	**1**	emprendedor
53.	**5**	ningún error
54.	**1**	exhibición
55.	**1**	enfatizar
56.	**3**	acueducto
57.	**1**	inscripción
58.	**1**	resurrección
59.	**5**	ningún error
60.	**1**	embalaje
61.	**1**	corregir
62.	**4**	excederse
63.	**4**	exhortar
64.	**2**	desinhibir
65.	**1**	contingente
66.	**1**	guisante
67.	**1**	enriquecer
68.	**3**	solución
69.	**2**	éxodo
70.	**3**	arriesgado
71.	**3**	erupción
72.	**4**	ascensor
73.	**3**	aborto
74.	**5**	ningún error
75.	**2**	incisivo
76.	**2**	quirófano
77.	**5**	ningún error
78.	**1**	romance
79.	**3**	desobediente
80.	**3**	abreviatura
81.	**1**	énfasis
82.	**5**	ningún error
83.	**3**	auxilio
84.	**2**	obtener
85.	**4**	obstrucción
86.	**1**	recibir
87.	**2**	pequeño
88.	**2**	distinción
89.	**4**	baúl
90.	**1**	enfermizo
91.	**2**	abogado
92.	**2**	inquilino
93.	**1**	jubilación
94.	**3**	explicación
95.	**2**	intérprete
96.	**2**	ahogado
97.	**1**	fingir
98.	**5**	ningún error
99.	**1**	arropar
100.	**4**	imperfecto

SEPARACIÓN DE SÍLABAS

Cuando no haya espacio para escribir una palabra completa, ésta deberá dividirse en dos. Para hacerlo correctamente, estudie las reglas que siguen.

Antes que nada, recuerde que la palabra se divide en sílabas y que una sílaba debe tener por lo menos una vocal (incluso una vocal sola puede considerarse una sílaba.)

1. Cualquier consonante que se encuentra entre dos vocales se agrupa con la segunda vocal.

   pá-ja-ro, no-ve-la

2. Cuando se encuentran dos consonantes entre vocales se agrupan una con la vocal anterior y la otra con la vocal posterior.

   re**s**-**p**e**c**-**t**i-va-me**n**-**t**e, i**n**-**m**o-ral, a-te**n**-**t**o

3. Los grupos de dos consonantes que terminan en **l** o **r** no se separan.

   flo-re-cer, a-**pr**e-su-rar, **gr**u-ta

4. Si hay tres consonantes, las dos primeras se separan con la vocal anterior y la tercera con la vocal posterior.

   i**ns**-**t**i-tu-to, co**ns**-**t**i-pa-do

5. Las consonantes **ch**, **ll**, **rr** nunca se separan.

   en-**ch**i-la-da, ca-**ll**a-do, fe-**rr**o-ca-**rr**il

6. Si la palabra tiene dos vocales fuertes (**a**, **e**, **o**) juntas, éstas generalmente se separan.

   o-**a**-sis, **a**-**e**-ro-pla-no

7. Si la palabra tiene dos vocales juntas y una de ellas es una vocal débil (**i**, **u**), generalmente éstas no se separarán.

   tr**ei**n-ta, h**ue**-vo, ru-b**io**

8. Si la vocal contiene un acento escrito, se fortalece y generalmente permanece dentro de su propia sílaba.

   Ma-r**í**-a, re-**ú**-ne, d**í**-a

9. Las palabras compuestas siguen las mismas normas.

   pa-ra-rra-yos, po-sa-va-sos

PRÁCTICA

Divida por sílabas las siguientes palabras.

1. sabroso	11. espacio	21. animal
2. institución	12. actitud	22. huerta
3. bordado	13. neurosis	23. ilusión
4. excelencia	14. automoción	24. canción
5. importante	15. estancia	25. parabrisas
6. obediente	16. serpiente	26. abrazo
7. antílope	17. perspicaz	27. apostrofar
8. raíz	18. acrecentar	28. relámpago
9. corredor	19. obstáculo	29. mística
10. artículo	20. árbol	30. itinerario

RESPUESTAS

1. sa-bro-so
2. ins-ti-tu-ción
3. bor-da-do
4. ex-ce-len-cia
5. im-por-tan-te
6. o-be-dien-te
7. an-tí-lo-pe
8. ra-íz
9. co-rre-dor
10. ar-tí-cu-lo

11. es-pa-cio
12. ac-ti-tud
13. neu-ro-sis
14. au-to-mo-ción
15. es-tan-cia
16. ser-pien-te
17. pers-pi-caz
18. a-cre-cen-tar
19. obs-tá-cu-lo
20. ár-bol

21. a-ni-mal
22. huer-ta
23. i-lu-sión
24. can-ción
25. pa-ra-bri-sas
26. a-bra-zo
27. a-pos-tro-far
28. re-lám-pa-go
29. mís-ti-ca
30. i-ti-ne-ra-rio

PRONUNCIACIÓN Y ACENTUACIÓN

Todas las palabras se acentúan aunque no lleven acento escrito. Para saber cómo se pronuncia una palabra escrita que no lleva acento escrito se debe tener en cuenta lo siguiente:

1. Si la palabra no lleva acento escrito y termina en cualquier consonante que no sea **n** o **s**, el acento está en la última sílaba.

   cantor, juvenil, correr, caer

2. Si la palabra no lleva acento escrito y termina en **vocal**, **n**, o **s**, el acento está en la penúltima sílaba.

   diccionario, casa, libro, taza, bautizo

3. Las palabras monosílabas generalmente no llevan acento escrito, aunque algunas sí lo llevan para diferenciarse de otras palabras que se escriben igual pero tienen distinto significado.

aún (todavía)	Aún no llega.
aun (incluso)	Iremos todos, aun tú.
más (adverbio)	Quiero más café.
mas (conjunción)	Yo quiero, mas ellos no.
cuánto, cuál, qué (interrogativo/excl.)	¿Cuánto vale? ¡Qué es eso!
cuanto, cual, que (pron. relativo)	Cuanta tristeza veo. Que vengan todos.
él (pronombre)	Él vendrá mañana.
el (artículo)	Muéstrame el libro.
sé (verbo saber)	Yo sé que me amas.
se (pron. reflexivo)	Ella se compró un reloj.
tú (pronombre)	¿Tú tienes dinero?
tu (adjetivo posesivo)	¿Dónde está tu camisa?
dé (verbo dar)	No le dé esa información.
de (preposición)	Ella es de Italia.
sí (pron. personal)	Sí, iré mañana.
si (condicional)	Iré si no llueve.
té (bebida)	Ese es té de India.
te (pron. personal)	¿Por qué no te quedas?
sólo (adverbio)	Me quedaré sólo si tienes una cama.
solo (adjetivo)	Él se quedó solo en esa isla.

Para saber cómo y cuándo se escriben los acentos, hay que saber primero cómo se pronuncia la palabra y luego conocer las reglas siguientes.

1. Las palabras *agudas* llevan el acento escrito en la última sílaba cuando terminan en **vocal**, **n**, o **s**.

   llamó, café, bailó, canción, intervención, verás, irás

2. Las palabras *llanas* llevan el acento escrito en la penúltima sílaba si terminan en consonante que no sea **n** o **s**.

   líder, árbol, lápiz, Suárez

3. Las palabras *esdrújulas* llevan el acento escrito en la antepenúltima sílaba y las *sobreesdrújulas* lo llevan en la anterior a la antepenúltima sílaba.

   lámpara, próximo, rápido, devuélvemelo, respóndeselo

4. En los diptongos (unión de dos vocales diferentes), el acento siempre se escribe en la vocal débil. La única excepción es la combinación **ui** o **ue**, con la cual no se escribe el acento.

   podía, mío, reía, acentúo, fluidez, huida, huevo, ruido

PRÁCTICA

Coloque los acentos escritos en las palabras siguientes. Algunas de ellas no lo necesitan y por lo tanto ya están correctamente escritas.

1. arbol	11. plastico	21. subi
2. queria	12. huia	22. rompio
3. oftalmologo	13. pastel	23. ministerio
4. cirugia	14. reia	24. reves
5. segun	15. mimica	25. ruina
6. fisica	16. matiz	26. paradojico
7. llevatelo	17. estacion	27. canibal
8. camion	18. cipres	28. virtud
9. Lopez	19. panoramica	29. armonia
10. quimera	20. algebra	30. puntapie

RESPUESTAS

1. árbol	11. plástico	21. subí
2. quería	12. huía	22. rompió
3. oftalmólogo	13. pastel	23. ministerio
4. cirugía	14. reía	24. revés
5. según	15. mímica	25. ruina
6. física	16. matiz	26. paradójico
7. llévatelo	17. estación	27. caníbal
8. camión	18. ciprés	28. virtud
9. López	19. panorámica	29. armonía
10. quimera	20. álgebra	30. puntapié

PRÁCTICA ADICIONAL

Una de cada grupo de palabras está incorrectamente acentuada o debería estar acentuada y no
lo está. Recuerde que hay palabras que no llevan
acento escrito.

1. (1) artificio
    (2) relígion
    (3) acción
    (4) incomodidad
    (5) lealtad

2. (1) quiténselo
    (2) había
    (3) tizón
    (4) pies
    (5) líder

3. (1) pájaro
    (2) homófona
    (3) interes
    (4) calcetín
    (5) impresión

4. (1) sílaba
    (2) ínutil
    (3) demócrata
    (4) tintero
    (5) cándido

5. (1) perdido
    (2) inscribía
    (3) rompeolas
    (4) aritmética
    (5) marmól

6. (1) débil
    (2) teórico
    (3) razón
    (4) nectar
    (5) hormiga

7. (1) cartón
    (2) crisis
    (3) júgar
    (4) sonrió
    (5) maniquí

8. (1) gravedad
    (2) sartén
    (3) hidróxido
    (4) químico
    (5) huída

9. (1) huesped
    (2) íntimo
    (3) opíparo
    (4) fértil
    (5) escribió

10. (1) apéndice
    (2) arrrúina
    (3) compás
    (4) estrés
    (5) volátil

Clave de las respuestas

1. **2**	3. **3**	5. **5**	7. **3**	9. **1**
2. **1**	4. **2**	6. **4**	8. **5**	10. **2**

Análisis de las respuestas

1. **2** religión
2. **1** quítenselo
3. **3** interés
4. **2** inútil
5. **5** mármol
6. **4** néctar
7. **3** jugar
8. **5** huida
9. **1** huésped
10. **2** arruina

USO DE LAS MAYÚSCULAS

Las reglas básicas del uso de mayúsculas son:

1. Siempre se escribe con mayúscula la primera letra al principio de una oración y la primera letra después de un punto seguido o de un punto aparte.

   El hombre salió a caminar y se encontró con un amigo. **E**l amigo estaba contento y lo saludó con una sonrisa.

2. Se escribe con mayúscula la primera letra de los nombres propios de personas, apellidos, apodos y nombres dados a lugares geográficos, ciudades y pueblos.

   Ramón llegó a la cima del **E**verest.
   La **H**aya se encuentra en **H**olanda.

3. Se escribe la primera letra con mayúscula en los períodos o épocas históricas.

   En la **E**dad **M**edia no existían los coches.

4. Se escribe la primera letra con mayúscula en los nombres y adjetivos que componen organizaciones, instituciones, empresas y corporaciones.

   El **B**anco **V**enezolano de **C**omercio ha subido el interés.
   La **A**sociación de **M**inusválidos ha creado una lotería.

5. Cuando hay una cita textual después de dos puntos, se empieza la frase con mayúscula.

   El presidente dijo: "**N**o hay manera de contener la inflación".

6. Comienzan con mayúscula los títulos nobiliarios, los departamentos del gobierno, los periódicos y las revistas.

   El **P**apa **J**uan **P**ablo viajó a Inglaterra.
   El **M**inisterio de **S**anidad aumentó su presupuesto.
   El periódico **O**pinión cumplió cien años.

7. Los títulos de libros, películas, obras de teatro, etc. llevan mayúscula solamente en la primera palabra. Generalmente dichos títulos se escriben en bastardilla.

   José lee *Lo que el viento se llevó* y le gusta mucho.
   Sí, *La guerra de las estrellas* fue película de mucho éxito.

8. Las abreviaciones de títulos requieren mayúscula en la primera letra.

   El **D**r. Gómez fue a la reunión.
   El **E**xmo. **S**r. Rojas y la **S**ra. Rojas fueron de vacaciones.

9. En cambio se escriben con minúsculas (a) los días de la semana, (b) los meses, (c) las estaciones del año, (d) los gentilicios y (e) las partículas incluidas en el nombre de personas o entidades.

   El **m**artes iré al cine (a).
   Mi cumpleaños es en **a**bril (b).
   En **i**nvierno hace frío (c).
   Es un vino **f**rancés (d).
   El Sr. José **d**el Valle fue al Banco **d**e España (e).

> **RECUERDE**
>
> En inglés, los parentescos y los títulos se escriben con mayúscula cuando van juntos a una persona determinada, por ejemplo, "President Obama" y "Uncle George". En Español esto no ocurre, escribiéndose "el presidente Obama" y "el tío Jorge".

PRÁCTICA

Use mayúsculas en las palabras que lo requieran.

1. el barco escocés partió a escocia.

2. el examen de matemáticas es el 7 de agosto.

3. el árbitro señaló infracción y el club de fútbol barcelona perdió el partido.

4. el alcalde pronunció estas palabras: "queridos conciudadanos, me gustaría..."

5. ivonne de madariaga fue una gran autora argentina.

6. sería estupendo atravesar el amazonas en barco.

7. cuando vi a juan le di saludos a su hermana

8. la academia buenavista es una institución española de beneficencia.

9. el frente de liberación nacional está negociando con el ministro torres.

10. el libro *el lazarillo de tormes* es de autor anónimo.

RESPUESTAS

1. El barco escocés partió a Escocia.
2. El examen de matemáticas es el 7 de agosto.
3. El árbitro señaló infracción y el Club de Fútbol Barcelona perdió el partido.
4. El alcalde pronunció estas palabras: "Queridos conciudadanos, me gustaría..."
5. Ivonne de Madariaga fue una gran autora argentina.
6. Sería estupendo atravesar el Amazonas en barco.
7. Cuando vi a Juan le di saludos a su hermana.
8. La Academia Buenavista es una institución española de beneficencia.
9. El Frente de Liberación Nacional está negociando con el ministro Torres.
10. El libro *El lazarillo de Tormes* es de autor anónimo.

PRÁCTICA ADICIONAL

Las frases siguientes contienen un error en el uso de las mayúsculas. Seleccione la palabra subrayada que está mal escrita y escríbala correctamente. Ninguna frase contiene más de un error. Es también posible que no haya ningún error.

1. Rodolfo acaba de venir de San Juan.
      (1)   (2)
   Tiene una reunión el próximo 23 de Mayo
                                (3)
   en la Universidad Central.
            (4)
   Sin error. _____
      (5)

2. La película *Sin perdón* me pareció
              (1)
   extraordinaria, pero Jesús, quién acababa
                       (2)
   de llegar de Boston, no la vio. La daban
            (3)
   en el cine Arcadia.
           (4)
   Sin error. _____
      (5)

3. La Sra. Teresa se fue de vacaciones a
      (1)
   Acapulco y a Veracruz junto con su
            (2)
   nuero, quién es el primo del ministro
                     (3)
   de Hacienda.
      (4)
   Sin error. _____
      (5)

4. La delegación del periódico Excelsior
           (1)   (2)
   conversó con el Presidente sobre el
           (3)
   problema de Francia y Alemania.
           (4)
   Sin error. _____
      (5)

5. Su majestad el Rey de España viajó a
         (1)
   Asia con su esposa, la Reina Sofía y el
     (2)   (3)
   Príncipe Felipe.
      (4)
   Sin error. _____
      (5)

6. El alcalde de la Ciudad señaló la
      (1)   (2)
   necesidad de construir más escuelas

   en San Ambrosio, especialmente para
       (3)
   los estudiantes de bachillerato.
                 (4)
   Sin error. _____
      (5)

Clave de las respuestas

1. **3**	3. **5**	5. **1**
2. **4**	4. **3**	6. **2**

Análisis de las respuestas

1. **3** En los nombres de los días de la semana y de los meses no se escribe con mayúscula la primera palabra.
2. **4** El Cine Arcadia es el nombre correcto del lugar.
3. **5** Sin error.
4. **3** Los cargos de presidente, ministro, alcalde, etc. no se escriben con mayúsculas en español.
5. **1** En los títulos monárquicos así como nobiliarios se escribe la primera letra con mayúscula.
6. **2** "La ciudad" es un nombre común y por lo tanto se escribe con minúscula.

PUNTUACIÓN

El Punto (.)

1. El punto se usa para terminar una oración. El punto puede ser *seguido* cuando continuamos escribiendo otra oración y es punto *aparte* cuando cambiamos de párrafo. Cuando acabamos nuestro escrito, es punto *final*.

2. En las abreviaturas se usa también el punto. Note que en estos casos la palabra que sigue no es mayúscula.

   Canadá y E.U.A. son países del norte.
   Compré frutas, verduras, carne, etc. en el mercado.

3. Se pone punto en las separaciones de los millares y millones. (Vea "Advertencia" a la izquierda.)

   Está a 1.015.000 kilómetros

La Coma (,)

1. La coma se usa cuando se escriben enumeraciones.

   La caja contenía libros, juguetes, juegos y herramientas.

2. La coma no se escribe cuando las conjunciones *o, ni, y* separan las palabras de la misma clase. Tampoco se escribe la coma detrás de la conjunción *que*.

   Ni me gusta bailar ni salir a los bares.
   O voy mañana o espero la semana que viene.
   Es extraño que no te haya texteado.

3. La coma se usa como frase introductora.

   Al empezar el día, me tomo una taza de café con tostadas.

4. La coma se usa para separar a la persona (a la cual nos dirigimos) del mensaje que le estamos dando.

   Por favor, Pedro, ¿puedes abrir la ventana?

5. La coma se usa cuando se intercala una información o una aclaración.

   Conociendo a Marta, que es un poco despistada, no te debería sorprender que todavía no ha ido a pagar la cuenta.

6. La coma se usa después de expresiones como *no obstante, sin embargo, en conclusión*, etc.

   No obstante, pudo llegar al final de la carrera.

7. La coma se usa en las separaciones de números decimales. (Vea "Advertencia" a la izquierda.)

   La tabla medía 9,3 pulgadas.

El Punto y Coma (;)

El punto y coma generalmente indica una pausa un poco más larga que la de la coma. Se usa en los casos siguientes.

1. Para dividir las diversas oraciones de una cláusula larga, que ya llevan una o más comas.

   Aunque ya había trabajado toda la mañana, tenía empeño en acabar pronto su labor; se levantó de la mesa dispuesto a no dejarla, hasta que quedase terminada.

ADVERTENCIA

Como este libro está dirigido a estudiantes de Estados Unidos, país en que se usa la coma para designar millares y millones, hemos decidido evitar confusiones y continuar el uso de la coma en el presente volumen. Usted debe tener en cuenta, sin embargo, que el español correcto requiere usar el punto para millones y millares y la coma para decimales. Por ejemplo: El chocolate le costó 1.80 dólares. El coche le costó 25.000 euros.

2. En cláusulas de alguna extensión, antes de las conjunciones *mas*, *pero*, *aunque*, etc.

Ésa es la pena que yo tengo y la que tú debes tener, Sancho; pero de aquí adelante yo procuraré obtener alguna espada hecha por tal maestría.

3. Cuando una oración sigue, precedida de una conjunción, otra que no tiene perfecto enlace con la anterior.

Con esto terminó aquel impresionante discurso; y los comensales fueron yéndose poco a poco.

Los Dos Puntos (:)

Se usan los dos puntos:

1. Para presentar una serie o una lista de palabras.

En la lista de la compra había: frutas, vegetales, verduras, pescado y helado.

2. Después de una afirmación, cuando se desea explicar o concluir la idea principal.

Tengo sólo una norma de conducta: hacer para los demás lo que me gustaría que me hicieran a mí.

3. Para presentar una cita literal.

El refrán dice: "Más vale un pájaro en la mano que miles volando".

4. En los encabezamientos de las cartas.

Apreciado amigo:

Los Puntos Suspensivos (...)

Se usan los puntos suspensivos:

1. Para indicar que la frase está incompleta.

No sé qué dijo después y...

2. Cuando se quiere indicar temor o duda.

Y...la sombra volvió a aparecer.

3. Entre paréntesis, los puntos suspensivos indican omisión. Esta regla se aplica especialmente en la transcripción literal de textos.

Los errores teóricos del Dr. Jofré eran considerables **(...)** Tampoco pueden perdonarse los errores prácticos del médico.

PRÁCTICA

Inserte los signos de puntuación donde corresponda. Algunas oraciones pueden estar correctas.

1. Invita a Constanza mi hermana al baile de esta noche.

2. Vino, se durmió y...a la mañana siguiente, ya estaba recuperado.

3. Ya tengo preparado todo para el viaje: la ropa, los cosméticos, los zapatos, etc.

4. Al llegar a casa se puso a ver la televisión.

5. Mariano me dijo... "Ven pronto, si quieres conseguir entradas".

1. Invita a Constanza, mi hermana, al baile de esta noche.
2. Correcta
3. Correcta
4. Al llegar a casa, se puso a ver la televisión.
5. Mariano me dijo: "Ven pronto, si quieres conseguir entradas".

Los Signos de Interrogación y Exclamación (¿ ? ¡ !)

Los signos de interrogación se usan para hacer preguntas. En cambio, los signos de exclamación se usan para destacar un pensamiento o sentimiento.

1. El comienzo y el final de la interrogación y la exclamación están indicados por los signos **¿**, **?**, **¡**, **!**, respectivamente.

   ¡Qué bonito!   ¿Qué está pasando**?**

2. Si la interrogación o exclamación no está al comienzo de la oración, ésta empieza con minúscula.

   En la fiesta todo el mundo reía, ¡qué alegría ver a los amigos de la infancia!

3. El punto no se usa después de usarse el signo de interrogación o exclamación.

   Entonces gritó: —¡Adiós a todos!—y murió.

El Paréntesis (( ))

1. Cuando se interrumpe el sentido del discurso, el paréntesis se usa para incluir palabras que expliquen o añadan una idea o ideas a la frase. Los paréntesis se usan siempre en pares (un signo abre el paréntesis y el otro lo termina).

   En Argentina se cultiva el trigo (el país es uno de los principales productores del mundo), maíz, avena, cebada, lino y caña de azúcar.

2. También se usan en las obras de teatro para indicar la acción de los personajes.

   (José)   —¿Adónde van?
   (María)   —A la ciudad.

Las Comillas (" ")

1. Las comillas se emplean para copiar una cita de un texto literario. Note, que a diferencia del inglés, el punto se pone después de la comilla.

   Miguel de Unamuno escribió: "Entonaban el corazón aquellas vastas verdes soledades tendidas al pie de la sierra".

2. Las comillas se emplean para escribir una cita de alguien que ha dicho algo. En las declaraciones indirectas no se necesitan comillas.

   Después de la pelea, Manuel se disculpó: "Perdona, pero he sido muy desagradable".

   Después de la pelea, Manuel se disculpó y reconoció haber sido desagradable.

3. Las comillas indican que una expresión tiene un segundo sentido, normalmente irónico.

   Después de abofetear a su esposa, el "héroe" se fue al bar.

4. Las comillas se usan para indicar el título de un trabajo que forma parte de un libro.

   "Romance sonámbulo" es uno de los poemas más populares de García Lorca.

5. Las comillas se usan en vocablos extranjeros.

Eres un "hacker" excelente.

La Raya y el Guión (—)

1. La raya se usa en los diálogos, para indicar el cambio de la persona que está hablando.

—Quién sabe cuánto va a costar eso.
—No te preocupes, será poco.
("Who knows how much that will cost."
"Don't worry, it will not be much.")

2. La raya se emplea en medio de una frase para aclarar quién está hablando. Note nuevamente la diferencia con el inglés.

Me gustaría ir al cine—dijo Roberto—, mientras se afeitaba.
("I would like to go to the movies," said Robert while shaving.)

3. La raya se usa para especificar, aclarar o dar más detalles sobre una información.

Sobre el río existía una gran puente de piedra—parecía un elefante de cinco patas sostenido en el borde del río—, que se apoyaba por los extremos, estribándose, en los dos lados del barranco.

4. El guión se usa para separar palabras que no caben en el final del renglón o en palabras compuestas.

maña-na   franco-prusiano

La Diéresis (¨)

La diéresis se escribe sobre la **u** de las sílabas **gue** y **gui** para indicar que se pronuncia esta vocal.

paragüero, pingüino, ungüento, vergüenza

> **CONSEJO**
>
> Note que en este caso la raya tiene el uso que se le da a las comillas en inglés.

PRÁCTICA

Ponga los signos de acentuación necesarios. Algunas oraciones pueden estar correctas.

1. Qué calor! Voy a tomar un baño.

2. Con quién estaba hablando nuestro vecino?

3. El maestro me dijo: Su hijo es muy aplicado.

4. Mi hermano—quién acaba de cumplir años—recibió una computadora de regalo.

5. La vieja película de Scorsese (*Taxi driver*) me pareció muy interesante.

RESPUESTAS

1. ¡Qué calor! Voy a tomar un baño.
2. ¿Con quién estaba hablando nuestro vecino?
3. El maestro me dijo: "Su hijo es muy aplicado".
4. Correcta
5. Correcta

PRÁCTICA SOBRE PUNTUACIÓN

Las frases siguientes contienen errores de puntuación. Seleccione los números de las partes subrayadas y escriba la puntuación que se ha omitido o no es correcta. Sólo hay un error (o ninguno) en cada frase.

1. Considere, por ejemplo, la posibilidad de
(1)   (2)
un medio ambiente más sano: a través del
(3)
reciclaje de los materiales de desecho.
(4)
Sin error.
(5)

2. No obstante, el abogado dijo: que no
(1)   (2)
nos preocupáramos, que todo saldría
(3)
bien. Sin error.
(4)   (5)

3. ¿Qué es lo que más cautiva nuestra
(1)
sensibilidad artística: los llanos uniformes;
(2)   (3)
o los montes abruptos? Sin error.
(4)   (5)

4. —Ten cuidado por la carretera— ,
(1)   (2)(3)
dijo Ramón a su mujer—que ya se había
(4)
recuperado de su fatal accidente. Sin error.
(5)

5. — ¿Cuándo acabarás este trabajo?
(1)(2)   (3)(4)
Tengo previsto acabarlo la próxima semana.
Sin error.
(5)

6. Definitivamente, hemos decidido ir a
(1)
Cancún este verano, ya que las playas
(2)
¡son una maravilla! Sin error.
(3)   (4)   (5)

7. Rosario la prima de Juanjo, fue al doctor
(1)   (2)
y éste le dijo de debía dejar de fumar.
—Fumar es muy malo para la salud—,
(3)   (4)
le recalcó. Sin error.
(5)

8. Ya está todo preparado para la fiesta:
música, baile y... ¡muchas sorpresas!.
(1)   (2)(3)   (4)
Sin error.
(5)

9. El vecino, que tiene un perro pequinés, me
(1)   (2)
ha invitado a su casa de campo. Tiene ésta
(3)
un jardín grande, una piscina y caballos
(4)
para ir a pasear. Sin error.
(5)

10. ¡Ojos que no ven corazón que no siente!—se
(1)   (2)
dijo Rita a sí misma y se comió todos
(3)   (4)
los chocolates. Sin error.
(5)

Clave de las respuestas

1. **3**	3. **3**	5. **4**	7. **1**	9. **5**
2. **2**	4. **2**	6. **5**	8. **4**	10. **3**

Análisis de las respuestas

1. **3** En lugar de dos puntos se debe poner una coma, ya que la próxima oración explica el método para obtener un medio ambiente más sano. En una explicación dentro de una frase.
2. **2** No siendo una cita directa del abogado, no corresponde escribir dos puntos.
3. **3** Delante de **o** no hay motivo para poner ni coma ni punto y coma.
4. **2** Detrás del guión se debería poner una coma y no un punto.
5. **4** Para anotar el cambio de interlocutor se usa el guión. Falta un guión al comienzo de la segunda frase.
6. **5** Correcta
7. **1** Una coma se necesita aquí, ya que la prima de Juanjo es una explicación de quién es Rosario.
8. **4** Después de una exclamación nunca se pone un punto.
9. **5** Correcta
10. **3** En medio de la frase se especifica que es Rita quién está hablando y por eso se puso un guión antes de *se dijo*; sin embargo, es necesario terminar la especificación poniendo un guión final después de *misma*.

Estructura de la Oración

CAPÍTULO 5

Una oración es el medio básico para comunicar una idea.

1. La oración debe poseer un sujeto y un verbo.
   El sujeto nombra de quién o de qué trata la oración y el verbo dice qué es el sujeto o qué es lo que hace.

   Rosa fue al cine. (Sujeto: Rosa. Verbo: fue.)
   Mañana llegará mi tío. (Sujeto: tío. Verbo: llegará.)

   A veces el sujeto de la oración es implícito, es decir, no aparece en la oración pero se sobreentiende gracias a la terminación del verbo.

   Leímos todas las instrucciones. (Sujeto: nosotros. Verbo: Leímos.)

2. La oración debe expresar una idea completa.

   El señor Villegas estaba a cargo de toda la oficina. (Oración completa.)
   Cuando estaba a cargo de toda la oficina. (Oración incompleta: falta el sujeto.)
   Juan y todos sus amigos de la universidad. (Oración incompleta: falta el verbo.)

3. La oración debe separarse de la oración que la sigue mediante algún tipo de puntuación como un punto, un signo exclamativo o uno interrogativo.

   Tú y yo iremos a Perú.
   ¡Tú y yo iremos a Perú!
   ¿Iremos tú y yo a Perú?

CONCORDANCIA

La concordancia es la correspondencia entre las partes variables de la oración.

1. El artículo concuerda con el nombre en género y número, con excepciones originadas por dificultades de pronunciación.

   Las cas**as** son blancas. (Concordancia de género y número.)
   Los os**os** son negros. (Concordancia de género y número.)
   El agua es caliente. (Excepción originada por dificultad de pronunciar "**la a**gua".)

2. El adjetivo concuerda con el nombre que califica o determina en género y número. Si los nombres son de diferente género, el adjetivo acompañante será plural y masculino.

Est**os** zapat**os** están suci**os**.
Algun**as** niñ**as** vinieron.
Las flor**es** blanc**as** del jardín.
El señor tenía una bufand**a** y un sombrer**o** negr**os**.

3. El verbo concuerda con el sujeto en número y persona. Cuando son varios los sujetos, la concordancia se realiza en primera, segunda o tercera persona del plural.

Juan y yo salimos pronto (primera persona plural).
Él y tú cantáis muy bien (segunda persona plural).

4. Habiendo un colectivo de personas o de cosas indeterminadas (gente, multitud, pueblo, etc.), el adjetivo y el verbo pueden usarse en plural o singular, dependiendo de la estructura.

Toda la gente bajó del autobús.
La mayoría de los pasajeros murieron en el accidente.

5. El verbo en voz pasiva tiene concordancia con el sujeto en género y número.

La empleada fue obsequiada por su trabajo.
Los niños fueron alimentados por sus madres.

6. El subjuntivo se usa en frases simples (¡Dios mío, que venga!), pero la mayoría de las veces su uso es en oraciones compuestas. La correlación de tiempos y modos cambia dependiendo de la oración principal.

Deseo que hablemos de este asunto.
Desearía que habláramos de este asunto.

7. La falta de concordancia en el subjuntivo se basa en la creencia, opinión o sentimiento actual sobre un hecho pasado. Cuando la frase principal está en presente o futuro del indicativo, la subordinada puede usarse en cualquier tiempo del subjuntivo. Si está en pasado, se usan los tiempos del subjuntivo en pasado.

No creo que esté en casa.
No creerás que estuvo paseando el perro como dijo.
No creía que hubiese ido a trabajar con la fiebre que tenía.

8. Los pronombres también concuerdan en género y número. El pronombre relativo concuerda con su antecedente en género y número.

Les vi pasar (a ellos).
Yo fui quien le dio las gracias.
Él fue el que me prestó el lápiz.

9. Los predicados del complemento directo concuerdan en género y número.

José pintó blanca su bicicleta.
La vieron perdida en la montaña.

PRÁCTICA

Algunas oraciones están mal coordinadas mientras que otras están correctas. Escriba la oración correcta en el renglón.

1. No esperaba que vinistes hoy.

2. Me alegra que te acordarías de mí.

_____

3. No parece ser cierto que habrá hecho esto.

_____

4. Él fue quienes me ayudaron.

_____

5. Te di la llave para que abrieras la puerta.

_____

6. Le dijo que, como volviera a hacerlo, se preparó.

_____

7. La gente se reunieron en casa de Carlos.

_____

8. No estaba enfadado, pero se marchaba.

_____

9. No creo que hubieras hecho mal si te hayas quedado.

10. Lo vieron escondida debajo de la mesa.

_____

RESPUESTAS

1. No esperaba que vinieras (o hubieras venido) hoy.
2. Me alegra que te acordaras (o acuerdes) de mí.
3. No parece ser cierto que haya (o hubiera) hecho esto.
4. Él fue quien me ayudó.
5. Correcta
6. Le dijo que, como volviera a hacerlo, se preparara.
7. La gente se reunió en casa de Carlos.
8. No estaba enfadado, pero se marchó.
9. No creo que hubieras hecho mal si te hubieses (o hubieras) quedado.
10. Lo vieron escondido debajo de la mesa.

PRÁCTICA ADICIONAL DE CONCORDANCIA

Las frases siguientes contienen, a veces, un error de concordancia. Determine cuál de las palabras subrayadas está mal escrita y escríbala correctamente. Ninguna frase contiene más de un error y es posible que una frase no tenga ningún error.

1. Me <u>alegró</u> que te <u>acordarías</u> de traerle el
    (1)   (2)
vestido <u>rojo</u> que te <u>pidió</u>. <u>Sin error</u>.
    (3)   (4)   (5)

2. <u>Prefiero</u> que no <u>hablemos</u> de aquello que
   (1)   (2)
me <u>dirás</u> porque no <u>estoy</u> de buen humor.
    (3)   (4)
<u>Sin error</u>.
  (5)

3. Ayer <u>compré</u> la revista. La <u>compro</u> todos
      (1)   (2)
los meses para que los niños <u>lean</u> y
                    (3)
<u>aprenden</u> un poco sobre computadoras.
  (4)
<u>Sin error</u>.
  (5)

4. <u>Sé</u> que <u>hubiera sido</u> mejor ir a comprar
(1)   (2)
las entradas antes, ya que ahora

<u>habría habido</u> una cola <u>muy larga</u>.
     (3)   (4)
<u>Sin error</u>.
  (5)

5. La mayoría de los estudiantes <u>fue detenido</u>
                                    (1)

   por la policía cuando <u>intentaban</u> volcar
                         (2)

   un autobús que <u>estaba estacionado</u> en
                       (3)

   las cercanías del punto <u>álgido</u> de la
                       (4)

   manifestación. <u>Sin error</u>.
                (5)

6. Me <u>gustaría</u> que saliéramos <u>esta</u> noche
      (1)   (2)

   a cenar en un restaurante que <u>parece</u>
                       (3)

   <u>estaría</u> bien, allí en la calle Corrientes.
    (4)

   <u>Sin error</u>.
      (5)

7. <u>Fue</u> una suerte que Luis se
   (1)

   <u>hubiera comprado</u> un carro para así
       (2)

   <u>podernos</u> ir de vacaciones tranquilamente,
     (3)

   sin necesidad de pensar <u>en perder</u> el
                       (4)

   autobús. <u>Sin error</u>.
        (5)

8. Te <u>aconsejaría</u> que <u>tuviste</u> más cuidado
      (1)   (2)

   con lo que <u>dices</u>, ya que algún día te
           (3)

   <u>encontrarás</u> con problemas. <u>Sin error</u>.
    (4)   (5)

9. <u>Sentiría</u> mucho que <u>tuvieras</u> que <u>irte</u> de
   (1)   (2)   (3)

   esta ciudad donde hemos pasado

   momentos muy <u>estupendas</u>. <u>Sin error</u>.
         (4)   (5)

10. Me <u>molestaría</u> que no lo <u>habrás invitado</u>
    (1)   (2)

   a la fiesta. Él te ha <u>ayudado</u> <u>mucho</u>.
           (3)   (4)

   <u>Sin error</u>.
    (5)

Clave de las respuestas

| 1. **2** | 3. **4** | 5. **1** | 7. **5** | 9. **4** |
| 2. **3** | 4. **3** | 6. **4** | 8. **2** | 10. **2** |

Análisis de las respuestas

1. **2** El condicional no es correcto ya que debiera ser cualquier tiempo del subjuntivo (*acuerdes, acordaras.*)

2. **3** En este caso el futuro no es correcto pues la lógica de la frase indica que se trata de algo ocurrido en el pasado: *que me dijiste.*

3. **4** El primer verbo está en subjuntivo y el segundo, por lo tanto, también debe estarlo: *aprendan.*

4. **3** El adverbio *ahora* indica que estamos en el momento presente; por lo tanto, lo correcto es decir *hay una cola.*

5. **1** Como *mayoría* es un nombre colectivo, el adjetivo y el verbo pueden usarse en singular o plural. Así, tanto *fueron detenidos* (los estudiantes) como *fue detenida* (la mayoría) son correctos.

6. **4** *Estaría* debe concordar con *parece* y no con *gustaría*. Por eso, *estar bien* es el tiempo indicado.

7. **5** Correcta

8. **2** Como *aconsejarías* está en condicional, se usa el subjuntivo: *tengas* o *tuvieras.*

9. **4** Como el adjetivo debe concordar en género y número con el nombre, en este caso *momentos*, el género correcto es *estupendos.*

10. **2** En este caso, el futuro no concuerda y es el pretérito pluscuamperfecto del subjuntivo el correcto: *hubieras invitado.*

ORACIONES MAL SEGUIDAS

Un error importante que se comete con frecuencia es la omisión de puntuación adecuada para separar dos oraciones. En estos casos no hay puntuación alguna o se emplea equivocadamente la coma. El término general para este tipo de error es *oración mal seguida*.

Observe estos errores típicos y las maneras en que éstos pueden corregirse.

Tipo 1

La oración o frase mal seguida puede resultar de una conjunción (palabra de conexión) que se omitió o usó incorrectamente.

ERROR:
Juan fue elegido presidente de la clase *x* él es muy popular.

CORRECTO:
Juan fue elegido presidente de la clase *porque* él es muy popular.

"Juan fue elegido presidente de la clase" y "él es muy popular" son dos frases independientes. En el error, ambas frases aparecieron juntas porque no hubo puntuación entre una y otra. Este error puede corregirse con la inserción de un punto seguido entre ambas. Pero una mejor manera de separar estas frases es primero analizando la relación que existe entre ambas. La primera frase, "Juan fue elegido presidente", es resultado de la segunda afirmación, "él es muy popular". Es por lo tanto posible unir las dos frases empleando la conjunción *porque*. Juan fue elegido presidente *porque* él es muy popular.

ERROR:
Juan es muy popular *x* por eso fue elegido presidente de la clase.
Juan es muy popular *x* así que fue elegido presidente de la clase.

CORRECTO:
Juan es muy popular y, como resultado, fue elegido presidente de la clase.
Juan es muy popular. Por lo tanto, fue elegido presidente de la clase.
Juan es muy popular; por lo tanto, fue elegido presidente de la clase.

Como ve, la oración requiere emplear una conjunción como *y* o bien adverbios como *por lo tanto* o *así que*, y el uso de comas, puntos, puntos y coma, etc.

PRÁCTICA

Algunas de las frases siguientes tienen errores; otras son correctas. Corrija las frases que tienen errores y escriba "Correcta" para las que son correctas.

1. Héctor estudió mucho. Como resultado, aprobó el examen.

_____

2. María era muy hermosa por lo tanto la eligieron reina de belleza.

_____

3. Allison tiene muchos amigos es muy conversadora.

_____

RESPUESTAS

1. Correcta

2. María era muy hermosa. Por lo tanto, la eligieron reina de belleza.

3. Allison es muy conversadora y, como resultado, tiene muchos amigos.

Tipo 2

ERROR:
José trabajaba duro *x* tenía que triunfar.

CORRECTO:
José trabajaba tan duro *que* tenía que triunfar.

ERROR:
José trabajaba duro *x* en consecuencia tenía que triunfar.

CORRECTO:
José trabajaba duro. *En consecuencia,* tenía que triunfar.

CORRECTO:
José trabajaba duro; tenía que triunfar.

PRÁCTICA

1. Como la empresa exigió un diploma de escuela superior, debí aprobar el Examen de GED.

_____

2. Elena era una buena compradora ella siempre ahorraba un montón de dinero.

_____

RESPUESTAS

1. Correcta

2. Elena era una buena compradora. En consecuencia, ella siempre ahorraba un montón de dinero.

Tipo 3

ERROR:
A José no le gustaba el inglés *x* él obtuvo una nuena nota de todos modos.

CORRECTO:
A José no le gustaba el inglés, *pero* él obtuvo una buena nota.

ERROR:
A José no le gustaba el inglés *x* no obstante él obtuvo una buena nota.

CORRECTO:
A José no le gustaba el inglés. *No obstante,* él obtuvo una buena nota. O bien, Aunque a José no le gustaba el inglés, él obtuvo una buena nota.

ERROR:
A José no le gustaba el inglés *x* sin embargo él obtuvo una buena nota.

CORRECTO:
A José no le gustaba el inglés. *Sin embargo,* él obtuvo una buena nota.

PRÁCTICA

1. El político no participó en muchas campañas sin embargo fue elegido.

_____

2. Aunque el equipo se esforzó, perdió el partido.

_____

1. El político no participó en muchas campañas. Sin embargo, fue elegido.

2. Correcto.

Tipo 4

ERROR:
Federico es muy bueno en matemáticas *x* él es bueno también en inglés.

CORRECTO:
Federico es muy bueno en matemáticas *y* él es bueno también en inglés.

ERROR:
Federico es muy bueno en matemáticas *x* además él es bueno en inglés.

CORRECTO:
Federico es muy bueno en matemáticas. *Además,* él es bueno en inglés.

ERROR:
Federico es muy bueno en matemáticas *x* también él es bueno en inglés.

CORRECTO:
Federico es muy bueno en matemáticas. Él *también* es bueno en inglés. O bien, Federico es muy bueno en matemáticas. Además, él es bueno en inglés.

PRÁCTICA

1. Fernando es excelente violinista él es también un buen guitarrista.

   _____

2. La obra de beneficencia recaudó mucho dinero, además fue muy entretenida.

   _____

RESPUESTAS

1. Fernando es excelente violinista; él es también un buen guitarrista. O bien, Fernando es excelente violinista. Además, él es un buen guitarrista.

   _____

2. La obra de beneficencia recaudó mucho dinero. Además, fue muy entretenida.

   _____

Tipo 5

ERROR:
Victor siempre anda imitando al entrenador, él lo respeta mucho.

CORRECTO:
Victor siempre anda imitando al entrenador, *a quién* él respeta mucho.

En el ejemplo correcto, *a quién* claramente establece quién respeta a quién. Note que en la frase incorrecta esto no está claro.

PRÁCTICA

1. Los alumnos eligieron presidente a Juan, ellos lo admiraban más de todos los candidatos.

   _____

2. Ana era la mejor estudiante la clase la admiraba.

   _____

1. Los alumnos eligieron presidente a Juan, *a quién* ellos admiraban más de todos los candidatos.

2. Ana, a quién la clase admiraba, era la mejor estudiante.

Tipo 6

ERROR:
Ganó José *x* él era el mejor candidato.

CORRECTO:
¿Ganó José? Él era el mejor candidato.

"¿Ganó José?" es una frase interrogativa. "Él era el mejor candidato" es una frase declarativa. A veces los estudiantes ponen la pregunta y la respuesta en una sola combinación de palabras.

PRÁCTICA

1. ¿Está Patricia en casa? Debo hablarle.

_____

2. Fuiste a ver el partido fue muy entretenido.

_____

1. Correcta

2. ¿Fuiste a ver el partido? Fue muy entretenido.

Tipo 7

Este error de oración mal seguida está combinado con el uso de rayas. Por eso, consulte las "Reglas básicas de puntuación" que comienzan en la página 154.

ERROR:
—José ganó, dijo él, yo pensé que era el mejor boxeador.

CORRECTO:
—José ganó—dijo él. —Yo pensé que era el mejor boxeador. O bien,
—José ganó—, dijo él—, yo pensé que era el mejor boxeador.

PRÁCTICA

1. "¿Y que contestó Héctor?" preguntó la dueña de casa.

_____

2. —Estoy contenta de verla. Dijo Pepe.—Tome asiento.

_____

1. —¿Y qué contestó Héctor?—preguntó la dueña de casa.

2. —Estoy contenta de verla —dijo Pepe—, tome asiento.

FRAGMENTOS DE ORACIÓN

En otro grupo de errores importante, la oración tiene sujeto y predicado, una idea se transmite, pero no hay coherencia porque las palabras van mal unidas.

Tipo 1

ERROR:
José estudió mucho. Aprobó sus exámenes y se graduó.

CORRECTO:
José estudió mucho, aprobó sus exámenes y se graduó.

Note que *estudió mucho*, *aprobó sus exámenes* y *se graduó* son todos partes del predicado y todos nos están diciendo algo sobre José.

PRÁCTICA

1. Héctor coleccionaba tarjetas de béisbol. Tocaba el piano y se distinguía en los deportes.

2. Diana iba a la escuela. Trabajaba de niñera.

RESPUESTAS

1. Héctor coleccionaba tarjetas de béisbol, tocaba el piano y se distinguía en los deportes.

2. Diana iba a la escuela y también trabajaba de niñera.

Tipo 2

ERROR:
Ezequiel obtuvo buenas notas en alemán. Aunque no le gustan los idiomas.

CORRECTO:
Ezequiel obtuvo buenas notas en alemán, aunque no le gustan los idiomas.

MEJOR:
Aunque no le gustan los idiomas, Ezequiel obtuvo buenas notas en alemán.

ERROR:
Vicente tiene un profesor de ciencias. Éste le gusta mucho.

CORRECTO:
Vicente tiene un profesor de ciencias y éste le gusta mucho.

MEJOR:
Vicente tiene un profesor de ciencias que le gusta mucho.

Cada uno de los ejemplos transmite dos ideas: 1. Ezequiel obtuvo buenas notas en alemán. 2. A Ezequiel no le gustan los idiomas. 1. Vicente tiene un profesor de ciencias. 2. El profesor de ciencias le gusta mucho a Vicente. En cada uno de los ejemplos, las oraciones incorrectas intentaron unir ambas ideas ("aunque no le..." y "Éste...") pero las uniones incorrectamente mantuvieron los puntos seguidos, los cuales impidieron una unión adecuada. Esto se superó en los ejemplos correctos y se mejoró aún más cuando las dos ideas fueron ordenadas en forma lógica y fluida.

1. Fresia es popular. Porque es muy considerada.

2. Me gusta estar con Jill. Ella es muy simpática.

1. Fresia es popular porque es muy considerada.

2. Me gusta estar con Jill porque es muy simpática.

Observe que en la oración 1 no se puso coma después de "popular" ni tampoco en la oración 2 después de "Jill" ya que en español, a diferencia del inglés, no es obligatorio el uso de la coma antes de la conjunción "porque". Note también que el inglés requeriría el empleo de "she" en la oración 2 ("I like to be with Jill, because **she** is very nice") pero en español basta con que la persona esté adecuadamente identificada una sola vez.

Tipo 3

La unión de ideas a menudo fracasa porque el enlace es innecesariamente complicado. Note los errores que se muestran a continuación y vea que la sencillez es siempre la mejor opción.

ERROR:
Paco se levantó temprano: Para ir a la escuela.

CORRECTO:
Paco se levantó temprano para ir a la escuela.

ERROR:
Diego trabajó duro—estudiando sus lecciones.

CORRECTO:
Diego trabajó duro estudiando sus lecciones.

Note también que una cláusula y una frase pueden estar incorrectamente separadas al *comienzo* o al *final* de la oración.

ERROR:
Melisa fue el cine. Con su amigo.

CORRECTO:
Melisa fue al cine con su amigo.

ERROR:
Patricio lo pasó bien. En el cine.

CORRECTO:
Patricio lo pasó bien en el cine.

1. Mirando alrededor del cuarto. Roberto vio a su amigo.

2. Pancho practicaba diariamente, ejercitándose en el piano.

3. Yo estaba demasiado cansado. Para ir al mercado.

RESPUESTAS

1. Mirando alrededor del cuarto, Roberto vio a su amigo.

2. Correcta

3. Yo estaba demasiado cansado para ir al mercado.

Tipo 4

ERROR:
Ofelia ama todos los deportes. Natación, tenis, salto alto.

CORRECTO:
Ofelia ama todos los deportes: natación, tenis, salto alto.

ERROR:
Martín admira al capitán del equipo. Rogelio Valmont.

CORRECTO:
Martín admira al capitán del equipo, Rogelio Valmont.

Deportes y *capitán* son los objetos de las oraciones previas. Los dos puntos después de *deportes* se emplearon porque a continuación venía una lista de nombres. La coma se usó para impedir que Rogelio Valmont se transformara en el nombre del equipo (El Equipo Rogelio Valmont).

PRÁCTICA

1. Miguel colecciona antigüedades. Sellos y monedas.

_____

2. Geraldo conoció a su futura suegra, la Sra. Florencia.

_____

RESPUESTAS

1. Miguel colecciona antigüedades, sellos y monedas.

2. Correcta

Tipo 5

ERROR:
Hugo es excelente en sus estudios. También en deportes y otras actividades.

CORRECTO:
Hugo es excelente en sus estudios, en deportes y otras actividades.

PRÁCTICA

1. Noel pasaba su tiempo libre en los cines. También en la piscina y en el gimnasio.

_____

2. Sara ayudaba en casa, en la escuela y en la iglesia.

_____

RESPUESTAS

1. Noel pasaba su tiempo libre en los cines, en la piscina y en el gimnasio.

2. Correcta

PRÁCTICA CON ORACIONES MAL SEGUIDAS Y FRAGMENTOS DE ORACIONES

Bajo cada oración encontrará cinco maneras de reemplazar la porción subrayada. Escoja la mejor respuesta posible. La respuesta 1 es siempre igual a la porción subrayada y es a veces la respuesta ideal.

1. Yolanda tenía pasión por <u>las frutas; melones</u>, piñas, manzanas y peras.

   (1) frutas; melones,
   (2) frutas. melones,
   (3) frutas, melones,
   (4) frutas: melones,
   (5) frutas. Melones,

2. —Toma tu impermeable—le dijo su <u>madre. —Quizás</u> llueva.

   (1) madre. —Quizás llueva.
   (2) madre. Quizás llueva.
   (3) madre: quizás llueva.
   (4) madre; "quizás llueva."
   (5) madre...quizás llueva.

3. —¿Por qué no llegó <u>a tiempo preguntó su padre?—No</u> lo comprendo.

   (1) a tiempo preguntó su padre?—No
   (2) a tiempo preguntó su padre? No
   (3) a tiempo? Preguntó su padre. No
   (4) a tiempo—preguntó su padre—no
   (5) a tiempo?—preguntó su padre—. No

4. El maestro pidió a <u>Rogelio que viniera</u> temprano mañana.

   (1) Rogelio que viniera
   (2) Rogelio, que viniera
   (3) Rogelio: que viniera
   (4) Rogelio—que viniera
   (5) Rogelio para que viniera

5. Gladys estudió <u>mucho ella</u> quería una buena nota.

   (1) mucho ella
   (2) mucho porque ella
   (3) mucho "ella
   (4) mucho. Pues ella
   (5) mucho; debido a que ella

6. El museo es <u>grande por eso</u> uno se cansa.

   (1) grande por eso
   (2) grande. Por eso
   (3) grande: por eso
   (4) grande y por eso
   (5) grande ¿por eso

7. Mabel se pinta igual que <u>Raquel, Mabel</u> la admira.

   (1) Raquel, Mabel
   (2) Raquel...Mabel
   (3) Raquel la cual Mabel
   (4) Raquel, a quién Mabel
   (5) Raquel—Mabel

8. Carolina era <u>bonita como resultado,</u> lo pasaba bien.

   (1) bonita como resultado,
   (2) bonita, ¡como resultado,
   (3) bonita: como resultado,
   (4) bonita "como resultado,
   (5) bonita; como resultado,

9. Aunque estudiaba <u>poco, tenía</u> buenas notas.

   (1) poco, tenía
   (2) poco tenía
   (3) poco; tenía
   (4) poco. Tenía
   (5) poco también tenía

10. Ernesto era sinvergüenza y <u>malvado y simpático.</u>

    (1) malvado y simpático.
    (2) malvado, y simpático.
    (3) malvado y además simpático.
    (4) malvado pero, simpático.
    (5) malvado, pero simpático.

11. Él <u>firmaría si comprende</u> el contrato.

    (1) firmaría si comprende
    (2) firmaría si comprendería
    (3) firmaría si comprendiera
    (4) firmaría si comprenda
    (5) firmaría si comprenderá

12. El jefe le rehusó el <u>ascenso además</u> le amenazó con despedirlo.

    (1) ascenso además
    (2) ascenso pero además
    (3) ascenso y además
    (4) ascenso, además
    (5) ascenso: además

13. El obrero afirmó <u>que vive aquí</u> desde 1997.

    (1) que vive aquí
    (2) que habría vivido aquí
    (3) que viviría aquí
    (4) que habrá vivido aquí
    (5) que ha vivido aquí

14. Llegaron nubes <u>negras mañana</u> lloverá.

    (1) negras mañana
    (2) negras "mañana
    (3) negras ¿mañana
    (4) negras, sin embargo, mañana
    (5) negras, así que mañana

15. Pasamos nuestras vacaciones en <u>Orlando.Y</u> lo pasamos muy bien.

    (1) Orlando. Y
    (2) Orlando; y
    (3) Orlando (y
    (4) Orlando...y
    (5) Orlando y

16. ¿Adónde van <u>todos? Por qué</u> nadie me ha dicho nada.

    (1) todos? Por qué
    (2) todos?. Por qué
    (3) todos? por qué
    (4) todos? Porque
    (5) todos? ¿Por qué

17. Para qué voy a <u>ir. ¡Odio</u> viajar a la montaña!

    (1) ir. ¡Odio
    (2) ir. "¡Odio
    (3) ir—¡Odio
    (4) ir, ¡Odio
    (5) ir? ¡Odio

18. "Iré pasado mañana al <u>médico." Dijo</u> Andrés y se fue a dormir.

    (1) médico". Dijo
    (2) médico." Dijo
    (3) médico", dijo
    (4) médico: Dijo
    (5) médico—, dijo

19. Pocas veces mi tío y mi madre <u>comprende los problemas</u> de la juventud.

    (1) comprende los problemas
    (2) comprende que los problemas
    (3) comprenden los problemas
    (4) comprendieran los problemas
    (5) comprende, los problemas

Clave de las respuestas

1. **4**	5. **2**	9. **1**	13. **5**	17. **5**
2. **1**	6. **4**	10. **5**	14. **5**	18. **5**
3. **5**	7. **4**	11. **3**	15. **5**	19. **3**
4. **1**	8. **5**	12. **3**	16. **5**	

¿CUÁL ES SU PUNTUACIÓN?

_____ correctas   _____ incorrectas

Excelente	18–19
Bien	15–17
Regular	12–14

Menos de 12 respuestas correctas significa que usted debe estudiar más las oraciones mal seguidas, los fragmentos de oración y también repasar los ejercicios de puntuación.

Análisis de las respuestas

1. **4** *Melones, piñas, manzanas y peras* es la lista subordinada a la palabra *frutas*. Vea la sección "Fragmentos de oración, Tipo 4" donde se estudia esta regla.

2. **1** Correcta

3. **5** El padre pregunta "¿Por qué no llegó a tiempo?" Es decir, el signo interrogativo está colocado incorrectamente. Note que en este sentido la opción 3 también es correcta, pero fracasa en el uso de las rayas.

4. **1** Correcta

5. **2** Aquí basta con preguntarnos, "¿Por qué estudió mucho Gladys?" La respuesta, "*Porque* ella quería una buena nota" provee asimismo la respuesta final.

6. **4** La relación entre ideas está establecida por *por eso*. Sin embargo, sin puntuación la frase queda confusa, el punto separa en vez de unir, y tanto los dos puntos como el signo interrogativo son gramaticalmente incorrectos. La conjunción *y* es la opción indicada.

7. **4** La frase original no está incorrecta, es meramente torpe. Los signos de puntuación de las opciones 1, 2 y 5 no ayudan a mejorar la frase, *la cual* es más indicada para un objeto que para una persona, pero *a quién* establece una relación correcta.

8. **5** Pasarlo bien es resultado de ser bonita. La conexión que obedece las reglas de puntuación es el punto y coma.

9. **1** Correcta

10. **5** Hay tres adjetivos mal unidos y un problema de lógica: *sinvergüenza* y *malvado* tienen un significado negativo, mientras que *simpático* es positivo. Por lo tanto, unirlos con *y* (opciones 1-3) es ilógico, mientras que la opción 4 es gramaticalmente incorrecta por separar *pero* y *simpático* con una coma. En la opción 5 los dos significados negativos se separan exitosamente del positivo mediante la coma.

11. **3** El tiempo condicional *firmaría* requiere concordancia verbal con el verbo *comprender*. El tiempo de la opción 3 es el correcto.

12. **3** El jefe realiza dos acciones contra el subordinado que deben unirse. El enlace no se logra con *pero* por ser ilógico, ni con las erradas puntuaciones de las opciones 1, 4 y 5. El enlace se logra con *y*.

13. **5** Debe haber concordancia verbal. Los tiempos verbales de las opciones 1 a 4 no concuerdan con *afirmó*.

14. **5** El hecho de que llegaron nubes negras y de que mañana lloverá son dos ideas distintas y deben unirse o separarse adecuadamente. La opción 4 no tiene sentido, mientras que las opciones 1 a 3 ni unen ni separan.

15. **5** La sencillez es siempre la mejor opción. ¿Para qué complicar la unión de dos ideas mediante diversos signos de puntuación cuando en este caso basta con no poner ninguno?

16. **5** Cuando *Por qué* se escribe con dos palabras y lleva acento escrito, es signo de que forma parte de una frase interrogativa o exclamativa. De ser así, requiere el signo ¡ o ¿. Sin acento y escrito como una sola palabra (*Porque nadie me ha dicho nada.*) la frase estaría correcta pero estaría transmitiendo una explicación, no una interrogación.

17. **5** Igual que *por qué* en el ejercicio previo, *Para qué* indica interrogación o exclamación y requiere un signo interrogativo o exclamativo.

18. **5** La coma se emplea para separar el comentario y la explicación hecha para beneficio del lector. Así, la opción 3 podría haber sido la correcta, pero no lo fue porque el uso de comillas en este caso es típico del inglés y no del español, el cual requiere rayas (opción 5).

19. **3** Si se trata del tío *y* también de la madre, no podemos decir *comprende*.

ANÁLISIS LÓGICO

En la lógica gramatical es importante tener en cuenta la idea principal de lo que se quiere expresar, así como las ideas secundarias o detalles que están relacionados con la idea principal. También es vital prestar atención a la sucesión de los hechos o el desarrollo de la idea principal.

Las violaciones más frecuentes de la lógica gramatical son:

1. La lógica puede ser violada al añadirse ideas irrelevantes. A veces, cuando escribimos intentamos decir todo lo que sabemos, alterando la lógica gramatical y provocando confusión.

   Los atletas norteamericanos tienen salarios muy altos, aunque el coste de la vida es más alto que en Europa, que otros atletas en el mundo.

   Tal párrafo contiene una idea principal y dos secundarias, una de las cuales no se relaciona. Que el coste de la vida sea más alto no tiene nada que ver con que los atletas tengan grandes salarios. Por lo tanto, es una idea irrelevante en este contexto.

2. La lógica puede ser violada por subordinaciones incorrectas o por falta de ideas en la subordinación.

   Lo pasé muy bien con mis padres por fuimos al teatro, luego a comer y finalmente a pasear.

   Por es una preposición y debería ser la conjunción explicativa *porque* o *ya que* la elección correcta: Lo pasé muy bien con mis padres porque fuimos al teatro, luego a comer y finalmente a pasear.

3. La lógica puede ser violada por relaciones incorrectas entre las ideas en una oración u oraciones.

   Me aburrió la película y a los críticos les gustó también.

   El adverbio es incorrecto, debido a que las dos ideas que se expresan son adversas. La frase correcta es: Me aburrió la película, pero a los críticos les gustó.

4. La lógica puede ser violada cuando se produce una confusión con el sujeto de la oración.

   Una depresión es al haber desempleo, bajan los precios y los salarios y disminuye la actividad mercantil.

   La oración correcta es: Una depresión se produce cuando hay desempleo, bajan los precios y los salarios, y se produce una depresión.

   En este caso también podría ser: Al haber desempleo, bajan los precios y los salarios, y se produce una depresión.

5. La lógica puede ser violada cuando se omiten palabras necesarias para el significado.

   Le regaló una rosa María para su cumpleaños.

   La omisión de la preposición **a** confunde el significado. Lo correcto es: Le regaló una rosa a María para su cumpleaños.

6. Otra violación ocurre cuando no se toma en cuenta el contexto para determinar el significado de las palabras.

¿Te *cuento* qué pasó ayer?
Ella le leyó el *cuento*.

Cuento puede ser del verbo *contar* o también puede referirse a una *historieta*. Por el contexto, usted puede adivinar el significado.

Organización

CAPÍTULO 6

REGLAS BÁSICAS DE LA ORGANIZACIÓN: UNIDAD Y COHERENCIA

El 15% del Examen de GED comprende preguntas relacionadas con la organización de la escritura. La organización significa que su texto debe contar con unidad y coherencia para poder ser claro y fácil de comprender.

UNIDAD

Unidad es la capacidad de juntar pensamientos e ideas individuales de modo organizado.

- En una oración, es importante escribir sólo un pensamiento a la vez.
- En un párrafo, es importante saber organizar varias oraciones de apoyo que estén relacionadas con sólo *una idea*.
- En un ensayo, es importante organizar varios párrafos con ideas que respalden sólo a *una tesis*.

Las Oraciones Centrales

La idea unificadora en un párrafo queda demostrada mediante la oración central (en inglés, llamada *topic sentence*.) Una oración central puede ocurrir en uno de cuatro lugares de un párrafo:

1. al comienzo, proclamando la idea unificadora de todo el párrafo,
2. al medio, desarrollándose poco a poco hasta convertirse, al medio, en la idea central,
3. al final, combinando todos los pensamientos presentados hasta entonces en una conclusión,
4. en ninguna parte, quedando implícita pero nunca declarada abiertamente.

PRÁCTICA

1. **¿Cuál es la oración central en el párrafo siguiente?**

   Me ha mostrado la impresionante tranquilidad de la naturaleza. Me da la parte más grande de la galleta cuando queda una sola. No me compra ropa de moda ni me lleva a restaurantes caros, pero sí me cuenta sobre el jardín de rosas que plantó pocos años atrás y me muestra la cobija que ha empezado a tejer. Siempre tiene una respuesta para todos los "¿por qué?" que le hago. Es mi madre, mi mejor amiga.

1. Al final: "Es mi madre, mi mejor amiga".

COHERENCIA

Coherencia es la unión bien organizada de varias ideas relacionadas alrededor de un tema central.

- En los párrafos use palabras de transición de una oración a otra y en los ensayos use palabras de transición de un párrafo a otro.

> Preparar tallarines es fácil. Para hacer suficientes tallarines para cuatro personas, ponga **primero** dos tazas de agua y una cucharadita de sal en una olla grande. **Luego** añada 16 onzas de tallarines. **Cuando** el agua vuelva a hervir, reduzca la llama a medio fuego y revuelva los tallarines para impedir que se peguen entre sí. Deje que se cuezan por 10 minutos y **entonces** saque la olla del fuego. Vierta los tallarines **inmediatamente** en un colador para sacar el agua. **Finalmente**, vierta agua fría sobre los fideos para que no se vuelvan pegajosos. **Ahora** están listos para servir con su salsa favorita.

- Use paralelismo (frases y cláusulas que poseen la misma estructura gramatical.)

> Los conejos pueden ser tan domésticos como los gatos **si se les presta** atención todos los días y **si se les enseña** a usar el cajón sanitario.

- Asegúrese de tener secuencias bien organizadas: emplee orden cronológico, orden espacial, orden de importancia, dirección que va de lo específico a lo general o de lo general a lo específico, y de un problema a una solución.

> (Orden cronológico:) Los viajeros deben conocer las restricciones relativas al equipaje de mano. **Primero**, al llegar al aeropuerto, los viajeros deben consignar todo equipaje que no quepa en los portaequipajes superiores del avión. Todo objeto común puntiagudo que pueda usarse como arma, tal como limas de uñas, agujas y tijeras, debe consignarse en ese momento. **Segundo**, los viajeros deben prepararse para ser revisados en la estación de examen de viajeros. Allí, los oficiales de seguridad federales ordenarán a los viajeros pasar por el detector de metales y les pedirán que pasen su equipaje de mano por el escáner. En este punto, todo objeto ilegal que sea detectado será confiscado. **Finalmente**, algunos viajeros serán seleccionados al azar e inspeccionados nuevamente antes de abordar la nave.

Transiciones Comunes

Sin transiciones, su redacción no fluirá bien. Las transiciones son palabras y frases que conectan una idea con otra, una oración con otra, y un párrafo con otro.

Las transiciones son importantes porque son el "adhesivo" que mantiene juntas sus ideas. No obstante, tenga cuidado de no abusar de los términos transitivos cuando escriba, pues el exceso de transiciones puede crear tanta confusión como la escasez de transiciones.

De este modo, usted no necesita emplear una transición entre cada idea o cada oración, pero sí es buena idea usar una transición entre cada párrafo. Por lo general, las transiciones se usan al comienzo de un párrafo, pero usted tiene la libertad de usarlas en cualquier punto que sea óptimo.

Nueve Tipos de Transición

1. *Las transiciones que* **añaden:** *adicionalmente, nuevamente, junto con, también, además, además de, y, otro, otra, otros, otras, como también, por otra parte, finalmente, por ejemplo, a más de esto, del mismo modo, junto a, al lado de.*
2. *Las transiciones que* **indican tiempo:** *después, antes, alrededor de, cerca de, a eso de, más tarde, en, tan pronto como, al mismo tiempo que, durante, finalmente, primero, inmediatamente, entretanto, próximo, la próxima vez, la próxima semana, el próximo año, ahora, antes de, todavía, después de, pronto, entonces, hoy, mañana, ayer, cuando, hasta.*
3. *Las transiciones que* **indican lugar:** *sobre, contra, a través, al lado, a lo largo, en, junto a, al costado, por, paralelo a, en el curso de, contra, entre, alrededor, lejos, lejos de, cerca, cerca de, detrás, detrás de, delante, delante de, aquí, acá, allá, bajo, debajo, hacia, frente, enfrente, al frente de, al medio de, en el centro de, dentro, dentro de, adentro, fuera, afuera, encima, a la izquierda, a la derecha.*
4. *Las transiciones que* **destacan:** *nuevamente, por esta razón, otro punto clave, lo primero que debe recordarse, frecuentemente, es importante comprender que, de hecho, justamente, en resumen, la información más importante, lo más positivo, lo más negativo, sorprendentemente, para destacar, para recalcar, para hacer hincapié, para señalar, partiendo de este punto, para repetir.*
5. *Las transiciones que* **ilustran:** *por ejemplo, en otras palabras, si lo vemos de otro modo, esto parece indicar que, con esto es obvio que, dicho claramente, es decir, para aclarar, para ilustrar esto.*
6. *Las transiciones que* **indican causa y efecto:** *como resultado, por esta causa, entonces, por lo tanto, por consiguiente, en consecuencia.*
7. *Las transiciones que* **comparan:** *también, como, en comparación, comparable con, junto con esto, del mismo modo, de la misma manera, igual que, similarmente, asimismo, igualmente.*
8. *Las transiciones que* **contrastan:** *aunque, pero, aun así, sin embargo, a pesar de ello, entretanto, por otra parte, a veces, a la inversa, aun cuando, en oposición a.*
9. *Las transiciones que* **resumen:** *de este modo, como resultado, consecuentemente, debido a, en conclusión, en resumen, finalmente, por último, la conclusión lógica es, por lo tanto, así, para concluir.*

PRÁCTICA

Haga un círculo alrededor de la mejor transición.

1. Miré <u>a lo largo de/alrededor de</u> la formación de soldados y vi al sargento Pérez.

2. <u>Al/durante el</u> despertar, me di cuenta que el perro se comió mi hamburguesa.

3. Pronto aprendí a leer más rápido y, <u>adicionalmente,/como resultado,</u> estoy sacando mejores notas.

4. El dueño de la tienda la cerraba bien todas las noches; <u>asimismo,/sin embargo,</u> el ladrón logró meterse y robar varias cámaras.

5. Mi hermana <u>todavía/inmediatamente</u> debe descubrir lo que desea hacer con su vida.

RESPUESTAS

1. a lo largo de   3. como resultado,   5. todavía
2. al   4. sin embargo,

Estructura Paralela

En un párrafo coherente, hay paralelismo cuando las frases y las cláusulas poseen la misma estructura gramatical. La estructura paralela provee claridad a la escritura, mientras que el mal paralelismo desequilibra la estructura gramatical. El paralelismo se presenta en resúmenes, listas, estructuras compuestas, comparaciones y elementos contrastantes. Estudie las dos reglas básicas de la estructura paralela:

1. El equilibrio es importante.

   • Los nombres se equilibran con los nombres, los adjetivos se equilibran con los adjetivos, etc.

     La historia del deporte
     I. **Jugadores** famosos
        A. Vivos
        B. Muertos
     II. Grandes **entrenadores**
     III. **Equipos** célebres

   • Las frases se equilibran con las frases.

     Estudiar nuestro planeta es **preguntar** sobre el origen del universo.

   • Las cláusulas deben equilibrarse con las cláusulas.

     Quise **sentirme cómodo** y asegurarme de que los demás también **se sentían cómodos**.

2. Para que su redacción sea paralela, repita

   • una preposición
   • un artículo
   • la palabra introductora de una frase o cláusula

PRÁCTICA

Escriba de nuevo estas frases, corrigiendo el paralelismo incorrecto.

1. Aprendió a prestar atención y tomar apuntes.

2. Mi hermano y hermana van al cine a menudo.

3. El perro persiguió al gato detrás de la mesa y una pared.

1. Aprendió a prestar atención y a tomar apuntes.
2. Mi hermano y mi hermana van al cine a menudo.
3. El perro persiguió al gato detrás de la mesa y de una pared.

Organización de Párrafos

Hay cuatro modos de organizar un párrafo.

1. Comience con una oración central (idea principal) y después añada oraciones de respaldo.

2. Comience con oraciones detalladas que respaldan una idea y termine con una oración central.

3. Comience con una declaración sobre el tema principal y luego limite la idea e ilústrela.

4. Comience con una pregunta o una declaración sobre un problema determinado y luego responda a la pregunta o explique una solución.

PRÁCTICA

1. **¿Qué tipo de organización ilustra este párrafo?**

   Lo que más he deseado hacer durante los diez últimos años es convertir la escritura política en un arte. Mi punto de partida es siempre un sentimiento de lealtad, de reacción a la injusticia. Cuando me siento a escribir un libro, no me digo: "Voy a producir una obra de arte". Lo escribo porque hay una mentira que deseo revelar, algún hecho sobre el cual quiero llamar la atención, y mi preocupación inicial es la de obtener una audiencia. Pero no podría emprender el trabajo de escribir un libro, ni siquiera un artículo largo para alguna revista, si éste no fuese también una experiencia estética. Toda persona interesada en examinar mi labor verá que aun en los casos cuando el escrito es obvia propaganda, contiene de todos modos mucho de lo que un político profesional consideraría irrelevante. No soy capaz, ni tampoco lo deseo, de abandonar por completo la visión general que adquirí en mi niñez. Mientras continúe bien de cuerpo y alma, continuaré teniendo mis profundas convicciones sobre la prosa, amaré la superficie de la tierra, y me complaceré con la posesión de objetos sólidos y de pedazos de información inútil. Es una pérdida de tiempo tratar de suprimir esta faceta de mi personalidad. La meta consiste en reconciliar mis preferencias y aversiones con las actividades esencialmente públicas y no individuales que la presente época nos fuerza a vivir.

   —George Orwell, "Por qué escribo"

2. **¿Qué tipo de organización ilustra este párrafo?**

Trabajar con la piedra caliza requiere una conjunto de máquinas totalmente distinto. Enormes motores móviles llamados canaleros, activados eléctricamente, traquetean sobre rieles de un extremo del lecho rocoso al otro, cincelando ranuras verticales de diez pies de profundidad. Martillando y resoplando, estos motores no sólo se parecen a una locomotora sino también generan su mismo ruido y olor. Los canaleros cortan el lecho en una cuadrícula de bloques. El primer bloque en ser extraído, llamado bloque clave, siempre genera el mayor número de maldiciones. No hay manera de llegar a la base de este bloque para sacarlo del lecho y por eso hay que ensartarle cuñas y romperlo a pedazos hasta formar un gran agujero. Los hombres entonces descienden a su base y, mediante agujeros y cuñas, van separando los bloques contiguos de sus bases, destruyendo en una hora un trabajo de cementación que requirió trescientos millones de años.

—Scott Russell Sanders
de su "Extracción de piedra caliza"

3. **¿Qué tipo de organización ilustra este párrafo?**

En octubre de 1347, una flota de barcos genoveses entró a la bahía de Messina, en el norte de Italia. Su tripulación tenía "una enfermedad que penetraba hasta sus propios huesos". Todos estaban muertos o muriendo, afectados por una enfermedad que los había contagiado en el Oriente. Los capitanes del puerto trataron de poner la flota en cuarentena, pero fue demasiado tarde. No fue la tripulación sino las ratas y sus pulgas las que trajeron la enfermedad...ratas que corrieron a tierra tan pronto como las primeras cuerdas fueron atadas a los muelles. A los pocos días la peste se extendió por Messina y territorios contiguos y, dentro de seis meses, la mitad de la población de esta región estaba muerta o había huido. Esta escena, repetida miles de veces en los puertos y caletas de pescadores a lo largo de Eurasia y África del Norte, proclamó la aparición del gran desastre natural en la historia de Europa, la Peste Negra.

—Robert S. Gottfried, *La peste negra*

4. **¿Qué tipo de organización ilustra este párrafo?**

El humor norteamericano se basaba menos en el inherente ingenio o la aguda observación de los sentimientos humanos que en la tosca bufonería llena de exageraciones y usos absurdos. El lenguaje se tornó ruidoso y profuso, imitando sonidos de chasquidos, chupaduras, restallidos, tajaduras, picaduras, ronquidos, apaleos, bofetadas, exclamaciones y silbidos. El humor se ensartó sílabas adicionales para mayor elegancia y sorpresa cómica. Gozó repitiendo en la misma palabra el sonido de consonantes que daban un efecto espasmódico y risible. Creó comedia a base de vocales que dilataban la boca y sonidos de falsete que imitaban el graznido del pavo norteamericano. A veces llegaba a ser un sonido abstracto. Su carácter, despojado de palabras conocidas y de sus significados, abandonado con sólo el sonido, podía todavía sugerir el significado original, junto con la vida dura, sencilla, y a veces líricamente hermosa de la cual había venido.

—*Hijos de la democracia*

1. Comienza con una oración central y después añade oraciones de respaldo.
2. Comienza con una declaración sobre un problema y luego explica una solución.
3. Comienza con oraciones detalladas y termina con la oración central.
4. Comienza con una declaración sobre el tema principal y luego lo limita e ilustra.

División del Texto

En todo escrito es necesario organizar los párrafos alrededor de un tema central y luego separar adecuadamente un párrafo de otro.

La forma más lógica de terminar un párrafo y comenzar otro es hacerlo al momento cuando hay un cambio en

- el tiempo o lugar
- una secuencia, de un punto a otro
- el énfasis para proteger la claridad
- el enfoque, de una idea a otra

PAUTAS BÁSICAS DE UNIDAD Y COHERENCIA

Para identificar y lograr unidad y coherencia en todo lo que usted escriba, hay algunas pautas básicas que debe considerar. Para determinar si su texto posee unidad y coherencia, hágase las preguntas siguientes:

1. ¿Hay una oración central que describe sólo una idea principal?
2. ¿Tiene el texto suficientes detalles que claramente explican la idea principal?
3. ¿Hay unidad? (¿Está conectada con la idea principal cada oración que usted puso?)
4. ¿Están las ideas dispuestas en orden lógico?
5. ¿Están las ideas conectadas mediante transiciones?

Párrafos de Práctica y Preguntas Vinculadas con Organización

Las preguntas 1 a 3 se refieren al pasaje siguiente.

¿Cuál es el objeto del ajedrez?

(1) La gente sabe poco de este fascinante juego. (2) Un dicho común entre los que conocen bien este juego es que el vencedor es la persona que hace la penúltima equivocación. (3) Aun entre los grandes maestros, el secreto del éxito no es una estrategia superior sino la omisión de errores tácticos. (4) Una característica básica de este juego es la hábil explotación de un error hecho por el oponente en cualquier momento del juego. (5) Es raro que un juego dure 100 movidas o más. (6) El número de movidas promedio es alrededor de 45 y el juego más breve puede consistir en solamente dos movidas.

1. La oración central de este párrafo es

   (1) la oración 1
   (2) la oración 2
   (3) la oración 3
   (4) la oración 4
   (5) la oración 5

2. La oración 1 debiera

   (1) dejarse tal como está
   (2) colocarse al final del párrafo
   (3) colocarse después de la oración 3
   (4) colocarse después de la oración 6
   (5) omitirse

3. Un nuevo párrafo

   (1) puede ser comenzado después de la oración 2
   (2) puede ser comenzado después de la oración 3
   (3) puede ser comenzado después de la oración 4
   (4) puede ser comenzado después de la oración 5
   (5) no puede ser comenzado

Las preguntas 4 a 6 se refieren al pasaje siguiente

¿Por qué cayó la Unión Soviética?

(A)

(1) Aunque los campesinos a veces se rebelaban y creaban disturbios, continuaban creyendo en los antiguos mitos sobre el amor que el zar les tenía. (2) Por eso, sus rebeliones generalmente se dirigían contra la nobleza y los representantes del gobierno. Dichas rebeliones estaban mal organizadas y era fácil suprimirlas. (3) Antes del siglo XX, los obreros fabriles rusos eran demasiado pocos y mal organizados como para sostener un movimiento coherente. (4) El movimiento revolucionario de Rusia no emergió ni de los campesinos ni de los obreros, los dos grupos más oprimidos del país. (5) Fue la pequeña clase de gente con educación, la clase que recibía ideas del extranjero, la que desde comienzos de los 1820s empezó a producir revolucionarios. (6) Al comienzo, éstos eran nobles—la única gente dotada de educación de tipo occidental. (7) En 1825, un grupo de oficiales nobles del ejército trató de derrocar al zar. Sus esfuerzos fracasaron y llegaron grandes castigos como consecuencia.

(B)

(8) Comenzando en los 1840s y especialmente después de 1860, a medida que iba extendiéndose la educación, la mayoría de los revolucionarios provino de las clases media y baja. (9) El punto más importante relacionado con estas personas es lo que ellas deseaban para Rusia. (10) La mayoría no quería una sociedad dotada de un gobierno democrático y constitucional, ni un sistema económico de libre empresa similar al de Europa y Estados Unidos. (11) En vez de eso, los revolucionarios rusos eran socialistas que creían que la economía de un país debe estar en manos de toda la población y que cada persona debiera recibir una porción proporcional de la riqueza del país. (12) Algunos socialistas rusos esperaban que la economía fuese controlada a nivel local, mientras que otros creían que ésta debe ser dirigida por un poderoso estado centralizado. (13) Todos, sin embargo, se oponían al sistema capitalista de libre empresa por considerar que éste causaba desigualdad y condenaba a la pobreza a la mayoría de la población. (14) Tampoco tenían fe en la democracia constitucional tal como existía en los países del Occidente, sobre todo porque pensaban que

las instituciones políticas en las sociedades capitalistas eran manipuladas y controladas por los ricos mientras que los pobres quedaban sin opciones para mejorar su condición.

—*"La subida y caída de la Unión Soviética"*
de Michael Kort.

4. La oración central del párrafo (A) es

(1) la oración 1
(2) la oración 2
(3) la oración 3
(4) la oración 4
(5) la oración 5

5. La oración 4 debiera

(1) dejarse como está
(2) ponerse en primer lugar
(3) ponerse después de la oración 1
(4) ponerse después de la oración 8
(5) omitirse

6. Un nuevo párrafo

(1) puede comenzarse después de la oración 2
(2) puede comenzarse después de la oración 3
(3) puede comenzarse después de la oración 4
(4) puede comenzarse después de la oración 5
(5) no puede comenzarse

Las preguntas 7 a 9 se refieren al párrafo siguiente.

¿Qué pasaría si se les diera libertad a los animales?

(1) Entre los perros vigilantes de Seattle, se consideraba a Berkeley como a uno de los mejores. (2) No el más inteligente, pero sí el más digno de confianza. (3) Berkeley era un devoto pastor alemán (con orígenes en la Selva negra, probablemente), con hombros fuertes, encías negras, más pesado que algunos hombres y que hacía guardia detrás de la puerta de vidrio de la Tienda de Mascotas Tilford, viendo deambular a los peatones por la Primera Avenida, mirando con curiosidad a los vagos que a menudo pasaban la noche en el pasillo próximo, dormitando a veces cuando las cosas en las jaulas de la tienda andaban quietas, amodorrado por el burbujeo de los tanques con peces, recordando una excelente comida que tuvo una vez, o pensando en la perrita coqueta de la profesora de danza aeróbica (quién tampoco era una santa) un par de negocios más allá, aunque Berkeley, por soñoliento que fuese, jamás se había quedado dormido en el trabajo. (4) Berkeley tomaba su trabajo con gran seriedad. (5) Además, sabía exactamente dónde estaba en todo momento, qué era lo que estaba haciendo, y por qué lo estaba haciendo, lo cual era más de lo que se puede decir sobre ciertas personas, como el Sr. Tilford, un viejo desagradable cuya conducta era un misterio para Berkeley. (6) A veces trataba a los animales con crueldad, o los molestaba; veía a los animales no como a criaturas sino como ganancias. (7) Como sea, ningún vándalo ni ladrón había entrado por las puertas o ventanas de la tienda para crear problemas y Berkeley, confiado en su poder pero nunca haciendo alarde de él, fiel a su amo aunque éste no se lo mereciese, estaba seguro de que ninguno jamás lo haría.

——"Colección de animales, fábula de un niño"
de Charles Johnson

7. La oración central de este párrafo es

   (1) la oración 1
   (2) la oración 2
   (3) la oración 3
   (4) la oración 4
   (5) la oración 5

8. La oración 1 debiera

   (1) dejarse tal como está
   (2) colocarse en primer lugar
   (3) colocarse después de la oración 4
   (4) colocarse después de la oración 8
   (5) omitirse

9. Un nuevo párrafo

   (1) puede comenzarse después de la oración 2
   (2) puede comenzarse después de la oración 3
   (3) puede comenzarse después de la oración 4
   (4) puede comenzarse después de la oración 5
   (5) no puede comenzarse

Clave de las respuestas

1. **2**	3. **3**	5. **2**	7. **1**	9. **5**
2. **5**	4. **4**	6. **3**	8. **1**	

Análisis de las respuestas

1. **2** La idea principal del párrafo es el papel que desempeñan las equivocaciones en el juego del ajedrez.

2. **5** Esta oración es irrelevante respecto al tema central.

3. **3** Hay una transición en este párrafo de una idea principal a una idea subordinada que comienza en la oración 5 (el tiempo que toma este juego).

4. **4** La idea central del párrafo (A) es el hecho de que la revolución rusa no fue causada ni por los campesinos ni por los obreros. El resto del párrafo explica en detalle esta idea.

5. **2** Como la idea central reside en el párrafo 4, la lectura y comprensión del párrafo habría sido más fácil si se hubiera puesto al comienzo.

6. **3** Un nuevo tema, los rusos con educación que trataron de derrocar al zar, se menciona en la oración 5 y la oración siguiente la respalda; por lo tanto, debiera ser el comienzo de un nuevo párrafo.

7. **1** Todo el pasaje describe a Berkeley y la oración 1 presenta a Berkeley al lector.

8. **1** Siendo importante saber quién es Berkeley, la coherencia requiere mantener la oración 1 en su lugar.

9. **5** No puede comenzarse un nuevo párrafo porque todo el pasaje no es más que la presentación de Berkeley al lector.

¿CUÁL ES SU PUNTUACIÓN?

_____correctas	_____incorrectas
Excelente	9
Bien	8
Regular	7

Si su puntuación fue inferior a 7, debe repasar los ejemplos corregidos en esta sección

Destreza Gráfica
Adicional

CAPÍTULO 7

PALABRAS QUE SE CONFUNDEN O USAN INAPROPIADAMENTE

Aquí veremos las parejas de palabras que, por cualquier razón, se confunden o se usan incorrectamente. También se verán los vulgarismos (frases o dichos que se usan comúnmente pero que no son correctos) y anglicismos (palabras o expresiones procedentes del inglés) en las construcciones gramaticales.

• acerca de/a cerca de

No deben confundirse. *Acerca de* es una locución que significa *sobre*.

> Cuéntale acerca de lo que te ha pasado.

En cambio, *a cerca de* quiere decir *aproximadamente a*.

> Me encuentro a cerca de 100 metros de tu casa.

• acordarse de

Este verbo significa traer a la memoria y se construye con la preposición *de*, la cual no debe omitirse.

> ERROR:
> ¿Te acuerdas que mañana es mi cumpleaños?

> CORRECTO:
> ¿Te acuerdas de que mañana es mi cumpleaños?

• acostumbrar

Cuando el significado de la frase es el de tener costumbre de hacer algo, *acostumbrar* se escribe sin la preposición *a*.

> ERROR:
> Juan acostumbra a hacer gimnasia por las mañanas.

> CORRECTO:
> Juan acostumbra hacer gimnasia por las mañanas.

Sin embargo, cuando *acostumbrar* significa *hacer adquirir costumbre de algo o alguien*, se escribe con *a*.

> Acostumbró a los niños a lavarse las manos antes de comer.

185

• actitud/aptitud

No deben confundirse. *Actitud* es la postura del cuerpo o la disposición de ánimo para algo. En cambio, *aptitud* es la capacidad para hacer algo.

> Su actitud en la reunión fue negativa.
> Carece de aptitud para la danza.

• adelante/delante

No deben confundirse. *Adelante* se usa cuando el verbo expresa movimiento, mientras que *delante* se usa cuando el verbo expresa estado o situación.

> Pasa adelante, que yo voy más despacio.
> La silla está delante de la mesa.

• adonde/a donde

Este adverbio de lugar se escribe junto cuando su antecedente está expreso; de lo contrario se escribe por separado.

> Aquella es la iglesia adonde vamos cada domingo.
> Se fueron a donde creían que lo podrían encontrar.

• afición a

El complemento de *afición* se construye con la preposición *a*.

> ERROR:
> Tiene mucha afición por la gimnasia.

> CORRECTO:
> Tiene mucha afición a la gimnasia.

• alegrarse de

La supresión de la preposición *de* es incorrecta cuando se construye una frase.

> ERROR:
> Me alegro que hayas venido.

> CORRECTO:
> Me alegro de que hayas venido.

• americano

La palabra *americano* es incorrecta cuando se usa en lugar de estadounidense (un mexicano y un canadiense también son americanos.) Asimismo, *América* es un término incorrecto para llamar a Estados Unidos.

• aparte/a parte

No deben confundirse. *Aparte* es un adverbio de lugar que quiere decir *separadamente*, mientras que *a parte* es una combinación de la preposición *a* con el nombre *parte*.

> Aparte de ésto, me gusta también aquéllo.
> No quiero ir a parte alguna.

• apellido

Los apellidos no se pluralizan añadiendo una **s**, sino que el plural se forma en el artículo.

Ya llegaron los Ramírez.

• "a por"

Cuando estas dos preposiciones se emplean juntas en una frase, son incorrectas.

ERROR:
Salió a por pan.

CORRECTO:
Salió por pan.

• aprehender/aprender

No deben confundirse. *Aprehender* significa *coger* o *prender*, mientras que *aprender* quiere decir *adquirir conocimientos*.

La policía aprehendió un cargamento de cocaína.
Le costó, pero finalmente aprendió la lección.

• "arriba mío"

Esta expresión es incorrecta. Debe decirse *encima de mí*.

ERROR:
Había una fuerte luz arriba tuyo.

CORRECTO:
Había una fuerte luz encima de ti.

• asumir

Esta palabra es incorrecta cuando se usa con el significado de *tomar* o *adquirir*. Se trata de un anglicismo.

ERROR:
El desempleo asumió grandes proporciones este año.

CORRECTO:
El desempleo adquirió grandes proporciones este año.

• atentar contra ("atentar a")

El complemento de este verbo requiere la preposición *contra* en lugar de la preposición *a*.

ERROR:
Atentó a la seguridad pública.

CORRECTO:
Atentó contra la seguridad pública.

• detrás de mí ("atrás mío")

Atrás mío es una forma incorrecta. Se debe usar *detrás de mí*.

ERROR:
El perro está atrás suyo.

CORRECTO:
El perro está detrás de él.

• bajo

Hay una serie de usos incorrectos de la preposición *bajo* relacionados con la idea de dependencia o sometimiento.

ERROR:
Bajo la multa de 50 dólares, se prohibe fumar.

CORRECTO:
Se multará con 50 dólares al que fume en este lugar.

• bienvenida/bien venida

No deben confundirse. *Bienvenida* significa *parabién de la llegada* y *bien venida* es la combinación de un adverbio y el verbo.

Le dieron la bienvenida en el aeropuerto.
Quiero que seas bien venida a mi casa.

• bimensual/bimestral

Bimensual quiere decir que ocurre dos veces al mes, mientras que *bimestral* indica que ocurre cada dos meses en el año.

Los pagos son bimensuales (dos veces al mes), pero los cobros son bimestrales (cada dos meses).

• boom

El anglicismo *boom* está aceptado, pero se debe escribir entre comillas.

La década de los setenta fue el gran "boom" de la literatura latinoamericana.

• carnicería ("carnecería")

A veces se escribe incorrectamente *carnecería*. *Carnicería* es la forma correcta, porque la palabra deriva de *carnicero* y no de *carne*.

• cerca de mí ("cerca mío")

Cerca mío es la forma incorrecta. Se debe decir *cerca de mí*.

ERROR:
Vive cerca mío.

CORRECTO:
Vive cerca de mí.

• concretar ("concretizar")

Concretizar es un neologismo que a menudo se escribe incorrectamente. Se debe decir *concretar*.

ERROR:
Deberías concretizar tus respuestas.

CORRECTO:
Deberías concretar tus respuestas.

• convencer de

Algunas veces se omite la preposición *de*, lo cual es incorrecto.

ERROR:
Me convenció que tenía que ser más agresivo.

CORRECTO:
Me convenció de que tenía que ser más agresivo.

• "chequear"

Este verbo es un anglicismo y por lo tanto es incorrecto. Se debe usar *revisar*, *reconocer*, *comprobar*, etc.

ERROR:
Tenemos que chequear el estado de cuentas.

CORRECTO:
Tenemos que revisar el estado de cuentas.

• de acuerdo con ("de acuerdo a")

El uso de la preposición *a* es un anglicismo. Debe usarse la preposición *con*.

ERROR:
De acuerdo a lo dicho.

CORRECTO:
De acuerdo con lo dicho.

• deber + infinitivo/deber de + infinitivo

Estas dos perífrasis no deben confundirse. *Deber + infinitivo* significa *obligación*, mientras que *deber de + infinitivo* significa *suposición*.

Debes comer tranquilamente.
Debes de estar enferma, porque tienes mala cara.

• en honor de ("en honor a")

La preposición correcta es *de*, aunque a veces se usa incorrectamente *a*.

ERROR:
Habrá una cena en honor a los veteranos.

CORRECTO:
Habrá una cena en honor de los veteranos.

• gracias a que ("gracias que")

Gracias a que es el uso correcto.

ERROR:
Gracias que no llovió, pudimos salir.

CORRECTO:
Gracias a que no llovió, pudimos salir.

• hispanoamericano ("hispano-americano", "Hispano-Americano")

El uso del guión para separar los adjetivos es incorrecto; también lo es el uso de mayúsculas.

• horrores

En lenguaje coloquial, a veces se usa *horrores* para querer decir *muchísimo.*

> ERROR:
> Nos divertimos horrores.

> CORRECTO:
> Nos divertimos muchísimo.

• inclusive ("inclusives")

Este adverbio no tiene plural.

> ERROR:
> Vamos de 6 al 9 de abril, ambos inclusives.

> CORRECTO:
> Vamos del 6 al 9 de abril, ambos inclusive.

• jugar

Existen varias expresiones incorrectas relacionadas con este verbo, siendo la más común la omisión de la preposición con el artículo.

> ERROR:
> Yo juego pelota.

> CORRECTO:
> Yo juego a la pelota.

• malintencionado ("mal intencionado")

No está bien decir *mal intencionado.* Lo mismo ocurre con las incorrectas separaciones de *maloliente, malpensado* y *malentendido.*

> ERROR:
> Juan es un mal intencionado.

> CORRECTO:
> Juan es un malintencionado.

• no obstante

Es incorrecto decir *no obstante* con la preposición *de.*

> ERROR:
> No obstante de ser invierno, no hace frío.

> CORRECTO:
> No obstante ser invierno, no hace frío.

• no sé qué ("nosequé")

Es incorrecto decir esta expresión sin separar las palabras.

ERROR:

Me dijo nosequé sobre ese asunto.

CORRECTO:

Me dijo no sé qué sobre ese asunto.

• o sea

No se debe abusar de esta locución. Se puede usar *es decir* o simplemente omitirla.

ERROR:

Estaba contenta, o sea, le había gustado el regalo.

CORRECTO:

Estaba contenta; le había gustado el regalo.

• pensar que ("pensar de que")

La preposición *de* se debe suprimir entre el verbo *pensar* y la conjunción *que*.

ERROR:

Pienso de que ayer no acabé de escribir la carta.

CORRECTO:

Pienso que ayer no acabé de escribir la carta.

• porque/por que/porqué/por qué

Todas son correctas, pero su uso no debe confundirse. *Porque* es una conjunción subordinante causal. *Por que* es la combinación de las preposición *por* y el pronombre relativo *que*. *Porqué* es un nombre que indica *causa*, *razón*. *Por qué* es la combinación de la preposición *por* y el pronombre interrogativo *qué*.

No iré porque no quiero.
El motivo por que viniste ya lo sabía.
Ignoró el porqué de las cosas.
¿Por qué se lo dijiste?

• sinnúmero/sin número

Sinnúmero significa un número incalculable. *Sin número* es la combinación de la preposición *sin* con la palabra *número*. Lo mismo ocurre con las palabras *sinrazón* (acción hecha contra la justicia) y *sin razón*.

Nos dieron un sinnúmero de papeles.
Estoy sin número, por eso no me atienden.

• tener efecto

Como sinónimo de *celebrarse* o *suceder*, su uso es incorrecto.

ERROR:

La boda tuvo efecto en los jardines del palacio.

CORRECTO:

La boda se celebró en los jardines del palacio.

PRÁCTICA DE PALABRAS DUDOSAS

Las frases siguientes contienen un error en el uso de palabras que pueden confundirse o que están mal escritas. De las palabras que están subrayadas, seleccione la palabra incorrecta y escríbala correctamente. Ninguna frase contiene más de un error. También es posible que no haya ningún error.

1. María no se <u>acordaba a</u> que hoy
          (1)
<u>teníamos que</u> ir a <u>devolver</u> los libros que
  (2)   (3)
nos <u>prestaron</u> en la biblioteca. <u>Sin error</u>.
   (4)   (5)

2. Esta persona tiene una <u>actitud</u> <u>demasiado</u>
             (1)   (2)
crítica cuando <u>se habla</u> del fenómeno
          (3)
religioso. <u>Debería de ser</u> más tolerante.
         (4)
<u>Sin error</u>.
  (5)

3. <u>Fuimos al</u> teatro <u>con mi familia</u>. ¿Adivinas
   (1)   (2)
<u>quién</u> estaba <u>cerca mío</u>? <u>Sin error</u>.
  (3)   (4)   (5)

4. El padre <u>convenció</u> a su hijo <u>a que tenía</u>
        (1)   (2)
que ser más amable <u>cuando</u> alguien
           (3)
<u>venía de</u> visita a su casa. <u>Sin error</u>.
  (4)   (5)

5. El presidente de la compañía <u>dijo que</u>,
            (1)
<u>de acuerdo a</u> <u>lo acordado</u>, se <u>actuaría de</u>
 (2)   (3)   (4)
la mejor manera posible. <u>Sin error</u>.
         (5)

6. La cena fue <u>de primer orden</u>. <u>Se trató de</u>
      (1)   (2)
una celebración <u>en honor a</u> los empleados
        (3)
<u>más antiguos de</u> la empresa. <u>Sin error</u>.
  (4)   (5)

7. José es un <u>malpensado</u>. Siempre <u>cree que</u>
      (1)   (2)
estamos hablando <u>mal de</u> él <u>a sus espaldas</u>.
       (3)   (4)
<u>Sin error</u>.
 (5)

8. Después de <u>esperar por él</u> una hora,
      (1)
<u>me marché</u>. Luego, ella se enfadó
  (2)
<u>sinrazón</u> <u>ni motivo</u>. <u>Sin error</u>.
 (3)   (4)   (5)

9. Los <u>afro-americanos</u> afirman que
    (1)
<u>han sido discriminados</u> <u>durante muchos</u>
     (2)   (3)
años <u>en este país</u>. <u>Sin error</u>.
   (4)   (5)

10. Luego le preguntó de <u>muy mala</u> gana:
            (1)
"<u>Porqué fuistes</u> <u>si tenías</u> otro compromiso
  (2)   (3)
<u>pendiente</u>? <u>Sin error</u>.
 (4)   (5)

Clave de las respuestas

1.	**1**	3.	**4**	5.	**2**	7.	**5**	9	**1**
2.	**4**	4.	**2**	6.	**3**	8.	**3**	10.	**2**

Análisis de las respuestas

1. **1** El verbo *acordarse* va con la preposición *de*. Por lo tanto, es *no se acordaba de que hoy...*

2. **4** *Debería* se usa aquí en el sentido de *obligación*; por lo tanto, debe ir sin la preposición *de*.

3. **4** Tal como está escrita, esta forma es demasiado coloquial. Debiera escribirse *cerca de mí*.

4. **2** El verbo *convencer* va con la preposición *de* en lugar de *a*. Por lo tanto, debe ser *convenció a su hijo de que tenía...*

5. **2** La expresión *de acuerdo a* es incorrecta. Debe ser *de acuerdo con*.

6. **3** La expresión *en honor a* no es correcta. Debe escribirse *en honor de.*

7. **5** Correcta

8. **3** *Sinrazón* en este caso va separado ya que es un nombre. Debe escribirse la construcción de preposición *sin + nombre (razón).*

9. **1** Es incorrecto poner un guión en este tipo de nombres compuestos.

10. **2** *Porqué* no es correcto, ya que en esta ocasión se trata de la combinación de una preposición + el pronombre interrogativo *qué.* Así pues, debe ser *¿Por qué fuistes...?*

SINÓNIMOS

En toda conversación o composición escrita hay momentos cuando es necesario emplear la misma palabra dentro de la misma oración o en la oración siguiente. Como tal repetición afea el estilo, conviene substituir la segunda palabra por otra que tenga el mismo, o casi el mismo significado. Estas palabras se llaman sinónimos. Aproveche la lista que sigue para enriquecer su vocabulario.

abajo—debajo	aguantar—soportar	área—región
abandonar—dejar	ahorrar—economizar	aroma—fragancia
abatido—triste	alabar—elogiar	arrastrar—acarrear
abarcar—ceñir	alargar—prolongar	arrendar—alquilar
abastecer—proveer	alarmar—asustar	arruinar—destruir
abismo—precipicio	alboroto—bullicio	artefacto—instrumento
abotonar—abrochar	alegre—contento	asaltar—atacar
abreviar—acortar	alejar—apartar	aseado—limpio
absoluto—completo	alerta—despierto	asir—agarrar
absurdo—ridículo	aliviar—calmar	asistir—ayudar
aburrimiento—tedio	alimento—comida	asombroso—sorprendente
abusar—maltratar	alquilar—arrendar	astuto—hábil
acarrear—llevar	alto—elevado	asustar—espantar
acento—énfasis	alumno—estudiante	atacar—asaltar
aceptar—consentir	alzar—levantar	atar—unir
acercarse (a)—aproximarse (a)	amable—cordial	aterrizar—bajar
acordarse (de)—recordar	amar—querer	atractivo—hermoso
acortar—abreviar	amarrar—atar	atrapar—agarrar
actual—real	amor—cariño	atrás—detrás
acuerdo—convenio	amparar—defender	atreverse (a)—osar
acumular—juntar	amplio—extenso	audaz—atrevido
acusar—culpar	anciano—viejo	aún—todavía
adecuado—satisfactorio	andar—caminar	aurora—amanecer
adherir—pegar	angosto—estrecho	automóvil—carro
admirar—apreciar	anillo—sortija	avance—progreso
admitir—reconocer	antiguo—viejo	avaro—tacaño
adorno—decoración	antojo—capricho	averiguar—indagar
adular—halagar	anunciar—declarar	avisar—advertir
adversario—enemigo	aparato—instrumento	ayuda—auxilio
advertir—notar	aparecer—surgir	bajar—descender
afirmar—asegurar	apartar—alejar	balancear—equilibrar
agarrar—coger	apenar—afligir	banda—orquesta
ágil—ligero	aplazar—postergar	banquete—festín
agitar—sacudir	apresar—capturar	bar—cantina
agradable—grato	apresurar—acelerar	barato—módico
agrandar—aumentar	apropiado—indicado	barco—buque
agregar—añadir	aprovechar—usar	barrio—vecindario

barro—lodo
básico—esencial
bastante—suficiente
basura—desperdicios
batalla—combate
beneficioso—útil
bestia—animal
blando—suave
bloquear—obstruir
boda—casamiento
bodega—depósito
boletín—anuncio
bolso—cartera
bondadoso—bueno
bonito—hermoso
borde—orilla
borrar—eliminar
bote—embarcación
boticario—farmacéutico
bravo—valiente
breve—corto
brincar—saltar
broma—chiste
bruma—niebla
brutal—bestial
bueno—bondadoso
buque—barco
burlarse (de)—mofarse (de)
burro—asno
buscar—investigar
cafetería—restaurante
calcular—estimar
caliente—cálido
cama—lecho
cambiar—reemplazar
cambio—alteración
caminata—paseo
campeón—vencedor
campesino—granjero
canje—trueque
cansado—fatigado
capricho—antojo
capturar—apresar
cara—rostro
carga—peso
cariño—amor
carretera—camino
carta—mensaje
casa—vivienda
catástrofe—desgracia
cavar—excavar
celebrar—festejar
centro—núcleo
cercano—próximo
cesar—parar
césped—pasto

charlar—conversar
chico—pequeño
chiste—broma
chistoso—gracioso
cierto—verdadero
clandestino—ilegal
claro—luminoso
clase—categoría
clasificar—ordenar
cliente—comprador
cobarde—tímido
coche—auto
cocinar—guisar
cola—rabo
cólera—enojo
colgar—tender
colocar—poner
combinar—juntar
comentar—aclarar
comenzar—empezar
confortable—cómodo
comida—alimento
compañía—negocio
competente—capacitado
completo—entero
complicado—complejo
comprender—entender
común—ordinario
comunicar—informar
concluir—terminar
condición—situación
conducir—manejar
conducta—comportamiento
conectar—unir
conocer—saber
conquistar—vencer
consejo—opinión
conservar—preservar
consolar—confortar
contento—feliz
contestar—responder
continuar—seguir
control—examen
convencer—persuadir
conveniente—provechoso
convenio—pacto
convertir—transformar
cooperar—colaborar
copia—reproducción
corpulento—robusto
correa—cinturón
corregir—mejorar
corriente—ordinario
corto—breve
costa—playa
costumbre—hábito

crear—hacer
crecer—desarrollar
creer—suponer
crimen—delito
criminal—delincuente
criticar—juzgar
cruzar—atravesar
cuarto—habitación
cubrir—tapar
cuento—relato
cuesta—pendiente
cuestión—asunto
culpar—acusar
cultivar—arar
cumbre—cima
cuota—cantidad
cura—sacerdote
curar—sanar
curvar—torcer
dañar—perjudicar
dar—entregar
dato—cantidad
debate—discusión
deber—obligación
decidir—resolver
decir—hablar
decorar—adornar
defecto—imperfección
defender—proteger
definir—explicar
defraudar—engañar
dejar—permitir
delgado—esbelto
delicioso—sabroso
delito—crimen
demoler—derribar
demostración—exhibición
denso—espeso
depositar—colocar
deprimido—triste
derecho—recto
derramar—verter
derribar—derrumbar
derrochar—malgastar
desafortunado—desgraciado
desagradable—molesto
desaparecer—desvanecerse
desarrollar—crecer
desastre—calamidad
desatar—separar
descansar—reposar
descartar—abandonar
descontento—disgustado
describir—definir
descubrir—encontrar
descuidado—negligente

desear—querer
deseo—anhelo
desfile—parada
desgracia—desdicha
deshelar—descongelar
deslizarse—resbalarse
desnudo—desvestido
desocupado—vacío
desordenado—descuidado
despacho—oficina
despejado—claro
desperdiciar—derrochar
despistar—desorientar
despojar—quitar
desprecio—desdén
destinar—dedicar
destruir—arruinar
desvestir—desnudar
detener—parar
detestar—odiar
devolver—retornar
devorar—engullir
diablo—demonio
diagrama—esquema
diestro—hábil
diferente—distinto
difícil—complejo
digno—merecedor
dilema—problema
diminuto—pequeño
dirigir—gobernar
dispersar—esparcir
dispuesto—preparado
distinto—diferente
distribuir—repartir
disturbar—perturbar
diversión—pasatiempo
dividir—separar
divorcio—separación
doblar—plegar
doctor—médico
doler—padecer
donar—regalar
dosis—porción
duplicar—copiar
duro—sólido
echar—tirar
edificar—construir
educar—enseñar
efecto—resultado
ejemplo—modelo
elástico—flexible
elegir—escoger
elemental—básico
elevar—subir
eliminar—descartar

elogio—alabanza
eludir—evadir
embutir—llenar
emergencia—crisis
emocionante—conmovedor
empapado—mojado
empezar—comenzar
empleado—dependiente
emplear—contratar
empleo—ocupación
empujar—impulsar
encargo—mandado
encontrar—hallar
encuentro—reunión
enemigo—rival
energía—fuerza
enfermedad—dolencia
enfrentar—confrontar
enfurecer—enojar
engañar—estafar
engreído—arrogante
enigma—misterio
enojarse—enfadarse
enorme—inmenso
enseñar—educar
ensuciar—manchar
entender—comprender
entero—completo
entrar—pasar
entregar—dar
entrenar—ejercitar
entretenido—divertido
enviar—mandar
envidioso—celoso
equipar—proveer
equivocación—error
error—falta
escalar—trepar
escape—fuga
escasez—insuficiencia
escoger—elegir
esconder—ocultar
esencial—importante
espacioso—amplio
especial—singular
especular—meditar
esperar—aguardar
establecer—fundar
estante—armario
estimar—calcular
estimular—alentar
estirar—alargar
estrecho—angosto
estropear—dañar
estrujar—exprimir
evadir—eludir

evidencia—prueba
excusa—disculpa
exhausto—cansado
exhibir—mostrar
explicar—aclarar
explosión—estallido
expreso—rápido
expulsar—echar
extenso—vasto
exterminar—destruir
extinguir—apagar
extra—adicional
extranjero—forastero
extraño—raro
extraviado—perdido
fabricar—hacer
fácil—simple
faena—tarea
fallar—fracasar
famoso—célebre
fatiga—cansancio
favorito—preferido
feliz—contento
feo—horrible
feria—mercado
feroz—fiero
fértil—fecundo
fiebre—calentura
fiel—leal
figura—forma
fijar—clavar
fila—hilera
final—fin
finalizar—concluir
firme—sólido
flaco—delgado
flexible—elástico
florecer—prosperar
fluido—líquido
formar—moldear
forzar—obligar
fracción—parte
frágil—delicado
frío—helado
fuego—llama
fuerte—poderoso
fuerza—vigor
fundamental—esencial
gana—deseo
ganar—conseguir
gastado—raído
gastar—consumir
general—universal
genio—carácter
gentío—multitud
genuino—verdadero

gesto—expresión
gigante—enorme
giro—vuelta
gobernar—dirigir
gordo—obeso
gozar—divertirse
gracioso—chistoso
grasa—manteca
grato—agradable
grave—serio
grosero—rudo
grueso—corpulento
grupo—conjunto
guardar—conservar
guerra—conflicto
guiar—manejar
habilidad—destreza
hablador—locuaz
hablar—decir
halagar—adular
halar—tirar
hallar—encontrar
hedor—fetidez
helado—frío
herida—lesión
hermoso—bello
heroico—bravo
herramienta—instrumento
higiénico—sanitario
hombre—persona
honrado—íntegro
horario—programa
hostil—desfavorable
hoyo—agujero
huella—rastro
huir—escapar
húmedo—mojado
humilde—modesto
humillado—avergonzado
huraño—arisco
hurtar—robar
idea—concepto
ignorante—inculto
ignorar—desconocer
igual—semejante
ilegal—ilícito
imaginar—concebir
imitar—copiar
impaciente—ansioso
importante—fundamental
imposible—irrealizable
imprudente—precipitado
impulsar—empujar
inaceptable—intolerable
incapaz—inepto
incidente—suceso

incierto—inseguro
inclinación—disposición
incluir—abarcar
incómodo—molesto
incompleto—parcial
incorrecto—equivocado
incrementar—aumentar
indagar—averiguar
indeciso—vacilante
independiente—autónomo
indicar—mostrar
indispuesto—enfermo
inesperado—imprevisto
infectar—contaminar
infiel—desleal
inflar—hinchar
inflexible—rígido
informar—notificar
infortunio—desgracia
ingrediente—elemento
ingreso—ganancia
inmenso—enorme
inquilino—arrendatario
insensato—imprudente
insignia—emblema
insistir—apremiar
insólito—raro
inspeccionar—examinar
instantáneo—inmediato
institución—organización
instruir—enseñar
insultar—ofender
interesante—atractivo
interferir—perturbar
interrumpir—detener
introducir—meter
inútil—inservible
inválido—minusválido
inventar—crear
investigar—averiguar
invitar—convidar
irritar—enojar
izar—levantar
irse—marcharse
jalar—tirar
jefe—superior
jornada—viaje
joya—alhaja
juez—magistrado
jugar—entretenerse
juntar—reunir
labor—trabajo
lado—costado
lancha—bote
lanzar—arrojar
largar—soltar

lástima—compasión
lastimar—herir
latente—oculto
lavado—limpieza
lazo—nudo
leal—fiel
legal—lícito
lejos—lejano
lengua—idioma
letrero—anuncio
levantar—izar
levantarse—pararse
lentamente—despacio
leve—liviano
liar—atar
libertad—independencia
liga—alianza
limitar—restringir
límite—frontera
limpiar—asear
lindo—bonito
liso—llano
llamada—aviso
llano—liso
llegar—venir
lleno—colmado
llevar—conducir
lógico—racional
lotería—rifa
luchar—combatir
lugar—sitio
lujoso—suntuoso
maduro—desarrollado
maestro—profesor
magnífico—admirable
malestar—molestia
malgastar—derrochar
maligno—malvado
malo—perjudicial
maltratar—abusar
manchado—sucio
mandar—enviar
manejar—conducir
manera—modo
manso—dócil
mantener—conservar
manual—guía
manufacturar—fabricar
marca—señal
marcha—caminata
margen—orilla
marido—esposo
matrimonio—boda
máximo—límite
mayor—superior
mecanismo—dispositivo

mecer—columpiar
médico—doctor
medio—mitad
medir—calcular
mensaje—aviso
mentira—falsedad
mercado—feria
meta—objetivo
método—procedimiento
mezclar—juntar
mezquino—avaro
miedo—temor
mimar—consentir
mirar—ver
misión—tarea
misterio—enigma
mitad—medio
mitigar—calmar
modelo—muestra
moderno—nuevo
modo—manera
moldear—formar
moler—triturar
molestar—incomodar
monótono—aburridor
montar—instalar
morir—fallecer
mostrar—enseñar
motivo—causa
mozo—joven
mucho—abundante
muestra—modelo
multa—castigo
muralla—muro
nación—país
narrar—contar
necesario—esencial
necesitar—requerir
nota—mensaje
notar—observar
novedad—suceso
número—cifra
nunca—jamás
nutrir—alimentar
obedecer—acatar
obeso—gordo
objetivo—meta
objeto—cosa
obligación—deber
obligar—forzar
obrero—trabajador
obsequio—regalo
observar—ver
obstáculo—dificultad
obtener—conseguir
obvio—evidente

ocasionar—causar
ocioso—desocupado
ocultar—esconder
ocurrir—pasar
odiar—aborrecer
oficina—despacho
oficio—empleo
oír—escuchar
olvidar—omitir
onda—ola
opinión—juicio
oponer—enfrentar
oportunidad—ocasión
oportuno—apropiado
oral—verbal
orden—regla
ordenar—mandar
ordinario—común
organizar—arreglar
origen—comienzo
original—auténtico
orilla—borde
osado—audaz
paciencia—tolerancia
pacífico—tranquilo
pago—salario
país—nación
paisaje—panorama
pájaro—ave
palpar—tocar
panorama—paisaje
paño—tela
paquete—bulto
parada—detención
pararse—detenerse
parecido—semejante
parte—porción
participar—colaborar
partir—marcharse
patrocinar—ayudar
peatón—transeúnte
pedazo—trozo
pedir—solicitar
pelear—luchar
peligro—riesgo
pena—dolor
pensar—razonar
perezoso—flojo
perforar—agujerear
periódico—diario
período—época
perjuicio—daño
permiso—licencia
permitir—autorizar
persona—individuo
persuadir—convencer

picante—sazonado
picar—punzar
pintar—dibujar
piso—suelo
pista—rastro
plan—idea
plano—liso
poderoso—potente
poner—colocar
popular—favorito
porción—parte
poseer—tener
posesión—propiedad
posponer—aplazar
posterior—siguiente
práctica—ejercicio
precio—costo
preciso—exacto
predecir—pronosticar
preferir—optar (por)
premio—recompensa
preocupado—inquieto
preservar—conservar
prevenir—evitar
principal—fundamental
principio—comienzo
prisa—apuro
privado—personal
problema—dilema
procedimiento—plan
producir—crear
profesión—oficio
programa—proyecto
progreso—adelanto
prohibir—impedir
pronto—rápido
propiedad—posesión
propietario—dueño
propósito—intención
próspero—acomodado
proteger—amparar
protestar—desafiar
provechoso—útil
proveer—surtir
provocar—incitar
prueba—ensayo
pulir—lustrar
punto—sitio
puro—intacto
quebrar—romper
quedarse—permanecer
quejarse—lamentarse
quemar—incendiar
querer—amar
quitar—sacar
racional—lógico

raído—ajado
rancio—añejo
rapidez—velocidad
raro—extraño
rato—momento
reaccionar—responder
real—genuino
realizar—hacer
rebajar—disminuir
rebosar—desbordarse
rechazar—rehusar
recibir—obtener
reciente—nuevo
recobrar—recuperar
recoger—recolectar
recomendar—sugerir
reconocer—identificar
recordar—acordarse
recorrer—caminar
recto—derecho
reducir—acortar
reemplazar—substituir
reformar—modificar
refugio—amparo
regalo—obsequio
región—territorio
regla—norma
regresar—volver
regular—normal
relacionar—coordinar
relatar—contar
remedar—imitar
remedio—medicamento
remitir—enviar
remolcar—arrastrar
rendirse—entregarse
rentar—alquilar
renunciar—desistir
reparar—arreglar
repentino—súbito
reposo—calma
requerir—necesitar
resecar—marchitar
resguardar—proteger
residir—vivir
responder—contestar
restar—quitar
restaurar—restablecer
resto—saldo
restricción—limitación
resultado—consecuencia
resumen—sumario
retirar—quitar
retornar—volver
reunión—junta
revelar—confesar

revisar—corregir
revolución—rebelión
revolver—girar
rezar—orar
rico—acaudalado
ridículo—absurdo
riesgo—peligro
rígido—tieso
riña—pelea
ritmo—compás
robar—hurtar
robusto—corpulento
roca—peñasco
rociar—regar
rodear—cercar
rogar—suplicar
romper—quebrar
rotación—giro
roto—quebrado
rótulo—letrero
ruido—bulla
rumor—chisme
ruta—camino
sabor—gusto
sacudir—agitar
sala—salón
salario—sueldo
salida—partida
saltar—brincar
salvar—liberar
sanción—multa
sanitario—higiénico
sano—saludable
sarcástico—irónico
satisfecho—contento
saturar—colmar
sección—porción
seco—árido
secreto—oculto
segmento—porción
seguir—acompañar
seguro—firme
seleccionar—elegir
selecto—escogido
semejante—parecido
sencillo—simple
sensible—impresionable
sentir—percibir
señal—indicio
separación—división
severo—riguroso
silencioso—callado
simpatía—afinidad
simple—sencillo
sincero—honrado
síntoma—señal

sistema—método
sobrante—resto
sobresalir—destacarse
sociable—afable
sofocar—extinguir
solamente—sólo
solemne—formal
sólido—firme
sonoro—ruidoso
soportar—sostener
soporte—apoyo
sorprender—asombrar
sospechar—desconfiar
sostener—sujetar
subir—ascender
súbito—repentino
suceso—acontecimiento
sucio—manchado
sueldo—salario
suelo—piso
sufrir—padecer
sugerir—insinuar
sujetar—agarrar
sujeto—individuo
suma—adición
sumario—resumen
suponer—pensar
suspender—colgar
susto—espanto
sutil—tenue
tacaño—avaro
taladrar—agujerear
talento—aptitud
tapa—cubierta
tardo—lento
tarea—labor
tasar—estimar
tejido—tela
tema—asunto
temeroso—miedoso
tempestad—tormenta
tender—extender
tener—poseer
terco—testarudo
terminar—acabar
terreno—tierra
terrible—horrible
territorio—región
tienda—almacén
tieso—rígido
timo—estafa
tipo—categoría
tirar—lanzar
tiznar—manchar
tocar—palpar
tomar—coger

tonto—necio
tópico—asunto
total—completo
tóxico—venenoso
trabajo—labor
tradición—costumbre
traer—llevar
transferir—trasladar
transportar—llevar
trastorno—desorden
tratado—convenio
tratar (de)—intentar
trazar—dibujar
tremendo—inmenso
trepar—subir
trozo—pedazo
último—final
único—singular
uniforme—igual

unir—atar
universo—mundo
urgente—apremiante
usado—gastado
uso—empleo
utensilio—instrumento
útil—provechoso
vacante—desocupado
vaciar—verter
valioso—importante
valla—cerca
valor—valentía
vaso—recipiente
vasto—extenso
vedar—prohibir
velar—cuidar
veloz—rápido
ver—mirar
verdadero—real

veredicto—sentencia
vergonzoso—indecente
vestíbulo—entrada
vía—ruta
vida—existencia
viejo—antiguo
vigor—energía
violar—abusar
vivir—existir
votar—elegir
vuelta—giro
yermo—desierto
yerto—rígido
zafar—soltar
zapatos—calzado
zona—territorio
zozobrar—naufragar
zurcir—remendar

ANTÓNIMOS

Al conversar o escribir necesitamos con frecuencia saber el significado *opuesto* de una palabra. Tales palabras se llaman antónimos.

abajo—arriba
abandonar—proteger
abarcar—excluir
abatido—contento
abreviar—extender
abrigar—desabrigar
abrir—cerrar
absurdo—sensato
aburrido—entretenido
acarrear—dejar
acaudalado—pobre
aceptar—negar
acortar—alargar
activo—pasivo
acumular—derrochar
adecuado—inadecuado
adelantado—atrasado
adherir—soltar
admirar—despreciar
admitir—negar
adulto—inmaduro
afable—descortés
afortunado—desafortunado
ágil—torpe
agradable—desagradable
agradecido—ingrato
agrandar—reducir
agregar—substraer

agrio—dulce
ahorrar—gastar
alargar—acortar
alarma—calma
alboroto—quietud
alegre—triste
alerta—dormido
alto—bajo
amanecer—anochecer
amar—odiar
amigo—enemigo
amor—odio
amplio—estrecho
anciano—joven
angosto—ancho
anochecer—amanecer
anormal—normal
ansioso—despreocupado
antes—después
antiguo—moderno
apagado—encendido
aparecer—desaparecer
apartar—juntar
apenar—alegrar
apreciar—despreciar
apresar—soltar
apropiado—impropio
aprovechar—desaprovechar

aproximado—exacto
arisco—afable
armar—desarmar
asegurar—soltar
asir—soltar
asociar—separar
asustar—calmar
atar—desatar
atención—desatención
aterrizar—despegar
atrapar—soltar
atrás—adelante
audaz—tímido
aurora—anochecer
ausente—presente
avance—retroceso
avaro—generoso
bajar—aumentar
bajo—alto
barato—caro
bello—feo
bendecir—maldecir
beneficioso—inútil
blanco—negro
blando—duro
bloquear—permitir
boda—divorcio
bondadoso—malvado

bonito—feo
bravo—cobarde
breve—extenso
bueno—malo
bullicio—silencio
caer—subir
calmar—alarmar
calor—frío
calvo—peludo
cambiar—mantener
campeón—perdedor
cansado—dinámico
capturar—soltar
castigar—perdonar
centro—extremo
cercano—lejano
cerrar—abrir
cesar—iniciar
charlar—callar
chico—grande
cierto—incierto
claro—oscuro
cobarde—valiente
colectar—dispersar
colgar—descolgar
colocar—sacar
combinar—separar
comenzar—terminar
competente—incompetente
completo—incompleto
complicado—simple
comprar—vender
común—especial
concluir—empezar
condenar—absolver
conectar—desconectar
confianza—desconfianza
confiar—desconfiar
confortable—incómodo
conocer—desconocer
conquistar—entregar
consentimiento—negación
conservar—derrochar
considerado—desconsiderado
construir—derribar
contento—descontento
contestar—preguntar
continuar—cesar
conveniente—inconveniente
cooperar—impedir
copia—original
corpulento—enjuto
correcto—equivocado
corriente—especial
cortés—rudo
corto—largo

crear—destruir
crecer—disminuir
cruel—bondadoso
cubrir—exponer
cuidar—descuidar
culpabilidad—inocencia
culpar—disculpar
curar—enfermar
dar—recibir
débil—fuerte
decente—indecente
decir—callar
defecto—virtud
defender—atacar
definido—incierto
dejar—tomar
delgado—gordo
deliberado—accidental
delicado—rudo
delicioso—desabrido
demoler—restaurar
demonio—santo
denso—ralo
depositar—sacar
deprimido—feliz
derecho—torcido
derrochar—ahorrar
desatar—atar
descansar—trabajar
descender—subir
desconocido—conocido
desnudo—vestido
despierto—dormido
detestar—amar
diferente—igual
difícil—fácil
digno—indigno
diminuto—enorme
discrepar—consentir
disgustado—contento
dispersar—concentrar
distinto—igual
divertido—aburrido
dividir—unir
divorcio—matrimonio
donar—robar
dormir—despertar
duda—certeza
dulce—amargo
duradero—breve
duro—blando
edificar—derribar
efecto—causa
elástico—rígido
elegante—ordinario
elemental—avanzado

elevar—bajar
eliminar—incluir
elogio—censura
emancipar—esclavizar
empezar—terminar
emplear—despedir
encarcelar—liberar
encoger—estirar
encontrar—perder
enemigo—amigo
enfermedad—salud
enojar—calmar
engreído—modesto
enorme—pequeño
ensuciar—limpiar
enterrar—desenterrar
entrar—salir
entregar—recibir
entretenido—aburrido
entusiasta—indiferente
envolver—desenvolver
escalar—bajar
escasez—abundancia
esconder—revelar
escuálido—obeso
esencial—secundario
especial—general
estéril—fecundo
estimular—desanimar
estirar—encoger
estrecho—ancho
estricto—indulgente
estúpido—inteligente
exaltado—tranquilo
excepcional—ordinario
excitado—indiferente
exhausto—enérgico
exhibir—ocultar
expandir—reducir
extenso—reducido
extraño—común
extremo—moderado
facsímil—original
falso—real
familiar—extraño
famoso—desconocido
fastidioso—grato
fatiga—descanso
feliz—infeliz
feo—hermoso
feroz—manso
fértil—estéril
fiel—infiel
fijar—soltar
final—principio
firme—flexible

flaco—grueso

fracasar—triunfar

fracción—totalidad

frágil—fuerte

frío—caliente

fuerte—débil

ganar—perder

gastado—nuevo

general—particular

generoso—avaro

genuino—falso

gordo—flaco

gozar—sufrir

grande—pequeño

grato—desagradable

grosero—cortés

guerra—paz

hablar—callar

haragán—trabajador

helado—caluroso

helar—calentar

heroico—cobarde

honrado—deshonesto

hostil—amigable

huésped—anfitrión

humilde—orgulloso

ignorar—saber

igual—distinto

ilegal—legal

impar—par

importante—trivial

impulsar—sujetar

inclinación—rechazo

incluir—excluir

incrementar—disminuir

inepto—capaz

inmediatamente—después

inmenso—pequeño

inocente—culpable

insistir—desistir

insólito—común

instantáneo—lento

insultar—alabar

interrumpir—continuar

introducir—sacar

inundación—sequía

irritar—sosegar

ir—volver

izar—arriar

jefe—subordinado

jovial—triste

juntar—separar

juventud—vejez

labor—descanso

lánguido—dinámico

largo—corto

latente—manifiesto

leal—desleal

lejos—cerca

lento—rápido

leve—pesado

liberar—detener

libertad—esclavitud

ligero—pesado

limpiar—ensuciar

liso—arrugado

llenar—vaciar

lujoso—mísero

macizo—insubstancial

maestro—neófito

maldecir—bendecir

malestar—bienestar

malgastar—ahorrar

maligno—benigno

malvado—bondadoso

manchar—limpiar

mandar—obedecer

manso—rebelde

máximo—mínimo

medio—extremo

mejorar—empeorar

menor—mayor

mentira—verdad

mezclar—separar

mezquino—generoso

mínimo—máximo

mitigar—exacerbar

moderno—antiguo

mojado—seco

molesto—placentero

monótono—interesante

morir—nacer

mostrar—ocultar

movimiento—reposo

mucho—poco

nacimiento—muerte

natural—artificial

necesario—superfluo

normal—anormal

nublado—despejado

objetar—aceptar

obstinado—dócil

ocioso—trabajador

ocupar—vaciar

ofensivo—grato

olvidar—recordar

omitir—incluir

oponente—amigo

optimista—pesimista

osado—tímido

oscuro—claro

pacífico—agresivo

parte—todo

partir—volver

pasado—futuro

patrón—empleado

pausa—actividad

pena—alegría

pequeño—grande

pérdida—ganancia

perdido—hallado

perdonar—condenar

permanente—temporal

piadoso—impío

picante—insípido

placentero—desagradable

plantar—cosechar

poderoso—débil

poluto—puro

poner—sacar

portátil—fijo

poseer—carecer (de)

postergar—adelantar

preciso—aproximado

pregunta—respuesta

premio—castigo

preservar—destruir

primero—último

primitivo—moderno

principal—secundario

prisa—lentitud

privado—público

progreso—retraso

próspero—pobre

proteger—abusar

protestar—acatar

provechoso—inservible

proveer—quitar

provocar—calmar

pulcro—desarreglado

punzante—obtuso

querer—odiar

quitar—sumar

raído—nuevo

rancio—fresco

rápido—lento

raramente—siempre

raro—común

rebelarse—obedecer

rechazar—aceptar

recibir—dar

reciente—antiguo

recobrar—perder

recoger—botar

recordar—olvidar

reducir—aumentar

reemplazar—mantener

refinado—tosco

refrigerar—calentar
regresar—partir
relajar—tensar
remitir—recibir
reparar—dañar
reposo—actividad
responder—preguntar
restar—sumar
restricción—permiso
retirar—poner
retorcer—alisar
reunión—separación
revelar—esconder
riesgo—seguridad
rígido—flexible
roto—intacto
ruido—silencio
sabio—ignorante
sagaz—simple
sagrado—profano
salida—entrada
salvaje—educado
salvar—subyugar
sano—enfermo
sazonado—insípido
seco—mojado
secreto—público
semejante—diferente
sencillo—complejo
separar—juntar
sereno—ruidoso

serio—frívolo
severo—indulgente
siesta—vigilia
simple—complejo
sociable—antisocial
soleado—sombrío
sonoro—silencioso
sosegar—alarmar
sospechar—confiar
suave—áspero
subir—bajar
sucio—limpio
suelto—apretado
sufrir—gozar
sujetar—soltar
suma—resta
sumisión—desafío
suspender—continuar
tacaño—generoso
tardo—rápido
temeroso—osado
temor—valor
tener—carecer (de)
terminar—empezar
tomar—dejar
torcer—alisar
torpe—diestro
total—parcial
trabajo—descanso
trágico—cómico
trasero—delantero

triunfar—perder
último—primero
único—común
uniforme—distinto
unir—separar
usado—nuevo
útil—inútil
vacación—trabajo
vacante—ocupado
vaciar—llenar
valiente—cobarde
valioso—inútil
vandalismo—civilización
vasto—diminuto
vedar—permitir
veloz—lento
vender—comprar
venerar—despreciar
verdadero—falso
vergonzoso—admirable
veto—aprobación
vicioso—virtuoso
vida—muerte
viejo—nuevo
vigor—debilidad
violencia—calma
visión—ceguera
vivir—morir
vuelta—ida
yermo—fértil

Práctica con Párrafos de Prueba

En este capítulo se presenta un párrafo analizado del Examen de GED, así como tres párrafos adicionales con sus respuestas para que usted pueda practicar.

PÁRRAFO DE PRUEBA 1

Las preguntas siguientes se basan en el párrafo que aparece a continuación, el cual contiene diversas oraciones. Algunas de las oraciones pueden contener errores en la estructura, en el uso de la gramática y en la ortografía. Otras oraciones pueden estar correctas en la forma que están escritas. Lea el párrafo y luego conteste las preguntas basadas en éste. Para cada pregunta, escoja la respuesta que crea que es más apropiada. La respuesta debe ser consistente con el significado y el tono del párrafo.

(1) El ahorro está considerado como una heramienta para conseguir objetivos en el futuro. (2) Después de que una familia ha optado por un plan de ahorros debe decidir dónde invertir prudentemente. (3) El seguro de vida es una manera de proveer protección financiera inmediata por la pérdida de ingresos debida a la muerte del sostén familiar. (4) Cuando se espera un hijo, aumenta la necesidad de adquirir un seguro de vida. (5) La compra de un seguro de vida cubre el costo del funeral, los gastos por enfermedad en el último período de vida y provee una entrada de dinero a los sobrevivientes. (6) Cuando se está planeando adquirir este tipo de protección financiera, deben tomarse en cuenta todos los recursos posibles que los sobrevivientes tengan que usar (sus ingresos y préstamos) la cantidad de ingresos que pueden necesitar y, finalmente, el costo de dicho programa. (7) Concentre el dinero del seguro en el sostén familiar y compre el tipo de seguro que le ofrezca más protección en relación al costo. (8) Una cuenta de ahorros es otra de las posibilidades para un programa de ahorros. (9) Es aquí donde la familia tendrá el dinero necesario para uso inmediato o en un futuro muy próximo. (10) Una vez que la familia se protegerá con un seguro para los sobrevivientes y una cuenta de ahorros, estará lista para invertir en otras opciones. (11) Cuando se llega a este punto, la familia debe considerar estas opciones basada en sus objetivos a largo plazo y la economía familiar.

1. Oración 1. **El ahorro está considerado como una heramienta para conseguir objetivos en el futuro.**

   ¿Qué corrección se debería hacer en esta frase?

   (1) Cambiar <u>considerado</u> a <u>considerada.</u>
   (2) Cambiar <u>heramienta</u> a <u>herramienta.</u>
   (3) Poner una coma después de cómo.
   (4) Cambiar <u>conseguir</u> a <u>aconseguir.</u>
   (5) Sin error

2. Oración 2. **Después de que una familia ha optado por un plan de ahorros debe decidir dónde invertir prudentemente.**

   ¿Qué corrección se debería hacer en esta frase?

   (1) Cambiar <u>ha</u> por <u>han.</u>
   (2) Poner el acento a <u>família.</u>
   (3) Poner una coma después de <u>ahorros.</u>
   (4) Cambiar <u>invertir</u> a <u>inbertir.</u>
   (5) Cambiar <u>prudentemente</u> a <u>prudente.</u>

3. Oración 3. **El seguro de vida es una manera de ofrecer protección financiera inmediata por la pérdida de ingresos debida a la muerte del sostén familiar.**

¿Cuál de las opciones siguientes es la que cree que es correcta para la parte de la oración que está subrayada? Si cree que la versión original es correcta, escoja la opción 1.

(1) protección financiera inmediata por la pérdida
(2) protección financiera inmediata. Por
(3) protección financiera inmediata...por
(4) protección financiera inmediata: por
(5) protección financiera inmediata—por

4. Oraciones 4 y 5. **Cuando se espera un hijo, aumenta la necesidad de adquirir un seguro de vida. La compra de un seguro de vida cubre el costo del funeral, los gastos por enfermedad en el último período de vida y provee una entrada de dinero para los sobrevivientes.**

¿Cuál de estas combinaciones de palabras es la más apropiada para conectar las dos oraciones?

(1) un seguro de vida, su compra de un seguro de vida cubre
(2) un seguro de vida que cubra
(3) un seguro de vida, que en efecto cubre
(4) un seguro de vida, que es lo mismo que decir que cubra
(5) un seguro de vida, por lo tanto cubre

5. Oración 6. **Cuando se está planeando adquirir este tipo de protección financiera, deben tomarse en cuenta todos los recursos posibles que los sobrevivientes tengan que usar (sus ingresos y préstamos) la cantidad de ingresos que pueden necesitar y, finalmente, el costo de dicho programa.**

¿Qué corrección se debería hacer en esta frase?

(1) Cambiar <u>financiera</u> a <u>financiero</u>.
(2) Poner una coma después del segundo paréntesis.
(3) Sustituir el paréntesis por comillas.
(4) Cambiar <u>planeando</u> por <u>planificando</u>.
(5) Sacar las comas antes y después de <u>finalmente</u>.

6. Oración 7. **Concentre el dinero del seguro en el sostén familiar y compre el tipo de seguro que le ofrezca más protección en relación al costo.**

¿Qué corrección se debería hacer en esta frase?

(1) Invertir <u>el dinero del seguro</u> a <u>el seguro del dinero.</u>
(2) Poner en mayúsculas la primera letra de <u>Sostén familiar.</u>
(3) Cambiar <u>ofrezca</u> a <u>ofresca.</u>
(4) Cambiar <u>en relación al</u> a <u>en relación el.</u>
(5) Sin error

7. Oraciones 8 y 9. **Una cuenta de ahorros es otra de las posibilidades para un programa de ahorros. Es aquí donde la familia tendrá el dinero necesario para uso inmediato o en un futuro muy próximo.**

¿Cuál de estas combinaciones de palabras es la más apropiada para conectar las dos oraciones?

(1) programa de ahorros, en donde la familia debe
(2) programa de ahorros, cuya familia debe
(3) programa de ahorros, a quien la familia debe
(4) programa de ahorros, por cual la familia debe
(5) programa de ahorros, por quien la familia debe

8. Oración 10. **Una vez que la familia se protegerá con un seguro para los sobrevivientes y una cuenta de ahorros, estará lista para invertir en otras opciones.**

¿Qué corrección se debería hacer en esta frase?

(1) Cambiar <u>se protegerá</u> a <u>se proteja.</u>
(2) Añadir una coma después de <u>sobrevivientes.</u>
(3) Sacar la coma después de <u>ahorros.</u>
(4) Cambiar <u>estará lista</u> a <u>estarán listas.</u>
(5) Sin error

9. La oración principal de todo el párrafo es

(1) la oración 1
(2) la oración 2
(3) la oración 5
(4) la oración 8
(5) la oración 11

Clave de las respuestas

1. **2**   3. **1**   5. **2**   7. **1**   9. **2**

2. **3**   4. **2**   6. **5**   8. **1**

Análisis de las respuestas

1. **2** *Considerado* debe concordar en género y número con el nombre, que en este caso es *ahorro*. Como ambos son masculinos y singulares, no hay conflicto. No se necesita ninguna coma adicional y la palabra *aconseguir* no existe. *Herramienta*, sin embargo, se escribe con doble **rr**.

2. **3** *Familia*, aunque tenga muchos miembros, sigue siendo un nombre singular, así que la opción 1 es incorrecta. En cambio, una coma se necesita después de una cláusula introductoria. *Invertir* está bien escrito y en este caso se usa el adverbio (*prudentemente*) y no el adjetivo.

3. **1** La oración original está escrita correctamente. Un punto fragmenta la oración y no hay leyes aplicables al uso de ninguna otra de las puntuaciones presentadas por las otras opciones.

4. **2** La sencillez siempre triunfa. En este caso, la combinación de la conjunción *que* y el verbo *cubrir* en subjuntivo es el enlace ideal. Todas las demás opciones son confusas y/o gramaticalmente incorrectas.

5. **2** *Protección* es una palabra femenina y por concordancia se usa *financiera*. Usar comillas en vez de paréntesis no obedece ninguna regla gramatical o sintáctica. Tanto *planeando* como *planificando* podrían emplearse, pero, ¿para qué substituir uno por otro si ambos son correctos? El uso de comas antes y después de *finalmente* es un recurso gramatical comúnmente empleado para separar dos ideas. Sin embargo, como hay una enumeración en la oración, se requiere el uso de una coma después del segundo paréntesis.

6. **5** Ninguna opción es correcta, ya sea en cuanto a lógica o deletreo o reglas gramaticales. La oración original está correcta.

7. **1** El nombre va delante de un complemento circunstancial de modo encabezado por *en donde*. La primera opción es la correcta, mientras que las demás son estructuras ilógicas.

8. **1** El verbo en tiempo futuro no es correcto, ya que para haber concordancia se requiere el subjuntivo. El seguro para los sobrevivientes y la cuenta de ahorros son dos tipos de protección para la familia y van unidos por la conjunción *y*; es decir, el uso de una coma después de *sobrevivientes* no cumpliría función alguna. Tampoco se puede sacar una coma, tratándose de una cláusula introductoria. *Estará lista* se refiere a la familia y se usa en singular porque *familia* es singular.

9. **2** La opción 1 es incorrecta porque sólo menciona la relación entre el ahorro y los objetivos futuros. La opción 2 es correcta porque todo el párrafo describe la manera más sabia de invertir en un plan de ahorros. La opción 3 está equivocada por mencionar sólo una manera de invertir en un plan de ahorros. Lo mismo pasa con la opción 4, porque menciona sólo un elemento del programa de ahorros. La opción 5 es incorrecta porque nos dice lo que una familia debe considerar antes de embarcarse en un plan de ahorros.

TRES PÁRRAFOS DE PRÁCTICA ADICIONALES CON RESPUESTAS

Revise las instrucciones contenidas en la primera página de este capítulo para responder estos párrafos

Importante: No conteste ninguna pregunta antes de haber analizado las diferentes opciones. Tome en cuenta sus conocimientos de ortografía, gramática y lógica para responder correctamente.

PÁRRAFO DE PRUEBA 2

(1) Para mejorar la oferta del consumidor use estrategias de compra adecuadas y lleve a cabo un plan básico. (2) Los precios, la calidad y la conveniencia pueden variar enormemente en la compra de alimentos, seguros para el automóbil o tratamientos para la caspa. (3) Una sandía es mejor comprarla en temporadas determinadas del año debido a los costos de transporte. (4) El aire acondicionado puede ser una buena compra en otras épocas del año. (5) La variedad y la elección disponible hace que sus decisiones personales en el consumo sean complejas, pero los ahorros potenciales y las mejoras son grandes comparados con los pobres resultados obtenidas de decidir no comprar mucho. (6) Un baño de lágrimas puede evitarse si se obtiene información fidedigna en cursos, de educación al consumidor, revistas de consumo y numerosos libros y folletos. (7) Las prácticas injustas y engañosas de algunos negociantes podrían desaparecer, si los consumidores se autodefendieran. (8) Esta defensa significa estar bien informados. (9) Los consumidores pueden ayudar a mejorar la seguridad del producto, mantener precios razonables y incrementar la calidad de los bienes, no sólo por comprar inteligentemente, sino por hacerse cargo ellos mismos de los problemas económicos y del consumo. (10) En una responsabilidad mutua entre los consumidores lo de buscar y mejorar las maneras en que los productores hacen y venden sus productos y servicios.

1. Oración 1. **Para mejorar la oferta del consumidor use estrategias de compra adecuadas y lleve a cabo un plan básico.**

   ¿Qué corrección se debería hacer en esta oración?

   (1) Poner una coma después de <u>consumidor</u>.
   (2) Cambiar <u>adecuadas</u> a <u>adequadas</u>.
   (3) Cambiar <u>lleve a cabo</u> a <u>lleva por cabo</u>.
   (4) Poner una coma después de <u>adecuadas</u>.
   (5) Sin error

2. Oración 2. **Los precios, la calidad y la conveniencia pueden variar enormemente en la compra de alimentos, seguros para el automóbil o tratamientos para la caspa.**

   ¿Qué corrección se debería hacer en esta oración?

   (1) Sacar la coma después de <u>precios</u>.
   (2) Cambiar <u>automóbil</u> a <u>automóvil</u>.
   (3) Cambiar <u>enormemente</u> a <u>enorme</u>.
   (4) Cambiar p<u>ara la caspa</u> a <u>de la caspa</u>.
   (5) Sin error

3. Oraciones 3 y 4. **Una sandía es mejor comprarla en temporadas determinadas del año debido a los costos de transporte. El aire acondicionado puede ser una buena compra en otras épocas del año.**

   ¿Cuál de estas combinaciones de palabras es la más apropiada para conectar las dos oraciones?

   (1) costos de transporte, a pesar que el aire
   (2) costos de transporte, pero el aire
   (3) costos de transporte, asimismo el aire
   (4) costos de transporte, de tal manera que
   (5) costos de transporte, por supuesto el aire

4. Oración 5. **La variedad y la elección disponible hace que sus decisiones personales en el consumo sean complejas, pero los ahorros potenciales y las mejoras son grandes comparados con los pobres resultados obtenidas de decidir no comprar mucho.**

   ¿Qué corrección se debería hacer en esta oración?

   (1) Cambiar <u>decisiones</u> a <u>deciciones</u>.
   (2) Cambiar <u>comparados</u> a <u>comparadas</u>.
   (3) Cambiar <u>comparados</u> a <u>comparado</u>.
   (4) Cambiar <u>obtenidas</u> a <u>obtenidos</u>.
   (5) Sin error.

5. Oración 6. **Un baño de lágrimas puede evitarse si se obtiene información fidedigna en cursos, de educación al consumidor, revistas de consumo y numerosos libros y folletos.**

¿Qué corrección se debería hacer en esta oración?

(1) Poner el acento a <u>sí</u>.
(2) Cambiar <u>fidedigna</u> a <u>fidedigno</u>.
(3) Sacar la coma después de <u>cursos</u>.
(4) Sacar la coma después de <u>consumidor</u>.
(5) Sin error

6. Oración 7. **Las prácticas injustas y engañosas de algunos negociantes podrían desaparecer, si los consumidores se autodefendieran.**

¿Qué corrección se debería hacer en esta oración?

(1) Cambiar <u>injustas</u> a <u>imjustas</u>.
(2) Cambiar <u>desaparecer</u> a <u>desapareser</u>.
(3) Poner coma después de <u>engañosas</u>.
(4) Cambiar <u>autodefendieran</u> a <u>auto-defendieran</u>.
(5) Sin error

7. Oraciones 7 y 8. **Las prácticas injustas y engañosas de algunos negociantes podrían desaparecer, si los consumidores se autodefendieran. Esta defensa significa estar bien informados.**

¿Cuál de estas combinaciones de palabras es la más apropiada para conectar las dos oraciones?

(1) se autodefendieran, lo que quiere decir estar bien informados.
(2) se autodefendieran, pero estar bien informados.
(3) se autodefendieran, por ejemplo estar bien informados.
(4) se autodefendieran, no obstante estar bien informados.
(5) se autodefendieran, después de estar bien informados.

8. Oración 9. **Los consumidores pueden ayudar a mejorar la seguridad del producto, mantener precios razonables y incrementar la calidad de los bienes, no sólo por comprar inteligentemente, sino por hacerse cargo ellos mismos de los problemas económicos y del consumo.**

¿Qué corrección se debería hacer en esta oración?

(1) Sacar la coma después de <u>producto</u>.
(2) Cambiar <u>y</u> a <u>e</u> después de <u>razonables</u>.
(3) Cambiar <u>razonables</u> a <u>rasonables</u>.
(4) Sacar la coma después de <u>bienes</u>.
(5) Cambiar <u>sino</u> a <u>si no</u>.

9. Oración 10. **Es una responsabilidad mutua entre los consumidores lo de buscar y mejorar las maneras en que los productores hacen y venden sus productos y servicios.**

¿Qué corrección se debería hacer en esta oración?

(1) Cambiar <u>lo</u> a <u>la</u>.
(2) Sacar la preposición <u>en</u>.
(3) Cambiar <u>hacen</u> a <u>hazen</u>.
(4) Poner una coma antes de <u>productos</u>.
(5) Sin error

Clave de las respuestas

1. **1**   3. **2**   5. **3**   7. **1**   9. **1**
2. **2**   4. **4**   6. **5**   8. **2**

Análisis de las respuestas

1. **1** *Adecuadas* está escrita correctamente (cuidado con confundir con *adequate* en inglés.) La expresión *llevar por cabo* no existe; además, *lleve a cabo* concuerda correctamente con el tiempo verbal de *use*. No es necesaria la coma después de *adecuadas* (el uso de comas antes de *y* es un anglicismo.) La coma sí es necesaria en la cláusula introductoria, después de *consumidor*.

2. **2** La coma no se debe sacar después de *precios* porque se trata de una enumeración. El adverbio *enormemente* es correcto y los tratamientos son *para* la caspa. *Automóvil* viene de la palabra *móvil*, no del inglés *mobile*, y por eso la palabra original es incorrecta.

3. **2** La unión con la preposición *pero* es la única opción correcta; las demás simplemente carecen de lógica.

4. **4** *Decisiones* está deletreada correctamente. La concordancia en *comparados* es correcta, porque su conexión con *ahorros* (palabra masculina, plural) y *mejoras* (palabra femenina, plural) requiere, según las reglas, que *comparados* sea masculina y plural. *Obtenidas*, sin embargo, debe concordar con *resultados*, lo que exige usar *obtenidos*.

5. **3** *Si* en este caso es una conjunción y por eso no lleva acento. La concordancia de *fidedigno* es correcta. *Consumidor* forma parte de una enumeración y por lo tanto la coma está bien allí, pero después de *cursos* la coma está mal porque los cursos son de educación.

6. **5** La oración es correcta tal como está.

7. **1** La opción correcta para conectar las dos oraciones es la 1, ya que la expresión adverbial de modo *lo que quiere decir* nos explica la frase siguiente.

8. **2** La coma no se puede sacar porque es una enumeración. *Razonables* está deletreada correctamente. La pausa que impone la coma después de *bienes* tampoco puede eliminarse. *Sino* es una conjunción adversativa. En cambio, la *y* se convierte en *e* cuando la palabra que le sigue empieza por **i**.

9. **1** *En* está correcta porque se puede sustituir por *en la cual. Hacen* se escribe con **c**. La enumeración de dos objetos no requiere una coma. Así, la opción 1 es la correcta, ya que el pronombre que sustituye a *la responsabilidad* debe concordar en género y número: *la* en lugar de *lo.*

PÁRRAFO DE PRUEBA 3

(1) Los insectos caseros parecen tener una increíble habilidad para escapar de la extinción. Las cucarachas por ejemplo que han existido en la tierra mucho más antes que el hombre, pueden subsistir con cualquier tipo de comida. (2) Crecen en cualquier parte del mundo, algunas especies prefieren la casa de los humanos que otros ambientes. (3) Cuando entran usan sus artimañas instintivas para evitar que las maten o las fulminen. (4) Se puede controlar con pesticidas caseros. (5) Hacer limpieza sistemática de la casa. (6) La manera más práctica de eliminar cualquier insecto casero es mediante la combinación de una buena limpieza y el uso apropiado de un buen insecticida. (7) Es más fácil prevenir una plaga de insectos en su casa, que luego deshacerse de ellos una vez que se han establecido. (8) Los insectos caseros buscan la comida disponible en lugares adonde pueden vivir y respirar. (9) Si eliminan estas facilidades en su hogar, los insectos buscarán otros lugares. (10) Mantenga los armarios, los cajones de la cocina y las tuberías limpias. (11) Muy a menudo, con sólo restregar con agua y jabón se soluciona el problema.

1. Oración 1. **Los insectos caseros parecen tener una increíble habilidad para escapar de la extinción. Las cucarachas por ejemplo que han existido en la tierra mucho más antes que el hombre, pueden subsistir con cualquier tipo de comida.**

   ¿Qué corrección se debería hacer en esta oración?

   (1) Poner una coma después de <u>caseros</u>.
   (2) Poner una coma antes y después de <u>por ejemplo</u>.
   (3) Sacar la coma después de <u>hombre</u>.
   (4) Cambiar <u>subsistir</u> a <u>susistir</u>.
   (5) Sin error

2. Oración 2. **Crecen en cualquier <u>parte del mundo, algunas especies</u> prefieren la casa de los humanos que otros ambientes.**

   ¿Cuál es la mejor manera de escribir la parte subrayada de la oración? Si piensa que la versión original está correcta, elija la opción 1.

   (1) mundo, algunas especies
   (2) mundo. Algunas especies
   (3) mundo algunas especies
   (4) mundo; pero algunas especies
   (5) mundo porque algunas especies

3. Oración 3. **Cuando entran usan sus artimañas instintivas para evitar que las maten o las fulminen.**

¿Qué corrección se debería hacer en esta oración?

(1) Cambiar <u>artimañas</u> a <u>artimanas</u>.
(2) Poner una coma después de <u>entran</u>.
(3) Cambiar <u>para evitar</u> a <u>por evitar</u>.
(4) Cambiar <u>o</u> a <u>y</u>.
(5) Sin error

4. Oraciones 4 y 5. **Se puede controlar con pesticidas caseros. Hacer limpieza sistemática de la casa.**

¿Cuál de estas combinaciones de palabras es la más apropiada para conectar las dos oraciones?

(1) pesticidas caseros, pero hacer limpieza
(2) pesticidas caseros si se intenta hacer limpieza
(3) pesticidas caseros, de tal manera que se hace limpieza
(4) pesticidas caseros y haciendo limpieza
(5) pesticidas caseros para hacer limpieza

5. Oración 6. **La manera más práctica de eliminar cualquier insecto casero es mediante la combinación de una buena limpieza y el uso apropiado de un buen insecticida.**

¿Qué corrección se debería hacer en esta oración?

(1) Cambiar <u>la manera más práctica</u> a <u>la más práctica manera</u>.
(2) Cambiar <u>mediante</u> a <u>a través</u>.
(3) Poner una coma después de <u>combinación</u>.
(4) Cambiar <u>buen</u> a <u>bueno</u>.
(5) Sin error

6. Oración 7. **Es más fácil prevenir una plaga de insectos en su casa, que luego deshacerse <u>de ellos una vez</u> que se han establecido.**

¿Cuál sería la mejor manera de escribir la parte subrayada de la oración? Si cree que está bien escrita, escoja la opción 1.

(1) de ellos una vez
(2) de ellos. Una vez
(3) de ellos: una vez
(4) de ellos; una vez
(5) de ellos, y una vez

7. Oración 8. **Los insectos caseros buscan la comida disponible en lugares donde pueden vivir y respirar.**

¿Qué corrección se debería hacer en esta oración?

(1) Cambiar <u>caseros</u> a <u>caceros</u>.
(2) Cambiar <u>disponible</u> a <u>desponible</u>.
(3) Poner una coma después de <u>lugares</u>.
(4) Cambiar <u>adonde</u> a <u>en donde</u>.
(5) Sin error

8. Oración 9. **Si eliminan estas facilidades en su hogar, los insectos buscarán otros lugares.**

¿Qué corrección se debería hacer en esta oración?

(1) Cambiar *eliminan* a *se eliminan*.
(2) Cambiar *su* a *sus*.
(3) Sacar la coma después de *casa*.
(4) Cambiar *buscarán* a *irán a buscar*.
(5) Sin error.

9. Oraciones 10 y 11. **Mantenga los armarios, los cajones de la cocina y las tuberías limpias. Muy a menudo, con sólo restregar con agua y jabón se soluciona el problema.**

¿Cuál de estas combinaciones de palabras es la más apropiada para conectar las dos oraciones?

(1) tuberías limpias a pesar que, muy a menudo
(2) tuberías limpias y, muy a menudo,
(3) tuberías limpias porque muy a menudo
(4) tuberías limpias pero, muy a menudo
(5) tuberías limpias mientras que muy a menudo

Clave de las respuestas

1. **2**   3. **2**   5. **5**   7. **4**   9. **2**
2. **2**   4. **4**   6. **1**   8. **1**

Análisis de las respuestas

1. **2** No habiendo cláusula introductoria después de *caseros*, no hay motivo para poner allí una coma. Las comas se usan para insertar frases dentro de la oración; por eso, la inserción de *por ejemplo* las requiere. *Subsistir* está deletreada correctamente.

2. **2** Hay un error en la estructura de la oración. Hay dos ideas tan independientes que cualquier opción que no sea la 2 será incapaz de separarlas adecuadamente. El punto determina con claridad una idea y otra.

3. **2** Debido a que es una cláusula introductoria, después de *entran* se debe poner una coma. Todas las palabras en duda están bien escritas.

4. **4** Las dos oraciones se pueden unir a través de la conjunción *y*. La opción 1 sería correcta si se le añadiera *al hacer limpieza*. Las demás oraciones no tienen sentido.

5. **5** No hay ningún error en esta oración. Las opciones 1 y 2 reflejan la influencia del inglés, ya sea en el orden (*the most practical way*) o en el uso de la expresión *through*. Poner una coma sería absurdo y cambiar *buen* a *bueno* sería incorrecto porque *insecticida*, aunque esté terminada en **a**, es una palabra masculina.

6. **1** La oración está bien escrita. Podría quizás ponerse una coma después de *ellos*.

7. **4** *Adonde* refleja dirección. *En donde* es el adverbio correcto porque expresa un lugar. Las demás opciones no son válidas.

8. **1** El verbo *eliminar* requiere en este caso la partícula *se* porque no se sabe quien es el sujeto. Siendo *casa* singular, el uso del plural *sus* sería un error. La coma es necesaria porque establece la cláusula introductoria. Es posible emplear *irán a buscar*, pero *buscarán* es perfectamente correcto.

9. **2** Para conectar la oración, la conjunción *y* es la mejor posibilidad. *A pesar*, *porque*, *pero*, *mientras* no realizan la función requerida.

PÁRRAFO DE PRUEBA 4

(1) Entre los registros más importantes, se encuentra los inventarios caseros. (2) Pero antes de que sean de gran valor en caso de incendio o de robo debe incorporar algunos datos. (3) Asegúrase de anotar el día de la compra de un artículo, el precio, el número del modelo (si lo hay) y el nombre de la marca y del concesionario. (4) Es importante hacer una descripción general (color, tamaño, estilo, eléctrico o de gas, etc.). (5) No se olvide de hacer una suma global en su lista, donde se incluyan la ropa y la joyería. (6) Esta información tiene un doble propósito. (7) Le ayuda a determinar el valor de sus pertenencias, así como el tener un seguro de protección adecuado. (8) Puede serle de gran ayuda, cuando le sea necesario hacer una reclamación al seguro. (9) Algunas familias toman fotografías de unas habitaciones para ayudarles a identificar sus pertenencias. (10) Una copia del inventario casero debería ponerlo en depósito en una caja de seguridad...o puede que quiera dar una copia a su compañía de seguros.

1. Oración 1. **Entre los registros más importantes, se encuentra los registros caseros.**

   ¿Qué corrección se debería hacer en esta oración?

   (1) Cambiar registros a enregistros.
   (2) Cambiar se encuentra a se encuentran.
   (3) Cambiar inventarios a inventorios.
   (4) Cambiar caseros a caseras.
   (5) Sin error

2. Oración 2. **Pero antes de que sean de gran valor en caso de incendio o de robo debe incorporar algunos datos.**

   ¿Qué corrección se debería hacer en esta oración?

   (1) Cambiar gran a grande.
   (2) Cambiar incendio a encendio.
   (3) Poner una coma después de robo.
   (4) Cambiar debe a debía.
   (5) Sin error

3. Oración 3. **Asegúrase de anotar el día de la compra de un artículo, el precio, el número del modelo (si lo hay) y el nombre de la marca y del concesionario.**

¿Qué corrección se debería hacer en esta oración?

(1) Cambiar asegúrase a asegúrese.
(2) Cambiar un a una.
(3) Sacar los paréntesis alrededor de si lo hay.
(4) Cambiar concesionario a consecionario.
(5) Sin error

4. Oraciones 3 y 4. **Asegúrase de anotar el día de la compra de un artículo, el precio, el número del modelo (si lo hay) y el nombre de la marca y del concesionario. Es importante hacer una descripción general (color, tamaño, estilo, eléctrico o de gas, etc.).**

¿Cuál de estas combinaciones de palabras es la más apropiada para conectar las dos oraciones?

(1) concesionario y es importante
(2) concesionario, porque es importante
(3) concesionario, sin embargo es importante
(4) concesionario. También es importante
(5) concesionario, no obstante es importante

5. Oración 5. **No se olvide de hacer una suma global en su lista, donde se incluyan la ropa y la joyería.**

¿Qué corrección se debería hacer en esta oración?

(1) Cambiar olvide a olbide.
(2) Cambiar global a globala.
(3) Sacar la coma después de lista.
(4) Cambiar incluyan a incluian.
(5) Sin error

6. Oraciones 6 y 7. **Esta información tiene un doble propósito. Le ayuda a determinar el valor de sus pertenencias, así como el tener un seguro de protección adecuado.**

¿Cuál de estas combinaciones de palabras es la manera correcta para conectar la parte subrayada?

(1) doble propósito: le ayuda
(2) doble propósito, le ayuda
(3) doble propósito y le ayuda
(4) doble propósito; le ayuda
(5) doble propósito, sin embargo

7. Oración 8. **Puede serle de gran ayuda, cuando le sea necesario hacer una reclamación al seguro.**

¿Qué corección se debería hacer en esta oración?

(1) Cambiar serle a serlo.
(2) Sacar la coma después de ayuda.
(3) Cambiar le a la.
(4) Cambiar necesario a nesesario.
(5) Sin error

8. Oración 9. **Algunas familias toman fotografías de unas habitaciones para ayudarles a identificar sus pertenencias.**

¿Qué corrección se debería hacer en esta oración?

(1) Cambiar algunas a alguna.
(2) Cambiar toman a hacen.
(3) Cambiar ayudarles a ayudarlas.
(4) Cambiar unas a sus.
(5) Sin error

9. Oración 10. **Una copia del inventario casero debería ponerlo en depósito en una caja de seguridad...o puede que quiera dar una copia a su compañía de seguros.**

¿Qué corrección se debería hacer en esta oración?

(1) Cambiar del a de.
(2) Cambiar debería a habría que.
(3) Sacar los puntos suspensivos después de seguridad.
(4) Cambiar dar a darlo.
(5) Sin error

Clave de las respuestas

1. **2**   3. **1**   5. **5**   7. **5**   9. **5**

2. **3**   4. **4**   6. **1**   8. **4**

Análisis de las respuestas

1. **2** *Registros* e *inventarios* están bien escritas. *Inventarios* es una palabra masculina y por lo tanto *caseros* está correcto. En cambio, *se encuentra* no concuerda y se debe añadir una **n**, ya que es plural por referirse a los inventarios.

2. **3** *Gran* es correcto (corresponde a *grande*, pero por costumbre se emplea en vez de este último antes de nombres en singular: un gran hotel, un gran coche.) *Incendio* está bien escrito. El uso de *antes* puede confundir la oración y sugerir que *debe* debiera ser *debía*; sin embargo, se le está sugiriendo que incorpore algunos datos *ahora*, y por eso *debe* está correcto. En cambio, le falta una coma a la cláusula introductoria, tal como lo ilustra la opción 3.

3. **1** El imperativo está incorrecto, pues se escribe *asegúrese*. Todas las demás opciones son incorrectas: *artículo* es una palabra masculina y por eso *un* está bien, los paréntesis explicativos están bien puestos y *concesionario* está escrito correctamente.

4. **4** El adverbio *también* es el único que conecta las dos oraciones correctamente, ya que añade otras posibilidades para sus inventarios caseros.

5. **5** La frase está correcta. *Olvide* está bien escrito. El adjetivo *global* no tiene femenino. La coma está correcta, ya que encabeza la oración subordinada. *Incluyan* está bien escrito.

6. **1** Los dos puntos son correctos, ya que explican o enumeran los dos propósitos que tiene esta información. Las demás opciones son gramaticalmente incorrectas o ilógicas.

7. **5** El **le** de *serle* es el complemento indirecto. Ocurre lo mismo con "si *le* es necesario", ya que los dos sustituyen la palabra *usted*. La coma divide una cláusula introductoria y *necesario* está bien escrito. O sea, la oración está correcta.

8. **4** *Familias* es plural, por lo tanto el determinante (*algunas*) también debe serlo. *Toman fotografías* también es correcto. El **les** de *ayudarles* se refiere a *ustedes* y también es correcto. En cambio, *unas* es incorrecto ya que se refiere a las habitaciones personales de estas personas y, por eso, debe hablarse de *sus* habitaciones.

9. **5** *Del* es la contracción de *de* + *el* y está correcta. Sería aceptable poner *habría que*, pero *debería* es correcto y va mejor con el resto de la oración. Los puntos suspensivos indican vacilación por parte del escritor, lo cual es aceptable y gramaticalmente correcto. *Darlo* sería incorrecto ya que *lo* es el objeto directo que se refiere a la copia. De este modo, la oración es correcta.

¿CUÁL ES SU PUNTUACIÓN?

Sume los puntos que ha obtenido por las respuestas correctas en los cuatro párrafos de prueba.

_____ correctas	_____ incorrectas
Excelente	32–36
Bien	27–31
Regular	22–26

El Ensayo

El propósito del ensayo en el Examen de GED es el de poner a prueba su capacidad para escribir. Se le pide aquí escribir un ensayo de aproximadamente 250 palabras en el cual usted explica algo, presenta su opinión sobre algún asunto o describe una experiencia personal. El propósito no es el de demostrar cuánto sabe usted sobre un tema determinado, sino cuán bien presenta sus ideas. En este capítulo usted recibirá información básica que mejorará su capacidad para crear ensayos bien estructurados y enfocados, con ejemplos y ejercicios que abarcan desde la estructura de la oración hasta ensayos completos.

¿QUÉ ES UN ENSAYO?

Antes de comenzar su ensayo, debe usted comprender qué es lo que va a escribir. Un ensayo es un pequeño tema basado en una idea principal acompañada de pormenores. En el Examen de GED se le dará el *tema* y usted deberá desarrollarlo mediante oraciones que son completas, variadas y correctas. Organizará usted dichas oraciones en párrafos que en conjunto formarán su ensayo.

La sección *Lenguaje, Escritura* le mostrará cómo escribir un ensayo mediante el análisis de diez segmentos que comienzan con la oración, continúan con los párrafos y terminan con el ensayo.

LA ORACIÓN

¿QUÉ ES UNA ORACIÓN?

Una oración es un grupo de palabras que forman un pensamiento completo. En este pensamiento completo hay un sujeto que nos dice de qué trata la oración y un predicado que nos dice qué es lo que el sujeto hace. Las oraciones expresan mediante el habla o la escritura los pensamientos e ideas de la gente. Para estar seguros de que un pensamiento o una idea queden bien entendidos, es necesario escribir o narrar la oración de modo claro y correcto.

EJEMPLO

ORACIONES CORRECTAS:

Judy tomará el tren de las cinco para ir del trabajo a su casa.

Por favor, llame para hacer una reservación.

¡Diablos! ¡Ese fue un gran partido!

¿Qué hay de almuerzo?

Tales oraciones son gramaticalmente correctas. Están completas, comienzan con mayúsculas y terminan con los signos de puntuación correctos.

ORACIONES INCORRECTAS:

Camina temprano por la mañana.

El tren largo y negro.

Juan y Marcos y Terry y Lee.

Esa intersección tan llena de vehículos es para los niños un lugar peligroso ellos pueden tener un accidente.

Las primeras tres oraciones entre los ejemplos incorrectos son fragmentos de oraciones; es decir, carecen de un sujeto o de un predicado. La cuarta oración es de texto seguido, es decir, contiene más de una oración.

Camina temprano por la mañana carece de sujeto. ¿Quién o qué camina temprano por la mañana? Podemos corregir esta oración añadiendo el sujeto "gato". *El gato camina temprano por la mañana.*

El tren largo y negro carece de predicado. ¿Qué es lo que el tren hace? La oración puede arreglarse agregándosele el predicado "está cargado con madera". *El tren largo y negro está cargado con madera.*

Juan y Marcos y Terry y Lee es el fragmento de una oración mal escrita y que no posee predicado. Cuando hay un sujeto múltiple o una serie de palabras, deben estar conectados mediante comas y contar con predicado, como por ejemplo *Juan, Marcos, Terry y Lee irán en autobús al pueblo.*

Esta intersección tan llena de vehículos es para los niños un lugar peligroso ellos pueden tener un accidente puede oírse como una oración correcta, pero en realidad se trata de dos oraciones pegadas que deben separarse en dos oraciones completas. *Esa intersección tan llena de vehículos es para los niños un lugar peligroso. Ellos pueden tener un accidente.* Note que ambas oraciones cuentan con sujeto y predicado.

TIPOS DE ORACIÓN

Hay cuatro tipos básicos de oración. Las oraciones pueden ser enunciativas, interrogativas, exclamativas o imperativas.

Las oraciones *enunciativas* declaran algo. Este tipo de oración menciona una idea y termina con un punto.

EJEMPLO

El cielo es azul.

Las rosas tienen espinas.

Sandie y Larry fueron de compras al mercado.

Las flores necesitan mucha agua para sobrevivir el calor del verano.

Las oraciones *interrogativas* preguntan algo. Una oración interrogativa comienza y termina con signos de interrogación.

EJEMPLO

¿Qué te vas a poner para la fiesta?

¿Necesita una muda el bebé?

¿Te olvidaste de comprar la leche?

¿Recibió José el correo?

Las oraciones *exclamativas* expresan fuertes emociones. Una oración exclamativa comienza y termina con signos de exclamación.

EJEMPLO

¡Cuidado con ese auto!

¡El informe del tiempo anuncia tormenta!

¡Esa abeja me está persiguiendo!

¡El daño ocasionado al parque es inmenso!

Las oraciones *imperativas* piden u ordenan. A veces se confunden con las oraciones interrogativas, pero las imperativas no preguntan. La persona que recibe la petición u orden no necesita responder. Tales oraciones terminan en un punto.

EJEMPLO

Por favor, anda a buscar a tu hermano.

No fumes cerca del bebé.

Cuando termines la cena, lava los platos.

Por favor, devuelve el disco a la tienda de videos.

PRÁCTICA CON TIPOS DE ORACIÓN

Lea las oraciones siguientes y determine de qué tipo es cada una. Escriba la letra que le corresponde.

A. enunciativa   B. interrogativa
C. exclamativa   D. imperativa

1. _____ El niño se sentó a la orilla del lago y se vio reflejado en el agua.

2. _____ ¿Adónde vas el sábado?

3. _____ Carlos estaba admirando su nuevo coche.

4. _____ Por favor, baja el volumen de tu música.

5. _____ ¡Acabo de ganar un gorila de peluche en la feria!

6. _____ Hay días en que el tiempo parece transcurrir muy lentamente.

7. _____ ¡Comenzó la parada!

8. _____ Encuéntrame en la pizzería.

9. _____ ¿Cuándo llevarás a Diego al partido?

10. _____ Hay un gran programa en la televisión esta noche.

CLAVE DE LAS RESPUESTAS

1. **A**	3. **A**	5. **C**	7. **C**	9. **B**
2. **B**	4. **D**	6. **A**	8. **D**	10. **A**

Práctica con componentes de oraciones

Para que las oraciones estén bien escritas, deben tener correctos todos sus componentes, es decir, uso correcto de los signos de puntuación, sujetos y predicados.

Estos componentes ayudan al lector a interpretar correctamente el mensaje que se le comunica.

> **REGLAS BÁSICAS PARA EL USO DE LAS MAYÚSCULAS:**
>
> - Primera palabra de una oración o frase
> - Nombres propios (nombres y apellidos de gente, países, ciudades y pueblos)
> - Nombres de organizaciones e instituciones
> - Nombres de periódicos y revistas
> - Abreviaciones de títulos
> - Nombres de períodos históricos

EJEMPLO

Este jarrón de vidrio es muy indicado para poner las flores.

Juan Pérez fue a Ecuador.

La Organización Pánfilo está recaudando fondos.

¿Has leído la Gaceta de Colombia?

El Sr. Gómez y el Dr. Allende.

La Edad Media fue muy primitiva.

USO DE LA PUNTUACIÓN

La puntuación permite que el lector comprenda en todos sus detalles el significado de una oración. Una oración rodeada de signos interrogativos indica claramente que se está formulando una pregunta. Los signos exclamativos revelan que la oración está saturada de emoción, mientras que el punto al final de la oración indica que el pensamiento transmitido ha llegado a su fin. Dicho pensamiento puede describir un hecho, una opinión, puede estar formulando una pregunta o indicando una orden. Otros signos de puntuación son la coma, los dos puntos, el punto y coma, las comillas, la raya y el guión, y los paréntesis. Todos estos signos están explicados en detalle bajo el título *Lenguaje, Fundamentos de la Escritura.*

PRÁCTICA DE PUNTUACIÓN

Ponga los signos de puntuación requeridos al final (y al comienzo, cuando corresponda) de cada oración.

1. Me pregunto cómo será el tiempo hoy día

2. Cuéntame la película que viste

3. Cuál es la manera más rápida de viajar de Nueva York a Denver

4. Ayúdame a desenvolver este regalo

5. Esto es increíble

6. El museo fue visitado por miles de personas ayer

7. Qué bien lo pasamos con Pablo

8. Dónde dejé mi reloj nuevo

9. Las llaves del auto están en la mesa

10. Este libro es excelente

1. punto
2. punto
3. signos interrogativos
4. punto
5. signos exclamativos

6. punto
7. signos exclamativos
8. signos interrogativos
9. punto
10. signos exclamativos

EL SUJETO Y EL PREDICADO

Cada oración debe tener un sujeto y un predicado. Un sujeto nos dice de qué trata la oración. El sujeto de una oración puede ser un nombre, un pronombre, o puede no mencionarse en la oración pero estar implícito. Un nombre puede ser una persona, un lugar o una cosa. Un pronombre es una palabra que sustituye a un nombre. Un sujeto implícito es aquel que no se menciona pero es entendido por el lector, como es el caso de una oración imperativa.

EJEMPLO

La taza azul de la abuela/cayó al suelo con gran ruido.

La cobija vieja/estaba raída.

Ella/recogió las manzanas del suelo.

Apaga la televisión.

Los sujetos y predicados que aparecen arriba están separados por una raya diagonal. En el primer ejemplo, el sujeto es *La taza azul de la abuela* y *cayó al suelo con gran ruido* el predicado. En el segundo ejemplo, *La cobija vieja* es el sujeto y *estaba raída* el predicado. En el tercer ejemplo, *Ella* es el sujeto y *recogió las manzanas del suelo* el predicado. El último ejemplo es una oración imperativa y el sujeto no aparece, pero se sabe que es la persona a la cual está dirigida la oración. Es decir, el sujeto está implícito. En otras ocasiones el sujeto aparece indirectamente, como ocurre en la oración *Fui al cine ayer*. No hay duda que la persona que fue es *yo*, y por eso *yo* es el sujeto, aunque no aparezca en la oración.

Los sujetos

Un sujeto puede ser simple o completo. Un sujeto simple es la palabra clave alrededor de la cual está construída toda la oración. Un sujeto completo abarca al sujeto simple y todas las otras palabras que lo acompañan.

EJEMPLO

La rama del árbol rozó la ventana.

El pequeño zorro negro atrapó un ratón en el campo.

La rama del árbol es el sujeto completo, mientras que *árbol* es el sujeto simple. En el segundo ejemplo, *El pequeño zorro negro* es el sujeto completo y *zorro* es el sujeto simple.

Los sujetos también pueden ser compuestos, es decir, puede haber dos o más sujetos que comparten el mismo verbo.

EJEMPLO

Rosa y Carolina están planeando una merienda en el parque.

Chicago y St. Louis tienen estaciones parecidas.

Amanda, Paul y Tom trabajaron duro en la fábrica.

El sujeto compuesto en la primera oración es *Rosa y Carolina*; en la Segunda oración es *Chicago y St. Louis*; y en la tercera oración es *Amanda, Paul* y *Tom*.

PRÁCTICA CON SUJETOS

Haga un círculo alrededor de los sujetos completos y subraye los sujetos simples. Si el sujeto está implícito, escriba *implícito* al final de la oración.

1. El libro de fotografías está encima del armario.

2. Siga la luz proyectada en la pared con sus ojos.

3. El pequeño carro amarillo hizo un viraje ilegal.

4. Ellos miran películas de terror en la oscuridad.

5. Los nuevos pantalones de Brenda están manchados en la rodilla.

6. La luz verde pasó a roja.

7. El almacén está atiborrado de compradores.

8. Pon atención al pronóstico del tiempo esta noche.

9. Escuché a un pájaro cantar sobre una rama.

10. El arte es una afición para muchos.

RESPUESTAS

1. (El <u>libro</u> de fotografías) está encima del armario.

2. Siga la luz proyectada en la pared con sus ojos. (Implícito)

3. (El pequeño <u>carro</u> amarillo) hizo un viraje ilegal

4. (<u>Ellos</u>) miran películas de terror en la oscuridad.

5. (Los nuevos <u>pantalones</u> de Brenda) están manchados en la rodilla.

6. (La <u>luz</u> verde) pasó a roja.

7. (El <u>almacén</u>) está atiborrado de compradores.

8. Pon atención al pronóstico del tiempo esta noche. (Implícito)

9. (<u>Yo</u>) escuché a un pájaro cantar sobre una rama.

10. (El <u>arte</u>) es una afición para muchos.

Los Predicados

El predicado dice en la oración lo que hace el sujeto. El predicado cuenta con un verbo y, de igual modo que el sujeto, puede ser simple o completo. Un predicado simple es la palabra que dice lo que hace el sujeto y el predicado completo es el predicado simple más todas las demás palabras que acompañan al verbo.

EJEMPLO

El autobús escolar recogió a los estudiantes.

El plato principal de la cena es arroz con pollo.

En la primera oración el predicado simple es *recogió* y el predicado completo es *recogió a los estudiantes*. En la segunda oración el predicado simple es *es* y el predicado completo es *es arroz con pollo*.

Las oraciones completas pueden también contener *predicados compuestos*, es decir, predicados que cuentan con dos o más verbos que comparten el mismo sujeto.

EJEMPLO

El pájaro cantaba y volaba en el bosque.

Los espectadores gritaron, aplaudieron y saltaron cuando entró su equipo.

El predicado compuesto del primer ejemplo es *cantaba* y *volaba*, mientras que en el segundo es *gritaron, aplaudieron* y *saltaron*.

La oración puede también tener un sujeto compuesto y un predicado compuesto.

EJEMPLO

El carpintero y el fontanero miraron los planos y escribieron un informe.

El profesor, el director y los estudiantes jugaron un partido y bebieron soda en el paseo escolar.

Carpintero y *fontanero* forman el sujeto compuesto en la primera oración. *Miraron* y *escribieron* forman el predicado compuesto. En el segundo ejemplo, *profesor, director* y *estudiantes* representan el sujeto compuesto, mientras que *jugaron* y *bebieron* son parte del predicado compuesto.

PRÁCTICA CON SUJETOS Y PREDICADOS

Parte A
Ponga una X al lado de las oraciones que contienen tanto un sujeto como un predicado.

1. _____ Hay una serpiente negra y enorme que se arrastra por el camino.

2. _____ ¿Adónde va María a almorzar?

3. _____ Esther juntó sus tareas.

4. _____ Vuela por la tarde.

5. _____ ¡Cuidado con arrancarte!

6. _____ La estación de radio local toca música clásica.

7. _____ La pequeña y simpática gata.

8. _____ Emparedados y refrescos para la fiesta.

9. _____ Los mellizos tenían pantalones idénticos.

10. _____ El carro estaba haciendo.

Parte B
Escriba la letra que corresponda a la parte subrayada de la oración.

A. sujeto simple   D. predicado completo
B. predicado simple   E. sujeto compuesto
C. sujeto completo   F. predicado compuesto

1. _____ El <u>motor</u> del auto estaba recalentándose.

2. _____ Una ventana de repuesto <u>se compró para la casa.</u>

3. _____ <u>Los perros y los caballos</u> son animales útiles en una granja.

4. _____ Ella <u>asistió</u> a la ceremonia del colegio.

5. _____ Las motocicletas <u>rugieron y volaron</u> por la carretera.

6. _____ <u>Una alarma de incendios ruidosa</u> estaba asustando a los pacientes del hospital.

7. _____ Diciembre <u>es</u> un mes muy frío en los estados del norte.

8. _____ Varias <u>espinas</u> sobresalen del tallo del rosal.

9. _____ El pequeño niño <u>recogió el lápiz azul del piso.</u>

10. _____ <u>Todos los voluntarios disponibles</u> están ayudando en este desastre.

RESPUESTAS

Parte A
Las oraciones 1, 2, 3, 5, 6 y 9 deben tener una X.

Parte B

1. **A**	3. **E**	5. **F**	7. **B**	9. **D**
2. **D**	4. **B**	6. **C**	8. **A**	10. **C**

ESTRUCTURAS DE ORACIONES EFICACES

Tipos de estructura

Al escribir un ensayo, es importante asegurarse de que cada oración esté escrita con claridad y posea una estructura adecuada. Hay varios tipos de oración que pueden formar parte de un ensayo. Estos distintos tipos permiten al ensayo tener más variedad, profundidad, y lo hacen más interesante para el lector. Practique con estos tipos de oración al escribir sus ensayos.

Una *oración simple* generalmente está formada por una cláusula independiente. Una cláusula independiente significa simplemente que la oración contiene un sujeto y un predicado. Como lo indica su nombre, una cláusula independiente es autosuficiente.

EJEMPLO

El pescador pescó una merluza de cinco kilos.

El pescador es el sujeto. *Pescó una merluza de cinco kilos* es el predicado.

Una oración compuesta contiene dos cláusulas independientes y éstas generalmente están combinadas con una conjunción como *y, o, pero* o *así.*

EJEMPLO

El pescador pescó una merluza de cinco kilos, pero ésta logró escapar.

Esta oración contiene dos oraciones completas combinadas mediante la palabra *pero.* La primera cláusula independiente es *El pescador pescó una merluza de cinco kilos,* y la segunda cláusula es *ésta logró escapar.* En la primera cláusula independiente, el *pescador* es el sujeto y *pescó una merluza de cinco libras* es el predicado. En la segunda cláusula independiente, *ésta* es el sujeto y *logró escapar* es el predicado.

Una *oración compleja* está formada por una cláusula independiente y una o más cláusulas dependientes que no son autosuficientes.

EJEMPLO

La tía Felicia, *la hermana de mi madre,* es una artista famosa.

Las palabras en letras cursivas forman parte de la oración subordinada, la cual nos da información adicional sobre el sujeto (la tía Felicia). Asegúrese siempre de separar su oración subordinada mediante comas.

CONVENIO ENTRE EL SUJETO Y EL VERBO

Cuando usted escribe una oración, debe verificar que el sujeto y el verbo estén de acuerdo. En otras palabras, asegúrese de emplear el tiempo verbal correcto con el sujeto. (Asegúrese de revisar la sección *Lenguaje, Fundamentos de la escritura.*)

Uso incorrecto del convenio sujeto-verbo

Las camelias en el jardín es muy hermosas en el otoño.
Yo va al festival en el parque.
Susana y Rosalba trajeran empanadas para la cena.
Todas los domingos ellos das dinero para su iglesia.

Uso correcto del convenio sujeto-verbo

Las camelias en el jardín son muy hermosas en el otoño.
Yo voy al festival en el parque.
Susana y Rosalba trajeron empanadas para la cena.
Todos los domingos ellos dan dinero para su iglesia.

El empleo de oraciones con distintos estilos convierte la lectura del ensayo en una labor más placentera e interesante. Considere el uso de estas ideas en sus ensayos.

COMPARACIÓN Y CONTRASTE DE IDEAS

Comparación y contraste significa que usted presenta ideas que son parecidas y distintas. Si usted está escribiendo un ensayo que describe su excursión al Gran Cañón, puede presentar comparaciones y contrastes parecidos al ejemplo que sigue.

EJEMPLO

Comencé la larga travesía camino abajo sobre el lomo de un mulo. El mulo es más seguro para el descenso que un caballo. Yo estaba contento de saberlo, pues el sendero era muy empinado y estrecho.

En este pasaje hay una idea contrastante que indica que el mulo es distinto al caballo: el mulo es más seguro para descender por declives.

También sería provechoso añadir algunas oraciones comparativas. Supongamos que usted está escribiendo un ensayo persuasivo sobre la conveniencia o inconveniencia de añadir hormonas de crecimiento al alimento del ganado.

EJEMPLO

Las hamburguesas vendidas en muchos restaurantes de comida rápida se obtienen de ganado que comió hormonas de crecimiento. La hamburguesa que comemos en casa proviene de vacas que crecen en nuestra granja y que nunca recibieron esas hormonas. A mí me parece que la carne de hamburguesa obtenida de ambas clases de vaca tiene el mismo sabor.

Este párrafo compara el sabor de las hamburguesas que provienen de distintos tipos de vaca.

El diagrama de Venn

Para facilitar el desarrollo de ideas comparativas y contrastantes, le conviene dibujar el llamado diagrama de Venn. Este tipo de diagrama posee un círculo dentro de otro; el círculo interno revela ideas semejantes, mientras que los dos círculos formados a los lados muestran ideas diferentes. Este diagrama le ayudará a bosquejar sus ideas.

EJEMPLO

Si usted deseara comparar y contrastar el mulo y el caballo, su diagrama luciría como éste:

Mulo	Similar	Caballo
seguro en el descenso	ambos se parecen	puede perder el equilibrio
empleado para trabajos	ambos pueden montarse	empleado para entretención
orejas largas	ambos usados en granjas	capaz de reproducirse
lento		orejas más cortas
rebuzna		cola más larga
obtenido por cruce de asno y yegua		rápido

Haga un diagrama de Venn en un papel. Escoja entre las ideas siguientes.

computadoras o máquinas de escribir

jardín infantil o madre en casa

diploma de escuela superior o diploma universitario

arriendo de videos o cines

correo electrónico o cartas postales

RESPUESTAS

(Las respuestas variarán.)

Computadora	**Similar**	**Máquina de escribir**
posee muchos programas	usa electricidad	sólo procesa texto
más equipo	tiene teclado	usa cinta
mayor capacidad	procesa texto	
monitor		

CAUSA Y EFECTO

Otra manera de hacer más interesante su ensayo es incluir ideas relacionadas por causa y efecto. La causa es lo que ocurre primero en la relación de ideas; el efecto es secundario.

EJEMPLOS

La feroz tormenta voló el gran sombrero de paja que tenía en la cabeza. En pocos segundos el sombrero cayó en un charco de agua sucia.

Un cigarrillo encendido fue lanzado desde la ventana de un tren. El cigarrillo cayó sobre un montón de hojas secas que pronto empezaron a arder.

En la fiesta familiar comí mucho más que de costumbre y para Navidad mi vestido ya no me quedaba bien.

En el primer ejemplo, la causa es *La feroz tormenta* y el efecto es *el sombrero cayó en un charco de agua sucia*. Observe siempre la cronología: primero debe haber tormenta y después caerá el sombrero al charco. En el segundo ejemplo, *Un cigarrillo encendido* es la causa y las *hojas secas que pronto empezaron a arder* el efecto. En el último ejemplo la causa es *comí mucho más que de costumbre* y el efecto es *mi vestido ya no me quedaba bien*.

PRÁCTICA DE CAUSA Y EFECTO

Ponga una X al lado de las oraciones que tienen una relación de causa y efecto.

1. _____ Graciela tocaba la guitarra e Inés cantaba.

2. _____ El cabello de Mónica comenzó a empaparse mientras ella caminaba en la lluvia.

3. _____ El policía multó a Raúl al descubrir que su licencia había expirado.

4. _____ El cereal se resblandeció tan pronto como le vertí la leche encima.

5. _____ Alguien había arrancado la página de la revista.

6. _____ La alfombra comenzó a absorber la leche después de que el bebé botó la botella.

7. _____ Al atascarse la impresora, el papel se rompió en pedazos.

8. _____ La luna llena se elevó toda blanca sobre el lago.

9. _____ Catalina encendió la luz y el foco estalló en mil pedazos.

10. _____ La nieve había cubierto la mayoría de los países del norte de Europa.

RESPUESTAS

Las oraciones 1, 2, 3, 4, 6, 7, 9 tienen relaciones de causa y efecto.

ORDEN CRONOLÓGICO

Hay palabras relacionadas con el tiempo que dan al lector una idea de *cuándo* ocurren las cosas y en *qué orden*. Ejemplos de dichas palabras incluyen *primero, segundo, tercero, luego, más tarde, después, antes, pronto, finalmente,* etc. Si usted estuviese escribiendo una narrativa personal sobre la técnica de hacer su torta favorita, necesitaría emplear palabras como esas para establecer un orden cronológico. Eso haría comprender mejor la secuencia de eventos.

EJEMPLO

Antes de empezar a hornear, siempre me aseguro de tener todos los ingredientes. Primero, leo la receta cuidadosamente. Luego reúno todos los ingredientes y los coloco en la mesa, cerca mío. Una vez que los tengo todos, comienzo a mezclarlos en el orden indicado. Después de la mezcla, termino poniéndola en el horno.

Este párrafo nos mostró el empleo de palabras de orden cronológico. El párrafo conectó las oraciones en una escala de tiempo que estableció un orden lógico.

PRÁCTICA DE PALABRAS DE ORDEN CRONOLÓGICO

Use una hoja para poner palabras en orden cronológico. La lista que aparece a continuación contiene algunas sugerencias.

Mi rutina por la mañana

Cómo juego tenis

La compra de un auto nuevo

El aprendizaje de un nuevo baile

Cómo hacer un álbum de recortes

Cómo se planta un jardín

La mejor manera de hacer pan

Preparación para una entrevista

La ensambladura de un mecanismo

Preparación contra posibles incendios

(Las respuestas variarán.)

EJEMPLO

Plantar un jardín requiere mucha planificación. Primero, hay que encontrar el lugar ideal en el patio. Segundo, hay que comprar utensilios de labranza, como palas y azadones, y las semillas. Luego, hay que plantar siguiendo las instrucciones de los paquetes de semillas. Finalmente, si todo se hace correctamente, tendrá usted un hermoso jardín lleno de flores.

USO DEL DIÁLOGO

Otra manera de hacer más variadas las oraciones usadas en un ensayo es incluir conversación. La conversación escrita se llama diálogo. La manera correcta de redactar un diálogo en español requiere el uso de rayas. No obstante, recuerde que sólo la parte hablada del diálogo requiere rayas, mientras que la mención de la persona que lo dijo no requiere rayas.

EJEMPLO

—¿Adónde fuiste de vacaciones?—preguntó Ema.

—Fuimos a las Montañas Rocosas—, dijo José.

Ema preguntó, —¿Has estado allí antes?

—No—, respondió Bill—. Antes siempre iba a Miami.

Usted puede variar las estructura de sus oraciones poniendo los nombres de la persona que habla al comienzo, por la mitad o al final de cada oración. Observe que cada vez que la persona habla, se pone una raya al comienzo y al final de lo que ha dicho, y los signos de puntuación son añadidos *después* de la raya, excepto los signos interrogativos y exclamativos. Finalmente, note que la raya no se usa al final de la oración.

Una declaración tal como *Juan dijo que perdió el tren* no es un diálogo sino una oración escrita en tercera persona que no reproduce las palabras exactas que usó Juan. Esto se llama una cita *indirecta* y no lleva rayas.

EJEMPLO

Wendy dijo que se iría la semana próxima.

Pancho dijo que hoy Mimi se siente mucho mejor.

El ladrido del perro dijo a su dueño que alguien andaba cerca.

Jeremías asintió de buen grado.

Ponga una X cada vez que vea un diálogo escrito correctamente.

1. _____ —Jimmy dijo que empezaba a trabajar el lunes.

2. _____ —Mamá, ¿puedo comerme otra galleta?—preguntó Falicia.

3. _____ —Qué bien—, dijo Margarita—. Hiciste un trabajo excelente.

4. _____ —¿Sabías tú, preguntó Samuel, que yo colecciono estampillas?

5. _____ —Sí—, dijo Francine—. Yo lo sabía.

6. _____ —Mientras no estabas, limpié la casa—, dijo.

7. _____ Contestó con gran apuro, —¡Vendré pronto!

8. _____ Jaime nos dijo que iría al cine con nosotros.

9. _____ —Cuándo llamó Jonás—preguntó Leticia.

10. _____ —Esta mañana—, respondió mamá con una sonrisa.

RESPUESTAS

Las oraciones 2, 3, 5, 6, 7, 8, 10 están correctas.

ORACIONES DE TEXTO SEGUIDO

Lo que hace difícil escribir buenas oraciones es la manera en que hablamos. Al hablar, muchas veces no usamos oraciones correctas y muchas veces unimos dos o más oraciones sin parar; como consecuencia, muchas veces tendemos a escribir de la misma manera.

Las *oraciones de texto seguido* se producen cuando combinamos más de una oración y sólo usamos un signo de puntuación al final. Esto crea una oración incorrecta y demasiado larga que empeorará su ensayo.

Al escribir su ensayo, trate de evitar este error ubicando el sujeto y el predicado en cada oración. Si detecta más de un sujeto o más de un predicado en su oración, probablemente tiene una oración de texto seguido. Nunca deje de revisar lo que acaba de escribir.

EJEMPLOS

INCORRECTO:
Jonás y Beverly caminaron de la tienda al parque ellos miraron a los niños jugar en los columpios.

Empezó a hacer frío afuera la estufa en el sótano no paraba de funcionar.

El accidente de tránsito en la calle Bolívar fue resultado de un conductor que se durmió al volante que debiera haber sido más cuidadoso.

CORRECTO:
Jonás y Beverly caminaron de la tienda al parque. Ambos miraron a los niños jugar en los columpios.
O bien, ...al parque, donde miraron...
O bien, ...al parque y allá miraron...

Empezó a hacer frío afuera. La estufa en el sótano no paraba de funcionar.
O bien, ...afuera y la estufa...
O bien, ...afuera—la estufa...

El accidente de tránsito en la calle Bolívar fue resultado de un conductor que se durmió al volante. El conductor debiera haber sido más cuidadoso.
O bien, ...al volante, quién debiera...

PRÁCTICA CON ESCRITURA DE ORACIONES

Practique creando sus propias oraciones y luego muéstrelas a alguien que sepa bien el español para que las lea. Mientras más practique, mejor será su estilo.

¿QUÉ ES UN PÁRRAFO?

Un párrafo es un grupo de oraciones relacionadas entre sí. El párrafo contiene una oración central (idea principal) y oraciones relacionadas con ésta. El primer renglón del párrafo debe comenzar con sangría (es decir, deje un pequeño espacio en blanco en el renglón antes de escribir la primera palabra). Asegúrese de dejar márgenes a ambos lados de la hoja y de no pasarse en más de un par de letras en el margen derecho. Recuerde que en un párrafo sólo debe usar el punto aparte cuando termine el párrafo. Todos los demás puntos deben ser seguidos.

EJEMPLO

PÁRRAFO INCORRECTO:

Las computadoras han afectado enormemente nuestras vidas.
Los estudiantes usan computadoras en investigación de proyectos escolares.
Algunas personas usan computadoras para comprar cosas, incluso alimentos.
Otros las usan para mantener relaciones con su familia y sus amigos.

PÁRRAFO CORRECTO:

Las computadoras han afectado enormemente nuestras vidas. Los estudiantes usan computadoras en investigación de proyectos escolares. Algunas personas usan computadoras para comprar cosas, incluso alimentos. Otros las usan para mantener relaciones con su familia y sus amigos.

IDEAS PRINCIPALES Y DETALLES

Un párrafo necesita una idea principal. Generalmente la idea principal es la primera oración en un párrafo, pero no siempre. Cuando usted escriba su idea principal, asegúrese de que su oración sea una declaración amplia y precisa. Esto le hará más fácil añadir las demás oraciones del párrafo, que son las que proveen los detalles.

EJEMPLO

Hay varias diferencias entre la recepción de televisión por cable o por satélite.

Seré más sano si mis comidas se basan en los cuatro grupos alimentarios básicos.

Mi familia es muy importante para mí.

Es importante contar con un plan de seguridad contra incendios.

Todos estos ejemplos poseen una amplitud que permite añadirles otras oraciones con detalles. También son precisas, para que el lector sepa claramente cuál es la idea. Usemos el primer ejemplo para desarrollar un párrafo.

Hay varias diferencias entre la recepción de televisión por cable o por satélite. Primero, la recepción por cable provee menos canales que la recepción por satélite. Segundo, la recepción por satélite le permite arrendar el equipo o comprarlo, pero con la recepción por cable no hay equipo que comprar. Finalmente, hay que considerar el precio. Según sean los programas que usted desea recibir, el sistema por satélite puede terminar costándole más.

Observe en el ejemplo previo que la idea central está en la primera oración. Todas las demás oraciones están relacionadas con ella. Desde la segunda hasta la última oración, todas proveen detalles sobre los dos tipos de recepción. Observe además el uso de palabras de orden cronológico, las cuales ayudan a mantener orden en el párrafo.

Usemos ahora la segunda idea del ejemplo y desarrollémosla en un párrafo.

Si come de los diferentes grupos alimentarios, será más sano. Su organismo necesita nutrimentos suministrados por cada uno de los cuatro grupos alimentarios. El grupo de las carnes provee las proteínas necesarias para mantener un elevado nivel energético. El grupo lácteo da calcio para endurecer los dientes y demás huesos. El grupo de frutas y vegetales provee muchas vitaminas, como son las vitaminas A y C. El grupo de las harinas nos provee de carbohidratos, los cuales imparten energía. Si no consume cualquiera de los grupos puede terminar enfermándose.

Trate de añadir oraciones con detalles a los demás dos ejemplos. Recuerde que los detalles deben siempre estar conectados con la idea central.

PRÁCTICA DE REDACCIÓN DE ORACIONES CON DETALLES

Lea los dos párrafos siguientes y elimine las oraciones con detalles que no van conectadas con la idea central.

Mi familia y yo fuimos a la granja durante el otoño. Los árboles estaban cargados con fruta dulce y jugosa. Vimos muchas manzanas que habían caído al suelo. Noté que esas manzanas estaban dañadas. Vimos también un enorme buho posado sobre una rama. Recogimos tres canastas de manzanas cuando llegó la hora de volver. ¡Qué magnífica excursión a la granja fue esa!

En mi última excursión escolar tuve una experiencia que preferiría olvidar. Parecíamos haber caminado por muchas horas cuando nuestro guía decidió haber encontrado el lugar ideal para acampar. Había recién empezado a desempacar nuestras cosas cuando vi a una enorme culebra negra reptando hacia mí. Traté de alejarme de su ruta, pero la culebra parecía seguirme. La culebra no pertenecía a las especies venenosas. Tropecé con una piedra y caí, justo cuando el guía cogió la culebra con una rama y la lanzó a los arbustos. No creo que dormí mucho esa noche, pensando en esa culebra.

RESPUESTAS

Párrafo 1: Elimine la frase, "Vimos también un enorme buho posado sobre una rama".

Párrafo 2: Elimine la frase, "La culebra no pertenecía a las especies venenosas".

COMBINACIÓN DE PÁRRAFOS

Una vez que haya comprendido los requisitos básicos para escribir un párrafo, estará listo para combinar varios párrafos. Cuando combine párrafos en un tema o ensayo, deberá continuar teniendo cuidado de que el tema central esté tomado en cuenta. Aunque cada párrafo no necesita estar firmemente conectado con la idea principal, la conexión debe estar presente.

PRÁCTICA CON LA IDEA PRINCIPAL DE LOS PÁRRAFOS

Lea el ejemplo del ensayo que presentamos a continuación. Subraye la idea principal en cada párrafo a medida que lee. Notará usted que cada idea principal está relacionada con el tema central del reciclaje, el cual es discutido bajo distintos aspectos en cada párrafo del ensayo.

EJEMPLO

Tema del ensayo: El reciclaje es importante para el futuro de Estados Unidos.

El reciclaje es un factor importante para el futuro de Estados Unidos. El reciclaje ayuda a reducir la contaminación y el tamaño de nuestros basurales, y a conservar algunos de nuestros recursos naturales.

El reciclaje contribuye a disminuir los niveles de contaminación en nuestra sociedad. Los periódicos antes se quemaban, pero ahora se devuelven para ser reciclados. Es menos probable que las latas de aluminio se boten al costado de la carretera, como sucedía en el pasado, ahora que se paga por su devolución. Los neumáticos viejos solían parar en el basural, pero en la actualidad se cortan en pedazos y se usan para acolchar el suelo en parques de juegos infantiles. Todo indica que hay muchas maneras nuevas de convertir en materiales útiles lo que antes era basura.

Al reciclar objetos, podemos evitar que toneladas de desechos se boten en basurales públicos. La descomposición de muchos de los desperdicios en el basural requiere años. En algunos casos, deben pasar siglos antes de que el desecho se descomponga. Esta lenta pudrición impide volver a usar el mismo basural, lo cual crea la necesidad de crear nuevos basurales.

Nuestro planeta sólo dispone de una cantidad limitada de recursos naturales y una vez que éstos sean usados, no habrá más. Al reciclar objetos hechos de recursos naturales, podemos evitar o retardar su uso.

En resumen, el reciclaje es un factor importante para el futuro de Estados Unidos. Contribuye a reducir la contaminación, retarda la saturación de los basurales y ayuda a salvar algunos recursos naturales. Sería maravilloso si todos adoptaran esta práctica en nuestro país.

PRÁCTICA DE PÁRRAFOS CON IDEAS PRINCIPALES Y DETALLES

Seleccione algunos de los tópicos que siguen y con cada uno escriba un párrafo que contenga la idea principal y tres a cinco oraciones que provean detalles.

Mi animal favorito

Cómo aprender a manejar

Una experiencia provechosa

Una persona especial

Una experiencia penosa

La violencia en la televisión

Mi trabajo favorito

Un encuentro desagradable

RESPUESTAS

EJEMPLO

Mi animal favorito es mi perro, Carlos. Es un cachorrito cocker muy simpático. En las pocas semanas que hemos estado juntos, ya le he enseñado varios trucos. Carlos es muy cariñoso. Todos los días, cuando vuelvo de la escuela, está esperándome en la puerta. Lo quiero mucho.

PRÁCTICA

¿Cuál es la idea central en cada uno de los grupos de oraciones que aparecen a continuación? Escriba una oración que exprese la idea central de cada grupo y luego reescriba las oraciones hasta crear párrafos completos. Añada o elimine palabras según sea necesario.

Grupo A
La familia y los amigos están reunidos.

El pavo está asándose en el horno.

Los niños están mirando el desfile en televisión.

Idea central _____

Grupo B
Julia camina entre muchas hileras de libros.

Julia provee información sobre un libro.

La sala es muy silenciosa.

Idea central _____

Grupo C
La rodilla de Julián tiene una herida.

El doctor de la escuela examina la herida.

Se necesitan varios puntos para cerrar la herida.

Idea central _____

Grupo D
La copiadora estaba haciendo un ruido raro.

Las secretarias trataron de arreglarla.

Una luz roja estaba parpadeando en el panel de control.

Idea central _____

RESPUESTAS

(Las oraciones serán muy variadas.)

EJEMPLO

Grupo A—Es el Día de acción de gracias en casa de los Pérez.

Grupo B—Julia visita la biblioteca local.

Grupo C—Julián tiene un accidente en un juego de balompié.

Grupo D—¡La copiadora de la oficina se rompió de nuevo!

TIPOS DE ENSAYO

¿CUÁLES SON LOS DISTINTOS TIPOS DE ENSAYO?

Hay tres tipos de ensayo: persuasivo, expositivo y narrativo. Según el tema que se le dé en su Examen de GED, usted podrá decidir el tipo de ensayo que desea escribir. Los ensayos expositivos y persuasivos se realizan en cinco párrafos, mientras que los ensayos narrativos requieren tres o cuatro. En esta sección estudiaremos los tres tipos y veremos qué es lo que caracteriza a cada uno. En los segmentos venideros estudiaremos cómo crear los ensayos y comenzaremos a escribir.

Recuerde que la puntuación que usted reciba no estará basada en la cantidad de información que usted tiene sobre el tema, sino en la manera en que usted presenta sus ideas sobre dicho tema.

EL ENSAYO PERSUASIVO

Este tipo de ensayo requiere que usted se forme una opinión clara sobre un tema y luego desarrolle un argumento que explique por qué piensa usted así. Necesitará emplear la experiencia que posee en el tema o información que posee al respecto. Este ensayo requiere cinco párrafos.

Sugerencia

A través de los años, muchos estados han pasado leyes relacionadas con la seguridad. Una de estas leyes, aprobada en muchos estados, es la ley del cinturón de seguridad.

Pregunta de discusión

¿Cree usted que los estados tienen el derecho de ordenar a la gente que use un cinturón de seguridad en sus vehículos?

Muestra de ensayo persuasivo

En muchos estados se han aprobado leyes sobre el uso de cinturones de seguridad. Yo creo que estas leyes son muy importantes para la seguridad de todos los norteamericanos. Gracias a esta ley, miles de vidas se salvan todos los años, los niños reciben protección adicional durante el viaje y mi sentimiento de seguridad aumenta cuando me siento al volante. Mi opinión es que las leyes sobre el uso de cinturones de seguridad son muy importantes y debieran estar vigentes en todos los estados.

Gracias a las leyes sobre cinturones de seguridad obligatorias, muchas personas están vivas hoy. Siendo la ley obligatoria, las personas que normalmente no se abrochan el cinturón están forzadas a hacerlo y terminan salvándose cuando ocurre un accidente. Yo sé personalmente que las leyes sobre cinturones de seguridad dan resultado porque yo, siempre reacio a usar cinturón, me vi envuelto en un accidente. Sólo porque existía esta ley es que yo decidí usar cinturón en esa ocasión. Tuve suerte. El cinturón me salvó la vida cuando mi coche resbaló en el pavimento mojado y se dio vuelta. En vez de ser arrojado fuera del vehículo y haber quedado malherido o muerto, me salvé.

Los niños también están más seguros gracias a esta ley, la cual exige que todos los niños estén sujetos en una silla de seguridad o abrochados con el cinturón dentro del automóvil. Los niños están así mucho más seguros. Esto contribuye además al sentimiento de seguridad del conductor, quién sabe que el niño ahora está atado y no puede abrir una puerta y caerse.

Cuando yo me siento detrás del volante y me abrocho el cinturón, me siento bien sabiendo que mi probabilidad de supervivencia es mayor en caso de accidente. Quiero asegurarme de poder gozar de la vida por largo tiempo y sé que el cinturón es un factor importante en tal deseo.

Las leyes sobre cinturones de seguridad son importantes para mí y debieran serlo para todos. Estas leyes ayudan a salvar vidas, dan seguridad a nuestros niños y me ayudan a sentirme seguro dentro del automóvil. Yo recomendaría a todos los estados que pasen leyes sobre el uso de cinturones de seguridad.

EL ENSAYO EXPOSITIVO

Este ensayo requiere que usted explique, describa o interprete una situación, experiencia o idea particular empleando, igual que en el ensayo persuasivo, su experiencia personal o información que usted posee. Este ensayo requiere cinco párrafos.

Sugerencia

Hay muchos libros excelentes que fueron escritos a través de los años. Piense en tres libros que usted ha leído y que han afectado su vida de alguna manera, ya sea leve o profunda.

Pregunta de discusión

¿Cuáles son los tres libros que usted ha leído y que le han afectado de alguna manera?

Ejemplo de ensayo expositivo

Los libros han sido siempre una parte importante de mi vida. Con el pasar de los años he leído muchos libros y tres de éstos son mis favoritos: *El rey, el ratón y el queso, Mujercitas* y *Silas Marner.* Los he leído muchas veces, y cada vez que lo hago de nuevo, me dan renovado placer.

El rey, el ratón y el queso fue el primer libro que recuerdo haber leído. Cuando estaba en segundo año, debíamos escribir informes sobre libros leídos. Este libro fue mi elección. Recuerdo a mi madre leyendo el libro conmigo y ayudándome a decidir lo que yo iba a decir sobre el libro. El día del informe, me paré enfrente de la clase y rápidamente di mi informe. Todos los que me escucharon apreciaron el libro y muchos fueron a pedirlo a la biblioteca. Este libro me enseñó el placer de la lectura y me dio el deseo de continuar leyendo.

Siendo adolescente, *Mujercitas* se convirtió rápidamente en mi libro favorito. Era la historia de cuatro hermanas y de su progreso hacia la edad adulta. Este libro trataba sobre la amistad, el amor y la guerra. Me comunicó el sentimiento de la vida familiar y me hizo apreciar a mi propia familia.

El último de mi lista de libros favoritos es *Silas Marner*. Esta historia, escrita por George Eliot, trata sobre un hombre que amaba el oro pero que se dio cuenta de que una pequeña niña era más importante que todo el oro del mundo. Este libro me comunicó el mensaje de la existencia de cosas mucho más importantes que la posesión de bienes materiales.

Los libros son un tesoro que enriquece la vida. Sus maravillosas historias proporcionan satisfacción, aprecio y conocimiento de valores.

EL ENSAYO NARRATIVO

Este tipo de ensayo le pide contar sobre una experiencia personal que ha tenido en el pasado. Debe usted poner atención al orden cronológico y al uso de descripciones y detalles. Se trata, básicamente, de contar "algo que me pasó". Este tipo de ensayo requiere tres o cuatro párrafos.

Sugerencia

Todos tenemos algún suceso memorable en nuestras vidas. Piense sobre algún acontecimiento que sobresalga en sus recuerdos.

Pregunta de discusión

¿Por qué fue este suceso distinto a todos los demás? ¿Creó felicidad o tristeza? ¿Fue algo cómico?

Ejemplo de ensayo narrativo

El evento más memorable que recuerdo fue el Día de las madres de 2005. En ese día mi hermano y yo decidimos llevar a nuestra madre a un viaje al museo y luego a cenar. Lo que comenzó con buenas intenciones, terminó costándonos más de lo que habíamos anticipado.

El día empezó bien. Salimos en el enorme, viejo y negro auto de mi hermano y viajamos por dos horas hasta llegar a la ciudad y al museo. Tan pronto estacionamos, nos dimos cuenta que el día estaba poniéndose muy caliente. Rápidamente entramos al museo y sentimos su maravilloso aire acondicionado. Pasamos varias horas mirando toda la colección de pinturas, esculturas e incluso modelos de autos. Después de ver todo lo que se podía ver, decidimos que teníamos hambre y que era hora de cenar. Dejamos el museo y llegamos hasta el auto. Tan pronto mi hermano encendió el motor, escuchamos un terrible ruido que nos avisó de un serio desperfecto. ¡Estábamos varados! Mi hermano volvió al museo y llamó un camión de remolque para que se llevaran el auto al taller. Mi madre dio dinero a mi hermano para las reparaciones y luego ella y yo volvimos al museo a esperar su retorno. Esta era la época en que no existían los teléfonos celulares, así que no teníamos idea de cuánto íbamos a esperar. Caminamos por el museo por varias horas más, cada vez más hambrientos y cansados. Luego el museo cerró sus puertas y debimos salir a achicharrarnos al sol mientras seguíamos esperando a mi hermano. Finalmente, el enorme auto negro apareció y con dos grandes suspiros de alivio nos metimos adentro. Lo primero que hicimos fue ir a comer.

Lo que había comenzado como un simpático viaje terminó siendo un día muy miserable. El Dia de las madres de 2005 es una fecha que no olvidaré. Estoy seguro que mi madre y mi hermano también la recuerdan.

DESARROLLO DEL ENSAYO

Cuando usted empiece su Prueba de Lenguaje, Escritura, Parte II, se le dará una sugerencia y/o una pregunta de discusión que usted debe desarrollar en un ensayo.

La sugerencia contendrá un tema que le será familiar. La puntuación que reciba no dependerá de la cantidad de conocimientos que posea sobre el tema sino de la manera en que lo presente.

En esta parte estudiaremos en mayor detalle los tres tipos de ensayo (expositivo, persuasivo, narrativo). Habrá ejemplos de ensayos completos y explicaciones de cada párrafo. Aprenderá usted el procedimiento para crear ensayos de tres, cuatro y cinco párrafos.

¿QUÉ DEBE INCLUIRSE EN UN ENSAYO?

El ensayo debe *enfocar claramente la idea principal*. El ensayo debe además contener *detalles que respalden la idea principal*. El ensayo debe tener un formato racional que permita leerlo y comprenderlo fácilmente.

Los ensayos cuentan con tres partes principales.

1. La primera es la *presentación*, es decir, la idea principal del ensayo. La presentación es el primer párrafo del ensayo. Sin una presentación, el ensayo no estaría bien enfocado y sería difícil de comprender.

2. La segunda parte del ensayo es el *soporte*, o bien, los detalles que usted debe incluir para respaldar la idea principal. Este soporte constará de uno, dos o tres párrafos.

3. La última parte del ensayo es la *conclusión*, la cual comprende el último párrafo. Aquí usted resumirá la presentación y el soporte de la manera más breve posible.

DESARROLLO DE UN ENSAYO EXPOSITIVO

La sugerencia expositiva

Cada año la gente celebra varios días festivos en Estados Unidos. Algunos feriados son religiosos, como la Navidad y la Pascua, mientras que otros celebran las vidas de norteamericanos famosos, como George Washington y Abraham Lincoln.

Pregunta de discusión

Piense en algunos feriados que son importantes para usted. ¿Por qué son esos días festivos importantes para usted?

Cómo desarrollar un ensayo expositivo

Enfoque: ¿Cuál es la idea principal del ensayo?

Piense: ¿Es la Navidad, la Pascua, George Washington y Abraham Lincoln la idea principal, o es usted la idea principal? Este ensayo es sobre usted y ciertos feriados que han tenido influencia en su vida personal.

Primera etapa: Piense en *tres* ideas específicas que usted deberá explicar, describir o interpretar en su ensayo.

Piense: ¿Cuáles son tres feriados que usted disfruta? Supongamos que le gustan el Día de los veteranos, el Día de la independencia y la Navidad. En su ensayo de cinco párrafos, estos tres feriados formarán parte de su segundo, tercer y cuarto párrafo, una vez que la idea principal y los detalles hayan quedado establecidos. El primer párrafo de su ensayo será la presentación y el quinto la conclusión.

Idea principal: ¿Cuál va a ser la idea principal de este ensayo? Mire de nuevo la sugerencia y lea una vez más la pregunta de discusión: "Por qué son esos días festivos importantes para usted?" Usted no puede usar esta pregunta como la idea principal de su ensayo, pero sí puede reescribirla para usarla como tal: "Los feriados son importantes para mí". Ahora tiene usted su idea principal.

Primer párrafo: El primer párrafo comienza con la idea principal del ensayo e incluye las tres ideas que usted desea desarrollar.

Piense: ¿Cuál fue la idea principal del ensayo? ¿Cuál eran las tres ideas que usted deseó explicar?

EJEMPLO

Los feriados son importantes para mí. Hay muchos feriados que me gustan, pero los tres que me gustan más son el Día de los veteranos, el Día de la independencia y la Navidad.

Este párrafo incluye ahora su idea principal y las tres ideas (feriados, en este caso) que usted desarrollará. Note usted que este párrafo está formado sólo por dos oraciones y sin embargo conecta perfectamente la idea principal con las tres ideas que usted planea presentar. En otras ocasiones, quizás sea oportuno añadir una oración para ayudar a expresar la idea principal.

EJEMPLO

Los feriados son importantes para mí. Hay muchos feriados que me gustan, pero los tres que me gustan más son el Día de los veteranos, el Día de la independencia y la Navidad. Estos tres feriados tienen un significado especial para mi familia y para mí.

Segundo párrafo: Está usted ahora listo para iniciar su segundo párrafo. Aquí desarrollará su primera idea (el Día de los veteranos) y creará su oración central (idea principal) para este párrafo. A continuación creará oraciones que proporcionarán los detalles que respaldarán la idea.

Piense: Si la idea que usted planea desarrollar es el Día de los veteranos, ¿cuál sería una buena idea principal? Mentalmente, tome notas sobre los factores que hacen especial el Día de los veteranos para usted. ¿Será porque hay veteranos en su familia? ¿Es porque ha perdido seres queridos en una guerra? ¿Es porque en ese día nadie estudia ni trabaja y la familia puede estar junta? Cualquiera que sea la razón, piense sobre la idea central para este párrafo.

Cuando encuentre la idea y la esté escribiendo, asegúrese de que ésta posea suficiente amplitud para abarcar varias oraciones de respaldo; por ejemplo, "El Día de los veteranos es un feriado honorable". Esta es una declaración amplia que le permite añadir oraciones que *explican* la razón de su importancia para usted. Si su idea principal hubiera sido "El Día de los veteranos es importante para mí porque mi hermano participó en la guerra de Iraq", las oraciones de respaldo estarían limitadas a una discusión sobre su hermano en la guerra de Iraq.

EJEMPLO

El Día de los veteranos es un feriado honorable. Es el día en que yo pienso sobre los hombres y las mujeres que sirvieron a nuestro país en las fuerzas armadas. En el Día de los veteranos pienso sobre la gente que dio su vida para que nosotros tengamos libertad. En este día yo llevo a mis hijos a los servicios hechos en honor del Día de los veteranos para que ellos aprendan a apreciar y respetar a los veteranos del pasado y presente de nuestra nación.

Tercer párrafo: El tercer párrafo debe ir relacionado con la segunda idea (feriado) de su párrafo de presentación. En este caso es el Día de la independencia. El tercer párrafo se hace de la misma forma en que fue hecho el segundo.

Piense: Forme una idea principal. Mentalmente, piense sobre oraciones que proporcionarán los detalles de respaldo. De nuevo, piense en una idea principal de suficiente amplitud, ya que con ella le será más fácil añadirle diversos detalles.

EJEMPLO

El Día de la independencia es un gran feriado veraniego. En el Día de la independencia mi familia se junta para nuestra reunión familiar anual. Los niños lo pasan muy bien encendiendo petardos y jugando juegos tradicionales en el patio. Y le damos un gran final al día mirando por la noche los fuegos artificiales.

Este párrafo posee una idea principal amplia y todos los detalles están relacionados con ella. También incluye detalles personales de respaldo.

Cuarto párrafo: El cuarto párrafo usa la idea final (Navidad) de su párrafo de presentación. Redacte este párrafo del mismo modo como los párrafos dos y tres.

Piense: Derive una idea principal de su tercera idea (Navidad). ¿Qué puede escribir que sea capaz de acomodar detalles de respaldo? Si usted escribiese "Recibo muchos regalos para Navidad", sus oraciones de respaldo quedarían limitadas a los regalos recibidos. Pero si escribiera "De todos los días festivos, la Navidad es mi día favorito", tendría un tema mucho más amplio para añadir detalles.

EJEMPLO

De todos los días festivos, la Navidad es mi día favorito. En mi familia, la Navidad es una época de felicidad y generosidad. Es el tiempo en que toda mi familia se reúne alrededor de la chimenea para cantar villancicos. Me encanta mirar a los niños pequeños abrir sus regalos por la mañana del día de Navidad. Parece ser algo mágico.

Quinto párrafo: Este es el último párrafo y su propósito es el de resumir todo el ensayo. Al igual que los párrafos previos, éste necesita una idea central y, posiblemente, frases que empiecen con "En resumen", "En conclusión", etc. que indiquen el término del ensayo.

Piense: Obtenga una idea central que resuma todo el ensayo. Este párrafo no requiere tantas oraciones con detalles como los párrafos anteriores, pero una o dos oraciones capaces de respaldar el resumen no estarían de más. ¿De qué trató todo el ensayo? ¿Qué necesita incluir en su resumen de todo el ensayo? Asegúrese de incluir las tres ideas que ha estado desarrollando.

EJEMPLO

En resumen, hay muchos días de fiesta que son importantes para mí y mi familia. Tres de estos días son el Día de los veteranos, el Día de la independencia y la Navidad.

El número total de palabras empleadas en este ensayo es 282. Usted puede ver que cada párrafo está bien enfocado y que contiene ideas principales y detalles, posee una estructura lógica y es sencillo. Observe ahora cómo luce el ensayo completo y note qué bien fluye de un párrafo al otro.

Los feriados son importantes para mí. Hay muchos feriados que me gustan, pero los tres que me gustan más son el Día de los veteranos, el Día de la independencia y la Navidad. Estos tres feriados tienen un significado especial para mi familia y para mí.

El Día de los veteranos es un feriado honorable. Es el día en que yo pienso sobre los hombres y las mujeres que sirvieron a nuestro país en las fuerzas armadas. En el Día de los veteranos pienso sobre la gente que dio su vida para que nosotros tengamos libertad. En ese día yo llevo a mis hijos a los servicios hechos en honor del Día de los veteranos para que ellos aprendan a apreciar y respetar a los veteranos del pasado y presente de nuestra nación.

El Día de la independencia es un gran feriado veraniego. En el Día de la independencia mi familia se junta para nuestra reunión familiar anual. Los niños lo pasan muy bien encendiendo petardos y jugando juegos tradicionales en el patio. Y le damos un gran final al día mirando por la noche los fuegos artificiales.

De todos los días festivos, la Navidad es mi día favorito. En mi familia, la Navidad es una época de felicidad y generosidad. Es el tiempo en que toda mi familia se reúne alrededor de la chimenea para cantar villancicos. Me encanta mirar a los niños pequeños abrir sus regalos por la mañana del día de Navidad. Parece ser algo mágico.

En resumen, hay muchos días de fiesta que son importantes para mí y mi familia. Tres de estos días son el Día de los veteranos, el Día de la independencia y la Navidad.

DESARROLLO DE UN ENSAYO PERSUASIVO

La sugerencia persuasiva

La mayoría de las tardes, cuando las familias descansan en sus casas, se escuchan los conocidos timbrazos del teléfono. Por lo general son los parientes, amigos y vecinos los que llaman, pero a meudo se trata de un televendedor que trata de vendernos toda clase de cosas, desde neumáticos, tarjetas de crédito y seguros de vida hasta zapatos y camisas. A veces optamos por comprar, pero otras veces nos irritamos por esas constantes llamadas.

Pregunta de discusión

¿Qué piensa usted de los vendedores que llaman a su casa? ¿Cree usted que forman una parte vital de nuestra economía al proveer este tipo de servicio o piensa que están interrumpiendo el valioso tiempo que usted dispone para estar con su familia?

Cómo desarrollar un ensayo persuasivo

Enfoque: ¿Cuál es la idea principal del ensayo? Los televendedores que llaman a su casa. La pregunta principal es, ¿qué piensa usted sobre esto? Se le pide que forme una opinión sobre este tema. ¿Cree usted que estas llamadas son importantes o cree que constituyen una invasión de su privacidad?

Primera etapa: Decida qué opinión va a tener sobre este tema. Luego, piense sobre tres razones específicas por las cuales usted piensa así.

Piense: ¿Cuáles son las tres razones por las que le gusta o no le gusta que los televendedores llamen a su casa? Supongamos que usted decide que no le gustan esas llamadas. Aquí hay tres razones posibles para ello.

1. La primera razón por la cual le molestan los televendedores es porque no le gusta pasar sus ratos de ocio importunado por llamadas que no le interesan.

2. La segunda razón puede ser la desconfianza que usted tiene a las personas que tratan de venderle por teléfono.

3. La tercera razón puede ser el hecho que usted pocas veces desea o necesita los productos que le ofrecen.

Idea principal: Mire de nuevo la sugerencia y la pregunta de discusión. ¿Cuál es la idea principal del ensayo? Recuerde que su declaración inicial o idea central debe tener suficiente amplitud para así poder escribir a sus anchas. Comenzará usted su primer párrafo con la idea principal del ensayo e incluirá allí sus tres razones. Recuerde que en un ensayo persuasivo se le pide su opinión y, en consecuencia, el ensayo debe ser escrito en primera persona ("Yo pienso que..."). Su idea principal puede ser: "Hay muchas razones por las que no me gusta que los televendedores me llamen a la casa".

Primer párrafo: El primer párrafo es la presentación. El párrafo debe comenzar con su idea principal y contener una o dos oraciones adicionales que respalden la idea central. Recuerde de incluir en su presentación las tres razones que justifican su opinión.

Piense: ¿Cuál era su idea principal? ¿Cuáles eran sus tres razones?

EJEMPLO

> Hay muchas razones por las que no me gusta que los televendedores me llamen a la casa. Tres de dichas razones son que los televendedores interrumpen el tiempo disponible para pasar con mi familia, que yo soy reacio a proveer información financiera por teléfono y que pocas veces necesito o deseo los productos que me ofrecen.

Este párrafo incluye la idea principal del ensayo y tres de las razones por las que a usted no le gusta que los televendedores lo llamen a su casa. Note que el párrafo está formado sólo por dos oraciones. Quizás usted opte por añadir una tercera oración para respaldar la idea central.

EJEMPLO

Hay muchas razones por las que no me gusta que los televendedores me llamen a la casa. Tres de dichas razones son que los televendedores interrumpen el tiempo disponible para pasar con mi familia, que yo soy reacio a proveer información financiera por teléfono y que pocas veces necesito o deseo los productos que me ofrecen. Yo sé que los televendedores están simplemente haciendo su trabajo, pero no me gustan las interrupciones que causan.

Segundo párrafo: Está usted ahora listo para el segundo párrafo. Este es el soporte del ensayo. En este párrafo usted tomará la primera razón de su presentación y creará con ella una idea principal. A continuación creará detalles en respaldo de esa idea.

Piense: ¿Cuál debe ser la idea para su segundo párrafo? Su primera razón en la presentación declara que no le gusta pasar sus ratos de ocio importunado por llamadas que no le interesan. Use esas palabras para crear su idea principal. Por ejemplo, "Cuando los televendedores llaman a mi casa, interrumpen el tiempo que tengo para pasar con mi familia". Piense ahora en tres oraciones que respalden tal razón.

EJEMPLO

Cuando les televendedores llaman a mi casa, interrumpen el tiempo que tengo para pasar con mi familia. Da la impresión que el teléfono llama cada vez que mi familia y yo nos sentamos a cenar. En vez de pasar el tiempo con mis hijos, pierdo muchos minutos escuchando los argumentos para comprar algo. No me gusta ser rudo y colgar el teléfono, pero admito que eso es lo que a veces hago para poder volver a mi familia.

Tercer párrafo: El tercer párrafo se refiere a la segunda razón dada en su presentación. Esa razón mencionaba la desconfianza que usted tenía a las personas que tratan de venderle por teléfono. Este párrafo sigue siendo parte del soporte del ensayo e igual que el párrafo previo debe contar con una idea principal y detalles.

Piense: Derive una idea principal de la segunda razón dada en su presentación. La idea podría ser, "No me siento cómodo cuando proporciono información financiera por teléfono a un televendedor". Una vez que ha completado la idea principal, debe crear tres oraciones que la respalden.

EJEMPLO

No me siento cómodo cuando proporciono información financiera por teléfono a un televendedor. No conozco a la persona con quien hablo, la cual puede ser poco honesta. Yo sé que no todos los televendedores son deshonestos. Es que simplemente me pone nervioso dar información sobre mi tarjeta de crédito cuando cualquiera puede estar escuchando.

Cuarto párrafo: Este párrafo sigue las mismas reglas de los dos párrafos previos y también forma parte del soporte del ensayo. La idea principal está relacionada con la tercera razón que usted dio en su presentación—el hecho de que usted pocas veces desea o necesita los productos que le ofrecen.

Piense: ¿Cuál sería una buena idea principal que estuviese basada en su última razón? "Pocas veces deseo o necesito los productos que los televendedores me ofrecen". Luego piense en tres oraciones que podrían respaldar tal declaración.

EJEMPLO

Pocas veces los televendedores ofrecen productos que puedan interesarme. Me da la impresión que la mayoría de ellos tratan de enviarme información para adquirir tarjetas de crédito. Otros tratan de venderme enciclopedias carísimas o hasta focos eléctricos. ¡Un televendedor trató de venderme revestimiento plástico para mis paredes de ladrillos!

Quinto párrafo: Este es el último párrafo en su ensayo persuasivo de cinco párrafos. Siendo la conclusión del ensayo, es importante que usted resuma aquí todo lo que ha escrito.

Piense: Debe crear una idea central que resuma todo el ensayo. ¿De qué trató el ensayo? ¿Cuál fue su opinión sobre el tema? Asegúrese de incluir las tres razones que ya mencionó previamente.

EJEMPLO

No me gusta que los televendedores llamen a mi casa. Hay muchas razones para esto. La primera razón es que interrumpen el tiempo que paso con mi familia, la segunda es que no me siento cómodo dando información financiera por teléfono y la tercera es que generalmente no necesito ni deseo los productos que venden.

Así, usted ha terminado su ensayo persuasivo. Veamos cómo se ve cuando los párrafos se juntan. El número de palabras empleado es de 310 palabras, lo cual es más que las 250 palabras requeridas para esta pueba, pero siempre es mejor un poco de más que de menos.

Hay muchas razones por las que no me gusta que los televendedores me llamen a la casa. Tres de dichas razones son que los televendedores interrumpen el tiempo disponible para pasar con mi familia, que yo soy reacio a proveer información financiera por teléfono y que pocas veces necesito o deseo los productos que me ofrecen. Yo sé que los televendedores están simplemente haciendo su trabajo, pero no me gustan las interrupciones que causan.

Cuando los televendedores llaman a mi casa, interrumpen el tiempo que tengo para pasar con mi familia. Da la impresión que el teléfono llama cada vez que mi familia y yo nos sentamos a cenar. En vez de pasar el tiempo con mis hijos, pierdo muchos minutos escuchando los argumentos para comprar algo. No me gusta ser rudo y colgar el teléfono, pero admito que eso es lo que a veces hago para poder volver a mi familia.

No me siento cómodo cuando proporciono información financiera por teléfono a un televendedor. No conozco a la persona con quien hablo, la cual puede ser poco honesta. Yo sé que no todos los televendedores son deshonestos. Es que simplemente me pone nervioso dar información sobre mi tarjeta de crédito cuando cualquiera puede estar escuchando.

Pocas veces los televendedores ofrecen productos que puedan interesarme. Me da la impresión que la mayoría de ellos tratan de enviarme información para adquirir tarjetas de crédito. Otros tratan de venderme enciclopedias carísimas o hasta focos eléctricos. ¡Un televendedor trató de venderme revestimiento plástico para mis paredes de ladrillos!

En resumen, no me gusta que los televendedores llamen a mi casa. Hay muchas razones para esto. La primera razón es que interrumpen el tiempo que paso con mi familia, la segunda es que no me siento cómodo dando información financiera por teléfono y la tercera es que generalmente no necesito ni deseo los productos que venden.

DESARROLLO DE UN ENSAYO NARRATIVO

El ensayo narrativo es distinto de los ensayos expositivos y persuasivos. El ensayo narrativo puede tener tres, cuatro o hasta cinco párrafos. Por lo general, es más fácil hacerlo en tres o cuatro. En el próximo ejemplo haremos un ensayo de tres párrafos. Este ensayo también requiere una presentación, un soporte y una conclusión, las cuales forman parte de cada uno de los párrafos siguientes. Recuerde que el ensayo narrativo está siempre escrito en primera persona y discute un tema personal.

La sugerencia narrativa

¿Recuerda usted su primer trabajo? Puede haberlo tenido cuando asistía a la escuela. Quizás era un trabajo en la gasolinera al otro lado del pueblo o a lo mejor era un trabajo de camarero o camarera. ¿Qué le pareció ese primer trabajo? Trate de recordar sus sentimientos al respecto.

Preguntas de discusión

Piense sobre su primer trabajo. ¿Qué sentimientos le producía? ¿Cómo lo obtuvo? ¿Qué es lo que lo hizo especial?

Cómo desarrollar un ensayo narrativo

Enfoque: ¿Cuál va a ser la idea principal de su ensayo? La idea es su primer trabajo y la razón por la que fue importante para usted.

Primera etapa: Decida qué es lo que dirá la oración con la idea principal.

Piense: Su primera oración (idea principal) debe explicar qué tipo de trabajo va usted a discutir en su ensayo.

Idea central: Suponga que su primer trabajo fue de camarero o camarera en un restaurante. Su primera oración puede ser, "Nunca olvidaré mi primer trabajo de camarera en un café de pueblo chico".

Primer párrafo: En su primer párrafo debe usted tener una oración que contenga la idea principal y por lo menos una o dos oraciones que respalden la idea principal. Recuerde que el primer párrafo constituye el foco de todo el ensayo.

EJEMPLO

> Nunca olvidaré mi primer trabajo de camarera en un café de pueblo chico. Tenía sólo dieciséis años y estaba muy emocionada. Este era el comienzo de mi independencia.

Este sencillo párrafo enfoca el primer trabajo de la escritora y su importancia para ella.

Segundo párrafo: El segundo párrafo en un ensayo narrativo representa el soporte del ensayo. Como el ensayo está escrito en primera persona y nos cuenta la experiencia de la escritora, es importante que las ideas sigan una secuencia cronológica adecuada. Comience el soporte con el primer acontecimiento que desea compartir con el lector y luego sígalo ordenadamente con el segundo y tercero. Intercale sus pensamientos y sentimientos en las oraciones.

EJEMPLO

Cuando cumplí los dieciséis años, mi madre pensó que ya era tiempo de buscarme un trabajo de verano. Había escuchado que había un puesto de camarera vacante en un pequeño café local. Confieso que no me entusiasmó abandonar mi libertad veraniega, pero decidí pedir ese trabajo. La paga era un dólar por hora, lo cual me pareció un montón de dinero. Comencé mi trabajo el primer día lavando platos. Lavé y lavé. Después de unos días ascendí a servir café en la mesa central. Comparado con el lavado de platos, este trabajo me pareció excelente y ahora también tenía la posibilidad de ganar propinas. Más tarde me dieron el trabajo de servir a los clientes. Esto no era tan fácil como parecía y cometí bastantes equivocaciones. Finalmente, al terminar el verano, había ganado un poco de dinero y, más importante aún, había adquirido bastante experiencia.

Asegúrese de que las oraciones hechas para presentar detalles de respaldo siempre se refieran a la idea principal del ensayo. Mantenga sus oraciones en secuencia cronológica. Note cómo la escritora emplea palabras indicativas del pasar del tiempo: *cuando, comencé, después de, ahora, más tarde, finalmente.* Esto permite al lector comprender el orden exacto en que ocurren las acciones del párrafo.

Tercer párrafo: El párrafo final en el ensayo narrativo es la conclusión. En este párrafo se resume todo el ensayo.

EJEMPLO

Mi primer trabajo representó para mí un gran acontecimiento. Me ayudó a sentirme independiente por primera vez y me dio considerable experiencia.

El número de palabras empleadas en este ensayo fue 194. Leamos ahora el ensayo completo.

Nunca olvidaré mi primer trabajo de camarera en un café de pueblo chico. Tenía sólo dieciséis años y estaba muy emocionada. Este fue el comienzo de mi independencia.

Cuando cumplí los dieciséis años, mi madre pensó que ya era tiempo de buscarme un trabajo de verano. Había escuchado que había un puesto de camarera vacante en un pequeño café local. Confieso que no me entusiasmó abandonar mi libertad veraniega, pero decidí pedir ese trabajo. La paga era un dólar por hora, lo cual me pareció un montón de dinero. Comencé mi trabajo el primer día lavando platos. Lavé y lavé. Después de unos días ascendí a servir café en la mesa central. Comparado con el lavado de platos, este trabajo me pareció excelente y ahora también tenía la posibilidad de ganar propinas. Más tarde me dieron el trabajo de servir a los clientes. Esto no era tan fácil como parecía y cometí bastantes equivocaciones. Finalmente, al terminar el verano, había ganado un poco de dinero y, más importante aún, había adquirido bastante experiencia.

Mi primer trabajo representó para mí un gran acontecimiento. Me ayudó a sentirme independiente por primera vez y me dio considerable experiencia.

CREACIÓN DE ESQUEMAS RÁPIDOS PARA ENSAYOS

Si crea con rapidez un esquema antes de empezar su ensayo, ahorrará tiempo. Recuerde que el esquema sólo sirve de referencia; por eso, utilice una hoja de papel para el esquema y no lo incluya en el verdadero ensayo. Veremos ahora tres esquemas basados en los ensayos ya vistos en las páginas previas.

CONSEJO

Un esquema ayudará a enfocar y organizar su ensayo.

EL ESQUEMA EXPOSITIVO

El ensayo expositivo contó con cinco párrafos. Por eso, deberá crear cinco secciones para su esquema y numerar su idea principal dentro de cada sección. Al escribir su esquema, recuerde que la presentación y sus puntos de respaldo deben aparecer en su primer párrafo. Los párrafos dos, tres y cuatro hablarán de esos tres puntos. Típicamente, se emplean números romanos para numerar los esquemas.

EJEMPLO

I. Los feriados son importantes para mí.

II. El Día de los veteranos en un feriado honorable.

III. El Día de la independencia es un gran feriado veraniego.

IV. De todos los días festivos, la Navidad es mi feriado favorito.

V. En resumen, hay muchos feriados que son importantes para mi familia y para mí.

Una vez que ha redactado las cinco secciones, puede insertar bajo cada sección las oraciones que proveen los detalles.

FERIADOS IMPORTANTES PARA MÍ

I. Los feriados son importantes para mí.
   A. Feriados que disfruto son Día de veteranos, Día de independencia y Navidad
   B. Feriados tienen significado especial

II. Día de veteranos es feriado honorable.
   A. Hombres y mujeres en las fuerzas armadas
   B. Llevo familia a servicios en honor de veteranos

III. Día de la independencia es gran feriado veraniego.
   A. Reunión familiar
   B. Niños juegan juegos
   C. Miramos fuegos artificiales

IV. De todos días festivos, Navidad es mi feriado favorito.
   A. Generosidad
   B. La familia se reúne
   C. Abrimos regalos

V. En resumen, hay muchos feriados que son importantes para mi familia y para mí.
   A. Día de los veteranos
   B. Día de la independencia
   C. Navidad

No dedique demasiado tiempo a escribir su esquema. Después de todo, el propósito del esquema es ahorrarle tiempo. Las oraciones que proveen detalles no necesitan ajustarse una a otra para formar un todo, sino que pueden ser fragmentos que usted seleccionará cuando redacte su ensayo completo. Las ideas presentadas en el esquema le permitirán desarrollar las oraciones de su ensayo de cinco párrafos. Compare el esquema "Feriados importantes para mí" con el ensayo completo.

EL ESQUEMA PERSUASIVO

El ensayo persuasivo también requiere cinco párrafos. Para comenzar su esquema persuasivo, numere sus cinco párrafos con números romanos y escriba la idea principal de cada párrafo. La primera oración de su esquema declarará la posición que usted ha tomado con respecto al tema que va a tratar. Este es el foco del ensayo. Las tres oraciones siguientes abarcarán las tres ideas que respaldan su posición. Su oración final será la idea central empleada como conclusión.

EJEMPLO

    I. No me gusta que los televendedores me llamen a la casa.

    II. Los televendedores interrumpen el tiempo que dispongo para pasar con mi familia.

    III. No me siento cómodo cuando doy información financiera por teléfono.

    IV. Los productos ofrecidos por los televendedores me interesan poco.

    V. Las llamadas de los televendedores no me gustan por muchas razones.

Después de escribir estas ideas principales de cada párrafo, añada los detalles de respaldo y asígneles las letras A, B, C, etc.

POR QUÉ NO ME GUSTA QUE LOS TELEVENDEDORES LLAMEN A MI CASA

I. No me gusta que los televendedores me llamen a la casa.
    A. Interrumpen mi tiempo con familia
    B. Molesta dar información financiera
    C. Tengo poco interés en sus productos

II. Televendedores interrumpen tiempo que dispongo para pasar con familia.
    A. Teléfono suena durante tiempo con familia
    B. Forzado a colgar teléfono

III. No me siento cómodo cuando doy información financiera por teléfono.
    A. No conozco a persona que llama
    B. No me gusta dar información tarjetas de crédito

IV. Productos ofrecidos por televendedores me interesan poco.
    A. Ofrecen productos como tarjetas de crédito
    B. Ofrecen productos como enciclopedias o focos eléctricos

V. Llamadas de televendedores no me gustan por muchas razones.
    A. Interrumpen tiempo con familia
    B. Molesta dar información financiera
    C. Soy indiferente a sus productos

Compare el esquema recién visto con el ensayo persuasivo sobre los televendedores. Note nuevamente que algunas oraciones están escritas en forma fragmentaria, lo cual se hace para ahorrar tiempo. Al escribir el ensayo usted deberá redactar esas oraciones correctamente.

EL ESQUEMA NARRATIVO

El esquema narrativo se escribe en tres párrafos. Escriba las ideas principales de cada párrafo y numérelas con números romanos. Recuerde que en un ensayo narrativo el primer párrafo es la presentación, el segundo es el soporte y el tercero es la conclusión.

EJEMPLO

   I. Nunca olvidaré mi primer trabajo de camarera.

  II. Mi madre pensó que ya era tiempo de buscarme un trabajo de verano.

 III. Mi primer trabajo representó para mí una gran experiencia.

Después de decidir cuáles serán sus ideas principales, redacte las oraciones de apoyo para cada párrafo.

> **MI PRIMER TRABAJO**
>
> I. Nunca olvidaré mi primer trabajo de camarera.
>   A. Emocionada
>   B. Nueva experiencia
>
> II. Madre pensó que era tiempo de buscarme trabajo.
>   A. Escuchó de puesto vacante
>   B. Perdí mis vacaciones
>   C. Sueldo un dólar por hora
>   D. Lavé platos
>   E. Ascendí a servir café
>   F. Serví a clientes
>   G. Cometí algunos errores
>   H. Gané dinero y adquirí experiencia
>
> III. Mi primer trabajo representó para mí una gran experiencia.
>   A. Me dio independencia
>   B. Me dio experiencia

Observe que en el esquema del ensayo narrativo, la mayoría de los detalles se añaden al soporte, es decir, la segunda sección. Asegúrese de agregar sus detalles en orden cronológico. Compare ahora este esquema al ensayo narrativo.

ESCRIBIR EL ENSAYO

Antes de que usted comience a escribir su propio ensayo, considere algunas palabras y frases que podría incluir en el ensayo para hacerlo más completo y también algunas palabras cuyo uso le conviene limitar.

VERBOS

Asegúrese de usar el tiempo verbal correcto en su oración.

crear	apreciar	lograr	enfocar
influir	requerir	retener	aumentar
experimentar	frustrar	restringir	informar
cometer	desarrollar	apoyar	dudar
decidir	comparar	proveer	aplicar
proveer	administrar	comunicar	convencer
considerar	educar	presentar	
recomendar	expandir		

ADJETIVOS

Use estas palabras para crear oraciones más interesantes.

útil	joven	sencillo	cuidadoso
discreto	incierto	benéfico	franco
hermoso	seguro	informativo	cauteloso
elaborado	corriente	generoso	persistente
elegante	moderno	tedioso	poderoso
satisfecho	maravilloso	histórico	vital
entusiasta	conocedor	fresco	constante

ADVERBIOS

Use estas palabras para modificar un verbo, adjetivo u otro adverbio.

lentamente	algo	más	súbitamente
calmadamente	aparentemente	a veces	extrañamente
perfectamente	nunca	para siempre	terriblemente
cuidadosamente	realmente	silenciosamente	cerca
ayer	seguramente	doblemente	rápidamente
muy	fácilmente		

PALABRAS Y FRASES PARA SECUENCIAS

Use estas palabras en su ensayo narrativo para indicar secuencia cronológica o de lugar y en sus ensayos expositorios o persuasivos para explicar ideas.

primero	subsecuentemente	entonces	a la izquierda
segundo	a continuación	por último	a la derecha
tercero	luego	previamente	delante
seguidamente	después	en seguida	al fin
más tarde	encima	poco después	cerca
después de eso	más allá		

PALABRAS Y FRASES QUE EXHIBEN CONTRASTES

aunque	aún	por otra parte
pero	sin embargo	por el contrario
no obstante	con todo	en contraste con

PALABRAS Y FRASES QUE AYUDAN A ILUSTRAR Y EXPLICAR UNA IDEA

por ejemplo	por esta razón	como se había dicho
así	verdaderamente	es decir
para ilustrar	para destacar	de hecho
de esta manera	nuevamente	
en otras palabras	por lo tanto	

PALABRAS DE CONEXIÓN

No abuse el uso de estas palabras, evite oraciones demasiado largas.

y	o	pero	ni	para

PALABRAS QUE RESUMEN

Estas palabras pueden usarse para concluir el ensayo.

en conclusión	para terminar	en resumen	para finalizar
finalmente	como resultado	por lo tanto	por consiguiente
en pocas palabras	de este modo		

PALABRAS QUE AÑADEN INFORMACIÓN

nuevamente	además de	finalmente	por ejemplo
además	otro	es decir	en otras palabras
próximo	también	sin embargo	es decir
igual que	tanto como		

PALABRAS QUE CONVIENE LIMITAR EN EL ENSAYO

porque	pero	así	asunto
y	quizás	entonces	cosas (¡sea específico!)

PRÁCTICA DE ENSAYOS

A continuación presentamos una sugerencia para hacer un ensayo de práctica. Escriba un esquema en una hoja de papel y a continuación comience su ensayo. Recuerde que el esquema hace las funciones de borrador y no debe entregarlo junto con el ensayo. Emplee un reloj para limitar el tiempo dedicado al ensayo.

Sugerencia

Durante los últimos años los norteamericanos se han vuelto más interesados en cuestiones de salud. Mayor número de personas parece ejercitarse regularmente y vigilar su alimentación.

Pregunta de discusión

¿Qué medidas puede usted tomar para ayudarse a ser más sano o para mantener su buena salud?

Escriba un ensayo de aproximadamente 250 palabras en el cual usted explica o presenta sus razones al respecto. Tiene 45 minutos para redactar el ensayo.

Ejemplo de respuesta

Después de terminar de escribir su ensayo, compárelo con el esquema que aparece a continuación. Es posible que usted haya tenido ideas similares. No todos eligirán los mismos tres puntos para desarrollarlos en el ensayo. Si usted es capaz de presentar ideas principales en forma clara y lógica, como también de ofrecer ideas que las respalden, no tendrá problemas con el Examen de GED.

Como la sugerencia que se le ha dado estaba basada en un tema expositivo, usted debe escribir cinco párrafos. Vea ahora el ejemplo de esquema que sigue.

Ejemplo de esquema

I. Hay muchas maneras de mantenerme sano.
   A. como adecuadamente
   B. me ejercito diariamente
   C. trato de evitar preocupaciones

II. Todos los días trato de comer alimentos beneficiosos.
   A. como de los cuatro grupos principales de alimentos
   B. bebo mucha agua

III. Antes de comenzar cada día, me ejercito por lo menos durante diez minutos.
   A. comienzo con ejercicios de estiramiento
   B. progreso hacia ejercicios más duros

IV. Las preocupaciones afectan mucho mi salud.
   A. las pequeñas molestias no me preocupan
   B. sé relajarme

V. Hay muchas maneras de mantenerme sano, pero yo prefiero comer adecuadamente, ejercitarme y no preocuparme.

Ejemplo de ensayo basado en el esquema

CÓMO MANTENERME SANO

Hay muchas maneras de mantenerme sano. Trato de comer adecuadamente, ejercitarme todos los días y no permitir que las preocupaciones me afecten. Si cumplo con estos tres factores, me siento mejor emocional y físicamente.

Todos los días trato de comer alimentos beneficiosos. Ayuda mucho a la salud escoger siempre de los cuatro grupos principales de alimentos. Al hacerlo, sé que estoy obteniendo todas las vitaminas y los minerales que necesito diariamente. También bebo mucha agua, en vez de gaseosas con endulzantes artificiales, porque estoy seguro de que eso beneficia mi organismo.

Antes de comenzar cada día, me ejercito por lo menos durante diez minutos. Comienzo con ejercicios de estiramiento y continúo con ejercicios más duros que aceleran mi ritmo cardíaco.

Las preocupaciones afectan mucho mi salud. Por eso, trato de que no me preocupen las pequeñas molestias y cada día creo momentos de varios minutos para relajarme.

Hay muchas maneras de mantener la salud en buen estado. En mi caso, prefiero comer adecuadamente, ejercitarme y no preocuparme. Con semejante combinación, no puedo fallar.

El ejemplo previo tiene 174 palabras. Convendría alargarlo para quedar más cerca del ideal de 250 palabras. En lo que respecta a su esquema, le recordamos una vez más que su propósito es permitirle crear ensayos más rápidamente; por eso, no trate de crear esquemas hermosos sino útiles.

Distribuya su tiempo

Recuerde que no dispone más de 45 minutos para escribir todo el ensayo. Por eso, siga las recomendaciones siguientes.

1. Lea todas las instrucciones y asegúrese de haber comprendido el tema—3 a 5 minutos.
2. Haga su esquema—5 a 10 minutos.
3. Escriba su ensayo de 250 palabras—20-25 minutos.
4. Revise y redacte su ensayo—5 minutos.

Mantenga presentes todos estos períodos de tiempo a medida que escribe su ensayo.

REVISIÓN DEL ENSAYO

Aquí le ayudaremos con algunas ideas sobre la mejor manera de revisar el ensayo que acaba de escribir. Recuerde de releer el ensayo tan pronto lo haya terminado. Si ha distribuido su tiempo adecuadamente, le quedarán cinco a diez minutos para la revisión.

Lea las siguientes recomendaciones para revisión de ensayos.

Verifique su trabajo

1. Encuentre la idea principal.

2. En su ensayo persuasivo o expositivo, revise las *tres* ideas de su primer párrafo.

3. En su ensayo persuasivo o expositivo, asegúrese de que el segundo, tercer y cuarto párrafo contengan una oración central (idea principal) relacionada con las tres ideas del primer párrafo.

4. En su ensayo narrativo, asegúrese de haber empleado palabras de secuencia cronológica y de lugar.

5. ¿Está seguro de que las oraciones de respaldo van bien conectadas al tema principal?

6. Corrija las oraciones mal seguidas, la puntuación, el deletreo, el uso de las mayúsculas y la correspondencia entre el sujeto y el verbo.

7. Verifique su resumen al final del ensayo.

8. Asegúrese de que haya claridad y buen enfoque.

9. Asegúrese de que el ensayo tenga aproximadamente 250 palabras.

Ejercicios de redacción

El ensayo que aparece a continuación contiene serios errores. Escriba en los márgenes todos los errores que usted ve y luego compárelos con el texto del ensayo revisado.

CÓMO SER UN BUEN CIUDADANO

Todos tienen diversas ideas de cómo ser un buen ciudadano. Yo creo que la gente debe mantenerse al tanto de los acontecimientos de actualidad y ayudar a otras personas.

Para ser un buen ciudadano, una persona debe estar enterada de los acontecimientos de actualidad. Si una persona está informada bueno sobre lo que ocurre en el mundo, entonces esa persona puede actuar basada en esa información. Tal como votar. Votar es algo que toda la gente debiera hacer, algunas personas no quieren votar. La persona tiene el derecho y la responsabilidad votar en las elecciones y asegurarse de que haya gente responsable administrando nuestro gobierno. Nuestro gobierno actual está muy necesitado de líderes buenos.

Yo creo que todos debieran ayudar a otra gente. Yo tengo un amigo que ofrecen sus servicios en un asilo de ancianos. Hay varios asilos de ancianos cerca de aquí. Trabajar de voluntario en la escuela de un hijo también es una excelente manera de ayudar a otra gente esto ayuda a los alumnos con sus tareas.

¡Yo creo que es una gran idea ser un buen ciudadano!

En la "Revisión de 'Cómo ser un buen ciudadano'", usted verá que las correcciones requirieron una seria reconstrucción del formato. En el primer párrafo del ensayo original se expresaron sólo dos ideas de respaldo en vez de tres. Hubo ideas mal conectadas ("Tal como votar" y "Votar es algo que toda la gente debiera hacer, algunas personas no quieren votar"). Hubo además detalles que no tenían nada que ver con las ideas de respaldo presentadas en el primer párrafo (la responsabilidad de votar). Finalmente, el último párrafo comprende una sola oración, algo que nunca debe hacerse en un ensayo.

REVISIÓN DE "CÓMO SER UN BUEN CIUDADANO"

Todos tienen diversas ideas de cómo ser un buen ciudadano. Yo creo que la gente debe mantenerse al tanto de los acontecimientos de actualidad, ayudar a otras personas y mantenerse en contacto con funcionarios públicos.

Mi opinión es, que si una persona desea ser un buen ciudadano, debe estar enterada de los acontecimientos de actualidad. Si una persona está bien informada sobre lo que ocurre en el mundo, esa persona puede usar esa información como base para actuar.

Un buen ciudadano debe ayudar a otra gente. Hay muchas maneras de ayudar a las personas; por ejemplo, uno puede ofrecerse para trabajar de voluntario en asilos de ancianos o en escuelas.

Los ciudadanos debieran mantenerse en contacto con funcionarios públicos. Todos debieran conocer a sus representantes políticos locales, estatales y federales. Los ciudadanos que así lo hacen proveen información valiosa a dichos representantes.

Es importante ser un buen ciudadano. Para ser un buen ciudadano, yo opino que una persona debe estar al tanto de los acontecimientos de actualidad, ayudar a otras personas y mantenerse en contacto con funcionarios públicos.

A continuación aparece un ensayo que contiene algunos errores. Vea si los puede detectar en cinco a diez minutos.

EL IMPACTO NEGATIVO DE LA TELEVISIÓN EN LOS NIÑOS

Parece que en la actualidad los niños pasan demasiado tiempo frente al televisor. Según la opinión de muchos educadores la televisión ejerce un efecto negativo sobre los niños porque consume demasiado del tiempo libre que ellos disponen y ofrece demasiada violencia y los niños no hacen ejercicio alguno mientras pasan horas y horas sentados.

Cuando los niños disponen de tiempo creo que debieran utilizarlo en cosas más constructivas como estudiar o socializar con los amigos en vez de mirar televisión hora tras hora y en realidad nunca aprendiendo nada me parece que aparte de estar entertenidos no sacan ningún beneficio.

Hay demasiada violencia en la televisión. Si el niño mira programas sin supervisión alguna, a lo mejor están mirando muchas escenas y muchos temas de gran violencia que puede causarles daño y mientras tanto los padres viven sus vidas y no tienen la más mínima idea de lo que está sucediendo. Con el pasar de los años, los niños pueden pensar que esos temas tan violentos que ven tanto en el televisor no es más ni menos que comportamiento corriente y absolutamente normal y traten de imitar ese comportamiento.

Sentado todos los días frente al televisor el niño no se mueve y empieza a tener malos pensamientos. El niño debe moverse sin parar para quemar su grasa y así ser más flaco y fuerte. El niño también necesita mucho ejercicio para que se le vayan las ideas raras que a uno se le aparecen cuando uno mira mucho y no hace nada.

Yo creo que la televisión tenía un efecto negativo en los niños. Cuando los niños mira demasiada televisión, ésta le toban su tiempo, le enseñaba violencia y le empeoran la salud.

En la revisión de "El impacto negativo de la televisión en los niños", hubo sólo algunos errores que usted debiera haber detectado. Primero, hay algunos errores de puntuación. Debiera haber una coma en la cláusula inicial ("...educadores,") y excesivo uso de la conjunción y cuando una coma habría sido ideal para separar la serie de frases ("...disponen, ofrece...".) El segundo párrafo está compuesto de una sola y larguísima oración que debe fragmentarse y tener algunos signos de puntuación. ¿Se fijó además que *entretenidos* está mal escrito? El tercer párrafo adolece de verbosidad, es decir, el escritor ha dicho con muchas palabras lo que podría haber dicho con menos. En el cuarto párrafo el problema es la vulgaridad, es decir, aunque las ideas están bien expresadas, el escritor debiera escoger mejor sus palabras para comunicarse con mayor elegancia. El quinto párrafo se distingue por la falta de concordancia en los tiempos verbales y la sintaxis.

REVISIÓN DE "EL IMPACTO NEGATIVO DE LA TELEVISIÓN EN LOS NIÑOS"

Parece que en la actualidad los niños pasan demasiado tiempo frente al televisor. Según la opinión de muchos educadores, la televisión ejerce un efecto negativo sobre los niños porque consume demasiado del tiempo libre que ellos disponen, ofrece demasiada violencia y los niños no hacen ejercicio alguno mientras pasan horas y horas sentados.

Cuando los niños disponen de tiempo, creo que debieran utlilizarlo en cosas más constructivas. Por ejemplo, pueden estudiar o socializar con los amigos en vez de mirar televisión hora tras hora y, en realidad, nunca aprendiendo nada. Me parece que aparte de estar entretenidos no sacan ningún beneficio.

Hay demasiada violencia en la televisión. Si los niños miran programas sin supervisión alguna, pueden estar mirando temas muy violentos sin que los padres tengan idea de lo que está sucediendo. Al pasar los años, los niños pueden terminar considerando estos temas violentos como comportamiento corriente y tratar de imitarlo.

La diaria inactividad frente al televisor evita el ejercicio físico y aumenta las tensiones emocionales. Los niños deben moverse continuamente para quemar calorías y así evitar la obesidad y mantener sus músculos fuertes. También necesitan fuerte actividad física para liberar sus emociones y ser mentalmente más sanos.

Yo creo que la televisión tiene un impacto negativo en los niños. Cuando los niños miran demasiada televisión, ésta les roba su tiempo, les enseña violencia y les empeora la salud.

PRÁCTICA DE ENSAYOS

Es tiempo ahora de juntar todo lo que ha leído y de crear su propio ensayo.

Sugerencia

Muchas personas tratan de lograr algo en sus vidas. Algunas logran un gran nivel educativo o económico. Otras alcanzan maestría en las artes o ciencias. A veces, hay logros pequeños que tienen mayor significado que logros grandes. Piense en los logros que ya ha obtenido.

Pregunta de discusión

¿Cuáles son logros más grandes que ha tenido en su vida?

Escriba un ensayo de unas 250 palabras y discuta este tema. Provea ejemplos y detalles de respaldo para cada idea importante. Cuenta con 45 minutos para escribir sobre este tema.

Verifique su trabajo

1. Lea cuidadosamente la sugerencia, la pregunta de discusión y las instrucciones.
2. Decida si la sugerencia es expositiva, persuasiva o narrativa.
3. Planifique su ensayo antes de empezar.
4. Use papel suelto para preparar un esquema sencillo.
5. Escriba su ensayo en páginas con renglones impresos.
6. Lea cuidadosamente lo que ha escrito y haga las correcciones necesarias.
7. Revise el enfoque empleado, la elaboración y la organización, las convenciones y la integración.

SUGERENCIAS PARA LA PRÁCTICA DE ENSAYOS

En este segmento le damos algunas sugerencias sobre temas de práctica. Recuerde, mientras más practique, mejor serán sus ensayos.

SUGERENCIAS EXPOSITIVAS	
Colecciones	Administrar un presupuesto
Visto en las noticias	Seguridad en la carretera
Juegos populares	Peligros de la naturaleza
Programas de televisión favoritos	Celebraciones
Mis amigos	Compras en subastas
Mi tiempo libre	Animales favoritos
Experiencias cómicas	Parques de entretenciones
Experiencias peligrosas	Problemas mundiales
Canciones favoritas	Las mujeres en política
Administración casera	Qué espero ganar si obtengo mi GED

SUGERENCIAS NARRATIVAS	
Mi mayor aventura	El día en que nos mudamos
La visita de parientes	Mi primera casa
La vacación de la familia	Mi experiencia con la tecnología
La lección más importante que he tenido	Algo que nunca he contado
¡Nunca más!	Mi último día de trabajo
Mi pasatiempo favorito	¡El mejor partido que he visto!
Una experiencia feliz	El día más difícil que he tenido
Mi experiencia en el ejército	El día en que estuve más nervioso
Mi día de mayor suerte	Una experiencia de la niñez
Un día triste	El día en que sentí más orgullo

SUGERENCIAS PERSUASIVAS

¿Es constitucional la sentencia de muerte?

¿Van demasiado lejos los programas de entrevistas en TV?

¿Debieran los Diez mandamientos estar exhibidos en las escuelas públicas?

¿Debiera restringirse el número de emigrantes a Estados Unidos?

¿Debieran todos los lugares de trabajo exigir pruebas detectoras de drogas?

¿Debieran los estudiantes de escuela superior pasar un examen para graduarse?

¿Debiera Estados Unidos adoptar el sistema métrico?

¿Debiera el gobierno proveer casas para todos los desposeídos?

¿Cree que hay vida en otros planetas?

¿Debieran los ricos pagar más impuestos?

¿Debieran instalarse cámaras filmadoras en las calles que graben a la gente para el internet?

¿Debieran exigirse cinturones de seguridad para los autobuses escolares?

¿Debiera el gobierno permitir avisos comerciales en los autobuses escolares?

¿Debieran permitirse los casinos en todos los estados?

¿Debiera pagar impuestos el comercio electrónico?

¿Necesitamos todavía el Servicio Selectivo para las fuerzas armadas?

¿Son realmente seguros los aviones?

¿Debieran imponerse límites de tiempo para la gente que recibe asistencia social (*welfare*)?

¿Debiera existir un límite de edad para los candidatos a la presidencia?

¿Debiera haber más censura en la televisión?

ENSAYO DE PRÁCTICA

(Las respuestas variarán.)

Usted puede haber escrito un ensayo expositivo o narrativo. Si escribió un ensayo expositivo, debiera haber seguido las pautas siguientes: emplear cinco párrafos que abarcan una presentación (primer párrafo), un soporte (tres párrafos) y un resumen (un párrafo). Puede haber escrito el ensayo de dos maneras: haber pensado sobre tres logros específicos que ha tenido en su vida y luego haber escrito sobre ellos, incluyendo ideas centrales y detalles, o bien, haber pensado sobre un logro principal en su vida y luego haber dado tres razones específicas por las que este logro fue tan importante para usted. Esas tres razones específicas se habrían convertido en las tres ideas principales que formarían el soporte del ensayo.

Si usted escribió un ensayo narrativo, debiera haber empleado tres o cuatro párrafos, escritos en primera persona. El ensayo debiera mostrar una secuencia de eventos. El primer párrafo sería su idea principal, es decir, habría dicho cuál ha sido el logro más importante de su vida. El segundo y tercer párrafo habría sido una secuencia lógica de eventos, explicaciones e ideas de respaldo, todos conectados con la idea principal. Finalmente, el último párrafo sería el resumen del ensayo.

PUNTUACIÓN

Aquí le daremos una idea de cómo se puntúa su ensayo.

Cuando termine y entregue su ensayo, éste será leído por dos lectores. Estos dos examinadores le darán una puntuación que representará la "eficacia general" del ensayo. La puntuación será de 1 a 4, con el uno siendo la puntuación peor y el cuatro la mejor. Los examinadores basarán sus conclusiones en los puntos siguientes.

- **Enfoque:** Cuán claramente enfocan sus ideas el tema del ensayo.

- **Elaboración:** Cuán bien explica y respalda usted sus ideas y opiniones.

- **Organización:** Cuán lógica es la estructura y el flujo del ensayo.

- **Convenciones:** Cuán correctamente sigue usted todas las normas del español escrito.

- **Integración:** Cómo es la eficacia general del ensayo.

En vez de contar cada error en el ensayo y deducir cierto número de puntos, los lectores le darán puntos de acuerdo con la eficacia general del ensayo. Usted podrá cometer varios errores pequeños de gramática y puntuación y de todos modos recibir un 4 siempre que el ensayo esté bien enfocado, respaldado y organizado.

A continuación presentamos la Guía de puntuación oficial del ensayo de GED, la cual le dará una buena idea sobre el tema.

Guía de puntuación del ensayo de GED

El *GED Testing Service* ha definido los cuatro niveles de los ensayos de GED como sigue:

4 – Eficaz

3 – Adecuado

2 – Marginal

1 – Ineficaz (es importante notar que una puntuación de 1 le obligará a tomar de nuevo toda la sección *Lenguaje, Escritura, Parte I*).

Los trabajos mostrarán todas o algunas de las características siguientes:

Los trabajos con buena puntuación darán evidencia de un claro propósito por parte del escritor. Tendrán además una estructura adecuada que revela deliberada planificación.

Nivel 4: el ensayo es *competente*.

Los trabajos con puntuación de 4 están bien organizados y proveen eficaz respaldo a todos los puntos importantes. Las ideas presentadas tienen substancia. La gramática, incluyendo la puntuación, está consistentemente bajo control, aunque haya pequeños errores ocasionales.

Nivel 3: el ensayo es *suficiente*.

Los trabajos puntuados con un 3 generalmente dan evidencia de cierta planificación o desarrollo. Las ideas de respaldo, aunque suficientes, tienden a ser menos extensas y menos convincentes que las ideas de un ensayo puntuado con un 4. El escritor generalmente observa las reglas del español escrito. Hay presencia de algunos errores, pero éstos no son tan graves como para interferir seriamente con el principal propósito del autor.

Nivel 2: el ensayo es *aceptable*.

La puntuación de 2 corresponde a una clara ausencia de desarrollo e inadecuado apoyo de ideas. El escrito es con frecuencia muy simple o superficial, caracterizado a menudo por generalizaciones sin respaldo alguno. En vez de evidenciar un claro propósito, los ensayos de este nivel presentan propósitos en conflicto entre sí. Los errores de gramática presentes pueden interferir seriamente con la eficacia general del trabajo.

Nivel 1: el ensayo es *insuficiente*.

Los trabajos con puntuación de 1 sugieren que el autor no sólo no ha logrado su propósito sino que ni siquiera ha podido explicar cuál era el propósito. La característica principal de estos ensayos es la falta de control. El escritor es incapaz de expresar plan alguno y tampoco logra expresar sus ideas según los requisitos de la gramática española.

Nivel 0: el ensayo *no puede ser puntuado*.

La puntuación de 0 se reserva para los trabajos que están en blanco, son ilegibles o tratan sobre temas ajenos al tema asignado.

Ahora, tomando en cuenta esta guía de puntuación, estudie los diversos trabajos presentados sobre el tabaco y sus nocivos efectos sobre la salud.

TRABAJO 1

El peor efecto del cigarrillo incluye una reducción en los años de vida. Todos los años, casi medio millón de norteamericanos que fumaban mueren prematuramente. El fumar es responsable del 30 por ciento de todas las muertes por cáncer en Estados Unidos, incluyendo las muertes por cáncer pulmonar.

El fumar debilita el funcionamiento del corazón, lo cual conduce a infartos y ataques cardíacos. Además, docenas de miles mueren de enfermedades pulmonares crónicas asociadas con el tabaco.

Las mujeres que fuman durante su embarazo tienen una probabilidad diez veces mayor de tener abortos espontáneos. Además, los bebés de madres que fuman tienden a tener menos peso al nacer.

Finalmente, existe el riesgo de muerte o enfermedad grave para quienes están expuestos al humo de segunda mano: cáncer pulmonar, enfisema, bronquitis, neumonía o enfermedad cardíaca.

TRABAJO 2

El fumar tiene muchos efectos desfavorables. Afecta la salud del fumador de muchas maneras. Resulta en respiración entrecortada. Causa manchas de tabaco.

El fumar se convierte en un hábito que es difícil de abandonar los fumadores sufren de adición debido a la nicotina.

El fumar también es muy caro dos cajetillas de cigarrillos al día cuestan cerca de 70 dólares por semana, dinero que podría comprar un montón de comida y otras nesesidades.

Si usted tiene una familia, todos están afectados por el humo de segunda mano. Los niños aprenden a fumar cuando imitan a sus padres.

Por eso, usted no debiera fumar.

TRABAJO 3

El fumar tiene malos efectos. Millones de Americanos fuman y ellos gastan muchísima plata en cigarrillos.

El fumar es malo para usted. Destruye su salud y causa Cáncer. Usted puede pensar que fumar es muy adulto pero no es así.

Andar fumando también hace mal a los que están junto a usted. Los que inalan su humo. Las mujeres que están embarasadas pueden dañar a sus bebés.

Los fumadores ensusian el aire. Y hacen difícil respirar a los que están cerca.

Por eso usted debiera pensarlo dos veces antes de ensender uno.

El trabajo 1 organiza muy bien las ideas relacionadas con el tema. El orden de los párrafos es lógico. Se presenta información específica y todo está directamente relacionado con el tema. No hay errores en la estructura de las oraciones, en la puntuación y en el uso de las mayúsculas.

El trabajo 2 da evidencia de organización. Cada uno de los primeros cuatro párrafos ofrece argumentos.

Este ensayo adolece de dos problemas básicos. Primero, los argumentos no están respaldados por información adecuada. Uno de los efectos mencionados (manchas de tabaco) carece de importancia, mientras que otros efectos que sí son importantes no se mencionan. Hay también unos cuantos errores. El segundo párrafo tiene dos oraciones seguidas. *Adicción, cigarrillos y necesidades* están mal escritas. El estilo general es claramente menos elegante que el del primer trabajo. Aunque este ensayo está bien organizado, sus errores disminuyen su puntuación a 3.

La organización del trabajo 3 es bastante pobre. Se incluye información irrelevante (dinero gastado, sentimiento de ser adulto). Las declaraciones se repiten y carecen de respaldo. Algunas oraciones no lo son ("Los que inhalan su humo", "Y hacen difícil respirar a los que están cerca"). Abundan los errores de sintaxis, de deletreo ("inhalan", "ensucian", "embarazadas", "encender") y de uso de mayúsculas ("Americanos", "Cáncer"). Las oraciones son muy breves, a veces infantiles. El número de palabras está muy por debajo de lo esperado.

No hay dudas de que el trabajo 1 recibirá un 4 y que el trabajo 3 tendrá un 1.

Propiedad literaria (Copyright ©) 1985, *The GED Testing Service del American Council on Education.* Reimpreso bajo permiso.

Cómo Leer e Interpretar Material de Estudios Sociales

CAPÍTULO 10

GOBIERNO, HISTORIA, ECONOMÍA Y GEOGRAFÍA

Leer material de estudios sociales requiere algunas habilidades que son similares a cualquier otro tipo de lectura. Cuando se lee sobre cualquier tema, es fundamental reconocer la *idea principal* del autor. Lo mismo ocurre con los estudios sociales, donde es importante identificar los pensamientos claves que el autor está expresando.

IDENTIFICAR LA IDEA PRINCIPAL

Si lee con demasiada lentitud, quizás pierda la idea principal del escrito debido a que se fija demasiado en los detalles. Por eso, es importante que lea la selección de una sola vez, desde el principio hasta el final, antes de responder las preguntas.

¿Dónde podemos encontrar la idea principal? Muchas veces ésta se encuentra en la oración que define el tema, la cual normalmente es la primera oración en la selección. Otras veces, el autor expresa la idea principal al final del texto como resumen de todos los pensamientos expresados. En otras ocasiones, el escritor incluye una idea principal y otra secundaria.

IDENTIFICAR LOS DETALLES

Después de determinar la idea principal, el próximo paso será identificar *los datos que respaldan la idea principal o los detalles* que emanan de la idea principal. Por ejemplo, si la idea principal es que la democracia es la mejor forma de gobierno para los hombres, el autor indudablemente proporcionará hechos o razones para apoyar esta afirmación, o incluirá datos que muestran la superioridad de esta forma de gobierno. Si la idea principal es que hay muchas personas que sufren incapacidades físicas, lo cual no les impide llegar a ser famosas, los detalles posiblemente incluirán ejemplos como Helen Keller o Franklin D. Roosevelt.

¿Cómo identificar un detalle? Al volver a leer la selección por segunda o tercera vez para profundizar en el pasaje, puede encontrar los detalles. Con frecuencia, éstos se encuentran en el medio o al final de la selección.

CONSEJO

Para identificar la **idea principal**, hágase las mismas preguntas que le preguntarán en el examen:

1. ¿Cuál es la idea principal en el pasaje?
2. ¿Cuál sería el mejor título para este pasaje?
3. ¿Qué encabezamiento escogería para el pasaje, si fuera un artículo de periódico?
4. ¿Qué oración define el tema en el párrafo o párrafos? Es decir, *¿cuál es la oración que incluye las ideas contenidas en todas las demás oraciones?*

CONSEJO

Para intentar **identificar detalles**, hágase estas preguntas:

1. ¿Qué ejemplos se dan para ilustrar la idea principal?

2. ¿Qué razones se dan para apoyar la posición del autor?

3. ¿Qué argumentos presenta el autor a favor o en contra de una proposición?

4. ¿Dónde, cuándo y cómo ha ocurrido el acontecimiento?

5. ¿Qué se hizo?

6. ¿Por qué él o ella actuó así?

Asimismo, algunas claves que se expresan en la selección le conducen a encontrar el detalle o dato que está buscando. Algunas claves son:

> Un ejemplo es...
> Una razón es...
> Un argumento en el que se apoya esto es...
> Una razón para ello es...

Para encontrar el detalle apropiado, es necesario aprender a *leer superficialmente* para localizar esa parte de la información que está buscando. Esto puede hacerlo si sabe exactamente lo que necesita buscar en una selección y limita la lectura a encontrar sólo ese dato.

DETERMINAR LA ORGANIZACIÓN

Observe cómo organiza el autor su material. Esto le ayudará a seguir los pensamientos del autor. Puede que éste ordene sus ideas cronológicamente, es decir, en el orden en que suceden los acontecimientos. También puede organizarlas por lógica, presentando primero su posición a favor de un argumento en un párrafo y su posición en contra en otro. También puede presentar sus ideas según la importancia de éstas, expresando primero la idea más importante y luego las ideas secundarias. Este modelo es el que se usa en los artículos de periódicos, por si el lector no tiene tiempo de acabr de leer el artículo completamente.

Si puede determinar la organización de un pasaje, puede luego centrarse en la relación entre las partes importantes del pasaje.

**CLAVES PARA ENCONTRAR LA RELACIÓN ENTRE
LAS PARTES IMPORTANTES DE UN PASAJE**

Las claves de las **secuencias de ideas** pueden ser palabras como:

primero	luego	finalmente
en segundo lugar	a continuación	

Las **ideas secundarias** se indican con palabras como:

y	también	además
igualmente	asimismo	a más de esto

Las **ideas opuestas o contrastantes** se pueden indicar con las palabras:

por otra parte	sin embargo	pero
no obstante	aunque	a pesar de que

SACAR CONCLUSIONES

Otro paso es *obtener conclusiones del material que se presenta.* Las conclusiones a menudo se indican con palabras como:

en consecuencia	como resultado	así pues
debido a esto	según esto	por consiguiente

Algunas veces, aunque el autor no presente ninguna conclusión, ofrecerá los datos necesarios para que el lector la obtenga por sí mismo. Es entonces cuando el lector hará inferencias de acuerdo con los detalles que ha observado en el texto y la relación que ha determinado en la organización del pasaje (secuencia cronológica, orden lógico, relación de causa y efecto). Por ejemplo, si el autor indica que el presidente ha vetado numerosos proyectos de ley, la inferencia puede ser que el congreso tiene ideas opuestas a las del presidente respecto a la legislación, tal vez porque está representado por otro partido diferente al del presidente.

LECTURA CRÍTICA

Como complementó a las inferencias y conclusiones, en las ciencias sociales es esencial reaccionar a lo que se ha leído. Muy a menudo, el material que usted lee debe ser no sólo comprendido sino también criticado. Los historiadores, analistas políticos, economistas, sociólogos y antropólogos frecuentemente presentan una versión de los hechos. Pero siempre hay otra versión. En otras palabras, pueden mostrar sus prejuicios al presentar con parcialidad el material, incluyendo datos y argumentos favorables a sus puntos de vista, y omitir todo lo demás. Es esencial *leer de manera crítica* y no aceptar todo lo que esté escrito simplemente porque aparece impreso.

Se debe desarrollar el hábito de desafiar al autor, haciendo preguntas, juzgando la integridad y la verdad de la información y haciendo distinción entre hechos y opiniones.

Un *hecho* es el que se puede probar a través de una fuente de información fidedigna como una enciclopedia, un almanaque o documentos oficiales del gobierno.

EJEMPLO

El gobierno federal gasta miles de millones de dólares cada año ayudando a los estados mediante el uso de fondos para las personas necesitadas, los desempleados y los que tienen incapacidades o problemas familiares.

Esta declaración puede comprobarse si se consulta el presupuesto federal oficial.

Una *opinión o creencia* es la que expresa los sentimientos o pensamientos de una persona o personas y que no puede comprobarse con ninguna fuente fidedigna.

EJEMPLO

Se cree que en el año 2024, la población sobrepasará la producción de alimentos y el hambre se extenderá.

Esta es una predicción que está escrita en forma de afirmación o creencia atribuida a una fuente no identificada ("Se cree que...") y que no se puede probar hasta que llegue el año 2024. Es posible que otras personas tengan una opinión muy distinta al respecto. Como sea, esta afirmación claramente no es un hecho.

Observe que hay ciertas palabras que son claves para identificar una opinión.

PALABRAS CLAVES CUANDO SE EXPRESA UNA OPINIÓN

se afirma	probablemente	se considera	es probable
se cree	posiblemente	sería	puede ser que
se piensa	podría ser que	es posible	debiera

PALABRAS QUE PROBABLEMENTE REFLEJAN OPINIÓN Y NO HECHO

mejor	indeseable	deseable
peor	necesario	innecesario

RECUERDE: Hágase siempre la pregunta decisiva, ¿puede esta declaración ser probada mediante una fuente de información digna de confianza?

CONSEJO

Para intentar **hacer inferencias** y obtener conclusiones, hágase estas preguntas:

1. ¿Qué creo que va a pasar a continuación? (Predicción de lo que va a venir.)
2. Al poner estos argumentos juntos, ¿qué conclusión puedo sacar?
3. Si un resultado está causado por algo, ¿puede producirse un efecto similar en una situación donde opere la misma causa?
4. ¿Qué sugiere el autor, más allá de lo que ha escrito?

CONSEJO

Para **leer críticamente**, hágase las preguntas siguientes:

1. ¿Por qué ha escrito esto el autor?
2. ¿Qué quiere que el lector piense?
3. ¿Está presentando objetivamente una situación o no?
4. ¿Está omitiendo información esencial?
5. ¿Dirige su mensaje a mi mente o a mis emociones y prejuicios?
6. ¿Existe alguna razón oculta para que el escritor escriba lo que escribe?
7. ¿Presenta el autor hechos exactos, o sólo parcialmente exactos?
8. ¿Usa el autor palabras con significados que son claros tanto para él como para el lector, o emplea palabras cuyos significados pueden interpretarse de distintas maneras?

Es importante saber distinguir entre lo que es hecho y lo que es opinión, ya que todos los escritores, en forma consciente o inconsciente, permiten que sus opiniones y prejuicios afecten a todo lo que escriben. Esto se hace más importante aún cuando el escritor es parcial deliberadamente.

DETECTAR PROPAGANDA Y TÉCNICAS PROPAGANDÍSTICAS

Cuando los escritores diseminan deliberadamente ideas u opiniones para su propio beneficio o que benefician a instituciones de las cuales son miembros, o que dañan a sus oponentes o a instituciones opositoras, están creando propaganda. Un propagandista trata de influir sobre la manera de que usted piensa o actúa y de encauzar sus opiniones y acciones en cierta dirección. El propagandista emplea palabras que apelan a las emociones del lector—sus temores, sus odios, sus preferencias—en vez de apelar a su razón, a su capacidad de pensar claramente. Su objetivo para hacer esto es el de convencer al lector para que piense y actúe como el propagandista lo desea.

Seis técnicas empleadas corrientemente en propaganda son:

1. *Uso de insultos.* El escritor utiliza una palabra negativa y la conecta con cierta persona, grupo de personas, nación, raza, política, práctica o creencia con el propósito de influir sobre el lector.

EJEMPLO

Estaría bien no prestar ninguna atención a ese liberal loco (o reaccionario retardado, dependiendo del punto de vista del escritor).

Algunos nombres están cargados con insinuaciones emocionales: fascista, comunista, nazi, etc. Usted debe determinar con cuidado de qué modo y con qué propósito se usan estos términos. El uso de insultos es una técnica propagandista muy común.

2. *Generalidades positivas.* El escritor utiliza palabras con significados positivos y las conecta con personas o políticas con el propósito de impresionar positivamente al lector y lograr que éste se forme una buena impresión sin fijarse demasiado en los hechos.

EJEMPLO

El escritor apela a sus emociones con el uso de palabras positivas como *progresista, avanzado, pacifista e idealista*.

Todos apreciamos el progreso, el avance, la paz y el idealismo, y por eso tendemos a aceptar personas o políticas que reciben tales apelativos en vez de dudar de ellas. Cuando aparecen palabras "buenas" junto a personas o políticas, pregúntese siempre "por qué" y "cómo".

3. *Transferencia.* El escritor trata de usar el prestigio y la aprobación que poseen ciertas personas o instituciones para hacernos aceptar a otras personas o instituciones que están de alguna manera relacionadas con las primeras.

EJEMPLO

La mayoría de los estadounidenses respetan la ley y la policía. Un escritor que escribe a favor de una liga atlética patrocinada por el departamento de policía local tratará de transferir la estima que usted tiene por la policía hacia la liga atlética.

Examine siempre los méritos de las personas o instituciones transferidas independientemente de los méritos de las personas o instituciones originales.

4. *Testimonio pagado.* Los anuncios de radio y televisión hacen amplio uso de los testimonios pagados. Un gran atleta patrocina ropa deportiva. Una hermosa actriz recomienda una crema de belleza. Un ex-senador elogia un servicio bancario. El testimonio pagado es una recomendación hecha por alguien para beneficiar a una persona, un producto o una institución.

Pero, ¿es el atleta un experto en ropa deportiva? ¿Es la actriz una experta en el cuidado de la piel? ¿Es el político un experto en servicios bancarios? RECUERDE: Estas personas han sido pagadas para presentar sus testimonios. Antes de creer lo que oye o lee, usted debe preguntarse cuán imparcial y experta es la persona que ofrece su testimonio.

Más sutil es el reportaje de los periódicos basado en testimonios pagados *indirectos*.

EJEMPLO

Según declaró un importante oficial de la compañía...; Un informe proveniente de círculos gubernamentales...; Una fuente confiable informó que...

Pregúntese siempre *qué* oficial, *qué* círculo, *qué* fuente. Tome precauciones cada vez que reciba información de una fuente importante pero no *identificada*.

5. *Versión unilateral.* Aquí el escritor trata de hacerle ver sólo una parte de algo o alguien. El propósito es el de presentar verdades a medias y omitir lo que no se desea revelar. Ejemplos de esto ocurren con frecuencia en las biografías "autorizadas", las cuales describen la vida de una persona presentando sólo los rasgos más positivos y ocultando todo lo que es negativo. Al leer sobre un tema, vea si tanto lo bueno como lo malo de este tema fue presentado y discutido o si sólo uno de los dos aspectos fue tratado.

6. *Causa triunfante.* El escritor intenta que usted se una a la muchedumbre. Como la mayoría de la gente tiende a seguir tendencias, muchos responderán favorablemente a declaraciones como "Nueve de diez americanos prefieren..." o "...se vende más...que todos los otros ... juntos". En política, la técnica de la causa triunfante se ve con frecuencia en convenciones políticas, donde a menudo se escucha, "Únase al nuevo movimiento conservador (o liberal) para..."

El escritor que opera con esta técnica no desea que usted piense por sí mismo. Pregúntese siempre *por qué* debe usted unirse a los otros y no hacerló porque sus emociones le han guiado a eso.

RECUERDE
Un lector crítico • no cree en todo lo que lee simplemente porque está escrito; • acepta como verdaderas solamente las declaraciones que pueden probarse o que han sido dichas por personas dignas de confianza; • separa los hechos de las opiniones, reconoce el lenguaje emocional y los prejuicios, y está consciente de la parcialidad causada por la omisión.

DETERMINAR LA RELACIÓN DE CAUSA Y EFECTO

Una característica de gran valor en los estudios sociales es saber determinar la relación entre los acontecimientos. Por lo general, los sucesos no ocurren en forma aislada sino que son la consecuencia de otros sucesos previos.

EJEMPLO

Los japoneses bombardearon Pearl Harbor el 7 de diciembre de 1941. Estados Unidos declaró entonces la guerra a Japón.

El bombardeo de Pearl Harbor fue la causa y la declaración de guerra fue el resultado o efecto del bombardeo. Cada vez que lea un acontecimiento, intente determinar sus causas. *He aquí una pregunta que relaciona causa con efecto:*

1. La política económica del Nuevo Trato (*New Deal*) del presidente Franklin D. Roosevelt llevó a la creación de numerosas agencias gubernamentales para combatir los efectos de la Gran Depresión. Uno de los resultados más importantes de esta política fue

   (1) debilitar el poder del jefe de la rama ejecutiva
   (2) fortalecer la política del liberalismo
   (3) incrementar el poder del gobierno federal
   (4) expandir la importancia de los derechos de los estados
   (5) aminorar la necesidad de revisión del poder judicial

RESPUESTA Y ANÁLISIS

La pregunta exige conocer los resultados de las acciones tomadas en el programa del presidente Roosevelt. Ocurrieron resultados contrarios a los que se presentan en las opciones 1, 4 y 5 puesto que el Nuevo Trato fortaleció el poder del jefe de gobierno, debilitó la importancia de los derechos de los estados e incrementó la necesidad de una revisión del poder judicial. La opción 2, sobre la política del liberalismo, el cual aboga por la escasa o ninguna interferencia del gobierno en los asuntos relacionados con los negocios, claramente es una respuesta incorrecta. Sólo la opción 3 es correcta, ya que el programa del Nuevo Trato requería acción ejecutiva para estimular la recuperación económica y el bienestar social.

COMPARAR Y CONTRASTAR IDEAS Y ESTRUCTURAS

Otra habilidad requerida en la lectura de material de estudios sociales es la de comparar y contrastar instituciones y acontecimientos. Puede que le pidan comparar la democracia norteamericana con la francesa, contrastar la democracia con el comunismo o la posición de los Republicanos con la de los Demócratas, o establecer la diferencia entre el papel de la mujer en los siglos XVIII y XX.

PREGUNTA

1. Las carreras de Theodore Roosevelt y Franklin D. Roosevelt se parecían mucho porque ambos

   (1) fueron líderes militares distinguidos antes de ser presidentes
   (2) lideraron la causa de la paz internacional, pero involucraron a Estados Unidos en una guerra
   (3) llegaron a la presidencia después de la muerte de sus predecesores
   (4) creían en una presidencia fuerte y actuaban de acuerdo a ello
   (5) representaban al mismo partido político

RESPUESTA Y ANÁLISIS

Le piden que compare las carreras de dos presidentes estadounidenses. Franklin D. Roosevelt no fue un reconocido caudillo militar antes de ser presidente. Theodore Roosevelt no involucró a Estados Unidos en una guerra. Franklin D. Roosevelt no llegó a la presidencia después de la muerte del presidente anterior. Theodore Roosevelt fue un Republicano, mientras que Franklin D. Roosevelt fue un Demócrata. De este modo, las opciones 1, 2, 3 y 5 son incorrectas. La opción

4 lo es, ya que ambos fueron presidentes muy fuertes. Theodore Roosevelt disolvió un monopolio, creó la política del Trato Justo y llevó a cabo una política exterior expansionista. Por su parte, Franklin D. Roosevelt llevó a cabo la política del Nuevo Trato, así como la de buena relación con sus países vecinos de Latinoamérica e involucró a Estados Unidos en la Segunda Guerra Mundial.

APRENDER EL VOCABULARIO DE ESTUDIOS SOCIALES Y DERIVAR SIGNIFICADO DEL CONTEXTO

En el mundo de las ciencias sociales, el vocabulario es de importancia crítica. Las palabras empleadas pueden

- representar ideas complejas, tales como *nacionalismo, referendo, mercantilismo*;
- implicar un grupo de ideas, como *feudalismo, militarismo, bimetalismo*;
- tener significados que están relacionados específicamente con el estudio de ciencias sociales aunque además tengan otros significados generales, por ejemplo, *Eje, acto, compra*;
- provenir de idiomas extranjeros, como *apartheid, apparatchik, laissez-faire*;
- tener significados que van más allá de los significados corrientes (significado dilatado), como *paloma, mártir, espalda mojada*.

Trate de derivar *del contexto*, es decir, de las palabras que rodean al término específico, el significado correcto de dicho término.

Usted puede comprobar **su comprensión del significado del vocabulario** en una selección al preguntarse:

1. ¿Cuál es la palabra clave en la oración (párrafo, selección)?

2. ¿Cuál es el significado de la palabra en esta oración (contexto)?

3. ¿Cuál es el significado (denotación) exacto de la palabra en esta selección?

4. ¿Cuál es el significado (connotación) dilatado de la palabra en esta selección?

5. ¿Qué efecto ejerce sobre mí la palabra?

6. ¿Cuál es el significado especial de esta palabra dentro del área de los estudios sociales?

266 ESTUDIOS SOCIALES

PRÁCTICA PARA LA LECTURA SOBRE ESTUDIOS SOCIALES

Presentamos ahora una selección representativa de cada uno de los temas abarcados por los estudios sociales, incluyendo preguntas. Lea las selecciones y responda las preguntas *sin* consultar los análisis de las respuestas que siguen. A continuación lea los análisis para verificar sus respuestas. Cada uno de los grupos de preguntas que siguen a las selecciones contiene una pregunta que

- determina si usted pudo *localizar la idea principal* ("El mejor título para esta selección es...");
- prueba su capacidad de *encontrar los detalles* ("Una diferencia entre _____ y _____ es...");
- requiere que usted demuestre su *conocimiento del vocabulario relacionado con los estudios sociales* ("Todas las siguientes palabras empleadas en economía son correctas, excepto...");
- le fuerza a *llegar a una conclusión o predecir un resultado* ("Podemos concluir que...", "Lo más probable es que...").

Además, hay preguntas concebidas para poner a prueba su capacidad para

- *encontrar las razones* que el autor emplea para respaldar un argumento;
- *seguir la organización* de una selección;
- *identificar la posición tomada por el autor* (o cualquier prejuicio que él o ella pueda tener).

CIENCIAS POLÍTICAS, CON RESPUESTAS Y ANÁLISIS DE RESPUESTAS

Los cuatro comités claves en una convención política son los siguientes:

➤ El *Comité Acreditativo*. Este grupo decide quién es un delegado oficial con derecho a voto.

➤ El *Comité de Organización*, responsable de escoger a los altos funcionarios de la convención (entre ellos su presidente, el cual decide quién puede o no hablar en la convención).

➤ El *Comité de Regulación*, encargado de crear las leyes que gobiernan a la organización del partido y la convención.

➤ El *Comité de Posición y Resoluciones*, destinado a escribir la posición del partido. Generalmente, una convención dura cuatro días. Como es típico, el presidente temporal inaugura la convención con un *discurso de*

apertura. Este discurso es significativo por establecer el tono de la convención. No obstante, el asunto importante del día se discute detrás del podio, cuando el Comité Acreditativo resuelve disputas relacionadas con las *credenciales de los delegados*.

En el segundo día, se lee, debate y vota la *posición del partido*. Se instituye un *presidente permanente* y la convención debe aprobar los informes de los comités más importantes.

En el tercer día se presentan las *nominaciones* de los candidatos a la presidencia. En la Convención Republicana, los diferentes estados son llamados por orden alfabético, mientras que en la Convención Demócrata lo hacen mediante una lotería. Cada estado puede nominar un candidato, secundar una nominación ya realizada, ceder su nominación a otro estado o votar en blanco. Después de leerse el nombre de cada nominado, generalmente estalla una sonora demostración a favor o en contra.

Las *votaciones* empiezan sólo después de acabar las nominaciones. Una *mayoría simple* (la mitad de los votos más uno) es todo lo que se necesita para ganar. Cada candidato presidencial republicano desde 1948, así como el demócrata desde 1952, ha ganado en la primera votación. Si no gana ninguno por mayoría simple, se vuelve a votar hasta que se consigue un candidato.

En el cuarto día generalmente se ha elegido un *candidato presidencial*. Éste luego se dirige a los líderes del partido y les presenta a su candidato para el cargo de *vicepresidente*. Generalmente, se acepta su propuesta.

Finalmente, los dos candidatos hacen sus discursos de aceptación, se celebran algunos actos ceremoniales y la *convención* termina.

El "Glosario de términos sobre estudios sociales" provee una explicación de las siguientes palabras: *votación, convención, mayoría, nominar, partido, posición* y *pluralidad*.

1. La idea principal de esta selección es

   (1) escoger a un presidente y un vicepresidente
   (2) que hay cuatro comités claves
   (3) en qué se diferencian las convenciones Republicana y Demócrata
   (4) que las convenciones son un drama de la política norteamericana
   (5) cómo se organizan y actúan las convenciones

2. El candidato a la vicepresidencia es escogido por

   (1) los líderes del partido
   (2) los votos de todos los miembros del partido
   (3) el Comité de Regulación
   (4) el presidente permanente de la convención
   (5) el nominado presidencial

3. En la próxima convención, es probable que los candidatos del partido sean nominados por

   (1) mayoría simple en la segunda vuelta
   (2) pluralidad en la segunda vuelta
   (3) dos terceras partes de los votos en la primera vuelta
   (4) mayoría simple en la primera vuelta
   (5) pluralidad en la primera vuelta

4. La pareja de grupos INCORRECTA es

   (1) Comité de Organización—presidente de la convención
   (2) presidente permanente—discurso de apertura
   (3) nominados—discursos de aceptación
   (4) estados—nominaciones
   (5) mayoría simple—elección de un nominado

5. Una diferencia entre las convenciones Republicana y Demócrata es cómo

   (1) se organizan los comités
   (2) se eligen los presidentes de la convención
   (3) se hacen las nominaciones de los candidatos presidenciales
   (4) se realizan las votaciones
   (5) se decide la posición del partido

6. El autor de esta selección ha escrito el pasaje de manera

   (1) lógica
   (2) psicológica
   (3) cronológica
   (4) argumentativa
   (5) crítica

Clave de las respuestas

1. **5**   2. **5**   3. **4**   4. **2**   5. **3**   6. **3**

Análisis de las respuestas

1. **5** La pregunta 1 se refiere a la idea principal de la selección. Las respuestas posibles generalmente pueden incluirse en diferentes categorías. *Una de las opciones* será incorrecta e inaplicable, ya que no tendrá nada que ver con la pregunta. *Otras opciones* se centrarán en los detalles y no en la idea principal. *Habrá una opción* que será muy general y vaga. *La respuesta correcta* abarcará un amplio campo, pero será suficientemente específica como para indicar la idea o el propósito principal del artículo. La opción 5 es la correcta porque indica la idea principal del artículo: explicar cómo están organizadas las convenciones por comité y cómo actúan para conseguir sus propósitos, es decir, la nominación de dos candidatos a la presidencia y vicepresidencia y la adopción de una posición de partido. La opción 1, elegir a un presidente y vicepresidente, es incorrecta, ya que en la convención solamente se nominan los candidatos. Si éstos más tarde son elegidos, sólo entonces se convertirán en presidente y vicepresidente. Las opciones 2 y 3 se refieren a detalles sobre la estructura del comité y sobre la diferencia entre las convenciones Republicana y Demócrata. La opción 4 es demasiado amplia. Las convenciones políticas pueden ser un drama, pero *no es esa* la idea principal de esta selección.

2. **5** Esta pregunta requiere identificar un detalle importante. En una lectura rápida y superficial, verá que la palabra *vicepresidente* aparece por primera vez en el penúltimo párrafo. Allí encontrará la respuesta correcta, es decir, la opción 5,

que dice que el candidato a presidente es quien informa a los líderes del partido a quién prefiere como vicepresidente.

3. **4** Esta pregunta requiere predecir un resultado, ya que se usan las palabras "En la próxima convención, es probable que…". Debido a que los candidatos presidenciales en las respectivas convenciones de ambos partidos han ganado en la primera vuelta durante más de 50 años y debido a que sólo se requiere una simple mayoría para ganar, es prudente predecir que esto puede ocurrir en las convenciones futuras. Por eso, la opción 4 es la correcta.

4. **2** Esta pregunta es engañosa. Cada una de las opciones contiene asociaciones correctas, excepto una. Así pues, el Comité de Organización escoge al presidente de la convención; los nominados hacen discursos de aceptación; los estados hacen las nominaciones; una mayoría simple da como resultado una nominación. Sólo la opción 2 es un error, pues es el presidente *temporal* quien realiza el discurso de apertura.

5. **3** Esta pregunta se concentra en una diferencia entre las convenciones Republicana y Demócrata. Si lee superficialmente el pasaje hasta encontrar las palabras *Republicana* y *Demócrata*, en la mitad de la selección, verá que las nominaciones se hacen de manera diferente: por orden alfabético en un caso y por lotería en el otro. Así, la opción correcta es 3.

6. **3** Esta pregunta se refiere a la estructura del artículo. Para encontrar la respuesta, es necesario observar cómo se siguen, uno detrás del otro, los párrafos en el pasaje. En este sentido, el primer párrafo indica cuánto dura la convención (cuatro días) y nos cuenta cómo empieza. El segundo párrafo se refiere al segundo día y el tercer, cuarto y quinto párrafo hablan del tercer día. El sexto y séptimo párrafo describen el cuarto día. De este modo, el pasaje sigue la secuencia *temporal* de la convención y va por eso organizado de manera *cronológica*. La opción 3 es la correcta.

HISTORIA, CON RESPUESTAS Y ANÁLISIS DE RESPUESTAS

A menudo se considera a Estados Unidos como una nación joven pero, de hecho es uno de los gobiernos ininterrumpidos más antiguos del mundo. La razón es que su población siempre ha estado dispuesta a acomodarse a los cambios. Nos hemos consagrado a la igualdad, pero hemos ido en esa dirección de modo muy flexible. En el sentido europeo del término, los partidos políticos norteamericanos no son partidos, porque no están separados por creencias básicas. Ningún partido desea derrocar o reemplazar el orden económico y político vigente; simplemente desean alterarlo a una velocidad más rápida o lenta.

Uno de nuestros logros del cual estamos más orgullosos ha sido la creación de un sistema de capitalismo controlado que produce uno de los niveles de vida más altos de la tierra y que ha hecho posible una sociedad que minimiza la importancia de las clases sociales. El sistema de ganancias desarrollado en E.U.A. comparte sus beneficios con todas las partes de la sociedad: capital, trabajo y las masas consumidoras. Pero esto ha resultado sólo después de muchos intentos y errores. Los empresarios sin principios debieron primero ser restringidos por el gobierno y por el creciente poder de las organizaciones obreras, hasta aprender que deben servir al bienestar general mientras persiguen sus propios intereses económicos. Es ahora la clase obrera la que está sintiendo esta restricción.

Ni siquiera nuestras creencias democráticas son permanentes. Así, los políticos de nuestra república primitiva, aunque creían fuertemente en la empresa privada, decidieron que la oficina de correos fuese un monopolio del gobierno y que las escuelas fuesen públicas. Desde entonces, el gobierno ha expandido sus actividades de diferentes maneras. Los norteamericanos dan apoyo a las palabras de Lincoln, "El objetivo legítimo del gobierno es realizar para la comunidad todo lo que ésta necesite, ya sea porque ésta no puede hacerlo por ella misma o no pueda hacerlo bien".

> Algunos términos en este pasaje y en sus preguntas están definidos en el "Glosario de términos sobre estudios sociales". Dichos términos son *capitalismo*, *democracia*, *partido*, *ganancia*, *monopolio*, *república* y *nivel de vida*.

1. La cualidad principal de Estados Unidos que se expresa en este pasaje es

   (1) la juventud
   (2) la igualdad
   (3) el alto nivel de vida
   (4) la sistema de utilidades
   (5) la flexibilidad

2. Una creencia popular sobre Estados Unidos con la cual este pasaje se muestra en desacuerdo se refiere a

   (1) los partidos políticos
   (2) el capitalismo
   (3) la empresa privada
   (4) la clase obrera
   (5) la empresa pública

3. Según el pasaje, las respuestas siguientes son características de Estados Unidos, EXCEPTO

   (1) el deseo de igualdad
   (2) la sociedad sin clases
   (3) la creencia en la democracia
   (4) el sistema de utilidades
   (5) el capitalismo controlado

4. Basados en las palabras de Lincoln, la agencia que él hubiera aprobado sería

   (1) el Departamento de Educación de Estados Unidos
   (2) la Cámara de Comercio de Estados Unidos
   (3) la Guardia Nacional
   (4) la Comisión de Servicios Públicos
   (5) la Administración Federal de Aviación

5. La creación del monopolio de Correos por parte del gobierno de Estados Unidos se cita como ejemplo de

   (1) sustitución del orden económico vigente
   (2) restricción de empresarios sin principios
   (3) control de los trabajadores organizados
   (4) visión flexible de la empresa privada
   (5) sistema de utilidades compartidas

6. Según el pasaje, ¿cuál de las siguientes afirmaciones es verdadera?

   (1) Nuestros partidos políticos están de acuerdo en los objetivos, pero no en los métodos.
   (2) Las empresas obtienen más beneficios que la clase trabajadora
   (3) El gobierno ha tendido a restringir su papel en la vida de los norteamericanos
   (4) Los estadounidenses son conservadores cuando se requiere un cambio
   (5) Los estadounidenses han mantenido sus creencias democráticas intactas

7. Según el autor, la visión de cambio en E.U.A. es

   (1) crítica
   (2) prudente
   (3) favorable
   (4) limitada
   (5) confusa

Clave de las respuestas

1. **5**   2. **1**   3. **2**   4. **5**   5. **4**   6. **1**
7. **3**

Análisis de las respuestas

1. **5** Esta pregunta requiere que usted determine el propósito principal del autor del pasaje. Cada opción de la 1 a la 4 se refiere a una característica de Estados Unidos, pero ninguna de ellas es básica en la selección. La flexibilidad, sin embargo, está mencionada de distintas maneras: "siempre ha estado dispuesta a acomodarse a los cambios", "modos muy flexibles", "ni siquiera nuestras creencias democráticas son permanentes".

2. **1** La pregunta se refiere a una característica de Estados Unidos que el pasaje pone en duda. Una lectura cuidadosa revelará que ninguna respuesta concuerda con algún desafío a determinada característica de este país, con excepción de los partidos políticos. El pasaje dice que los europeos no consideran a los partidos políticos de Estados Unidos como verdaderos partidos. Así, la opción 1 es la correcta.

3. **2** Aquí se requiere identificar un detalle. Cinco respuestas se mencionan, cuatro de las cuales son verdaderas características de Estados Unidos. Sin embargo, eso de una sociedad sin clases es una exageración, pues el pasaje sólo habla de "una sociedad que minimiza la importancia de las clases sociales". La respuesta correcta es la 2.

4. **5** Esta es una pregunta bastante difícil, pues requiere aplicar el principio declarado por Lincoln a las instituciones norteamericanas actuales. ¿Cuál es este principio? El gobierno debe satisfacer las necesidades de una comunidad que es incapaz de satisfacerlas parcial o totalmente. La opción 1 es incorrecta ya que la educación es una función que los estados siempre han proporcionado. La opción 2 es incorrecta debido a que la Cámara de Comercio es un organismo privado y no una agencia federal. También es incorrecta la opción 3, porque la Guardia Nacional está bajo jurisdicción estatal en tiempos de paz. La opción 4 no es correcta porque las Comisiones de Servicios Públicos son generalmente agencias estatales. La respuesta correcta es la opción 5. La Administración Federal de Aviación regula el comercio aéreo, incluyendo el sistema nacional de aeropuertos y el control del tráfico aéreo. Es una función interestatal que una comunidad difícilmente podría hacer frente sola.

5. **4** Esta pregunta se basa en un detalle del pasaje. Entre los fundadores de nuestra república, "aunque creían fuertemente en la empresa privada, decidieron que la oficina de correos fuese un monopolio del gobierno". Este es un ejemplo de flexibilidad. La respuesta correcta es la 4 y las demás opciones son inaplicables.

6. **1** Hay cuatro afirmaciones que son falsas, según el pasaje, y una que es verdadera. Las opciones 3, 4 y 5 contradicen lo que dice el pasaje: el gobierno ha expandido su papel; los estadounidenses siempre han estado dispuestos a acomodarse a los cambios; nuestras creencias democráticas no son inmutables. La opción 2 no se puede contestar ya que no hay ninguna evidencia de proporciones ni cantidades en el pasaje. Sólo la opción 1 es verdadera: nuestros partidos políticos desean mantener el orden político y económico establecido. Difieren en el índice de velocidad para alterar este orden, pero concuerdan en los objetivos.

7. **3** Esta pregunta requiere hacer una deducción. Pregúntese, "Después de lo que he leído, ¿cuál es la visión del autor sobre el tema que está presentando?" El tema es el cambio y el autor indudablemente lo elogia. La opción 3 es la respuesta correcta. ¿Por qué? La respuesta está en las dos primeras oraciones. El autor cita el hecho de que Estados Unidos "...es uno de los gobiernos ininterrumpidos más antiguo del mundo", y se siente orgulloso de ello. Luego, atribuye este hecho al consentimiento de los estadounidenses de acomodarse al cambio. Por consiguiente, este cambio debe ser bueno si permite la supervivencia de nuestro gobierno.

Hasta aquí hemos analizado las respuestas de dos pasajes de ciencias políticas e historia. Hemos *ubicado las ideas principales* de cada selección y hemos *identificado* algunos *detalles*. En ambas selecciones se puso a prueba su *conocimiento del vocabulario relacionado con los estudios sociales*. Finalmente, se le ha pedido que *saque conclusiones* y *haga predicciones*. En las próximas selecciones le daremos más oportunidades para practicar su destreza en la lectura. Analizaremos ahora sólo las preguntas que presentan nuevas técnicas de lectura o problemas especiales. Asegúrese de verificar sus respuestas en la lista de respuestas correctas que se encuentran a continuación de las preguntas. Si comete algún error, no dude en volver a la selección para leerla de nuevo.

ECONOMÍA, CON RESPUESTAS Y ANÁLISIS DE RESPUESTAS

¿Puede Estados Unidos caer en el abismo de otra Gran Depresión?

Los economistas no pueden asegurar nada. El sentimiento mayoritario, sin embargo, es que las depresiones del pasado nos han enseñado cómo evitar nuevos desastres económicos. Hemos aprendido, por ejemplo, sobre la necesidad de:

- *Una regulación gubernamental de la bolsa de valores.* El Acta de Valores de 1933 hizo que la negociación con valores fuera más pública. El Acta de Intercambio de Valores de 1934 estableció la Comisión Controladora de Valores y Acciones (SEC), la cual actúa como una especie de grupo oficial de protectores del consumidor. Una de sus funciones es advertir a los inversionistas contra las absurdas especulaciones que precedieron la gran quiebra de 1929.

- *Un Consejo Permanente de Asesores Económicos que toman el pulso de la economía para el gobierno.* El Acta de Empleo de 1946 creó el Consejo de Asesores Económicos, cuyas recomendaciones en 1949, 1958, 1969 y 1985, según los observadores, ayudaron a impedir que las recesiones de esos años se convirtiesen en depresiones.

- *Una Corporación Federal de Garantías de Depósitos (FDIC) que promete respaldo gubernamental para cubrir los depósitos bancarios.* Esta garantía, hasta el momento, ha prevenido algunos tipos de transacciones de los bancos—como retiro de dinero por pánico—que forzaron a cientos de bancos a cerrar sus puertas a principios de los años 30.

- *Un sistema de ayuda federal a los desempleados.* Los gobiernos estatales y locales se esforzaron para proporcionar ayuda a los pobres en los primeros años de la Gran Depresión. La mayoría de dichos esfuerzos fracasaron, pues a ellos también se les agotó el dinero.

El Nuevo Trato (*New Deal*) trajo consigo la seguridad social (*social security*), un plan de pensión del gobierno. Otros planes fueron destinados a los trabajadores desempleados o a los que no podían trabajar por estar lesionados. Los beneficios para los veteranos y la asistencia pública (*welfare*) son otras dos formas de ayuda creadas por el gobierno de Washington en los años 30.

Los tal llamados *fondos de transferencia* no fueron una ayuda solamente para los desempleados. A largo plazo también ayudaron a toda la economía del país, al proporcionar a la gente mayor poder adquisitivo. Tal poder de compra ayudó a mantener alta la demanda de bonos, lo cual ayudó a que las fábricas no cerraran y que emplearan a más trabajadores.

Por estas y otras razones, muchos economistas creen que la economía actual de Estados Unidos está mejor controlada, la cual es una de las más poderosas del mundo.

Las palabras *quiebra, depresión, inflación, pánico, especulación, consorcio* y *nivel de vida* se encuentran en la sección de economía del "Glosario de términos sobre estudios sociales".

---

1. Esta selección pone énfasis en

   (1) los efectos de la Gran Depresión
   (2) las contribuciones del Nuevo Trato (*New Deal*)
   (3) la fuerza de la economía en Estados Unidos
   (4) cómo evitar desastres económicos
   (5) el papel del poder adquisitivo de la gente

2. Todas las respuestas siguientes están asociadas con el Nuevo Trato (*New Deal*), EXCEPTO

   (1) la seguridad social
   (2) el Consejo de Asesores Económicos
   (3) los beneficios de los veteranos
   (4) la asistencia pública
   (5) el seguro de desempleo

3. Las siguientes respuestas presentan características de la Gran Depresión que los economistas trataron de corregir, EXCEPTO

   (1) la especulación en la bolsa de valores
   (2) la quiebra de los bancos
   (3) el desempleo
   (4) la creciente inflación de los precios
   (5) la pobreza

4. El gobierno federal intervino cuando los gobiernos estatales y locales fallaron en

   (1) la regulación del mercado de valores
   (2) el respaldo de los depósitos bancarios
   (3) la aportación de ayuda a los desempleados
   (4) la aportación de beneficios a los veteranos
   (5) la creación de la seguridad social

5. ¿Cuál de las siguientes afirmaciones NO es verdadera?

   (1) Estados Unidos evitó las depresiones en las décadas posteriores a la Gran Depresión
   (2) El pánico bancario se ha evitado desde la Gran Depesión
   (3) La Comisión Controladora de Valores y Acciones advierte a los inversionistas sobre actividades de la bolsa de valores que precipitaron la Gran Depresión
   (4) Los fondos de transferencia ayudan a los desempleados
   (5) Hemos aprendido a prevenir otra Gran Depresión

6. Podemos concluir, según lo que dice el autor, que la posibilidad de otra Gran Depresión es

(1) inevitable
(2) probable
(3) improbable
(4) imposible
(5) previsible

Clave de las respuestas

1. **4**   2. **2**   3. **4**   4. **3**   5. **5**   6. **3**

Análisis de las respuestas

Vamos a ver las respuestas 5 y 6.

5. **5** La pregunta 5 le ofrece cinco afirmaciones, una de las cuales es falsa. Debe comprobar cada afirmación del texto. La opción 1 es verdadera, ya que el pasaje afirma que las recomendaciones del Consejo de Asesores Económicos ayudaron a evitar depresiones en 1949, 1958, 1969 y 1985. La opción 2 es verdadera ya que el pasaje dice que la Corporación Federal de Garantías de Depósitos "hasta el momento ha prevenido" movimientos bancarios como el retiro de dinero por pánico. La opción 3 es correcta porque la Comisión Controladora de Valores y Acciones tiene como responsabilidad advertir al público sobre especulaciones desmedidas. La opción 4 es la correcta, porque el seguro de desempleo está incluido en los fondos de transferencia. La opción 5 no es verdadera, debido a que los economistas no pueden asegurar de que podamos evitar otra Gran Depresión, aunque la mayoría así lo crea.

6. **3** La pregunta 6 le pide que haga una deducción, una de las habilidades de lectura más difíciles. El autor concluye el artículo con una nota optimista—que "muchos economistas creen que la economía actual de Estados Unidos está mejor controlada" y que dicha economía "es una de las más poderosas del mundo". Por lo tanto, es posible deducir y sacar la conclusión de que el autor ve como improbable que haya otra Gran Depresión como apunta la opción 3.

GEOGRAFÍA, CON RESPUESTAS Y ANÁLISIS DE RESPUESTAS

La geografía puede dividirse en varias áreas de estudio.

Geografía natural. En el estudio de la naturaleza, la geografía hace hincapié en los elementos naturales del entorno humano. Entre ellos, estudia la topografía, los terrenos y sus composiciones, las relaciones entre la tierra y el sol, el agua de la superficie y de las profundidaes, el tiempo y el clima, la vida de las plantas y los animales. La geografía natural también incluye el impacto del hombre en su entorno físico y las influencias omnipresentes en la naturaleza.

Geografía cultural. El énfasis de la geografía cultural está puesto en el estudio de las características que se observan en la tierra desde que el hombre vive en ella. Entre estos aspectos, se estudian la distribución de la población y asentamientos, ciudades, edificios, carreteras, aeródromos, vías ferroviarias, granjas y campos, medios de comunicación y otros ejemplos de presencia humana. La geografía cultural es uno de los campos más significativos de las investigaciones geográficas.

Geografía económica. La correlación entre los esfuerzos del hombre para desarrollar su vida y la superficie de la tierra donde éstos se producen es primordial en la geografía económica. Para estudiar cómo el hombre desarrolla su vida, se analizan la distribución de materiales, la producción, las instituciones, los rasgos y las costumbres humanas.

Geografía regional. La geografía regional se basa en las características observables de un área. El énfasis está puesto en las características y los elementos del entorno natural y sus relaciones con las actividades humanas. Lo que podría haber sido una disposición confusa de datos se organiza en modelos cohesivos y organizados gracias a la técnica regional para el estudio de los fenómenos geográficos.

Geografía sistemática. También es factible estudiar la geografía de un área pequeña o de la superficie total de la tierra de un modo sistemático. Los asentamientos, los climas, los suelos, los cultivos, los minerales, los accidentes geográficos, el agua, se pueden observar, describir, analizar y explicar. La investigación mediante la geografía sistemática ha demostrado tener un gran valor.

1. Este pasaje describe

   (1) el crecimiento geográfico
   (2) el campo de acción de la geografía
   (3) la importancia de la geografía
   (4) el papel de la geografía en las ciencias sociales
   (5) los principios geográficos

2. La diferencia entre las cinco áreas de la geografía se basa en

   (1) el método
   (2) la importancia
   (3) el énfasis
   (4) la novedad
   (5) la objetividad

3. Un estudiante interesado en la influencia de un rasgo geográfico sobre la disponibilidad de trabajo en una región, ¿qué estudiaría?

   (1) geografía natural
   (2) geografía cultural
   (3) geografía económica
   (4) geografía regional
   (5) geografía sistemática

4. Un meteorólogo posiblemente estaría más interesado en

   (1) geografía natural
   (2) geografía cultural
   (3) geografía económica
   (4) geografía regional
   (5) geografía sistemática

5. Un sociólogo urbano posiblemente estudiaría la

   (1) geografía natural
   (2) geografía cultural
   (3) geografía económica
   (4) geografía regional
   (5) geografía sistemática

6. Una persona que estudie los problemas del Oriente Medio usaría el enfoque de la

   (1) geografa natural
   (2) geografía cultural
   (3) geografía económica
   (4) geografía regional
   (5) geografía sistemática

7. Un ecologista que estudie los efectos de actividades humanas tales como los efectos de la minería a tajo abierto y la erosión de la tierra se basaría en la

   (1) geografía natural
   (2) geografía cultural
   (3) geografía económica
   (4) geografía regional
   (5) geografía sistemática

8. El aspecto de la geografía que trata de estudiar la geografía de un área pequeña de manera planificada y ordenada es la

   (1) geografía natural
   (2) geografía cultural
   (3) geografía económica
   (4) geografía regional
   (5) geografía sistemática

Clave de las respuestas

1. **2**   2. **3**   3. **3**   4. **1**   5. **2**   6. **4**
7. **1**   8. **5**

Análisis de las respuestas

Cuatro de las preguntas están relacionadas con definiciones (preguntas 3, 6, 7 y 8). Dos preguntas requieren conocimientos de términos que no se definen en el pasaje.

2. **3** Esta pregunta es un poco engañosa, pero si lee detenidamente, se dará cuenta de que el autor emplea palabras como *hacer hincapié y énfasis* en sus definiciones de los varios aspectos de la geografía.

   Para responder las preguntas 4 y 5 se requieren dos pasos. Primero, usted debe definir el término de la pregunta, luego deberá recordar la definición del área de la geografía con la que el término está relacionado.

4. **1** En la pregunta 4 debe recordar que a un meteorólogo le interesa el estado del tiempo. Sólo así podrá identificar la geografía natural como su interés primordial.

5. **2** En esta pregunta, un sociólogo urbano estudia las ciudades, un área de interés de la geografía cultural.

PRÁCTICA PARA LA INTERPRETACIÓN DE TABLAS, GRÁFICOS Y MAPAS

Debido a que el estudio de las ciencias sociales también implica la obtención e interpretación de datos, encontrará con frecuencia diferentes métodos para presentar estos datos que usted necesita. Estos datos por lo general se presentan en forma de tablas, gráficos o mapas.

TABLAS

La capacidad de leer tablas es un conocimiento importante, puesto que las tablas constituyen uno de los métodos más usados para presentar datos en estudios sociales.

¿Qué es una tabla? Es una disposición de cifras, normalmente en una o más columnas, que muestra alguna relación entre dichas cifras. En ciencias políticas, la tabla puede presentar el crecimiento del número de votantes en las elecciones nacionales. En economía, una tabla puede mostrar la renta anual de los diferentes grupos de la población de un país. Una tabla también puede mostrar la relación de dos factores, por ejemplo, los niveles de educación de varios grupos en relación con sus sueldos anuales.

Note en primer lugar el título de la tabla que aparece en esta página: Tamaños, poblaciones y densidades de los países y regiones más grandes del mundo.

Observe ahora los seis subtítulos de las columnas: País, Tamaño, Población 1950, Población 2005, Personas por milla cuadrada 1950, Personas por milla cuadrada 2005.

Seguidamente, ubique las columnas correspondientes a cada subtítulo. En la primera columna aparecen los distintos países o regiones del mundo. La segunda columna describe sus tamaños, en millas cuadradas. Las dos columnas siguientes proveen las poblaciones en 1950 y 2005, y las dos últimas columnas dan los números de personas que habitan dichos países o regiones en ambas fechas.

¿Cómo se lee una tabla? Primero, usted lee el título de la tabla para determinar qué es lo que representan todos esos números. El título generalmente está en la parte superior de la columna o columnas de cifras. Veamos la tabla siguiente como ejemplo.

Habiendo identificado el título, los subtítulos y las columnas relacionadas con éstos, usted está ahora preparado para *encontrar hechos*.

TAMAÑOS, POBLACIONES Y DENSIDADES DE LOS PAÍSES Y REGIONES MÁS GRANDES DEL MUNDO					
1	2	3	4	5	6
		Población (Estimado de ONU)		**Personas por milla cuadrada**	
País	**Tamaño (millas cuadradas)**	**1950**	**2005**	**1950**	**2005**
Federación Rusa	6,592,000	103,000,000	143,000,000	15.6	21.7
China	3,700,000	555,000,000	1,316,000,000	150.0	355.6
E.U.A.	3,600,000	158,000,000	298,000,000	43.8	82.8
Brasil	3,300,000	54,000,000	186,000,000	16.4	56.4
India	1,200,000	358,000,000	1,103,000,000	298.3	919.2
Japón	143,000	84,000,000	128,000,000	587.4	895.1

PREGUNTAS

1. ¿Cuál es el tamaño de Estados Unidos?

2. ¿Cuál fue la población de India en 1950? ¿Cuál fue el estimado de la ONU sobre la población de India en 2005?

3. ¿Cuántas personas tenía Japón por milla cuadrada en 1950?

4. ¿Las poblaciones de cuáles dos países superaron los mil millones entre 1950 y 2005?

RESPUESTAS

1. 3,600,000 millas cuadradas
2. 358,000,000 y 1,103,000,000

3. 587.4
4. China e India

ANÁLISIS DE LAS RESPUESTAS

1. La segunda columna presenta los tamaños. Ponga su dedo al comienzo de la columna y vaya hacia abajo hasta ubicar los números correspondientes a Estados Unidos: 3,6000,000.

2. Encuentre la columna de la población en 1950. Ponga su dedo al comienzo de la columna y muévalo hacia abajo hasta llegar a India: 358,000,000. Haga lo mismo con la columna de 2005.

3. Ubique la columna de las personas por milla cuadrada en 1950. Encuentre las cifras correspondientes a Japón: 587.4.

4. Para responder esta pregunta, debe encontrar las poblaciones de 1950 y 2005, y luego encontrar una cifra superior a los mil millones de habitantes. Revise las dos columnas de poblaciones y verá que hay dos que poseen tal cifra: China en 2005 e India en 2005.

Ahora está usted listo para *encontrar las relaciones entre los hechos*. Este tipo de pregunta exige que usted ubique una cifra y que luego la relacione con por lo menos otra cifra.

PREGUNTAS

1. ¿Cuál es la tendencia básica de la población mundial?

2. ¿Cuál es la tendencia básica en cuando al número de personas por milla cuadrada?

3. Desde 1950 a 2005, ¿qué país tuvo el menor aumento de población?

4. ¿En qué país aumentó más el número de personas por milla cuadrada?

ANÁLISIS DE LAS RESPUESTAS

1. Compare la columna 4 (población de 2005) con la columna 3 (población de 1950). En todos los casos, la población de 2005 es siempre mayor. Puede así llegarse a la conclusión de que todas las poblaciones del mundo están aumentando.

2. Compare la columna 6 (personas por milla cuadrada en 2005) con la columna 5 (personas por milla cuadrada en 1950). Puede fácilmente llegarse a la conclusión de que el número de personas por milla cuadrada está aumentando en todo el mundo.

RECUERDE

Resumen de la lectura de tablas.

1. Comprenda el título.
2. Comprenda los subtítulos.
3. Encuentre la columna con la cual las demás columnas están relacionadas.
4. Encuentre los datos.
5. Encuentre las relaciones entre los datos.
6. Obtenga conclusiones de los datos presentados.

3. Si resta las cifras de la columna 3 (población en 1950) a las cifras de la columna 4 (población en 2005) quedará claro que la Federación Rusa, tuvo el menor aumento de la población (40,000,000).

4. Al comparar las cifras en las columnas 5 y 6 (personas por milla cuadrada en 1950 y 2005), verá que el número de personas por milla cuadrada en India ascendió a más del triple, de 298 a 919.

Ahora puede usted proceder a la habilidad más difícil de todas—*llegar a conclusiones sobre la base de los hechos que se le presentan*. A veces podrá obtener conclusiones derivadas de la información presentada en la tabla. En otras ocasiones, tendrá que añadir hechos que forman parte de sus propios conocimientos.

PREGUNTAS

1. ¿Qué conclusiones puede obtener de las cifras correspondientes a la población de Japón?
2. ¿A qué conclusión puede llegar respecto a la población de la Federación Rusa?
3. ¿Qué problemas comunes pueden experimentar India y Japón?

RESPUESTAS Y ANÁLISIS

1. Japón posee la mayor densidad de población del mundo, lo cual necesariamente produce serios problemas de habitación, salud y transporte, entre otros.
2. La población de la Federación Rusa se extiende a lo largo de 6,592,000 millas cuadradas. Tal realidad puede resultar en problemas de distribución de bienes y servicios entre los países que forman parte de esta región.
3. La elevada densidad de población en cada país sugiere dificultades potenciales en el suministro de alimentos, habitación y otros servicios esenciales para los habitantes.

GRÁFICOS

El gráfico circular

Como hemos visto, las tablas están compuestas de columnas de cifras que muestran la relación entre los datos que el especialista en estudios sociales considera importantes. Muchas veces, este autor presenta los mismos datos de una manera más visual que permite una lectura más fácil y facilita la obtención de conclusiones. Uno de estos medios para mostrar datos son los gráficos.

A continuación, veamos una serie de datos ordenados en una tabla. Los datos se refieren a las principales religiones del mundo en 2000.

RELIGIONES PRINCIPALES DEL MUNDO, 2000	
Budista	6%
Cristiana	33%
Hindú	13%
Islámica	18%
Sin religión	21%
Otras	1%
Pararreligiones	8%

Al contemplar esta tabla, es difícil obtener conclusiones con un solo vistazo. Pero cuando los mismos datos se observan en un gráfico circular, inmediatamente se puede visualizar la relación entre ellos.

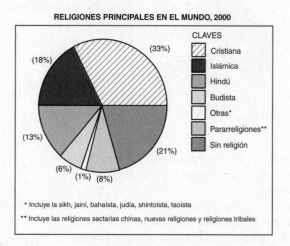

RELIGIONES PRINCIPALES EN EL MUNDO, 2000

CLAVES
- Cristiana
- Islámica
- Hindú
- Budista
- Otras*
- Pararreligiones**
- Sin religión

(33%) (18%) (13%) (6%) (1%) (8%) (21%)

* Incluye la sikh, jainí, bahaísta, judía, shintoísta, taoísta

** Incluye las religiones sectarias chinas, nuevas religiones y religiones tribales

Ahora use el gráfico para responder las preguntas siguientes.

PREGUNTAS

1. ¿Qué religión tiene más seguidores?
2. ¿Cuál de estas religiones tiene menos seguidores?
3. ¿Cuáles son las dos religiones que representan a más de la mitad de la población del mundo?
4. ¿Qué porcentaje de la población del mundo no practica ninguna religión?

RESPUESTAS

1. Cristiana
2. Budista
3. Islámica y cristiana
4. 21%

ANÁLISIS DE LAS RESPUESTAS

Las respuestas aparecen en el gráfico circular con gran claridad. La religión cristiana está representada por la porción más grande del círculo. Por su parte, la porción que muestra *otras* religiones casi no se ve. Si combinamos las diferentes porciones del círculo, vemos que las religiones cristiana e islámica representan un poquito de más de la mitad del total del círculo. Luego vemos que hay una proporción bastante grande de personas que no practican ninguna religión. Si observamos bien, podemos estimar que representan casi un quinto, es decir un 20% del total (la cifra concreta es 21%).

El gráfico circular también puede ser útil para comparar visualmente dos series de datos. Aquí pueden verse un gráfico circular y otro tipo de gráfico, el de barras.

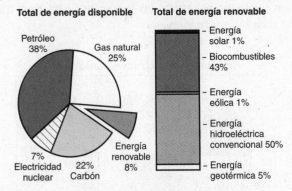

TIPOS DE ENERGÍA DISPONIBLES, 1995

Note el título—Tipos de energía disponibles, 1995
Note la unidad empleada—porcentaje de 100
Note la fecha—1995
Note las categorías principales—petróleo, gas natural, energía renovable, carbón, electricidad obtenida de reacción nuclear
Estudie ambos gráficos cuidadosamente y responda las preguntas siguientes.

PREGUNTAS

1. ¿Cuáles son las fuentes de energía más importantes?

2. Para reducir nuestra dependencia del petróleo importado, ¿el uso de qué otras fuentes de energía debiera aumentarse?

3. ¿Cuál es el porcentaje contribuido por la energía hidroeléctrica convencional del total de energía?

RESPUESTAS Y ANÁLISIS

1. Tres fuentes—petróleo, gas natural y carbón—representan el 70% del total de energía disponible.

2. Los porcentajes de las otras fuentes energéticas—gas natural, carbón, energía renovable y electricidad proveniente de plantas nucleares—debieran aumentarse por encima del total actual de 62%.

3. El gráfico circular le dice que la energía renovable contribuye con un 8% al total de energía consumida. Mire ahora al gráfico de barras. Éste le muestra que la energía hidroeléctrica convencional contribuye con la mitad de la energía renovable, es decir, el 4% de la energía total.

El gráfico de líneas

Este tipo de gráfico, muy común, muestra las relaciones entre los datos mediante el uso de dos coordenadas en las que se sitúan los datos, representados por puntos conectados por líneas rectas.

Como ejemplo, construyamos un gráfico de línea que contenga datos sobre el crecimiento de la población mundial entre 1650 y 2000.

Año	Población mundial en millones
1650	550
1750	725
1850	1175
1900	1600
1950	2490
2000	6500

Para construir el gráfico, dibuje una línea horizontal y, perpendicular a ella, una línea vertical.

- La línea horizontal, conocida técnicamente como la abscisa, representa el período 1650-2000.
- La línea vertical, técnicamente conocida como la ordenada, representa la población mundial.

Para trazar el gráfico de líneas, empiece con la primera línea de datos—año 1650, población mundial 550 millones. Vaya a la ordenada 550 y ponga un punto ahí. Luego encuentre la fecha siguiente, 1750, en la abscisa y vaya arriba por la ordenada y ponga un punto en 725. Seguidamente encuentre la fecha siguiente, 1850, en la abscisa y la población mundial correspondiente, 1175 millones, en la ordenada, y ponga un punto en la intersección de ambos datos. Continúe de la misma manera hasta terminar con los datos que se le han dado. Finalmente, conecte los puntos mediante líneas rectas.

¿Qué puede usted decir o visualizar de este gráfico de líneas?

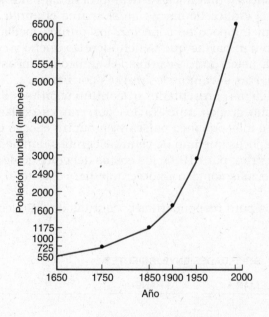

PREGUNTAS

1. ¿Cuál es la tendencia en la población mundial?

2. ¿Cuál fue la población mundial en 1900?

3. ¿En qué período de 50 años fue el aumento máximo?

4. En el período abarcado por el gráfico, ¿aproximadamente cuántas veces creció la población?

RESPUESTAS

1. La tendencia es sumamente ascendente
2. 1600 millones
3. 1950-2000
4. Casi 12 veces, de 550 millones a 6500 millones

ANÁLISIS DE LAS RESPUESTAS

1. La línea asciende cada vez más verticalmente. La verticalidad es mucho más notable en las últimas décadas, lo cual indica que el crecimiento de la población está acelerándose.

2. Encuentre primero el año 1900 en la abscisa. Luego mueva su dedo hacia arriba, hasta encontrar en la ordenada el número correspondiente de la población. El número es 1600 millones.

3. El crecimiento es mayor cuando la línea es más vertical—entre 1950 y 2000.

4. La población creció de 550 millones a 6500 millones, o cerca de 12 veces.

El gráfico de barras

Un gráfico de barras se parece al gráfico de líneas que hemos estudiado. La representación visual es la misma, pues se muestra una serie de datos en relación con otra serie. También se representa la misma línea horizontal (abscisa) para una serie de datos y una línea vertical (ordenada) para la otra serie.

No obstante, en el gráfico de barras no se marca el punto que representa la relación de datos ni tampoco se conectan los puntos mediante líneas rectas. Simplemente se dibujan barras que tienen idéntico ancho y cuyas alturas indican la relación. Así, usted podría cambiar el gráfico de líneas que acaba de ver por un gráfico de barras si cambia los puntos por barras.

El gráfico de barras presentado a continuación se llama "Sociedades Envejecientes". Dicho gráfico muestra los porcentajes de las poblaciones con edades de 65 años o más en cinco países y en cuatro épocas distintas (dos épocas pasadas y dos épocas que han de venir). El gráfico también contiene gráficos circulares que muestran, para 1993, los costos del cuidado de la salud para personas de 65 años o más como un porcentaje del costo total del cuidado de la salud.

Use estos gráficos para responder las preguntas de práctica siguientes.

SOCIEDADES ENVEJECIENTES

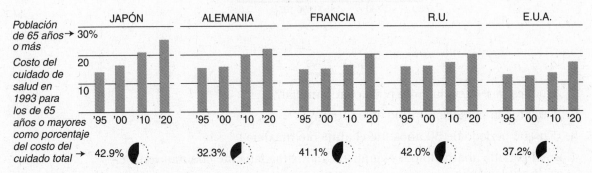

Fuente: Organización de Cooperación y Desarrollo Económico

PREGUNTAS

1. ¿En qué país deberá el gobierno, en 2020, gastar más que ningún otro en el cuidado de la salud de los ancianos?

   (1) Japón
   (2) Alemania
   (3) Francia
   (4) R.U.
   (5) E.U.A.

2. ¿Qué país tendrá la mayor población de personas menores de 65 años en 2020?

   (1) Japón
   (2) Alemania
   (3) Francia
   (4) R.U.
   (5) E.U.A.

3. ¿Qué países poseen las características de envejecimiento más similares?

   (1) Japón y Alemania
   (2) Alemania y Francia
   (3) Francia y R.U.
   (4) R.U. y E.U.A.
   (5) Japón y E.U.A.

4. ¿Qué país tuvo el crecimiento de la población de personas de 65 o mayores menos estable en el siglo XX?

   (1) Japón
   (2) Alemania
   (3) Francia
   (4) R.U.
   (5) E.U.A.

5. ¿Qué país demostró, en 1993, menor interés en cuidar la salud de su población envejeciente?

   (1) Japón
   (2) Alemania
   (3) Francia
   (4) R.U.
   (5) E.U.A.

CLAVE DE LAS RESPUESTAS

1. **1**   2. **5**   3. **3**   4. **1**   5. **2**

ANÁLISIS DE LAS RESPUESTAS

1. **1** En 2020, el 25% de la población de Japón tendrá 65 años o más, por lo menos un 4% más que cualquier otro país en el gráfico.

2. **5** En 2020, E.U.A. será el único país cuya población de 65 años o más será inferior al 20% de su población total.

3. **3** Para Francia y R.U., los porcentajes para 1995, 2000 y 2010 son casi idénticos. Ambos países tendrán iguales porcentajes de poblaciones de 65 años o más en 2020. En 1995 tuvieron una diferencia menor del 1% en gastos para el cuidado de la salud de ancianos como porcentaje del costo del cuidado total.

4. **1** Japón tuvo un aumento de su población de 65 años o más. Los demás países se mantuvieron estables.

5. **2** Los gráficos circulares muestran que Alemania gastó menos que nadie, aproximadamente 9% a 10% menos que Japón y R.U.

Mapas

Un mapa es una representación visual de toda o de una parte de la superficie de la tierra. Los mapas pueden tener o no un número de claves que nos ayudan a visualizar la superficie que se nos muestra. Asimismo, siempre incluyen un título. Si el mapa usa símbolos, siempre provee datos claves para su interpretación. El mapa puede incluir también:

- la latitud y longitud, que indican dirección y nos ayudan a encontrar lugares específicos;
- la escala en millas y/o kilómetros. Esta escala nos indica la distancia en el mapa en relación con la distancia real, en millas o kilómetros, de la tierra;
- una cuadrícula que incluye una serie de letras en uno de los ejes (vertical u horizontal) y una serie de números en el otro. De esta manera, se puede encontrar un lugar en la cuadrícula en la intersección de un eje con otro; por ejemplo, F3 o H7.

Los dos factores importantes que debe aprender para leer un mapa son el *título* y las *claves*. Desde tiempos remotos, los mapas han proporcionado vital información sobre el mundo.

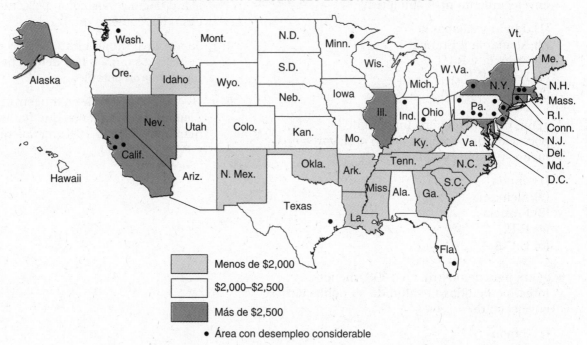

RENTA PER CÁPITA Y DESEMPLEO EN ESTADOS UNIDOS

Menos de $2,000

$2,000–$2,500

Más de $2,500

• Área con desempleo considerable

En el siglo XVI, Gerardus Mercator, fabricante de mapas holandés, creó el término *atlas* para describir una colección de mapas. El atlas es importantísimo porque muestra *dónde* se encuentra todo en nuestro mundo. Sólo en un mapa pueden verse, de inmediato y en el lugar preciso, dónde están ubicados los países, las ciudades, los mares, caminos, ríos y lagos. En un mapa pueden trazarse los caminos entre un lugar y otro, planearse los viajes, examinarse las fronteras con otros países, medirse las distancias entre un lugar y otro, y visualizarse los cursos de los ríos y los tamaños de los lagos.

Los *lugares* pueden encontrarse si se mira el nombre del lugar en el índice ubicado en las últimas páginas del atlas. Generalmente hay una clave de letra y número al lado del nombre del lugar, **A3** por ejemplo. Esta clave ayuda a encontrar el lugar, pues éste estará ubicado dentro de la cuadrícula que cubre cada mapa. Las letras están generalmente ubicadas verticalmente a la izquierda o derecha del mapa y los números están situados en el margen superior o inferior.

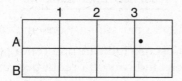

A veces, si el lugar es suficientemente grande, puede aparecer dibujado en el mapa.

Las *distancias* entre los lugares pueden calcularse usando la escala, en millas o kilómetros, que generalmente se encuentra al pie de la página.

Coloque una regla sobre la escala para encontrar cuántas millas (o kilómetros) corresponden a cuántas pulgadas o décimas de pulgada en la regla. Luego coloque la regla entre dos lugares en el mapa para encontrar la distancia entre ambos. Por ejemplo, si la distancia en la escala es de 20 millas por cada pulgada y la distancia en el mapa es 1½ pulgadas, la distancia real será 1½ × 20 = 30 millas entre un lugar y otro. Las direcciones pueden determinarse en un mapa si se usan las líneas horizontales y verticales trazadas en éste—las líneas de latitud y longitud. Las lines de latitud se trazan del este al oeste, de la izquierda a la derecha. Las líneas de longitud se trazan del norte al sur, de arriba hacia abajo. Las líneas de latitud aparecen como líneas curvas, mientras que las líneas de longitud son líneas rectas que se juntan en la cima y el fondo del mundo.

Las líneas de latitud y longitud no sólo ayudan a encontrar la dirección, sino también a encontrar lugares. Las líneas paralelas de latitud están numeradas en grados al norte y al sur del Ecuador. Las líneas de longitud están numeradas en grados al este o al oeste de una línea imaginaria que pasa por Greenwich, Inglaterra, cerca de Londres. Cualquier lugar en la tierra puede ubicarse mediante las líneas de longitud y latitud. Por ejemplo, Chicago, Illinois, está ubicado a 41° 53' N (norte del Ecuador) y 87° 40' O (oeste del primer meridiano, o meridiano de Greenwich, que corresponde a la línea de 0° 0' de longitud).

Por lo general, los mapas emplean símbolos, puntos, círculos o estrellas (para indicar ciudades, capitales o puntos de interés) o líneas (para mostrar caminos, vías férreas y ríos). Casi siempre el atlas o mapa tiene claves que ayudan a interpretar estos símbolos. El mapa que hemos visto es en muchos aspectos típico de los mapas que usted encontrará en el examen. Las preguntas que siguen le ayudarán a aguzar su habilidad de leer un mapa.

PREGUNTAS

1. ¿Cuál es el *título* del mapa?

2. ¿Qué tres *claves* se proporcionan en el mapa?

3. ¿Qué significa un ● ?

4. ¿Cuál es el promedio de la renta per cápita de la población del estado de Nueva York?

5. ¿Cuál es el promedio de la renta per cápita de la población del estado de Nuevo México?

6. ¿Cuál es el promedio de la renta per cápita de la población del estado de Iowa?

7. ¿Qué estado tiene la renta per cápita más alta, Alaska o Hawaii?

RESPUESTAS Y ANÁLISIS

1. El título del mapa es "Renta per cápita y desempleo en Estados Unidos".

2. Las áreas de color azul oscuro indican una renta per cápita superior a $2,500; las áreas blancas indican una renta per cápita entre $2,000 y 2,500; las áreas de color azul claro indican una renta per cápita por debajo de $2,500.

3. El ● indica un área con considerable desempleo.

4. Como el área de Nueva York está de color azul oscuro, su renta per cápita es superior a $2,500.

5. El área de Nuevo México está representada en color azul claro; su renta per cápita es inferior a $2,000.

6. Iowa está representado en color blanco y por eso su renta per cápita está entre $2,000 y $2,500.

7. Alaska está coloreado de azul escuro (renta per cápita superior a $2,500) y Hawaii se ve blanco (renta per cápita entre $2,000 y 2,500). Por eso, Alaska tiene una renta per cápita más alta que Hawaii.

Este mapa presenta una complicación que no es habitual en otros mapas y que es la idea de desempleo sustancial. Esta idea se presenta en las preguntas 3 a 7 que se presentan a continuación.

PREGUNTAS ADICIONALES

1. La renta per cápita en Maine es similar a la renta per cápita de

   (1) Washington
   (2) Idaho
   (3) Utah
   (4) Nevada
   (5) Missouri

2. ¿Qué generalización está óptimamente respaldada por el mapa?

   (1) Todos los estados de Nueva Inglaterra tienen una renta per cápita superior a $2,000
   (2) Todos los estados localizados a lo largo de la costa del Atlántico tienen una renta per cápita alta
   (3) Todos los estados del sur tienen una renta per cápita inferior a $2,000
   (4) Todos los estados de la costa del Pacífico tienen una renta per cápita de $2,000 o más
   (5) La mayoría de los estados tienen una renta per cápita superior a $2,500

3. Según el mapa, ¿en qué estado es el desempleo un grave problema?

   (1) Pennsylvania
   (2) Florida
   (3) Alabama
   (4) Texas
   (5) Washington

4. ¿Qué estado tiene una renta per cápita entre $2,000 y $2,500 y es un área de desempleo sustancial?

   (1) Kansas
   (2) Ohio
   (3) Kentucky
   (4) Mississippi
   (5) California

5. ¿Qué estado tiene una renta per cápita alta y un desempleo sustancial?

   (1) Florida
   (2) Louisiana
   (3) Minnesota
   (4) California
   (5) Nevada

6. El desempleo es un problema menor en Indiana que en

    (1) Massachusetts
    (2) Tennessee
    (3) Mississippi
    (4) Louisiana
    (5) Arizona

7. De acuerdo con el mapa, ¿a qué conclusión se llega sobre el estado de Tennessee?

    (1) Es más grande que Montana y más rico que Mississippi
    (2) Tiene más desempleo que Georgia y es más rico que Kentucky
    (3) Es tan rico como Arkansas y más pbre que Nevada
    (4) Tiene menos desempleo que Oklahoma y más desempleo que Georgia
    (5) Es más pequeño que Minnesota y más rico que Illinois

CLAVE DE LAS RESPUESTAS

1. **2**   2. **4**   3. **1**   4. **2**   5. **4**   6. **1**   7. **3**

ANÁLISIS DE LAS RESPUESTAS

1. **2** La respuesta es la opción 2, ya que ambos estados están coloreados de azul claro, lo cual indica que sus rentas per cápita son inferiores a $2,000.

2. **4** La opción 4 es correcta porque California tiene una renta per cápita de más de $2,500; en Washington y Oregon la renta está entre $2,000 y $2,500; todos tienen rentas per cápita de $2,000 o más. La opción 1 es incorrecta porque Maine tiene una renta per cápita menor que $2,000. La opción 2 también es incorrecta porque tres estados—Carolina del Norte, Carolina del Sur y Georgia—tienen rentas menores de $2,000. La opción 3 tampoco está bien, ya que Texas, Florida y Virginia tienen una renta mayor de $2,000. Finalmente, la opción 5 es incorrecta, ya que sólo 10 estados tienen una renta per cápita superior a $2,500.

3. **1** En el mapa, Pennsylvania tiene seis áreas con un punto que indica desempleo sustancial: Florida, Washington y Texas tienen un punto cada uno y Alabama no tiene ninguno. La opción 1 es correcta.

4. **2** Hemos de encontrar un área de color blanco con un punto y en el mapa sólo Ohio cumple con tal requisito. Por eso, la opción 2 es correcta.

5. **4** Hay que encontrar un área de color azul oscuro con varios puntos. Sólo California, opción 4, cumple con la descripción.

6. **1** Necesitamos encontrar un estado con más de un punto, ya que Indiana tiene uno. La respuesta correcta es la opción 1, pues Massachusetts tiene dos puntos.

7. **3** El mapa compara Tennessee con otros estados en lo que se refiere a la renta per cápita y el nivel de desempleo. La opción 1 es incorrecta, ya que el estado de Montana es más grande. La opción 2 es incorrecta porque Tennessee no es más rico que Kentucky sino idéntico. La opción 4 no es correcta porque Tennessee tiene más desempleo que Oklahoma y Georgia. La opción 5 es incorrecta puesto que Tennessee es más pobre que Illinois. La opción 3 es la correcta—tanto Tennessee como Arkansas tienen una renta per cápita menor de $2,000, mientras que Nevada es de más de $2,500.

Ahora es el momento de realizar ejercicios prácticos que le proporcionarán una preparación amplia en la lectura de tablas, gráficos y mapas para el Examen de GED.

PRÁCTICA ADICIONAL CON TABLAS, GRÁFICOS Y MAPAS

Lea detenidamente cada una de las preguntas siguientes. Seleccione la respuesta adecuada.

Las preguntas 1 a 4 se refieren al mapa siguiente.

NUEVAS METAS PARA REDUCIR LA CONTAMINACIÓN

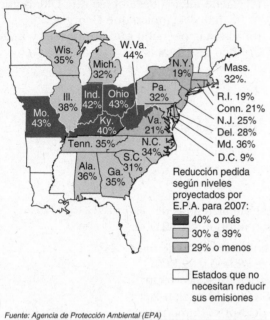

Fuente: Agencia de Protección Ambiental (EPA)

1. Según el mapa, el estado que probablemente estará más contaminado es

   (1) Missouri
   (2) Indiana
   (3) Ohio
   (4) Kentucky
   (5) Virginia del Oeste

2. Los estados que tienen los mismos objetivos para reducir la contaminación son

   (1) Michigan, Pennsylvania, Massachusetts
   (2) Missouri, Indiana, Ohio
   (3) Alabama, Georgia, South Carolina
   (4) Virginia, Connecticut, Maryland
   (5) Nueva York, Rhode Island, Nueva Jersey

3. ¿A qué área se ha pedido la menor reducción de contaminación?

   (1) Virginia
   (2) Distrito de Columbia
   (3) Rhode Island
   (4) Nueva York
   (5) Connecticut

4. La menor contaminación parece estar en los estados

   (1) del oeste medio
   (2) de los grandes lagos
   (3) del sureste
   (4) noratlánticos
   (5) del sur

Las preguntas 5 a 11 se basan en los gráficos siguientes.

PRESUPUESTO POR DÓLAR DEL GOBIERNO FEDERAL

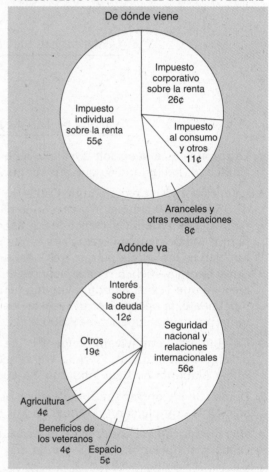

5. El 45% de la renta nacional se deriva de

   (1) impuestos individuales sobre la renta, impuestos al consumo y aranceles
   (2) impuestos corporativos sobre la renta, impuestos al consumo y aranceles
   (3) impuestos individuales sobre la renta, impuestos corporativos sobre la renta e impuestos al consumo
   (4) impuestos individuales sobre la renta, impuestos corporativos sobre la renta y aranceles
   (5) impuestos individuales sobre la renta e impuestos al consumo

6. La cantidad mayor de la renta nacional se gasta en

   (1) salud y bienestar
   (2) seguridad nacional y relaciones internacionales
   (3) espacio
   (4) interés sobre la deuda
   (5) beneficios de los veteranos

7. Las dos áreas en que se gasta la misma cantidad procedente de los ingresos son

   (1) agricultura y beneficios a los veteranos
   (2) espacio y agricultura
   (3) salud y bienestar e intereses sobre la deuda
   (4) beneficios de los veteranos y espacio
   (5) espacio y todas las demás recaudaciones

8. La cantidad recibida por la recaudación de impuestos al consumo y otros impuestos es casi la misma que la cantidad que se gasta en

   (1) el interés sobre la deuda
   (2) la salud y el bienestar
   (3) el espacio
   (4) la agricultura
   (5) los beneficios de los veteranos

9. ¿Cuál es la mayor fuente de ingresos del gobierno federal?

   (1) los aranceles
   (2) los impuestos al consumo
   (3) los impuestos corporativos
   (4) los impuestos individuales sobre la renta
   (5) otras recaudaciones

10. Los gastos combinados en agricultura y beneficios para los veteranos son iguales a los ingresos en la siguiente categoría:

    (1) impuestos al consumo y otros impuestos
    (2) salud y bienestar
    (3) interés sobre la renta
    (4) aranceles y otras recaudaciones
    (5) seguridad nacional

11. Los ingresos de los impuestos individuales sobre la renta son casi iguales a los gastos en

    (1) la seguridad nacional y las relaciones internacionales
    (2) la salud y el bienestar
    (3) el espacio
    (4) los beneficios de los veteranos
    (5) todas las demás recaudaciones

Las preguntas 12 a 15 se basan en los gráficos siguientes.

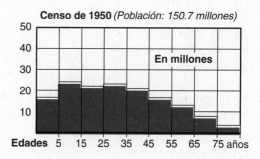

Censo de 1950 *(Población: 150.7 millones)*

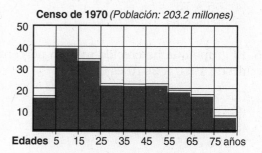

Censo de 1970 *(Población: 203.2 millones)*

Censo de 1990 *(Población: 248.7 millones)*

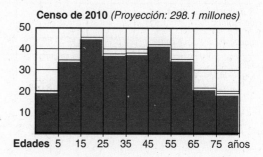

Censo de 2010 *(Proyección: 298.1 millones)*

12. Según estos gráficos, el censo de la población se realiza

    (1) cada 10 años
    (2) cada 20 años
    (4) cada 30 años
    (4) cada 40 años
    (5) irregularmente

13. El censo de 1990 revela que el grupo mayor por edad era el de

    (1) 5 a 15 años
    (2) 15 a 25 años
    (3) 25 a 35 años
    (4) 35 a 45 años
    (5) 45 a 55 años

14. El grupo de población comprendida entre las edades de 0 a 5 años es mayor que el de

    (1) 5 a 15
    (2) 35 a 45
    (3) 45 a 55
    (4) 65 a 75
    (5) 75 o más

15. El grupo que ha crecido más en porcentaje desde 1950 a 2010 es el de

    (1) 5 a 15
    (2) 15 a 25
    (3) 25 a 35
    (4) 35 a 45
    (5) 75 o más

TIERRAS COSTERAS AMENAZADS

Si el nivel del mar sube 20 pulgadas hacia el año 2100, como lo predicen los científicos, las áreas costeras estarán amenazadas. Aquí se presentan alguno ejemplos de pérdidas de costa, en millas cuadradas.

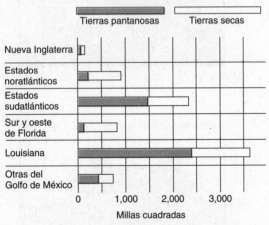

Fuente: *The New York Times*

16. Según el gráfico, si el nivel del mar sube 20 pulgadas hacia 2100, las zonas costeras que serían más afectadas están en

    (1) estados sudatlánticos
    (2) estados noratlánticos
    (3) Louisiana
    (4) otros del Golfo de México
    (5) Florida

17. Las tierras costeras secas más amenazadas estarían en

    (1) estados noratlánticos
    (2) estados sudatlánticos
    (3) sur y oeste de Florida
    (4) otros estados del Golfo de México
    (5) Nueva Inglaterra

18. Según el gráfico, ¿cuál de estas declaraciones es correcta?

    (1) El noreste de Estados Unidos estaría más afectado que el Golfo de México
    (2) La costa este de Estados Unidos estaría más afectada que el Golfo de México
    (3) El Golfo de México sería el más afectado de todos
    (4) En general, las tierras pantanosas estarían más afectadas que las tierras secas
    (5) La costa es más larga en el Atlántico que en el Golfo

DÓNDE CRECE MÁS RÁPIDO LA POBLACIÓN
Total de la población mundial, en miles de millones

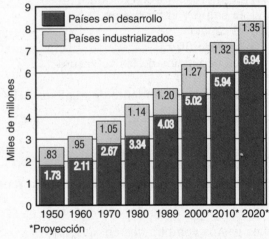

Fuente: *The Washington Post*, Julio de 1990 (adaptación)

19. ¿Qué declaración es la más correcta según los datos del gráfico?

    (1) El crecimiento de la población mundial ha comenzado a disminuir
    (2) La población mundial se triplicó entre 1970 y 1989
    (3) La mayoría de la población mundial vive en países en desarrollo
    (4) La población de los países industrializados consume la mayor parte de los recursos de la tierra
    (5) El mundo está aproximándose al cero crecimiento de la población

20. Según el gráfico, ¿qué factor es principalmente responsable por la diferencia en el índice de crecimiento entre los países en desarrollo y los industrializados?

    (1) mayor planificación familiar en los países en desarrollo
    (2) mayor contaminación en los países industrializados
    (3) el colapso de las familias multigeneracionales en los países en desarrollo
    (4) el aumento en todo el mundo de familias con un solo progenitor
    (5) la mayor probabilidad de guerras en los países en desarrollo

21. La mayor diferencia en el crecimiento de la población entre los países en desarrollo y los industrializados ocurrió u ocurrirá en el año

    (1) 1980
    (2) 1989
    (3) 2000
    (4) 2010
    (5) 2020

Las preguntas 22 a 24 es basan en los gráficos siguientes.

PAÍSES INDUSTRIALIZADOS

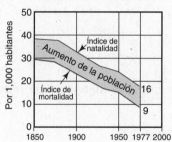

PAÍSES EN DESARROLLO

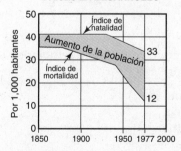

Aumento del índice de la población = índice de natalidad – índice de mortalidad
Fuente: *División de Población de las Naciones Unidas*

22. ¿Cuál de estas afirmaciones se basa en la información de los gráficos?

    (1) En los años mostrados por los gráficos, el índice del aumento de la población fue igual tanto para los países industrializados como los en desarrollo
    (2) En el año 2000, los países en desarrollo alcanzaron el cero crecimiento de su población
    (3) El crecimiento de la población en los años que se muestran se debió principalmente al descenso del índice de mortalidad
    (4) El crecimiento de la población en los años que se muestran se debió principalmente al aumento del índice de natalidad
    (5) La población en 2000 es mayor en los países industrializados que en los países en desarrollo

23. Según los gráficos, en los países industrializados

    (1) el índice de natalidad sobrepasa el de mortalidad
    (2) el índice de mortalidad sobrepasa el de natalidad
    (3) el índice del crecimiento de la población está aumentando
    (4) el índice de natalidad aumenta
    (5) el índice de mortalidad aumenta

24. Según los gráficos, si comparamos los países industrializados con los países en desarrollo, podemos afirmar que

    (1) los índices de natalidad y de mortalidad siempre han sido más elevados en los países en desarrollo
    (2) sólo el índice de natalidad es más elevado entre los países en desarrollo
    (3) sólo el índice de mortalidad es más elevado entre los países en desarrollo
    (4) los índices de mortalidad y de natalidad han sido similares en los países industrializados y los en vías de desarrollo
    (5) el crecimiento de la población ha sido similar en ambos

Las preguntas 25 a 30 se basan en la ilustración siguiente.

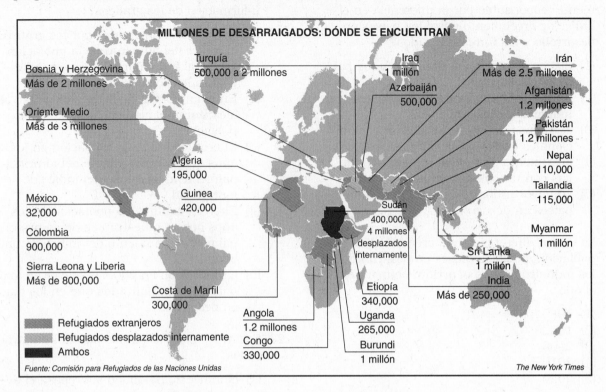

MILLONES DE DESARRAIGADOS: DÓNDE SE ENCUENTRAN

Bosnia y Herzegovina
Más de 2 millones

Turquía
500,000 a 2 millones

Iraq
1 millón

Irán
Más de 2.5 millones

Oriente Medio
Más de 3 millones

Azerbaiján
500,000

Afganistán
1.2 millones

Pakistán
1.2 millones

Algeria
195,000

Nepal
110,000

México
32,000

Guinea
420,000

Tailandia
115,000

Sudán
400,000;
4 millones
desplazados
internamente

Myanmar
1 millón

Colombia
900,000

Sri Lanka
1 millón

Sierra Leona y Liberia
Más de 800,000

India
Más de 250,000

Costa de Marfil
300,000

Etiopía
340,000

Angola
1.2 millones

Uganda
265,000

Refugiados extranjeros
Refugiados desplazados internamente
Ambos

Congo
330,000

Burundi
1 millón

Fuente: Comisión para Refugiados de las Naciones Unidas

The New York Times

25. Según el mapa, el país con mayor número de refugiados extranjeros es

(1) Algeria
(2) Congo
(3) Azerbaiján
(4) Uganda
(5) Irán

26. El país con mayor número de refugiados desplazados internamente es

(1) Sudán
(2) Angola
(3) Afganistán
(4) Pakistán
(5) Myanmar

27. El país europeo con mayor número de refugiados es

(1) Turquía
(2) Francia
(3) Italia
(4) Bosnia
(5) Grecia

28. El número de países que tienen más de 1 millón de refugiados es

(1) 3
(2) 5
(3) 6
(4) 8
(5) 10

29. El continente con menor número de refugiados es

(1) Norteamérica
(2) Sudamérica
(3) Europa
(4) África
(5) Asia

30. El país cuyo número de refugiados es menos preciso es

(1) Colombia
(2) Algeria
(3) Turquía
(4) Nepal
(5) Tailandia

Las preguntas 31 a 33 se basan en el gráfico siguiente.

FUENTES DE ENERGÍA EN ESTADOS UNIDOS

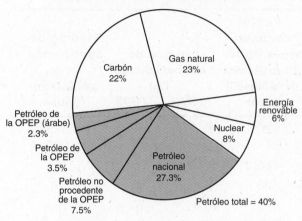

Cifras que representan un porcentaje aproximado de las fuentes para el consumo de energía en Estados Unidos en 2004.

Fuente: Departamento de Energía de Estados Unidos.

Las preguntas 34 a 35 se basan en el gráfico siguiente.

CUIDADO DE LA SALUD EN ESTADOS UNIDOS

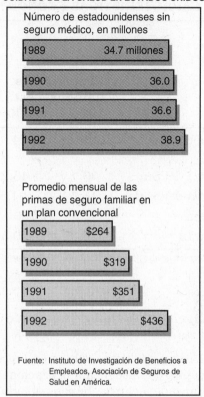

Fuente: Instituto de Investigación de Beneficios a Empleados, Asociación de Seguros de Salud en América.

31. Según el gráfico,

(1) el petróleo contribuye más que el carbón y el gas natural al consumo energético de E.U.A.

(2) el petróleo de la OPEP (árabe) es el que menos contribuye a los requisitos energéticos de E.U.A.

(3) el petróleo de la OPEP excede al petróleo no procedente de países de la OPEP como fuente de energía para E.U.A.

(4) el gas natural es la mayor fuente de energía de E.U.A.

(5) la energía hidroeléctrica y la energía nuclear sobrepasan al petróleo extranjero como fuentes de energía

32. De acuerdo al gráfico, la mayor fuente de energía de Estados Unidos es

(1) el carbón

(2) el gas natural

(3) el petróleo nacional

(4) las energías hidroeléctrica y nuclear

(5) el petróleo procedente de la OPEP y de otros países extranjeros

33. ¿Cuál es el porcentaje de energía en E.U.A. obtenido de fuentes extranjeras?

(1) 27.3%

(2) 26.4%

(3) 22.3%

(4) 13.3%

(5) 10.2%

34. Según el gráfico, se puede llegar a la conclusión de que

(1) los programas de cuidado de la salud no están disponibles para la mayoría de los estadounidenses

(2) el número de estadounidenses que no tienen seguro médico ha alcanzado su nivel más alto

(3) la mayoría de los estadounidenses no pueden pagar primas para planes convencionales de salud

(4) los programas de cuidado de la salud se están volviendo menos accesibles y más costosos para las familias estadounidenses

(5) el incremento de los costos del cuidado de la salud ha ido menguando

35. El promedio mensual de las primas de un seguro médico por familia

(1) tuvo su mayor aumento de 1989 a 1990

(2) tuvo su mayor aumento de 1990 a 1991

(3) tuvo su mayor aumento de 1991 a 1992

(4) ha experimentado un descenso en el nivel de crecimiento

(5) ha experimentado un aumento del 50% en el período 1989–1992

Las preguntas 36 a 38 se basan en la tabla siguiente.

CARACTERÍSTICAS ECONÓMICAS Y SOCIALES DE PAÍSES DEL ESTE ASIÁTICO

	Poblaciones (millones, est.)		Ingreso per cápita 1989	Renta nacional bruta (miles de millones de dólares) 1989	Índice de alfabetización (%)		Tiempo de duplicación de la población (años)
	1976	1990			1976	1992	
Japón	113	124	23,730	2,920	99	100	más de 100
Corea del Sur	36	43.2	4,400	186.5	88.5	96	70
Corea del Norte	16	21.8	1,240	28	NA	95	38
China	852	1,150	360	393	40	73	48
Taiwán	16.3	20.5	7,480	150	86	94	61

Source: *Encyclopedia Britannica Book of the Year 1992*

36. Según el gráfico, ¿qué declaración es correcta?

   (1) Taiwán adelanta a China en ingreso per cápita e índice de alfabetización
   (2) Taiwán es el país menos poblado
   (3) Corea del Norte es un país más rico que Corea del Sur
   (4) Corea del Sur tiene una renta nacional bruta superior a la de China
   (5) El menor crecimiento de la población de Corea del Norte ocurrió entre 1976 y 1990

37. El país que tuvo mayor aumento de la población y del índice de alfabetización fue

   (1) Japón
   (2) Corea del Norte
   (3) Corea del Sur
   (4) China
   (5) Taiwán

38. Las personas que obtienen mayores beneficios de la renta nacional bruta viven en

   (1) Japón
   (2) Corea del Norte
   (3) Corea del Sur
   (4) China
   (5) Taiwán

Las preguntas 39 a 40 se basan en el gráfico siguiente.

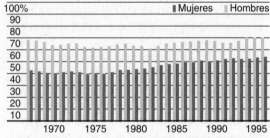

PORCENTAJES DE EMPLEADOS CON JORNADAS DE TRABAJO ANUALES COMPLETAS

Fuente: Departamento del Censo.

39. Durante el período mostrado en el gráfico

   (1) el número de hombres que trabajaron jornadas completas aumentó enormemente
   (2) el número de mujeres que trabajaron jornadas completas aumentó enormemente
   (3) el número de hombres que trabajaron jornadas completas disminuyó ligeramente
   (4) el número total de hombres y mujeres que trabajaron jornadas completas fue igualándose
   (5) el número total de hombres y mujeres que trabajaron jornadas completas disminuyó

40. Según los datos mostrados en el gráfico, probablemente hubo una recesión económica en los años

(1) 1967–1973
(2) 1974–1978
(3) 1979–1985
(4) 1985–1990
(5) 1991–1996

Clave de las respuestas

1. **5**	8. **1**	15. **2**	22. **3**	29. **1**	36. **1**
2. **1**	9. **4**	16. **3**	23. **1**	30. **3**	37. **4**
3. **2**	10. **4**	17. **2**	24. **1**	31. **2**	38. **1**
4. **4**	11. **1**	18. **3**	25. **5**	32. **3**	39. **2**
5. **2**	12. **2**	19. **3**	26. **1**	33. **4**	40. **2**
6. **2**	13. **3**	20. **1**	27. **4**	34. **4**	
7. **1**	14. **5**	21. **5**	28. **5**	35. **3**	

¿CUÁL ES SU PUNTUACIÓN?

____ correctas   ____ incorrectas
Excelente   36-40
Bien   32-35
Regular   28-31

Si su puntuación fue inferior, necesita repasar el material recién visto. Vuelva a leer la sección "Práctica para la interpretación de tablas, gráficos y mapas" que comienza en la página 274 y trate de nuevo.

Análisis de las respuestas

1. **5** Virginia del Oeste tiene un nivel proyectado del 44%, el porcentaje más alto de todos.

2. **1** Los tres estados tienen el mismo nivel del 32%.

3. **2** Con 9%, el Distrito de Columbia tiene el nivel de contaminación proyectado más bajo.

4. **4** Los estados noratlánticos, con la excepción de Maryland, tienen niveles de contaminación proyectados de menos del 30%.

5. **2** Estas tres fuentes proveen el 26%, 11% y 8%, respectivamente, con un total del 45%.

6. **2** La seguridad nacional y las relaciones internacionales representan el 56% de los gastos nacionales.

7. **1** En ambas se gasta el 4%.

8. **1** La recaudación de impuestos al consumo y otros impuestos provee un 11% de ingresos, mientras que la cantidad gastada en el interés sobre la deuda asciende al 12%.

9. **4** El 55% de los ingresos del gobierno federal proviene de los impuestos individuales sobre la renta.

10. **4** Los gastos combinados son iguales a los aranceles y otras recaudaciones, los cuales llegan al 8%.

11. **1** Los ingresos de los impuestos individuales llegan al 55%, mientras que la seguridad nacional y las relaciones internacionales absorben el 56%.

12. **2** Los gráficos de barra anuncian los censos de 1950, 1970, 1990, 2010. Hay una separación de 20 años entre cada censo.

13. **3** Más de 40 millones de personas tienen 25 a 35 años.

14. **5** En cada censo, hay más personas en el grupo de los recién nacidos a 5 años que en el grupo de personas con 75 años o más.

15. **2** El grupo con 15 a 25 años crecerá del 21% al 46%—más que ningún otro grupo.

16. **3** Louisiana perdería cerca de 3600 millas cuadradas—por lo menos 1000 millas cuadradas más que ninguna otra zona.

17. **2** La pérdida de las tierras secas de los estados sudatlánticos ascendería a unas 900 millas cuadradas, es decir, cientos de millas cuadradas más que el sur y oeste de Florida y los estados noratlánticos.

18. **3** El Golfo de México y Louisiana perderían unas 4300 millas cuadradas, lo cual representa aproximadamente el total de todas las otras zonas juntas.

19. **3** El gráfico muestra que la mayor parte de la población mundial vive en los países en desarrollo. En 1989, 4.03 mil millones de una población total de 5.23 mil millones (80% del total) vivían en países en desarrollo.

20. **1** La lectura de las cifras revela que el índice de crecimiento es mayor en los países en desarrollo que en los países industrializados. La gente en los países en desarrollo tiene menos acceso a la planificación familiar.

21. **5** En 2020, la diferencia será de 5.59 mil millones (6.94 – 1.35).

22. **3** Mientras el gráfico de los países industrializados muestra un equilibrio constante entre los índices de mortalidad y natalidad, el gráfico de los países en desarrollo revela un aumento relativo de la población, la cual crece desde 1875 hasta el presente debido a que el índice de mortalidad disminuye más y más en comparación con el índice de natalidad.

23. **1** El índice de natalidad está consistentemente por encima del índice de mortalidad.

24. **1** Las líneas correspondientes a los índices de natalidad y mortalidad en los países en desarrollo siempre han estado más arriba que las líneas de los países industrializados.

25. **5** Irán tiene más de 2.5 millones de refugiados extranjeros. Todos los otros países tienen menos de medio millón.

26. **1** Sudán tiene 4 millones de refugiados desplazados internamente.

27. **4** Bosnia tiene más de 2 millones de refugiados.

28. **5** Los países siguientes tienen más de 1 millón de refugiados: Angola, Iraq, Burundi, Sudán, Sri Lanka, Irán, Afganistán, Pakistán, Myanmar y Bosnia.

29. **1** En América del Norte, sólo México tiene refugiados (32,000).

30. **3** La población de refugiados en Turquía está estimada entre 500,000 y 2 millones.

31. **2** En contraste con la opinión general, el petróleo de la OPEP (árabe) aporta sólo el 2.3% a los requisitos energéticos de EUA.

32. **3** El petróleo nacional representa el 27.3% de la energía usada en EUA.

33. **4** Las contribuciones de la OPEP y otras fuentes ajenas a la OPEP constituyen el 13.3% de la energía obtenida del extranjero.

34. **4** Los programas de cuidado de la salud están volviéndose cada vez menos accesibles porque el número de estadounidenses que pueden tener seguros médicos continúa disminuyendo debido al creciente costo de dichos seguros.

35. **3** El aumento fue de $85 mensuales por familia, de $351 a $436.

36. **1** El gráfico revela que el ingreso per cápita de Taiwán es de $7480, es decir, es mucho mayor que el ingreso de $360 en China. Los índices de alfabetización en Taiwán fueron del 86% en 1976 al 94% en 1992, muy superiores a los de China en los mismos años.

37. **4** La población de China creció de 852 millones a 1150 millones y su índice de alfabetización aumentó del 40% al 73%. Estos aumentos fueron mayores a los de ningún otro país en el gráfico.

38. **1** Japón posee un ingreso per cápita superior a los de cualquier otro país del gráfico y lo mismo ocurre con su renta nacional bruta.

39. **2** El porcentaje de mujeres que trabajaron jornadas completas en 1976 fue del 40%. En 1996 el porcentaje fue del 55%, es decir un aumento del 15% en 20 años. El porcentaje de hombres durante el mismo período aumentó sólo la mitad, del 62% al 70%.

40. **2** El porcentaje tanto de hombres como de mujeres cayó notablemente en los años 1974–1978, a 62% y 40%, respectivamente, probablemente debido a que había menos trabajos disponibles.

INFORMACIÓN BÁSICA PARA INTERPRETAR CARICATURAS POLÍTICAS

Las caricaturas políticas como nuevo medio artístico empezaron a cobrar importancia a partir de la segunda mitad del siglo XIX. Dos dibujantes, en particular, consiguieron gran fama durante este período.

Thomas Nast, del semanario *Harper's Weekly*, atacó al grupo político Tammany Hall en 1869 cuando su líder, el político llamado "Jefe Tweed" y su pandilla dominaban Nueva York. Su tira cómica más famosa, "El tigre de Tammany suelto, ¿qué vamos a hacer con él?", llevó a la desintegración del Tammany Hall y a la caída de Tweed, quién terminó encarcelado por robo de mayor cuantía. La caricatura está a continuación.

Joseph Keppler fundó *Puck*, el primer semanario humorístico en Estados Unidos. Keppler usó el color para dar más efecto a las tiras cómicas. "Jefes del senado" atacó a los intereses financieros representados en el senado de Estados Unidos. Esta caricatura aparece a continuación.

1. La mayoría de las caricaturas hacen referencia a un tema importante, generalmente una campaña electoral, cuestiones sobre la guerra y la paz o la corrupción del gobierno.

2. El dibujante o caricaturista usa un rasgo exagerado de una persona o institución conocidas para atraer la atención, por ejemplo, el Tío Sam. También puede usar o crear un símbolo que reconocen todos los lectores para representar una idea importante. Por ejemplo, una paloma que simboliza la paz, un tigre que representa el Tammany Hall.

3. El texto es mínimo y el interés se centra en lo visual. Se usan pocas palabras para representar una idea y el máximo impacto del mensaje se obtiene visualmente. El Jefe Tweed puntualizó que, aunque sus seguidores no puedan leer, "podían ver los malditos dibujos". Por eso, el caricaturista presenta los temas de manera simplificada, dejando fuera los detalles sin importancia para hacer el mensaje más comprensible para el lector.

4. El caricaturista representa gráficamente su propio punto de vista o el de su periódico o revista. Generalmente está abiertamente en contra de la corrupción o las guerras y representa el objeto de su crítica de la manera más desagradable posible.

Debido al atractivo visual de las caricaturas o los símbolos que se usan para criticar un determinado tema, la caricatura política se ha convertido en un potente medio de formación de la opinión pública. Esta manera de atraer las emociones es difícil de igualar y su influencia se ha mantenido hasta el presente.

¿Cómo interpretar una caricatura política en un Examen de Equivalencia a la Escuela Superior?

He aquí algunas sugerencias basadas en las caricaturas de Nast y Keppler.

Paso 1. Identificar las caricaturas o símbolos que se usan en la tira cómica. En las caricaturas históricas, quizás le sea necesario tener conocimientos de estudios sociales. En las tiras contemporáneas, las caricaturas y los símbolos son más fáciles de identificar.

En la caricatura de Nast, el Jefe Tweed está sentado en las gradas con inscripciones que dicen "Botín de Tammany" como símbolos de poder político. El tigre representa al Tammany Hall, el club político corrupto, y la mujer que está en sus garras representa a la República asesinada y rodeada por el quebrantamiento de la ley y la destrucción de la libertad democrática del sufragio.

Paso 2. Identificar el tema que el caricaturista desea presentar o criticar. En el caso de Nast, es el debilitamiento del proceso democrático debido a la corrupción de los caciques políticos y sus camaradas. En la caricatura de Keppler, es el control del senado de Estados Unidos por parte de los monopolios.

Paso 3. Determinar el punto de vista que quiere expresar el caricaturista. En la caricatura de Nast, la expresión de la cara del tigre y las dimensiones exageradas del Jefe Tweed muestran la ambición del cacique político y de su organización (la Pandilla de Tweed). En la caricatura de Keppler, los vientres hinchados de los monopolistas y sus desagradables expresiones faciales muestran la desaprobación del caricaturista.

Ahora fíjese en la caricatura siguiente y conteste las preguntas a continuación.

PREGUNTAS

1. ¿Cuál es el tema de esta caricatura?

2. ¿Qué representan el elefante y el asno?

3. ¿Qué trata cada uno de hacer?

4. ¿Qué punto de vista está expresando el caricaturista?

RESPUESTAS Y ANÁLISIS

1. El tema son los abusos en la recaudación de fondos (representados por la alcancía) para campañas políticas

2. El elefante es el símbolo tradicional del partido republicano; el asno es el símbolo del partido demócrata

3. Cada uno tiene la mano metida en la alcancía y trata de sacar dinero para su campaña

4. Mostrando la desaprobación de los republicanos ante el abuso de los demócratas pese a que los republicanos abusan de la misma manera, el caricaturista opina que ambos partidos son culpables por igual

PRÁCTICA PARA LA INTERPRETACIÓN DE CARICATURAS POLÍTICAS

1. El propósito principal de esta caricatura de Mike Thompson es el de

   (1) mostrar el conflicto entre los republicanos y los demócratas
   (2) revelar la superioridad de los republicanos ante los demócratas
   (3) revelar la superioridad de los demócratas ante los republicanos
   (4) sugerir que los republicanos y los demócratas son igualmente culpables en los manejos de obtención de fondos para campañas
   (5) mostrar que los demócratas no se sienten culpables en los manejos de obtención de fondos para campañas

2. El caricaturista logra su propósito pues

   (1) exagera adecuadamente la conducta de ambos partidos políticos
   (2) despierta nuestra simpatía por ambos partidos
   (3) retrata humorísticamente la conducta de ambos partidos
   (4) favorece a los republicanos ante los demócratas
   (5) muestra cuán irónica es la conducta de los republicanos

¡Ya era hora! Los canales están donando transmisión gratuita a los candidatos para que éstos nos informen y nosotros podamos tener una opinión inteligente.

Veamos qué hay en cable...

3. ¿Cuál es el tema principal en esta caricatura?

   (1) Las familias que miran televisión son las mejor informadas sobre política
   (2) Los discursos de los candidatos con frecuencia no logran atraer la atención de los votantes
   (3) Debiera haber más votantes que miran televisión por cable
   (4) Los canales de televisión no actúan con suficiente responsabilidad política
   (5) Las familias respaldan la cobertura televisada de las campañas políticas

4. ¿Cuál es el tema principal en esta caricatura?

(1) Los campos de trabajo forzado continúan siendo el principal método de
castigo de los prisioneros políticos en China
(2) Los chinos consideran a Estados Unidos un asociado comercial desa-
gradecido
(3) El gobierno chino ha desarrollado su economía ignorando los derechos
humanos
(4) Los chinos creen que los derechos humanos no tienen importancia
para Estados Unidos
(5) Estados Unidos debiera beneficiarse con los bajos precios de los productos chinos

5. ¿Cuál es el tema principal de esta caricatura?

(1) El colegio electoral tiene ahora más valor que en el pasado
(2) Sólo el congreso debiera tener el poder de elegir al presidente
(3) El colegio electoral disminuye el valor del voto del ciudadano
(4) Las elecciones libres en Estados Unidos casi han desaparecido
(5) El electorado elige al colegio electoral

6. Según el punto de vista expresado en esta caricatura, el aumento en 1997 del salario mínimo

    (1) reduciría significativamente la diferencia entre ricos y pobres
    (2) aumentaría la apreciación de los pobres por la labor que los políticos hacen en su favor
    (3) ayudaría a los trabajadores a mejorar sus condiciones de vida
    (4) seguramente no proveería beneficios apreciables para los pobres
    (5) reduciría los impuestos de los trabajadores

CLAVE DE LAS RESPUESTAS

1. **4**	3. **2**	5. **3**
2. **5**	4. **3**	6. **4**

ANÁLISIS DE LAS RESPUESTAS

1. **4** La opción 4 es correcta porque ambos partidos tienen las manos metidas en la alcancía y por eso ambos son culpables de abusos durante la obtención de fondos para sus campañas políticas. Ningún partido es superior al otro, ni tampoco siente remordimiento alguno.

2. **5** La ironía se produce porque ambos partidos tienen la mano en la alcancía y sin embargo el elefante republicano culpa al asno demócrata de abuso aunque ambos sean igualmente culpables.

3. **2** Aunque los televidentes aprueban la transmisión gratuita de los puntos de vista de los candidatos políticos, prefieren ignorar la información que se les ofrece y mirar otros programas.

4. **3** Los campos de trabajo forzado en China continental violan los derechos humanos de los chinos, quienes no pueden abandonar sus trabajos y deben trabajar largas horas en malas condiciones y por salarios ínfimos.

5. **3** Debido a que el voto popular a veces no refleja el voto del colegio electoral, el valor del voto realizado por los ciudadanos estadounidenses pierde algo de su valor.

6. **4** Aunque haya cierto beneficio en el alza del salario mínimo, la brecha entre el salario mínimo y el coste de la vida continúa siendo tan grande que el beneficio carece de verdadera importancia.

PRÁCTICA PARA LA INTERPRETACIÓN DE DOCUMENTOS HISTÓRICOS

La interpretación de documentos históricos requiere leerlos cuidadosamente y decidir cuál es el propósito principal del documento. Ponga atención a palabras dentro del texto que pueden ser claves para comprender su significado y que a menudo aparecerán en las preguntas. Muchas preguntas piden que usted indique la *excepción* de varios hechos mencionados en el texto ("Todos son así, excepto..."). En tales casos, elimine las opciones que *son* hechos contenidos en el texto y luego escoja la mejor respuesta que *no* pudo encontrar dentro del texto.

DOCUMENTO 1

LA DECLARACIÓN DE INDEPENDENCIA

Cuando en el curso de los eventos humanos se hace necesario que un pueblo disuelva los lazos políticos que lo han unido con otro, que ocupe entre las potencias mundiales el lugar separado e igualitario que las Leyes de la Naturaleza y del Dios de la Naturaleza le confieren, un decente respeto por las opiniones de la humanidad requiere que dicho pueblo declare las causas que lo impulsan a esa separación.

Sostenemos que estas verdades son evidentes por sí mismas: que todos los hombres son creados iguales, que están dotados por su Creador de ciertos Derechos inalienables, que entre éstos se encuentran la Vida, la Libertad y la búsqueda de la Felicidad. Que para asegurar estos derechos se instituyen Gobiernos entre los Hombres y que estos Gobiernos obtienen sus justos poderes con el consentimiento de los gobernados. Que cuando cualquier Tipo de Gobierno se vuelve destructivo hacia tales fines, la Gente tiene el Derecho de alterarlo o de abolirlo, y de instituir un nuevo Gobierno cuyos principios y poderes estén fundamentados y organizados de modo tal que favorezcan la Seguridad y Felicidad.

PREGUNTAS

1. El propósito principal de la Declaración de Independencia es el de

    (1) justificar la separación de otro gobierno
    (2) obedecer las leyes de la naturaleza
    (3) lograr un decente respeto por las opiniones de otros
    (4) influir el curso de los eventos humanos
    (5) una unión con las potencias mundiales

2. Todos los derechos siguientes están incluidos EXCEPTO

    (1) la vida
    (2) la libertad
    (3) la búsqueda de la felicidad
    (4) la igualdad de oportunidades
    (5) la seguridad

3. La Declaración afirma que los gobiernos derivan sus poderes de

(1) las potencias mundiales
(2) las Leyes de la Naturaleza
(3) las Leyes del Dios de la Naturaleza
(4) las opiniones de la humanidad
(5) los gobernados

CLAVE DE LAS RESPUESTAS

1. **1**   2. **4**   3. **5**

ANÁLISIS DE LAS RESPUESTAS

1. **1** La Declaración dice que "...un decente respeto por las opiniones de la humanidad requiere que dicho pueblo declare las causas que lo impulsan a esa separación".

2. **4** Todos los derechos se mencionan excepto la igualdad de oportunidades, aunque ésta a veces se interprete como parte de la búsqueda de la felicidad.

3. **5** Se declara que los gobiernos "...obtienen sus justos poderes con el consentimiento de los gobernados".

DOCUMENTO 2

LA CONSTITUCIÓN DE ESTADOS UNIDOS
Enmienda VI

En todos los enjuiciamientos criminales, el acusado tendrá el derecho de un juicio público y rápido, realizado por un jurado imparcial del Estado y distrito en que se cometió el crimen, el distrito habiéndose previamente establecido por ley. El acusado será informado sobre la naturaleza y causa de la acusación, será confrontado con los testigos que están en su contra, habrá un procedimiento obligatorio para la obtención de testigos en su favor, y tendrá asesoría legal para su defensa.

PREGUNTAS

1. El pasaje siguiente es

(1) parte de la Declaración de Independencia
(2) parte de la Declaración de Derechos de la Constitución
(3) parte de los Artículos de la Confederación
(4) parte del Preámbulo de la Constitución
(5) un requisito de la Corte Suprema

2. La enmienda requiere que el acusado tenga todos los derechos presentados a continuación, EXCEPTO

(1) defensa mediante asesoría legal
(2) un jurado del estado donde se cometió el crimen
(3) testigos en su favor
(4) las razones para el juicio
(5) un juicio secreto

3. La enmienda enumera

    (1) los derechos civiles de los acusados de crimen
    (2) las responsabilidades del gobierno federal
    (3) los deberes de los testigos
    (4) los deberes del defensor legal
    (5) los deberes de las cortes

CLAVE DE LAS RESPUESTAS

1. **2**   2. **5**   3. **1**

ANÁLISIS DE LAS RESPUESTAS

1. **2** El pasaje es la Enmienda VI de la Constitución de Estados Unidos y parte de su Declaración de Derechos.

2. **5** Las primeras cuatro opciones se refieren a los derechos de los acusados de un crimen. La opción 5 está prohibida y la Enmienda VI afirma que el acusado tendrá el derecho de un juicio *público* y rápido.

3. **1** La Enmienda describe los derechos civiles del acusado de un crimen: un juicio público y rápido, un jurado imparcial, su conocimiento del motivo de la acusación, su derecho de confrontar a los testigos en su contra, el derecho de tener testigos en su favor y su derecho a defenderse con asesoría legal.

DOCUMENTO 3

"Tanto las discusiones originadas por este interés como las disposiciones por las cuales éstas pueden terminar indican que es apropiada la ocasión para afirmar un principio que afecta los derechos y los intereses de Estados Unidos, y en el cual los continentes americanos, gracias a la libre e independiente condición que han logrado y que mantienen, no deben de ahora en adelante considerarse como sujetos a futura colonización por parte de ninguna potencia extranjera.... Debemos, por lo tanto, en nombre de la sinceridad y de las amigables relaciones que existen entre Estados Unidos y esas potencias, declarar que consideraríamos cualquier intento por su parte de extender su orden a cualquier porción de este hemisferio como algo peligroso para nuestra paz y seguridad. En lo que respecta a las colonias o dependencias europeas existentes, no hemos interferido y no planeamos interferir. Pero con los gobiernos que han declarado su independencia y que la mantienen, y cuyas independencias hemos reconocido después de cuidadosa consideración y basados en principios justos, no podríamos contemplar ninguna interposición por parte de cualquier potencia europea con el propósito de oprimirlos o de controlar sus destinos de modo alguno de ninguna otra manera que una manifestación de una disposición hostil hacia Estados Unidos".

1. La declaración de que los continentes americanos "...no deben de ahora en adelante considerarse como sujetos a futura colonización por parte de ninguna potencia extranjera..." se conoce como

   (1) la Declaración de Independencia
   (2) el Mensaje de Washington al Congreso
   (3) los Artículos de la Confederación
   (4) la Doctrina Monroe
   (5) la Doctrina Truman

2. Estados Unidos

   (1) ejercería represalias si fuesen colonizados
   (2) interferiría con las colonias europeas existentes
   (3) ignoraría las acciones de las potencias europeas
   (4) interpretaría la colonización como un acto hostil
   (5) rompería relaciones con la potencia europea que interfiriese

3. El pasaje afirma que esta política se basa en

   (1) la libertad y la independencia que Estados Unidos ha mantenido
   (2) las amigables relaciones entre Estados Unidos y las potencias europeas
   (3) el éxito que Estados Unidos tuvo como colonia
   (4) el derecho de Estados Unidos de interferir con las potencias europeas
   (5) el control que Estados Unidos posee sobre su propio destino

CLAVE DE LAS RESPUESTAS

1. **4**   2. **4**   3. **1**

ANÁLISIS DE LAS RESPUESTAS

1. **4** La declaración se conoce como la Doctrina Monroe y fue anunciada al congreso por el presidente James Monroe el 2 de diciembre de 1823.

2. **4** El mensaje menciona "una disposición hostil" como consecuencia.

3. **1** La justificación de esta doctrina es la de mantener "la libre e independiente condición" de los continentes americanos, de los cuales Estados Unidos es parte.

DOCUMENTO 4

LA DECLARACIÓN UNIVERSAL DE LOS DERECHOS HUMANOS
Preámbulo

Por cuanto el reconocimiento de que la inherente dignidad y los derechos igualitarios e inalienables de todos los miembros de la familia humana son el fundamento de la libertad, la justicia y la paz en el mundo,

Por cuanto la desatención de los derechos humanos y el desprecio por éstos ha resultado en actos bárbaros que han indignado la conciencia de la humanidad, y por cuanto la aparición de un mundo en el cual los seres humanos gozarán de libertad de expresión y creencia, sin temores ni privaciones ha sido proclamado como la máxima aspiración de la gente común,

Por cuanto es esencial, para que el hombre no utilice como último recurso la rebelión contra la tiranía y la opresión, que los derechos humanos sean protegidos por el gobierno de la ley,

Por cuanto la gente de las Naciones Unidas ha reafirmado en su Carta Constitucional su fe en los derechos humanos fundamentales, en la dignidad y el valor del ser humano y en los derechos igualitarios de los hombres y las mujeres, y habiendo decidido fomentar el progreso social y mejores condiciones de vida dentro de un ámbito de mayor libertad,

Ahora, por lo tanto, la Asamblea General proclama...

Esta Declaración Universal de los Derechos Humanos...

PREGUNTAS

1. El preámbulo declara que el gobierno de la ley puede

   (1) prevenir actos bárbaros
   (2) prevenir el desprecio por los derechos humanos
   (3) indignar la conciencia del mundo
   (4) resultar en la desatención de los derechos humanos
   (5) prevenir la rebelión contra la tiranía

2. Los propósitos de la Declaración Universal incluyen a todos los siguientes, EXCEPTO

   (1) proteger los derechos humanos
   (2) fomentar la libertad de expresión
   (3) eliminar el temor
   (4) prevenir la guerra
   (5) estimular el progreso social

3. La Declaración justifica todo lo siguiente, EXCEPTO

   (1) derechos igualitarios de hombres y mujeres
   (2) observancia de las libertades fundamentales
   (3) justicia en el mundo
   (4) rebelión contra la tiranía
   (5) dignidad y valor de todos los seres humanos

CLAVE DE LAS RESPUESTAS

1. **5**   2. **4**   3. **4**

ANÁLISIS DE LAS RESPUESTAS

1. **5** El preámbulo declara que la protección por el gobierno de la ley hará innecesaria la rebelión contra la tiranía y la opresión.

2. **4** La guerra no está mencionada en el preámbulo.

3. **4** La rebelión contra la tiranía se menciona sólo como último recurso cuando no hay ley que proteja los derechos humanos.

PRÁCTICA PARA LA INTERPRETACIÓN DE FOTOGRAFÍAS

La interpretación de fotografías históricas requiere estudiarlas cuidadosamente y decidir cuál es su propósito principal. Ponga atención a cada persona u objeto que aparece en la imagen. A veces sólo se le pregunta dónde fue tomada la foto. Otras preguntas pueden pedirle que identifique la foto. Más importante, puede pedírsele el objetivo de la foto (por qué fue tomada ésta y por qué es famosa). Tome su tiempo para analizar la foto. De haber políticos u otras personas destacadas, identifique a los más importantes. Trate de determinar el entorno y la época. Cuando todos estos factores se ponen juntos, es mucho más fácil determinar la razón por la cual existe la foto.

FOTOGRAFÍA 1

1. Esta foto fue tomada en

   (1) una corte
   (2) un debate al aire libre
   (3) en una reunión política
   (4) un evento deportivo
   (5) una celebración

ANÁLISIS DE LAS RESPUESTAS

1. **3** En la fotografía aparece el presidente Theodore Roosevelt, en una reunión política.

FOTOGRAFÍA 2

2. Esta es la fotografía de

(1) una reunión de negocios
(2) una reunión presidencial
(3) la interrogación de un testigo
(4) un juicio público
(5) un enfrentamiento político

ANÁLISIS DE LAS RESPUESTAS

2. **2** El presidente Harry Truman, sucesor del presidente Franklin D. Roosevelt, tiene un encuentro con representantes del gobierno.

FOTOGRAFÍA 3

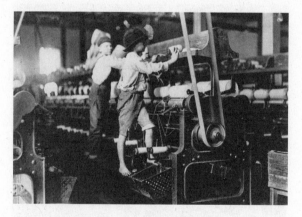

3. El propósito de esta fotografía es el de retratar

(1) el uso ilegal del trabajo infantil
(2) las condiciones en las fábricas
(3) un capataz estricto
(4) niños pobremente vestidos
(5) operaciones de enlatado de mariscos

ANÁLISIS DE LAS RESPUESTAS

3. **1** A menudo se usaba ilegalmente a niños menores de edad en las fábricas del pasado.

FOTOGRAFÍA 4

4. El propósito de esta foto es el de mostrar

   (1) la obediencia de los estudiantes del pasado
   (2) la promesa de lealtad (*pledge of allegiance*)
   (3) la objeción de saludar la bandera
   (4) un salón de clases estadounidense
   (5) la igualdad entre los sexos

ANÁLISIS DE LAS RESPUESTAS

4. **2** Todos los niños están prometiendo lealtad a su país.

FOTOGRAFÍA 5

5. El propósito de esta foto es el de mostrar

   (1) una clase de matemáticas
   (2) un alumno desobediente
   (3) un salón de clases inadecuado
   (4) un salón de clases segregado
   (5) niños desatendidos

ANÁLISIS DE LAS RESPUESTAS

5. **4** La fotografía retrata la segregación racial imperante en el pasado: un salón de clases atendido sólo por estudiantes negros, incluyendo al maestro.

PRÁCTICA PARA LA INTERPRETACIÓN DE DOCUMENTOS PRÁCTICOS

La interpretación de documentos prácticos requiere la lectura de documentos gubernamentales o comerciales. Lea todo el documento cuidadosamente, poniendo atención a las palabras impresas en negritas. Los puntos claves generalmente están enumerados o destacados mediante columnas o signos especiales de imprenta. Muchas de las preguntas relacionadas con estos documentos intentan determinar si usted es capaz de comprender e interpretar el documento. En ocasiones se pone en duda el propósito del documento y, en tales casos, la respuesta a menudo es indicada por el título o por las palabras impresas en negrita.

PUBLICACIÓN 529 DEL SERVICIO DE IMPUESTOS INTERNOS

Gastos por búsqueda de trabajo

Usted puede deducir ciertos gastos relacionados con la búsqueda de un trabajo que corresponda a su ocupación actual, aun si no obtiene un nuevo trabajo. Usted no puede deducir dichos gastos si:

(1) Está buscando un trabajo en una nueva ocupación, o si

(2) Desde que terminó su último trabajo pasó un período de tiempo considerable hasta que comenzó usted a buscar un nuevo trabajo.

Usted no puede deducir gastos de búsqueda de trabajo si está buscando trabajo por primera vez.

Costos de agencias de empleo y de asistencia laboral. Cuando busque empleo relacionado con su ocupación actual, puede deducir las cuentas que pague a agencias de empleo y de asistencia laboral.

Currículum vitae. Cuando busque empleo relacionado con su ocupación actual, puede deducir los gastos ocasionados por la redacción, impresión y envío de currículum vitaes a empleadores potenciales.

Gastos de transporte. Si usted viaja a un lugar y durante su estadía allá busca un trabajo relacionado con su ocupación actual, es posible que pueda deducir los costos de transporte de ida y vuelta. Usted puede deducir los gastos de transporte si el motivo principal de su viaje es la búsqueda de un nuevo trabajo.

PREGUNTAS

1. Usted puede deducir gastos si usted es un mecánico que

   (1) busca un nuevo trabajo como programador de computadora
   (2) vuelve a trabajar después de muchos años
   (3) busca su primer trabajo
   (4) busca trabajo en otro garaje
   (5) vuelve a estudiar al colegio

2. Los gastos que pueden descontarse incluyen a todos los siguientes, EXCEPTO

   (1) el costo de mandar su currículum
   (2) el viaje hecho principalmente por asuntos personales
   (3) el viaje hecho en búsqueda de un nuevo trabajo de mecánico en un lugar lejano
   (4) el viaje hecho en búsqueda de un nuevo trabajo de mecánico en la zona en que vive
   (5) ciertos gastos de viaje y transporte

3. El propósito principal de este reglamento es el de

(1) obtener mayor ingreso de impuestos para el gobierno
(2) reducir los gastos de los que buscan trabajo
(3) identificar a los violadores de los reglamentos del Servicio de Impuestos Internos
(4) enumerar todas las deducciones permitidas por el Servicio de Impuestos Internos
(5) enumerar todos los gastos que no son deducibles

CLAVE DE LAS RESPUESTAS

1. **4**   2. **2**   3. **2**

ANÁLISIS DE LAS RESPUESTAS

1. **4** Está claramente escrito que usted puede descontar gastos si está buscando un trabajo que corresponda a su ocupación actual. En este caso, el mecánico seguirá trabajando de mecánico en otro garaje.

2. **2** Los gastos hechos en un viaje que no es principalmente para buscar trabajo no pueden descontarse.

3. **2** Las instrucciones del Servicio de Impuestos Internos ayudan a los que buscan empleo al permitirles que reduzcan legítimamente sus gastos.

VOTACIÓN SOBRE LA PROPOSICIÓN DEL CONDADO DE APROBAR LA ENMIENDA DE UNA LEY

¿Debiera aprobarse la "Ley Local" adoptada por el Condado con el propósito de corregir las leyes del Comisionado de Obras Públicas del Condado relacionadas con la Universidad Comunitaria local?

ANTECEDENTES: Esta ley local será sometida a votación porque, de ser aprobada, cambiaría los poderes del Comisionado de Obras Públicas según están establecidos en la Carta Constitucional del Condado. Todos los proyectos de construcción en la Universidad son actualmente realizados por el Condado a través de su Departamento de Obras Públicas (DOP). En la actualidad, todos los proyectos realizados en la Universidad son supervisados por DOP, el cual a veces realiza el trabajo usando trabajadores del condado y a veces empleando compañías externas. Si se aprobara la ley, DOP dejaría de tener control sobre los trabajos públicos en la Universidad y ésta quedaría capacitada para supervisar proyectos utilizando su personal propio. La Universidad no estaría obligada a pagar a DOP para supervisar proyectos futuros.

PREGUNTAS

1. En la actualidad, los proyectos de construcción en la Universidad son realizados directamente por

(1) el Condado
(2) el Comisionado de Obras Públicas
(3) el Departamento de Obras Públicas
(4) la Universidad Comunitaria
(5) el personal de compañías externas

2. La ley local que deberá ser aprobada por los votantes dejaría el control de los proyectos futuros en manos

    (1) del Comisionado de Obras Públicas
    (2) del Departamento de Obras Públicas
    (3) de la Universidad Comunitaria
    (4) de la Carta Constitucional
    (5) de los trabajadores del Condado

3. La enmienda propuesta afectaría a todas las opciones siguientes, EXCEPTO

    (1) el Comisionado de Obras Públicas
    (2) el Departamento de Obras Públicas
    (3) el papel de la Universidad Comunitaria
    (4) la supervisión a la Universidad Comunitaria
    (5) la ley local

CLAVE DE LAS RESPUESTAS

1. **3**   2. **3**   3. **4**

ANÁLISIS DE LAS RESPUESTAS

1. **3** En la actualidad, los proyectos de construcción son realizados por el Condado a través de su Departamento de Obras Públicas.

2. **3** La Universidad supervisaría directamente los proyectos futuros.

3. **4** La supervisión *a* la Universidad Comunitaria no está mencionada en el pasaje. Lo que se menciona es la supervisión *por* la Universidad.

INFORME ANUAL—CORPORACIÓN X

La Compañía diseña, fabrica y mercadea computadoras personales y programas relacionados con computación y comunicaciones, para venta a clientes relacionados con educación, creatividad, consumo y comercio. Hasta la fecha, la mayor parte de las ganancias netas corresponde a la venta de computadoras personales. La administración de la Compañía se realiza sobre una base geográfica. Los segmentos operacionales geográficos incluyen las Américas, Europa, Japón y el Pacífico Asiático. Cada segmento geográfico provee equipos y programas que son similares, y servicios que también son similares. Durante 1998, la Compañía continuó y esencialmente terminó un plan de restructuración iniciado en 1996 y encauzado a reducir su estructura de costos, mejorar su competitividad y restaurar su previo nivel de utilidades. Las actividades de restructuración de la Compañía incluyeron despidos de personal, cierre de plantas y cancelación de contratos.

Las computadoras personales de la Compañía se caracterizan por la facilidad de su uso, sus innovadores diseños industriales y bases de aplicaciones, y sus capacidades incorporadas de interconexión, diseño gráfico y medios de comunicación. La Compañía ofrece una gama amplia de productos de computación que incluye computadoras personales, elementos periféricos, programas y productos de interconexión y conectividad.

PREGUNTAS

1. El informe anual de la corporación menciona a todas las opciones siguientes, EXCEPTO sus

    (1) productos
    (2) segmentos operacionales geográficos
    (3) actividas de restructuración
    (4) labores de mercadeo
    (5) costos de productos

2. La principal fuente de ganancias de la Compañía proviene de sus

    (1) computadoras personales
    (2) elementos periféricos
    (3) programas
    (4) productos de interconexión
    (5) productos para conectividad

3. Los ingresos de la Compañía provienen de todas las opciones siguientes, EXCEPTO

    (1) escuelas
    (2) corporaciones
    (3) clientes individuales
    (4) inversiones
    (5) clientela asociada con creatividad

CLAVE DE LAS RESPUESTAS

1. **5**   2. **1**   3. **4**

ANÁLISIS DE LAS RESPUESTAS

1. **5** El informe menciona las primeras cuatro opciones, pero el costo de los productos no aparece en ninguna parte.

2. **1** Según el informe, la mayor parte de sus ganancias netas proviene de la venta de computadoras personales.

3. **4** Las inversiones no están mencionadas como fuente de ingresos. Las escuelas, las empresas y los clientes de varios tipos, incluyendo a los del campo creativo, sí están mencionados.

**BOLETÍN DE SEGURIDAD DE LA CORPORACIÓN X
TEMA: RETROCESO DE VEHÍCULOS**

Se ha estimado que el conductor promedio retrocede en su vehículo menos del 1% del tiempo dedicado a conducir. Sin embargo, el retroceso produce un porcentaje substancialmente mayor de accidentes. La explicación es el hecho de que la visibilidad con frecuencia está restringida durante esta maniobra.

El retroceso puede evitarse si se siguen algunas reglas muy sencillas.

—Planifique su ruta y haga decisiones rápidas referente al estacionamiento, lo cual minimizará sus retrocesos.

—Siempre retroceda al estacionar en un parque de estacionamiento. Esto le dará buena visibilidad cuando salga.

Si el retroceso no puede evitarse:

—Mire lo que hay detrás de su vehículo antes de subirse.

—Revise sus espejos para que estén alineados.

—Asegúrese de tener espacio con los vehículos a sus lados.

—Vuelva su cabeza cuando retrocede—no se fíe solo de sus espejos.

—Retroceda lentamente y esté listo para parar en cualquier momento.

—Suene su bocina si es posible que alguien esté por pasar detrás de su vehículo.

—Evite el retroceso hacia la derecha porque su visión estará demasiado restringida.

PREGUNTAS

1. El retroceso correcto es importante porque

   (1) el retroceso no puede evitarse
   (2) el conductor debe retroceder constantemente
   (3) el conductor tiene plena visibilidad al retroceder
   (4) el retroceso es la causa de muchos accidentes evitables
   (5) en el retroceso el conductor debe tomar decisiones rápidas

2. Los accidentes al retroceder ocurren porque el conductor

   (1) tiene visibilidad limitada
   (2) retrocede en un parque de estacionamiento
   (3) retrocede demasiado lentamente
   (4) suena la bocina
   (5) está listo para parar

3. Todo lo que se enumera a continuación es posible causa de accidente, EXCEPTO

   (1) inadecuado espacio con los vehículos a los lados
   (2) confianza absoluta en los espejos retrovisores
   (3) retroceso hacia la derecha
   (4) alineación de los espejos
   (5) visibilidad inadecuada

4. El propósito del boletín es el de recordar a los conductors de

   (1) planificar
   (2) evitar siempre el retroceso
   (3) confiar en los espejos
   (4) evitar los accidentes durante los retrocesos
   (5) caminar detrás del vehículo

CLAVE DE LAS RESPUESTAS

1. **4**   2. **1**   3. **4**   4. **4**

ANÁLISIS DE LAS RESPUESTAS

1. **4** El retroceso produce mayor porcentaje de accidentes que el tiempo empleado en retroceder (1%).

2. **1** El boletín dice que la visibilidad del conductor es limitada cuando éste retrocede.

3. **4** Se recuerda a los conductores que deben alinear sus espejos para evitar accidentes de retroceso. Todas las demás opciones son causas.

4. **4** El propósito del boletín es el de precaver a los conductores que traten de evitar el retroceso cuando sea posible y de observar procedimientos de retroceso seguros.

CENSO NACIONAL 2000

Las preguntas a continuacion están relacionadas con la copia del Censo 2000 que se presenta en las dos páginas siguientes.

PREGUNTAS

1. ¿Cuáles de estas personas estarían incluídas al responderse el cuestionario del censo?

    (1) un encarcelado en una prisión federal
    (2) una persona que vive en Evanston, Illinois y que atiende la Universidad del Noroeste
    (3) un piloto en una base de la fuerza aérea en Alaska
    (4) una persona que vive en el apartamento
    (5) un vendedor viajero que está en viaje gran parte del año

2. Todas las preguntas siguientes forman parte del cuestionario, EXCEPTO

    (1) la edad
    (2) el empleo
    (3) el número de teléfono
    (4) la raza
    (5) la fecha de nacimiento

3. Todos los siguientes están mencionados como español/hispano/latino, EXCEPTO los

    (1) dominicanos
    (2) puertorriqueños
    (3) mexicanos
    (4) chicanos
    (5) cubanos

CLAVE DE LAS RESPUESTAS

1. **4**   2. **2**   3. **1**

ANÁLISIS DE LAS RESPUESTAS

1. **4** El cuestionario pide información sobre las personas que viven o permanecen en el apartamento. Todas las personas en las otras opciones no deben incluirse.

2. **2** No hay mención alguna sobre el empleo. Todas las otras opciones están claramente mencionadas.

3. **1** Los dominicanos no están mencionados, aunque podrían incluirse en otros grupos español/hispano/latino.

GUÍA DE AYUDA – ESPAÑOL

NOTA: **NO ESCRIBA EN ESTAS PÁGINAS.** Anote todas las respuestas en el CUESTIONARIO OFICIAL DEL CENSO. Esta guía en español proporciona una traducción de las categorías básicas de preguntas y respuestas para el cuestionario en inglés del Censo 2000.

United States Census 2000

U.S. Department of Commerce • Bureau of the Census

Su cuestionario en inglés del Censo 2000 es el formulario oficial para todas las personas en esta dirección. Es rápido y fácil de contestar, y la ley protege sus respuestas. ¡Complete el censo y ayude a su comunidad a conseguir lo que necesita, hoy y en el futuro!

Comience Aquí

Por favor, utilice un bolígrafo de tinta negra o azul.

1. ¿Cuántas personas vivían o se quedaban en esta casa, apartamento o casa móvil el 1 de abril del 2000?

Número de personas

INCLUYA en este número:

- hijos de crianza, inquilinos o compañeros de casa
- personas que se estén quedando aquí el 1 de abril del 2000, y no tienen otro lugar permanente donde quedarse
- personas que se estén quedando aquí la mayor parte del tiempo mientras trabajan aunque tengan otro lugar dónde vivir

NO INCLUYA en este número:

- estudiantes universitarios que viven fuera del hogar mientras asisten a la universidad
- personas que estaban en una facilidad de corrección, hogar para personas de edad avanzada, u hospital para enfermos mentales el 1 de abril del 2000
- personal de las Fuerzas Armadas que vive en otro lugar
- personas que viven o se quedan en otro lugar la mayor parte del tiempo

2. ¿Es esta casa, apartamento o casa móvil —
Marque ☒ *UN cuadrado.*

- ☐ Propiedad suya o de alguien en este hogar con una hipoteca o préstamo?
- ☐ Propiedad suya o de alguien en este hogar libre y sin deuda (sin una hipoteca o un préstamo)?
- ☐ Alquilada por pago de alquiler en efectivo?
- ☐ Ocupada sin pago de alquiler en efectivo?

3. Por favor, conteste las siguientes preguntas para cada persona que vive en esta casa, apartamento o casa móvil. Comience con el nombre de una de las personas que vive aquí que es dueña, está comprando o alquila esta casa, apartamento o casa móvil. Si no hay tal persona, comience con cualquier adulto que vive o se queda aquí. Nos referiremos a esta persona como la Persona 1.

¿Cuál es el nombre de esta persona? *Escriba a continuación el nombre en letra de molde.*

Apellido

Nombre / Inicial

4. ¿Cuál es el número de teléfono de la Persona 1? *Puede que llamemos a esta persona si no entendemos una respuesta.*

Código de área + Número

5. ¿Cuál es el sexo de la Persona 1? *Marque* ☒ *UN cuadrado.*

☐ Masculino ☐ Femenino

6. ¿Cuál es la edad de la Persona 1 y cuál es su fecha de nacimiento?

Edad el 1 de abril del 2000

Escriba los números en los cuadrados.

Mes / Día / Año de nacimiento

→ **NOTA:** Por favor conteste las DOS Preguntas 7 y 8.

7. ¿Es la Persona 1 de origen español/hispano/latino? *Marque* ☒ *el cuadrado "No" si no es de origen español/hispano/latino.*

- ☐ **No,** ni español/hispano/latino
- ☐ Sí, mexicano, mexicano-americano, chicano
- ☐ Sí, otro grupo español/hispano/latino — *Escriba el grupo en letra de molde.*
- ☐ Sí, puertorriqueño
- ☐ Sí, cubano

8. ¿Cuál es la raza de la Persona 1? *Marque* ☒ *una o más razas* para indicar de qué raza se considera esta persona.

- ☐ Blanca
- ☐ Negra, africana americana
- ☐ India americana o nativa de Alaska — *Escriba en letra de molde el nombre de la tribu en la cual está inscrita o la tribu principal.*

☐ India asiática	☐ Japonesa	☐ Nativa de Hawaii
☐ China	☐ Coreana	☐ Guameña o Chamorro
☐ Filipina	☐ Vietnamita	☐ Samoana
☐ Otra asiática — *Escriba la raza en letra de molde.*		☐ Otra de las islas del Pacífico — *Escriba la raza en letra de molde.*

- ☐ Alguna otra raza — *Escriba la raza en letra de molde.*

→ Si más personas viven aquí, continúe con la Persona 2.

D-60A(SPANISH)

ANOTE SUS RESPUESTAS SOLAMENTE EN EL FORMULARIO EN INGLÉS.

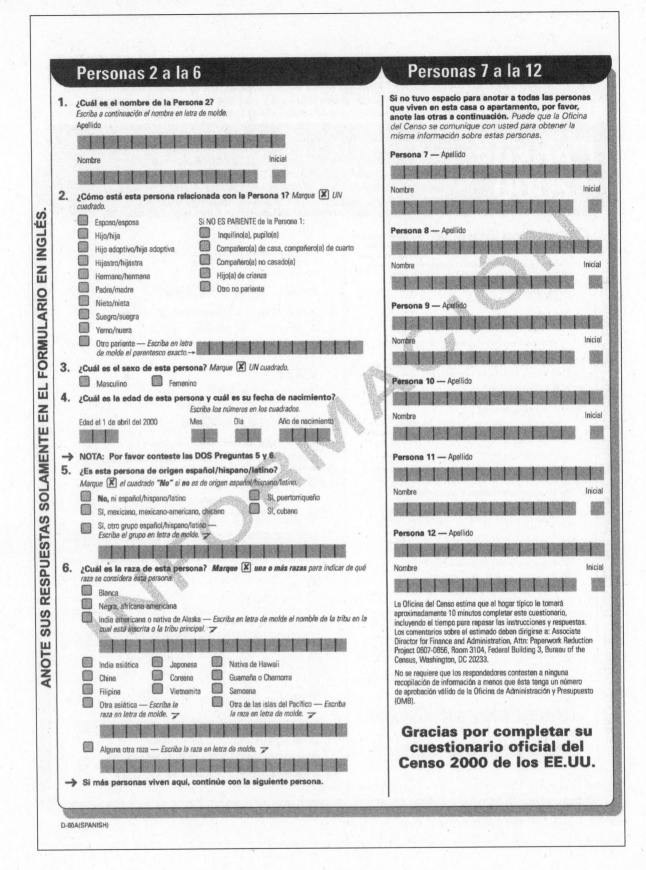

ANOTE SUS RESPUESTAS SOLAMENTE EN EL FORMULARIO EN INGLÉS.

Personas 2 a la 6

1. **¿Cuál es el nombre de la Persona 2?**
Escriba a continuación el nombre en letra de molde.
Apellido

Nombre   Inicial

2. **¿Cómo está esta persona relacionada con la Persona 1?** *Marque* ☒ *UN cuadrado.*

☐ Esposo/esposa
☐ Hijo/hija
☐ Hijo adoptivo/hija adoptiva
☐ Hijastro/hijastra
☐ Hermano/hermana
☐ Padre/madre
☐ Nieto/nieta
☐ Suegro/suegra
☐ Yerno/nuera
☐ Otro pariente — *Escriba en letra de molde el parentesco exacto.*→

Si NO ES PARIENTE de la Persona 1:
☐ Inquilino(a), pupilo(a)
☐ Compañero(a) de casa, compañero(a) de cuarto
☐ Compañero(a) no casado(a)
☐ Hijo(a) de crianza
☐ Otro no pariente

3. **¿Cuál es el sexo de esta persona?** *Marque* ☒ *UN cuadrado.*
☐ Masculino   ☐ Femenino

4. **¿Cuál es la edad de esta persona y cuál es su fecha de nacimiento?**
Escriba los números en los cuadrados.
Edad el 1 de abril del 2000   Mes   Día   Año de nacimiento

→ **NOTA: Por favor conteste las DOS Preguntas 5 y 6.**

5. **¿Es esta persona de origen español/hispano/latino?**
Marque ☒ *el cuadrado "No" si* no *es de origen español/hispano/latino.*

☐ **No,** ni español/hispano/latino
☐ Sí, mexicano, mexicano-americano, chicano
☐ Sí, otro grupo español/hispano/latino — *Escriba el grupo en letra de molde.* ↙

☐ Sí, puertorriqueño
☐ Sí, cubano

6. **¿Cuál es la raza de esta persona?** *Marque* ☒ *una o más razas* para indicar de qué raza se considera ésta persona.
☐ Blanca
☐ Negra, africana americana
☐ India americana o nativa de Alaska — *Escriba en letra de molde el nombre de la tribu en la cual está inscrita o la tribu principal.* ↙

☐ India asiática
☐ China
☐ Filipina
☐ Otra asiática — *Escriba la raza en letra de molde.* ↙

☐ Japonesa
☐ Coreana
☐ Vietnamita

☐ Nativa de Hawaii
☐ Guameña o Chamorra
☐ Samoana
☐ Otra de las islas del Pacífico — *Escriba la raza en letra de molde.* ↙

☐ Alguna otra raza — *Escriba la raza en letra de molde.* ↙

→ **Si más personas viven aquí, continúe con la siguiente persona.**

Personas 7 a la 12

Si no tuvo espacio para anotar a todas las personas que viven en esta casa o apartamento, por favor, anote las otras a continuación. *Puede que la Oficina del Censo se comunique con usted para obtener la misma información sobre estas personas.*

Persona 7 — Apellido

Nombre   Inicial

Persona 8 — Apellido

Nombre   Inicial

Persona 9 — Apellido

Nombre   Inicial

Persona 10 — Apellido

Nombre   Inicial

Persona 11 — Apellido

Nombre   Inicial

Persona 12 — Apellido

Nombre   Inicial

La Oficina del Censo estima que al hogar típico le tomará aproximadamente 10 minutos completar este cuestionario, incluyendo el tiempo para repasar las instrucciones y respuestas. Los comentarios sobre el estimado deben dirigirse a: Associate Director for Finance and Administration, Attn: Paperwork Reduction Project 0607-0856, Room 3104, Federal Building 3, Bureau of the Census, Washington, DC 20233.

No se requiere que los respondedores contesten a ninguna recopilación de información a menos que ésta tenga un número de aprobación válido de la Oficina de Administración y Presupuesto (OMB).

Gracias por completar su cuestionario oficial del Censo 2000 de los EE.UU.

Cómo Responder Preguntas Sobre Temas de Estudios Sociales

La Prueba de Estudios Sociales ha dejado de valorar su habilidad de memorizar información como fechas, datos o acontecimientos, y ahora valora otras habilidades de nivel superior. Esta prueba determina su capacidad de entender textos y gráficos, de analizar y aplicar la información que se le ha dado y de evaluar la exactitud y veracidad de dicha información y de las conclusions obtenidas de ella.

COMPRENSIÓN

Un 20 por ciento de la prueba, es decir cerca de 10 preguntas, requiere que usted comprenda el significado y el propósito del material escrito, sean pasajes o citas, y de la información contenida en mapas, gráficos, tablas y caricaturas políticas. Estos pormenores ponen a prueba su capacidad de exponer en forma modificada la información recibida, de resumir ideas y de identificar las ideas que son incorrectas. Las preguntas generalmente incluirán una cita, la cual irá seguida por frases como "Esto significa más que nada..." o "La mejor explicación de esta declaración es..." o "El autor cree o sugiere que...".

EJEMPLO

UN CÓDIGO

Nunca HACER, SER o EXPERIMENTAR nada en cuerpo y alma, en menor o mayor medida, que no esté encaminado a la gloria de Dios.

Resuelto queda, nunca perder un momento de tiempo, sino intentar que éste sea lo más provechoso posible.

Resuelto queda, pensar en toda ocasión en mi propia muerte y en las circunstancias que la rodean.

Resuelto queda, mantener moderación estricta en la comida y la bebida.

CONSEJO

Los temas relacionados con la comprensión requieren que usted comprenda significados y propósitos.

PREGUNTA

1. El autor de este código cree que la gente debiera estar preocupada principalmente de

   (1) temas monetarios
   (2) lujos
   (3) patriotismo
   (4) asuntos espirituales
   (5) política

RESPUESTA Y ANÁLISIS

El pasaje expresa las ideas del puritanismo. El código expresa preocupaciones espirituales.

Responderá esta pregunta correctamente si lee detenidamente el pasaje, decide qué es lo que se destaca en él, y luego encuentra la respuesta que identifica lo destacado. En esta pregunta, el énfasis es vivir para glorificar a Dios, preocuparse por el modo de morir e imponerse disciplina sobre cosas materiales como la comida y la bebida. Lo espiritual se destaca por sobre todo. Así, aun si no sabe nada sobre el código puritano, podrá responder la pregunta. La respuesta correcta es la 4.

APLICACIÓN

CONSEJO

Los temas relacionados con la aplicación requieren que usted comprenda contenidos y los aplique a situaciones específicas.

El 30 por ciento de la prueba, es decir unas 15 preguntas, requiere el uso de información e ideas en situaciones diferentes a las indicadas en la pregunta. Aplicar información e ideas es una habilidad de alto nivel, ya que usted no sólo debe entender el contenido general, sino que también debe ser capaz de transferirlo al contexto de una situación particular. En otras palabras, usted debe aplicar la información general que se le da a un caso específico.

EJEMPLO

El principio de la revisión judicial es concedido al poder judicial para determinar la constitucionalidad de las leyes estatales y federales.

PREGUNTA

1. ¿Qué acción ilustra mejor el principio de revisión judicial?

   (1) El congreso promulga legislación de derechos civiles
   (2) El senado aprueba el nombramiento de los jueces federales
   (3) Un acto del congreso es cancelado por el tribunal supremo
   (4) Los estados rehúsan cooperar con las autoridades federales en el control del crimen
   (5) El congreso vence en votación a un veto presidencial

RESPUESTA Y ANÁLISIS

El principio de la revisión judicial es el poder que tiene el tribunal supremo de Estados Unidos de determinar la constitucionalidad de los actos del congreso, de las legislaciones de los estados, de los mandatarios del ejecutivo y de los tribunales menores. La única opción que está relacionada con una acción del tribunal es la 3, representando una aplicación específica de este principio a un acto del congreso.

El propósito de otra forma de pregunta en la Prueba de Estudios Sociales del Examen de GED es el de valorar su habilidad en aplicar información que se le da y que define ideas en documentos históricos, en las divisiones de los diferentes temas de los estudios sociales, en los sistemas de gobierno, en la economía, en la psicología y en los grupos de conceptos básicos en las cinco áreas que conforman los estudios sociales. Usted deberá

1. entender la información que se presenta y que está definida generalmente en cinco categorías,
2. relacionar una situación, acción o acontecimiento con estas categorías,
3. aplicar la información en las categorías a la situación, acción o acontecimiento dado.

En el ejemplo que sigue, la información presentada en categorías definidas es la idea central de cada uno de los cinco artículos de la Carta de Derechos, las diez primeras enmiendas a la Constitución.

EJEMPLO

Las diez primeras enmiendas a la Constitución forman la Carta de Derechos ratificada por el congreso en 1791. Porciones de cinco de las enmiendas dicen lo siguiente:

(A) Artículo 1—El congreso no puede hacer una ley...que limite la libertad de expresión o de prensa.
(B) Artículo 2—El derecho de las personas de poseer o portar armas no puede ser infringido.
(C) Artículo 5—Ninguna persona...puede ser obligada en ningún caso criminal a testificar contra sí misma ni pueden privarle de su vida, su libertad o su propiedad sin un debido proceso judicial.
(D) Artículo 7—El derecho a juicio por jurado debe ser preservado.
(E) Artículo 8—No puede exigirse una fianza excesiva...ni imponerse un castigo cruel e inusual.

Las preguntas que siguen enfocan tres maneras en que la información dada puede ser usada por tres personas en tres situaciones distintas.

PREGUNTAS

Indique la enmienda (artículo) que mejor respalde la posición de

1. un oponente de la pena capital

   (1) Artículo 1
   (2) Artículo 2
   (3) Artículo 5
   (4) Artículo 7
   (5) Artículo 8

2. un miembro de la Asociación Nacional del Rifle

   (1) Artículo 1
   (2) Artículo 2
   (3) Artículo 5
   (4) Artículo 7
   (5) Artículo 8

3. una persona acusada de un acto criminal testificando en su propio juicio

   (1) Artículo 1
   (2) Artículo 2
   (3) Artículo 5
   (4) Artículo 7
   (5) Artículo 8

RESPUESTAS Y ANÁLISIS

Usted debe aplicar la información categorizada a las situaciones indicadas arriba.

La respuesta correcta a la pregunta 1 es la opción 5. Alguien que se opone a la pena capital citaría el Artículo 8, el cual prohibe cualquier castigo cruel e inusual.

La respuesta correcta a la pregunta 2 es la opción 2. Un miembro de la Asociación Nacional del Rifle citaría el Artículo 2, el cual menciona que el derecho de poseer y portar armas no debe ser infringido.

La respuesta correcta a la pregunta 3 es la opción 3. Una persona que declare en su juicio debe tener en cuenta el Artículo 5, el cual afirma que nadie puede ser obligado en ningún caso criminal a testificar en contra de sí mismo.

Estudie otras opciones establecidas en este formato.

EJEMPLO

La psicología es la ciencia del comportamiento y de los procesos del pensamiento humano. Hay diferentes ramas interrelacionadas en la psicología humana.

(A) La psicología social investiga el efecto que produce un grupo sobre el comportamiento individual.

(B) La psicología aplicada pone en práctica el uso de los descubrimientos y las teorías de la psicología como, por ejemplo, la psicología industrial.

(C) La psicología clínica diagnostica y trata los trastornos mentales y otras enfermedades de la mente.

(D) La psicología comparativa trabaja con las diferentes organizaciones del comportamiento animal, entre ellas el del hombre.

(E) La psicología fisiológica intenta entender los efectos de las funciones corporales sobre el comportamiento humano.

PREGUNTAS

Cada una de las afirmaciones siguientes describe un propósito de estudio. Indique a qué rama de la psicología pertenecerían.

1. Una compañía quiere estudiar los efectos de la música sobre los obreros de una línea de montaje en una fábrica.

   (1) psicología social
   (2) psicología aplicada
   (3) psicología clínica
   (4) psicología comparativa
   (5) psicología fisiológica

2. Un centro de rehabilitación de drogadictos quiere estudiar el papel de la presión psicológica sobre un adolescente por parte de jóvenes de su edad, en relación con un programa de prevención de la drogadicción.

   (1) psicología social
   (2) psicología aplicada
   (3) psicología clínica
   (4) psicología comparativa
   (5) psicología fisiológica

3. Una beca está disponible para el estudio de la esquizofrenia caracterizada por alucinaciones y delirios.

    (1) psicología social
    (2) psicología aplicada
    (3) psicología clínica
    (4) psicología comparativa
    (5) psicología fisiológica

RESPUESTAS Y ANÁLISIS

La respuesta correcta a la pregunta 1 es la opción 2. La psicología aplicada pone en práctica los hallazgos de los psicólogos industriales y sus sujetos, en este caso la gente que trabaja en líneas de montaje.

La respuesta correcta para la pregunta 2 es la opción 1. Los psicólogos sociales se preocupan de los efectos de los grupos, en este caso los adolescentes que presionan a sus demás compañeros o amigos a consumir drogas.

La respuesta correcta a la pregunta 3 es la opción 3. Los psicólogos clínicos serían los que solicitarían la beca, ya que están interesados en la esquizofrenia como trastorno mental.

ANÁLISIS

El 30 por ciento de la prueba, o sea cerca de 15 preguntas, requiere que usted divida la información en partes para encontrar la relación entre los datos. Esto requiere la habilidad de identificar relaciones de causa y efecto, separar la información cierta de meras opiniones, separar las conclusiones de lo que son sólo afirmaciones de apoyo y mostrar que puede reconocer las suposiciones en las que se basan las conclusiones.

PREGUNTA

La democracia puede definirse como el gobierno del pueblo realizado directamente o a través de representantes elegidos en elecciones libres. ¿Qué cita procedente de la Declaración de Independencia describe mejor el principio fundamental de la democracia en Estados Unidos?

(1) "imponernos impuestos sin nuestro consentimiento"
(2) "los gobiernos de larga duración no debieran ser cambiados por causas transitorias y de escasa importancia"
(3) "privarnos, en muchos casos, del beneficio de un juicio mediante jurado"
(4) "derivar un poder justo con el consentimiento de los gobernados"
(5) "alojar gran cantidad de tropas de las fuerzas armadas entre nosotros"

CONSEJO

Los temas relacionados con el análisis requieren que usted determine relaciones e interrelaciones.

RESPUESTAS Y ANÁLISIS

No sólo debe usted entender el significado de cada respuesta, sino además debe analizarlas para determinar cuál de ellas es un principio fundamental del gobierno de Estados Unidos. Primero debe entender, luego debe analizar. Para ello, debe seguir los pasos siguientes.

  Opción 1. Imponer impuestos sin consentimiento, significa tributación sin representación.

Opción 2. Que los gobiernos que están hace años en el poder no puedan ser cambiados por causas transitorias, significa que los cambios en el gobierno deben ser por grandes razones.

Opción 3. El beneficio de un juicio mediante jurado significa el derecho de ser juzgado con la presencia y participación de un jurado.

Opción 4. Derivar poderes con el consentimiento de los gobernados, significa que el gobierno adquiere el poder de aquellos a quienes gobierna, el pueblo.

Opción 5. Alojar tropas armadas quiere decir la obligación de tener soldados en casa.

Ahora la prueba de un principio *fundamental* del gobierno de Estados Unidos debe aplicarse a cada uno.

La opción 1 no es fundamental: es un agravio.

La opción 2 no se refiere al gobierno de Estados Unidos sino a todos los gobiernos en general.

En la opción 3, un juicio por parte de un jurado es un derecho importante, pero no es fundamental como la opción 4, en la que se afirma que el gobierno de Estados Unidos es una democracia en la cual el pueblo gobierna mediante representantes elegidos. Este sí es un principio fundamental.

La opción 4 es la única interpretación correcta que puede hacerse.

La opción 5 se refiere al alojamiento de soldados sin autorización, lo cual es un hecho importante pero no fundamental.

EVALUACIÓN

CONSEJO

Los temas relacionados con la evaluación requieren que usted evalúe la información que se le presenta.

El 20 por ciento de la prueba, cerca de 10 preguntas, es la parte más difícil. Debe aquí determinar cuán lógica y exacta es la información que se le ha dado. Estas preguntas valoran su habilidad de determinar si los datos están adecuadamente documentados o probados, si son usados apropiadamente para apoyar conclusiones y si los datos se usan correcta o incorrectamente en la presentación de opiniones o argumentos.

PREGUNTA

¿Qué afirmación es una opinión en lugar de una información?

(1) Francia se involucró en el conflicto de Vietnam antes que Estados Unidos
(2) Existen tensiones entre China y Taiwán
(3) La paz se conseguirá mediante acuerdos regionales adoptados en el mundo
(4) España se ha convertido en un miembro completo de la Unión Europea
(5) Estados Unidos es miembro de la Organización del Tratado del Atlántico Norte

RESPUESTA Y ANÁLISIS

Se presentan cinco declaraciones. Cuatro de ellas pueden verificarse con evidencia que está disponible, como son los casos de que Francia estuviera involucrada en la guerra de Vietnam, que China y Taiwán tengan tensiones, que España sea miembro de la Unión Europea y que Estados Unidos sea miembro de la OTAN. La opción 3, que afirma que la paz se conseguirá mediante acuerdos regionales en todo el mundo, es una opinión o hipótesis—no un hecho y por el momento no puede probarse.

PRÁCTICA CON PREGUNTAS SOBRE TEMAS DE ESTUDIOS SOCIALES

COMPRENSIÓN

1. Durante los últimos 150 años, los emigrantes fueron atraídos a Estados Unidos porque había mayor necesidad de mano de obra. Esto ocurría cuando Estados Unidos experimentaba períodos de

   (1) expansión económica
   (2) depresión económica
   (3) guerra
   (4) cambios políticos
   (5) estabilidad

2. "El privilegio de realizar negocios de cualquier modo que uno desee no está garantizado por la Constitución. El derecho de realizar ciertos negocios puede estar subordinado a varias condiciones. Se ha establecido la validez de las leyes que regulan el comercio. No vemos justificación alguna para derogar la ley estatal bajo consideración".

   ¿Qué es mejor ilustrado en ese pasaje?

   (1) los poderes residuales
   (2) el consentimiento legislativo
   (3) la reexaminación judicial
   (4) el mandato ejecutivo
   (5) el privilegio ejecutivo

3. ¿Cuál es una suposición básica sobre el impuesto sobre la renta graduado?

   (1) La capacidad de pagar aumenta a medida que aumenta el ingreso
   (2) Todas las personas con ingresos deben contribuir al gobierno con un porcentaje idéntico a sus ingresos
   (3) La clase media queda obligada a financiar al gobierno
   (4) Los ciudadanos debieran pagar los costos de los servicios provistos por el gobierno de acuerdo con la cantidad de servicios que usan
   (5) Los impuestos pagados por la clase alta nunca deben ser excesivos

4. "En cierto sentido, la población del Tercer Mundo fue forzada a ayudar a pagar por la Revolución Industrial del mundo occidental".

   ¿Cuál de las declaraciones siguientes expresa mejor este punto de vista?

   (1) Las potencias colonizadoras estimularon el desarrollo industrial en sus colonias
   (2) Los países occidentales dependían de las materias primas que traían de sus colonias
   (3) Los centros financieros del mundo occidental impedían la inversión en los países del Tercer Mundo
   (4) Sólo ahora tienen los países del Tercer Mundo la posibilidad de tener su Revolución Industrial propia
   (5) Los países del Tercer Mundo aportaron gran parte de la mano de obra que necesitaba el mundo occidental

5. "La opinión pública tiene gran importancia en el control social".

   El autor de esta declaración quiere probablemente decir que

   (1) la influencia de la opinión pública sobre los líderes gubernamentales es muy limitada
   (2) la resolución de problemas se simplifica cuando se desconoce la opinión pública
   (3) es posible predecir con exactitud la opinión pública, especialmente en tiempos de una crisis nacional
   (4) al formular sus políticas, los oficiales del gobierno deben prestar atención a la opinión pública
   (5) los sondeos de la opinión pública son de escaso valor para los que hacen las leyes

ANÁLISIS

EL CICLO COMERCIAL

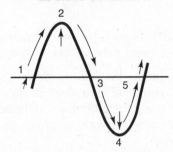

6. Si los indicadores económicos determinan que la economía se encuentra entre 1 y 2 del ciclo, el Concilio de Consejeros Económicos probablemente sugeriría al presidente el siguiente curso de acción:

(1) planificar los gastos del déficit
(2) aumentar los índices del impuesto sobre la renta
(3) disminuir los índices de interés
(4) aumentar los gastos gubernamentales
(5) estimular el aumento de los salarios

7. "Las mejores muestras son, con raras excepciones, las industrias dominadas por un pequeño grupo de grandes empresas. El visitante extranjero que llega a Estados Unidos visita las mismas empresas que visitan los abogados del Departamento de Justicia cuando van en búsqueda de monopolios".

La mejor explicación para este aparentemente contradictorio comportamiento es que

(1) sólo las corporaciones más grandes permiten a los visitants extranjeros inspeccionar sus fábricas
(2) tanto los oficiales del Departamento de Estado como los del Departamento de Justicia se oponen a los monopolios
(3) los países en desarrollo sólo se interesan en las grandes corporaciones
(4) las corporaciones más grandes a menudo son pioneras en investigación y métodos de producción
(5) las pequeñas empresas no están interesadas en inversiones del extranjero

8. "¿Para qué unir nuestro destino con el de cualquier región europea y amenazar así nuestra paz y prosperidad en las redes de las ambiciones, rivalidades, intereses, estados de ánimo y caprichos europeos?"

¿Qué acción tomada por Estados Unidos refleja mejor la filosofía revelada por esta cita?

(1) la aprobación de leyes que restringen la inmigración
(2) el rechazo del Tratado de Versailles
(3) la puesta en marcha del Acto de Préstamo y Arriendo (*Lend-Lease Act*)
(4) la aprobación de la Carta de las Naciones Unidas
(5) la asociación de Estados Unidos en la Organización del Tratado del Atlántico Norte

9. "Si una nación espera ser ignorante y libre, en un estado civilizado, está esperando ser lo que nadie nunca fue ni será".

¿Qué idea respalda mejor esta declaración?

(1) el derecho de todo gobierno de colectar impuestos
(2) el sufragio universal
(3) un gobierno centralizado fuerte
(4) la educación obligatoria
(5) la abolición de la esclavitud

10. "En nuestro país las personas...pueden llegar a ocupar las más altas posiciones o adquirir grandes riquezas...según sus talentos, prudencia y esfuerzo personal".

Esta cita claramente respalda la idea de que

(1) hay una estrecha relación entre el progreso del individuo dentro de la sociedad y la ética del trabajo personal
(2) el colectivismo económico es parte de la vida estadounidense
(3) el capitalismo regulado refleja la iniciativa privada
(4) Estados Unidos posee un sistema económico controlado centralmente
(5) el sistema económico de Estados Unidos favorece a la clase adinerada

APLICACIÓN

11. ¿Cuál es la declaración más válida respecto al problema del equilibrio entre las necesidades humanas y los recursos limitados? El problema

    (1) existe sólo en sociedades con una economía de libre empresa
    (2) ha sido resuelto en naciones que ejercen fuerte control gubernamental sobre las actividades económicas
    (3) ha disminuido gracias a los progresos tecnológicos
    (4) existe en todas las sociedades, sin importar el sistema económico que posean
    (5) será resuelto hacia el año 2020

12. Un "interpretador estricto", es decir, una persona que permitiría al gobierno federal ejercitar sólo aquellos poderes específicamente permitidos por la Constitución de Estados Unidos, favorecería la opción siguiente:

    (1) la institución de programas de reformas sociales
    (2) la anexión de territorio por Estados Unidos
    (3) el paso por alto de restricciones constitucionales
    (4) la limitación del poder del gobierno federal
    (5) el aumento del poder de los estados

Un principio básico de la Constitución de Estados Unidos es la división del poder gubernamental en tres ramas: el poder ejecutivo, el poder legislativo y el poder judicial. El poder legislativo está en manos del congreso, el poder judicial pertenece a la Corte Suprema y al sistema de cortes federal, y el poder ejecutivo radica en el presidente y su maquinaria gubernamental. De este modo, existe un sistema de frenos y equilibrios entre los tres poderes gubernamentales.

Las preguntas 13, 14 y 15 se refieren a dicho sistema en operación. Identifique al poder que frena al otro poder.

13. El congreso anula un veto presidencial.

    (1) el poder ejecutivo frena al poder legislativo
    (2) el poder ejecutivo equilibra al poder judicial
    (3) el poder judicial equilibra al poder legislativo
    (4) el poder legislativo frena al poder ejecutivo
    (5) el poder legislativo frena al poder judicial

14. El senado rehusa confirmar a un candidato nombrado por el presidente para el cargo de embajador.

    (1) el poder ejecutivo frena al poder legislativo
    (2) el poder ejecutivo equilibra al poder judicial
    (3) el poder judicial equilibra al poder legislativo
    (4) el poder legislativo frena al poder ejecutivo
    (5) el poder legislativo frena al poder judicial

15. El presidente nomina a un juez de la Corte Suprema.

    (1) el poder ejecutivo frena al poder legislativo
    (2) el poder ejecutivo equilibra al poder judicial
    (3) el poder judicial equilibra al poder legislativo
    (4) el poder legislativo frena al poder ejecutivo
    (5) el poder legislativo frena al poder judicial

EVALUACIÓN

16. ¿Qué declaración sería la más *difícil* de probar?

    (1) Los emperadores de Japón han reinado pero raramente gobernado
    (2) Los obreros de Estados Unidos son mejores trabajadores que los obreros de Japón
    (3) En el período posterior a la segunda guerra mundial, los japoneses copiaron mucho de la cultura estadounidense
    (4) La tecnología japonesa en la década de 1970 era mucho más avanzada que en la década de 1940
    (5) El coste de la vida en Japón ha estado subiendo desde la segunda guerra mundial

17. ¿Qué declaración sería la más *difícil* de probar?

(1) Las ideas populares de los partidos políticos más pequeños tienden a ser copiadas por los dos partidos políticos principales

(2) Los Artículos de la Confederación dieron mayor autoridad al gobierno estatal que al gobierno federal

(3) La Acta Antimonopolista de Sherman se empleó para reducir la eficacia de los sindicatos

(4) La segunda guerra mundial fue necesaria para terminar la Gran Depresión

(5) En el siglo XX se extendió el derecho de voto

18. ¿Qué información sobre el país X sería más útil para un jefe de gobierno que está estableciendo una política exterior hacia el país X?

(1) un análisis de los recursos y objetivos nacionales del país X

(2) una lista que contiene las principales declaraciones públicas hechas por los líderes del país X relacionadas con las políticas exteriores de su nación

(3) un análisis hecho por líderes religiosos de las principales religiones y creencias entre la gente del país X

(4) un reportaje de periódico que resume los tratados y convenios internacionales del país X

(5) el conocimiento del partido político al cual pertenecen los líderes del país X

19. ¿Qué declaración expresa una opinión y no un hecho?

(1) Estados Unidos no se hizo miembro de la Liga de las Naciones

(2) En una época la economía de Estados Unidos estaba basada en el patrón de oro

(3) En Yalta, el presidente Franklin D. Roosevelt hizo concesiones innecesarias a los rusos

(4) La Disputa de Oregon quedó resuelta al extenderse el paralelo 49 al océano Pacífico

(5) Estados Unidos es miembro de la OTAN

20. "El privilegio de hacer negocios de cualquier modo que uno desee no está garantizado por la Constitución. El derecho de realizar ciertos negocios puede estar subordinado a varias condiciones. Se ha establecido la validez de las leyes que regulan el comercio. No vemos justificación alguna para derogar la ley estatal bajo consideración".

¿Qué concepto probablemente sería RECHAZADO por el autor de este pasaje?

(1) laissez-faire
(2) seguridad social (*welfare*)
(3) competencia
(4) afán de lucro
(5) legislación antimonopolista

Clave de las Respuestas

1. **1**	5. **4**	9. **4**	12. **4**	15. **2**	18. **1**
2. **3**	6. **2**	10. **1**	13. **4**	16. **2**	19. **3**
3. **1**	7. **4**	11. **4**	14. **4**	17. **4**	20. **1**
4. **2**	8. **2**				

¿CUÁL ES SU PUNTUACIÓN?	
_____correctas	_____incorrectas
Excelente	19-20
Bien	15-18
Regular	13-14

Si su puntuación fue baja, el análisis de las respuestas correctas que sigue le ayudará. Analice sus errores. Relea las secciones apropiadas de este capítulo. Los exámenes de práctica al final de este libro contienen más preguntas de este tipo: aprovéchelos para practicar.

Análisis de las respuestas

1. 1 Los emigrantes han sido atraídos por la oportunidad de cultivar tierra barata y fértil, o de obtener trabajos en fábricas, minas o medios de transporte. Los emigrantes pierden el deseo de emigrar cuando hay guerras (debido al peligro) y durante las depresiones económicas (por falta de trabajos disponibles).

2. 3 La reexaminación judicial es el poder de la Corte Suprema de determinar la constitucionalidad de las leyes del congreso y de los estados, y de los actos de los ejecutivos gubernamentales. En el pasaje, la decisión es resultado del interés de la Corte Suprema en escuchar el caso de una ley proveniente de una corte menor y en el que dicha ley estaba relacionada con un tema constitucional.

3. 1 El impuesto sobre la renta graduado aumenta la *tasa tributaria*, es decir, de la cantidad de impuestos por pagar, a medida que aumenta el ingreso. Por ejemplo, una familia de cuatro personas que recibe $75,000 al año paga al gobierno federal según un índice de tributación que es más alto que el índice correspondiente a una familia que recibe $50,000.

4. 2 Desde 1870, aproximadamente, el desarrollo de la industrialización europea hizo crecer la demanda de cobre, maderas preciosas, diamantes, oro y (más tarde) uranio provenientes de colonias africanas e hizo aumentar las plantaciones de caucho y cocoa en manos de empresas estadounidenses y europeas en esos países. En Asia, colonias como Malaya e Indonesia abastecieron a los países occidentales de caucho, estaño y petróleo.

5. 4 Los controles sociales se componen de dos partes. Primero existen leyes contra lo que la sociedad define como actos criminales, tal como la destrucción dolosa de propiedad o la venta de drogas. La policía y las cortes refuerzan estas leyes. Luego existen controles informales, ejercidos por la sociedad sobre sus miembros, muchos de los cuales se basan en el deseo humano de contar con la aprobación de sus semejantes. Un ejemplo de control informal son las modas que surgen entre la juventud con cada nueva generación. En general, la opinión pública es un factor muy importante en el control social. Los líderes políticos saben que no pueden alejarse muy lejos de la opinión pública sin arriesgar la pérdida de control, por ejemplo, si desean imponer un impuesto estatal a la compra y venta de artículos cuando no existe impuesto alguno.

6. 2 Un objetivo gubernamental importante es el de reducir los extremos del ciclo comercial y evitar así su "expansión y explosión". Durante el período de expansión económica y prosperidad indicado en la pregunta, un aumento del impuesto sobre la renta reduciría la cantidad de dinero que poseen los ciudadanos y disminuiría el índice de la inflación que amenaza con acortar el período de expansión. Otra razón para aumentar el impuesto sobre la renta en estas condiciones es la de crear un excedente presupuestario que ayudará a pagar parte de la deuda nacional.

7. 4 Los comerciantes e ingenieros extranjeros están interesados tanto en las técnicas de producción en gran escala como en los programas de investigación y desarrollo que sólo empresas grandes como Xerox, Intel, IBM y DuPont pueden permitirse. La investigación realizada por tales compañías genera patentes que su vez conducen a monopolios vinculados con técnicas o productos, por ejemplo, la xerografía y las fibras de nilón, que a su vez llaman la atención de los departamentos antimonopolistas del Departamento de Justicia.

8. 2 El Tratado de Versailles contribuyó a la creación de la Liga de las Naciones, pero la opinión expresada en la cita prevaleció: Estados Unidos nunca se hizo miembro de la Liga de las Naciones.

9. 4 Esta declaración de Thomas Jefferson respalda enérgicamente la educación obligatoria. Para ponerla en práctica, Jefferson proyectó un sistema de educación pública que abarcaba desde la educación primaria y secundaria hasta la universidad.

10. 1 El progreso hacia una mejor posición dentro de la sociedad se refiere a la capacidad potencial que cualquier persona en Estados Unidos tiene de mejorar su estado socioeconómico. Teniendo talento, planificando cuidadosamente ("prudencia") y trabajando duro ("esfuerzo personal"), uno puede avanzar en la sociedad estadounidense.

11. **4** El problema central de *todos* los sistemas económicos es el mejor modo de usar recursos que son limitados para satisfacer necesidades y deseos humanos que son ilimitados.

12. **4** Una *interpretación estricta* permitiría al gobierno federal usar sólo los poderes delegados específicamente en la Constitución, restringiendo el uso de la cláusula elástica. Una *interpretación amplia* favorecería una mayor flexibilidad en la interpretación de la cláusula elástica y, como consecuencia, proveería más poder al gobierno federal.

13. **4** El poder legislativo está en manos del congreso, pero el presidente debe firmar los proyectos de ley presentados por el congreso antes de que éstos se conviertan en leyes. El veto presidencial es un freno del poder ejecutivo al poder legislativo. Sin embargo, el congreso puede anular un veto presidencial si obtiene dos tercios de las votaciones en ambas cámaras, en cuyo caso (y como en el caso que estamos viendo) el poder legislativo frena al poder ejecutivo.

14. **4** Según la Constitución, se necesita una mayoría de votos en el senado para confirmar a un candidato al cargo de embajador. En este caso, el poder legislativo está frenando al poder ejecutivo.

15. **2** La Constitución confiere al presidente (poder ejecutivo) el poder de nombrar jueces para la Corte Suprema con el consejo y consentimiento del senado. El poder ejecutivo tiene en este caso más fuerza que el poder legislativo, ya que la Corte Suprema no puede elegir sus propios jueces.

16. **2** La palabra *mejores* implica muchos factores y sería difícil llegar a un acuerdo sobre qué es lo que debiera medirse, antes de empezar a pensar *cómo* medirlo.

17. **4** Con la excepción de la opción 4, todas las respuestas pueden substanciarse

mediante evidencia objetiva como, por ejemplo, las muchas ideas promulgadas por partidos políticos más pequeños que han sido adoptadas por el Partido Republicano y el Partido Demócrata, una lista de las restricciones que la Constitución impone a los poderes del gobierno nacional, ejemplos del uso de la Acta de Sherman contra los sindicatos y el hecho de que en el siglo XX las mujeres y las personas de 18 años de edad obtuvieron el derecho de voto. Todo lo que se acaba de mencionar son hechos que prácticamente todos aceptan. Pero no es así con la controversial declaración que conecta la Gran Depresión y la segunda guerra mundial.

18. **1** Una nación debiera conocer los recursos y propósitos de otra para tener relaciones inteligentes con ella. Un análisis de los recursos y propósitos siempre tendría gran valor.

19. **3** Podemos definir *hecho* como un declaración que puede probarse o verificarse y con la cual la mayoría de la gente está de acuerdo. Una *opinión* es una conclusión personal que puede basarse en información correcta, en prejuicios y suposiciones, y en meras esperanzas. Una opinión no puede verificarse y, tratándose de opiniones, la gente tiende a estar en desacuerdo. Por ejemplo, ¿qué equipo ganará la Serie Mundial el próximo año? ¿Quién es el músico más célebre del siglo pasado? ¿Fue sabia o tonta una decisión tomada por el presidente el año pasado?

20. **1** El párrafo aplaude las leyes estatales que regulan el comercio de acuerdo con el interés público. Laissez-faire es una política económica que respalda la mínima o ninguna interferencia del gobierno en el comercio, de modo que el autor de este pasaje con seguridad rechazaría tal política.

ESQUEMA DE TEMAS DE ESTUDIOS PARA LA PRUEBA DE ESTUDIOS SOCIALES

Aunque en la prueba de Estudios Sociales no se le exige recordar hechos específicos, los pasajes de lectura se basan sobre materia enseñada en las escuelas superiores. Por lo tanto, mientras más sepa usted sobre estos temas, más fácil le será comprender los pasajes.

El esquema siguiente presenta temas que pueden aparecer en la prueba de Estudios Sociales. Utilice el esquema siguiente como una guía para su repaso.

ECONOMÍA

    I. El significado de la economía

   II. Cómo se comporta el comercio

      A. Cómo está organizado el comercio

      B. Los mercados económicos

      C. El capitalismo

      D. La oferta y la demanda

      E. Cómo se determinan los precios

      F. La competencia y los monopolios

  III. La producción

      A. El papel de la producción

      B. Las decisiones de qué producir y distribuir y cómo hacerlo

      C. La producción de bienes y servicios

      D. Usos y beneficios de los factores de producción

  IV. El individuo como consumidor

      A. Problemas y responsabilidades del consumidor

          1. El estándar de vida estadounidense: salarios, condiciones de trabajo, alimentos, habitación, vestimenta, cuidado de la salud, educación y actividades recreativas

          2. Factores que influyen sobre los precios y la calidad de los bienes: oferta y demanda (Nota: ilustraciones sencillas, p.ej., nevazón en regiones de productos cítricos, sequías, huelgas)

          3. Las organizaciones comerciales y su efecto sobre el consumidor, tiendas independientes, cadenas de tiendas, cooperativas

          4. Servicios gubernamentales y privados de información al consumidor

          5. Protección al consumidor

             a. Asociaciones de crédito: origen y funciones

             b. Legislación proteccionista: Agencia de Patrones (*Bureau of Standards*), control de precios, Administración de Drogas y Alimentos, determinación de grados y clases

          6. La compra a plazos: ventajas y desventajas

          7. La promoción comercial: valores, limitaciones gubernamentales

          8. La inflación, la deflación: efectos sobre el consumidor

      B. Responsabilidades de los consumidores

          1. Ahorros y presupuestos

          2. Cómo economizar en las compras y optimizar el uso del capital disponible

   V. El individuo como trabajador

A. La elección de un oficio
   1. Tendencias ocupacionales
   2. Calificaciones y preparación
   3. Oportunidades de trabajo
   4. Servicios de empleo municipales, estatales, nacionales y privados
B. Derechos y responsabilidades del trabajador
   1. Negociaciones individuales y colectivas
   2. Producción eficiente, conservación prudente, consumo inteligente
C. Problemas del capital y del trabajo
   1. La lucha de la fuerza laboral por la libertad económica
      a. Oposición a los defectos del industrialismo y a los monopolios
      b. El desarrollo del sindicalismo
   2. Los derechos y las responsabilidades de obreros y empresarios
   3. Tendencias recientes hacia la cooperación entre obreros y empresarios
   4. Los problemas de la creciente centralización: grandes corporaciones, grandes sindicatos, controles gubernamentales, y servicios
D. La mano de obra y la economía
   1. El mercado del trabajo—trabajadores sindicalizados y sin sindicato
   2. La distribución de los ingresos—utilidades y salarios
   3. Negociaciones colectivas, huelgas y la vigilancia por piquetes
   4. La productividad
E. Los empleados gubernamentales
   1. Tipos de servicio
   2. Medios para asegurar el cargo: el sistema de méritos, la historia de la administración pública
   3. El estado económico y problemas asociados
VI. La economía y las instituciones financieras
   A. El dinero y la política monetaria
   B. La banca y los intereses bancarios
   C. Instituciones financieras aparte de los bancos
VII. El papel del gobierno en la economía
   A. Los impuestos y otros tipos de ingreso
   B. Los gastos gubernamentales
VIII. Cómo es el comportamiento general de la economía
   A. Mediciones económicas
   B. Cómo se desarrolla la economía
   C. Problemas del desarrollo
   D. Las fluctuaciones económicas—los ciclos comerciales
   E. La inflación y la deflación
   F. Las políticas para estabilizar la economía
   G. La creación de política económica moderna
IX. Estados Unidos y la economía mundial
   A. El comercio internacional
   B. El cambio exterior y la balanza de pagos
X. Otros sistemas económicos

  A. Comparación de economías

  B. El comunismo y el socialismo

  C. Las economías de los países en desarrollo

 XI. Problemas contemporáneos de la sociedad estadounidense

  A. Problemas económicos sociales—pobreza en medio de abundancia

  B. La seguridad económica

  C. Problemas económicos de la agricultura

  D. Los problemas de la urbanización

 XII. Los creadores de las teorías económicas (Adam Smith, John Maynard Keynes, John Stuart Mill, Karl Marx, Thomas Malthus y demás)

HISTORIA DE ESTADOS UNIDOS

I. Los comienzos del país

  A. Antecedentes europeos

  B. Las nuevas tierras

   1. Los exploradores: sus motivos y logros, el aprovechamiento de la geografía para penetrar al continente

   2. Los factores geográficos y sus efectos sobre la vida en las nuevas tierras

   3. Los líderes: españoles, portugueses, holandeses, franceses, ingleses

  C. La colonización y el crecimiento de los poblados

   1. Razones para abandonar Europa

   2. La diversidad de origen cultural, el efecto de la cultura sobre los modos de vida en el Nuevo Mundo

   3. Los efectos de las influencias económicas y geográficas sobre el desarrollo agrícola, el desarrollo del comercio y de la industria, el transporte y las comunicaciones, la vida cultural y social

   4. El crecimiento de los ideales de la libertad de religión: los puritanos, Roger Williams, los cuáqueros y William Penn, Baltimore, Maryland

   5. Ejemplos característicos del autogobierno: Virginia, Massachusetts, Nueva York, Pennsylvania, Rhode Island

   6. Ideales y sistemas en conflicto: aspectos políticos, industriales, sociales y económicos

  D. La Guerra de Franceses e Indios, 1754–1763: causas, efecto, significado

  E. La democracia en tiempos coloniales

   1. Influencias europeas

   2. La contribución de los inmigrantes en la formación del ideal estadounidense

   3. La influencia de los factores geográficos

   4. Los líderes de los primeros ideales democráticos: Patrick Henry, James Otis, Samuel Adams, John Adams, Benjamin Franklin

   5. El caso Zenger y la libertad de prensa

  F. El establecimiento de la nueva nación: desarrollo de la democracia

   1. La Revolución Norteamericana: causas, líderes, sucesos, resultados

   2. La Declaración de Independencia: Thomas Jefferson

3. Los Artículos de la Confederación, 1781–1789: sus debilidades

4. La Constitución

   a. La Convención Constitucional: los compromisos más importantes, la lucha por la adopción

   b. Contribuciones: James Madison, George Washington, Alexander Hamilton

   c. Adopción: provisión para la enmienda

   d. Estudio de la Constitución: la naturaleza federal de nuestro gobierno, la división de poderes entre el gobierno federal y los estados, la separación de poderes en ejecutivo, legislativo y judicial

   e. La Declaración de Derechos

II. La expansión de Estados Unidos

  A. Los límites originales de los trece estados y los territorios

  B. La Ordenanza del Noroeste, 1787: fundación de nuestra política colonial y de nuestro expansionismo, sus efectos sobre la historia siguiente

  C. El crecimiento continental de Estados Unidos de América (Compra de Louisiana, Compra de Florida, anexión de Texas, adquisición del Territorio de Oregon, Cesión Mexicana)

  D. La frontera

    1. Significado: descripción de la vida fronteriza, influencias geográficas

    2. La influencia de la frontera sobre la vida estadounidense

    3. Líderes: Daniel Boone, Brigham Young, Kit Carson

  E. Adquisición de territorio más allá de Estados Unidos continental (Alaska, islas del Pacífico, Hawaii, Guam, las Filipinas, el área del Caribe, Puerto Rico, zona del Canal de Panamá, Islas Vírgenes): cómo fue adquirido y situación presente

III. Desarrollo del modo de vida democrático

  A. Raíces de la democracia norteamericana en los períodos coloniales y siguientes

    1. Fuentes europeas, la experiencia colonial, la influencia europea sobre la creación de la Constitución, Declaración de Derechos

    2. Problemas que confrontaron a la nueva nación: organización del gobierno federal, interpretación de la Constitución

    3. Los federalistas contra los antifederalistas; comienzo de los partidos políticos

    4. Líderes: Washington, Hamilton, John Adams, Jefferson, Madison

  B. La Democracia Jeffersoniana (ideas de Jefferson sobre la democracia, influencias agrícolas versus comerciales, la guerra de 1812, efectos sobre la vida estadounidense, la Era del Bienestar de 1816–1823)

  C. La Democracia Jacksoniana (significado, evidencias en las vidas social, política y económica, extensión del derecho a voto, reformas humanitarias—cuidado de los enfermos, criminales y necesitados, época inicial del movimiento cooperativo)

IV. Unidad nacional versus regionalismo

  A. Factores que estimularon el nacionalismo (Doctrina de Monroe, decisiones de la Corte Suprema, desarrollo de una cultura norteamericana)

B. Factores que estimularon el regionalismo (diferencias en los modos de ganarse la vida, industrialismo en el norte, sistema de plantaciones en el sur, adquisición y colonización de nuevo territorio)

C. Temas principales del regionalismo (la Tarifa, el Banco, mejoramientos internos, admisión de nuevos estados, esclavitud)

D. La esclavitud (origen, influencia de factores geográficos sobre la esclavitud como institución, efecto de las invenciones [desmotadora de algodón de Eli Whitney], el Compromiso de Missouri, los abolicionistas—Garrison y Stowe, creciente tensión entre el norte y el sur)

E. La Guerra Civil (elección de Abraham Lincoln en 1860, rasgos principales de la guerra, líderes y acontecimientos, la Proclamación de la Emancipación, resultados de la guerra)

F. El período de la Reconstrucción

   1. Problemas: aprietos de los esclavos liberados, readmisión de los estados separados, reconstrucción del sur, contribución al sur de los estados reconstruidos, impuestos elevados y corrupción, explotadores y republicanos sureños (*carpetbaggers* y *scalawags*), el Ku Klux Klan

   2. Significado de las enmiendas constitucionales: XIII, XIV, XV

   3. Los efectos de la Reconstrucción

V. La era industrial

A. La situación geográfica

   1. Las regiones fisiográficas de Estados Unidos: planicie costera del Atlántico, las tierras altas de Appalachia, la gran planicie central, las tierras altas cordilleranas

   2. Estudio geográfico de cada región: diferencias en ubicación, clima, topografía y recursos naturales, utilización y control del entorno, efectos sobre la vida de la gente, tipos de industrias y productos, interdependencia de las poblaciones de distintas regiones

   3. Razones geográficas para la ubicación y el crecimiento de las grandes ciudades: Nueva York, Filadelfia, Boston, Chicago, Denver, Seattle, New Orleans, San Francisco, Detroit, Pittsburgh

B. La Revolución Industrial

   1. Significado

   2. Causas: inventos, abundancia de materia prima, abundancia de mano de obra, disponibilidad de mercados, capital

   3. Inventos

      a. Europeos: maquinaria textil, máquina de vapor

      b. Estadounidenses: desmotadora de algodón, vapor fluvial, máquina de coser, telégrafo, maquinaria agrícola, nuevos procesos de fabricación de acero, inventos más recientes

   4. Efectos sobre la vida social, industrial y política

   5. Significado para nuestras vidas en la actualidad

C. El desarrollo de nuestra economía comercial

   1. Las riquezas de Norteamérica: abundancia de recursos naturales, población enérgica e inventiva

   2. El comercio nacional e internacional

      a. Fundamentos del comercio: necesidades de la gente, variaciones del clima, distribución desigual de recursos naturales

      b. Exportaciones, importaciones y tarifas

3. El desarrollo industrial (base geográfica)

   a. Agricultura: principales regiones agrícolas de Estados Unidos, las vidas y los problemas de los campesinos, productos más importantes

   b. Transporte y comunicaciones: su significado en nuestro desarrollo industrial

   c. Comercio

   d. Minería: carbón, hierro, petróleo, cobre

   e. Industrias manufactureras: acero, petróleo, textiles, automóviles, maquinaria, industrias del cine, radio y televisión

   f. El sistema fabril: sus efectos sobre los obreros, métodos de trabajo, migraciones de la población

   g. El crecimiento de las ciudades

D. Tendencias recientes

   1. Desarrollos regionales: Autoridad del Valle de Tennessee, represas de Boulder, Grand Coulee, Bonneville, valle de Missouri

   2. La conservación: necesidad de conservar, labor de Theodore Roosevelt, Franklin Roosevelt, Gifford Pinchot, Rachel Carson y otros

   3. Legislación social: Acto de la Seguridad Social, cuidado de los ancianos, dependientes y desempleados

   4. Aumento del control gubernamental

   5. Contactos contemporáneos de la familia con los gobiernos federal y estatal: impuestos, servicio militar, educación

VI. Nuestra herencia norteamericana

A. Nuestras instituciones e ideales democráticos

   1. División del poder entre el gobierno central y los estados

   2. Declaración de Derechos y de Libertades Civiles, las Cuatro Libertades

   3. El crecimiento del movimiento por los derechos femeninos: líderes

   4. Extensión de la democracia a la vida social y económica, sistema educacional libre y basado en la recaudación de impuestos, acción legislativa contra la discriminación en el trabajo

B. El desarrollo de una cultura estadounidense

   1. Influencia de la literatura norteamericana

   2. Influencia de la ciencia

   3. Desarrollo del arte, la arquitectura y la música

C. La educación para la democracia

   1. Los órganos de información y opinión: escuelas y universidades, periódicos, revistas, radio, películas, grupos de presión

   2. La propaganda: su significado y cómo reconocerla

D. Nuestra gente

   1. La historia de la inmigración: la americanización del inmigrante

   2. La contribución de los inmigrantes a nuestra cultura

   3. Los problemas de los grupos de distinta raza o religión o distinto origen nacional

   4. Comprensión y apreciación intercultural

E. La democracia comparada con el totalitarismo

VII. El crecimiento de Estados Unidos como poder mundial
   A. Nuestra política exterior
      1. El Discurso de Despedida de Washington—aislamiento y neutralidad
      2. La "alianza sin enredos" de Jefferson
      3. La Doctrina Monroe: origen, estipulaciones, importancia
      4. La expansión al oeste: las compras de Louisiana y Florida, la guerra con México, el Tratado de Oregon
      5. La expansión internacional: la guerra entre España y Estados Unidos
      6. Las relaciones de Estados Unidos con el Lejano Oriente y Japón: la apertura de Japón, la Política de Puerta Abierta en 1899
      7. Las relaciones de Estados Unidos con América Latina: la vida y cultura de los pueblos hispanos, líderes de los principales países latinoamericanos, el panamericanismo, la Política del Buen Vecino, las relaciones actuales
      8. El canal de Panamá: adquisición, construcción, importancia
   B. Estados Unidos y la primera guerra mundial
      1. Origen y causas de la primera guerra mundial
      2. La participación de Estados Unidos en la guerra
      3. Problemas del período de postguerra
      4. La Liga de las Naciones, Woodrow Wilson
   C. Estados Unidos y la segunda guerra mundial
      1. Origen y causas de la segunda guerra mundial
      2. Razones para la participación de Estados Unidos
      3. Consecuencias de la segunda guerra mundial
   D. El período posterior a la segunda guerra mundial
      1. El nacimiento de nuevas naciones
      2. La guerra fría
      3. La Doctrina Truman
      4. El Plan Marshall
      5. Organizaciones regionales: OAS, OTAN, CENTO, OAU, Benelux, UE, el Plan Colombo, GATT
      6. La guerra de Corea
      7. El movimiento por derechos civiles y el movimiento feminista
      8. La proliferación de armas nucleares y los esfuerzos por contenerla
      9. La exploración del espacio
      10. La guerra de Vietnam
      11. El tercer mundo
      12. La guerra antiterrorista
VIII. Estados Unidos como miembro de las Naciones Unidas
   A. Los antecedentes históricos de los movimientos pacifistas
   B. Los acontecimientos que condujeron a la formación de las Naciones Unidas
   C. Organización
   D. Problemas actuales más importantes
   E. El papel de Estados Unidos en los asuntos mundiales

GEOGRAFÍA

I. El individuo y sus relaciones con el mundo físico

A. La tierra como morada del hombre

1. El globo terráqueo: características principales, tamaño, forma, relación con otros cuerpos celestes, revolución y rotación, inclinación de los ejes, el ecuador y la medición de la latitud, el meridiano principal y la medición de la longitud, tamaños y ubicación de las masas terrestres y áreas acuáticas, la atmósfera y sus efectos sobre los seres vivientes

2. Representaciones de la tierra

a. Mapas, globos

b. Tipos y usos de proyecciones de mapas, relación del mapa con el globo terráqueo

3. Los climas

a. Nociones climáticas básicas: latitud, altitud, topografía, distancia desde el mar, vientos principales, corrientes oceánicas (estudio de las principales regiones climáticas del mundo: selva tropical, sabana tropical, desierto tropical, clima marítimo, clima continental húmedo, estepa continental, desierto continental, clima subtropical mediterráneo, subtropical húmedo, taigá, tundra, casquete polar)

b. Efectos sobre la vida humana: sobre la energía y el temperamento, sobre los recursos naturales, sobre los oficios y las industrias, sobre los movimientos de la población

4. Topografía

a. Características topográficas principales de la tierra: llanuras, mesetas, montañas, valles, continentes, océanos, lagos, mares, ríos

b. Relación con la vida humana: transporte y comunicaciones, movimientos de la población

5. Recursos naturales: su utilización, conservación y efectos sobre la vida humana

6. La gente: causas y efectos de la distribución y de los movimientos de la población, tendencias actuales

7. La era aérea: relación entre la forma de la tierra y los efectos desarrolladores de la era aérea sobre los seres humanos

II. El individuo y su relación con las vidas y culturas de otras tierras

A. América Latina, nuestro vecino sureño

1. Razones para nuestro interés

2. Influencias geográficas: ubicaciones y áreas en comparación con Estados Unidos, latitudes y climas, topografía (montañas—Andes, volcanes, mesetas—tierras altas brasileñas, altiplano, llanuras—pampas, ríos—Amazonas, Orinoco)

3. Países y regiones naturales

4. La población

a. Comparación y distribución de la población—grandes diferencias regionales, efectos de la diversidad racial, grupos económicos y sociales, su educación y cultura, papel de la iglesia—tendencias al crecimiento, contribuciones a la cultura mundial—alimentos y vocabulario

b. Utilización de recursos para el desarrollo de la industria, modos de vida en regiones agrícolas, de apacentamiento, mineras e industriales, países de un producto agrícola principal, grandes terratenientes, abastecimiento de alimentos inadecuado, centros urbanos

5. Problemas de transporte y comunicaciones (topografía deficiente, falta de caminos y ferrocarriles)

6. Relaciones comerciales: productos característicos, importaciones, exportaciones (sólo materia prima), mercados mundiales, puertos importantes

7. El significado de la región en la comunidad mundial

B. Canadá—nuestro vecino norteño

1. Razones para nuestro interés, lazos entre ambos países

2. Provincias y regiones naturales

3. Influencias geográficas: ubicación y área en comparación con Estados Unidos, latitudes y climas, topografía, recursos naturales, efectos sobre la vida de la población

4. La población: tamaño y distribución de la población, causas y efectos de dos culturas nacionales, utilización de recursos terrestres y acuáticos para el desarrollo de industrias, modos de vida en las distintas regiones, interdependencia de las regiones, tendencias de industrialización modernas, movimientos de la población, centros urbanos

5. Dificultades en el transporte y las comunicaciones, efectos de la era aérea

6. El comercio: productos característicos, importaciones, exportaciones (trigo, automóviles, productos forestales, pescado, pieles, minerales), relaciones comerciales con Estados Unidos, Reino Unido y otros países, puertos principales

7. Canadá en la Comunidad Británica y en la comunidad mundial

C. Europa occidental y del norte

1. Razones para nuestro interés

2. Regiones y países (23 naciones en el noroeste europeo, Europa del sur, Europa central y Escandinavia)

3. Influencias geográficas: ubicaciones estratégicas y áreas en comparación con Estados Unidos, factores climáticos, mares, océanos, ríos y lagos, naturaleza de sus costas, variedad y ubicación de sus recursos, efectos sobre la vida de la población

4. La gente: 300 millones, composición, distribución (urbanización), bajo índice de nacimientos, diversidad de profesiones y oficios, comunidad multilingüe—60 idiomas, problemas con minorías étnicas, similitudes y contrastes en educación y cultura, vida y trabajo en distintas regiones, máximo uso de recursos y entorno (mar y tierra) para desarrollo de industria y agricultura, ubicaciones de zonas agrícolas y centros industriales, contribuciones de los diversos grupos nacionales a la cultura mundial, centros culturales

5. El comercio: productos característicos, agricultura, superávit alimentario, principales productos industriales, importaciones, exportaciones, centros comerciales, papel de la Unión Europea, papel de la Asociación Europea de Libre Comercio (EFTA), mercados mundiales, puertos principales

6. Transporte y comunicaciones, efectos de la era aérea

7. Problemas actuales: políticas coloniales, problemas regionales, relaciones estadounidenses con países europeos, barreras al comercio, problemas de postguerra

8. Significado de la región en la comunidad mundial

D. La región mediterránea y el Cercano Oriente, incluyendo el suroeste asiático

1. Razones para nuestro interés
2. Países y regiones naturales
3. Puntos estratégicos: canal de Suez, Dardanelos, Bósforo, Gibraltar
4. El clima mediterráneo (áreas desérticas con escasa precipitación), topografía—grandes cadenas montañosas (Alpes), ríos principales, llanuras de Europa del norte, recursos naturales—dos tercios de las reservas mundiales de petróleo, efectos sobre la vida de la población
5. La población: 400 millones, distribución de la población (poca densidad), gran diversidad cultural, métodos de utilización de recursos para limitado desarrollo agrícola e industrial, modos de vida en las distintas regiones, tendencias y movimientos de la población, centros urbanos
6. Transportes y comunicaciones
7. El comercio: productos característicos, importaciones, exportaciones (petróleo), importancia de la vía comercial por el canal de Suez, puertos y centros comerciales, mercados mundiales

E. Europa oriental

1. Razones para nuestro interés
2. Países y regiones naturales: Belarus, Bulgaria, República Checa, Hungría, Moldova, Polonia, Rumania, Rusia, Eslovaquia y Ucrania.
3. Influencias geográficas, ubicaciones y áreas en comparación con Estados Unidos, diversidad de climas, topografía—montañas (Cárpatos, Urales), ríos (Volga), recursos naturales—carbón, efectos sobre la vida de la población
4. La población: tamaño y distribución de la población, diversidad de nacionalidades y culturas, utilización de recursos, modos de vida en áreas agrícolas (Ucrania), forestales y mineras, industria en la República Checa y en los crecientes centros fabriles, efectos de las políticas agrícolas gubernamentales, programas de expansión
5. El comercio: comercio con el exterior limitado, énfasis en comercio interno, efectos de inexistencia de buenos puertos, productos característicos—carbón, petróleo, agricultura, importaciones y exportaciones
6. Significado de la región en la comunidad mundial

F. El Lejano Oriente

1. Razones para nuestro interés
2. Países y regiones naturales—China, Japón, India, sudeste asiático, sur de Asia, Corea del Sur y Corea del Norte, Taiwán, Filipinas, Indonesia
3. Influencias geográficas, ubicaciones y áreas (un tercio de la superficie terrestre) en comparación con Estados Unidos, tipos de climas, tundra, taigá, tierras de pastoreo en las estepas, monzones (sudeste asiático), selvas tropicales (Indonesia), clima subtropical húmedo (sur de China), clima continental húmedo (norte de China), desierto (Gobi), topografía—montañas (Himalayas), planicies (Mongolia), desiertos (Gobi), volcanes activos, ríos (Yangtzé, Amarillo, Indo, Ganges, Mekong),

recursos naturales—carbón, petróleo, mineral de hierro, tungsteno, efectos sobre las vidas de la población

4. La población: 60% de la población del mundo, distribución desigual (un tercio en centros urbanos), clases sociales (India), diversidad racial y cultural, mongoloides, caucasoides y negroides, elevado índice de natalidad

5. Modos de vida: condiciones climáticas adversas, utilización de recursos naturales, tipos y métodos de agricultura—necesidad de cultivos intensivos y frecuente cultivo de subsistencia, industrias nacionales, factores que limitan la expansión industrial, tendencias hacia la industrialización

6. Problemas de transporte y comunicaciones en gran parte de la región, obstáculos topográficos

7. Comercio: productos característicos (dos tercios agrícolas— trigo, arroz, especias), importaciones, exportaciones (té, seda), mercados mundiales abastecidos principalmente por vía aérea

G. Australia y Nueva Zelanda

1. Razones para nuestro interés

2. Regiones naturales: planicie occidental, Corazón Rojo, arrecifes de la Gran Barrera

3. Influencias geográficas: lejanía, área comparativa—3 millones de millas cuadradas, clima moderado, reducida densidad de población, recursos naturales (mineral de hierro, oro)

4. Población: 17 millones, incluyendo 200,000 aborígenes. Población concentrada en ciudades costeras, efectos del aislamiento geográfico sobre la vida y la cultura, modos de vida en las distintas regiones (ciudades, llanura desértica [*outback*]), elevado nivel de industrialización, regiones agrícolas, centros urbanos, efectos de gobierno progresista

5. Transporte y comunicaciones: importancia de la vía aérea para viajes nacionales debido a las grandes distancias

6. El comercio: 25% de la lana mundial (crianza de ovejas en Nueva Zelanda,) carnes (vacuno, ovejuno), trigo—importante producto de exportación, importaciones, centros comerciales, puertos, relaciones comerciales con Reino Unido y Estados Unidos

7. Problemas de inmigración y multiculturalismo

8. Lugar dentro de la Comunidad Británica y dentro de la comunidad mundial

H. África

1. Países y regiones naturales

2. Influencias geográficas: 10% de la superficie mundial y 5000 millas de norte a sur, 4600 millas de este a oeste. El segundo mayor continente, diversidad de climas—selva tropical, tierras de pastoreo, desierto (Sahara), Valle Hendido (*Rift Valley*), ríos (Nilo, Zambezi), efectos sobre las vidas de la población

3. La población: tamaño, distribución (70% negros), culturas nativas y europeas, efectos de la explotación por parte de potencias extranjeras, modos de vida en regiones mineras, de pastoreo y agrícolas, obstáculos que limitan el desarrollo de recursos, el caso especial de Sudáfrica

4. Problemas de transporte y comunicaciones: pocos ferrocarriles, falta de capital

       5. Comercio: exportaciones—productos agrícolas tropicales, minerales, importaciones—maquinaria, productos manufacturados, problema de costas suaves y desprovistas de bahías para puertos, falta de mano de obra especializada

       6. Potencial para el desarrollo futuro

  III. El comercio mundial

    A. Fundamentos del comercio mundial (necesidades de la gente, variaciones climáticas, distribución desigual de los recursos naturales)

    B. Importancia del comercio en nuestra vida económica, cultural y política

    C. El papel del hombre en el comercio mundial

       1. La fabricación de bienes: materia prima, capital, trabajo, transporte, las invenciones y el perfeccionamiento de procesos para mejor utilizar los recursos naturales y humanos

       2. La comercialización de bienes: transporte por tierra, agua y aire, influencia de las políticas gubernamentales sobre el flujo de bienes, efecto del comercio sobre la vida en sociedad

       3. Utilización de bienes y servicios, producción, consumo, ley de oferta y demanda, plusvalías y déficits, efectos de la prosperidad o la depresión en una región sobre otras regiones

       4. Importancia de las comunicaciones y sus efectos sobre el comercio, principales medios de comunicación, efectos del avión, la computadora y otras invenciones

    D. Relación entre el comercio mundial y la paz mundial

  IV. Hacia un mundo mejor

    A. El desarrollo de mayor entendimiento entre la gente, por qué es esencial el entendimiento, factores que estimulan el entendimiento, factores que estimulan la desunión y el conflicto, sugerencia de métodos para resolver tales problemas

    B. Implicaciones de la era atómica: su desarrollo en tiempos de paz, la energía atómica y la guerra, necesidad de supervisión internacional de la energía atómica

    C. La organización internacional: esfuerzos previos de unir a los habitantes del mundo, creación de las Naciones Unidas, desempeño de las Naciones Unidas, esperanzas futuras de unidad mundial

CIENCIAS POLÍTICAS

  I. La naturaleza de los sistemas políticos

    A. El gobierno y la sociedad—importancia y papel principal del gobierno

    B. Tipos de gobiernos modernos

    C. El significado de la democracia

  II. El sistema político estadounidense

    A. Fundamentos del gobierno estadounidense, sistemas políticos y económicos modernos, patrimonio

    B. La Declaración de Independencia y la Constitución de Estados Unidos

    C. El federalismo estadounidense

  III. El proceso político estadounidense

    A. El sistema de partidos políticos

B. El derecho de voto y el comportamiento de los votantes

C. Las nominaciones y las elecciones

D. La opinión pública y los grupos de presión (cabilderos—*lobbyists*)

IV. El poder ejecutivo nacional

A. El cargo y los poderes del presidente

B. Sus funciones

C. El vicepresidente

D. El gabinete presidencial

V. El poder legislativo nacional

A. La naturaleza, la estructura y los poderes del congreso

B. Sus funciones

C. Los papeles del congreso

VI. El poder jurídico nacional

A. El sistema estadounidense de justicia—importancia de la ley y del sistema legal

B. El sistema de la corte federal y el papel de la Corte Suprema

C. El proceso judicial y la administración de la ley

D. Las libertades civiles y los derechos civiles

E. El objetivo de proveer justicia por igual

VII. Los gobiernos estatales

A. Naturaleza y funciones de los gobiernos estatales

B. Los poderes ejecutivo, legislativo y judicial de los estados

C. El financiamiento de los gobiernos estatales y locales

VIII. Los gobiernos locales

A. Su importancia

B. El gobierno de las comunidades—ciudades, pueblos, condados

C. Su financiamiento

IX. El gobierno y el bienestar general

A. Ingresos y gastos federales

B. El dinero y las políticas bancarias

C. Nuestro gobierno y nuestro comercio—capitalismo

D. La fuerza laboral y la Seguridad Social

E. La agricultura y la política de conservación

X. Estados Unidos en el mundo presente

A. La política exterior estadounidense

B. Estados Unidos y las organizaciones internacionales

C. La explosión de la población: revolución tecnológica, responsabilidades sociales—cuidado de la salud, educación, asistencia social, crimen y otros asuntos sociales

HISTORIA MUNDIAL

I. El comienzo de la civilización (c. 3000–1500 a.C.)

A. Mesopotamia

1. Sumeria

2. Babilonia

3. Asiria

4. Caldea

B. Egipto
1. Papel de los faraones
2. Religión
3. Ciencias

II. La diseminación de la civilización (c. 1500–500 a.C.)
A. Los hititas
1. El hierro
B. Los fenicios
1. Comercio
C. Los hebreos
1. Monoteísmo judío
2. El Viejo Testamento
3. Los Diez Mandamientos
D. Los lidios
1. Monedas
E. Los antiguos persas
1. Zoroastrismo

III. La civilización egea (c. 1200 a.C.)
A. Creta
B. Troya

IV. Grecia antigua (helénica)
A. La era homérica (1000 a.C.)
B. Los dioses griegos
C. Las ciudades-estado (900 a.C.)
1. Militarismo de Esparta
2. Democracia de Atenas
a. Pericles (461 a.C.), la "Edad de oro"
b. Arquitectura
c. Filosofía
D. Las guerras persas
E. Las guerras del Peloponeso
F. El período helenístico
1. Conquistas macedónicas
2. Alejandro el Grande (334 a.C.)

V. Roma antigua
A. Los etruscos
B. La república romana (509 a.C.)
1. Roma conquista Italia
2. Roma conquista el mundo
3. Los césares (49 a.C.)
C. Contribuciones romanas
1. La lengua latina
2. Religión
3. Ingeniería (caminos)
D. Decadencia y caída (300–476 d.C.)
1. Las invasiones de los bárbaros

VI. Asia
    A. India (563 a.C.)
       1. Buda
    B. El imperio chino (770–256 a.C.)
       1. Confucio
       2. El taoísmo

VII. La aparición del cristianismo (c. 30–529 d.C.)
    A. Jesucristo como Mesías
    B. El Nuevo Testamento
    C. Su expansión por Pedro y Pablo
    D. La creación del papado
    E. El monasticismo

VIII. La civilización bizantina
    A. Constantino (312 d.C.)
    B. Justiniano (527 d.C.)
    C. El imperio bizantino (610–1453 d.C.)

IX. El islam
    A. Mahoma (570 d.C.)
       1. Alá
       2. Meca
    B. Las conquistas musulmanas
    C. Contribuciones
       1. Matemáticas y ciencias
       2. Medicina

X. La sociedad medieval
    A. El feudalismo (800–1250)
       1. El feudo
          a. El señor feudal
          b. La organización feudal
       2. La caballería
    B. La iglesia
       1. Los papas
       2. La jerarquía
       3. El clero (monjes)
       4. La erradicación de la herejía
    C. Las cruzadas (1096)
       1. El comercio—los gremios
    D. Los gobiernos medievales
       1. Francia—Carlomagno
       2. Inglaterra—Alfredo el Grande, Guillermo el Conquistador
       3. La Carta Magna (1215)
    E. La cultura
       1. Las lenguas romances
       2. La arquitectura gótica

XI. China
    A. Gengis Kan (1162)
    B. Kublai Kan (1218)

XII. África
   A. El reino de Songay
XIII. El renacimiento (1350–1600)
   A. La imprenta (1450)
   B. El arte
      1. Pintura
         a. DaVinci, Miguel Ángel, Rembrandt
   C. La literatura
      1. Dante—*La divina comedia*
      2. Cervantes—*Don Quijote*
      3. Chaucer—*Cuentos de Canterbury*
      4. Shakespeare—*Obras de teatro*
   D. Las familias reinantes
      1. Los Medici
      2. Los Borgias
   E. Las ciudades
      1. Venecia
      2. Florencia
XIV. La reforma
   A. Martín Lutero (1519)
   B. El protestantismo
      1. Juan Calvino
   C. El anglicanismo
      1. Enrique VIII (1509)
      2. Elizabeth I (1558)
   D. La contrarreforma católica
      1. La inquisición
      2. Los jesuitas
   E. Las guerras religiosas
XV. La revolución científica (1500–1700)
   A. Astronomía—Copérnico
   B. Física—Galileo
   C. Matemáticas—Newton
XVI. La expansión europea
   A. Exploración
      1. Portugueses—El rey Enrique, Vasco da Gama
      2. Españoles—Colón, Magallanes
   B. Las Américas
      1. Mayas (900–1200)
      2. Aztecas (1360)
      3. Incas (1493)
      4. Conquistadores—Cortés, de Soto, La Salle, Pizarro
XVII. La monarquía absoluta
   A. España—Fernando e Isabel (1479)
   B. Francia—Luis XIV (1661)
   C. Prusia—Federico el Grande (1740)
   D. Rusia—Pedro el Grande (1682), Catalina la Grande (1762), la dinastía Romanov (1613–1917)
XVIII. La civilización occidental
   A. La revolución francesa (1789–1799)
   B. Napoleón (1799–1815)

C. La revolución industrial
  1. Ferrocarriles (1820)
  2. Acero (1856)
D. El surgimiento del nacionalismo
  1. Francia—Borbones
  2. Prusianos
  3. Hapsburgos
  4. El reino de Italia (1861)
  5. El imperio alemán—Bismarck (1871)
  6. Austria-Hungría (1867)
XIX. Europa (1914–1945)
A. La primera guerra mundial (1914–1918)
  1. La derrota de Alemania
B. El establecimiento del comunismo
  1. Lenin, Stalin
C. La instauración del nacismo
  1. Hitler
  2. El holocausto
D. El surgimiento del fascismo
  1. Mussolini
E. La segunda guerra mundial (1939–1945)
  1. La derrota de Alemania y Japón
  2. El uso de la bomba atómica
XX. De 1945 al presente
A. La guerra fría
  1. El Plan Marshall, el Muro de Berlín
B. La OTAN y el Pacto de Varsovia
C. La caída de la Unión Soviética
D. La República Popular China (1949), Mao
E. La guerra de Corea (1950–1953)
F. La guerra de Vietnam (1964–1973)
G. La revolución cubana
  1. Castro
H. El Oriente Medio
  1. El establecimiento de Israel (1948)
  2. La guerra del Golfo (1990–1991)
  3. La guerra antiterrorista (2001–presente)
I. Los logros espaciales
J. La comunidad europea

GLOSARIO DE TÉRMINOS SOBRE ESTUDIOS SOCIALES

Igual que en el campo de las ciencias, el vocabulario es de suma importancia en los estudios sociales. La lista de vocabulario que sigue consiste en palabras claves correspondientes a historia (ver abajo), ciencias políticas (página 348), economía (página 352) y geografía (página 355). Las definiciones se han simplificado y, debido a la simplificación, se han omitido algunos aspectos de las definiciones. Cuando es difícil relacionar una palabra en español con su versión en inglés, presentamos ambas palabras, con la palabra inglesa entre paréntesis. Si encuentra poco clara una definición, consulte un diccionario. En todo caso, asegúrese de consultar la sección "Aprender el vocabulario de estudios sociales y derivar significado del contexto" en el Capítulo 10 (página 265).

No olvide que el glosario define términos que probablemente serán usados en la prueba. Asegúrese de consultar el glosario cuando encuentre términos desconocidos en las preguntas del capítulo siguiente.

HISTORIA

ABOLICIONISTA persona que favorece la abolición de la esclavitud en Estados Unidos antes de la guerra civil

AGRESIÓN ataque de un país contra otro sin provocación alguna

AISLACIONISMO política de un país que se aisla de los países vecinos y que no desea participar en conflictos internacionales

ANEXIÓN adición de territorio a un país o estado ya existente

APACIGUAMIENTO política de ceder a las demandas de una potencia enemiga con el objeto de mantener la paz

APARCERO campesino que labra tierra que no le pertenece y que recibe parte de la cosecha como pago

APARTHEID política de segregación y discriminación racial contra negros y otros no europeos practicada por el gobierno de Sudáfrica hasta 1990

ARMISTICIO convenio de naciones en guerra de detener temporalmente la contienda antes de firmar un tratado de paz definitivo

ARIO término empleado incorrectamente por los nazis para referirse a una persona de descendencia alemana o del norte de Europa

AUTODETERMINACIÓN derecho de las personas de determinar independientemente su propia forma de gobierno

BLOQUEO acción tomada para impedir al enemigo comunicarse o comerciar con otros

BOICOT interrupción del trato con un país o una organización por razones políticas o económicas

BURGUESÍA la clase media

CARTA (CHARTER) en tiempos coloniales, un otorgamiento del soberano inglés a una persona o corporación de ciertos derechos o privilegios de colonización

COLONIA establecimiento de personas en un lugar distante que continúa bajo el control del país de donde provienen dichas personas

COMPROMISO convenio en el cual cada parte cede algo de lo que deseaba para sí

CONSERVACIÓN políticas y prácticas cuyos objetivos son la preservación de recursos naturales como los bosques y los animales salvajes

COUP D'ETAT súbito derrocamiento por la fuerza de un gobierno

CUOTA máximo de personas que pueden ser admitidas, ya sea a Estados Unidos o a una institución, como por ejemplo una universidad

DECRETO orden de un gobierno o de una iglesia

DESARME reducción del número de armas y soldados como resultado de convenios entre naciones

DISCRIMINACIÓN prejuicio en el trato de un grupo, en comparación al trato dado a otro(s), en lo que respecta a trabajos, habitación o admisión a escuelas

DOCTRINA principio o creencia o conjunto de principios o creencias

EDICTO proclamación o mandato oficial

EJE los tres países (Alemania, Japón e Italia) que lucharon contra los aliados (Rusia, Estados Unidos e Inglaterra) en la segunda guerra mundial

EMANCIPACIÓN liberación de un esclavo o de alguien en cautiverio

EMBARGO orden oficial que impide a los barcos comerciar con una nación al prohibirles entrar a sus puertos o salir de éstos

EMIGRACIÓN abandono de una persona o personas de su país de origen para establecerse en otro país

ESTEREOTIPO creencia establecida respecto a una persona, grupo o idea que es aceptada por un número de personas y que no permite el concepto de individualidad ni el raciocinio crítico

EVOLUCIÓN teoría según la cual las plantas y los animales se desarrollan a partir de formas más primitivas gracias a la transferencia, de una generación a otra, de variaciones que les ayudan a sobrevivir

FEMINISMO movimiento en favor de la igualdad de derechos de las mujeres respecto a los hombres en los campos de la economía, política y sociedad en general

FEUDALISMO organización política y económica de la sociedad europea medieval (siglos IX al XV)

FIDUCIARIO (*TRUSTEESHIP*) autoridad conferida por las Naciones Unidas a un país para que éste administre un territorio o región

GENOCIDIO asesinato sistemático de la totalidad de un grupo nacional, racial o cultural

GUERRA CIVIL la guerra entre los estados del norte y del sur de Estados Unidos (1861-1865)

GUERRA FRÍA conflicto diplomático y económico entre los países sin llegar a una guerra verdadera

HALCÓN persona que apoya una política exterior agresiva y bélica

HEREJÍA creencia religiosa que se opone a la doctrina establecida por la iglesia

IMPERIALISMO política de una nación por la cual se extiende su poder gracias al establecimiento de colonias y al control de territorios, materia prima y mercados mundiales

IMPERIO grupo de estados, colonias o territorios unidos bajo el gobierno de una potencia dominante

INMIGRACIÓN llegada de una persona o personas a un lugar distinto de su lugar de origen

INTEGRACIÓN incorporación de distintos grupos raciales o étnicos a una sociedad u organización dentro de la cual poseen la misma libertad e igualdad

LISTA NEGRA lista de personas que no debían recibir empleo o de organizaciones con las cuales debía evitarse toda relación comercial debido a política gubernamental o sospecha de deslealtad

MANDATO autoridad dada por la Liga de las Naciones a una nación para que ésta administre un territorio o una región geográfica

MANIFIESTO declaración pública de un gobierno u organización sobre su intención de actuar o sobre una acción que ha realizado

MEDIEVAL período en Europa entre los siglos IX y XV

MILITARISMO creencia de que los militares debieran dominar el gobierno y de que la eficiencia militar es el ideal del estado

MONARQUÍA gobierno en que la autoridad suprema está en manos de un rey, una reina o un emperador, cuyo poder puede ser absoluto o limitado

MONOTEÍSMO doctrina que sólo admite un Dios

NACIONALISMO doctrina según la cual los intereses y la seguridad de la nación propia son más importantes que los intereses y la seguridad de otras naciones u otros grupos internacionales

NAZISMO sistema político alemán, entre 1933 y 1945, que controló las actividades de la nación, implantó la fe en un líder único (*fuhrer*) y proclamó la supremacía de la raza germánica y de Alemania en el mundo

NO AGRESIÓN, PACTO DE convenio entre dos naciones de no atacarse

NUEVO TRATO (*NEW DEAL*) principios y políticas de los demócratas liberales expresados bajo el liderazgo del presidente Franklin Roosevelt

OPINIONES, ACTITUDES Y CREENCIAS las preferencias o posiciones de una persona en asuntos públicos basadas en sus pensamientos o emociones. Las opiniones son de corto plazo, las actitudes tienen una duración más larga y las creencias se relacionan con valores más básicos

PACIFISMO creencia según la cual los conflictos entre las naciones debieran resolverse por medios pacíficos y no por la guerra

PACTO convenio o tratado entre naciones

PALOMA persona que se adhiere a la causa de la paz y/o sigue una política de conciliación en relaciones internacionales

PANAMERICANISMO creencia en la comprensión y cooperación política, económica, social y cultural entre las naciones del norte, centro y sur de América

PARLAMENTO el poder legislativo de Gran Bretaña, que comprende la Cámara de los Lores y la Cámara de los Comunes

PARTICIÓN división de una región en dos o más países o en zonas anexadas a países ya existentes

PLEBISCITO votación directa de todos los votantes sobre un asunto político importante

PREJUICIO actitud hostil sin fundamento en hechos o conocimientos hacia un grupo étnico o cualquier miembro de éste

PROHIBICIÓN en Estados Unidos, el período entre 1920 y 1933 cuando la fabricación y venta de bebidas alcohólicas estuvo prohibida por ley federal

PROPAGANDA diseminación sistemática de ideas o doctrinas con el propósito de convencer a otros y caracterizada por la repetición y, en algunos casos, distorsión

PROTECTORADO estado que es protegido y en algunos casos controlado por un estado más fuerte

PROVISIONAL gobierno que ejerce sus funciones temporalmente, hasta que se establezca un gobierno permanente

PURITANO miembro de la religión protestante en Inglaterra y Estados Unidos en los siglos XVI y XVII empeñado en lograr reformas en la iglesia anglicana

RAZA una de las tres divisiones principales de los seres humanos—caucásica, negra y mongoloide—cada una caracterizada por distintas características físicas

RATIFICACIÓN aprobación formal, por ejemplo, a una constitución o un tratado

REACCIONARIO conservador extremo, uno que se opone al progreso o al liberalismo

RECÍPROCO aplicable por mutuo convenio a ambas partes o a ambos países, por ejemplo, en el comercio

RECONSTRUCCIÓN período (1865-1877) después de la guerra civil durante el cual los estados confederados estuvieron bajo el control del gobierno federal antes de ser readmitidos a la Unión

REGIONALISMO trato preferente de una región del país en relación con el resto del país

RENACIMIENTO período (siglos XIV y XVI) de renovación de las artes y ciencias en Europa

REPARACIÓN pago hecho por una nación derrotada en la guerra por daños ocasionados a las personas y los bienes del país vencedor

REVOLUCIÓN INDUSTRIAL cambios sociales y económicos debidos al desarrollo de la producción industrial en gran escala

SANCIONES medidas tomadas por un grupo de naciones para forzar a otra nación a no seguir violando una ley internacional

SATÉLITE pequeño estado cuya dependencia de un estado más grande y poderoso lo fuerza a mantener políticas similares

SEDICIÓN actos que tienden a fomentar la rebelión en contra del gobierno existente

SEGREGACIÓN política o práctica de obligar a grupos étnicos o raciales a vivir separados unos de otros

SOBERANÍA autoridad política suprema e independiente del estado

STATUS QUO el orden político, social y económico existente

SUFRAGISTA mujer que trabaja por el derecho a voto de las mujeres

SUPRESIÓN DE LA SEGREGACIÓN (*DESEGREGATION*) traslado o separación de razas en lugares públicos; por ej., escuelas

TOLERANCIA libertad de poseer creencias religiosas distintas de las de aquellos en el poder

TRATO JUSTO (*FAIR DEAL*) continuación y desarrollo de los principios del Nuevo Trato (*New Deal*) por la administración de Truman

VALORES principios, objetivos o normas sociales aceptados y respaldados por un individuo, una clase social o la sociedad en general

WHIG en Estados Unidos, miembro de un partido político que respaldó la limitación del poder presidencial y se opuso a la política de los Demócratas (1836-1856). También: persona que apoyó la causa de la revolución estadounidense

ZIONISTA partidario del movimiento para establecer un estado nacional judío en Palestina. En la actualidad, un partidario de Israel

CIENCIAS POLÍTICAS

ACTA documento que el poder legislativo ha convertido en ley

ACUSAR (*IMPEACH*) proveer acusaciones contra un funcionario público de fechorías antes de un posible juicio y, de obtenerse su condena, su remoción del cargo que estaba ejerciendo. **ACUSACIÓN (*IMPEACHMENT*)** el acto de proveer dichas acusaciones

ADMINISTRACIÓN período durante el cual el poder ejecutivo del gobierno está en funciones

ADMINISTRACIÓN PÚBLICA (*CIVIL SERVICE*) empleados del gobierno que obtuvieron sus cargos mediante examen competitivo abierto basado en el mérito

AGENCIA ministerio que administra una función gubernamental

ALIANZA convenio formal entre las naciones para lograr un objetivo común

AMNISTÍA perdón general concedido a un grupo de personas, liberándolas de castigos por ofensas hechas contra un gobierno o una sociedad

ANARQUÍA ausencia completa de gobierno y de ley, con el desorden consecuente

APELACIÓN, TRIBUNAL DE corte que puede recibir apelaciones e invertir las decisiones de cortes menores

ASIGNACIÓN (*APPROPRIATION*) dinero disponible mediante un acto formal del poder legislativo para un propósito público específico

ATESTIGUAR presentar evidencia bajo juramento en una corte

AUDIENCIA (*HEARING*) sesión de un comité legislativo en el cual se pide a testigos que provean evidencia relacionada con posible legislación

AUTO DE ACUSACIÓN (*INDICTMENT*) acusación formal contra alguien de haber cometido un crimen que generalmente ya está bajo investigación por un gran jurado

AUTOGOBIERNO gobierno de la gente por sus propios miembros o por sus representantes, en vez de una potencia externa

AUTONOMÍA autogobierno

BICAMERAL sistema político que se estructura en dos cámaras legislativas, como es el caso del senado y la cámara de representantes

BIPARTIDARIO (*BIPARTISAN*) que representa o se compone de miembros de dos partidos políticos

BLOQUE combinación de legisladores o de naciones con un interés o propósito común que actúan unánimemente

BUROCRACIA gobierno que funciona mediante departamentos administrativos, cada uno de los cuales obedece reglamentos y posee determinado grado de autoridad dentro de la organización

CABILDEAR (*TO LOBBY*) intentar influir a los legisladores de modo que éstos respalden proyectos de ley que favorecen a algún grupo o interés especial

CACIQUE (*BOSS*) político que controla una organización política y ejerce autoridad sobre la legislación y el nombramiento de personas a cargos públicos

CAMPAÑA programa de actividades organizadas para elegir a un candidato para un cargo político

CANDIDATURA (*TICKET*) lista de candidatos nominados para elección por un partido político

CARTA DE CIUDADANÍA (*NATURALIZATION*) documento que otorga la ciudadanía a un extranjero

CENSURA reprimenda aprobada por votación y hecha por ejecutivos gubernamentales a uno de sus miembros o al gobierno o al gabinete

CENTRO en política, partido o grupo cuya acción política se mantiene entre la izquierda (a favor de cambios) y la derecha (contra los cambios)

CITACIÓN (*SUBPOENA*) orden por escrito a una persona de comparecer ante la corte o ante un cuerpo legislativo para dar evidencia

COALICIÓN alianza temporal de países o partidos para lograr algún propósito

COMISIÓN agencia gubernamental con poderes administrativos, judiciales o legislativos

COMITÉ grupo seleccionado por un cuerpo legislativo para considerar una determinada ley o tópico

CONFERENCIA reunión de comités de dos ramas del poder legislativo para resolver diferencias en un proyecto de ley que han promulgado

CONFIRMACIÓN aprobación por un cuerpo legislativo de una acta o nombramiento por un ejecutivo

CONGRESO poder legislatvo de Estados Unidos que consiste en un senado y una cámara de representantes

CONSERVADOR persona o partido que tiende a oponerse al cambio en el gobierno y en sus instituciones

CONSTITUCIÓN sistema de leyes y principios fundamentales, escritos o no, por los que se gobierna a una población

CONVENCIÓN reunión de miembros o delegados de un grupo político para un propósito específico, tal como la elección de un candidato para un cargo público

CORTE SUPREMA corte federal de máxima importancia, cuyas decisiones son finales y con prioridad sobre las decisiones de todas las demás cortes

DELEGADO (1) representante enviado a una convención (2) persona facultada para actuar en nombre de aquellos que la han elegido

DEMOCRACIA gobierno por el pueblo, directamente o mediante representantes elegidos en elecciones libres

DERECHA miembros de un cuerpo legislativo cuyos puntos de vista son más conservadores que los de los otros miembros

DERECHO todo lo que por ley o tradición pertenece a un individuo, por ejemplo, el derecho de la libertad de palabra

DERECHOS CIVILES derechos garantizados a toda persona por la constitución y por actos del congreso; por ej., el derecho de votar

DICTADURA estado gobernado por una sola persona, la cual posee absoluto poder y autoridad

DIPUTADO (*REPRESENTATIVE*) miembro de un cuerpo legislativo elegido para actuar en nombre de aquellos que lo eligieron para representarlos

DISTRITO (*PRECINT*) subdivisión de una ciudad o de un pueblo para fines electorales

EJECUTIVO el poder gubernamental encargado de administrar las leyes de la nación

EJERCICIO (*TENURE*) (1) período de tiempo durante el cual una persona está en su cargo (2) el derecho de un individuo de mantenerse en su cargo hasta su jubilación o muerte

ELECCIÓN selección mediante votación de un candidato, entre varios, para un cargo público

ELECCIONES PRIMARIAS (*PRIMARY*) votación de los miembros de un partido político para elegir candidatos a un cargo político o para algún otro propósito político

ENCUESTA consultas hechas a un grupo de personas seleccionadas al azar sobre sus puntos de vista en política y otros temas

ENMIENDA cambio o revisión hecho en una constitución o una ley

ESCRUTINIO reconocimiento y contabilidad de los votos en una elección

ESTADO en Estados Unidos, cualesquiera de las unidades políticas que forman parte del gobierno federal

ESTATUTO ley aprobada por un cuerpo legislativo

EXTRANJERO (*ALIEN*) persona fiel a un gobierno o país distinto del país en que reside

FASCISMO sistema de gobierno caracterizado por la delegación del poder a un dictador, supresión de partidos políticos opositores y agresivo nacionalismo (ejemplo, Italia entre 1922 y 1945).

FEDERAL sistema de gobierno en el que una constitución divide los poderes entre el gobierno central y subdivisiones políticas como, por ejemplo, los estados

FRENOS Y EQUILIBRIOS (*CHECKS AND BALANCES*) sistema de gobierno que mantiene a los poderes (judicial, ejecutivo y legislativo) en constante acción y reacción mutua con el objeto de impedir la supremacía de uno sobre otro

GABINETE grupo de consejeros presidenciales que generalmente administran departamentos gubernamentales

GOBIERNO sistema establecido de administración política mediante el cual se gobierna a un país o sus subdivisiones

GRUPO DE PRESIÓN grupo de personas deseosas de cambiar la ley o política gubernamental mediante cabildeo, propaganda y medios de comunicación

INAUGURACIÓN instalación formal en un cargo a un funcionario público

INICIATIVA derecho de un ciudadano de presentar una proposición de ley, generalmente mediante una petición firmada por un número designado de votantes

INSCRIPCIÓN registro de una persona en su distrito electoral para obtener el permiso para votar

INTERDICCIÓN (*INJUNCTION*) orden de la corte que prohibe a una persona o un grupo de cometer actos que pueden violar la ley

IZQUIERDA miembros de un cuerpo legislativo cuyas posiciones políticas son más liberales y radicales que las de otros miembros

JUDICIAL referente a las cortes y sus funciones o a los jueces que administran estas funciones

JUNTA (*CAUCUS*) reunión a puerta cerrada de miembros de un partido para decidir sobre determinada acción política o para seleccionar candidatos a cargos políticos

JURISDICCIÓN autoridad de un gobierno o de una corte para interpretar y aplicar la ley

LEALTAD (*ALLEGIANCE*) deber de un ciudadano hacia su gobierno

LEGISLACIÓN leyes hechas por un cuerpo legislativo, por ejemplo, el senado

LEGISLATURA grupos de personas que poseen la responsabilidad y autoridad de crear leyes para una nación o subdivisión política de ésta

LEY disposición jurídica aprobada por el poder legislativo y firmada por el presidente de la nación

LIBERAL persona o partido político cuyas creencias dan importancia a la protección de las libertades políticas y civiles, reformas progresistas y el derecho del individuo de autogobernarse

LIBERTAD libertad civil o política

LIBERTADES CIVILES el derecho de pensar, hablar y actuar sin interferencia, garantizado a todo individuo por la ley y la costumbre

MAQUINARIA organización política bajo el liderazgo de un jefe y sus subordinados que controla la política del partido y facilita la obtención de cargos públicos

MAYORÍA (1) número de votos por un candidato que es mayor que la suma de todos los votos obtenidos por los demás candidatos (2) partido dentro de un cuerpo legislativo que controla el mayor número de votos

MINORÍA grupo político que es menor al grupo predominante en un gobierno o una legislatura y que no posee los votos necesarios para obtener el control

MUNICIPAL referente al gobierno local, como es el caso de una ciudad, pueblo o villa

MUNICIPALIDAD ciudad o pueblo que tiene el poder de autogobernarse

NEUTRALIDAD política de un gobierno que evita mostrar preferencia, directa o indirectamente, en las disputas de otras naciones

NOMINAR nombrar a un candidato para elección a un cargo público

OBSTRUCCIONISMO (*FILIBUSTER*) tácticas, tales como oratoria sin parar, empleadas por una minoría en un cuerpo legislativo para demorar la aprobación de un proyecto de ley

OPINIÓN PÚBLICA puntos de vista de la gente, generalmente en cuanto a su capacidad de influir la vida social y política

ORDENANZA MUNICIPAL ley establecida por la autoridad gubernamental local

OVERRIDE acción tomada por un cuerpo legislativo de Estados Unidos para poner en vigencia una ley que había sido vetada por el presidente

PADRINAZGO (*PATRONAGE*) poder de dar trabajos a sus seguidores que posee una organización política o sus representantes

PAPELETA DE VOTACIÓN (*BALLOT*) papel en el cual se registra el voto

PARTIDARIO (*PARTISAN*) votante que obedece la política de un partido y vota de acuerdo con ésta

PARTIDO organización de personas que trabajan para que sus candidatos sean elegidos a cargos políticos, con el objeto de impulsar la filosofía de gobierno y las causas en que creen

PERDÓN perdón oficial a una persona sometida a un castigo legal continuo por una ofensa que había cometido

PETICIÓN solicitud para obtener acción legal o judicial que inicia y firma un individuo o grupo

PLATAFORMA declaración de las actitudes y los principios de un partido político o de su candidato

PLURALIDAD número de votos por los que el candidato ganador en una elección derrota a su oponente más próximo

POLÍTICA EXTERIOR política planeada por un país en sus relaciones con otras naciones

PRECEDENCIA (*SENIORITY*) consideración dada al tiempo de servicio prestado dentro de un servicio legislativo al realizarse asignaciones para cargos importantes o inclusión en comités de dicho servicio

PRESIDENTE LEGISLATIVO (*SPEAKER*) oficial público que preside en un cuerpo legislativo, por ejemplo, el presidente de la cámara de representantes (*Speaker of the House*) o de una asamblea

PROGRESISTA persona o partido que respalda reformas o cambios sociales y políticos moderados

PRORRATA (*APPORTIONMENT*) número de representantes que corresponde a un grupo en proporción al número de miembros del grupo

PROYECTO DE LEY (*BILL*) forma preliminar de una ley propuesta al poder legislativo

PUNTO DE PROGRAMA (*PLANK*) parte o cláusula de un programa o plataforma

QUÓRUM número mínimo de personas de un cuerpo legislativo que debe estar presente para poder realizar legalmente sus funciones

RADICAL persona o partido que aboga por cambios políticos y sociales extremos

RATIFICAR dar aprobación formal a un documento, por ejemplo, un tratado o una constitución

RECALL en Estados Unidos, facultad de destituir funcionarios o anular sus decisiones por votación popular

REFERÉNDUM práctica de someter a votación popular directa una propuesta de ley o de un acto que ha pasado por un cuerpo legislativo

REFORMA movimiento político concebido para corregir abusos en el gobierno mediante cambios en la ley

RÉGIMEN forma o manera de gobernar o reinar

REGULAR controlar o poner bajo el control del gobierno o de una agencia gubernamental

REPÚBLICA gobierno cuyo poder permanece en manos de sus ciudadanos, quienes tienen el derecho a voto y quienes eligen representantes para que se responsabilicen y actúen por ellos

RESOLUCIÓN declaración formal de una opinión o intención aprobada mediante votación por un cuerpo legislativo u otro grupo

REVISIÓN reexaminación por una autoridad judicial mayor de los procedimientos o decisiones de una corte menor

REVOLUCIÓN derrocamiento completo, generalmente por la fuerza, de un gobierno o sistema político establecido

SEGURIDAD SOCIAL sistema federal de seguro de vejez, desempleo e incapacidad para personas empleadas y dependientes

SOBERANÍA autoridad o poder supremo e independiente del gobierno

SUBVERSIVO referente a un acto o a una persona cuyo objetivo es el de derrocar el gobierno presente

SUFRAGIO derecho a voto en elecciones políticas o en asuntos políticos

TOTALITARIO gobierno en el cual un partido político está en el poder con exclusión de todos los demás

TRAICIÓN atentado contra la seguridad de la patria mediante ayuda prestada a los que intentan derrocarla o de vencerla en una guerra

TRATADO convenio formal sobre comercio o política entre dos o más naciones

URBANO relacionado con una ciudad o un pueblo

VETO poder que posee el presidente de anular un proyecto de ley aprobado por un cuerpo legislativo mediante su rechazo o la negativa de firmarlo

VOTAR expresar la preferencia política en la elección de un candidato a un cargo o en cualquier proposición para un cambio legislativo

ECONOMÍA

ACCIÓN título que acredita la posesión de una parte de una corporación

ACREEDOR persona o institución a la que se le debe dinero

ACTIVO la propiedad y los recursos de todo tipo que posee una persona o una corporación

ADUANA (1) administración encargada de recibir los derechos impuestos sobre las mercancías que pasan la frontera (2) dinero recibido por la aduana

AGOTAMIENTO consumo extremo de recursos naturales como el petróleo o los bosques

AHORROS el total de dinero ahorrado por un individuo o una nación

ARBITRAJE intento de resolver una disputa entre dos partes mediante la presentación de evidencia de cada una de las partes a una tercera parte y sometiéndose a su decisión

AUTOMACIÓN producción y distribución de bienes automática por medios mecánicos y electrónicos en vez de humanos

BALANCE declaración financiera en la que se comparan las entradas y las salidas hasta aparecer el valor neto de una empresa

BALANZA DE PAGOS relación entre la salida de capital de una nación (importaciones, ayuda al extranjero) y la entrada de capital (exportaciones, regalos)

BANCA práctica de recibir, mantener, prestar o emitir dinero y de facilitar el intercambio de fondos

BANCARROTA condición financiera en la cual una persona o un negocio se encuentra legalmente incapaz de pagar a sus acreedores

BENEFICIO ADICIONAL (*FRINGE BENEFIT*) beneficio otorgado al empleado que, pese a no ser salario, representa un gasto para el empleador

BIENES mercancías

CAMBIO EXTERIOR dinero que puede usarse para pagar deudas internacionales

CAPITAL todo lo que posee valor económico mensurable en precio

CAPITALISMO sistema económico basado en la propiedad privada de los medios de producción, con libertad de competencia para ganar beneficios en un mercado con restricciones mínimas

CARTEL combinación de empresas comerciales para limitar la competencia y establecer un monopolio nacional o internacional

CASTA clase o grupo social determinado por su nacimiento o riqueza, gobernado por reglas estrictas dentro de un sistema social, con escaso movimiento de entrada o salida

CENSO recuento oficial de la población de un país (requerido cada diez años por la Constitución en Estados Unidos)

CERTIFICADO documento que atestigua que una persona posee acciones y que tiene el derecho a los beneficios y las obligaciones de un accionista

CICLO en el comercio, la secuencia de eventos que ocurre y vuelve a ocurrir en un cierto orden y que comprende subida, bajada, depresión o recesión y luego recuperación

COMERCIO compra y venta en gran escala de productos, incluyendo su transporte entre ciudades y países para obtener utilidades

COMPENSACIÓN pago hecho en recompensa por una lesión o pérdida, por ejemplo, pago hecho a un obrero que se hirió en su trabajo

COMPETENCIA en un sistema de libre empresa, los intentos de empresas rivales de obtener clientes para los bienes que ellas fabrican y distribuyen

COMUNISMO sistema económico basado en la posesión de toda la propiedad por el estado y, según Marx, en la distribución equitativa de los bienes económicos lograda mediante la revolución

CONSORCIO (*TRUST*) unión de corporaciones con productos o servicios semejantes para controlar los precios y eliminar la competencia

CONSUMIDOR persona que usa bienes o servicios porque necesita hacerlo

CONTRATO convenio oral o por escrito entre dos o más personas o empresas de hacer algo, respaldado por la ley para su cumplimiento

CORPORACIÓN grupo de personas que poseen acciones y que tienen los derechos y obligaciones de una sola persona, con responsabilidad limitada

COSTO cantidad de dinero, trabajo y otros gastos relacionados con la producción u obtención de bienes o servicios

CRÉDITO dinero, cuya cantidad depende de la situación financiera de la persona, que dicha persona puede tomar en préstamo y devolver después

DÉFICIT cantidad de deuda de una corporación o de un gobierno que es mayor que su activo

DEFLACIÓN caída de los precios como consecuencia de una disminución en los gastos

DEMANDA deseo y capacidad de pagar por bienes y servicios, generalmente dentro de ciertos límites de precios y en determinado momento

DEPÓSITO dinero puesto en el banco o dado en pago parcial por algo comprado

DEPRECIACIÓN disminución del valor de la propiedad o el equipo de una empresa causada por el desgaste

DEPRESIÓN período de escasa actividad económica, gran desempleo y caída de precios

DESCUENTO cantidad restada al precio original de algo en venta

DEUDA obligación de un individuo o de una corporación de devolver el dinero a un acreedor

DEVALUACIÓN reducción del valor de intercambio de una moneda en relación con el valor de otra mediante la reducción de la cantidad de oro que respalda a la primera

DINERO moneda acuñada o billete de banco impreso por el gobierno y usado como medio de cambio y medida de valor

DISCRIMINACIÓN tratamiento desfavorable de personas basado en prejuicios negativos originados sin consideración de los hechos

DISTRIBUCIÓN abastecimiento de bienes y servicios a los consumidores, como también la promoción de la compra y venta de estos bienes y servicios

ECONOMÍA (1) ciencia que abarca la producción, distribución y el consumo de bienes y servicios (2) estructura y funcionamiento del sistema económico de una nación

EMPRESARIO persona que dedica sus habilidades al comercio y arriesga allí su tiempo y su capital con la esperanza de obtener ganancias

ENTRADA ingresos obtenidos de la recolección de impuestos y otras fuentes que están disponibles para uso en beneficio de la población

ENTRADA (*INPUT*) cantidad de dinero y/o mano de obra invertidas en un proyecto o proceso

EQUILIBRIO precio de mercado en el cual la oferta es igual a la demanda

ESCASEZ deficiencia entre la oferta de bienes producidos y las necesidades humanas

ESPECULACIÓN uso de capital para comprar y vender acciones, propiedades, mercancías y empresas comerciales en situaciones de considerable riesgo

ESTADO BENEFACTOR (*WELFARE STATE*) estado o nación en el cual es el gobierno y no las organizaciones privadas quién tiene la responsabilidad principal del bienestar de la ciudadanía

ESTADO SOCIOECONÓMICO posición en sociedad basada en factores sociales y económicos como, por ejemplo, la riqueza o la pobreza

EXPORTACIÓN bienes vendidos por un país a otro

FAMILIA EXTENDIDA familia que incluye a parientes (abuelos, tíos, suegros, primos) en contraste con la *familia nuclear* que incuye solamente a los padres y sus hijos

FISCAL todo lo relacionado con impuestos, ingresos públicos o deudas públicas

FUSIÓN (*MERGER*) combinación de dos o más empresas o corporaciones en la cual una de ellas termina controlando a la(s) otra(s)

GANANCIA cantidad obtenida cuando el precio de venta de un artículo vendido es mayor que su costo

GASTOS GENERALES (*OVERHEAD*) costos relacionados con el mantenimiento de un negocio, por ejemplo, los costos de arriendo o de electricidad

GERENCIA personas que dirigen una empresa o una industria

GREMIO organización de trabajadores para proteger y mejorar los salarios y las condiciones de trabajo de sus miembros, generalmente mediante negociaciones colectivas

HUELGA paro del trabajo realizado por los trabajadores para forzar al dueño de la empresa a mejorar las condiciones y los beneficios laborales y/o aumentar los salarios

HUELGA PATRONAL (*LOCKOUT*) cierre forzoso de una empresa impuesto por su dueño a los empleados como medida de contrahuelga o para que éstos acepten alguna condición

IMPORTACIÓN bienes traídos a un país de otro

IMPUESTO dinero que el gobierno exige a un individuo o a una corporación por ingresos recibidos, por la posesión de propiedad o por objetos comprados

IMPUESTO AL CONSUMO (*EXCISE TAX*) impuesto a la producción, venta o uso de ciertas mercancías dentro de un país

ÍNDICE DE PRECIOS AL CONSUMO número que refleja el estado y la evolución de los precios de los bienes y servicios pagados por las familias; generalmente el número del año actual se compara con los números de años previos

INDUSTRIA organizaciones comerciales consideradas como un grupo y dedicadas a la fabricación

INFLACIÓN aumento de los precios causado por un aumento en la cantidad de dinero en circulación o por un aumento de los gastos como consecuencia de mayor demanda que oferta

INGRESOS dinero recibido por una persona o una organización comercial por trabajos o servicios realizados, o dinero proveniente de inversiones o de propiedades

INTERÉS (1) cobranza por dinero prestado, generalmente expresado como un porcentaje del dinero prestado (2) dinero pagado por el banco a un depositador por dinero que éste dejó en el banco por un período de tiempo determinado

INVERSIÓN dinero entregado a una empresa comercial o propiedad con la esperanza de obtener una ganancia o una entrada de dinero como resultado

MANO DE OBRA grupo económico de trabajadores que reciben salario

MARGEN diferencia entre el costo de un producto y su precio de venta

MEDIACIÓN entrada de una tercera parte a una disputa entre la gerencia y la mano de obra con el objeto de resolverla imparcialmente

MERCADO compra y venta de bienes o propiedades

MERCANCÍA cualquier mercadería que se compra o vende en una transacción comercial

MONEDA dinero, ya sean billetes y monedas o billetes bancarios, en circulación dentro del país

MONETARIO todo lo relacionado con el dinero de un país

MONOPOLIO control exclusivo de un producto o servicio en un mercado de modo que los precios de dicho producto o servicio pueden fijarse y la competencia puede eliminarse

NEGOCIACIÓN COLECTIVA negociación entre la administración y la fuerza laboral sobre salarios, horas de trabajo, condiciones de trabajo y beneficios

NIVEL DE VIDA (*STANDARD OF LIVING*) evaluación cuantitativa y objetiva del modo de existencia medio de una nación, de un grupo social, etc.

OBSOLESCENCIA equipo que se ha vuelto anticuado o empresa cuyos métodos o productos han dejado de ser eficientes y, como resultado, son incapaces de competir comercialmente

OFERTA cantidad de bienes y servicios disponibles para la venta, generalmente dentro de ciertos límites de precio y de cierto tiempo

PAGARÉ documento por el cual una persona se compromete a pagar una cantidad en determinada fecha a otra persona a favor de la cual se ha suscrito dicho documento

PAGO (O COMPRA) A PLAZOS sistema de crédito en el cual la mercadería comprada se paga durante cierto período de tiempo mediante pagos parciales

PAÍS EN DESARROLLO país con inadecuado desarrollo de su industria y economía y un nivel de vida relativamente bajo

PÁNICO período de temor de un colapso económico que resulta en intentos frenéticos de convertir propiedad, bienes y valores en dinero efectivo

PASIVO conjunto de deudas y obligaciones de una persona, un negocio o una corporación

PÉRDIDA cantidad de dinero que se pierde cuando el costo de un artículo vendido es mayor que su precio de venta

POBREZA carencia extrema de las cosas necesarias para sostener la vida, como son los alimentos, la habitación y la vestimenta

PRECIO cantidad de dinero o su equivalente con el cual cualquier cosa puede comprarse, venderse u ofrecerse en venta

PRESUPUESTO declaración de una persona, un negocio o un gobierno de la estimación anticipada de los ingresos y gastos de su empresa, por cierto período de tiempo

PRODUCCIÓN creación de valor económico mediante la fabricación de bienes y servicios que se hacen disponibles para satisfacer las necesidades de los consumidores

PRODUCTIVIDAD trabajo hecho o cantidad producida por una persona, máquina o línea de montaje en un período determinado

PROPIEDAD posesiones que pueden ser personales (bienes muebles), tierras o bienes raíces, o valores tales como acciones o bonos

PROSPERIDAD período de bienestar económico de un país o de una empresa

QUIEBRA caída abrupta del valor de las acciones de una empresa en el mercado

RECAUDACIÓN impuesto recibido por el gobierno u otra autoridad

RECESIÓN período temporal de reducida actividad comercial

RECURSOS activos naturales y humanos que pueden usarse para producir bienes eonómicos o proveer servicios

RENTA ingreso que el dueño de tierra o propiedad recibe por el uso de dicha tierra o propiedad por otros

RENTA NACIONAL ÍNTEGRA (*GROSS NATIONAL PRODUCT*) el valor total de la producción anual de bienes y servicios de una nación

ROMPEHUELGAS (*SCAB*) empleado de una empresa que continúa trabajando cuando sus colegas han declarado huelga

SALARIO dinero pagado a un trabajador por trabajo que éste ha realizado

SERVICIOS deberes realizados o trabajo hecho por otros que tiene un valor económico

SINDICATO ver **GREMIO**

SISTEMA ECONÓMICO manera de usar los recursos de una nación y de producir y distribuir bienes y servicios

SOBRETASA impuesto añadido a un impuesto

SOCIALISMO posesión y uso de los medios de producción y distribución por parte de la sociedad en vez de empresarios privados, con todos los miembros compartiendo el trabajo y los productos de éste

SOCIEDAD agrupamiento de personas que han unido sus recursos económicos para formar una empresa y beneficiarse en proporción al monto de dichos recursos

SUBSIDIO suma de dinero dada por el gobierno a un individuo o a una empresa en nombre del interés público

SUBSISTENCIA nivel mínimo de alimentación, habitación y vestimenta requerido para sostener la vida

SUPERÁVIT (*SURPLUS*) cantidad de bienes producidos más allá de lo necesario

TALLER FRANCO (*OPEN SHOP*) establecimiento comercial cuyo personal puede estar constituido por personas que no pertenezcan a un gremio

TALLER AGREMIADO (*UNION SHOP*) establecimiento comercial en el que la gerencia y la mano de obra se han puesto de acuerdo para exigir que todo el personal pertenezca a un gremio

TARIFA impuesto exigido por un país por la importación de bienes

TECNOLOGÍA aprovechamiento por la industria y el comercio del conocimiento científico

TRUEQUE sistema comercial en el cual un bien se intercambia por otro sin recurrir al dinero

VALORES documentos, generalmente bonos o acciones, que son evidencia de obligaciones (bonos) o de propiedad (acciones)

GEOGRAFÍA

ALTA centro de presión atmosférica alta

ALTIPLANO extensión de escaso relieve y de elevada altitud

ALTITUD altura a la que se encuentra algo o alguien por encima del nivel del mar

AMÉRICA LATINA parte del hemisferio occidental, al sur de Estados Unidos, que comprende a México, América Central, las Indias Occidentales y América del Sur

ANTÁRTICO relativo a la región cercana al Polo Sur

ARCHIPIÉLAGO grupo de muchas islas

ÁRTICO relativo a la región alrededor del Polo Norte hasta aproximadamente 65° N

BAHÍA penetración del mar en la costa, de extensión considerable y de entrada ancha, generalmente menor que el golfo

BAJA región de presión barométrica baja

BAYOU en Estados Unidos, lago situado en el estancamiento de un río

BOSQUE LLUVIOSO (RAIN FOREST) bosque denso en una zona tropical, siempre verde, que recibe abundantes lluvias durante el año

BRAZO DE MAR porción estrecha y alargada de mar que penetra en la tierra por dos puntos

CAÑÓN valle estrecho y encajado, con paredes abruptas

CASQUETE GLACIAR masa de nieve y hielo que cubre las regiones polares

CÉFIRO (WESTERLIES) viento que sopla del oeste

CICLÓN tormenta o sistema de vientos violentos alrededor de un centro calmo de baja presión atmosférica que se desplazan de 20 a 30 millas por hora con acompañamiento de lluvia

CLIMA promedio de las condiciones del tiempo en un lugar dado y durante un período de años según lo evidencian las mediciones de temperatura, precipitación y viento

CLIMA MEDITERRÁNEO clima caracterizado por veranos calurosos y secos e inviernos lluviosos

CONSERVACIÓN administración planificada de los recursos naturales para evitar su explotación, destrucción o descuido

CONTINENTE una de las superficies terrestres más grandes del planeta

CORDILLERA serie de montañas interconectadas que forman una cadena

CUENCA extensión de agua rodeada parcialmente o por completo

DELTA área triangular de tierras bajas acumuladas por el sedimento de uno o más ríos que desembocan en un mar o un lago

DENSIDAD DE POBLACIÓN número de personas en algún lugar determinado

DESIERTO extensión de tierra seca y estéril, capaz de sostener poca o ninguna vida vegetal o animal

ECOLOGÍA ciencia relacionada con la interrelación de los organismos y sus medios ambientes

ECUADOR gran círculo alrededor de la tierra, equidistante del Polo Norte y el Polo Sur, que divide la superficie del planeta en los hemisferios norte y sur

ELEVACIÓN altura por sobre el nivel del mar

EQUINOCCIO dos épocas del año en que el día y a noche son de igual duración en todas partes

EROSIÓN desgaste de la superficie terrestre (montañas, mesetas, valles, costas, etc.) por la acción del agua, viento o hielo glacial

ESCALA proporción entre el tamaño de alguna característica terrestre representada en un mapa y el verdadero tamaño de dicha característica

ESTACIÓN cualquiera de las cuatro divisiones del año, cada una caracterizada por diferente temperatura, precipitación, presencia de luz solar y desarrollo vegetal

ESTEPA en Europa y Asia, vasta planicie con pocos árboles

ESTRECHO zona marítima estrecha entre dos tierras; por ejemplo, el estrecho de Gibraltar

EXPLOSIÓN DE LA POBLACIÓN aumento grande y continuo de la población humana en los tiempos modernos

FALLA fractura en la corteza terrestre acompañada por el desplazamiento de un costado de la fractura en relación con el otro

FARALLÓN roca alta y tajada que sobresale en el mar o en la costa

FAUNA animales o vida animal en una región

FIORDO estrecha entrada de mar entre escarpados acantilados que penetra grandes distancias hacia el interior de la costa

FLORA plantas o vida vegetal en una región o en un entorno particular

FRENTE punto de contacto entre masas de aire convergentes que difieren en temperatura

GÉISER manantial que periódicamente lanza violentamente agua hirviendo y vapor

GLACIAR gran masa de hielo y nieve que desciende lentamente por los valles o montañas

GLOBO modelo esférico de la tierra

GOLFO gran extensión de mar u océano parcialmente rodeada de tierra

HÁBITAT territorio en el que una planta o animal determinado vive en forma natural

HUMEDAD humedad o vapor de agua en la atmósfera

HUMEDAD RELATIVA cantidad de humedad presente en el aire, expresada como porcentaje, comparada con la máxima cantidad de humedad que el aire puede contener a la misma temperatura

HURACÁN gran ciclón tropical con vientos de velocidades superiores a 75 millas por hora y generalmente acompañado de fuerte lluvia

ISLA masa de tierra, más pequeña que un continente, completamente rodeada de agua

ISTMO estrecha franja de tierra con agua a ambos lados que une dos grandes regiones terrestres

LAGO extensión de agua, generalmente dulce, en el interior de los continentes

LATITUD distancia al norte o al sur del ecuador, medida en grados

LEJANO ORIENTE países del este de Asia, incluyendo China, Japón y Corea, y el Archipiélago Malayo

LEYENDA título o clave que acompaña a una ilustración o un mapa

LLANURA (*PRAIRIE*) gran región de tierra de pastoreo, plana o levemente ondulada, ubicada entre los ríos Ohio y Mississippi-Missouri

LONGITUD distancia, en grados, al este o al oeste del primer meridiano

MAPA representación sobre una superficie plana de la tierra o de parte de ésta

MAR gran extensión de agua salada rodeada completa o parcialmente por tierra

MAREA movimiento oscilatorio del nivel del mar debido a la atracción de la luna y del sol que ocurre dos veces en aproximadamente cada 24 horas

MAREJADA enorme ola provocada por un sismo o gran ventarrón que se mueve en dirección a la costa

MAREMOTO sismo en el fondo del mar, que origina movimientos de las aguas

MARÍTIMO relativo al mar o cercano a éste, o relativo a los organismos que viven en la zona costera

MATERIA PRIMA materia todavía en su estado natural original, antes de ser procesada o manufacturada

MEDIO AMBIENTE factores climáticos, terrestres y biológicos que influyen sobre un organismo o una comunidad ecológica

MERIDIANO cualquiera de las líneas de longitud

MESETA región ancha y plana, con terreno elevado en relación a las regiones que la rodean

METRÓPOLIS cualquier ciudad grande e importante

MIGRACIÓN movimiento de población de una región o país a otra región o país con la intención de establecerse allí

MONZÓN vientos estacionales que soplan por el Océano Índico, de Australia a India

OASIS lugar en el desierto que es fértil gracias a la existencia de agua

OCÉANO cualquiera de las cinco principales divisiones del agua salada que cubre más del 70 por ciento de la superficie de la tierra: Atlántico, Pacífico, Índico, Ártico o Antártico

ORIENTE MEDIO países que abarcan la costa este del Mediterráneo y el mar Egeo hasta India

OTERO cerro aislado que domina un llano

PARALELO línea imaginaria que va paralela al ecuador y que representa los grados de latitud en la superficie de la tierra

PASTIZAL terreno abundante en pastos, por ej., una pradera

PENÍNSULA terreno casi completamente rodeada de agua y conectado con el continente por una franja angosta de tierra

PRECIPICIO abismo, cavidad o declive alto y profundo en un terreno escarpado

PRECIPITACIÓN cantidad de agua que cae en forma líquida (lluvia) o sólida (nieve) en un lugar determinado por un período determinado

PRIMER MERIDIANO gran círculo de la superficie terrestre que se emplea como punto inicial para medir la longitud este-oeste (primer meridiano: longitud 0°)

RECURSOS NATURALES formas de riqueza provistas por la naturaleza; por ejemplo, carbón, petróleo y energía hidroeléctrica

REGIÓN parte grande e indefinida de la superficie de la tierra

REVOLUCIÓN movimiento de un cuerpo celeste, como una estrella o un planeta, en una órbita o un círculo

ROTACIÓN movimiento de un cuerpo, como la tierra, alrededor de un punto central o eje

SELVA región con muchos árboles y vegetación tropical densa y exuberante

SEQUÍA prolongado período de tiempo sin lluvia

SOLSTICIO cualquiera de los dos puntos de la trayectoria del sol en los que éste está más alejado del sur o del norte del ecuador

SUBCONTINENTE gran subdivisión de un continente

SUBTROPICAL relativo a regiones próximas a la zona tropical

TAIGÁ bosques de coníferas en los extremos norteños de Europa, Asia y América del Norte

TERRAZAS terreno dispuesto en forma de escalones en la ladera de colinas o montes

TERREMOTO temblor o sacudida más o menos violenta de la corteza terrestre, de origen volcánico

TERRENO características superficiales o estructurales de una extensión de tierra; por ejemplo, un terreno agreste valles, ríos, lagos, montañas y alteraciones artificiales como canales, puentes, caminos, etc.

TIEMPO   estado de la atmósfera en un lugar y tiempo determinados en lo que respecta a su temperatura, humedad, nubosidad, etc.

TIFÓN   ciclón tropical violento originado en el Pacífico occidental, especialmente en el mar del sur de China entre julio y octubre

TOPOGRAFÍA   características naturales de la superficie de una región, incluyendo colinas, valles, ríos, lagos y también características artificiales como canales, puentes, caminos, etc.

TORNADO   columna de aire en violenta rotación que se extiende hacia abajo desde una masa de nubes tormentosas y que generalmente destruye todo a su paso a lo largo de una estrecha senda

TRIBUTARIO   arroyo o río que fluye dentro de un arroyo o río más grande

TRONADA   tormenta acompañada de rayos y truenos

TRÓPICOS   zona entre el Trópico de Cáncer y el Trópico de Capricornio, 23½° al norte y al sur del ecuador

TUNDRA   cualquiera de las vastas planicies, pantanosas y desprovistas de árboles que existen en el ártico y regiones norteñas extremas

VALLE   extensión de tierras bajas que yacen entre colinas o montañas y que generalmente cuentan con un río o arroyo que las cruza

VIENTO   movimiento natural del aire, en dirección horizontal, que se desplaza por la superficie de la tierra de cualquier dirección y con velocidad variable

VOLCÁN   montaña en forma de cono con chimenea interna que expulsa, durante períodos de actividad, material fundido (lava, cenizas y gases) desde el interior de la tierra. El material sale en la cima por una abertura circular llamada cráter

ZONA TEMPLADA   una de las dos zonas entre los trópicos y los círculos polares

ZONA TÓRRIDA   superficie terrestre que se encuentra entre el Trópico de Cáncer y el Trópico de Capricornio y que está dividida por el ecuador

Práctica de Estudios Sociales

CAPÍTULO 12

EDUCACIÓN CÍVICA Y GUBERNAMENTAL

Lea detenidamente cada una de las selecciones siguientes. Después de cada selección hay preguntas que deberá responder o declaraciones que deberá completar. Elija la mejor respuesta.

Las preguntas 1 a 3 se basan en el pasaje siguiente.

La mayoría de los que firmaron la Declaración de Independencia eran intelectuales. La revolución estadounidense es la única en la historia moderna que, en lugar de aniquilar a los intelectuales que la prepararon, los llevó al poder. Esta tradición se arraigó en Estados Unidos, cuyos principales estadistas han sido intelectuales: Jefferson y Lincoln, por ejemplo. Estos hombres de estado realizaron sus funciones políticas, pero también sintieron una responsabilidad más universal, la cual activamente definieron. Gracias a ellos, la institución de las ciencias políticas posee un gran dinamismo en Estados Unidos. En efecto, hasta el momento, dicha institución es la única que se adapta perfectamente a las emergencias en el mundo contemporáneo y es la única que pudo oponerse victoriosamente al comunismo. Un europeo que siga las políticas estadounidenses se impresiona por la constante referencia que la prensa y los políticos hacen sobre esta filosofía política, sobre los acontecimientos históricos en los que ésta se expresó, y sobre los grandes estadistas del pasado que fueron sus mejores representantes.

1. Este pasaje se refiere principalmente a

   (1) las causas de la revolución estadounidense
   (2) las personalidades de Jefferson y Lincoln como estadistas ideales
   (3) las bases de la filosofía política en Estados Unidos
   (4) la democracia versus el comunismo
   (5) una escuela vital de la ciencia política

2. De acuerdo con este pasaje, los intelectuales que preparan el terreno para la revolución son generalmente

   (1) honrados
   (2) malentendidos
   (3) aniquilados
   (4) olvidados
   (5) elegidos como mandatarios

3. ¿Qué afirmación es verdadera, según el pasaje?

   (1) Estados Unidos es una tierra de intelectuales
   (2) Todos los signatarios de la Declaración de Independencia tenían un alto nivel educacional
   (3) Jefferson y Lincoln eran revolucionarios
   (4) La adaptabilidad es una característica de las ciencias políticas en Estados Unidos
   (5) Los europeos están confundidos con las políticas estadounidenses

La pregunta 4 se basa en la caricatura siguiente.

4. La caricatura indica la posición que Estados Unidos tomó en su política exterior como respuesta al

(1) comienzo de la Liga de las Naciones
(2) colapso de la economía global
(3) comienzo de la segunda guerra mundial
(4) avance del comunismo en Europa Oriental
(5) surgimiento de Adolf Hitler

La pregunta 5 se basa en la caricatura siguiente.

5. La idea principal expresada por esta caricatura es que

(1) hay una crisis en la disciplina de las fuerzas armadas
(2) la mayoría de la gente debe apoyar el conflicto antes de que Estados Unidos entre en guerra
(3) el uso del poder militar por parte del presidente depende de la cooperación que éste obtenga del congreso
(4) el congreso se opone con frecuencia a las propuestas presidenciales de aumentar los gastos militares
(5) sólo el presidente puede declarar la guerra

La pregunta 6 se basa en la caricatura siguiente.

—Maestra, ¿es que nunca ha habido MADRES de la patria?

6. ¿Qué declaración expresa mejor la idea principal de esta caricatura?

(1) Las opciones de las mujeres en la sociedad moderna son cada vez más difíciles
(2) Las mujeres dominan en la educación estadounidense actual
(3) Hasta el siglo XX, las mujeres han hecho pocas contribuciones importantes a la sociedad
(4) La educación pública gratuita en Estados Unidos fue establecida principalmente por las mujeres
(5) Debiera darse mayor importancia al papel desempeñado por las mujeres en la historia de Estados Unidos

Las preguntas 7 a 9 se basan en el pasaje siguiente.

El ciudadano medio de la época actual conoce las decisiones judiciales "históricas" que se refieren a temas como la segregación racial, la distribución legislativa, el derecho de orar en las escuelas públicas o el derecho de un acusado a obtener ayuda legal en un proceso criminal. Sin embargo, muy a menudo el ciudadano piensa que estas decisiones terminan para siempre con el tema. En realidad, estas respetadas decisiones de los tribunales son meramente indicaciones que crean una serie inacabable de cuestiones legales.

Por ejemplo, esta nación estaría muy de acuerdo en que la segregación racial en las escuelas públicas estatales niega la protección igualitaria que las leyes garantizan en la XIV Enmienda de la Constitución. La dificultad real se encuentra a la hora de determinar cómo suprimir la segregación y cómo resolver el problema actual de la segregación en las escuelas creado por la desigual distribución racial de las viviendas de los alumnos.

7. Según el autor, el efecto de muchas decisiones en los tribunales

   (1) hace que los ciudadanos estudien las leyes con atención
   (2) conduce a mayores complicaciones legales
   (3) contradicen la Constitución
   (4) niegan los derechos de los estados
   (5) proveen soluciones finales a muchos problemas

8. El autor da a entender que, respecto a las decisiones de los tribunales, el público generalmente está

   (1) desinteresado
   (2) desconcertado
   (3) crítico
   (4) bien informado
   (5) en desacuerdo

9. En el primer párrafo se usa la palabra "históricas", la cual significa

   (1) conmovedoras
   (2) justas
   (3) importantes
   (4) divulgadas
   (5) legales

Las preguntas 10 a 12 se basan en el pasaje siguiente.

En las últimas décadas, entre los muchos efectos del avance de la democracia por los países en desarrollo cabe destacar el nacimiento de una nueva industria estadounidense: la promoción de la democracia. Comenzando con la década de 1990, Washington comenzó una gran variedad de programas mundiales destinados a ayudar a los países del tercer mundo a democratizarse, incluyendo el entrenamiento de observadores del proceso electoral, el mejoramiento de bibliotecas parlamentarias, la persuasión de partidos políticos para que éstos formen coaliciones, la enseñanza de grupos de ciudadanos para operaciones de cabildeo y la ayuda a periódicos independientes.

Sin embargo, un experto piensa que ningún tipo de asesoramiento democrático puede afectar las condiciones que realmente determinan su progreso hacia la democracia—las concentraciones de poder y riqueza, las tradiciones políticas, las expectativas de la ciudadanía.

Los programas correctos pueden, a largo plazo, lograr buenos resultados en países cuyos gobiernos genuinamente desean democracia pero carecen de práctica para ello—naciones como Myanmar, Eslovaquia o Haití. En las dictaduras, la ayuda a la oposición puede mantener vivas las esperanzas. Pero en naciones que gozaron de cierto progreso democrático y luego cayeron bajo la bota de hombres fuertes, como es el caso de Haití, Cambodia, Zambia, Perú o Kazakhstan, los esfuerzos de promoción democrática para reformar las instituciones gubernamentales han sido impedidos por líderes que no tienen intención alguna de compartir el poder.

10. La democratización de los países en desarrollo ha sido resultado de

    (1) la promoción de la democracia por Estados Unidos
    (2) los periódicos independientes
    (3) los asesores democráticos estadounidenses
    (4) las concentraciones de poder y riqueza
    (5) las tradiciones políticas

11. La promoción de la democracia tiene *menos* éxito

    (1) cuando los gobiernos interesados carecen de práctica
    (2) en dictaduras
    (3) en países que poseen cierto nivel de democracia
    (4) en países con hombres fuertes en el poder
    (5) cuando las instituciones gubernamentales fueron reformadas

12. La ayuda estadounidense ha mejorado todos los aspectos siguientes EXCEPTO

    (1) las elecciones
    (2) el cabildeo
    (3) el sistema de partidos
    (4) las bibliotecas gubernamentales
    (5) las expectativas de sus ciudadanos

ECONOMÍA

Lea cada una de las siguientes selecciones detenidamente. Después de cada selección hay preguntas que deberá responder o declaraciones que deberá completar. Elija la mejor respuesta.

Las preguntas 13 a 15 se refieren al pasaje siguiente.

Hay cientos y miles de niños desamparados en esta nación—desde 1981 su cantidad ha aumentado en cinco veces. Como están diseminados por miles de ciudades, muchas veces ni se les ve. Pero muchos de ellos no vivirán para alcanzar a contar sus vidas.

Ninguno de estos niños ha cometido crimen alguno. No han hecho nada malo. Su único delito es el de haber nacido pobres en una nación rica.

El año pasado me encontré con una familia sin hogar en Los Angeles. La madre había llegado de Ohio en búsqueda de un alquiler que estuviese a su alcance. El padre—porque había un padre...pocas familias cumplen con el estereotipo que tenemos en nuestras mentes—trabajaba a jornada completa, por el sueldo mínimo, cortando pantalones por $500 al mes. En Los Angeles, los padres no podían pagar la renta y alimentar a su hijo por $500. El niño, de 38 días de vida, estaba con ellos en la calle. Moví mi cabeza con tristeza y me pregunté, "¿Es esto lo mejor que un país como Estados Unidos puede hacer?"

El Dr. Martin Luther King nos dijo, "He estado en la cumbre de la montaña", pero en los últimos 20 años casi todas las voces a nuestro alrededor nos han aconsejado que olvidemos esa montaña y que dirijamos mejor nuestros ojos a las atractivas planicies donde se hacen carreras profesionales, donde se escriben los curriculums y se maximizan las utilidades. Nuestros héroes culturales son ágiles y elegantes, cínicos y fríos, pulidos con malicia eficiente y desprovistos del peso inútil de la compasión.

"Debemos rendir homenaje a la realidad que nos rodea", escribió Thomas Merton, "y en ciertos tiempos debemos ver la realidad de las cosas y a nombrarlas por su nombre". El nombre indicado para una nación rica que deja medio millón de niños abandonados en la calle es el de nación que traiciona a sus ciudadanos y a los mejores valores que éstos poseen.

El invierno ha sido largo. Pero como pasa con las estaciones, también pasa con la nación, y la vida se renueva.

Me gusta imaginar que otra estación de compasión está por llegar. Esta mañana ustedes se gradúan y nosotros los miramos como posibles renovadores de esta cansada tierra, capaces de regar la nación de los años 90 con los simples pero olvidados valores del corazón, de curar a los enfermos, de dar refugio a los desamparados, de alimentar a los hambrientos y de traer compasión a la temerosa madre y su hijo.

Las buenas sociedades no se definen por estar erguidas y llenas de orgullo, sino por inclinarse y dar una mano a los que están demasiado débiles para levantarse por sí mismos.

13. El autor enfoca el problema de

    (1) los héroes culturales
    (2) la gente ágil
    (3) los niños desamparados
    (4) los líderes cínicos y fríos
    (5) los graduados de una universidad

14. Los numerosos niños desamparados no se ven porque

    (1) nacieron pobres
    (2) están diseminados
    (3) su número está disminuyendo
    (4) son ágiles y elegantes
    (5) son cínicos y fríos

15. El autor cree que el problema de los desamparados es resultado de

(1) una traición de nuestros valores
(2) la pobreza nacional
(3) la obsesión con curriculums y carreras
(4) la propaganda contra los pobres
(5) la maximización de las utilidades

Las preguntas 16 a 18 se basan en el pasaje siguiente.

El trabajo infantil continúa existiendo en Estados Unidos. Según los expertos, éste es un problema que afecta a todos los países, es difícil de cambiar y requerirá muchos años para solucionarse. Hay unos 200 millones de niños trabajando en todo el mundo. Cuando la gente habla del trabajo infantil, está hablando de niños explotados, forzados a trabajar largas horas y con frecuencia en condiciones peligrosas.

El trabajo infantil ha sido un problema durante siglos. A fines del siglo XIX y comienzos del XX, el trabajo infantil era común en Estados Unidos y Europa. En 1900, más de dos millones de niños de 15 años o menos trabajaban a jornada completa, muchos en trabajos peligrosos como minas o fábricas.

En la década de 1930, Estados Unidos y otros países industrializados tomaron dos medidas que redujeron significativamente el trabajo infantil. Primero, pasaron e hicieron cumplir leyes contra este tipo de trabajo. Segundo, hicieron obligatoria la asistencia escolar. La historia ha demostrado que los niños que van a la escuela tienen mejor probabilidad de convertirse en adultos sanos.

A pesar de estas medidas, el trabajo infantil continúa siendo un problema en el mundo actual, especialmente entre gente pobre e inmigrantes ilegales. Muchos inmigrantes ilegales trabajan en talleres que los explotan, donde trabajan largas horas y en terribles condiciones.

Aún más común que estas fábricas son las empresas agrícolas que contratan peones migratorios que se desplazan de un lugar a otro. Cientos de miles de niños trabajan encorvados en las granjas, recogiendo verduras y frutas todo el día.

16. El trabajo infantil incluye a todos los niños que trabajan EXCEPTO

(1) los inmigrantes
(2) los que trabajan en talleres ilegales
(3) los mineros
(4) los sirvientes
(5) los que trabajan en talleres

17. El trabajo infantil se refiere a los niños explotados en

(1) Estados Unidos solamente
(2) Europa solamente
(3) Estados Unidos y Europa
(4) países industrializados
(5) todo el mundo

18. Los esfuerzos para combatir el trabajo infantil se han concentrado en

(1) mejores condiciones de trabajo
(2) mejores salarios
(3) menos horas de trabajo
(4) la prohibición legal
(5) la presencia de inspectores gubernamentales

Las preguntas 19 a 21 se basan en el pasaje siguiente.

Los debates de la Comisión Sobre la Situación de las Mujeres creada por el presidente John F. Kennedy y la labor de un nuevo movimiento feminista estimularon una serie de leyes que respaldaron los esfuerzos realizados por las mujeres para eliminar la discriminación en el trabajo. En 1963, el congreso pasó la Ley de Igualdad de Salarios. La Ley de Derechos Civiles de 1964 prohibió la discriminación basada en el sexo de la persona y estableció la Comisión de Igual Oportunidad de Empleo para llevar a juicio a los empleadores que no acataban la ley. Como resultado, un pequeño número de mujeres pudieron avanzar hacia mejores trabajos. En la década de los años 70, las escuelas médicas y de leyes, las instituciones financieras y corporativas, como también las burocracias políticas habían mejorado la igualdad de acceso para las mujeres.

Las mujeres pobres, sin embargo, no parecieron beneficiarse de igual manera. Las que estaban a la cabeza de familias sin padre buscaron maneras de combinar la vida familiar con el trabajo. Muchas mujeres se encontraron restringidas a trabajos en ventas al menudeo y en labores de oficina o servicios de escaso salario o a trabajos por hora que no ofrecían beneficios médicos ni vacaciones. Las nuevas inmigrantes sólo podían aspirar a trabajos que las explotaban. Al mismo tiempo, el creciente costo de la vida forzó muchas veces a trabajar a ambos miembros del matrimonio, lo que requirió encontrar nuevas maneras de integrar el trabajo con la vida familiar. A medida que la atención se alejó de las condiciones en el trabajo, los legisladores empezaron a ocuparse cada vez más de reformas que abarcaban el cuidado infantil subvencionado, vacaciones pagadas por embarazo y postparto, flexibilidad en las horas de trabajo y seguros de salud más generosos. La mayoría de los expertos estaban de acuerdo que estas medidas en beneficio de la familia serían la clave para lograr igualdad en el lugar de trabajo del siglo XXI.

19. Según el pasaje, en el caso de muchas familias, la igualdad para las mujeres en el lugar de trabajo depende sobre todo de

    (1) la generosidad de las instituciones corporativas y financieras
    (2) la Comisión Sobre la Situación de las Mujeres
    (3) el creciente costo de vida
    (4) la capacidad de integrar el trabajo con la vida familiar
    (5) el mejoramiento de las condiciones en el lugar de trabajo

20. Puede deducirse de este pasaje que los esfuerzos a favor de las mujeres

    (1) tuvieron efectos muy distintos
    (2) mejoraron la condición de muchas mujeres
    (3) crearon serios problemas para los empleadores
    (4) tuvieron poco efecto general
    (5) eliminaron los conflictos en el lugar de trabajo

21. En la actualidad, los legisladores se interesan más por

    (1) las condiciones en el lugar de trabajo
    (2) temas relacionados con la familia
    (3) lograr mejores trabajos para las mujeres
    (4) lograr igualdad de salarios para ambos sexos
    (5) la discriminación en el trabajo

Las preguntas 22 a 25 se basan en el pasaje siguiente.

La mayoría de los estadounidenses miran a los países en desarrollo sin tener la más mínima idea de las dificultades que enfrentan a sus habitantes. Debemos tratar de comprender lo que es la vida para los cuatro mil millones de seres humanos que viven en países en desarrollo.

Imaginemos cómo cambiaría una familia estadounidense que vive en una población de ingresos bajos y con ínfimo salario anual si se convirtiera en una familia del mundo subdesarrollado.

Como primer paso, eliminemos los muebles de nuestra casa estadounidense. Todo debe irse, las camas, sillas, mesas, televisor, lámparas. Dejemos unas pocas mantas, una mesa de cocina, una silla de madera. Como vestimenta, cada miembro de la familia puede guardar su traje o vestido más viejo y una camisa o blusa. Permitamos un par de zapatos para el jefe de familia, pero nada para la esposa. Los electrodomésticos de la cocina ya se han ido y ya no hay agua ni electricidad. La caja de fósforos puede quedarse, como también un pequeño saco de harina y un poco de azúcar y sal. Dejaremos un puñado de cebollas y un plato con frijoles secos. Todo lo demás debe desaparecer—carne, verduras frescas, latas de conserva, galletas.

La casa misma debe desaparecer. La familia puede alojarse en una pequeña choza. Estarán hacinados, pero debieran estar contentos de tener siquiera algún tipo de refugio.

Luego deben irse los medios de comunicación—no más periódicos, revistas, libros. No se les echará de menos, pues nadie en la familia sabrá leer ni escribir. En toda nuestra comunidad habrá solamente una radio.

También deben esfumarse los servicios gubernamentales. No más servicios de correo ni seguros contra incendio. Hay una escuela, pero se encuentra a tres millas y sólo tiene dos salas de clase. No está muy llena, porque sólo la mitad de los niños del vecindario pueden ir a la escuela. No hay ningún hospital ni médico cerca. La clínica más cercana está a diez millas de aquí.

El organismo humano requiere un consumo diario de 2300 calorías como mínimo para proveer la energía diaria necesaria para vivir. Pero si nos ponemos a la altura de un campesino latinoamericano, no pasaremos de 2000 a 2100 calorías diarias y nuestros cuerpos se pondrán raquíticos.

Y así hemos traído a nuestra familia estadounidense al fondo de la escala humana. Cuando se nos dice que más de la mitad de la población mundial goza de un nivel de vida inferior a 100 dólares anuales, ésto es lo que tal cifra significa.

22. El propósito del autor es el de describir

    (1) la vida familiar estadounidense
    (2) las ventajas de la civilización
    (3) la vida en los países en desarrollo
    (4) el hogar estadounidense
    (5) los cambios en la familia

23. Más de la mitad de la población mundial tiene

    (1) un consumo diario de 2300 calorías
    (2) salas de clase atestadas
    (3) electrodomésticos de cocina
    (4) un nivel de vida bajo
    (5) maquinaria de alta tecnología

24. El pasaje implica que los estadounidenses

    (1) están bien informados
    (2) no comprenden la vida de los países en desarrollo
    (3) contribuyen a los problemas de los países en desarrollo
    (4) distorsionan las realidades de la vida
    (5) proporcionan ayuda a los menos afortunados

25. ¿Con cuál de estos artículos de primera necesidad se queda la familia en los países en desarrollo?

    (1) una casa
    (2) un hospital local
    (3) energía eléctrica
    (4) servicios gubernamentales
    (5) alimentos

HISTORIA

Lea cuidadosamente todas las selecciones que siguen. Después de cada selección hay preguntas que deberá responder o declaraciones que deberá completar. Elija la mejor respuesta.

Las preguntas 26 a 28 se basan en el pasaje siguiente.

Los primeros europeos que llegaron a América pensaban que los nativos eran gente errante que vivía y cazaba según sus antojos. Pero estaban equivocados: las tribus tenían sus regiones propias, las cuales estabn muy bien definidas. La diferencia fundamental entre la concepción europea de la propiedad y la de los nativos norteamericanos era que para estos últimos la propiedad era un bien común. Los nativos no tenían idea de títulos legales ni de la propiedad privada de las tierras, mientras que los europeos eran incapaces de pensar en otros términos. En 1879, se presentó al congreso el Acta General de Asignación. Su objetivo aparente era el de animar a los nativos a abandonar sus reservaciones y dedicarse al cultivo agrícola y a la vida en granjas. Se distribuyó la tierra de tal manera que 160 acres se asignaron a los jefes de familia y 80 a las personas solteras. La tierra que quedaba podía ser comprada por el gobierno. Los propietarios individuales, después de 25 años, podían vender sus tierras.

La declaración tuvo oposición, pero el acta se aprobó en 1887 y como consecuencia privó a los nativos de 90 millones de los 140 millones de acres que poseían. Pocos habían sido los nativos que se habían dedicado a la agricultura. Pero aun si hubiesen deseado convertirse en granjeros, no tenían dinero para invertir en implementos agrícolas o ganado. Además, debido a que las tierras estaban en fideicomiso, no tuvieron la posibilidad de conseguir crédito bancario. Y si no se deshacían de su propiedad y ésta era dividida entre sus descendientes, tocaba muy poco para cada uno.

—adaptado de Edmund Wilson

26. Según el pasaje, los primeros europeos creían que los nativos del Nuevo Mundo eran

    (1) agricultores
    (2) incivilizados
    (3) nómadas
    (4) desorganizados
    (5) poco progresistas

27. Según el pasaje, la diferencia esencial del concepto de propiedad entre los nativos norteamericanos y los europeos es que los europeos creían en

    (1) la propiedad privada de la tierra
    (2) el control gubernamental de la tierra
    (3) dividir grandes regiones en granjas
    (4) cultivar la tierra en vez de cazar
    (5) repartir la tierra entre los descendientes

28. El propósito aparente del Acta General de Asignación de 1879 fue

    (1) introducir nuevos métodos de caza
    (2) animar a los nativos norteamericanos a llevar otro modo de vida
    (3) permitir a los nativos trasladarse con mayor libertad de un lugar a otro
    (4) vender grandes regiones de tierra
    (5) consolidar la propiedad privada de la tierra

<u>Las preguntas 29 a 31</u> se basan en el pasaje siguiente.

Los propagandistas extranjeros tienen una extraña concepción de nuestro carácter nacional. Creen que los estadounidenses somos híbridos, mixtos, poco dinámicos y así es como nos han calificado los enemigos de la democracia, porque, según dicen, hay demasiada fusión de razas en nuestra vida nacional.

Creen que estamos desunidos e indefensos porque discutimos unos con otros, porque nos dedicamos a campañas políticas, porque reconocemos el sagrado derecho de las minorías de estar en desacuerdo con las mayorías y de expresar en voz alta tal desacuerdo. Pero es la gran mezcla de razas dedicadas a ideales comunes lo que crea y continúa nuestra vitalidad. En cada gran reunión hecha en Estados Unidos hay gente con nombres como Jackson y Lincoln o Isaacs y Schultz o Kovacs y Sartori o Jones o Smith.

Estos estadounidenses son todos inmigrantes o descendientes de inmigrantes. Todos ellos son herederos de la misma firme tradición de gente emprendedora, de aventureros, de gente con coraje—coraje para "abandonarlo todo y seguir avanzando". Esta ha sido la fuerza motriz de nuestra historia.

29. Según el párrafo, el carácter nacional estadounidense tiene éxito porque hay

    (1) pocos desacuerdos
    (2) grupos mayoritarios
    (3) repartición de la riqueza
    (4) ideales comunes
    (5) derechos minoritarios

30. Los propagandistas extranjeros creen que los estadounidenses

    (1) son enemigos de la democracia
    (2) no tienen una herencia común
    (3) tienen un carácter nacional unido
    (4) rehúsan discutir unos con otros
    (5) se avergüenzan de su descendencia extranjera

31. Los propagandistas extranjeros y el autor están de acuerdo en que los estadounidenses

    (1) están desunidos
    (2) no tienen una tradición común
    (3) provienen de distintos lugares y culturas
    (4) poseen fuertes creencias y las defienden
    (5) son profundamente religiosos

<u>Las preguntas 32 a 34</u> se basan en el pasaje siguiente.

Los acontecimientos históricos que han influido sobre los ciudadanos de Canadá y de Estados Unidos y que les han permitido resolver sus problemas con armonía y beneficio mutuo a través de los años constituyen una vívida y fascinante historia. Es la historia sobre disputas fronterizas, interrogantes y soluciones. Por cierto, las controversias y guerras que hubo en los primeros años en Canadá y las colonias del norte (de lo que es ahora Estados Unidos) y después de 1783 su continuación hasta la guerra de 1812, no fueron exactmente una fundación firme para la amistad internacional.

Sin embargo, se encontraron soluciones para todos los desacuerdos que surgieron y es así que las dos naciones han sido capaces de resolver de manera pacífica las dificultades que surgieron como consecuencia de una gran y disputada línea fronteriza, en muchos casos no delineada por grandes barreras naturales.

32. El título que mejor expresa la idea del pasaje es

    (1) "Una historia de orgullo"
    (2) "Nuestro vecino del norte"
    (3) "Cooperación con Canadá"
    (4) "Nuestra línea fronteriza del norte"
    (5) "El papel de los ciudadanos leales en Canadá"

33. Los desacuerdos entre Canadá y Estados Unidos

    (1) no ocurrieron después de 1800
    (2) se resolvieron caso por caso
    (3) constituyen la base de la amistad
    (4) se resolvieron con ventaja para Estados Unidos
    (5) fueron resultado de la presencia de barreras naturales

34. El escritor considera que el período anterior a 1812 fue

    (1) una barrera infranqueable
    (2) una época de disputas geográficas
    (3) el determinador de las diferencias entre los dos países
    (4) el determinador de la amistad entre Canadá y Estados Unidos
    (5) el período en que se determinó la frontera del norte en Estados Unidos

Las preguntas 35 a 37 se basan en el pasaje siguiente.

La gradual pérdida de autoridad tribal india súbitamente cambió con la aprobación del Acta de Reorganización India de 1934, ley que reforzó con asistencia federal el gobierno y la vida tribal. El acta, producto de las ideas del comisionado de asuntos indios, John Collier, revitalizó las comunidades indias que en esos años estaban aproximándose a la desintegración política y cultural. Collier, impresionado por la fuerza y viabilidad de las sociedades comunales indias del suroeste (por ejemplo, los hopis) y consternado por los destructivos efectos del sistema de asignación aplicado a sociedades tribales, luchó por restaurar las estructuras tribales mediante la transformación de las tribus en agencias del gobierno federal. De este modo, afirmó Collier, las tribus poseerían un grado mayor de autoridad y estarían amparadas por el gobierno federal.

Tal como Collier planeó, los gobiernos tribales indios tienen ahora la autoridad de tratar con los gobiernos estatales y también con el gobierno federal. Aunque dependen financieramente y legalmente del gobierno federal, han podido extender su autoridad política y judicial a niveles que los políticos del siglo XIX jamás habrían imaginado.

Los indios estadounidenses son ahora un grupo minoritario de rápido crecimiento. Poseen una exclusiva situación legal, basada en tratados y decisiones constitucionales, están mejor educados y gozan de mejor salud y prosperidad que nunca, pese a la persistencia de considerable desempleo, pobreza y enfermedad heredados de tiempos pasados.

35. El Acta de Reorganización India fue el resultado

    (1) de la presión ejercida por las autoridades tribales indias
    (2) del sistema de asignación
    (3) de la acción de los estados
    (4) de la legislación política del siglo XIX
    (5) de la acción de un empleado federal

36. El Acta de Reorganización India tuvo como objetivo

    (1) robustecer el gobierno tribal
    (2) disolver las comunidades indias
    (3) ampliar el sistema de asignación
    (4) independizar a las tribus
    (5) dar mayor poder a los estados

37. Los gobiernos tribales indios son ahora

    (1) más fuertes, política y judicialmente
    (2) más fuertes, legal y financieramente
    (3) más débiles, comunal y culturalmente
    (4) más débiles, es su estructura tribal
    (5) más débiles, en sus relaciones gubernamentales

Las preguntas 38 a 40 se basan en la fotografía siguiente.

Foto © Alfred Eisenstaedt/LIFE

38. Esta foto se tomó en

    (1) Londres
    (2) Boston
    (3) Nueva York
    (4) St. Louis
    (5) Los Angeles

39. ¿Cuál fue el tema de la foto?

    (1) una pareja de recién casados cele-
brando su boda

    (2) las intenciones amorosas de un mari-
nero al fin de la guerra

    (3) una pareja que celebra el año nuevo

    (4) cuán aceptadas eran las muestras de
afecto en la década de 1940

    (5) una famosa escena del cine

40. ¿Cuál es el propósito de la foto?

    (1) mostrar el júbilo al término de la
segunda guerra mundial

    (2) mostrar el júbilo al término de la pri-
mera guerra mundial

    (3) mostrar las emociones de los soldados
al fin de la guerra de Vietnam

    (4) mostrar que era aceptable expresar
amor en público

    (5) mostrar las amigables relaciones entre
soldados y enfermeras

GEOGRAFÍA

Lea cuidadosamente todas las selecciones que siguen. Después de cada selección hay preguntas que deberá responder o declaraciones que deberá completar. Elija la mejor respuesta.

Las preguntas 41 a 43 se basan en la tabla siguiente.

41. Se puede deducir de la tabla que el crecimiento de la población mundial es

    (1) mayor en Europa

    (2) mayor en los países industrializados

    (3) encabezado por Estados Unidos y
Japón

    (4) mayor en el Oriente Medio

    (5) mayor en India

42. El país que tuvo mayor aumento en la densidad de población en 2000 fue

    (1) India

    (2) China

    (3) Japón

    (4) Brasil

    (5) Estados Unidos

TAMAÑO, POBLACIÓN Y DENSIDAD DE LAS NACIONES Y REGIONES MÁS GRANDES DEL MUNDO

País	Tamaño (millas cuadradas)	Población (estimada en millones)		Población por milla cuadrada	
		1992	2000	1992	2000
Canadá	3,850,000	27.36	30.42	7.1	7.9
China	3,700,000	1,187.99	1,309.74	321.1	353.98
EUA	3,600,000	255.16	257.32	70.88	76.48
Brasil	3,300,000	154.11	172.77	46.7	52.36
India	1,200,000	879.55	1,018.67	732.96	848.89
Japón	143,000	124.49	128.06	870.57	895.57
Sureste de Asia	1,692,000	461.5	531.01	272.75	313.83
Oeste de Asia	1,830,817	139.27	171.43	76.07	93.64
África	11,700,000	681.69	836.15	58.26	71.47

(Note el incremento estimado de la población en los ocho años que separan a los dos grupos de cifras. Los científicos estiman que la población de la tierra se duplicará en menos de 50 años.)

Índice de crecimiento anual de la población por regiones

África	2.9%	Latinoamérica	2.0%	Oceanía	1.6%
Asia	1.9%	Europa	0.4%	Mundo	1.7%
Norteamérica	1.0%	Ex Unión Soviética	0.8%		

43. De acuerdo con la tabla, puede deducirse que

(1) África está más densamente poblado que Estados Unidos
(2) Canadá tiene principalmente un medio ambiente favorable
(3) Japón es altamente industrializado
(4) India no tiene un clima saludable
(5) la población de Norteamérica está creciendo a mayor velocidad que la de Latinoamérica

Las preguntas 44 a 46 se basan en el pasaje siguiente.

Green Seal (Sello Verde) es una entidad sin fines de lucro, con sede en la capital de nuestra nación, que ayuda a los consumidores a identificar a las empresas que hacen afirmaciones ecológicas honradas sobre sus productos. Esta organización desarrolla exigentes normas ecológicas para productos que pueden ir desde el papel higiénico hasta el aceite lubricante y luego propone a las compañías que permitan a Green Seal a poner a prueba sus productos. Los productos que cumplan o sobrepasen las normas de Green Seal pueden desde entonces imprimir su símbolo—un globo azul con un signo de aprobación—sobre sus productos. Según un portavoz de Green Seal, este tipo de identificación destaca a las empresas que fabrican productos de mínimo impacto ambiental y las hace más atractivas para los consumidores, lo cual a su vez estimula a otras empresas a unirse a la causa ecológica.

Green Seal inició sus actividades en 1990. La empresa imita a programas ecológicos similares de Alemania, Canadá, Japón y unos 15 países más, si bien Green Seal se diferencia por recibir sus fondos de donaciones individuales o de fundaciones, mientras que los otros programas son patrocinados por sus respectivos gobiernos. La financiación privada de Green Seal exime a la organización de las presiones políticas que cabría esperar con el respaldo financiero federal. Según el portavoz, "El 80 por ciento de las compañías que no logran obtener nuestro permiso de usar el símbolo estarían presionando a sus congresistas para que éstos nos empujen a ser menos estrictos".

Green Seal desarrolla exigentes normas técnicas para distintas categorías de productos. Sus empleados estudian cómo se obtiene la materia prima que se usa para fabricar un pro-

ducto y monitorizan la acción del producto sobre el medio ambiente a medida que el producto se usa y desecha. "Nos preguntamos cuáles son los impactos más importantes y qué es lo que se puede hacer para que el producto sea menos dañino en esas áreas", explicó el representante.

Para productos como el papel higiénico y el papel facial, los impactos incluyen la explotación forestal para obtener la madera usada en la fabricación de papel, la descarga en los ríos de cloro y otros productos químicos tóxicos hecha por la industria papelera, la contaminación con papel de los basurales y la polución del aire causada por la incineración del papel.

Green Seal ha establecido normas para unas 40 categorías de productos de consumo masivo y ha permitido el uso de su símbolo en 23 productos de ocho compañías distintas.

44. El símbolo de Green Seal tendría mayor atractivo para compradores que

(1) buscan gangas
(2) son honrados
(3) están interesados en política
(4) están preocupados con el medio ambiente
(5) son influidos por los marbetes, rótulos y cédulas de los productos

45. Según el pasaje,

(1) las compañías desean poder usar el símbolo de Green Seal
(2) Green Seal tiene normas de prueba generosas
(3) Green Seal establece normas para los productos
(4) las afirmaciones ambientales son honradas
(5) Green Seal obtiene utilidades por sus servicios

46. La mayor preocupación de los empleados de Green Seal es

(1) el impacto ambiental
(2) las ganancias generadas
(3) la utilidad
(4) el desempeño
(5) el costo

Las preguntas 47 a 49 se basan en el mapa y pasaje siguientes.

EL ORIENTE MEDIO Y EL NORTE DE ÁFRICA

El conocimiento del Oriente Medio es importante por muchas razones.

1. El Oriente Medio es una zona rica en petróleo. Se estima que dos terceras partes de las reservas totales de petróleo en el mundo se encuentran en el Oriente Medio. El petróleo es vital para la industria de todo el mundo.

2. El Oriente Medio ha tenido siempre gran importancia porque está ubicado en la encrucijada de tres continentes. El comercio entre Asia, África y Europa tenía que pasar por esta región y sus ríos han sido usados como rutas comerciales desde el comienzo de la civilización...

3. Algunas de las primeras civilizaciones se desarrollaron en el Oriente Medio...

4. Tres de las grandes religiones de la tierra—cristianismo, judaísmo e islamismo—empezaron en esta parte del mundo. Muchos lugares de Israel, Jordania y Arabia Saudí son considerados santos por cristianos, musulmanes y judíos.

5. Finalmente, el estado judío de Israel se encuentra entre los estados árabes en esta zona. Israel es una democracia en una parte del mundo donde la mayoría de la gente tiene poca voz y voto en lo que respecta a su propio gobierno...

47. El mapa revela que de todos estos países, el que tiene menos superficie es

(1) Egipto
(2) Arabia Saudí
(3) Irán
(4) Jordania
(5) Israel

48. Entre las razones expuestas para conocer sobre el Oriente Medio, la más importante es

(1) política
(2) económica
(3) histórica
(4) religiosa
(5) cultural

49. Según el mapa y el texto, las aguas navegables y accesibles para el comercio desde el mar Mediterráneo incluyen los siguientes EXCEPTO el

(1) mar Negro
(2) mar Caspio
(3) golfo pérsico
(4) mar arábigo
(5) mar Rojo

Las preguntas 50 a 52 se basan en el pasaje siguiente.

El estímulo inicial del movimiento en defensa del medio ambiente fue el creciente interés en realizar actividades al aire libre en un entorno más natural. Esto llevó a la creación del Sistema Nacional de Conservación (1964), el Sistema Nacional de Trochas (1968) y el Sistema Nacional de Ríos Naturales y Pintorescos (1968), como también a un programa fiscal de compra de tierras—la Acta de Conservación de Tierras y Aguas (1964). Hacia 1989, el sistema silvestre de EUA, el resultado más dramático de estas medidas, estaba abarcando 90 millones de acres.

Estos programas dieron a la administración de recursos una dirección distinta al enfoque antiguo que se basaba en la administración eficiente de los recursos naturales. En las regiones silvestres, se prohibió la tala de bosques y la construcción de caminos, prohibiéndose además la construcción de represas para que los ríos pudiesen fluir sin impedimento alguno. La nueva dirección de los programas fue dirigida hacia el valor estético de los recursos en vez del material.

El movimiento de protección del entorno dio lugar a un nuevo concepto de apreciación de la fauna salvaje como objeto de observación y no de caza. Esto condujo a un programa federal de protección de especies en peligro de desaparición, programas estatales de protección de la vida silvestre en general, un mayor interés en proteger los hábitats de animales y plantas silvestres, y un estudio más enérgico de la diversidad biológica de los recursos silvestres.

Los conceptos de protección ambiental condujeron a un mayor interés de controlar la contaminación—primero la contaminación del aire y agua en las décadas de 1950 y 1960 y luego la contaminación por productos tóxicos en la década de 1970 y más tarde.

50. El movimiento de protección del medio ambiente se inició con el deseo de

 (1) conservar los recursos naturales
 (2) civilizar las regiones silvestres
 (3) aumentar la oportunidad de caza y pesca
 (4) administrar mejor los recursos
 (5) realizar actividades al aire libre

51. Los esfuerzos más recientes en el campo de la protección ambiental intentan

 (1) reducir los desechos químicos tóxicos
 (2) mejorar las utilidades obtenidas de los recursos naturales
 (3) optimizar la conservación de tierras y aguas
 (4) reducir la contaminación de tierras y aguas
 (5) controlar la propagación de la vida silvestre

52. La nueva apreciación de la fauna salvaje condujo a

 (1) un aumento de la caza
 (2) mayores utilidades obtenidas en la venta de pieles
 (3) conservación en la administración de recursos
 (4) un desarrollo eficiente de los recursos materiales
 (5) un programa federal de protección de especies en peligro de desaparición

Las preguntas 53 a 55 se basan en el pasaje siguiente.

La cantidad de inmigrantes puertorriqueños que ha llegado a la ciudad puede compararse a las enormes oleadas de inmigrantes europeos del siglo XIX.

Estos isleños no demoraron en aprender lo que previos inmigrantes habían experimentado. Los salarios eran mejores pero los precios eran mayores, las habitaciones eran lamentables, había crimen en cada calle, el tiempo era frío y húmedo, y la sociedad en general era extraña y distinta.

Cómo mantener junta la familia y conservar la identidad han sido problemas de todos los inmigrantes, y hoy en día lo son para los puertorriqueños de Nueva York La vida en la gran ciudad no era fácil, pero volver habría sido regresar a una tierra que ofrecía poco.

A diferencia de otros recién llegados que no hablaban inglés, los puertorriqueños son ciudadanos estadounidenses y pueden ir y volver como les dé la gana. Además, a diferencia de otros inmigrantes, los puertorriqueños no tienen que cortar sus lazos con la patria después de llegar a Estados Unidos y pueden así continuar manteniendo y hasta renovando el contacto con su cultura original.

53. Los inmigrantes puertorriqueños son distintos de los otros inmigrantes que no hablan inglés y que llegan a Nueva York porque los puertorriqueños

    (1) no tienen problemas de lenguaje
    (2) tienen asegurado el trabajo en las fábricas
    (3) vienen con grandes esperanzas
    (4) ya son ciudadanos estadounidenses
    (5) no estaban preparados para la inmigración

54. Los puertorriqueños debieron enfrentarse a los mismos problemas que tuvieron los otros inmigrantes EXCEPTO

    (1) precios altos que cancelaban mejores salarios
    (2) habitación inadecuada
    (3) clima desagradable
    (4) crimen por doquier
    (5) lazos culturales perdidos

55. El pasaje implica que los puertorriqueños, después de inmigrar a Nueva York,

    (1) fueron iguales a los otros grupos de inmigrantes
    (2) permanecieron fuera de la vida diaria normal
    (3) no tuvieron más alternativa que permanecer en la ciudad
    (4) volvieron a Puerto Rico en gran número
    (5) resolvieron, después de un tiempo, su problema de identidad

Clave de las Respuestas

Educación cívica y gubernamental

1. **3**	3. **4**	5. **3**	7. **2**	9. **3**	11. **4**
2. **3**	4. **3**	6. **5**	8. **4**	10. **1**	12. **5**

Economía

13. **3**	16. **4**	18. **4**	20. **1**	22. **3**	24. **2**
14. **2**	17. **5**	19. **4**	21. **2**	23. **4**	25. **5**
15. **1**					

Historia

26. **3**	29. **4**	32. **3**	35. **5**	37. **2**	39. **2**
27. **1**	30. **2**	33. **2**	36. **1**	38. **3**	40. **1**
28. **2**	31. **3**	34. **2**			

Geografía

41. **5**	44. **4**	47. **5**	50. **5**	52. **5**	54. **5**
42. **1**	45. **3**	48. **2**	51. **1**	53. **4**	55. **3**
43. **3**	46. **1**	49. **2**			

¿CUÁL ES SU PUNTUACIÓN?	
_____ correctas	_____ incorrectas
Excelente	50–55
Bien	44–49
Regular	38–43

Si su puntuación es baja en la sección de Estudios Sociales, necesitará revisar más este material. La explicación de las respuestas correctas que se ofrece a continuación puede ayudarle a determinar los temas en que está más débil. Luego lea de nuevo la sección "Cómo Leer e Interpretar Material de Estudios Sociales" al comienzo de esta unidad y repase las áreas en las que tiene más problemas.

Análisis de las respuestas

Educación cívica y gubernamental

1. **3** El tema del pasaje se expresa en la cuarta oración. El hombre de estado estadounidense se define no sólo por realizar una función política, sino porque tiene una responsabilidad universal. Éstas son las bases de la filosofía política en Estados Unidos.

2. **3** Las primeras palabras del pasaje indican que los intelectuales que van a la cabeza de las revoluciones generalmente son aniquilados por las fuerzas que ellos mismos desencadenaron.

3. **4** En la mitad del pasaje se afirma que la institución de las ciencias políticas en Estados Unidos es la única que se ha adaptado perfectamente a las emergencias del mundo contemporáneo.

4. **3** La caricatura muestra que en 1939 (mire la chapa de matrícula del automóvil y verá que indica el comienzo de la segunda guerra mundial) Estados Unidos adoptó una política exterior de neutralidad.

5. **3** Aunque el presidente, siendo comandante en jefe, puede usar el poder militar del país, la ley limita su poder de mandar tropas a combatir a tierras extranjeras.

6. **5** La pregunta de la alumna se refiere al papel desempeñado por las mujeres en la fundación de Estados Unidos y sugiere que debiera prestarse mayor atención a la importancia de las mujeres en la historia del país.

7. **2** El pasaje afirma que las decisiones de los tribunales son meramente indicaciones que generalmente "crean una serie inacabable de cuestiones legales".

8. **4** La oración con que empieza el párrafo indica que el ciudadano medio tiene conocimiento sobre las decisiones judiciales importantes.

9. **3** "Históricas" se refiere a las características que son más importantes.

10. **1** El pasaje menciona que la nueva industria estadounidense es la promoción de la democracia.

11. **4** El progreso de la democracia ha sido más difícil en las naciones "que cayeron bajo la bota de hombres fuertes".

12. **5** Se declara que ningún tipo de asesoramiento democrático puede afectar las expectativas de los ciudadanos.

Economía

13. **3** El autor se concentra "en los cientos y miles de niños desamparados en esta nación".

14. **2** Los niños no se ven porque "están diseminados por miles de ciudades".

15. **1** Según el autor, el hecho de abandonar medio millón de niños desamparados convierte a Estados Unidos en "una nación que traiciona a sus ciudadanos y a los mejores valores que éstos poseen".

16. **4** Los inmigrantes y mineros y los que trabajan en fábricas y talleres son mencionados, pero no los sirvientes.

17. **5** Según el pasaje, "Hay unos 200 millones de niños trabajando en todo el mundo".

18. **4** Como importante reforma, se mencionan leyes que fueron aprobadas y hechas cumplir contra este tipo de trabajo.

19. **4** El pasaje se refiere al problema, para las familias en que tanto el hombre como la mujer trabajan, de encontrar nuevas maneras de integrar el trabajo con la vida familiar.

20. **1** Las mujeres pobres no se beneficiaron tanto como un pequeño número de mujeres más afortunadas que lograron obtener mejores trabajos.

21. **2** Los legisladores están ahora interesados en temas relacionados con la familia, tales como vacaciones pagadas por embarazo, cuidado infantil y seguros de salud.

22. **3** El autor desea que el lector comprenda lo que es la vida en los países en desarrollo. Con tal fin, imagina que una familia pobre estadounidense se transforma en una familia típica del mundo subdesarrollado.

23. **4** El artículo afirma que más de la mitad de la población mundial tiene un nivel de vida inferior a $100 anuales.

24. **2** El autor implica que la mayoría de los estadounidenses no comprenden la vida de cuatro mil millones de personas que viven en los países subdesarrollados. Para ayudarles a comprender, crea una familia imaginaria.

25. **5** Las familias en los países en desarrollo carecen de casa propia, acceso a hospitales cercanos, no tienen electricidad ni servicios gubernamentales y consumen sólo 2000 a 2100 calorías diarias, lo cual no es suficiente para tener buena salud.

Historia

26. **3** El primer párrafo menciona que "Los primeros europeos que llegaron a América pensaban que los nativos eran gente errante".

27. **1** El autor afirma que los nativos no tenían idea de la propiedad privada, mientras que los auropeos eran incapaces de pensar en otros términos.

28. **2** Según el autor, el objetivo del Acta General de Asignación fue el de "animar a los nativos a abandonar sus reservaciones y dedicarse al cultivo agrícola y a la vida en granjas."

29. **4** El pasaje habla de "la gran mezcla de razas dedicadas a ideales comunes..."

30. **2** Las palabras *híbrido* y *mixto* indican la carencia de una herencia común.

31. **3** El autor admite que "la mezcla de razas" (mencionada por los propagandistas extranjeros) es un hecho.

32. **3** El pasaje destaca el hecho de que Canadá y Estados Unidos han cooperado para resolver muchos problemas comunes.

33. **2** El pasaje afirma que se encontraron soluciones para todos los problemas.

34. **2** Según el pasaje, las disputas fronterizas continuaron hasta la guerra de 1812.

35. **5** El pasaje indica que el Acta de Reorganización India fue fruto de la labor de John Collier, el comisionado de asuntos indios.

36. **1** El acta tuvo como meta restaurar la autoridad tribal. Como lo indica el pasaje, "reforzó con asistencia federal el gobierno y la vida tribal".

37. **2** El pasaje se refiere tanto a la especial situación legal de los indios como a la mayor prosperidad que tuvieron desde que el acta se puso en práctica.

38. **3** La foto fue tomada en Nueva York. Note los conocidos edificios de Times Square detrás de la pareja.

39. **2** El obvio tema de la foto es el deseo del marinero de dar rienda suelta a sus instintos amorosos al final de la guerra. La foto muestra su emoción de poder iniciar una nueva vida.

40. **1** El propósito de esta famosa foto es el de mostrar el júbilo de los soldados que acababan de volver del frente en la segunda guerra mundial.

Geografía

41. **5** Entre 1992 y 2000, la población de India aumentó en 139 millones. China estuvo en segundo lugar, con 121 millones.

42. **1** Entre 1992 y 2000, el mayor aumento en densidad por milla cuadrada correspondió a India, de 732.96 a 848.89.

43. **3** Como Japón posee el mayor número de habitantes por milla cuadrada y las altas densidades de población generalmente ocurren en zonas de gran industrialización, puede deducirse que Japón está muy industrializado.

44. **4** Como Green Seal "ayuda a los consumidores a identificar a las empresas que hacen afirmaciones ecológicas honradas sobre sus productos", es obvio que sus actividades interesarán a compradores preocupados por el medio ambiente.

45. **3** El artículo menciona que esta entidad desarrolla exigentes normas ecológicas para todo tipo de productos.

46. **1** Sus empleados "monitorizan la acción del producto sobre el medio ambiente a medida que el producto se usa y desecha."

47. **5** Israel, con un tamaño parecido al del estado de Nueva Jersey, es el país más pequeño de la zona, con 7,992 millas cuadradas. Israel posee menos de un cuarto de la superficie de Jordania, un quinto del tamaño de Egipto, un octavo del tamaño de Irán y un centésimo de la superficie de Arabia Saudí.

48. **2** El petróleo y el comercio se mencionan en primer lugar.

49. **2** El mar Caspio es un mar rodeado de tierra.

50. **5** "El estímulo inicial...fue el creciente interés en realizar actividades al aire libre en un entorno natural".

51. **1** En la década de 1970 y más tarde surgió el interés en controlar la contaminación producida por productos químicos tóxicos.

52. **5** El concepto de la apreciación de la fauna salvaje como objeto de observación y no de caza condujo al programa federal de protección de especies en peligro.

53. **4** A diferencia de otros recién llegados a Nueva York, los puertorriqueños son ciudadanos estadounidenses al momento mismo de llegar.

54. **5** Las cuatro primeras respuestas se refieren a problemas que todos los inmigrantes experimentaron. La excepción es la opción 5, pues los puertorriqueños pueden mantener y renovar el contacto con su cultura.

55. **3** Según el pasaje, la vida en la ciudad puede ser difícil, "pero volver habría sido regresar a una tierra que ofrecía poco y nada".

Cómo Leer e Interpretar Preguntas Sobre Ciencias

Las preguntas sobre ciencias en el Examen de GED pueden basarse en pasajes de lectura, gráficos, diagramas o tablas. Las tácticas para realizar el examen se presentan mediante 31 ejemplos razonados y explicaciones detalladas. Estos ejemplos representan los tipos de preguntas que usted probablemente verá en su examen. En los ejemplos se da especial importancia al análisis, la interpretación de datos y al uso que usted da a la información recibida. En este capítulo y en los capítulos que siguen, usted encontrará muchas preguntas basadas en gráficos, tablas y diagramas, tal como ocurre en el verdadero examen.

Hay varios tipos de pregunta en el prueba de ciencias y cada tipo require una estrategia específica.

PREGUNTAS SOBRE UN SOLO TEMA

En este tipo de preguntas se presenta un párrafo corto seguido de una sola pregunta. Lo primero que debe hacer para resolver este tipo de preguntas es identificar la principal idea o ideas. La mejor manera de hacerlo es comenzar a leer el párrafo y la pregunta rápidamente, sin parar para asegurarse de que ha comprendido cada punto. Esto le permitirá dar sentido al contenido de la pregunta y al tipo de información que necesitará para contestarla. Concéntrese en la idea principal del párrafo.

A continuación, lea de nuevo la pregunta—cuidadosamente. Puede que ya sea capaz de responder correctamente. Si tiene alguna duda, vuelva al párrafo y léalo de nuevo detenidamente, buscando la respuesta a la pregunta.

Practique esta técnica con las preguntas siguientes:

1. Las plantas en crecimiento no desarrollarán su color verde, es decir, la clorofila de sus hojas, a menos de que tengan luz solar y el sistema genético necesario.

   Si una pequeña planta que crece bajo luz sombría aparece descolorida, ¿qué se puede hacer para determinar la causa?

   (1) Darle un nuevo grupo de genes
   (2) Añadir clorofila a la tierra
   (3) Injertarla a otra planta
   (4) Moverla hacia otro sitio con luz solar
   (5) Añadir fertilizante a la tierra

2. El gas de anhídrido carbónico (CO_2) está disuelto en agua gaseosa. Las moléculas de gas están disueltas y son invisibles mientras la botella permanence cerrada, pero cuando se saca la tapa, el líquido empieza a echar espuma con la liberación de burbujas de CO_2. La espuma es más abundante si la gaseosa está caliente.

¿Qué regla general puede explicar estas observaciones?

(1) El agua caliente tiende a bajar la presión del gas disuelto
(2) El gas de CO_2 es más soluble cuando la temperatura es baja y la presión es alta
(3) El gas de CO_2 no se disuelve en agua cuando la presión es demasiado alta
(4) El gas de CO_2 no es tan soluble cuando la presión y la temperatura son demasiado altas
(5) La presión alta tiende a mantener baja la temperatura

RESPUESTA Y ANÁLISIS

1. Una lectura rápida le permite comprender que la idea principal está relacionada con los factores que afectan el desarrollo del color verde de las plantas. Vuelva ahora al párrafo y léalo de nuevo. Después de volverlo a leer, se dará cuenta que los factores principales son la luz solar y los genes. Esto reduce las posibilidades a las opciones 1 y 4. Debido a que no se puede dar a la planta un nuevo grupo de genes, la opción 4 es la correcta.

2. Una lectura rápida le permite saber que la idea principal hace referencia a la solubilidad de los gases y su dependencia con la presión y la temperatura. Ahora debe leer de nuevo detenidamente el texto para ver de qué dependencia se trata.

   La pregunta introduce un tipo de dificultad con la que puede encontrarse muy a menudo—*la suposición no declarada*. Para encontrar la respuesta a esta pregunta, debe darse cuenta que la presión en una botella de soda cerrada es alta. Esto debiera ser obvio para usted, pues ha visto que cuando saca la tapa de una botella, el gas sale precipitadamente. Para responder necesita usar información que generalmente es bien conocida.

   Luego, vuelva al pasaje para encontrar de qué manera la temperatura y la presión afectan la solubilidad del gas en la soda. Cuando saca el tapón, usted reduce la presión y el gas deja de ser tan soluble, pues está claro que el gas es más soluble cuando la presión es alta. Debido a que hay más espuma cuando la soda está caliente, el gas es más soluble cuando la temperatura es más baja. Así, la respuesta es la opción 2.

PREGUNTAS SOBRE TEMAS MÚLTIPLES BASADAS EN LA LECTURA

Algunas preguntas requieren que usted lea un pasaje que consiste de varios párrafos y luego responda cierto número de preguntas relacionadas con el texto. En este caso, usted debe estudiar cuidadosamente el pasaje *antes* de mirar las preguntas. A medida que usted lea, note dos o tres ideas principales.

Para encontrar las ideas principales en el pasaje, busque palabras claves. Estas son palabras como *aorta* y *núcleo* y *ecosistema*, es decir, palabras que generalmente se usan dentro de un contexto científico. Una vez que haya hallado tales palabras, éstas deberán llevarlo hacia una o más ideas principales en el pasaje.

Pasaje 1

La migración anual de aves es un proceso complejo que sólo se entiende parcialmente. Algunas aves que han nacido en el Ártico vuelan miles de millas hacia Sudamérica cada invierno y luego retornan al lugar en que han nacido. Las aves adultas hacen este viaje antes que las crías recién nacidas. Sin embargo, las crías encuentran el camino hacia las tierras en donde se pasa el invierno y no necesitan que ningún adulto les enseñe esa ruta. Nadie sabe cómo logran hacer esto.

Los biólogos, sin embargo, saben que en las zonas templadas la migración es estimulada por los cambios en la duración del día. Cuando los días se acortan en el otoño, las aves experimentan ciertos cambios fisiológicos como, por ejemplo, la degeneración de los testículos u ovarios. Esto va acompañado de una inquietud y una necesidad de volar hacia el sur.

Existe cierta evidencia de que para orientarse en el vuelo las aves usan diferentes pistas, entre ellas el campo magnético de la tierra, la posición del sol en el cielo, los contornos de la tierra e incluso la ubicación de las estrellas en la noche. Cómo saben el camino es, sin embargo, un misterio. Se puede llamar instinto, pero ésta es simplemente una palabra que explica muy poco.

A medida que lee este pasaje por primera vez, debería identificar algunas palabras claves como *migración*, *degeneración*, *ovarios*, *testículos*, *orientarse*, *campo magnético*. Use esas palabras para encontrar la idea principal en el pasaje. Esto posiblemente le llevará a concebir tres ideas: (1) el cambio en la duración del día es una señal de que las aves están listas para migrar; (2) las aves usan diferentes pistas o claves para orientarse en su vuelo; (3) cómo saben el camino es algo que todavía se desconoce.

Cuando haya fijado estas ideas firmemente en su mente, estará listo para leer las preguntas. Relea el pasaje según lo necesite para encontrar las respuestas.

PREGUNTAS

1. ¿Cuál es el factor más probable que hace que las aves migren al norte durante la primavera?

   (1) el agotamiento de las provisiones de alimentos durante el invierno
   (2) la desaparición de la nieve en el suelo
   (3) la llegada de tiempo más cálido
   (4) el aumento de la duración del día
   (5) el instinto de volar hacia el norte

2. En un experimento, se le han sacado los testículos a aves árticas en el verano y se ha observado que las aves muestran el típico desasosiego que precede a la migración. ¿Qué hipótesis sugiere esto?

   (1) La migración temprana causa la degeneración de los testículos
   (2) La longitud del día no tiene nada que ver con la migración
   (3) El factor psicológico inmediato que inicia la migración es la degeneración de los testículos
   (4) El aumento de la duración del día causa la degeneración de los testículos
   (5) El desasosiego no es un signo del inicio de la migración

3. ¿Qué revelan los estudios migratorios sobre cómo las aves conocen la ruta que deben seguir?

(1) Las crías aprenden siguiendo a sus progenitores
(2) Las aves han nacido con un instinto que les muestra la ruta
(3) Las aves usan diferentes pistas o claves para orientarse
(4) El cambio de la duración del día da a las aves las claves necesarias
(5) Hasta ahora, los investigadores no han podido responder a esta pregunta

4. En los trópicos, algunas aves migran distancias cortas entre las estaciones lluviosas y secas. ¿Cómo sabemos que no usan las mismas claves usadas por las aves de las zonas templadas?

(1) No hay gran variación de temperatura entre el invierno y el verano en los trópicos
(2) En los trópicos las aves disponen de alimento durante todo el año
(3) Los testículos y ovarios de las aves tropicales no cambian cíclicamente durante el año
(4) En los trópicos, la duración del día es casi la misma durante todo el año
(5) Debido a que el clima es siempre caluroso en los trópicos, las aves no anidan en una estación definida

RESPUESTAS Y ANÁLISIS

1. Una de las ideas principales nos dice que en el otoño la migración es estimulada debido a la reducción de la duración del día. Es razonable suponer que lo contrario ocurre en la primavera, es decir, la opción 4.

2. Esta pregunta requiere que analice una relación de causa-efecto. Debido a que está relacionada con los factores que preceden a la migración, debe centrarse en el segundo párrafo, donde encontrará que la degeneración de los testículos (u ovarios) siempre precede a la migración. El experimento determina si es verdad o no de que la pérdida de los testículos sea la causa de la migración. Al demostrarse que la pérdida de los testículos produce el desasiego premigratorio, se establece la relación causa-efecto. La opción correcta es la 3. La opción 1 es incorrecta porque una causa no puede venir después de un efecto. La 2 es incorrecta porque introduce un factor no probado en el experimento. La 4 también es incorrecta porque la longitud del día se reduce en vez de aumentar, a medida que el verano avanza hacia el otoño. La 5 tampoco es correcta ya que viola una de las suposiciones sobre la cual se ha basado el experimento.

3. Una de las ideas principales que ya se han extraído del pasaje es la opción 5, que es la respuesta correcta. El texto dice que la opción 1 no es verdadera y la 2 ofrece una palabra, *instinto*, que no constituye una explicación. Las opciones 3 y 4 son verdaderas, pero no son pertinentes para esta pregunta en particular. La opción 4 está relacionada con la medición del tiempo y no con la ruta.

4. El cambio en la duración del día es lo que estimula la migración en las zonas templadas. La respuesta es la opción 4, ya que las estaciones no experimentan cambios en los trópicos. Las opciones 1, 2 y 5 pueden ser declaraciones correctas, pero la pregunta trata sobre cambios estacionales y no sobre temperaturas ni disponibilidad de alimentos. La opción 3 también puede ser verdadera, pero no es una respuesta válida porque no puede verificarse ya que el pasaje no suminista información pertinente.

Pasaje 2

La anemia falciforme es una enfermedad hereditaria de los eritrocitos (glóbulos rojos de la sangre) que afecta especialmente a la gente de la región tropical de África y sus descendientes en América. Se caracteriza por hemoglobina anormal, la proteína que transporta oxígeno.

La gente que sufre esta condición está sujeta a repetidos ataques, debido a que los eritrocitos no reciben suficiente oxígeno cuando pasan por los pulmones. Esto puede suceder en períodos de intensa actividad física o a grandes altitudes donde la presión del oxígeno es más baja. En tales condiciones, la hemoglobina anómala se cristaliza, distorsionando a los eritrocitos hasta que éstos adquieren una forma de hoz rígida que les impide pasar por los capilares. El bloqueo de la circulación produce una variedad de síntomas graves y puede terminar en muerte.

El gen que produce esta hemoglobina anómala confiere algunos beneficios a los que la poseen. Los hijos de una persona que tiene anemia falciforme y otra que tiene hemoglobina normal tienen algunos eritrocitos dañados, pero no los suficientes para enfermarse, a no ser que las condiciones sean muy graves. El beneficio es que estas personas son inmunes a la malaria, una enfermedad devastadora e incluso mortal en África y Asia.

Este es un pasaje complejo que contiene muchas palabras claves: *anemia falciforme, África, eritrocitos, hemoglobina, hereditaria, oxígeno, capilares, malaria.* Algunas de estas palabras quizás no le resulten familiares, pero note que tres de ellas han sido definidas en el texto. En el pasaje se dice que los eritrocitos son los glóbulos rojos de la sangre, que la hemoglobina es la proteína que acarrea el oxígeno, y que la malaria es una enfermedad devastadora. La anemia falciforme se describe en detalle durante todo el pasaje. Se espera que usted conozca el significado de *África, hereditaria, oxígeno y capilares.*

Usando estas palabras, encontrará las siguientes ideas claves: (1) la anemia falciforme es hereditaria; (2) afecta a la gente en África, donde la malaria es común; (3) la enfermedad está relacionada con hemoglobina anormal; (4) los ataques ocurren en condiciones de bajo suministro de oxígeno; (5) la anemia falciforme confiere protección contra la malaria.

Ahora está listo para enfrentar las preguntas.

PREGUNTAS

1. ¿Cuál de los siguientes puede ser un tratamiento adecuado para una persona que experimenta un ataque agudo de anemia falciforme?

   (1) Administrar un medicamento antimalárico
   (2) Llevar a la persona a un lugar de mayor altitud
   (3) Administrar oxígeno
   (4) Hacer que la persona haga ejercicios intensos para abrir los capilares
   (5) Extraer los eritrocitos falciformes

2. ¿Por qué la anemia falciforme produce cierto beneficio en África pero no en Estados Unidos?

   (1) No hay malaria en Estados Unidos
   (2) Estados Unidos posee un clima templado
   (3) En Estados Unidos hay más oxígeno en el aire
   (4) El gen que produce la anemia falciforme no se encuentra en Estados Unidos
   (5) Estados Unidos se encuentra a menor altitud que África

3. De las opciones que se mencionan a continuación, ¿en qué grupo aparecería la anemia falciforme posiblemente con mayor frecuencia?

   (1) los estadounidenses que viven en África
   (2) los estadounidenses de descendencia africana
   (3) la gente que ha estado expuesta a la malaria
   (4) toda la gente que vive en los trópicos
   (5) la gente que ha estado en estrecho contacto con individuos que tienen esta anemia

4. Hay una prueba para determinar si un individuo tiene anemia falciforme. Alguien podría someterse a esa prueba para ayudarse a decidir si...

   (1) debe mudarse a un clima tropical
   (2) ha de encontrar trabajo en una oficina
   (3) puede realizar trabajos físicos en un sitio a gran altitud
   (4) debe ir a tratarse a un hospital
   (5) debe viajar a África

5. La selección natural tiende a eliminar los genes que producen enfermedades graves y no producen beneficios. ¿Cuál de las opciones siguientes reduciría a largo plazo la cantidad de afectados de anemia falciforme en el mundo?

   (1) mejorar la sanidad en los países tropicales
   (2) una nueva vacuna para combatir la enfermedad
   (3) una restricción de la inmigración africana
   (4) la cuarentena para los individuos afectados
   (5) la eliminación total de malaria en el mundo

RESPUESTAS Y ANÁLISIS

1. Una de las ideas claves expone que los ataques están provocados por la falta de oxígeno en la sangre, o sea, la opción 3. No debería tener que referirse al pasaje para responder la pregunta.

2. El último párrafo del pasaje dice que el único beneficio de la anemia falciforme es la protección contra la malaria. Donde no hay malaria, el beneficio desaparece. Por eso, la opción 1 es la correcta. Las opciones 3, 4 y 5 no son verdaderas y la 2 no es pertinente.

3. Uno de los puntos claves de la anemia falciforme es que es hereditaria. Otro es que es común en toda África. Así pues, es más probable que la enfermedad sea contraída por la gente que desciende de africanos. La opción 2 es la correcta.

4. Esta es una pregunta difícil que no puede contestarse a no ser que se lea detenidamente el pasaje. El último párrafo dice que bajo condiciones graves, el portador de la anemia falciforme puede llegar a enfermarse. En el segundo párrafo se expone que las condiciones graves son la limitación del oxígeno causada por intensa actividad física o gran altitud. Las respuesta 3 es la correcta, porque combina los dos factores.

5. Debido a que la enfermedad es hereditaria en vez de infecciosa, las opciones 1, 2 y 4 quedan descalificadas. La opción 3 no tendría efecto en África. La única respuesta que queda es la 5. La pregunta afirma que la selección natural elimina los genes que causan enfermedades graves y ningún beneficio. Como el único beneficio de la anemia falciforme es la inmunidad a la malaria, la eliminación de la malaria causaría a su vez la eliminación de la anemia falciforme.

PREGUNTAS BASADAS EN GRÁFICOS, DIAGRAMAS Y TABLAS DE DATOS

GRÁFICOS LINEALES

Un gráfico lineal es una manera común de mostrar cómo algo cambia o qué relación existe entre dos o más cosas. Este tipo de gráfico usa dos escalas, una vertical, al lado izquierdo del gráfico, llamada coordenada vertical o eje y, y una horizontal, en la base del gráfico, llamada coordenada horizontal o eje x.

Si ve un gráfico lineal en su Examen de GED, revíselo con atención. Note su título, lea qué es lo que cada coordenada registra, revise la clave, si es que hay una. No se apure y preste atención a todo el texto y a las líneas y las escalas. Sólo entonces estará listo para responder a las preguntas.

Aquí tiene una muestra de gráfico lineal:

Ejemplo

El gráfico de abajo representa las temperaturas de una vereda blanca y de un camino de asfalto negro en un día soleado. Las superficies se encuentran lado a lado y las medidas fueron hechas durante un período de 24 horas.

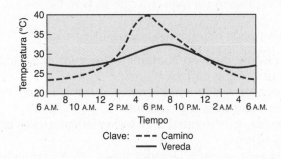

> **CONSEJO**
>
> Al mirar un gráfico, siempre identifique
> - el eje x
> - el eje y
> - los espacios en cada eje

¿Cuáles son las características del gráfico? El eje vertical representa temperaturas entre 20 y 40 grados Celsius. No importa que usted conozca o no la escala de temperatura Celsius, todo lo que necesita es poder reconocer los cambios y los intervalos de una temperatura a otra.

El eje horizontal representa el tiempo del día. El tiempo está dividido en intervalos de 4 horas durante un período de 12 horas.

Según la clave, la línea sólida en el gráfico representa la temperatura de la vereda, mientras que las líneas interrumpidas representan la temperatura del camino. Note que ambas temperaturas aumentan durante las horas del día y comienzan a disminuir por la tarde. Note también que en un gráfico ningún eje necesita empezar en 0.

Ahora está listo para leer las preguntas.

PREGUNTAS

1. ¿Cuál es la temperatura del camino al mediodía?

   (1) 22°C
   (2) 26°C
   (3) 30°C
   (4) 34°C
   (5) 36°C

2. ¿Cuál es la diferencia del tiempo cuando las dos superficies alcanzan la temperatura máxima?

    (1) El camino alcanza la máxima cerca de 4 horas antes que la vereda
    (2) La vereda alcanza la máxima cerca de 4 horas antes que el camino
    (3) El camino alcanza la máxima cerca de 2 horas antes que la vereda
    (4) La vereda alcanza la máxima cerca de 2 horas antes que el camino
    (5) Ambas superficies alcanzan la máxima al mismo tiempo

3. ¿Dónde y cuándo aumentó más rápidamente la temperatura?

    (1) el camino a las 4:30 P.M.
    (2) la vereda a las 5 P.M.
    (3) la vereda a las 7:30 P.M.
    (4) el camino al mediodía
    (5) el camino a las 3 P.M.

4. ¿Qué comparación puede hacerse del comportamiento de la temperatura de las dos superficies?

    (1) El camino está siempre más caliente que la vereda
    (2) La vereda está más caliente que el camino en la noche y más fría en la tarde
    (3) Las dos superficies nunca están a la misma temperatura
    (4) La vereda cambia de temperatura más rápido que el camino
    (5) El camino está siempre más frío que la vereda

5. ¿Qué hipótesis puede obtenerse en base al gráfico?

    (1) El calor radiante fluye en cualquier dirección más fácilmente en una superficie negra que en una blanca
    (2) Los objetos negros tienden a retener el calor, mientras que los blancos desprenden calor más rápidamente
    (3) Los objetos blancos tienden a absorber el calor más rápidamente que los objetos negros
    (4) Los objetos negros están siempre más fríos en la noche que durante el día
    (5) Los objetos blancos son generalmente más fríos que los negros

RESPUESTAS Y ANÁLISIS

1. Como el mediodía está al medio de las 10 A.M. y las 2 P.M., empiece marcando un punto con el lápiz a medio camino entre estos dos puntos en la escala horizontal. Mueva el lápiz en dirección recta hacia arriba hasta encontrar la línea interrumpida que representa al camino. Luego, mueva el lápiz hacia la izquierda hasta encontrar la coordenada de las temperaturas, la cual señalará 26 grados. La opción correcta es la 2.

2. La línea interrumpida (camino) alcanza la máxima a las 4 P.M., entre las 2 P.M. y las 6 P.M. La línea sólida (vereda) alcanza la máxima antes de las 8 P.M. La diferencia es de aproximadamente 4 horas, de modo que la opción 1 es la correcta.

3. El alza de la temperatura ha sido más rápida en la curva más pronunciada del gráfico, la cual ocurre en la línea interrumpida cerca de las 3 P.M. De este modo, la opción 5 es la correcta.

4. Si se observa el gráfico, las opciones 1 y 5 son incorrectas. La opción 2 es correcta, porque la línea del camino asciende por encima de la línea de la vereda cerca de las 1:30 P.M. y desciende debajo de ésta por la noche. La opción 3 es incorrecta, ya que las dos líneas coinciden en dos ocasiones.

La opción 4 también es incorrecta porque la línea del camino es siempre más pronunciada que la de la vereda.

5. Debido a que la superficie negra se calienta y enfría más rápidamente que la blanca, la respuesta correcta es la opción 1. La opción 2 es incorrecta porque la superficie negra se enfría más rápido que la blanca. La opción 3 es incorrecta porque la superficie blanca se calienta más lentamente que la negra. Las opciones 4 y 5 no valen porque no toman en cuenta las condiciones del experimento en el que se basa el gráfico, es decir, que las dos superficies están expuestas a la luz solar durante todo el día.

GRÁFICOS DE BARRAS

Mientras que un gráfico lineal se usa para mostrar cómo cambia algo, un gráfico de barras se emplea para comparar varias cantidades. Igual que en un gráfico lineal, el gráfico de barras tiene un eje vertical marcado con algún tipo de escala. El eje horizontal se usa para indicar las distintas cantidades de lo que se está comparando.

Estudie todo gráfico de barras como si fuese un gráfico lineal: lea el título y la clave (si la hay), luego note la información dada en el eje horizontal y el eje vertical.

CONSEJO

Los espaciamientos son importantes en problemas ilustrados con gráficos. Estúdielos cuidadosamente.

Ejemplo 1

Los gráficos de barra siguientes muestran los porcentajes de los volúmenes de las partículas sedimentadas que se encuentran en cuatro depósitos de sedimentos—*A*, *B*, *C* y *D*.

DEPÓSITO A

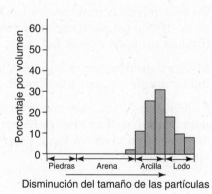

DEPÓSITO C

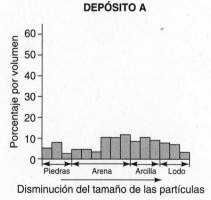

DEPÓSITO B

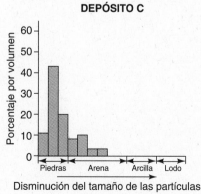

DEPÓSITO D

PREGUNTAS

1. ¿Cuál es el porcentaje total del lodo en el depósito *B*?

   (1) 7%
   (2) 17%
   (3) 27%
   (4) 37%
   (5) 47%

2. Los glaciares acarrean una amplia gama de partículas. Cuando el hielo del glaciar se derrite, esta mezcla de partículas queda depositada. ¿En qué gráfico(s) de barras se refleja el material que con mayor probabilidad quedó depositado por un glaciar?

   (1) el depósito *A*
   (2) el depósito *B*
   (3) el depósito *C*
   (4) el depósito *D*
   (5) los depósitos *A* y *D*

3. Las partículas más pequeñas tienden a permanecer en suspensión. ¿En qué depósito(s) se encuentra el porcentaje mayor de sedimento que permanecería en suspensión durante más tiempo antes de posarse?

   (1) el depósito *A*
   (2) el depósito *B*
   (3) el depósito *C*
   (4) el depósito *D*
   (5) los depósitos *A* y *D*

RESPUESTAS Y ANÁLISIS

1. En el depósito B hay tres barras que representan el lodo. Cada depósito es de 10% o un poco menos. Si sumamos los tres depósitos de arcilla, el total es un poco menos del 30%. La respuesta correcta es la opción 3.

2. El único gráfico que refleja toda la gama de partículas—piedras, arena, lodo y arcilla—acarreadas por el glaciar es *B*, es decir, la opción 2.

3. El depósito *C* contiene mayormente arcilla y lodo, que son las partículas más pequeñas. Los materiales en el depósito *C* tenderán así a permanecer en suspensión por un largo período de tiempo. La respuesta correcta es la opción 3.

Ejemplo 2

El gráfico siguiente representa el número de tres clases de leucocito (célula blanca de la sangre) en un animal al cual se ha suministrado una dosis corriente de un medicamento a partir del día 4.

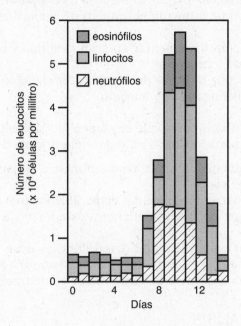

Note que los números de los tres distintos tipos de leucocito están indicados usando barras de distinto dibujo. Note además que el efecto es de corta duración.

PREGUNTAS

1. ¿Cuánto tiempo se necesita para que el medicamento produzca máximo efecto?

   (1) 4 días
   (2) 6 días
   (3) 8 días
   (4) 10 días
   (5) 12 días

2. En lo que respecta a la cantidad del aumento, ¿cómo reaccionaron al medicamento los tres tipos de leucocito?

   (1) Los tres tipos aumentaron en la misma proporción
   (2) Los neutrófilos aumentaron proporcionalmente más que los otros
   (3) Los eosinófilos aumentaron proporcionalmente más que los otros
   (4) Proporcionalmente, el aumento de los eosinófilos fue menor
   (5) Proporcionalmente, el aumento de los linfocitos fue menor

3. Según la información del gráfico, ¿cuál es la utilidad potencial de este medicamento?

    (1) Se puede usar para incrementar el número de leucocitos para alguien que ha tenido una prolongada insuficiencia de éstos

    (2) Es totalmente ineficaz porque la mejoría es temporal

    (3) Es peligroso porque aumenta el número de leucocitos en grandes cantidades

    (4) Podría ser útil para incrementar en gran cantidad y temporalmente la disponibilidad de leucocitos

    (5) Es peligroso porque después de desaparecer el efecto del medicamento, los leucocitos disminuyen demasiado

4. ¿Cuál es la posible razón por la que se empezó a suministrar el medicamento al animal a partir del día 4 en lugar del principio del experimento?

    (1) Para permitir que el animal se acostumbrase a su jaula y a otras condiciones a su alrededor

    (2) Porque el medicamento no estaba disponible los tres primeros días

    (3) Para permitir que el número de leucocitos aumente a niveles normales antes de empezar el experimento

    (4) Para permitir al experimentador determinar las dosis correctas

    (5) Los tres primeros días fueron un medio de control que permitió conocer el número de leucocitos antes de administrar el medicamento

RESPUESTAS Y ANÁLISIS

1. Recuerde que la administración del medicamento comenzó en el día 4. El punto más alto de producción de leucocitos se alcanza en el día 10. El día 10 menos 4 días corresponde a 6 días desde que el fármaco fue administrado hasta el efecto máximo, es decir, la opción 2.

2. En el punto más alto, la relación es de cerca de 1/4 de neutrófilos y 1/5 de eosinófilos, lo cual no representa una diferencia muy grande con las proporciones correspondientes al inicio del tratamiento. La respuesta es la opción 1.

3. Ante una condición como una infección sistémica en la que el organismo exija el suministro temporal de grandes cantidades de leucocitos, el medicamento puede ser eficaz. La opción 4 es la respuesta correcta.

4. Antes de empezar un experimento, el científico debe asegurarse de que cualquier cambio en el número de leucocitos se debe al medicamento y no a otros factores. La opción 5 es la correcta.

GRÁFICOS CIRCULARES

En los gráficos circulares el círculo se divide en secciones. Estos gráficos se usan cuando la información importante es la fracción, o un porcentaje, del total.

    Lo primero que debe estudiarse es el significado (nombre) de cada sección, es decir, qué es lo que representa cada una. Cada nombre generalmente va acompañado de un número que indica el tamaño de la sección en relación con el total. A continuación usted debe notar los tamaños de las secciones para tener una idea de cuáles son las más grandes y cuáles son las más pequeñas.

Ejemplo

El gráfico circular que sigue indica el número promedio de organismos macroscópicos (grandes) en una zona.

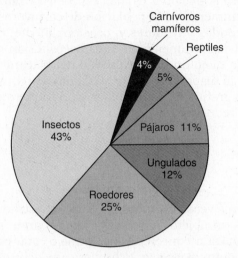

Note que los insectos, siendo los más pequeños de los animales representados, constituyen el grupo más grande—43%. Los animales con pezuñas (ungulados) abarcan el 12%.

PREGUNTAS

1. ¿Qué declaración es correcta de acuerdo con el gráfico?

   (1) Los pájaros comen insectos o semillas
   (2) La mayoría de los reptiles son carnívoros
   (3) Ochenta por ciento del ecosistema consiste en herbívoros
   (4) El ecosistema en este estudio era una sabana
   (5) Los insectos son importantes porque polinizan las plantas

2. Si la población de carnívoros aumentara en un 10%, ¿cuál sería el resultado?

   (1) Aumentaría el número de roedores
   (2) Disminuiría el número de ungulados y roedores, y luego disminuiría el número de carnívoros
   (3) El número de pájaros y reptiles aumentaría y después disminuiría
   (4) El número de ungulados disminuiría
   (5) El número de ungulados y roedores aumentaría y luego disminuiría

RESPUESTAS Y ANÁLISIS

1. Aunque las opciones 1 y 2 son afirmaciones correctas, nada en el gráfico revela lo que comen los pájaros o los reptiles. La opción 4 es una excelente suposición, pero no hay nada en el gráfico que la pruebe sin lugar a dudas. La opción 5 es parcialmente verdadera, pero una vez más no recibe respaldo alguno del gráfico. La mejor respuesta es la opción 3. Si usted sabe que una gran cantidad de insectos, ungulados y roedores comen plantas, y si usted suma los números correspondientes a ellos en el gráfico, verá que el total asciende al 80%.

2. No hay razón para sospechar que un aumento de la población de carnívoros se traduzca en un aumento de cualquier otra población; por lo tanto, las opciones 1, 3 y 5 no pueden ser correctas. La opción 4 es una respuesta posible, pero la opción 2 es más específica y más probable como consecuencia del aumento de la población de carnívoros. Los carnívoros se alimentan de ungulados y roedores y, ocasionalmente, de insectos. Si la población de carnívoros aumentase, éstos necesitarían más alimento y como consecuencia disminuiría la cantidad de criaturas que les sirven de alimento. Cuando la disponibilidad de alimento se redujera hasta no poder sostener un grupo grande de consumidores, el número de carnívoros también comenzará a reducirse.

DIAGRAMAS

Los diagramas, también a veces llamados gráficos, muestran las relaciones entre las distintas partes de un objeto. Algunas de estas partes pueden encontrarse dentro de otras, pueden estar conectadas con otras o estar completamente separadas. Cuando usted vea un diagrama, lo primero que debe estudiar son las relaciones entre sus partes. Asegúrese además de leer todos sus títulos.

Ejemplo

El ejemplo siguiente representa el oído humano. Los espacios vacíos están coloreados en negro.

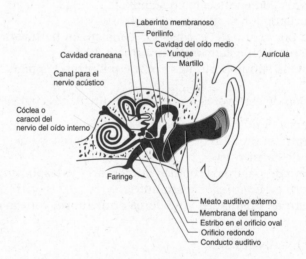

Observe que el meato auditivo externo es un espacio separado de la cavidad del oído medio por la membrana del tímpano. La cavidad del oído medio contiene tres huesos.

PREGUNTAS

1. El yunque está dentro

   (1) del martillo
   (2) de la cavidad del oído medio
   (3) de la membrana del tímpano
   (4) del orificio redondo
   (5) del conducto auditivo

2. Para que una onda de sonido vaya del meato del oído externo a la faringe, debe pasar por

   (1) el martillo, el yunque y el estribo solamente
   (2) la membrana del tímpano, el martillo y la cavidad del oído medio solamente
   (3) la membrana del tímpano, la cavidad del oído medio y el conducto auditivo solamente
   (4) la cavidad del oído medio, el orificio redondo y la cóclea solamente
   (5) la membrana del tímpano y el conducto auditivo solamente

3. La cera del oído se deposita en

   (1) el conducto auditivo
   (2) la aurícula
   (3) la cavidad del oído medio
   (4) la faringe
   (5) el meato auditivo externo

RESPUESTAS Y ANÁLISIS

1. El yunque es blanco y por eso no es un espacio vacío sino un hueso. Y el espacio vacío coloreado en negro en el cual está el yunque es la cavidad del oído medio. La respuesta correcta es la 2.

2. El acceso hacia la faringe pasa por el conducto auditivo y por lo tanto debe incluirse. Debido a que no hay manera de llegar al conducto auditivo sin pasar por la membrana del tímpano y la cavidad del oído medio, la respuesta correcta es la 3.

3. Desde afuera, el canal pasa por la aurícula y llega al meato auditivo externo, que es donde se encuentra la cera. La respuesta correcta es la 5.

TABLAS DE DATOS

Cuando hay una serie de objetos o situaciones en la que cada uno tiene cierto valor, una tabla de datos se usa para hacer comparaciones fácilmente. La tabla está formada por columnas y cada columna tiene un encabezamiento que nos dice lo que cada columna representa. Si son datos numéricos, el encabezamiento dirá la unidad de medida, generalmente entre paréntesis. No hay precauciones específicas que obedecer en lo que se refiere a leer una tabla de datos: asegúrese solamente de entender los encabezamientos de las columnas.

Ejemplo

La siguiente tabla da los símbolos, los números atómicos y los pesos atómicos promedio de los elementos más comunes en la corteza de la tierra. El número atómico es el número de protones en un átomo.

Elemento	Símbolo	Número atómico	Masa atómica promedio (uma)
Aluminio	Al	13	27.0
Calcio	Ca	20	40.1
Carbón	C	6	12.0
Hierro	Fe	26	55.8
Magnesio	Mg	12	24.3
Oxígeno	O	8	16.0
Potasio	K	13	39.1
Silicio	Si	14	28.1
Sodio	Na	11	23.0

PREGUNTAS

1. ¿Cuántos protones hay en una molécula de óxido de magnesio (MgO)?

   (1) 4
   (2) 8
   (3) 12
   (4) 16
   (5) 20

2. ¿Cuál de los siguientes grupos está ordenado de menor a mayor en masa atómica?

   (1) calcio, hierro, potasio
   (2) carbón, oxígeno, silicio
   (3) aluminio, carbón, magnesio
   (4) hierro, silicio, sodio
   (5) oxígeno, calcio, silicio

CONSEJO

Al leer las peguntas, preste atención a palabras como:
- más o menos
- mayor o menor

RESPUESTAS Y ANÁLISIS

1. Sólo se debe sumar los 12 protones del magnesio con los 8 del oxígeno. La respuesta correcta es la opción 5.

2. La opción 2 da carbón (12 uma), oxígeno (16 uma) y silicio (28.1 uma) y ésta es la respuesta correcta.

OTRAS

No hay límite para la inventiva de un científico a la hora de presentar datos. Usted debe estar preparado para ver gráficos, tablas y diagramas que son muy poco corrientes. La única regla es, estúdielos detenidamente y asegúrese de entender lo que se dice antes de responder las preguntas.

Cómo Responder Preguntas Sobre Ciencias

Los creadores del Examen de GED intentan hacer una valoración de sus diferentes habilidades. Quizás le pidan algo sencillo, como explicar una idea de un pasaje, o algo más complejo, como evaluar la validez científica de un experimento. Las preguntas generalmente se agrupan en cuatro tipos de destreza: comprensión, aplicación, análisis y evaluación.

LAS CUATRO DESTREZAS

No vale la pena tratar de determinar a cuál de las cuatro destrezas pertenece alguna pregunta o desarrollar estrategias especiales para cada destreza. Todo esto le consumiría valioso tiempo. Sin embargo, es una buena idea familiarizarse con las cuatro destrezas que se investigan en el examen.

COMPRENSIÓN

Este es el nivel más simple. Aquí se le pregunta si entiende usted el pasaje, gráfico o diagrama que se le presenta. ¿Puede volver a expresar de otra forma la información que se le da? ¿Puede resumirla? ¿Puede identificar una implicación sencilla de la información que se le proporciona?

He aquí algunos ejemplos de las preguntas sobre comprensión.

PREGUNTAS

1. Los elementos pueden ser mezclados mecánicamente para formar una mezcla o ser combinados químicamente para formar un compuesto. En una mezcla, pueden reconocerse las propiedades de cada uno de los elementos presentes, es decir, una mezcla es como un estofado en el cual pueden identificarse las zanahorias, las papas y los tomates. En un compuesto, sin embargo, es imposible reconocer a los elementos originales, ya que se ha producido otro tipo de material que posee características propias.

   ¿Cual de los siguientes NO es una mezcla?

   (1) limaduras de hierro en aserrín
   (2) agua con azúcar
   (3) sopa de vegetales
   (4) herrumbre
   (5) agua de soda

2. El nombre científico de un animal se escribe en letra cursiva y tiene dos partes. La primera palabra comienza con mayúscula y corresponde al nombre del género al cual pertenece el animal. La segunda palabra empieza con minúscula y es el nombre de la especie dentro del género. He aquí los nombres españoles y científicos de cinco pájaros:

A. tordo norteamericano, *Turdus migratorius*
B. petirrojo, *Erithacus rubecula*
C. mirlo europeo, *Turdus merula*
D. guacamayo militar, *Ara militaris*
E. mirlo, *Sturnella militaris*

De las parejas siguientes, ¿cuáles pertenecen al mismo género?

(1) A y B solamente
(2) D y E solamente
(3) B y C solamente
(4) A y C solamente
(5) C y E solamente

3. Cuando usted vierte una solución en un tubo de ensayo y luego lo gira con gran rapidez en una máquina llamada centrifugadora, los materiales de la solución se separan y los más densos se van al fondo mientras que los menos densos quedan encima.

CONSEJO

Al responder preguntas, identifique la respuestas que son opuestas y recuerde que ambas no pueden ser correctas.

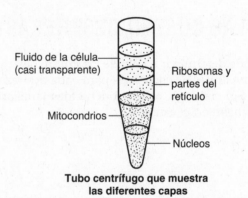

Tubo centrífugo que muestra las diferentes capas

El diagrama de arriba representa el resultado de hacer girar una suspensión de células partidas en una centrifugadora. ¿Cuál es la conclusión correcta?

(1) Las ribosomas son más densas que los mitocondrios
(2) Los núcleos son más densos que los mitocondrios
(3) Los mitocondrios y las ribosomas tienen la misma densidad
(4) La célula consiste de componentes sólidos solamente
(5) Los núcleos son menos densos que los mitocondrios

4. Las suaves plumas del tronco de un ave son útiles aislantes térmicos, mientras que las rígidas plumas en las alas y en la cola les sirven como superficies de sustentación aerodinámica, como las alas de un aeroplano. Si se encontrara una nueva especie de aves que no tienen plumas rígidas, sería posible asegurar que éstas

(1) no pueden volar
(2) viven en países tropicales
(3) migran al sur en invierno
(4) viven principalmente en el agua
(5) son capaces de correr muy rápido

5. La tabla que se presenta a continuación da la densidad de cuatro tipos de materiales que se encuentran en la tierra.

Sustancia	Densidad (g/cm³)
Agua	1.00
Petróleo	0.86
Astillas de madera	0.75
Arena	2.10

Si se pone una mezcla de los cuatro materiales en un cilindro y se agita y luego se deja reposar, los materiales se depositarán en el fondo según la densidad de cada uno, desde el más denso al menos denso. ¿Cómo se verá el cilindro al acabarse el experimento?

(1) La arena y las astillas de madera se mezclarán y quedarán en el fondo, y el agua estará encima del petróleo

(2) La arena permanecerá en el fondo; encima estará el agua con las astillas de madera entre el petróleo y el agua

(3) Las astillas de madera formarán una capa por encima de la arena en el fondo y el agua formará una capa por encima del petróleo

(4) La arena quedará en el fondo; el petróleo formará una capa sobre el agua, mientras que las astillas de madera flotarán por encima

(5) El agua se quedará en el fondo, con las astillas de madera flotando encima; el petróleo y la arena se mezclarán sobre el agua

RESPUESTAS Y ANÁLISIS

1. Si comprendió el pasaje, entonces sabe que los componentes de una mezcla permanecen separados e identificables, mientras que los componentes de un compuesto cambian a una nueva forma de materia. La única respuesta en que los elementos han sido alterados por completo corresponde a la herrumbre, es decir, la combinación de hierro y oxígeno (opción 4). Todas las demás sustancias pueden separarse en sus partes originales.

2. Como el pasaje está relacionado sólo con nombres científicos, puede ignorar los nombres en español. La primera palabra del nombre científico es la misma para los dos pájaros del mismo género y por eso la respuesta correcta es la 4.

3. La respuesta correcta es la 2, porque las partículas más densas se posan en el fondo después de la centrifugación.

4. Esta pregunta requiere hacer una sencilla deducción. Si las plumas rígidas se usan para volar, un ave que no las tenga no podrá volar. La respuesta correcta es la opción 1.

5. Los materiales, desde la superficie hasta el fondo, deben seguir la secuencia de menor a mayor densidad: astillas de madera, petróleo, agua, arena. La respuesta correcta es la 4.

APLICACIÓN

Si ha entendido bien la información que se ofrece en el pasaje, el gráfico o el diagrama, deberá poder aplicar lo que ha aprendido a otras situaciones. Las preguntas de aplicación le piden usar el principio general que contiene la información, pero aplicado a una situación diferente.

He aquí algunos ejemplos:

PREGUNTAS

1. Observe el gráfico a continuación. Éste muestra las distribuciones porcentuales de la superficie de la tierra que está encima del nivel del mar y la superficie de la tierra que está debajo del nivel del mar.

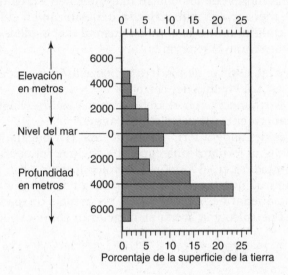

¿Qué porcentaje aproximado del total de la superficie de la tierra está por debajo del nivel del mar?

(1) 30%
(2) 50%
(3) 70%
(4) 80%
(5) 90%

2. Se sabe que las ondas de sonido de alta intensidad producen daños a largo plazo en los oídos, lo cual resulta en la pérdida de la capacidad de oír altas frecuencias. ¿Cuál de las personas siguientes posiblemente tenga buen oído para las altas frecuencias después de años de trabajo?

(1) un músico de rock
(2) un mecánico de aviones
(3) un remachador
(4) un contable
(5) un aserrador

3. Un foco fluorescente de 20 vatios produce tanta luz como un foco incandescente de 100 vatios. La iluminación en una fábrica ha sido rediseñada para que el reemplazo de la mitad de los focos incandescentes por focos fluorescentes provea la misma cantidad de luz. ¿Qué fracción del costo de la iluminación se ha ahorrado?

   (1) 10%
   (2) 20%
   (3) 30%
   (4) 40%
   (5) 80%

4. Cuando un animal come a otro que contiene contaminantes PCB, el PCB se concentra en el hígado del animal cazador. Las siguientes relaciones alimenticias existen en ciertos ecosistemas.

   El pez grande se come al chico
   El pez chico come plancton
   Los lobos comen nutrias
   Las nutrias comen peces grandes

   Si el agua de un arroyo contiene PCB, ¿cuál de estos animales tendrá la mayor concentración de PCB en su cuerpo?

   (1) nutrias
   (2) lobos
   (3) peces grandes
   (4) plancton
   (5) peces pequeños

5. Muchos alimentos como el pan, las patatas y los espaguetis contienen gran cantidad de fécula. Una enzima en la saliva, llamada amilosa, cambia la fécula en azúcar. ¿Cuál de estas afirmaciones tiene mayor probabilidad de ser verdadera?

   (1) Un pedazo de pan que se mantiene en la boca durante largo rato se vuelve dulce
   (2) Los espaguetis en la boca provocan un incremento del flujo de saliva
   (3) Si come una patata, la enzima se encontrará en su saliva
   (4) Si come azúcar, éste se puede convertir en fécula en la boca
   (5) Las galletas tienen un gusto dulce porque contienen fécula

RESPUESTAS Y ANÁLISIS

1. Hay más barras sombreadas debajo del nivel del mar que por encima del nivel del mar en este gráfico. Si sumamos las longitudes de cada una de las barras por debajo del nivel del mar, el porcentaje total se aproxima al 70%. Esto representa el porcentaje total de la superficie de la tierra debajo del nivel del mar. La respuesta correcta es la 3.
2. Una vez más, no puede contestar la pregunta solamente con volver a leer la información. Debe volver a la lista y ver qué profesiones están expuestas a mayor ruido. La opción correcta es la 4. Todas las otras ocupaciones comprenden ruidos fuertes y continuos.
3. Un cambio completo a focos fluorescentes habría ahorrado 80 de cada 100 vatios. Como se ha cambiado sólo la mitad de los focos, el ahorro corresponde a la mitad de 80: la respuesta correcta es la opción 4.
4. La concentración de PCB debe aumentar en la secuencia plancton, peces pequeños, peces grandes, nutrias, lobos. La respuesta correcta es la opción 2.

5. Si la saliva en la boca cambia la fécula del pan en azúcar, el resultado será que el pan se vuelva más dulce. La opción 1 es la correcta. Ninguna de las demás afirmaciones se sugiere en la información dada.

ANÁLISIS

Este tipo de pregunta es más complicado. Para contestarlas, deberá establecer una relación entre distintas informaciones. Algunas informaciones no le serán dadas, esperándose que formen parte de sus conocimientos generales. Se pueden distinguir cinco tipos de destrezas necesarias para un análisis correcto:

- Saber reconocer suposiciones que no han sido afirmadas
- Saber usar varias informaciones que están relacionadas
- Saber distinguir los hechos de las opiniones
- Saber distinguir la causa del efecto
- Saber distinguir entre conclusiones y meros datos

He aquí algunos ejemplos de preguntas que requieren análisis:

PREGUNTAS

1. Un médico descubre que la presión sanguínea de su paciente es de 170/110. Le explica al paciente que el medicamento que le ha recetado, acompañado de una dieta adelgazadora y ejercicio físico moderado, harán bajar la presión. ¿Qué es lo que supone el médico, sin haberlo afirmado?

   (1) La presión sanguínea de 170/110 es peligrosa para la salud del paciente
   (2) El medicamento provocará un descenso de la presión sanguínea
   (3) El medicamento reducirá el peso del paciente
   (4) El paciente no ha estado ejercitándose
   (5) La presión sanguínea varía enormemente en toda la población

2. Los corales son animales diminutos que obtienen energía por su estrecha asociación con las algas verdes. Los peces que comen corales no viven en aguas profundas porque

   (1) la presión es demasiado grande en las profundidades
   (2) los peces de las profundidades se los comen
   (3) la luz solar no penetra en las profundidades
   (4) no hay corrientes en las profundidades para transportar los nutrientes que necesitan
   (5) las aguas en las profundidades están demasiado frías

3. Alguien hace comentarios sobre la alta cascada que se ve en un acantilado. ¿Cuál de estos comentarios está basado más en opinión que en hechos?

   (1) La cascada tiene cerca de 30 metros de altura
   (2) El valle hacia donde cae la cascada fue tallado por un glaciar
   (3) La roca en la montaña está hecha de cierto tipo de granito
   (4) La velocidad del agua en el fondo de la cascada es de cerca de 25 metros por segundo
   (5) Sería muy hermoso tener una fotografía de la cascada

4. Se sabe que cuando un arroyo se vuelve más fangoso, la población de bagres aumenta. Hay tres explicaciones posibles.

A. Más bagres hacen que el agua esté más fangosa
B. Los bagres se alimentan de los invertebrados que viven en las zonas fangosas
C. Otros peces no pueden vivir en aguas fangosas, por lo tanto hay menos competencia para los bagres

¿Qué explicación es la más factible?

(1) A solamente
(2) B solamente
(3) C solamente
(4) A y B solamente
(5) B y C solamente

5. Una industria química que fabrica un detergente descubre que el producto contiene demasiados materiales contaminantes. De lo siguiente, ¿cuál es la conclusión que se puede extraer de esta información?

(1) La cantidad del reactante A es dos veces mayor que la del reactante B
(2) La temperatura de la reacción es de 140°C
(3) El pH de la mezcla de la reacción es de 5.4
(4) El problema se puede solucionar añadiendo un álcali
(5) Hay un contaminante en el reactante A

RESPUESTAS Y ANÁLISIS

1. Por cierto que el médico no se preocuparía si no hubiese descubierto que la presión de su paciente es muy alta para su salud; por lo tanto, la respuesta correcta es la 1. La opción 2 es verdadera, pero ha sido afirmada: el medico ha dicho al paciente que el medicamento le será beneficioso. Debido a que no hay motivo para creer que el medicamento se usa para reducir el peso, la opción 3 no es correcta. La 4 tampoco es correcta porque el consejo de realizar ejercicio fisico moderado quizás implique que el paciente ha estado haciendo demasiado ejercicio. La opción 5 es correcta pero no viene al caso.

   Si se le pide encontrar una suposición que no ha sido afirmada, no seleccione ninguna que (a) esté incluida en la afirmación, (b) no sea verdadera, (c) sea ambigua, (d) sea irrelevante.

2. Esta es una de las preguntas que requieren su conocimiento sobre ciertas cosas y le obligan a unir ideas. Usted debe saber que las algas verdes necesitan luz solar para crecer y que los corales usan energía para desarrollarse. La respuesta es la opción 3. Las demás opciones pueden ser verdaderas, pero son irrelevantes.

3. Una afirmación se basa en hechos si proviene de uno o más hechos o datos. Las opciones 1 y 4 pueden determinarse por medición o cálculo y por eso caen en la categoría de hecho. Un geólogo puede determinar fácilmente la veracidad de las opciones 2 y 3. Pero como la belleza es algo totalmente subjetivo, la opción 5 es una opinión y por eso es la respuesta correcta.

4. Esta pregunta requiere que usted note la diferencia entre causa y efecto. ¿Es posible que la explicación A sea verdadera? No, ya que el agua estaba barrosa antes de que aumentara la población de bagres. Una causa nunca puede venir después de un efecto. En las explicaciones B y C, el agua está fangosa y las dos pueden ser hipótesis razonables. De este modo, la opción 5 es la correcta.

Este tipo de pregunta puede ser engañoso. Si un acontecimiento o hecho sigue a otro, el que ocurre primero puede o no ser la causa del segundo, aun cuando el segundo invariablemente siga al primero. No es el cantar del gallo el que hace que el sol salga. En el ejemplo que se ha dado, la secuencia de los dos eventos establece solamente que B y C pueden ser posibles explicaciones, no que sean necesariamente verdaderas.

5. ¿Hecho o conclusión? Todas las afirmaciones excepto la opción 4 son datos que pueden verificarse mediante pruebas y confirmarse con mediciones. Si ponemos juntos a todos los datos conocidos, el ingeniero puede usar sus conocimientos del proceso para obtener un cuadro general de lo que pasa. Luego, puede sacar la conclusión que se expone en la opción 4.

Una conclusión es una afirmación general que no se obtiene de la observación directa. La conclusión es resultado de una aplicación inteligente de principios conocidos a datos mensurables.

EVALUACIÓN

Todos tenemos creencias e ideas, y la mayoría de nuestras creencias y pensamientos en general no son científicos. Y está bien que así sea. La ciencia no puede decirnos qué carrera escoger, con quién debemos casarnos, cuán bien es ir a la iglesia el domingo, por quién votar y qué música escuchar. Lo que la ciencia puede hacer es proveer respuestas exactas y dignas de confianza a preguntas específicas.

En el Examen de GED, las preguntas de evaluación ponen a prueba su capacidad de aplicar las reglas del análisis científico a las preguntas que se le hacen. No obstante, antes de que usted pueda hacerlo, debe comprender las diversas clases de declaraciones que encontrará.

Hecho o dato

Un hecho o un dato es algo que usted puede observar y probar que es verdadero.

EJEMPLO

Si usted mide una tabla y determina que tiene exactamente 8 pies de largo, habrá establecido un hecho. Pero si alguien mira la tabla y, sin medirla, estima que ésta tiene 8 pies de largo, usted tiene una estimación pero no un hecho. Y si alguien declara que esa tabla es bonita, tenemos otro tipo de declaración que es una opinión pero no un hecho.

En la prueba es posible que le pidan determinar si una afirmación es un hecho válido. Técnicas descuidadas pueden producir una afirmación que parece ser un hecho, pero que no puede ser respaldado por evidencia o por un procedimiento experimental. Usted deberá ser capaz de identificar tales afirmaciones.

Hipótesis

Una hipótesis es la posible respuesta a una pregunta. Es una suposición basada en lógica y cierto grado de información. Es una afirmación puramente tentativa que puede modificarse o incluso refutarse al obtenerse información adicional.

EJEMPLO

Si usted comprueba que un arbusto de tipo A expuesto a luz solar crece mejor que un arbusto de tipo A que está a la sombra, puede proponer la hipótesis de que los arbustos de tipo A necesitan luz solar para optimizar su crecimiento. Esta hipótesis puede ponerse a prueba en un experimento de control. El error más común que comete la gente es el de aceptar una hipótesis como si fuese un hecho, sin darse cuenta de que necesitan un experimento capaz de proveer las pruebas necesarias.

Es posible que usted deba distinguir entre un hecho y una hipótesis.

Conclusión

Una conclusión puede ser el resultado de un experimento de control. Una hipótesis se convierte en conclusión cuando usted ha puesto a prueba y verificado la declaración inicial.

EJEMPLO

Si un experimento bien concebido demuestra que el arbusto de tipo A realmente crece mejor bajo la luz solar, una conclusión razonable será que este tipo de planta debiera crecer al sol.

Puede preguntársele si es razonable llegar a cierta conclusión en base a determinados datos. Deberá entonces ser capaz de distinguir entre una hipótesis y una conclusión.

Generalización

Una generalización es una conclusión que puede aplicarse a una variedad de situaciones.

EJEMPLO

Muchos experimentos con plantas han indicado que todas, ya sea una diminuta célula de alga marina o un enorme árbol, necesitan cierta cantidad de luz solar para poder vivir.

Al preguntársele si cierta generalización es razonable, vea si dicha generalización se aplica a muchas situaciones.

Juicio de valor

Un juicio de valor es una opinión basada en valores culturales o emocionales y no en evidencia científica. Las opiniones ocupan un lugar importante en nuestras vidas, pero no puede permitirse que se entrometan en la búsqueda de conclusiones científicas.

EJEMPLO

Un terrateniente decidió matar todas las culebras que había en su propiedad porque no le gustaban las culebras. También mató a las ardillas y a los mapaches por la misma razón—no le gustaban.

Se le pedirá distinguir los juicios de valor de las declaraciones científicamente válidas.

Error lógico

Un error lógico es una conclusión errónea a la que se llega por el uso incorrecto de información. El más común de estos errores se conoce como *Post hoc ergo propter hoc*, que quiere decir "Seguido por, y por eso causado por".

EJEMPLO

Bebo un vaso de leche cada mañana para desayunar y siempre estoy soñoliento. ¿Me produce sueño la leche? Quizás. Pero también es posible que esté soñoliento sin tomar leche. La manera de resolver este posible error lógico es hacer un experimento de control.

Los ejemplos que se presentan a continuación le darán una idea de las diferentes clases de preguntas que valorarán su habilidad de evaluar afirmaciones científicas.

PREGUNTAS

1. La propuesta de construir una represa en el río tiene la oposición de un grupo de ciudadanos por distintas razones. ¿Cuál de las razones siguientes está basada en un juicio de valor más que en información científica?

    (1) El río debe ser preservado porque es el hábitat de una maravillosa fauna silvestre
    (2) El costo de la represa será demasiado alto para la cantidad de electricidad que puede producir
    (3) No es posible construir una represa en el lugar elegido debido a las características del terreno
    (4) El lugar que se propone se encuentra sobre una falla y la represa puede ser destruida por un terremoto
    (5) El río lleva demasiado cieno, por lo cual el lago que irá a formarse se llenará rápidamente con éste y hará que la represa sea inservible

2. El gráfico siguiente muestra el crecimiento promedio de dos grupos de ratas. La línea ininterrumpida representa un grupo que crece bajo condiciones corrientes en un laboratorio de animales; la línea interrumpida es el grupo que crece en un laboratorio donde han sido tratadas con extractos pituitarios.

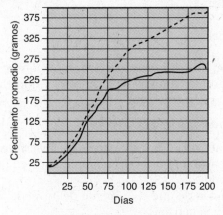

———Crecimiento promedio de 38 ratas sin tratamiento (grupo de control)
- - - -Crecimiento promedio de 38 ratas inyectadas con extractos pituitarios (grupo experimental)

¿Cuál es la conclusión adecuada de este experimento?

(1) Se sabe que el extracto pituitario estimula el crecimiento y el experimento lo confirma

(2) La diferencia entre el grupo de control y el grupo experimental es tan clara que se puede concluir que el extracto pituitario estimula el crecimiento

(3) Los crecimientos de los dos grupos son demasiado similares como para demostrar diferencia alguna en el crecimiento promedio

(4) El experimento no tiene valor alguno porque no hay ninguna razón para creer que se podría obtener el mismo resultado con seres humanos

(5) El experimento es inconcluso porque no hubo ninguna tentativa de controlar la herencia de los animales o las condiciones bajo las cuales se condujo el experimento, tales como alimento, agua y actividad física

3. Durante los últimos cien años, la gente ha estado quemando crecientes cantidades de combustibles fósiles, lo cual libera cada vez más anhídrido carbónico a la atmósfera. Este exceso de CO_2 es la causa del calentamiento global, el cual, según los ecólogos, es uno de los problemas más graves de nuestro tiempo. El anhídrido carbónico atrapa el calor del sol en las capas superiores de la atmósfera de modo parecido a la retención de calor producida por los paneles de vidrio de los invernaderos.

¿Qué gráfico representa mejor lo que le pasa a la temperatura de la atmósfera de la tierra cuando el anhídrido carbónico aumenta en un período de varios años?

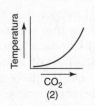

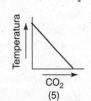

4 ¿Cuál de estos reclamos publicitarios para una pasta de dientes no puede ser confirmado o contradicho por pruebas clínicas o de laboratorio?

(1) Contiene 2% de fluoruro estañoso
(2) Elimina el sarro
(3) Tiene sabor fresco
(4) No es abrasiva
(5) Previene las caries

5. Un biólogo descubrió que durante tres inviernos consecutivos los castores en un arroyo estaban más activos de lo normal y que el agua del arroyo subía cuando llegaba la primavera.

¿Cuál de estas respuestas es la correcta?

(1) Concluyó que la actividad de los castores en invierno subía el nivel del agua
(2) Decidió ver qué pasaba al nivel del agua en años en que la actividad de los castores era menor
(3) Sugirió la posibilidad de que el aumento del nivel del agua hacía que los castores fuesen más activos
(4) Propuso limitar la actividad de los castores en invierno para evitar inundaciones
(5) Sugirió de que no había ninguna conexión entre el nivel del agua y la actividad de los castores

RESPUESTAS Y ANÁLISIS

1. La palabra "maravillosa" en la opción 1 es la que especifica un juicio de valor. Quién haya hecho esta afirmación ve un valor estético en la preservación de la fauna silvestre. Todas las demás objeciones están basadas en argumentos que pueden ser expuestos a rígidas pruebas, usando principios científicos establecidos.

2. Que un experimento deba tener algún uso es un juicio de valor que en este caso no corresponde a la pregunta, con lo cual la opción 4 es incorrecta. La opción 1 es incorrecta porque sugiere que el resultado del experimento ha sido prejuiciado de antemano. En un principio éste parece ser un buen experimento y la diferencia se ve claramente en el gráfico; por eso, la opción 3 es incorrecta. La opción 2 es incorrecta porque los grupos de control son inadecuados. Las ratas no eran necesariamente de la misma especie ni tampoco fueron criadas en el mismo lugar. Pueden también diferir en sus características hereditarias, su alimento y otros factores. Los resultados del experimento pueden llevar a una hipótesis pero no a una conclusión, y la respuesta es la opción 5.

3. El gráfico 2 muestra que, a medida que aumenta la cantidad de anhídrido carbónico, aumenta también la temperatura promedio de la atmósfera.

4. El sabor es un juicio subjetivo y lo que puede ser fresco para una persona no lo será para otra. La respuesta correcta es la opción 3.

5. La opción 1 es incorrecta, ya que no hay evidencia suficiente para llegar a una conclusión; el hecho de que el nivel del agua haya subido después de la actividad de los castores no prueba que sea una relación de causa y efecto. La opción 3 es errónea porque un efecto nunca puede venir antes de una causa. La opción 4 tampoco es válida porque no se sugiere que la inundación sea un problema y que la limitación de la actividad de los castores pueda prevenirla. La opción 5 es incorrecta porque la evidencia es suficiente para sugerir la hipótesis de que la actividad de los castores en invierno aumenta el nivel del agua. La opción 2, en la que se propone una mayor investigación, es la correcta.

GLOSARIO DE TÉRMINOS CIENTÍFICOS

En su preparación para la prueba de Ciencias quizás encuentre un término, una expresión o una referencia que no le sea familiar. El glosario que ofrecemos a continuación puede ahorrarle viajes a otras fuentes de información. En otras ocasiones su idea concerniente a cierto término puede ser un tanto confusa—quizás antes conocía bien su significado y ahora lo ha olvidado. Acostúmbrese a hacer uso de este glosario para ubicar definiciones claras y concisas. Algunos estudiantes también han usado este glosario para verificar información científica que se les ha dado. Sus conocimientos generales de las ciencias mejorarán si se habitúa a consultarlo.

ABIOGÉNESIS creencia de que los seres vivos pueden desarrollarse a partir de la materia inorgánica

ÁCIDO compuesto que se disocia en el agua para producir iones de hidrógeno; generalmente tiene gusto ácido; pH menor de 7

ÁCIDO ASCÓRBICO vitamina C, la cual se encuentra en frutos cítricos, tomates y vegetales

ÁCIDO DESOXIRRIBONUCLEICO (ADN) ácido nucleico que controla el metabolismo de la célula y almacena la información hereditaria de ésta

ÁCIDO GRASO sustancia orgánica cuya molécula es una larga cadena de hidrocarburos con un grupo carboxílico al final; componente de las moléculas de grasas y aceites

AFLUENCIA corriente de agua superficial que desemboca en el mar sin penetrar al abastecimiento de agua subterráneo

AGUA CRUDA agua que contiene gran cantidad de sales minerales disueltas (generalmente sales de calcio y magnesio)

AGUA DELGADA agua relativamente exenta de sales minerales disueltas

AGUA SUBTERRÁNEA agua que satura el suelo, llenando todos los espacios entre las partículas

AISLAMIENTO material empleado para reducir la transferencia térmica o para evitar el paso de la electricidad

ALEACIÓN mezcla homogénea compuesta de dos o más metales (por ejemplo, bronce, acero, latón)

AMEBA tipo de protozoo sin forma permanente

AMORFO sin forma definitiva

AMPLITUD el valor máximo de una onda o una vibración

ANEMIA estado en el que la sangre tiene insuficiencia de glóbulos rojos

ANHÍDRIDO CARBÓNICO gas incoloro e inodoro presente en pequeñas cantidades en el aire; gas expelido por los pulmones

AÑO LUZ distancia que la luz, viajando a 186,000 millas por segundo, atraviesa en un año

ÁNODO electrodo positivo de una célula electrolítica; terminal negativo de un acumulador; placa negativa de un tubo al vacío; lugar donde ocurre la oxidación

ANTIBIÓTICO sustancia hecha por un microorganismo que mata bacterias

ANTICUERPO proteína, generalmente en la sangre de un organismo, que sirve para contrarrestar los efectos de bacterias o virus causantes de enfermedades

ANTÍDOTO sustancia empleada para contrarrestar los efectos de venenos

ANTISÉPTICO sustancia que previene el desarrollo o la actividad de bacterias

ANTITOXINA sustancia en el cuerpo que neutraliza la acción de las toxinas

APÉNDICE prolongación delgada y hueca del intestino ciego, ubicada en la parte inferior y derecha del abdomen de los seres humanos

ARCILLA cuarzo, feldespato y mica pulverulentas producida por la erosión de las rocas

ARMADURA pieza de metal o alambre en espiral que se mueve hacia adelante y atrás, o gira, en un campo magnético

ARTERIA vaso muscular que acarrea sangre oxigenada desde el corazón hacia las zonas periféricas del cuerpo

ARTRÓPODOS tipo de animales invertebrados como los insectos, arañas y crustáceos, con esqueleto externo no viviente y apéndices segmentados

ASÉPTICO exento de bacterias vivas

ASIMILACIÓN proceso mediante el cual el cuerpo utiliza los alimentos digeridos para construir o reparar células

ASTEROIDE uno de un grupo de "planetas menores" entre Marte y Júpiter, de los cuales se conocen unos 1,500

ATMÓSFERA la entera masa de gases que rodean a un planeta

ÁTOMO la unidad más pequeña de un elemento, consistente de un núcleo rodeado de electrones

AURÍCULA cavidad superior del corazón que recibe sangre de las venas—también llamada atrio

AUTÓTROFO organismo (p.ej., un vegetal) que se nutre haciendo alimentos orgánicos a partir de elementos inorgánicos

AUXINA hormona de las plantas

BACILO bacteria en forma de bastoncillo

BACTERIA los organismos unicelulares más pequeños, desprovistos de núcleo y demás organelas

BARÓMETRO instrumento que mide la presión del aire

BARRERA DEL SONIDO velocidad a la cual el aeroplano alcanza sus propias ondas de sonido, lo cual resulta en vibración violenta

BASE compuesto químico que produce una sal al reaccionar con un ácido; un álcali; pH mayor que 7

BILIS fluido segregado por el hígado que fluye hacia el duodeno, donde ayuda a digerir las grasas

BIOMA comunidad de plantas o animales

BIOPSIA remoción de una pequeña porción de tejido vivo para examen microscópico

BOMBA DE HIDRÓGENO bomba consistente de deuterio y tritio (isótopos de hidrógeno) que se fusionan en helio con liberación de gran cantidad de energía

BRONQUIO cada uno de los conductos situados a continuación de la tráquea y por los cuales se introduce el aire en los pulmones

CABALLO DE FUERZA unidad de medida de trabajo que equivale a 550 libra-pies por segundo

CADENA ALIMENTICIA disponibilidad de energía, de productores a consumidores, en un ecosistema

CADUCO vegetación que pierde sus hojas en invierno

CALEFACCIÓN RADIANTE sistema de calefacción que consiste en tubos con agua caliente o vapor instalados en las paredes o en el piso que emiten calor hacia los cuartos de casas y edificios

CALIZA tipo de roca sedimentaria, rica en carbonato cálcico, que desprende cal al calentarse

CALORÍA unidad de medición del calor u otras formas de energía no métricas

CÁNCER crecimiento anormal del tejido que se extiende por el cuerpo y que, de no ser detectado a tiempo y extirpado o destruido, causa la muerte

CAPILAR tubo de paredes delgadas; uno de los diminutos vasos sanguíneos en la red que conecta las arterias y las venas

CARBOHIDRATO (o GLÚCIDO) compuesto que consiste en carbono, hidrógeno y oxígeno (por ejemplo, almidón y azúcar)

CARCINOMA crecimiento canceroso

CARGA ÚTIL tripulación y cargamento en una aeronave, vehículo espacial o satélite

CARNÍVORO mamífero que se alimenta de carne, provisto de zarpas y colmillos (por ejemplo, gato, león, perro)

CARTÍLAGO tejido duro pero elástico que forma gran parte del esqueleto de los embriones vertebrados antes de la aparición del hueso y que persiste en el adulto en el esternón

CATALIZADOR sustancia que permanece inalterada mientras acelera una reacción química

CÁTODO electrodo negativo de un tubo electrolítico; terminal positivo de un acumulador; lugar donde ocurre la reducción

CEGUERA NOCTURNA incapacidad de ver bien con luz mortecina, debida a veces a una deficiencia de vitamina A

CÉLULA unidad básica de la vida animal y vegetal que consiste en una pequeña masa de protoplasma que incluye un núcleo y que está rodeada por una membrana semipermeable

CÉLULA SOLAR dispositivo que aprovecha la energía de la luz solar para convertirla en electricidad

CELULOSA carbohidrato complejo que se encuentra en la pared de las células vegetales

CELSIUS escala de temperatura en la cual 0° corresponde al punto de congelamiento del agua y 100° al punto de ebullición; este término ha reemplazado el nombre *centígrado*

CICLO ALIMENTICIO complejas relaciones alimenticias dentro de una comunidad biológica

CICLÓN sistema de vientos en el hemisferio norte que giran en dirección contraria a las manecillas del reloj en una región semicircular de baja presión de aire y que se extiende por varios miles de millas cuadradas

CICLOTRÓN instrumento que acelera partículas atómicas empleado para estudiar las propiedades de los átomos

CIENO partículas de tierra de tamaño intermedio entre partículas de arcilla y granos de arena

CITOPLASMA parte de la célula fuera del núcleo que realiza todas las actividades vitales excepto la reproducción

CLIMA conjunto de condiciones meteorológicas en un lugar determinado y durante un largo período de tiempo

CLOROFILA pigmento verde que permite a las plantas elaborar glucosa mediante el proceso de la fotosíntesis

CLOROPLASTO corpúsculo de las células vegetales que contiene clorofila

COLESTEROL sustancia grasa que se encuentra en las grasas animales

COLOR PRIMARIO cualquiera del grupo rojo-verde-azul cuya combinación puede producir todos los colores visibles al ojo humano

COMBUSTIBLE FÓSIL restos de organismos que vivieron centenares de millones de años y que ahora son quemados para liberar energía (por ejemplo, carbón, petróleo, gas natural)

COMBUSTIÓN ESPONTÁNEA estallido en llamas de una sustancia como consecuencia del calor acumulado por oxidación lenta

COMBUSTIÓN INTERNA, MOTOR DE motor cuyo combustible es quemado dentro de los cilindros

COMETA cuerpo astral que posee un núcleo y una cola y que viaja en una gran órbita oval alrededor del sol

COMPUESTO sustancia formada por dos o más elementos unidos químicamente

COMPUESTO ORGÁNICO compuesto que contiene carbono e hidrógeno

CONDENSACIÓN proceso por el cual un líquido o sólido es formado de un vapor o gas

CONDENSADOR dispositivo que almacena una carga eléctrica

CONDUCTOR material (por ejemplo, hilo de cobre) que conduce un flujo de electrones (electricidad)

CONGLOMERADO roca sedimentaria compuesta de una mezcla de fragmentos redondeados y cementados por sustancias naturales como la arcilla

CONSERVACIÓN utilización sabia y cuidadosa de los recursos naturales

CONSTELACIÓN cualesquiera de los grupos de estrellas y porción del espacio vecino a ellas que posee nombre propio (por ejemplo, Osa Mayor, Andrómeda)

CONTAMINANTE sustancia que contamina el aire, el agua o el suelo

CONTAMINACIÓN acumulación de sustancias dañinas en el aire, el agua o el suelo

CORDÓN UMBILICAL estructura que conecta al embrión mamífero con la placenta

CÓRNEA tejido transparente en el ojo, frente al iris y la pupila

CORONARIO relacionado con los vasos sanguíneos del músculo cardíaco

CORRIENTE ELÉCTRICA flujo de una carga eléctrica (por ejemplo, electrones en un cable o iones en una solución)

CORRIENTE EN CHORRO (*JET STREAM*) viento rápido a una altitud de aproximadamente 35,000 pies

CORROSIÓN debilitamiento de un metal por acción química, por ejemplo, oxidación

CORTOCIRCUITO conexión directa accidental entre los dos puntos de un circuito eléctrico, produciendo un sobrevoltaje destructivo

CROMOSOMA uno de varios cuerpos pequeños y en forma de bastoncitos que se encuentran en el núcleo de la célula. El cromosoma contiene los factores hereditarios (genes)

CUARENTENA aislamiento de un individuo infectado por una enfermedad contagiosa

CUENCA área que provee de agua a ríos y lagos

DECIBELIO unidad para medir la intensidad del sonido

DESALINIZACIÓN extracción de la sal de una solución, como ocurre cuando se extrae la sal del agua de mar para hacerla potable

DESHIDRATACIÓN pérdida de agua

DESINFECTANTE producto químico que elimina microbios

DESOVE depósito de huevos y lecha en el agua durante el proceso reproductor de los peces

DESTILACIÓN procedimiento de calentar una sustancia hasta convertirla en gas y luego enfriar el gas hasta condensarlo. La destilación se emplea generalmente para separar sustancias de una mezcla. La destilación es un cambio físico.

DIABETES enfermedad en la que el organismo no puede utilizar azúcar por falta de insulina o por incapacidad de usar insulina adecuadamente

DIAFRAGMA músculo transversal que separa las cavidades torácica y abdominal, cuya contracción ayuda a respirar; además, disco metálico que vibra en un teléfono

DIFUSIÓN movimiento de una concentración alta a una baja

DIGESTIÓN proceso de cambio químico que prepara el alimento para su absorción al descomponer moléculas complejas en moléculas más simples

ECLIPSE desaparición temporal completa o parcial de un astro producida por la interposición de un cuerpo entre este astro y el que lo observa

ECLIPSE LUNAR desaparición visual de la luna en el cono de sombra de la tierra

ECLIPSE TOTAL ocultación completa de un cuerpo celeste por otro o por el cono de sombra proyectado por otro cuerpo

ECO   onda sonora reflejada

ECOLOGÍA   estudio de las relaciones de los seres vivientes entre ellos y con su entorno

ELECTRICIDAD ESTÁTICA   carga eléctrica acumulada en un objeto

ELECTRÓLISIS   descomposición química de un compuesto mediante el paso de una corriente eléctrica a través de éste

ELEMENTO   sustancia química formada por un tipo de átomo que no puede descomponerse por medios ordinarios (por ejemplo, hidrógeno, sodio)

EMBRIÓN   organismo durante una etapa temprana de su desarrollo

EMULSIONADOR   sustancia (por ejemplo, jabón) capaz de descomponer grandes gotas de grasa en muchas gotas más pequeñas suspendidas en agua

ENCÉFALO   centro principal del sistema nervioso humano, que comprende el cerebro, cerebelo y tronco cerebral contenidos en la cavidad craneal

ENERGÍA CINÉTICA   energía de un cuerpo en movimiento que depende de su masa y velocidad

ENERGÍA GEOTÉRMICA   calor producido en el interior de la tierra

ENERGÍA RADIANTE   energía en forma de luz u otras formas de radiación

ENFERMEDAD INFECCIOSA   enfermedad causada por microorganismos

ENFERMEDAD VENÉREA   enfermedad transmitida por el contacto sexual, por ejemplo, la sífilis

ENZIMA   proteína orgánica soluble que acelera las reacciones bioquímicas sin experimentar cambios propios

EQUILIBRIO NATURAL   interdependencia de todas las plantas y de todos los animales con su entorno

EROSIÓN   desgaste de la superficie de la tierra por la acción del agua, hielo y viento

ESCORBUTO   enfermedad caracterizada por debilidad de los capilares, causada por deficiencia de vitamina C

ESÓFAGO   tubo que conecta la boca con el estómago

ESPECIE   grupo de organismos similares fecundos entre sí pero estériles con organismos de otras especies

ESPECTRO   conjunto de colores o longitudes de onda en el que se divide la luz, generalmente por la acción de un prisma o una rejilla de difracción

ESTERILIDAD   ausencia completa de vida microscópica; además, incapacidad de tener progenie

ESTÍMULO   cualquier forma de energía a la cual es sensible el protoplasma

ESTREPTOMICINA   antibiótico empleado para combatir infecciones, tales como la tuberculosis

ESTRÓGENO   hormona femenina secretada por los ovarios

EVAPORACIÓN   escape de moléculas de la superficie de los líquidos

EVOLUCIÓN   proceso de transformación de los seres vivientes a través del tiempo

EXCRECIÓN   eliminación de los desechos del metabolismo

FACTOR Rh   proteína sanguínea presente en la mayoría de la gente. Cuando los padres poseen factores Rh incompatibles, pueden ocasionar trastornos sanguíneos en sus hijos

FARINGE   conducto para acarrear aire y alimentos

FAUNA   vida animal típica de una región particular

FERMENTACIÓN   cambio químico causado por enzimas producidas por microbios; en la elaboración de vino o cerveza, las levaduras fermentan a los azúcares en alcohol y anhídrido carbónico

FERTILIZACIÓN   proceso que ocurre en la reproducción sexual cuando los gametos—óvulo y espermatozoide—se unen

FIBRA ALIMENTARIA   parte gruesa y fibrosa de alimentos vegetales (p.ej., afrecho) que añade volumen a la dieta y previene el estreñimiento

FILAMENTO   hilo conductor fino dentro de un foco eléctrico que se pone incandescente cuando lo atraviesa la corriente eléctrica

FIORDO   estrecha entrada de mar entre acantilados o montañas escarpadas

FISIÓN NUCLEAR   división del núcleo grande de un átomo en dos o varios núcleos más pequeños

FOSFORESCENCIA   propiedad de una sustancia de emitir luz visible al ser estimulada con electrones

FÓSIL   resto orgánico o trazas de una planta o animal que vivió largo tiempo atrás conservados en roca o ámbar

FOTÓN   partícula luminosa

FOTOSÍNTESIS   proceso mediante el cual las plantas clorofílicas, en presencia de luz, convierten agua y anhídrido carbónico en azúcar

FRENTE CÁLIDO   límite entre una masa de aire cálido que avanza y una masa de aire más frío que se retira

FUSIÓN reacción atómica en la cual los núcleos de los átomos se combinan y hay gran desprendimiento de energía

FUSIÓN NUCLEAR unión de núcleos atómicos para formar núcleos más pesados, como el deuterio (hidrógeno pesado) y tritio (otro isótopo de hidrógeno), para crear helio. Semejante unión libera vastas cantidades de energía

GALAXIA gran grupo de billones de estrellas

GAMETO una de dos células que se unen en la reproducción sexual (por ej., óvulo o espermatozoide)

GAS fase de la materia cuando la sustancia se disemina y llena todo el espacio en su recipiente

GASOHOL combustible de motor que consta de nueve partes de gasolina y una parte de etanol

GEN parte de la molécula de ADN que controla la manufactura de una proteína específica. Como es copiado y transmitido en cada división celular, forma la unidad de la herencia

GESTACIÓN período de tiempo necesario para el desarrollo del embrión; embarazo

GLÁNDULA SUDORÍPARA glándula en la piel que segrega hacia la superficie de la piel un líquido formado por agua, sales y urea

GLÓBULO leucocito (glóbulo blanco) o hematíe (glóbulo rojo) en la sangre

GLÓBULO BLANCO DE LA SANGRE leucocito; célula sanguínea que ayuda a destruir bacterias y otras partículas que penetran en el organismo

GLUCOSA azúcar simple metabolizado en el cuerpo para proveer energía

HEMOFILIA estado físico en el cual la sangre es incapaz de coagular adecuadamente

HEMOGLOBINA sustancia química rica en hierro que se encuentra en los glóbulos rojos de la sangre y que transporta el oxígeno a las células

HERENCIA transmisión de caracteres genéticos de una generación a las siguientes que permite a los hijos parecerse a sus padres

HETERÓTROFO organismo incapaz de sintetizar alimento a partir de material inorgánico

HIBERNACIÓN estado de letargo en el que pasan el invierno o parte de éste ciertos animales

HÍBRIDO cruce entre especies; organismo con genes diferentes respecto a una característica

HIDROCARBURO compuesto que contiene sólo átomos de hidrógeno y carbono

HIDROELÉCTRICO referente a la generación de energía eléctrica a partir de la caída de agua

HIDROPONÍA cultivo de plantas exento de tierra

HÍGADO la glándula de mayor tamaño en el cuerpo; segrega bilis y almacena cantidades suplementarias de azúcar (por ejemplo, glucógeno)

HIPÓTESIS suposición sobre la que se basa la investigación subsecuente

HOMEOSTASIS mantenimiento de un ambiente interno estable en un organismo

HOMO SAPIENS nombre científico para el ser humano

HOMOGENEIZAR distribuir el soluto en una solución para formar una emulsión permanente

HONGOS organismos vegetales que carecen de clorifila, por lo cual no pueden crear su propio alimento

HORMONA mensajero químico producido por una glándula endocrina que ayuda a controlar y coordinar las actividades del cuerpo (por ejemplo, insulina)

HUMEDAD cantidad de vapor de agua en el aire

HUMEDAD RELATIVA relación entre la cantidad de vapor de agua presente en el aire y la máxima cantidad que podría haber de éste a una temperatura determinada

HUMUS materia orgánica muerta y en descomposición que se encuentra en la tierra

HURACÁN ciclón con vientos de por lo menos 75 millas por hora

INERCIA propiedad de la materia por la cual un cuerpo en reposo tiende a continuar en reposo y un cuerpo en movimiento tiende a continuar en movimiento, a menos que una fuerza actúe contra tal tendencia

INGESTIÓN consumo de alimento

INHALACIÓN fase de la respiración en la cual el aire es atraído hacia los pulmones

INMUNIDAD capacidad del cuerpo de resistir o de superar la infección

INMUNIDAD NATURAL resistencia a las enfermedades producida sin intervención médica, como ocurre por exposición al organismo causal o por el paso de anticuerpos maternos hacia su progenie

INSTINTO configuración innata y compleja de respuestas involuntarias

INSULINA hormona secretada por el páncreas que permite la utilización de la glucosa por las células

INTESTINO sección del sistema digestivo debajo del estómago donde se produce la digestión y la absorción de sustancias nutritivas

INVERTEBRADO animal sin espina dorsal

IONOSFERA parte de la atmósfera que se encuentra a una altura entre 40 y 300 millas

IRIS parte muscular y pigmentada del ojo que rodea a la pupila

IRRIGACIÓN abastecimiento de agua mediante canales y acequias para regar la tierra

JUGO GÁSTRICO líquido digestivo ácido secretado por glándulas en las paredes del estómago

KILÓMETRO unidad de distancia equivalente a 1,000 metros o 5/8 de milla

LACTACIÓN secreción de leche por las glándulas mamarias

LAGUNA extensión de agua poco profunda cerca o en comunicación con otra extensión de agua más grande

LARINGE órgano sonoro del aparato respiratorio, situado delante de la faringe y formado por cartílagos que sostienen las cuerdas vocales

LARVA etapa temprana de desarrollo de los invertebrados caracterizada por aspecto vermiforme

LÁSER aparato en el cual los átomos, estimulados por ondas luminosas enfocadas, amplifican y condensan dichas ondas y luego las emiten en un haz estrecho e intenso

LÁTEX sustancia lechosa de la cual se fabrica el caucho

LATITUD distancia al norte o al sur del ecuador, medida en grados y marcada por una línea imaginaria paralela al ecuador

LAVA material rocoso en estado líquido que fluye desde fuentes subterráneas hacia la superficie de la tierra

LECHO ROCOSO la superficie sólida de la corteza terrestre, generalmente recubierta de tierra o sedimento

LEGUMBRE miembro de la familia de los guisantes que incluye a los frijoles, arvejas, trébol, alfalfa, etc. y cuyas raíces contienen nódulos con bacterias nitrificantes

LEUCEMIA enfermedad de los órganos formadores de sangre: huesos, glándulas linfáticas, bazo, etc. caracterizada por un aumento descontrolado de glóbulos blancos

LEVADURA hongo unicelular que produce varios tipos de fermentación y ciertas infecciones

LIGAMENTO tejido que conecta dos o más huesos

LINFA líquido casi incoloro que contiene proteínas y se encuentra en los vasos linfáticos del organismo

LINFOCITO tipo de glóbulo blanco de la sangre que está relacionado con la inmunidad

LÍPIDO grasa, aceite o cera

LIQUEN organismo complejo compuesto de un hongo y un alga íntimamente asociados y capaces de sobrevivir bajo condiciones muy desfavorables

LLUVIA ÁCIDA lluvia de composición excesivamente acidógena que ejerce efectos nocivos sobre los peces y otra vida animal y vegetal

LONGITUD distancia sobre la superficie terrestre medida en grados del este o del oeste del meridiano de Greenwich

LONGITUD DE ONDA distancia entre dos puntos en la misma fase en una onda, por ejemplo, de una cresta a la otra

MAGMA materia derretida de la cual derivan las rocas ígneas

MALARIA enfermedad sanguínea causada por un protozoo y transmitida por la hembra del mosquito *Anopheles.*

MAMÍFERO vertebrado que amamanta a su progenie

MANTILLO capa fértil superior de tierra que contiene humus, necesario para la vida vegetal

MAREA movimiento regular y periódico de ascenso (*marea alta*) y descenso (*marea baja*) del nivel del mar debido a la atracción del sol y la luna

MARINO relacionado con entornos de agua salada

MARSUPIAL mamífero cuyas crías continúan desarrollándose en una bolsa ventral materna después de nacer

MATERIA sustancia que ocupa espacio y tiene masa

MELLIZO uno de dos individuos que resultan de la fecundación de dos óvulos simultáneamente por dos espermatozoides distintos

MELLIZO IDÉNTICO uno de dos individuos que resulta de la división de un solo óvulo fertilizado

MEMBRANA lámina delgada de tejido; también, límite externo del citoplasma en una célula

MEMBRANA CELULAR   la fina capa externa de lípidos y proteínas que delimita a la célula

METABOLISMO   suma total de todas las actividades químicas del organismo

METABOLISMO BASAL   cuantificación de las actividades del organismo mientras el cuerpo está en reposo.

METAMORFOSIS   cambio de la forma larval a la forma adulta, como ocurre en el desarrollo de los anfibios y ciertos insectos

METEORITO   meteoroide que cae sobre la superficie de la tierra

METEORO   línea de luz visible en el cielo como consecuencia de la entrada en la atmósfera terrestre de un cuerpo sólido procedente del espacio

METEOROIDE   fragmento metálico o rocoso que se mueve en el espacio

METRO   unidad de longitud del sistema métrico equivalente a 39.37 pulgadas (1 m = 100 cm)

MEZCLA   dos o más sustancias mezcladas que no reaccionan químicamente

MINERAL   elemento o compuesto químico presente en estado libre o que forma parte de las rocas

MIOPÍA   defecto del ojo en el cual los ojetos cercanos se ven con mayor claridad que los lejanos

MOHO   tipo de hongo filamentoso

MOLÉCULA   la unidad más pequeña, compuesta de uno o más átomos, de cualquier sustancia química pura

MOLUSCO   invertebrado de cuerpo blando y generalmente cubierto por una concha (por ejemplo, caracol, mejillón, pulpo)

MONÓXIDO DE CARBONO   gas tóxico que impide al oxígeno penetrar en los glóbulos rojos; producido cuando la gasolina no se quema por completo

MUDA   proceso mediante el cual un animal se desprende de su concha, piel, plumas o cualquier otra envoltura y desarrolla una nueva

NERVIO   atado de fibras nerviosas unidas por tejido conectivo

NERVIO ÓPTICO   nervio que lleva impulsos del ojo al cerebro

NIEBLA   nube de vapor de agua condensado formada sobre o cerca del suelo

NIVEL HIDROSTÁTICO   nivel bajo el cual la tierra está saturada de agua

NOMENCLATURA BINARIA   nombre empleado para identificar organismos vivos según su género y su especie

NOVA   estrella que se vuelve de pronto mucho más luminosa y luego recupera lentamente su brillo primitivo

NÚCLEO (BIOLOGÍA)   porción especializada del protoplasma de las células que contiene los cromosomas; coordina las actividades de la célula

NÚCLEO (FÍSICA)   parte densa de un átomo, positivamente cargada, formada por protones y neutrones

NUTRIMENTO   sustancia asimilable de los alimentos

ÓRGANO   grupo de tejidos que desempeñan una función especial en una planta o un animal

ORGANISMO   cualquier ser vivo orgánico, ya sea animal o vegetal

OXIDACIÓN   reacción en la que un átomo pierde electrones

OXÍGENO   gas incoloro e inodoro que forma el 20% del aire terrestre, permite a las células quemar alimento y obtener energía

OZONO   forma de oxígeno (O_3), formado generalmente por una carga eléctrica

PALANCA   barra rígida que se apoya y puede girar sobre un punto de apoyo y sirve para transmitir fuerzas

PALEONTOLOGÍA   estudio de los fósiles

PÁNCREAS   glándula abdominal situada detrás del estómago que genera un jugo digestivo (*jugo pancreático*) y produce además la hormona insulina en las isletas de Langerhans

PARÁSITO   animal o planta que vive dentro o encima de otro ser viviente y obtiene de éste su alimento. Ejemplos de parásito son la lombriz intestinal, tiña, tenia y muchas bacterias dañinas

PARED CELULAR   pared rígida e inerte que envuelve a las células de las plantas, algas, hongos y bacterias

PARTÍCULA SUBATÓMICA   una de las partículas que constituyen el átomo

PASTEURIZACIÓN   procedimiento de calentamiento para matar microorganismos patógenos

PATÓGENO   organismo que causa una enfermedad infecciosa o parasitaria

PENICILINA   antibiótico obtenido de un tipo de moho y que se emplea en el tratamiento de muchas enfermedades bacterianas

PESO   medición del efecto de la gravedad sobre la masa de un objeto

PETRIFICADO referente a restos animales o vegetales que después de mucho tiempo se mineralizan y adquieren una consistencia semejante a la piedra

PIEDRA IMÁN imán rocoso natural que se encuentra en la tierra

PLACENTA órgano adherido al útero de los mamíferos que envuelve al embrión y lo nutre durante la gestación

PLANETA cuerpo celeste que gira alrededor del sol (por ejemplo, Marte, la tierra)

PLANETOIDE uno de los numerosos y pequeños cuerpos celestes que se encuentran entre las órbitas de Marte y Júpiter

PLANCTON organismos diminutos que flotan en el mar y sirven de alimento a animales de mayor tamaño

PLASMA la parte líquida de la sangre; contiene anticuerpos, hormonas y alimentos digeridos

PLÁSTICO polímero sintético que puede ser moldeado (por ejemplo, el celofán)

POLIO enfermedad viral que afecta a las células nerviosas del cerebro o de la médula espinal; puede provocar parálisis del diafragma u otros músculos

POLÍMERO molécula gigante que se forma al juntarse moléculas más pequeñas

POLINIZACIÓN transferencia de polen desde el estambre de una flor hacia su pistilo

PRECIPITACIÓN todo tipo de humedad que cae del cielo: lluvia, escarcha, nieve y granizo

PRECIPITACIÓN RADIACTIVA caída sobre la tierra de partículas radiactivas resultantes de una explosión nuclear

PRESBICIA defecto del ojo debido al cual los objetos lejanos se ven con mayor claridad que los cercanos

PRIMATE orden de mamíferos trepadores que incluye a los lémures, monos y seres humanos

PROGESTERONA hormona producida por los ovarios que regula el ciclo menstrual y el funcionamiento del útero durante el embarazo

PROTEÍNA molécula de gran tamaño que forma parte de los compuestos orgánicos que contienen nitrógeno; es un constituyente importante del protoplasma

PROTÓN partícula con carga positiva que se encuentra en el núcleo de los átomos

PROTOPLASMA toda la sustancia viva de la célula

PSIQUIATRA médico que se especializa en la salud mental

PSICOLOGÍA estudio del comportamiento y del aprendizaje

POLEA rueda con borde acanalado que se usa con una cuerda o cadena para cambiar la dirección de una fuerza arrastradora; una máquina simple

PULSO latido intermitente de las arterias producido por la expulsión de la sangre en el corazón

PUS líquido amarillento constituido por bacterias, glóbulos blancos y tejidos muertos presente en abscesos o furúnculos

QUIMIOTERAPIA tratamiento de una enfermedad con el empleo de sustancias químicas

QUININA fármaco empleado en el pasado para prevenir y tratar la malaria

QUITINA material que forma el exoesqueleto de los artrópodos

RABIA (HIDROFOBIA) peligrosa enfermedad del sistema nervioso causada por un virus; transmitida por la saliva infectada de un perro, zorro o animal similar cuando éste muerde a su víctima

RADAR dispositivo para determinar la posición y la distancia de un objeto mediante la emisión y reflejo de ondas radioeléctricas

RADIACIÓN proceso por el cual la energía se transfiere en el vacío

RADIACTIVIDAD propiedad de núcleos atómicos grandes que son inestables y se desintegran espontáneamente, emitiendo partículas y/o energía

RASGO cualidad que distingue a una persona o cosa

RAYO ULTRAVIOLETA radiación electromagnética con longitudes de onda demasiado cortas para ser vistas

REACTOR NUCLEAR dispositivo para partir un átomo y así producir energía útil o materiales radiactivos valiosos

RECICLAJE recuperación y reuso de material

REFLEJO respuesta innata e inmediata a un estímulo, realizada sin pensar

REFRIGERANTE líquido (por ejemplo, freón) que se evapora fácilmente y es por eso útil en los serpentines refrigerantes de máquinas refrigeradoras

REGENERACIÓN capacidad natural de un órgano para sustituir tejidos u órganos perdidos

REPRODUCCIÓN ASEXUAL reproducción realizada sin intervención de organismos individuales o células germinales

RESPIRACIÓN ANAERÓBICA fermentación, o respiración con ausencia de oxígeno

RIÑÓN uno de dos órganos en forma de frijol ubicado en la parte trasera del abdomen que absorbe de la sangre los desechos del metablismo

ROTACIÓN DE CULTIVOS método empleado en agricultura en el que se plantan distintos cultivos en el mismo terreno en años subsiguientes

ROYA (*RUST*) hongo relacionado con la roya negra; distintas formas de este hongo causan enfermedades en los cereales, por ejemplo, el anubio del trigo

SAL sustancia cristalizada compuesta de un ion (metálico) positivo y un ion negativo distinto a un OH⁻

SALINIDAD cantidad de sal en algo

SALIVA secreción producida por tres pares de glándulas próximas a la lengua. La saliva contiene una enzima que convierte el almidón en azúcar

SATÉLITE cuerpo natural o artificial que gira alrededor de la tierra o de otro planeta

SELECCIÓN NATURAL supervivencia de los organismos que están mejor adaptados a las condiciones del medio en que viven

SEMILLA óvulo desarrollado que consiste en una capa protectora, alimento almacenado y una planta en estado embrionario

SIMBIOSIS relación mutuamente beneficiosa entre organismos que viven en estrecha proximidad

SÍNTESIS formación de compuestos a partir de elementos o compuestos más sencillos

SISTEMA grupo de órganos en un organismo relacionados con una misma función

SISTEMA NERVIOSO AUTÓNOMO parte del sistema nervioso humano que regula las actividades involuntarias del organismo

SISTEMA SOLAR conjunto formado por el sol y los astros que gravitan alrededor de él

SMOG capa de niebla que contiene humo y gases irritantes

SOLIDEZ fase de la materia en la cual una sustancia tiene forma y volumen definidos

SOLSTICIO tiempo cuando el sol parece invertir su movimiento hacia el norte o sur del ecuador

SOLUBLE capaz de ser disuelto

SOLUCIÓN mezcla en la cual las moléculas o los iones de una sustancia se dispersan uniforme u homogéneamente en un líquido

SOLVENTE parte líquida de una solución en la cual se disuelve una sustancia

SUBLIMACIÓN paso del estado sólido al gaseoso o del gaseoso al sólido sin pasar por la fase líquida

SULFA medicamento sintético empleado para combatir ciertas infecciones bacterianas

SUSPENSIÓN mezcla turbia compuesta de un sólido finamente fraccionado en un líquido

TEJIDO grupo de células similares y material intercelular que realizan labores similares

TEORÍA principio científico, más o menos aceptado, ofrecido como explicación de hechos observados

TERMODINÁMICA estudio de las leyes que gobiernan el calor y la energía, y su movimiento

TERMÓMETRO instrumento para medir la temperatura

TERMONUCLEAR referente a una reacción nuclear que requiere calor para poder ocurrir

TERMOSTATO dispositivo en un sistema calefactor que controla automáticamente la temperatura

TIERRA NEGRA tierra ordinaria de jardín formada principalmente por arcilla, arena y pequeñas cantidades de humus

TIROIDES glándula endocrina situada delante o a un costado de la tráquea en la región inferior del cuello

TOMAÍNA sustancia venenosa formada por la acción de ciertas bacterias

TORNADO una de las tormentas de viento más violentas, notable por sus nubes en forma de chimenea, vientos de enorme velocidad y gran capacidad destructiva a lo largo de una ruta y una superficie pequeñas

TOXINA sustancia venenosa de origen microbiano

TRANSFORMADOR dispositivo para transformar voltaje alto a voltaje bajo o viceversa

TRUENO sonido que sigue al relámpago, causado por la súbita expansión de aire en la ruta de la descarga

TUBÉRCULO tallo subterráneo de almacenamiento de una planta que produce nuevas plantas como la papa

TUMOR agrandamiento o hinchazón anormal que puede ser benigno o maligno

TUMOR BENIGNO crecimiento anormal del tejido que no se extiende y no produce daño a menos que presione sobre un órgano vital

TUMOR MALIGNO crecimiento canceroso

TUNDRA comunidad ecológica típica de regiones del extremo norte del planeta: terreno pantanoso, subsuelo eternamente congelado y plantas de escasa altura

TURBINA máquina rotatoria impulsada por vapor, agua o gas

ULTRASONIDO sonido de frecuencia muy elevada que el oído humano no puede percibir

URANIO elemento pesado radiactivo presente en óxido de uranio natural llamado pecblenda

VACUNA sustancia consistente en bacteria o virus muertos o atenuados; se emplea para producir inmunidad

VACUNAR inocular los gérmenes muertos o debilitados de una enfermedad, por ejemplo, la viruela, para causar un acceso leve de la enfermedad y conferir inmunidad en el futuro

VATIO unidad de potencia, equivalente a 1 julio (*joule*) por segundo

VELOCIDAD distancia recorrida en una unidad de tiempo en cierta dirección

VENA vaso sanguíneo que recibe sangre de otros órganos y la conduce al corazón

VENTRÍCULO una de dos cavidades musculares del corazón que bombea sangre a partes del cuerpo

VERTEBRADO todo animal provisto de columna vertebral (por ejemplo, aves, reptiles, peces, perros y seres humanos)

VESÍCULA BILIAR saco que almacena la bilis y va conectado con el hígado

VIDA MEDIA tiempo requerido para que la mitad de los núcleos de una muestra de material radiactivo se transformen en otros núcleos

VIENTO PREVALENTE viento que casi siempre sopla desde cierta dirección

VIRUS organismo submicroscópico causante de enfermedades que consiste en una molécula de ADN o ARN con una envoltura de proteína

VITAMINA sustancia química presente en los alimentos y requerida en pequeñas cantidades para funciones especiales del organismo

VOLCÁN apertura en la corteza terrestre por la cual son expulsados vapor y roca fundida

VOLTIO unidad de potencial eléctrico equivalente a 1 julio (*joule*) de energía por culombio (*coulomb*) de carga

Práctica de Ejercicios Sobre Ciencias

CAPÍTULO 15

CIENCIAS VITALES

Las preguntas 1 a 3 se refieren a la figura siguiente.

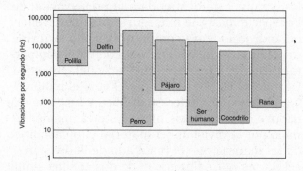

La figura muestra la amplitud auditiva de varios animales. Los sonidos que tienen una frecuencia tan alta que no se pueden oír se llaman ultrasónicos, mientras que los de frecuencia más baja que sí se pueden oír se llaman subsónicos. El eje y (eje horizontal) muestra la amplitud de frecuencias que los animales pueden oír. Note que la amplitud va por escala de 10 para acomodar una gama amplia de capacidades auditivas.

1. ¿Cuál es la amplitud auditiva del oído humano?

   (1) 10–10,000 Hz
   (2) 20–20,000 Hz
   (3) 10–20,000 Hz
   (4) 20–10,000 Hz
   (5) 10–100,000 Hz

2. ¿Cuál de las frecuencias siguientes estaría dentro de la amplitud auditiva tanto de un delfín como de un perro?

   (1) 20 Hz
   (2) 200 Hz
   (3) 2,000 Hz
   (4) 20,000 Hz
   (5) 200,000 Hz

3. ¿La amplitud auditiva de qué animal abarca la variación más amplia de frecuencias?

   (1) polilla
   (2) perro
   (3) ser humano
   (4) rana
   (5) cocodrilo

Las preguntas 4 a 7 se refieren al gráfico siguiente.

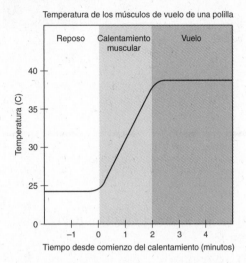

Temperatura de los músculos de vuelo de una polilla

El gráfico muestra la temperatura de los músculos de vuelo de una polilla en absoluto reposo, durante el período de calentamiento muscular y durante el vuelo.

4. ¿Cuántos minutos necesita la polilla para calentar sus músculos de vuelo antes de poder volar?

   (1) 1 minuto
   (2) 2 minutos
   (3) 3 minutos
   (4) 4 minutos
   (5) 5 minutos

5. ¿Qué temperatura deben tener los músculos de vuelo para que la polilla pueda volar?

   (1) 24°C
   (2) 30°C
   (3) 35°C
   (4) 38°C
   (5) 42°C

6. ¿Por qué necesita la polilla un período de calentamiento antes de estar lista para volar?

   (1) Como es un animal de sangre fría, sus músculos no están suficientemente calientes para generar energía cuando están fríos
   (2) Tiene alas muy largas
   (3) Los músculos requieren mayor abastecimiento sanguíneo para permitirles acarrear más oxígeno a las células musculares
   (4) Los músculos generalmente se mueven con demasiada lentitud como para permitir el vuelo
   (5) La contracción muscular requiere gran gasto de energía

7. ¿Cuál es el propósito de la sección referente a "Reposo" en el gráfico?

   (1) mostrar la temperatura del aire del entorno
   (2) mostrar la temperatura corporal normal de una polilla
   (3) mostrar la temperatura muscular cuando la polilla no está preparándose para volar
   (4) mostrar cuánto tiempo transcurre antes de que la polilla decida volar
   (5) mostrar la temperatura que volverán a tener los músculos al terminar el vuelo

Las preguntas 8 a 10 se refieren a la información siguiente.

El proceso de reproducción de un nuevo individuo puede provenir de una sola célula progenitora o de dos células progenitoras. Esta función vital difiere de los demás procesos vitales, ya que está destinada a la preservación de la especie más que a asegurar la supervivencia del individuo. Para comprender cómo se divide una célula, se debe tener en cuenta el comportamiento de la materia nuclear y del citplasma. La mitosis es el proceso por el cual el material hereditario del núcleo se duplica y luego se distribuye en las células hijas. Esto va acompañado por la división del material citoplasmático de tal manera que el resultado de la división celular es normalmente el de dos células similares a la célula progenitora. Esta es la base de toda reproducción asexual en que sólo participa un progenitor, como es el caso de la fusión binaria en los organismos unicelulares como la ameba, el paramecio y las bacterias o en el proceso de germinación en las células de levadura o la esporulación del moho en el pan.

8. ¿Qué función vital es más esencial para las especies que para los individuos?

   (1) el crecimiento
   (2) el movimiento
   (3) la elaboración de alimentos
   (4) la reproducción
   (5) la protección

9. ¿Cuál de los siguientes términos NO está asociado con los demás?

   (1) la fertilización
   (2) la germinación
   (3) la esporulación
   (4) la reproducción asexual
   (5) la fusión binaria

10. ¿Cuál de los siguientes procesos es una parte de todos los demás?

(1) la fusión binaria
(2) la reproducción asexual
(3) la esporulación
(4) la germinación
(5) la mitosis

Las preguntas 11 a 13 se refieren a las figuras siguientes.

CÉLULA PROCARIÓTICA

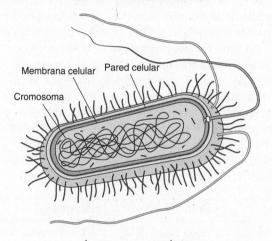

CÉLULA EUCARIÓTICA

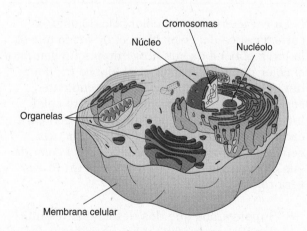

Los dibujos de arriba muestran una célula procariótica y una célula eucariótica. Las preguntas que siguen le piden describir algunas de las similitudes y diferencias que estas células poseen.

11. ¿Qué tipo de célula posee un núcleo definido que contiene información genética?

(1) la célula eucariótica
(2) la célula procariótica
(3) ninguna de las dos
(4) ambas
(5) depende de la especie de la cual proviene la célula

12. ¿Qué tipo de célula posee cromosomas?

(1) la célula procariótica
(2) la célula eucariótica
(3) ambas lo tienen
(4) ninguna lo tiene
(5) depende de la especie de la cual proviene la célula

13. Las células procarióticas fueron descubiertas mucho más tarde que las células eucarióticas a pesar de haber existido en la tierra por mucho más tiempo. ¿Cuál de las respuestas siguientes pueden explicar mejor el motivo de esto?

(1) Las células procarióticas no poseen un núcleo
(2) Las células eucarióticas poseen organelas, las cuales son fáciles de detectar
(3) Sólo el núcleo es claramente visible
(4) Las células procarióticas son más pequeñas y requieren mejores microscopios para ser vistas
(5) Las células eucarióticas poseen una membrana celular que ayuda a definirlas visualmente

Las preguntas 14 y 15 se refieren al pasaje siguiente.

Es sorprendente, pero el pez no emplea su aleta caudal (cola) para impulsarse. Los peces usan sus aletas principalmente como timones y estabilizadores. Para avanzar, el pez debe ser capaz de doblar su cuerpo hacia atrás y adelante con gran rapidez y, para crear este movimiento, los músculos del pez están dispuestos en una serie de ondas o segmentos llamados miomeros.

Los peces tienen dos clases de fibras musculares: blancas y rojas. Los miomeros blancos se emplean para propulsión súbita y breve. Los meros y otros peces que nadan lentamente poseen miomeros casi exclusivamente blancos. Los peces de mar abierto, como el atún o la caballa, son capaces de avanzar a gran velocidad por largos períodos de tiempo. La sangre en sus fibras musculares rojas posee gran cantidad de un pigmento llamado mioglobina, el cual puede transportar grandes cantidades de oxígeno. Este oxígeno nutre las células musculares, permitiéndoles funcionar ininterrumpidamente por largo tiempo.

14. La respiración celular requiere la oxidación de combustible que se encuentra en forma de moléculas orgánicas. En los peces, ¿cuál de las opciones siguientes está a cargo del transporte de grandes cantidades de oxígeno?

(1) las aletas caudales
(2) los miomeros
(3) la hemoglobina
(4) la mioglobina
(5) los músculos rojos

15. Al disecar un pez, un biólogo vio que éste tenía grandes cantidades de fibras musculares rojas. Basado en esta observación, el biólogo puede suponer que el pez

(1) vivía en un arrecife de coral
(2) tendría excelente sabor
(3) provenía de aguas poco profundas
(4) era generalmente de movimientos lentos
(5) venía del mar abierto

Las preguntas 16 y 17 se refieren a la información siguiente.

Se sabe que las plantas tienden a crecer hacia la luz solar, un proceso que se conoce como fototropismo. Las investigaciones sobre las hormonas de las plantas, conocidas como auxinas, han revelado el mecanismo de este proceso, cuyo resultado es la flexión de un tallo hacia la luz. En la familia de las hierbas, la auxina se produce en la punta del tallo que está creciendo. Cuando la luz cae sobre un lado de la punta, la auxina se mueve hacia el otro lado. Luego la auxina se expande por el tallo y estimula el alargamiento de las células debajo de la punta. A medida que las células que están en la oscuridad se alargan, el tallo se dobla hacia la luz.

16. ¿Qué hace que un tallo se doble hacia la luz?

(1) el fototropismo
(2) la necesidad de luz para realizar la fotosíntesis
(3) la auxina que controla el alargamiento de las células
(4) el efecto de la luz en la estimulación del crecimiento
(5) la hormona de la planta producida en la oscuridad

17. ¿Qué describe mejor a las auxinas?

(1) las estructuras de las hojas
(2) las puntas de los tallos
(3) los tropismos
(4) las hormonas de las plantas
(5) los filtros de luz

Las preguntas 18 a 20 se refieren al pasaje siguiente.

Las características físicas de las larvas de moscas de las frutas son determinadas por la estructura genética de las moscas progenitoras. Así, los ojos de las larvas pueden ser rojos o blancos. Tomando en consideración que sólo estos dos colores son posibles, un color será dominante y se representará con una letra mayúscula. El otro color se llamará recesivo y se representará con una letra minúscula. Un gráfico, llamado cuadrado de Punnett, sirve para ilustrar la manera en que los genes dominantes y recesivos pueden combinarse:

	Rojo (R)	Blanco (r)
Rojo (R)	Rojo Rojo (RR)	Rojo Blanco (Rr)
Blanco (r)	Rojo Blanco (Rr)	Blanco Blanco (r)

La característica del color rojo domina la característica del color blanco, de modo que si la larva obtiene de sus progenitores un gen para el color rojo (R) y uno para el blanco (r), dominará el rojo y los ojos de sus descendientes serán rojos (no rosados ni ningún otro color intermedio). Un descendiente con un gen para cada color se llama híbrido y su estructura genética no puede determinarse por el color de sus ojos, ya que tanto un RR como un Rr se verá rojo.

18. Supongamos que dos descendientes híbridos (Rr) se cruzan. ¿Qué porcentaje de sus descendientes tendrán ojos rojos y blancos?

(1) 25% rojos y 75% blancos
(2) 50% rojos y 50% blancos
(3) 75% rojos y 25% blancos
(4) 100% rojos y 0% blancos
(5) 50% rojos y 50% rosados

19. En las plantas de habas, el gen para el crecimiento alto es dominante respecto al gen para el crecimiento bajo. Si una planta alta pura (AA) se cruza con una planta híbrida (Aa), ¿qué porcentaje de los descendientes serán altas?

    (1) 0%
    (2) 25%
    (3) 50%
    (4) 75%
    (5) 100%

20. El color de ojos marrón es dominante respecto al color de ojos azul. ¿Qué combinación de padres puede tener hijos con ojos azules?

    I. Dos padres con ojos marrones, ambos MM
    II. Dos padres con ojos marrones, ambos Mm
    III. Dos padres con ojos azules, ambos mm

    (1) I sólamente
    (2) II sólamente
    (3) III sólamente
    (4) I y III sólamente
    (5) II y III sólamente

Las preguntas 21 a 25 se refieren al artículo siguiente.

El lobo gris norteamericano ocupa una posición importante en la cadena alimenticia. Igual que otros carnívoros grandes, juega un papel apreciable en el equilibrio de las poblaciones de animales de menor tamaño. Su régimen alimenticio incluye a los roedores, pero incluso como cazador de ciervos es más selectivo que su depredador rival, el ser humano.

El cazador humano mata por deporte y orgullo, muchas veces eliminando a los miembros más jóvenes y sanos de una manada de ciervos. Pero el lobo sólo mata para conseguir alimento, escogiendo a los más débiles, viejos y enfermos. De este modo, los seres humanos reducen la calidad de las manadas, mientras que los lobos la protegen y dejan el número necesario para sobrevivir adecuadamente en el territorio disponible. El resultado es bueno para los ciervos, para el lobo y también para el territorio.

Recientemente se ha empezado un proyecto en Minnesota para extender el territorio de los lobos. El plan consiste en atrapar un pequeño número de lobos y transferirlos a un nuevo entorno salvaje en el norte de Michigan. Antes los lobos habían sido numerosos en esa zona, pero ahora están casi extintos. El propósito del proyecto es que los lobos se reproduzcan y preserven la especie. En este sentido, la Universidad del Norte de Michigan y las organizaciones relacionadas con la vida silvestre que están auspiciando el experimento están realizando una buena acción encaminada a preservar un animal útil para su medio ambiente natural. También esperan demostrar cuán exagerado es el mito sobre la maldad del lobo.

21. ¿Qué tipos de ciervos matan los lobos?

    (1) los más débiles
    (2) los más fuertes
    (3) los mejores especímenes
    (4) aquellos que comen roedores
    (5) los más rápidos

22. En relación con la población de ciervos, ¿por qué la raza humana es más destructiva que el lobo?

    (1) El lobo destruye solamente el territorio en que vive
    (2) Los cazadores humanos preservan la salud de la manada
    (3) Los cazadores humanos cazan ciervos sólo para obtener alimento
    (4) Los cazadores humanos cazan a los ciervos más débiles, viejos y enfermos
    (5) El cazador humano caza a los miembros más sanos y jóvenes de la manada

23. ¿Qué objetivo tiene el proyecto de la Universidad del Norte de Michigan?

    (1) Atrapar lobos en Michigan para exportarlos a Minnesota
    (2) Incrementar el territorio de los lobos en Michigan
    (3) Incrementar el número de ciervos en Michigan
    (4) Alejar a los lobos de Michigan
    (5) Demostrar la maldad de los lobos

24. ¿Cuál de las siguientes afirmaciones describe mejor la posición de los lobos en la cadena alimenticia?

    (1) Son importantes porque mantienen equilibrada la población de sus presas
    (2) No son importantes porque sus presas son mayormente roedores
    (3) No son importantes porque son carnívoros de gran tamaño
    (4) No son importantes porque dejan vivir a los ciervos más saludables
    (5) Son importantes porque viven en un territorio de bosques altos

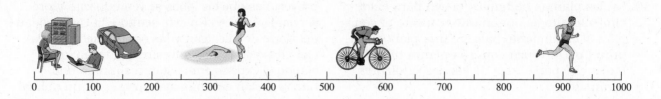

25. En la selección se mencionan dos ejemplos de depredadores. ¿Cuáles son éstos?

    (1) los lobos y los seres humanos
    (2) los lobos y los ciervos
    (3) los seres humanos y los ciervos
    (4) los lobos y los roedores
    (5) los roedores y los ciervos

Las pregunas 26 a 28 se refieren al dibujo de arriba.

El dibujo muestra la cantidad aproximada de energía usada (kilocalorías quemadas) después de haberse realizado las actividades ilustradas durante una hora. A grandes rasgos, la persona que ha quemado 3,500 kilocalorías puede esperar perder 1 libra de peso.

26. ¿Cuántas horas debe correr una persona para perder 1 libra de peso?

    (1) 1 hora
    (2) 2 horas
    (3) 3 horas
    (4) 4 horas
    (5) 5 horas

27. Una persona nada y quema 600 calorías. ¿Cuánto tiempo deberá andar en bicicleta para quemar el mismo número de calorías?

    (1) ½ hora
    (2) 1 hora
    (3) 1½ horas
    (4) 2 horas
    (5) 3 horas

28. Escoja el orden, de mayor a menor, de actividades que queman calorías.

    (1) natación, carrera, escritura
    (2) escritura, carrera, natación
    (3) escritura, natación, carrera
    (4) carrera, natación, escritura
    (5) carrera, escritura, natación

Las preguntas 29 a 33 se refieren a la información siguiente.

Las plantas y los animales más avanzados, como las plantas de semilla y los vertebrados, se asemejan en muchos aspectos pero difieren en otros. Por ejemplo, ambos grupos de organismos poseen funciones digestivas, respiratorias, reproductivas, móviles y de desarrollo y exhiben sensibilidad a diversos estímulos, pero, por otra parte, tienen diferencias básicas: Las plantas no tienen un sistema excretorio comparable al de los animales. Las plantas no tienen corazón ni un órgano de bombeo similar. Las plantas tienen movimientos muy limitados. Las plantas no tienen nada que se parezca al sistema nervioso de los animales. Los animales no pueden sintetizar carbohidratos de sustancias inorgánicas. Los animales no tienen regiones especiales de crecimiento que persisten a lo largo de la vida del organismo, comparables con los meristemas laterales y terminales de las plantas. Finalmente, la célula animal no tiene paredes, sólo una membrana. En cambio, la célula de la planta es más rígida y gruesa y puede estar compuesta de sustancias como celulosa, lignina, pectina, cutina y suberina. Estas características son importantes para entender a los organismos vivos y sus funciones, y por lo tanto deben considerarse cuidadosamente en los estudios de plantas y animales.

29. Los animales carecen de

    (1) habilidad para reaccionar ante los estímulos
    (2) habilidad para llevar sustancias de un lugar a otro
    (3) reproducción por gametos
    (4) membranas celulares
    (5) una región de crecimiento terminal

30. Las plantas tienen paredes celulares rígidas, pero no los animales. Esto está relacionado con la diferencia entre los animales y las plantas en la función de

(1) respiración
(2) fotosíntesis
(3) excreción
(4) capacidad de respuesta
(5) locomoción

31. Las plantas poseen

(1) órganos especializados para la circulación
(2) órganos excretorios
(3) órganos de locomoción
(4) capacidad de producir carbohidratos a partir de materia inorgánica
(5) tejido nervioso especializado

32. Las plantas carecen de

(1) paredes celulares rígidas
(2) estructuras de bombeo
(3) regiones especiales de crecimiento
(4) estructuras para la reproducción
(5) un proceso digestivo

33. ¿Cuál de estas funciones realizan los animales y las plantas?

(1) la síntesis de carbohidratos
(2) el transporte
(3) la manufactura de celulosa
(4) la producción de cutina
(5) la excreción a través de órganos excretorios

Las preguntas 34 a 36 se basan en la siguiente información.

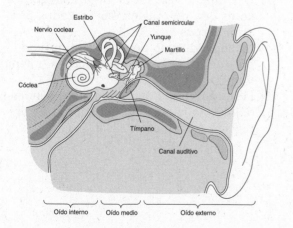

El esquema de arriba presenta el diagrama del oído humano.

34. ¿Cuál de las estructuras siguientes se encuentra en el oído medio?

(1) el yunque
(2) el martillo
(3) la cóclea
(4) el yunque y el martillo
(5) el yunque, el martillo y la cóclea

35. ¿Cuál de las estructuras siguientes lleva información directamente al cerebro?

(1) el tímpano
(2) la cóclea
(3) el nervio coclear
(4) los canales semicirculares
(5) el estribo

36. La señal de una onda sonora sería transmitida por las estructuras del oído en el orden siguiente:

(1) canal auditivo, tímpano, cóclea, martillo
(2) cóclea, tímpano, martillo, estribo
(3) martillo, yunque, cóclea, estribo
(4) nervio coclear, cóclea, tímpano, martillo
(5) canal auditivo, tímpano, estribo, cóclea

Las preguntas 37 a 39 se refieren al artículo siguiente.

Las células de las plantas tienen estructuras especializadas llamadas cloroplastos. Los cloroplastos contienen clorofila, un pigmento que permite a la célula realizar la fotosíntesis, es decir, el proceso por el cual las plantas capturan y usan la energía solar para su sustento. Algunas células de plantas, como las que posee *Spirogyra*, contienen un solo cloroplasto. Cuando estas células se dividen, el cloroplasto también debe dividirse, de modo que cada nueva célula también contiene un cloroplasto. Otras células de plantas, como las de las hierbas o cereales, pueden llegar a tener entre 40 y 50 cloroplastos.

Las células que no tienen su clorofila almacenada en organelas bien definidas como son los cloroplastos son las algas. Muchas algas azules y verdes poseen clorofila diseminada por membranas especializadas a lo largo de toda la célula en vez de tenerla almacenada en una sola estructura especializada. Estas membranas especializadas son los cromatóforos.

Las algas y las bacterias fotosintéticas que no están expuestas a la luz pierden rápidamente a sus cromatóforos y con ellos la capacidad de realizar la fotosíntesis.

37. La función principal de los cloroplastos en las células de las plantas es la de permitir a las células realizar

    (1) la división celular
    (2) el crecimiento de las algas
    (3) la *Spirogyra*
    (4) la fotosíntesis
    (5) la obtención de cromatóforos

38. ¿Cual de las declaraciones siguientes está correcta?

    (1) Toda la clorofila en las células está almacenada en los cloroplastos
    (2) Las algas pueden realizar la fotosíntesis bajo cualquier condición
    (3) Los cromatóforos son sitios en que se realiza la fotosíntesis
    (4) Los cloroplastos deben dividirse cuando se dividen las células
    (5) Las células de las plantas generalmente tienen el mismo número de cloroplastos

39. Según el pasaje, ¿cual de las siguientes no posee cloroplastos?

    (1) trigo
    (2) *Spirogyra*
    (3) hierbas
    (4) algas azules y verdes
    (5) algas marrones

Las preguntas 40 a 46 se refieren al artículo siguiente.

Hay infección cada vez que los microorganismos invaden con éxito el cuerpo y crecen a expensas de los tejidos. El término infección implica siempre la existencia de un estado anómalo o una condición no natural como resultado de la acción nociva de los microorganismos. En otras palabras, la simple presencia de un microorganismo no es suficiente para causar una enfermedad.

La infección puede producirse por la admisión de microorganismos a los tejidos a través del sistema gastrointestinal, los conductos respiratorios, las lesiones provocadas por garras o dientes de animales contaminados, así como por armas contaminadas y picaduras de insectos. Otro tipo de infección a veces ocurre cuando por alguna razón el cuerpo se vuelve vulnerable a la acción patógena de bacterias que normalmente viven en el cuerpo.

La reacción del cuerpo al ataque de un organismo invasor produce la formación de sustancias de una naturaleza específica. Estas sustancias reactivas del cuerpo que circulan principalmente en el suero de la sangre son conocidas como anticuerpos y se clasifican según su actividad. Algunas, conocidas como antitoxinas, neutralizan las sustancias venenosas producidas por el organismo infeccioso. Otras se llaman bacteriolisinas y destruyen a las bacterias disolviéndolas. Las opsoninas o bacteriotropinas preparan a las bacterias para que sean destruidas por los fagocitos. La precipitina y la aglutinina tienen la propiedad de agrupar a los agentes invasores en pequeños grupos de precipitados. La formación de sustancias defensivas es específica para cada organismo.

40. ¿Cuál de las condiciones siguientes ilustra una infección?

    (1) Un conejillo de Indias es expuesto a la toxina de la difteria
    (2) Una enfermera que cuida a un paciente inhala algunos bacilos de tuberculosis
    (3) Un hombre se corta el dedo con un cuchillo sucio y no usa antiséptico
    (4) Un estudiante examina su saliva en un microscopio y observa, bajo alta magnificación, algunos estreptococos
    (5) Los parásitos de la malaria en la sangre causan escalofríos y fiebre

41. Debido a que cada anticuerpo es espcífico para el organismo invasor, se puede decir que

    (1) el cuerpo puede producir sólo un número reducido de distintas clases de anticuerpos
    (2) el anticuerpo contra la difteria no protege contra el tétano
    (3) hay muchas clases de organismos invasores que no pueden ser atacados por anticuerpos
    (4) un individuo no puede ser inmune a más de una clase de patógeno al mismo tiempo
    (5) la inmunidad a algunas enfermedades debilita la capacidad del cuerpo de protegerse contra otras

42. ¿Cuál de las afirmaciones relacionadas con los fagocitos que se presentan a continuación es verdadera?

    (1) Las opsoninas se llaman también fagocitos
    (2) Las opsoninas preparan a las bacterias para su destrucción por los fagocitos
    (3) Los fagocitos destruyen a las opsoninas
    (4) Las bacteriotropinas destruyen a los fagocitos
    (5) Los fagocitos preparan a las bacterias para que las opsoninas las destruyan

43. ¿Cuál de las afirmaciones siguientes es correcta?

    (1) Los glóbulos blancos de la sangre protegen contra la infección al distribuir anticuerpos por todo el cuerpo
    (2) Un organismo patógeno que vive en el cuerpo de una persona siempre ejerce un efecto dañino para esa persona
    (3) Los anticuerpos se clasifican de acuerdo con el tipo de organismo que atacan
    (4) La infección generalmente viene acompañada de un estado anómalo del cuerpo
    (5) Las antitoxinas se crean para combatir a cualquier organismo que penetre en el cuerpo

44. Todos los siguientes son anticuerpos, EXCEPTO

    (1) los fagocitos
    (2) las antitoxinas
    (3) las bacteriolisinas
    (4) las opsoninas
    (5) las precipitinas

45. Todo lo siguiente puede provocar una infección, EXCEPTO

    (1) inhalar partículas de polvo
    (2) beber agua contaminada
    (3) una picadura de mosquito
    (4) un corte con un cuchillo
    (5) una mosca aterrizando en la piel

46. ¿De qué manera las aglutininas destruyen a los organismos invasores?

    (1) los disuelven
    (2) los neutralizan
    (3) los agrupan
    (4) los rodean
    (5) los digieren

Las preguntas 47 a 49 se basan en la información siguiente.

Las relaciones entre los organismos se clasifican de acuerdo con la manera en que unos influyen a otros. A continuación presentamos cinco tipos de relaciones.

(1) parasitismo—es la relación en que un organismo vive en otro organismo perjudicándolo.
(2) comensalismo—es la relación en que un organismo se beneficia y el otro ni se beneficia ni sufre daño alguno.
(3) saprofitismo—es la relación en que un organismo se alimenta de los productos o restos de otros organismos.
(4) mutualismo—es la relación entre dos organismos en que ambos se benefician.
(5) canibalismo—es la relación en que un organismo se alimenta de otro de su misma especie.

Cada una de las afirmaciones siguientes describe una relación que se refiere a una de las categorías que se han definido. Para cada afirmación, busque la categoría que mejor describe la relación.

47. La relación entre los hongos causantes del pie de atleta y los seres humanos se puede clasificar como

    (1) parasitismo
    (2) comensalismo
    (3) saprofitismo
    (4) mutualismo
    (5) canibalismo

48. Las bacterias generadoras de nitrógeno enriquecen el suelo al producir nitratos que son beneficiosos para las plantas. La bacteria vive en nódulos localizados en las raíces de las legumbres. Estos nódulos proporcionan un ambiente favorable para que la bacteria crezca y se reproduzca. La relación entre esta bacteria y la legumbre es un ejemplo de

    (1) parasitismo
    (2) comensalismo
    (3) saprofitismo
    (4) mutualismo
    (5) canibalismo

49. Muchas bacterias u hongos invaden plantas y animales muertos y los pudren, liberando amoníaco al medio ambiente. Esta relación se puede describir como

    (1) parasitismo
    (2) comensalismo
    (3) saprofitismo
    (4) mutualismo
    (5) canibalismo

Las preguntas 50 a 55 se basan en el artículo siguiente.

A principios del siglo XIX se creía que cualquier característica de un individuo podía ser heredada. De este modo, si un hombre levantaba pesos y desarrollaba músculos, podía esperar que su hijo fuera musculoso. Jean Lamarck desarrolló una teoría de la evolución, llamada teoría del uso y el desuso, en la que se sostenía que la herencia de los rasgos adquiridos era la razón conducente al cambio en cualquier organismo a través de las generaciones.

Charles Darwin aceptó el concepto de la herencia de los rasgos adquiridos, pero opinó que éstos desempeñaban un papel menor. Según él, la fuerza principal que conducía a la evolución era la selección natural. Esto significa que los individuos que sobreviven el tiempo suficiente para reproducirse son aquellos que están mejor adaptados al ambiente en que viven. La adaptación mejora a cada nueva generación porque los individuos mejor adaptados transmiten sus características más favorables a su descendencia.

Más tarde, la teoría de Augusto Weismann sugirió que los rasgos adquiridos no pueden heredarse porque los genes estaban de alguna manera aislados del resto del cuerpo. La genética moderna ha verificado esta teoría: la información en los genes ya está codificada cuando el organismo nace y nada de lo que pueda pasarle de ahí en adelante puede cambiar esta codificación. En la actualidad, la teoría de la herencia de los rasgos adquiridos ha dejado de existir y la idea de la selección natural de Darwin es la base de todas las teorías de la evolución.

50. ¿Por qué Darwin fue capaz de aceptar la teoría de la herencia de los rasgos adquiridos?

    (1) No conocía el trabajo de Lamarck
    (2) No tenía información suficiente
    (3) Habían evidencias experimentales que respaldasen la teoría
    (4) No existía aún conocimiento sobre el gen
    (5) Weismann había desarrollado una teoría para explicarla

51. ¿Cómo explicaría alguien, usando la teoría de la evolución de Lamarck, el desarrollo de los monos sudamericanos dotados de una fuerte cola prensil?

    (1) Hubo una mutación que hizo colas fuertes
    (2) El gen para la cola fuerte era dominante
    (3) Los monos se cruzaron con otros tipos
    (4) Los músculos de la cola se fortalecieron con el uso
    (5) Los monos con colas fuertes dejaron mayor descendencia

52. ¿Cuál de estas teorías ha sido desacreditada por el desarrollo de la genética moderna?

    (1) Hay variación dentro de las especies
    (2) Los individuos mejor adaptados sobreviven
    (3) Las características hereditarias se transmiten a los descendientes
    (4) Los rasgos adquiridos son hereditarios
    (5) El desarrollo es controlado por los genes

53. ¿Por qué ciertas clases de bacteria que eran susceptibles a la penicilina en el pasado, ahora no lo son?

    (1) El índice de mutación se ha incrementado en forma natural
    (2) Las bacterias se han vuelto resistentes porque lo necesitan para sobrevivir
    (3) La mutación fue retenida y transferida a las generaciones siguientes, por tener un elevado valor para la supervivencia
    (4) Las principales fuerzas que influyen sobre la supervivencia de una población son el aislamiento y el cruzamiento
    (5) Las cepas de penicilina son menos eficaces con el pasar del tiempo

54. ¿Cuál de las siguientes afirmaciones es una expresión moderna de la teoría del plasma germinal?

    (1) Los rasgos adquiridos pueden ser heredados
    (2) Los genes no se alteran para adaptarse a las demandas ambientales
    (3) La selección natural es un factor importante en la evolución
    (4) La evolución produce formas mejor adaptadas
    (5) La herencia cambia por mutación de los genes

55. En cualquer especie, ¿cuáles son los organismos con mejor probabilidad de sobrevivir y reproducirse?

    (1) los más grandes
    (2) los más fuertes
    (3) los mejor adaptados
    (4) los más prolíficos
    (5) los más inteligentes

Las preguntas 56 a 60 se basan en la información siguiente.

La mayoría de nosotros estamos familiarizados con el papel desempeñado por las grasas y el colesterol en nuestra salud. El colesterol es una sustancia grasosa blanca elaborada por los animales pero no las plantas. El colesterol es producido por el hígado y es esencial para el funcionamiento adecuado de las células. En general, la cantidad de colesterol en la sangre de una persona es regulada por dos tipos de proteínas que lo transportan en la sangre.

La lipoproteína de alta densidad, o LAD, se considera como "buena", ya que contribuye a sacar los depósitos de grasa que se encuentran en los vasos sanguíneos, disminuyendo así el riesgo de apoplejías y ataques cardíacos. La lipoproteina de baja densidad, o LBD, estimula el depósito de grasas sobre las paredes de los vasos sanguíneos, aumentando de esta manera el riesgo de apoplejías y ataques cardíacos. La grasa y aceite provenientes de los animales que consumimos no sólo contienen colesterol, sino que también aumentan las concentraciones de LBD. A menudo las grasas de los animales están saturadas, lo cual también está asociado con mayores depósitos de sustancias grasas en los vasos sanguíneos. Las grasas saturadas de las plantas (incluyendo aceite de palma y coco) pueden no contener colesterol, pero de todos modos aumentan las concentraciones de LBD. Entre los hábitos que tienden a aumentar los niveles de LAD se incluyen el ejercicio, menor consumo de grasas de animales y la costumbre de comer grasas y aceites no saturados como el aceite de oliva o canola.

56. ¿Cuál de las opciones siguientes reduciría las concentraciones de LBD en la sangre?

    (1) comer tocino
    (2) comer alimentos guisados en aceite de coco
    (3) comer carne de res
    (4) comer alimentos guisados en aceite de oliva
    (5) comer gran cantidad de huevos y queso

57. ¿Cuál es el riesgo de tener concentraciones elevadas de colesterol en la sangre?

    (1) incapacidad de hacer ejercicio
    (2) obesidad
    (3) apoplejías y ataques cardíacos
    (4) insuficiencia de LAD
    (5) desequilibrio entre las concentraciones de LAD y LBD

58. ¿Qué se le pediría que coma menos a una persona con una historia de enfermedades cardíacas en su familia?

    (1) aceite de oliva
    (2) aceite de canola
    (3) zanahorias
    (4) huevos
    (5) semillas de soja

59. ¿Cuál de las opciones siguientes es menos probable que sea una buena razón médica para comer menos grasas saturadas?

    (1) El consumo de grandes cantidades de grasas saturadas aumenta la posibilidad de apoplejías
    (2) El consumo de grandes cantidades de grasas saturadas aumenta la posibilidad de ataques cardíacos
    (3) Las grasas saturadas son componentes de los depósitos que se acumulan en los vasos sanguíneos
    (4) Las personas que comen gran cantidad de grasas saturadas con frecuencia no hacen suficiente ejercicio
    (5) Las grasas saturadas están asociadas con niveles elevados de colesterol en la sangre

60. ¿Cómo se benefician las paredes de los vasos sanguíneos con el ejercicio?

    (1) El ejercicio reduce el colesterol
    (2) El ejercicio ayuda a la gente a perder peso
    (3) El ejercicio aumenta las concentraciones de LBD
    (4) El ejercicio aumenta las concentraciones de LAD
    (5) El ejercicio robustece las paredes de los vasos y disminuye la posibilidad de que revienten

61. Las estructuras homólogas son aquellas que poseen la misma estructura básica pero que no comparten necesariamente la misma función. Estas estructuras pueden indicar que hubo un ancestro común en el remoto pasado de ambas. ¿Cuáles de las siguientes son estructuras homólogas?

    (1) la pata delantera de un caballo y el brazo de un ser humano
    (2) las alas de una abeja y las alas de un pájaro
    (3) las patas de un canguro y las patas de un saltamontes
    (4) las aletas de un pez y la aleta de una ballena
    (5) las alas de un murciélago y las alas de una mariposa

62. El término *metamorfosis* se refiere a una series de transformaciones que ocurren desde el nacimiento hasta la vida adulta. La metamorfosis es un proceso corriente en un número de organismos, los cuales cambian de una forma a otra a medida que crecen. ¿Cuál de las opciones siguientes NO se considera una metamorfosis?

    (1) Los huevos de una rana salen del cascarón dentro del agua, donde los renacuajos deben vivir y experimentar una serie de transformaciones físicas antes de emigrar a la tierra
    (2) Una trucha sale de un huevo y por un tiempo vive en un cardumen con otros peces antes de desarrollarse y convertirse en pez adulto
    (3) Una mariposa sale de su crisálida después de pasar la primavera en forma de gusano
    (4) Es mucho más fácil matar las larvas de las pulgas, con sus cuerpos blandos, antes de que éstas adquieran una armadura de quitina en la vida adulta
    (5) Durante una etapa temprana de su vida, la medusa está conectada con el suelo oceánico y tiene el aspecto de una planta. Sólo más tarde se convierte en una medusa que nada libremente

63. ¿En qué suposiciones se basa el uso de la historia de los fósiles como evidencia de la evolución?

    (1) Se ha comprobado que los fósiles muestran la historia completa de la evolución de todos los mamíferos
    (2) En las capas inalteradas de la corteza terrestre, los fósiles más antiguos se encuentran en las capas más profundas
    (3) Todos los fósiles pueden encontrarse incrustados en las rocas
    (4) Todos los fósiles se formaron al mismo tiempo
    (5) Todos los fósiles se encuentran en rocas sedimentarias

64. El gráfico muestra la relación entre el número de niños con síndrome de Down por cada 1,000 nacimientos y la edad de la madre.

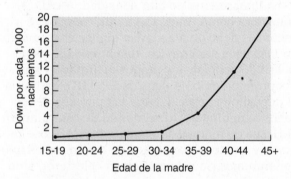

Según el gráfico, la incidencia del síndrome de Down

    (1) normalmente disminuye a medida que la edad de la madre asciende
    (2) es nueve veces menor a los 45 que a los 30 años
    (3) se estabiliza en 2 por 1,000 nacimientos después de los 35 años
    (4) es mayor a la edad de 15 años que a la edad de 35
    (5) es diez veces mayor a la edad de 45 años que a los 30

65. Los datos presentados en el gráfico sugieren que

    (1) las mujeres de mayor edad debieran recibir asesoramiento sobre los riesgos de tener hijos
    (2) las mujeres de mayor edad no debieran tener hijos
    (3) el síndrome de Down no ocurrirá si la mujer es suficientemente joven
    (4) las mujeres de edad más avanzada tienen mayor probabilidad de tener hijos con síndrome de Down
    (5) una mujer de 45 años de edad tiene una probabilidad del 20% de tener un hijo con síndrome de Down

Las preguntas 66 y 67 se refieren a la pirámide alimenticia creada por el USDA con el propósito de proporcionar una guía para dietas saludables.

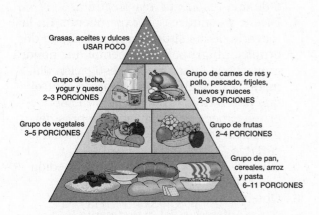

66. Según la pirámide, ¿que tipos de alimentos debieran comerse con mayor frecuencia en una dieta sana?

    (1) granos
    (2) carne roja
    (3) grasas y aceites
    (4) vegetales
    (5) productos lácteos

67. Según la pirámide alimenticia, ¿cuales de las combinaciones siguientes harían una comida saludable?

    (1) una ensalada y un emparedado de jamón y queso
    (2) un vaso de leche y un pedazo de queso
    (3) una manzana y una zanahoria
    (4) un tazón de arroz
    (5) un pedazo de pan y un tazón de cereal

Las preguntas 68 a 70 se basan en los gráficos siguientes. Los gráficos muestran datos sobre algunos factores ambientales que actúan en un lago grande.

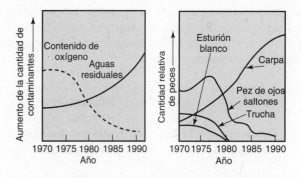

68. ¿Qué relación se puede deducir de los datos presentados?

    (1) A medida que el contenido de oxígeno desciende, la población de carpas desciende
    (2) A medida que el contenido de oxígeno desciende, la población de truchas aumenta
    (3) Las aguas residuales y el contenido de oxígeno no están relacionados
    (4) A medida que las aguas residuales aumentan, el contenido de oxígeno aumenta
    (5) A medida que las aguas residuales aumentan, el contenido de oxígeno disminuye

69. ¿Entre qué años se produce el mayor cambio en la población de esturiones blancos?

    (1) 1970 y 1975
    (2) 1975 y 1980
    (3) 1980 y 1982
    (4) 1983 y 1985
    (5) 1986 y 1990

70. ¿Cuál de las siguientes especies de peces resisten mejor el mayor grado de pérdida de oxígeno?

    (1) la trucha
    (2) la trucha y el pez de ojos saltones
    (3) el pez de ojos saltones
    (4) el esturión blanco
    (5) la carpa

La pregunta 71 se basa en la información siguiente.

Una planta fue colocada en un tubo de ensayo con una luz que la iluminaba. La luz fue colocada a varias distancias de la planta. Se contaron entonces las burbujas de O_2 que desprendía la planta. La tabla muestra la información recogida durante el experimento.

Distancia de la luz a la planta (cm)	Número de burbujas por minuto producidas por la planta
10	60
20	25
30	10
40	5

71. ¿Qué conclusiones se pueden obtener de la investigación?

(1) A medida que aumenta la distancia de la luz a la planta, el número de burbujas que produce disminuye

(2) A medida que aumenta la distancia de la luz a la planta, el número de burbujas aumenta

(3) A medida que la distancia de la luz a la planta disminuye, el número de burbujas disminuye también

(4) A medida que la distancia de la luz a la planta disminuye, el número de burbujas permanece constante

(5) No hay relación alguna entre el número de burbujas producidas y la distancia de la luz a la planta

Las preguntas 72 y 73 se basan en el pasaje siguiente.

Todos los científicos emplean un método consistente para concebir y conducir un experimento. Si el experimento se realiza correctamente, el sistema permite a cualquier científico, en cualquier parte del mundo, duplicar los resultados. Este procedimiento se conoce como el Método Científico.

Los componentes del Método Científico son:

1. Declare el problema o haga una pregunta.

2. Investigue el tema de su problema o pregunte para ver qué es lo que otros han encontrado al respecto y cuyos hallazgos usted puede aprovechar en su investigación.

3. Formule una hipótesis: sobre la base de la información adquirida en el paso 2, intente predecir una solución posible al problema o dé una respuesta a la pregunta.

4. Diseñe y conduzca un experimento. En la mayoría de las situaciones, se utilizan dos grupos: un grupo experimental que pondrá a prueba el factor bajo investigación (llamado la variable), y un grupo de control que proveerá información básica sobre el grupo experimental si los miembros del grupo de control no están expuestos a la variable.

5. Observe, mida y registre datos a medida que el experimento procede.

6. Obtenga conclusiones basadas en los datos obtenidos del experimento.

7. Repita el experimento.

72. Un botánico estaba experimentando con dos grupos de plantas. El grupo 1 fue regado con una solución que contenía un nuevo alimento para plantas. El grupo 2 fue irrigado con agua solamente. El alimento para plantas recibido por el grupo 1 fue

(1) el control
(2) la variable
(3) el grupo experimental
(4) el conjunto de datos
(5) la hipótesis

73. Una compañía farmacéutica probó un nuevo medicamento antes de ponerlo al mercado. Para ello, proporcionaron píldoras sin medicamento a 500 personas en el grupo *A* y píldoras que contenían el medicamento al grupo *B*. En este estudio, el grupo *A* sirvió de

(1) huésped
(2) variable
(3) control
(4) hipótesis
(5) generalización

¿CUÁL ES SU PUNTUACIÓN?

correctas _____	incorrectas _____
Excelente	65–73
Bien	48–64
Regular	37–47

Si su puntaje es bajo, no se desanime. Quizás la biología es una materia difícil para usted. Intente encontrar sus puntos débiles y revise sus fallas. El análisis de las respuestas que se ofrece a continuación puede ayudarle a aclarar sus errores. Si sus errores se debieron a falta de información, diríjase al "Glosario de Términos Científicos" (página 403) y lea los significados de las palabras que no comprendió. Si su problema radicó principalmente en errores de interpretación, revise los análisis de las preguntas.

Análisis de las respuestas

1. **2** El gráfico revela que la amplitud auditiva del ser humano va desde sobre 10 Hz hasta sobre 10,000 Hz. La única opción que abarca tal amplitud es la 2. Note que la escala del eje vertical se basa en órdenes de 10 (una escala logarítmica), de modo que usted debe hacer una estimación hasta cierto punto.

2. **4** La única opción que abarca la amplitud de un delfín (8,000-100,000 Hz) y de un perro (20-60,000 Hz) es 20,000 Hz. Observe que aun cuando su estimación haya sido un poco errada, el espaciamieto de las opciones le habría permitido encontrar la respuesta correcta de todos modos. A veces cuando usted estudia un gráfico, no es necesario ser demasiado exigente y preciso, pues la "visión general" puede ser suficiente.

3. **2** De todas las opciones que se ofrecen, la amplitud auditiva mayor (la barra más larga) corresponde al perro.

4. **2** Como la parte del gráfico que corresponde a "Calentamiento muscular" va de 0 a 2 minutos, la respuesta es "2 minutos".

5. **4** Después del período de calentamiento y durante el vuelo, la temperatura está por encima de 35°, pero claramento por debajo de 40°. Sólo la opción 4 corresponde a los requisitos. Note que si usted hubiese estimado que la temperatura correcta era de 37°, de todos modos habría elegido la opción 4 por ser la más cercana.

6. **1** Las polillas son animales de sangre fría y las temperaturas de sus cuerpos imitan las temperaturas de sus entornos. Moviendo sus músculos, esta polilla puede generar el calor necesario para que los músculos tengan una temperatura que sea comparable a la temperatura requerida en vuelo.

7. **3** La sección "Reposo" indica la temperatura muscular de la polilla cuando ésta ni siquiera planea volar. Tal temperatura sirve de referencia comparativa.

8. **4** La reproducción preserva a la especie.

9. **1** La fertilización es un proceso sexual, mientras que todos los demás son procesos asexuales.

10. **5** Todos los procesos reproductivos deben incluir la división celular por mitosis.

11. **1** El dibujo de la célula eucariótica muestra claramente un núcleo, lo cual no ocurre con la célula procariótica. Esta es una de las principales diferencias entre estos dos tipos de célula.

12. **3** Ambas células presentan evidencia de cromosomas. La célula procariótica tiene cromosomas en el núcleo mientras que la célula eucariótica no los tiene, pero ambos tipos de célula poseen material genético en los cromosomas.

13. **4** Los dibujos no dicen mucho sobre las dificultades para ver estas células. Pero los dibujos sí sugieren que las células eucarióticas son unas diez veces más grandes que las otras, lo cual facilitaría

su observación. Para ser vistas, las células más pequeñas necesitan microscopios más potentes. El hecho de que un tipo de célula ha estado en la tierra por más tiempo es irrelevante, aunque sea verdad.

14. **4** Según el pasaje, un pigmento rojo llamado mioglobina transporta grandes cantidades de oxígeno a las células musculares.

15. **5** Los peces de mar abierto tienen gran cantidad de fibras musculares rojas, las cuales les permiten avanzar a gran velocidad por largos períodos de tiempo.

16. **3** Una auxina que controla el alargamiento celular hace que las células en el lado oscuro se alarguen y el tallo se dé vuelta hacia la luz. La opción 1 es simplemente el nombre del proceso y no la causa. La opción 2 explica por qué esta flexión es necesaria, pero no explica cómo ocurre.

17. **4** La auxina es una sustancia química que se mueve por toda la planta y acarrea instrucciones para el crecimiento. Esta es una hormona, y la auxina está específicamente mencionada como una hormona de las plantas.

18. **3** En este cruzamiento, el 25% de la descendencia será RR, el 50% será Rr y el 25% será rr. Como la descendencia RR y Rr tiene ojos rojos (recuerde que RR domina a Rr), el 75% tendrá ojos rojos y sólo los rr (doble recesivos) tendrán ojos blancos.

19. **5** La manera más fácil de verificar esto es hacer el cuadrado de Punnett para ver el cruzamiento:

	Alto (A)	Alto (A)
Alto (A)	AA	AA
Bajo (a)	Aa	Aa

El 50% de la descendencia serán AA (altas) y el 50% serán Aa (también altas). De este modo, toda la descendencia serán plantas altas.

20. **5** Sólo un cruzamiento en el que ambos padres tienen un gen m (color de ojo azul) puede generar hijos con ojos azules. De este modo, la opción I no puede producir hijos con ojos azules, pero las opciones II y III sí pueden.

21. **1** El lobo mata sólo para alimentarse y elimina a los ciervos más débiles, viejos y enfermos de la manada.

22. **5** Los seres humanos matan por deporte u orgullo e intentan matar a los miembros más jóvenes, sanos y hermosos.

23. **2** El proyecto tiene como objetivo exportar lobos de Minnesota al norte de Michigan para preservar la especie y extender su campo de acción.

24. **1** El lobo ocupa una posición importante en la cadena alimenticia, al equilibrar las poblaciones de especies más pequeñas. Además, el lobo deja el número de ciervos adecuado para sobrevivir en el territorio disponible.

25. **1** Al final del primer párrafo se compara al lobo con su rival principal, el hombre. Los dos son identificados como depredadores.

26. **4** Una libra es el equivalente de 3,500 kilocalorías. Como la carrera utiliza 900 kilocalorías por hora, 3,500/900 = 3.9, o casi 4 horas.

27. **2** Alguien que nadara y quemara 600 calorías habría estado nadando por dos horas. El ciclismo quema calorías a razón de 600 calorías por hora, de modo que una hora en bicicleta quema el mismo número de calorías.

28. **4** La opción 4 es la única que muestra las actividades en orden de mayor a menor (o de arriba abajo como en la figura)

29. **5** "Los animales no tienen regiones especiales de crecimiento que persisten a lo largo de la vida de un organismo, comparables con los meristemas terminal y lateral de las plantas".

30. **5** Las paredes rígidas de las células limitan en gran medida la flexibilidad del cuerpo de la planta, impidiéndole moverse con libertad.

31. **4** Las plantas tienen la capacidad de sintetizar los carbohidratos que provienen de sustancias inorgánicas (anhídrido carbónico y agua) en presencia de luz solar.

32. **2** Las plantas no tienen corazón u órgano de bombeo similar.

33. **2** Los alimentos, los desperdicios y otras sustancias son conducidos de una parte a otra tanto del animal como de la planta.

34. **4** El dibujo muestra claramente que el yunque y el martillo están en el oído medio, mientras que la cóclea está en el oído interno. No importa que no se enumeren todas las estructuras del oído medio.

35. **3** Los nervios son estructuras que transmiten información.

36. **5** Sólo la opción 5 muestra el orden correspondiente al oído externo primero, luego el oído medio y finalmente el oído interno.

37. **4** Las primeras líneas del pasaje revelan el papel de los cloroplastos. Otros términos pueden estar mencionados en el pasaje, pero no son el objeto de esta pregunta.

38. **3** Las opciones 1, 2 y 4 se refieren a situaciones que pueden ser verdaderas, pero no en todos los casos. Palabras como *toda* y *deben* significan que no puede haber excepciones y proveen a usted información útil para ubicar la mejor respuesta.

39. **4** Se menciona específicamente que las algas azules y verdes no poseen cloroplastos. Las algas marrones (opción 5) ni siquiera se mencionan en el pasaje, de modo que no pueden ser la respuesta correcta.

40. **5** Sólo en esta opción hay evidencia que los organismos invasores han desarrollado una enfermedad.

41. **2** Un anticuerpo se produce como respuesta a un organismo invasor específico y sólo protegerá contra ese organismo. El cuerpo puede producir una variedad ilimitada de anticuerpos y la sangre normalmente contiene a muchos de ellos.

42. **2** Las opsoninas preparan a las bacterias que serán destruidas por los fagocitos.

43. **4** Los microorganismos que causan una infección provocan un estado o una condición anómala.

44. **1** Los fagocitos son glóbulos blancos de la sangre que destruyen a las bacterias rodeándolas.

45. **5** La piel intacta es una excelente barrera contra la invasión de los microorganismos. En algunos casos los microorganismos pueden entrar por los orificios naturales del cuerpo y en otros casos lo hacen por heridas o picaduras.

46. **3** Las aglutininas agrupan a los organismos invasores.

47. **1** La relación entre el hongo causante del pie de atleta y el ser humano es conocida como parasitismo. Un parásito es un organismo que vive en otro organismo y daña al organismo del cual vive.

48. **4** La relación entre las bacterias generadoras de nitrógeno y la legumbre es un ejemplo de mutualismo. El mutualismo es una asociación entre dos organismos en que cada uno se beneficia de la asociación. La planta consigue nitrógeno y la bacteria tiene un lugar para vivir.

49. **3** En la relación saprofítica, un organismo se alimenta de los despojos de otros organismos.

50. **4** Después de Darwin, los trabajos de Weismann y otros demostraron que los genes (desconocidos en la época de Darwin) pasan de una generación a otra sin ser afectados por influencias ambientales.

51. **4** La teoría del uso y desuso dice que los órganos que más se usan más fuertes se vuelven. Aunque esto es aplicable a algunos órganos, los cambios no son hereditarios y no tienen efecto sobre la evolución.

52. **4** Con el descubrimiento de que la herencia es controlada por los genes que se encuentran en las células germinales, quedó aclarado de que no hay ningún mecanismo por el cual los rasgos adquiridos puedan heredarse. Relea la última frase del pasaje.

53. **3** Que una bacteria sea resistente a la penicilina es resultado de una mutación. Los organismos que no reciben el gen mutado son destruidos por el antibiótico. En cambio, los genes que experimentan una mutación sobreviven y transfieren la mutación a las generaciones siguientes.

54. **2** La continuidad del plasma germinal ocurre porque los genes no son influidos por el ambiente.

55. **3** Ser más grande o fuerte o más prolífico o más inteligente puede o no afectar a la supervivencia. La opción 3 es la única que se aplica universalmente.

56. **4** Todas las otras opciones comprenden el consumo de grasas de animales o grasas saturadas. La última oración en el pasaje menciona específicamente los beneficios del aceite de oliva.

57. **3** El principal riesgo de los niveles elevados de colesterol son la apoplejía y el ataque cardíaco. Las otras opciones mencionadas pueden ser factores relacionados (la gente con colesterol alto a menudo no se ejercita lo suficiente) pero la causa es la concentración de colesterol en la sangre.

58. **4** Todas las otras opciones son productos vegetales. Sólo los huevos son un producto animal y contienen colesterol. A una persona con historia de enfermedades cardíacas en su familia le conviene reducir el consumo de grasas de animales.

59. **4** Todas las afirmaciones son correctas, pero sólo la opción 4 no es un resultado directo. Este es el ejemplo de una correlación, no de una causa y efecto. Es posible que las personas que comen gran cantidad de grasas saturadas no hagan suficiente ejercicio, pero la ingestión de grasas no es la causa de que no se ejerciten suficientemente.

60. **4** La última oración en el pasaje afirma que el ejercicio aumenta los niveles de LAD.

61. **1** La pata delantera de un caballo es homóloga con el brazo del ser humano. En las opciones 2, 3 y 5, un pájaro o un mamífero se compara con un insecto, lo cual, estructuralmente, es algo demasiado diferente. En la opción 4, aunque el pez y la ballena son seres acuáticos, la ballena es un mamífero.

62. **2** Cuando una trucha sale del huevo, su aspecto es el de una trucha pequeñita. Todas las otras opciones describen organismos que pasan por distintas etapas de transformación a medida que se desarrollan

63. **2** Los fósiles son los restos de organismos que vivieron en el pasado. Cuando un organismo muere, es a veces cubierto por sedimentos. Los sedimentos se depositan en capas. Las capas se hacen cada vez más densas y terminan siendo rocas. Los fósiles más viejos se encuentran en las capas más profundas.

64. **5** Según el gráfico, el mayor número de afectados por el síndrome de Down ocurre cuando la madre tiene 45 años: 20 casos por 1,000 nacimientos. A la edad de 30, hay 2 casos por 1,000 nacimientos. Por lo tanto, a la edad de 45, hay diez veces más casos que a la edad de 30.

65. **4** Las opciones 1 y 2 son opiniones o declaraciones de valor. Aunque alguien puede usar la información del gráfico para respaldar su opinión, el gráfico no dice qué es lo que esa persona debe o no debe hacer. La opción 3 es incorrecta porque las madres jóvenes también pueden tener un bebé con el síndrome de Down. La opción 5 es incorrecta porque el gráfico muestra que el número de nacimientos con síndrome de Down por cada 1000 nacimientos es (20/1000) X 100 = 2% y no 20%. Sólo la opción 4 es respaldada por la información del gráfico.

66. **1** La parte de la pirámide que muestra el número mayor de porciones por día es la de los granos (pan, cereal, arroz y pasta).

67. **1** Una comida sana consiste en comer algo de todos los grupos de la pirámide. La respuesta correcta es la opción 1, la cual incluye vegetales, un producto lácteo, carne y granos.

68. **5** Según el gráfico, el contenido de oxígeno disminuye a medida que las aguas residuales aumentan. Los organismos que descomponen las aguas residuales son organismos aeróbicos porque consumen oxígeno.

69. **2** El mayor cambio en la población de esturiones blancos se produce entre 1975 y 1980. Estos peces desaparecen del lago en 1980.

70. **5** La carpa parece ser la que puede soportar más la pérdida de oxigeno. El número de carpas ha aumentado a medida que el oxígeno ha ido disminuyendo.

71. **1** Según los resultados de la tabla, el número de burbujas producidas por la planta disminuye a medida que aumenta la distancia de la luz a la planta. Los resultados de la tabla indican que hay una relación entre el número de burbujas producidas y la distancia entre la planta de la luz.

72. **2** Según el pasaje, la variable es la parte del experimento que se pone a prueba. En este caso, la variable es el alimento para plantas.

73. **3** Un control es la parte sin cambios en un experimento. El grupo A fue el control. Las personas que formaban parte de este grupo recibieron píldoras que no contenían medicamento alguno.

CIENCIAS TERRESTRES Y ESPACIALES

<u>Las preguntas 1 a 3</u> se refieren al pasaje siguiente.

A menudo es conveniente clasificar las fuentes de energía como renovables y no renovables. Las fuentes renovables son aquellas que crecen de nuevo (como los árboles) o que no se agotan, como por ejemplo la energía solar, la hidroeléctrica, o la energía del viento. La energía nuclear también se considera renovable, aun cuando su materia prima podría algún día agotarse. Los recursos no renovables son los que no son reemplazados por procesos naturales después de ser usados. Los combustibles fósiles como el carbón, el petróleo y el gas natural pertenecen a esta categoría. Tales fuentes de energía fueron creadas hace millones o miles de millones de años atrás como resultado de enormes presiones ejercidas sobre materia vegetal y animal formada por plantas y animales descompuestos. Nuestra dependencia de recursos no renovables con frecuencia ha significado que debemos pagar más de lo que deseamos por estos fuentes limitadas de energía.

1. ¿Cuál de los siguientes son recursos no renovables mencionados en el artículo?

   (1) carbón, gas natural y viento
   (2) energía solar y energía nuclear
   (3) carbón y petróleo
   (4) petróleo y energía nuclear
   (5) energía solar y energía hidroeléctrica

2. ¿Cuál de las afirmaciones siguientes no está respaldada directamente por el pasaje?

   (1) Se requiere una enorme cantidad de tiempo para que se forme el carbón
   (2) Los combustibles fósiles se crean a partir de restos descompuestos de animales y plantas
   (3) Los árboles se consideran recursos renovables
   (4) El gas natural es un combustible fósil
   (5) Quizás sea necesario ir a la guerra para asegurar nuestro abastecimiento de petróleo

3. ¿Cuál o cuáles de las fuentes energéticas siguientes serán seguramente más caras y escasas en el futuro?

   I. carbón
   II. energía hidroeléctrica
   III. gas natural

   (1) I solamente
   (2) II solamente
   (3) I y III solamente
   (4) II y III solamente
   (5) I, II y III

4. La luna está aproximadamente a 240,000 millas de la tierra. ¿Cuánto demoraría una nave lanzada desde la luna y volando a una velocidad promedio de 24,000 millas por hora en alcanzar la tierra y volver?

   (1) 10 horas
   (2) 20 horas
   (3) 10 días
   (4) 100 días
   (5) 240 días

<u>Las preguntas 5 a 7</u> se refieren a la información siguiente.

La luna sigue un ciclo de cuatro fases principales en un período de cuatro semanas. A medida que gira alrededor de la tierra, su órbita la lleva primero entre el sol y la tierra y luego hacia el otro lado de la tierra en dirección contraria al sol. Cuando la luna está entre la tierra y el sol, el lado de la luna que mira hacia nosotros no está iluminado directamente por el sol. Sin embargo, la luna es levemente visible gracias a la luz solar que se refleja de la tierra. Esta luz se llama luz cenicienta.

ASPECTO DE LA LUNA DESDE LA TIERRA

Nueva Cuarto creciente Llena Cuarto menguante

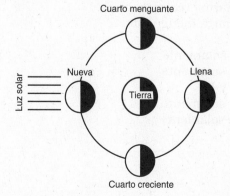

Las mareas son resultado de la atracción gravitatoria de la luna y el sol sobre las aguas que fluyen por la tierra. Debido a que la luna está mucho más cerca de la tierra que el sol, tiene mucho mayor efecto en las mareas. El efecto mayor ocurre durante los períodos de luna llena y nueva, cuando la luna y el sol se encuentran en línea directa con la tierra y ejercen atracción en la misma dirección. El resultado es una marea máxima. En los períodos de cuarto creciente y menguante, el sol y la luna ejercen atracción en ángulos rectos, lo cual hace que los dos astros se opongan. En este caso, la influencia de la luna es mínima y así lo es la marea.

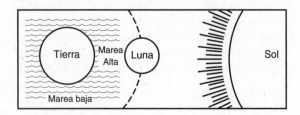

5. ¿La luz cenicienta es la iluminación que podemos ver durante qué fase de la luna?

(1) llena
(2) nueva
(3) cuarto creciente
(4) claro de luna
(5) cuarto menguante

6. ¿Por qué un observador en la tierra puede ver las fases de la luna?

(1) La luna gira alrededor del sol
(2) La luna rota en su propio eje
(3) La tierra gira alrededor del sol
(4) La tierra rota alrededor de su eje
(5) La luna gira alrededor de la tierra

7. ¿En qué fase(s) de la luna la marea sube y baja al máximo?

A. luna nueva
B. luna llena
C. cuarto creciente
D. cuarto menguante

(1) A solamente
(2) B solamente
(3) A y B
(4) C solamente
(5) D solamente

Las preguntas 8 a 10 se refieren a la información siguiente.

Según evidencia geológica, África fue en tiempos remotos un continente helado, mientras que el Antártico fue una selva tropical. Los paleontólogos han encontrado restos fósiles del mismo organismo en distintos continentes. Así ha sido con el fósil de Kanemiérido, un dinosaurio de tamaño mediano encontrado en Norteamérica, Sudamérica, Asia e India.

Los intentos para explicar estos descubrimientos han conducido a la teoría de la deriva de los continentes y la tectónica de placas. Esta teoría afirma que los continentes de la tierra formaron mucho tiempo atrás una sola masa terrestre, la cual después se fragmentó. Estos fragmentos se separaron y comenzaron a alejarse, algo que todavía está sucediendo en la actualidad. A veces estos fragmentos, llamados placas, chocan unos con otros y producen terremotos.

La evidencia de la deriva continental se encuentra en una cadena montañosa submarina que circunda el globo. Cuando los geólogos marinos midieron la temperatura en un profundo valle submarino ubicado entre la cadena de montañas, comprobaron que el valle era mucho más cálido que el mar que lo rodeaba. Los científicos creen que en este lugar la roca fundida es empujada desde las profundidades de la tierra, se extiende por el valle y empuja a los continentes, alejándolos uno de otro. Hubo más evidencia en respaldo de esta teoría cuando se obtuvieron muestras de corteza terrestre en ese lugar, las cuales indicaron que la roca más próxima a las montañas submarinas era mucho más reciente que la roca que estaba lejos de ellas.

8. Según la evidencia presentada en el artículo, podemos inferir que un paleontólogo

(1) colecciona rocas
(2) estudia volcanes
(3) hace mapas del suelo oceánico
(4) estudia restos fósiles
(5) estudia la tectónica de placas

9. La teoría de que los continentes terrestres son colosales placas geológicas es respaldada por la presencia de

(1) huracanes
(2) oleadas
(3) deriva continental
(4) volcanes
(5) terremotos

10. Los animales prehistóricos podían recorrer enormes distancias por varios continentes sin problema alguno, porque en esa época

(1) los continentes formaban una sola masa terrestre
(2) había pasajes de tierra firme entre un continente y otro
(3) los océanos eran mucho menos profundos
(4) todos los animales prehistóricos podían nadar
(5) muchos de estos animales evolucionaron por separado en cada continente

Las preguntas 11 a 13 se refieren al artículo siguiente.

A fines de 1973, el cometa Kohoutek empezó a llenar los titulares de los diarios a medida que se movía a gran velocidad hacia el sol. Las predicciones que se hicieron eran más espectaculares que las hechas al cometa Halley, visto en 1910, así como al Ikeya-Seki en 1965 o al Bennett en 1970. Kohoutek fue descubierto en marzo de 1973 por un astrónomo checo, Dr. Lubos Kohoutek, cuando estaba aún a 500 millones de millas de distancia del sol. Los astrónomos razonaron que si se podía ver a tanta distancia, seguramente proporcionaría un espectáculo asombroso cuando pasara velozmente a 13 millones de millas de distancia del sol el 28 de diciembre. De este modo, se esperaba que fuera el tercer objeto más resplandeciente en el cielo, después del sol y la luna.

Las mediciones indicaron que el núcleo del cometa era de 20 a 25 millas de largo, la cabellera de cerca de 10,000 millas de diámetro, y su cola cerca de 20 millones de millas de longitud. Se cree que el núcleo de un cometa está compuesto de gran cantidad de "hielo sucio", es decir, partículas de polvo, materiales rocosos y gases congelados que incluyen agua, metano y amoníaco. La cabellera es una nube grande y brumosa que se forma cuando el calor del sol libera polvo y gases de su núcleo a medida que el cometa penetra dentro del sistema solar. La cola es una nube larga de iones y moléculas que pueden ser fluorescentes bajo la influencia del viento solar.

A pesar de las predicciones que se hicieron, el cometa Kohoutek resultó tener un resplandor tan mínimo que poca gente realmente pudo verlo. La razón para esta decepcionante aparición fue porque el cometa no era la típica "bola de nieve sucia" que los astrónomos habían predicho. Mientras que la cabeza de hielo del cometa Halley lanzaba partículas de polvo a medida que se aproximaba al sol, partículas que recogían la

luz solar y la reflejaban en bandas amarillas y naranjas, Kohoutek resultó ser un cometa relativamente limpio de color azul-blanquecino.

Los astrónomos identificaron en Kohoutek la molécula compleja de cianuro de metilo, una sustancia que se supone esencial para la formación de las estrellas. Esta sustancia fue anteriormente detectada sólo en las vastas nubes de polvo que hay en el centro de la galaxia. Como consecuencia, la conclusión a que llegaron algunos astrónomos es que Kohoutek se originó en una nube de polvo fuera del sistema solar.

11. ¿Cuál es la composición del cometa Kohoutek?

(1) un núcleo, una cabellera y una cola
(2) un núcleo, un cometa y una cola
(3) sólo un núcleo y una cola
(4) sólo una cola
(5) polvo de estrella

12. ¿Por qué el cometa Kohoutek no resultó ser tan resplandeciente como se predijo?

(1) Se originó dentro del sistema solar
(2) Se originó fuera del sistema solar
(3) Se originó en una nube de polvo
(4) No desprendía partículas de polvo cuando se aproximaba al sol
(5) Contenía demasiado hielo

13. ¿Por qué se esperaba que el cometa Kohoutek fuera espectacularmente reluciente?

(1) Su aparición coincidió con la estación de Navidad
(2) Pasaría a 13 millones de millas de distancia del sol
(3) Fue visible por primera vez cuando estaba a 500 millones de millas de distancia del sol
(4) Era el tercer objeto más reluciente en el cielo
(5) Su núcleo era muy grande, cerca de 10,000 millas de diámetro

Las preguntas 14 a 18 se basan en el artículo siguiente.

Una de las contribuciones de la era espacial ha sido la ventaja de poder observar la superficie de la tierra desde grandes alturas. La tierra puede ahora observarse por percepción remota, es decir, es posible detectar objetos desde lejos sin necesidad de contacto directo. Todas nuestras vidas están ahora influidas por este avance tecnológico que permite observar inmediatamente todo tipo de desastres, tanto naturales como los causados por seres humanos, estudiar en forma continua los océanos, supervisar y administrar en forma más eficiente los recursos terrestres, alimenticios y acuáticos, descubrir nuevos recursos naturales, identificar fuentes de contaminación, estudiar corrientes marinas costeras y la distribución de peces y crear mapas más exactos.

En julio de 1972, el Satélite Tecnológico de Recursos Terrestres (ERTS-1) fue lanzado para realizar desde el espacio una observación continua de Norteamérica y otras tierras. Este satélite, sin tripulación, sigue una órbita próxima al polo a una altitud de 920 kilómetros y circunda la tierra 14 veces al día. Cada vez que pasa, transmite imágenes a una serie de estaciones receptoras. También capta y retransmite información sobre la calidad del agua, el monto de la precipitación de nieve y lluvia, y la actividad sísmica recogida por cerca de 100 estaciones localizadas en partes remotas del continente.

Además de las ventajas que supone observar la superficie de la tierra desde grandes altitudes, también se debe mencionar el valor de usar fotografía infrarroja para estudiar características que no pueden ser visibles con fotografía ordinaria. Así se puede supervisar el crecimiento de plantas, las infecciones fungales de las cosechas, la descarga de aguas residuales en los lagos, los derrames de petróleo, estudiar los territorios donde se genera la vida marina, identificar rocas permanentes, inspeccionar depósitos de minerales, las actividades de los volcanes y las diferencias de temperatura en las corrientes cálidas como la Corriente del Golfo. Es muy probable que los beneficios derivados de este programa superen con creces el costo del proyecto.

14. ¿Qué afirmación define mejor el término *percepción remota*?

(1) El estudio de la distribución de los peces mediante el estudio de las corrientes
(2) El lanzamiento a la deriva de un bote de remos para ver su trayectoria en las corrientes oceánicas
(3) El estudio de las características de la tierra sin tener un contacto directo
(4) La medición del efecto de una bomba atómica en la provocación de un terremoto
(5) La medición de la profundidad de la nieve sin usar botas de nieve

15. La era espacial permite la percepción remota de todas las actividades mencionadas más abajo, EXCEPTO

(1) La inmediata observación de desastres naturales
(2) La inspección continua de los océanos
(3) La identificación de la contaminación
(4) El control de los recursos alimenticios
(5) La observación de la geología de Marte

16. ¿Cuál de estas afirmaciones describe mejor la órbita del satélite ERTS-1?

(1) 14 veces al día, a una altura de 920 kilómetros
(2) 14 veces al día, a una altura de 920 millas
(3) 41 veces al día, a una altura de 290 millas
(4) 290 veces al día, a una altura de 41 kilómetros
(5) es una órbita alrededor del ecuador

17. ¿Qué se puede lograr con fotografía infrarroja?

(1) Esterilizar los hongos que infectan las plantas
(2) Acelerar la circulación de las aguas residuales en los lagos
(3) Absorber los derrames de petróleo
(4) Inspeccionar la localización de los depósitos de minerales
(5) Influir sobre la dirección de la Corriente del Golfo

18. ¿Qué afirmación da información correcta sobre el Satélite Tecnológico de Recursos Terrestres?

(1) Los rusos fueron los primeros en lanzar su ERTS en 1954
(2) El ERTS fue lanzado en 1972 para hacer un estudio de Norteamérica
(3) En 1972, la Unión Soviética pidió permiso para inspeccionar Norteamérica con su ERTS
(4) El proyecto Apolo a la luna era equivalente al uso del ERTS alrededor de la tierra
(5) El próximo uso del ERTS será estudiar la superficie de Venus

Las preguntas 19 a 23 se basan en la información siguiente.

El diagrama muestra el efecto general que produce la atmósfera de la tierra sobre la radiación solar en latitudes medias durante condiciones de cielo despejado y cielo nublado. El gráfico siguiente muestra el porcentaje de luz solar reflejada por la superficie terrestre a distintas latitudes del hemisferio norte en invierno en un día despejado.

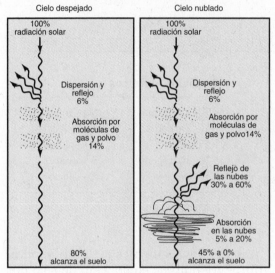

LUZ SOLAR EN LA ATMÓSFERA

Superficie de la tierra (45 latitud norte)

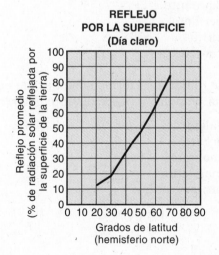

REFLEJO POR LA SUPERFICIE
(Día claro)

Reflejo promedio (% de radiación solar reflejada por la superficie de la tierra.)

Grados de latitud (hemisferio norte)

19. ¿Qué porcentaje aproximado de radiación solar alcanza el suelo a 45° de latitud norte en un día despejado?

   (1) 100%
   (2) 80%
   (3) 60%
   (4) 40%
   (5) 20%

20. ¿Qué factor es el que más evita el paso de la radiación solar hasta la superficie de la tierra en un día nublado?

   (1) la absorción por las gotas de las nubes
   (2) el reflejo por las gotas de las nubes
   (3) la absorción por moléculas de gas en día despejado
   (4) el reflejo por moléculas de gas en día despejado
   (5) la refracción por gotas de las nubes

21. Según el gráfico, en un día de invierno a 70° de latitud norte, ¿qué porcentaje aproximado de radiación solar se refleja de la superficie de la tierra?

   (1) 55%
   (2) 65%
   (3) 75%
   (4) 85%
   (5) 95%

22. ¿Qué afirmación explica mejor la razón por la cual, a latitudes elevadas, el reflejo de la radiación solar es mayor en invierno que en verano?

   (1) El Polo Norte se inclina hacia el sol en invierno
   (2) La nieve y el hielo reflejan casi toda la radiación solar
   (3) Los aires más fríos retienen más la humedad
   (4) El polvo se deposita rápidamente con aire frío
   (5) La nieve y el hielo absorben toda la radiación solar

23. La máxima radiación que pasa a través de la atmósfera y alcanza la superficie de la tierra tiene forma de

   (1) radiación de luz visible
   (2) radiación infrarroja
   (3) radiación ultravioleta
   (4) radiación de ondas de radio
   (5) radiación de luz invisible

Las preguntas 24 a 27 se refieren a la tabla e información siguientes.

Mineral	Color	Lustre	Vena	Dureza	Densidad (g/mL)	Composición química
mica negra	negro	cristalino	blanco	blando	2.8	$K(Mg,Fe)_3(AlSi_3O_{10})(OH_2)$
diamante	varía	cristalino	incoloro	duro	3.5	C
galena	gris	metálico	gris-negro	blando	7.5	PbS
grafito	negro	opaco	negro	blando	2.3	C
caolinita	blanco	terroso	blanco	blando	2.6	$Al_4(Si_4O_{10})(OH)_8$
magnetita	negro	metálico	negro	duro	5.2	Fe_3O_4
peridoto	verde	cristalino	blanco	duro	3.4	$(Fe,Mg)_2SiO_4$
pirita	cobre amarillo	metálico	verdoso-negro	duro	5.0	FeS_2
cuarzo	varía	cristalino	incoloro	duro	2.7	SiO_2

Definiciones

Lustre: descripción del aspecto general de la superficie de un material

Vena: color del mineral en polvo sobre una losa blanca

Dureza: clasificación general de la facilidad con que un mineral es rasguñado por otros minerales (blando—rasguñado fácilmente; duro—si no se rasguña fácilmente)

Símbolos químicos

Al—aluminio	Mg—magnesio
C—carbono	O—oxígeno
Fe—hierro	Pb—plomo
H—hidrógeno	S—azufre
K—potasio	Si—silicio

24. Se sabe que un mineral blando posee una densidad mayor de 3.0 g/ml y lustre metálico. ¿Cuál de los siguientes es más probable que sea?

(1) galena
(2) grafito
(3) magnetita
(4) pirita
(5) cuarzo

25. ¿Qué minerales en la tabla contienen azufre?

I. pirita
II. galena
III. cuarzo

(1) I solamente
(2) II solamente
(3) I y II solamente
(4) I y III solamente
(5) I, II, y III

26. ¿Cuál de los siguientes sería un mineral duro, cristalino y compuesto de sólo dos elementos distintos?

(1) mica negra
(2) diamante
(3) peridoto
(4) pirita
(5) cuarzo

27. ¿Qué mineral en forma sólida existe en forma de polvo y posee distinto color?

(1) galena
(2) grafito
(3) caolinita
(4) magnetita
(5) pirita

Las preguntas <u>28 y 29</u> se refieren a la información siguiente.

Como la tierra se calienta más rápido que el agua, la presión del aire sobre la tierra es menor. Cuando el aire caliente se levanta, se aleja hacia el océano y es reemplazado por el aire frío que fluye desde el océano. El diagrama muestra una región costera con viento diurno circulando en la dirección indicada.

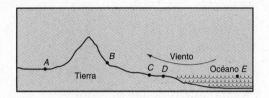

28. ¿Cuál de las afirmaciones siguientes explica mejor la dirección del viento?

    (1) la tierra se enfría durante una noche despejada
    (2) más vapor de agua en el aire sobre el océano que en el aire sobre la tierra
    (3) la baja presión sobre la tierra y la alta presión sobre el océano
    (4) las corrientes cálidas sobre el océano
    (5) la alta presión sobre la tierra y la baja presión sobre el océano

29. Si la flecha que se indica en el diagrama muestra la dirección del viento, ¿en qué lugar probablemente sucedería la mayor precipitación del año?

    (1) A
    (2) B
    (3) C
    (4) D
    (5) E

Las preguntas <u>30 a 33</u> se basan en la información siguiente.

Una masa de aire frío es más densa que una masa de aire caliente. Como dos masas de aire no pueden mezclarse, al encontrarse, la masa de aire más denso levanta la masa de aire menos denso. La zona entre ambas masas de aire se llama frente.

En la transmisión del miércoles al mediodía, el servicio de meteorología predijo que un frente frío se avecinaba y que el tiempo caluroso acabaría el jueves por la noche. El gráfico siguiente describe el tiempo durante 3 días en intervalos de 6 horas.

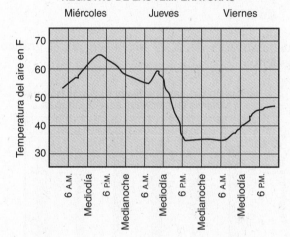

30. ¿Cuál es la temperatura más baja alcanzada durante este período de tiempo?

    (1) 30°F
    (2) 35°F
    (3) 40°F
    (4) 45°F
    (5) 50°F

31. ¿Durante qué intervalo de tiempo la temperatura varía MENOS?

    (1) 6 P.M. miércoles a 6 A.M. jueves
    (2) 6 A.M. a 6 P.M. jueves
    (3) 6 P.M. jueves a 6 A.M. viernes
    (4) 6 A.M. a 6 P.M. viernes
    (5) 6 A.M. al mediodía jueves

32. ¿Qué es lo que llegó entre las 9 A.M. y las 6 P.M. el jueves y causó un cambio de temperatura?

   (1) un frente caluroso
   (2) un frente frío
   (3) aire estacionario
   (4) una masa de aire caliente
   (5) una combinación de cualquiera de estos factores

33. El miércoles, ¿cuál fue la diferencia en temperatura desde las 3 A.M. hasta el mediodía?

   (1) 4°F
   (2) 9°F
   (3) 14°F
   (4) 19°F
   (5) 24°F

Las preguntas 34 a 37 se basan en el gráfico siguiente.

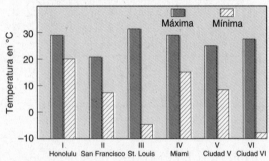

PROMEDIO MENSUAL DE TEMPERATURAS MÁXIMAS Y MÍNIMAS EN CIUDADES SELECCIONADAS

El gráfico representa datos reunidos de seis ciudades. Los datos muestran las temperaturas promedio máximas y mínimas durante un período de 12 meses.

34. ¿De las siguientes, qué ciudad tiene el promedio de temperatura más alta mensual?

   (1) I—Honolulu
   (2) II—San Francisco
   (3) III—St. Louis
   (4) IV—Miami
   (5) V—Ciudad V

35. ¿De las siguientes, qué ciudad tiene la mayor diferencia en temperaturas mensuales promedio?

   (1) I—Honolulu
   (2) II—San Francisco
   (3) III—St. Louis
   (4) IV—Miami
   (5) V—Ciudad V

36. ¿Entre San Francisco y qué otra ciudad es mayor la variación de las temperaturas extremas?

   (1) Honolulu
   (2) Miami
   (3) St. Louis
   (4) Ciudad V
   (5) cualquiera de las anteriores

37. ¿A qué clima de otra ciudad se parece el clima de la Ciudad VI?

   (1) I—Honolulu
   (2) II—San Francisco
   (3) III—St. Louis
   (4) IV—Miami
   (5) V—Ciudad V

Las preguntas 38 y 39 se basan en el gráfico siguiente.

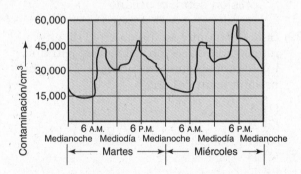

Este gráfico muestra la medición de contaminantes del aire hecha en una ciudad grande durante un período de 2 días, el 10 y el 11 de julio.

38. ¿Cuál es la causa más probable para el incremento de la contaminación a las 8 A.M. y a las 5 P.M. en los dos días?

   (1) el cambio de la radiación solar
   (2) la caída de lluvia
   (3) la alta velocidad del viento
   (4) el mayor tráfico de automóviles
   (5) frentes fríos

39. Según la tendencia que se indica en el gráfico, ¿en qué momento del jueves, 12 de julio, se observan más contaminantes?

    (1) 12 del mediodía
    (2) a las 5 P.M.
    (3) a las 3 A.M.
    (4) a las 8 A.M.
    (5) a la medianoche

40. Una explosión ocurre en la parte superior de la superficie de un océano. El sonido vuelve al lugar original de la explosión cuatro segundos más tarde, después de reflejarse del fondo del océano. Si la velocidad del sonido en el agua del océano es de 4,800 pies por segundo, ¿cuál es la profundidad del agua?

    (1) 4,800 pies
    (2) 9,600 pies
    (3) 14,400 pies
    (4) 19,200 pies
    (5) 96,000 pies

¿CUÁL ES SU PUNTUACIÓN?

	correctas	incorrectas
Excelente	35–40	
Bien	25–34	
Regular	20–24	

Si su puntuación fue baja, no se desanime. Quizás el campo de las ciencias terrestres sea una materia difícil para usted. Intente encontrar dónde falla. El análisis de las respuestas correctas que se ofrece a continuación puede ayudarle a determinar cuáles son sus errores. Si sus errores se debieron a falta de información, revise el "Glosario de Términos Científicos" (página 403) y mire el significado de las palabras que no comprendió. Si tuvo errores de interpretación, repase el análisis de la pregunta.

Análisis de las respuestas

1. **3** Como cada una de las opciones abarca dos o más recursos, cada recurso debe ser no renovable para que la respuesta sea correcta. Es decir, las opciones que mencionan un recurso no renovable y un recurso renovable no pueden ser correctas. Sólo la opción 3 cumple con todos los requisitos.

2. **5** La opción 5 es una opinión, no un hecho. El artículo no mencionó nada sobre la guerra ni lo que hicimos o haremos como resultado de cambios políticos que afectan al petróleo. Asegúrese siempre de distinguir entre los hechos y las opiniones, por muy lógicas y convincentes que sean éstas.

3. **3** La pregunta está relacionada con recursos que serán más caros en el futuro. Esto le dice de inmediato que la respuesta debe estar relacionada con recursos no renovables. Tanto el carbón como el gas natural no son renovables y la opción 3 menciona a ambos. La opción 1 incluye a un recurso no renovable, pero no es la mejor opción.

4. **1** Esta pregunta requiere el uso de una simple fórmula matemática: distancia ÷ velocidad = tiempo. El pasaje nos dice que la distancia media desde la luna a la tierra es de 240,000 millas. La pregunta dice que la velocidad media de la nave es de 24,000 millas por hora. Si sustituimos los valores en esta fórmula tendremos la respuesta.

$$\frac{240,000 \text{ millas}}{24,000 \text{ millas por hora}} = 10 \text{ horas}$$

   × 2 para un viaje de ida y vuelta = 20 horas

5. **2** Observe que cuando el pasaje menciona la fase de luna nueva, se explica el mortecino resplandor de la tierra.

6. **5** El diagrama muestra que las fases de la luna son resultado de la iluminación de su superficie por el sol. Observe que cerca de la mitad de la superficie lunar está siempre de cara al sol. Debido a que la luna gira alrededor de la tierra, el ángulo entre la tierra, el sol y la luna cambia. Esto trae como resultado las diferentes fases de la luna.

7. **3** Esta pregunta se refiere a las mareas altas, cuando la fuerza de gravedad de la luna y el sol causa mareas de gran intensidad.

8. **4** El artículo declara que "Los paleontólogos han encontrado restos fósiles", lo cual implica que estos científicos estudian fósiles.

9. **5** El segundo párrafo declara que las placas ocasionalmente chocaban unas con otras y producían terremotos.

10. **1** La respuesta aparece en el segundo párrafo. No hay mención alguna de pasos de tierra firme (opción 2), profundidad oceánica (opción 3), habilidad para nadar (opción 4) ni evolución de los animales en continentes separados (opción 5).

11. **1** Un cometa está formado de tres partes—un núcleo denso compuesto de gases congelados, partículas de polvo y materiales rocosos que tiene entre 20 y 25 millas de largo, luego la cabellera brumosa alrededor del núcleo compuesta de polvo que se ha transformado en vapor incandescente bajo la influencia del sol y que tiene 10,000 millas o más de diámetro, y finalmente una cola compuesta de iones y moléculas que puede extenderse hasta millones de millas de longitud.

12. **4** Un cometa con mucho polvo es espectacularmente visible cuando está cerca del sol. La luz y las partículas electrificadas del sol arrancan el polvo de la cabeza del cometa y en la cola polvorienta se refleja la luz amarilla del sol. Aparentemente el cometa Kohoutek desprendió poco polvo.

13. **3** Los astrónomos razonaron que debido a que el cometa Kohoutek era visible a una gran distancia del sol en marzo, su aspecto sería espectacular cuando estuviera a 13 millones de millas del sol el 28 de diciembre.

14. **3** La percepción remota es una contribución de la era espacial que permite ver la superficie de la tierra desde gran altura.

15. **5** No se hace ninguna mención del estudio de otros planetas en este proyecto.

16. **1** El ERTS está en una órbita próxima al polo a una altitud de 920 kilómetros y circunda la tierra 14 veces al día.

17. **4** El uso de la fotografía infrarroja permite estudiar las características de la superficie de la tierra que no pueden verse con fotografía normal.

18. **2** El ERTS se lanzó para realizar un estudio sistemático de Norteamérica y otras áreas desde el espacio.

19. **2** Según el primer diagrama, cuando el cielo está despejado, el 80% de la radiación solar alcanza el suelo.

20. **2** El segundo diagrama muestra que si el cielo está nublado, el reflejo de las nubes devuelve del 30% al 60% de la luz solar. Esta cantidad es mayor que el porcentaje disperso y reflejado por la atmósfera (6%), absorbido por moléculas de gas y polvo (14%) o absorbido en las nubes (del 5% al 20%).

21. **4** Busque la latitud norte de 70° en el eje horizontal del gráfico. Vaya hacia arriba hasta que encuentre la curva. El reflejo (eje vertical) promedio de luz solar es de 85% para esta latitud.

22. **2** Comparados con otras superficies más oscuras, el hielo y la nieve son muy buenos reflectores de la luz solar. Esto explica por qué las superficies cubiertas de nieve o hielo no se calientan tan rápidamente.

23. **1** La atmósfera absorbe mejor la radiación infrarroja, ultravioleta o de ondas de radio que la luz visible. Como resultado, la mayor intensidad de luz solar que pasa por la atmósfera y alcanza la superficie de la tierra representa a la parte visible del espectro electromagnético.

24. **1** De los minerales presentados en las opciones, sólo la galena, magnetita y pirita poseen densidades mayores de 3.0 g/ml. Con eso, ya puede eliminar dos opciones. De los tres minerales ya mencionados, sólo la galena es blanda. En una pregunta que pide analizar más de una cosa, le servirá este tipo de procedimiento eliminador de posibilidades (en este caso, densidad, luego lustro y luego dureza).

25. **3** El cuadro muestra que la pirita es FeS_2 y la galena es PbS, indicando así que ambos son minerales que contienen azufre. El cuarzo contiene silicio (símbolo Si, no S). Asegúrese de leer con cuidado todo el material expuesto en una tabla, ya que muchas abreviaturas científicas son muy parecidas.

26. **5** Aquí hay otro caso en el que se le pide que analice más de un factor. Usted está buscando un mineral que sea duro, cristalino y compuesto de sólo dos elementos distintos. De las opciones disponibles, el diamante, el peridoto y el cuarzo son duros y cristalinos. La tabla le informa que el diamante está hecho de un solo tipo de átomo (carbono), mientras que el peridoto está hecho de varios tipos de átomos. Sólo el cuarzo cumple con los requisitos de la pregunta.

27. **5** La pregunta le pide encontrar un mineral con distinta vena que su color original. Usted no necesita mirar a todos los minerales de la tabla, sino sólo a los mencionados en las opciones. De éstas, sólo la pirita posee una vena claramente distinta al color original.

28. **3** Cuando el aire encima de la tierra se calienta, su presión es más baja que el aire encima del agua. Esta diferencia en la presión explica la dirección del viento, el cual se mueve de la presión alta a la baja.

29. **2** Cuando el aire que sopla desde el océano llega a las montañas, tiende a subir. Al elevarse se enfría y causa humedad, la cual luego se condensa. Esta condensación tiende a ocurrir en el punto B, donde se produce la precipitación anual más alta.

30. **2** La temperatura más baja se aprecia durante el período entre las 6 P.M. del jueves y las 6 A.M. del viernes. En ese tiempo, la temperatura permaneció casi constante (cerca de 35°F).

31. **3** La temperatura permanece casi constante desde las 6 P.M. del jueves a las 6 A.M. del viernes, según indica la línea horizontal del gráfico.

32. **2** El jueves, desde las 9 A.M. hasta las 6 P.M., la temperatura bajó constantemente. Esto pudo haberse debido al acercamiento de un frente frío. A medida que este frente se aproximaba, traía aire frío que reemplazaba el aire caliente.

33. **2** El miércoles a las 3 A.M. la temperatura era de 52°F. Al mediodía la temperatura había subido a 61°F. De este modo, se ve que la temperatura subió 9°F durante un período de 9 horas.

34. **3** La barra sólida es más alta para St. Louis, indicando que tiene el promedio más alto de la temperatura mensual máxima.

35. **5** En la Ciudad 1, la temperatura promedio máxima es de 29° y la temperatura promedio mínima es de 20°. De este modo, 29° – 20° = 9°. En la Ciudad II, el promedio de la temperatura máxima es de cerca de 20° y la mínima es de 7°, o sea 20° – 7° = 13°. En la Ciudad IV, el promedio de la temperatura máxima es de 30° y el de la mínima es de 15°, o sea 30° – 15° = 15°. En la Ciudad V, la temperatura máxima promedio es de cerca de 26° y la mínima es de cerca de 9°, o sea 26° – 9° = 17°. La Ciudad VI experimenta la mayor diferencia, ya que el promedio de la temperatura máxima es de 29° y el de la mínima es de –8°, o sea 29° – (–8°) = 37°.

36. **3** Con excepción de la Ciudad VI (que no está en las opciones), la diferencia en la longitud de las dos barras es mayor en St. Louis.

37. **3** Las Ciudades III y VI tienen temperaturas máximas y mínimas similares y por lo tanto tendrán climas muy parecidos. Sin embargo, debido a que el clima depende también de la cantidad de humedad, es posible que las dos ciudades tengan algunas diferencias climáticas.

38. **4** La emisión de un automóvil añade contaminantes a la atmósfera. El tráfico es mayor entre las 8 A.M. y las 5 P.M. en la mayoría de las ciudades. Los cambios en la cantidad de luz solar generalmente tienen poco o ningún efecto sobre los niveles de contaminación. La lluvia tiende a eliminar algunos contaminantes, tales como partículas diminutas. Los grandes vientos disminuyen la contaminación ya que se llevan el aire contaminado y lo reemplazan con aire limpio y fresco.

39. **2** Por el hecho que el modelo indica que la contaminación más alta ocurre a las 5 P.M., es razonable suponer que el nivel más alto se alcanzará a la misma hora del día siguiente.

40. **2** La mitad de cuatro segundos es el tiempo que necesitan las vibraciones sonoras para alcanzar el fondo del océano:

$$(2 \text{ seg})(4{,}800 \text{ pie/seg}) = 9{,}600 \text{ pies.}$$

CIENCIA FÍSICA (QUÍMICA)

Las preguntas 1 a 4 se refieren a la información siguiente.

Un estudiante coloca una vela sobre una mesa. Para la primera fase de su experimento, da vuelta cuidadosamente un jarro de 500 ml sobre la vela y mide el tiempo que tomó para que la vela se apagase. En la fase #2, el estudiante repitió el experimento, con la diferencia de que esta vez llenó el jarro con aire exhalado en vez de aire fresco. En la fase #3, llenó el frasco con aire exhalado una vez más, pero después de haber corrido por la pieza durante cinco minutos. En todos los casos midió el tiempo transcurrido antes de que la vela dejara de arder.

1. ¿Qué se trató de demostrar con este experimento?

   (1) El aire exhalado detiene el proceso de la combustión
   (2) Las velas se apagan al cubrirse con jarros
   (3) La composición del aire exhalado puede variar según el grado de actividad de la persona
   (4) El aire exhalado extingue llamas con gran eficiencia
   (5) El aire inhalado tiene poco efecto sobre la combustión

2. ¿Cuánto demora la llama en arder en cada fase del experimento? Ponga sus respuestas desde el tiempo más breve hasta el tiempo más prolongado.

   (1) 1,3,2
   (2) 1,2,3
   (3) 3,2,1
   (4) 3,1,2
   (5) 2,3,1

3. ¿Qué fase sirvió de control en este experimento?

   (1) fase uno solamente
   (2) fase dos solamente
   (3) fase tres solamente
   (4) fases uno y dos solamente
   (5) fases dos y tres solamente

4. ¿Cuál fue la causa de que la llama se apagase al cabo de cada fase?

   (1) un aumento en la concentración de anhídrido carbónico
   (2) la ausencia de producto combustible
   (3) una disminución en la concentración de anhídrido carbónico
   (4) un aumento en la cantidad de oxígeno
   (5) una disminución en la cantidad de oxígeno

Las preguntas 5 a 9 se refieren al gráfico siguiente.

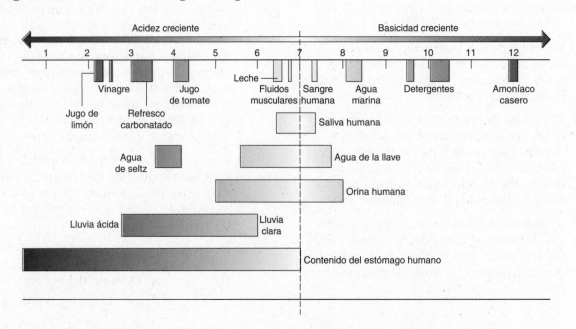

El gráfico previo muestra la escala del pH y la gama de valores pH para algunas sustancias corrientes. Por definición, mientras más bajo sea el pH, más ácida es la sustancia, y mientras más alto sea el pH, más básica es ésta. Las sustancias neutras tienen un pH de 7. Los ácidos y las bases a menudo reaccionan y forman sales.

5. ¿Cuál de las sustancias siguientes es la más básica?

(1) detergente
(2) amoníaco
(3) leche
(4) jugo de limón
(5) agua de seltz

6. ¿Cuál de las sustancias siguientes es más probable que tenga un pH neutro?

  I. saliva humana
  II. agua de la llave
  III. orina humana

(1) I solamente
(2) II solamente
(3) III solamente
(4) I y II solamente
(5) I y III solamente

7. ¿Cuál de las combinaciones siguientes podría producir una sal?

(1) jugo de limón y vinagre
(2) jugo de tomate y jugo de limón
(3) amoníaco y jugo de limón
(4) agua de mar y amoníaco
(5) detergente y amoníaco

8. ¿Cuál de las opciones siguientes posee un pH ácido?

(1) la lluvia clara
(2) la lluvia ácida
(3) ni la lluvia ácida ni la lluvia clara
(4) tanto la lluvia ácida como la lluvia clara
(5) cualquiera de las dos, dependiendo en donde cae

9. ¿Cuál de las listas siguientes muestra sustancias que aumentan en basicidad?

(1) leche, agua marina, jugo de tomate
(2) agua de seltz, amoníaco, sangre humana
(3) lluvia ácida, vinagre, detergente
(4) leche, sangre humana, amoníaco
(5) agua marina, detergente, jugo de limón

10. Las tres fases de la materia son los tres estados en los que la materia puede existir—sólida, líquida o gaseosa. Las sustancias cambian de una fase a otra en la medida que cambian sus temperaturas. La temperatura refleja el movimiento molecular, con movimiento lento indicativo de temperatura fría y movimiento rápido indicativo de temperatura elevada. Para la mayoría de las sustancias, las temperaturas de congelamiento y de licuación son las mismas, como lo son los puntos de ebullición y de condensación.

Se añade anticongelante al sistema de enfriamiento con agua del motor de un automóvil para protegerlo tanto del sobrecalentamiento como del congelamiento. Esto es posible porque el anticongelante

(1) no se congela
(2) posee una temperatura de congelamiento mucho menor que el agua y mayor punto de ebullición que ésta
(3) está compuesto de alcoholes que resisten la corrosión y puede por eso penetrar a todas las partes del sistema de enfriamiento
(4) posee moléculas que se mueven con mayor lentitud que las moléculas del agua
(5) puede usarse en distintas cantidades para proteger contra una variedad de temperaturas

Las preguntas 11 a 14 se refieren al gráfico siguiente.

El gráfico de abajo muestra la solubilidad de algunas sales comunes en 100 gramos de agua a varias temperaturas. Cuando las soluciones tienen una cantidad disuelta que es igual a la del gráfico para ese compuesto, se llaman saturadas. Aquellas con menos se llaman no saturadas.

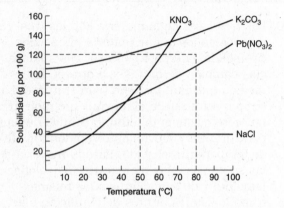

11. ¿Cuántos gramos de nitrato de potasio (KNO₃) podrían disolverse en 100 gramos de agua a 70°C?

   (1) 30
   (2) 70
   (3) 85
   (4) 100
   (5) 140

12. ¿Qué sustancia en el gráfico no muestra cambio de solubilidad con la temperatura?

   (1) KNO₃
   (2) K₂CO₃
   (3) Pb(NO₃)₂
   (4) NaCl
   (5) Ninguna de las sustancias presentan tal propiedad

13. ¿Cuántos gramos de NaCl pueden disolverse en 200 gramos de agua a 40°C?

   (1) 19 g
   (2) 38 g
   (3) 57 g
   (4) 76 g
   (5) 20 g

14. El símbolo para el cloruro de sodio es NaCl, para el carbonato de potasio es K₂CO₃, y para el cloruro de plomo es PbCl₂. ¿Cuál es el nombre para el compuesto Pb(NO₃)₂?

   (1) carbonato de plomo
   (2) sodio de plomo
   (3) nitrato de plomo
   (4) nitrato potásico
   (5) sodio de plomo

Las preguntas 15 a 20 se refieren al artículo siguiente.

Sin necesidad de intervención humana, la naturaleza tiene sus propias maneras de purificar el agua. Estas formas pueden ser físicas, químicas o biológicas. Cuando una corriente fluye, el agua se hace más pura porque los sedimentos, por ejemplo, disminuyen con la adición de más y más agua, y gran parte de ellos además quedan depositados en las orillas del río.

En la actualidad, sin embargo, en nuestra tecnológicamente compleja civilización, la actividad humana puede hacer que algunos componentes peligrosos queden como residuos. Las comunidades que usan el agua de estas corrientes "auto-purificadas" ahora añaden precauciones como la filtración o la desinfección con cloro.

La ventilación, que puede venir acompañada por la acción del viento, las corrientes turbulentas y las cascadas, provoca un intercambio de gases entre la atmósfera y el agua. De esta manera, el sulfuro de hidrógeno, el anhídrido carbónico y el metano son liberados del agua y el oxígeno es absorbido de la atmósfera.

La luz tiene un efecto importante sobre el agua. La luz estimula la fotosíntesis de las plantas acuáticas, las cuales absorben el anhídrido carbónico y desprenden oxígeno. Además, las plantas usan materia orgánica disuelta en el agua y de esta manera la purifican más. También, la luz tiene un efecto germicida en la superficie del agua, aunque debajo del agua el efecto es mínimo.

Un proceso llamado sedimentación extrae el alimento bacteriano orgánico del agua. Este proceso, que se produce por gravedad, ocurre cuando el agua se filtra a través de algún material diminuto como la arena. La sedimentación es más eficaz en aguas tranquilas.

Algunas bacterias ayudan a limpiar el agua cuando oxidan la materia orgánica y la convierten en sustancias minerales básicas. Si hay ausencia de oxígeno, otros organismos, conocidos como bacterias anaeróbicas pueden fraccionar los componentes orgánicos y preparar el camino para una subsiguiente oxidación. Estas bacterias anaeróbicas crecen en el fondo de las aguas donde se concentra la contaminación.

Los ciclos biológicos también purifican el agua. Los protozoos, animales unicelulares, se alimentan de bacterias. A medida que su población se reduce, aparecen las algas verdes que consumen anhídrido carbónico, nitratos y amoníaco, y producen oxígeno. Los animales invertebrados de gran tamaño como los gusanos y moluscos aparecen y se alimentan de estos depósitos del fondo. Todos estos factores reducen la población de bacterias.

15. ¿Qué previene la autopurificación de las corrientes de agua?

(1) la actividad humana
(2) la evaporación
(3) la condensación
(4) la filtración
(5) la clorinación

16. ¿Qué se logra con la ventilación del agua?

(1) perder oxígeno y anhídrido carbónico
(2) perder metano y recibir oxígeno
(3) recibir anhídrido carbónico y metano
(4) recibir hidrógeno y oxígeno
(5) recibir anhídrido carbónico y oxígeno

17. ¿Qué causa la sedimentación?

(1) acción del viento
(2) residuos bacterianos
(3) aguas turbulentas
(4) gravedad
(5) materia orgánica

18. ¿Cuál de estas afirmaciones se refiere al proceso de la fotosíntesis?

(1) Es realizada por los protozoos
(2) El oxígeno es necesario para que el proceso ocurra
(3) La luz es necesaria para que el proceso ocurra
(4) El anhídrido carbónico es liberado durante el proceso
(5) El proceso tiene un efecto germicida en agua estancada profunda

19. ¿Cuál de ellos puede eliminar mejor los residuos en el fondo de los estanques?

(1) los peces
(2) las bacterias aeróbicas
(3) las plantas
(4) las bacterias anaeróbicas
(5) las algas

20. Todos estos procesos purifican el agua, EXCEPTO

(1) la sedimentación
(2) la ventilación
(3) la luz
(4) las plantas acuáticas
(5) las bacterias

¿CUÁL ES SU PUNTUACIÓN?

	correctas	incorrectas
Excelente	16–20	
Bien	13–15	
Regular	10–12	

Si su puntuación fue baja, no se desanime. Quizás la química sea una materia difícil para usted. Intente determinar dónde falla. El análisis de las respuestas correctas que se ofrece a continuación puede ayudarle a determinar cuáles fueron sus errores. Si sus errores se debieron a falta de información, lea el "Glosario de Términos Científicos" (página 403) y estudie los significados de las palabras que no comprendió. Si se trató de un error en la interpretación, repase el análisis de la pregunta.

Análisis de las respuestas

1. **3** El experimento demostró que el aire exhalado, según sea su composición, puede ejercer distintos efectos sobre una llama. La composición del aire cambió con el grado de actividad física del estudiante. Como el estudiante varió la composición del aire mediante distintos niveles de ejercicio, el estudio de esta variación debe haber sido el propósito del experimento.

2. **3** La vela debiera arder más brevemente después del vigoroso ejercicio, debiera arder un poco más de tiempo con el aire exhalado y debiera arder por tiempo más prolongado con aire puro. No olvide que se le pidió ordenar los tiempos de menor a mayor.

3. **1** Un control representa a la parte del experimento utilizada como punto de referencia para poder hacer comparaciones. En este caso se empezó con aire puro, el

cual sirvió de referencia empleada en la comparación.

4. **5** La llama se extinguió por falta de oxígeno. Aunque es cierto que hubo mayor concentración de anhídrido carbónico, ese factor no fue suficiente para apagar la llama. Es la ausencia de oxígeno lo que impide arder a una llama.

5. **2** La escala del pH está hecha de modo que mientras más alto sea el valor del pH, más básica (y menos ácida) es la sustancia. El amoníaco tiene el valor de pH más elevado y por eso es el más básico.

6. **1** Sólo la saliva humana tiene un pH que coresponde al valor de 7, el cual es neutro. El agua de mar tiene un valor de 8 y el agua de lluvia tiene valores que llegan a 6.

7. **3** Una sal es el producto de la reacción de un ácido y de una base. De este modo, usted debe encontrar una sustancia que tenga un pH superior a 7 y otra sustancia con un pH inferior a 7. Sólo la opción 3 cumple con tal requisito.

8. **4** Seguramente no será una sorpresa el hecho de que la lluvia ácida tenga acidez, pero la lluvia clara también tiene acidez, aunque en grado mucho menor. La lluvia clara tiene un pH aproximado de 6, es decir, levemente ácido.

9. **4** Para encontrar una lista que muestre creciente basicidad, usted debe encontrar la lista de sustancias que van del pH más bajo al pH más alto. Sólo la opción 4 sirve en tal caso.

10. **2** La respuesta requiere analizar la información y comprender que, para evitar que algo (agua en este caso) se congele, debe añadirle una sustancia que posea un punto de congelamiento mucho menor que el del agua. De igual modo, para proteger el motor del sobrecalentamiento, se necesita añadir una sustancia que tenga un punto de ebullición más alto que el del agua. El anticongelante, combinado con el agua, puede lograr este propósito. El anticongelante y el agua se congelarán a una temperatura suficientemente baja, de modo que la opción 1 no es válida. La opción 3 no es una respuesta correcta porque la resistencia contra la corrosión no es el tema de la pregunta. Tampoco sirve la opción 4, ya que las moléculas en el anticongelante debieran moverse más rápidamente que las moléculas de agua. La opción 5 puede o no ser verdadera, pero no es una respuesta tan lógica como la opción 2.

11. **5** El gráfico muestra que a 70°C se puede disolver aproximadamente 140 gramos de nitrato de potasio. Note que a menudo es necesario hacer unos cuantos estimados para interpretar información en un gráfico. No obstante, las opciones dadas están diseñadas de tal manera que, si su estimado es ligeramente distinto del estimado del creador de la prueba, usted llegará a la respuesta correcta de todos modos.

12. **4** Todas las sustancias que aparecen en el gráfico aumentan en solubilidad a medida que aumenta la tempertaura (presentan una inclinación vertical o positiva) con la excepción del NaCl, cuya línea es totalmente horizontal, es decir, no evidencia cambio alguno.

13. **4** El gráfico muestra la cantidad que puede ser disuelta en 100 gramos de agua. Como la pregunta requiere el doble de esa cantidad (200 gramos de agua), usted debe aumentar al doble la respuesta del gráfico. El gráfico muestra que aproximadamente 38 gramos pueden disolverse en 100 gramos de agua. Si aumenta esa cantidad al doble, usted obtiene 76 gramos. Note que las opciones están espaciadas de tal modo que si su estimado fuese un poco distinto, la opción 4 seguiría siendo la respuesta más próxima a su resultado.

14. **3** El símbolo del plomo es Pb y el del nitrato es NO_3. Al combinarlos, usted optiene nitrato de plomo.

15. **1** Los humanos somos responsables de muchas formas de contaminación del agua, incluyendo la contaminación por procesos industriales.

16. **2** Durante la ventilación del agua, el anhídrido carbónico y el metano son liberados, y el oxígeno es absorbido del aire.

17. **4** Los objetos más pesados que el agua descenderán al fondo. Este es un efecto de la fuerza de gravedad.

18. **3** Las plantas absorben anhídrido carbónico y desprenden oxígeno durante la fotosíntesis. La luz es necesaria para que las plantas puedan realizar esta función.

19. **4** Las bacterias anaeróbicas proliferan en los ambientes en que hay poco oxígeno, como es el fondo de las lagunas.

20. **5** Si bien las bacterias de la putrefacción pueden a veces descomponer residuos orgánicos, esto no constituye un método de purificación del agua (como lo son las demás opciones). Otra justificación para seleccionar el número 5 es que las bacterias pueden ser patógenas.

CIENCIA FÍSICA (FÍSICA)

<u>Las preguntas 1 y 2</u> se refieren a la información siguiente.

Cuando usted activa el cierre automático de la puerta o de un sistema de alarma antirrobo, a menudo lo hace cuando su cuerpo interrumpe un haz de luz que está enfocado sobre una célula fotoeléctrica.

Ese haz ha estado produciendo un flujo de electrones de la célula fotoeléctrica. Cuando su cuerpo interrumpe el haz, la corriente se detiene. Como resultado, se cierra un relé y se enciende un motor.

Cien años atrás, Heinrich Hertz descubrió que ciertas sustancias desprenden una corriente eléctrica muy débil cuando son iluminadas con un rayo de luz. Ésta es la base del ojo fotoeléctrico, en el cual la energía luminosa cambia a electricidad.

1. ¿Cuál de los artefactos siguientes ilustran el cambio de la energía mecánica a la eléctrica?

   (1) una plancha eléctrica
   (2) un motor de vapor
   (3) una lámpara fluorescente
   (4) una célula fotoeléctrica
   (5) un generador eléctrico

2. Una célula fotoeléctrica es un dispositivo que

   (1) abre puertas
   (2) activa alarmas
   (3) interrumpe haces de luz
   (4) produce energía eléctrica de la luz
   (5) enciende motores

<u>Las preguntas 3 a 6</u> se refieren a la tabla siguiente.

La tabla de abajo muestra la velocidad del sonido en distintos materiales. La temperatura se especifica.

Material (temperatura)	Velocidad del sonido en metros/segundo (m/s)
Gases	
aire (0°C)	330
aire (25°C)	346
aire (100°C)	390
helio (0°C)	972
hidrógeno (0°C)	1,280
oxígeno (0°C)	320
Líquidos	
agua (25°C)	1,490
agua marina (25°C)	1,540
Sólidos	
cobre (25°C)	3,810
hierro (25°C)	5,000

3. ¿Qué pasa con la velocidad del sonido a medida que aumenta la densidad?

   (1) Es más lenta a medida que la densidad aumenta
   (2) Es más rápida a medida que la densidad aumenta
   (3) La densidad no tiene efecto sobre ella
   (4) Es más rápida en sólidos más calientes
   (5) Es más rápida en sólidos más fríos

4. ¿Cuál sería la probable velocidad del sonido en aire a 75°C?

   (1) 316 m/s
   (2) 336 m/s
   (3) 356 m/s
   (4) 376 m/s
   (5) 396 m/s

5. El plomo es un sólido más denso que el cobre o hierro. ¿Cuál de las siguientes es una razonable velocidad del sonido en plomo?

(1) 500 m/s
(2) 1,000 m/s
(3) 2,000 m/s
(4) 4,000 m/s
(5) 6,000 m/s

6. La tabla de abajo muestra las masas moleculares (en uma) de algunos gases comunes a 0°C. ¿Cuál es la probable velocidad del sonido del gas argón a 0°C?

Hidrógeno	2
Helio	4
Oxígeno	32
Argón	40

(1) 1,200 m/s
(2) 1,000 m/s
(3) 800 m/s
(4) 400 m/s
(5) 200 m/s

Las preguntas 7 y 8 se refieren a la información siguiente.

La energía puede tener dos formas: potencial o cinética. Generalmente la energía potencial se ilustra mediante un objeto en reposo, cuya energía está lista y a la espera para poder expresarse. La energía cinética se ilustra por un objeto en movimiento. Un ejemplo de energía potencial es un automóvil estacionado y un ejemplo de energía cinética es ese automóvil en movimiento.

7. ¿Cuál de las opciones siguientes NO es un ejemplo de energía potencial?

(1) un atleta listo para correr
(2) un saco con pelotas de golf
(3) una bicicleta para hacer ejercicio
(4) un niño que duerme
(5) un libro que cae de la repisa

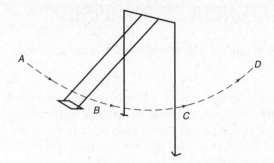

8. Según el diagrama previo, un niño que llegue al punto más alto en el columpio (A) sentirá que en ese momento el columpio parece vacilar por un instante antes de iniciar su movimiento hacia (D). Al llegar al otro extremo (D), el niño experimenta un instante de vacilación parecido. ¿Cómo expresa el diagrama la energía de los movimientos del columpio en los puntos A, B, C y D?

(1) potencial, cinética, potencial, cinética
(2) cinética, potencial, cinética, potencial
(3) potencial, cinética, potencial, potencial
(4) potencial, cinética, cinética, potencial
(5) cinética, cinética, potencial, potencial

Las preguntas 9 a 11 se refieren al artículo siguiente.

Los sonidos que se encuentran fuera de nuestra capacidad auditiva se llaman ultrasonidos. La mayoría de la gente es capaz de escuchar sonidos de 20 a 20,000 hertz (vibraciones por segundo). Los murciélagos emiten sonidos superiores a 50,000 hertz para ayudarse a "ver". Cuando el murciélago emite su sonido, éste rebota de las paredes o de otros objetos y retorna al oído del animal. El cerebro del murciélago procesa entonces esos ecos y determina la posición de los obstáculos y los objetos que se encuentran a su alrededor. De este modo, los murciélagos pueden agarrar a sus presas y evitar obstáculos sin importarles cuán escasa sea la luz que los rodea.

Las ondas sonoras generalmente son reflejadas por una superficie dura y pareja, del mismo modo como la luz es reflejada de un espejo. Materiales más blandos tienden a absorber las ondas sonoras. El submarino emplea el sonar, un dispositivo que utiliza la misma técnica de los murciélagos, para detectar objetos alrededor de sí en el océano. El submarino emite ondas sonoras y la tripulación calcula el tiempo transcurrido hasta que las ondas vuelven, pudiendo así determinar la profundidad del agua o la distancia entre el submarino y cualquier objeto.

9. ¿Cuál de los siguientes sería un sonido ultrasónico?

(1) 20 hertz
(2) 200 hertz
(3) 2,000 hertz
(4) 20,000 hertz
(5) 200,000 hertz

10. ¿Cuál es la mejor manera de reducir ecos en un cuarto?

(1) Emplear vidrio aislante en las ventanas
(2) Hacer que la gente haga menos ruido al hablar
(3) Aumentar la altura del cielo raso
(4) Colgar cortinas y tapices gruesos
(5) Usar pintura reflectora en las paredes

11. ¿Cuál es el nombre adecuado para un sonido reflejado?

(1) frecuencia
(2) ultrasonido
(3) eco
(4) vibración
(5) hertz

Las preguntas 12 a 17 se refieren a la información siguiente.

Aunque tanto un motor de reacción como el motor de un cohete operan según el mismo principio de la Tercera Ley de Newton, la diferencia es que el reactor debe tomar oxígeno del aire para quemar su combustible mientras que el cohete debe llevar consigo su propio oxígeno. Los gases que escapan bajo gran presión en una dirección ejercen una fuerza de empuje sobre el motor en dirección opuesta. Según la Tercera Ley de Newton, para cada acción hay una reacción igual y opuesta. Este principio se puede ilustrar inflando un globo de goma y luego dejando que el aire se escape. Observe que el globo se mueve hacia delante a medida que el aire se escapa en dirección opuesta.

12. ¿Qué describe la Tercera Ley de Newton?

(1) un objeto en reposo
(2) la fuerza de gravedad
(3) los objetos en movimiento uniforme
(4) los objetos que caen
(5) toda fuerza es acompañada por una fuerza reactiva igual y opuesta

13. ¿Qué caracteriza a un motor de cohete y NO a un motor de reacción?

(1) el método de obtener oxígeno
(2) el método de usar el oxígeno
(3) la reacción a los gases que se escapan
(4) la aplicación de la Tercera Ley de Newton
(5) los métodos relacionados con el proceso de combustión

14. ¿Qué explica mejor la Tercera Ley de Newton?

(1) Un globo con una densidad más baja que la densidad del aire se levanta
(2) Un bate golpea una pelota y el bate se rompe
(3) Un trineo que se acelera cuando se desliza colina abajo
(4) Un bote que va deteniéndose cuando se apaga su motor
(5) Una roca lanzada horizontalmente que cae al suelo

15. ¿Qué es lo que NO se encuentra en un avión con motor de reacción?

(1) alerones
(2) fuselaje
(3) hélices
(4) timón de dirección
(5) aerofrenos

16. ¿Qué impulsa a los aviones de reacción?

(1) la fuerza de empuje de los gases recalentados
(2) las aspas de las hélices
(3) los motores cohete
(4) las turbinas de vapor
(5) cualquiera de éstos

17. Imagine que se encuentra en una pista de patinaje sobre hielo, sin roce alguno, sosteniendo una pelota grande y pesada. ¿Qué pasará si lanza la pelota?

(1) Usted se moverá hacia atrás
(2) Se moverá hacia delante, siguiendo la pelota
(3) No se moverá
(4) La manera de moverse dependerá de su posición cuando está de pie
(5) La manera de moverse dependerá de cuán pesada es la pelota

Las preguntas 18 a 20 se refieren al esquema siguiente.

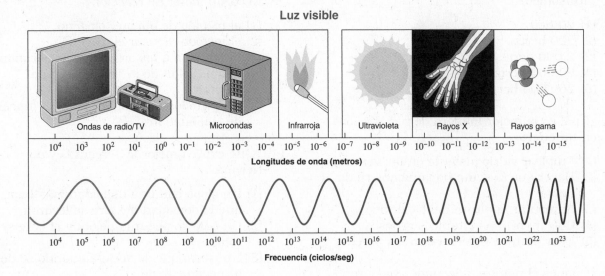

Luz visible

Ondas de radio/TV	Microondas	Infrarroja	Ultravioleta	Rayos X	Rayos gama

Longitudes de onda (metros)

Frecuencia (ciclos/seg)

La figura de arriba muestra la gama de las energías electromagnéticas conocidas como el espectro electromagnético. Cada parte del espectro se caracteriza por su propia longitud de onda (especificada aquí en metros) y frecuencia (descrita aquí en ciclos por segundo). Una característica clave del espectro es el hecho de que cuanto mayor sea la frecuencia, mayor es la energía. Observe que cada parte del espectro abarca una gama.

18. ¿Cuál es la parte del espectro electromagnético que posee mayor energía?

   (1) microondas
   (2) rayos gama
   (3) luz visible
   (4) ondas de radio y TV
   (5) rayos X

19. ¿Cuál es la parte con menor energía en el espectro electromagnético?

   (1) luz azul
   (2) luz roja
   (3) ondas de radio y TV
   (4) rayos gama
   (5) microondas

20. La luz violeta posee más energía que la luz roja. ¿Cuál de las afirmaciones siguientes sobre la luz violeta y la luz roja es verdadera?

   (1) La longitud de onda de la luz violeta es más larga que la de la luz roja
   (2) La frecuencia de la luz violeta es menor que la de la luz roja
   (3) La frecuencia de la luz violeta es mayor que la de la luz roja
   (4) La luz violeta y la luz roja poseen igual frecuencia y por eso las vemos con igual nitidez
   (5) La luz roja está próxima a la luz infrarroja en el espectro

CONSEJO

En ilustraciones, busque normas. En la ilustración de arriba, el aumento de la longitud de onda disminuye la frecuencia.

¿CUÁL ES SU PUNTUACIÓN?

_____correctas	_____incorrectas
Excelente	16–20
Bien	13–15
Regular	10–12

Si su puntuación es baja, no se desanime. Quizás la física sea una materia difícil para usted. Intente encontrar en dónde falla. El análisis de respuestas correctas que ofrecemos a continuación le ayudará a determinar cuáles son sus errores. Si sus equivocaciones se debieron a falta de información, diríjase al "Glosario de Términos Científicos" (página 403) y estudie los significados de las palabras que no comprendió. Si se trató de problemas de interpretación, repase los análisis de las preguntas.

Análisis de las respuestas

1. **5** Un generador eléctrico es activado por vapor o electricidad. Esta energía mecánica rotatoria se convierte en energía eléctrica. En una plancha eléctrica (opción 1), la energía eléctrica es convertida en energía calórica cuando la electricidad que pasa por su núcleo calienta el elemento. En una máquina de vapor (opción 2), el vapor se expande y empuja un pistón conectado a un eje propulsor. De este modo, la energía calórica es transformada en energía mecánica. En una lámpara fluorescente (opción 3), la energía eléctrica es convertida en energía luminosa. La corriente eléctrica vaporiza cierta cantidad de mercurio dentro de la lámpara y como resultado se producen rayos ultravioleta. Estos rayos chocan contra el recubrimiento interno de la lámpara y hacen brillar el fósforo que allí se encuentra. El ojo eléctrico (opción 4) o célula fotoeléctrica y su operación se describen en esta selección. La energía luminosa se convierte en energía eléctrica.

2. **4** Todos los acontecimientos descritos en las opciones ocurren, pero la célula fotoeléctrica no hace más que producir electricidad cuando es iluminada.

3. **2** Mirando la tabla se puede ver que la velocidad del sonido es menor en gases y mayor en sólidos. Como los sólidos son más densos que los líquidos, los que a su vez son más densos que los gases, la velocidad del sonido aumenta a medida que aumenta la densidad.

4. **4** La velocidad del sonido en aire a 75°C debe encontrarse entre la velocidad del sonido en aire a 25°C y en aire a 100°C. Como 75°C están más próximos a 100°C que a 25°C, usted podría esperar que la velocidad del sonido en aire se encuentre más próxima a 390 m/s que a 346 m/s. Sólo la opción 4 cumple con este criterio. Note que las opciones 1 y 5 están fuera de la gama de velocidades de sonido dadas y por eso pueden eliminarse fácilmente.

5. **5** Como el plomo es más denso que los otros dos sólidos, usted puede esperar que el sonido se mueva más rápido en plomo que en cobre o hierro.

6. **5** Si usted compara la tabla al comienzo de este bloque de preguntas con la tabla de masas moleculares, verá que a medida que aumenta la masa molecular, disminuye la velocidad del sonido en ese gas. El hidrógeno es el gas más ligero en la tabla y es también el gas con mayor velocidad de sonido. El argón es más pesado que el oxígeno, de modo que usted puede esperar que la velocidad del sonido en argón sea menor que en oxígeno.

7. **5** El único objeto en movimiento entre las cinco opciones es el libro que está cayendo. Todos los demás objetos están en reposo, y por eso son ejemplos de energía potencial.

8. **4** El pasaje menciona que el columpio se detiene en los puntos más altos, A y D, al momento de cambiar de dirección. En esos momentos la energía es potencial. En los otros dos puntos, B y C, la energía es cinética.

9. **5** Los sonidos ultrasónicos están fuera de la capacidad auditiva humana, la cual funciona en la gama de 20 a 20,000 hertz. Las opciones 1 a 4 se encuentran dentro de esa gama.

10. **4** Los ecos son causados por ondas sonoras reflejadas y los sonidos que se reflejan mejor son los reflejados por superficies duras y parejas. Si usted desease disminuir los ecos, trataría de reducir la cantidad de superficies duras y

parejas. Las cortinas y los tapices reducen la cantidad de superficie dura y pareja de la cual puede la onda sonora rebotar.

11. **3** Según la definición de eco en el pasaje, éste es una onda sonora reflejada.

12. **5** Para cada acción hay una igual reacción opuesta.

13. **1** El pasaje menciona que un cohete debe llevar su propio depósito de oxígeno, pero el motor de reacción usa el oxígeno presente en el aire.

14. **2** Cuando el bate golpea la pelota, la pelota golpea el bate y es la causa de que éste se rompa.

15. **3** En los motores de reacción, la fuerza de expansión de los gases recalentados provee la energía necesaria para impulsar el aeroplano. En otros tipos de motor, las aspas de las hélices tiran del aire a medida que giran. Los alerones (opción 1) son placas metálicas en los extremos traseros de las alas que ayudan a cambiar la dirección del avión en vuelo. El fuselaje (opción 2) es el cuerpo del avión. El timón de dirección (opción 4) encauza el avión al rumbo deseado y evita que se deslice lateralmente al hacer un giro. Los aerofrenos (opción 5) se parecen a los alerones y se emplean para frenar la nave en los aterrizajes.

16. **1** Según la Tercera Ley de Newton, la acción de los gases que se escapan producen una reacción que empuja el avión hacia delante.

17. **1** Si empuja la pelota hacia delante, la pelota lo empujará hacia atrás.

18. **2** El esquema muestra las frecuencias y las longitudes de onda de varias partes del espectro electromagnético. La información provista por el texto afirma que mientras mayor sea la frecuencia, mayor será la energía. De este modo, para encontrar la parte de mayor energía, bastará con mirar a la parte con la mayor frecuencia.

19. **3** Empleamos aquí la misma lógica utilizada en la respuesta 18. La diferencia es que en este caso usted está buscando la parte de menor energía del espectro electromagnético. Esta es la sección con menor frecuencia o mayor longitud de onda, que en este caso corresponde a las ondas de radio y TV.

20. **3** Como la luz violeta posee más energía que la luz roja, debe tener una frecuencia mayor y una longitud de onda más breve (o menor). La opción 5 es correcta, pero no tiene nada que ver con la pregunta.

Cómo Leer e Interpretar la Literatura y las Artes

CAPÍTULO **16**

HABILIDADES BÁSICAS PARA LA LECTURA

La lectura requiere una compleja combinación de habilidades. El escritor presenta sus ideas usando el lenguaje de las palabras impresas. Si el escritor expresa sus ideas claramente, éstas estarán bien organizadas y desarrolladas. Usted, el lector, debe derivar significado de las ideas expresadas en la página impresa. También debe comprender que hay ideas implícitas que no se expresan abiertamente. Por ejemplo, una mujer que se viste de negro puede ser descrita como *afligida*, implicándose que ha perdido a un ser querido, aunque esto no se mencione.

Las habilidades para la lectura son básicamente tres.

Leer para encontrar la idea principal en una selección.

La idea central se puede encontrar en diferentes lugares. Puede que se exprese directamente en la primera frase (fácil de encontrar). O puede que se exprese en la última frase, después de haberse escrito todas las demás frases para desarrollar esa idea (un poco más difícil de encontrar). También puede estar en medio del pasaje (aún más difícil). Un ejemplo de este último caso se muestra en el párrafo siguiente (note las palabras subrayadas):

> Varios estudiantes fueron heridos en partidos de fútbol jugados el sábado pasado. La semana previa hubo otros que fueron hospitalizados. <u>El fútbol se ha convertido en un deporte peligroso</u>. La agresividad de los juga-
> (5) dores ante un tiro libre o un saque de lado a menudo conduce a serias lesiones. Tal vez algunos cambios en las reglas reduciría el número de afectados.

Otras veces la idea principal no se expresa, pero puede deducirse después de haberse leído la selección completa.

> El avión aterrizó a las cuatro de la tarde. Cuando la puerta se abrió, la multitud estalló en larga y ruidosa manifestación. La muchedumbre que esperaba se agitó y embistió las líneas de seguridad de la policía. Las
> (5) mujeres estaban chillando. Los jóvenes adolescentes gritaban para que les dieran un autógrafo o un recuerdo. El visitante sonrió y saludó a sus admiradores.

La idea principal del párrafo no se expresa, pero está claro que algún héroe popular, una estrella de cine o de rock, ha sido recibido con entusiasmo en el aeropuerto.

453

CONSEJO

Para encontrar la idea principal en un pasaje, hágase estas preguntas:

1. ¿Cuál es la *idea principal* del pasaje? (¿Por qué lo ha escrito el autor?)

2. ¿Cuál es la(s) frase(s) que revela(n) el *tema*? (La frase o las frases principales a partir de las cuales se han creado todas las demás.)

3. ¿Qué *título* le daría usted a esta selección?

Leer para encontrar los detalles que explican o desarrollan la idea principal.

¿Cómo puede encontrar los detalles? Debe determinar cómo el escritor desarrolla la idea principal. Puede que éste dé ejemplos para ilustrar la idea o presente distintas razones para respaldar esa idea central. También puede argumentar los pros y contras de una posición determinada, que resulta ser la idea principal. El escritor puede también definir un término complejo y adjudicarle cualidades a una creencia compleja (por ejemplo, la democracia). Puede también clasificar un número de objetos dentro de una categoría amplia. Finalmente, puede comparar dos ideas u objetos (mostrar en qué se parecen) o contrastarlos (mostrar en qué se diferencian).

Al comienzo del párrafo previo, la frase "Debe determinar cómo el escritor desarrolla la idea principal" fue la idea principal, mientras que los detalles fueron las seis maneras en que el escritor puede desarrollar dicha idea (vea el segundo CONSEJO). Estas seis maneras son los detalles del desarrollo de la idea principal.

Leer para hacer deducciones, uniendo ideas que están expresadas para encontrar otras ideas que no se han expresado.

En otras palabras, debe sacar conclusiones de la información que presenta el autor. Puede extraer estas conclusiones ubicando los detalles importantes y determinando sus relaciones (tiempo, secuencia, lugar, causa y efecto).

¿Cómo sacar conclusiones? Puede tomar un dato, ponerlo al lado de otro y encontrar un tercero que no se ha expresado. Puede aplicar un hecho que se le ha dado a una situación distinta. Puede predecir los resultados basados en los datos disponibles.

CONSEJO

Para encontrar los detalles principales del pasaje, hágase las preguntas siguientes:

1. ¿Qué ejemplos ilustran el punto principal?

2. ¿Qué razones o pruebas apoyan la idea principal?

3. ¿Qué argumentos a favor y en contra de la idea principal se presentan?

4. ¿Qué cualidades específicas se mencionan cuando se define la idea o tema?

5. ¿En cuántas partes está dividida una idea compleja?

6. ¿Cuáles son las semejanzas y diferencias de las dos ideas o temas que se están comparando o contrastando?

CÓMO LEER LITERATURA

Hay tres períodos literarios en el Examen de GED: antes de 1920, 1920–1960 y después de 1960. Las habilidades de lectura básicas se aplican a todos los tipos de literatura.

La literatura posterior a 1960 es más fácil de leer porque usted seguramente comparte algunas de las experiencias que describe el escritor. Además, usted está más familiarizado con el lenguaje del escritor. Como las selecciones se extraen de fuentes que usted también utiliza—periódicos y revistas, por ejemplo—su lectura no debiera ser más difícil que cualquier otro material concebido para graduados de escuela superior.

La literatura anterior a 1960 difiere de la literatura actual de varias maneras. Por cierto que los entornos son distintos, ya que se remontan a por lo menos entre 40 y 200 años atrás. Además, el estilo del escritor es más complejo. El vocabulario es menos familiar. Algunos temas pueden ser extraños y difíciles de comprender para el lector moderno. Por otra parte, este tipo de literatura trata sobre los temas eternos del amor, odio, lealtad, egoísmo, sacrificio, felicidad y temor, por mencionar unos pocos. Y muchos de los temas son eternos—la relación del hombre con sus semejantes, con Dios, con la naturaleza, su familia y su patria.

La lectura de literatura previa a 1960 requiere paciencia, pero puede ser muy provechosa. Trate de imaginarse un ambiente poco familiar, relea las oraciones que son difíciles, obtenga el significado de la palabra desconocida basado en el contexto del trozo, vea cómo el tema es tan vigente hoy en día como lo fue en el pasado. Continúe practicando y verá cómo estas tareas se van volviendo cada vez más fáciles y cómo la lectura del tema produce creciente satisfacción.

LECTURA DE PROSA, POESÍA Y TEATRO

Además de las habilidades de lectura necesarias para leer material de lectura general, se necesitan habilidades especiales para leer material literario. Dichas habilidades incluyen la capacidad de reconocer la atmósfera emocional de la selección, el propósito para el cual fue escrita, interpretar oraciones complejas y analizar su estructura, identificar significados pocos usuales en palabras que aparecen dentro de las oraciones, interpretar diversas formas de expresión. (Vea el Glosario de Términos Literarios en la página 481.)

Lea cuidadosamente el estudio de estas habilidades especiales que presentamos a continuación y luego diríjase a los pasajes de lectura ejemplares y a las preguntas y respuestas analizadas que los siguen.

IDENTIFICAR LA IDEA PRINCIPAL

La técnica para identificar la idea principal puede variar según el tipo de pasaje—poesía, ficción, ensayo o teatro. En el ensayo, por ejemplo, la idea principal puede aparecer como una afirmación directa, generalmente expresada en la frase principal. En tales casos el problema radica en encontrar la frase principal. En la prosa de ficción, tanto poesía como teatro, la idea principal se puede encontrar en un diálogo o exposición o en medio de un verso largo.

CONSEJO

Para hacer deducciones en un pasaje, hágase las preguntas siguientes:

1. De los datos que se presentan, ¿qué conclusión puedo extraer?
2. ¿Qué se sugiere además de lo que ya se ha expresado?
3. ¿Cuál puede ser el efecto de algo que se ha descrito?
4. ¿Qué pasará a continuación (después de lo que se ha descrito)?
5. ¿Qué implicaciones tiene la idea o el principio que se ha presentado?

Prosa

En la prosa, la unidad principal es el párrafo. Debide a que los párrafos que va a encontrar en el examen han sido elegidos por su contenido cargado de gran número de ideas, es importante que aprenda a identificar la idea principal. Esto le permitirá también entender los elementos menos importantes en el párrafo que a menudo forman parte de las preguntas del examen.

La frase que contiene la idea principal se usa en cinco patrones estandarizados:

1. La frase que expresa la idea principal puede comenzar el párrafo e ir seguida por frases que contienen los detalles que explican, dan ejemplos, que prueban o apoyan la idea principal o añaden interés a la idea.

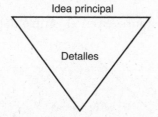

En *Alicia en el país de las maravillas,* Lewis Carroll ha creado un mundo de fantasía basado en criaturas reales, a las que ha transformado en la extravagancia que caracteriza al mundo del sueño. Sentada con su hermana al lado de un arroyo, Alicia ve un conejo; cuando se adormece, el conejo crece, va vestido con una chaqueta, lleva un reloj de bolsillo y adquiere habla humana.

2. La idea principal puede aparecer al final del párrafo, mientras que al comienzo hay una serie de detalles que conducen a esa idea.

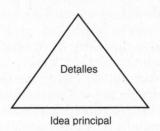

El pequeño y ligero conejo a la orilla del río se convirtió en el enorme Conejo Blanco, vestido de chaqueta y con reloj de bolsillo. Las cartas de una baraja desechada se convirtieron en la Reina de Corazones y su corte. <u>El mundo real de Alicia Liddell se convirtió, a través de los extraños laberintos del sueño, en el mundo de fantasía de *Alicia en el país de las maravillas*.</u>

3. La selección puede empezar con una generalización (idea principal) seguida por detalles que apoyan la idea principal y que conducen a otra generalización amplia que resume toda la obra y se convierte en la idea principal definitiva.

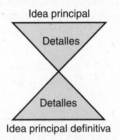

<u>Los elementos del mundo real se transforman, a través de los extraños y tortuosos laberintos del sueño, en objetos y criaturas curiosas y extravagantes.</u> Un conejo escurridizo se convierte en un Conejo Blanco humanizado, una baraja de cartas se convierte en la Reina de Corazones, una gatita se convierte en la Reina del Tablero de Ajedrez. En *Alicia en el país de las maravillas*, la realidad se transforma en fantasía y, por breve tiempo, la fantasía se convierte en realidad.

4. La idea principal puede aparecer en el centro del párrafo.

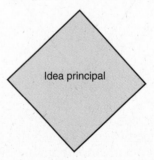

Cuando Alicia traspasa el espejo, entra en un jardín donde las flores hablan. En un oscuro bosque, un cervatillo se hace amigo de ella. <u>El mundo del sueño invierte los eventos del mundo real.</u> El León y el Unicornio salen de su escondite y batallan. La Reina Colorada, que originalmente era la gatita de Alicia llamada Dinah, está ahora vestida de fiesta y le da instrucciones sobre etiqueta.

5. La selección puede contener *una idea principal que no se expresa*, sino que consiste en una serie de frases que dan detalles e implican una idea central.

> Una baraja de cartas se convierte en una corte real. Una gatita se convierte en la Reina del Tablero de Ajedrez. Un animal escurridizo y salvaje se convierte en un sofisticado cortesano, el Conejo Blanco, con su chaqueta y reloj de bolsillo. Una ceremonia de té victoriana se convierte en el escenario de actitudes vulgares y comportamiento rudo.

Poesía

La poesía es una forma de literatura que es difícil de definir. Las definiciones de los diccionarios son muy complejas. Una declara que un poema es una composición rítmica, a veces rimada, que expresa sentimientos, ideas o experiencias en un estilo más concentrado, imaginativo y potente que los estilos de la prosa o del discurso ordinario. Otro diccionario define la poesía como un escrito que formula una conciencia imaginaria concentrada, en lenguaje escogido y arreglado para crear una respuesta emocional específica mediante significado, sonido y ritmo. Una enciclopedia define la poesía como una disposición significativa de palabras en un discurso emocional imaginativo, siempre con un fuerte diseño rítmico.

Todas estas definiciones enfocan ciertos elementos comunes.

1. El contenido es una experiencia del poeta. Dicho contenido generalmente es emocional y está filtrado a través de la imaginación del poeta.
2. El poeta emplea un lenguaje especial, concentrado, y usa palabras cuyo significado va más allá de sus definiciones básicas.
3. El poeta crea configuraciones rítmicas y sonoras que contrinuyen a la experiencia descrita. Frecuentemente el texto va rimado, aunque no siempre.

Tomando en consideración todos estos elementos, analicemos el poema "Ozymandias" de Percy Bysshe Shelley.

QUÉ QUEDA DEL PODEROSO REY

> Conocí a un viajero de una antigua tierra,
> Quién me dijo: "Dos vastas piernas de piedra y sin cuerpo
> Se yerguen en el desierto...Cerca de ellas, sobre la arena,
> Medio hundido, un rostro quebrantado yace, cuya frente
> Y labio fruncidos en fría autoridad despreciativa,
> Revelan que el escultor bien sus pasiones conocía.
> Pasiones que aún viven, grabadas en aquellos restos,
> la mano que con desdén las expresaba y el corazón que las nutría;
> Y sobre el pedestal estas palabras aparecen:
> "Mi nombre es Ozymandias, rey de reyes:
> ¡Mirad mis obras, oh Poderosos, Y sufrid!"
> Mas nada cerca hay. Alrededor de los despojos
> De la colosal ruina, ilimitadas y desnudas
> Las solitarias y planas arenas se extienden lejos.

El poeta se encuentra con alguien que describe algo visto en el desierto. Es la colosal ruina de una estatua de un poderoso rey que el tiempo ha ido destruyendo. Los restos inclyen varias partes—dos piernas, un rostro quebrantado y el pedestal sobre el cual la estatua estaba parada en el pasado. El poeta desea retratar una escena de completa desolación. Sólo los restos de la estatua sobreviven en medio de las ilimitadas arenas del desierto. El poema adquiere su poder mediante la ironía, ya que aquí se expresa lo opuesto a lo que podríamos esperar de un rey poderoso: en vez de algo magnífico y enérgico, vemos la estatua rota del rey. El poeta crea en pocas palabras la personalidad del rey—su frente y labio fruncidos por el desprecio, la mano que expresaba con desdén las pasiones del rey. Todos estos detalles conducen a la lección que el poeta desea dar a los poderosos: la vida es breve, los deseos humanos son vanos, el poder conduce al sufrimiento. Todo esto lo logra en 14 renglones y 111 palabras.*

Pese a fallas de orden técnico, como un ritmo inadecuado y construcciones gramaticales un tanto extrañas, el poema produce en nosotros una fuerte respuesta emocional gracias al cuadro desolador de la descripción general y también por la inscripción grabada en el pedestal: nada dura para siempre, ni siquiera el poder de un gran rey.

ENCONTRAR LOS DETALLES

Muy a menudo las preguntas en los pasajes de lectura pondrán a prueba su capacidad de ubicar detalles pertinentes. En un pasaje descriptivo, el autor puede darle la impresión general de una escena. Considere por ejemplo la famosa historia *La caída de la casa de Usher* de Edgar Allan Poe. El narrador nos muestra su reacción al ver la casa cuando dice, "No sé cómo fue posible, pero con la primera mirada a ese edificio, un sentimiento de insufrible tristeza invadió mi espíritu". Dos oraciones más tarde nos da los detalles sobre lo que le hizo sentir de ese modo.

O bien, en un pasaje que trata sobre el carácter de un personaje, habrán detalles que documentan la idea principal del autor. La biografía de Abraham Lincoln escrita por Sandburg contiene muchos pasajes que siguen esta estructura. Para mostrar la diligencia hacia el trabajo que caracterizaba a Lincoln, Sandburg escribe, "Abe conocía el sueño que viene después de largas horas de trabajo en el campo…" El lector está casi seguro que el "trabajo" mencionado será pronto descrito en detalle, y así es: Entre los trabajos enumerados aparecen "clareos de tierra", "partición de troncos", "rastreo", "plantación", "acarreo de forraje", "ayuda en levantamientos de paredes", "rodaje de troncos", "deshojadura de maíz".

Los detalles se emplean también para hacer más interesante la historia y para suavizar el flujo de la narrativa. En *El invitado ambicioso* de Hawthorne, cabe destacar la oración, "Las palabras más simples deben sugerir, pero no retratar, el inexpresable horror de la catástrofe". De inmediato siguen los detalles que nos dicen cuán horrible fue la catástrofe.

Finalmente, los detalles se emplean con frecuencia para explicar una conclusión. Sherlock Holmes, hablando con el Dr. Watson sobre su solución de un caso titulado "La aventura de la banda moteada", dice, "Llegué a estas conclusiones aún antes de haber entrado a su cuarto". A continuación, Holmes cuenta los detalles que lo llevaron a esas conclusiones.

¿Cómo encontrar los detalles? A veces es necesario volver una y otra vez a ciertos puntos del pasaje para desenterrar los detalles necesarios para responder una pregunta del examen. En tal búsqueda, habrá un número de indicios que le ayudarán. Éstos son las llamadas **palabras de transición**, las que indican el propósito de los detalles presentados. (Vea el Capítulo 6: Organización, para ver la lista completa de estas palabras.)

DETERMINAR EL TONO Y EL ÁNIMO

El tono es el aspecto del estilo del autor que revela la actitud que tiene hacia un tema. La disposición de ánimo es la atmósfera o efecto emocional creado, según la manera en que el autor presenta su material.

---

*Versión original en inglés.

Para determinar el tono o la disposición de ánimo de un pasaje, se deben considerar los sentimientos o las actitudes que se expresan.

CONSEJO

El tono es actitud. La disposición de ánimo es efecto emocional.

EJEMPLO

"La habitación era oscura—tan oscura que incluso después de dar a sus ojos tiempo para acostumbrarse a la negrura—todavía no podía ver nada. Algo suave—ella pensó que era sólo una telaraña—rozó sus labios. Y un sonido palpitante, en armonía con su propio latido del corazón, se volvió más fuerte y rápido".

EJEMPLO

"La habitación era oscura—no oscura porque tus ojos aún no se han acostumbrado, sino realmente oscura-oscura. Luego, algo suave y lúgubre rozó su labio y ella rogó con gran esperanza que fuese sólo una telaraña. Y después se produjo este sonido—bum, bum, bum, bum—y cada vez era más fuerte y rápido, igual que el latido de su corazón—bam, bam, bam".

Las disposiciones de ánimo son distintas en los dos pasajes. El primer pasaje presenta una disposición de ánimo que revela suspenso y miedo. La mujer no puede ver nada en la habitación, algo extraño le roza los labios, oye un extraño sonido. Tenemos el presentimiento de que algo horrible va a pasar; todo indica que lo que pasará es peligroso, malvado o mortal.

El segundo pasaje relata esencialmente el mismo acontecimiento. Pero algunos recursos hacen que veamos la historia de distinta manera. Primero, la historia está explicada informalmente, pues sabemos a qué se parece un cuarto que está *realmente* oscuro. Y la calidad de la oscuridad también se expresa informalmente—en vez de ser profundamente oscura u oscura como la noche, es *oscura-oscura*. Luego, la persona siente algo "lúgubre", y se describen los sonidos en la habitación y en su corazón, *bum* y *bam*. El sentimiento creado por estos detalles es menos atemorizador debido a la informalidad del lenguaje, y la impresión general es menos de "terror" y más de "susto". Así, tenemos la impresión de que pase lo que pase no va a ser tan malo y si lo es, sera fácil de superar.

DEDUCIR EL CARÁCTER

El carácter de un personaje a menudo no se describe, sino que está implícito en las palabras que el personaje dice y las acciones que realiza. Esto es típico del teatro, en donde el lector debe interpretar la personalidad de un personaje sin beneficiarse con ningún tipo de dirección o materiales descriptivos. En la novela moderna, la tendencia es evitar largas descripciones y dejar que las acciones, las conversaciones y los pensamientos (el llamado *diálogo interior*) de los personajes hablen por sí solos. El lector debe atenerse, por lo tanto, a las insinuaciones y sugerencias que hace el dramaturgo o novelista para poder comprender a un personaje determinado.

La escena siguiente, extraída de la obra *Vida con mi padre*, presenta un diálogo entre un padre y su hijo, Clarence.

CLARENCE (desesperado): Debo tener un traje nuevo—debe darme dinero para comprarlo.

(El libro de cuentas del padre golpea la mesa con sonoro ruido mientras éste mira a Clarence con incredulidad.)

PADRE: Mire, joven, ¿comprende usted con quién está hablando?

(Clarence se marchita y hunde en la silla.)

CLARENCE: Lo siento. Padre—pido disculpas—pero usted no sabe cuán importante es esto para mí. *(El tono desdichado de Clarence deja pensativo al padre.)*

PADRE: ¿Un traje? Veamos, ¿por qué debieras ...? *(Parece comprender algo y mira a Clarence.)* ¿Tiene tu necesidad de tener un traje nuevo algo que ver con esa joven?

CLARENCE: Sí, padre.

PADRE: ¡Vaya, Clarence! *(Súbitamente, comprende que las mujeres han llegado a la vida emocional de Clarence y le sobreviene el ansia de proteger a este inexperto e indefenso miembro de su propio sexo.)* Esto me llegó muy de golpe.

CLARENCE: ¿Qué cosa, padre?

PADRE: ¡Que hayas crecido tanto! Pero debiera haber comprendido que si vas a la universidad este otoño—sí, que ya tienes la edad de querer conocer muchachas. Clarence, ¡hay cosas sobre las mujeres qur tú debieras saber! *(Va y cierra las puertas, luego se sienta al lado de Clarence, vacilando un momento antes de hablar.)* Sí, veo que es mejor que lo escuches de mí en vez de aprenderlo por tu cuenta. Clarence, ¡las mujeres no son los ángeles que tú crees! Eh, bueno, primero deja explicarte esto. Resulta que nosotros los hombres debemos dirigir este mundo y no es un trabajo fácil. Debemos esforzarnos y debemos planear. Tenemos que asegurarnos de que los hechos y los números calcen bien. Los hombres deben razonarlo todo. Y ahora mira a las mujeres. Las mujeres piensan que, no, ya me equivoqué, ¡las mujeres no piensan! ¡Las mujeres se agitan! ¡Y se agitan por las cosas más raras! Ahora, fíjate, yo puedo querer muchísimo a mi esposa, ¡pero eso no significa que deba aguantarle todas sus tonterías! ¡No señor! ¡De ninguna manera!

CLARENCE: ¿Aguantar qué, padre?

PADRE (para sí mismo): Yo no voy a rebajarme a eso. *(Ha dejado de explicar a las mujeres a Clarence y esta ahora explicándose a sí mismo.)* Clarence, si un hombre piensa que no está bien hacer algo, pues, no debiera hacerlo. Y aclaremos que eso no tiene nada que ver con el hecho de querer a su esposa o no.

> **CONSEJO**
>
> El carácter se deduce del diálogo o de las acciones de una persona.

¿Qué acción está ocurriendo? Un hijo pide dinero a su padre para comprar un traje. ¿Cuál es la relación entre padre e hijo? El padre amonesta a su hijo por hacerlo. El hijo se siente avergonzado y se disculpa. Obviamente, lo primero que aprendemos sobre el padre es su incomprensión de las necesidades de su hijo. El padre actúa como un dictador y su hijo "se marchita y hunde en la silla". Luego, después de enterarse del interés que el hijo tiene ahora por las mujeres, decide enseñarle sobre éstas por su cuenta. El padre actúa como un sabelotodo: "Es mejor que lo escuches de mí en vez de aprenderlo por tu cuenta". Luego le revela sus prejuicios respecto a las mujeres: "¡Las mujeres no piensan!" Finalmente, sus pensamientos se desorganizan, comienza hablando a Clarence sobre las mujeres y termina intentando convencerse a sí mismo sobre la manera de tratarlas. Esta conversación comienza con el hijo pidiendo dinero al padre y termina en una discusión inútil que revela los prejuicios del padre.

Quedamos con un cuadro desolador del carácter del padre: un hombre dictatorial, incapaz de comprender las necesidades de su hijo, lleno de prejuicios, desorganizado, que se engaña a sí mismo y que cree saberlo todo.

Y todo esto lo aprendemos de una página de diálogo entre un padre e hijo astutamente escrita.

HACER DEDUCCIONES SOBRE LA ESCENA

Un gran número de factores está relacionado con la escena de una selección. La escena no solo incluye el *lugar* (su ubicación y su tipo—bullicioso, tranquilo, solitario, lleno de gente, etc.) sino también el *tiempo* (el día, la estación del año o el momento histórico). Veamos qué claves podemos encontrar en este pasaje.

EJEMPLO

Sabía que llegaría tarde, pero no podía apresurarse y precipitarse a través del gentío que paseaba y se expresaba en distintas lenguas. Los alemanes, con los cuellos quemados por el sol y con la correa de la cámara como guirnalda, regateaban guturalmente bajo las miradas indiferentes de las mujeres en sus quioscos. Pensaban que encontrarían la ganga de sus vidas en el precio de una bolsa de paja o una cajita pintada. Las mujeres dejaban que se confundieran con la poco familiar moneda, sabiendo perfectamente cuál sería su último precio. Tres chicas norteamericanas, que se distinguían por su cabello corto y sus camisas de madrás encima de sus pies calzados con sandalias y sus piernas desnudas, perdían el tiempo y sonreían tontamente ante las súplicas de dos persistentes pappagalli que parecían decididos a mejorar las relaciones internacionales a toda costa.

El otro lado de la calle que llevaba hacia la Signoria estaba menos concurrido y decidió que por allí era más fácil esquivar las pequeñas motocicletas que irrumpían ruidosamente por la calzada empedrada y las multitudes que salían a borbotones del gran museo y se dirigían a las estrechas aceras. Odiaba estas inundaciones anuales de turistas y buscaculturas que se apiñaban en las calles, los hoteles, los pequeños restaurantes, de tal manera que los residentes se ven obligados a replegarse al interior de los fríos muros de piedra de sus casas y a sus cerrados círculos sociales. Los nativos más afortunados, por supuesto, se dirigían a Viareggio o a las playas del sur de la Riviera.

Finalmente encontró una mesa al fondo de un café—demasiado cerca del bar, pero parcialmente obstruida por la barrera de una planta—y pidió una bebida. La vieja piazza ahora estaba ensombrecida, excepto en lo alto de las torres donde las viejas piedras de color marrón se habían convertido por el sol en brillante oro que contrastaba con el azul del cielo.

¿Qué podemos decir de la escena que se describe en el pasaje? Lugar: Inmediatamente podemos obtener unas cuantas pistas. Obviamente, el escenario es la ciudad (multitudes, aceras, un museo, un mercado). No es en Estados Unidos, debido a que las chicas norteamericanas se distinguían por su vestimenta. Por el hecho de que se menciona la Riviera, sabemos que es un centro de vacaciones. Sabemos que es algún lugar de Europa occidental, excepto Alemania (los alemanes no están familiarizados con el lenguaje). Podemos precisar el lugar aún más gracias a las palabras extranjeras *pappagalli* y *piazza*, las que nos hacen ver que el país es Italia.

Tiempo: (1) Aunque la ciudad es vieja (calles empedradas, aceras estrechas y las torres de la vieja piazza), el período es más reciente. Motocicletas, chicas con las piernas desnudas, turistas con cámaras, todo indica que estamos en la era moderna. (2) La estación del año podemos deducirla por la ropa de los turistas y por el hecho de que los nativos normalmente se dirigen a la playa en el verano. (3) La hora del día podemos adivinarla porque la plaza está ensombrecida, a excepción de las torres. Así pues, no es el mediodía. Debido a que el personaje pide una bebida en un café-bar y en ninguna parte se nos ha sugerido que este hombre tenga un problema con la bebida, podemos suponer que es el atardecer (hora del cóctel) y que él tiene una cita con alguien antes de cenar.

> **CONSEJO**
>
> La escena incluye el lugar y el tiempo.

Este pasaje ha sido preparado para la práctica de hacer deducciones sobre la escena. Usted probablemente no encontrará muchos pasajes con tanta descripción como aquí en los exámenes. No obstante, debe aprender a reconocer las pequeñas claves para poder tener una idea de la escena en los pasajes descriptivos. Recuerde que en la mayoría de los casos el lugar será sugerido en vez de decírsele claramente de qué lugar se trata.

LECTURA DE PROSA

Ahora se presentan dos pasajes representativos de la literatura en prosa. Léalos detenidamente, responda las preguntas, compare las respuestas con la clave de las respuestas, y vea el análisis particular de cada pregunta, especialmente las que ha contestado incorrectamente.

Práctica de la Prosa Popular y Clásica

¿QUÉ LE VA A PASAR A BORÍS?

El ligero carro cortó el aire e hizo volar las hojas que habían caído desde las terrazas. En algunas partes las hojas se amontonaban hasta cubrir la base de las columnas y llegaban hasta las rodillas del alce de mármol. Pero los árboles estaban desnudos, sólo aquí y allá una solitaria hoja dorada temblaba en las ramas negras. Siguiendo la curva del camino, el carro de Borís terminó frente a la terraza central y la entrada principal de la casa, majestuosa como una esfinge ante una puesta de sol. La luz del ocaso parecía haber penetrado las piedras de las murallas, las cuales enrojecieron y ahora brillaban y convertían todo el lugar en un recinto glorioso y misterioso a la vez, con ventanales muy altos cuyos vidrios relucían como hileras de estrellas.

Borís se apeó de la britska frente a los enormes escalones de piedra y caminó hacia ellos, buscando la carta en sus bolsillos. Nada se oía desde la casa, gran masa de piedra. Era como entrar en una catedral. "Y", pensó, "cuando vuelva a sentarme en el carro, ¿cómo será todo para mí entonces?"

1. El título que mejor expresa la idea principal de este pasaje es

    (1) "La tentación del otoño"
    (2) "La esfinge en el ocaso"
    (3) "La catedral misteriosa"
    (4) "Una sorpresa aterradora"
    (5) "Una visita importante"

2. Según la descripción de la casa, podemos tener la seguridad de que ésta

    (1) se usa a veces como un templo
    (2) pertenece a una familia rica
    (3) fue diseñada por arquitectos egipcios
    (4) es de moderna construcción de ladrillos
    (5) es una estructura fría y tenebrosa

3. Esta historia ocurre probablemente en

    (1) las Islas Británicas
    (2) el Lejano Oriente
    (3) Europa Oriental
    (4) el sur de Estados Unidos
    (5) el Mediterráneo

4. Podemos concluir que Borís ha llegado a la casa para

    (1) asegurarse un empleo
    (2) enterarse sobre su futuro
    (3) juntarse con sus amigos para las fiestas
    (4) participar en un reunión de cazadores
    (5) visitar su casa ancestral

5. ¿Qué atmósfera trata el autor de crear en este pasaje?

    (1) agradable anticipación
    (2) tranquila paz
    (3) alegre diversión
    (4) inacabable desesperanza
    (5) vaga incertidumbre

6. Según este pasaje, ¿qué puede deducirse?

    (1) La casa contaba con una majestuosa torre
    (2) Borís está cansado después del largo viaje
    (3) Hay sólo una gran terraza antes de llegar a la casa
    (4) La característica más impresionante de la casa es su majestuosa puerta
    (5) Borís planea estar en la casa sólo un tiempo breve

Clave de las respuestas

1. **5**   2. **2**   3. **3**   4. **2**   5. **5**   6. **5**

Análisis de las respuestas

1. **5** Borís ha llegado hasta la casa y, al entrar, se pregunta qué cambios ocurrirán debido a su visita. Para Borís, ésta será "una visita importante". La opción 1 no puede ser correcta, pues si revisamos el pasaje vemos que "...los árboles estaban desnudos; sólo aquí y allá una solitaria hoja dorada temblaba en las ramas negras". Tal descripción, como también la referencia a "las hojas que habían caído desde las terrazas" en el primer y segundo renglón son las únicas indicaciones de la estación y "la tentación" de la estación no se menciona en ninguna parte. La descripción claramente se emplea como ambiente para enmarcar la idea principal, pero *no es* la idea principal. Las opciones 2 y 3 son incorrectas por razones similares. En ambos casos, se seleccionó un *detalle* y éste se ofreció como la *idea principal*. En la opción 2, la entrada principal se compara con la majestuosidad de una esfinge y en la opción 3 la casa se compara con una catedral. La opción 4 es totalmente incorrecta, pues en ningún momento hay sorpresa alguna ni tampoco hay ambiente de terror. Hay anticipación de que algo va a pasar, en vez de haber pasado algo sorprendente.

2. **2** Podemos concluir que la casa pertenece a una familia adinerada porque hay varias terrazas, los escalones son enormes, los ventanales son muy altos y la casa es una "masa de piedra". De las opciones que se ofrecen, ésta es la más segura. Las opciones 1 y 3 son incorrectas, pues ambas se basan en formas de expresión que el autor emplea para crear un ambiente emocional pero en ningún momento describir una realidad—la casa se compara con una catedral y una esfinge, pero no es ni catedral ni esfinge (ni menos aun diseñada por un arquitecto egipcio). La opción 4 es incorrecta porque la casa es de piedra, no de

ladrillo. La opción 5 también contradice la descripción, pues en ésta la casa brilla, iluminada por el sol poniente.

3. **3** Aquí se le pide hacer una deducción. El nombre del personaje principal, Borís, es un nombre ruso. Borís se apea de una britska y, aunque usted no sepa que se trata de un carro empleado en Europa Oriental, semejante nombre no sugiere ni "las Islas Británicas" ni tampoco "el sur de Estados Unidos". Sobre la base de estas suposiciones, cabe deducir que la historia probablemente ocurre en Europa Oriental.

4. **2** El propósito de la pregunta es ver si usted puede determinar el propósito de la visita de Borís *basado en la evidencia que se le da.* Aunque las opciones 1, 3 y 4 pueden ser correctas, el pasaje no ofrece evidencia de respaldo. La opción 5 debe considerarse junto con la opción 2. Si la selección hubiese terminado justo antes de la oración final, ambas opciones serían igualmente correctas. Pero Borís no está haciendo una mera visita. La pregunta que se hace a sí mismo en la última oración indica que la visita promete alterar su futuro. Por lo tanto, la opción 2 es la mejor de las dos.

5. **5** Por lo general, este tipo de pregunta suele ser difícil pues requiere no sólo ubicar detalles sino además decidir qué sentimiento desea el autor despertar en usted, el lector, con esos detalles. Las opciones 5 y 2 son dos buenas posibilidades, pero, si bien la "tranquila paz" podría describir la atmósfera imperante en el relato, la opción 5, con "vaga incertidumbre" es claramente la opción más indicada. Consideremos que todo el lugar está descrito como misterioso, que Borís camina buscando una carta en sus bolsillos, cuyo contenido jamás conoceremos, y que el pasaje termina con la incierta pregunta de Borís que, en realidad, pregunta "¿Qué será de mí?" Las opciones 1, 3 y 4 se relacionan con posibles sentimientos de Borís—ya sea agrado, alegría o desesperanza—pero el pasaje no menciona éstos en ningún momento.

6. **5** Una vez más, esta pregunta requiere que usted, el lector, haga una deducción basada en los hechos presentados. La opción 5 es correcta porque representa la deducción más segura de todas. Borís menciona que planea volver a sentarse en el carro. De este *hecho* mencionado en el pasaje, podemos *deducir* que planea quedarse en la casa sólo por un breve período de tiempo. Las opciones 1, 2 y 4 no se basan en hecho alguno: el pasaje no describe ni torres ni puertas, y los sentimientos de Borís tampoco se mencionan. La opción 3 contradice los hechos del pasaje, pues afirma que hay una sola terraza mientras que el pasaje indica que hay varias.

¿A QUÉ SE PARECE UN CAMPO DE HERIDOS DE GUERRA?

Y los campos de heridos—O cielos, ¿qué escena es ésta?—¿Es ésta real humanidad—este matadero para carniceros? Hay muchos de ellos. Allí yacen, en el campo más grande, en un claro del bosque, de 200 a 300 pobres desgraciados—los quejidos y los lamentos—el olor de la sangre mezclada con el aroma fresco de la noche, la hierba, los árboles—¡el matadero! Qué bien que sus madres, sus hermanas no puedan verlos—no puedan concebir ni ahora ni nunca estas cosas. Un hombre con pierna y brazo desgarrados por proyectil de mortero—ambos son amputados—allí yacen los miembros desechados. A algunos les volaron las piernas—otros tienen balas en sus pechos—y otros con heridas indescriptibles en la cara y la cabeza, todos mutilados, rotos, arrancados— algunos en el abdomen—y algunos son meros muchachos—muchos sureños, muy malheridos—todos están en fila con el resto, todos por igual—los cirujanos los usan sin problemas. Tal es el campo de los heridos—tal es el fragmento, un reflejo lejano de toda la sangrienta escena—mientras sobre todos brilla suavemente, calladamente una clara y grande luna.

Entre los árboles, escenario de almas fugaces—entre estallidos y estrépitos y alaridos—el impalpable perfume de los bosques—mezclado con humo acre y sofocante—el fulgor de la luna mirando desde el cielo a veces tan plácida y el cielo un paraíso—claroscuro de nubes, océanos volantes—y detrás unas pocas estrellas, plácidas, silenciosas, flotando lánguidas y luego desapareciendo—la melancólica noche como cortinaje envolviente. Y allá, por los caminos, los campos y en estos bosques, esta contienda, nunca una más desesperada en ninguna época ni tierra—ambos lados con fuerza plena—masas guerreras—no son éstas batallas ornamentales ni escaramuzas de poca monta, sino luchas de demonios fieros y salvajes—coraje y desdén por la muerte son aquí la regla, y las excepciones pocas.

—Walt Whitman

1. El principal propósito del autor para escribir este pasaje es

   (1) expresar su simpatía por los heridos
   (2) destacar el brutal tratamiento de los soldados sureños
   (3) alabar el coraje de los combatientes
   (4) lamentar los horrores de la guerra
   (5) describir los campos de heridos

2. El autor hace todo lo siguiente, EXCEPTO

   (1) hacer preguntas que no pueden contestarse
   (2) hacer buen uso de los epítetos
   (3) contrastar la batalla con el tranquilo entorno
   (4) incluir horrendos detalles
   (5) mostrar simpatía por los cirujanos

3. Todas estas opciones se refieren al sentido del olfato, EXCEPTO

   (1) "el aroma fresco de la noche"
   (2) "el olor de la sangre"
   (3) "el fulgor de la luna"
   (4) "el humo acre y sofocante"
   (5) "el impalpable perfume de los bosques"

4. Todas las descripciones siguientes se refieren a soldados, EXCEPTO

   (1) los carniceros
   (2) los pobres desgraciados
   (3) los meros muchachos
   (4) las almas fugaces
   (5) los demonios fieros

5. El lector puede deducir de la oración final que, por los soldados, el autor tiene un sentimiento de

   (1) lástima
   (2) desprecio
   (3) indiferencia
   (4) admiración
   (5) resignación

6. Que el autor es también un poeta puede deducirse de su

(1) descripción de los heridos
(2) comentarios sobre los campos
(3) conclusions sobre la guerra
(4) apreciación de la belleza nocturna
(5) indignación por todo lo que ve

Clave de las respuestas

1. **4**   2. **5**   3. **3**   4. **1**   5. **4**   6. **4**

Análisis de las respuestas

1. **4** La palabra clave es *principal*. La pregunta le pide identificar el propósito principal del autor. Aunque es verdad que éste expresa simpatía por los heridos (*pobres desgraciados*) y que éste describe los campos de heridos, su objetivo principal es el de usar estos campos como "...un fragmento, un reflejo lejano de toda la sangrienta escena" para expresar su repugnancia ante los horrores de la guerra. Visto de esta manera, las opciones 1 y 5 son incorrectas. La opción 2 es claramente equivocada, pues el autor afirmó que los sureños eran tratados sin discriminación alguna. El coraje es mencionado casi de paso en la última oración de la selección, de modo que la opción 3 no puede considerarse el propósito principal del autor.

2. **5** Esta pregunta requiere que usted repase la selección y extraiga los detalles identificados en las opciones. La opción 5 es correcta porque el autor no muestra simpatía por los cirujanos, aunque admite que éstos tratan a los combatientes de ambos lados sin favoritismos. El autor hace preguntas que no pueden responderse en los renglones iniciales.

   Los epítetos describen cualidades importantes de los sustantivos que modifican. Así, encontramos heridas *indescriptibles*, una contienda que es *desesperada*, demonios *fieros y salvajes*, y también epítetos poéticos como la noche *melancólica*, estrellas *plácidas*, aroma *fresco*. En cuanto a detalles horrendos, éstos abundan.

3. **3** Esta relativamente fácil pregunta contiene muchas pistas. Por el sentido del olfato percibimos olores, y *aroma* es sinónimo de *olor*. *Acre* significa olor áspero y penetrante. Y no hay duda en lo que respecta a *perfume*. La respuesta correcta es la opción 3 porque el *fulgor* de la luna se refiere al sentido de la visión y no del olfato.

4. **1** La cuidadosa atención a los detalles del pasaje revela que los soldados son descritos como *pobres desgraciados*, *meros muchachos*, *almas fugaces* y *demonios fieros*. Pero con *matadero para carniceros* se compara al campo de heridos con una carnicería y no hay referencia a los soldados.

5. **4** Esta pregunta identifica el lugar específico donde está la respuesta—la oración final. Al estudiarla, vemos dos pistas de los sentimientos del autor por los soldados. Éstos son *demonios fieros y salvajes* y el *coraje y desdén por la muerte* caracterizan sus acciones. En esta oración, el autor no les tiene lástima, ni tampoco da muestras de indiferencia a su contienda *desesperada*. Tampoco hay evidencia de que esté resignado a la necesidad de que los soldados continúen batallando. Pese a que

menciona su ferocidad y salvajismo, no da muestras de desprecio. Más bien, el autor destaca el coraje de los soldados, pues es cierto que casi todos lo ponen en evidencia durante la batalla. De este modo, su sentimiento principal aquí es la admiración.

6. **4** ¿Qué detalles pueden indicar que un autor tenga las cualidades de un poeta? Según el "Glosario de términos literarios" que comienza en la página 481, un poema es literatura que presenta, entre otras características, "emoción profunda, lenguaje muy imaginativo acompañado de formas de expresión, ritmo propio...palabras que expresan más de lo que indica su sentido literal." La mera descripción, el simple comentario y conclusión no son cualidades poéticas. Los artículos de un buen reportero poseen todas estas características. Tampoco lo es la indignación si no va acompañada de las características de la poesía que acabamos de mencionar. Lo que se destaca en la obra de Whitman es su inusual sensibilidad a la belleza de la noche: *el fulgor de la luna mirando desde el cielo a veces tan plácida y el cielo un paraíso ... claroscuro de nubes, océanos volantes* (es decir, nubes negras en medio del cielo claro, revueltas como un océano tempestuoso) ... *la melancólica noche como cortinaje envolviente* (como cortina de teatro que envuelve el escenario). Toda la escena se ve bajo la luz de la luna y la descripción del horror se hace mezclada con suavidad poética.

RESUMEN DE LA INTERPRETACIÓN DE LA PROSA

¿Qué hemos aprendido hasta el momento en este breve estudio de la prosa respecto a las habilidades de interpretación?

Usted debe:

1. *Leer la selección detenidamente.*
2. *Para* **seleccionar un título** *que exprese la idea principal, debe repasar la selección constantemente. Llegará a la respuesta correcta por eliminación.* Elimine las posibilidades que son claramente incorrectas y luego elimine las posibilidades que están basadas en detalles menores; habrá una o dos de ésas. Con las opciones que quedan, seleccione la que exprese mejor la idea principal, en lugar de la idea subordinada.
3. *Para* **hacer deducciones** *debe buscar las claves en el pasaje con las cuales puede sacar sus propias conclusiones. La clave puede ser un nombre, un lugar, un adjetivo, un objeto, una palabra inusual.* Puede que necesite leer de nuevo la selección algunas veces antes de localizar la clave o los dos detalles que pueden estar vinculados para establecer la clave.
4. *Para* **determinar el propósito** *del autor, pregúntese por qué cree que ha escrito el pasaje y qué quiere que el lector entienda o sienta.* Después de leer el pasaje un par de veces, intente definir la *impresión total* que le proporciona la lectura. Los propósitos del autor a veces son para informar y otras para divertir, enojar, evocar lástima o impulsar hacia una acción. Usted deberá determinar cuál es el propósito predominante.
5. *Para determinar la* **disposición de ánimo** *intente buscar palabras que crean una atmósfera o evocan una emoción.* El ánimo puede estar relacionado con el propósito del autor, pero no necesariamente ser su objetivo principal. *Hay dos maneras de determinar la atmósfera: selección de detalles y el uso de adjetivos y adverbios.*

LEER POESÍA

Para leer poesía se necesita una serie de habilidades especiales, ya que el poeta usa un lenguaje y unas técnicas de escritura especiales.

En poesía, las palabras no se usan en el sentido literal y el lector debe usar su imaginación para entender lo que el poeta dice. Por ejemplo:

"La aurora me dio cuna."

La palabra cuna no se usa con su significado regular, sino que se usa con sentido figurado para expresar la idea de que acaba de salir el sol.

"El trompeta le llame diligente
dando fuerza de ley al viento vano."

El sonido (*viento*) que sale de la trompeta no tendría mayor importancia (sería *vano*) si no fuese porque el hombre que toca la trompeta (*el trompeta*) representa al rey y por eso su música debe obedecerse (*fuerza de ley*).

En poesía, el significado se comprime en pocas palabras con el uso de figuras literarias como la metáfora (vea el Glosario de términos literarios en la página 481).

"La ruta era una cinta de luz de luna".

Con nueve palabras, el poeta Walter de la Mare explica que era de noche, que la luna brillaba y que el camino era un área iluminada que estaba rodeada de oscuridad.

"La luna era un galeón fantasmal".

El poeta nos cuenta en seis palabras que la luna es un barco y el cielo el océano. Cuando la luna se mueve a través del cielo, crea un sentimiento misterioso y sobrenatural.

En poesía, el significado está estrechamente relacionado al ritmo. Por eso, ayuda mucho leer la poesía en voz alta.

En poesía, además del ritmo que siempre está presente, encontramos con frecuencia la rima. La rima también nos ayuda a entender el significado. En la poesía de Rubén Darío titulada "Era un aire suave", los sonidos de la rima se aprecian en las palabras *giros y suspiros*, así como en *vuelos y violoncelos*.

"Era un aire suave, de pausados giros;
el hada Armonía rimaba sus vuelos;
e iban frases vagas y tenues suspiros
entre los sollozos de los violoncelos".

En poesía, el poema por sí mismo tiene una cierta forma. Puede definirse como soneto o verso libre. Un soneto es una composición que consta de catorce versos endecasílabos (de once sílabas) distribuidos en dos cuartetos (estrofa compuesta por cuatro versos) y dos tercetos (estrofa compuesta por tres versos). En cada uno de los cuartetos riman, por regla general, el primer verso con el cuarto y el segundo con el tercero. En los tercetos, estas órdenes pueden ir de distintas maneras. Para entender mejor el soneto, refiérase al poema "¡Siémbrate!" de Miguel de Unamuno que se presenta a continuación. El verso libre, en cambio, no tiene ningún orden ni tampoco ningún número fijo de versos.

PRIMERA HABILIDAD

En poesía las palabras a menudo se usan en sentido figurado. No se pueden tomar estas palabras en forma literal. Use la imaginación para entender en qué sentido las usa el poeta.

SEGUNDA HABILIDAD

En poesía, el texto requerido para explicar un complejo significado o describir acción o imágenes con frecuencia se comprime o condensa y se presenta en pocas palabras, generalmente mediante el uso de figuras literarias como la metáfora. Añada a las palabras que usted lee los significados y las imágenes que están implícitas en dichas palabras.

TERCERA HABILIDAD

Lea el poema en voz alta y preste atención al ritmo, porque el ritmo le ayudará a comprender el significado.

CUARTA HABILIDAD

A medida que lee el poema en voz alta, aprecie el ritmo y también la rima, pues ambos le ayudarán a entender el significado y los sentimientos que se expresan.

QUINTA HABILIDAD

Mientras lee el poema en voz alta, además del ritmo y la rima note también los sonidos de las palabras, ya que el poeta se sirve de los sonidos para dar significados y sentimientos adicionales.

Lea detenidamente el poema de Miguel de Unamuno e intente responder las preguntas que se refieren a éste. Compare sus respuestas con la clave de las respuestas y estudie el análisis de las respuestas, especialmente las que ha contestado incorrectamente.

> **SEXTA HABILIDAD**
>
> A medida que lea el poema, estudie su forma y estructura. Si está dividido en estrofas o párrafos, determine qué significado tiene cada estrofa en relación a todo el poema. La forma del poema también le ayudará a interpretarlo. Fíjese si es un poema de verso libre, un octeto (los primeros ocho versos de un soneto), un cuarteto (una estrofa de cuatro versos), un soneto, una sextina (los últimos seis versos de un soneto o los dos tercetos de un soneto). Consulte el "Glosario de términos literarios" en la página 481 y vea los significados de soneto y estanza, términos relacionados con la forma y estructura de la poesía.

Práctica de la Lectura de Poesía

¿CÓMO VE LA VIDA EL POETA?

¡Siémbrate!

Sacude la tristeza y tu ánimo recobra,
no quieto mires de la fortuna la rueda
como gira al pasar rozando tu vereda,
que a quien quiere vivir es lo que le
(5)   sobra.
No haces sino nutrir esa mortal zozobra
que así en las redes del morir lento te
enreda,
pues vivir es obrar y lo único que queda
(10)   la obra es; echa, pues, mano a la obra.
Ve sembrándote el paso y con tu propio
arado
sin volver la vista que es volverla a la
muerte,
(15)   y no a lo por andar sea peso lo andado.
En los surcos lo vivo, en ti deja lo inerte,
pues la vida no pasa al paso de un
nublado;
de tus obras podrás un día recogerte.

—Miguel de Unamuno

1. La idea principal del poema es que

   (1) la suerte depende de la rueda de la fortuna
   (2) la muerte nos llega a todos
   (3) la vida es pasajera como las nubes
   (4) en la vida lo único que queda es tu obra
   (5) la vida es demasiado larga

2. El título del poema, *¡Siémbrate!*, implica que

   (1) sembrar plantas sacude la tristeza del hombre
   (2) el hombre debe encontrar un surco donde sembrar su vida
   (3) dedicarse a la agricultura puede ser un buen futuro
   (4) siguiendo el arado se descubre el camino
   (5) el mundo es como una huerta

3. El verso "Y no a lo por andar sea peso lo andado" quiere decir que

(1) no andes si ves que no puedes llegar
(2) no andes más de lo que tengas que andar
(3) no dejes que el camino recorrido te agote y detenga
(4) no te agotes en cada paso que das
(5) no andes apurado porque te vas a cansar

4. ¿Qué actitud tiene al poeta ante la vida?

(1) de pesimismo
(2) de indiferencia
(3) de optimismo
(4) poco realista
(5) de resignación

5. ¿Qué propósito cumple el poeta al escribir este poema?

(1) Decir a la gente que la vida es muy larga y hay que vivirla
(2) Que la gente mire hacia lo pasado para ver lo que ha recorrido
(3) Que la gente recuerde a sus muertos y a sus obras
(4) Alentar a la gente a jugar a la lotería
(5) Animar a la gente a obrar y trabajar para sembrar un fruto futuro

6. ¿Qué forma tiene el poema?

(1) sextina
(2) octeto
(3) oda
(4) verso libre
(5) soneto

Clave de las respuestas

1. **4**   2. **2**   3. **3**   4. **3**   5. **5**   6. **5**

Análisis de las respuestas

1. **4** El poema anima al hombre a que ponga mano a la obra para construir su vida, pues vivir es obrar y lo único que queda es la obra. Este poema representa la filosofía de Unamuno, quién creía en el deber del ser humano de crear.

2. **2** El poeta hace una metáfora al comparar al hombre con una planta. Afirma que el hombre debería encontrar un surco donde sembrar su vida, es decir, encontrar el camino hacia el futuro. Esto se ve en el verso, *Ve sembrándote el paso y con tu propio arado.*

3. **3** En este verso, el poeta recomienda no mirar hacia el pasado ni permitir que el camino recorrido, por ser tan pesado y agotador, detenga el avance hacia el futuro. A menudo la poesía juega con los componentes de una frase y cambia el orden normal de las palabras. Entonces es necesario revisar estos componentes y reordenarlos para encontrar el sentido.

RECUERDE

*Usted debe leer cuidadosamente la selección. **Al seleccionar la idea principal,** debe repasar la selección varias veces y llegar a la respuesta correcta mediante un proceso de eliminación.*

RECUERDE

*Nunca se dé por vencido con una pregunta. **Cuando el problema es el significado de las palabras,** estudie cuidadosamente las pistas hacia su significado que se encuentran en otras palabras próximas en el pasaje.*

RECUERDE

Al hacer deducciones basadas en el texto, encuentre las pistas que pueden ayudarle. A veces deberá releer el texto varias veces antes de poder encontrarlas.

4. **3** Unamuno tiene una actitud optimista ante la vida, lo cual se ve cuando anima al hombre a sacudir la tristeza y a recobrar el ánimo y a no esperar que sea la rueda de la fortuna la que determine su futuro.

5. **5** Todo el poema es un aliento a obrar en la vida para que en un futuro pueda uno recoger los frutos. Una vez muerto, la obra del hombre es lo único que queda.

6. **5** Es un soneto ya que el poema está compuesto de 14 versos divididos en cuartetos (cuatro líneas) y tercetos (tres líneas). En los cuartetos, el primer y último verso riman y el segundo con el tercero también. En cada uno de los tercetos, el primer y tercer verso riman. No puede ser una sextina porque tiene más de seis líneas, ni una oda, que es un género lírico que no tiene una forma determinada. Tampoco puede ser un octeto pues éste tiene ocho versos y naturalmente no es un verso libre porque sigue con mucho cuidado los reglamentos relativos a la composición del soneto.

RESUMEN DE LA INTERPRETACIÓN DE LA POESÍA

Las habilidades en la lectura y la interpretación de la poesía requieren:

1. Usar la imaginación para intentar comprender el significado de las palabras usadas de forma figurada y añadir ese significado adicional a su significado real.
2. Debido a que la poesía condensa lo que quiere expresar en pocas palabras, estudie las figuras literarias que se usan, como los similes y las metáforas, para comprender más fácilmente los significados.
3. Lea el poema en voz alta, ya que el ritmo le ayudará a comprender el significado del poema.
4. Observe cómo la rima empleada le puede ayudar a entender los sentimientos que quiere expresar el poeta, así como su significado.
5. Observe también los sonidos de las palabras, pues éstos refuerzan el significado.
6. Estudie las formas del poema y sus subdivisiones en estrofas para entenderlo mejor.

Nota: Lea el poema completo rápidamente para tener una idea general de su significado y de los pensamientos que se expresan. Luego, léalo detenidamente y responda a las preguntas basadas en el poema.

LEER TEATRO

En el teatro moderno, el dramaturgo no habla directamente con el lector como lo hacen los novelistas y los cuentistas. Algunas veces el dramaturgo crea un escenario para los que van a producir la obra e incluye instrucciones al actor sobre la disposición de ánimo o la acción. Pero, la mayoría de las veces, el dramaturgo permite que el actor y el lector se imaginen la apariencia, el personaje, las acciones y los sentimientos. La única ayuda que el dramaturgo debe darnos sin falta es el diálogo, es decir, la conversación entre los personajes. A través del diálogo usted puede *imaginar el escenario, visualizar la acción entre los personajes y sacar conclusiones sobre los personajes y sus motivaciones.* Por otra parte, usted debe entender también la esencia del teatro, que se basa en el conflicto de las ideas o de los personajes. De tal conflicto sólo es posible darse cuenta mediante el diálogo. Y, finalmente, quizás se le pida predecir lo que va a pasar según lo que ha leído hasta ese momento.

Un análisis de la escena siguiente, de una obra moderna del teatro estadounidense, ilustra las habilidades que usted necesita para leer y comprender este género artístico. Le recomendamos leer en voz alta.

Práctica de la Lectura de Teatro

¿CÓMO REACCIONA LA FAMILIA DE WILLY LOMAN ANTE SU MUERTE?

Réquiem

CHARLEY: Linda, está oscureciendo.

(Linda no reacciona. Mira la tumba.)

BIFF: ¿Qué tal, mamá? ¡Hora de descansar, pues! Y pronto van a cerrar la portada.

(Linda no se mueve. Pausa.)

HAPPY *(profundamente enojado)*: No tenía derecho de hacer eso. No hubo necesidad para eso. Nosotros le habríamos ayudado.

BIFF: Vamos, mamá.

LINDA: ¿Por qué no vino nadie?

CHARLEY: Fue un funeral muy bueno.

LINDA: ¿Pero dónde está toda la gente que conocía? A lo mejor lo están culpando.

CHARLEY: Nooo. La vida es dura, Linda. Nadie lo va a culpar.

LINDA: No lo entiendo. Especialmente en esta época. Primera vez en treinta y cinco años que estábamos sin deudas. Todo lo que necesitaba era un sueldito. Hasta había terminado con el dentista.

CHARLEY: No hay hombre que necesite sólo un sueldito.

LINDA: No lo entiendo.

BIFF: Hubo muchos días buenos. Cuando llegaba de un viaje, o en los domingos, haciendo el porche, terminando el sótano, cuando construyó el otro cuarto de baño y el garaje. Sabes, Charley, él dejó más de sí en ese porche que en todas las ventas que hizo en su vida.

CHARLEY: Sí, con un saco de cemento era hombre feliz.

LINDA: Tan bueno que era con sus manos.

BIFF: Sus sueños eran errados. Todos, todos, errados.

HAPPY *(casi lista para luchar con Biff)*: No digas eso.

BIFF: Nunca supo quién era.

CHARLEY *(parando el movimiento y la réplica de Happy, a Biff)*: Que nadie culpe a ese hombre. Ustedes no entienden. Willy era un vendedor. Y para un vendedor la vida no tiene un fondo. Él no le ponía tuerca al perno, él no enseñaba leyes, él no daba medicamentos. Él era el hombre que dependía de su sonrisa y de una lustrada de zapatos. Y cuando los demás empiezan a sonreír menos, eso es un terremoto. Y después te caen unas manchas en el sombrero y se acabó, terminaste. Que nadie culpe a este hombre. Yo digo que un vendedor tiene que soñar. Eso viene con el territorio.

BIFF: Charley, él no sabía quién era él.

HAPPY (*furioso*): No digas eso.

BIFF: Happy, ¿por qué no vienes conmigo?

HAPPY: No me vencen tan fácil. Yo me quedo en esta ciudad, aquí y en este oficio, ¡y voy a ganar! (*Mira a Biff, desafiante.*) ¡Los hermanos Loman!

BIFF: Yo sé quién soy, comadre.

HAPPY: Está bien. Te voy a mostrar a ti y a todos que Willy Loman no murió en vano. Él tenía un buen sueño. El único sueño que puedes tener—ser el número uno. Él luchó por el sueño aquí y aquí es donde yo lo voy a ganar para él.

1. "Réquiem" significa más que nada

    (1) plegaria
    (2) pesadumbre
    (3) argumento
    (4) repetición
    (5) petición

2. ¿Qué ha sucedido antes de esta escena?

    (1) Los Loman tuvieron un matrimonio infeliz
    (2) Los hermanos no se llevaban bien
    (3) Willy Loman tuvo muchos amigos
    (4) La familia Loman tuvo una vida fácil
    (5) Willy Loman fue enterrado

3. Según el diálogo, podemos concluir que

    (1) los miembros de la familia difieren en sus opiniones sobre Willy Loman
    (2) los hermanos se mantendrán unidos
    (3) la familia no era muy unida
    (4) había una barrera generacional en la familia
    (5) todos culpan a Willy por su acto

4. Happy defiende a Willy, diciendo que éste

    (1) deseaba ser popular
    (2) era hombre de familia
    (3) deseaba ser un vendedor de primera
    (4) deseaba construir su casa
    (5) no se preocupaba de sí mismo

5. El miembro de la familia que está en desacuerdo con los demás es

    (1) Linda
    (2) Biff
    (3) Charley
    (4) Happy
    (5) Willy

6. La ironía de la situación es que, al momento de la muerte de Willy, la familia estaba

(1) separándose
(2) unida en la tragedia
(3) admirando a Willy
(4) en buen estado económico
(5) respaldándose mutuamente

Clave de las respuestas

1. **1**   2. **5**   3. **1**   4. **3**   5. **2**   6. **4**

Análisis de las respuestas

1. **1** Un réquiem es una plegaria, es decir, una misa que se celebra en memoria de una persona que ha muerto, en este caso Willy Loman. Es éste un momento trágico y solemne para la familia de Willy y, aunque no se escuche una plegaria, la familia recuerda y evalúa la vida de su familiar.

2. **5** Las claves relacionadas con el lugar donde ocurre la escena, un cementerio, son: "Van a cerrar la portada" y "Fue un funeral muy bueno".

3. **1** Los hermanos están en desacuerdo sobre quién fue Willy. Bill lo critica: "Sus sueños eran errados". Happy responde: "No digas eso". Charley añade: "Que nadie culpe a ese hombre". Las otras opciones son incorrectas; por ejemplo, Charley no culpa a Willy.

4. **3** Happy defiende a Willy al decir, "Él tenía un buen sueño. El único sueño que puedes tener—ser el número uno". Ninguna de las demás opciones es respaldada por el diálogo, aunque se mencione que Willy, "con un saco de cemento era hombre feliz".

5. **2** Es Biff, y sólo Biff el que critica a Willy, al decir "Sus sueños eran errados" y "Nunca supo quién era". Es Biff quién deja a su familia y se va a la ciudad.

6. **4** Linda dice, "Especialmente en esta época. Primera vez en treinta y cinco años que estábamos sin deudas". La ironía dramática es una combinación de circunstancias o es el resultado opuesto de lo que se esperaba, en este caso la muerte en vez de una vida más feliz.

RESUMEN DE LA INTERPRETACIÓN DE LA LECTURA DEL TEATRO

Las habilidades en la lectura e interpretación del teatro requieren que

1. Imagine el escenario. Si no se dan instrucciones escenográficas, éstas se pueden deducir por el diálogo de los personajes donde ocurre la acción.

2. Visualice la acción. A medida que los personajes hablan, imagínese *lo que están haciendo mientras conversan.*

3. Determine sus motivos. ¿Por qué los personajes hablan de una manera determinada? ¿Por qué hacen lo que hacen?

4. Determine el carácter y la personalidad. ¿Qué tipo de persona es la que habla y actúa de esta manera? ¿Por qué?

5. Determine el conflicto que está ocurriendo. Debido a que la esencia del teatro es el conflicto, ¿quién o qué está en conflicto con quién o qué? ¿Es un conflicto emocional o físico? ¿Es un conflicto de ideas?

6. Intente predecir, basándose en las sugerencias descritas anteriormente, qué es lo que puede pasar a continuación.

7. Lea la escena en voz alta, intentando proyectarse usted mismo en la personalidad de cada personaje.

LECTURA DE COMENTARIOS SOBRE LAS ARTES

Las selecciones que se incluyen bajo el término *comentario* se limitan a aquellos aspectos de la escritura contemporánea que hacen referencia a las artes— música, arte, teatro, cine, televisión, literatura y danza. En estas selecciones el autor hace comentarios críticos sobre las artes y discute el valor del contenido y el estilo de estos medios de expresión artística.

En estas selecciones, es importante determinar el punto de vista del escritor y la evaluación favorable o desfavorable que hace del artista o del medio artístico (ya sea un músico, un escritor, una película, un programa de televisión, etc.). También hay que comprender la opinión del crítico sobre la emoción y el significado generados por el artista o el medio (pintura, película, televisión, etc.).

El estilo será típico del empleado en literatura popular. Por lo tanto, la estructura de las frases y el vocabulario no serán difíciles de entender. *He aquí una sugerencia que le puede ayudar:* Debido a que los críticos, al comentar sobre las artes, describen sus reacciones, hay siempre adjetivos que expresan sus juicios. He aquí algunos de estos adjetivos: *adepto, auténtico, imparcial, creíble, dinámico, elocuente, exquisito, gráfico, inepto, lúcido, ingenuo, prosaico, espontáneo, superlativo, tedioso, vago, vivaz, triste, inteligente, superficial, ingenioso, loable.*

PRÁCTICA DE LECTURA DE COMENTARIOS SOBRE LAS ARTES

¿QUÉ CONTRIBUCIÓN HIZO EL CREADOR DE LOS *MUPPETS* A LA TELEVISIÓN INFANTIL?

Con una chaqueta usada y una pelota de ping-pong, construyó un imperio. Jim Henson, creador del sapo Kermit y una multitud de otras criaturas peludas conocidas como los *Muppets*, revolucionó el campo de los títeres y reinventó la televisión infantil.

Los *Muppets* cautivaron a espectadores de todas las edades en *Plaza Sésamo*, el programa para niños de mayor influencia en el mundo infantil de todos los tiempos, y luego en *El Show de los Muppets*, el programa de TV más mirado en el mundo, con 135 millones de televidentes en 100 países.

El éxito se debió a la destreza, la teatralidad y el arte de vender de Henson. Pero sobre todo, a su habilidad de desafiar todo lo que es convencional.

Henson fue uno de los primeros directores de escena que emplearon la televisión no como un simple medio, sino como un instrumento imprescindible para mejorar la actuación.

Los programas de títeres previos, como *Kukla, Fran y Ollie*, fueron filmados con una cámara inmóvil frente al escenario, mientras que Henson utilizó una variedad de lentes en sus cámaras para hacer a sus muñecos más espontáneos, ágiles y cómicos.

También enseñó a sus ayudantes a trabajar ayudados por un monitor de televisión. De esta manera, los artistas pudieron ver por primera vez la actuación a medida que ésta iba desarrollándose y también lo que estaban viendo los espectadores.

Esta perspicacia condujo a Henson a crear un nuevo tipo de títere cuya actuación era mucho más expresiva en las tomas de primer plano.

Henson, cuya filosofía sobre el modo de vivir puede llamarse poco convencional, caracterizó al comportamiento de sus *Muppets*, un nombre que creó en la década de 1950 al cruzar los nombres marioneta y títere (en inglés, *marionette* y *puppet*).

Mientras que las compañías como Disney estaban creando personajes como Bambi, cuya actuación reflejaba los ideales del comportamiento de esos tiempos, las criaturas de Henson, como la orgullosa Señorita Cerda, el gruñón Oscar y el incontrolable Animal, eran salvajemente irreverentes.

Henson aplicó esa irreverencia a su trabajo en general. En vez de exigir resultados para estimular la productividad, incitó a sus empleados a gozar de su trabajo. Siempre fomentó todo tipo de tonterías cómicas y a veces hasta el caos en el lugar de trabajo. Según sus asociados, Henson sólo estaba absolutamente satisfecho cuando la escena se volvía tan cómica que nadie podía interpretarla sin reírse.

Pese a su infantil entusiasmo, Henson utilizaba un enfoque pragmático para resolver sus problemas, analizándolos desde distintos ángulos hasta encontrar la solución adecuada. Fue notable su habilidad de evitar la complejidad y encontrar maneras más sencillas de hacer las cosas.

1. Según el artículo, las contribuciones de Jim Henson

   (1) imitaron las características de programas previos
   (2) añadieron poco a los programas de su época
   (3) aprovecharon la popularidad de la televisión infantil
   (4) imitaron el estilo de Kukla, Fran y Ollie
   (5) representaron una innovación en el campo de los títeres

2. El mejor ejemplo de la reinvención de la televisión infantil fue el éxito mundial

   (1) de *Plaza Sésamo*
   (2) de *El Show de los Muppets*
   (3) de *Kukla, Fran y Ollie*
   (4) de Kermit el sapo
   (5) del programa convencional

3. La razón más importante del éxito de Jim Henson fue su

   (1) destreza
   (2) teatralidad
   (3) arte de vender
   (4) desafío del convencionalismo
   (5) simpatía

4. Henson fue el pionero del uso de la televisión

  (1) como un medio
  (2) para mejorar la actuación
  (3) como un escenario tradicional
  (4) para enseñar métodos bien establecidos
  (5) para impulsar el éxito de los títeres clásicos

5. Los *Muppets* de Henson

  (1) buscaron la perfección
  (2) imitaron las creaciones de Disney
  (3) eran irrespetuosos
  (4) eran modelos de comportamiento ideal
  (5) eran estáticos y serios

6. Jim Henson se caracterizó por todas las descripciones presentadas a continuación, EXCEPTO

  (1) fue un hombre con infantil entusiasmo
  (2) buscó soluciones sencillas
  (3) fue pragmático
  (4) fue un innovador irreverente
  (5) fue un conformista

Clave de las respuestas

1. **5**   2. **2**   3. **4**   4. **2**   5. **3**   6. **5**

Análisis de las respuestas

1. **5** El autor destaca la habilidad que tuvo Henson de desafiar todo lo que es convencional y de crear una revolución en el campo de los títeres. Habiendo Henson rechazado los enfoques tradicionales que regían a los programas de títeres en su época, la opción 1 is incorrecta. Insatisfecho con los programas en boga, intentó algo nuevo e inventó a Kermit el sapo, con lo cual dio gran empuje a la programación de su época. En vez de aprovechar la popularidad de la televisión infantil (opción 3), Henson reinventó este campo. El estilo de *Kukla, Fran y Ollie* era estático y tradicional. Henson inventó nuevas formas de usar la cámara y con eso aumentó el movimiento y dinamismo de sus personajes.

2. **2** La audiencia para la opción 1 no se identifica, pero se menciona el éxito mundial del *Show de los Muppets* y se indica que, con 135 millones de televidentes en 100 países, fue el show más mirado. Ninguna de las demás opciones tiene una conexión directa con el éxito de los *Muppets*.

3. **4** Aunque se mencionan la destreza, la teatralidad y el arte de vender de Henson, el artículo destaca más su habilidad de desafiar todo lo que es convencional. La simpatía de los *Muppets* queda en segundo plano y lo esencial es el inusual carácter del espectáculo.

4. **2** Henson utilizó la televisión no sólo como un medio, sino también como un instrumento imprescindible para mejorar la actuación. Henson se opuso a lo tradicional, a lo establecido y a los títeres clásicos.

5. **3** Los *Muppets* de Henson eran distintos a los personajes de Disney porque no eran perfectos ni reflejaban ideales. Eran orgullosos, gruñones e irreverentes.

6. **5** Se mencionan su infantil entusiasmo, su búsqueda de soluciones sencillas, su irreverencia, pero una de las características principales del artículo es la falta de conformismo de Henson y no su interés en obrar según normas establecidas.

LECTURA DE DOCUMENTOS COMERCIALES

Un nuevo componente del Examen de GED, la lectura de documentos comerciales, requiere emplear la lógica. Los tipos de documentos que encontrará en el examen serán notas comerciales, planes y manuales empresariales y universitarios, correos electrónicos, cartas de recomendación, etc.

Primero lea el documento que le presenten. Luego determine el objetivo principal del documento. Note las ideas centrales y la organización de cada párrafo. A veces se le pedirá obtener deducciones o significados que no están indicados directamente en el texto. Como se trata de documentos comerciales comunes, el lenguaje es siempre sencillo y directo. No obstante, preste atención a los detalles que aparecen en las preguntas.

PRÁCTICA DE INTERPRETACIÓN DE DOCUMENTOS TÉCNICOS O COMERCIALES

Lea el siguiente extracto de un panfleto de inscripción de votantes. Luego conteste las preguntas que siguen.

GUÍA PARA VOTANTES

Usted debe estar inscrito para poder votar. Usted puede saber cuál es el lugar de votación que le corresponde, pero eso no significa que usted sea un votante inscrito. Usted puede encontrar formularios de inscripción en los lugares siguientes: bibliotecas, Departamentos de Vehículos Motorizados (DMV), oficinas de correos, oficinas de administradores municipales y oficinas electorales de los condados. Para evitar fraude electoral, usted debe inscribirse en persona y no mediante el internet. Debe además tener un mínimo de 18 años de edad en la fecha de la futura elección, ser ciudadano de Estados Unidos y traer un documento de identidad que posea su foto.

Los fines de plazo para inscribirse varían de estado a estado, como también varían los fines de plazo para solicitar y entregar un voto en ausencia. Es importante que usted sepa estos fines de plazo varios meses antes de la elección en la cual planea votar.

1. ¿Cuál es el propósito de esta guía?

   (1) demostrar cuán difícil es lograr ser un votante inscrito
   (2) evitar que votantes demasiado jóvenes se inscriban en sus estados
   (3) informar a un ciudadano cómo inscribirse para poder votar
   (4) evitar el fraude electoral
   (5) describir los lugares de votación

2. Esta guía indica todos los lugares siguientes como lugares para inscribirse EXCEPTO

   (1) oficina electoral del condado
   (2) oficina del administrador estatal
   (3) biblioteca
   (4) oficina de correos
   (5) Departamento de Vehículos Motorizados (DMV)

3. Esta guía concierne a

   (1) ciudadanos de Estados Unidos menores de 18 años
   (2) inmigrantes ilegales
   (3) residentes de Estados Unidos
   (4) ciudadanos de Estados Unidos de 18 años o mayores
   (5) sólo políticos inscritos

Lea el extracto siguiente de un contrato de arriendo residencial. Después responda las preguntas que siguen.

CONTRATO DE ARRIENDO RESIDENCIAL

Este arriendo está fechado 1 de junio de 2009 por el Propietario John Doe y la Arrendataria Jane Doemont. Ambas partes consienten a los términos siguientes:

1. El período de arriendo de 123 Cualquier Calle, Toda Ciudad, EUA, comenzará el 1 de junio de 2009 y terminará el 31 de mayo de 2010.
2. La suma mensual de $1600 debe pagarse el primer día de cada mes y su pago se considerará atrasado en el quinto día del mes. Si el pago estuviese atrasado, se añadirá una multa del 10% al contrato de la Arrendataria.
3. La Arrendataria depositará una fianza equivalente a un mes de arriendo al firmar este contrato, como también el primer mes de arriendo, por un total de $3,200. Al término de este contrato, cualquier daño hecho a la propiedad se restará de la fianza.
4. No se permitirán animales domésticos en la propiedad en ningún momento.
5. La Arrendataria deberá reportar todo problema de mantenimiento a la brevedad posible para evitar daños a la propiedad, y el Propietario hará todas las reparaciones razonables y necesarias a su debido tiempo.
6. La Arrendataria será responsable de pagar las cuentas de servicios de agua, calefacción y electricidad durante el período de arriendo.

Estoy de acuerdo con los términos y condiciones descritos arriba.

Firmas:
Propietario _____
Arrendataria _____

4. Según el contrato, la Arrendataria debe

   (1) reportar problemas de mantenimiento
   (2) pagar el arriendo no después del cuarto día del mes
   (3) no tener animales domésticos en el apartamento
   (4) pagar por los servicios de electricidad y agua
   (5) todas las respuestas son correctas

5. Según el contrato, la razón siguiente puede terminar el convenio de arriendo:

(1) la Arrendataria encuentra otro lugar y avisa con 2 semanas de anticipación
(2) la Arrendataria paga el arriendo a tiempo en cada mes
(3) llega la fecha del término del período de arriendo
(4) al Propietario no le gustan los amigos de la Arrendataria
(5) la propiedad no está limpia

6. Según el contrato, el convenio durará legalmente por

(1) 4 meses
(2) 6 meses
(3) 8 meses
(4) 10 meses
(5) 12 meses

Clave de las respuestas

1. **3**   2. **2**   3. **4**   4. **5**   5. **3**   6. **5**

Análisis de las respuestas

1. **3** El propósito de esta guía es el de informar al ciudadano sobre la manera de inscribirse para votar.
2. **2** El único lugar no mencionado en la guía como lugar para obtener formularios de inscripción fue la oficina del administrador estatal (esta pregunta puso a prueba su poder de atención, ya que la guía sí mencionó las oficinas de administradores *municipales*).
3. **4** La guía declara que el solicitante debe "...tener un mínimo de 18 años de edad en la fecha de la futura elección y ser ciudadano de Estados Unidos".
4. **5** El contrato de arriendo enumera todas las opciones para la pregunta: reportar problemas de mantenimiento, pagar el arriendo antes del quinto día del mes, no tener animales domésticos y pagar por los servicios externos. Por eso, la respuesta correcta es (5).
5. **3** La única razón mencionada en el contrato para terminar el arriendo es la fecha de expiración (31 de mayo de 2010).
6. **5** La duración del convenio fue por un año, es decir, 12 meses.

Repase las habilidades básicas de lectura presentadas al comienzo del capítulo.

GLOSARIO DE TÉRMINOS LITERARIOS

Esta lista incluye palabras usadas frecuentemente en temas relacionados con literatura.

ACENTO énfasis dado a una sílaba de una palabra; usado principalmente en referencia a la poesía y también al signo (′) que muestra dicho énfasis

ALITERACIÓN repetición de uno o varios sonidos iguales o semejantes en una palabra ("bajo el ala aleve del leve abanico...")

ALUSIÓN referencia que se hace de improviso sobre una persona o evento en la literatura o historia ("José abrió una caja de Pandora")

AUTOBIOGRAFÍA biografía de una persona escrita por ella misma (La *Autobiografía de Benjamín Franklin*)

BALADA poema que presenta un episodio dramático, generalmente emocionante, narrado en forma sencilla y que destaca sentimientos tales como amor, valor, patriotismo y lealtad ("Sir Patrick Spens")

BIOGRAFÍA narración de la vida de una persona, escrita por otra persona (la *Vida de Johnson* por Boswell)

CLIMAX momento culminante en la narración de una historia, sea ésta obra de ficción, poesía o drama (la aparición del fantasma de Banquo en *Macbeth*)

COMEDIA drama de forma ligera que trata de divertirnos y/o instruirnos y que tiene un final feliz (*Todo está bien cuando bien termina*, de Shakespeare)

CUENTO breve narración en prosa que trata sobre personajes imaginarios, ocurre generalmente en un solo medio ambiente, con frecuencia trata sobre un solo incidente y cumple con el propósito de lograr un efecto único ("El foso y el péndulo" de Poe)

DIÁLOGO conversación entre los actores de una obra de teatro

ELEGÍA poema lírico que expresa las ideas del poeta referentes a la muerte ("Elegía escrita en un cementerio campestre" de Gray)

ENSAYO escrito en prosa que puede reconocerse por abarcar cualquier tema y por su enfoque, que puede ser *formal* (contiene un análisis y una moraleja) o *informal* (revela la personalidad del autor a través de su estilo,

sus prejuicios, predilecciones y sentido del humor)

EPÍTETO palabra, tal como un adjetivo, o frase que identifica una cualidad importante del nombre que describe (Alejando *el Grande*)

ESTANCIA unidad en un poema, similar a un párrafo en el escrito en prosa, que generalmente consiste en cuatro o más versos.

ESTRIBILLO palabra o grupo de palabras que se repite regularmente en un poema, generalmente al final de cada estrofa (*nunca más*, en "El cuervo" de Poe)

FORMA DE EXPRESIÓN palabra(s) de contexto o significado inusual empleada(s) para despertar la emoción o la imaginación del lector ("Mi amor como roja, roja rosa...")

IMAGEN forma de expresión, especialmente una metáfora o un símil

INVERSIÓN cambio en el orden normal de las palabras en una oración ("De hombres rey soy yo")

IRONÍA forma de expresión que el escritor o actor usa y que consiste en cambiar o modificar las palabras para hacer entender lo contrario de lo que se dice (En *Julio César*, Antonio ataca a Bruto diciendo "Bruto es un hombre honorable")

METÁFORA forma de expresión en la que se comparan dos cosas (o una persona y una cosa) mediante el empleo de una palabra con el significado de otra ("Las perlas de su boca" es una metáfora que compara los dientes con las perlas)

METRO cierta medida de cada clase de versos

MITO historia de origen desconocido, de carácter religioso, que trata de interpretar el mundo natural, generalmente mediante eventos sobrenaturales (la historia de Atlas)

NARRATIVA historia de eventos o experiencias, verdaderos o ficticios. Un poema puede expresarse en forma narrativa, como es "La rima del viejo marinero"

NOVELA historia en prosa de considerable longitud que trata sobre personajes imaginarios y entornos que crean la ilusión de ser parte de la vida real (*Ivanhoe* de Scott)

ODA poema lírico con propósito especialmente serio, escrito con lenguaje elevado e inspirado ("Oda a una urna griega" de Keats)

ONOMATOPEYA uso de palabras cuyos sonidos se parecen y/o sugieren sus significados

PARADOJA declaración que parece contradictoria pero que puede ser verdadera (en *Los piratas de Penzance*, el héroe había tenido sólo cinco cumpleaños pese a tener 21 años de edad. La verdad fue que había nacido el 29 de febrero de un año bisiesto)

PARODIA obra que imita a una obra seria y se burla de ésta mediante la exageración o humor de grueso calibre

PERSONIFICACIÓN forma de expresión en la cual una idea o un objeto adquiere cualidades humanas ("Muerte, no te enorgullezcas...")

PIE cierto número de sílabas que forman una unidad en un verso

POEMA obra literaria que posee en gran medida a cualquiera o a todas las cualidades siguientes: emoción profunda, lenguaje muy imaginativo acompañado de formas de expresión, ritmo propio, compresión de ideas, uso de términos familiares en un sentido simbólico, esquema rítmico, palabras que expresan más de lo que indica su sentido literal

POEMA ÉPICO poema extenso que narra historias de gente noble y sus aventuras, entre las cuales se destaca un personaje central que es el héroe

POEMA LÍRICO poema breve que expresa profunda emoción en versos que son muy melodiosos e imaginativos ("Los narcisos")

QUINTILLA JOCOSA *(LIMERICK)* estrofa de cinco versos jocosos en la que hay rima entre el primer, segundo y quinto verso y entre el tercer y cuarto verso.

REPETICIÓN repetición de una frase o de una estrofa para dar mayor énfasis ("Y millas que andar antes de dormir y millas que andar antes de dormir")

RIMA en poesía, repetición de sonidos en las palabras finales de los versos de un poema (avión, canción)

RITMO en poesía y ciertos tipos de prosa, forma de sucederse los tiempos fuertes y los tiempos débiles en el verso o frase

SARCASMO forma de expresión caracterizada por ironía hiriente con que se insulta, humilla u ofende a alguien, frecuentemente expresando algo mediante su sentido opuesto (—Excelente—, dijo cuando el niño cometió un error)

SÁTIRA obra en que se censura y ridiculiza a una persona, una idea, una costumbre o una institución social mediante la exposición de su falta de racionalidad (*Los viajes de Gulliver* de Swift)

SÍMBOLO objeto que representa una idea, sea ésta sicológica, filosófica, social o religiosa (la cruz representa a la cristiandad, la estrella de David representa al judaísmo)

SÍMIL figura retórica que compara dos términos distintos pero que guardan entre sí una semejanza metafórica ("...un poema tan hermoso como un árbol joven")

SOLILOQUIO discurso de una persona consigo misma, como si hablara en voz alta. Recurso utilizado en el teatro para informar a la audiencia de sus pensamientos o de la información que ésta necesita saber para seguir el curso de la obra (El "Ser o no ser" de Hamlet)

SONETO composición poética de catorce versos en la cual se presentan dos aspectos de una idea

En el *soneto italiano,* el primer aspecto de la idea o del tema se presenta en los primeros ocho versos, los cuales riman *a b b a a b b a*; el segundo aspecto de la idea o del comentario sobre el tema se presenta en los seis versos siguientes, los cuales riman (en diversas combinaciones) *c d e c d e.* Los primeros ocho versos forman el *octeto*; los segundos seis versos forman el *sexteto*.

En el *soneto Shakesperiano,* el primer aspecto se presenta en los doce primeros versos, los cuales riman *a b a b c d c d e f e f*; el segundo aspecto se presenta en los dos últimos versos, los cuales riman *g g*.

TRAGEDIA obra dramática que posee todas o cualquiera de las cualidades siguientes: conflicto entre personajes que termina infelizmente; carácter noble que cae en desgracia debido a sus propias debilidades; un tema que atrae nuestras emociones de temor y piedad (*Otelo*)

VERSO línea única de poesía

Práctica Sobre el Lenguaje y la Lectura

La prueba de Lenguaje y Lectura abarca pasajes que provienen de literatura publicada antes de 1920, literatura entre 1920 y 1960, y literatura después de 1960, como también poesía, teatro, comentarios sobre las artes y documentos comerciales. Cada pasaje está seguido de preguntas de opción múltiple sobre el material de lectura. Lea primero el pasaje y luego responda las preguntas. Refiérase a la lectura cuantas veces sea necesario para contestar las preguntas.

Cada pasaje va precedido de una "pregunta sobre el objetivo". Esta pregunta le da la razón para leer el pasaje. Use esas preguntas para concentrarse en la lectura, pero recuerde que están allí como ayuda y no para ser contestadas.

LITERATURA
(PROSA, POESÍA Y TEATRO)

Las preguntas 1 a 5 se refieren a la selección siguiente.

¿QUÉ APRENDEMOS SOBRE LOS CISNES?

En el Lago Budi perseguían a los cisnes con ferocidad. Se acercaban a ellos sigilosamente en los botes, y luego rápido, rápido remaban hasta quedar entre ellos. Los cisnes emprenden difícilmente el vuelo, pues deben correr patinando sobre el agua. Justo antes de iniciar el vuelo levantan con dificultad sus grandes alas. Es entonces cuando se pueden agarrar; unos pocos golpes con un garrote terminan con ellos.

Alguien me trajo de regalo un cisne: más vivo que muerto. Era una de esas maravillosas aves que no he visto en otras partes del mundo: el cisne de cuello negro—una nave de nieve con el esbelto cuello como metido en una estrecha media de seda negra. El pico anaranjado y los ojos rojos.

Me lo entregaron medio muerto. Bañé sus heridas y le empujé pedacitos de pan y de pescado a la garganta. Todo lo devolvía. Sin embargo, fue reponiéndose de sus lastimaduras, comenzó a comprender que yo era su amigo. Al mismo tiempo se me hizo claro que la nostalgia lo estaba matando. Entonces, cargando el pesado pájaro en mis brazos por las calles, lo llevé al río. Él nadó un poco, cerca de mí. Yo quería que aprendiera a pescar por su cuenta y le indicaba las piedrecitas del fondo que fulguraban sobre la arena como peces plateados. Pero él las miró remotamente, con ojos tristes.

Por más de veinte días lo llevé al río y lo traje a mi casa. Una tarde estuvo más ensimismado, nadó cerca de mí, pero no se distrajo con los insectos con que yo quería enseñarle de nuevo a pescar. Estuvo muy quieto y lo tomé de nuevo en brazos para llevármelo a casa. Entonces, cuando lo tenía a la altura de mi pecho, sentí que se desenrrollaba una cinta, algo como un brazo negro me rozaba la cara. Era su largo y ondulante cuello que caía.

Así aprendí que los cisnes no cantan cuando mueren, si mueren de pena.

—Pablo Neruda

1. Las heridas del cisne se curaron a pesar de carecer de

   (1) coraje
   (2) alimentación
   (3) inteligencia
   (4) protección
   (5) compañerismo

2. El narrador indica que el sentimiento del cisne hacia él era de

   (1) aprensión
   (2) confianza
   (3) indiferencia
   (4) compasión
   (5) escepticismo

3. El narrador se dio cuenta que el cisne estaba

   (1) ansioso por recobrar sus fuerzas
   (2) suspicaz del contacto humano
   (3) enojado por su encarcelamiento
   (4) nostálgico por su vida anterior
   (5) falto de sentimientos

4. ¿Cuál fue la reacción del cisne cuando el narrador intentaba enseñarle a pescar?

   (1) temor
   (2) antagonismo
   (3) apatía
   (4) terquedad
   (5) ansiedad

5. Según el escritor, el legendario canto del cisne no ocurre en la muerte causada por

   (1) garrotazos
   (2) hambre
   (3) tristeza
   (4) descuido
   (5) enfermedad

Las preguntas 6 a 10 se refieren al pasaje siguiente.

¿CÓMO FUE LA FIESTA DE LAS MUJERES CHINAS?

Mi idea fue la de hacer una reunión de cuatro mujeres, una para cada extremo de mi mesa de mah-jongg. Sabía a quiénes iba a pedir que vinieran. Todas eran jóvenes como yo, todas tenían rostros soñadores. Una era, como yo, la esposa de un oficial del ejército. Otra era una muchacha de modales muy finos que provenía de una familia acaudalada de Shanghai y que había escapado sólo con un poquito de dinero. También estaba la muchacha de Nanking, con el cabello más negro que jamás he visto. Venía de una familia de clase baja, pero era bonita, agradable y había logrado casarse bien con una persona entrada en años que después murió, dejándola en buena situación.

Cada semana una de nosotras hacía una fiesta para hacer algo de dinero y mejorar nuestros ánimos. La anfitriona debía servir dyansyn: comidas especiales para traer buena suerte de todo tipo—bolitas de masa hervida en forma de lingotes de plata para atraer riquezas, largos tallarines de arroz para tener larga vida, cacahuates hervidos para tener hijos y, por supuesto, muchas naranjas de la buena suerte para tener una vida dulce y abundante.

¡Cuán buena comida nos permitíamos con el poco dinero que recibíamos! No notábamos que las bolitas de masa más que nada estaban rellenas con fibrosa calabaza y que las naranjas tenían agujeritos de gusanos. Comíamos frugalmente, como si hubiésemos tenido suficiente, protestando que no podíamos tragar otro bocado, que ya nos habíamos llenado durante el día. Sabíamos que gozábamos de lujos que pocos se podían permitir. Éramos las afortunadas.

6. Según el pasaje, podemos concluir que la narradora es

   (1) la joven esposa de un oficial del ejército
   (2) una muchacha rica de Shanghai
   (3) una viuda de clase baja
   (4) una muchacha de pelo negro de Nanking
   (5) una muchacha con buenos modales

7. La comida incorrectamente apareada es

   (1) tallarines—larga vida
   (2) cacahuates—hijos
   (3) bolitas de masa—vida dulce
   (4) naranjas—vida abundante
   (5) comidas dyansyn—buena suerte

8. De acuerdo con el pasaje, puede concluirse que las cuatro mujeres

   (1) provenían de familias de clase baja
   (2) estaban en buena situación económica
   (3) se sentían solas
   (4) estaban casadas
   (5) estaban deprimidas

9. La actitud del grupo hacia la comida era de

   (1) indiferencia
   (2) resignación
   (3) falta de interés
   (4) desagrado
   (5) engaño de sí mismo

10. Que éstos eran tiempos duros en China está indicado en todas las opciones, EXCEPTO por el hecho de que

    (1) tenían poco dinero
    (2) estaban deprimidas
    (3) recibían poco dinero para hacer fiestas
    (4) comían frugalmente
    (5) comían platos exquisitos

Las preguntas 11 a 15 se refieren a la selección siguiente.

¿CUÁLES SON ALGUNOS DE LOS EFECTOS DEL HOLOCAUSTO?

Caminaba por la orilla del río cuando un policía la detuvo. Es la una, dijo, no es el mejor momento de caminar sola por la orilla de un río medio congelado. Le sonrió y luego ofreció acompañarla hasta su casa. Era el primer día del año 1946, ocho meses y medio después que los tanques británicos retumbaran en Bergen-Belsen.

Ese febrero, mi madre cumplía veintiséis años. Era difícil para los extraños creer que había estado presa en un campo de concentración. Su cara era suave y redonda. Se había pintado los labios y aplicado rímel alrededor de sus grandes y oscuros ojos. Vestía a la moda. Pero, cuando se miraba al espejo por la mañana antes de ir al trabajo, mi madre veía un esqueleto, un maniquí que se movía y hablaba, pero que sustentaba sólo un parecido superficial a la que había sido antes. La gente cercana a ella había desaparecido. No tenía ninguna prueba de que estuvieran realmente muertos. Ningún testigo sobrevivió para verificar la muerte de su marido. No hay nadie vivo que haya visto morir a sus padres. La falta de información la perseguía. Por la noche antes de irse a dormir y durante el día cuando estaba de pie poniendo alfileres a vestidos, se preguntaba si por casualidad sus padres habrían podido evadirse de los alemanes o si se habrían arrastrado de la fosa común después de haber sido fusilados y a lo mejor estaban vivos, viejos y sin ayuda, en algún lugar de Polonia. ¿Y si sólo uno de ellos ha muerto? ¿Y si han sobrevivido pero se han muerto de frío y hambre después de que ella fue liberada, mientras ella estaba en Celle bailando con los oficiales británicos?

Nunca hablaba de estas cosas con nadie. Nadie, pensaba, quiere oírlas. Se levantaba por la mañana, se iba al trabajo, compraba alimentos, iba al Centro Comunitario Judío y de nuevo a su casa como un robot.

11. El policía detuvo a la madre de la autora porque caminaba a la orilla de un río ya que

    (1) el río estaba peligroso
    (2) no era la hora indicada para pasear
    (3) estaban todavía en tiempo de guerra
    (4) hacía demasiado frío
    (5) estaba prohibido hacer eso

12. La autora afirma que su madre pensaba en sus padres cuando

    (1) caminaba a orillas del río
    (2) pensaba sobre la muerte
    (3) bailaba con los oficiales
    (4) estaba en el trabajo
    (5) se miraba al espejo

13. Cuando la autora menciona a su madre bailando con los oficiales británicos, quería decir que su madre

    (1) comparaba su baile con el sufrimiento de sus padres
    (2) finalmente había dejado sus problemas atrás
    (3) sentía que era su deber bailar con ellos
    (4) se sentía culpable por bailar
    (5) quería escapar de su pasado

14. La madre no discutía sus preocupaciones con nadie, porque

    (1) creía que nadie estaba interesado
    (2) pensaba que no concernía a nadie más
    (3) era demasiado tímida
    (4) no conocía a nadie
    (5) no quería herir a nadie

15. El propósito de la autora al escribir esta selección es

    (1) informar a la gente sobre las atrocidades en los campos de concentración
    (2) explicar los efectos perdurables de una experiencia emocional traumática
    (3) animar a la participación activa en los problemas de los refugiados
    (4) animar a la gente a enjuiciar a los guardias de los campos de concentración
    (5) ganar la simpatía de los lectores

Las preguntas 16 a 20 se basan en la selección siguiente.

¿CÓMO LOS SERES HUMANOS HAN CORROMPIDO SU MEDIO AMBIENTE?

Me volví de espaldas y floté mirando el cielo; no divisaba nada a mi alrededor a no ser el transparente y frío Pacífico, nada había delante de mis ojos a no ser el
(5) inmenso espacio azul.

Flotaba lo más cerca que he estado de la limpieza y la libertad y lo más lejos posible que logré alejarme de toda la gente. Ellos crearon las feas y chillonas
(10) playas que van desde San Diego hasta el Golden Gate, excavaron autopistas a través de las montañas, cortaron secoyas milenarias y construyeron una jungla urbana en el desierto. No pudieron tocar el
(15) océano; vertieron las aguas cloacales en él, pero no lograron contaminarlo.

Nada malo había en el sur de California que una elevación en el nivel del océano no pudiera poner remedio. El cielo era
(20) uniforme y vacío, y el agua empezó a helarme. Nadé hasta el lecho de algas marinas y me zambullí. Me entró un frío y un espanto como si estuviera en las entrañas del miedo. Subí a la superficie sin
(25) aliento y nadando a toda velocidad me dirigí a la orilla con el terror pisándome los talones.

Todavía sentía frío media hora más tarde, cuando cruzaba el valle del Nopal.
(30) Aun desde la cumbre, la autopista se veía ancha y nueva, reconstruida con el dinero de alguien. Podía oler la fuente del dinero cuando descendí hacia el valle por el otro lado. Olía a huevos podridos.
(35) Los pozos de petróleo de donde provenía el gas sulfuroso llenaban las pendientes a ambos lados de la ciudad. Los podía ver desde la carretera mientras estaba conduciendo: los triángulos enrejados de las
(40) grúas estaban donde antes crecían los árboles, las bombas de petróleo resonaban donde el ganado antes pastaba. La última vez que la vi fue en el año treinta y nueve o cuarenta y desde entonces la ciudad
(45) había crecido enormemente, como un tumor.

16. En el primer párrafo, el océano es un símbolo de la naturaleza y de su

   (1) incapacidad de adaptarse
   (2) resistencia a los proyectos humanos
   (3) sumisión a la sociedad mecanizada
   (4) ataque contra la tecnología
   (5) constante cambio

17. ¿Qué imágenes dominan en los renglones 20–24?

   (1) la luz y el agua
   (2) el frío y el calor
   (3) el terror y el temor
   (4) la muerte y la derrota
   (5) la fealdad y el desaliento

18. En este pasaje, el narrador aparentemente intenta

   (1) llamar la atención para que los legisladores se preocupen por el medio ambiente
   (2) informar a los lectores de cómo es el sur de California
   (3) indicar su desacuerdo con lo que se ha hecho en la zona
   (4) mostrar la belleza potencial del área
   (5) celebrar el progreso de la humanidad

19. En el último párrafo, la idea principal se desarrolla a través de

   (1) la relación causa-efecto
   (2) el contraste
   (3) la analogía
   (4) lo accidental
   (5) la comparación

20. En el último párrafo, el narrador cree que el crecimiento de la ciudad es

   (1) perjudicial
   (2) inevitable
   (3) progresivo
   (4) precipitado
   (5) necesario

Las preguntas 21 a 25 se basan en la selección siguiente.

¿CÓMO EL GRITO FELIZ DEL HALCÓN AFECTA AL ESCRITOR?

Lo vi dando su último vistazo al cielo,
tan lleno de luz que no pude seguirle
la mirada. Otra vez se produjo una
pequeña brisa y el cercano álamo agitó
(5) sus pequeñas hojas. Creo que entonces
me vino la idea de lo que iba a hacer, pero
no permití que aflorase a mi conciencia.
Miré alrededor y puse al halcón sobre la
hierba,
(10) Se quedó postrado durante un largo
minuto sin esperanza, inmóvil, con los
ojos todavía fijos en la cúpula azul que
había encima suyo.
Debía estar tan fuera de sí, que no se
(15) había dado cuenta que lo había soltado
de mis manos. Nunca se enderezó.
Simplemente estaba recostado con su
pecho contra la hierba. Un segundo después del largo minuto, había desapare-
(20) cido. Como un parpadeo de luz,
desapareció mientras yo lo miraba, sin
haber visto ningún aleteo preliminar. Voló
recto al enorme vacío de luz y cristal
imposible casi para mis ojos de penetrar.
(25) Por un largo momento, hubo silencio. No
lo podía ver. La luz era demasiado intensa.
Luego, desde arriba a lo lejos, resonó
un grito.
Por aquel entonces yo era joven y no
(30) había recorrido mucho mundo, pero
cuando oí aquel grito, mi corazón se estre-
meció. No era el grito del halcón que había
capturado; cambié mi posición respecto al
sol y ahora podia ver a lo lejos. Con la
(35) vista en dirección al sol, allí estaba ella, la
hembra, planeando inquieta. Y a lo lejos,
subiendo en veloz espiral, vino el grito
indecible y el júbilo de éxtasis de mi halcón, que a través de los años hace tinti-
(40) near las tazas de mi tranquila mesa de
desayuno.

21. En el primer renglón, *su último vistazo*
sugiere que el halcón

   (1) se iba a volver ciego
   (2) esperaba que lo rescataran
   (3) creía que su muerte estaba cerca
   (4) no entendía lo que pasaba
   (5) buscaba cariño

22. Cuando en el renglón 8 el autor dice *pero
no permití que aflorase a mi conciencia,*
sugiere que la liberación del halcón fue

   (1) premeditada
   (2) impulsiva
   (3) imposible
   (4) accidental
   (5) una idea tardía

23. En los renglones 10 y 11, el minuto es
largo para el narrador, ya que

   (1) piensa en cambiar su decisión
   (2) es joven y sin experiencia
   (3) se arrepiente de la acción que ha
      tomado
   (4) no está seguro de lo que hará el halcón
   (5) es impaciente

24. En esta selección, el fenómeno natural que
impresiona más al narrador es

   (1) el silencio sepulcral
   (2) la intensidad de la luz
   (3) la brisa constante
   (4) el cielo azul
   (5) el estremecimiento del álamo

25. El recuerdo más perdurable que tiene el
narrador es

   (1) de los ojos del halcón
   (2) de la brillante luz
   (3) del silencio completo
   (4) del grito feliz del halcón
   (5) del raudo vuelo del halcón

Las preguntas 26 a 30 se refieren a la selección siguiente.

¿QUÉ PELIGROSO ERROR CASI SE COMETIÓ?

En vano estaba tratando de dormirme esa tarde, cuando percibí sonidos poco familiares. Sentándome súbitamente, escuché con atención.

(5) Los sonidos provenían del otro lado del río y consistían en un revoltijo extraño de lloriqueos, gemidos y pequeños alaridos. Lentamente dejé de apretar el rifle. Si hay algo que los científicos saben hacer es (10) aprender de sus experiencias, y yo no iba a equivocarme de nuevo. Los gritos eran claramente los de un perro esquimal, seguramente uno joven, y yo deduje que debía tratarse de uno de los perros de Mike (tenía (15) tres cachorros medio crecidos, aún no adiestrados para el arnés, que corrían detrás del trineo). Sin duda el perro se perdió, luego encontró el camino de vuelta a la choza, y ahora estaba llorando para que (20) alguien viniera a hacerse cargo de él.

Yo estaba entusiasmado. Si ese cachorro necesitaba un amigo, un compañero, ¡ese era yo! Me vestí rápidamente, corrí al río, eché mi canoa al agua y me puse a remar (25) con energía hacia la otra ribera.

El cachorro no había cesado de lamentarse y yo estaba a punto de llamarlo para calmarlo cuando se me ocurrió que una voz desconocida podría asustarlo. Decidí acer-(30) carme silenciosamente y revelar mi presencia sólo cuando estuviese bien cerca.

Había supuesto que el perro no estaría a más de unas yardas de la ribera, pero mientras caminaba por colinas y matorra-(35) les los sonidos parecían tener el mismo volumen por mucho que yo caminara. Imaginé entonces que el perro, asustado, estaría retrocediendo a medida que yo avanzaba. Tratando de no sobresaltarlo, (40) mantuve el silencio aun cuando cesaron los sonidos y yo ya no sabía en qué dirección seguir. Por fin llegué al pie del cerro escarpado y sospeché que una vez que llegara a la cima lograría ver al animal. Me puse en (45) cuatro patas (tal como había aprendido con otros niños exploradores) y cautelosamente repté el resto del terreno.

Mi cabeza se levantó lentamente por sobre el tope del cerro y allí vi a mi cacho-(50) rro. Yacía inmóvil, seguramente descansando después de su lamentable concierto,

y su nariz se encontraba a unos seis pies de la mía. Nos miramos en silencio. No sé qué ideas pasaron por su enorme cabeza, (55) pero la mía estaba llena de pensamientos muy agitados.

Estaba yo mirando a los ojos marrones de un gran lobo ártico, una bestia que seguramente pesaba más que yo y que (60) seguramente conocía técnicas de combate cuerpo a cuerpo mucho mejores de las que yo jamás conocería.

—Farley Mowat

26. ¿Qué hizo tan inusuales los sonidos?

    (1) Eran muy sonoros
    (2) Eran una extraña mezcla
    (3) Eran inhumanos
    (4) Provenían del otro lado del río
    (5) Eran persistentes

27. La expresión, "...y yo no iba a equivocarme de nuevo" en los renglones 10–11 implica que

    (1) el narrador estaba molesto por una equivocación previa
    (2) los sonidos eran producidos por un eco
    (3) los sonidos eran un truco
    (4) el narrador había tratado con perros antes
    (5) el narrador era testarudo

28. Basados en el segundo párrafo, podemos deducir que Mike es

    (1) un guardabosque
    (2) un cazador
    (3) el dueño de un trineo de perros
    (4) un muchacho joven
    (5) un biólogo de fauna silvestre

29. ¿Qué sugieren los renglones 21 y 22 sobre el narrador?

    (1) Ama a los animales
    (2) Es un hombre hábil
    (3) Es un atleta excelente
    (4) Es una persona nerviosa
    (5) Es una persona inquieta

30. ¿Qué hizo al narrador perder el contacto con el cachorro?

    (1) el terreno
    (2) la oscuridad
    (3) el silencio
    (4) la distancia
    (5) la falta de experiencia

Las preguntas 31 a 35 se refieren a la selección siguiente.

¿CÓMO PUEDE USTED IDENTIFICAR A DOS TIPOS DE PERSONA—A Y Z?

Hay sólo dos tipos de persona en el mundo. El Tipo A y el Tipo Z. Y no es difícil determinar qué tipo es usted.

(5) ¿Con qué anticipación llega usted al aeropuerto antes de que se vaya el avión? Los que llegan temprano, los Tipo A, empacan sus cosas por lo menos con un día de anticipación y las empacan con sumo cuidado. Si el avión parte a las cua-
(10) tro de la tarde, se levantan a las cinco y media de la mañana. Si no han dejado la casa al mediodía, están preocupados de perder el vuelo.

Los que llegan al último minuto, los
(15) Tipo Z, empacan apresurados cuando ya no queda tiempo que perder y llegan al aeropuerto demasiado tarde como para comprar el periódico.

¿Qué hace usted con un libro nuevo? El
(20) Tipo A lee cuidadosamente y termina todos los libros que inicia, aún los que no son buenos.

El Tipo Z echa vistazos a muchos libros y es dado a escribir anotaciones en los
(25) márgenes con un lápiz.

El Tipo A toma un buen desayuno. El Tipo Z agarra una taza de café.

Los del Tipo A apagan las luces al salir de un cuarto y cierran con llave al dejar la
(30) casa. Luego vuelven para asegurarse de que sí la han cerrado y más tarde se preocupan pensando si dejaron la plancha prendida o no, aunque nunca les haya ocurrido eso.

(35) Los del Tipo Z dejan las luces encendidas y, si se acuerdan de cerrar con llave la casa, luego pierden la llave.

El Tipo A visita al dentista dos veces por año, acude a un examen físico anual y
(40) piensa que a lo mejor tiene algo. El Tipo Z piensa que quizás debiera ir al médico un día de éstos.

El Tipo A oprime el tubo de pasta dental desde su base y lo va enrollando a
(45) medida que lo usa. Nunca olvida ponerle la tapita.

El Tipo Z oprime el tubo por la mitad y pierde la tapita debajo del radiador.

Los del Tipo Z son más propensos de
(50) poseer algunas de las características del Tipo A que los del Tipo A de poseer nin-

guna de las características del Tipo Z.

Los del Tipo A siempre se casan con los del Tipo Z.
(55) Los del Tipo Z siempre se casan con los del Tipo A.

31. Los del Tipo A cumplen con todas las características siguientes EXCEPTO que

(1) son ordenados
(2) son puntuales
(3) son apurados
(4) son madrugadores
(5) son preocupados

32. Los del Tipo Z cumplen con todas las características siguientes EXCEPTO que

(1) se atrasan
(2) son cuidadosos
(3) son torpes
(4) son puntuales
(5) son olvidadizos

33. El autor usa todas las situaciones siguientes para diferenciar al Tipo A del Tipo Z EXCEPTO cuando se trata de

(1) tomar un avión
(2) dormir lo suficiente
(3) leer un libro
(4) hacerse un examen físico
(5) dejar su casa

34. Basados en este pasaje, podemos concluir que

(1) El Tipo A y el Tipo Z nunca cambian sus hábitos
(2) El Tipo A llega a ser más como el Tipo Z
(3) Es casi imposible distinguir al Tipo A del Tipo Z
(4) El Tipo A es superior al Tipo Z
(5) Es más probable que el Tipo A copie al Tipo Z

35. Según este pasaje, podemos concluir que

(1) los del Tipo A y los del Tipo Z son más semejantes que distintos
(2) los dos tipos se atraen
(3) los dos tipos se repelen
(4) los dos tipos compiten unos con otros
(5) los dos tipos se parecen

Las preguntas 36 a 40 se refieren a la selección siguiente.

¿CÓMO SUBÍA A LA MONTAÑA EL POETA?

A orillas del Duero (fragmento)

Mediaba el mes de julio. Era un hermoso día.
Yo, solo, por las quiebras del pedregal subía,
buscando los recodos de sombra, lentamente.
A trechos me paraba para enjuagar mi frente
y dar algún respiro al pecho jadeante;
o bien, ahincando el paso, el cuerpo hacia
    adelante,
y hacia la mano diestra, vencida y apoyada
en un bastón, a guisa de pastoril cayado,
trepaba por los cerros que habitan las
    rapaces
aves de altura, hollando las hierbas montaraces
de fuerte olor—romero, tomillo, salvia,
    espliego—.
Sobre los agrios campos caía un sol de fuego.

—Antonio Machado

36. ¿Qué tiempo hacía cuando el poeta subió la montaña?

    (1) ventoso
    (2) frío
    (3) húmedo
    (4) muy caluroso
    (5) templado

37. ¿Cómo se siente el poeta cuando sube a la montaña?

    (1) animoso
    (2) fatigado
    (3) desconsolado
    (4) enfadado
    (5) desorientado

38. ¿Qué quiere decir "a guisa de pastoril cayado"? Que

    (1) su bastón lo perdió un pastor en la montaña
    (2) el bastón le entorpecía aún más su caminata
    (3) con el bastón parecía un pastor
    (4) el bastón le era de gran ayuda
    (5) hubiera preferido no llevar el bastón

39. ¿Qué buscaba el poeta mientras subía?

    (1) los recodos de sombras
    (2) los olores de las hierbas
    (3) las aves rapaces
    (4) los cerros
    (5) los campos

40. ¿Cuál es la idea principal del poeta al escribir este poema?

    (1) Probar lo cansado que es subir un pedregal
    (2) Hablar de sus facultades físicas
    (3) Explicar el estado del tiempo
    (4) Explicar sus sensaciones en el campo
    (5) Narrar sus vacaciones

Las preguntas 41 a 45 se basan en el extracto del poema "Me gustan los estudiantes".

¿CÓMO SON LOS ESTUDIANTES?

¡Que vivan los estudiantes
que rugen como el viento
cuando les meten al oído
sotanas o regimientos!
Pajarillos libertarios
igual que los elementos.
Caramba y zamba la cosa,
¡vivan los experimentos!

Me gustan los estudiantes,
porque son la levadura
del pan que saldrá del horno
con toda su sabrosura,
para la boca del pobre
que come con amargura.
Caramba y zamba la cosa
¡viva la literatura!

—Violeta Parra

41. ¿Por qué le gustan los estudiantes a Violeta Parra? Porque son

    (1) temerosos
    (2) conservadores
    (3) religiosos
    (4) liberales
    (5) divertidos

42. ¿Qué quiere decir que los estudiantes "son la levadura del pan que saldrá del horno"? Que son

    (1) el futuro de un mundo mejor
    (2) muy explosivos
    (3) encantadores
    (4) muy cambiantes
    (5) arrogantes

43. ¿Con quién compara la escritora a los estudiantes? Con

    (1) el viento
    (2) los elementos
    (3) las sotanas
    (4) los pobres
    (5) los regimientos

44. ¿Cuál de estas expresiones es una metáfora?

    (1) con toda su sabrosura
    (2) que rugen como los vientos
    (3) pajarillos libertarios
    (4) que come con amargura
    (5) ¡viva la literatura!

45. ¿Cuál es la idea princial de la autora en este poema?

    (1) Los estudiantes son demasiado radicales
    (2) La literatura es el pan de cada día
    (3) Los estudiantes son gente emprendedora
    (4) Los estudiantes no tienen ideales
    (5) Los experimentos son imprescindibles

Las preguntas 46 a 50 se refieren al pasaje siguiente de una obra de literatura.

¿CUÁN LEJOS PUEDE VIAJAR UN HOMBRE?

El día había empezado gris y frío, sumamente gris y frío, cuando el hombre se desvió del camino principal del Yukon y subió el elevado terraplén por el cual iba hacia el este, entre un bosque grueso de abetos, un caminito apenas visible y poco transitado. El terraplén era empinado y el hombre se detuvo en la cima para recobrar el aliento, aunque disimuló el gesto mirando a su reloj. Eran las nueve. No había ni sol, ni sugerencia de que fuese a aparecer, aunque el cielo no tenía una sola nube. Era un día claro, y sin embargo un manto intangible parecía cubrir la superficie de las cosas, una penumbra sutil que oscurecía al día como consecuencia de la ausencia del sol. Tal hecho no preocupaba al hombre. Él estaba acostumbrado a la falta de sol. Hace días que no había visto al sol y sabía que otros días pasarían antes de que ese grato globo, moviéndose hacia el sur, apareciera sobre el horizonte y bajara de nuevo hasta desaparecer.

El hombre se volvió para echar un vistazo al camino por donde había venido. El Yukon tenía una milla de ancho y estaba oculto bajo tres pies de hielo. Encima de este hielo había igual número de pies de nieve. Nieve puramente blanca, enrollada en leves ondulaciones donde el congelamiento inicial había apilado el hielo. Al norte y al sur, hasta donde la vista permitía, todo era blanco, salvo una delgada línea oscura que se curvaba y torcía desde la isla cubierta de abetos al sur para luego curvarse de nuevo hacia el norte, donde desaparecía detrás de otra isla cubierta de abetos. Esta línea oscura era el sendero—el sendero principal—que conducía quinientas millas al sur hacia el desfiladero de Chilcoot, Dyea y el agua salada, o setenta millas al norte hacia Dawson y luego por mil millas más al norte hacia Nulato y finalmente a San Michael en el mar de Bering, mil millas y quinientas más.

Pero todo esto—el misterioso y larguísimo sendero, la ausencia de sol en el cielo, el tremendo frío y la extrañeza y singularidad de todo—no hacían impresión alguna sobre el hombre. Y no era porque él estuviese acostumbrado. Él era un recién llegado a esta tierra, un chechaquo, y éste era su primer invierno. El problema con él es que era un hombre sin imaginación. Era rápido y alerta con las cosas en la vida, pero sólo con las cosas y no con los significados. Cincuenta grados bajo cero significaban unos ochenta grados de escarcha. La impresión que tal hecho le hacía era frío e incomodidad, pero eso era todo. No lo llevaba a meditar sobre su fragilidad como criatura inadaptada para este entorno ni sobre la fragilidad humana en general, capaz de vivir sólo dentro de ciertos estrechos límites de frío y calor; y de allí no lo conducía al campo conjetural de la inmortalidad y del lugar del hombre en el universo. Cincuenta grados bajo cero representaban una mordedura helada que dolía y contra la cual se debía proteger con el uso de mitones, orejeras, mocasines abrigados y calcetines gruesos. Cincuenta grados bajo cero eran para él precisamente cincuenta grados bajo cero. Que representasen algo más que eso era una idea que nunca había entrado en su cabeza.

46. El personaje demuestra su falta de imaginación por

    (1) sus simples atavíos y ropa
    (2) sus conocimientos sobre el tiempo frío
    (3) su descripción del sendero
    (4) su elección de sendero para realizar su aventura
    (5) su actitud simple respecto al frío

47. El sendero está correctamente descrito en todas las respuestas, EXCEPTO en que

    (1) un manto intangible parecía cubrirlo
    (2) era poco transitado en la dirección que él había tomado
    (3) era misterioso y muy largo
    (4) era empinado
    (5) se prolongaba por miles de millas

48. La evidencia de las dificultades del personaje se muestra en la cantidad de

    (1) competidores que debe enfrentar
    (2) senderos que debe recorrer
    (3) elevadas temperaturas que quizás experimente
    (4) nieve y hielo que debe soportar
    (5) incómoda ropa que debe llevar

49. Al soportar el clima, el personaje estaba

    (1) experimentando este desafío por primera vez
    (2) poniendo a prueba su resistencia
    (3) cumpliendo con una apuesta
    (4) caminando en uno de muchos viajes
    (5) demostrándose su imaginación

50. El autor está describiendo una aventura que ocurre en

    (1) los estados centrales
    (2) el noreste
    (3) el suroeste
    (4) el oeste
    (5) el noroeste

Las preguntas 51 a 55 se refieren al siguiente pasaje de una obra de teatro.

¿A QUÉ SE DEBÍA LA EMOCIÓN DEL AUTOR?

Ese, Platero, tenía forma de reloj de bolsillo. Tú abrías la pequeña caja de plata y allí estaba, apretado contra la tela, lleno de tinta púrpura, como un pájaro en su nido. Cuán emocionante era cuando, después de apretarlo por un minuto contra la blanca y rosada piel de mi mano, aparecía impreso

FRANCISCO RUIZ
MOGUER

¡Cuán a menudo soñaba con ese sello que pertenecía a mi amigo en la escuela de Don Carlos! Con la pequeña imprenta que encontré en el antiguo escritorio de la oficina del segundo piso, traté de ensamblar un sello con mi nombre. Pero no quedó muy bien...

Un día, un vendedor de equipos de oficina vino a mi casa acompañado de Arias, el orfebre de Sevilla. Qué encantador conjunto de reglas, compases, tintas de colores, sellos, de todos tamaños y formas. Rompí mi alcancía y con las cinco pesetas que encontré, ordené un sello con mi nombre y ciudad. ¡Qué semana más larga fue esa! ¡Cómo palpitaba mi corazón al llegar el coche del correo! Llegaba a traspirar y luego, qué tristeza, cuando el cartero se alejaba en la lluvia. Finalmente una noche me lo trajo...Cuando uno apretaba un resorte, el sello aparecía, nuevo y resplandeciente.

¿Hubo algo en toda la casa que quedó sin estampar? ¿Qué había allí que ese día no me perteneció? Al día siguiente, con feliz premura, llevé todo a mi escuela: mis libros, camisa, sombrero, botas y manos, todos marcados con las palabras

JUAN RAMÓN JIMÉNEZ
MOGUER

51. El nombre del autor es

    (1) Francisco Ruiz
    (2) Don Carlos
    (3) Arias
    (4) Platero
    (5) Juan Ramón Jiménez

52. El autor tuvo la idea de obtener un sello debido a

    (1) Francisco Ruiz
    (2) Don Carlos
    (3) Arias
    (4) Platero
    (5) Juan Ramón Jiménez

53. El autor cuenta la historia de su sello a

    (1) Francisco Ruiz
    (2) Don Carlos
    (3) Arias
    (4) Platero
    (5) Juan Ramón Jiménez

54. El autor obtuvo el dinero para pagar por el sello

    (1) de la escuela de Don Carlos
    (2) de Arias, el orfebre
    (3) de su amigo, Francisco Ruiz
    (4) del antiguo escritorio de la oficina
    (5) de su alcancía

55. Sabemos que el autor vive en España debido

    (1) a la pequeña caja de plata
    (2) a la pequeña imprenta
    (3) al nombre del dinero
    (4) al coche del correo
    (5) al vendedor de equipos de oficina

Las preguntas 56 a 60 se refieren a la selección siguiente

¿CÓMO BUSCABA ALIVIO RIP VAN WINKLE?

Rip Van Winkle era uno de esos mortales afortunados o estúpidos, propensos a acomodarse, que se las arreglan con el mundo sin crearse complicaciones, que comen pan blanco o centeno, lo que sea con tal de que no cueste mucho pensamiento o esfuerzo, gente que prefiere pasarlo duro con un centavo que trabajar por un dólar. Si se le hubiera dejado tranquilo, habría pasado por la vida como flotando por un río, pero su esposa continuamente ensordecía sus oídos con quejas, sobre su ociosidad, su descuido y la ruina que estaba trayendo a su familia. Mañana, tarde y noche, su lengua nunca paraba, y Rip, hiciera lo que hiciese, podía estar seguro de atraer la labia de su mujer. No tenía más que una manera de responder a semejante trato y esa manera, por su frecuente uso, se había convertido en hábito. Rip se encogía de hombros, meneaba la cabeza, entornaba los ojos y no decía nada. Esto, sin embargo, siempre provocaba una nueva andanada por parte de su mujer y Rip terminaba por replegarse e irse de la casa, es decir, hacía lo único que puede hacer un marido dominado.

El único partidario doméstico de Rip era su perro, Lobo, quién era tan dominado como su amo, porque la señora Van Winkle consideraba que ambos eran compinches en su ociosidad e incluso lanzaba contra el perro su mal de ojo por culparle de los frecuentes extravíos de su amo.

Por largo tiempo Rip se consoló, cada vez que fue expulsado de su hogar, visitando una especie de club perpetuo de gente sabia, filósofos y otros personajes desocupados de la aldea, que conversaban ante un mesón frente a una pequeña posada con un letrero que exhibía el rubicundo retrato de Su Majestad, Jorge Tercero. Allí reposaban sentados a la sombra, pasando los largos y plácidos días veraniegos hablando desganadamente sobre chismes de toda clase y contando largas y soñolientas historias sobre nada de importancia...y escuchando con la misma solemnidad como si estuviesen ante sí a Derrick Van Brummel, el maestro de la escuela.

—Washington Irving

56. Esta historia ocurre alrededor de

(1) 1660
(2) 1770
(3) 1800
(4) 1812
(5) 1848

57. Un ejemplo de ironía puede apreciarse en

(1) "...era uno de esos mortales afortunados o estúpidos"
(2) "...lo que sea con tal de que no cueste mucho pensamiento o esfuerzo"
(3) "...gente que prefiere pasarlo duro con un centavo que trabajar por un dólar"
(4) "El único partidario doméstico de Rip era su perro"
(5) "...el club perpetuo de gente sabia, filósofos y otros personajes desocupados"

58. ¿A quién culpaba la señora Van Winkle de la conducta de su esposo?

(1) Lobo
(2) Jorge III
(3) Derrick Van Brummel
(4) el club de los sabios
(5) otros campesinos ociosos

59. Todos los adjetivos siguientes describen a Rip EXCEPTO

(1) dominado
(2) despreocupado
(3) feliz
(4) discutidor
(5) resignado

60. El único problema de Rip era

(1) su pobreza
(2) su ociosidad
(3) las quejas de su mujer
(4) el mal de ojo de su esposa
(5) sus compañeros de la aldea

Las preguntas 61 a 65 se refieren a la selección siguiente.

¿POR QUÉ EL AUTOR FUE A VIVIR AL BOSQUE?

Me fui al bosque porque deseaba vivir deliberadamente, afrontar sólo los hechos de la vida que son esenciales, y ver si podía aprender lo que éste podía enseñar, y no descubrir al momento de mi muerte que no había vivido. No quería vivir lo que no era vida, pues vivir es precioso; tampoco deseaba practicar la resignación, a menos que fuese muy necesario. Quería vivir profundamente y chupar toda la médula de la vida, vivir tan tenazmente y en forma tan espartana como para erradicar todo lo que no era vida, cortar una franja ancha y a ras, encauzar la vida hacia un rincón y reducirla a sus componentes más básicos y, si ésta probara ser miserable, entonces extraer toda la genuina miseria de la vida y hacerla pública al mundo; o si la vida fuese sublime, enterarme de ello por experiencia y ser capaz de describirla en mi próxima excursión. A mí me parece, que la mayoría de los hombres se encuentran en una extraña incertidumbre y no saben si ésta es del demonio o de Dios, y han concluido un tanto apresuradamente de que el objetivo final del hombre consiste en "glorificar a Dios y disfrutarlo para siempre".

Como sea, vivimos vilmente, como las hormigas; si bien la fábula nos cuenta que mucho tiempo atrás fuimos cambiados a hombres; como pigmeos luchamos con grullas; es error amontonado sobre error y poder amontonado sobre poder, y nuestra mejor virtud presenta una miseria que es superflua y evitable. Nuestra vida es desperdiciada por los detalles. Para contar, un hombre honrado no necesita más que sus diez dedos y en casos extremos puede añadir los dedos de sus pies y despreciar el resto. ¡Simplicidad, simplicidad, simplicidad! Yo digo, que sus asuntos se mantengan a nivel de dos y tres y no a cien o mil; en vez de un millón, cuenta media docena, y mantén tus cuentas en tu uña del pulgar.

—Henry D. Thoreau

61. Según el autor, se fue a vivir al bosque para

    (1) descubrir que no había vivido
    (2) vivir vilmente, como las hormigas
    (3) practicar resignación
    (4) reducir la vida a sus componentes más básicos
    (5) glorificar a Dios

62. El autor piensa que la vida debiera *ser* todo lo siguiente, EXCEPTO

    (1) espartana
    (2) complicada
    (3) creativa
    (4) noble
    (5) moral

63. ¿Qué quiere decir el autor con "No quería vivir lo que no era vida"?

    (1) no deseaba resignarse innecesariamente
    (2) quería determinar si la vida era regida por el demonio o por Dios
    (3) no quería que el error y el poder se convirtiesen en virtudes
    (4) deseaba vivir una vida que no fuese falsa
    (5) quería vivir apartado de lo miserable y lo sublime para evitar extremos falsos

64. El tono de la selección es de

    (1) amargo cinismo
    (2) indignación moral
    (3) impertinente humor
    (4) resignación callada
    (5) autoalabanza

65. El autor

    (1) desea aprender de la naturaleza
    (2) está temeroso de la muerte
    (3) tiene poca estima por la vida
    (4) busca reconciliarse con Dios
    (5) celebra el modo de vivir de los seres humanos

Las preguntas 66 a 70 se refieren a la selección siguiente.

¿POR QUÉ TREPÓ LA NIÑA AL ÁRBOL?

Estaba el enorme árbol todavía dormido en la pálida luz de la luna cuando Silvia, pequeña y esperanzada, comenzó con gran valentía a escalarlo hacia su punta. Con

(5) sangre que hormigueaba ansiosa por los canales de todo su cuerpo, con sus pies descalzos y sus dedos que pellizcaban y sujetaban como garras de pájaro a la monstruosa escalinata que se iba arriba,

(10) arriba, casi hasta el cielo mismo. Primero debía encaramarse al roble blanco que crecía al lado, en el que casi se perdió entre las oscuras ramas y las hojas verdes, pesadas y mojadas con rocío. Un pájaro se

(15) agitó dentro de su nido y una ardilla roja corrió de un lado a otro y regañó con displicencia a la escaladora inocente. Silvia iba palpando su ruta sin dificultad alguna. Había escalado esta parte a menudo y

(20) sabía que más arriba una de las ramas más altas del roble rozaba el tronco del pino, justo donde sus ramas bajas estaban apiñadas. Allí, al dar el peligroso paso que la llevaría de un árbol al otro, iba

(25) realmente a comenzar su gran aventura.

Trepó a lo largo de la meciente rama del roble y luego dio el paso audaz hacia el viejo pino. El trayecto era más difícil de lo que había pensado, pues vio que debía

(30) extenderse mucho y agarrarse con firmeza. Una maraña de ramitas secas la agarró, la sujetó y rasguñó como garras de pájaro, la resina entorpeció sus pequeños y delgados dedos a medida que subía girando

(35) alrededor del gran tronco, cada vez más alto, más alto. Los petirrojos y los gorriones en el bosque bajo sus pies comenzaron a despertar y a gorjear a la alborada, aunque la claridad parecía

(40) mayor allí, arriba en el pino, y la niña comprendió que debía apurarse si deseaba cumplir su proyecto.

El árbol pareció alargarse a medida que Silvia iba subiendo, su tronco como el gran

(45) palo mayor de la tierra navegante. Muy maravillado debe haber estado el pino esa mañana, al sentir por entre su poderosa osamenta esa determinada chispa de espíritu humano reptando y escalando una

(50) rama tras otra. Quién sabe si sus ramas altas decidieron ayudar el paso de esta leve y débil criatura que necesitaba cumplir su objetivo. El viejo pino debe haber amado a esta nueva dependienta. El bravo latir del

(55) corazón de esta niña solitaria de ojos grises era más fuerte que el de todas las águilas y murciélagos y polillas y hasta de los tordos que dulcemente cantaban. Y el árbol se mantuvo inmóvil y mantuvo a

(60) raya a los vientos esa mañana de junio mientras el alba se iluminaba en el este.

—Sarah Orne Jewett

66. La sangre de la niña hormigueaba (renglón 5) porque

   (1) tenía frío
   (2) estaba asustada
   (3) estaba emocionada
   (4) estaba enferma
   (5) estaba torpe

67. ¿Por qué se trepó Silvia al roble?

   (1) para observar a los pájaros
   (2) para acercarse al pino
   (3) para llegar hasta la escalera
   (4) para perseguir una ardilla
   (5) para observar el ocaso

68. ¿Por qué la primera parte de la subida fue fácil para Silvia?

   (1) Las ramas estaban muy juntas unas con otras
   (2) Ya casi había amanecido
   (3) Había una escalera cerca
   (4) Se había subido a este árbol antes
   (5) Estaba en buen estado físico

69. En los renglones 44 y 45, el árbol se compara con

   (1) la mano de un gigante
   (2) el eje de la tierra
   (3) la parte de un barco
   (4) un transbordador espacial
   (5) un monumento

70. En los renglones 53 a 54 el pino es descrito como

   (1) un bondadoso protector
   (2) un centinela solitario
   (3) un padre estricto
   (4) un soldado valiente
   (5) un espíritu humano

Las preguntas 71 a 75 se refieren a la selección siguiente.

¿QUÉ SON LAS GUERRAS FAMILIARES?

—No sabes lo que es una guerra familiar?

—Nunca oí de eso—cuéntame.

—Bueno—dijo Buck—, una guerra familiar es así: Un hombre se pelea con otro hombre y lo mata. Luego, el hermano del muerto lo mata a él. Y entonces los otros hermanos de ambos lados, se van unos contra otros. Y luego los primos se meten y al final todos terminan matándose y así se acaba la guerra familiar. Pero ocurre con lentitud y toma largo tiempo.

—¿Y esta guerra ha ido por mucho tiempo?

—¡Sin duda! Comenzó treinta años atrás, o por allí. Hubo problemas sobre algo y luego hubo un pleito para resolverlo, y el pleito se declaró en contra de uno de los hombres, y él se paró y mató al hombre que había ganado el pleito, lo que claro es muy natural. Cualquiera haría eso.

—¿Y cuál había sido el problema, Buck? ¿Tierra?

—Me imagino. Realmente, no sé.

—Bueno, ¿y quién hizo los primeros disparos? ¿Fue un Grangeford o un Shepherdson?

—¡Bien buena! ¿Cómo voy a saber? Fue hace un montón de años.

—Y entonces, ¿nadie sabe?

—Oh, sí. El papá sabe, imagino, y algunas personas mayores, pero seguro que ya no saben por qué se había armado la batahola del principio.

—¿Han matado a alguien este año, Buck?

—Sí. Dimos el bajo a uno de ellos, y ellos lo dieron a uno de nosotros. Unos tres meses atrás, mi primo Bud, de catorce años, estaba trotando por el bosque...y ve al viejo, al Pelado Shepherdson cabalgando hacia él rifle en mano y su pelo blanco volando al viento...y así Bud, viendo al final que no había caso, paró y se dio vuelta para tener los hoyos de bala por el frente, tú sabes, y el viejo se acercó y lo baleó. Pero no tuvo mucho tiempo para gozar de su suerte, porque dentro de una semana nuestra gente lo tumbó a él.

El domingo siguiente fuimos todos a la iglesia, a unas tres millas, todos a caballo. Los hombres llevaron sus armas consigo, y también Buck, y las mantuvieron entre sus rodillas o las dejaron cerca, apoyadas contra la pared. Los Shepherdsons hicieron lo mismo. El sermón fue bastante avinagrado—todo sobre amor fraternal...

—Mark Twain

71. El propósito principal de esta selección es

(1) escribir humorísticamente sobre los montañeses sureños
(2) contar la historia de los Grangeford y los Sherpherdson
(3) predicar sobre la importancia del amor fraternal
(4) destacar la valentía del narrador
(5) hacer una sátira sobre las guerras familiares

72. Todo lo que se menciona a continuación sobre la guerra entre los Grangeford y los Shepherdson es verdadero, EXCEPTO

(1) fue una guerra de larga duración
(2) la guerra fue iniciada por un Grangeford
(3) la causa de la guerra se desconoce
(4) los participantes son valientes
(5) la guerra afecta tanto a adultos como a niños

73. Buck es

(1) el autor
(2) un extraño
(3) un Grangeford
(4) un Shepherdson
(5) un observador imparcial

74. La ida a la iglesia se describe para

(1) destacar la importancia del amor fraternal
(2) reafirmar la fe del autor
(3) demostrar que ni los Grangeford ni los Shepherdson tienen la culpa
(4) destacar la hipocresía de todos los que atendieron
(5) presentar el punto de vista del autor sobre gracia y predestinación

75. La actitud de Buck hacia las guerras familiares es

(1) imparcial
(2) crítica
(3) incondicional
(4) pesarosa
(5) amarga

POESÍA

Las preguntas 76 a 80 se refieren al poema siguiente.

¿QUÉ PODEMOS APRENDER SOBRE LA OPORTUNIDAD?

Oportunidad

Esto yo lo vi, o en un sueño
lo soñé:
Una nube de polvo se desparramó por
una llanura:
(5)   Y bajo esta nube, o dentro de ella,
bramaba
Una batalla furiosa, y los hombres
gritaban, y espadas
esparcían espantos y espasmos. Una
bandera principesca
(10)   Vaciló, luego tambaleó hacia atrás,
rodeada por enemigos.
Un pusilánime, rezagado en los bordes
del combate,
(15)   Pensó, "Tuviera yo una espada de acero
más filudo...
Esa hoja azulada que el hijo del rey
porta—¡y no esta
cosa despuntada!" que en dos partió y
(20)   tiró lejos de su mano.
Y agachado se deslizó del campo
de batalla.
Vino el hijo del rey entonces, herido,
de dolor rodeado,
(25)   Y de arma desprovisto, y vio la espada
rota,
Enterrada hasta la empuñadura en la
arena seca y pisoteada,
Y corrió y la aferró y con
(30)   grito de batalla
La alzó de nuevo y tumbó a sus
enemigos,
Y salvó una gran causa ese día
tan heroico.
—Edward Roland Sill

76. El propósito principal del poema es

(1) decir lo que pasó en un sueño
(2) relatar un acto de cobardía
(3) aplaudir un acto de valentía
(4) enseñar una lección en conducta
(5) contar una historia interesante

77. Las palabras más lógicas para continuar la cita que comienza en el renglón 15 son

(1) "...podría defenderme mejor".
(2) "...pero no puedo tener la hoja azulada".
(3) "...podría escapar sin peligro".
(4) "...podría ayudar a derrotar al enemigo".
(5) "...poco bien me traería eso".

78. La palabra *pusilánime* usada en este poema significa una persona

(1) envidiosa
(2) deseosa
(3) cobarde
(4) traidora
(5) enojada

79. Los renglones 8 y 9 son un ejemplo de

(1) personificación
(2) ironía
(3) metáfora
(4) símil
(5) aliteración

80. El poema deriva su impacto al presentar

(1) un retrato gráfico de la naturaleza
(2) un fuerte contraste en comportamiento
(3) una descripción de una batalla
(4) un eficaz empleo de la rima
(5) una tragedia humana

Las preguntas 81 a 85 se basan en el poema siguiente.

¿CÓMO SE EXPRESA EL DOLOR ANTE LA PÉRDIDA DE UN SER QUERIDO?

Paren todos los relojes

Paren todos los relojes, corten
el teléfono,
Con un hueso jugoso,
eviten que el perro ladre,
(5) Silencien los pianos y con amortiguado
tambor
Traigan el ataúd, dejen que entren
los dolientes.

(10) Dejen que los aeroplanos giman en
círculos arriba escribiendo un mensaje
magno, majestuoso: Muerto
Está.
Pongan crespones de luto en los blancos
(15) cuellos de las palomas públicas,
Dejen que los policías de tráfico lleven
guantes de algodón negro.

Él fue mi Norte, mi Sur, mi Este
(20) y Oeste,
Mi semana laboral y mi domingo de
reposo,
Mi mediodía, mi medianoche, mi habla,
mi canción:
(25) Pensé que el amor duraría para siempre:
Me equivoqué.

Las estrellas ya no son necesarias;
apaguen cada una:
(30) Enfundan la luna y desmantelen
el sol:
Vacíen el océano y barran los
bosques:
Porque nada ahora puede llegar a un
buen fin.
(35)
—W.H. Auden

81. Éste es un poema

(1) épico
(2) simbólico
(3) biográfico
(4) lírico
(5) irónico

82. En el renglón 12, ¿qué recurso poético se emplea con las palabras "...mensaje magno, majestuoso: Muerto..."?

(1) onomatopeya
(2) repetición
(3) aliteración
(4) símil
(5) metáfora

83. ¿Cuál de estas frases resume mejor la tercera estrofa?

(1) Fue todo para mí, pero lo perdí.
(2) Estuvo conmigo en todos los lugares donde fui.
(3) Siempre estaba hablando o cantando.
(4) Fue mi vida, fue todo para mí.
(5) Para mí fue tiempo y lugar.

84. ¿En qué renglones se produce el clímax del poema?

(1) renglones 7 y 8
(2) renglones 11 a 13
(3) renglones 19 y 20
(4) renglones 25 y 26
(5) renglones 34 y 35

85. Aunque el título del poema es "Paren todos los relojes", el poeta realmente desea parar todo lo que

(1) registra el tiempo
(2) refleja el amor
(3) causa dolor
(4) continúa la vida
(5) crea sonidos

TEATRO

Las preguntas 86 a 90 se refieren a este extracto de una obra de teatro.

¿CÓMO DIFIERE LA MADRE DE LA HIJA?

HIJA (suavemente): Mamá, trabajaste toda la vida. ¿Por qué no descansas ahora?

ANCIANA: No quiero descansar. Ahora que tu padre está muerto y en la tumba, ya no sé qué hacer conmigo misma.

HIJA: ¿Por qué no sales, te sientas en el parque, te asoleas como las otras viejitas?

ANCIANA: A veces me siento por aquí y me voy volviendo loca. Muchas peleas tuvimos en nuestra época, tu padre y yo, pero admito que lo echo mucho de menos. No puedes vivir con alguien por 41 años y no echarlo de menos cuando está muerto. Me place que se haya muerto, por su propio bien—puede parecer duro que lo diga—pero me place. Los últimos meses lo único que tuvo es dolor y él era un hombre que no podía aguantar el dolor. Pero lo echo de menos.

HIJA (suavemente): Mamá, por qué no te vienes a vivir con George y conmigo?

ANCIANA: No, no, Annie, eres una buena hija.

HIJA: Pondremos a Tommy en el cuarto del bebé y tú puedes estar en el cuarto de Tommy. Es el mejor cuarto del apartamento. Le llega todo el sol.

ANCIANA: Tengo hijos maravillosos. Todas las noches doy gracias a Dios por eso. Yo...

HIJA: Mamá, no me gusta que vivas aquí sola...

ANCIANA: Annie, he vivido en esta casa por ocho años, conozco a todos los vecinos y a la gente de la tienda, y si me fuera a vivir contigo sería una extraña.

HIJA: Hay mucha gente de edad en mi barrio. Harías nuevos amigos.

ANCIANA: Annie, eres una buena hija, pero quiero tener mi propia casa, quiero pagar mi propia renta. No quiero ser una anciana viviendo con sus hijos. Si no puedo arreglármelas sola, prefiero estar en la tumba con tu padre. No quiero ser una carga para mis hijos.

86. La actitud de la hija respecto a su madre es de

(1) indiferencia
(2) antagonismo
(3) preocupación
(4) descortesía
(5) conciliación

87. La actitud de la madre respecto a su hija es de

(1) antagonismo
(2) descortesía
(3) indiferencia
(4) amargura
(5) aprecio

88. La madre desea

(1) gozar de su ocio
(2) olvidar su vida pasada
(3) mantenerse independiente
(4) criticar a sus hijos
(5) olvidar a su marido

89. La madre desea vivir sola porque

(1) desea una vida fácil
(2) no se lleva bien con sus hijos
(3) no ha decidido qué es lo que va a hacer
(4) conoce su barrio
(5) no puede cuidarse a sí misma

90. La hija ofrece todo lo siguiente a su madre, EXCEPTO

(1) un cuarto soleado
(2) un barrio amistoso
(3) amigos potenciales de su misma edad
(4) independencia
(5) vida comunitaria

COMENTARIO SOBRE LAS ARTES

<u>Las preguntas 91 a 95</u> se refieren a la selección siguiente sobre el teatro.

¿CUÁNTO CONTRIBUYE EL DECORADO AL ÉXITO DE UNA OBRA DE TEATRO?

La lluvia golpea las calles empedradas, desiertas excepto por un grupo de rapaces que rondan una enorme e imponente mansión. Luego vienen los sonidos de risas y el tintineo de vasos de champán. Corte a una figura en las sombras con impermeable y sombrero de fieltro.

La escena es de un reciente éxito de Broadway. En esta producción de *Un inspector acude*, no es tanto el guión, cuya virtud está respaldada por 50 años de vida en escena, ni tampoco la excelente actuación los que han entusiasmado a los críticos y a la audiencia. Es el sorprendente y sumamente original decorado concebido por Ian MacNeil, quién, junto al director Stephen Daldry, ha transformado el sermoneador misterio criminal de J.B. Priestley en teatro de primera clase.

MacNeil no atribuye el triunfo de la decoración teatral inglesa a la superioridad artística sino a la tradición de venerar el arte sobre toda otra consideración que caracteriza a los teatros subvencionados por el gobierno. "En casa, no hay directores de escena que tratan de adivinar qué es lo que el público exigirá ver por su dinero".

De hecho, el momento más impresionante de la obra es un cambio de decorado en el que la casa de la familia cae en ruinas. No todos están contentos de que el decorado tenga mayor importancia que la obra misma. Según el punto de vista de un miembro del elenco, afirma uno de los actores, "estos decorados son perturbadores y un obstáculo. No los considero algo de mi gusto".

91. Esta reseña indica que *Un inspector acude* es buen teatro gracias a su

   (1) guión
   (2) actuación
   (3) dirección
   (4) efectos sonoros
   (5) decorado

92. *Un inspector acude* es

   (1) una comedia
   (2) un musical
   (3) una nueva obra
   (4) un drama policíaco
   (5) teatro estadounidense

93. J.B. Priestley es el

   (1) autor
   (2) director
   (3) diseñador de decorado
   (4) director de escena
   (5) actor principal

94. El éxito del decorado concebido para esta obra se debe a

   (1) la superioridad artística
   (2) los directores de escena británicos
   (3) los reglamentos de los sindicatos
   (4) la asistencia gubernamental
   (5) la experimentación

95. La reacción al decorado de algunos actores es

   (1) entusiasta
   (2) indiferente
   (3) negativa
   (4) positiva
   (5) predecible

Las preguntas 96 a 100 se refieren a la obra de teatro siguiente.

¿POR QUÉ LOS POBRES TIENEN FUNERALES TAN CAROS?

VENDEDOR: [Mascando] Realmente no entiendo...donde uno mire, en todos los periódicos, uno lee las historias más terribles sobre las condiciones de los tejedores y pareciera que todos por aquí andan medio muertos de hambre. ¡Y entonces uno ve un funeral! Justo estoy llegando al pueblo cuando veo bandas musicales, maestros de escuela, niños, el cura y un cerro de gente, Dios mío, parecía que iban a enterrar el emperador de la China. ¡Que esta gente pueda pagar por todo eso! [*Bebe su cerveza. Luego deja el vaso y de repente habla en un tono frívolo.*] ¿No le parece señorita? ¿No está de acuerdo conmigo?

[*Anna sonríe, desconcertada, y continúa bordando muy atareada.*]

VENDEDOR: Esas deben ser pantuflas para el papá.

WELZEL: Oh, no me gusta andar con esas cosas.

VENDEDOR: ¡Escuchen eso! Daría la mitad de mi fortuna si esas pantuflas fueran para mí.

SRA. WELZEL: Él simplemente no aprecia estas cosas.

WIEGAND: [*Después de toser varias veces y de mover su silla acá y allá como si quisiera hablar.*] El caballero se ha expresado en forma excelente sobre el funeral. Ahora usted, señorita, díganos la verdad, ¿no es que ese funeral era en verdad pequeño?

VENDEDOR: Realmente...Algo así debe costar una enorme cantidad de dinero. ¿De dónde saca plata esta gente?

WIEGAND: Usted me perdonará por decir eso, caballero, no se trata de que la gente pobre de aquí sea extravagante. Si a usted no le importa mi comentario, le diré que esta gente tiene ideas exageradas sobre el respeto y las obligaciones que se le deben al finado. Y cuando se trata de padres que se han muerto, son tan supersticiosas que sus hijos y demás parientes invierten hasta su último centavito. Y lo que los hijos no pueden juntar, lo piden prestado al prestamista más cercano. Y entonces están endeudados hasta el cuello. Le deben al reverendo cura, al sacristán y a todo el barrio. Y el trago y los manjares y todas las otras cosas necesarias. Oh sí, yo apruebo que los hijos cumplan con su deber respetuoso hacia sus padres, pero no hasta el punto de que los deudos deban arrastrar la carga por el resto de sus vidas.

VENDEDOR: Perdone, pero yo diría que el cura debiera convencerlos de que no se porten así.

WIEGAND: Con su permiso, señor, pero aquí me gustaría comentar de que cada pequeña congregación posee su iglesia y debe mantener a su reverendo sacerdote. El clero obtiene una maravillosa entrada y ganancia de tal espléndido funeral. Mientras más elaborado puede hacerse un funeral, mayor es el ofertorio que se obtiene. Quienquiera conozca la situación de los trabajadores por estos lados puede afirmar, con absoluta certeza, que los curas toleran funerales pequeños y modestos sólo a regañadientes.

96. ¿Qué personaje en este pasaje parece ver las cosas con mayor claridad?

    (1) el vendedor
    (2) la Sra. Welzel
    (3) Welzel
    (4) Wiegand
    (5) Anna

97. ¿Qué significan los pasajes escritos con letras itálicas?

    (1) instrucciones para los actores
    (2) apartes para los actores
    (3) instrucciones para el camarógrafo
    (4) partes importantes del diálogo
    (5) comentarios del dramaturgo

98. ¿Por qué los habitantes del pueblo realizan funerales tan elaborados?

    (1) Poseen más dinero de lo que el público piensa.
    (2) Creen con firmeza que los muertos requieren grandes homenajes
    (3) Consideran que los funerales son ocasiones de fiesta
    (4) Desean impresionar a sus vecinos
    (5) Desean desafiar los consejos de sus padres

99. El comentario de Wiegand sobre la iglesia sugiere que él la ve como una institución que

    (1) es compasiva respecto de las necesidades de los tejedores

    (2) está interesada solamente en culto religioso formal

    (3) está a favor de funerales pequeños y modestos, en vez de grandes y costosos

    (4) está organizada para cumplir con los mandatos de Dios

    (5) está interesada en obtener ganancias de sus relaciones con la gente

100. En este pasaje, el lector puede concluir que Anna es

    (1) la esposa de Wiegand

    (2) la hija de Welzel

    (3) la amiga del vendedor

    (4) una trabajadora en los telares del pueblo

    (5) una sirvienta

Las preguntas 101 a 105 se refieren al pasaje siguiente sobre el cine.

¿CÓMO ES HOLLYWOOD REALMENTE?

Al igual que otras formas de cultura popular norteamericana, Hollywood es en sí un pequeño mundo—una subcultura de la sociedad. Y, como muchas subculturas, refleja a la sociedad, pero con espejo distorsionado. Hollywood tiene estratos de prestigio y poder que se van estrechando hasta llegar a un pequeño grupo de privilegiados que se sientan en la cima de la pirámide: los productores ejecutivos que se hacen cargo de la producción. De ellos se cuentan leyendas que convierten las conversaciones de Hollywood en un conjunto de anécdotas, chismes y malicias. Su posición de realeza ensombrece todo juicio crítico independiente, ya que el empleado debe también ser un cortesano. Un pez gordo de Hollywood está siempre rodeado de gente sumisa cuya función es aplaudir con entusiasmo todo lo que hace. Cuando un hombre tiene poder de vida o muerte profesional sobre sus subordinados, nadie desea arriesgarse a tomar decisiones independientes. Nadie se siente seguro en su posición, ni siquiera los altos ejecutivos, que están atemorizados por las intrigas de sus rivales así como por el poder de los banqueros. Éstos a su vez están llenos de temor frente a los caprichos y la hostilidad de la audiencia cinematográfica.

Las decisiones finales que afectan a la creatividad se realizan en la "oficina principal", donde con ojo avizor se vigilan los presupuestos de la película, que pueden elevarse a cientos de millones de dólares. Todos los que están relacionados con la película, incluidos el director y los guionistas, saben que muchos millones están comprometidos; como resultado, nadie se arriesga con ideas, temas ni tratamiento. La expresión "capital aventurado" tiene un significado irónico cuando se aplica a Hollywood, pues debido a que el capital que se aventura es grande, nada más se puede aventurar. Ésta es la esencia de la timidez de Hollywood. Y la timidez se une con la burocacia y el patrón financiero para crear la mortífera trinidad de Hollywood.

La colonia del cine está siempre en efervescencia, siempre apostando por "grandes" ideas para éxitos "colosales", pero a pesar de esta actividad enfermiza, está siempre en peligro de estancarse. No es una metrópolis, pero se siente demasiado importante para llevar una vida de ciudad pequeña—ni tampoco podría hacerlo aunque lo quisiera, ya que no realiza las actividades de una ciudad normal. Por eso Hollywood es uno de los lugares más solitarios del mundo.

101. La actitud del autor hacia Hollywood es

    (1) objetiva

    (2) crítica

    (3) admiradora

    (4) imparcial

    (5) tradicional

102. La estructura de la sociedad de Holywood

    (1) se basa en la seguridad

    (2) asfixia cualquier pensamiento independiente

    (3) anima a tomar riesgos

    (4) provoca tensiones entre grupos

    (5) refleja a la sociedad en general

103. El autor dice que la autoridad final es ejercida por

    (1) el ejecutivo del estudio

    (2) el empleado de Hollywood

    (3) los rivales de los altos ejecutivos

    (4) los banqueros

    (5) la audiencia cinematográfica

104. La palabra que mejor describe a Hollywood es

(1) legendario
(2) responsable
(3) arriesgado
(4) independiente
(5) tímido

105. El autor señala una contradicción en Hollywood respecto a su

(1) tamaño
(2) burocracia
(3) éxito
(4) creatividad
(5) conversación

Las preguntas 106 a 110 se refieren al pasaje siguiente.

¿CUÁL ES EL SECRETO DEL ÉXITO DE UN DIRECTOR DE CINE?

Una vez preguntaron a Orson Welles a qué director de cine admiraba. Welles, quién había hecho historia cinematográfica en unas cuantas ocasiones, respondió: "Los viejos maestros, y me refiero a John Ford, John Ford y John Ford".

Welles no estaba solo en su admiración de Ford. Otros directores de cine le otorgaron Óscares por Mejor Director en cuatro ocasiones. Dichos directores pueden haber creado películas que eran tan buenas o quizás mejores que las de Ford, pero nadie puede igualar el impacto de todas sus obras juntas.

En una carrera que abarcó cinco décadas, Ford dirigió 112 películas de largo metraje y tuvo entre ellas sólo un par de fracasos. Los críticos aclaman docenas de sus películas como clásicos del cine, mientras que la gran mayoría de las demás continúan siendo favoritas del público. *La diligencia, El joven Sr. Lincoln, Las viñas de la ira, Cuán verde era mi valle, Los exploradores, El hombre tranquilo, Llevaba cinta amarilla en el cabello*—son sólo algunas de las películas clásicas que dirigió.

Ford siempre protestó en contra de las alabanzas que le llovían, afirmando que el propósito de sus películas era el de entretener y no de crear obras de arte. Contaba—a todo quién quisiera escucharle—que llenaba todos sus decorados con neblina y mantenía a todos sus actores en la sombra porque nunca tenía presupuesto suficiente para decorados adecuados.

Esta frugalidad fue una característica que Ford no abandonó aun en la cumbre de su éxito. Otra virtud que distinguió su labor era la velocidad con que trabajaba. La película de caballería, *Llevaba cinta amarilla en el cabello*, por ejemplo, fue filmada en sólo 28 días, mientras que la mayoría de las películas requieren 60 días como mínimo. Tal velocidad y frugalidad fueron fruto de su carácter, pues Ford admiraba el trabajo duro y fue siempre apretado con el dinero, aun en su vida personal. No obstante, estas características también parecían formar parte de una deliberada estrategia.

Como sus películas no eran caras de hacer, pocas fueron las que no dieron utilidades. Y por ser tan prolífico, Ford podía tener la certeza de que si una de sus películas no llegaba a ser un éxito, tendría otra dentro de un par de meses que sí lo sería.

106. Los honores que Ford recibió vinieron de

(1) sus audiencias
(2) sus actores
(3) los temas que trataba
(4) sus críticos
(5) otros directores de cine

107. Basado en la reacción que Ford tenía ante las alabanzas, el lector puede deducir que éste era

(1) ansioso por ser celebrado
(2) antisocial
(3) egocéntrico
(4) orgulloso
(5) modesto

108. Por el hecho de que Ford llenaba todos sus decorados con neblina, el lector puede deducir que éste

(1) no tenía buenos actores
(2) no contaba con un buen presupuesto
(3) tenía amor por lo misterioso
(4) admiraba un buen decorado
(5) era generoso con trucos técnicos

109. La velocidad y la frugalidad de Ford eran consecuencia de

(1) la necesidad
(2) mala planificación
(3) la presión por triunfar
(4) un plan que cumplía un fin determinado
(5) una desafortunada ineficiencia

110. Las películas de Ford daban utilidades porque eran

    (1) hechas por poco dinero
    (2) producidas con decorados lujosos
    (3) hechas en el extranjero
    (4) notables por su calidad artística
    (5) basadas en obras clásicas

Las preguntas 111 a 115 se basan en la selección siguiente.

¿CUÁL ES EL SORPRENDENTE HALLAZGO SOBRE LOS NIÑOS Y LA LECTURA?

Un nuevo estudio sobre el uso de los medios de comunicación por parte de los niños podría causar tanto júbilo como apoplejía entre sus padres. En este estu-
(5) dio, titulado "Los niños y los medios de comunicación en el nuevo milenio", se encontró que la generación compuesta por personas entre 2 y 18 años es muy versada en tecnología y posee un excelente
(10) conocimiento de los placeres proporcionados por la TV, los discos compactos, los videojuegos y los DVD—todos los últimos gritos de la tecnología electrónica. Pero también se vio que la lectura sigue ocu-
(15) pando uno de los tres primeros puestos de la entretención juvenil, pese a la deslumbrante tentación del mundo electrónico.

La televisión es todavía el pasatiempo
(20) más popular. Como promedio, los jóvenes pasan 2 horas y 46 minutos frente a la pantalla cada día. En segundo lugar está escuchar música, lo cual toma un promedio de 1 hora y 27 minutos diarios. La lec-
(25) tura toma 44 minutos al día y ocupa el tercer lugar, es decir, más del tiempo que dedican a mirar videos, jugar con la computadora, jugar con videojuegos o navegar el internet.

(30) La fenomenal popularidad de los libros de J.K. Rowling y su personaje Harry Potter dio a los adultos un importante indicio de que la lectura podía tentar a los niños y hacerles olvidar sus Nintendos y
(35) "Los Simpsons" por un tiempo.

El estudio ofrece la esperanza de que la lectura se convierta en una actividad permanente en sus vidas. El desafío consiste en encontrar la manera para que la lec-
(40) tura suba al primer puesto. Los padres pueden ejercer una influencia importante

sobre el hábito de mirar televisión. Sólo con apagarla durante las comidas familiares para dar paso a la conversación entre
(45) los miembros de la familia podría contribuir a su descenso en la escala de la popularidad. Si además se establece la costumbre de lecturas familiares por las noches, es posible que la lectura termine
(50) por desplazar a la televisión en muchas familias en nuestro país.

111. El hallazgo más alentador del estudio es el hecho de que una de los tres principales entretenciones entre la gente joven sea(n)

    (1) los videojuegos y los DVD
    (2) la televisión
    (3) la música
    (4) la lectura
    (5) la comunicación electrónica

112. Se vio en el estudio que esta generación de jóvenes

    (1) es muy conocedora de la tecnología entretenedora
    (2) es motivo de desilusión para los padres
    (3) malgasta demasiado tiempo en entretención electrónica
    (4) mantiene un nivel de lectura sumamente bajo
    (5) es causa de preocupación para los padres

113. El estudio mencionó que la lectura sigue siendo atractiva para la gente joven según demostró su interés por

    (1) Nintendo
    (2) "Los Simpsons"
    (3) los juegos por computadora
    (4) los placeres de la televisión
    (5) los libros sobre Harry Potter

114. Según el estudio, el objetivo futuro debiera ser

    (1) enseñar más tecnología a los jóvenes
    (2) aumentar su interés por la lectura
    (3) motivar su afición por la música
    (4) más televisión mirada por todos los miembros de la familia
    (5) mejorar las relaciones con los padres

115. Los resultados del estudio son

    (1) causa de desilusión
    (2) básicamente negativos
    (3) inconclusos
    (4) alentadores
    (5) preocupantes

Las preguntas 116 a 120 se refieren a la selección sobre arte siguiente.

¿CUÁLES ERAN LOS TALENTOS DE LEONARDO DA VINCI?

Leonardo da Vinci estudió matemáticas y física, botánica y anatomía, no como algo adicional, sino como parte de su arte. Para él, no había ninguna diferencia esencial entre arte y ciencia. Ambos eran maneras para describir un solo universo de Dios. Despreciaba a los artistas que querían mejorar la naturaleza. Permitámosles que se mejoren ellos mismos, ¡la naturaleza no puede estar errada!

Pero cuando pintaba, Leonardo tiraba sobre la fría realidad un resplandeciente manto de belleza. Su conocimiento, su técnica, sus incomparables trazos quedaban ocultos como en un juego de prestidigitación y quedaba a la vista el hombre que amaba la vida humana. Cómo la amaba se puede ver dando vuelta las páginas de sus cuadernos de bocetos—cientos de ellas. Aquí en una hoja se pueden ver los hoyuelos y dobleces de la pierna de un bebé, junto con los rasgos desfigurados de soldados muriendo o matando. Aquí se ve la fatiga de los obreros. Hay también una mujer arrodillada rezando. Ahora dibuja la ansiedad nerviosa en los tendones del cuello de un viejo indigente y aquí ha capturado el regocijo de un niño jugando. Se sabe que se pasaba el día siguiendo a gente hermosa o grotesca para luego estudiarlas. Visitaba los hospitales para ver cómo morían los viejos y se apresuraba para ver cómo colgaban a un criminal. Llamativo, por sus rizos dorados coronados por un redondo birrete negro y por su manto rosado que ondeaba como una anémona por la calle borrascosa, Leonardo vagaba viendo la glotonería de un bebé sobre el pecho de su madre, luego, secretamente, disectaba minuciosamente un cadáver (por ese entonces la sociedad no permitía tal estudio) para que su pincel lo pintara con exacta "proporción divina".

De hecho, Leonardo dedicó más tiempo a la anatomía que a ninguna otra ciencia. Demostró que nuestros músculos son una palanca y reveló que los ojos son lentes. Comprobó también que nuestro corazón es una bomba hidráulica y demostró que el pulso está sincronizado con los latidos del corazón. Fue asimismo el descubridor de las franjas reguladoras involucradas en la contracción de los músculos del corazón. Sus observaciones en hospitales lo llevaron a descubrir que el endurecimiento de las arterias es causa de muerte en edad avanzada.

116. Según el artículo, Leonardo da Vinci combinaba los intereses siguientes:

    (1) naturaleza y ciencia
    (2) técnica e inspiración
    (3) Dios y arte
    (4) ciencia y arte
    (5) naturaleza y universo

117. La contradicción que el escritor vio en Leonardo estaba relacionada con su

    (1) desprecio por los artistas
    (2) pintura
    (3) desconfianza en la naturaleza
    (4) curiosidad morbosa
    (5) vestimenta llamativa

118. El escritor alaba a Leonardo da Vinci, EXCEPTO por su

    (1) intento de mejorar la naturaleza
    (2) técnica
    (3) conocimiento
    (4) dibujo
    (5) pintura

119. Sus bocetos de bebés, soldados y obreros se citan como ejemplo de

    (1) técnica oculta
    (2) amor a la vida
    (3) versatilidad
    (4) curiosidad
    (5) realismo

120. Los estudios científicos de Leonardo da Vinci llevaron a descubrimientos en las siguientes áreas, EXCEPTO

    (1) los músculos
    (2) los ojos
    (3) el corazón
    (4) el pulso
    (5) la circulación sanguínea

DOCUMENTOS COMERCIALES

Las preguntas 121–125 se refieren a la comunicación siguiente.

Reembolso por uso de vehículos

A: Srita. Gratz
De: Contabilidad
Sobre: Reembolso por uso de vehículos
Fecha: Diciembre de 2008

Estimada Srita. Gratz:

Es esencial que todos nuestros empleados que manejan vehículos de la compañía como también vehículos propios para funciones de la compañía mantengan un registro detallado de todos los gastos asociados con dichos vehículos. Nuestra intención de reembolsarles por todos sus gastos sólo podrá cumplirse si recibimos registros adecuados, lo cual usted indudablemente hará posible gracias a su buen mantenimiento de toda la documentación necesaria.

Deberá suministrar todo recibo por compra de gasolina, estacionamientos y reparaciones. Además necesitaremos un registro del número de millas manejadas diariamente, el testimonio del odómetro antes y después de realizado cada viaje, y la cantidad de tiempo empleada para el viaje. Esta información debe estar incluida en su informe semanal dirigido al Sr. Edward Hutson. Sírvase emplear el formulario adjunto para tal fin.

Le agradecemos por su cooperación.

Saluda atentamente a usted,
Gregory Snells

Gregory Snells
Director de Contabilidad

121. ¿Cuál es el propósito de esta carta?

    (1) amonestar a un empleado por no obedecer los reglamentos para reportar gastos por uso de vehículos
    (2) elogiar a un empleado por entregar un informe de gastos por uso de vehículos correcto
    (3) dar las razones para entregar los recibos por el consumo de gasolina
    (4) solicitar el registro del número de millas recorridas
    (5) describir el procedimiento requerido para solicitar reembolso por gastos de uso de vehículos

122. Todas las opciones siguientes constituyen gastos reembolsables EXCEPTO

    (1) recibos por estacionamiento
    (2) comidas
    (3) reparaciones
    (4) gasolina
    (5) tiempo de viaje

123. Gregory Snells está escribiendo para

    (1) persuadir a un empleado
    (2) informar a un empleado
    (3) describir un empleado
    (4) dar una explicación a un cliente
    (5) persuadir a un cliente

124. La Srita. Gratz está probablemente solicitando

    (1) recibos por reparación de autos
    (2) un aumento
    (3) dinero por gastos que ha tenido
    (4) un auto de la compañía
    (5) permiso para ausentarse temporalmente de su puesto

125. Muchos empleados de esta empresa probablemente

    (1) gozan tomado vacaciones
    (2) usan automóviles de la compañía
    (3) no viajan mucho
    (4) usan sus propios automóviles cuando viajan en representación de la compañía
    (5) requieren dinero para gastos adicionales

Clave de las respuestas

Literatura/Página 484

1. **2**	14. **1**	27. **4**	40. **4**	53. **4**	66. **3**
2. **2**	15. **2**	28. **3**	41. **4**	54. **5**	67. **2**
3. **4**	16. **2**	29. **1**	42. **1**	55. **3**	68. **4**
4. **3**	17. **3**	30. **3**	43. **1**	56. **2**	69. **3**
5. **3**	18. **3**	31. **3**	44. **3**	57. **5**	70. **1**
6. **1**	19. **2**	32. **1**	45. **3**	58. **1**	71. **5**
7. **3**	20. **1**	33. **2**	46. **5**	59. **4**	72. **2**
8. **5**	21. **3**	34. **1**	47. **2**	60. **3**	73. **3**
9. **5**	22. **2**	35. **2**	48. **4**	61. **4**	74. **4**
10. **5**	23. **4**	36. **4**	49. **1**	62. **2**	75. **3**
11. **2**	24. **2**	37. **2**	50. **5**	63. **4**	
12. **4**	25. **4**	38. **3**	51. **5**	64. **2**	
13. **4**	26. **2**	39. **1**	52. **1**	65. **1**	

Poesía y Teatro/Páginas 499/501

76. **4**	79. **5**	82. **3**	85. **4**	87. **5**	89. **4**
77. **4**	80. **2**	83. **1**	86. **3**	88. **3**	90. **4**
78. **3**	81. **4**	84. **4**			

Comentario sobre las Artes/Página 502

91. **5**	96. **4**	101. **2**	106. **5**	111. **4**	116. **4**
92. **4**	97. **1**	102. **2**	107. **5**	112. **1**	117. **2**
93. **1**	98. **2**	103. **5**	108. **2**	113. **5**	118. **1**
94. **4**	99. **5**	104. **5**	109. **4**	114. **2**	119. **2**
95. **3**	100. **2**	105. **1**	110. **1**	115. **4**	120. **5**

Documentos comerciales/Página 508

121. **5**	122. **2**	123. **2**	124. **3**	125. **4**

¿CUÁL ES SU PUNTUACIÓN?

____ correctas	____ incorrectas
Excelente	108–120
Bien	96–107
Regular	84–95

Si su puntuación fue baja, las explicaciones de las respuestas correctas que se presentan a continuación le serán útiles. Analice sus errores. Luego vuelva a leer la sección sobre Habilidades Básicas para la Lectura (al comienzo de la página 453), Lectura de Prosa, Poesía y Teatro (página 455) y Lectura de Documentos Comerciales (página 478).

Análisis de las respuestas

Literatura/Página 484

1. **2** El pasaje indica que el cisne vomitaba la comida que se le daba, pero aún así, "...fue reponiéndose de sus lastimaduras".

2. **2** El cisne "...comenzó a comprender que yo era su amigo".

3. **4** El narrador menciona que "...la nostalgia lo estaba matando", refiriéndose al animal.

4. **3** El cisne miraba las piedrecitas (que eran como peces) "...remotamente, con ojos tristes".

5. **3** El autor acaba el pasaje diciendo que "Así aprendí que los cisnes no cantan cuando mueren, si mueren de pena".

6. **1** La autora afirma que una de las mujeres es la esposa, *como yo*, de un oficial del ejército.

7. **3** El pasaje no conecta las bolitas de masa con ningún tipo de buena fortuna.

8. **5** La autora menciona que hacían fiestas *para mejorar nuestros ánimos.*

9. **5** No notaban el pobre relleno de las bolitas de masa y los agujeritos de gusanos en las naranjas.

10. **5** Sus comidas no eran exquisitas, más bien eran deficientes, pero ellas no lo notaban.

11. **2** En la selección se menciona que "no es el mejor momento de caminar sola por la orilla de un río medio congelado".

12. **4** La frase "durante el día, cuando estaba de pie poniendo alfileres a vestidos" indica que su actividad era regular. Este debía ser su trabajo.

13. **4** La frase, "¿Y si han sobrevivido pero se han muerto de frío y hambre...mientras ella estaba en Celle bailando con los oficiales británicos?" comunica su sentido de culpabilidad.

14. **1** "Nadie, pensaba, quiere oírlas", indica que creía que a nadie le importaban sus problemas, no que ella no quisiera contarlos. El hecho de que continúa yendo al Centro Judío prueba que las opciones 3 y 4 son incorrectas.

15. **2** El último párrafo describe los efectos a largo plazo del Holocausto. Eso es lo que el lector debe entender.

16. **2** El hecho de que "vertieron las aguas cloacales en él, pero no lograron contaminarlo" quiere decir que no importa lo que pase alrededor del mar, pues nada podrá contaminarlo.

17. **3** El terror y el miedo se indican con las palabras "frío", "espanto", y "entrañas del miedo".

18. **3** El narrador quiere mostrar cómo se ha deteriorado la zona con los cambios que describe.

19. **2** Los contrastes son las grúas en lugar de los árboles y las bombas de petróleo en lugar del ganado.

20. **1** La clave se encuentra en la última frase, cuando dice que es *como un tumor*.

21. **3** "...hacía su ultimo vistazo" es una expresión que a menudo se usa relacionada con la muerte o un acontecimiento catastrófico.

22. **2** Hacer algo "conscientemente" significa hacerlo "con deliberado pensamiento o conocimiento". Que el autor no hubiera permitido que la liberación del halcón aflorase a su conciencia indica que el acto nunca fue planeado.

23. **4** El pasaje dice que "Se quedó postrado durante un largo minuto sin esperanza...con los ojos todavía fijos en la cúpula azul que había encima suyo". Un minuto puede parecer más largo de lo normal si va acompañado de suspenso e incertidumbre.

24. **2** La luz domina la narración. El autor describe el cielo como algo "tan lleno de luz que no pude seguirle la mirada". Más tarde dice "La luz era demasiado intensa".

25. **4** El pasaje se refiere a "el grito indecible y el júbilo de éxtasis de mi halcón, que a través de los años hace tintinear..."

26. **2** Los sonidos eran inusuales porque "...consistían en un revoltijo extraño de lloriqueos, gemidos y pequeños alaridos".

27. **4** El narrador "aprendió de sus experiencias" que "...los gritos eran claramente los de un perro esquimal".

28. **3** "Mike tenía tres cachorros, medio crecidos, aún no adiestrados para el arnés, que corrían detrás del trineo".

29. **1** Como dijo el narrador, "Si ese cachorro necesitaba un amigo, un compañero, ¡ese era yo!"

30. **3** En el quinto párrafo el narrador dice, "...mantuve el silencio aun cuando cesaron los sonidos y yo ya no sabía en qué dirección seguir".

31. **3** Las personas de Tipo A son cuidadosas.

32. **1** Los del Tipo Z no se atrasan, pues siempre llegan justo a tiempo.

33. **2** No hay mención alguna sobre dormir.

34. **1** En ninguna parte se indica que haya cambios de hábitos. Las otras opciones no son verdaderas o son improbables.

35. **2** De que se atraen no hay duda alguna, puesto que siempre terminan casándose entre ellos.

36. **4** En todo el fragmento expresa el calor que hacía, pero es al final cuando dice "caía un sol de fuego" donde nos da a entender sin duda alguna que hacía mucho calor.

37. **2** Cuando dice, "la mano diestra, vencida y apoyada" y "dar algún respiro al pecho jadeante" nos expresa lo fatigado que se encontraba al subir al pedregal.

38. **3** La expresión "a guisa" quiere decir "a modo de" o "a semejanza de". "Cayado" es el largo bastón usado por los campesinos desde tiempos bíblicos. Así, su bastón le convertía en uno de ellos.

39. **1** El verso que dice "buscando los recodos de sombra" explica lo que iba buscando mientras subía en un día tan caluroso.

40. **4** Antonio Machado explica sus sensaciones en su recorrido de los campos de Castilla. Describe los cerros, las hierbas y las aves que ve a su paso.

41. **4** La cantante y poeta chilena Violeta Parra ve a los estudiantes como "pajarillos libertarios" que "rugen como los vientos cuando les meten al oído sotanas y regimientos" (haciendo referencia a la religión y a los militares).

42. **1** En estos versos la levadura significa la parte esencial para crear el pan que ayudará a los pobres. Así pues, para Parra son el futuro de un mundo mejor.

43. **1** La poeta compara a los estudiantes con el viento cuando dice "que rugen como los vientos".

44. **3** En el verso "pajarillos libertarios" hace una metáfora, ya que los pájaros significan aquí la libertad.

45. **3** Los estudiantes son gente emprendedora, a quienes nada les detiene. Esto lo enuncia con los "vivas" y con "la levadura del pan".

46. **5** El personaje demuestra su falta de imaginación con su simple actitud hacia el frío. Para él, el frío es sólo un número que simboliza incomodidad o quizás peligro, pero que no lo lleva a hacer conjeturas ni a establecer su lugar en el universo

47. **2** El sendero es correctamente descrito en todas las opciones EXCEPTO en lo referente a la cantidad de viajeros que van en la misma dirección. El sendero se describe como un caminito apenas transitado.

48. **4** La evidencia de las dificultades del personaje es la cantidad de hielo y nieve que debe soportar continuamente.

49. **1** Al soportar el clima el personaje estaba experimentándolo por vez primera. "Él era un recién llegado a esta tierra...y éste era su primer invierno".

50. **5** El autor está describiendo una aventura que sucede en el noroeste, ya que el camino del Yukon recorre el estado de Washington al noroeste del país.

51. **5** El sello que el autor compró tenía su nombre y ciudad.

52. **1** El autor tuvo la idea después de ver el sello de su amigo, Francisco Ruiz.

53. **4** El pasaje comienza con "Ese, Platero," lo cual revela que el autor está hablando a Platero.

54. **5** El autor rompió su alcancía y encontró allí cinco pesetas que usó para comprar el sello.

55. **3** La peseta era la moneda nacional de España.

56. **2** Vea la sección "Hacer deduccioes sobre la escena"(página 461). La referencia al retrato de Jorge III, el monarca reinante en la época inmediatamente anterior a la Revolución Norteamericana, implica una fecha alrededor de 1770.

57. **5** La ironía consiste en llamar *gente sabia y filósofos* a los peores haraganes de la aldea.

58. **1** La señora Van Winkle "incluso lanzaba contra el perro su mal de ojo por culparle de los frecuentes extravíos de su amo".

59. **4** Como dijo el autor, Rip nunca respondió a las acusaciones de su esposa.

60. **3** Rip habría estado muy bien, si no fuese por su esposa que "continuamente ensordecía sus oídos con quejas".

61. **4** Según el autor, fue al bosque para "...afrontar sólo los hechos de la vida que son esenciales".

62. **2** Afirma el autor, "Nuestra vida es desperdiciada por los detalles"... "¡Simplicidad, simplicidad, simplicidad!"..."...mantén tus cuentas en tu uña del pulgar".

63. **4** Ante la complejidad de la vida, el autor teme equivocarse. Desea ver sólo lo esencial de la vida para poder así aprender a vivir correctamente y evitar vivir una vida falsa.

64. **2** El autor implica que la gente no sabe cómo vivir apropiadamente, pero que debiera aprender a hacerlo.

65. **1** El autor se fue a vivir al bosque para "...ver si podía aprender lo que éste le podía enseñar".

66. **3** "Silvia, pequeña y esperanzada" y "con sangre que hormigueaba ansiosa" claramente indican un fuerte estado emocional.

67. **2** Silvia "sabía que más arriba una de las ramas más altas del roble rozaba el tronco del pino..."

68. **4** La primera parte del ascenso fue fácil porque "...había escalado esa parte a menudo".

69. **3** La frase "Su tronco como el gran palo mayor de la tierra navegante" compara el tronco al mástil principal de un barco.

70. **1** "El viejo pino debe haber amado a esta nueva dependienta".

71. **5** La guerra ha existido por muchos años y nadie sabe ya su origen. El autor implica que un suceso sin importancia creció fuera de toda proporción.

72. **2** Como Buck no sabe quién inició la guerra, tampoco lo sabemos nosotros. Sólo unos pocos viejos recuerdan el comienzo.

73. **3** Buck habla de su primo Bud y cómo éste fue emboscado por Pelado Shepherdson. De este modo podemos concluir que Buck es un Grangeford.

74. **4** Para escuchar un sermón sobre el amor fraternal, todos los hombres acudieron armados.

75. **3** Respondiendo a dos preguntas, Buck dice "Realmente, no sé" y "¿Cómo voy a saber?", indicando así que acepta la guerra sin preocuparse de sus motivos.

Poesía y Teatro/Páginas 499/501

76. **4** El propósito principal del poema es el de enseñarnos una lección en conducta: sea cual sea nuestra situación en la vida, debemos crear nuestras propias oportunidades valiéndonos de los recursos que tenemos a mano.

77. **4** "...podría ayudar a derrotar al enemigo" es la continuación lógica del pensamiento inacabado, "Tuviera yo una espada de acero más filudo".

78. **3** El *pusilánime* se retira hacia la parte más alejada del combate y luego se desliza fuera del campo de batalla: dos acciones cobardes.

79. **5** Las palabras "espadas esparcen espantos y espasmos" proveen un ejemplo de aliteración, es decir, repetición del mismo sonido.

80. **2** La valentía del hijo del rey se pone en contraste con la cobardía del soldado pusilánime.

81. **4** Las cinco opciones se encuentran en el Glosario de Términos Literarios en la página 481. Allí verá por qué la opción correcta es "poema lírico", es decir, un "poema breve que expresa profunda emoción en versos que son muy melodiosos e imaginativos".

82. **3** La definición de "aliteración" se encuentra en el Glosario de Términos Literarios (página 481). En este caso, la letra *m* se repite cuatro veces en cuatro palabras seguidas.

83. **1** Los tres primeros versos establecen la importancia del amor del poeta. El último verso pone de relieve los efectos de la pérdida de ese amor.

84. **4** Toda la emoción que sigue a la pérdida del ser querido está indicada en los renglones 25 y 26.

85. **4** Para el poeta, ninguno de los elementos que representan la vida y que son mencionados en la estrofa final sirven propósito alguno.

86. **3** La hija se preocupa, pues no le gusta que su madre deba vivir sola.

87. **5** La madre aprecia la preocupación y la oferta de su hija, diciéndole "Annie, eres una buena hija".

88. **3** La madre desea ser independiente y afirma "Quiero tener mi propia casa".

89. **4** La madre desea permanecer allí donde conoce a todos los vecinos y a la gente de la tienda.

90. **4** La hija no menciona la independencia. Y la made no desea "ser una anciana viviendo con sus hijos".

Comentario sobre las artes/Página 502

91. **5** La reseña se refiere al "sorprendente y sumamente original decorado".

92. **4** Se alude a esta obra como un "misterio criminal", es decir, un drama policíaco.

93. **1** El autor de la obra es J.B. Priestley.

94. **4** El éxito del decorado se atribuye a "la tradición de venerar el arte sobre toda otra consideración que caracteriza a los teatros subvencionados por el gobierno".

95. **3** Un miembro del elenco afirma que estos decorados no son de su gusto.

96. **4** Wiegand es el único personaje que puede aclarar la situación al vendedor. Los demás apenas hablan.

97. **1** Estos pasajes piden a los actores que realicen determinadas acciones.

98. **2** Wiegand menciona sus "ideas exageradas sobre el respeto y las obligaciones" que se les deben a los muertos.

99. **5** Wiegand menciona que el clero obtiene buenas entradas y ganancias cuando los funerales son grandes.

100. **2** Anna está bordando zapatillas para su padre y Weizel comenta que no le gusta "andar con esas cosas".

101. **2** El autor dice que Hollywood "refleja a la sociedad pero con un espejo distorsionado". Luego procede a enumerar las características negativas.

102. **2** Se afirma en el pasaje que la posición principesca de los ejecutivos en lo alto de la pirámide hace imposible el juicio crítico independiente.

103. **5** Los ejecutivos temen a sus rivales y a los banqueros, y éstos a su vez a la audiencia.

104. **5** El autor se refiere a la timidez y al miedo que paralizan a Hollywood.

105. **1** Hollywood, según el autor, no es ni metrópolis ni ciudad pequeña.

106. **5** Otros directores de cine le otorgaron Óscares como Mejor Director.

107. **5** "Ford siempre protestó en contra de las alabanzas que le llovían, afirmando que el propósito de sus películas era el de entretener y no de crear obras de arte".

108. **2** Ford llenaba el escenario con neblina "porque nunca tenía presupuesto suficiente para decorados adecuados".

109. **4** La velocidad y la frugalidad de Ford "parecían formar parte de una deliberada estrategia" de su parte.

110. **1** El autor del artículo afirma que, "Como sus películas no eran caras de hacer, pocas fueron las que no dieron utilidades".

111. **4** El pasaje declara que la lectura está entre las tres entretenciones más importantes de los jóvenes.

112. **1** Según el estudio, los jóvenes de 2 a 18 años son una generación muy versada en tecnología.

113. **5** La popularidad de los libros sobre Harry Potter indicó que la lectura podía atraer a los niños.

114. **2** El desafío consiste en encontrar la manera para que la lectura pase en popularidad a la TV y la música y ocupe el primer puesto de la entretención juvenil.

115. **4** "El estudio ofrece la esperanza de que la lectura se convierta en una actividad permanente en sus vidas".

116. **4** Leonardo no veía ninguna diferencia entre la ciencia y el arte.

117. **2** Su pintura resultó en la contradicción del arte disfrazando la realidad (naturaleza).

118. **1** Da Vinci odiaba a los artistas que trataban de mejorar la naturaleza.

119. **2** Las páginas de su cuaderno de bocetos muestran lo mucho que el pintor amaba la vida.

120. **5** Todas las opciones se han mencionado en el pasaje, con excepción de la circulación sanguínea, la cual se descubrió posteriormente.

Documentos comerciales/Página 508

121. **5** Toda la comunicación describe el procedimiento necesario para solicitar reembolso por gastos que son reembolsables.

122. **2** La comunicación no menciona la posibilidad de obtener reembolso por el consumo de comidas.

123. **2** Gregory Snells está escribiendo para informar a una empleada sobre el procedimiento requerido para presentar informes sobre gastos reembolsables por el uso de vehículos.

124. **3** La comunicación implica que la Srita. Gratz ha pedido dinero como reembolso por gastos ocasionados durante un viaje de negocios.

125. **4** Los empleados probablemente viajan en sus propios automóviles cuando hacen negocios para la empresa, lo cual se refleja en la comunicación escrita por el Director de Contabilidad.

Reseña

CAPÍTULO 18

INFORMACIÓN BÁSICA

La sección de Matemáticas del Examen de GED se divide en dos períodos de 45 minutos cada uno. Cada uno de estos dos períodos contiene 25 preguntas. Antes de comenzar con la Parte I, se le dará una calculadora Casio fx-260SOLAR, la cual usted podrá usar sólo durante este período. La Parte II debe completarse sin usar la calculadora. Las preguntas que se le harán en ambas partes serán prácticamente las mismas y el grado de dificultad en ambos casos oscilará entre fácil y relativamente difícil. La mayoría de los problemas ofrecerán respuestas de opción múltiple, pero en unas 10 de estas 50 preguntas usted deberá calcular las respuestas y luego tendrá que anotarlas en una cuadrícula de respuestas. No se le pedirá mostrar su trabajo en ninguna de estas partes.

LA HOJA DE FÓRMULAS

Por lo general, los estudiantes sienten alivio al enterarse de que para el examen reciben una página que contiene diversas fórmulas matemáticas. Pero al examinar dicha página se dan cuenta que la información allí contenida se ve bastante complicada. Esta hoja de fórmulas puede ser muy útil siempre y cuando usted sepa manejar la información que contiene. Tal conocimiento sólo se alcanza mediante dedicación y duro trabajo. No obstante, si usted dedica tiempo y estudio, seguramente descubrirá que el proceso de aprendizaje le ha permitido memorizar gran parte de la información contenida en la hoja y ya ésta no le es necesaria. Podrá entonces trabajar en su examen con mayor confianza y rapidez.

CÓMO USAR ESTA SECCIÓN

Esta sección está concebida para instruir a personas que desean aprender por cuenta propia y que poseen distintos niveles de capacidad y conocimientos. Los conceptos y ejercicios dentro de cada capítulo empiezan fáciles y luego pasan a difíciles, y los capítulos también progresan de simple (Capítulo 19—Números y operaciones básicas) a complejo (Capítulo 24—Geometría).

Si usted se siente seguro en cierta área, diríjase de inmediato a los ejercicios que se encuentran al final de cada capítulo, en la sección Repaso del Capítulo, y hágalos. Si los contesta correctamente, continúe con el capítulo siguiente.

Si usted considera que sus habilidades en matemáticas están de capa caída, comience al comienzo y progrese paulatinamente a través de todas las instrucciones, ejemplos y ejercicios. Al terminar todos los capítulos de repaso, quedará listo para las pruebas y exámenes de práctica al final de la sección.

Esta sección incluye un capítulo sobre estrategias para pasar la prueba de Matemáticas. No obstante, usted encontrará información sobre simplificación de procedimientos y consejos para optimizar su rendimiento a lo largo de todo el libro. Aunque conviene dejar el Capítulo 25 (Estrategias para pasar las pruebas) para el final de sus estudios, si está corto de tiempo diríjase inmediatamente a ese capítulo y léalo antes de tomar el examen aunque no haya tenido tiempo de terminar la sección de Matemáticas.

CÓMO USAR LA CALCULADORA CASIO FX-260SOLAR

Antes de empezar la Parte I, se le dará una calculadora Casio fx-260SOLAR y dispondrá de unos minutos para familiarizarse con ella. Aunque no se le exige usar la calculadora, le recomendamos enérgicamente que lo haga. Su uso le ayudará a evitar los errores de cálculo que conducen a respuestas incorrectas y reducirá considerablemente el tiempo requerido para resolver los problemas.

Toda experiencia previa en el uso de calculadoras le ayudará a trabajar con la Casio fx-260, ya que ésta funciona como cualquier otra calculadora manual. Pero si nunca ha usado una calculadora, le conviene comprar o pedir prestada una antes de dar el examen. La solución más práctica es comprar este mismo modelo en las tiendas.

A medida que practica con los ejercicios de los capítulos siguientes, use su calculadora sólo ocasionalmente o donde se indica por un ícono con la imagen de una calculadora, como también en las secciones de la Parte I sobre Pruebas de Práctica. Como el examen incluye muchas preguntas que exigen realizar cálculos sin calculadora, evite depender demasiado de ella.

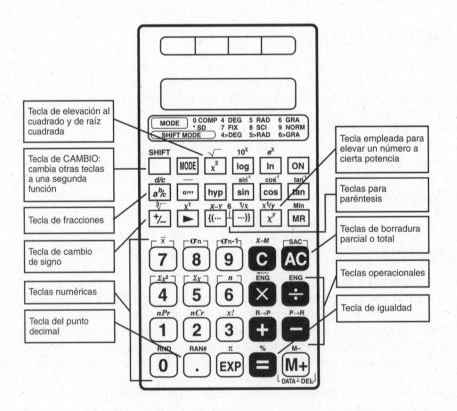

El diagrama básico de la calculadora Casio fx-260 que se le prestará en el examen aparece en la página previa. Note que la calculadora posee muchas más teclas de las que usted necesita para dar el examen.

He aquí algunas reglas básicas para usar la calculadora:

- Oprima las teclas firmemente y asegúrese de haber oprimido las teclas correctas verificándolas en la ventanilla.

- Oprima $\boxed{\text{AC}}$ (o una tecla similar) después de completar cada problema para borrarlo por completo antes de empezar con un nuevo problema. Si oprime $\boxed{\text{C}}$, borrará sólamente el último número que ha tecleado.

- Los números y el punto decimal aparecen en la ventanilla, pero los signos operacionales (como $\boxed{+}$ o $\boxed{\times}$ o $\boxed{\div}$) no aparecen.

Operaciones Básicas

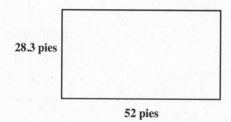

28.3 pies

52 pies

¿Cuántos pies cuadrados de alfombra se necesitan para cubrir todo el piso de la oficina en el diagrama de arriba?

OPRIMA **28.3** luego $\boxed{\times}$ luego **52** luego $\boxed{=}$

Respuesta: 1471.6 pies cuadrados

Trabajo con Paréntesis

Encuentre: $12(117 \div 13) - 68$

OPRIMA **12** $\boxed{\times}$ $\boxed{[(\cdots}$ **117** $\boxed{\div}$ **13** $\boxed{\cdots)]}$ $\boxed{-}$ **68** $\boxed{=}$

Respuesta: 40

Nota: El modelo fx-260 tiene teclados para paréntesis, pero otras calculadoras pueden no tenerlos.

Trabajo con Fracciones

Broadway	3/4 de milla
Avenida Alicia	2 1/2 millas
Calle Stockton	4 millas

Según el signo de carretera mostrado arriba, ¿cuánto más lejos después de Broadway se encuentra la Avenida Alicia?

OPRIMA **2** $\boxed{\text{a b/c}}$ **1** $\boxed{\text{a b/c}}$ **2** $\boxed{-}$ $\boxed{\text{a b/c}}$ **3** $\boxed{\text{a b/c}}$ **4** $\boxed{=}$

Respuesta: 1 3/4 millas

Nota: No todas las calculadoras son capaces de calcular fracciones.

Trabajo con Números Positivos o Negativos

¿Cuál es el valor de la expresión siguiente?

$-3(-6 + 8) - (-12)$

OPRIMA **3** [+/−] [×] [[(···] **6** [+/−] [+] **8** [···)]] [−] **12** [+/−] [=]

Respuesta: 6

> **Nota:** Algunas calculadoras le permiten teclear números negativos empleando la tecla [−] .

Trabajo con Exponentes

Un recipiente que contiene cascajo tiene forma de cubo en el cual cada lado mide 17 pies. ¿Cuál es el volumen del recipiente?

OPRIMA **17** [X^y] **3** [=]

Respuesta: 4,913 pies cúbicos

Trabajo con Raíces Cuadradas

¿Entre qué dos números enteros se encuentra la raíz cuadrada de 138?

OPRIMA **138** [SHIFT] [X^2]

Respuesta: Entre 11 y 12

CÓMO LLENAR LAS CUADRÍCULAS DE RESPUESTAS

De las 50 preguntas en la prueba, 10 no serán de opción múltiple. Usted deberá proveer la respuesta por su cuenta y anotarla en una cuadrícula (vea la ilustración).

Anotación de Números Enteros

¿Cuál es la medida de ∠ACB en grados?
(Usando sus conocimientos sobre triángulos y ángulos suplementarios adquiridos en el Capítulo 24, usted calcula que la respuesta correcta es 42°.)

Respuesta: 42°

Puede usted registrar su respuesta en la cuadrícula de respuestas de cuatro modos distintos (vea la ilustración abajo). Asegúrese de escribir la respuesta en la línea con cuadrados horizontales en la parte más alta de la cuadrícula y luego registre la misma respuesta rellenando los círculos numerados debajo. No se preocupe con el signo de grados (°) ya que éste es innecesario.

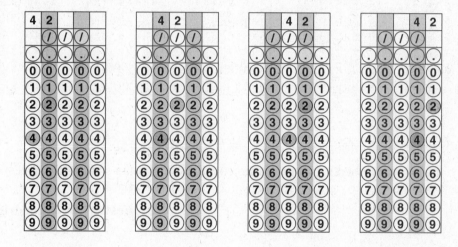

Anotación de Números con Decimales

Sharon y sus colegas desean comprar un MP3 y regalarlo a su jefe, quién está próximo a jubilar. El modelo cuesta $86.99. Sharon junta $47.35 de sus colegas y contribuye con $20 por su cuenta. ¿Cuánto más dinero necesita para hacer la compra?

Respuesta: $19.64

Aquí hay un solo modo de llenar la cuadrícula. Observe que el punto decimal debe anotarse y que éste ocupa toda una columna. No es necesario registrar el signo $.

Anotación de Fracciones

Un fontanero mide una cañería y ve que ésta tiene 1 5/8 pulgadas. ¿Cuánto debe recortar a la cañería para que ésta encaje en una conexión de 1 3/8 de largo?

Respuesta: 2/8 o 1/4

La cuadrícula puede llenarse de las maneras siguientes, todas las cuales son correctas.

Anotación de Puntos sobre una Cuadrícula de Coordenadas

Dos líneas se intersectan en un punto cuyas coordenadas son (5, –3). Muestre la ubicación del punto de intersección en la cuadrícula abajo.

Respuesta: Vea la cuadrícula

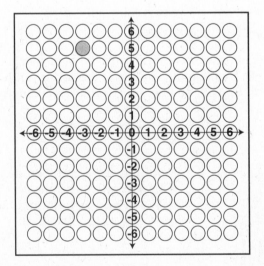

Nota: La cuadrícula de coordenadas ilustrada arriba es semejante a la cuadrícula de coordenadas rectangular en el Capítulo 23. Sin embargo, los ejes x e y no están marcados, así que es esencial que usted memorice cuál es cuál. Probablemente habrá dos preguntas relacionadas con cuadrículas de coordenadas en el examen.

Los Números y las Operaciones Básicas

CAPÍTULO 19

VALORES DE POSICIÓN

Pronuncie el número siguiente:

47,182

Usted habrá dicho, "Cuarenta y siete mil, ciento ochenta y dos". Cada **dígito** (otra palabra para números únicos entre 0 y 9) posee un valor que depende del lugar que ocupa. Estudie el gráfico siguiente hasta memorizarlo.

| ——— | , | ——— | ——— | ——— | , | ——— | ——— | ——— |
| millones | | 100 miles | 10 miles | miles | | centenares | décimos | unidades |

PRÁCTICA—VALORES DE POSICIÓN

Escriba cada número con palabras—no se preocupe de errores ortográficos.

1. 734   2. 9,008   3. 12,615   4. 7,814,015

RESPUESTAS

1. setecientos treinta y cuatro
2. nueve mil ocho
3. doce mil seiscientos quince
4. siete millones ochocientos catorce mil quince

PRÁCTICA—IDENTIFICACIÓN DE VALORES DE POSICIÓN

Encuentre el valor del dígito "7" en cada uno de estos números y declare su valor. (Por ejemplo, en el número 17,412, el "7" tiene un valor de 7,000.)

1. 472,812   2. 31,174   3. 789,118   4. 7,018,111

RESPUESTAS

1. 70,000   3. 700,000
2. 70   4. 7,000,00

SUMA

Escoja el ordenamiento correcto para sumar estos tres números:

87   162   38

(a)   87   (b)   38   (c)   162   (d)   162
            162   162   38   38
      +   38   +   87   +   87   +   87

Respuesta: (d)

Al tratarse de sumas, usted debe hacer todo lo posible por ser ordenado y exacto al momento de ordenar sus cifras. Los valores de posición de todos los números deben estar alineados precisamente; de otro modo su respuesta estará equivocada. Usted escogió (d) porque los dígitos en la columna de las unidades (2,8,7) estaban alineados uno encima del otro, y lo mismo ocurría con los dígitos en la columna de los décimos (6,3,8). Al dígito en la columna de los centenares (1) le corresponde, en este caso, estar solo. De este modo, el cómputo correcto es:

Paso uno: Ordenamiento   162
                                                  38
                                          +   87

Paso dos: Suma

Columna de las unidades

Un problema de suma siempre debe iniciarse con el dígito superior del extremo derecho. En el ejemplo de arriba es el 2. Luego se desciende, sumando cada dígito en la columna de las unidades (2 + 8 + 7 = 17). Como no se pueden poner los dos dígitos del 17 directamente bajo el 7 en 87 ya que hay espacio sólo para un dígito, debe usted escribir el 7 del 1<u>7</u> y luego llevar el 1 al tope de la columna de los décimos.

Columna de los décimos

Añada ahora el 1 proveniente de la columna de las unidades a los tres números de la columna de los décimos (1 + 6 + 3 + 8 = 18). Ponga el 8 de 1<u>8</u> bajo el 8 y lleve el 1 al tope de la columna de los centenares.

Columna de los centenares

Añada el 1 proveniente de la columna de los décimos al número de la columna de los centenares (1 + 1 = 2). La **suma** es 287. **Suma** significa la respuesta a un problema de adición.

$$
\begin{array}{r}
{}^{1\,1} \\
162 \\
38 \\
+\ \ 87 \\
\hline
287
\end{array}
$$

Respuesta: 287

PRÁCTICA—SUMA

Encuentre la suma para los problemas de adición siguientes.

1. 168
    402
    + 43

3. 72,416
    4,803
    +   92

2. 9,104
    586
    + 720

4. 786
    412
    853
    + 971

RESPUESTAS

1. 613
2. 10,410

3. 77,311
4. 3022

¿Posee información básica sobre la suma?

Preste atención al modo en que usted suma y sea honrado consigo mismo. ¿Está usando sus dedos para contar? ¿Está sumando "a medias"?

Por ejemplo, cuando se enfrenta a un problema como 6 + 7, dice usted, "Bueno, yo sé que 6 + 6 = 12, así que añadiendo 1..."? Muchos estudiantes que estudian para aprobar el Examen de GED empiezan de esta manera, pero los que pasan el examen generalmente son los que pronto comprenden que tales métodos son demasiado lentos y causan errores de cálculo.

La única respuesta consiste en memorizar la información básica que hemos visto. Compre o fabrique pequeñas tarjetas recordatorias y practique hasta estar seguro.

RESTA

EJEMPLO UNO

Escoja el ordenamiento correcto para el siguiente problema y resuélvalo:

168 – 42

a)   168
     –   42

b)   168
     –   42

c) 168
    – 42

d)   42
    – 168

Igual que en la suma, el ordenamiento correcto de los valores de posición es esencial. Además, en el caso de la resta usted debe recordar que el número más grande siempre debe estar en el tope—al menos por ahora. El ordenamiento correcto es (b). De este modo, el cómputo correcto es:

Paso uno: Ordenamiento

$$
\begin{array}{r}
168 \\
- \ 42 \\
\hline
\end{array}
$$

Reste empleando el mismo "método de columna" que aprendió en la suma.

Paso dos: Resta

$$
\begin{array}{r}
168 \\
- \ 42 \\
\hline
126
\end{array}
$$

Respuesta: 126

La respuesta a un problema de resta se llama **diferencia**.

Resta mediante préstamo

La resta se complica un poco cuando se necesita emplear el procedimiento llamado "préstamo", lo cual ocurre cuando el dígito en el tope es menor que el dígito al fondo. Considere el ejemplo siguiente.

EJEMPLO DOS

724 – 486

Paso uno: Ordene con el número más grande al tope.

$$
\begin{array}{r}
724 \\
- \ 486 \\
\hline
\end{array}
$$

Paso dos: Reste mediante préstamo.

Columna de las unidades

El número 4 es menor que el 6, lo cual requiere tomar prestado 1 de la columna siguiente y transformando así el 4 de la columna de las unidades en un 14. Reste el 1 prestado del 2 de la columna de los décimos, de modo que el 2 se convierte en 1. Como 14 – 6 = 8, ponga el 8 bajo el 6 como primer dígito de su respuesta.

Columna de los décimos

Como usted no puede restar 8 a 1 en la columna de los décimos, debe tomar prestado del dígito a su izquierda, es decir el 7. Ahora 1 se convierte en 11 y usted puede restar 11 – 8 = 3. Ponga el 3 como el segundo dígito de su respuesta. Haga la resta final en la columna de los centenares (6 – 4 = 2) y anote la respuesta.

$$
\begin{array}{r}
^{6}\ ^{1}\ ^{1} \\
724 \\
- \ 486 \\
\hline
238
\end{array}
$$

Respuesta: 238

Paso tres: Verifique. Para verificar una resta, **sume** la respuesta al segundo de los dos números en el problema. La suma debiera ser igual al número del tope.

$$
\begin{array}{r}
238 \\
+\ 486 \\
\hline
724
\end{array}
$$

El préstamo y los ceros

La resta se vuelve aun más complicada cuando usted debe tomar prestado por sobre dos o más números. Considere el ejemplo siguiente.

EJEMPLO

Encuentre la diferencia entre 7003 y 468.

Paso uno:
$$
\begin{array}{r}
7003 \\
-\ \ 468 \\
\hline
\end{array}
$$

Paso dos: Reste mediante préstamo.

Note que para tomar prestado se debe mover dos lugares hasta llegar hasta el 7. A continuación, el 1 que se tomó prestado debe moverse a la derecha *de a un dígito cada vez*: primero, a la columna de los centenares, haciendo el 0 un 10 y el 7 un 6; luego se toma prestado 1 al 10 y se mueve el 1 hacia el 0 en la columna de los décimos. Seguidamente se toma prestado 1 de *ese* 10 y se mueve el 1 hacia la columna de las unidades, transformando el 3 en un 13. Sólo entonces puede usted restar.

$$
\begin{array}{r}
{}^{6\,9\,9\,1} \\
7003 \\
-\ \ 468 \\
\hline
6{,}535
\end{array}
$$

PRÁCTICA—RESTA

Reste y encuentre las diferencias en los problemas siguientes. Verifique.

1. $\begin{array}{r} 475 \\ -\ 62 \\ \hline \end{array}$

4. $\begin{array}{r} 10{,}024 \\ -\ \ 8{,}751 \\ \hline \end{array}$

2. $\begin{array}{r} 806 \\ -\ 294 \\ \hline \end{array}$

5. $\begin{array}{r} 62{,}400 \\ -\ 18{,}519 \\ \hline \end{array}$

3. $\begin{array}{r} 1413 \\ -\ 962 \\ \hline \end{array}$

RESPUESTAS

1. 413   2. 512   3. 451   4. 1273   5. 43,881

MULTIPLICACIÓN

Observe una multiplicación con el ejemplo siguiente.

EJEMPLO UNO

306 × 42

$$
\begin{array}{r}
306 \\
\times\ \ 42 \\
\hline
\end{array}
$$

2 × 306 = → 612
4 × 306 = → 1224
12,852   ← **producto**

Respuesta: 12,852

La respuesta a un problema de multiplicación se llama **producto**.

Paso uno: Ordene el problema con el número más grande al tope.

Paso dos: Comience multiplicando con el número del fondo mediante el dígito más extremo a la derecha—en este caso el 2 en 42. Yendo de derecha a izquierda, multiplique cada uno de los dígitos del tope por 2: 306 × 2 = 612

Paso tres: Repita el *paso dos* usando el 4 en 42: 306 × 4 = 1,224. De hecho, es 306 x 40, que es igual a 12,240, pero es práctica común dejar el último cero y mover toda la respuesta un lugar hacia la izquierda. Note cómo el 4 en 1,224 está en la columna de los décimos.

Paso cuatro: Sume los dos números—612 y 1,224—para encontrar el producto.

EJEMPLO DOS

406 × 312

$$
\begin{array}{r}
406 \\
\times\ 312 \\
\hline
\end{array}
$$

2 × 406 = → 812
1 × 406 = → 406   movimiento de 1 dígito
3 × 406 = → 1218   movimiento de 2 dígitos
126,672

CONSEJO

¿Tiene problemas con las tablas de multiplicación? Compre tarjetas recordatorias y practique las tablas hasta que se las sepa de corrido, desde la tabla de 2 hasta la de 12.

PRÁCTICA—MULTIPLICACIÓN

Encuentre el producto en los problemas siguientes.

1. 46
   × 13

2. 892
   × 27

3. 404
   × 95

4. 724
   × 106

5. 4302
   × 950

<u>RESPUESTAS</u>

1. 598

2. 24,084

3. 38,380

4. 76,744

5. 4,086,900

Si usted comprende los pasos a seguir en la multiplicación pero ve que obtiene respuestas incorrectas, será necesario que repase sus conocimientos. Use tarjetas recordatorias u otros medios para memorizar las tablas de multiplicación hasta el 12.

DIVISIÓN

Muchos estudiantes consideran que la división es la más difícil de las cuatro operaciones aritméticas. La división requiere exactitud, orden y atención cuidadosa a un procedimiento de varios pasos que a veces es un tanto complicado.

EJEMPLO UNO

$524 \div 4$

```
      131
   4 )524
      4
      12
     -12
      04
     - 4
       0
```

Respuesta: 131.

La respuesta a un problema de división se llama **cociente**.

He aquí los pasos a seguir para el procedimiento recién visto.

Paso uno: $5 \div 4$
Paso dos: 1×4
Paso tres: $5 - 4 = 1$
Paso cuatro: Baje el número siguiente, 2

Repita los pasos 1–4 hasta bajar todos los números.

Con frecuencia hay más de un dígito en el **divisor** (el número empleado para dividir). Considere el ejemplo siguiente.

EJEMPLO DOS

$1,170 \div 26$

```
                  45  ← cociente
  divisor → 26 )1170  ← dividendo
              - 104
                130
              - 130
                  0
```

Por supuesto, 26 no cabe en 1, de modo que usted incluye el dígito siguiente en el dividendo. Pero 26 no cabe en 11 tampoco. Incluya el 7 y podrá comenzar con el problema, ya que 26 sí cabe en 117. No se espera que usted sepa de buenas a primeras la respuesta a 117 ÷ 26. Haga una suposición inteligente y luego una multiplicación de verificación en un papel aparte y verá que 4 es la respuesta. Note que el 4 en el cociente va directamente sobre el 7 en el dividendo.

Verifique: Multiplique el cociente por el divisor. La respuesta debiera ser igual al dividendo. Para el último problema, la verificación debiera lucir así:

$$\begin{array}{r} 45 \\ \times\ 26 \\ \hline 270 \\ 90\ \\ \hline 1,170 \end{array}$$

A veces los números no se dividen exactamente y hay una cantidad "sobrante" que se llama **residuo**.

EJEMPLO TRES

75 ÷ 4

$$\begin{array}{r} 18 \\ 4\overline{)75} \\ -4\ \ \\ \hline 35 \\ -32 \\ \hline 3 \end{array} \leftarrow \text{sobrante}$$

No quedan números que bajar del dividendo. El **sobrante**, entonces, es 3 y la respuesta debe expresarse como 18s3 o 18 sobrante 3.

Nota: Hay un modo más completo de trabajar con los sobrantes, el cual veremos más tarde en el Capítulo 19 (Decimales).

Modos de escribir la división

Hay varias maneras de expresar la división. El problema de dividir 96 por 6 puede escribirse:

$$96 \div 6 \quad o \quad 6\overline{)96} \quad o \quad \frac{96}{6}$$

En el último caso, $\frac{96}{6}$, la barra fraccionaria (—) significa "dividido por".

PRÁCTICA—DIVISIÓN

Encuentre el cociente y verifique.

1. $5\overline{)95}$ 4. $\frac{156}{6}$ 7. $92\overline{)21,528}$

2. $14\overline{)532}$ 5. $32\overline{)933}$

3. $\frac{1680}{21}$ 6. $\frac{2142}{21}$

RESPUESTAS

1. 19   4. 26   7. 234
2. 38   5. 29s5
3. 80   6. 102

EMPLEO DE OPERACIONES BÁSICAS PARA RESOLVER PROBLEMAS VERBALES

Casi todas las preguntas en el Examen de GED será problemas verbales. Léalos cuidadosamente y confíe en su sentido común para decidir qué operación emplear. No olvide que ciertas palabras y frases sugieren la operación a usar.

- **Adición**, **total** y **todo junto** generalmente significan suma.

- **Sustracción**, **cuántos más**, **cuántos menos**, **encuentre la diferencia** y **deduzca** indican resta.

EJEMPLO UNO

Carlos compró una computadora por $589. Además, optó por comprar un contrato de servicio por $75 y respaldo técnico por $35. ¿Cuál es el total de la compra de Carlos?

Las palabras **total** y **además** debieran darle la pista de que éste es un problema de suma.

589	por la computadora
75	por el contrato de servicio
+ 35	por el respaldo técnico
$699	por la compra de la computadora

EJEMPLO DOS

La escuela elemental de Glenridge cuenta con 352 alumnos de primer año y 413 alumnos de segundo año. ¿Cuántos más alumnos de segundo año hay que alumnos de primer año?

413	alumnos de segundo año
− 352	alumnos de primer año
61	más alumnos de segundo año

La multiplicación generalmente no está vinculada con determinadas palabras o frases. Confíe en su sentido matemático para determinar si un problema requiere multiplicación o no.

EJEMPLO TRES

Karen puede escribir 65 palabras por minuto. A esta velocidad, encuentre cuántas palabras puede escribir en 15 minutos.

65	palabras por minuto
× 15	total de minutos
325	
65	
975	palabras en 15 minutos

La división a menudo se indica gracias a palabras y frases como **partir**, **fraccionar**, **por**, **promedio** y **agrupado en**.

EJEMPLO CUATRO

Una máquina empacadora empaca 28 naranjas por bolsa. Si la máquina se carga con 1,400 naranjas, ¿cuántas bolsas llenas podrá empacar?

$$
\begin{array}{r}
50 \\
28\overline{)1400} \\
-140 \\
\hline
0
\end{array}
$$

Naranjas **por** bolsa (con etiquetas: 50 número de bolsas llenas; 1400 total de naranjas)

PRÁCTICA—RESOLUCIÓN DE PROBLEMAS VERBALES

1. José daba una vuelta diaria de 36 millas en bicicleta durante dos semanas. ¿Cuál es el total de millas que recorrió durante ese período?

2. En 1939 había 4,212 habitantes en el pueblo de Twin Forks. En 2005 había 32,118 residentes. ¿Cuál es la diferencia entre las poblaciones de Twin Forks de 2005 y 1939?

3. El salario anual de Sonia es de $41,190 y su bono de Navidad es de $2,670. También recibe $3,219 en acciones de la empresa. ¿Cuál es el total de sus ingresos en ese año?

4. Sean compró siete CDs, todos por el mismo precio, por un total de $98. Encuentre el precio de uno de los CDs.

5. Shirley nació en 1927. ¿Cuál fue su edad en 2001?

6. El coche compacto de Rob anda 32 millas por galón de gasolina. ¿Cuán lejos puede llegar con 13 galones de gasolina?

RESPUESTAS

1. 504
2. 27,906
3. $47,079
4. $14
5. 74
6. 416

PROBLEMAS VERBALES DE VARIAS ETAPAS

Los problemas de varias etapas le exigen usar más de una operación para encontrar la respuesta. Usted puede necesitar, por ejemplo, sumar varios números y luego multiplicar esa suma por otro número.

EJEMPLO

Los niños Wilson reciben una mesada semanal. Tania, la mayor, recibe $15, Eduardo recibe $10 y Lakisha, la menor, recibe $8. Encuentre la cantidad total que los niños recibirán al cabo de cuatro semanas.

Paso uno: Encuentre la mesada total recibida en **una** semana sumando las cantidades recibidas por cada niño.

$$
\begin{array}{r}
15 \\
10 \\
+\ 8 \\
\hline
\$33
\end{array}
$$
por una semana

Paso dos: Multiplique el total recibido en una semana por 4 (por las 4 semanas).

$$
\begin{array}{r}
33 \\
\times\ \ 4 \\
\hline
\$132
\end{array}
$$
mesada combinada por 4 semanas

Bruto y **neto** son dos palabras que encontrará con frecuencia.

Bruto representa a la cantidad total **antes** de deducir impuestos, gastos, etc.

Neto es la cantidad que queda **después** de deducirse los impuestos, gastos, etc.

EJEMPLO

El salario **bruto** de Tracy es de $450 por semana. Después de que su emplea-dor descuenta $150 por impuestos y seguro médico, su salario neto es de $300.

PRÁCTICA—*PROBLEMAS VERBALES DE VARIAS ETAPAS*

1. Cada mes, los Pérez pagan una hipoteca de $860 y un préstamo de $318 por su automóvil. ¿A cuánto ascienden estos gastos en un año?

2. Sue es una atleta de resistencia que corre a pie y en bicicleta. Puede correr 6 millas por hora y correr en bicicleta a 22 millas por hora. En tres horas, ¿cuánto más lejos puede llegar en bicicleta que corriendo a pie?

3. El Lavadero de Coches de José tuvo una entrada de $18,230 por una semana de operaciones. Sin embargo, José tuvo los gastos siguientes: $1,205 por salarios para sus obreros, $560 por agua y electricidad, y $1,582 por suministros y otros gastos. ¿Cuál fue la ganancia neta de José en esa semana?

4. La planta embotelladora Bevco produce 192 botellas de soda por minuto, las cuales se empacan en cajas de 24. ¿Cuántas cajas se producen en 10 minutos?

5. Tres parientes heredaron $86,000. Después de pagar $32,540 en impues-tos y gastos legales requeridos para cobrar la herencia, decidieron repartir lo que quedó por igual entre los tres. ¿A cuánto asciende la cantidad reci-bida por cada uno de los parientes?

RESPUESTAS

1. $14,136   2. 48   3. $14,883   4. 80   5. $17,820

OPERACIONES ORGANIZADAS

A través de todo el Examen de GED le tocará responder preguntas que ofrecen la opción de varias operaciones organizadas. No se le pedirá encontrar la res-puesta al problema, sino escoger la operación organizada que le permitirá resolverlo. Las operaciones organizadas son generalmente preguntas de tipo "amistoso", puesto que no le exigen calcular y por eso toman menos tiempo.

EJEMPLO UNO

Pepe, Susana y Matías decidieron compartir el costo de una computadora y componentes periféricos que abarcaron la computadora y su teclado por $724, el monitor por $212 y la impresora por $159. ¿Cuál de las expresiones ofrecidas abajo representa lo que cada persona debió contribuir a la compra?

(1) ($724 + $212 + $159) + 3

(2) $\dfrac{3}{(\$724 + \$212 + \$159)}$

(3) 3($724 + $212 + $159)

(4) $\dfrac{(\$724 + \$212 + \$159)}{3}$

(5) (3 + $724) + (3 + $212)

La respuesta es (4), porque es la única que suma los costos de la computadora y sus componentes y luego divide esa suma por las tres personas que comparten los gastos.

PARÉNTESIS

Los paréntesis ( ) forman parte muy importante de las operaciones organizadas y de los cómputos matemáticos. Los paréntesis sirven para rodear y aislar a partes de oraciones matemáticas. *Siempre haga las operaciones entre paréntesis en primer lugar.* He aquí algunos ejemplos del uso de paréntesis.

$$3(26 + 41)$$

le dice que debe sumar 26 + 41 y luego multiplicar esa suma (67) por 3.

Respuesta: 201

$$(95 + 26) - (81 + 14)$$

le dice que **primero** debe sumar 95 + 26 = 121 y 81 + 14 = 95 y luego, en **segundo lugar**, debe restar 121 – 95.

Respuesta: 26

PRÁCTICA—OPERACIONES ORGANIZADAS Y PARÉNTESIS

1. Encuentre el valor de 4(46 + 23 – 8)

2. Encuentre el valor de $\dfrac{5(19 + 3)}{11}$

3. Serena llevó a su familia a un restaurante de comida rápida. La cuenta fue de $18.24 y el impuesto de $3.11. Serena dio al cajero $25 para pagar la cuenta. ¿Cuál de las expresiones siguientes representa el cambio que recibió Serena?

    (1) (20 + 5) + (18.24 – 3.11)

    (2) $\dfrac{(18.24 - 3.11)}{25}$

    (3) 25 – (18.24 + 3.11)

    (4) (18.24 – 3.11) – 25

4. El precio de ida de un boleto de avión desde Chicago hasta Los Angeles cuesta $209 para adultos y $159 para niños menores de 10 años. Si el precio del boleto de ida y vuelta es el doble del precio del boleta de ida, encuentre la expresión que representa el precio de un boleto de ida y vuelta para un adulto y un niño menor de 10 años.

    (1) $\dfrac{(159 + 209)}{2}$

    (2) 2(209 – 159)

    (3) (159 × 1) + (209 × 1)

    (4) 2(159 + 209)

RESPUESTAS

1. 244   2. 10   3. 3   4. 4

PREGUNTAS MÚLTIPLES SOBRE UN TEMA

En algún momento durante el Examen de GED se le harán dos, tres o cuatro preguntas relacionadas con un tópico o una situación.

EJEMPLO

Las preguntas 1 a 3 se basan en la situación siguiente.

Rosa está considerando hacerse miembro de un gimnasio en su vecindario. El gimnasio ofrece tres opciones de pago distintas a sus miembros.

Plan A: Un pago mensual de $90.

Plan B: Un pago único de $650 cada año al tiempo de hacerse miembro del gimnasio.

Plan C: Dos pagos anuales de $370 cada uno—un pago al tiempo de hacerse miembro y el otro seis meses más tarde.

1. ¿Cuánto más deberá Rosa pagar anualmente si escoge el Plan C en vez del Plan B?

Una pregunta sencilla. Hay que encontrar la diferencia entre los dos planes mediante una resta.

$$2(370) = \begin{array}{r} 740 \text{ (Plan C)} \\ -\ 650 \text{ (Plan B)} \end{array}$$

Respuesta: $90

2. ¿Qué expresión representa la diferencia entre el Plan A y el Plan C si Rosa planea usar el gimnasio sólo por un año?

(1) $\dfrac{450}{12} - 12(52)$

(2) $(90 \times 12) - 2(370)$

(3) $12(90 + 52)$

(4) $\dfrac{90}{12} + \dfrac{52}{12}$

La organización del Plan A debe ser 90×12—y sólo las respuestas (2) y (3) poseen tal fórmula. *Diferencia* significa resta y sólo (2) la utiliza.

Respuesta: 2 $(90 \times 12) - 2(370)$

3. Los ingresos mensuales netos de Rosa ascienden a $1,940. Sus gastos son de $1,182. Si Rosa decide hacerse miembro del gimnasio mediante el Plan A, ¿qué cantidad quedará de sus ingresos netos al terminar el mes?

Paso uno: Calcule el dinero que queda antes de que Rosa se haga miembro.

$$1940 - 1182 = 758$$

Paso dos: Reste de la respuesta el pago mensual por el gimnasio.

$$758 - 90 = \$668$$

Respuesta: $668

PRÁCTICA—*PREGUNTAS MÚLTIPLES*

Las preguntas 1 a 3 se basan en la situación siguiente.

Walter tiene una ruta de distribución de periódicos por la mañana. Debe manejar 88 millas de lunes a viernes, 73 millas el sábado y 103 millas el domingo. Su furgón viaja 20 millas por galón de gasolina.

1. ¿Cuál de las opciones siguientes representa el número de galones de gasolina que Walter usa en cada fin de semana?

(1) $73 + 103 + 88$

(2) $(73 + 103) + 20$

(3) $20(73 + 103)$

(4) $\dfrac{103 + 73}{20}$

(5) $20 \div (73 + 103 + 88)$

2. Encuentre el número total de millas que Walter maneja por semana.

3. ¿Cuántas más millas maneja Walter durante la semana en comparación con las millas que maneja en el fin de semana?

RESPUESTAS

1. 4   2. 616   3. 264

EXPONENTES

Considere este número: 6^3

El pequeño ^{3} que parece flotar en el aire se llama **exponente**. El 6 se llama **número de base**. Lo que se le está pidiendo es multiplicar **6 × 6 × 6**. Todo esto puede llamarse también "elevar 6 a la tercera potencia".

$$6^3 = 6 \times 6 \times 6$$
$$6 \times 6 = 36 \times 6 = 216$$
$$6^3 = 216$$

Cualquier número elevado a la primera potencia es igual a sí mismo.

EJEMPLO

$$18^1 = 18$$

A veces en el Examen de GED usted deberá trabajar con problemas con exponentes más complejos, como en el caso siguiente:

$$5^4 + 6^2 - 8^1 =$$

Deberá usted convertir cada par de base/exponente a un número separado y luego realizar las operaciones.

$5^4 = 5 \times 5 \times 5 \times 5 = 625$

$6^2 = 6 \times 6 = 36$

$8^1 = 8$

$625 + 36 - 8 = 653$

PRÁCTICA—EXPONENTES

Encuentre el valor de los siguientes.

1. 7^3 5. 30^2

2. 10^4 6. $17^3 + 19^2$

3. 16^3 7. $24^2 - 8^3$

4. 28^1 8. $20^2 - 5^3 + 2^5$

RESPUESTAS

1. 343	4. 28	7. 64
2. 10,000	5. 900	8. 307
3. 4096	6. 5,274	

RAÍCES CUADRADAS

El signo de raíz cuadrada $\sqrt{\ }$ parece una combinación de un signo de visto bueno y el signo de división. Cuando vea un $\sqrt{49}$, se le está pidiendo encontrar un número que, *multiplicado por sí mismo*, sea igual a 49. Como $7 \times 7 = 49$, 7 es la raíz cuadrada de 49, o $\sqrt{49} = 7$.

Vea cómo encontrar las raíces cuadradas de números más grandes:

EJEMPLO UNO

Encuentre $\sqrt{441}$

Paso uno: Aproxímese empleando múltiplos de 10.

Usted sabe que $10 \times 10 = 100$, pero ese número es muy bajo. Luego, trate $20 \times 20 = 400$ (muy próximo a 441). $30 \times 30 = 900$, pero ese número es muy alto. La raíz cuadrada de 441 debe ser un número mayor de 20 y menor de 30. Así, ya sabemos que $\sqrt{441} = 2\_$

Paso dos: Encuentre el número exacto para el dígito de las unidades.

441 termina en 1. Por lo tanto, el número que usted escoja para acompañar a su 20, al multiplicarse por sí mismo, *debe terminar en 1*. Por ejemplo, $1 \times 1 = 1$ (esto dio buen resultado, por eso, quizás sirva el 21). $2 \times 2 = 4$ (no), $3 \times 3 = 9$ (no), $4 \times 4 = 1\underline{6}$ (termina en 6, es decir, no) y podemos seguir así hasta el 9 ($9 \times 9 = 8\underline{1}$) y, terminando en 1, tenemos otro buen resultado. Tiene usted dos números que puede escoger—21 o 29. ¿Cuál es la mejor posibilidad? 21, por supuesto, ya que el 29 está muy próximo al 30 y usted ya vio que 30^2 es 900, lo cual está muy lejos de lo que usted necesita.

Paso tres: Trate 21. $21 \times 21 = 441$

Respuesta: $21 = \sqrt{441}$

EJEMPLO DOS

¿Entre qué par de números enteros se encuentra el valor de $\sqrt{34}$?

(a) 16 y 17
(b) 5 y 6
(c) 2 y 3
(d) 9 y 10
(e) 6 y 7

Esto puede hacerlo en su cabeza. Como $5 \times 5 = 25$ es un número demasiado bajo y $6 \times 6 = 36$ un poco demasiado alto, el número que usted necesita debe encontrarse entre esos dos. La respuesta relativemente exacta es $\sqrt{34} = 5.830518...$ pero (b) es la respuesta correcta para usted.

Respuesta : (b)

PRÁCTICA—RAÍCES CUADRADAS

Resuelva.

1. $\sqrt{121}$ 3. $\sqrt{529}$ 5. $\sqrt{2704}$

2. $\sqrt{289}$ 4. $\sqrt{256}$ 6. $\sqrt{4489}$

7. ¿Entre qué par de números enteros se encuentra el valor de $\sqrt{28}$?

RESPUESTAS

1. 11   3. 23   5. 52   7. 5 y 6
2. 17   4. 16   6. 67

OBTENCIÓN DE RAÍCES CUADRADAS CON UNA CALCULADORA

La búsqueda de raíces cuadradas se hace mucho más fácil si utiliza una calculadora. Para problemas de raíces cuadradas que aparecen en la Parte I, siga el procedimiento siguiente:

Teclee el número cuya raíz cuadrada debe encontrar—por ejemplo, 6,084. Luego oprima la tecla *Shift* en el extremo superior izquierdo del teclado y a continuación oprima la tecla x^2. La respuesta será 78.

ORDEN DE LAS OPERACIONES

¿Ha escuchado alguna vez de "Plantar Es Muy Difícil Sin Regar"? Seguramente no, ya que es una frase inventada en este libro. Es una ayuda para recordar el orden de las operaciones al resolver oraciones matemáticas complejas.

Plantar Es Muy Difícil Sin Regar

1.—**P** significa **paréntesis**

2.—**E** significa **exponentes**

3.—**M** significa **multiplicar**

4.—**D** significa **dividir**

5.—**S** significa **sumar**

6.—**R** significa **restar**

Si tiene un problema que requiere sumar, multiplicar y luego trabajar con paréntesis, debe primero resolver los paréntesis, luego multiplicar, y finalmente sumar. Memorice el orden y sígalo siempre.

EJEMPLO

Resuelva: $\dfrac{(5+3)^2}{4}+27$

Paso uno: **P** (paréntesis) siempre va primero, así que trabaje con ellos.

5 + 3 = 8. Ahora el problema luce como sigue:

$$\dfrac{8^2}{4}+27$$

Paso dos: **E** (exponentes) van en segundo lugar, así que resuelva 8 × 8 = 64

$$\dfrac{64}{4}+27$$

Paso tres: **D** (división) es la operación siguiente en el orden requerido, así que solucione 64 ÷ 4 = 16

$$16+27$$

Paso cuatro: **S** (suma) es el último paso para este problema, así que resuelva 16 + 27 = 43

Respuesta: 43

PRÁCTICA—ORDEN DE LAS OPERACIONES

Resuelva las oraciones siguientes obedeciendo el orden de las operaciones.

1. $(43 - 19) + (16 - 14)(4)$

2. $\dfrac{48}{3}-6$

3. $\dfrac{(6+7+2)^3}{3}$

RESPUESTAS

1. 32   2. 10   3. 1125

LA MEDIA Y LA MEDIANA

Dos operaciones empleadas en el Examen de GED son la *media* y la *mediana*. Aunque una y otra le indican la manera de encontrar el *promedio* de un grupo de números, hay pequeñas diferencias entre ellas.

EJEMPLO

Tanya es una mesera en la cafetería de la calle Mercer. La semana pasada trabajó cinco días y ganó las propinas siguientes:

Lunes:	$36
Martes:	$42
Miércoles:	$28
Jueves:	$60
Viernes:	$89

Encuentre la media (la cantidad promedio) de sus propinas diarias según los cinco días que ha trabajado.

Paso uno: Sume todos los números.

$$(36 + 42 + 28 + 60 + 89) = 255$$

Paso dos: Cuente cuántos números usted sumó y divida su suma por esa cantidad.

$$5\overline{)255} \quad {}^{51}$$

Respuesta: La media de las propinas ganadas en esos cinco días es $51. Es cierto que Tanya nunca ganó $51 en ninguno de esos días, pero la media de $51 indica el **promedio** de propinas diarias.

La **mediana** es el número medio en un grupo de números puestos en orden. A veces ésta puede ser una operación sencilla, en la que basta con alinear los números en orden y elegir al que está en el justo medio. Otras veces, la situación es más complicada.

EJEMPLO UNO

Las puntuaciones de Joe en cinco exámenes del primer semestre fueron 86, 66, 75, 81 y 68. ¿Cuál es la puntuación mediana de David en ese semestre?

Paso uno: Alinee los números en orden.

66   68   75   81   86

Paso dos: Elija el número del medio: 75.

EJEMPLO DOS

Para el segundo semestre, las puntuaciones de David son 62, 88, 90, 85, 75 y 83. ¿Cuál es su puntuación mediana para el segundo semestre?

Paso uno: Alinee los números en orden.

62   75   83   85   88   90

Paso dos: Escoja el número del medio—pero aquí hay un problema. No hay número en el medio ya que tenemos una *cantidad par* de números. En tales situaciones, *escoja los **dos** números del medio y obtenga el promedio de ambos:*

62   75   83   85   88   90

Los dos números del medio son 83 y 85.

Sub-paso uno: 83 + 85 = 168

Sub-paso dos: 168 ÷ 2 = 84

Respuesta: La puntuación mediana de David para el segundo semestre es 84.

RECUERDE

La **media** es idéntica a la palabra **promedio**. La media requiere sumar todos los números necesarios y luego dividir esa suma por la cantidad de números que hay.

CONSEJO

La mediana, igual que la línea divisoria en una carrertera, es el número *medio* en un conjunto de números alineados en orden.

1. Kwan es un mensajero de bicicleta que trabaja tres veces por semana. El miércoles pedaleó 32 millas, el jueves hizo 48 millas y el viernes anduvo 34 millas. ¿Cuál fue la distancia media pedaleada durante esos días?

2. Usted es una agente de bienes raíces que determina los precios de propiedades en venta en la calle Beach. Los precios de cuatro casas son $960,000, $920,900, $1,010,500 y $910,000. Encuentre el precio de venta medio de las casas de la calle Beach.

3. Al competir en el campeonato de la liga, el equipo de bolos Tigres de Thompson hicieron juegos de 189, 207, 217 y 199 puntos. ¿Cuál es la puntuación media de este equipo?

RESPUESTAS

1. 38   2. $950,350   3. 203

NO SE DA SUFICIENTE INFORMACIÓN

A veces una pregunta es engañosa a propósito. Usted trata de encontrar la respuesta y no se da cuenta de que la pregunta no proporcionó suficiente información.

EJEMPLO

Los trabajadores forestales plantan árboles a razón de 12 por hora. ¿Cuánto tiempo tomará a dos trabajadores plantar 8 acres de terreno desbrozado?

- (a) 86 horas
- (b) 14 horas
- (c) 43 horas
- (d) 16 horas
- (e) No se da información suficiente

La respuesta correcta es (e). Usted debería saber cuántos árboles deben plantarse para poder calcular la respuesta. El tamaño del terreno no es información que venga al caso.

NOTA

No se tiente con demasiada frecuencia a responder "no se da información suficiente". Tal opción es correcta en sólo pocas ocasiones en la Prueba de Matemáticas.

PRÁCTICA—NO SE DA INFORMACIÓN SUFICIENTE

Una de las preguntas siguientes no provee información suficiente, mientras que la otra sí la provee.

1. Gerardo trabaja en el restorán de su tío 3 días por semana y recibe $115 al día más propinas. Trabaja dos días a la semana acarreando maderas por $90 diarios. ¿Cuál es su sueldo promedio en una semana típica?

- (1) $525
- (2) $105
- (3) $185
- (4) $95
- (5) No se da información suficiente

2. Un fontanero compra tuberías a $1 el pie. De una tubería de 15 pies el fontanero corta un pedazo de 9 pies de largo para ser usado en una construcción. ¿Cuál es el valor de la parte que no se usó?

    (1) $16

    (2) 15 – 11

    (3) $6

    (4) $8

    (5) No se da información suficiente

RESPUESTAS

1. 5   2. 3

GEOMETRÍA BÁSICA

En esta unidad deberá usted trabajar con rectángulos, cuadrados, paralelepípedos y cubos. Se mencionará el triángulo, pero éste se tratará en mayor detalle en el Capítulo 20. Los círculos se verán en el Capítulo 21. El Capítulo 24 abarcará conceptos geométricos más avanzados.

PERÍMETRO

El perímetro es la distancia alrededor de una figura. Es la suma de los largos de todos sus lados.

EJEMPLO UNO

Encuentre el perímetro del triángulo siguiente.

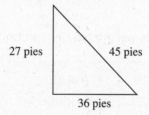

Para encontrar el perímetro, sume sus lados: 27 + 36 + 45 = 108 pies.

Nota: Siempre preste atención a las medidas que aparecen en el diagrama o que se piden en el problema. Si se trata de *pies*, asegúrese de que su respuesta sea en *pies*.

EJEMPLO DOS

Encuentre el perímetro del rectángulo siguiente.

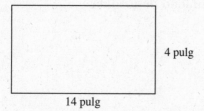

La fórmula para encontrar el perímetro de un rectángulo es:

$$P = 2(l) + 2(a)$$
$$l = \text{largo y } a = \text{ancho}$$

El *largo* de un rectángulo es su lado más largo y el *ancho* es su lado más corto.

Usted puede ver fácilmente que un rectángulo tiene dos largos y dos anchos—dos pares de lados opuestos—y que esos lados opuestos son iguales entre ellos.

En el rectángulo recién ilustrado, el largo = 14 pulg y el ancho = 4 pulg. Ahora usted puede emplear la fórmula para encontrar el perímetro.

$$P = 2(l) + 2(a)$$
$$P = 2(14) + 2(4)$$
$$P = 28 + 8$$
$$P = 36 \text{ pulg}$$

Respuesta: Perímetro = 36 pulg

EJEMPLO TRES

Encuentre el perímetro del cuadrado siguiente.

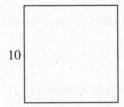

La fórmula para encontrar el perímetro de un cuadrado es:

$$P = 4(l)$$
$$l = \text{lado}$$

A diferencia de un rectángulo, los cuatro lados de un cuadrado son iguales. Así, para encontrar el perímetro de un cuadrado, debe multiplicar un lado × 4.

$$P = 4(l) \qquad P = 4(10) \qquad P = 40$$

Note que no hay unidad de medida al lado del 10. ¿10 qué? A veces verá esto en el Examen de GED. En tales casos, simplemente exprese su respuesta como un simple número sin unidad de medida.

Respuesta: $P = 40$

PRÁCTICA—ENCONTRAR EL PERÍMETRO

Encuentre el perímetro de las figuras siguientes.

1.

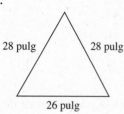

28 pulg   28 pulg

26 pulg

2.

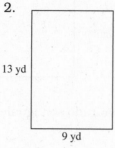

13 yd

9 yd

3.

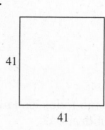

41

41

RESPUESTAS

1. 82 pulg   2. 44 yd   3. 164

ÁREA

El área de una figura es la medición de su superficie dentro de su perímetro.

EJEMPLO UNO

Un dormitorio es de 10 pies de largo y 12 pies de ancho. ¿Cuántos pies cuadrados de alfombra se necesitan para cubrir su suelo?

El dormitorio es rectangular. La fórmula para el área de un rectángulo es $A = la$.

Paso uno: Dibuje un diagrama. Cuando se trata de un problema verbal sobre geometría, siempre es buena idea dibujar un diagrama para ayudar a visualizar lo que usted necesita resolver.

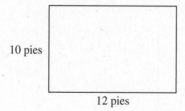

10 pies

12 pies

> **NOTA**
>
> $A = l(a)$
> o
> $A = la$
>
> Cuando las letras se ponen una al lado de otra, significa que se necesita multiplicarlas. En este caso, el **largo** por el **ancho**.

Paso dos: Emplee la fórmula para el área de un rectángulo para encontrar el área que necesita.

$A = la$

$A = 10(12)$

$A = 120$ pies *cuadrados*

> **Nota:** La palabra **cuadrado** siempre debe acompañar una respuesta relacionada con áreas, sin importar la forma de la figura. El concepto de una cantidad elevada al cuadrado puede expresarse de dos maneras:
>
> 1. 120 pies cuadrados
> 2. 120 pies^2

EJEMPLO DOS

Encuentre el área del cuadrado siguiente.

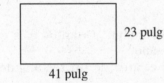

17 millas

Como todos los lados de un cuadrado son iguales, la fórmula para el área de un cuadrado es:

$$A = l^2$$

Por lo tanto, $A = 17^2$
$A = 17 \times 17$
$A = 289$

Respuesta: $A = 289$ millas cuadradas

PRÁCTICA—ÁREA

1.

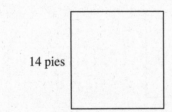

23 pulg

41 pulg

(a) encuentre el perímetro
(b) encuentre el área

2.

14 pies

(a) encuentre el perímetro
(b) encuentre el área

3. ¿Cuántos bloques cuadrados de 1 pie por 1 pie se necesitan para pavimentar un patio de 20 pies de largo y 12 pies de ancho?

RESPUESTAS

1. (a) 128 pulg   (b) 943 pulg^2
2. (a) 56 pies   (b) 196 pulg^2
3. 240

VOLUMEN

El volumen es la medida de la cantidad de espacio dentro de una figura tri-dimensional, como lo es un recipiente rectangular, un cubo o una esfera. El volumen nos dice cuánto pueden estas figuras contener en su interior.

EJEMPLO UNO

Encuentre el volumen del recipiente rectangular siguiente.

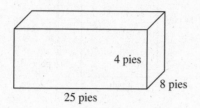

4 pies
8 pies
25 pies

La fórmula para encontrar el volumen de un recipiente rectangular es:

$$V = xyz$$
V = volumen
x = largo
y = ancho
z = alto
$$V = (x \times y \times z)$$

$V = 25 \times 8 \times 4 = 800$ pies **cúbicos**, o bien, 800 pies^3.

EJEMPLO DOS

Un recipiente en forma de cubo contiene arena. ¿Cuántos pies cúbicos de arena contendrá si uno de sus lados tiene 8 pies?

La fórmula para encontrar el volumen de un cubo es:

$$V = l^3 \qquad V = \text{volumen} \qquad l = \text{lado}$$

Como todos los lados de un cubo son iguales, no hay diferencia respecto a su largo, ancho y alto. Basta con elevar un lado a la tercera potencia.

Paso uno: Haga un diagrama.

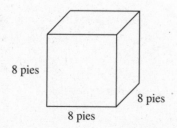

8 pies
8 pies
8 pies

Paso dos: Multiplique

$8 \times 8 \times 8 = 512$ pies cúbicos

CONSEJO DE MULTIPLICACIÓN

Una regla matemática llamada **propiedad asociativa** declara que usted puede agrupar tres números de cualquier modo para multiplicarlos: el resultado será siempre el mismo. Así, para encontrar el volumen, no se preocupe cuál es el alto, cuál es el largo y cuál es el ancho: simplemente multiplíquelos en cualquier orden.

PRÁCTICA—VOLUMEN

1. Encuentre el volumen de la figura siguiente.

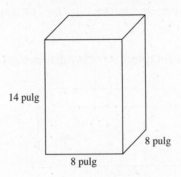

14 pulg

8 pulg

8 pulg

2. ¿Cuál es la diferencia de volumen entre un cubo de 13 pies y un cubo de 10 pies?

RESPUESTAS

1. 896 pulg^3 2. 1,197 pies^3

PRÁCTICA—REPASO DE FÓRMULAS GEOMÉTRICAS

¿Qué letra es la indicada para las mediciones siguientes? Escriba *P* para indicar *perímetro*, *A* para indicar *área* y *V* para indicar *volumen*.

1. ____ La cantidad de papel mural necesaria para cubrir las paredes de un cuarto.

2. ____ La cantidad de agua requerida para llenar una piscina.

3. ____ La cantidad de valla que necesita para cercar un patio.

4. ____ La cantidad de espacio que hay en el maletero de un coche.

5. ____ La cantidad de molduras necesaria para enmarcar un cielo raso.

6. ____ La cantidad de semillas necesaria para plantar un prado.

RESPUESTAS

1. A   2. V   3. P   4. V   5. P   6. A

REPASO DEL CAPÍTULO

Llene las cuadrículas de respuesta y use una calculadora donde ésta se indique.

1. ¿Qué valor posee el "6" en 462,103?

   (1) 600,000
   (2) 60
   (3) 62,000
   (4) 60,000
   (5) 16,000

Las preguntas 2 a 4 se basan en la información siguiente:

Jacqueline vuela 730 millas el martes, 1,250 millas el jueves y 681 millas el viernes.

2. Encuentre el número total de millas que ha volado en los tres días.

3. ¿Cuál es la mediana de las millas que Jacqueline voló?

4. ¿Cuál es el medio de las millas que voló?

5. Hay 454 globos que deben inflarse para la fiesta. Si hay 19 voluntarios para inflarlos, ¿cuántos globos debe inflar cada persona? ¿Cuántos globos sobrarán?

6. Por cada uno de sus 38 empleados municipales, la ciudad de Irvington paga $720 por año a una compañía aseguradora. ¿Cuál es el total pagado por la ciudad para proveer seguros a sus empleados?

7. Una joyería vende collares de oro a $135 cada uno. El viernes se hace una rebaja y su precio se reduce en $30. ¿Qué expresión representa el precio de cinco collares y un pendiente de diamantes?

   (1) 5(135)
   (2) 5(135 – 30)
   (3) 5(135 – 30) + 200

   (4) $\dfrac{135-30}{5}$

   (5) no se da información suficiente

8. Hay tres clases de alumnos de segundo grado en la escuela primaria de Rockford. Una clase tiene 21 estudiantes, otra tiene 26 y la tercera tiene 25. El director quisiera distribuir la población de alumnos de segundo grado en dos grupos para el período del almuerzo. ¿Qué expresión representa la separación de los alumnos de segundo grado en dos grupos?

   (1) $2(21 + 26 + 25)$

   (2) $\dfrac{21 + 26 + 25}{2}$

   (3) $(21 + 26) - (25 + 2)$

   (4) $\dfrac{2}{21 + 26 + 25}$

   (5) No se da información suficiente

9. Si viaja a 65 millas por hora, ¿cuánto le tomará a Ángela, aproximadamente, para manejar 310 millas?

   (1) entre 2 y 3 horas
   (2) entre 3 y 4 horas
   (3) entre 4 y 5 horas
   (4) entre 5 y 6 horas
   (5) muy cerca de 7 horas

10. Evalúe la ecuación siguiente: $5(8^3 - 4^3)$

   (1) 60
   (2) 620
   (3) 2,240
   (4) 1,860
   (5) 185

11. ¿El valor de $\sqrt{26}$ se encuentra entre cuál de los siguientes pares de números?

   (1) 2 y 13
   (2) 12 y 13
   (3) 4.4 y 4.5
   (4) 5 y 6
   (5) 8 y 9

Las preguntas 12 y 13 se basan en la información siguiente.

El almacén de repuestos automotrices de Smithville está abierto de lunes a viernes de las 9 A.M. hasta las 6 P.M. y los sábados desde las 9 A.M. hasta las 4 P.M. Tom, el cajero, gana $8 por hora y Susana, la administradora, gana $12 por hora.

12. ¿Qué expresión representa al total del número de horas durante las cuales el almacén está abierto en un período de cuatro semanas?

   (1) $4(9 + 7)$
   (2) $4(9 \times 5) + 4\,(7)$
   (3) $(4 + 12) + (5 \times 45)$
   (4) $45 + 7 + 4$
   (5) No se da información suficiente

13. ¿Cuánto más gana Susana que Tom durante una semana de trabajo de lunes a sábado?

   (1) $208
   (2) $126
   (3) $52
   (4) $108
   (5) $114

14. Dave trabaja con su camión de comida rápida cinco días por semana y usa hielo desmenuzado para enfriar sus botellas de refrescos. La información siguiente indica su gasto de hielo, por balde, para cada día de la semana.

   lunes—16
   martes—14
   miércoles—19
   jueves—21
   viernes—15

Si el negocio que expende hielo cobra $1.50 por balde, encuentre el costo promedio que Dave debe pagar por hielo cada día.

   (1) $14.50
   (2) $26.50
   (3) $127.50
   (4) $25.50
   (5) $19.50

15. El diagrama de abajo representa el plan de un piso para una oficina y un almacén. Si ambos pisos han de cubrirse con azulejos de 1 pulgada cuadrada que cuestan $4 cada uno, ¿cuánto costará comprar dichos azulejos para ambos cuartos?

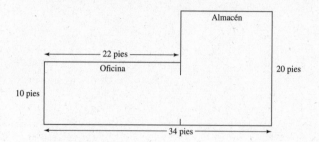

16. El diagrama de abajo muestra las dimensiones de una piscina. ¿Qué expresión representa el volumen máximo de pies cúbicos de agua que la piscina puede contener?

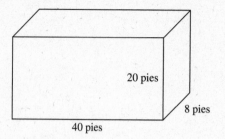

(1) 3(40 + 20 + 8)
(2) 3(8) + 3(40) + 3(20)
(3) (40 × 8) + (40 + 20)
(4) 8 × 20 × 40
(5) No se da información suficiente

Respuestas

1.	4	9.	3
2.	2,661	10.	3
3.	730	11.	4
4.	887	12.	2
5.	23s17	13.	1
6.	$27,360	14.	4
7.	5	15.	$1,840
8.	2	16.	4

Fracciones y Mediciones

CAPÍTULO **20**

CÓMO ESCRIBIR FRACCIONES

Una **fracción** de algo significa que es una parte de ese algo; por ejemplo, una pizza tiene ocho pedazos. Si usted toma un pedazo, éste equivale a $\frac{1}{8}$ (un octavo) de la pizza. Dos pedazos equivalen a $\frac{2}{8}$ (dos octavos), tres pedazos equivalen a $\frac{3}{8}$ (tres octavos), etc. En la fracción $\frac{3}{8}$, el número superior (3) se llama **numerador** y nos dice cuántas partes usted posee. El número inferior (8) se llama **denominador** y nos dice cuántas partes iguales hay en el todo.

$$\underline{3} \leftarrow \text{numerador}$$
$$8 \leftarrow \text{denominador}$$

Considere el cuadrado siguiente.

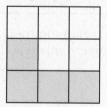

El cuadrado es un todo dividido en nueve partes iguales. Si cuatro de esas partes se oscurecen, tal como se ha hecho en el diagrama, el area oscura representa $\frac{4}{9}$ del cuadrado.

¿Qué fracción del cuadrado está oscurecida más abajo?

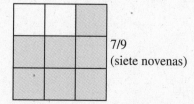

7/9
(siete novenas)

MATEMÁTICAS

Si todo el cuadrado queda oscurecido, la fracción se representaría como $\frac{9}{9}$ o bien **1**. Cualquier fracción cuyo numerador y denominador son iguales es una fracción *que equivale a uno*.

$$\frac{9}{9} = 1 \qquad \frac{12}{12} = 1 \qquad \frac{181}{181} = 1$$

TIPOS DE FRACCIONES

Debe usted familiarizarse con tres tipos de fracciones: fracciones propias, fracciones impropias y números mixtos.

- Las *fracciones propias* tienen numeradores que son más pequeños que sus denominadores y equivalen siempre a menos de uno. Por ejemplo, $\frac{1}{3}$, $\frac{5}{6}$ y $\frac{11}{12}$ son fracciones propias.

- Las *fracciones impropias* tienen numeradores que son mayores que sus denominadores o iguales a éstos. Por ejemplo, $\frac{7}{3}$, $\frac{9}{6}$ y $\frac{12}{12}$ son fracciones impropias.

- Los *números mixtos* constan de un número entero incluido a la izquierda de la fracción.

$3\frac{1}{2}$ (tres y medio)

$5\frac{5}{6}$ (cinco y cinco sextos es un número mixto)

NOTA

No hay nada malo ni "impropio" con las fracciones impropias. Se trata simplemente de un nombre matemático que se les ha dado para distinguirlas de las fracciones propias.

PRÁCTICA CON ESCRITURA DE FRACCIONES

Ponga una I para indicar una fracción impropia, una P para señalar una fracción propia y una M para un número mixto sobre las líneas en blanco al lado de cada número:

1. ___ $\frac{3}{8}$ 3. ___ $9\frac{3}{11}$ 5. ___ $\frac{1}{2}$

2. ___ $\frac{8}{5}$ 4. ___ $\frac{6}{6}$ 6. ___ $12\frac{1}{2}$

RESPUESTAS

1. **P**   2. **I**   3. **M**   4. **I**   5. **P**   6. **M**

FRACCIONES EQUIVALENTES Y REDUCCIÓN AL TÉRMINO MÍNIMO

Cuatro tajadas de pizza representan $\frac{4}{8}$ del pastel y esta fracción también es lo mismo que $\frac{1}{2}$ del pastel. Por lo tanto, decimos que $\frac{4}{8}$ son **equivalentes** a $\frac{1}{2}$ del pastel. Aun cuando los números del numerador y del denominador son más grandes, el valor de $\frac{4}{8}$ y $\frac{1}{2}$ son iguales. Note que en la fracción $\frac{4}{8}$ tanto el numerador como el denominador pueden dividirse por 4.

$$\underline{4} \div 4 = \underline{1}$$
$$8 \div 4 = 2$$

Este procedimiento se llama **reducción a sus términos mínimos**. Simplemente encuentre el número más grande que puede usarse para dividir tanto el numerador como el denominador y luego divida.

EJEMPLO

Reduzca las fracciones siguientes a sus términos mínimos.

$$\frac{5}{25} \qquad \frac{6}{9}$$

$$\underline{5} \div 5 = \underline{1} \qquad \underline{6} \div 3 = \underline{2}$$
$$25 \div 5 = 5 \qquad 9 \div 3 = 3$$

PRÁCTICA—*REDUCCIÓN A TÉRMINOS MÍNIMOS*

Reduzca las fracciones siguientes a sus términos mínimos.

1. $\frac{4}{8}$ 3. $\frac{40}{50}$ 5. $\frac{16}{48}$ 7. $\frac{51}{85}$

2. $\frac{12}{16}$ 4. $\frac{27}{36}$ 6. $\frac{14}{14}$

RESPUESTAS

1. $\frac{1}{2}$ 3. $\frac{4}{5}$ 5. $\frac{1}{3}$ 7. $\frac{3}{5}$

2. $\frac{3}{4}$ 4. $\frac{3}{4}$ 6. $\frac{1}{1}$

ELEVAR FRACCIONES A TÉRMINOS SUPERIORES

Al resolver problemas con fracciones, la **respuesta** debe expresarse en sus términos mínimos. Sin embargo, al resolver un problema con fracciones usted deberá a menudo hacer exactamente lo opuesto—elevarlas a términos superiores al mismo tiempo que las mantiene equivalentes. Para hacer esto, multiplique tanto el numerador como el denominador por el mismo número.

En casi todas las situaciones que requieren elevar a términos superiores, el denominador ya estará determinado y usted sólo deberá encontrar el numerador.

EJEMPLOS

Convierta $\frac{2}{3}$ a sextos

$$\frac{2}{3} = \frac{?}{6} \qquad \frac{2 \times 2 = 4}{3 \times 2 = 6}$$

Convierta $\frac{5}{8}$ a veinte cuartos

$$\frac{5}{8} = \frac{?}{24} \qquad \frac{5 \times 3 = 15}{8 \times 3 = 24}$$

PRÁCTICA--ELEVACIÓN A TÉRMINOS SUPERIORES

Añada el numerador apropiado de modo que las fracciones sean equivalentes.

1. $\frac{5}{8} = \frac{}{24}$ 3. $\frac{4}{5} = \frac{}{20}$ 5. $\frac{7}{8} = \frac{}{56}$

2. $\frac{3}{8} = \frac{}{16}$ 4. $\frac{9}{6} = \frac{}{18}$

RESPUESTAS

1. **15**   2. **6**   3. **16**   4. **27**   5. **49**

CONVERSIÓN DE FRACCIONES IMPROPIAS A NÚMEROS MIXTOS

A veces, la solución a un problema se expresará como una fracción impropia, la cual deberá convertirse a un número mixto.

EJEMPLO

$$\frac{11}{4} = 2\frac{3}{4}$$

Recuerde que las fracciones son problemas de división, de modo que $\frac{11}{4}$ pueden escribirse como $11 \div 4$ o bien $4\overline{)11}$.

$$\begin{array}{r} 2\ s3 \\ 4\overline{)11} \end{array} \qquad 2\ s3 \text{ es lo mismo que } 2\frac{3}{4}$$

Convierta las fracciones impropias siguientes a números mixtos o enteros. Reduzca cuando sea necesario.

1. $\dfrac{15}{2}$ 3. $\dfrac{26}{4}$ 5. $\dfrac{31}{10}$ 7. $\dfrac{33}{9}$

2. $\dfrac{27}{3}$ 4. $\dfrac{56}{7}$ 6. $\dfrac{46}{12}$

RESPUESTAS

1. $7\dfrac{1}{2}$ 3. $6\dfrac{1}{2}$ 5. $3\dfrac{1}{10}$ 7. $3\dfrac{2}{3}$

2. **9**   4. **8**   6. $3\dfrac{5}{6}$

SUMA Y RESTA DE FRACCIONES

Cuando los denominadores son los mismos, la suma y resta de fracciones es un procedimiento sencillo. Por ejemplo:

$$\frac{1}{5}+\frac{3}{5}=\frac{4}{5} \qquad \frac{5}{7}-\frac{3}{7}=\frac{2}{7}$$

Note que los denominadores permanecen inalterados y que los numeradores aumentan o disminuyen.

Resuelva las fracciones siguientes y, cuando sea necesario, reduzca a términos mínimos.

1. $\dfrac{5}{8}-\dfrac{3}{8}$ 3. $\dfrac{3}{11}+\dfrac{5}{11}$ 5. $\dfrac{3}{5}+\dfrac{4}{5}$

2. $\dfrac{1}{6}+\dfrac{3}{6}$ 4. $\dfrac{18}{21}-\dfrac{4}{21}$

RESPUESTAS

1. $\dfrac{1}{4}$ 3. $\dfrac{8}{11}$ 5. $1\dfrac{2}{5}$

2. $\dfrac{2}{3}$ 4. $\dfrac{2}{3}$

EL MÍNIMO COMÚN DENOMINADOR

Cuando los denominadores son **distintos**, las fracciones no pueden sumarse o restarse hasta que los denominadores no se hayan convertido a un mismo número, conocido como el **mínimo común denominador**, o **MCD**.

EJEMPLO UNO

Encuentre $\dfrac{5}{8} + \dfrac{1}{4}$

Las dos fracciones tienen denominadores distintos, de modo que usted no puede sumarlos tal como están. Como $\dfrac{5}{8}$ no pueden reducirse a cuartos, el mínimo común denominador que puede usarse para ambas fracciones son octavos. El ocho es divisible tanto por cuatro como por ocho.

   Paso uno: Elija el MCD. En este caso, son octavos.

   Paso dos: Convierta $\dfrac{1}{4}$ a $\dfrac{2}{8}$ elevándolo a un término superior.

   Paso tres: Sume $\dfrac{5}{8} + \dfrac{2}{8}$

Respuesta: $\dfrac{\mathbf{7}}{\mathbf{8}}$

EJEMPLO DOS

Encuentre $\dfrac{1}{2} + \dfrac{1}{6} + \dfrac{1}{8}$

Paso uno: Elija el MCD.

Esto es aquí un poco más difícil. Ninguno de los denominadores en el problema ($\overline{2}$, $\overline{6}$, u $\overline{8}$) puede usarse como MCD. Usted puede convertir $\dfrac{1}{2}$ a $\dfrac{4}{8}$ pero no puede convertir $\dfrac{1}{6}$ a octavos ($\overline{8}$) porque el ocho no es divisible por seis ya que hay un resto de dos. Y $\dfrac{1}{2}$ puede convertirse a $\dfrac{3}{6}$, pero los octavos no pueden convertirse a sextos.

Usted debe escoger el número menor por el cual los tres denominadores ($\overline{2}$, $\overline{6}$ y $\overline{8}$) sean divisibles. Este es un procedimiento que requiere tanteo. Usted ya sabe que 6 y 8 no sirven. ¿Qué tal el 10? El 10 es divisible por 2, pero no es divisible por 6 ni 8. ¿Qué tal el 12? El 12 es divisible por 2 y por 6, pero no es divisible por 8. ¿Qué tal el 16? El 16 es divisible por 2 y 8, pero no por 6. De este modo, usted llegará al **24**. El 24 es el número **más pequeño** que es divisible por 2, 6 y 8. Por lo tanto, el 24 es el **MCD** que se empleará para resolver el problema. Esto puede parecer un procedimiento demasiado largo, pero con la práctica usted irá encontrando el MCD con mayor rapidez.

   Paso dos: Convierta $\dfrac{1}{2}$ a $\dfrac{12}{24}$, $\dfrac{1}{6}$ a $\dfrac{4}{24}$, y $\dfrac{1}{8}$ a $\dfrac{3}{24}$

   Paso tres: Sume $\dfrac{12}{24} + \dfrac{4}{24} + \dfrac{3}{24}$

Respuesta : $\dfrac{\mathbf{19}}{\mathbf{24}}$

PRÁCTICA—SUMA Y RESTA CON MCD

Encuentre el MCD y luego sume o reste. Reduzca las respuestas a términos mínimos cuando sea necesario.

1. $\dfrac{2}{7} + \dfrac{3}{21}$ 4. $\dfrac{5}{7} + \dfrac{3}{4}$ 7. $\dfrac{7}{10} - \dfrac{1}{3}$

2. $\dfrac{5}{6} - \dfrac{1}{3}$ 5. $\dfrac{3}{16} + \dfrac{1}{12} + \dfrac{1}{4}$ 8. $\dfrac{2}{3} + \dfrac{1}{6} - \dfrac{4}{9}$

3. $\dfrac{1}{4} + \dfrac{1}{6}$ 6. $\dfrac{8}{15} - \dfrac{1}{3}$

RESPUESTAS

1. $\dfrac{3}{7}$ 4. $1\dfrac{13}{28}$ 7. $\dfrac{11}{30}$

2. $\dfrac{1}{2}$ 5. $\dfrac{25}{48}$ 8. $\dfrac{7}{18}$

3. $\dfrac{5}{12}$ 6. $\dfrac{1}{5}$

COMPARACIÓN Y ORDENAMIENTO DE FRACCIONES

Para comparar y ordenar fracciones con distintos denominadores: (1) encuentre el MCD, (2) convierta las fracciones elevando a términos superiores cuando sea necesario, (3) compare los numeradores.

EJEMPLO UNO

Determine cuál de las fracciones siguientes es la más grande:

$\dfrac{2}{5}$ $\dfrac{1}{3}$

Paso uno: Encuentre el MCD: $\dfrac{}{15}$

Paso dos: Convierta: $\dfrac{2}{5} = \dfrac{6}{15}$ $\dfrac{1}{3} = \dfrac{5}{15}$

Paso tres: Compare: $\dfrac{6}{15}\left(\dfrac{2}{5}\right)$ es mayor que $\dfrac{5}{15}\left(\dfrac{1}{3}\right)$ por $\dfrac{1}{15}$

Respuesta: $\dfrac{2}{5}$ es mayor

EJEMPLO DOS

Ordene las fracciones siguientes de mayor a menor:

$$\frac{7}{8} \quad \frac{5}{6} \quad \frac{7}{12} \quad \frac{3}{4}$$

Paso uno: Encuentre el MCD: use $\dfrac{}{24}$

Paso dos: Convierta:

$$\frac{7}{8} = \frac{21}{24} \qquad \frac{5}{6} = \frac{20}{24} \qquad \frac{7}{12} = \frac{14}{24} \qquad \frac{3}{4} = \frac{18}{24}$$

Paso tres: Compare y ponga en orden:

$$\frac{7}{8}\left(\frac{21}{24}\right) \quad \frac{5}{6}\left(\frac{20}{24}\right) \quad \frac{3}{4}\left(\frac{18}{24}\right) \quad \frac{7}{12}\left(\frac{14}{24}\right)$$

PRÁCTICA—COMPARACIÓN Y ORDENAMIENTO DE FRACCIONES

Escoja la fracción más grande de cada par.

1. $\dfrac{5}{8} \quad \dfrac{9}{16}$

2. $\dfrac{5}{12} \quad \dfrac{4}{9}$

3. $\dfrac{1}{3} \quad \dfrac{2}{7}$

4. Ordene las fracciones siguientes, de más pesada a más ligera:

$$\frac{1}{4}\text{lb.} \quad \frac{3}{8}\text{lb.} \quad \frac{3}{5}\text{lb.} \quad \frac{3}{10}\text{lb.}$$

5. Ordene las fracciones siguientes, de más corta a más larga.

$$\frac{5}{8} \quad \frac{7}{32} \quad \frac{9}{16} \quad \frac{3}{4}$$

RESPUESTAS

1. $\dfrac{5}{8}$

2. $\dfrac{4}{9}$

3. $\dfrac{1}{3}$

4. $\dfrac{3}{5}, \dfrac{3}{8}, \dfrac{3}{10}, \dfrac{1}{4}$

5. $\dfrac{7}{32}, \dfrac{9}{16}, \dfrac{5}{8}, \dfrac{3}{4}$

CÓMO TRABAJAR CON NÚMEROS MIXTOS

SUMA

EJEMPLO UNO

$$\frac{7}{8} + \frac{5}{8} = \frac{12}{8}$$

Este es un ejemplo bien sencillo, pero $\frac{12}{8}$ debe convertirse a un número mixto.

$$\frac{12}{8} = 1\frac{4}{8} = 1\frac{1}{2}$$
$$\frac{7}{8} + \frac{5}{8} = 1\frac{1}{2}$$

EJEMPLO DOS

$$14\frac{3}{4} + 2\frac{3}{5}$$

Paso uno: Empleando el MCD, convierta las fracciones para poder sumarlas.

$$14\frac{3}{4} = 14\frac{15}{20}$$
$$+2\frac{3}{5} = \ 2\frac{12}{20}$$
$$\overline{\qquad\qquad 16\frac{27}{20}}$$

Paso dos: Convierta la fracción a un número mixto.

$$\frac{27}{20} = 1\frac{7}{20}$$

y súmelo al 16

$$16 + 1\frac{7}{20} = 17\frac{7}{20}$$

RESTA Y "PEDIR PRESTADO"

Para restar números mixtos, usted debe "pedir prestado". Así es como se hace:

EJEMPLO

$$5\frac{1}{6} - 2\frac{5}{6}$$

$$5\frac{1}{6}$$
$$-2\frac{5}{6}$$
$$\overline{\qquad\qquad}$$

El problema es que usted no puede restar 5 a 1. La solución es pedir prestado al número de la columna a la izquierda, del mismo modo que usted lo haría al trabajar con números enteros. Usted toma prestado 1 al 5, el cual se convierte en un 4. Luego convierte el 1 que ha tomado prestado en sextos. Recuerde que $1 = \frac{6}{6}$. Sume estos $\frac{6}{6}$ al $\frac{1}{6}$, el cual se convierte ahora en $\frac{7}{6}$.

$$^4\cancel{5}\frac{1}{6} + \frac{6}{6} = 4\frac{7}{6}$$
$$-2\frac{5}{6}$$
$$2\frac{2}{6} = 2\frac{1}{3}$$

Siempre convierta el 1 que ha tomado prestado en lo que el denominador especifique. Si se trata de octavos, añadirá $\frac{8}{8}$, y si se trata de doceavos, añadirá $\frac{12}{12}$ a la fracción existente.

RECUERDE

Al tomar prestado, NO basta con añadir un 1 al numerador, como sería el caso con números enteros. Usted debe convertir el 1 "tomado en préstamo" a un número que es igual al denominador de la fracción.

PRÁCTICA—SUMA Y RESTA CON NÚMEROS MIXTOS

Sume o reste. Exprese las respuestas como números mixtos cuando sea necesario. Reduzca a términos mínimos.

1. $\frac{7}{9} + \frac{5}{9}$

2. $12\frac{1}{8} - 5\frac{5}{8}$

3. $\frac{3}{4} + \frac{5}{6}$

4. $41\frac{1}{3} - 18\frac{5}{9}$

5. $16\frac{7}{8} + 12\frac{9}{16}$

6. $36\frac{5}{12} - 19\frac{17}{24}$

7. $9\frac{2}{5} + 8\frac{2}{3} + 7\frac{11}{15}$

RESPUESTAS

1. $1\frac{1}{3}$

2. $6\frac{1}{2}$

3. $1\frac{7}{12}$

4. $22\frac{7}{9}$

5. $29\frac{7}{16}$

6. $16\frac{17}{24}$

7. $25\frac{4}{5}$

MULTIPLICACIÓN

En cierta manera, la multiplicación de fracciones es más fácil que su suma y resta. Usted no tiene que preocuparse de encontrar un mínimo común denominador, pues basta con multiplicar los numeradores de las fracciones y luego los denominadores, reduciendo a términos mínimos cuando es necesario.

EJEMPLO UNO

Resuelva $\dfrac{5}{8} \times \dfrac{1}{3}$

$$\dfrac{5 \times 1}{8 \times 3} = \dfrac{5}{24}$$

Al multiplicar fracciones, todos los números mixtos deben convertirse a fracciones impropias y todos los números enteros deben tener $\dfrac{}{1}$ como denominador. Vea el ejemplo siguiente.

EJEMPLO DOS

Resuelva $5\dfrac{3}{4} \times 7$

Paso uno: Convierta a fracciones impropias.

$$5\dfrac{3}{4} = \dfrac{23}{4} \qquad 7 = \dfrac{7}{1}$$

Paso dos: Multiplique.

$$\dfrac{23}{4} \times \dfrac{7}{1} = \dfrac{161}{4}$$

Paso tres: Divida y convierta a número mixto.

$$\dfrac{161}{4} = 40\dfrac{1}{4}$$

CONVERSIÓN DE NÚMEROS MIXTOS A FRACCIONES IMPROPIAS

¿Cómo obtuvimos $\dfrac{23}{4}$ de $5\dfrac{3}{4}$ en el Primer paso arriba? He aquí como:

Paso uno: Multiplique el denominador de la fracción por el número entero a su izquierda.

$$5\dfrac{3}{4} \qquad (5 \times 4 = 20)$$

Paso dos: Tome el producto del Primer paso (20) y súmelo al numerador.

$$(20 + 3 = 23)$$

Paso tres: Coloque el "nuevo" numerador (23) sobre el mismo denominador (4).

$$5\dfrac{3}{4} = \dfrac{23}{4}$$

Convierta las cantidades siguientes a fracciones impropias.

1. $2\dfrac{3}{8}$

4. $11\dfrac{3}{4}$

2. $14\dfrac{1}{2}$

5. $20\dfrac{13}{16}$

3. $9\dfrac{6}{7}$

RESPUESTAS

1. $\dfrac{19}{8}$

4. $\dfrac{47}{4}$

2. $\dfrac{29}{2}$

5. $\dfrac{333}{16}$

3. $\dfrac{69}{7}$

USO DE LA ANULACIÓN CRUZADA EN MULTIPLICACIÓN

CONSEJO

"Diagonal" significa "cruzado".

diagonal

Este procedimiento reduce el tamaño de los numeradores y denominadores, haciendo así más fácil la multiplicación. He aquí dicho procedimiento:

Mire al numerador y al denominador diagonalmente opuesto a él. Vea si hay un número por el cual uno y otro puedan dividirse. Elija el número común a ambos que sea el **más elevado** y divídalos por ese número. Tache los números viejos y reemplácelos con los números nuevos (menores). Luego multiplique horizontalmente para encontrar la respuesta.

EJEMPLO

Resuelva $\dfrac{5}{18} \times \dfrac{9}{20}$

Paso uno: Examine las relaciones diagonales. Tanto el 18 y el 9 pueden dividirse por 9 y tanto el 20 como el 5 pueden dividirse por 5.

Paso dos: Tache los números viejos y reemplácelos con los números nuevos.

$$\dfrac{\overset{1}{\cancel{5}}}{\underset{2}{\cancel{18}}} \times \dfrac{\overset{1}{\cancel{9}}}{\underset{4}{\cancel{20}}}$$

Paso tres: Multiplique horizontalmente los nuevos números.

$$\dfrac{1}{2} \times \dfrac{1}{4} = \dfrac{1}{8}$$

Práctica—Multiplicación de fracciones

Resuelva las fracciones siguientes, empleando la anulación cruzada cuando sea posible. Reduzca cuando sea necesario.

1. $\dfrac{1}{4} \times \dfrac{5}{8}$

2. $\dfrac{5}{6}\left(\dfrac{8}{15}\right)$

3. $\dfrac{1}{8}\left(4\dfrac{2}{3}\right)$

4. $9 \times 5\dfrac{1}{4}$

5. $\dfrac{3}{15} \times \dfrac{5}{18} \times \dfrac{6}{7}$

6. $11\dfrac{3}{4} \times \dfrac{8}{94}$

RESPUESTAS

1. $\dfrac{5}{32}$

2. $\dfrac{4}{9}$

3. $\dfrac{7}{12}$

4. $47\dfrac{1}{4}$

5. $\dfrac{1}{21}$

6. 1

DIVISIÓN DE FRACCIONES

La división de fracciones aparece con poca frecuencia en el Examen de GED. La regla requiere invertir el numerador y el denominador de la segunda fracción y luego realizar una multiplicación.

EJEMPLO

$\dfrac{5}{8} \div \dfrac{1}{4}$

Paso uno: Invierta la segunda fracción, de modo que $\dfrac{1}{4}$ se convierta en $\dfrac{4}{1}$.

Paso dos: Convierta la división en una multiplicación. $\dfrac{5}{8} \times \dfrac{4}{1}$

Paso tres: Realice la anulación cruzada y multiplique. $\dfrac{5}{{}_2 8} \times \dfrac{4^1}{1} = \dfrac{5}{2}$

Paso cuatro: Reduzca $\dfrac{5}{2} = 2\dfrac{1}{2}$

Respuesta: $\dfrac{5}{8} \div \dfrac{1}{4} = 2\dfrac{1}{2}$

PRÁCTICA—DIVISIÓN DE FRACCIONES

Resuelva:

1. $\dfrac{3}{8} \div \dfrac{3}{4}$

2. $5\dfrac{1}{3} \div \dfrac{4}{15}$

3. $26 \div \dfrac{2}{5}$

4. $9 \div 1\dfrac{1}{4}$

RESPUESTAS

1. $\dfrac{1}{2}$

2. **20**

3. **65**

4. $7\dfrac{1}{5}$

EJERCICIOS DE REPASO—OPERACIONES BÁSICAS CON FRACCIONES

Resuelva:

1. $\dfrac{3}{8} + \dfrac{7}{8}$

2. $\dfrac{8}{11} - \dfrac{5}{11}$

3. $4\dfrac{1}{4} + 3\dfrac{5}{8}$

4. $19\dfrac{1}{3} + 5\dfrac{5}{6} + \dfrac{2}{9}$

5. $8\dfrac{1}{5} - 3\dfrac{3}{5}$

6. $\dfrac{1}{3} \times \dfrac{9}{17}$

7. $\dfrac{5}{8}\left(\dfrac{1}{3} + \dfrac{3}{5}\right)$

8. $1\dfrac{3}{4}\left(\dfrac{8}{11}\right)$

9. $\left(3\dfrac{1}{4} + \dfrac{1}{8}\right) - \left(\dfrac{5}{16} + \dfrac{1}{4}\right)$

10. $2\dfrac{5}{8} \div 1\dfrac{1}{4}$

11. Ponga las fracciones siguientes en orden, de la más corta a la más larga:

$$\dfrac{1}{2} \text{ milla}, \quad \dfrac{5}{12} \text{ milla}, \quad \dfrac{3}{4} \text{ milla}, \quad \dfrac{4}{9} \text{ milla}$$

RESPUESTAS

1. $1\dfrac{1}{4}$

2. $\dfrac{3}{11}$

3. $7\dfrac{7}{8}$

4. $25\dfrac{7}{18}$

5. $4\dfrac{3}{5}$

6. $\dfrac{3}{17}$

7. $\dfrac{7}{12}$

8. $1\dfrac{3}{11}$

9. $2\dfrac{13}{16}$

10. $2\dfrac{1}{10}$

11. $\dfrac{5}{12}, \dfrac{4}{9}, \dfrac{1}{2}, \dfrac{3}{4}$

USO DE LA CALCULADORA EN PROBLEMAS CON FRACCIONES

Una calculadora puede ser de gran ayuda para todas las operaciones básicas relacionadas con fracciones. Con una calculadora no es necesario encontrar el MCD, ya que ésta lo encuentra automáticamente. Además, le provee respuestas en forma de "número mixto".

EJEMPLO UNO

$\frac{3}{4} + 1\frac{5}{7}$

Oprima: $\boxed{3}$ $\boxed{a\,b/c}$ $\boxed{4}$ $\boxed{+}$ $\boxed{1}$ $\boxed{a\,b/c}$ $\boxed{5}$ $\boxed{a\,b/c}$ $\boxed{7}$ $\boxed{=}$

Respuesta: 2 ⌟ 13 ⌟ 28   o $2\frac{13}{28}$

Una calculadora puede además convertir fracciones impropias a números mixtos.

EJEMPLO DOS

Convierta $\frac{43}{3}$ a un número mixto.

Oprima: $\boxed{43}$ $\boxed{a\,b/c}$ $\boxed{3}$ $\boxed{=}$

Respuesta: $14\frac{1}{3}$

FRACCIONES Y CUADRÍCULAS DE RESPUESTA

Es importante recordar que los números mixtos no pueden anotarse en la cuadrícula de respuestas.

Digamos que la respuesta a un problema es $4\frac{1}{4}$. Usted debe anotarla como $\frac{17}{4}$ o bien en su forma decimal, 4.25. La conversión de fracciones a decimales se tratará también en el Capítulo 21.

Cualquiera de estas respuestas es correcta:

TRIÁNGULOS

Usted ya sabe que para calcular el perímetro de un triángulo debe sumar sus lados. Encontrar su área es un poco más complicado. Primero, debe usted identificar dos partes del triángulo que son la base y la altura.

La base es generalmente el "fondo" del triángulo, es decir, el lado perpendicular a su altura. La intersección de la base y la altura forma un ángulo de 90 grados, o bien, un ángulo recto.

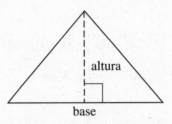

La altura casi siempre se indica por una línea vertical de puntos. Sólo cuando el triángulo es un **triángulo rectángulo** no se marca la altura con una línea de puntos. Estudie los diagramas de abajo para familiarizarse con la base y la altura.

CONSEJO

"Vertical" significa "arriba y abajo".

v
e
r
t
i
c
a
l

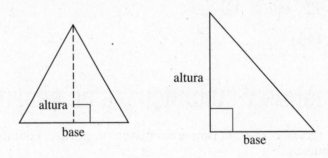

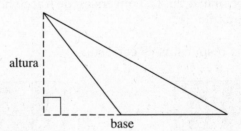

ÁREA DE UN TRIÁNGULO

La fórmula para el área de un triángulo es

$$A = \frac{1}{2}ba \quad \textit{(b: base, a: altura)}$$

Es más fácil trabajar con esta fórmula si la separamos en dos pasos de operación:

$$\frac{1}{2}(b \times a)$$

Primero trabaje con las cantidades contenidas dentro de los paréntesis, es decir, multiplique la base por la altura. Luego multiplique esa cantidad por $\frac{1}{2}$.

EJEMPLO

Encuentre el área del triángulo siguiente.

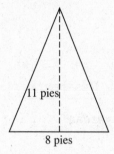

$$A = \frac{1}{2}(b \times a) \quad A = \frac{1}{2}(8 \times 11) \quad A = \frac{1}{2}(88)$$

$A = 44$ pies cuadrados (recuerde que el área siempre se representa en unidades elevadas al **cuadrado**).

PRÁCTICA—ÁREA DE TRIÁNGULOS

Encuentre el área de los triángulos siguientes.

1.

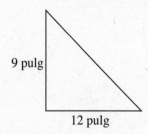

3.

2.

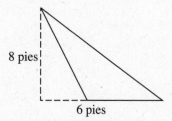

4.

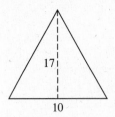

¿Qué expresión representa el área del triángulo de arriba?

(a) 17(10 + 2)

(b) $\dfrac{17}{2} \times \dfrac{1}{10}$

(c) $\dfrac{1}{2}(17 + 10)$

(d) $\dfrac{17 \times 10}{2}$

(e) $\dfrac{1}{2}(17 - 10)$

RESPUESTAS

1. **54 pies^2**   3. **560 yardas^2**

2. **24 pies^2**   4. **(d)**

PARALELÓGRAMOS

Los paralelógramos son similares a los rectángulos. Poseen cuatro lados y cada par de lados opuestos es paralelo e igual. La fórmula para el área de un paralelógramo es:

$$A = ba \text{ (área = base} \times \text{altura)}$$

EJEMPLO

Encuentre el área del paralelógramo siguiente.

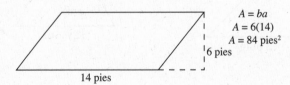

$A = ba$
$A = 6(14)$
$A = 84$ pies^2

6 pies

14 pies

PRÁCTICA—PARALELÓGRAMOS

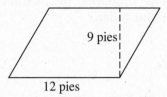

9 pies

12 pies

1. Encuentre el área del paralelógramo de arriba.

7 pulg

2. Si el área del paralelógramo de arriba es de 56 pulgadas cuadradas, encuentre la base.

RESPUESTAS

1. **108 pies²**   2. **8 pulg**

PATRONES DE MEDIDA

Muchas de las preguntas de la Prueba de Matemáticas ponen a prueba sus conocimientos sobre conversión de medidas. Usted debiera familiarizarse muy bien con las medidas que aparecen a continuación.

Tiempo

1 año = 12 meses = 52 semanas = 365 días

1 semana = 7 días

1 día = 24 horas (hr)

1 hora = 60 minutos (min)

1 minuto = 60 segundos (seg)

Medidas líquidas

1 pinta = 16 onzas (oz)

1 cuarto = 32 oz

1 galón = 4 cuartos (qt)

Longitud

1 pie = 12 pulg   1 yarda (yd) = 3 pies = 36 pulg

Peso

1 libra (lb) = 16 oz   1 tonelada (ton) = 2,000 lb

A veces deberá usted convertir unidades de medida grandes a unidades de medida pequeñas y viceversa. Algunos términos pueden expresarse de dos maneras distintas: (1) en dos unidades de medida, y (2) como fracción o número mixto. Familiarícese con todas.

EJEMPLO UNO

Convierta 40 onzas a cuartos.

Respuesta 1:   40 oz. = 1 qt. 8 oz.
(32 oz es un cuarto—8 oz es el "sobrante")

Respuesta 2:   40 oz. = $1\frac{1}{2}$ qts. (32 oz. es un cuarto— $\frac{8}{32}$ es $\frac{1}{4}$ qt.)

EJEMPLO DOS

Convierta $2\frac{1}{2}$ días a horas.

$$2\frac{1}{2}(24) = \frac{5}{2} \times \frac{24}{1} = 60 \text{ horas}$$

RELACIONES DE PARTE A TODO

Una fracción representa una relación de una parte al todo. Al convertir unidades de medida, esta relación $\frac{\text{parte}}{\text{todo}}$ es muy útil.

EJEMPLO

Convierta 45 minutos en horas.

Usted sabe que 45 minutos representan menos de una hora. Por lo tanto, 45 minutos van a ser una fracción (o parte) de la hora (el todo), la cual está hecha de 60 minutos. Para resolver el problema, haga una fracción en la cual la parte (45) es el numerador y el todo (60) es el denominador. Luego reduzca.

$$\frac{45}{60} = \frac{3}{4} \text{ hr}$$

PRÁCTICA—UNIDADES ESTÁNDAR DE MEDIDA

1. Convierta 6,500 lb a: (a) toneladas (b) toneladas y libras.

2. Convierta 18 meses a: (a) años (b) años y meses.

3. Convierta 260 segundos a: (a) minutos (b) minutos y segundos.

4. Convierta 17 pies a: (a) yardas (b) yardas y pies.

Empleando la relación de *parte/todo*, convierta cada una de las medidas siguientes a una fracción de las unidades enteras indicadas.

5. 1 qt = _____ gal

6. 28 pulg = _____ yd

7. 18 hr = _____ día

8. 9 meses = _____ año

Empleando multiplicación, convierta las medidas siguientes.

9. $6\frac{1}{2}$ toneladas = ____ lb

11. $8\frac{3}{4}$ pies = ____ pulg

10. 5 años = ____ ms

12. $19\frac{1}{2}$ qt = ____ oz

RESPUESTAS

1. (a) $3\frac{1}{4}$ **ton** (b) **3 ton, 500 lb**   7. $\frac{3}{4}$

2. (a) $1\frac{1}{2}$ **años** (b) **1 año, 6 ms**   8. $\frac{3}{4}$

3. (a) $4\frac{1}{3}$ **min** (b) **4 min 20 seg**   9. **13,000**

4. (a) $5\frac{2}{3}$ **yd** (b) **5 yd, 2 pies**   10. **60**

5. $\frac{1}{4}$ 11. **105**

6. $\frac{7}{9}$ 12. **624**

EL SISTEMA MÉTRICO DE MEDICIÓN

En el Examen de GED no se le pedirá que haga conversiones precisas del sistema inglés al sistema métrico. No obstante, usted debiera familiarizarse con éste.

Medidas líquidas

1 litro (l): aproximadamente 1 quarto de galón

1 mililitro (ml): $\frac{1}{1000}$ de 1 litro

Peso

1 gramo (g): $\frac{1}{28}$ de 1 onza

1 miligramo (mg): $\frac{1}{1000}$ de 1 gramo

1 kilogramo (kg): 1000 gramos (2.2 lb)

Longitud

1 metro (m): 39 pulgadas

1 milimetro (mm): $\frac{1}{1000}$ de 1 metro

1 kilómetro (km): 1000 metros (0.6 de 1 milla)

PROBLEMAS VERBALES CON FRACCIONES

RELACIONES DE PARTE A TODO

La relación de parte a todo es un factor importante en la resolución de muchos problemas verbales. Vea cómo puede aplicar esta relación:

EJEMPLO UNO

De 42 personas que trabajan en un Examen de GED, 28 son hombres. Encuentre la fracción que indique la parte correspondiente a los hombres.

La **parte** que usted necesita es el número de hombres que están en el examen, es decir, 28. El **todo** es el número total de personas que trabajan en el examen—42.

$$\frac{\text{parte}}{\text{todo}} = \frac{28}{42} = \frac{2}{3}$$

Respuesta: $\dfrac{2}{3}$ de los que trabajaban en el examen eran hombres.

A veces, el **todo** no será mencionado y usted deberá encontrarlo sumando las partes.

EJEMPLO DOS

José puso en su maleta 10 pares de calcetines negros, 12 pares de calcetines blancos y 2 pares de calcetines a rayas. ¿Qué parte fraccionaria representan los calcetines blancos?

La **parte** corresponde a 12, pero el todo no se conoce. Usted debe sumar 10, 12 y 2 para obtenerlo.

$$\frac{12}{10+12+2} = \frac{12}{24} = \frac{1}{2}$$

PRÁCTICA—RELACIÓN DE PARTE A TODO

Resuelva.

1. El equipo de hockey de Kingsford consta de 27 muchachas, 18 de las cuales son estudiantes de último año. ¿Qué parte fraccionaria corresponde a estas 18 estudiantes?

2. De los 736 votantes inscritos en Youngstown, 552 votaron en las últimas elecciones. ¿Qué parte fraccionaria de la población no votó?

3. Una clase de cuarto año en la escuela preparatoria de Bucksville realizó una encuesta sobre sabores favoritos de helados. Quince miembros de la clase escogieron chocolate como su sabor favorito, 8 eligieron vainilla, 2 prefirieron pistacho y 5 escogieron otros sabores distintos. ¿Qué expresión puede usarse para encontrar la parte fraccionaria de los que prefirieron el chocolate?

(a) $\dfrac{15}{4} + \dfrac{(8+5+2)}{4}$

(c) $\dfrac{15}{15+8+2+5}$

(b) $\dfrac{30}{15}$

(d) $\dfrac{(8+2+15)-15}{4}$

1. $\dfrac{2}{3}$ 2. $\dfrac{1}{4}$ 3. **(c)**

"DE" SIGNIFICA "MULTIPLIQUE"

Quizás parezca extraño, pero es algo que es importante recordar. La palabra "de" casi siempre significa que usted debe multiplicar, sobre todo cuando se trata de un problema de fracciones.

EJEMPLO

En un concierto, $\dfrac{1}{6}$ de los 636 que asistieron eran ancianos. ¿Cuántos ancianos asistieron?

$$\frac{1}{6} \textbf{ de } 636 = \frac{1}{6} \times \frac{636}{1} = \frac{636}{6} = 106 \text{ ancianos}$$

PRÁCTICA—"DE" SIGNIFICA "MULTIPLIQUE"

Resuelva.

1. La Asociación de Padres y Maestros de Granville gasta $\dfrac{1}{4}$ de su presupuesto anual en becas. Si el presupuesto es de $18,240, ¿a cuánto equivale la parte fraccional?

2. Ana dio una prueba de historia que consistió de 75 preguntas, $\dfrac{2}{5}$ de las cuales eran de opción múltiple mientras que el resto eran de respuesta única. ¿Cuántas de las respuestas eran de respuesta única?

1. **4560**   2. **45**

RAZÓN

La razón no es más que otro modo de expresar una parte fraccionaria de algo. Su aspecto es un tanto distinto (ejemplo: la razón 1:3 corresponde a $\dfrac{1}{3}$) y suena distinto (cuando uno se refiere a 1:3, dice "una razón de uno a tres"), pero su "funcionamiento" es exactamente como el de una fracción.

EJEMPLO

Hay 54 empleados en una oficina, 18 de los cuales son hombres. ¿Cuál es la razón de hombres a mujeres en la oficina?

Paso uno: Como el número de mujeres no ha sido indicado, debe encontrarse.

54 (total) – 18 hombres = 36 mujeres

Paso dos: Establezca la razón en el orden que se pidió (hombres:mujeres), es decir, 18:36.

Paso tres: Convierta la razón a una fracción y reduzca: $\dfrac{18}{36} = \dfrac{1}{2}$

Paso cuatro: Cambie de vuelta a una razón cuando exprese la respuesta.

Respuesta: 1:2 es la razón de hombres a mujeres.

Práctica—razón

1. Una impresora de computadora vale $238 y su cartucho de tinta vale $34. ¿Cuál es la razón del precio del cartucho al precio de la impresora?

2. Un estudiante da un examen que tiene 100 preguntas y responde incorrectamente a 5 preguntas. ¿Cuál es la razón del número de preguntas que respondió correctamente al número de preguntas que contestó incorrectamente?

Respuestas

1. **7 : 1**   2. **19 : 1**

PROBABILIDAD

Se dice que la probabilidad de obtener un 3 al arrojar un dado es de 1 en 6, o $\dfrac{1}{6}$. El numerador representa cuántas oportunidades hay de que cierto evento ocurra (en este caso, obtener un 3) y el denominador representa el número total de posibilidades. En este caso hay 6 diferentes números (incluyendo el 3) que pueden ocurrir. Es éste otro caso de una relación de parte a todo.

EJEMPLO

Se ponen en un cajón 8 latas de cerveza, 4 latas de soda y 12 latas de refrescos. ¿Cuál es la probabilidad de que una persona busque a tientas y saque una lata de refresco?

Paso uno: Calcule el número total de posibilidades con el fin de obtener un denominador.

$$8 + 4 + 12 = 24$$

use $\dfrac{}{24}$ como denominador.

Paso dos: Obtenga un numerador que represente el número de refrescos que hay en el cajón.

$$\dfrac{12}{24} = \dfrac{1}{2}$$

Respuesta: La probabilidad de sacar un refresco es de $\dfrac{1}{2}$.

¿Y la probabilidad de sacar una soda?

Paso uno: Obtenga un denominador: $\dfrac{}{24}$

Paso dos: Obtenga un numerador: $\dfrac{4}{24} = \dfrac{1}{6}$

Respuesta: La probabilidad de sacar una soda es de $\dfrac{1}{6}$.

¿Y una lata de cerveza?

$$\dfrac{8}{24} = \dfrac{1}{3}$$

Respuesta: La probabilidad de sacar una cerveza es de $\dfrac{1}{3}$.

PRÁCTICA—PROBABILIDAD

1. Hay 6 limas, 5 limones y 4 pomelos en una bolsa. ¿Cuál es la probabilidad de sacar un limón en el primer intento?

2. Hay 10 teclas con números en el teclado de una computadora y 36 teclas con letras. Si una persona oprime una tecla al azar, ¿cuál es la probabilidad de que ésta sea el número 7?

3. Usted está tratando de adivinar la fecha del cumpleaños de una persona. ¿Cuál es la probabilidad de que esa persona haya nacido en un mes que comienza con la letra "J"?

RESPUESTAS

1. $\dfrac{1}{3}$ 2. $\dfrac{1}{46}$ 3. $\dfrac{1}{6}$

REPASO DEL CAPÍTULO

Llene las cuadrículas de respuesta y use una calculadora cuando sea oportuno.

1. Wuanlee compra acciones de Acme a $53\frac{1}{4}$ cada una. El valor de las acciones aumenta en $1\frac{3}{8}$. ¿Cuánto vale ahora cada acción?

    (1) $55\frac{1}{4}$

    (2) $52\frac{7}{8}$

    (3) $54\frac{5}{8}$

    (4) $56\frac{1}{4}$

    (5) $54\frac{1}{4}$

2. Según el gráfico circular de abajo, ¿qué parte fraccionaria de los gastos mensuales de Sally corresponde a la renta?

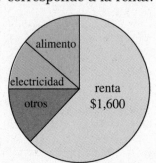

Total de gastos mensuales: $2,400

    (1) $\frac{1}{3}$

    (2) $\frac{5}{6}$

    (3) $\frac{1}{2}$

    (4) $\frac{2}{3}$

    (5) $\frac{7}{8}$

3. Ted tiene cuatro llaves para tuercas con las siguientes dimensiones:

$$\frac{5}{8}, \frac{1}{2}, \frac{15}{32}, \frac{9}{16}$$

Si Ted las pusiera en orden, de menor a mayor, ¿cuál sería el orden?

    (1) $\frac{5}{8}, \frac{15}{32}, \frac{9}{16}, \frac{1}{2}$

    (2) $\frac{1}{2}, \frac{15}{32}, \frac{9}{16}, \frac{5}{8}$

    (3) $\frac{9}{16}, \frac{15}{32}, \frac{1}{2}, \frac{5}{8}$

    (4) $\frac{15}{32}, \frac{1}{2}, \frac{9}{16}, \frac{5}{8}$

4. De un tubo de 16 pulgadas de largo, Ted corta un trozo de $4\frac{5}{8}$ pulgadas. ¿Cuánto queda ahora del tubo original?

    (1) $12\frac{1}{8}$ pulg

    (2) $13\frac{3}{8}$ pulg

    (3) $11\frac{3}{8}$ pulg

    (4) $11\frac{1}{4}$ pulg

    (5) $12\frac{1}{4}$ pulg

5. Los cinco miembros de la familia Sanford recogieron un total de $8\frac{1}{3}$ cajas de frutillas. ¿Qué expresión permitiría entregar a cada miembro la cantidad que le corresponde?

    (1) $\frac{25}{3} \times \frac{1}{5}$

    (2) $\frac{3}{25} \div \frac{1}{5}$

    (3) $5 \div \frac{25}{3}$

    (4) $5\frac{1}{3} \times \frac{5}{1}$

    (5) $8\frac{1}{3} \times \frac{5}{1}$

6. Encuentre el área del rectángulo de abajo.

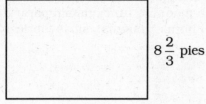

$8\dfrac{2}{3}$ pies

$14\dfrac{1}{2}$ pies

(1) $125\dfrac{2}{3}$ pies^2

(2) $46\dfrac{1}{3}$ pies

(3) $138\dfrac{1}{6}$ pies^2

(4) $408\dfrac{1}{3}$ pies^2

(5) $126\dfrac{1}{4}$ pies^2

7. Laura compra 4 yardas de tela a $3.20 la yarda. Hace con ellas banderas de 16 pulgadas de largo. ¿Qué expresión nos dice cuántas banderas puede Laura cortar con la tela que compró?

(1) $\dfrac{(4 \times 12)3.20}{16}$

(2) $\dfrac{12(4 \times 2)}{4}$

(3) $\dfrac{4(36)}{16}$

(4) $\dfrac{4(3.20)}{2(16)}$

(5) $3.20\,(16)$

8. Hay 132 miembros en el cuerpo de bomberos voluntarios de Otis. Durante la última alarma, respondió $\dfrac{1}{4}$ de los voluntarios. ¿Cuántos bomberos no respondieron?

9. Laura debe viajar $27\dfrac{1}{4}$ millas a su trabajo y luego volver la misma cantidad de millas. Su carro gasta un promedio de 26 millas por galón de gasolina. ¿Qué expresión indica cuánta gasolina consume el carro durante cinco días de trabajo?

(1) $\dfrac{27\dfrac{1}{4}}{26} \times \dfrac{1}{5}$

(2) $\dfrac{54\dfrac{1}{4} \times 5}{1}$

(3) $\dfrac{2\left(27\dfrac{1}{4}\right)}{26} \times \dfrac{5}{1}$

(4) $\dfrac{\left(27\dfrac{1}{4}\right)5}{13}$

(5) No se da información suficiente

10. Héctor tiene una casa de vacaciones y vive en ella los meses de junio, julio y agosto. Hace esto durante un período de tres años, excepto en una ocasión en que se quedó solo durante julio y agosto. ¿En qué parte fraccionaria de estos tres años residió Héctor en su casa de vacaciones?

11. Greta plantó un jardín de forma triangular como se ilustra más abajo. Debe ahora desparramar abono a razón de $\frac{3}{4}$ de libra por pie cuadrado. ¿Qué expresión muestra la cantidad de abono que Greta necesita para cubrir su jardín?

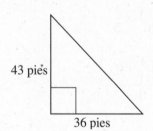

43 pies

36 pies

(1) $\frac{1}{2} \times \frac{36(43)}{1} \times \frac{3}{4}$

(2) $\frac{36+43}{1} \times \frac{3}{4}$

(3) $\frac{1}{2} \times \frac{36+43}{1} \div \frac{3}{1}$

(4) $36 \times 43 \div \frac{3}{4}$

(5) $\frac{\frac{1}{2}}{x} \times 36(43)$

12. Una máquina se demora 2 minutos y 15 segundos en fabricar una silla. Si la máquina funciona sin parar durante 6 horas, ¿cuántas sillas fabricará?

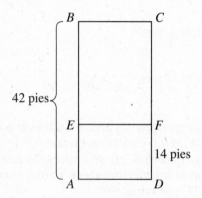

13.

B   C

42 pies

E   F

14 pies

A   D

Si el largo de ☐ ABCD es de 42 pies y el largo de ☐ AEFD es de 14 pies, ¿cuál es la razón entre el área de ☐ ABCD y el área de ☐ AEFD?

(1) $\frac{1}{3}$

(2) 5 : 1

(3) 3 : 1

(4) 2 : 1

(5) 3 : 2

14. Una señal de tráfico permanece roja por 38 segundos, amarilla por 10 segundos y verde por 1 minuto y 12 segundos en un ciclo que se repite constantemente. ¿Cuál es la probabilidad de que en el momento en que un peatón mire la señal, la luz verde esté prendida?

Respuestas

1. **3**	6. **1**	11. **1**
2. **4**	7. **3**	12. **160**
3. **4**	8. **99**	13. **3**
4. **3**	9. **3**	14. **3/5 o .6**
5. **1**	10. **2/9 o .22**	

Decimales y Porcentajes

Los decimales son como las fracciones—un modo de mostrar una parte de un número entero. Por ejemplo, $\frac{7}{10}$ se escribe .7 o 0.7. Usted puede leer .7 como "siete décimos", o bien, "punto siete".

De hecho, usted ha estado empleando el sistema decimal por largo tiempo, quizás sin darse cuenta de ello. Si usted tiene una moneda de 25 centavos, dos de 10 y tres de 1, usted sabe que tiene $.48 centavos de un dólar, o bien, $\frac{48}{100}$, o bien **.48 de 1.00**.

ESPACIOS DECIMALES

El trabajo con decimales requiere conocer a fondo el **sistema de espacios decimales**. A medida que usted se desplaza a la derecha del punto decimal, el valor de los números disminuye. Estudie el gráfico siguiente y memorice los valores asignados a cada espacio a la derecha del punto decimal.

• _____	_____	_____	_____	_____
(décimos)	(centésimos)	(milésimos)	(diez milésimos)	(cien milésimos)

Por supuesto, estos espacios decimales podrían continuar moviéndose a la derecha para siempre, generando números cada vez más pequeños, pero para la preparación para el Examen de GED basta con preocuparnos hasta el quinto espacio decimal (cien milésimos).

EQUIVALENCIA ENTRE DECIMALES Y FRACCIONES

Estudie las equivalencias siguientes para comprender mejor el sistema.

$$.1 = \frac{1}{10} \qquad .235 = \frac{235}{1,000} \qquad .90023 = \frac{90023}{100,000}$$

$$.14 = \frac{14}{100} \qquad .7894 = \frac{7894}{10,000}$$

PRÁCTICA—EQUIVALENCIA ENTRE DECIMALES Y FRACCIONES

Escriba las fracciones siguientes en forma de decimales. Consulte el gráfico que asigna valores a la derecha del punto decimal en la página previa si lo necesita.

1. $\dfrac{9}{10}$ 3. $\dfrac{507}{1,000}$ 5. $\dfrac{17}{100}$

2. $\dfrac{33}{100}$ 4. $\dfrac{1286}{10,000}$

RESPUESTAS

1. **.9**   2. **.33**   3. **.507**   4. **.1286**   5. **.17**

EMPLEO DE CEROS CON DECIMALES

Si pone un cero **a la derecha** de un punto decimal, el valor **no cambia** en absoluto. Por ejemplo, .7 es igual a .70 o .700 o incluso .7000000. ¿Qué vale más, siete monedas de 10 centavos (.7 o $\dfrac{7}{10}$) o setenta centavos (.70 o $\dfrac{70}{100}$)? Como ve, su valor es el mismo.

Sin embargo, si pone un cero **a la izquierda** de un número (entre el número y el punto decimal), el número **cambia** haciéndose diez veces más pequeño. Por ejemplo, .07 es diez veces más pequeño que .7. ¿Qué es mayor, siete monedas de 10 centavos (.7) o siete centavos (.07)? Siete monedas de 10 centavos (.70) poseen un valor mayor que siete monedas de 1 centavo (.07).

¿Qué es mayor, .4 o .396? Claramente, .4 es mayor. Este concepto crea a veces confusión entre los estudiantes. Trate de escribir decimales en forma de fracciones y luego compárelos.

$$.4 = \frac{4}{10} \qquad .396 = \frac{396}{1,000}$$

Si con el objeto de comparar fracciones usted eleva a términos mayores, verá que:

$$\frac{4}{10} = \frac{400}{1,000} \text{ es mayor que } \frac{396}{1,000} \text{ o } .400 \text{ es mayor que } .396$$

Estudie estas comparaciones entre equivalentes fraccionarios y decimales:

$$.06 = \frac{6}{100} \qquad .006 = \frac{6}{1,000} \qquad .6 = .600 \left(\frac{6}{10} = \frac{600}{1,000}\right) \qquad 5.6 = 5\frac{6}{10}$$

.3 es lo mismo que .300

.3 es mayor que .299

.3 es mucho mayor que .039

.33 es mayor que .3

PRÁCTICA—ESCRITURA Y COMPARACIÓN DE DECIMALES Y FRACCIONES

Escriba los equivalentes decimales de las fracciones siguientes.

1. $\dfrac{5}{1,000}$ 3. $\dfrac{47}{100}$ 5. $\dfrac{408}{10,000}$

2. $\dfrac{60}{100}$ 4. $\dfrac{71}{100}$

Escriba "MG" si el primer decimal del par mostrado a continuación es más grande, "MP" si es más pequeño, e "I" si el par es igual.

6. .703   .0788   9. .52   .5200

7. .493   .6   10. .01030   .0103

8. 1.08   2.003

Ordene los grupos de decimales siguientes según su tamaño, de menor a mayor.

11. 1.8, 1.743, .992, 1.089, 1.81

12. 71.049, 71.2, 70.98, 71.203, 71.0491

RESPUESTAS

1. **.005**   7. **MP**

2. **.6**   8. **MP**

3. **.47**   9. **I**

4. **.71**   10. **I**

5. **.0408**   11. **.992, 1.089, 1.743, 1.8, 1.81**

6. **MG**   12. **70.98, 71.049, 71.0491, 71.2, 71.203**

SUMA Y RESTA CON DECIMALES

Estas operaciones son iguales a las operaciones realizadas con números enteros.

EJEMPLO UNO

$5.04 + 12.62 + .88$ $23.214 - 8.906$

```
  12.62            23.214
   5.04          -  8.906
+   .88            14.308
  18.54
```

Observe cómo las columnas están alineadas, con el punto decimal formando su columna propia.

La única complicación con la suma y la resta se presenta a continuación.

CONSEJO

Al trabajar con decimales, asegúrese de alinear correctamente las cantidades y sus puntos decimales en la columna.

EJEMPLO DOS

$3.9 + 5 + 4.007$

Estos números podrían alinearse de este modo:

$$
\begin{array}{r}
5 \\
4.007 \\
+\ 3.9 \\
\hline
\end{array}
$$

Sin embargo **deben** alinearse de esta manera:

$$
\begin{array}{r}
5.000 \\
4.007 \\
+\ 3.900 \\
\hline
12.907
\end{array}
$$

Note cómo los ceros se añadieron para eliminar la confusión respecto a la alineación en relación con el punto decimal. Esto es especialmente importante cuando se trata de restas:

EJEMPLO TRES

$5 - 3.03$

Este ejemplo **debe** alinearse de esta manera:

$$
\begin{array}{r}
5.00 \\
-\ 3.03 \\
\hline
1.97
\end{array}
$$

PRÁCTICA—SUMA Y RESTA DE DECIMALES

Resuelva:

1. $4.09 + 55.369 + 5.6$

2. $300 - 186.82$

3. $88 + 903.01 + .06 + 12.173$

RESPUESTAS

1. **65.059**   2. **113.18**   3. **1003.243**

MULTIPLICACIÓN DE DECIMALES

Al aprender operaciones básicas, se le dijo que conviene poner el número más grande arriba cuando esté multiplicando. Pero la cosa cambia con los decimales, pues aquí conviene poner arriba al número con mayor cantidad de dígitos: así hay menos trabajo que realizar.

EJEMPLO UNO

Resuelva: 5.4×2.13

El número 5.4 es claramente más grande que 2.13, pero 2.13 tiene más dígitos. El problema debiera ordenarse tal como aparece aquí y luego resolverse como sigue:

Paso uno: No alinee los decimales aquí. Simplemente multiplique.

$$
\begin{array}{r}
2.13 \\
\times\ 5.4 \\
\hline
852 \\
1065\ \ \\
\hline
11502 \\
\end{array}
$$

Paso dos: Cuente el número de dígitos a la derecha del punto decimal en los dos números que se multiplicaron. En este caso tenemos tres dígitos (1 y 3 de 2.13 y 4 de 5.4).

Paso tres: Ponga la punta de su lápiz al lado del último dígito a la derecha del resultado de la multiplicación. En este caso es el 2. Ahora cuente hacia la izquierda el mismo número de dígitos que obtuvo en el Paso dos (tres dígitos, en este caso). Coloque el punto decimal allí.

Respuesta: 11.502.

PRÁCTICA—MULTIPLICACIÓN DE DECIMALES

Resuelva.

1. 4.65(38)   3. 10.04(.03)   5. 24.28(.01)

2. .913(4.4)   4. (9)1.13

RESPUESTAS

1. **176.7**   3. **.3012**   5. **.2428**

2. **4.0172**   4. **10.17**

CONSEJO

A diferencia de la multiplicación de números enteros, la multiplicación de números por decimales menores de 1 da resultados más pequeños. Vea los problemas de práctica 2, 3 y 5 como ejemplos.

DIVISIÓN DE DECIMALES

Cuando el decimal se encuentra en el dividendo, todo lo que usted debe hacer es duplicarlo (correcta y exactamente) directamente encima de la raya del signo de división. Luego, divida normalmente. El decimal está ya correctamente puesto en la respuesta.

EJEMPLO UNO

$91.8 \div 54$

$$
\begin{array}{r}
1.7 \quad \leftarrow \text{cuociente} \\
\leftarrow \text{raya del signo de división} \\
\text{divisor} \rightarrow\ 54\ \overline{)\,91.8}\quad \leftarrow \text{dividendo} \\
-54\ \ \ \\
\hline
378 \\
-378 \\
\hline
0 \\
\end{array}
$$

Cuando el decimal se encuentra en el divisor, el procedimiento se complica un poco pues no se puede operar con decimales. Siga el ejemplo siguiente.

EJEMPLO DOS

30.176 ÷ 7.36

```
                      4.1
        7.36. )30.17.6
             -2944
               736
              -736
                 0
```

Paso uno: Mueva el punto decimal en el divisor totalmente hacia la derecha, convirtiendo el divisor en un número entero. Cuente el número de espacios que necesitó. En este caso, fueron dos espacios.

Paso dos: Ahora mueva el decimal en el dividendo el mismo número de espacios que movió en el Paso uno.

Paso tres: Coloque un decimal encima de la raya del signo de división tal como lo hizo en el Ejemplo uno. Divida.

Nota: A veces deberá usted mover el punto decimal en el dividendo. En tales casos será necesario crear nuevos dígitos a la derecha mediante la inserción de ceros. Mire el ejemplo siguiente.

EJEMPLO TRES

62 ÷ 1.25

```
                        49.6
        1.25 )62.00.0
             - 520
              1200
             -1125
               750
              -750
                 0
```

El ejemplo de arriba ilustra también otro concepto muy importante en el campo de la división. Antes, usted habría terminado la división en el segundo cero de 6200 y expresado la respuesta como 49 s75. Pero ahora, como usted sabe trabajar con decimales, este método de división tosco deja de ser necesario. Ahora usted puede añadir ceros al lado derecho del dividendo hasta que:

(1) el dividendo termina por dividirse por completo, como ocurrió en el Ejemplo tres, o bien,

(2) usted lleva a cabo la división hasta el espacio decimal especificado por la pregunta, y luego lo **redondea**. Vea el ejemplo que sigue.

EJEMPLO CUATRO

Resuelva y redondee al centésimo.

$$\frac{154}{13}$$

```
                     11.846
        13 )154.000
           - 13
             24
            -13
            110
           -104
             60
            -52
             80
            -78
              2
```

Para **redondear**, siempre divida un lugar que haya **pasado** el lugar que se le pidió redondear. La división en este caso se realizó hasta el milésimo lugar, es decir, un lugar más allá del centésimo que se le había pedido.

Examine el último número a la derecha. ¿Es ese número un **5 o más**? Si lo es, aumente **en 1** el número a su izquierda. En este ejemplo, el último número es mayor que 5 (es un 6). Y el número a su izquierda es un 4. Por lo tanto, 11.846 se redondea a 11.85. Si el último número a la derecha es menos que 5, simplemente elimínelo y no altere el número a su izquierda. Vea los ejemplos siguientes.

EJEMPLO CINCO

Redondee al centésimo los números siguientes.

142.654 se convierte en 142.65
4.019 se convierte en 4.02
13.135 se convierte en 13.14

PRÁCTICA—DIVISIÓN DE DECIMALES

Resuelva mediante división. Redondee al centésimo las respuestas cuando sea necesario.

1. $223.2 \div 12$

2. $34.44 \div 32.8$

3. $129 \div 5.14$

4. $\dfrac{67}{14}$

RESPUESTAS

1. **18.60**

2. **1.05**

3. **25.10**

4. **4.79**

CONVERSIÓN DE DECIMALES A FRACCIONES

Esta es una operación relativamente sencilla. Transforme el decimal en una fracción y reduzca cuando sea necesario.

EJEMPLO

Convierta .75 a una fracción.

$$.75 = \frac{75}{100} = \mathbf{\frac{3}{4}}$$

CONVERSIÓN DE FRACCIONES A DECIMALES

Esto es más complicado. Recuerde, una vez más, que todas las fracciones son problemas de división, de modo que $\frac{1}{4}$ significa realmente $1 \div 4$. La división de un número pequeño por otro más grande puede ser poco familiar, pero es algo muy importante. He aquí cómo se hace:

EJEMPLO UNO

Convierta $\frac{1}{4}$ a un decimal.

Paso uno: Haga de $\frac{1}{4}$ un problema de división y divida.

$$4\overline{)1}$$

Paso dos: Usted se da cuenta de que no puede dividir 1 por 4. Deberá entonces añadir un punto decimal y un cero al dividendo.

$$4\overline{)1.0}$$

Paso tres: Ponga el punto decimal del dividendo encima de la raya del signo de división y luego divida.

$$\begin{array}{r} .2 \\ 4\overline{)1.0} \\ -8 \\ \hline 2 \end{array}$$

Paso cuatro: Añada otro cero al dividendo y termine el problema.

$$\begin{array}{r} \mathbf{.25} \\ 4\overline{)1.00} \\ -8 \\ \hline 20 \\ -20 \\ \hline 0 \end{array}$$

A veces, al convertir fracciones a decimales, se encontrará con el problema de una división que no termina nunca debido a un decimal que continúa repitiéndose. Esta situación de **decimal repetitivo** requiere que usted divida hasta el milésimo espacio (o hasta el espacio decimal que exija el problema) y luego redondee.

EJEMPLO DOS

Convierta $\frac{1}{3}$ a un decimal y redondéelo al centésimo.

Paso uno: $\frac{1}{3} = 3\overline{)1}$

Paso dos: $3\overline{)1.0}$ con $.3$

Paso tres:

$$\begin{array}{r} .333 \\ 3\overline{)1.000} \\ -9 \\ \hline 10 \\ -9 \\ \hline 10 \\ -9 \\ \hline 1 \end{array}$$

Paso cuatro: $.333 = \mathbf{.33}$ redondeado al centésimo.

Práctica—conversión de decimales y fracciones

Convierta los decimales siguientes a fracciones y reduzca cuando sea necesario.

1. .50

4. .125

2. .065

5. .367

3. 2.25

Convierta las fracciones siguientes a decimales y redondee al centésimo cuando sea necesario.

6. $\dfrac{4}{5}$

9. $\dfrac{3}{32}$

7. $\dfrac{9}{4}$

10. $\dfrac{2}{3}$

8. $\dfrac{5}{8}$

Respuestas

1. $\dfrac{1}{2}$

6. **.80**

2. $\dfrac{13}{200}$

7. **2.25**

3. $2\dfrac{1}{4}$

8. **.63**

4. $\dfrac{1}{8}$

9. **.09**

5. $\dfrac{367}{1,000}$

10. **.67**

Las conversiones mostradas a continuación aparecen con frecuencia en el Examen de GED. Memorice cuantas más pueda.

$\dfrac{1}{3} = .333$	$\dfrac{1}{5} = .2$	$\dfrac{1}{8} = .125$
$\dfrac{2}{3} = .666$ o $.67$	$\dfrac{2}{5} = .4$	$\dfrac{3}{8} = .375$
$\dfrac{1}{4} = .25$	$\dfrac{3}{5} = .6$	$\dfrac{5}{8} = .625$
$\dfrac{3}{4} = .75$	$\dfrac{4}{5} = .8$	$\dfrac{7}{8} = .875$

LA NOTACIÓN CIENTÍFICA

La notación científica es un método empleado por los científicos para convertir números muy grandes o muy pequeños a números con los cuales es más fácil trabajar. En el Examen de GED se le pedirá con seguridad que convierta a notación científica por lo menos una vez. Pero no hay de qué procuparse: es sencillo.

EJEMPLO UNO

Un satélite espacial puede transmitir desde una distancia de 46,000,000 de millas. ¿Cómo se escribe tal cantidad en notación científica?

Paso uno: Comenzando en el punto decimal "imaginario" a *la derecha* del último cero, mueva el punto decimal hasta que sólo un dígito queda a *su izquierda.*

46,000,000 se convierte en 4.6

Paso dos: Cuente cuántos lugares fue movido el decimal a la izquierda. Son siete lugares, lo cual se expresa de este modo:

$$10^7$$

Paso tres: Exprese la respuesta completa en notación científica:

46,000,000 millas = **4.6×10^7**

EJEMPLO DOS

Un microorganismo tiene una longitud de .000056 pulgadas. ¿Cuál es su longitud en notación científica?

Paso uno: Mueva el punto decimal a *la derecha* hasta que queda un solo dígito *que no sea cero a la izquierda* del decimal.

.000056 se convierte en 5.6

Paso dos: Cuente cuántos lugares fue movido el decimal a la derecha (cinco), lo cual se expresa como sigue, empleándose un signo *negativo* con el exponente:

$$10^{-5}$$

Paso tres: Exprese la respuesta completa en notación científica, como sigue:

.000056 = **5.6×10^{-5}**

Considere estos otros ejemplos para comprender mejor este concepto:

$$783,000,000 = 7.83 \times 10^8$$
$$500,000,000 = 5 \times 10^8$$
$$.00000923 = 9.23 \times 10^{-6}$$
$$.0005134 = 5.134 \times 10^{-4}$$

PRÁCTICA—NOTACIÓN CIENTÍFICA

Exprese en notación científica.

1. 83,000,000

2. .000012

3. 5,160,000,000

4. .0000006

RESPUESTAS

1. **8.3 × 10⁷**   3. **5.16 × 10⁹**

2. **1.2 × 10⁻⁵**   4. **6 × 10⁻⁷**

CÍRCULOS Y CILINDROS

Ahora que usted sabe cómo multiplicar decimales, puede trabajar con círculos. Primero, hay importantes conceptos que debe comprender y vocabulario que necesita memorizar.

 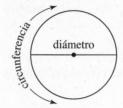

- La **circunferencia** (*c*) es la distancia alrededor del círculo. Es otra palabra para perímetro.
- El **centro** de un círculo es su exacto medio.
- El **radio** (*r*) de un círculo es una línea recta que va desde su exacto centro hasta su circunferencia.
- El **diámetro** (*d*) es la distancia en el interior del círculo medida desde un punto de la circunferencia hasta otro punto de la circunferencia y que pasa por su centro. El diámetro posee **el doble de la longitud del radio**, o bien, *d* = 2*r*.

CÁLCULO DEL RADIO, DIÁMETRO Y DE LA CIRCUNFERENCIA DE UN CÍRCULO

Aprenda las fórmulas siguientes:

$$\textbf{Radio} = \frac{d}{2} \ (\text{radio} = \text{diámetro} \div 2)$$

diámetro = 2*r*

c = π *d* (pi × diámetro)

π = **pi** es una letra del alfabeto griego que representa al número **3.14** y que es esencial para trabajar con círculos. Memorícelo.

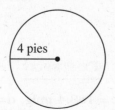

RECUERDE

π significa 3.14.
¡Memorice esto!

EJEMPLO

Calcule el radio, diámetro y la circunferencia del círculo previo.

- radio = 4 pies (esto está indicado en el diagrama y no requiere cálculos).
- diámetro = 2*r* o bien 2(4) = 8 pies.
- circunferencia = π*d* o bien 3.14(8) = 25.12 pies.

CÁLCULO DEL ÁREA DE UN CÍRCULO

La fórmula para calcular el área de un círculo es:

$$A = \pi(r^2) \text{ o bien } \pi \times r^2$$

EJEMPLO

Encuentre el área del círculo siguiente.

Paso uno: Encuentre el radio. Si *d* = 12 pulgadas, entonces $r = \dfrac{d}{2}$ o bien 6 pulgadas.

Paso dos: Eleve el radio al cuadrado (r^2) 6 × 6 = 36 pulgadas

Paso tres: Multiplique $\pi \times r^2$

3.14 × 36 = 113.04 pulgadas **cuadradas** (aun cuando un círculo es redondo, el área sigue expresándose en unidades **cuadradas**).

PRÁCTICA—CÁLCULO DE LAS DIMENSIONES DE CÍRCULOS

Encuentre el radio (*r*), el diámetro (*d*), la circunferencia (*c*) y el área (*a*) de los círculos siguientes. Redondee al centésimo cuando sea necesario.

1.
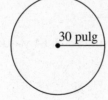

2.
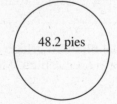

RESPUESTAS

1. *r* = 30 pulg, *d* = 60 pulg, *c* = 188.4 pulg, *a* = 2826 pulg²
2. *r* = 24.1 pies, *d* = 48.2 pies, *c* = 151.35 pies, *a* = 1823.74 pies²

CÁLCULO DEL VOLUMEN DE CILINDROS

Igual que cubos y contenedores rectangulares, los cilindros son figuras de tres dimensiones que se calculan según su volumen. La fórmula para encontrar el volumen de un cilindro es:

$$V = (\pi\ r^2)\ a \qquad \text{o bien}$$
$$\text{volumen} = (\pi \times \text{radio}^2) \times \text{altura}$$

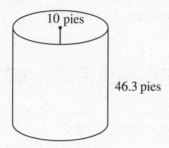

EJEMPLO

Encuentre el volumen del cilindro ilustrado arriba.

Paso uno: Encuentre el área del tope (o del fondo) del cilindro.

$$A = \pi r^2 = 3.14 \times 10^2 = 314$$

Paso dos: $A \times a$ (altura) $= 314 \times 46.3 = 14{,}538.2$ pies^3. (El volumen siempre debe expresarse en unidades **cúbicas**.)

PRÁCTICA—VOLUMEN DE CILINDROS

Encuentre el volumen del cilindro siguiente.

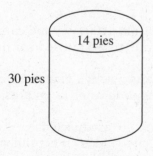

RESPUESTA

4615.8 pies^3

PORCENTAJES

El trabajo con porcentajes es un frecuente tema en el Examen de GED y es muy importante que usted esté bien preparado.

El signo porcentual (%) que sigue a un número significa que el número es una fracción de 100. Por ejemplo, si usted lee sobre la construcción de un puente y el periódico afirma que "el proyecto está completo en un 60%", eso significa que si el proyecto completo se dividiese en 100 partes iguales, 60 de ellas estarían completas (o bien, $\frac{60}{100}$ del proyecto estaría completo, o bien $\frac{3}{5}$ del proyecto estarían completos).

CAMBIO DE PORCENTAJES A DECIMALES

Este es un procedimiento simple. Reemplace el signo % con un punto decimal y muévalo dos espacios *a la izquierda*.

EJEMPLOS

1. Cambie el 52% a un decimal (mueva dos lugares a la izquierda)—52% = .52

2. Cambie 3% a un decimal (mueva dos espacios a la izquierda)—3% = .03 (añada un cero para ocupar el espacio).

3. Cambie 90% a un decimal (mueva dos espacios a la izquierda)—90% = .90 = .9 (elimine el cero ya que éste no tiene ningún valor).

4. Cambie 12.5% a un decimal (mueva dos espacios a la izquierda)—12.5% = .125.

Note que si ya hay un punto decimal en el porcentaje, debe comenzarse con ese punto decimal y desde allí mover dos espacios a la izquierda.

5. Cambie 140% a un decimal (mueva dos espacios a la izquierda)—140% = 1.40.

Generalmente se considera que 100% es indicativo de que algo está completo, repleto, lleno. No obstante, usted puede usar números que expresen más del 100%.

Digamos que una empresa construye cuatro lanchas en su primer año de operaciones. Luego, en el segundo año, la empresa contrata más obreros y construye seis lanchas.

La compañía ha aumentado su producción en un 50%. Ha construido dos lanchas más que las cuatro construidas en el primer año—2 es el 50% de 4. Al año siguiente construye ocho lanchas. Ahora esta empresa ha aumentado su producción en un 100% repecto al primer año—4 es el 100% de 4. En el cuarto año, la compañía sigue progresando y construye diez lanchas, lo que representa seis lanchas más que el primer año. Se ha logrado entonces un aumento del 150% en comparación con el primer año—6 es el 150% de 4 (o $1\frac{1}{2}$ de 4).

No se asuste si ve porcentajes mayores de 100 y aprenda a trabajar con ellos. Por otra parte, también es posible tener porcentajes menores del 1%.

6. Cambie .5% a un decimal (comience en el punto decimal y desde allí mueva dos espacios a la izquierda)—.5% = .005 (es $\frac{1}{2}$ de 1%).

PRÁCTICA—CONVERSIÓN DE PORCENTAJES A DECIMALES

Convierta los porcentajes siguientes a decimales.

1. 23%	4. 8.5%	7. 238%
2. 6%	5. 70%	8. .6%
3. 138%	6. 8.25%	

RESPUESTAS

1. **.23**	4. **.085**	7. **2.38**
2. **.06**	5. **.7**	8. **.006**
3. **1.38**	6. **.0825**	

CAMBIO DE DECIMALES A PORCENTAJES

Este es un procedimiento mucho más simple. Mueva el lugar decimal dos lugares **hacia la derecha** y añada un signo porcentual. Vea los ejemplos siguientes.

.14 = 14%	.03 = 3%	.825 = 82.5%
1.23 = 123%	.4 = 40%	.025 = 2.5%

PRÁCTICA—CONVERSIÓN DE DECIMALES A PORCENTAJES

Convierta los decimales siguientes a porcentajes.

1. .23	3. .06	5. .567
2. 5.03	4. .7	6. .0015

RESPUESTAS

1. **23%**	3. **6%**	5. **56.7%**
2. **503%**	4. **70%**	6. **.15%**

CONVERSIÓN DE FRACCIONES Y PORCENTAJES

Para cambiar **porcentajes a fracciones** basta con convertir el porcentaje a un decimal y añadir el denominador apropiado, el cual generalmente sería 100 (aunque no siempre—vea el último ejemplo). Reduzca cuando sea necesario.

EJEMPLOS

$$50\% = \frac{50}{100} = \frac{1}{2} \qquad 185\% = \frac{185}{100} = 1\frac{17}{20} \qquad 37\% = \frac{37}{100}$$

$$8\% = \frac{8}{100} = \frac{2}{25} \qquad 12.5\% = \frac{125}{1000} = \frac{1}{8}$$

Para cambiar **fracciones a porcentajes**, realice el mismo procedimiento indicado para cambiar fracciones a decimales. Divida el numerador por el denominador al milésimo espacio. Si la división no es exacta, redondee al centésimo y luego convierta el número decimal a un porcentaje.

EJEMPLO UNO

Convierta $\frac{4}{9}$ a un porcentaje.

Paso uno: Divida el numerador por el denominador:

$$9\overline{)4.000} = .444$$

Paso dos: Redondee al centésimo:

$$.444 = .44$$

Paso tres: Convierta el decimal a un porcentaje:

$$.44 = \textbf{44\%}$$

EJEMPLO DOS

Convierta $\frac{3}{8}$ a un porcentaje.

$$8\overline{)3.000} = .375 \qquad .375 = \textbf{37.5\%}$$

PRÁCTICA—CONVERSIÓN DE FRACCIONES A PORCENTAJES

Convierta los problemas 1–4 a fracciones y reduzca cuando sea necesario. Convierta los problemas 5–8 a porcentajes.

1. 75%

2. 48%

3. 225%

4. .5%

5. $\frac{7}{10}$

6. $\frac{5}{8}$

7. $\frac{3}{16}$

8. $2\frac{8}{21}$

RESPUESTAS

1. $\frac{3}{4}$

2. $\frac{12}{25}$

3. $2\frac{1}{4}$

4. $\frac{1}{200}$

5. **70%**

6. **63%**

7. **19%**

8. **238%**

COMPARACIÓN Y ORDENAMIENTO DE FRACCIONES, DECIMALES Y PORCENTAJES

Esta actividad es un resumen de todo lo que usted ha aprendido sobre conversiones. Considere los ejemplos siguientes.

EJEMPLO UNO

¿Cuál de los pares siguientes tiene el mismo valor?

$$3\frac{3}{8} \qquad 33\% \qquad 37.5\% \qquad 3.33 \qquad \frac{3}{8}$$

(1) $3\frac{3}{8}$ y 3.33

(2) 33% y 3.33

(3) 37.5% y $3\frac{3}{8}$

(4) $\frac{3}{8}$ y 33%

(5) 37.5% y $\frac{3}{8}$

(1) No, pero cerca, $3\frac{3}{8}$ = 3.375

(2) No, 33% = .33

(3) No, 37.5% = .375 y $3\frac{3}{8}$ = 3.375

(4) No, 33% = $\frac{1}{3}$

(5) Sí, ambos son iguales a $\frac{3}{8}$ o .375 o 37.5%

EJEMPLO DOS

La tabla siguiente indica la cantidad de leche bebida por cada bebé de sus botellas de 12 onzas:

$$\text{Tina—60\%} \qquad \text{Viviana—.7} \qquad \text{Lina—}\frac{2}{3}$$

Según las opciones siguientes, ¿qué cantidades, *de menor a mayor*, bebieron las bebés?

(1) Tina, Lina y Viviana
(2) Viviana, Tina, Lina
(3) Viviana, Lina, Tina
(4) Lina, Viviana, Tina
(5) No se da información suficiente

Convierta todos los números a la misma escala, escogiendo el método más sencillo posible. En este caso, serían los decimales.

Viviana—.7 (no necesita conversión)

Tina—60% =.60 o bien .6

Lina—$\dfrac{2}{3}$ = .66

Ahora la respuesta es obvia: Tina (.6), Lina (.66), Viviana (.7) o la opción (1).

PRÁCTICA—COMPARAR Y ORDENAR DECIMALES, FRACCIONES Y PORCENTAJES

Escoja la respuesta correcta.

1. ¿Cuál de las cantidades siguientes no es la misma que 3.25?

   (1) $3\dfrac{25}{100}$

   (2) 325%

   (3) 3.25%

   (4) $3\dfrac{1}{4}$

   (5) 3.250

2. Eduardo es un agente de ventas cuyas comisiones representan el 16% de su salario. Juana obtiene $\dfrac{1}{5}$ de su salario de comisiones y Bill recibe $\dfrac{3}{8}$ de su sueldo de comisiones. ¿Cuál de las opciones siguientes representa el tamaño de las comisiones, de menor a mayor?

   (1) Eduardo, Juana, Bill
   (2) Bill, Eduardo, Juana
   (3) Juana, Eduardo, Bill
   (4) Bill, Juana, Eduardo
   (5) Juana, Bill, Eduardo

3. ¿Qué expresión podría usarse para comparar 35% con $\dfrac{3}{7}$?
   (1) 7 ÷ 3
   (2) 7 ÷ 3 mueva el decimal dos lugares a la derecha en la respuesta y añada un signo %
   (3) 3 ÷ 7 mueva el decimal dos lugares a la derecha en la respuesta y añada un signo %
   (4) 7 × .03 mueva el decimal dos lugares a la izquierda en la respuesta y añada un signo %

RESPUESTAS

1. **3**   2. **1**   3. **3**

CÓMO RESOLVER PROBLEMAS VERBALES CON PORCENTAJES

Todos los problemas verbales combinados con porcentajes, no importa cuán complicados parezcan, pueden reducirse a una de estas tres operaciones:

> 1. Encontrar el porcentaje de un número
>
>   30% de 86 = ?
>
> 2. Encontrar qué porcentaje un número es de otro
>
>   40 es ?% de 100
>
> 3. Encontrar un número cuando se ha dado un porcentaje de dicho número
>
>   30 es el 40% de ?

A veces, los estudiantes del Examen de GED tienen dificultad en establecer la diferencia entre estas tres operaciones y la aplicación correcta de una de ellas a un problema. Un auxiliar concebido para ayudarle en estas dificultades es el **triángulo porcentual**. Una vez que usted lo comprenda y memorice, el triángulo lo guiará por todas las operaciones con porcentajes.

El triángulo porcentual

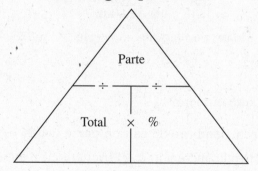

Así es como se usa:

EJEMPLO UNO

¿Cuánto es 30% de 86?

Paso uno: Nombre las partes del problema para descifrarlo. Aquí, usted tiene un **total (86)** y un **% (30%)**. El 30% se convertirá en .30 (para hacer sus cálculos, siempre convierta los porcentajes a decimales).

Paso dos: Empleando las partes nombradas, encuentre la operación en el triángulo porcentual. Note que el **total** y el **%** están juntos en la base del triángulo.

Paso tres: Realice la operación (ya sea × o bien ÷) indicada por la línea separadora entre las partes en el Paso dos.

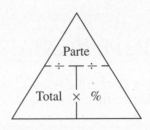

En este caso, el signo × separa **Total** y **%.**

$$86 \times .3 = 25.8$$

Respuesta: 30% de 86 = 25.8

EJEMPLO DOS

¿Qué porcentaje de 128 es 32?

Paso uno: Descifre y nombre—32 es una **parte** y 128 es un **total**.

Paso dos: Encuentre la operación en el triángulo. El signo que separa a **total** de **parte** es el signo ÷.

Paso tres: Realice la operación. **¡Tenga cuidado!** En el Ejemplo uno, la operación fue una multiplicación, de modo que no importaba en qué orden se multiplicaban los números ya que el resultado sería siempre el mismo. Pero cuando se trata de una división, habrá una enorme diferencia si usted confunde el divisor con el dividendo. Para evitar errores, recuerde que el uso del triángulo en las divisiones exige *siempre empezar con la **parte***.

Así, en este caso, usted debe encontrar el resultado de 32 ÷ 128.

$$128\overline{)32.00}^{.25}$$

CONSEJO

Si usted conoce y prefiere este método:

$$\frac{es}{de} = \frac{\%}{100}$$

entonces úselo en vez del triángulo porcentual.

Como el problema pide un porcentaje, convierta .25 a 25%.

EJEMPLO TRES

¿30 es el 40% de qué número?

Paso uno: Descifre y nombre—30 es una **parte** y 40% es un **%.**

Paso dos: Encuentre la operación en el triángulo. Un signo ÷ separa la parte y el %.

Paso tres: Realice la operación, recordando que **la parte siempre va primero**: 30 ÷ .40.

$$.40\overline{)30.00}^{75}$$

Respuesta: 30 es el 40% de 75.

PRÁCTICA—PROBLEMAS VERBALES BÁSICOS CON PORCENTAJES

Nombre y resuelva.

1. 40% de 68 es ?   4. 125% de 80 es ?

2. 90 es ?% de 135   5. 108.8 es ?% de 68

3. 86 es 12.5% de ?   6. 30 es 2.5% de ?

Respuestas

1. **27.2**   4. **100**
2. **67%**   5. **160%**
3. **688**   6. **1200**

PROBLEMAS VERBALES CON PORCENTAJES

No se preocupe con la complejidad o el largo que puedan tener los problemas verbales con porcentajes. Todo lo que debe hacer es repetir el procedimiento que acaba de aprender. Simplifique las oraciones, nombre y realice las operaciones que le indique el triángulo.

EJEMPLO UNO

Alan gana un sueldo de $1,420 mensual. La renta que paga por su apartamento es el 44% de su salario. ¿Cuánto es su renta?

Paso uno: Simplifique—todo lo que este problema le pide encontrar es: 44% de $1,420.

Paso dos: Nombre—% × **total**

Paso tres: : Realice la operación—.44 × 1420 = $624.80

Respuesta : $624.80

EJEMPLO DOS

Lee y Huan fueron a comer al restaurante Riverside. La cuenta ascendió a $34.50. El impuesto a pagar fue de $2.07. ¿Qué porcentaje de la comida fue el impuesto?

Paso uno: Simplifique—¿Qué % de $34.50 es $2.07?

Paso dos: **Parte ÷ total**

Paso tres: Realice la operación:

$$34.50\overline{)2.07.00} \quad .06$$

Respuesta: .06 = 6%

EJEMPLO TRES

Karen pagó $2,640 a su padre, cantidad que representa el 22% del total que le había pedido prestado para comprarse un automóvil. ¿Cuánto dinero le había dado su padre?

Paso uno: $2,640 es el 22% de ?

Paso dos: **parte ÷ %**

Paso tres: 2,640 ÷ .22 = $12,000

Respuesta: $12,000

PRÁCTICA—PROBLEMAS VERBALES BÁSICOS II

Resuelva:

1. Juan compró 140 láminas de madera terciada, pero el 40% de las láminas estaban deformadas y debieron devolverse. ¿Cuántas láminas devolvió Juan?

2. Keira invirtió $43,608 en un fondo mutualista cuyo interés le dio una ganancia de $432.96 al cabo de un año. ¿Cuál fue el porcentaje de interés que Keira ganó de su inversión inicial?

3. Una familia viajó 280 millas durante la primera etapa de un viaje. La distancia representó el 32% del viaje. ¿Cuántas millas comprendió todo el viaje?

RESPUESTAS

1. **56**   2. **1%**   3. **875**

PROBLEMAS DE VARIAS ETAPAS CON PORCENTAJES

La mayoría de los problemas con porcentajes en la sección de matemáticas del Examen de GED son de varias etapas. Ello requiere prestar atención a la manera como está formulada la pregunta, pero el grado de dificultad no debiera ser muy distinto de los últimos ejercicios que vimos.

EJEMPLO UNO

Michelle trabaja en un restorán y gana $7 por hora. Además, al terminar su turno, recibe el 10% de las propinas recogidas por ella y las demás empleadas. Si trabaja 6 horas durante su turno y hay un total de $482.50 en propinas, ¿cuánto ganó Michelle en total ese día?

Paso uno: Calcule cuanto ganó por hora—$7 × 6 = $42

Paso dos: Calcule sus propinas—10% of $482.50 = $48.25

Paso tres: Sume $42 + $48.25 = **$90.25**

EJEMPLO DOS

Un equipo audiovisual con un precio original de $2,500 se ofrece con un 15% de descuento. Una semana más tarde el precio de este artículo se reduce en un 20% adicional al precio de descuento. ¿Cuál es el precio de venta final?

El "descuento doble" es un tema que aparece con frecuencia en el examen. Evite la tentación de sumar los dos descuentos (35%) y luego encontrar el 65% de $2,500. He aquí la manera correcta de proceder:

Paso uno: Encuentre el precio ofrecido con el descuento inicial—$2,500 × .85 = $2,125

.85 es el 100% (precio original) – 15% (descuento)

Paso dos: Encuentre el precio ofrecido con el segundo descuento—$ 2,125 × .80 = $1,700

Respuesta: $1,700

EJEMPLO TRES

Hay 3,620 votantes registrados en Elizabethtown. En la última elección, 1,267 no votaron. ¿Qué porcentaje de los votantes registrados del pueblo votaron?

Paso uno: Simplifique, nombre y realice la operación.

1,267 es ?% de 3,620, parte ÷ todo, 1,267 ÷ 3,620 = .35 o bien 35%

35% es el porcentaje que representa a los ciudadanos que no votaron.

Paso dos: Esto es fácil. 100% – 35% = 65%

Si 35% no votaron, entonces 65% sí votaron.

PRÁCTICA—PROBLEMAS PORCENTUALES DE VARIAS ETAPAS

Resuelva:

1. Un comerciante gasta $\frac{1}{5}$ de su presupuesto de viaje en un pasaje de avión

   y $\frac{3}{10}$ en un hotel. ¿Qué porcentaje del presupuesto le sobra?

2. La asistencia al desfile del Cuatro de julio del año pasado fue de 25,000 personas, pero este año acudieron sólo 21,000. ¿En qué porcentaje disminuyó la concurrencia de público?

3. Un traje está en venta por $142.50, lo cual representa una rebaja del 25% respecto del precio original. ¿Cuánto costaba el traje originalmente?

4. Sara tiene $1,658 en su cuenta de ahorros y gana un interés anual del 8%. Dean tiene un fondo mutualista con $1,500 y gana un interés anual del 16%. Al cabo de un año, ¿quién ha ganado más dinero y en cuánto?

RESPUESTAS

1. **50%**   3. **$190**
2. **16%**   4. **Dean—$107.36**

AUMENTO O DISMINUCIÓN PORCENTUAL

En los problemas verbales de varias etapas, usted debe comparar dos números para encontrar el porcentaje del cambio.

EJEMPLO UNO

Hernán compró acciones a $28 cada una. En tres meses, cada acción subió a $49. Encuentre en qué porcentaje aumentaron las acciones.

Paso uno: Encuentre la cantidad del aumento:

$$49 - 28 = 21$$

Las acciones aumentaron en $21.

Paso dos: Establezca una proporción para encontrar el porcentaje del aumento:

$$\frac{\text{cantidad del aumento}}{\text{cantidad original}} = \frac{21}{28}$$

Paso tres: Divida, tal como se indica en el Paso dos, para convertir la proporción a un porcentaje.

$$21 \div 28 = .75 = 75\%$$

Respuesta: 75%

EJEMPLO DOS

En el curso de diez años, las inscripciones a una universidad bajan de 9,152 a 3,520 alumnos. ¿Cuál es el porcentaje de la disminución en las inscripciones?

Paso uno: Encuentre la cantidad de la disminución.

$$9,152 - 3,520 = 5,632$$

Paso dos: $\dfrac{\text{cantidad de la disminución}}{\text{cantidad original}} = \dfrac{5,632}{9,152}$

Paso tres: $5,632 \div 9,152 = .615$ o bien 62%

Respuesta: 62%

PRÁCTICA—PORCENTAJES DE AUMENTOS O DISMINUCIONES

1. A los ocho años de edad, Susana tenía una altura de 4'2". A los catorce, tenía 5'5". Encuentre el porcentaje del aumento en la altura de Susana.

2. Harris compra un coche por $8,200. Lo usa por seis años y luego lo vende por $1,400. ¿En qué porcentaje ha disminuido el valor del coche?

RESPUESTAS

1. **30%**   2. **83%**

REPASO DEL CAPÍTULO

Llene las cuadrículas de respuesta y use una calculadora cuando sea indicado.

1. Tom compró los artículos siguientes en la tienda de pinturas:

   3 galones de pintura—$40.17
   1 brocha de pintura—$12.29
   1 rodillo de pintura—$3.29

   Si le dio al dependiente $60, ¿cuánto vuelto recibió de éste?

2. Un termómetro de precisión en un laboratorio mide la temperatura de cierto líquido a 44.014° Fahrenheit. Si la temperatura de ese líquido disminuyera en 3.78°, ¿qué temperatura registraría el termómetro?

   (1) 40.324°
   (2) 47.794°
   (3) 40.234°
   (4) 41.09°
   (5) No se da suficiente información

3. ¿Cuál es el área en millas cuadradas de la propiedad mostrada en el diagrama de abajo?

   12.4 millas

   9.5 millas

4. Juan compra $1\frac{3}{4}$ lb de salame en un almacén. Al poner el dependiente el salame sobre la escala digital, ésta registra 1.85 lb. ¿Qué debe hacer el dependiente para dar a Juan la cantidad que éste le pidió?

   (1) añadir .62 lb
   (2) sacar .1 lb
   (3) sacar .05 lb
   (4) añadir .03 lb
   (5) añadir .12 lb

5. Varios libros de una biblioteca están desordenados en el estante. He aquí sus números de registro:

   Libro A—913.3
   Libro B—913.31
   Libro C—913.304
   Libro D—913.034

   ¿Cuál es su orden correcto, de menor a mayor?

   (1) A, D, B, C
   (2) C, A, B, D
   (3) D, B, A, C
   (4) D, A, C, B
   (5) A, D, C, B

6.

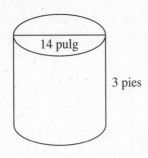

¿Qué expresión indica el volumen máximo del recipiente ilustrado en el diagrama de arriba?

(1) $36(3.14 \times 7 \text{ pulg}^2)$
(2) $3(3.14 \times 14 \text{ pulg})$
(3) $(14 \text{ pulg} \times 3 \text{ pies})^2$
(4) $\dfrac{14 \text{ pulg}^2 \times 3 \text{ pies}}{3.14}$
(5) $14 \text{ pulg} \times 3.14 \times 3$

7. Janey está preparándse para una maratón. Su horario de entrenamiento semanal es el siguiente:

Lunes—correr 6.4 millas

Martes—8.3 millas

Miércoles—descanso

Jueves—7.7 millas

Viernes—6 millas

Sábado—10.1 millas

Domingo—descanso

¿Cuál es la distancia promedio que Janey corre, considerando solamente los días en que corre?

(1) entre 5 y 6 millas
(2) cerca de 9 millas
(3) cerca de 6 millas
(4) cerca de 8 millas
(5) entre 6 y 7 millas

8.

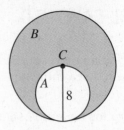

Si C representa el centro del círculo B y el diámetro del círculo A es 8, ¿cuál de las expresiones de abajo indica el área correspondiente a la porción oscura del diagrama?

(1) $3.14(16 - 8)^2$
(2) $(3.14 \times 8^2) - (3.14 \times 4^2)$
(3) $(8 + 16^2)\,3.14$
(4) $(3.14 \times 16) - (3.14 \times 8)$
(5) ninguno de ellos

9. Ordene, de mayor a menor:

$\dfrac{9}{16}$ 54% $\dfrac{5}{8}$ .501   1.53

(1) $\dfrac{9}{16}$, 54%, $\dfrac{5}{8}$, .501, 1.53

(2) 1.53, .501, $\dfrac{5}{8}$, $\dfrac{9}{16}$, 54%

(3) 1.53, $\dfrac{5}{8}$, $\dfrac{9}{16}$, 54%, .501

(4) $\dfrac{5}{8}$, $\dfrac{9}{16}$, 54%, 1.53, .501

(5) 1.53, 54%, $\dfrac{5}{8}$, $\dfrac{9}{16}$, .501

10. ¿Cuál de los siguientes no es igual a 3.6?

(1) $3\dfrac{3}{5}$
(2) 360%
(3) 3.6%
(4) 3.600
(5) $3\dfrac{60}{100}$

11. El salario total de Tom es de $760 por semana. Su salario está sujeto a un impuesto del 16%. ¿Cuál es su salario neto?

    (1) $684
    (2) $638.40
    (3) $121.60
    (4) $690.20
    (5) $584

12. En un examen de 56 preguntas, Leslie respondió 7 preguntas incorrectamente. ¿Qué porcentaje de las preguntas contestó ella correctamente?

13. El suministro de 366 toneladas de arena a un sitio en construcción representa el 60% de la arena necesaria para completar el proyecto. ¿Cuántas toneladas más de arena deben traerse?

14. Hubo 112 consumidores que respondieron a una encuesta sobre un detergente. El 38% prefirió la Marca A, el 23% prefirió la Marca B, el 19% prefirió la Marca C y el resto estaba indeciso. ¿Cuántos consumidores estaban indecisos?

    (1) entre 18 y 20
    (2) entre 15 y 18
    (3) entre 25 y 30
    (4) entre 24 y 26
    (5) entre 20 y 23

15. Los miembros de la familia Ortega querían comprar una computadora cuyo precio original era $1,600. Ese precio fue rebajado en un 25% y más tarde ese mes la computadora fue rebajada en un 25% adicional. Como los Ortegas pagaron en efectivo, recibieron un descuento extra del 5%. ¿Cuál fue el precio final que pagaron por la computadora?

    (1) cerca de $1,000
    (2) cerca de $850
    (3) cerca de $800
    (4) cerca de $950
    (5) cerca de $900

16. El precio original de una cafetera es de ? dólares. Si ese precio recibe un descuento del 20%, ¿cuál de las expresiones siguientes indica el precio con descuento de tres cafeteras?

    (1) $? \times .80$
    (2) $? \times .20$
    (3) $3\left(\dfrac{1}{3} \times ?\right)$
    (4) $3(.20 \times ?)$
    (5) $3(.80 \times ?)$

Respuestas

1. **1.05**	5. **4**	9. **3**	13. **244**
2. **3**	6. **1**	10. **3**	14. **5**
3. **117.8**	7. **4**	11. **2**	15. **2**
4. **2**	8. **2**	12. **87.5**	16. **5**

Análisis de Datos

Muchas preguntas del Examen de GED—no sólo en la sección de Matemáticas sino también en las secciones de Ciencias y Estudios Sociales—ponen a prueba su habilidad de leer tablas y gráficos.

TABLAS

Las tablas constituyen la forma de representación gráfica más sencilla. Por lo general, se le pedirá contestar más de una pregunta basada en información provista en una tabla. Asegúrese de leer toda la información que ésta proporciona.

HORARIO PARA EL TREN QUE PARTE DE CENTERVILLE A LAS 4:05 P.M.			
Destino	**Llegada**	**Salida**	**Precio**
Roxbury	4:20 P.M.	4:22 P.M.	$1.50
Lanesville	4:43 P.M.	4:45 P.M.	$2.10
Hampton	5:10 P.M.	5:12 P.M.	$4.50
Cheshire	5:31 P.M.	5:33 P.M.	$5.25
(doble el precio para viajes de ida y vuelta)			

Las preguntas siguientes se basan en la tabla.

1. ¿Cuál es el lugar al que cuesta menos llegar desde Centerville?

   Mire a la columna "Precio" y verá que cuesta sólo $1.50 viajar a Roxbury.

   Respuesta: Roxbury

2. ¿Cuánto tiempo toma viajar de Lanesville a Cheshire?

   Esta es una pregunta de tipo "reloj", con la cual conviene contar hasta llegar a una hora justa y luego contar desde esa hora. Por ejemplo, en este caso el tren parte de Lanesville a las 4:45. Desde 4:45 hasta 5:00 ("hora justa") transcurren 15 minutos. Luego, desde 5:00 hasta 5:31 (llegada a Cheshire) pasan otros 31 minutos. Sumemos las dos cantidades (15 + 31) y obtenemos 46 minutos.

   Respuesta: 46 minutos

3. ¿El precio a Roxbury es qué porcentaje del precio a Hampton?

   Este es un problema verbal sobre porcentajes muy básico. Pero tenga cuidado de seleccionar los números correctos. Al trabajar con gráficos y tablas, conviene usar el borde de una hoja de papel para leer los renglones llenos de cifras.

   Paso uno: Reduzca—$1.50 es ? % de $4.50?

   Paso dos: Resuelva—$1.50 ÷ $4.50 = .33 = 33%

   Respuesta: 33%

4. Juan vive en Centerville y viaja cinco días a la semana a Cheshire. ¿Qué expresión puede usarse para calcular el costo de sus viajes semanales?

   Lea siempre todas las notas aclaratorias, la cual en la tabla le informa que los viajes de ida y vuelta cuestan el doble del precio indicado. Por lo tanto, la expresión es **5 (2 × $5.25)** y el "5" representa los cinco días de viaje por semana.

PRÁCTICA—TABLAS

PROGRAMA DE RECREO COMUNITARIO DE KINGSFIELD		
Actividad	Número de participantes	Precio de inscripción (por persona)
Liga de vólibol	24	$30
Liga de fútbol	108	$10
Club de baile	32	$10
Clases de cocina	15	$100
Curso de primeros auxilios	25	$50

Use la tabla de arriba para responder las preguntas siguientes.

1. ¿Qué actividad atrajo el menor número de participantes?

2. ¿Cuál es la diferencia en el precio pagado por todas las personas inscritas en las clases de cocina y la liga de fútbol?

3. ¿Cuántos programas recibieron más de $1,000 en inscripciones?

4. ¿Qué programa produjo mayores utilidades al Programa de Recreo de Kingsfield?

5. ¿Cuál fue el número promedio de participantes en las cinco clases?

RESPUESTAS

1. **cocina**
2. **$420**
3. **3**
4. **No se da información suficiente**
5. **40.8 = 41**

GRÁFICOS DE BARRAS

Los gráficos de barras usan "barras" verticales y horizontales para representar cantidades. Es esencial que usted lea todos los títulos, subtítulos y notas aclaratorias, y que estudie detenidamente los costados y las bases para ver qué es lo que están midiendo las barras y en cuánto están creciendo o reduciéndose éstas.

EJEMPLO

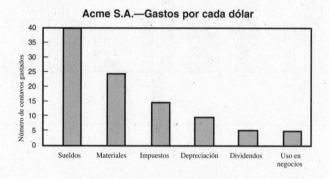

Antes de contestar cualquier pregunta, familiarícese con el gráfico y su significado. La empresa Acme puede tener entradas brutas muy por encima del millón de dólares, pero el gráfico ilustra cuánto ha debido pagar la empresa *por dólar* de gastos, dividido por seis distintas categorías. Así, como ejemplo, por cada dólar que Acme ha ganado, ha debido pagar 15¢ en impuestos.

1. ¿Cuántos centavos de cada dólar usó la empresa para pagar por materiales?

   Use el borde de un papel para alinear el tope de la barra correspondiente a "materiales" con las cantidades en el lado izquierdo del gráfico. La respuesta está muy cerca de 25¢ gastados por dólar.

   Respuesta: 25¢

2. ¿A cuánto ascienden los gastos combinados de "impuestos" y "uso en negocios"?

   Impuestos = 15¢
   Uso en negocios = 5¢
   15 + 5 = 20¢

   Respuesta: 20¢ gastados por cada dólar

3. ¿Los gastos combinados de depreciación, dividendos y uso en negocios representan qué porcentaje del número de centavos gastados en sueldos?

   10 + 5 + 5 = 20 (gastos combinados)
   ¿20 es ?% de 40? (40 = sueldos)
   20 es la mitad de 40, o bien, el 50%

   Respuesta: 50%

4. Si Acme S.A. redujera sus gastos en sueldos al despedir a cinco gerentes, ¿cuál sería el nuevo número de centavos por dólar gastados en sueldos?

   Como no se indica qué sueldos reciben estos gerentes ni tampoco se muestra la cantidad total gastada en sueldos, la respuesta no puede calcularse.

   Resultado: No se da información suficiente

CONSEJO

En el Examen de GED, use una hoja de papel para separar visualmente un gráfico de otro y facilitar así su lectura.

PRÁCTICA—GRÁFICOS DE BARRAS

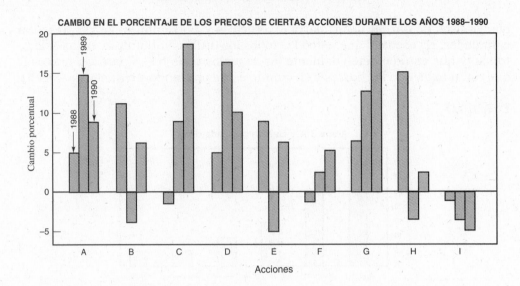

CAMBIO EN EL PORCENTAJE DE LOS PRECIOS DE CIERTAS ACCIONES DURANTE LOS AÑOS 1988–1990

Use el gráfico de arriba para responder las preguntas siguientes.

1. ¿Qué acciones mostraron *aumentos* en todos los años abarcados en el gráfico?

2. ¿Qué acciones experimentaron el mayor porcentaje de cambio de un año a otro?

3. ¿Cuánto mayor fue el porcentaje de cambio para las Acciones G en 1990 que el porcentaje de cambio para las Acciones D en 1988?

4. ¿Cuánto valían las Acciones F en 1990?

5. ¿Cuán mayor fue el porcentaje del aumento de las Acciones G en comparación con las Acciones F durante el período de tres años? Fue

    (1) el doble
    (2) igual
    (3) tres veces más grande
    (4) 1.5 veces más grande
    (5) No se da información suficiente

RESPUESTAS

1. **G**
2. **H**
3. **15%**
4. **No se da información suficiente**
5. **1**

GRÁFICOS LINEALES

Casi siempre los gráficos de líneas miden cómo aumentan o disminuyen las cosas con el pasar del tiempo.

Con frecuencia hay más de una línea en el gráfico, lo cual puede causar un poco de confusión. Proceda lenta y cuidadosamente.

EJEMPLO

El gráfico de abajo muestra la conversión de terrenos agrícolas y forestales en terrenos urbanizados en el condado de Granite.

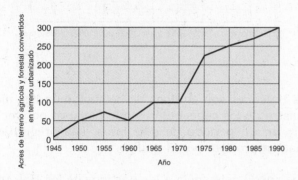

1. ¿Cuántos acres de terreno agrícola y forestal se convirtieron en terreno urbanizado en 1955?

   Usted no puede decir la cifra **exacta** porque la línea pasa por 1995 a una altura que corresponde a un tercio del espacio comprendido entre 50 y 100 acres. No obstante, un estimado de 70 acres sería correcto.

   Respuesta: 70 acres

2. ¿Durante qué período de cinco años no hubo aumento en la conversión?

   Esto es fácil. Mire dónde la línea ni sube ni baja durante cinco años—entre 1965 y 1970.

   Respuesta: 1965–1970

3. ¿Durante qué período de cinco años fueron mayores las conversiones?

   Busque el aumento más pronunciado de la línea.

   Respuesta: 1970–1975

4. ¿Durante qué año se convirtió la mayor cantidad de terreno forestal?

   Lea cuidadosamente los subtítulos y verá que no hay distinción entre conversión de terreno agrícola y conversión de terreno forestal. Por lo tanto, **no se da información suficiente** para calcular la respuesta.

5. ¿Cuál es la diferencia entre el número de acres convertidos entre 1945–1950 y 1970–1975?

   Las conversiones de 1945–1950 ascienden aproximadamente a 45 acres, mientras que las conversiones de 1970–1975 corresponden a unos 125 acres. 125 – 45 = 80

   Respuesta: aproximadamente 80 acres

PRÁCTICA—GRÁFICOS LINEALES

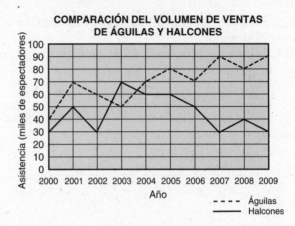

**COMPARACIÓN DEL VOLUMEN DE VENTAS
DE ÁGUILAS Y HALCONES**

- - - - Águilas
——— Halcones

Las Águilas y los Halcones son equipos de béisbol de la liga menor. El gráfico representa el registro de los espectadores que pagaron por ver los partidos de cada equipo durante un período de diez años. Las preguntas siguientes se basan en información provista por el gráfico.

1. ¿Durante qué año la asistencia a los partidos de los Halcones fue mayor a la asistencia para ver a las Águilas?

2. Durante 2007, ¿cuántos más espectadores asistieron a partidos de las Águilas que a partidos de los Halcones?

3. ¿En qué porcentaje aumentó la asistencia, de 2000 a 2004, a los partidos de las Águilas?

4. ¿Entre qué años fue la disminución de la asistencia del público igual para ambos equipos?

5. ¿En qué porcentaje de los diez años abarcados por el gráfico la asistencia a los partidos de las Águilas fue mayor que la asistencia a los partidos del otro equipo?

RESPUESTAS

1. **2003**
2. **60,000 más**
3. **75%**
4. **2005–2006**
5. **90%**

GRÁFICOS CIRCULARES

Los gráficos circulares representan el modo en que algo está dividido en partes. Como siempre, vea primero todo el conjunto visual y luego examine los pormenores.

EJEMPLO

Gastos anuales de la
Corporación Agrícola Árbol Dorado

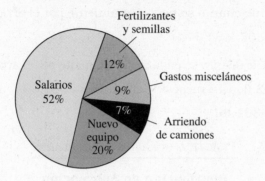

1. ¿Qué parte de los gastos anuales de Árbol Dorado representan Nuevo equipo y Fertilizantes y semillas?

   (1) aproximadamente $\frac{1}{2}$

   (2) aproximadamente 20%

   (3) aproximadamente $\frac{1}{3}$

   (4) aproximadamente 40%

   Primero, sume las dos secciones:

   $\qquad$ 20% + 12% = 32%.

   32% está muy próximo a 33%. Usted sabe que 33% de cualquier cosa es $\frac{1}{3}$.

   Respuesta: (3), aproximadamente $\frac{1}{3}$

2. Árbol Dorado establece vínculos comerciales con una empresa que vende nuevo equipo y que ofrece descuentos de 25% por cualquier compra. ¿Cuál sería el porcentaje de los gastos por Nuevo equipo si se usara esta nueva empresa?

   Los gastos en nuevo equipo consumen el 20% de los gastos totales. Si la compañía obtiene ahora un descuento del 25% (o bien un descuento de $\frac{1}{4}$) en sus compras, entonces el porcentaje previo se reducirá en $\frac{1}{4}$. Como $\frac{1}{4}$ de 20% = 5%, 20 − 5 = 15%.

   Respuesta: 15%

3. ¿A qué sección del gráfico le corresponden los gastos por reparación de equipo?

Como "Reparación de equipo" no aparece en ninguna de las secciones del gráfico, debe suponerse que estos gastos corresponden a la sección "Gastos misceláneos" (título que significa "otros gastos de todo tipo").

Respuesta: Gastos misceláneos

4. Si los gastos anuales de Árbol Dorado ascienden a $62,000, ¿cuánto gasta esta empresa *cada mes* por el arriendo de camiones?

Paso uno Calcule cuánto se paga anualmente por el arriendo de camiones.

$62,000 × .07 = $4,340

Paso dos: Calcule cuánto se paga mensualmente por el arriendo de camiones.

$4,340 ÷ 12 (los 12 meses de un año) = $361.66

Respuesta = $361.66

PRÁCTICA—GRÁFICOS CIRCULARES

Distribución de Subvención de $62,000 para Escuelas

Reparación de cañerías
8%
Compra de computadoras 25%
Libros de texto 36%
Salarios de consejeros 31%

Responda las preguntas siguientes basado en la información proporcionada por el gráfico de arriba.

1. ¿Cuántos dólares de la subvención se gastaron en reparación de cañerías?

2. Todo el dinero destinado a la compra de computadoras se gastó en cinco sistemas de computadora de idéntico valor. ¿Cuánto costó cada sistema?

3. ¿Qué expresión representa la diferencia en dólares entre dinero gastado en libros de texto y dinero gastado en compra de computadoras?

4. Si la subvención fuese aumentada en $21,500 el año próximo, ¿cuánto dinero correspondería para los salarios de consejeros?

RESPUESTAS

1. **$4,960**   3. **.11 (62,000)**
2. **$3,100**   4. **$25,885**

REPASO DEL CAPÍTULO

Llene las cuadrículas de respuesta y use una calculadora cuando sea indicado.

EL CORREO DE LA TARDE— PRECIOS PARA ANUNCIOS POR PALABRAS	
Anuncios hasta 15 palabras	$25
Anuncios hasta 25 palabras	$35
Anuncios de más de 25 palabras	$1.50/palabra

Sin incluir impuesto sobre la venta de 8%

Use la información provista para responder las preguntas siguientes.

 1. ¿Cuánto cuesta comprar un anuncio de 12 palabras, incluyendo el impuesto sobre la venta?

 2. ¿Cuánto más costaría comprar un anuncio de 36 palabras que dos anuncios de 15 palabras cada uno, sin incluir el impuesto sobre la venta?

(1) $4
(2) $2.75
(3) $12
(4) $4.25
(5) $15

3. *El Correo de la Tarde* ofrece a sus empleados un descuento de un tercio en todos los anuncios por palabras. Un empleado decide pagar por un aviso de 20 palabras. Incuyendo el impuesto, ¿cuánto le cuesta?

(1) cerca de $28
(2) cerca de $20
(3) cerca de $24
(4) cerca de $25
(5) No se da información suficiente

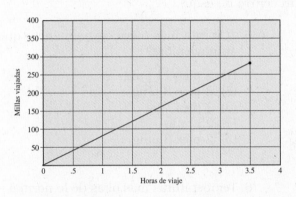

Use el gráfico lineal de arriba para responder la pregunta siguiente.

4. En millas por hora, ¿cuál es la velocidad representada por la línea diagonal?

(1) entre 60 y 70 mph
(2) entre 85 y 90 mph
(3) entre 55 y 60 mph
(4) entre 75 y 80 mph
(5) No se da información suficiente

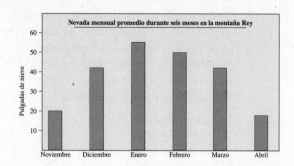

El gráfico de arriba muestra la nevada mensual promedio durante seis meses consecutivos en un centro de esquí.

5. ¿Cuánta más nieve cayó en enero que en noviembre?

(1) 2 pies 11 pulg
(2) 3 pies 3 pulg
(3) 2 pies
(4) 25 pulg
(5) 2 pies 3 pulg

6. Temperaturas más altas de lo normal derriten el 30% de la nieve que se había acumulado desde noviembre hasta fines de enero. ¿Qué expresión representa la cantidad de nieve acumulada que quedó inmediatamente *después* del descongelamiento?

(1) $55 \times .30$
(2) $.30(20 + 42 + 55)$
(3) $.70(20 + 42 + 55)$
(4) $\dfrac{20 + 42 + 55}{.30}$
(5) $(.30 \times 55) + (20 + 42)$

7. ¿En qué porcentaje aumenta la caída de nieve de diciembre a enero?

Sistemas de calefacción casera en Chamberville

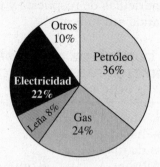

Estadísticas basadas en encuesta de 3,216 casas

 8. Si el 10% de todas las casas de Chamberville calentadas con petróleo cambian a calefacción con leña, ¿qué porcentaje correspondería a la calefacción con leña?

(1) 11.6%
(2) 18%
(3) 2%
(4) 18.3%
(5) 21%

 9. ¿Cuántas casas en Chamberville usan calefacción de gas y petróleo?

(1) 1,930
(2) 1,158
(3) 772
(4) 65%
(5) 1,479

Respuestas

1. **27**   4. **4**   7. **31**
2. **1**   5. **1**   8. **1**
3. **4**   6. **3**   9. **1**

Álgebra

CAPÍTULO 23

LA LÍNEA NUMÉRICA Y LOS NÚMEROS POSITIVOS Y NEGATIVOS

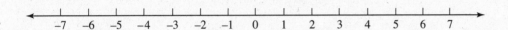

Considere la línea con números de arriba. Las flechas a cada lado significan que la línea se extiende infinitamente en ambas direcciones, de modo que cualquier número que uno quiera imaginarse va a encontrarse allí. Note que el 0 se encuentra en la mitad de la línea.

Hasta este momento, usted sólo ha trabajado con números positivos, pero ya es hora de empezar con los números negativos, caracterizados por tener un signo "–". Mientras más **a la derecha** se encuentra un número en la línea numérica, **mayor** será su valor. Por ejemplo, 3 > 0 (este símbolo, >, significa "es mayor que"). Usted sabe que 3 es mayor que 0 y, si usted mira a la línea numérica, verá que el 3 está a la derecha del 0. Del mismo modo, 0 > –3 (0 es mayor que –3) y –2 > –3.

BÚSQUEDA DE PUNTOS EN LA LÍNEA NUMÉRICA

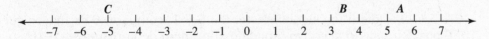

En el Examen de GED, se le pedirá identificar puntos en la línea numérica.

EJEMPLOS

1. ¿Qué punto representa a 3.5?

2. ¿Qué punto representa a –5?

3. ¿A qué punto se aproxima $\sqrt{28}$?

RESPUESTAS

1. B, porque tal punto se encuentra entre 3 y 4.

2. C, porque se encuentra justo sobre el indicador del –5.

3. $\sqrt{28}$ no es un número entero. $5 \times 5 = 25$ y $6 \times 6 = 36$. Por lo tanto, $\sqrt{28}$ debe encontrarse entre 5 y 6.

PRÁCTICA—ENCONTRAR PUNTOS EN LA LÍNEA NUMÉRICA

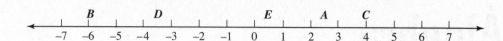

Encuentre en la línea numérica de arriba la letra correcta para las cantidades siguientes.

1. .5   3. $\sqrt{16}$ 5. –6

2. –3.5   4. $\sqrt{5}$

RESPUESTAS

1. **E**   2. **D**   3. **C**   4. **A**   5. **B**

SUMA DE NÚMEROS CON SIGNOS

He aquí las reglas para la suma de números que tienen signos. Memorícelas.

• Si los signos son idénticos (–,– o bien +,+), **sume** los dos números y dé el mismo signo al número de la respuesta.

EJEMPLOS

7 + 3 = 10   (ambos signos son positivos, sume, dé al número de la respuesta el mismo signo positivo).

–5 + (–3) = –8   (ambos signos son negativos, sume, dé al número de la respuesta el mismo signo negativo y márquelo).

• Si los signos son distintos (+,– o bien –,+), entonces **reste**. Olvide por un momento los signos negativos y positivos…compare los dos números y seleccione **al mayor de los dos**. Dé al signo de la respuesta el mismo signo del número mayor.

–6 + 5 = –1   (distintos signos, reste, 6 – 5 = 1, compare, 6 es mayor que 5, 6 posee un signo negativo, añádalo al número de la respuesta: –1).

12 + (–7) = 5   (distintos signos, reste, 12 – 7 = 5, 12 es mayor y es positivo, añádalo al número de la respuesta: +5 o bien simplemente 5).

• Cuando sume **más de dos** números con signos, siga las reglas recién vistas para obtener una suma de los dos primeros números y luego continúe utilizando las reglas para sumar los números subsecuentes.

–5 + (–14) + (–6) = –25

Paso uno: –5 + (–14) = –19

Paso dos: –19 + (–6) = –25   (signos idénticos, sume, dé un signo negativo).

5 + (–12) + 7 = 0

Paso uno: 5 + (–12) = –7

Paso dos: –7 + 7 = 0   (signos distintos, reste 7 – 7 = 0, y 0 nunca tiene signo alguno).

Sume los números siguientes.

1. 12 + (–8)   4. –2 + (–19)   7. 8 + (–14) + 30

2. –14 + (–6)   5. 36 + (–1)

3. –40 + 13   6. –26 + 6 + (–15)

RESPUESTAS

1. **4**   4. **–21**   7. **24**
2. **–20**   5. **35**
3. **–27**   6. **–35**

RESTA DE NÚMEROS CON SIGNOS

He aquí los tres pasos que le ayudarán a restar números con signos. Memorícelos.

> *Paso uno:* Cambie el problema de resta a un problema de suma.
>
> *Paso dos:* Cambie el signo del segundo número.
>
> *Paso tres:* Siga las reglas para las sumas que acaba de aprender.

EJEMPLO UNO

–16 – 6 = –22

Paso uno: Cambie la resta a una suma.

–16 + 6

Paso dos: Cambie el signo del segundo número.

–16 + (–6)

Paso tres: Siga las reglas para las sumas. (Idénticos signos, sume, 16 + 6 = 22, dé idéntico signo al número de la respuesta.)

Respuesta: –22

EJEMPLO DOS

12 – (–7) = 19

Paso uno: 12 – (–7) se convierte en 12 + (–7)

Paso dos: 12 + (–7) se convierte en 12 + 7

Paso tres: 12 + 7 = 19

Respuesta: 19

PRÁCTICA—RESTA DE NÚMEROS CON SIGNOS

Resuelva:

1. –5 – 4   4. –20 – 16   7. 0 – 42

2. 16 – (–18)   5. –4 – (–18)   8. 42 – (–5) – 7

3. 12 – 23   6. 26 – (–40)

RESPUESTAS

1. **–9**   4. **–36**   7. **–42**
2. **34**   5. **14**   8. **40**
3. **–11**   6. **66**

MULTIPLICACIÓN Y DIVISIÓN DE NÚMEROS CON SIGNOS

¡Buenas noticias! Las reglas para estas operaciones son mucho más sencillas que para la suma y la resta. Estúdielas:

> **1.** Con signos **iguales**, la respuesta es **positiva**
>
> **2.** Con signos **distintos**, la respuesta es **negativa**

Examine los ejemplos siguientes y vea cómo se aplican las reglas.

$-3(5) = -15$ $3(-5) = -15$ $\dfrac{15}{-3} = -5$ $(3)(-5)(2) = -30$

$-3(-5) = 15$ $\dfrac{-15}{3} = -5$ $\dfrac{-15}{-3} = 5$ $(3)(-5)(-2) = 30$

PRÁCTICA—SUMA Y DIVISIÓN DE NÚMEROS CON SIGNOS

Resuelva:

1. $\dfrac{24}{-8}$ 3. $(-.5)(-6.1)$ 5. $(9 - 20)(-18)(-3)$

2. $\dfrac{1}{4}(-3)$ 4. $\dfrac{-36}{-6}$

RESPUESTAS

1. **–3**   3. **3.05**   5. **–594**

2. **$-\dfrac{3}{4}$**   4. **6**

Use la tecla $\boxed{+/-}$ en su calculadora para los números negativos. Su empleo facilita el trabajo con números con signos.

CÓMO TRABAJAR CON VARIABLES

En una oración matemática, una variable es una letra que representa un número. Considere esta oración: $x + 4 = 10$. En este caso, es fácil comprender que x representa a 6. Sin embargo, los problemas del Examen de GED son bastante más complejos y usted debe aprender unas cuantas reglas y procedimientos al respecto.

Antes de aprender a resolver ecuaciones con variables, usted debe saber cómo realizar operaciones básicas con ellas. Aquí hay vocabulario que le ayudará.

$3y$ se llama **monomio**
El 3 en $3y$ se llama **coeficiente**
La y se llama **variable**

RECUERDE

$3y$ se llama
monomio

El 3 en $3y$
se llama
coeficiente

La y se llama
variable

SUMA Y RESTA CON VARIABLES

Considere las declaraciones siguientes:

$x + x = 2x$	pero	$x + 1 = x + 1$
$3x + x = 4x$	pero	$3x + 1 = 3x + 1$
$4y + 3y = 7y$	pero	$4y + 3 = 4y + 3$
$3r - 6r = -3r$	pero	$3r - 6 = 3r - 6$
$3rx + 3rx = 6rx$	pero	$3r + 3rx = 3r + 3rx$

Recuerde: x es lo mismo que $1x$

Como puede ver, sólo aquellos monomios que tienen las mismas variables pueden sumarse o restarse entre ellos.

A veces, usted verá problemas como éste:

Evalúe: $a + 3b + 3a$

Respuesta: $4a + 3b$

Evalúe: $5b + 3c - 2b + c$

Respuesta : $3b + 4c$

Haga la suma y resta con términos semejantes (aquellos con variables idénticas). Todo lo que *no* tenga variables idénticas, *no* lo toque.

PRÁCTICA—SUMA Y RESTA CON VARIABLES

Sume o reste estas cantidades. Si los términos no pueden sumarse o restarse, cópielos de nuevo.

1. $5x + 12x$

2. $-14a - (-3a)$

3. $25 + 6a$

4. $12st + (-6st)$

5. $3y + 6$

6. $7xy + 8x$

7. $5p + p$

8. $14s - x$

9. $36x - x$

10. $25a + (-6a) - 7$

11. $6a - 3c + a + 2b$

12. $b + 2a + 3b - c$

RESPUESTAS

1. **17x**
2. **–11a**
3. **25 + 6a**
4. **6st**

5. **3y + 6**
6. **7xy + 8x**
7. **6p**
8. **14s – x**

9. **35x**
10. **19a – 7**
11. **7a – 3c + 2b**
12. **4b + 2a – c**

MULTIPLICACIÓN Y DIVISIÓN CON VARIABLES

Una vez más, las reglas son distintas para estos tipos de operaciones. Usted *debe* multiplicar y dividir monomios con números como también monomios con distintas variables. Considere cuidadosamente los ejemplos siguientes:

Multiplicación

$$3(4x) = 12x \qquad 3x(4y) = 12xy \qquad \frac{1}{2}(4a) = \frac{4a}{2} = 2a$$

$$3x(4yz) = 12xyz \qquad \frac{1}{7}(5x) = \frac{5x}{7}$$

Como puede ver en los ejemplos de arriba, necesita multiplicar los coeficientes e incluir las variables.

División

$$\frac{12x}{4} = 3x \qquad \frac{12x}{4x} = 3 \qquad \frac{12xy}{4x} = 3y$$

(Las variables se eliminan mutuamente.)

PRÁCTICA—MULTIPLICACIÓN Y DIVISIÓN CON VARIABLES

Solucione:

1. $5(5x) =$
2. $\frac{14s}{7} =$
3. $-5y(6x) =$
4. $\frac{72x}{9x} =$

5. $13x(5y) =$
6. $\frac{48xy}{6y} =$
7. $.36xy(4z) =$
8. $\frac{25abc}{9x} =$

9. $\frac{1}{5}(15x) =$
10. $\frac{2}{7}(7a) =$

RESPUESTAS

1. **25x**
2. **2s**
3. **–30xy**
4. **8**

5. **65xy**
6. **8x**
7. **1.44xyz**
8. **5b**

9. **3x**
10. **2a**

VARIABLES Y EXPONENTES

Multiplicación
Considere:

$x + x = 2x$ pero $x(x) = x^2$ y $x^2(x^3) = x^5$

$2(4x) = 8x$ pero $2x(4x) = 8x^2$

$2x^2(4x) = 8x^3$

$x(4x^3) = 4x^4$

$5x^3(4x^5) = 20x^8$

$4x^3y^2(5x^2y) = 20x^5y^3$

$3x^5y^3z^4(6x^3yz^2) = 18x^8y^4z^6$

Lo que usted *debiera* ver en los ejemplos de arriba es que en la multiplicación de variables con exponentes usted suma los exponentes, siempre que las bases sean las mismas.

División
Considere:

$$\frac{12x^6y^4}{3x^3y^2} = 4x^3y^2 \qquad \frac{9a^8b^2c^7}{3a^5c} = 3a^3b^2c^6$$

Al dividir variables con exponentes, **reste** los exponentes.

PRÁCTICA—VARIABLES Y EXPONENTES

Resuelva:

1. $x(x^3)$

2. $4x(5x)$

3. $\dfrac{16x^4}{4x}$

4. $\dfrac{25s^3}{s}$

5. $3x^3y^2(5x^2)$

6. $5ef^2(2y^3)$

7. $\dfrac{32a^5bc^3}{8a^4b}$

RESPUESTAS

1. x^4
2. $20x^2$
3. $4x^3$

4. $25s^2$
5. $15x^5y^2$
6. $10ef^2y^3$

7. $4ac^3$

OPERACIONES CON PARÉNTESIS

Usted ya sabe que 5(6a) significa $5 \times 6a$, pero considere esta variante más compleja:

$$5(6a + c)$$

Este ejemplo debe escribirse como sigue:

$$5(6a) + 5(c) \quad \text{lo cual corresponde a} \quad 30a + 5c$$

Cada término **dentro** de los paréntesis debe multiplicarse por el término que se encuentra a su lado pero fuera del paréntesis. Hecho eso, puede llevarse a cabo la operación requerida (en este caso la suma).

Considere otros dos ejemplos:

$3b(6b - 2ac)$ se convierte en $18b^2 - 6abc$

$\dfrac{1}{3}(6x + 7)$ se convierte en $\dfrac{6x}{3} + \dfrac{7}{3} = 2x + \dfrac{7}{3}$

PRÁCTICA—PARÉNTESIS

Reescriba las siguientes variables según los ejemplos recién vistos.

1. $3(5a - 6)$
2. $2(2a + 7)$
3. $5(6r + 7s - t)$
4. $2a^2(5a + 6b)$
5. $3(8x - 5) + \dfrac{1}{8}(2x + z)$

RESPUESTAS

1. $\mathbf{15a - 18}$
2. $\mathbf{4a + 14}$
3. $\mathbf{30r + 35s - 5t}$
4. $\mathbf{10a^3 + 12a^2b}$
5. $\mathbf{(24x - 15) + \left(\dfrac{1}{4}x + \dfrac{z}{8} \right)}$

OBTENCIÓN DE VALORES CUANDO SE DAN LAS VARIABLES

Considere el ejemplo siguiente:

EJEMPLO UNO

Encuentre el valor de z si $z = 3x + y^2$ cuando $x = 6$, $y = -4$

Paso uno: Reemplace las variables con números.

$$z = 3(6) + (-4)^2$$

Paso dos: Ejecute las operaciones como corresponde (recuerde **P**lantar **E**s **M**uy **D**ifícil **S**in **R**egar del capítulo 19).

Respuesta: $z = 18 + 16$ o bien $z = 34$

EJEMPLO DOS

Encuentre el valor de c si $c = 3a^2(b - 5)$ cuando $a = 3$ y $b = 10$

Paso uno: $3(3)^2 \times (10 - 5)$

Paso dos: $(3)(9)(5) = 135$

Respuesta: c = 135

PRÁCTICA—ENCONTRAR VALORES CUANDO SE DAN LAS VARIABLES

Resuelva:

1. $c = 4a - 3b$, si $a = 8$ y $b = 5$. Encuentre el valor de c.

2. $s = 3q^2 + 2r$, si $q = 6$ y $r = .5$. Encuentre s.

3. $z = 3x^2(y + 8)$, si $x = 10$ y $y = -12$. Encuentre z.

4. $m = \dfrac{1}{4}n + 3o + 5p^2$, si $n = 16$ y $o = 12$ y $p = 3$. Encuentre m.

5. $c = \dfrac{2a(b^2 - 8)}{a}$ si $a = 3$ y $b = -5$. Encuentre c.

RESPUESTAS

1. **17**   2. **109**   3. **–1200**   4. **85**   5. **34**

ECUACIONES DE UN PASO

He aquí un ejemplo de una ecuación de un paso.

$$x + 5 = 29$$

Su objetivo es el de encontrar el número que pueda reemplazar a x, de modo que ambos lados de la ecuación sean iguales a 29. La línea fronteriza de cada **lado** de la ecuación es el signo =. De este modo, $x + 5$ se encuentran al lado izquierdo de la ecuación y 29 se encuentra al lado derecho.

Para lograr su objetivo en cualquier ecuación simple, usted debe reducir un lado de la ecuación a una sola variable y el otro lado a un solo número. Esto se logra aplicando cualquiera de las cuatro operaciones básicas a ambos lados de la ecuación.

Así es cómo se hace:

EJEMPLO UNO

$x + 5 = 29$ Encuentre x.

$$x + 5 = 29$$

Paso uno: $\underline{-5 \quad -5}$

Paso dos: $x \quad = 24$

Paso tres: Verifique $24 + 5 = 29$

> **RECUERDE**
>
> Lo que usted haga en un lado de la ecuación, también debe hacerlo en el otro lado.

Paso uno: Como usted quiere reducir a x el lado izquierdo de la ecuación, debe eliminar de allí el "+ 5" en "$x + 5$". La manera de lograrlo es restar 5 a ese lado de la ecuación (5 – 5 = 0). *Pero nunca olvide* que lo que haga en un lado de la ecuación debe hacerlo en el otro y, por eso, debe tener 29 – 5 al lado derecho.

Paso dos: Trace una línea al pie de toda la ecuación y haga la resta en cada lado. El resultado en el lado izquierdo es "$x + 0$". Claro, no es necesario escribir ni el 0 ni el signo +. Ha logrado así su objetivo de reducir un lado de la ecuación a una sola variable (x). El resultado de la resta al lado derecho es 24. Por lo tanto, $x = 24$.

Paso tres: Verifique. Simplemente reemplace la variable con el número, haga la operación matemática, y asegúrese de que ambos lados de la ecuación sean iguales.

El procedimiento es el mismo para todas las ecuaciones simples. Considere los ejemplos siguientes.

EJEMPLO DOS

$a - 19 = 12$ Encuentre a.

$$\begin{array}{rl} a - 19 = & 12 \\ + 19 & +19 \\ \hline a \quad = & 31 \end{array}$$ Verifique: 31 – 19 = 12

EJEMPLO TRES

$5x = 45$ Encuentre x.

$$\frac{5x}{5} = \frac{45}{5}$$

$x = 9$ Verifique: 5(9) = 45   45 = 45

Note que esta ecuación es un problema de multiplicación. Una vez más, debe usted hacer la operación inversa (división) para eliminar el número próximo a x. Y, una vez más, lo que usted hace en un lado debe hacerlo en el otro.

EJEMPLO CUATRO

$$\frac{1x}{3} = 33$$

$$\frac{3}{1} \times \frac{1x}{3} = 33 \times \frac{3}{1}$$

$x = 99$

Verifique: $\frac{1}{3}(99) = 33$ 33 = 33

En este problema de división, de nuevo usted debe realizar la operación inversa (multiplicación) para eliminar los números próximos a x. Multiplique siempre por la fracción **recíproca** para eliminarla. La fracción recíproca de $\frac{1}{3}$ es $\frac{3}{1}$ y

la fracción recíproca de $\frac{1}{6}$ es $\frac{6}{1}$, de $\frac{1}{22}$ es $\frac{22}{1}$, de $\frac{3}{8}$ es $\frac{8}{3}$, etc. Cuando multiplique un número por su número recíproco, el producto es **1**. Y recuerde que **1x** es lo mismo que **x**.

CONSEJO

Visualice el signo = como un punto céntrico, igual que el punto céntrico de un sube y baja bien equilibrado.

Resuelva para obtener la variable.

1. $51 = x + 20$

2. $x - 43 = 12$

3. $38 = b + 14$

4. $r - 81 = 16$

5. $12t = 96$

6. $\dfrac{1}{5}p = 14$

7. $118 = 59s$

8. $21 = \dfrac{1}{3}h$

RESPUESTAS

1. $x = 31$
2. $x = 55$
3. $b = 24$

4. $r = 97$
5. $t = 8$
6. $p = 70$

7. $s = 2$
8. $h = 63$

ECUACIONES DE VARIOS PASOS

Estas ecuaciones son más complejas porque combinan dentro de un mismo problema a dos o tres de los procedimientos que usted ha aprendido. Considere los ejemplos siguientes:

EJEMPLO UNO

$5m + 8 = 48$

$$\begin{array}{rcl} 5m + 8 &=& 48 \\ -8 && -8 \\ \hline \dfrac{5m}{5} &=& \dfrac{40}{5} \end{array} \qquad m = 8$$

EJEMPLO DOS

$$\dfrac{3p}{8} + 17 = 38$$

$$\begin{array}{rcl} \dfrac{3p}{8} + 17 &=& 38 \\ -17 &=& -17 \\ \hline \dfrac{8}{3} \times \dfrac{3p}{8} &=& 21 \times \dfrac{8}{3} \\ p &=& 56 \end{array}$$

EJEMPLO TRES

$$\dfrac{x}{5} + 12 = 38$$

$$\begin{array}{rcl} \dfrac{x}{5} + 12 &=& 38 \\ -12 &=& -12 \\ \hline \dfrac{x}{5} &=& 26 \\ \dfrac{5}{1} \times \dfrac{x}{5} &=& 26 \times \dfrac{5}{1} \\ x &=& 130 \end{array}$$

EJEMPLO CUATRO

$$3p + 7 = 10p$$
$$\underline{-3p \qquad -3p}$$
$$\frac{7}{7} = \frac{7p}{7}$$
$$1 \quad = \quad p$$

Lo que hace distinta a esta ecuación de las ecuaciones previas es el hecho de tener una variable a ambos lados. Note cómo fue resuelta.

EJEMPLO CINCO

$$6(x - 4) = 36$$

$$6x - 24 = 36$$
$$\underline{+ 24 \quad +24}$$
$$\frac{6x}{6} = \frac{60}{6}$$
$$x \quad = 10$$

Dos notas finales sobre el trabajo con ecuaciones: si hay sumas o restas, *hágalas siempre en primer lugar. Pero no sume ni reste si con ello un lado de la ecuación queda igual a 0.* Si esto ocurriese, reexamine la ecuación y realice la operación inversa con otro número.

PRÁCTICA—MÁS ECUACIONES COMPLEJAS

Resueva para encontrar la variable y verifique.

1. $12a + 6 = 42$

2. $7x - 14 = 14$

3. $\dfrac{r}{9} + 8 = 12$

4. $116 = 15c + 11$

5. $\dfrac{1}{8}m - 27 = 16$

6. $2(x - 9) = 46$

7. $14d = 18 + 8d$

8. $3h + 11 = 38$

9. $4(s + 6) = -28$

RESPUESTAS

1. $a = 3$
2. $x = 4$
3. $r = 36$

4. $c = 7$
5. $m = 344$
6. $x = 32$

7. $d = 3$
8. $h = 9$
9. $s = -13$

DESIGUALDADES

> significa **mayor que** $5 > 4$

< significa **menor que** $6 < 8$

≥ significa **mayor que o igual a**

   $5 ≥ 5$ y todos los números positivos sumados a él

≤ significa **menor que o igual a**

   $3 ≤ 3$ y todos los números positivos restados a él

Memorice los significados de los signos de desigualdad.

PRÁCTICA—DESIGUALDADES SIMPLES

Verdadera o falsa:

1. $\dfrac{1}{4} > \dfrac{1}{8}$ 3. $-.5 > 0$ 5. $\dfrac{12}{7} ≤ 1\dfrac{5}{7}$, 2, 3

2. $3(5) < 14$ 4. $12(3) ≥ 36$

RESPUESTAS

1. **Verdadera**   3. **Falsa**   5. **Verdadera**
2. **Falsa**   4. **Verdadera**

ECUACIONES CON DESIGUALDADES

Es indudable que en el Examen de GED usted deberá resolver ecuaciones con desigualdades. Proceda exactamente como lo haría si se tratara de las ecuaciones que acaba de aprender, reemplazando el signo = por cualquier signo de desigualdad que contenga la ecuación.

EJEMPLO

$$3s - 4 > 11$$
$$\underline{+ 4 \quad +4}$$
$$\dfrac{3s}{3} \quad > \quad \dfrac{15}{3}$$

Respuesta: $s > 5$

Lo que esto significa es que s corresponde a cualquier número **mayor que** 5. Puede ser 5.1 o 5,000,000.

Usemos 6.

$3(6) - 4 > 11 = 18 - 4 > 11$

$14 > 11$ es una declaración correcta.

> **RECUERDE**
>
> El lado grande o abierto del signo > o < está siempre más próximo al número mayor.

Resuelva y verifique.

1. $\dfrac{x}{3} < 12$

2. $5y - 2 > 23$

3. $18 > 3(a - 6)$

4. $12x - 5 \geq 4x + 1$

RESPUESTAS

1. $x < 36$

2. $y > 5$

3. $12 > a$

4. $x \geq \dfrac{3}{4}$

MULTIPLICACIÓN DE BINOMIOS

$x + 6$ es un ejemplo de un binomio. Aunque no se le pedirá identificar un binomio, ni tampoco definir la diferencia entre un monomio y un binomio, usted deberá saber cómo multiplicar dos binomios. La operación se parece bastante a la multiplicación de números regulares. Considere este ejemplo:

$$(x + 4) \ (x + 3)$$

Paso uno: Arregle las cantidades como si se tratara de un problema de multiplicación de dos dígitos.

$$
\begin{array}{r}
x + 4 \\
\times \quad x + 3 \\
\hline
+\ 3x + 12 \\
+\ x^2 + 4x \quad\ \\
\hline
x^2 + 7x + 12
\end{array}
$$

Paso dos: Comenzando con el término inferior derecho (+3), multiplíquelo por los dos términos superiores, el de la derecha (4) y el de la izquierda (*x*). Ponga los productos de cada multiplicación en la columna que les corresponde.

$$4 \times 3 = 12 \quad y \quad x \times 3 = 3x$$

Paso tres: Haga ahora lo mismo con el término inferior izquierdo. Igual que en una multiplicación numérica, salte el espacio de un dígito en la extrema derecha al poner los productos de cada multiplicación.

$$4 \times x = 4x \quad y \quad x \times x = x^2$$

Paso cuatro: Una vez más como si se tratara de una multiplicación numérica, sume los resultados en columnas.

Estudie cuidadosamente los ejemplos adicionales siguientes de multiplicación de binomios:

$$(x - 7) \ (x + 2)$$

$$
\begin{array}{r}
x - 7 \\
x + 2 \\
\hline
2x - 14 \\
x^2 - 7x \quad\ \\
\hline
x^2 - 5x - 14
\end{array}
$$

$$(x - 8) \ (x - 3)$$

$$
\begin{array}{r}
x - 8 \\
x - 3 \\
\hline
-\ 3x + 24 \\
x^2 - 8x \quad\ \\
\hline
x^2 - 11x + 24
\end{array}
$$

$(x + 6) (x - 6)$

$$x + \;\; 6$$
$$\underline{x - \;\; 6}$$
$$- 6x - 36$$

$$x^2 + 6x$$

$$x^2 + \;\, 0 \;\, - \;\, 36$$

Como el 0 es innecesario, es $x^2 - 36$.

PRÁCTICA—MULTIPLICACIÓN DE BINOMIOS

Resuelva:

1. $(x + 2) (x + 4)$ 3. $(x - 8) (x - 5)$ 5. $(x + 9) (x - 9)$

2. $(x - 6) (x + 3)$ 4. $(x + 2) (x - 9)$

RESPUESTAS

1. $x^2 + 6x + 8$ 3. $x^2 - 13x + 40$ 5. $x^2 - 81$

2. $x^2 - 3x - 18$ 4. $x^2 - 7x - 18$

FACTORIZACIÓN DE ECUACIONES DE SEGUNDO GRADO

Esta es la operación inversa de la multiplicación de binomios. Por lo general aparece un problema de este tipo en la prueba, de modo que conviene prepararse. Una ecuación de segundo grado luce así:

$$x^2 + 10x + 16$$

He aquí cómo factorizarla.

EJEMPLO UNO

Factorice $x^2 + 10x + 16$

$(x \;\;\;\;) (x \;\;\;\;)$ será siempre su punto de partida ya que $x(x) = x^2$.

Usted debe encontrar **un grupo** de dos números que, al multiplicarse, serán +16 y al sumarse serán +10.

$16 \times 1 = 16$ pero $16 + 1 = 17$—No

$4 \times 4 = 16$ pero $4 + 4 = 8$—No

$8 \times 2 = 16$ *también* $8 + 2 = 10$—**Sí**

Los factores para la expresión de segundo grado $x^2 + 10x + 16$ son:

$$(x + 8) (x + 2)$$

Una verificación lo demostrará.

EJEMPLO DOS

Factorice $x^2 + 2x - 8$

$-8 \times 1 = -8$ pero $-8 + -1 = -7$—No

$-4 \times 2 = -8$ pero $-4 + (-2) = -2$—No

$4 \times -2 = -8$ *también* $4 + (-2) = +2$—**Sí**

Respuesta: $(x + 4)$ $(x - 2)$

PRÁCTICA—FACTORIZACIÓN DE EXPRESIONES DE SEGUNDO GRADO

Factorice:

1. $x^2 + 9x + 18$ 3. $x^2 - 49$ 5. $x^2 + x - 56$

2. $x^2 - 7x + 10$ 4. $x^2 + 9x - 36$

RESPUESTAS

1. **$(x + 3)$ $(x + 6)$**   3. **$(x + 7)$ $(x - 7)$**   5. **$(x + 8)$ $(x - 7)$**
2. **$(x - 5)$ $(x - 2)$**   4. **$(x + 12)$ $(x - 3)$**

ECUACIONES DE SEGUNDO GRADO

Todos los problemas con ecuaciones de segundo grado que usted verá en el Examen de GED serán similares a éstas:

$x^2 - 12x + 27 = 0$ Encuentre x

La clave aquí es el hecho de que x debe ser representada por **dos** números distintos para que la ecuación pueda ser resuelta.

EJEMPLO

$x^2 - 12x + 27 = 0$ Encuentre x

Paso uno: Factorice el lado izquierdo de la ecuación $(x - 9)$ $(x - 3)$

Paso dos: Simplemente invierta los signos de los dos números en cada factor del binomio. Así, -9 se convierte en 9 y -3 se convierte en 3.

Respuesta: $x = 9,3$

Una verificación en la cual los dos números reemplazan a x toma demasiado tiempo. Basta con que realice el procedimiento con cuidado.

PRÁCTICA—ECUACIONES DE SEGUNDO GRADO

Encuentre x:

1. $x^2 + 15x + 56 = 0$ 3. $x^2 + 8x - 9 = 0$ 5. $x^2 - 19x + 60 = 0$

2. $x^2 - 7x - 30 = 0$ 4. $x^2 - 64 = 0$

RESPUESTAS

1. **(–7, –8)**   3. **(–9, 1)**   5. **(15, 4)**
2. **(10, –3)**   4. **(8, –8)**

PROBLEMAS ALGEBRAICOS Y VERBALES

PROPORCIONES

Esta operación es el siguiente paso lógico después de haber estudiado la "razón", que usted aprendió en el capítulo 20, Fracciones. En su forma más simple, el propósito es hacer iguales a dos razones, cuando una de las cuatro partes se desconoce.

EJEMPLO UNO

$7 : 2 = x : 6$ Encontrar x

Paso uno: Escribir las razones en forma de fracciones.

$$\frac{7}{2} = \frac{x}{6}$$

Paso dos: Multiplique en cruzado y escriba los productos como dos números separados por un signo =:

$$7 \times 6 = 42 \quad \text{y} \quad 2 \times x = 2x$$

Establezca la relación como $2x = 42$

Paso tres: Termine la ecuación con una división

$$\frac{\cancel{2}x}{\cancel{2}} = \frac{\cancel{42}^{21}}{\cancel{2}^{1}}$$

$$7 : 2 = 21 : 6$$

Respuesta: $x = 21$

Esto significa que 7 tiene la misma relación numérica con 2 como 21 tiene con 6.
   Supongamos que usted estuviese horneando una torta que requería siete tazas de leche por dos tazas de harina. Si usted deseara hornear una torta más grande (tres veces más grande en este caso), usted seguiría empleando la misma razón de 7 partes por 2 partes, excepto que ahora emplearía 21 tazas de leche por 6 tazas de harina.

EJEMPLO DOS

La escala en un mapa es de 1 pulgada por cada 150 millas. ¿Cuán lejos se encuentran dos ciudades una de otra (en millas) si se encuentran separadas por 6 pulgadas en el mapa?

Paso uno: $1 : 150 = 6 : x$

Paso dos: $\dfrac{1}{150} = \dfrac{6}{x}$

Paso tres: $900 = x$, lo cual elimina la necesidad del *Paso cuatro*.

Respuesta: 900 millas

EJEMPLO TRES

En un hotel, la razón entre cuartos para fumadores a cuartos para no fumadores es de 5:2. Si hay 350 cuartos en el hotel, ¿cuántos son para fumadores?

Paso uno: Este problema tiene un problema adicional: la proporción no puede escribirse como se hizo en los dos ejemplos previos porque la información no puede compararse adecuadamente—5:2 le da dos partes (fumadores:no fumadores) pero 350 le da un *total*. Usted necesita comparar el total (350) con fumadores (desconocido o *x*).

La suma de las dos partes (5 + 2) le dará un total de 7. Ahora usted dispone de razones que le permiten una comparación adecuada.

$$\frac{\text{total}}{\text{fumadores}} \quad \frac{7}{2} = \frac{350}{x}$$

Paso dos: $7x = 700$

Paso tres: $\dfrac{7x}{7} = \dfrac{700}{7}$

Paso cuatro: $x = 100$

Respuesta: Hay 100 cuartos que permiten fumadores

PRÁCTICA—PROPORCIONES

1. En la construcción de una casa, un carpintero usa 26 pies de vigas de madera para construir 2 marcos de puerta. Si fuera a construir 5 marcos de puerta, ¿cuántas vigas necesitaría?

2. La escala en un mapa de carretera indica que $\dfrac{1}{4}$ de pulgada es igual a 20 millas. ¿Cuán separados (en millas) están los dos pueblos si en el mapa están a $3\dfrac{1}{2}$ pulgadas uno de otro?

3. Una fotografía tiene 3 pulgadas de largo y 5 de ancho. Si Susana desease agrandarla de modo que tenga 12 pulgadas de largo, ¿cuán ancha sería la foto?

RESPUESTAS

1. **65 pies**   2. **280 millas**   3. **20 pulg**

EMPLEO DE VARIABLES EN OPERACIONES ORGANIZADAS

Este es, posiblemente, el tipo más común de problema que se ve en el Examen de GED, de modo que es muy importante entenderlo bien. Tal como lo exigieron los problemas del capítulo 19 (Los Números y las Operaciones Básicas), deberá usar su sentido común como guía.

EJEMPLO UNO

Sally puede plantar x semillas de magnolias por hilera y hay y hileras en su jardín. Escriba una expresión algebraica que represente la cantidad total de semillas que pueden plantarse en el jardín.

Debiera ocurrírsele que este problema se parece mucho a todos los problemas de "área" (largo por ancho). Lo que podría ayudarle a visualizar la solución es **poner números en vez de variables**. En este caso, suponga que Sally puede plantar 10 semillas por hilera y hay 12 hileras en el jardín. El número total de semillas estaría representado por 10(12) o xy.

Respuesta: xy

EJEMPLO DOS

Los alumnos de una clase votaron para elegir al presidente de la clase. Una cantidad P de estudiantes votaron por José, una cantidad Q votaron por Ming y una cantidad R votaron por Luisa. ¿Qué parte fraccionaria de la clase votó por Luisa?

Parte fraccionaria es un buen indicio de que este problema debiera escribirse como una fracción y de que usted debiera buscar una relación de parte a todo. Calcule el todo o total de la clase sumando las variables ($P + Q + R$). Recuede que la parte en una relación de parte a todo va arriba.

Respuesta: $\dfrac{R}{P + Q + R}$

EJEMPLO TRES

Un carpintero recibe g dólares por hora y su ayudante recibe h dólares por hora. El miércoles ambos trabajaron j horas. Escriba una expresión que represente sus salarios combinados en ese día.

Si la solución no se le presenta mentalmente, trate de reemplazar las variables con cantidades numéricas. Digamos que el carpintero recibe \$20 por hora y su asistente recibe \$12 por hora. Ambos trabajan un total de 7 horas. La frase "salarios combinados" sugiere suma y el hecho de que *ambos* trabajaron el mismo número de horas sugiere el uso de paréntesis. Así, 7 horas (20 + 12) = salarios combinados, o bien:

Respuesta: $j(g + h)$

PRÁCTICA—VARIABLES EN OPERACIONES ORGANIZADAS

Escoja la expresión correcta para cada uno de los problemas siguientes.

1. Un pescador compra dos cañas de pesca por b dólares cada una y carnada por c dólares. Paga con un billete de 50 dólares. ¿Cuánto recibe de vuelto?

   (1) $2b - c + 50$
   (2) $50 + (2b - c)$
   (3) $50 + 2(b - c)$
   (4) $50 - (2b + c)$
   (5) $\dfrac{2b + c}{50}$

2. Tomás tiene b años de edad. ¿Qué edad tendrá en 12 años más?

   (1) $b - 12$
   (2) $b + 12$
   (3) $12b$
   (4) $b + 12 - x$
   (5) $12 - b$

3. Los Gonzáles deben manejar 350 millas en y horas. ¿Cuántas millas por hora deben conducir para llegar a su destino a tiempo?

   (1) $\dfrac{350}{y}$
   (2) $350y$
   (3) $\dfrac{350 + y}{y}$
   (4) $4(350y)$
   (5) No se da información suficiente

4. Un armario tiene cuatro cajones, tres de los cuales contienen x suéteres y un cuarto que contiene y suéteres. ¿Cuál es el número total de suéteres que hay en el cajón?

   (1) $3(x + y)$
   (2) $3 + x + y$
   (3) $3xy$
   (4) $x + 3y$
   (5) $3x + y$

5. Lina gana $11,000 al mes en su pastelería. Cada mes paga f dólares por arriendo del edificio, g por electricidad y h por otros gastos. ¿Cuál es su ganancia neta mensual?

   (1) $11(f + g + h)$
   (2) $11,000 - (f + g + h)$
   (3) $(f - g - h)11,000$
   (4) $(11,000 - h) - (f + g)$
   (5) No se da información suficiente

6. Hay x jugadoras en un equipo de vólibol. Un día, y jugadoras no fueron a practicar. ¿Qué parte fraccionaria del equipo estaba ausente ese día?

   (1) $\dfrac{x}{x + y}$
   (2) $2x - y$
   (3) $\dfrac{x - y}{x}$
   (4) $(y + x) - y$
   (5) $xy + x$

7. Alicia ahorra x dólares mensuales, Dean ahorra y dólares por mes y Sara ahorra z dólares por mes. ¿Qué representa el total de sus ahorros en un año?

   (1) $12(x + y + z)$
   (2) $xyz - 12$
   (3) $30x + 30y + 30z$
   (4) $12 + (x - y - z)$
   (5) No se da información suficiente

8. Raúl invierte una cantidad igual de su salario en dos fondos mutualistas distintos. Al cabo de un año, el valor del fondo A aumenta en un 22%, pero el valor del fondo B disminuye en un 6%. ¿Cuál es el valor total de sus dos fondos al terminar el año?

   (1) $(.22 \times A) + (.06 \times B)$
   (2) $(.22 \times A) - (.06 \times B)$
   (3) $.84 (A + B)$
   (4) $.16(A + B) + (A + B)$
   (5) $(.22 \times A) - (.6 \times B)$

RESPUESTAS

1. **4**   3. **1**   5. **2**   7. **1**
2. **2**   4. **5**   6. **3**   8. **4**

CONVERSIÓN DE PALABRAS EN ECUACIONES ALGEBRAICAS

Esta es una habilidad importante. Para mejorarla, repase la siguiente lista de frases comúnmente empleadas con números y sus traducciones algebraicas correspondientes. Lea la columna izquierda y cubra la columna derecha. Empleando x como una variable que reemplaza la frase "un número", prediga qué es lo que dirá la columna derecha.

Palabras	Expresión algebraica
5 más un número	$5 + x$
12 disminuido por un número	$12 - x$
La suma de un número y 6	$x + 6$
16 menos que un número	$x - 16$
2.5 más que un número	$2.5 + x$
13 menos un número	$13 - x$
Un número aumentado por 8	$x + 8$
El producto de 13 y un número	$13x$
Un número dividido por 4	$\dfrac{x}{4}$
3 veces un número	$3x$
18 dividido por un número	$\dfrac{18}{x}$
5 veces un número reducido por 7	$5x - 7$
Un número multiplicado por sí mismo	x^2
La raíz cuadrada de un número menos 6	$\sqrt{x} - 6$
14 aumentado por un número, todo multiplicado por 8	$8(14 + x)$
8 menos un número, todo dividido por el mismo número	$\dfrac{8 - n}{n}$

CONVERSIÓN DE PALABRAS EN ECUACIONES Y SU SOLUCIÓN

Usted ya ha aprendido a resolver ecuaciones simples y complejas. Esta operación le pide convertir oraciones en ecuaciones y luego resolverlas. Busque las palabras **es** o **es igual a**: ambas marcan el lugar en la ecuación que corresponde al signo =.

EJEMPLO

Tres veces un número aumentado por 14 es 23. Convierta y resuelva.

Que $3x$ corresponda a "tres veces un número".

Que + 14 correspondan a "aumentado por 14".

Que = 23 correspondan a "es 23".

Escríbalos juntos y resuelva la ecuación.

$$3x + 14 = 23$$
$$-14 \quad -14$$
$$\frac{3x}{3} = \frac{9}{3}$$

Respuesta: $x = 3$

PRÁCTICA—SOLUCIÓN DE ECUACIONES VERBALES SIMPLES

Convierta y encuentre la variable.

1. Un número disminuido por 16 = 39.

2. 90 dividido por un número es 18.

3. 48 es igual a un número aumentado en 6, y al sumarse, multiplicado por 5.

4. Un número multiplicado por sí mismo y añadido a 23 es igual a 219.

RESPUESTAS

1. $x = 55$ 3. $x = 3\dfrac{3}{5}$

2. $x = 5$ 4. $x = 14$

PROBLEMAS VERBALES ALGEBRAICOS DE VARIAS ETAPAS

Para algunos estudiantes, estas son las preguntas más difíciles del Examen de GED. Todos estos problemas deben convertirse a ecuaciones que requieren varias etapas para ser solucionadas.

EJEMPLO UNO

Dolores y su hermano Jaime reparten periódicos. Dolores reparte el doble de lo que reparte Jaime. Juntos, reparten 117 periódicos. ¿Cuántos reparte Jaime? ¿Cuántos reparte Dolores?

Paso uno: Dibuje un cuadro.

$$2x = \text{Dolores}$$
$$x = \text{Jaime}$$

No sabemos cuántos periódicos repartió cada uno, pero sí sabemos que Dolores repartió el doble. En prácticamente todos estos tipos de problema, una de las incógnitas, generalmente la más pequeña, se representa por x.

Paso dos: Escriba una ecuación basada en la información que se le ha dado.

$$2x + x = 117$$

Paso tres: Resuelva la ecuación.

$2x + x = 117$ se convierte en $\dfrac{3x}{3} = \dfrac{117}{3}$ $x = 39$

Paso cuarto: Vuelva al cuadro y aplique la información a la pregunta.

Respuesta: Jaime repartió **39** periódicos y Dolores repartió 2(39) o bien **78** periódicos.

EJEMPLO DOS

Tres jugadores de fútbol lograron más goles que nadie para su equipo durante la temporada. Henri hizo dos veces más goles que Fred, y Ángelo hizo 18 goles más que Fred. Si el total de goles hechos por los tres fue de 78, ¿cuántos goles hizo Henri?

Paso uno: Dibuje un cuadro.

$$\text{Henri} = 2x$$
$$\text{Fred} = x$$
$$\text{Angelo} = x + 18$$

Paso dos: $2x + x + (x + 18) = 78$

Paso tres:
$$4x + 18 = 78$$
$$-18 \quad -18$$
$$\frac{4x}{4} = \frac{60}{4}$$
$$x = 15$$

Paso cuatro: Henri hizo 2(15) goles, o bien, **30 goles**.

PRÁCTICA—PROBLEMAS VERBALES DE VARIAS ETAPAS

Resuelva.

1. En la universidad Oasis, hay tres veces más estudiantes que duermen en dormitorios de la universiad que estudiantes con dormitorios en la ciudad. Si el total de estudiantes es 988, ¿cuántos tienen dormitorios en la ciudad?

2. Un vendedor de gaseosas vendió botellas de soda grandes por $3 y botellas pequeñas por $2. Si vendió 182 botellas grandes y sus ganancias brutas para ese día fueron de $894, ¿cuántas botellas pequeñas vendió?

3. Kelly tiene nueve años más que su hermana. La edad de Kelly es un año más que el doble de la edad de su hermana. ¿Cuál es la edad de Kelly?

4. Dos carros viejos se vendieron en una subasta a un comprador que pagó un total de $2,000 por ambos. Si el carro más caro de los dos costó $240 menos que tres veces el precio del carro más barato, ¿cuánto costó el carro más caro?

RESPUESTAS

1. **247**   2. **174**   3. **17**   4. **$1,440**

GEOMETRÍA DE COORDENADAS

CÓMO ENCONTRAR PUNTOS EN LA CUADRÍCULA DE COORDENADAS

Estudie el diagrama siguiente.

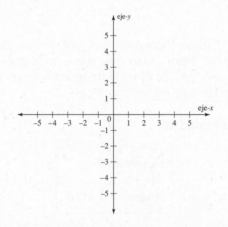

En la ilustración de arriba aparecen dos líneas numéricas perpendiculares. La línea horizontal se llama **eje-x** y la línea vertical es el **eje-y**. Memorice esta información.

En el diagrama de abajo aparece una versión más detallada, llamada cuadrícula de coordenadas. Usted debe aprender a ubicar los puntos sobre esta cuadrícula empleando dos números: la **coordenada-x** y la **coordenada-y**.

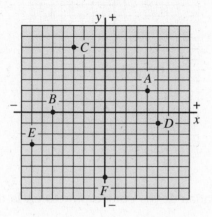

EJEMPLO UNO

Encuentre las coordenadas del Punto A.

Paso uno: Ubique la coordenada-x (alfabéticamente, aparece antes y por eso debe aparecer en primer lugar en las respuestas). Empleando como guía la línea oscura correspondiente al cero del eje-x, cuente el número de cuadritos que van horizontalmente desde el centro exacto del gráfico (0 del eje-x) hacia la derecha, hasta llegar al punto que se encuentra directamente debajo del Punto A. En este caso, el punto que usted busca se encuentra cuatro cuadritos hacia la derecha del cero y por eso su coordenada-x es **4**.

Paso dos: Ubique la coordenada-y. De nuevo, comience en el centro exacto (0 del eje-y, que es el mismo punto que corresponde al 0 del eje-x), pero ahora diríjase verticalmente por el eje-y en búsqueda del punto que se encuentra directamente a la izquierda del Punto A. En este caso, el punto se encuentra dos cuadritos por encima del cero y por eso su coordenada-y es **2**.

Respuesta: Las coordenadas para el Punto A son (4, 2)

EJEMPLO DOS

Encuentre las coordenadas para el Punto B.

Paso uno: Encuentre la coordenada-x. Empezando a contar desde el centro, B se encuentra a cinco cuadritos, pero esta vez hacia la **izquierda**, es decir, el Punto B se encuentra en el lado negativo de la línea numérica. La coordenada-x es –5.

Paso dos: Encuentre la coordenada-y. Como el Punto B se encuentra directamente sobre el eje-y, es decir, no está ni por encima ni por debajo de éste, su coordenada-y es 0.

Respuesta: Las coordenadas para el Punto B son (–5, 0)

Aquí hay coordenadas para cuatro otros puntos en la cuadrícula. Ponga los puntos según los datos indicados a continuación.

Punto C (–3,6)   Punto E (–7, –3)

Punto D (5, –1)   Punto F (0, –6)

PRÁCTICA—ENCONTRAR PUNTOS EN LA CUADRÍCULA

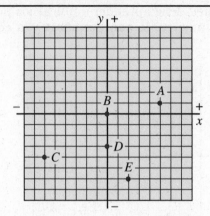

Identifique las coordenadas de los cuatro puntos en la cuadrícula de arriba.

1. Punto *A*   4. Punto *D*

2. Punto *B*   5. Punto *E*

3. Punto *C*

RESPUESTAS

1. **(5, 1)**   4. **(0, –3)**
2. **(0, 0)**   5. **(2, –6)**
3. **(–6, –4)**

CÓMO ENCONTRAR LA DISTANCIA ENTRE LOS PUNTOS

Esto puede parecer complicado, pero se trata de una operación muy sencilla.

EJEMPLO UNO

Encuentre la distancia entre los Puntos *A* y *B*.

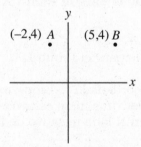

No se preocupe de que la cuadrícula no esté allí—usted no la necesita. Como las coordenadas-*y* de ambos puntos son +4, ambas se encuentran encima de la línea horizontal imaginaria que corresponde al eje-*x*. Para encontrar la distancia entre los puntos, basta con calcular cuántos cuadritos hay entre las coordenadas-*x*. Haga caso omiso a todo signo + o – y **sume las coordenadas que no son iguales**. En este caso, el par de coordenadas-*y* son las mismas (4, 4) mientras que las coordenadas-*x* no son iguales (–2, 5). Elimine los signos y sume ambas: 2 + 5 = 7.

Respuesta: La distancia entre los Puntos *A* y *B* es 7

EJEMPLO DOS

Encuentre la distancia entre los Puntos *C* y *D*.

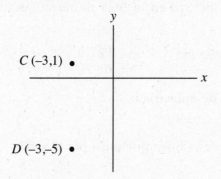

Estos dos puntos se encuentran en la misma línea imaginaria paralela al eje-*y* (–3). Las coordenadas-*y* son el par que no es igual, de modo que elimine el signo negativo en –5 y sume 5 + 1.

Respuesta: La distancia entre *C* y *D* = 6

PRÁCTICA—ENCONTRAR LA DISTANCIA ENTRE LOS PUNTOS

Use el gráfico de abajo para encontrar la distancia entre los grupos de puntos siguientes:

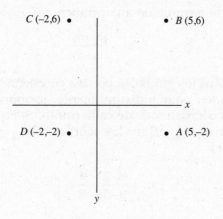

1. *A* y *B*	3. *C* y *B*
2. *D* y *C*	4. *D* y *A*

RESPUESTAS

1. **8**	2. **8**	3. **7**	4. **7**

ENCONTRAR LA PENDIENTE DE UNA LÍNEA

Esta es otra operación que parece complicada y no lo es. La fórmula para calcular la pendiente se incluye en la hoja de fórmulas (vea *inclinación de una línea* en la página 70).

Pendiente de una línea (*m*) $m = \dfrac{y_2 - y_1}{x_2 - x_1}$

Aquí veremos el modo de aplicarlas:

EJEMPLO

¿Cuál es la pendiente de la línea que pasa por *A* y *B*?

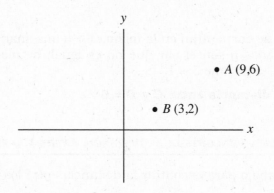

Paso uno: Escriba la fórmula de una pendiente.

$$m = \frac{y_2 - y_1}{x_2 - x_1}$$

Paso dos: Reemplace los símbolos por las coordenadas que se le han dado. Los $_2$ y los $_1$ se pueden usar indistintamente, siempre que se use el mismo número para las dos coordenadas de cada punto. Si en este caso usted decide que *A* sea las coordenadas $_2$ y *B* sea las coordenadas $_1$, entonces la solución de la pendiente lucirá así:

$$m = \frac{6-2}{9-3} = \frac{4}{6} = \frac{2}{3}$$

Paso tres: Resuelva y reduzca.

Respuesta: La pendiente es $\dfrac{2}{3}$

Si usted hubiera decidido que *A* sea las coordenadas $_1$ y *B* sea las coordenadas $_2$, la respuesta seguiría siendo la misma.

$$m = \frac{2-6}{3-9} = \frac{-4}{-6} = \frac{2}{3}$$

PRÁCTICA—ENCONTRAR LA PENDIENTE DE UNA LÍNEA

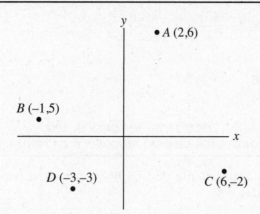

Encuentre las pendientes de las líneas que pasan por los puntos siguientes del gráfico.

1. *AC*

2. *AB*

3. *AD*

4. *BD*

RESPUESTAS

1. **–2**

2. $\dfrac{1}{3}$

3. $1\dfrac{4}{5}$

4. **4**

ENCONTRAR UNA COORDENADA CUANDO SE CONOCE LA PENDIENTE

Este es un problema de álgebra relativamente sencillo que no requiere un gráfico de coordenadas.

EJEMPLO

Encuentre *y* si la pendiente de una línea que pasa por los puntos A (5, *y*) y B (2,3) es igual a 1.

Paso uno: Escriba la fórmula para la pendiente de una línea.

$$m = \frac{y_2 - y_1}{x_2 - x_1}$$

Paso dos: Reemplace los símbolos por las coordenadas. Use *y* como la variable para el número desconocido. Una vez más, es su opción la de usar y_1 o y_2. En este caso, usaremos $_2$.

$$1 = \frac{y - 3}{5 - 2}$$

Paso tres: Resuelva como una ecuación.

$$1 = \frac{y-3}{5-2} = \frac{(3)}{1} \quad 1 = \frac{y-3}{3}\frac{(3)}{1} = \quad \begin{array}{r} 3 = y - 3 \\ +3 \quad\ + 3 \\ \hline 6 = y \end{array}$$

Respuesta: $y = 6$

PRÁCTICA—*ENCONTRAR UNA COORDENADA CUANDO SE CONOCE LA PENDIENTE*

1. Encuentre x si la pendiente de una línea que pasa por los Puntos A (4, 3) y B (x, 7) es igual a 4.

RESPUESTA

5

REPASO DEL CAPÍTULO

Llene los espacios de las cuadrículas de respuesta
y use una calculadora cuando sea necesario.

Las preguntas 1 y 2 se basan en la información
siguiente:

1. La letra sobre la línea numérica que mejor
   representa $\sqrt{32}$ es

   (1) A
   (2) B
   (3) C
   (4) D
   (5) E

2. La variable x en la expresión $5x - 7 \geq 13$ es
   representada en la línea numérica de
   arriba por

   (1) el punto B
   (2) todos los puntos $< C$
   (3) el punto A
   (4) el punto B y todos los puntos $>$ que el
   punto B
   (5) todos los puntos $<$ que el punto B

3. Evalúe $(4x + y)(x^2 + 6)$ siendo $x = -3$ e
   $y = 5$

   (1) 59
   (2) –63
   (3) 80
   (4) 66
   (5) –105

4.

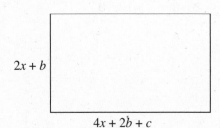

   ¿Cuál es el perímetro del rectángulo de
   arriba?

   (1) $6x + 3b + c$
   (2) $15x_2 + 5b + 2c$
   (3) $2x - b + c$
   (4) $8x + 4b = 2c$
   (5) $12x + 6b + 2c$

5. Dada la ecuación $49 - x = 33$, encuentre $3x$.

6. Dada la ecuación $7a - 28 \geq 56$, encuentre a.

   (1) todos los números < 12
   (2) todos los números > 12
   (3) todos los números ≤ 12
   (4) todos los números ≥ 12
   (5) 14

7. En la ecuación $x^2 - 8x - 48 = 0$, ¿cuáles
   son las soluciones para x?

   (1) –12, 4
   (2) 6, –8
   (3) 12, –4
   (4) –8, 6
   (5) –6, –4

8. Encuentre x si la pendiente de una línea
   que pasa por los puntos $A (-2, x)$ y $B (4, 1)$
   es igual a $\dfrac{-2}{3}$.

   (1) 3
   (2) $\dfrac{2}{3}$
   (3) 5
   (4) –6
   (5) –3

9. Tina y Simón visitan un parque de diver-
   siones. Ambos pagan x dólares por la
   entrada. Todos los juegos valen lo mismo
   y se representan por y. Tina paga por seis
   juegos y Simón paga por cuatro. ¿Qué
   expresión representa el gasto total de los
   niños?

   (1) $\dfrac{6y + 4y}{2}$
   (2) $2(x + 10y)$
   (3) $(6y - 4y) + 2x$
   (4) $2x - 10y$
   (5) $(x + 6y) + (x + 4y)$

10. Nueve veces un número menos tres es igual a cinco veces ese mismo número sumado a siete. ¿Cuál es el valor de ese número?

    (1) 2.5
    (2) 7
    (3) 6
    (4) 3
    (5) 13

11. Thomasville y Newton están separados por 260 millas. Si la escala en un mapa de carretera es de $\frac{1}{2}$ pugada:40 millas, ¿cuán apartados, en pulgadas, se encuentran ambos pueblos en el mapa?

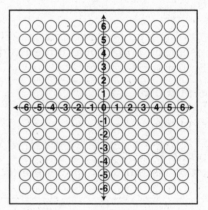

12. Juan tiene tres guitarras. La más cara cuesta $25 menos que tres veces el valor de la más barata. La otra guitarra vale $16 más que el doble de la más barata. En conjunto, las tres guitarras valen $1,245. ¿Cuándo cuesta la guitarra más cara?

    (1) cerca de $500
    (2) entre $650 y $700
    (3) cerca de $600
    (4) cerca de $4,700
    (5) cerca de $550

13. ¿Qué punto corresponde al centro del círculo?

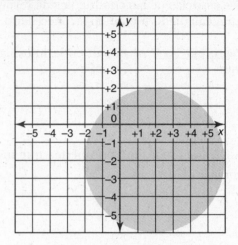

Respuestas

1. **3**	5. **48**	9. **5**	13. **(2,–2)**
2. **4**	6. **4**	10. **1**	
3. **5**	7. **3**	11. **3.25**	
4. **5**	8. **3**	12. **3**	

Geometría

CAPÍTULO 24

ÁNGULOS

Aprenda el vocabulario siguiente.

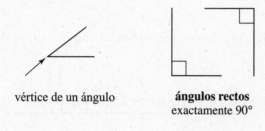

vértice de un ángulo

ángulos rectos
exactamente 90°

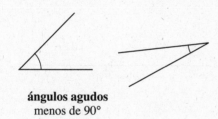

ángulos agudos
menos de 90°

ángulo obtuso
más de 90°
menos de 180°

> **NOTA**
>
> ° significa grados de un ángulo.
>
> **m** significa "medida de" o "número de grados" en un ángulo.

ángulo extendido
exactamente 180°

En el Examen de GED, los ángulos pueden mencionarse de unas cuantas maneras distintas.

Puede haber mención del ángulo de arriba como ∠*CBA* o ∠*ABC*. Note cómo la letra B, es decir la que indica el vértice, está siempre en la mitad de las tres letras.

El ángulo de arriba puede ser mencionado como ∠*x* o m de ∠*x*, siendo m **la medida del** ∠*x*.

PRÁCTICA—IDENTIFICACIÓN DE ÁNGULOS

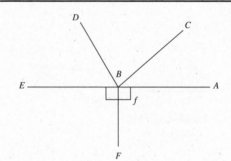

Consulte el diagrama de arriba para responder las preguntas siguientes.

1. ¿Cuánto es m ∠*f* ? (¿Cuántos grados?)

2. ¿Qué clase de ángulo es ∠*ABC*?

3. ¿Qué clase de ángulo es ∠*ABD*?

4. ¿Qué clase de ángulo es ∠*EBC*?

5. ¿Cuánto es m ∠*EBD* + m ∠*ABD*?

6. ¿Qué clase de ángulo es ∠*ABE*?

7. ¿Cuánto es m ∠*ABC* si es igual a $\frac{1}{2}$m ∠*EBF*?

RESPUESTAS

1. **90°**
2. **agudo**
3. **obtuso**
4. **obtuso**

5. **180°**
6. **ángulo extendido**
7. **45°**

Ángulos complementarios y suplementarios

Dos o más ángulos son *complementarios* si su suma es igual a 90 grados.

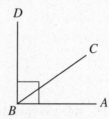

m $\angle ABC$ =   33°
m $\angle CBD$ =   57°
                 90°

$\angle ABC$ y $\angle CBD$ son *complementarios*.

Dos o más ángulos son *suplementarios* si su suma es igual a 180°.

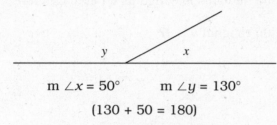

m $\angle x$ = 50°   m $\angle y$ = 130°

(130 + 50 = 180)

x y y son *suplementarios*

Bisectrices

Cualquier línea que bisecta un ángulo lo divide en dos ángulos que son iguales.

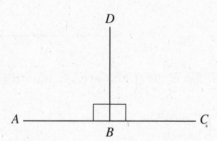

m $\angle ABC$ = 180°

$\overline{BD}$ bisecta $\angle ABC$

m $\angle CBD$ = 90°   m $\angle ABD$ = 90°

Ángulos opuestos por el vértice

Los ángulos opuestos por el vértice son opuestos entre sí e iguales.

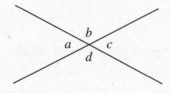

$\angle a$ es opuesto a $\angle c$ y $\angle b$ es opuesto a $\angle d$

$\angle a$ = $\angle c$

$\angle b$ = $\angle d$

Si en el diagrama de arriba $\angle a$ = 60°, entonces $\angle b$ = 120° (suplementario) y $\angle d$ = 120° (opuesto) y $\angle c$ = 60° (opuesto).

Estos conceptos aparecerán en el examen en diversas formas continuamente. Apréndalos bien.

PRÁCTICA—ÁNGULOS

Para responder las preguntas 1–3, vea el diagrama siguiente.

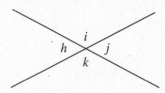

1. ¿Cuáles son los dos ángulos que si se suman por separado a $\angle j$ serán iguales a 180°?

2. ¿Cuál es la suma de todos los ángulos en el diagrama?

3. ¿Qué otro ángulo es igual a $\angle i$?

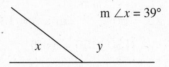

m $\angle x = 39°$

4. En el diagrama de arriba, ¿cuánto es m $\angle y$?

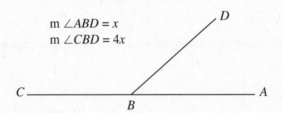

m $\angle ABD = x$
m $\angle CBD = 4x$

5. En el diagrama arriba, ¿cuánto es m $\angle CBD$? (Sugerencia: $4x + x = 180$)

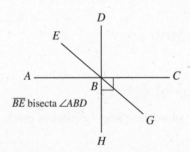

$\overline{BE}$ bisecta $\angle ABD$

Las preguntas 6 y 7 se refieren al diagrama de arriba.

6. ¿Cuánto es m $\angle CBG$?

7. ¿Cuáles son las dos expresiones que son verdaderas?

   (1) m $\angle DBC = 2(\angle ABH)$

   (2) m $\angle DBH = \dfrac{\angle ABH}{2}$

   (3) m $\angle ABC$ = m de $2(\angle CBH)$

   (4) $2(\angle CBG) = \dfrac{\angle ABC}{2}$

RESPUESTAS

1. *I, K*   3. *K*   5. **144°**   7. **3, 4**

2. **360°**   4. **141°**   6. **45°**

TRANSVERSALES

Una **transversal** es una línea que corta un grupo de líneas paralelas. Aunque no se le pedirán definiciones para este tipo de diagrama, usted debe comprender en detalle los conceptos que dicho diagrama ilustra.

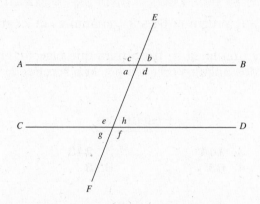

En el diagrama de arriba, $\overline{AB} \parallel \overline{CD}$ ($\parallel$ significa que $\overline{AB}$ es paralelo a $\overline{CD}$). $\overline{EF}$ es la transversal.

Sabemos esto, debido a la regla de los ángulos opuestos por el vértice:

$$\angle c = \angle d \quad \text{y} \quad \angle a = \angle b$$

$$\angle e = \angle f \quad \text{y} \quad \angle g = \angle h$$

También: $\angle b = \angle g \quad \text{y} \quad \angle c = \angle f$

$$\angle c = \angle e \quad \text{y} \quad \angle b = \angle h$$

PRÁCTICA—TRANSVERSALES

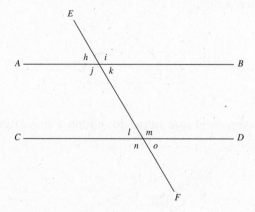

En el diagrama de arriba, $\overline{AB}$ es $\parallel$ a $\overline{CD}$.

1. Mencione todos los ángulos que son iguales al $\angle h$.

2. Mencione todos los ángulos que son iguales al $\angle n$.

3. Si m ∠*o* = 36°, ¿cuánto es m ∠*i*?

4. Si m ∠*n* = 117°, ¿cuánto es m ∠*h*?

5. Si m ∠*h* = 63°, entonces ¿cuánto es m ∠*h* + ∠*n* + ∠*o*?

6. Si m ∠*h* fue expresado como *x* y m ∠*i* fue expresado como 3*x*, ¿qué afirmación sería verdadera?

    (1) $3x - x = 180°$
    (2) $3x + 2x = 180°$
    (3) $4x = 180°$

7. Si la respuesta a la pregunta 6 es 3, ¿cuánto es m ∠*i* en grados?

8. Si m ∠*h* = 58° y una línea se traza para que bisecte ∠*n*, ¿cuánto son las medidas de los dos ángulos creados por la bisección de ∠*n*?

RESPUESTAS

1. ***K, L, O***   3. **144°**   5. **243°**   7. **135°**
2. ***M, I, J***   4. **63°**   6. **3**   8. **61°**

TRIÁNGULOS

Hay cuatro tipos de triángulos que usted debe conocer.

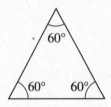

El triángulo *equilátero* es el que tiene todos sus lados iguales. Todos los ángulos son iguales a 60°.

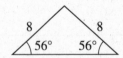

El triángulo *isósceles* es el que tiene dos lados y dos ángulos iguales.

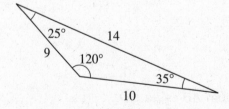

El triángulo *escaleno* es el que no tiene ningún lado ni ningún ángulo igual.

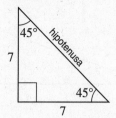

El triángulo rectángulo es el que tiene siempre un ángulo de 90°.

Los otros dos ángulos pueden ser iguales entre ellos o distintos, pero su suma siempre equivaldrá a 90°.

Los dos lados que forman el ángulo recto pueden ser iguales, pero no es necesario que así sea.

El tercer lado, es decir el lado opuesto al ángulo recto, es siempre más largo que los otros dos y se llama hipotenusa.

> La suma de todos los ángulos de un triángulo siempre es de 180°.

Esta es información que le ayudará a responder diversas preguntas en el Examen de GED. Memorícela.

PRÁCTICA—TRIÁNGULOS

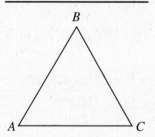

1. En △ABC arriba, ∠A = 70° y ∠B = 40°. ¿Cuál es la medida de ∠C?

2. ¿Qué clase de triángulo es △ABC?

3. ¿Qué clase de triángulo es △DEF si tiene una hipotenusa?

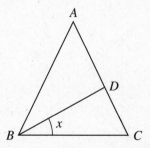

4. △ABC, arriba, es un triángulo equilátero. $\overline{BD}$ bisecta ∠ABC. ¿Qué es m ∠x?

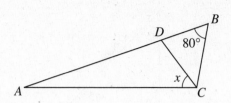

5. △*ABC*, arriba, es un triángulo escaleno. ∠*B* = 80°, $\overline{CD}$ bisecta ∠*ACB*. ¿Cuánto es m ∠*x*?

   (1) 50°
   (2) 25°
   (3) 55°
   (4) 35°
   (5) No se da información suficiente

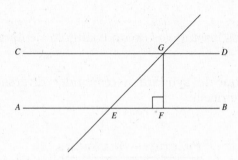

6. En el diagrama arriba, $\overline{AB} \parallel \overline{CD}$, $\overline{GF} \perp \overline{AB}$ y m ∠*EGF* = 35°. ¿Cuánto es m ∠*AEG*?

7. En △*ABC*, m ∠*a* = 30°, ∠*B* = 60°, ∠*C* = 90°.

   (a) ¿Qué clase de triángulo es △*ABC*?
   (b) ¿Cuál es la razón de ∠*A* a ∠*C*?

      (1) 3:1
      (2) 2:1
      (3) 1:2
      (4) 1:3
      (5) 4:3

8.

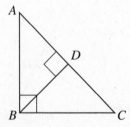

   AD ⊥ *BD*. Si m ∠*DAB* = 40°, ¿cuánto es m de ∠*BCD*? (Sugerencia: Use △*ABC* para encontrar la solución. No se distraiga por DB, la cual parece bisectar ∠*ABC*.)

RESPUESTAS

1. **70°**   3. **triángulo rectángulo**   5. **5**   7. (a) **rectángulo** (b) **4**

2. **isósceles**   4. **30°**   6. **125°**   8. **50°**

RELACIONES ENTRE LADOS Y ÁNGULOS

En un triángulo, **los lados que están opuestos a dos ángulos iguales son también iguales**.

EJEMPLO UNO

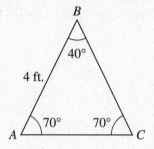

Encuentre $\overline{BC}$

$\overline{BC}$ está **opuesto** a $\angle A$ $\overline{AB}$ está **opuesto a** $\angle C$

m $\angle A$ = m $\angle C$ Encuentre $\overline{BC}$

m $\angle A$ = m $\angle C$, de modo que $\overline{AB} = \overline{BC}$; si $\overline{AB}$ = 4 pies, entonces $\overline{BC}$ = 4 pies.

En un triángulo, **los ángulos opuestos a dos lados iguales son iguales**.

EJEMPLO DOS

Encuentre x en ambas figuras.

Figura 1   **Figura 2**

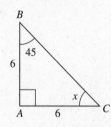   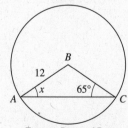

En esta figura, _AB_ es el radio del círculo

En la Figura uno, $\overline{AB} = \overline{AC}$. Por lo tanto, $\angle B$ (opuesto a $\overline{AC}$) = m $\angle C$ (opuesto a $\overline{AB}$).

Respuesta: $x = 45°$

En la Figura 2, tanto $\overline{AB}$ como $\overline{BC}$ son radios del círculo. Por lo tanto, $\overline{AB} = \overline{BC}$. Así, m $\angle C$ (opuesto a $\overline{AB}$) = m $\angle A$ (opuesto a $\overline{BC}$).

Respuesta : $x = 65°$

En todos los triángulos con excepción del equilátero, **el lado más largo está opuesto al ángulo más grande, y el lado más corto está opuesto al ángulo más pequeño.**

EJEMPLO TRES

En $\triangle ABC$, m $\angle A = x$, m $\angle B = 1.5x$, y m $\angle C = 2.5x$. ¿Cuál es el lado más largo?

Paso uno: Ayúdese con un diagrama. No se preocupe donde coloca los ángulos ni cual es la escala del dibujo, basta con una visión general.

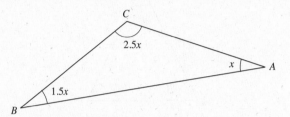

Como el lado más largo está opuesto al ángulo más grande, debe ser $\overline{AB}$.

Respuesta: $\overline{AB}$

PRÁCTICA—RELACIONES ENTRE LADOS Y ÁNGULOS

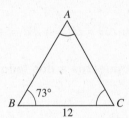

1. Arriba, si $\overline{AB} = \dfrac{3}{4}(\overline{AC})$ y m $\angle A = \angle C$, ¿cuál es el largo de AB?

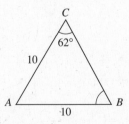

2. En $\triangle ABC$ arriba, encuentre m $\angle B$.

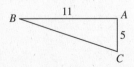

3. El perímetro de $\triangle ABC$ arriba = 29. ¿Cuál es el ángulo más grande?

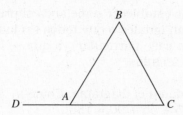

4. En △ABC arriba, m ∠B = 50° y $\overline{AB} = \overline{BC}$. ¿Cuánto es m ∠DAB?

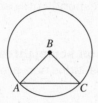

5. $\overline{BC}$ y $\overline{AB}$ son los radios del círculo arriba. Si m ∠C = 60°, ¿qué clase de triángulo es △ABC?

RESPUESTAS

1. **12**   4. **115°**
2. **62°**   5. **equilátero**
3. **∠A**

TRIÁNGULOS SEMEJANTES

Los triángulos semejantes *no son* del mismo tamaño—uno puede ser pequeño y el otro enorme. Lo que tienen en común es:

> • Todos sus ángulos correspondientes son **iguales**.
>
> • Todos sus lados correspondientes son **proporcionales**

EJEMPLO UNO

Es △ABC semejante a △DEF?

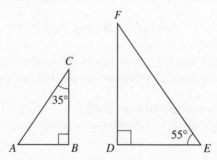

Usted tiene la opción de establecer semejanza si prueba que todos los ángulos correspondientes son iguales o que todos los lados correspondientes son proporcionales. En este caso particular, ya que se le han dado dos ángulos, resuelva utilizando los ángulos.

m $\angle B$ = m $\angle D$. Eso se da en el diagrama. Como m $\angle C$ = 35° en $\triangle ABC$, m $\angle A$ debe ser igual a 55° (35 + 55 + 90 = 180).

Del mismo modo, como m $\angle E$ en $\triangle DEF$ = 55°, m $\angle F$ debe ser igual a 35°.

Ahora, todos los ángulos correspondientes son iguales: $\angle B$ = $\angle D$, $\angle A$ = $\angle E$, $\angle C$ = $\angle F$.

Respuesta: $\triangle ABC$ y $\triangle DEF$ son semejantes.
(Esto significaría que todos los lados son proporcionales.)

EJEMPLO DOS

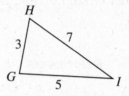

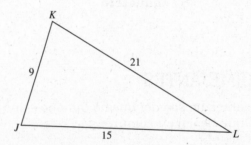

Es $\triangle GHI$ semejante a $\triangle JKL$?

Aquí es fácil decidir si conviene probar semejanza mediante ángulos iguales o lados proporcionales. Como se le han dado los lados, resuelva mediante los lados.

Establezca una proporción para un par de lados correspondientes:

$$\overline{GH} : \overline{JK} = 3 : 9 = 1 : 3$$

Un vistazo a los largos de los otros pares de lados correspondientes le dice que ambos están en la misma proporción de 1:3 uno del otro.

Respuesta: $\triangle GHI$ es semejante a $\triangle JKL$
(Esto significa también que sus ángulos correspondientes son iguales.)

EJEMPLO TRES

En el diagrama de abajo, $\overline{AB} \parallel \overline{DC}$. Encuentre el largo de $\overline{AB}$.

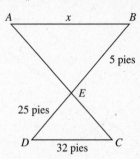

Esto puede parecer complicado, pero no lo es. Un hecho muy importante es que $\overline{AB} \parallel \overline{DC}$, lo cual significa que $\overline{BD}$ es una transversal.

Paso uno: Decida si $\triangle DEC$ y $\triangle AEB$ son semejantes. Debido a las reglas que gobiernan a las transversales, usted sabe que $\angle D = \angle B$ y que $\angle C = \angle A$. $\angle DEC = \angle AEB$ porque son ángulos opuestos. Los dos triángulos son semejantes porque los tres ángulos son iguales. Además, sus lados son **proporcionales**.

Paso dos: Encuentre el largo de $\overline{AB}$ empleando la proporción.

$\overline{DE} : \overline{EB} = 25:75 = 1:3$ por lo tanto $\overline{DC}:\overline{AB} = 1:3$

$$\frac{32}{x} = \frac{1}{3} \qquad x = 96$$

Respuesta: $\overline{AB}$ es igual a 96 pies

PRÁCTICA—TRIÁNGULOS SEMEJANTES

1. ¿Son semejantes los triángulos de abajo?

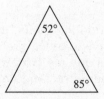

2. Si el perímetro de $\triangle DEF = 18$, ¿son semejantes los triángulos de abajo?

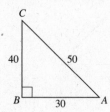

Las preguntas 3 y 4 se refieren a la figura de abajo.

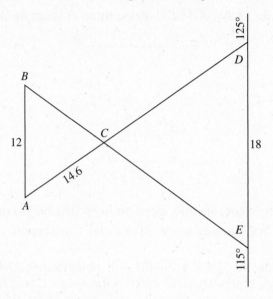

3. $\overline{AB} \parallel \overline{DE}$. ¿Qué largo tiene $\overline{CD}$?

4. ¿Cuánto es m $\angle ACB$?

RESPUESTAS

1. **No**   2. **Sí**   3. **21.9**   4. **60°**

LOS TRIÁNGULOS RECTÁNGULOS Y EL TEOREMA DE PITÁGORAS

El uso de una fórmula conocida como el teorema de Pitágoras le ayudará a encontrar la longitud de los lados de triángulos rectángulos. La fórmula aparece en la hoja de fórmulas, pero le conviene memorizarla aquí y de inmediato.

El teorema de Pitágoras: $c^2 = a^2 + b^2$
En este caso, c siempre representa a la hipotenusa, mientras que a y b representan a los otros lados de un triángulo rectángulo.

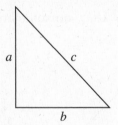

EJEMPLO UNO

¿Cuál es el largo de $\overline{EF}$?

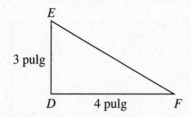

Paso uno: Reemplace la fórmula con los números provistos en el diagrama.

$c^2 = a^2 + b^2$ se convierte en $c^2 = 3^2 + 4^2$
(no importa a qué lado corresponde **a** o **b**)

Paso dos: Continúe trabajando con la ecuación y resuelva los exponentes.

$c^2 = 3^2 + 4^2$ se convierte en $c^2 = 9 + 16 = c^2 = 25$

Paso tres: Encuentre la raíz cuadrada de c^2.

$$\sqrt{25} = 5$$

Respuesta: $\overline{EF}$ = 5 pulg

EJEMPLO DOS

¿Cuál es el largo de $\overline{AC}$?

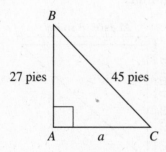

Paso uno: $c^2 = a^2 + b^2$ se convierte en $45^2 = 27^2 + b^2$

Paso dos: $2025 = 729 + b^2$
           $\underline{-729 \quad -729}$
           $1296 = \qquad b^2$

Paso tres: Encuentre la raíz cuadrada de b^2

$\sqrt{1296} = 36$

Respuesta: $\overline{AC}$ = 36 pies

EJEMPLO TRES

Un carpintero debe cortar un soporte diagonal para el marco de la pared ilustrada abajo. ¿Cuán largo debe ser el soporte?

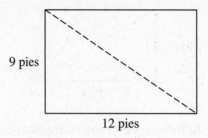

9 pies

12 pies

Paso uno: $c^2 = a^2 + b^2$ se convierte en $c^2 = 9^2 + 12^2$

Paso dos: $c^2 = 81 + 144 = c^2 = 225$

Paso tres: $c = \sqrt{225} = 15$

Respuesta: 15 pies

EJEMPLO CUATRO

Cristina camina .6 milla al norte. Luego se dirige al este y camina en esa direeción por .8 milla. ¿Cuán lejos se encuentra de su punto de partida?

Recuerde siempre que "al norte" y "al este" sugieren de inmediato un problema con triángulos rectángulos y el teorema de Pitágoras.

Paso uno: Dibuje un diagrama.

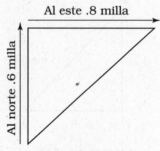

Al este .8 milla

Al norte .6 milla

Punto de partida

Paso dos: $c^2 = a^2 + b^2$ se convierte en $c^2 = .6^2 + .8^2$

$$c^2 = .36 + .64 = c^2 = 1$$

Paso tres: $c = \sqrt{1} = 1$

Respuesta: 1 milla

PRÁCTICA—*TEOREMA DE PITÁGORAS*

1. ¿Cuál es el largo de $\overline{BC}$ en el diagrama de abajo?

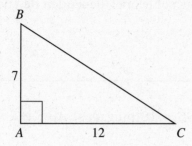

    (1) 15
    (2) 13.6
    (3) $\sqrt{193}$
    (4) 95
    (5) No se da información suficiente

2. Un poste de teléfono tiene 40 pies de alto y se encuentra perpendicular al suelo. El poste debe ser sujeto por un cable ensartado en el suelo a 30 pies de la base del poste y amarrado en la punta del poste. ¿Cuán largo es el cable?

3. En el diagrama de abajo, ¿cuál es el largo de $\overline{DF}$?

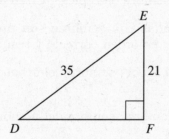

4. Un bote de vela zarpa del muelle y navega al sur por 12 millas y luego avanza al este por 16 millas. Seguidamente se detiene y larga el ancla. ¿A qué distancia está del muelle?

RESPUESTAS

1. **3**   2. **50 pies**   3. **28**   4. **20 millas**

GEOMETRÍA Y PROPORCIÓN

Estas preguntas se hacen con frecuencia. Todas son en cierta medida distintas una de otra y todas las soluciones dependen de sus conocimientos de geometría y de proporción.

EJEMPLO UNO

En el segmento $\overline{AC}$, $\overline{BC}$ = 18 pulgadas. $\overline{AB}$: $\overline{BC}$ = 2:3. ¿Cuál es el largo de $\overline{AB}$?

Paso uno: $x : 18 = 2:3$ o bien $\dfrac{x}{18} = \dfrac{2}{3}$

Paso dos: Multiplique en cruzado y resuelva la proporción.

$$3x = 36 \qquad \dfrac{3x}{3} = \dfrac{36}{3} \qquad x = 12$$

Respuesta: $\overline{AB}$ = 12 pulgadas

EJEMPLO DOS

Un árbol proyecta una sombra de 72 pies al mismo tiempo que un hombre de 6 pies proyecta una sombra de 8 pies. ¿Cuán alto es el árbol?

Las preguntas relacionadas con sombras son preguntas de proporciones. Escriba las proporciones en orden correcto y resuelva.

Paso uno: altura del árbol : sombra del árbol
                    x :   72

            altura del hombre : sombra del hombre
                    6   :   8

Paso dos: Convierta a proporciones fraccionarias, multiplique en cruzado y resuelva.

$$\dfrac{x}{72} = \dfrac{6}{8} \text{ (reduzca) } \dfrac{x}{72} = \dfrac{3}{4}$$
$$\dfrac{216}{4} = \dfrac{4x}{4}$$
$$x = 54$$

Respuesta: 54 pies

EJEMPLO TRES

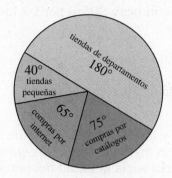

Sobre la base de una encuesta hecha a 900 personas, el gráfico circular de arriba muestra dónde compran sus regalos los compradores navideños. ¿Cuántas personas compraron sus regalos en tiendas pequeñas?

Sea cuidadoso. Los segmentos del círculo no están representados por porcentajes sino por *grados*. En un círculo hay 360°, de modo que:

Paso uno: Escriba una proporción.

$$\text{tiendas pequeñas, en grados : total de grados}$$
$$40° \qquad : \qquad 360°$$

$$\text{compradores en tiendas pequeñas : total de compradores}$$
$$x \qquad\qquad : \qquad\qquad 900$$

Paso dos: Resuelva.

$$\frac{40}{360} = \frac{x}{900} \text{ (reduzca) } \frac{1}{9} = \frac{x}{900}$$
$$\frac{9x}{9} = \frac{900}{9}$$
$$x = 100$$

Respuesta: 100 personas

EJEMPLO CUATRO

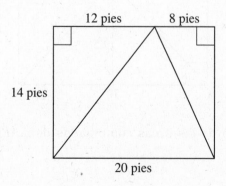

¿Cuál es la razón entre el área del triángulo y el área del rectángulo?

Aunque parezca complicado, el problema es bastante sencillo. *No* se distraiga por los dibujos que indican 90° ni por las medidas de 12 pies. Pero sí recuerde estas fórmulas:

Área de un rectángulo = largo × altura

Área de un triángulo = $\frac{1}{2}$(base × altura)

En el diagrama, el largo y la altura del rectángulo son iguales a la base y la altura del triángulo. Como el área del triángulo equivale a la *mitad* del largo × altura del rectángulo, su área sería la mitad del tamaño del rectángulo. Por lo tanto, la razón sería de 1:2.

Respuesta: 1:2

PRÁCTICA—GEOMETRÍA Y PROPORCIÓN

1.

Si el segmento $\overline{AC}$ = 120 pies y la razón de $\overline{AB}:\overline{BC}$ = 3:5, ¿cuál es el largo de $\overline{AB}$?

2. Un poste de teléfono de 35 pies proyecta una sombra de 21 pies al mismo tiempo que la sombra de un poste de alumbrado mide 12 pies. ¿Cuán alto es el poste de alumbrado?

3.

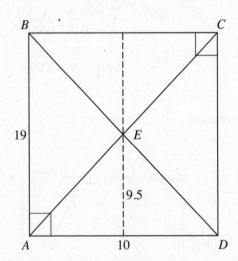

¿Cuál es la razón de las áreas combinadas de △AED y △BEC al área de ⬜ ABCD?

4.

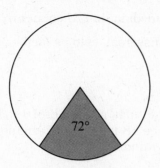

El área sombreada del gráfico representa al número de empleados de una empresa que llevan a sus niños a jardines infantiles antes de ir a sus trabajos. Si hay 465 empleados, ¿cuántos no llevan a sus niños a jardines infantiles antes de ir a sus trabajos?

RESPUESTAS

1. **45 pies**   3. **1 : 2**
2. **20 pies**   4. **372**

GEOMETRÍA Y ÁLGEBRA

Los problemas siguientes no son de los más fáciles. Para resolverlos, usted debe conocer información, incluyendo fórmulas y procedimientos, tanto de álgebra como de geometría.

EJEMPLO UNO

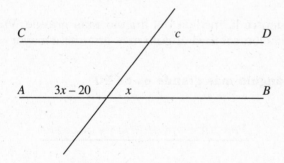

Encuentre en el diagrama de arriba la medida de $\angle c$.

La clave que le permitirá resolver este problema es el hecho de que un ángulo extendido = 180°. Usted debiera haberse dado cuenta de que $3x - 20$ y x son suplementarios.

Paso uno: Escriba una ecuación y encuentre el valor de x.

$$3x - 20 + x = 180$$

$$4x - 20 = 180$$
$$\underline{+ 20 \qquad + 20}$$
$$\frac{4x}{4} = \frac{200}{4}$$
$$x = 50°$$

Paso dos: Basado en la medida de ∠x, encuentre m ∠c.

Como el diagrama es transversal, esto es fácil—∠c = ∠x

Respuesta: m ∠c = 50°

EJEMPLO DOS

En un triángulo, el ángulo más grande es 18 más el doble del ángulo más pequeño. El otro ángulo es 18 más que el ángulo más pequeño. ¿Cuál es el tamaño del ángulo *más grande*?

La clave aquí es el hecho de que la suma de todos los ángulos en un triángulo siempre equivale a 180°.

Paso uno: Dibuje un cuadro.

$$\angle \text{ mayor} = 2x + 18$$
$$\angle \text{ medio} = x + 18$$
$$\angle \text{ menor} = x$$

Paso dos: Escriba una ecuación y encuentre x. Sume todos los ángulos y asegúrese de que la suma corresponda a 180°.

$2x + 18 + x + 18 + x = 180$ se convierte en

$$
\begin{aligned}
4x + 36 &= 180 \\
-36 \quad &\quad -36 \\
\frac{4x}{4} &= \frac{144}{4} \\
x &= 36
\end{aligned}
$$

Paso tres: Encuentre la medida del ángulo más grande. Vuelva al cuadro y repase la información sobre el ángulo más grande: ∠mayor = $2x + 18$ y reemplace x por 36.

Respuesta: el ángulo más grande es de 90°

PRÁCTICA—GEOMETRÍA Y ÁLGEBRA

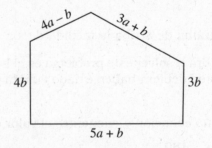

1. ¿Cuál es el perímetro de la figura de arriba?

<u>Las preguntas 2 y 3</u> se basan en el diagrama siguiente.

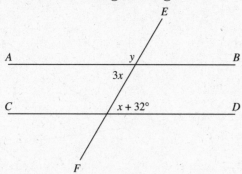

2. Encuentre x. (Sugerencia: escriba una ecuación usando las reglas sobre transversales: $3x = x + 32$.)

3. ¿Cuánto es m $\angle y$?

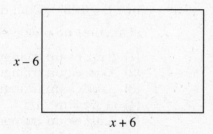

4. Su el área del rectángulo de arriba es de 108 pies cuadrados, ¿cuáles son su largo y altura?

5. En un triángulo escaleno, la medida del ángulo más grande es cuatro más que el doble del ángulo más pequeño, mientras que el otro ángulo es dos más que el más pequeño. ¿Cuál es la medida del ángulo más grande?

RESPUESTAS

1. **$12a + 8b$**
2. **$x = 16°$**
3. **$y = 132°$**

4. **18, 6**
5. **91°**

REPASO DEL CAPÍTULO

Llene los espacios de las cuadrículas de respuesta y use una calculadora cuando sea necesario.

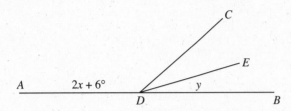

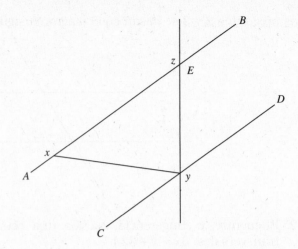

1. En el diagrama de arriba, $\angle ADB$ es un ángulo extendido. Si m $\angle BDC = x$ y $\overline{DE}$ bisecta $\angle BDC$, ¿cuál es la medida de $\angle y$?

   (1) 29°
   (2) 58°
   (3) 60°
   (4) 26°
   (5) No se da información suficiente

3. En el diagrama de arriba, $\overline{AB} \parallel \overline{CD}$ y m $\angle E = 125°$. ¿Cuál de las afirmaciones siguientes no puede ser correcta?

   (1) $\triangle xyz$ es un triángulo rectángulo
   (2) $\triangle xyz$ es un triángulo escaleno
   (3) $\triangle xyz$ es un triángulo equilátero
   (4) m $\angle z$ = m $\angle y$
   (5) $\triangle xyz$ es un triángulo isósceles

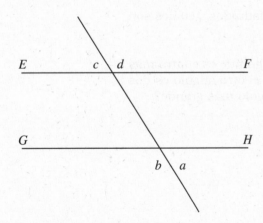

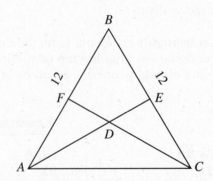

2. En el diagrama de arriba, m $\angle a = 2x$. ¿Qué expresión representa a m $\angle d$?

   (1) $2x + 180°$
   (2) $180° - 2x$
   (3) $2x - 180°$
   (4) $\dfrac{180}{2x}$
   (5) $2x(180°)$

4. En el diagrama de arriba, $\overline{AB} = \overline{BC}$, $\overline{AE}$ bisecta $\angle BAC$, y $\overline{CF}$ bisecta $\angle ACB$. Si m $\angle BAC = 70°$, ¿cuál es la medida, en grados, de $\angle D$?

5.

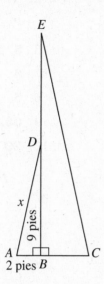

En el diagrama de arriba, si $\overline{BE}$ = 18 pies y $\overline{AC}$ 6 pies, ¿cuál es el largo de $\overline{EC}$?

(1) $2x - 90°$
(2) $3x$
(3) $x + 18$
(4) $x + 11$
(5) $2x$

6. Un pájaro vuela desde su nido hacia el sur por 5 millas y luego cambia su rumbo al oeste y vuela así por 12 millas. ¿Cuán lejos se encuentra ahora el pájaro de su nido?

(1) 18 millas
(2) 16 millas
(3) 14 millas
(4) entre 14 y 15 millas
(5) 13 millas

7. En el segmento $\overline{JL}$ arriba, la razón de $\overline{JK}:\overline{KL}$ = 7:2. Si $\overline{JK}$ = 35 pulgadas, ¿cuál es el largo de $\overline{KL}$?

(1) $\dfrac{1}{2}$ pie

(2) $\dfrac{3}{4}$ pie

(3) $\dfrac{5}{6}$ pie

(4) 1 pie
(5) No se da información suficiente

8. Si un edificio proyecta una sombra de 120 pies y, al mismo tiempo, la sombra de un árbol mide 60 pies, ¿cuán alto es el edificio?

(1) 100 pies
(2) 240 pies
(3) 200 pies
(4) la mitad del tamaño del árbol
(5) No se da información suficiente

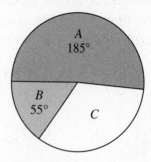

9. En el gráfico de arriba, ¿qué *porcentaje* del círculo es representado por C?

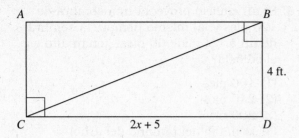

Respuestas

1. **1**	6. **5**
2. **2**	7. **3**
3. **3**	8. **5**
4. **110**	9. **33.3**
5. **5**	10. **29**

10. En el diagrama de arriba, △*CDB* tiene un área de 58 pies cuadrados. ¿Cuál es el largo, en pies, de $\overline{CD}$?

CAPÍTULO 25

Estrategias Preparatorias para el Examen

Una estrategia segura para lograr el éxito en la sección de Matemáticas del Examen de GED es aprender a resolver rápidamente todos los tipos de problema que usted probablemente encontrará allí. Esto significa que debe familiarizarse con todos los conceptos, fórmulas y operaciones vistos en los siete capítulos previos.

Familiarizarse por completo con todo ese material no es siempre posible, ni tampoco es necesario para pasar el Examen. Si bien los requisitos cambian de estado a estado, puede estar seguro de pasar si responde correctamente un mínimo de 30 de los 50 problemas en esta sección (llame a la agencia apropiada para enterarse de los requisitos vigentes en su estado o región).

A continuación le ofrecemos algunas estrategias útiles para pasar con éxito la prueba de Matemáticas. Aunque dichas estrategias no son un reemplazo adecuado del conocimiento del material, le servirán para mejorar su puntaje.

LA EVALUACIÓN DE DOS ETAPAS

"¿Qué es lo que se me pide que encuentre?" y "¿Cómo lo encuentro?" son las dos preguntas más importantes que usted debe contestar al comenzar todo problema de matemáticas.

Paso uno: Después de leer cada pregunta, dígase,

"Debo encontrar..."

Podría tratarse del valor de x, el largo del lado $\overline{AB}$ en $\triangle ABC$, o el porcentaje de preguntas que Susana respondió incorrectamente en una prueba. Sea lo que sea, no empiece a calcular ni trate de eliminar ninguna de las opciones hasta que no esté seguro de que sabe lo que se le pide.

Si tiene dudas, relea cuidadosamente el problema, poniendo atención especial a la *última frase*, la cual le dice específicamente lo que usted debe encontrar. Si aún no está seguro, inmediatamente pase al problema siguiente.

Paso dos: Una vez que sepa bien lo que debe encontrar, dígase,

"Encuentro la respuesta haciendo esto: ..."

Evite repasar las opciones múltiples antes de comenzar sus cálculos. Hay allí cuatro respuestas incorrectas destinadas a confundirlo. En vez de repasar, deténgase por un momento y piense con cuidado. Pregúntese:

- ¿Es éste un problema de un paso o de varios pasos?
- ¿Qué operaciones y fórmulas debo usar?
- ¿Qué información dada en el problema me es útil?
- ¿Hay un diagrama, y si lo hay, cómo puede ayudarme?
- ¿Debo dibujar mi propio diagrama?
- ¿Hay información importante que falta en el problema y cuya ausencia me impide resolverlo? Si es así, inmediatamente elija la opción (5), *No se da información suficiente*, y diríjase al problema siguiente.
- ¿Hay información innecesaria que debo ignorar?

Con suficiente práctica, las respuestas a estas preguntas irán apareciendo cada vez con mayor rapidez. Comience a trabajar y haga sus cálculos en hojas sueltas. Estas hojas no serán recogidas, pero de todos modos le conviene crear el hábito de escribir con precisión y esmero. El trabajo ordenado, aun en sus hojas sueltas, le ayudará a evitar errores y le hará sentir mayor confianza en su trabajo.

Provea una respuesta y compárela cuidadosamente con las cinco opciones. Una de ellas debiera calzar.

Repaso rápido:

Paso uno: "Debo encontar..."

Paso dos: "Encuentro la respuesta haciendo esto: ..."

Trate de usar este modo de enfocar un problema en el ejemplo que sigue.

EJEMPLO

En los parquímetros de Springfield está escrito, "12 minutos por 25 centavos. Depósito máximo—$2.50". ¿Cuál es el máximo de tiempo, en horas, que un conductor puede estar estacionado legalmente en uno de esos parquímetros?

(1) 1
(2) 1.2
(3) 120
(4) 2
(5) No se da información suficiente

Paso uno: ¿Qué es lo que se le pide encontrar?

> "Debo encontrar el máximo de horas que un conductor puede estar estacionado".

No se trata del depósito máximo—eso ya está dado. No es el máximo de minutos, aunque la información está dada en minutos. Usted debe encontrar el máximo de horas que un conductor puede estar estacionado, usando la información que se le ha dado.

Paso dos: ¿Cómo encuentro la respuesta?

> "Encuentro el máximo de horas que un conductor puede estar estacionado haciendo esto:"

Llegó el momento de pensar. Este es un problema de varias etapas. Se le ha dado un *depósito* máximo, y de tal información usted puede calcular un tiempo máximo. Deberá también convertir el máximo de minutos a horas. Usted sabe que 25 centavos otorgan al conductor 12 minutos de estacionamiento, de modo que:

(1) 12 min. × 10 (el número de depósitos de 25 centavos contenido en $2.50) = 120 min

Ahora, usted debe convertir 120 minutos a horas:

(2) $\dfrac{120 \text{ min.}}{60 \text{ min.}} = 2 \text{ horas}$

Respuesta: (4) 2

Si usted hubiera primero mirado sus cinco opciones, podría haber sido engañado, pues la opción (5) luce tentadora ya que el problema no menciona un "*tiempo* máximo" y la opción (3) parece razonable porque representa el número correcto de minutos y no horas. Una vez más, repetimos que es mejor tratar de resolver el problema primero y revisar las opciones después.

Trate de aplicar esta estrategia de evaluación de dos etapas a todos los problemas de la sección de Matemáticas. Este tipo de evaluación está concebido para aumentar la confianza en uno mismo y reducir la ansiedad durante el examen.

EL PASO POR ALTO CON RETORNO

Las preguntas de la sección de Matemáticas *no* van aumentando en dificultad. Las preguntas más difíciles van mezcladas con las más fáciles sin orden alguno. Sabiendo esto, la mejor estrategia consiste en dirigir su tiempo y sus esfuerzos a todas las preguntas que usted puede resolver con rapidez y seguridad. Cómo saber rápidamente cuáles son estas preguntas requiere usar la Evaluación de Dos Etapas.

Si usted

- no está seguro de qué es lo que se le pide encontrar

   o

- sabe lo que debe encontrar pero no sabe cómo proceder

   o

- sabe lo que debe encontrar y cómo proceder pero piensa que le va a tomar bastante tiempo en llegar a la respuesta correcta, entonces

pase por alto el problema y diríjase al siguiente.

La primera vez que lo intente, es posible que pase por alto más de la mitad de los problemas. No se preocupe si así ocurre.

Establezca un sistema que indique cuántas veces pasa por alto un problema. En su cuadrícula de respuestas, ponga una marca a la izquierda de cada problema que evita contestar para saber volver a él más tarde y, cada vez que pase por alto o responda, asegúrese siempre de vigilar los números de los problemas de modo que haya correspondencia: es terrible descubrir en la mitad del examen que usted respondió en la cuadrícula de respuestas (32) los resultados correspondientes al problema (31).

Después de haber terminado la última pregunta fácil, retorne a las preguntas que pasó por alto. Trate ahora de resolver aquellas preguntas que usted sabe cómo resolver pero que pasó por alto porque iban a tomar demasiado tiempo. No se obsesione con ningún problema. Si usted divide los 90 minutos que se le dan en esta sección para resolver los 50 problemas, verá que dispone de 1½ minutos para resolver cada uno como promedio. Si usted siente que ya han pasado dos minutos y todavía no está ni siquiera cerca de la respuesta, escoja la opción que le parezca más lógica *y vaya al problema siguiente*. Marque el costado de la cuadrícula de respuestas con algún signo—una X quizás—para saber cómo volver al problema en el futuro, si tiene tiempo.

LA ELECCIÓN RAZONADA

Habrá un par de ocasiones cuando, después de hacer una evaluación de dos etapas, usted decidirá que es más rápido y fácil usar las opciones múltiples para obtener una respuesta al problema en vez de calcular la respuesta por su cuenta. La estrategia de la *elección razonada* le permite escoger lo que parece ser una respuesta correcta entre las cinco opciones y de ponerla a prueba.

EJEMPLO

¿Cuál de las opciones siguientes es la solución para la desigualdad $3x + 7 > 23$?

(1) 4
(2) 6
(3) 2
(4) 5
(5) 4.5

Al usar la evaluación de dos etapas, usted puede decirse "Debo encontrar el valor de *x*, el cual puedo obtener si escribo y resuelvo esta ecuación de varios pasos."

O bien...

usted puede ir directamente a las opciones múltiples, elegir la que parezca ser la respuesta correcta y ponerla a prueba substituyéndola por la desigualdad. La opción (1) luce bien, tratemos de resolverla en la cabeza o en papel:

$$3(4) + 7 > 23 \ldots 12 + 7 > 23 \ldots 19 > 23?$$

Cerca, pero no del todo. Tratemos otra—la opción (4). Es fácil de hacer y no tenemos que molestarnos con el decimal que hay en la opción (5).

$$3(5) + 7 > 23 \ldots 22 > 23$$

Mejor, pero todavía x no es suficientemente grande como para superar a 23. Sin embargo, ahora usted ya sabe que la respuesta correcta debe ser la opción (2), puesto que es el único número mayor que la opción (5).

Respuesta: (2) 6

ELIMINACIÓN DE OPCIONES

La eliminación de opciones que usted *sabe* que son incorrectas para poder dedicar más tiempo a considerar opciones que *pueden* ser correctas es una estrategia básica cuando esté preparándose para el examen. Considere el ejemplo siguiente.

EJEMPLO

Un equipo de hockey ganó x juegos, perdió y juegos y empató z juegos. ¿Qué parte fraccionaria corresponde a los juegos ganados?

(1) $\dfrac{x}{x+y+z}$

(2) $\dfrac{x}{xyz}$

(3) $\dfrac{x}{xy}$

(4) $\dfrac{x}{x+y}$

(5) $\dfrac{x}{x-y-z}$

Como x representa el número de juegos jugados, debe estar en el numerador. Todas las opciones tienen a x en el numerador, así que todavía no puede eliminar a ninguna. Pero el denominador debe representar a una **suma** de todos los partidos, lo cual significa que puede eliminar las opciones (2), (3) y (5). Ha reducido las posibilidades a dos y aumentado a más del doble su probabilidad de responder correctamente. La respuesta correcta es, por supuesto, (1), ya que representa a la suma de *todos* los partidos.

CÓMO HACER CONJETURAS INFORMADAS

Es importante recordar que la multa por una respuesta incorrecta es la misma que para una respuesta no contestada. **Usted no tiene nada que perder si hace conjeturas: es esencial que usted llene todas las respuestas en las cuadrículas de respuesta y no deje ninguna en blanco.** A veces usted no estará seguro de cómo alcanzar la solución de un problema. En tales situaciones, una conjetura basada en sentido común y eliminación será la única estrategia lógica que podrá usar.

EJEMPLO

Martín tiene un madero de 9 pies y 8 pulgadas. Desea cortarlo en cuatro pedazos iguales. ¿Cuán lejos del borde debiera hacer el primer corte?

(1) 2.5 pies
(2) 2pies 5 pulg
(3) 2.9 pies
(4) 29 pies
(5) 116 pulg

La redacción de este problema puede ser confusa para algunos. "Cuán lejos del borde" es una manera complicada de preguntar "¿Cuán largo debiera ser el primero de los cuatro pedazos?" Además, hay numerosas conversiones que considerar: pies a pulgadas, pies a pies con pulgadas, pies con pulgadas a pies con pulgadas en sistema decimal, etc. Aun si usted no está seguro de que este problema pide que usted divida 9 pies y 8 pulgadas por 4, bien puede eliminar las opciones (4) y (5) pues el sentido común le dice que el madero entero tiene menos de 10 pies. La opción (4)—29 pies, requiere un pedazo casi tres veces más largo que el madero y la opción (5)—116 pulgadas, es exactamente igual a su largo. Es imposible hacer cortes en ninguna parte del madero con tales respuestas. Las demás tres opciones representan una probabilidad del 60% de acertar aun si elige a ciegas, lo cual es mucho mejor que no hacer conjeturas y enfrentarse a una probabilidad de éxito de sólo el 20% (una probabilidad de cinco opciones). La respuesta correcta es **(2)**.

EMPLEO DE LA PÁGINA CON FÓRMULAS

Repase la página con fórmulas (página 70) ahora. Notará probablemente que ya ha memorizado gran parte de la información allí contenida, especialmente la sección que abarca perímetros, áreas y volúmenes. Si no ha memorizado estas fórmulas pero sabe claramente cuándo debe emplearlas, use la página con fórmulas como un ejercicio para su memoria: mírela detenidamente y vea cuántas fórmulas es capaz de retener en su mente. Mientras más fórmulas sepa, más tiempo ahorrará y más confianza tendrá en sí mismo. Y nunca olvide el teorema de Pitágoras.

Las fórmulas para distancias entre dos puntos y las relacionadas con pendientes no necesitan memorización; basta con usar la página durante el examen.

Las fórmulas para encontrar la media y la mediana son un tanto confusas. Si usted todavía no se las ha aprendido de memoria, revise las explicaciones del capítulo 19, Números y Operaciones Básicas. Lo mismo se aplica a tasas de interés, distancia y costo.

EMPLEO DE LOS EXÁMENES DE PRÁCTICA

La Prueba de Práctica que sigue a este capítulo y los dos Exámenes de Práctica al final de este libro le dan excelentes oportunidades para aplicar lo que ya ha aprendido. Es importante que sus estudios se asemejen lo más posible a las condiciones típicas del Examen de GED. Trabaje sin interrupción en bloques de 45 minutos, use las cuadrículas de respuesta provistas y papel suelto, y sea honrado con el uso del tiempo disponible. Controle su progreso, determine cuáles son las estrategias que le dan mejores resultados y elabore estrategias propias.

Tanto la prueba de práctica como los dos exámenes tienen respuestas, explicaciones de las respuestas, y referencias a capítulos y subsecciones del libro donde usted puede encontrar ayuda para un problema determinado.

CAPÍTULO 26

Prueba de Matemáticas de Práctica

Esta prueba debiera prepararlo a dar las dos secciones de la parte de Matemáticas en el Examen de GED. Al trabajar en la prueba, establezca condiciones que se parezcan al examen real. Seleccione un lugar tranquilo y trabaje durante dos períodos de 45 minutos cada uno para cada parte. Use una calculadora sólo para la primera sección. Si logra terminar en menos tiempo del límite permitido, use el tiempo que le queda para verificar su trabajo.

Después de terminar la prueba, use la clave de respuestas para encontrar su puntuación y luego estudiar las soluciones y explicaciones. Quizás descubra allí nuevas maneras de enfrentar los problemas o encuentre ayuda para las preguntas que no supo contestar o para corregir errores cometidos.

Recuerde que no necesita obtener una puntuación perfecta para pasar la prueba. Si encuentra que está débil en determinado tema, repase el material sobre el mismo tema que aparece en el libro.

FÓRMULAS

Descripción	Fórmula
ÁREA (A) de un:	
cuadrado	$A = l^2$, donde l = lado
rectángulo	$A = la$, donde l = longitud, a = altura
paralelógramo	$A = ba$, donde b = base, a = altura
triángulo	$A = \dfrac{1}{2}\,ba$, donde b = base, a = altura
trapezoide	$A = \dfrac{1}{2}(b_1 + b_2)\,a$, donde b = base, a = altura
círculo	$A = \pi r^2$, donde π = 3.14, r = radio
PERÍMETRO (P) de un:	
cuadrado	$P = 4l$, donde l = lado
rectángulo	$P = 2l + 2a$, donde l = longitud, a = ancho
triángulo	$P = a + b + c$, donde a, b, c son los lados
circunferencia (C) de un círculo	$C = \pi d$, donde π = 3.14, d = diámetro
VOLUMEN (V) de un:	
cubo	$V = l^3$, donde l = lado
recipiente rectangular	$V = xyz$, donde x = longitud, y = ancho, z = altura
cilindro	$V = \pi r^2 a$, donde π = 3.14, r = radio, a = altura
pirámide cuadrada	$V = \dfrac{1}{3}(\textit{borde de la base})^2 a$
cono	$V = \dfrac{1}{3}\pi r^2 a$
Relación pitagórica	$c^2 = a^2 + b^2$, donde c = hipotenusa, a y b son los catetos de un triángulo rectángulo
Distancia (d) entre dos puntos de un plano	$d = \sqrt{(x_2 - x_1)^2 + (y_2 - y_1)^2}$, donde (x_1, y_1) y (x_2, y_2) son dos puntos de un plano
Inclinación de una línea (m)	$m = \dfrac{y_2 - y_1}{x_2 - x_1}$, donde (x_1, y_1) y (x_2, y_2) son dos puntos de un plano
MEDICIONES DE TENDENCIA CENTRAL	$\textit{media} = \dfrac{x_1 + x_2 + \cdots + x_n}{n}$, donde las x son los valores para los cuales se desea una media y n = número de valores de la serie
	$\textit{mediana}$ = el punto en un conjunto ordenado de números, en el cual la mitad de los números son superiores y la mitad de los números son inferiores a este valor
Interés simple (i)	$i = crt$, donde c = capital, r = razón, t = tiempo
Distancia (d) como función de razón y tiempo	$d = rt$, donde r = razón y t = tiempo
Costo total (c)	$c = nr$, donde n = número de unidades y r = costo por unidad

PRUEBA DE PRÁCTICA, PARTE I

Dispone usted de 45 minutos para completar esta parte. PUEDE usar una calculadora si es necesario. Llene las cuadrículas de respuesta cuando éstas son provistas.

1. En una audiencia teatral de 650 personas, el 80% eran adultos. ¿Cuántos niños había en la audiencia?

   (1) 130
   (2) 150
   (3) 450
   (4) 500
   (5) 520

2. La escala en un mapa es de 1 pulgada = 60 millas. Si dos ciudades están a una distancia de 255 millas, ¿a qué distancia se encuentran las dos ciudades en el mapa, en pulgadas?

3. Un carpintero tiene un tablero de 4 pies y 3 pulgadas de largo. Si corta una pieza de 2 pies y 8 pulgadas, la longitud del resto del tablero es de

   (1) 1 pie, 5 pulg
   (2) 2 pies, 7 pulg
   (3) 2 pies, 5 pulg
   (4) 1 pie, 7 pulg
   (5) 2 pies, 3 pulg

4. Un caja de cartón tiene 5 pies de largo, 3 pies de ancho y 2 pies de alto. ¿Cuál es su capacidad, en pies cúbicos?

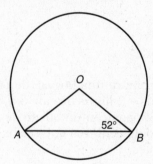

5. 50 kilómetros =

   (1) 5,000 millas
   (2) 50,000 centímetros
   (3) 50,000 metros
   (4) 500,000 milímetros
   (5) 1,000 kilogramos

6. Si O es el centro de un círculo y m $\angle B = 52°$, encuentre m $\angle O$.

   (1) 52°
   (2) 76°
   (3) 80°
   (4) 94°
   (5) No se da información suficiente

7. En un segmento $\overline{AC}$, AB:BC = 3:5 y $\overline{BC}$ = 20 pulgadas.

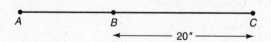

   La longitud de $\overline{AB}$, en pulgadas, es de

   (1) 3
   (2) 10
   (3) 12
   (4) 15
   (5) 16

8. El diagrama de abajo muestra el corte transversal de un tubo. Si el diámetro del círculo externo es de $7\frac{1}{2}$ pulgadas y el diámetro del círculo interno es de $4\frac{1}{2}$ pulgadas, ¿cuál es el grosor de la pared del tubo, representada por x?

   (1) 1 pulg

   (2) $1\frac{1}{4}$ pulg

   (3) $1\frac{1}{2}$ pulg

   (4) 2 pulg

   (5) 3 pulg

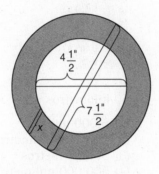

9. El salario semanal del Sr. Gris aumentó de $400 a la semana a $500 a la semana. El aumento porcentual de su salario fue de

   (1) 20%
   (2) 25%
   (3) 80%
   (4) 100%
   (5) 125%

10. Usted compra una hogaza de pan a x centavos y 2 libras de café a y centavos la libra. Si paga con un billete de $20.00, el número de centavos que recibe como cambio es

   (1) $2000 - x - y$
   (2) $2000 - (x - y)$
   (3) $2000 - x + y$
   (4) $2000 - (x + 2y)$
   (5) $x + y - 2000$

11. El área de un cuarto rectangular es de 240 pies cuadrados. Si la longitud del cuarto es de 20 pies, ¿cuál es el perímetro del cuarto, en pies?

   (1) 12
   (2) 32
   (3) 50
   (4) 64
   (5) No se da información suficiente

12. Una persona compra un pavo que pesa 19 libras y 6 onzas. Si el pavo se vende a $0.88 la libra, ¿cuánto vuelto recibe la persona después de pagar con un billete de $20?

   (1) $1.95
   (2) $2.05
   (3) $2.95
   (4) $3.95
   (5) $4.15

13. Una cuadrilla de pintores puede pintar un apartamento en $4\frac{1}{2}$ horas. ¿Qué parte del apartamento pueden pintar en $2\frac{1}{2}$ horas? (Redondee su respuesta al centésimo más próximo.)

La pregunta 14 se refiere a la tabla de abajo.

Planeta	Distancia del sol en kilómetros
Mercurio	57,900,000
Venus	108,200,000
Tierra	149,600,000
Marte	227,900,000

14. Un pequeño planeta es descubierto a una distancia media entre el sol y Venus. ¿Cuál es su distancia desde el sol, en kilómetros? Exprese la distancia usando notación científica.

   (1) 54.1×10^6
   (2) 5.7×10^5
   (3) $.541 \times 10^8$
   (4) 1.082×10^9
   (5) 5.41×10^7

15. La expresión $x^2 - 5x + 6$ puede escribirse como

    (1) $(x + 3)(x + 2)$
    (2) $(x + 3)(x - 2)$
    (3) $(x - 3)(x - 2)$
    (4) $(x - 3)(x + 2)$
    (5) $x(5x + 6)$

16. Jaime gana $72 por escribir 20 páginas. Utilizando esta razón, ¿cuánto ganará si escribe 15 páginas?

    (1) $48
    (2) $54
    (3) $60
    (4) $72
    (5) $84

17. En la escuela superior Adams hay 402 estudiantes que toman clases de español y francés. Si hay dos veces más estudiantes que toman clases de español que los que van a clases de francés, ¿cuántos estudiantes estudian español?

18. Según el gráfico de abajo, ¿cuál de las siguientes afirmaciones es correcta?

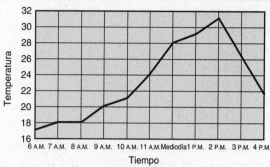

INFORME METEOROLÓGICO DURANTE UN DÍA DE MARZO

    (1) El cambio de temperatura entre las 7 A.M. y el mediodía fue de 8°
    (2) La temperatura más alta durante el día fue de 32°
    (3) El cambio de temperatura entre las 8 A.M. y el mediodía fue -10°
    (4) La temperatura no cambió entre las 7 A.M. y las 8 A.M.
    (5) La temperatura al mediodía era de 30°

19. Un cargamento de 2,200 libras de azúcar es empaquetado en bolsas de 40 onzas. ¿Cuántas bolsas se necesitan para empaquetar todo el cargamento?

    (1) 640
    (2) 750
    (3) 780
    (4) 800
    (5) 880

20. Un barco navega 8 millas en dirección este y luego 15 millas en dirección norte. ¿A cuántas millas está el barco desde su punto de partida?

21. Un vendedor de libros gana el 12% de comisión por ventas. El mes pasado vendió 300 libros científicos a $20 por libro, 20 libros de arte a $50 por libro y 400 novelas a $25 por libro. ¿Qué comisión recibió ese mes?

    (1) $204
    (2) $1,700
    (3) $2,040
    (4) $17,000
    (5) $20,400

22. La señora Martínez compró 120 valores de la corporación RST a $32.75 y los vendió un año más tarde a $36.50. Su ganancia antes de pagar la comisión y los impuestos fue de

    (1) $400
    (2) $450
    (3) $480
    (4) $520
    (5) $560

23. El Sr. y la Sra. Donato realizaron un viaje en auto. Cuando empezaron el viaje, el odómetro indicaba 8,947 millas. Al finalizarlo, el odómetro indicaba 9,907 millas. ¿Cuántos galones de gasolina usaron en el viaje?

    (1) 36
    (2) 38
    (3) 40
    (4) 41
    (5) No se da información suficiente

24. ¿Cuál es el área del rectángulo de abajo?

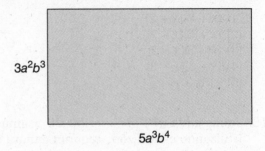

$3a^2b^3$

$5a^3b^4$

    (1) $16a^{10}b^{14}$
    (2) $8a^5b^{12}$
    (3) $15a^5b^7$
    (4) $15a^6b^{12}$
    (5) $16a^6b^{12}$

25. Exprese el número de millas por hora que se necesitan para recorrer 120 millas en x horas.

    (1) $\dfrac{120}{x}$

    (2) $\dfrac{x}{120}$

    (3) $120x$

    (4) $120 + x$

    (5) $x - 120$

FIN DE LA PARTE I

PRUEBA DE PRÁCTICA, PARTE II

Tiene usted 45 minutos para completar esta parte. Usted NO PUEDE usar una calculadora. Llene las cuadrículas de respuesta cuando éstas son provistas.

26. En 5 años, la población de una ciudad disminuyó de 3,500 a 2,800. El porcentaje de la disminución fue

    (1) 20%
    (2) 25%
    (3) 30%
    (4) 40%
    (5) 70%

27. El testamento del Sr. Fox indicó que su esposa recibiría $\frac{1}{2}$ de sus bienes y sus tres hijos se repartirían equitativamente el resto. Si la porción correspondiente a cada hijo fue de $8,000, ¿cuál fue el valor total de la herencia?

    (1) $24,000
    (2) $32,000
    (3) $40,000
    (4) $48,000
    (5) $50,000

28. Una clase tiene 32 estudiantes. En cierto día, x estudiantes estaban ausentes. ¿Qué parte fraccionaria de la clase estuvo presente ese día?

    (1) $\dfrac{x}{32}$

    (2) $\dfrac{32 - x}{32}$

    (3) $\dfrac{x}{32 - x}$

    (4) $\dfrac{32 - x}{32}$

    (5) $\dfrac{32 - x}{32 + x}$

29. El cine multiplex Costa cobra $9 por las funciones de la tarde y $12 por las funciones nocturnas. En un día, se vendieron 267 boletos para la función de la tarde y 329 para la nocturna. Una expresión que representa el costo total de las entradas, en dólares, para ese día es

    (1) 12(267) + 9(329)
    (2) 9(267) + 12(329)
    (3) 21(267 + 329)
    (4) 9(267 + 329) + 12(267 + 329)
    (5) 12(267 + 329)

30. Franco tenía x dólares. Compró y artículos por z dólares cada uno. El número de dólares que le quedó a Franco fue

    (1) $yz - x$
    (2) $yx - z$
    (3) $x - yz$
    (4) $x + yz$
    (5) $xy + z$

Las preguntas 31 y 32 se basan en la información siguiente.

Abajo aparecen las tarifas de Taxis Checker:

Primer quinto de milla	2 dólares
Cada quinto de milla adicional	20 centavos

31. ¿Cuánto costaría un viaje de 3 millas (sin contar la propina)?

    (1) $3.00
    (2) $3.80
    (3) $4.00
    (4) $4.80
    (5) $5.00

32. Si un pasajero tiene exactamente $10.00, ¿cuántas millas puede viajar y todavía poder dar una propina de $1.00 al conductor?

    (1) 7 o menos
    (2) más de 7 pero menos de 8
    (3) más de 8 pero menos de 9
    (4) más de 9 pero menos de 10
    (5) menos de 6

33. En el diagrama de abajo, un semicírculo se levanta sobre un rectángulo cuya longitud es $2a$ y su altura es a. La fórmula para encontrar A, el área de toda la figura, es

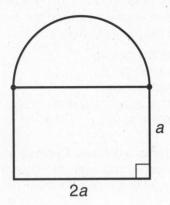

(1) $A = 2a^2 + \dfrac{1}{2}\pi a^2$

(2) $A = 2\pi a^2$

(3) $A = 3\pi a^2$

(4) $A = 2a^2 + \pi a^2$

(5) No se da información suficiente

34. El gráfico de abajo indica cómo un hombre pasa su día. ¿Cuál de las opciones que siguen es correcta?

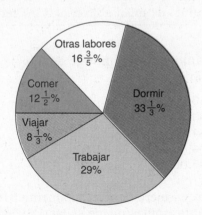

(1) El hombre trabaja 8 horas por día
(2) El hombre dedica 1 hora más a comer que a viajar
(3) El hombre duerme 7 horas al día
(4) El hombre pasa la mitad de su tiempo comiendo y viajando
(5) El hombre pasa 4 horas comiendo

35. En el rectángulo *ABCD* de abajo, la razón del área de $\triangle EDC$ al área del rectángulo *ABCD* es

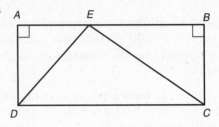

(1) 1 : 4
(2) 1 : 3
(3) 1 : 2
(4) 3 : 5
(5) 3 : 4

36. Si $y = 2x^2(z - 3)$, encuentre el valor de y si $x = 5$ y $z = 7$.

(1) 54
(2) 150
(3) 180
(4) 200
(5) 400

37. En un viaje realizado por el Sr. Cubillos, éste viajó 384 millas el primer día y así completó $\dfrac{2}{7}$ del total de su viaje. La distancia total del viaje, en millas, es

(1) 98
(2) 1,244
(3) 1,306
(4) 1,344
(5) 1,500

38. La corporación Uniring ofrece a todos sus usuarios de teléfonos celulares una reducción del 2% de sus cuentas mensuales si éstos pagan en línea en vez de mandar sus pagos por correo.

Si la cuenta telefónica de Emmy por marzo es de $86 y un sello de correos vale 46 centavos, ¿cuánto ahorra ella pagando su cuenta en línea?

39. En un triángulo rectángulo, si la razón de los dos ángulos agudos es de 3 : 2, el número de grados del ángulo agudo mayor es de

   (1) 36
   (2) 54
   (3) 72
   (4) 90
   (5) No se da información suficiente

40. Si $3x - 1 < 5$, entonces x debe ser

   (1) mayor que 2
   (2) menor que 2
   (3) mayor que 3
   (4) menor que 0
   (5) mayor que 5

41. Si $\overleftrightarrow{AB} \parallel \overleftrightarrow{GH}$, m $\angle BDE = 100°$, $\overrightarrow{DJ}$ bisecta $\angle BDE$, $\overleftrightarrow{EJ}$ bisecta $\angle DEH$, encuentre m $\angle J$ en grados.

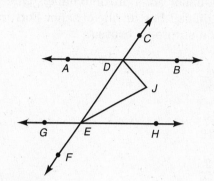

42. Una silla tiene un precio rebajado de $315. El descuento ha sido un 25% del precio original. ¿Cuál era el precio original?

   (1) $236.50
   (2) $390
   (3) $420
   (4) $450
   (5) $520

43. Hay 48 parejas en un baile. Cada pareja consiste en un hombre y una mujer. El señor Fortunato selecciona al azar su pareja para bailar en el próximo baile. ¿Qué posibilidad hay de que el señor Fortunato elija a su propia esposa?

(1) $\dfrac{1}{50}$

(2) $\dfrac{1}{48}$

(3) $\dfrac{2}{48}$

(4) $\dfrac{1}{2}$

(5) $\dfrac{2}{3}$

44. ¿Cuál de las siguientes desigualdades es correcta?

(1) $\dfrac{4}{5} > \dfrac{2}{3} > \dfrac{5}{7}$

(2) $\dfrac{5}{7} > \dfrac{2}{3} > \dfrac{4}{5}$

(3) $\dfrac{4}{5} > \dfrac{5}{7} > \dfrac{2}{3}$

(4) $\dfrac{2}{3} > \dfrac{4}{5} > \dfrac{5}{7}$

(5) $\dfrac{5}{7} > \dfrac{4}{5} > \dfrac{2}{3}$

La pregunta 45 se refiere al gráfico de coordenadas siguiente.

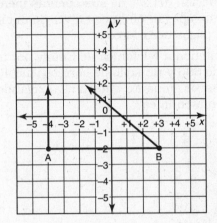

45. ¿En qué punto del gráfico la línea que se extiende del punto A intersectará la línea que se extiende del punto B? Dibuje las líneas y la intersección en el gráfico provisto.

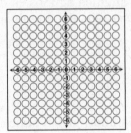

46. Una familia gastó $\dfrac{1}{4}$ de sus ingresos para pagar la renta y $\dfrac{1}{5}$ para comprar alimentos. ¿Qué porcentaje queda de los ingresos?

(1) 40%
(2) 45%
(3) 50%
(4) 52%
(5) 55%

47. Un árbol de 24 pies de alto proyecta una sombra de 10 pies. Al mismo tiempo una torre proyecta una sombra de 25 pies. ¿Cuál es la altura, en pies, de la torre?

(1) 45
(2) 60
(3) 75
(4) 80
(5) 84

48. El Sr. Capiello su puso a dieta. Entre desayuno y almuerzo consume el 40% del total de calorías permitidas por su dieta. Si todavía le quedan 1,200 calorías por consumir durante el día, el total de calorías diarias permitidas es

(1) 2,000
(2) 2,200
(3) 2,400
(4) 2,500
(5) 2,800

49. Si $3x - y = 11$ y $2y = 8$, entonces $x =$

(1) 3
(2) 4
(3) $4\frac{1}{2}$
(4) 5
(5) 6

50. En la línea numérica de abajo, $\sqrt{9}$ está ubicado en el punto

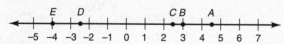

(1) A
(2) B
(3) C
(4) D
(5) E

Clave de las respuestas

1. **1**		26. **1**
2. **¹⁷⁄₄, o bien 4.25**		27. **4**
3. **4**		28. **4**
4. **30**		29. **2**
5. **3**		30. **3**
6. **2**		31. **4**
7. **3**		32. **2**
8. **3**		33. **1**
9. **2**		34. **2**
10. **4**		35. **3**
11. **4**		36. **4**
12. **3**		37. **4**
13. **⁵⁄₉, o bien .56**		38. **$2.58**
14. **5**		39. **2**
15. **3**		40. **2**
16. **2**		41. **90**
17. **268**		42. **3**
18. **4**		43. **2**
19. **5**		44. **3**
20. **17**		45. **(–4,4)**
21. **3**		46. **5**
22. **2**		47. **2**
23. **5**		48. **1**
24. **3**		49. **4**
25. **1**		50. **2**

¿CUÁL ES SU PUNTUACIÓN?

_____correctas   _____incorrectas
Excelente   45–50
Bien   39–44
Regular   34–38

Si su puntuación fue baja, la explicación de las respuestas correctas que presentamos a continuación le ayudará. Puede además obtener ayuda y práctica adicional si consulta el material de repaso.

ANÁLISIS DE LAS RESPUESTAS

Al explicar la respuesta correcta hacemos referencia al capítulo y la sección que contiene el material abarcado por la pregunta.

1. **1** Capítulo 21 (Problemas verbales)
Si el 80% de la audiencia eran adultos, 100% – 80% = 20% eran niños.
20% = 0.20, y 0.20(650) = 130

2. **¹⁷⁄₄ o bien 4.25** Capítulo 20 (Equivalencias)
Que x = número de pulgadas entre las ciudades del mapa.
Escriba una proporción:

$$\frac{1 \text{ pulg}}{60 \text{ mi}} = \frac{x \text{ pulg}}{255 \text{ mi}}$$

$$60x = 255$$

$$x = \frac{255}{60} = 4\frac{1}{4} = 4.25$$

3. **4** Capítulo 20 (Patrones de medida)

$$\begin{array}{r} 4 \text{ pies } 3 \text{ pulg} \\ -2 \text{ pies } 8 \text{ pulg} \end{array} = \begin{array}{r} 3 \text{ pies } 15 \text{ pulg} \\ -2 \text{ pies } \ \ 8 \text{ pulg} \\ \hline 1 \text{ pie } \ \ \ 7 \text{ pulg} \end{array}$$

4. **30** Capítulo 19 (Geometría básica y volumen)
$v = xyz$. La caja tiene 5 pies de largo × 3 pies de ancho × 2 pies de alto.
(5 × 3 × 2 = 30 pies³)

5. **3** Capítulo 20 (Patrones de medida)
Como 1 km = 1,000 m,
50 km = 50,000 m.

6. **2** Capítulo 24 (Triángulos)

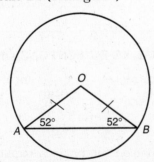

$OA = OB$, ya que cada uno es un radio.
m∠A = m∠B = 52°
m∠A + m∠B + m∠O = 180°
52 + 52 + m∠O = 180
104 + m∠O = 180
m∠O = 180 – 104 = 76°

7. **3** Capítulo 24 (Geometría y proporción)

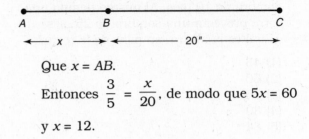

Que $x = AB$.
Entonces $\frac{3}{5} = \frac{x}{20}$, de modo que 5x = 60
y $x = 12$.

8. **3** Capítulo 21 (Círculos)

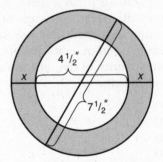

Que x = grosor de la pared del tubo.
Entonces $x + x + 4\frac{1}{2} = 7\frac{1}{2}$

Así, $2x = 3$ and $x = 1\frac{1}{2}$ pulg

9. **2** Capítulo 21 (Aumento porcentual)

$$\text{Aumento porcentual} = \frac{\text{aumento}}{\text{salario original}}$$

Aumento: \$500 – \$400 = \$100

Aumento porcentual: $\frac{100}{400} = \frac{1}{4} = 25\%$

10. **4** Capítulo 23 (Operaciones organizadas y variables)
El comprador paga con \$20.00, o bien 2,000 centavos. De esta cantidad, el tendero toma x centavos por el pan y $2y$ centavos por el café.
El resultado es 2,000 – (x – 2y).

11. **4** Capítulo 19 (Geometría básica)
Dibuje un diagrama:

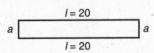

Como $A = la = 240$, entonces $20a = 240$ y $a = 12$. Entonces
$P = 2(l + a) = 2(20 + 12) = 2(32) = 64.$

12. **3** Capítulo 20 (Patrones de medida)

$6 \text{ oz} = \dfrac{6}{16} = \dfrac{3}{8} \text{ lb}$

19 lb cuestan $19(\$0.88) = \$16.72$

$\dfrac{3}{8}$ lb. cuestan $\dfrac{3}{\underset{1}{8}} \overset{0.11}{(\cancel{\$0.88})} = \$0.33$

$19\dfrac{3}{8}$ lb cuestan $\$16.72 + \$.33 = \$17.05$

Vuelto = $\$20.00 - \$17.05 = \$2.95$.

13. **⁵⁄₉ o bien .56**   Capítulo 20 (Problemas verbales)

La parte del apartamento pintada en

$2\dfrac{1}{2}$ horas $= \dfrac{2\frac{1}{2}}{4\frac{1}{2}} = \dfrac{5}{2} \div \dfrac{9}{2} = \dfrac{5}{2} \times \dfrac{2}{9} = \dfrac{5}{9} = .56$

14. **5** Capítulo 21 (Notación científica)

Para encontrar la distancia media entre Venus y el sol:

$\dfrac{108,200,000}{2} = 54,100,000 \text{ km}$

Luego, cuente el número de lugares corridos hacia la izquierda hasta que el decimal está en 5.4. Ese número es 7. La notación científica para esa distancia es 5.4×10^7.

15. **3** Capítulo 23 (Multiplicación de binomios)

La descomposición en factores de la expresión $x^2 - 5x + 6$ es $(x - 3)(x - 2)$. Podemos comprobar el resultado al multiplicar los dos binomios. Si la descomposición en factores es correcta, debiéramos obtener el resultado del trinomio original.

16. **2** Capítulo 20 (Equivalencias)

Que x = cantidad que Jaime gana por escribir 15 páginas.
Escribamos una proporción:

$$\dfrac{\text{páginas escritas}}{\text{dólares ganados}} : \dfrac{20}{72} = \dfrac{15}{x}$$

$20x = 15 \times 72 = 1,080$, y $x = 1,080 \div 20 = \$54$.

17. **268**   Capítulo 23 (Problemas verbales)

Que x = número de estudiantes que toman francés, y
$2x$ = número de estudiantes que toman español.

$x + 2x = 402$
$3x = 402$
$x = 402 \div 3 = 134$
$2x = 2(134) = 268$

18. **4** Capítulo 22 (Gráficos lineales)

Note en el gráfico que la temperatura ni subió ni bajó, es decir, no cambió, entre las 7 A.M. y las 8 A.M.

19. **5** Capítulo 20 (Patrones de medida)

Como hay 16 oz en 1 lb,
$2,200 \text{ lb} = 2,200 \times 16 = 35,200 \text{ oz}$
$35,200 \div 40 = 880$

20. **17**   Capítulo 24 (Teorema de Pitágoras)

Use el teorema de Pitágoras.

$x^2 = 8^2 + 15^2$
$\quad = 64 + 225$
$\quad = 289$
$x = \sqrt{289} = 17$

21. **3** Capítulo 21 (Problemas verbales)

Venta de libros científicos:
$\quad 300 \times \$20 = \$6,000$
Venta de libros de arte:
$\quad 20 \times \$50 = \$1,000$
Venta de novelas: $400 \times \$25 = \$10,000$
Total de ventas = $\$17,000$
Comisión: 12% de $\$17,000 = \$2,040$

22. **2** Capítulo 21 (Problemas verbales)

Ganancia por cada valor:
$\$36.50 - \$32.75 = \$3.75$
Ganancia total: $120 \times \$3.75 = \$450$

23. **5** Capítulo 19 (Problemas verbales)

Usted podría restar para encontrar el número de millas recorridas, pero como no se da el número de millas por galón, el problema no puede ser resuelto.

24. **3** Capítulo 22 (Multiplicación de variables)

$A = la$ Multiplique los números (5×3), pero sume los exponentes semejantes
$a^3 + a^2 = a^5$ and $b^4 + b^3 = b^7$
$15a^5 b^7$

25. **1** Capítulo 23 (Variables en operaciones organizadas)
Use la relación
Velocidad × Tiempo = Distancia
O bien, Velocidad = $\dfrac{\text{Distancia}}{\text{Tiempo}}$
En este caso, distancia = 120 mi y tiempo = x
Por lo tanto, el número de millas por hora es $\dfrac{120}{x}$.

26. **1** Capítulo 21 (Disminución porcentual)
Porcentaje de la disminución =
$\dfrac{\text{cantidad de disminución}}{\text{número original}}$
Cantidad de disminución:
3,500 − 2,800 = 700
Porcentaje de la disminución:
$\dfrac{700}{3,500} = \dfrac{1}{5} = 20\%$

27. **4** Capítulo 20 (Multiplicación de fracciones)
$8,000 = porción para cada hijo
3 × $8,000 = $24,000, cantidad total para los 3 hijos $24,000 = $\dfrac{1}{2}$ de los bienes
2($24,000) = $48,000, valor total de la herencia.

28. **4** Capítulo 23 (Variables en operaciones organizadas)
Si hay 32 estudiantes en la clase y x estudiantes están ausentes, entonces 32 − x estudiantes están presentes.
La parte fraccionaria de los estudiantes presentes es $\dfrac{32 - x}{32}$.

29. **2** Capítulo 19 (Problemas verbales de varias etapas)
Para encontrar el costo total de las entradas, basta con añadir el costo de los boletos de la función de la tarde al costo de los boletos de la función de la noche.
9(267) + 12(329) = costo total de las entradas

30. **3** Capítulo 23 (Variables en operaciones organizadas)
Franco gastó yz dólares.
Reste yz a x. El resultado es $x − yz$.

31. **4** Capítulo 20 (Problemas verbales)
Note que, después del primer $\dfrac{1}{5}$ de milla, la tarifa corresponde a $1 por milla. Por lo tanto, un viaje de 3 millas costaría $2 por la segunda y tercera milla. El primer $\dfrac{1}{5}$ de milla cuesta $2 y cada uno de los siguientes $\dfrac{4}{5}$ cuesta 20 centavos cada uno, para un total de $2.80. El viaje completo de 3 millas costaría $2.00 + $2.80 = $4.80.

32. **2** Capítulo 20 (Problemas verbales)
Si de los $10 disponibles se deja $1 para propina, quedan $9 para el viaje. El primer $\dfrac{1}{5}$ de milla cuesta $2, quedando $7. Como la tarifa es de $1 por milla desde entonces, el taxi podría andar por $7\dfrac{1}{5}$ mi.

33. **1** Capítulo 24 (Geometría y álgebra)
Área del rectángulo = $(2a)(a) = 2a^2$.
Radio del semicírculo = $\dfrac{1}{2}(2a) = a$.
La fórmula para el área de un círculo es $A = \pi r^2$.
Área del semicírculo = $\dfrac{1}{2}(\pi a^2)$.
Área de toda la figura =
$2a^2 + \dfrac{1}{2}\pi a^2$.

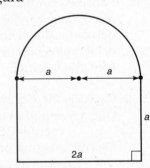

34. **2** Capítulo 21 (Porcentaje)
El hombre pasa el 12½% (o .125) comiendo en un día de 24 horas.
.125 × 24 = 3 horas
.0833 × 24 = 1.99 o bien 2
El hombre dedica 1 hora más a comer que a viajar. Unas opciones pueden eliminarse mediante simple sentido común, mientras que otras deben multiplicarse como se ha hecho arriba antes de poder ser eliminadas.

35. **3** Capítulo 24 (Geometría y proporción)

Área de $\triangle EDC = \frac{1}{2}(DC)h$

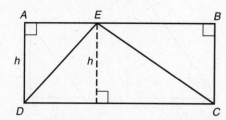

Área del rectánguo $ABCD = (DC)h$.
Por lo tanto, el área de $\triangle EDC$ es igual a
media área del rectángulo $ABCD$. La razón
del área de $\triangle EDC$ al área del rectángulo
$ABCD = 1:2$.

36. **4** Capítulo 23 (Empleo de variables en
operaciones organizadas)
$y = 2x^2(z - 3)$
$= 2(5)(5)(7 - 3)$
$= 2(5)(5)(4)$
$= 200$

37. **4** Capítulo 20 (Problemas verbales)
Que x = distancia total del viaje.

$\frac{2}{7}x = 384$

$2x = 7(384) = 2,688$
$x = 2,688 \div 2 = 1,344$

38. **$2.58** Capítulo 21 (Porcentajes)
2% de $106 = 106 \times .02 = 2.12 + .46$ (costo
del sello sin usar) = $2.58

39. **2** Capítulo 24 (Geometría y proporción)

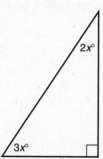

Que $3x$ = medida del ángulo mayor y
$2x$ = medida del ángulo menor.
$3x + 2x = 90$
$5x = 90$
$x = 90 \div 5 = 18$
$3x = 3(18) = 54°$

40. **2** Capítulo 23 (Desigualdades)
$3x - 1 < 5$
$3x < 6$
$x < 2$
x debe ser menos de 2.

41. **90** Capítulo 24 (Transversales, triángulos)

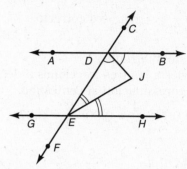

$m\angle BDE = 100°$
Como $\overleftrightarrow{AB} \parallel \overleftrightarrow{GH}$, $m\angle BDE + m\angle DEH = 180°$
$100 + m\angle DEH = 180$
$m\angle DEH = 180 - 100 = 80°$

$m\angle JDE = \frac{1}{2}m\angle BDE = 50°$

$m\angle DEJ = \frac{1}{2}m\angle DEH = 40°$

$m\angle J + 50 + 40 = 180$
$m\angle J = 180 - 50 - 40 = 90°$

42. **3** Capítulo 21 (Problemas verbales)

$25\% = \frac{1}{4}$. El precio de venta de la silla era

$\frac{3}{4}$ del precio original.

Que x = precio de venta original.

$\frac{3}{4}x = \$315$

$x = \$315 \div \frac{3}{4} = \$315 \times \frac{4}{3} = \$420$

43. **2** Capítulo 20 (Probabilidad)
Probabilidad =

$\dfrac{\text{número de resultados exitosos}}{\text{número de resultados posibles}}$

En este caso, el número de resultados
exitosos es 1, ya que de las 48 mujeres
presentes, sólo una es la esposa del Sr.
Fortunato. El número de resultados posibles es 48, ya que hay 48 mujeres con posibilidad de convertirse en su pareja de baile.

Probabilidad = $\frac{1}{48}$

44. 3 Capítulo 23 (Desigualdades)

$\dfrac{4}{5} > \dfrac{5}{7}$ porque $4 \times 7 > 5 \times 5$

$\dfrac{5}{7} > \dfrac{2}{3}$ porque $5 \times 3 > 7 \times 2$

Así, $\dfrac{4}{5} > \dfrac{5}{7} > \dfrac{2}{3}$ es correcto.

Método alternativo:
Convierta las tres fracciones a decimales, con aproximación al centésimo.

$\dfrac{5}{7} = 0.71$, $\dfrac{4}{5} = 0.80$, $\dfrac{2}{3} = 0.67$

Por lo tanto, $\dfrac{4}{5} > \dfrac{5}{7} > \dfrac{2}{3}$

45. (–4,4) Capítulo 23 (Coordenadas)

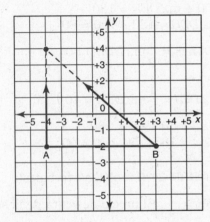

La línea que comienza en el punto *A* está en la coordenada de *x* en el punto –4. Use una regla para trazar la diagonal desde el punto *B*. Las líneas se intersectan en el punto +4 de la coordenada *y*.

46. 5 Capítulo 21 (Conversión de fracciones a porcentajes)
Parte fraccionaria gastada en renta y

alimentos: $\dfrac{1}{4} + \dfrac{1}{5} = \dfrac{5}{20} + \dfrac{4}{20} = \dfrac{9}{20}$

$1 - \dfrac{9}{20} = \dfrac{11}{20}$ lo que queda de los ingresos.

$\dfrac{11}{20} = 0.55 = 55\%.$

47. 2 Capítulo 24 (Geometría y proporción)

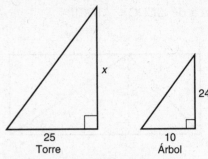

Que *x* = altura de la torre.
Escriba una proporción.

$\dfrac{\text{altura del objeto}}{\text{largo de la sombra}} : \dfrac{x}{25} = \dfrac{24}{10}$

$10x = 25(24) = 600$
$x = 600 \div 10 = 60$

48. 1 Capítulo 21 (Problemas verbales)
Si el Sr. Capiello ha consumido el 40% de las calorías que puede consumir, le queda un 60%.
Que *x* = la cantidad total de calorías que puede consumir diariamente.
$0.60x = 1,200$
$x = 1,200 \div 0.60 = 2,000$

49. 4 Capítulo 23 (Cómo trabajar con variables)
Como $2y = 8$, entonces $y = 4$.
$3x - y = 11$
$3x - 4 = 11$
$3x = 15$ and $x = 5$

50. 2 Capítulo 23 (La línea numérica)
Como $\sqrt{9} = 3$, y 3 se encuentra en el Punto B, la respuesta correcta es (2).

HOJA DE RESPUESTAS
DEL EXAMEN DE PRÁCTICA

PRUEBA 1: LENGUAJE, ESCRITURA

1. ① ② ③ ④ ⑤
2. ① ② ③ ④ ⑤
3. ① ② ③ ④ ⑤
4. ① ② ③ ④ ⑤
5. ① ② ③ ④ ⑤
6. ① ② ③ ④ ⑤
7. ① ② ③ ④ ⑤
8. ① ② ③ ④ ⑤
9. ① ② ③ ④ ⑤
10. ① ② ③ ④ ⑤
11. ① ② ③ ④ ⑤
12. ① ② ③ ④ ⑤
13. ① ② ③ ④ ⑤
14. ① ② ③ ④ ⑤
15. ① ② ③ ④ ⑤
16. ① ② ③ ④ ⑤
17. ① ② ③ ④ ⑤
18. ① ② ③ ④ ⑤
19. ① ② ③ ④ ⑤
20. ① ② ③ ④ ⑤

21. ① ② ③ ④ ⑤
22. ① ② ③ ④ ⑤
23. ① ② ③ ④ ⑤
24. ① ② ③ ④ ⑤
25. ① ② ③ ④ ⑤
26. ① ② ③ ④ ⑤
27. ① ② ③ ④ ⑤
28. ① ② ③ ④ ⑤
29. ① ② ③ ④ ⑤
30. ① ② ③ ④ ⑤
31. ① ② ③ ④ ⑤
32. ① ② ③ ④ ⑤
33. ① ② ③ ④ ⑤
34. ① ② ③ ④ ⑤
35. ① ② ③ ④ ⑤
36. ① ② ③ ④ ⑤
37. ① ② ③ ④ ⑤
38. ① ② ③ ④ ⑤
39. ① ② ③ ④ ⑤
40. ① ② ③ ④ ⑤

41. ① ② ③ ④ ⑤
42. ① ② ③ ④ ⑤
43. ① ② ③ ④ ⑤
44. ① ② ③ ④ ⑤
45. ① ② ③ ④ ⑤
46. ① ② ③ ④ ⑤
47. ① ② ③ ④ ⑤
48. ① ② ③ ④ ⑤
49. ① ② ③ ④ ⑤
50. ① ② ③ ④ ⑤

PRUEBA 2: ESTUDIOS SOCIALES

1. ① ② ③ ④ ⑤
2. ① ② ③ ④ ⑤
3. ① ② ③ ④ ⑤
4. ① ② ③ ④ ⑤
5. ① ② ③ ④ ⑤
6. ① ② ③ ④ ⑤
7. ① ② ③ ④ ⑤
8. ① ② ③ ④ ⑤
9. ① ② ③ ④ ⑤
10. ① ② ③ ④ ⑤
11. ① ② ③ ④ ⑤
12. ① ② ③ ④ ⑤
13. ① ② ③ ④ ⑤
14. ① ② ③ ④ ⑤
15. ① ② ③ ④ ⑤
16. ① ② ③ ④ ⑤
17. ① ② ③ ④ ⑤
18. ① ② ③ ④ ⑤
19. ① ② ③ ④ ⑤
20. ① ② ③ ④ ⑤

21. ① ② ③ ④ ⑤
22. ① ② ③ ④ ⑤
23. ① ② ③ ④ ⑤
24. ① ② ③ ④ ⑤
25. ① ② ③ ④ ⑤
26. ① ② ③ ④ ⑤
27. ① ② ③ ④ ⑤
28. ① ② ③ ④ ⑤
29. ① ② ③ ④ ⑤
30. ① ② ③ ④ ⑤
31. ① ② ③ ④ ⑤
32. ① ② ③ ④ ⑤
33. ① ② ③ ④ ⑤
34. ① ② ③ ④ ⑤
35. ① ② ③ ④ ⑤
36. ① ② ③ ④ ⑤
37. ① ② ③ ④ ⑤
38. ① ② ③ ④ ⑤
39. ① ② ③ ④ ⑤
40. ① ② ③ ④ ⑤

41. ① ② ③ ④ ⑤
42. ① ② ③ ④ ⑤
43. ① ② ③ ④ ⑤
44. ① ② ③ ④ ⑤
45. ① ② ③ ④ ⑤
46. ① ② ③ ④ ⑤
47. ① ② ③ ④ ⑤
48. ① ② ③ ④ ⑤
49. ① ② ③ ④ ⑤
50. ① ② ③ ④ ⑤

PRUEBA 3: CIENCIAS

1. ① ② ③ ④ ⑤	21. ① ② ③ ④ ⑤	41. ① ② ③ ④ ⑤
2. ① ② ③ ④ ⑤	22. ① ② ③ ④ ⑤	42. ① ② ③ ④ ⑤
3. ① ② ③ ④ ⑤	23. ① ② ③ ④ ⑤	43. ① ② ③ ④ ⑤
4. ① ② ③ ④ ⑤	24. ① ② ③ ④ ⑤	44. ① ② ③ ④ ⑤
5. ① ② ③ ④ ⑤	25. ① ② ③ ④ ⑤	45. ① ② ③ ④ ⑤
6. ① ② ③ ④ ⑤	26. ① ② ③ ④ ⑤	46. ① ② ③ ④ ⑤
7. ① ② ③ ④ ⑤	27. ① ② ③ ④ ⑤	47. ① ② ③ ④ ⑤
8. ① ② ③ ④ ⑤	28. ① ② ③ ④ ⑤	48. ① ② ③ ④ ⑤
9. ① ② ③ ④ ⑤	29. ① ② ③ ④ ⑤	49. ① ② ③ ④ ⑤
10. ① ② ③ ④ ⑤	30. ① ② ③ ④ ⑤	50. ① ② ③ ④ ⑤
11. ① ② ③ ④ ⑤	31. ① ② ③ ④ ⑤	
12. ① ② ③ ④ ⑤	32. ① ② ③ ④ ⑤	
13. ① ② ③ ④ ⑤	33. ① ② ③ ④ ⑤	
14. ① ② ③ ④ ⑤	34. ① ② ③ ④ ⑤	
15. ① ② ③ ④ ⑤	35. ① ② ③ ④ ⑤	
16. ① ② ③ ④ ⑤	36. ① ② ③ ④ ⑤	
17. ① ② ③ ④ ⑤	37. ① ② ③ ④ ⑤	
18. ① ② ③ ④ ⑤	38. ① ② ③ ④ ⑤	
19. ① ② ③ ④ ⑤	39. ① ② ③ ④ ⑤	
20. ① ② ③ ④ ⑤	40. ① ② ③ ④ ⑤	

PRUEBA 4: LENGUAJE, LECTURA

1. ① ② ③ ④ ⑤	16. ① ② ③ ④ ⑤	31. ① ② ③ ④ ⑤
2. ① ② ③ ④ ⑤	17. ① ② ③ ④ ⑤	32. ① ② ③ ④ ⑤
3. ① ② ③ ④ ⑤	18. ① ② ③ ④ ⑤	33. ① ② ③ ④ ⑤
4. ① ② ③ ④ ⑤	19. ① ② ③ ④ ⑤	34. ① ② ③ ④ ⑤
5. ① ② ③ ④ ⑤	20. ① ② ③ ④ ⑤	35. ① ② ③ ④ ⑤
6. ① ② ③ ④ ⑤	21. ① ② ③ ④ ⑤	36. ① ② ③ ④ ⑤
7. ① ② ③ ④ ⑤	22. ① ② ③ ④ ⑤	37. ① ② ③ ④ ⑤
8. ① ② ③ ④ ⑤	23. ① ② ③ ④ ⑤	38. ① ② ③ ④ ⑤
9. ① ② ③ ④ ⑤	24. ① ② ③ ④ ⑤	39. ① ② ③ ④ ⑤
10. ① ② ③ ④ ⑤	25. ① ② ③ ④ ⑤	40. ① ② ③ ④ ⑤
11. ① ② ③ ④ ⑤	26. ① ② ③ ④ ⑤	
12. ① ② ③ ④ ⑤	27. ① ② ③ ④ ⑤	
13. ① ② ③ ④ ⑤	28. ① ② ③ ④ ⑤	
14. ① ② ③ ④ ⑤	29. ① ② ③ ④ ⑤	
15. ① ② ③ ④ ⑤	30. ① ② ③ ④ ⑤	

PRUEBA 5: MATEMÁTICAS, PARTE I

1. ① ② ③ ④ ⑤

2. ① ② ③ ④ ⑤

3. ① ② ③ ④ ⑤

4. ① ② ③ ④ ⑤

5.

6. ① ② ③ ④ ⑤

7. ① ② ③ ④ ⑤

8. ① ② ③ ④ ⑤

9.

10. ① ② ③ ④ ⑤

11.

12. ① ② ③ ④ ⑤

13.

14. ① ② ③ ④ ⑤

15. ① ② ③ ④ ⑤

16. ① ② ③ ④ ⑤

17. ① ② ③ ④ ⑤

18. ① ② ③ ④ ⑤

19. ① ② ③ ④ ⑤

20. ① ② ③ ④ ⑤

21. ① ② ③ ④ ⑤

22. ① ② ③ ④ ⑤

23.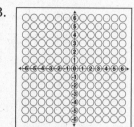

24.

25. ① ② ③ ④ ⑤

PRUEBA 5: MATEMÁTICAS, PARTE II

26. ① ② ③ ④ ⑤

27. ① ② ③ ④ ⑤

28. ① ② ③ ④ ⑤

29. ① ② ③ ④ ⑤

30. ① ② ③ ④ ⑤

31.

32. ① ② ③ ④ ⑤

33. ① ② ③ ④ ⑤

34. ① ② ③ ④ ⑤

35.

36. ① ② ③ ④ ⑤

37. ① ② ③ ④ ⑤

38. ① ② ③ ④ ⑤

39. ① ② ③ ④ ⑤

40. ① ② ③ ④ ⑤

41. ① ② ③ ④ ⑤

42. ① ② ③ ④ ⑤

43.

44.

45. ① ② ③ ④ ⑤

46. ① ② ③ ④ ⑤

47. ① ② ③ ④ ⑤

48. ① ② ③ ④ ⑤

49. ① ② ③ ④ ⑤

50. ① ② ③ ④ ⑤

EXAMEN DE PRÁCTICA 1

PRUEBA 1: LENGUAJE, ESCRITURA, PARTE I

INSTRUCCIONES

La Prueba de Escritura evalúa su capacidad de usar el español clara y eficazmente. Se evalúa aquí cómo se debe escribir el español y no cómo se habla. La prueba incluye preguntas de opción múltiple y un ensayo. Las instrucciones en esta página se refieren sólamente a la sección de opciones múltiples, mientras que las instrucciones para al ensayo se dan aparte.

La sección de preguntas de opción múltiple consiste en párrafos con oraciones numeradas. Algunas de las oraciones contienen errores de estructura, de uso o de mecánica (ortografía, puntuación, uso de mayúsculas). Después de leer todas las oraciones numeradas, conteste las preguntas que vienen a continuación. Algunas preguntas corresponden a oraciones que son correctas tal como aparecen. La respuesta correcta para estas oraciones es la opción que deja la oración según aparece originalmente. La mejor respuesta para otras preguntas que no se destacan por errores inmediatamente obvios es la de seleccionar la oración en que el tiempo verbal y el punto de vista están conformes con los tiempos y puntos de vista usados en el resto del párrafo.

Tendrá 120 minutos (dos horas) para esta sección del Examen. Le recomendamos que dedique 75 minutos para contestar las preguntas de opción múltiple y 45 minutos para escribir su ensayo. Trabaje con cuidado, pero no dedique demasiado tiempo a una sola pregunta. Cuando haya contestado las preguntas de opción múltiple, se le darán instrucciones para escribir el ensayo.

Para anotar las respuestas, llene uno de los círculos numerados que aparecen al lado del número de la pregunta de la prueba que está contestando.

POR EJEMPLO:

Oración 1: **Nos sentimos muy honrados de conoser al Gobernador Ramírez.**

¿Qué corrección debe hacer a la frase?

(1) poner una coma después de <u>sentimos</u>   ① ② ● ④ ⑤
(2) cambiar honrados por <u>onrados</u>
(3) cambiar <u>conoser</u> por <u>conocer</u>
(4) cambiar <u>al</u> a <u>el</u>
(5) ninguna

En este ejemplo, la palabra "conoser" es incorrecta y debe cambiarse a "conocer".
Por eso, debe llenarse el círculo número 3.

CONTINÚE EN LA PÁGINA SIGUIENTE

PRUEBA 1: LENGUAJE, ESCRITURA, PARTE I

<u>Las preguntas 1–9</u> se refieren a los párrafos siguientes.

(A)

(1) Una comida saludable debe planificarse y no dejarse al azar, para el consumidor, la seguridad alimenticia empieza en el mercado. (2) Todos los esfuersos realizados por los estados y el Departamento de Agricultura de Estados Unidos para hacer que la oferta de alimentos sea sana, limpia y segura pueden ser en vano, a no ser que el consumidor tome ciertas precauciones en este sentido. (3) Entre las precauciones que debe tomar el consumidor, cabe mencionar el cuidado a la hora de vender, almacenar y cocinar los alimentos.

(B)

(4) Se debe comprar en las tiendas de comestibles, después de haber realizado las demás diligencias. (5) Lleve los alimentos a casa inmediatamente y no los deje desatendidos durante un largo período de tiempo. (6) En las tiendas debe haber el luz suficiente para que le permita seleccionar adecuadamente los alimentos. (7) El personal de las tiendas deberían asegurarse de que los alimentos son reemplazados frecuentemente y mantenerlos lo más frescos posibles.

(C)

(8) No compre en ninguna circunstancia alimentos en envases abollados o que gotean. (9) Los alimentos en envases abollados o que gotean pueden ser perjudiciales no sólo para comer sino también para degustar.

(D)

(10) Pida al dependiente que ponga los alimentos fríos en una misma bolsa, así se mantienen fríos durante más tiempo; entremezclados con los alimentos que vienen a temperatura ambiente, se calientan rápidamente.

1. Oración 1: **Una comida saludable debe planificarse y no dejarse <u>al azar, para el</u> consumidor, la seguridad alimenticia empieza en el mercado.**

   ¿Cuál es la mejor manera de escribir la parte de la oración que se encuentra subrayada? Si cree que la versión original es la correcta, escoja la opción 1.

   (1) al azar, para el
   (2) azar; para
   (3) azar: para el
   (4) azar...para el
   (5) azar. Para el

2. Oración 2: **Todos los esfuersos realizados por los estados y el Departamento de Agricultura de Estados Unidos para hacer que la oferta de alimentos sea sana, limpia y segura pueden ser en vano, a no ser que el consumidor tome ciertas precauciones en este sentido.**

   ¿Qué corrección se debería hacer en esta oración?

   (1) cambiar <u>tome</u> a <u>toma</u>
   (2) cambiar <u>esfuersos</u> a <u>esfuerzos</u>
   (3) poner acento a <u>límpia</u>
   (4) cambiar <u>precauciones</u> a <u>precausiones</u>
   (5) sin error

3. Oración 3. **Entre las precauciones que debe tomar el consumidor, cabe mencionar el cuidado a la hora de vender, almacenar y cocinar los alimentos.**

   ¿Qué corrección se debería hacer en esta oración?

   (1) cambiar <u>cabe</u> a <u>es necesario</u>
   (2) cambiar <u>vender</u> a <u>comprar</u>
   (3) cambiar <u>el cuidado</u> a <u>los cuidados</u>
   (4) cambiar <u>cocinar</u> a <u>cosinar</u>
   (5) poner acento a <u>qué</u>

CONTINÚE EN LA PÁGINA SIGUIENTE

PRUEBA 1: LENGUAJE, ESCRITURA, PARTE I

4. Oración 4: **Se debe comprar en las tiendas de comestibles, después de haber realizado las demás diligencias.**

   ¿Qué corrección se debería hacer en esta oración?

   (1) sacar el Se reflexivo
   (2) sacar la coma después de comestibles
   (3) cambiar haber a haver
   (4) cambiar diligencias a degilencias
   (5) sin error

5. Oración 5: **Lleve los alimentos a casa inmediatamente y no los deje desatendidos durante un largo período de tiempo.**

   ¿Cuál es la mejor manera de escribir la parte de la oración que está subrayada? Si cree que la versión original es la correcta, escoja la opción 1.

   (1) y no los deje
   (2) y también no los deje
   (3) pero no los deje
   (4) aunque no los deje
   (5) sin embargo no los deje

6. Oración 6: **En las tiendas debe haber el luz suficiente para que le permita seleccionar adecuadamente los alimentos.**

   ¿Qué corrección se debería hacer en esta oración?

   (1) cambiar el a la
   (2) cambiar permita a permitan
   (3) cambiar seleccionar a selexionar
   (4) cambiar adecuadamente a adequadamente
   (5) sin error

7. Oración 7: **El personal de las tiendas deberían asegurarse de que los alimentos son reemplazados frecuentemente y mantenerlos lo más frescos posibles.**

   ¿Qué corrección se debería hacer en esta oración?

   (1) sacar el acento a deberian
   (2) cambiar reemplazados a remplazados
   (3) cambiar lo a los
   (4) cambiar deberían a debería
   (5) sin error

8. Oraciónes 8 y 9: **No compre en ninguna circunstancia alimentos en envases abollados o que gotean. Los alimentos en envases abollados o que gotean pueden ser perjudiciales no sólo para comer sino también para degustar.**

   ¿Cuál es la mejor manera de conectar las dos oraciones?

   (1) gotean, porque pueden ser perjudiciales
   (2) gotean, de tal manera que pueden ser perjudiciales
   (3) gotean, sin embargo pueden ser
   (4) gotean, siendo perjudiciales
   (5) gotean, en ser perjudiciales

9. Oración 10: **Pida al dependiente que ponga los alimentos fríos en una misma bolsa, así se mantienen fríos durante más tiempo; entremezclados con los alimentos que vienen a temperatura ambiente, se calientan rápidamente.**

   ¿Cuál es la mejor manera de escribir la parte de la oración que se encuentra subrayada? Si cree que la versión original es la correcta, escoja la opción 1.

   (1) tiempo; entremezclados
   (2) tiempo. Entremezclados
   (3) tiempo: entremezclados
   (4) tiempo, entremezclados
   (5) tiempo; Entremezclados

CONTINÚE EN LA PÁGINA SIGUIENTE

PRUEBA 1: LENGUAJE, ESCRITURA, PARTE I

Las preguntas 10 a 18 se basan en los párrafos siguientes.

(1) La agrupación familiar tradicional continuará siendo dominante, aunque las personas de la familia pueden cambiar debido a divorcios, separaciones y nuevos matrimonios.

(2) Las familias con carreras duales en que tanto el hombre como la mujer trabajan, aumentarán—especialmente entre la población joven. (3) El número de matrimonios sin hijos también incrementará.

(4) Algunas parejas escogerán permanecer sin hijos otras pasarán unos años de su vida sin niños por cuestiones de espacio y de limitación del tamaño de la familia.

(5) Incrementará el número de padres solteros como resultado de los divorcios, la muerte, el abandono o el haber escogido criar su hijo solo. (6) En muchos casos, las familias de padres solteros tendrán una empleada del hogar.

(7) Gracias al creciente aceptación social del padre soltero, muchos individuos puede que no se casen y establezcan familias de solteros. (8) El adulto soltero viviendo solo establecerá contacto con parientes cercanos. Compartirá sus fuentes económicas y emocionales para substituir el inexistente rol de padre por el de "tía-tío".

(9) Estas formas familiares, presentarán diferentes problemas a los miembros de la familia.

(10) Las familias necesitarán información para seleccionar el modelo familiar que quieren ejercer.

10. Oración 1: **La agrupación familiar tradicional continuará siendo dominante, aunque las personas de la familia pueden cambiar debido a divorcios, separaciones y nuevos matrimonios.**

    ¿Cuál es la mejor manera de escribir la parte de la oración que se encuentra subrayada? Si cree que la versión original es la correcta, escoja la opción 1.

    (1) dominante, aunque
    (2) dominante, a pesar de
    (3) dominante, pues
    (4) dominante, por lo tanto
    (5) dominante, no obstante

11. Oraciónes 2 y 3: **Las familias con carreras duales en que tanto el hombre como la mujer trabajan, aumentarán—especialmente entre la población joven. El número de matrimonios sin hijos también incrementará.**

    ¿Cuál es la mejor manera de conectar las dos oraciones?

    (1) al igual que el número de matrimonios sin hijos
    (2) en contraste con el número de matrimonios sin hijos que también aumentará
    (3) aunque el número de matrimonios sin hijos también aumentará
    (4) no obstante el número de matrimonios sin hijos también aumentará
    (5) por lo tanto el número de matrimonios sin hijos también aumentará

12. Oración 4: **Algunas parejas escogerán permanecer sin hijos otras pasarán unos años de su vida sin niños por cuestiones de espacio y de limitación del tamaño de la familia.**

    ¿Cuál es la mejor manera de escribir la parte de la oración que se encuentra subrayada? Si cree que la versión original es la correcta, escoja la opción 1.

    (1) hijos otras
    (2) hijos (otras
    (3) hijos. Otras
    (4) hijos: otras
    (5) hijos: Otras

13. Oración 5: **Incrementará el número de padres solteros como resultado de los divorcios, la muerte, el abandono o el haber escogido criar su hijo solo.**

    Si escribe de nuevo la oración, empezando por

    Como resultado de los divorcios, la muerte, el abandono o el haber escogido criar su hijo solo...

    continuará así:

    (1) incrementará
    (2) habrá incrementado
    (3) incrementaría
    (4) ha incrementado
    (5) habría incrementado

CONTINÚE EN LA PÁGINA SIGUIENTE

PRUEBA 1: LENGUAJE, ESCRITURA, PARTE I

14. Oración 6: **En muchos casos, las familias de padres solteros tendrán una empleada del hogar.**

    ¿Qué corrección se debería hacer en esta oración?

    (1) sacar la coma después de <u>casos</u>
    (2) cambiar <u>tandrán</u> a <u>tendrían</u>
    (3) cambiar <u>empleada</u> a <u>enpleada</u>
    (4) cambiar <u>hogar</u> a <u>ogar</u>
    (5) sin error

15. Oración 7: **Gracias al creciente aceptación social del padre soltero, muchos individuos puede que no se casen y estabezcan familias de solteros.**

    ¿Qué corrección se debería hacer en esta oración?

    (1) cambiar <u>aceptación</u> a <u>aseptación</u>
    (2) eliminar la coma
    (3) cambiar <u>establezcan</u> a <u>establescan</u>
    (4) cambiar <u>al</u> a <u>a la</u>
    (5) sin error

16. Oración 8: **El adulto soltero viviendo solo establecerá contacto con parientes cercanos. Compartirá sus fuentes económicas y emocionales para substituir el inexistente rol de padre por el de "tío-tía".**

    ¿Qué corrección se debería hacer en esta oración?

    (1) poner acento a <u>sólo</u>
    (2) sacar el acento a <u>tia</u>
    (3) cambiar <u>substituir</u> a <u>subtituir</u>
    (4) sacar los acentos a <u>tia</u> y <u>tio</u>
    (5) sin error

17. Oración 9: **Estas formas familiares, presentarán diferentes problemas a los miembros de la familia.**

    ¿Qué corrección se debería hacer en esta oración?

    (1) sacar la coma después de <u>familiares</u>
    (2) cambiar <u>presentarán</u> a <u>serán presentadas</u>
    (3) poner una coma después de <u>problemas</u>
    (4) cambiar <u>miembros</u> a <u>mienbros</u>
    (5) sin error

18. Oración 10: **Las familias necesitarán información para seleccionar el modelo familiar que quieren ejercer.**

    ¿Qué corrección se debería hacer en esta oración?

    (1) cambiar <u>necesitarán</u> a <u>necesitarían</u>
    (2) cambiar <u>seleccionar</u> a <u>selectionar</u>
    (3) cambiar <u>quieren</u> a <u>quiere</u>
    (4) cambiar <u>ejercer</u> a <u>ejerzer</u>
    (5) sin error

CONTINÚE EN LA PÁGINA SIGUIENTE

PRUEBA 1: LENGUAJE, ESCRITURA, PARTE I

Las preguntas 19 a 27 se refieren a la información siguiente.

(A)

(1) El abuso de las drogas es como una enfermedad comunicable. (2) Se expande porque unos tientan a otros o porque unos intentan imitar a otros. (3) El abuso de las drogas está creciendo, aunque haya un gran número de jóvenes que han probado las drogas y que ahora desean dejar el hábito. (4) Debido a que existen tratamientos para ellos, estos jóvenes pueden explicar a otros jóvenes que el panorama de las drogas no es tan magnífico como ellos pensaban antes de que estuvieran enganchados. (5) Algo más importante aún es el hecho de que sus coetaneos tienden a creerles antes de que su experimentación se convierta en un hábito.

(B)

(6) El padre y la madre puede ayudar a prevenir el uso de drogas a través del ejemplo, el conocimiento y la comprensión. (7) Para hablar acerca las drogas con sus hijos, los padres deberían informarse. (8) A menudo los padres saben menos sobre las drogas que sus propios hijos, y las consecuencias son tristes. (9) Sería ideal que antes que su hijo esté tentado a experimentar, lo pudieran explicar la parte indeseable de la vida de drogadicción. (10) Lo que convence aún más a los jóvenes es el daño que produce el abuso de drogas por sus cuerpos.

19. Oraciones 1 y 2. **El abuso de las drogas es como una enfermedad comunicable. Se expande porque unos tientan a otros o porque unos intentan imitar a otros.**

    ¿Cuál es la mejor manera de conectar las dos oraciones?

    (1) comunicable y además se expande
    (2) comunicable, aunque se expande
    (3) comunicable a pesar de que se expande
    (4) comunicable, habiéndose expandido
    (5) comunicable, quién se expande

20. Oración 3: **El abuso de las drogas está creciendo, aunque haya un gran número de jóvenes que han probado las drogas y que ahora desean dejar el hábito.**

    ¿Qué corrección se debería hacer en esta oración?

    (1) cambiar está a estaría
    (2) cambiar haya a había
    (3) sacar el acento a numero
    (4) cambiar probado a provado
    (5) sin error

21. Oración 4: **Debido a que existen tratamientos para ellos, estos jóvenes pueden explicar a otros jóvenes que el panorama de las drogas no es tan magnífico como ellos pensaban antes de que estuvieran enganchados.**

    ¿Qué corrección se debería hacer en esta oración?

    (1) cambiar Debido a Aunque
    (2) sacar la coma después de ellos
    (3) cambiar tan a tanto
    (4) poner coma después de pensaban
    (5) sin error

22. Oración 5: **Algo más importante aún es el hecho de que sus coetaneos tienden a creerles antes de que su experimentación se convierta en un hábito.**

    ¿Qué corrección se debería hacer en esta oración?

    (1) cambiar tienden a tenden
    (2) poner acento a coetáneos
    (3) poner coma después de experimentación
    (4) cambiar hábito a ábito
    (5) sin error

CONTINÚE EN LA PÁGINA SIGUIENTE

PRUEBA 1: LENGUAJE, ESCRITURA, PARTE I

23. Oración 6: **El pade y la madre puede ayudar a prevenir el uso de drogas a través del ejemplo, el conocimiento y la comprensión.**

    ¿Qué corrección se debería hacer en este párrafo?

    (1) cambiar ayudar a a ayudar de
    (2) cambiar puede a pueden
    (3) sacar el acento en traves
    (4) poner coma después de conocimiento
    (5) sin error

24. Oración 7: **Para hablar acerca las drogas con sus hijos, los padres deberían informarse.**

    ¿Qué corrección se debería hacer en esta oración?

    (1) cambiar Para a Por
    (2) cambiar acerca a a cerca
    (3) añadir de a acerca (acerca de)
    (4) cambiar deberían informarse a se deberían informar
    (5) sin error

25. Oración 8: **A menudo los padres saben menos sobre las drogas que sus propios hijos, y las consecuencias son tristes.**

    ¿Qué corrección se debería hacer en esta oración?

    (1) cambiar consecuencias a consecuensias
    (2) cambiar consecuencias a concecuencias
    (3) poner acento a própios
    (4) cambiar A menudo a A frecuencia
    (5) sacar la coma después de hijos

26. Oración 9: **Sería ideal que antes que su hijo esté tentado a experimentar, lo pudieran explicar la parte indeseable de la vida de drogadicción.**

    ¿Qué corrección se debería hacer en esta oración?

    (1) cambiar sería a será
    (2) sacar la coma después de experimentar
    (3) cambiar lo a le
    (4) cambiar drogadicción a drogadición
    (5) sin error

27. Oración 10: **Lo que convence aún más a los jóvenes es el daño que produce el abuso de drogas por sus cuerpos.**

    ¿Qué corrección se debería hacer en esta oración?

    (1) cambiar convence a comvence
    (2) sacar el acento a aun
    (3) cambiar produce a producen
    (4) cambiar por a en
    (5) sin error

CONTINÚE EN LA PÁGINA SIGUIENTE

PRUEBA 1: LENGUAJE, ESCRITURA, PARTE I

Las preguntas 28 a 37 se basan en los párrafos siguientes.

(A)

(1) Estadísticamente, los tipos de accidentes más comunes en casa son las caidas. (2) Cada año, miles de Estadounidenses mueren de esta manera, entre las cuatro paredes de su casa o en los patios alrededor de sus casas. (3) Nueve de cada diez víctimas sobre-pasan los 65 años, pero gente de todas las edades experimentan graves lesiones como resultado de golpes dentro de sus casas. (4) Es inposible estimar cuántas lesiones se producen por golpes, pero se contabilizan muchos millones.

(B)

(5) Los golpes pueden ser un problema en todas las edades. (6) En el proceso de crecimiento, los niños y los adolescentes a menudo tienden a caer. (7) Afortunadamente, sus cuerpos son flexibles, por lo tanto sólo sufren heridas por rozamiento golpes o contusiones. (8) Pero en una persona mayor, la misma caída puede ocasionarle una rotura de brazo, pierna, cadera o otros tipos de lesiones que requieren hospitalización o cuidado médico. (9) Cuando uno se hace mayor, puede que no se caiga más a menudo que antes, pero los resultados normalmente son más graves y a veces pueden ser mortales.

(C)

(10) Los adultos caen porque no miran por donde andan, van deprisa, descuidados o están pensando en otras cosas. (11) Algunos productos baratos como son las esteras de goma tipo succión o simples tiras en la bañera, alfombras que no resbalan y agarraderas en el baño pueden ayudar a evitar las caídas en los cuartos de baño.

28. Oración 1: **Estadísticamente, los tipos de accidentes más comunes en casa son las caidas.**

    Qué corrección se debería hacer en esta oración?

    (1) cambiar estadísticamente a estadístical
    (2) sacar el acento a mas
    (3) cambiar son a es
    (4) poner acento a caídas
    (5) sin error

29. Oración 2: **Cada año, miles de Estadounidenses mueren de esta manera, entre las cuatro paredes de su casa o en los patios alrededor de sus casas.**

    ¿Qué corrección se debería hacer en esta oración?

    (1) cambiar Estadounidenses a estadounidenses
    (2) cambiar mueren a morían
    (3) sacar la coma después de manera
    (4) cambiar alrededor a al rededor
    (5) sin error

30. Oración 3: **Nueve de cada diez víctimas sobre-pasan los 65 años, pero gente de todas las edades experimentan graves lesiones como resultado de golpes dentro de sus casas.**

    ¿Qué corrección se debería hacer en esta oración?

    (1) sacar el acento a victimas
    (2) cambiar sobre-pasan a sobrepasan
    (3) cambiar experimentan a esperimentan
    (4) cambiar como a de
    (5) sin error

31. Oración 4: **Es inposible estimar cuántas lesiones se producen por golpes, pero se contabilizan muchos millones.**

    ¿Qué corrección se debería hacer en esta oración?

    (1) cambiar inposible a imposible
    (2) sacar el acento a cuantas
    (3) sacar la coma despúes de golpes
    (4) cambiar contabilizan a contabilisan
    (5) sin error

CONTINÚE EN LA PÁGINA SIGUIENTE

PRUEBA 1: LENGUAJE, ESCRITURA, PARTE I

32. Oraciones 5 y 6: **Los golpes pueden ser un problema en todas las <u>edades. En</u> el proceso de crecimiento, los niños y los adolescentes a menudo tienden a caer.**

    ¿Cuál es la mejor manera de escribir la parte de la oración que se encuentra subrayada? Si cree que la versión original es la correcta, escoja la opción 1.

    (1) edades. En
    (2) edades. en
    (3) edades, en
    (4) edades—En
    (5) edades; en

33. Oración 7: **Afortunadamente, sus cuerpos son flexibles, por lo tanto sólo sufren heridas por rozamiento golpes o contusiones.**

    ¿Qué corrección se debería hacer en esta oración?

    (1) sacar la coma después de <u>afortunadamente</u>
    (2) cambiar <u>flexibles</u> a <u>fleccibles</u>
    (3) sacar la coma después de <u>flexibles</u>
    (4) poner una coma después de <u>rozamiento</u>
    (5) sin error

34. Oración 8: **Pero en una persona mayor, la misma caída puede ocasionarle una rotura de brazo, pierna, cadera o otros tipos de lesiones que requieren hospitalización o cuidado médico.**

    ¿Qué corrección se debería hacer en esta oración?

    (1) sacar la coma después de <u>mayor</u>
    (2) cambiar <u>ocasionarle</u> a <u>ocasionarla</u>
    (3) cambiar <u>o otro</u> a <u>u otro</u>
    (4) cambiar <u>hospitalización</u> a <u>hopitalización</u>
    (5) sin error

35. Oración 9: **Cuando uno se hace mayor, puede que no se caiga más a menudo que antes, pero los resultados normalmente son más graves y a veces pueden ser mortales.**

    ¿Qué corrección se debería hacer en esta oración?

    (1) cambiar <u>Cuando</u> a <u>Mientras</u>
    (2) cambiar <u>caiga</u> a <u>caigua</u>
    (3) cambiar <u>normalmente</u> a <u>normal</u>
    (4) cambiar <u>a veces</u> a <u>aveces</u>
    (5) sin error

36. Oración 10: **Los adultos caen porque no miran por donde andan, van deprisa, descuidados o están pensando en otras cosas.**

    ¿Qué corrección se debería hacer en esta oración?

    (1) cambiar <u>caen</u> a <u>caerán</u>
    (2) cambiar <u>porque</u> a <u>por que</u>
    (3) sacar la coma después de <u>andan</u>
    (4) insertar <u>van</u> antes de <u>descuidados</u>
    (5) sin error

37. Oración 11: **Algunos productos baratos como son las esteras de goma tipo succión o simples tiras en la bañera, alfombras que no resbalan y agarraderas en el baño pueden ayudar a evitar las caídas en los cuartos de baño.**

    Si escribe de nuevo la frase empezando por

    <u>Para evitar las caídas en los cuartos de baño,</u>

    continuaría con

    (1) le aconsejamos algunos productos baratos
    (2) son las esteras de goma
    (3) algunos productos baratos son
    (4) como las agarraderas
    (5) le aconsejaban algunos productos

CONTINÚE EN LA PÁGINA SIGUIENTE

PRUEBA 1: LENGUAJE, ESCRITURA, PARTE I

Las preguntas 38 a 46 se refieren a los párrafos siguientes.

(A)

(1) La única cura que se conoce para la bicimanía, una fiebre altamente contagiosa, que atraviesa el país de costa a costa, es montar en bicicleta. (2) Cerca de 100 millones de víctimas felices, entre ellas madres, padres y niños, están haciendo ahora un excelente tratamiento que consiste en pedalear sobre dos ruedas hacia un excitante nuevo mundo de diversión y aventura.

(B)

(3) ¿Por qué comprar una bicicleta? En parte, porque montar en bicicleta es beneficioso para usted y al medio ambiente. (4) Una bicicleta no contamina el aire, no hace ruido y le mantiene en buena forma física, no ocupa demasiado espacio en la carretera. Y es fácil de aparcar en un espacio pequeño. (5) Con acesorios apropiados—bolsas en el sillín, porta-equipajes o cestas—una bicicleta puede usarse para ir de compras, de excursión o para viajar lejos.

(C)

(6) ¿Qué tipo de bicicleta debería comprar? (7) Entre la gran y tentadora oferta de modelos con cambios de diez velocidades y muchos otros sofisti-cados dipositivos, puede que escoja algo que real-mente no necesita. (8) El mejor consejo es: compre el modelo más simple de acuerdo a sus necesida-des de transporte. (9) No necesita invertir en mani-llares, radios y soportes especiales que pueden ser demasiado complicados para su propósito.

(D)

(10) Trate de alquilar una bicicleta antes de comprar una. Pase un par de semanas pedaleando en dife-rentes terrenos de su área. Esta prueba le dará la respuesta a muchas de sus preguntas.

38. Oración 1: **La única cura que se conoce para la bicimanía, una fiebre altamente conta-giosa, que atraviesa el país de costa a costa, es montar en bicicleta.**

    ¿Qué corrección se debería hacer en esta oración?

    (1) sacar la coma después de <u>bicimanía</u>
    (2) cambiar <u>fiebre</u> a <u>fievre</u>
    (3) sacar la coma después de <u>contagiosa</u>
    (4) sacar el acento a <u>pais</u>
    (5) sin error

39. Oración 2: **Cerca de 100 millones de víctimas felices, entre ellas madres, padres y niños, están haciendo ahora un excelente trata-miento que consiste en pedalear sobre dos ruedas hacia un excitante nuevo mundo de diversión y aventura.**

    ¿Qué corrección se debería hacer en esta oración?

    (1) cambiar <u>Cerca de</u> a <u>Cerca con</u>
    (2) cambiar <u>excitante</u> a <u>emocionante</u>
    (3) cambiar <u>consiste</u> a <u>consisten</u>
    (4) cambiar <u>excelente</u> a <u>exelente</u>
    (5) sin error

40. Oración 3: **¿Por qué comprar una bicicleta? En parte, porque montar en bicicleta es beneficioso para usted y al medio ambiente.**

    ¿Qué corrección se debería hacer en esta oración?

    (1) cambiar <u>porque montar</u> a <u>por qué montar</u>
    (2) sacar la coma después de <u>parte</u>
    (3) cambiar <u>es</u> a <u>ha sido</u>
    (4) cambiar <u>al</u> a <u>el</u>
    (5) sin error

CONTINÚE EN LA PÁGINA SIGUIENTE

PRUEBA 1: LENGUAJE, ESCRITURA, PARTE I

41. Oración 4: **Una bicicleta no contamina el aire, no hace ruido y le mantiene en buena forma física, no ocupa demasiado espacio en la <u>carretera. Y es</u> fácil de aparcar en un espacio pequeño.**

    ¿Cuál es la mejor manera de escribir la parte de la oración que se encuentra subrayada? Si cree que la versión original es correcta, escoja la opción 1.

    (1) carretera. Y es
    (2) carretera. y es
    (3) carretera y es
    (4) carretera; y es
    (5) carretera: y es

42. Oración 5: **Con acesorios apropiados—bolsas en el sillín, portaequipajes o cestas—una bicicleta puede usarse para ir de compras, de excursión o para viajar lejos.**

    ¿Qué corrección se debería hacer en esta oración?

    (1) cambiar <u>acesorios</u> por <u>accesorios</u>
    (2) sacar las rayas alrededor de <u>bolsas</u> y <u>cestas</u>
    (3) cambiar <u>para ir</u> a <u>por ir</u>
    (4) cambiar <u>excursión</u> a <u>escursión</u>
    (5) sin error

43. Oraciones 6 y 7: **¿Qué tipo de bicicleta debería comprar? Entre la gran y tentadora oferta de modelos con cambios de diez velocidades y muchos otros sofisticados dipositivos, puede que escoja algo que realmente no necesita.**

    ¿Qué corrección se debería hacer en esta oración?

    (1) cambiar <u>tentadora</u> a <u>temptadora</u>
    (2) cambiar <u>cambios</u> a <u>canbios</u>
    (3) cambiar <u>dipositivos</u> a <u>dispositivos</u>
    (4) cambiar <u>escoja</u> a <u>escoje</u>
    (5) sin error

44. Oración 8: **El mejor consejo <u>es: compre</u> el modelo más simple de acuerdo a sus necesidades de transporte.**

    ¿Cuál es la mejor manera de escribir la parte de la oración que se encuentra subrayada? Si cree que la versión original es correcta, escoja la opción 1.

    (1) es: compre
    (2) es; compre
    (3) es; Compre
    (4) es...compre
    (5) es, compre

45. Oración 9: **No necesita invertir en manillares, radios y soportes especiales que pueden ser demasiado complicados para su propósito.**

    Si escribe de nuevo la oración empezando por

    <u>Invertir en manillares, radios...</u>

    continuaría con

    (1) no es necesario, ya que
    (2) no necesitaría ya que
    (3) no necesitará ya que
    (4) no es complicado
    (5) no es su propósito

46. Oración 10: **Trate de alquilar una bicicleta antes de comprar una. Pase un par de semanas pedaleando en diferentes terrenos de su <u>área. Esta prueba</u> le dará la respuesta a muchas de sus preguntas.**

    ¿Cuál es la mejor manera de escribir la parte subrayada de la oración? Si cree que la versión original es correcta, escoja la opción 1.

    (1) área. Esta prueba
    (2) área y esta prueba
    (3) área—esta prueba
    (4) área. ¡Esta prueba
    (5) área esta prueba

CONTINÚE EN LA PÁGINA SIGUIENTE

PRUEBA 1: LENGUAJE, ESCRITURA, PARTE I

Las preguntas 47 a 50 se refieren al párrafo siguiente.

(A)

(1) En cada etapa del desarrollo, la ropa puede ayudar a establecer la identidad de una persona, ya sea para ella misma, ya sea, para las demás personas con las que interactúa. (2) El juego infantil de disfrazarse con la ropa de los padres proporciona al niño la oportunidad de practicar roles que cree que van a ejercer en su vida adulta.

(B)

(3) Cómo una persona escoje su ropa de acuerdo con sus roles afectará la manera en que esta persona actúa.

(C)

(4) La ropa es un factor importante en el desarrollo de los sentimientos de autoconfianza y autoestima. (5) Cuando alguien luce bien, también se siente bien.

47. Oración 1: **En cada etapa del desarrollo, la ropa puede ayudar a establecer la identidad de una persona, ya sea para ella misma, ya sea, para las demás personas con las que interactúa.**

    ¿Qué corrección se debería hacer en esta oración?

    (1) cambiar <u>desarrollo</u> a <u>desarollo</u>
    (2) cambiar <u>establecer</u> a <u>extablecer</u>
    (3) sacar la coma después de <u>persona</u>
    (4) sacar la coma después de <u>sea</u>
    (5) sin error

48. Oración 2: **El juego infantil de disfrazarse con la ropa de los padres proporciona al niño la oportunidad de practicar roles que cree que van a ejercer en su vida adulta.**

    ¿Qué corrección se debería hacer en esta oración?

    (1) cambiar <u>infantil</u> a <u>imfantil</u>
    (2) cambiar <u>disfrazarse</u> a <u>disfrasarse</u>
    (3) cambiar <u>la oportunidad de</u> a <u>la oportunidad por</u>
    (4) cambiar <u>van</u> a <u>va</u>
    (5) sin error

49. Oración 3: **Cómo una persona escoje su ropa de acuerdo con sus roles afectará la manera en que esta persona actúa.**

    ¿Qué corrección se debería hacer en esta oración?

    (1) sacar el acento en <u>Cómo</u>
    (2) cambiar <u>escoje</u> a <u>escoge</u>
    (3) añadir acento a <u>ésta</u>
    (4) poner acento a <u>qué</u>
    (5) sin error

50. Oraciones 4 y 5: **La ropa es un factor importante en el desarrollo de los sentimientos de autoconfianza y autoestima. Cuando alguien luce bien, también se siente bien.**

    ¿Cuál es la mejor manera de conectar las dos oraciones?

    (1) autoestima, además cuando
    (2) autoestima, pero, cuando
    (3) autoestima, sin embargo, cuando
    (4) autoestima, a pesar de que, cuando
    (5) autoestima, puesto que, cuando

CONTINÚE EN LA PÁGINA SIGUIENTE

PRUEBA 1: LENGUAJE, ESCRITURA, PARTE II

Esta parte de la prueba tiene como objetivo valorar su habilidad de expresarse por escrito. Se le pide que escriba una composición para explicar algo, para presentar su opinión sobre algún tema o para describir una experiencia personal.

Sugerencia

Generalmente hay alguna persona que ha ejercido gran influencia y dejado una profunda impresión en algún momento de nuestra vida. Esta persona puede ser un familiar, un maestro, o un amigo muy especial que le ha ayudado durante tiempos difíciles. Gracias a la influencia de esa persona, usted puede sentir que su vida se ha enriquecido en lo que respecta a su felicidad o algún éxito que ha tenido.

Tema a tratar

Piense sobre alguna persona que ha influido y mejorado su vida. ¿Por qué ha tenido esa persona tal influencia?

INSTRUCCIONES

Escriba un ensayo de unas 250 palabras en la cual usted presenta sus razones y desarrolla así el tema. Provea detalles y ejemplos para respaldar cada una de esas razones. Dispone de 45 minutos para escribir sobre el tema.

Verifique

- Lea cuidadosamente la sugerencia, el tema a tratar y las instrucciones.
- Decida si el ensayo es expositivo, persuasivo o narrativo.
- Planee su composición antes de empezar a escribir.
- Use un papel en blanco como borrador y para preparar un esquema sencillo.
- Escriba su ensayo en las páginas con líneas de una hoja de respuestas separada.
- Lea cuidadosamente lo que ha escrito y haga las correcciones necesarias.
- Verifique el enfoque, la elaboración, organización, las reglas y la integración.

FIN DEL EXAMEN

PRUEBA 2: ESTUDIOS SOCIALES

INSTRUCCIONES

La prueba de Estudios Sociales consiste en preguntas de opción múltiple y la mayoría están relacionadas con selecciones cortas que a veces incluyen gráficos, tablas, fotografías y dibujos. Estudie la información que ofrece cada selección y conteste la(s) pregunta(s). Relea la información cuantas veces sea necesario para responder una pregunta.

Dispone de 70 minutos para contestar las preguntas. Trabaje con cuidado, pero no dedique demasiado tiempo a una sola pregunta. Asegúrese de contestar cada una de las preguntas. No se le penalizará por respuestas incorrectas.

Para registrar sus respuestas, llene uno de los círculos numerados en la hoja de respuestas que aparecen al lado del número correspondiente a la pregunta que está respondiendo.

POR EJEMPLO:

Los primeros colonizadores de Norteamérica buscaban lugares donde asentarse que tuvieran un suministro de agua adecuado y a donde se pudiera llegar en barco. Por eso, muchas de las primeras ciudades se crearon cerca de

(1) las montañas   ① ② ● ④ ⑤
(2) las praderas
(3) los ríos
(4) los glaciares
(5) las mesetas

La respuesta correcta es "los ríos"; por lo tanto, debe marcar el círculo número 3 en la hoja de respuestas.

CONTINÚE EN LA PÁGINA SIGUIENTE

PRUEBA 2: ESTUDIOS SOCIALES

<u>Las preguntas 1 a 3</u> se basan en el pasaje siguiente.

El término *genocidio* está compuesto de la palabra griega *genos*, que significa raza o tribu, y del sufijo *cida*, que quiere decir matar. Este término fue creado en 1946 por el profesor en derecho internacional Raphael Lemkin.

La muerte masiva de varios millones de judíos fue la más vívida, violenta y trágica expresión de genocidio. Pero en el siglo pasado también se han visto otros, incluyendo los genocidios de armenios, gitanos, chinos y africanos. Más de 20 millones de personas han muerto a causa de su raza, religión o descendencia étnica.

En el lenguaje de la Convención de las Naciones Unidas para la Prevención y Castigo de Crímenes de Genocidio, la palabra *genocidio* significa actos "cometidos con el intento de destruir, en su totalidad o en parte, a un grupo nacional, étnico, racial o religioso".

1. La palabra *genocidio* significa

   (1) muerte masiva
   (2) matar por racismo
   (3) matanza indiscriminada
   (4) convención
   (5) ratificación

2. Según el pasaje, genocidio es el intento de destruir todo lo siguiente, EXCEPTO

   (1) las naciones
   (2) las razas
   (3) los grupos étnicos
   (4) los grupos políticos
   (5) los grupos religiosos

3. Todos los grupos siguientes sufrieron genocidio, EXCEPTO los

   (1) judíos
   (2) nazis
   (3) africanos
   (4) gitanos
   (5) chinos

<u>Las preguntas 4 a 6</u> se basan en el pasaje siguiente.

Analicemos la cuestión presentada: Si hay segregación racial en las escuelas públicas, siendo iguales los edificios, instalaciones, servicio y otros factores tangibles, ¿se priva a los niños de grupos minoritarios de igual oportunidad educativa? Creemos que sí.

"La segregación entre niños blancos y negros en las escuelas públicas tiene un efecto perjudicial sobre los niños negros. Un sentido de inferioridad afecta la motivación del niño cuando aprende. La segregación aprobada por la ley tiende por lo tanto a [retardar] el desarrollo educativo y mental del niño negro y a privarlo de algunos de los beneficios que recibiría en un sistema escolar racialmente integrado".

Cualquiera que fuese el conocimiento sobre psicología infantil reinante en los años del juicio *Plessy contra Ferguson*, la resolución del tribunal de Kansas está ampliamente respaldada por las autoridades modernas. Cualquier lenguaje en *Plessy contra Ferguson* contrario a esta decisión es rechazado. Concluimos diciendo, que en el campo de la educación pública, la doctrina de "separación con igualdad" no tiene derecho a existir.

4. Cuando el primer párrafo dice "Analicemos…" se refiere

   (1) al demandante
   (2) al defensor
   (3) al congreso
   (4) a la corte suprema
   (5) a Plessy y Ferguson

5. La segregación de los niños en la escuela secundaria es rechazada por razones

   (1) históricas
   (2) políticas
   (3) físicas
   (4) psicológicas
   (5) económicas

CONTINÚE EN LA PÁGINA SIGUIENTE

PRUEBA 2: ESTUDIOS SOCIALES

6. El pasaje implica que el caso *Plessy contra Ferguson*

   (1) fue un llamamiento a la integración
   (2) declaró que la separación con distinta educación es una desigualdad
   (3) se basó en psicología pasada de moda
   (4) era constitucional
   (5) sólo era aplicable a las escuelas públicas

7. Esta fotografía

   (1) aumentó las protestas contra la participación de Estados Unidos en la guerra de Vietnam
   (2) mostró a soldados norteamericanos asesinando a civiles inocentes en Vietnam
   (3) mostró el tratamiento inhumano dado a los coreanos por los norteamericanos
   (4) mostró el comportamiento impulsivo de un soldado en la guerra
   (5) falsamente representó a los estadounidenses que odiaban la guerra de Vietnam

8. "Si no fuera por nuestros dos excelentes partidos políticos, cuyas acciones hacen caso omiso a intereses económicos y geográficos, la democracia que conocemos nunca hubiera podido funcionar". El autor de esta declaración probablemente quiso decir que

   (1) los partidos políticos de Estados Unidos tienden a representar intereses económicos y geográficos
   (2) cada partido político atrae a distintas clases sociales
   (3) no hay diferencia notoria entre el partido Demócrata y el Republicano
   (4) una característica importante del sistema político estadounidense es la atracción que sus dos partidos ejercen sobre un amplio segmento de la población
   (5) sólo un sistema bipartidista puede funcionar en una democracia

La pregunta 9 se basa en la caricatura siguiente.

9. ¿Cuál es la idea central de esta caricatura, publicada en 1994?

   (1) Los blancos de Sudáfrica ya no pueden votar en su propio país
   (2) Las elecciones libres son la clave de una verdadera democracia en Sudáfrica
   (3) La gente que no vota en las elecciones de Sudáfrica puede ser arrestada
   (4) Los negros pueden controlar las elecciones votando repetidas veces
   (5) La esclavitud ha sido abolida en Sudáfrica

CONTINÚE EN LA PÁGINA SIGUIENTE

PRUEBA 2: ESTUDIOS SOCIALES

Las preguntas 10 a 11 se basan en el gráfico siguiente.

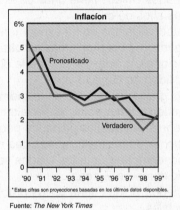

Fuente: *The New York Times*

Las preguntas 12 a 13 se basan en el gráfico siguiente.

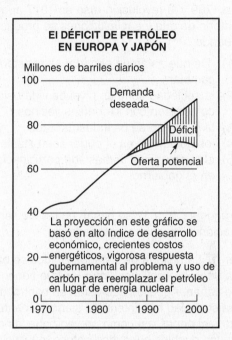

10. Las predicciones sobre el desarrollo económico han consistentemente

    (1) sobreestimado el desarrollo económico de 1990 a 1998
    (2) subestimado el desarrollo económico de 1990 a 1998
    (3) sobreestimado el desarrollo económico de 1996 a 1999
    (4) subestimado el desarrollo económico de 1996 a 1999
    (5) predicho en forma correcta el desarrollo económico de 1990 a 1999

11. Las predicciones de los economistas han

    (1) sobreestimado la inflación
    (2) subestimado la inflación
    (3) sido generalmente exactas respecto a la inflación
    (4) sido menos exactas que las predicciones sobre el desarrollo económico
    (5) sido igual de exactas que las predicciones sobre el desarrollo económico

12. Según la información en el gráfico, la demanda de petróleo en los países no comunistas superó la oferta en el año

    (1) 1980
    (2) 1985
    (3) 1990
    (4) 1995
    (5) 2000

13. Una conclusión válida que se desprende de la información del gráfico es que Europa y Japón

    (1) pueden tener graves problemas económicos si no desarrollan formas alternativas de energía
    (2) deben evitar cualquier déficit entre la oferta y la demanda de petróleo mediante el incremento de la producción de petróleo
    (3) no necesitaron realizar cambios en sus políticas energéticas hasta el año 2000
    (4) son incapaces de resolver sus problemas energéticos
    (5) deben usar menos petróleo debido a su elevado precio

CONTINÚE EN LA PÁGINA SIGUIENTE

PRUEBA 2: ESTUDIOS SOCIALES

14. Un estudio de las causas de la revolución estadounidense de 1776, la revolución francesa en 1789 y la revolución rusa en 1917 apoya el criterio de que las revoluciones se producen cuando

    (1) los que están en el poder se resisten a cambiar
    (2) la sociedad tiene un nivel de vida bajo comparado con los países vecinos
    (3) la sociedad se ha industrializado
    (4) los gobiernos en el poder son estables
    (5) el pueblo tiene demasiada participación en el gobierno

Las preguntas 15 a 17 se basan en las siguientes declaraciones de cuatro historiadores.

Orador A. La historia de Estados Unidos se basa en una serie de conflictos entre los que tienen y los que no tienen. Aquellos que están en control de nuestra sociedad han intentado siempre mantener la riqueza y el poder, así como prevenir que las clases bajas y los pueblos oprimidos obtengan justicia.

Orador B. La experiencia estadounidense es única en la historia de las naciones. Debido especialmente a la presencia de una gran frontera que no fue usada durante la mayor parte de nuestra historia, hemos podido escaparnos de muchos de los problemas y conflictos que han afectado al resto del mundo.

Orador C. La historia de Estados Unidos es una serie de compromisos entre los grupos que están en desacuerdo, pero nunca sobre temas básicos. Desde la redacción de nuestra constitución hasta la decisión de retirar las tropas de Vietnam, los extremistas sólo han representado un punto de vista minoritario, mientras que la mayoría del pueblo estadounidense ha favorecido normalmente el compromiso y la moderación en la resolución de los problemas.

Orador D. En cada crisis de la historia estadounidense, una gran persona, a menudo un presidente, se ha levantado por encima de los partidos políticos y los intereses personales para liderar la nación hacia la grandeza. Todo lo debemos nosotros a esos famosos estadounidenses que nos han gobernado en el pasado.

15. ¿Cuál de estos oradores posiblemente estaría de acuerdo en que la revolución estadounidense no se puede comparar con la revolución francesa, ya que la estadounidense no representó una lucha de clases?

    (1) A y D
    (2) B y C
    (3) B y D
    (4) C y D
    (5) A y C

16. ¿Con qué afirmación sobre Estados Unidos el orador B estaría probablemente de acuerdo?

    (1) Estados Unidos tiene unos de los índices más altos de crimen
    (2) Estados Unidos no ha experimentado algunos de los problemas de otras naciones, gracias en parte a la disponibilidad de espacio vital
    (3) Las grandes ciudades en Estados Unidos tienden a tener políticas sociales más progresivas que las ciudades pequeñas
    (4) Muchas de las instituciones que se encuentran en Estados Unidos se originaron en Europa
    (5) Estados Unidos tiene pocos problemas sociales

17. La deducción más válida que se puede obtener de las declaraciones de los cuatro oradores es que

    (1) se deben conocer todos los hechos antes de sacar conclusiones
    (2) los historiadores deben evitar prejuicios personales
    (3) un estudio de la historia permite a la gente predecir acontecimientos futuros
    (4) los historiadores no se ponen de acuerdo en la interpretación de los acontecimientos
    (5) sólo uno de los oradores tiene un punto de vista correcto

CONTINÚE EN LA PÁGINA SIGUIENTE

PRUEBA 2: ESTUDIOS SOCIALES

La pregunta 18 se basa en el cuadro siguiente.

18. ¿Qué conclusión se puede obtener de la información que ofrece este cuadro?

    (1) El objetivo principal del sistema era beneficiar a las colonias
    (2) El nacionalismo fue el factor que motivó la colonización inglesa
    (3) Las utilidades eran un motivo importante en la colonización
    (4) La oportunidad de ser terratenientes atrajo a muchos colonizadores
    (5) Se ofrecían incentivos a los posibles colonizadores

Las preguntas 19 a 20 se basan en el pasaje siguiente.

    La tarea de la política económica es crear un Estados Unidos próspero. La *tarea inacabada de los estadounidenses prósperos es la de construir una Gran Sociedad.*

    Nuestros logros han sido muchos, pero estas tareas continúan inacabadas:
—empleo para todos sin inflación;
—restaurar el equilibrio externo y defender el dólar;
—intensificar la eficacia y flexibilidad de las economías pública y privada;
—ampliar los beneficios de la prosperidad;
—mejorar la calidad de la vida en Estados Unidos…

                    —Lyndon B. Johnson

19. El ex-presidente Lyndon B. Johnson pensaba que el paso más importante en la lucha contra la pobreza es

    (1) empleo disponible para todos
    (2) un dólar firme
    (3) una economía privada y pública
    (4) nuestra defensa natural
    (5) eficiencia gubernamental

20. El discurso implica que la prosperidad en Estados Unidos

    (1) estaba amenazada
    (2) estaba en su punto más alto
    (3) debería mantenerse
    (4) debería expandirse
    (5) amenazaba la lucha de Johnson contra la pobreza

Las preguntas 21 a 22 se basan en la caricatura siguiente.

21. ¿Qué aspecto del gobierno de Estados Unidos está ilustrado en la caricatura?

    (1) el sistema de frenos y equilibrios
    (2) el poder de veto del presidente
    (3) el sistema de comités del congreso
    (4) el control civil de las fuerzas armadas
    (5) el poder de veto del senado

22. Los actos del senado son autorizados por

    (1) el presidente
    (2) el voto popular
    (3) la Constitución
    (4) la Declaración de derechos
    (5) la Cámara de Representantes

CONTINÚE EN LA PÁGINA SIGUIENTE

PRUEBA 2: ESTUDIOS SOCIALES

Las preguntas 23 a 25 se basan en la tabla siguiente.

Naciones	Índice de natalidad (por 1000 mujeres)	Índice de mortalidad infantil (por 1000 nacimientos)
Uganda	47.35	67.83
Somalia	45.13	116.70
Angola	45.11	187.49
Cambodia	26.90	70.89
Etiopía	37.98	95.32
Pakistán	29.74	72.44
Canadá	10.78	4.75
Francia	12	4.26
Dinamarca	11.13	4.56
Italia	8.7	5.94
Alemania	8.2	4.16
Japón	9.4	3.26

Fuente: *Information Please Almanac, 2006*

23. Sobre la base de la tabla de arriba, ¿cuál de las generalizaciones siguientes es válida?

    (1) Entre los países en desarrollo, el índice de mortalidad infantil disminuye a medida que aumenta el índice de natalidad
    (2) Los países industrializados tienen índices de natalidad y mortalidad infantil inferiores a los de países en desarrollo
    (3) La disminución del índice de mortalidad infantil limitará el crecimiento de la población entre los países en desarrollo
    (4) Las naciones industrializadas tienen densidades de población mayores a los de países en desarrollo
    (5) Los índices de mortalidad infantil en los países en desarrollo son diez veces mayores a los de países industrializados

24. Según la tabla, los menores índices de natalidad se encuentran principalmente en

    (1) Europa Occidental
    (2) Sudeste Asiático
    (3) Norteamérica
    (4) África
    (5) Latinoamérica

25. Según la tabla, los índices de mortalidad infantil más elevados se encuentran en

    (1) Europa Occidental
    (2) Sudeste Asiático
    (3) Norteamérica
    (4) África
    (5) Latinoamérica

CONTINÚE EN LA PÁGINA SIGUIENTE

PRUEBA 2: ESTUDIOS SOCIALES

26. Desde el punto de vista de un ecologista, ¿cuál sería el argumento más importante contra la perforación de petróleo mar adentro?

    (1) Hay muy poca necesidad de sacar estos recursos naturales de las aguas oceánicas
    (2) Las corporaciones petroleras han pregonado falsamente sobre el déficit de petróleo para expandir sus operaciones de perforación
    (3) El petróleo que podría encontrarse no merece el capital que se necesita para extraerlo
    (4) El posible perjuicio al equilibrio natural es más importante que la obtención de energía
    (5) El carbón es una fuente de energía preferible al petróleo

27. La topografía está relacionada con las características de la superficie de una región, como son los accidentes geográficos naturales, incluyendo ríos y lagos, así como las obras que ha realizado el hombre, es decir, canales, puentes y carreteras. Según esto, la topografía de una región incluiría

    (1) el clima
    (2) las plantas
    (3) los animales
    (4) las montañas
    (5) los habitantes

Las preguntas 28 a 30 se basan en el pasaje siguiente.

Una armada continental y un congreso compuesto por hombres de todos los estados se unieron voluntariamente y fueron asimilados en una sola masa. Los individuos de ambas instituciones se mezclaron con los ciudadanos y diseminaron sus principios unitarios entre ellos. Los prejuicios locales disminuyeron. A través del frecuente contacto, se establecieron los fundamentos para crear una nación compuesta de gente muy diversa. Los matrimonios entre mujeres y hombres de diferentes estados fueron mucho más comunes que antes de la guerra, proporcionando un cemento adicional a la Unión. Envidias poco razonables habían existido entre los habitantes de los estados orientales y sureños, pero al familiarizarse unos con

otros se subsanaron en gran medida las diferencias. Prevaleció una política más sensata. La gente con actitud más liberal ayudó a reducir diferencias de opinión y la gran mayoría de la población, tan pronto la razón se impuso a los prejuicios, encontró que la unión era un factor importante en el progreso de sus aspiraciones.

28. Este pasaje habla principalmente de

    (1) los prejuicios en Estados Unidos durante la revolución
    (2) los roces entre distintos grupos durante la revolución
    (3) los resultados positivos, tanto sociales como políticos, de la revolución
    (4) el triunfo de la unión pese a diferencias locales
    (5) el temor a la iglesia anglicana

29. Antes de la revolución

    (1) existía un espíritu de cooperación en las colonias
    (2) la razón prevaleció sobre los prejuicios
    (3) la rivalidad regional estaba presente
    (4) las mayoría de los norteamericanos se conocían unos a otros
    (5) la regla general era la libertad religiosa

30. El pasaje implica que

    (1) los intereses personales tenían poco que ver con los prejuicios
    (2) el contacto social ayudó a eliminar los prejuicios
    (3) los estadounidenses se parecían mucho entre ellos
    (4) el comercio desalentó el contacto social
    (5) el congreso era un instrumento de división

Las preguntas 31 a 33 se basan en el pasaje siguiente.

Desde que la flota de Colón llegó a los mares del Nuevo Mundo, América ha sido sinónimo de oportunidad y la gente de Estados Unidos desarrolló su vida en torno a esa palabra y se expandió. Pero el preciado regalo de nuevas tierras no volverá a ofrecerse. Cada frontera ha creado un nuevo campo de oportunidades, una puerta para huir del estancamiento. Así fue el mar Mediterráneo para los grie-

CONTINÚE EN LA PÁGINA SIGUIENTE

PRUEBA 2: ESTUDIOS SOCIALES

gos, un lugar que les permitió romper antiguas creencias, ir en pos de nuevas experiencias y crear nuevas instituciones y actividades. Y así fue con la frontera, empujada continuamente, de Estados Unidos. Ahora, cuatro siglos después del descubrimiento de América, al cabo de cien años de vida bajo nuestra Constitución, la frontera ha dejado de existir y con eso se ha cerrado el primer período de la historia de Estados Unidos.

31. El término *frontera*, tal como se usa en el pasaje, significa

   (1) el Nuevo Mundo
   (2) la energía estadounidense
   (3) el movimiento
   (4) la naturaleza expansiva de la vida estadounidense
   (5) la disponibilidad de nuevas tierras

32. La actitud del autor hacia la frontera es de

   (1) admiración
   (2) pena
   (3) indiferencia
   (4) moderación
   (5) desconfianza

33. Las referencias en el pasaje nos llevan a la conclusión de que éste fue escrito aproximadamente en el año

   (1) 1865
   (2) 1875
   (3) 1890
   (4) 1900
   (5) 1920

Las preguntas 34 y 35 se basan en la caricatura siguiente.

34. ¿A qué sistema político se refiere la caricatura?

   (1) feudalismo
   (2) monarquía
   (3) democracia
   (4) comunismo
   (5) fascismo

35. El "gigante torpe" simbolizado por la hoz y el martillo es

   (1) la OTAN
   (2) la OPEP
   (3) la URSS
   (4) la OEA
   (5) la ONU

CONTINÚE EN LA PÁGINA SIGUIENTE

PRUEBA 2: ESTUDIOS SOCIALES

36. ¿Qué afirmación ilustra mejor el principio de múltiple causalidad del comportamiento humano?

    (1) A cada uno de acuerdo con sus necesidades
    (2) El entorno y la herencia están interactuando constantemente
    (3) Las diferencias geográficas son responsables de las variaciones observadas en las civilizaciones
    (4) La riqueza y el poder van juntos
    (5) El hábito es resultado de actos repetitivos

Las preguntas 37 a 38 se basan en el pasaje siguiente.

Desde 1750, al principio de la era del vapor, la población de la tierra se ha triplicado. Este incremento no fue un fenómeno evolutivo con causas biológicas. No obstante, hubo una evolución que tuvo lugar en la organización de la economía mundial. De este modo, 1,500,000,000 seres humanos más pueden ahora vivir en la superficie de la tierra, trabajando para los demás y éstos a la vez trabajando para ellos. Esta extraordinaria triplicación de la población humana en seis cortas generaciones se explica por la acelerada unificación económica que tuvo lugar en este mismo período. Así pues, la mayoría de nosotros podemos mantenernos vivos gracias a esta vasta y unificada sociedad cooperativa mundial.

37. El autor considera necesario el comercio para

    (1) viajar
    (2) la democracia
    (3) la unidad política
    (4) la autoconservación
    (5) la teoría de la evolución

38. El cambio básico que llevó al incremento de la población está relacionado con

    (1) nuevas exploraciones
    (2) factores económicos
    (3) factores biológicos
    (4) un incremento de los viajes
    (5) el crecimiento del gobierno mundial

39. El número de profesionales entre los indios norteamericanos se ha multiplicado considerablemente en la generación pasada. El movimiento repetido entre la reservación y el mundo blanco se ha vuelto más libre. Al mismo tiempo, la convicción generalizada de que tarde o temprano todos los indios serán asimilados por el estilo de vida de la sociedad blanca ha perdido terreno. La mayoría de los expertos hoy creen que las tribus y comunidades indias mantendrán identidades separadas durante mucho tiempo y la mayoría de los expertos creen que esto no es algo negativo sino positivo.

    Hay una diferencia de opinión respecto a

    (1) la condición de pupilaje de los indios ante el gobierno estadounidense
    (2) la condición de los indios como ciudadanos
    (3) la asimilación en la vida estadounidense de los indios
    (4) las propiedades de los indios
    (5) las tribus y las comunidades indias

40. "Los firmantes están de acuerdo que un ataque armado contra uno o varios de ellos en Europa o Norteamérica será considerado un ataque contra todos..."

    Esta cita está asociada al concepto de

    (1) seguridad colectiva
    (2) intervencionismo
    (3) ultimátum
    (4) pacificación
    (5) agresión

CONTINÚE EN LA PÁGINA SIGUIENTE

PRUEBA 2: ESTUDIOS SOCIALES

41. La movilidad social se refiere a la sociedad en la cual un individuo puede cambiar su nivel social y a menudo lo hace. ¿Cuál de estas afirmaciones ilustra mejor la movilidad social en Estados Unidos?

    (1) Una familia de granjeros del oeste compra una granja en California
    (2) El hijo del presidente de una gran fábrica se convierte en ejecutivo de la compañía
    (3) La hija de un inmigrante semianalfabeto se convierte en profesora
    (4) Una mujer cuyos padres son profesores universitarios se gradúa de una universidad
    (5) Un neoyorquino se muda a Boston

42. La diversidad cultural, es decir, una variedad de modelos culturales, es generalmente el resultado de

    (1) acciones por parte del gobierno en esa área
    (2) el deseo de los habitantes de desarrollar ideas y estilos originales
    (3) la competencia de la gente por el control de las fuentes de alimentos
    (4) las migraciones de varios grupos a una región
    (5) acuerdos regionales recíprocos

43. El choque cultural es la confusión que experimenta alguien cuando se encuentra con un ambiente desconocido, una comunidad extraña o una cultura diferente. ¿Cuál de las opciones siguientes es el mejor ejemplo de choque cultural?

    (1) El rechazo de los amish de conducir un vehículo con motor
    (2) Los hippies que rechazaron el "Establecimiento" en los años 60
    (3) Las diferencias en los estilos de vida entre los indios sudamericanos y norteamericanos
    (4) La reacción inicial de los Cuerpos de Paz cuando llegan a una nación en desarrollo
    (5) La brecha generacional

44. La familia extensa es un grupo de personas con parentesco de consanguinidad, matrimonio o adopción que viven próximas o juntas, especialmente si tres generaciones están involucradas.

    ¿Qué características tienen las sociedades que tienen a la familia extensa como unidad básica?

    (1) La sociedad tiende a ser altamente industrializada
    (2) Hay dependencia social y económica mutua entre los miembros de la familia
    (3) El gobierno generalmente provee incentivos para incrementar el tamaño de la familia
    (4) Las funciones de la unidad familiar son definidas principalmente por el gobierno
    (5) La familia se dispersa mucho geográficamente

45. El pluralismo es la existencia dentro de una sociedad de grupos que se distinguen por su origen étnico, modelos culturales o religión. Mantener la estabilidad en una sociedad pluralista es difícil debido a que

    (1) los individuos se ven a menudo forzados a tomar en cuenta los puntos de vista de los demás aunque vayan en contra de sus propias ideas
    (2) no está bien definido el orden de la autoridad gubernamental
    (3) los nuevos miembros de la sociedad a menudo no desean obedecer las leyes establecidas
    (4) la amplia variedad de capacidades que tienen los ciudadanos obstaculiza la administración de las fuentes de trabajo
    (5) hay diferentes grados de respeto hacia la autoridad

CONTINÚE EN LA PÁGINA SIGUIENTE

PRUEBA 2: ESTUDIOS SOCIALES

Las preguntas 46 y 47 se basan en el pasaje siguiente.

Los adultos que se complacen en pensar que la juventud estadounidense es un grupo de indolentes que fuman sin cesar y están atados al televisor se sorprenderán de un nuevo e importante estudio cuyos hallazgos afirman que los adolescentes de Estados Unidos fuman y miran televisión menos que los jóvenes de muchos otros países industrializados. El estudio, realizado por la Organización Mundial de la Salud, descubrió que los quinceañeros estadounidenses se ejercitan menos que los jóvenes de otros países y comen más comida chatarra. Sin embargo, los resultados obtenidos en otros tipos de actividad revelaron resultados comparativos muy positivos, especialmente si se considera la mala imagen que la juventud tiene en muchos medios informativos del país.

Los estadounidenses obtuvieron calificaciones buenas o al menos medianas en por lo menos dos aspectos del estudio: una cantidad parecida de niños de 11 años probaron su primer cigarrillo tanto en Estados Unidos como en otros países, pero los norteamericanos de 15 años fumaron menos, quedando en el 24º lugar de un total de 28 en la encuesta de consumo de cigarrillos diarios. Los fumadores más grandes fueron jóvenes de Austria y Francia. Los jóvenes de Estados Unidos también miraron menos televisión que la mayoría de los demás: los de 15 años de edad quedaron en el 20º lugar y los de 11 años en el 6º.

46. Según el estudio, los quinceañeros estadounidenses son mejores que los de otros países en cuanto

  (1) a sus hábitos alimenticios
  (2) a la cantidad de ejercicio que realizan
  (3) al hábito de fumar
  (4) a su imagen en medios informativos
  (5) a su adicción a las drogas

47. Los jóvenes de 15 años tuvieron mejores resultados que los de 11 años cuando se midió

  (1) la cantidad de ejercicio
  (2) el rechazo de comida chatarra
  (3) el rechazo de cigarrillos
  (4) la adicción a la televisión
  (5) el rechazo de cigarrillos y la televisión

48. Las montañas y costas han servido para restringir los asentamientos; los ríos y las llanuras los han estimulado. Cada uno de estos accidentes naturales ha dejado su marca en la sociedad que ha vivido en ellos y ha influido fuertemente en sus modos de vida, sus costumbres, su moral y su temperamento.

El pasaje implica que

  (1) las montañas y las costas son enemigas del hombre
  (2) las montañas y los ríos ejercen idéntica influencia sobre la sociedad
  (3) las montañas y las llanuras tienen el mismo efecto en los asentamientos
  (4) los accidentes naturales son resultado de la sociedad que los rodea
  (5) los accidentes geográficos influyen sobre el tipo de sociedad que se crea

CONTINÚE EN LA PÁGINA SIGUIENTE

PRUEBA 2: ESTUDIOS SOCIALES

<u>Las preguntas 49 y 50</u> se basan en las tablas siguientes.

TABLA A

Pregunta: "He aquí dos sugerencias que la gente ha hecho para mejorar la estabilidad y el orden en este país. ¿Estaría usted en contra o a favor de cada una?"

Respuestas	Porcentaje de público		
	A Favor	En Contra	Indecisos
Debería aprobarse una ley que permita a la policía allanar una casa sin permiso en una emergencia, como al estar buscando drogas.	32	65	3
El gobierno debería tener autoridad para interceptar las líneas telefónicas y usar otros medios de observación electrónica para conseguir evidencia contra ciudadanos sospechosos de actividad criminal, incluso si el tribunal no autoriza esta actividad.	27	68	5

TABLA B

Pregunta: "¿Cree que debiera permitirse al gobierno federal el uso de interceptores de líneas telefónicas y otros medios de observación electrónica, si el caso ha sido presentado en los tribunales previamente para obtener el permiso o cree que el gobierno federal nunca debiera poder usar interceptores de teléfonos y otros métodos de observación electrónica?"

Respuestas	Porcentaje de público
Debería permitirse	63
No debería permitirse	28
Indecisos	9

---

49. La información en la Tabla A indica que la mayoría de la gente encuestada

    (1) estaba indecisa sobre el tema
    (2) apoyó la idea de allanar sólo en caso de emergencia
    (3) estaba a favor de proteger la privacidad
    (4) estaba a favor de permitir que el gobierno investigue sus vidas
    (5) prefirió el espionaje electrónico al allanamiento

50. Una conclusión válida basada en las dos tablas es que los resultados de las opiniones de las encuestas públicas

    (1) tienden a confundir el debate
    (2) están deliberadamente influidos por los encuestadores
    (3) pueden variar según la manera en que se presenta el tema
    (4) muestran que las actitudes del público son generalmente consistentes
    (5) tienden a ser inconclusos

FIN DEL EXAMEN

PRUEBA 3: CIENCIAS

INSTRUCCIONES

La Prueba de Ciencias consiste en preguntas de opción múltiple que evalúan sus conocimientos generales de las ciencias. Las preguntas están basadas en lecturas cortas que frecuentemente incluyen un gráfico, un diagrama o un dibujo. Estudie la información que le ofrecemos y luego responda las preguntas que vienen a continuación. Refiérase a la información cada vez que le sea necesaria para contestar las preguntas.

Dispone de 80 minutos para contestar las preguntas. Trabaje con cuidado, pero no pase demasiado tiempo en una sola pregunta. No se le penalizará por respuestas incorrectas.

Para indicar sus respuestas, llene en la hoja de respuestas uno de los círculos numerados que aparecen al lado del número de la pregunta que está contestando.

POR EJEMPLO:

¿Cuál de las opciones siguientes es la unidad más pequeña?

(1) una solución   ① ② ● ④ ⑤
(2) una molécula
(3) un átomo
(4) un compuesto
(5) una mezcla

La respuesta correcta es "un átomo"; por lo tanto, debe marcar el círculo número 3 en la hoja de respuestas.

CONTINÚE EN LA PÁGINA SIGUIENTE

PRUEBA 3: CIENCIAS

Las preguntas 1 a 6 se basan en el artículo siguiente.

El estudio de la ecología, una rama de la biología que trata de las interrelaciones entre los seres vivientes y su entorno, es más importante hoy que antes. El ambiente de los seres vivientes se debe considerar desde el punto de vista de los factores físicos como la temperatura, el suelo, el agua y otros factores bióticos, que son los efectos de otros seres vivientes.

Los ecologistas organizan los grupos de seres vivientes en poblaciones, comunidades, sistemas ecológicos y biósfera. Una *población* está compuesta por los organismos de una misma especie que viven juntos en un lugar determinado, como por ejemplo los robles en un bosque o las ranas de una misma especie en un estanque. La *comunidad* está formada por poblaciones de diferentes especies que viven juntas e interactúan entre ellas.

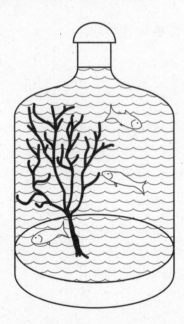

El diagrama acompañante ilustra una comunidad simple. Se muestra allí una gran botella con una capa de barro en el fondo. La botella está llena con agua de estanque, algunos peces y plantas, y está herméticamente cerrada. Los miembros de esta comunidad se desarrollarán mientras el equilibrio se mantenga.

1. ¿Cuál de los siguientes consiste en una sola especie?

   (1) biósfera
   (2) comunidad
   (3) ecosistema
   (4) biomedio
   (5) población

2. El hecho de que seres vivientes puedan sobrevivir en una botella cerrada herméticamente muestra que

   (1) nuestro medio ambiente necesita la presencia de plantas
   (2) se necesitan factores físicos en una comunidad
   (3) debe haber equilibrio dentro de una población
   (4) se necesitan factores bióticos en una comunidad
   (5) hay interrelación entre los seres vivientes y el medio ambiente

3. Cuando se introducen especies de plantas y animales en un nuevo hábitat, a menudo se convierten allí en pestes aunque no hubiesen sido pestes en su propio hábitat. La razón más probable de ello es que en el nuevo hábitat

   (1) tienen menos enemigos naturales o competencia
   (2) tienen un índice de mutación mucho menor
   (3) desarrollan mejor resistencia al nuevo clima
   (4) aprenden a usar alimentos diferentes
   (5) hay más cazadores

4. Si cada día se pesara esta botella hermética y su contenido por varios días, se observaría que el peso

   (1) aumenta gradualmente
   (2) permanece igual
   (3) disminuye gradualmente
   (4) disminuye los primeros días y luego aumenta
   (5) aumenta los primeros días y luego disminuye

CONTINÚE EN LA PÁGINA SIGUIENTE

PRUEBA 3: CIENCIAS

5. Todos éstos son factores bióticos que afectan el equilibrio en el recipiento hermético, EXCEPTO

   (1) la concentración de minerales en solución
   (2) el número de peces en el agua
   (3) los tipos de protozoos en el agua
   (4) los tipos de plantas en la botella
   (5) la presencia de crustáceos en el barro

6. Cuando hay muchas especies distintas de organismos interactuando en un ambiente determinado, se trata de una

   (1) población
   (2) biósfera
   (3) comunidad
   (4) biomedio
   (5) especie

Las preguntas 7 a 10 se refieren al gráfico siguiente.

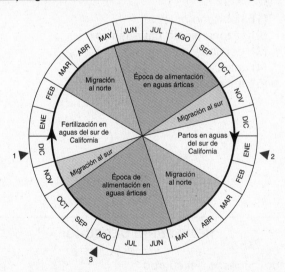

El gráfico de arriba muestra el ciclo de reproducción bienal (cada dos años) de la ballena gris. La primera flecha indica el período de fertilización más intenso de las ballenas. La segunda flecha muestra el período de partos más frecuentes y la tercera flecha revela la época en que las crías dejan de beber leche materna.

7. ¿Cuántos meses de cada año se alimentan en aguas del ártico las ballenas?

   (1) 1 mes
   (2) 2 meses
   (3) 3 meses
   (4) 5 meses
   (5) 8 meses

8. ¿A qué edad emigran al sur por primera vez las crías?

   (1) 2 meses
   (2) 4 meses
   (3) 6 meses
   (4) 10 meses
   (5) 12 meses

9. ¿Cuántos meses después de la concepción nacen las crías?

   (1) 1 mes
   (2) 5 meses
   (3) 7 meses
   (4) 13 meses
   (5) 16 meses

10. En su primer año de vida, ¿cuántos meses pasará la cría en el mar al sur de California?

    (1) 1 mes
    (2) 2 meses
    (3) 5 meses
    (4) 8 meses
    (5) 9 meses

CONTINÚE EN LA PÁGINA SIGUIENTE

PRUEBA 3: CIENCIAS

Las preguntas 11 a 15 se refieren al artículo siguiente.

El cerebro humano es un órgano verdaderamente increíble que nos permite procesar señales provenientes del medio ambiente a través de los oídos, la nariz, las papilas gustativas, los ojos y la piel, y a controlar nuestras respuestas a ellas. El cerebro está en control en todo momento, realizando acciones sobre las cuales ni siquiera reflexionamos, como son los reflejos, o bien procesando los pensamientos más complejos que necesitamos para crear música o resolver ecuaciones difíciles. Todo esto lo logra un órgano que pesa 3 libras y que está hecho de 10 mil millones de células especializadas llamadas neuronas. Las neuronas emplean una combinación de señales eléctricas y químicas para procesar información y obtener respuestas.

De hecho, el cerebro está compuesto de dos lados, o hemisferios, el derecho y el izquierdo. A primera vista, los dos lados parecen ser idénticos, pero cada uno posee áreas para funciones especializadas. El hemisferio izquierdo del cerebro controla el lado derecho del cuerpo, mientras que el hemisferio derecho se encarga del lado izquierdo. Además, cada hemisferio controla funciones específicas, las cuales se resumen en la tabla de abajo. Los dos hemisferios pueden "comunicarse" entre sí mediante el cuerpo calloso, un haz de fibras nerviosas que conecta ambos lados. Esto permite el paso de información de un lado del cerebro al otro.

11. Si una persona experimenta una lesión en el lado derecho del cerebro, ¿qué capacidad seguramente quedará reducida?

(1) poner en orden una serie de dibujos
(2) resolver ecuaciones de álgebra
(3) estar consciente del transcurso del tiempo
(4) usar el brazo y la pierna derechos
(5) tener buena habilidad musical

12. Las células que forman parte del cerebro se llaman

(1) neuronas
(2) hemisferios
(3) ganglios
(4) cuerpos callosos
(5) procesadores

13. ¿Cuál de las funciones siguientes es controlada por el lado izquierdo del cerebro?

(1) habilidad musical
(2) razonamiento matemático
(3) pensamiento holístico
(4) intuición
(5) imaginación

HEMISFERIO IZQUIERDO	HEMISFERIO DERECHO
Lado derecho del cuerpo	Lado izquierdo del cuerpo
Lenguaje hablado	Pensamiento y síntesis imaginativos
Lenguaje escrito	Conciencia y conocimiento
Habilidades numéricas y manuales	Habilidades musicales y artísticas
Razonamiento científico y lógico	Pensamiento y análisis tridimensionales
Pensamiento lineal—ordenamiento y organización	Pensamiento holístico
Lógica	Intuición
Sentido del tiempo	Comunicación no verbal

CONTINÚE EN LA PÁGINA SIGUIENTE

PRUEBA 3: CIENCIAS

14. Una persona que experimenta un derrame cerebral que daña parte de su hemisferio izquierdo puede ser capaz de recuperar parte de su función. ¿Qué estructura del cerebro estaría probablemente a cargo de transmitir información desde al hemisferio ileso hacia el lesionado?

    (1) las neuronas
    (2) el cuerpo calloso
    (3) las células del tejido
    (4) las fibras nerviosas
    (5) la región de Broca

15. ¿Qué señal o señales está(n) relacionada(s) con la transmisión de señales nerviosas?

    I. señales químicas
    II. señales eléctricas
    III. señales hemisféricas

    (1) sólo I
    (2) sólo II
    (3) sólo III
    (4) I y II solamente
    (5) II y III solamente

16. Los científicos admiten que aún les queda mucho que aprender del cerebro humano. Lo que sí saben es que el sistema nervioso está compuesto de neuronas que acarrean señales por todo el cuerpo. La conexión entre una neurona y otra se llama sinapsis. Una parte larga y delgada de la neurona, llamada axón, es la que lleva la señal. A diferencia de un circuito eléctrico, el cual envía señales por sus cables mediante el movimiento de electrones, el circuito biológico del sistema nervioso despacha información mediante iones de potasio y sodio llamados neurotransmisores.

    En el circuito biológico del sistema nervioso, una señal pasa de

    (1) transmisor a neurona a sinapsis
    (2) neurona a axón a sinapsis
    (3) axón a través de la sinapsis a axón
    (4) neurona a neurona a través del axón
    (5) axón a sinapsis mediante la neurona

Las preguntas 17 y 18 se refieren al gráfico siguiente.

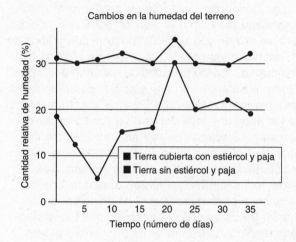

Cambios en la humedad del terreno

El gráfico de arriba muestra el contenido relativo de humedad de tierra cubierta con estiércol y paja y de tierra no cubierta con estiércol y paja.

17. ¿Qué afirmación resume mejor los efectos del estiércol y paja sobre la tierra?

    (1) El estiércol con paja reduce el contenido de humedad y aumenta la variación en el contenido de humedad
    (2) El estiércol con paja reduce el contenido de humedad y reduce la variación en el contenido de humedad
    (3) El estiércol con paja aumenta el contenido de humedad y aumenta la variación en el contenido de humedad
    (4) El estiércol con paja aumenta el contenido de humedad y reduce la variación en el contenido de humedad
    (5) El estiércol con paja no ejerce efecto alguno sobre el contenido de humedad, pero reduce la variación en el contenido de humedad

18. ¿Entre qué días fue más probable que haya llovido más?

    (1) 0 y 5
    (2) 5 y 10
    (3) 10 y 15
    (4) 15 y 20
    (5) 20 y 25

CONTINÚE EN LA PÁGINA SIGUIENTE

PRUEBA 3: CIENCIAS

Las preguntas 19 a 22 se refieren a la información siguiente.

Los científicos realizaron un experimento para determinar si existe una relación entre la capacidad de aprendizaje y la comida. Tomaron dos grupos de 20 ratones cada uno, todos de pura e idéntica cepa. Los ratones fueron privados de alimento por 3 días y luego se sometieron a una sesión de aprendizaje para recorrer un laberinto. Durante el entrenamiento se les daba una leve descarga eléctrica cada vez que se equivocaban en su ruta. Inmediatamente después de cada sesión de aprendizaje, un grupo recibía alimento y el otro no. Una semana más tarde, todos los ratones fueron puestos a prueba para ver si podían recorrer el laberinto correctamente. Se comprobó que el grupo que fue alimentado retuvo la habilidad de reconocer el sendero correcto, pero no así el grupo privado de alimento.

19. La razón probable de que los científicos usaron ratones de pura cepa fue para que

    (1) los ratones fuesen del mismo tamaño
    (2) los ratones fuesen del mismo color
    (3) el experimento pudiese repetirse usando los mismos ratones
    (4) las diferencias genéticas no afectaran los resultados del experimento
    (5) el experimento no costara demasiado

20. Un hallazgo es un resultado probado que fue obtenido como parte de un experimento. ¿Cuál de las opciones siguientes podría considerarse un hallazgo válido?

    (1) Los ratones recuerdan mejor si se les alimenta inmediatamente después de cada sesión de aprendizaje
    (2) Los ratones recuerdan mejor si se les alimenta y luego se les da tiempo para pensar sobre el entrenamiento
    (3) Los experimentos con ratones no tienen nada que ver con procesos de aprendizaje humanos
    (4) Los ratones usados en experimentos deben ser de cepa pura e idéntica
    (5) Los ratones no necesitan ser alimentados para aprender

21. El uso de una descarga eléctrica en el proceso de enseñanza es

    (1) necesario para mantener alertas a los ratones
    (2) cruel y no debiera permitirse
    (3) una manera de mostrar a los ratones que se han equivocado de sendero en el laberinto
    (4) concebido para obtener una respuesta predeterminada
    (5) parte de la variable

22. Se observó que los ratones podían aprender a encontrar el sendero correcto con mayor rapidez si el laberinto estaba bien iluminado. Esta información

    (1) no es relevante a este experimento
    (2) es vital para este experimento
    (3) una suposición hecha por alguien que observó el experimento
    (4) un resultado del experimento
    (5) un hallazgo importante

Las preguntas 23 a 25 se refieren al pasaje siguiente.

A medida que los científicos planean experimentos cada vez más prolongados en el espacio, el tema de la supervivencia a largo plazo en el espacio se convierte en un tema importante. Cuando los viajes al espacio duraban sólo unos pocos días, era comparativamente fácil proveer todos los requisitos necesarios para el bienestar de la tripulación. Ahora, sin embargo, debemos desarrollar dispositivos que permitan por largo tiempo mantener una presión de aire adecuada, proporcionar aire limpio para la cabina, protección contra radiación de rayos gama y X emitidos por las estrellas y nuestro propio sol, enfrentar los problemas que causa la ausencia de peso, proporcionar alimento y eliminar productos de desecho.

La presión del aire puede mantenerse mediante una serie de esclusas de aire que conecten la cabina de la tripulación con el exterior. Un sistema parecido se emplea en los submarinos para mantener el aire adentro y el agua afuera.

CONTINÚE EN LA PÁGINA SIGUIENTE

PRUEBA 3: CIENCIAS

Como los seres humanos pueden vivir sólamente unos pocos minutos sin oxígeno, el problema de la producción de aire limpio es de gran importancia. Una solución ha sido el uso de plantas, las cuales absorben el anhídrido carbónico exhalado por la tripulación y producen oxígeno como un residuo de la fotosíntesis. Si se pudiera tener gran cantidad de plantas en la nave, también sería posible que éstas sirvieran de alimentación. Otra opción es el uso de sistemas químicos de generación de oxígeno, pero el problema aquí es que después de excelentes resultados a corto plazo, dichos sistemas requieren reabastecerse de materia prima.

Pocas veces pensamos en protegernos contra la radiación solar. Nuestra capa de ozono nos da excelente protección contra la radiación ultravioleta emitida por el sol y también contra otros tipos de radiación. Hasta la fecha, no sabemos si podremos proteger a los astronautas contra las elevadas dosis de radiación que recibirán en viajes largos por el espacio.

Se sabe que la ausencia de peso causa pérdida de calcio en los huesos, haciéndolos poco resistentes y quebradizos, y también atrofia muscular. Además se ha comprobado debilidad en los vasos sanguíneos. Una posible solución para todo esto es el desarrollo de gravedad artificial.

Por último, debemos proveer agua y alimento. No sólo una persona usa cerca de 1 kilogramo (2.2 libras) de oxígeno al día, sino además necesita cerca de .5 kilogramo de alimento y 2 kilogramos de agua. Es posible transportar oxígeno comprimido, agua y alimento para viajes cortos, pero cualquier idea de establecer colonias espaciales y subsistir en ellas por largo tiempo requerirá la capacidad de generar agua, oxígeno y alimento en el espacio. Transportar todo esto desde la tierra sería imposible. El reciclaje se convertiría en una prioridad.

23. ¿La pérdida de qué función por 5 minutos ocasionaría gravísimas consecuencias en la nave espacial?

    (1) pérdida de producción de agua
    (2) pérdida de alimento
    (3) pérdida de oxígeno
    (4) pérdida de gravedad artificial
    (5) pérdida de protección contra radiación gama

24. En una estación espacial se necesita mantener vivos a 10 tripulantes por 3 semanas. ¿Cuánto oxígeno se necesita?

    (1) 10 kilogramos
    (2) 21 kilogramos
    (3) 30 kilogramos
    (4) 210 kilogramos
    (5) 442 kilogramos

25. ¿Cuál de las preocupaciones siguientes para un astronauta no sería preocupación alguna para un habitante de la tierra?

    (1) pérdida de alimento
    (2) eliminación de productos de desecho
    (3) ausencia de gravedad
    (4) calidad del aire
    (5) exposición a radiación ultravioleta

Las preguntas 26 a 31 se refieren al pasaje siguiente.

La lluvia ácida, conocida también como precipitación ácida, es un problema ambiental de creciente gravedad causado por el hombre. El origen de la lluvia ácida son óxidos de azufre y nitrógeno que se disuelven en el agua, reduciendo su pH a tales extremos que se ocasionan graves daños a criaturas vivas y al entorno inerte en general. A menudo la fuente de la lluvia ácida son las fábricas y los vehículos. Los gases producidos por la combustión reaccionan con el vapor de agua presente en el aire y producen ácidos como el sulfúrico, sulfuroso y nitroso. La mayor probabilidad de causar lluvia ácida se presenta al quemarse carbón, productos del petróleo y gas natural. Además de causas humanas en la generación de lluvia ácida, las erupciones volcánicas y cierto tipo de descomposición bacteriana también producen estos óxidos ácidos que contribuyen a reducir el pH del agua.

Los científicos emplean la escala pH para medir la acidez de un objeto. Esta escala oscila entre 0 y 14, considerándose el pH de 7 como neutro. Un pH menor de 7 es ácido y mayor de 7 es básico o alcalino. La lluvia normal tiene un pH de aproximadamente 5.6, es decir, no es neutra porque en condiciones normales disuelve pequeñas cantidades de anhídrido carbónico presente en el aire y se vuelve ligeramente ácida.

CONTINÚE EN LA PÁGINA SIGUIENTE

PRUEBA 3: CIENCIAS

La lluvia ácida se convierte en un problema grave cuando el pH de la precipitación baja a menos de 3.5. En algunas zonas se han reportado pHs de 1.3. Estas condiciones extremadamente ácidas matan a los peces y a las plantas, y pueden hacer totalmente inhabitables a tierras y lagos. Aguas tan ácidas matan a los peces jóvenes y, si alguno sobrevive, generalmente queda incapaz de reproducirse. A veces, la naturaleza logra neutralizar estas aguas ácidas gracias a compuestos de calcio o de amoníaco alcalinos que se encuentran en estado natural como, por ejemplo, la piedra caliza.

La tabla de abajo muestra el pH de algunas sustancias comunes.

pH	Sustancia
1.1	Ácido de acumulador
2.8	Vinagre casero
5.5	Lluvia normal
7.0	Agua destilada
8.2	Bicarbonato de soda
11.6	Amoníaco casero
13.9	Lejía

26. ¿Cuál de las formaciones minerales siguientes sería más eficaz para neutralizar la lluvia ácida?

    (1) nitrógeno
    (2) oxígeno
    (3) acetato de magnesio
    (4) carbonado de calcio
    (5) bicarbonato de soda

27. ¿Cuál de las opciones siguientes no es una causa de precipitación ácida?

    (1) motores de automóvil
    (2) cortadoras de césped con motor de gasolina
    (3) combustión de carbón
    (4) plantas hidroeléctricas
    (5) combustión de gas natural

28. Según el pasaje, ¿cuál de las opciones siguientes es la más básica?

    (1) amoníaco
    (2) lejía
    (3) agua destilada
    (4) lluvia normal
    (5) ácido de acumuladores

29. ¿Qué par de sustancias se neutralizarían con mayor probabilidad?

    (1) lejía y amoníaco
    (2) vinagre y ácido de acumulador
    (3) vinagre y amoníaco
    (4) amoníaco y carbonato de calcio
    (5) agua destilada y lluvia

30. ¿Cuál de las medidas siguientes, tomadas después de que la lluvia ácida mató muchos peces de un lago, tendría mejor probabilidad de evitar que el problema se repita?

    (1) reabastecer el lago con peces más vigorosos
    (2) dejar que se reproduzcan los peces más resistentes que sobrevivieron
    (3) bombardear nubes con hielo seco para hacer que la lluvia caiga en otros lugares
    (4) reducir la cantidad de contaminación de aire que se ha creado
    (5) añadir grades cantidades de amoníaco al lago para neutralizar la acidez

31. ¿Cuál de los compuestos siguientes se disuelve en agua pero no causa lluvia ácida?

    (1) dióxido de azufre
    (2) trióxido de azufre
    (3) anhídrido carbónico
    (4) dióxido de nitrógeno
    (5) monóxido de nitrógeno

CONTINÚE EN LA PÁGINA SIGUIENTE

PRUEBA 3: CIENCIAS

32. ¿Cuál de las opciones siguientes es la razón más probable de que al rociar plantas con pesticidas cuando éstos no son necesarios puede producir más daños que beneficios?

   (1) Los pesticidas son caros
   (2) Algunas pestes pueden desarrollar inmunidad al pesticida en el futuro
   (3) Se corre el peligro de que los usuarios usen los pesticidas incorrectamente
   (4) Los pesticidas pueden interactuar con los fertilizantes
   (5) Los pesticidas pueden no ser eficaces

33. Los vertebrados se dividen generalmente en tres órdenes: reptiles, aves y mamíferos. De los grupos siguientes, ¿cuál tiene un miembro de cada orden?

   (1) el avestruz, el petirrojo, la rata
   (2) la ballena, el hurón negro, la tortuga
   (3) la serpiente de cascabel, la lagartija, el leopardo
   (4) el león africano, la nutria de mar, la gaviota
   (5) el gorrión, la culebra, el elefante africano

34. Los gases se disuelven mejor a bajas temperaturas y a mayores presiones. Sobre la base de esta información, ¿qué combinación de condiciones haría que una bebida gaseosa perdiera su gas de anhídrido carbónico con mayor rapidez?

   (1) temperatura alta y presión baja
   (2) temperatura alta y presión alta
   (3) temperatura baja y presión baja
   (4) temperatura baja y presión alta
   (5) temperatura alta y cualquier presión

La pregunta 35 se basa en el gráfico siguiente.

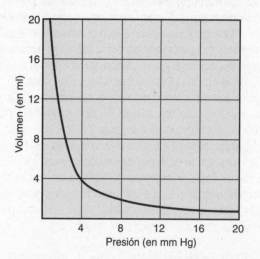

35. Este gráfico representa la relación entre la presión y el volumen de una masa de gas a una temperatura constante. Cuando la presión es igual a 8 mm de mercurio (Hg), ¿qué volumen tiene en mililitros?

   (1) 1
   (2) 2
   (3) 4
   (4) 8
   (5) 16

CONTINÚE EN LA PÁGINA SIGUIENTE

PRUEBA 3: CIENCIAS

Los iones son partículas cargadas eléctricamente que se forman cuando ciertos compuestos se disuelven en agua. Estas soluciones conducen electricidad. El científico sueco Svante Arrhenius acuñó el término *ion* (que significa errante) para explicar por qué las soluciones de electrolitos conducen una corriente eléctrica. Cuando un electrolito está en solución, se disuelve o disasocia en iones, un proceso que se llama ionización. Si una sustancia no se ioniza, no conducirá corriente eléctrica.

Los electrolitos incluyen a la mayoría de los ácidos, bases y sales. Algunos conductores incluyen cloruro de sodio e hidrógeno, sulfato de cobre y nitrato de potasio. Las sustancias que no son electrolitos incluyen agua destilada, agua azucarada y la mayoría de los compuestos orgánicos.

36. ¿Cuál de los siguientes no es un electrolito?

    (1) HNO_3 (ácido nítrico)
    (2) HCl (ácido clorhídrico)
    (3) H_2SO_4 (ácido sulfúrico)
    (4) C_3H_8 (gas propano)
    (5) $NaCl$ (sal de mesa)

37. ¿Cuál de los compuestos siguientes, en la fase líquida, puede considerarse un electrolito?

    (1) H_2O (agua destilada)
    (2) CO_2 (ahídrido carbónico)
    (3) $NaCl$ (cloruro de sodio)
    (4) CuO (óxido de cobre))
    (5) H_2O_2 (agua oxigenada)

38. Un objeto se acelera sólo si las fuerzas que actúan sobre él en una dirección son mayores que las fuerzas actuando en dirección opuesta. Todos los objetos siguientes se acelerarán, EXCEPTO

    (1) un globo con gas en el que la fuerza ascensional es mayor que el peso y la resistencia al aire
    (2) un hombre en un paracaídas cuando la resistencia al aire es menor que su peso
    (3) un aeroplano en vuelo horizontal cuando el impulso del motor es igual a la resistencia del aire
    (4) una pelota lanzada contra una pared, cuando la fuerza de la pelota contra la pared es igual a la fuerza de la pared contra la pelota
    (5) un cohete lanzado verticalmente, cuando el impulso del motor es igual a la resistencia del aire

39. Los cuatro planetas más grandes, Júpiter, Saturno, Urano y Neptuno (en este orden) están muy lejos del sol. Sólo un planeta muy pequeño, Plutón, está más lejos. La nave Voyager, en su exploración por el espacio, descubrió que Neptuno y Urano están rodeados de anillos como Saturno. ¿Qué hipótesis se puede deducir sobre el hecho de que Plutón no tenga anillos?

    (1) Todos los planetas grandes tienen anillos y los pequeños no
    (2) Los anillos están presentes en cualquier planeta suficientemente lejos del sol
    (3) Los anillos están distribuidos al azar, sin tener en cuenta el tamaño o la distancia del planeta respecto al sol
    (4) Los planetas grandes pueden tener anillos, pero los pequeños no
    (5) Plutón ha perdido sus anillos porque está tan lejos del sol

40. El viento puede transportar arena húmeda y soplarla contra las rocas, erosionándolas. ¿Qué tipo de ecosistema tiene más posibilidades de tener rocas desgastadas por el viento?

    (1) la orilla del mar
    (2) el desierto
    (3) la pradera
    (4) la tundra
    (5) los bosques de árboles de hojas caducas

41. En un tanque lleno de agua contaminada con bacterias, una herida en la piel de una rana se cicatriza más rápido que una herida similar en un pez. Las afirmaciones siguientes pueden explicar por qué sucede esto, EXCEPTO

    (1) Las bacterias en el tanque no son nocivas para las ranas
    (2) Ciertos compuestos químicos en la piel de las ranas las protegen contra las bacterias
    (3) El sistema inmunológico de las ranas responde eficazmente contra las bacterias
    (4) La piel de las ranas tiene mayor capacidad de regeneración que la de los peces
    (5) El agua contiene ciertas sustancias químicas que estimulan la cicatrización

CONTINÚE EN LA PÁGINA SIGUIENTE

PRUEBA 3: CIENCIAS

Las preguntas 42 y 43 se refieren a la información siguiente.

Un estudiante calentó una muestra de un mineral hidratado y así extrajo el agua de la muestra. La tabla de abajo resume sus datos:

TIEMPO (MINUTOS)	MASA DE LA MUESTRA (GRAMOS)
0	20.00
1	18.65
2	15.19
3	12.07
4	12.01
5	12.01
6	12.00

42. Al término del proceso de calentamiento, ¿qué masa de agua se extrajo del mineral?

    (1) 0.00 gramos
    (2) 8.00 gramos
    (3) 12.00 gramos
    (4) 20.00 gramos
    (5) 100.00 gramos

43. ¿Qué porcentaje de la muestra era agua al comienzo del experimento?

    (1) 0.0%
    (2) 20.0%
    (3) 40.0%
    (4) 60.0%
    (5) 80.0%

44. En un reflejo, un impulso se genera en un órgano del sentido, pasa por las neuronas sensoriales y llega al cerebro o a la espina dorsal. Luego, a través de las neuronas motrices va a un músculo o a una glándula. ¿Cuál es la secuencia de órganos en un reflejo que hace fluir las lágrimas cuando se irrita la córnea del ojo?

    (1) córnea-glándula lacrimal-cerebro-neurona sensorial-neurona motriz
    (2) córnea-cerebro-neurona motriz-neurona sensorial-glándula lacrimal
    (3) córnea-neurona sensorial-cerebro-neurona motriz-glándula lacrimal
    (4) glándula lacrimal-córnea-neurona motriz-cerebro-neurona sensorial
    (5) cerebro-córnea-neurona sensorial-neurona motriz-glándula lacrimal

45. En ciertas áreas, los mosquitos resistentes al DDT existen ahora en mayor número que hace diez años. ¿Cuál es la explicación de este incremento?

    (1) El DDT causa esterilidad en los mosquitos
    (2) Los huevos de los mosquitos eran más propensos a la fertilización cuando estaban expuestos al DDT
    (3) El DDT actuaba como una hormona reproductora para las generaciones previas de mosquitos
    (4) El DDT sirve como una nueva fuente de nutrición
    (5) Las diferencias genéticas permitían que algunos mosquitos sobrevivieran al uso del DDT

CONTINÚE EN LA PÁGINA SIGUIENTE

PRUEBA 3: CIENCIAS

46. Un científico, en su estudio de fósiles en capas de rocas inalteradas, identificó una especie que, según él, cambió muy poco a través de los años. ¿Qué observó que puede haberlo llevado a esta conclusión?

    (1) Los organismos más simples fosilizados aparecían sólo en las rocas más viejas
    (2) Los organismos más simples fosilizados aparecían sólo en las rocas más nuevas
    (3) El mismo tipo de organismos fosilizados aparecía en las rocas nuevas y viejas
    (4) Ningún organismo fosilizado de ningún tipo aparecía en las rocas más nuevas
    (5) Pocos organismos fosilizados aparecían en las rocas más viejas

47. En la reproducción sexual, el número de cromosomas original debe reducirse para que los miembros de la nueva generación tengan el mismo número de cromosomas que tenían sus progenitores. Por esta razón, cada célula reproductora—huevo o semen—sólo posee la mitad de los cromosomas que las demás células en el organismo. El grano de polen de una planta de trigo produce un núcleo de semen con 14 cromosomas. ¿Cuántos cromosomas habrá en el núcleo del huevo y en la célula de una hoja?

    (1) 14 en el núcleo del huevo y 28 en la célula de la hoja
    (2) 14 tanto en el núcleo del huevo como en la célula de la hoja
    (3) 28 tanto en el núcleo del huevo como en la célula de la hoja
    (4) 7 en el núcleo del huevo y 14 en la célula de la hoja
    (5) 7 en el núcleo del huevo y 28 en la célula de la hoja

48. Un salmón muere después de poner miles de huevos en el agua. Un petirrojo pone 4 huevos y cuida las crías cuando salen del cascarón. Es razonable suponer que

    (1) hay muchos más salmones que petirrojos en el mundo
    (2) muchos más salmones que petirrojos mueren antes de ser adultos
    (3) hay más alimento disponible para los salmones en crecimiento que para las crías de los petirrojos
    (4) el salmón no se reproduce hasta que es mucho más viejo que el petirrojo adulto
    (5) los petirrojos son mejores padres que los salmones

49. Las plantas de maíz que crecen en la oscuridad son blancas y normalmente mucho más altas que las plantas de maíz que son genéticamente idénticas pero crecen en la luz y son verdes. La explicación más probable para esto es que

    (1) las plantas de maíz que crecen en la oscuridad son mutantes respecto al color y la altura
    (2) la expresión de un gen puede depender del ambiente
    (3) las plantas que crecen en la oscuridad siempre serán genéticamente albinas
    (4) el fenotipo de una planta es independiente de su genotipo
    (5) el genotipo es independiente de su fenotipo

50. Las patatas pueden reproducirse tanto mediante cortes en los tubérculos como por semilla formada sexualmente. ¿Por qué iba un especialista a darse el trabajo de obtener patatas a partir de semillas?

    (1) para producir una cosecha máxima
    (2) para probar un nuevo fertilizante
    (3) para reducir la dificultad de plantar patatas
    (4) para producir nuevas variedades
    (5) para proteger las nuevas plantas de los insectos

FIN DEL EXAMEN

PRUEBA 4: LENGUAJE, LECTURA

INSTRUCCIONES

La Prueba de Lenguaje y Lectura consiste en pasajes extraídos de obras literarias escritas antes de 1920, entre 1920 y 1960, y después de 1960, artículos sobre la literatura y las artes, y por lo menos un documento comercial.

Lea primero cada pasaje y después responda las preguntas que le siguen. Repase la materia de lectura cuantas veces sea necesario para contestar las preguntas.

Cada pasaje va precedido de una "pregunta de orientación". Dicha pregunta le da una razón para leer el texto. Use estas preguntas de orientación para ayudarse a enfocar correctamente el tema de la lectura. Recuerde que no debe contestarlas.

Dispone de 65 minutos para contestar las preguntas. Trabaje con cuidado, pero no dedique demasiado tiempo a una sola pregunta. Asegúrese de responder todas las preguntas. No se le penalizará por respuestas incorrectas.

Para indicar sus respuestas en la hoja de respuestas, llene uno de los círculos numerados que aparecen al lado del número de la pregunta.

POR EJEMPLO:

La luz del sol centelleaba
Sobre el mar azul y verde
Como luces blancas de Navidad
En la plaza del pueblo

¿Qué recurso literario usa el poeta en el renglón 3?

(1) aliteración   ① ● ③ ④ ⑤
(2) símil
(3) metáfora
(4) personificación
(5) ritmo

La respuesta correcta es "símil", porque el poeta usa "Como" al comparar los centelleos del sol a las luces eléctricas. Por lo tanto, marque el número 2 en la hoja de respuestas.

CONTINÚE EN LA PÁGINA SIGUIENTE

PRUEBA 4: LENGUAJE, LECTURA

Las preguntas 1 a 5 se refieren al pasaje siguiente.

¿CÓMO REACCIONÓ UN NIÑO AL TIEMPO DE AGOSTO?

Crecí cerca del océano Atlántico entre pantanos y estuarios, sólo a unas pocas millas de la costa totalmente plana. Recuerdo el mes de agosto con un placer especial. En esa época del
(5) año, la tierra firme, el pantano y el océano se fundían en una sola neblina gris, caliente y húmeda. Mi madre abría todas las ventanas, levantaba las persianas y ansiaba sentir un poco de brisa marina, pero la brisa no aparecía
(10) nunca. Los perros yacían bajo las mesas y jadeaban; los gatos acechaban en los fríos túneles del sótano. Agosto era el mes indicado para no hacer nada y estar orgulloso de eso.

Pero también recuerdo agosto con algo de
(15) ansiedad. Agosto era tiempo de huracanes y polio. Los huracanes y el polio eran distintos en muchos aspectos, pero se parecían en que ambos eran cosas muy malas que pasaban a otra gente. Durante mi niñez tuve la suerte de
(20) nunca contraer polio, pero tres veces tuvimos huracanes muy malos.

Para los adultos, los huracanes eran muy temibles, pero para un niño eran mucha diversión más que nada. Primero eran todos los pre-
(25) parativos: comprar velas y pilas de linterna y comida, llenar el auto con gasolina, ayudar a los vecinos a tapar con madera terciada la única ventana de vidrios grandes en el vecindario, asegurarnos de que todas las casas estén bien
(30) cerradas y todo lo de afuera bien metido dentro de ellas.

Luego era esperar que llegara la tormenta. Recuerdo a mi padre indicando hacia el misterioso cielo con sus nubes arremolinadas apare-
(35) ciendo desde el sur y recuerdo también la extraña sensación que producía el aire alrededor. Las primeras brisas del huracán eran tan leves, tan húmedas, tan suaves que apenas podían distinguirse de la sensación que uno
(40) sentía en su propia piel.

La tormenta misma en realidad no era tan terrible, excepto que debíamos permanecer dentro de casa. Miraba por la ventana cómo una sábana hecha de agua caía delante de mi cara,
(45) la marea oceánica avanzar por los pantanos y los árboles moverse arriba y abajo, arriba y abajo. Cada vez que el viento amainaba un poco, yo preguntaba, "¿Es éste el ojo del huracán? ¿Puedo salir y ver el ojo?"

—Calvin Simonds

1. El sentimiento en los renglones 1 a 13 se expresa principalmente mediante el uso de

   (1) detalles descriptivos
   (2) orden secuencial
   (3) lenguaje figurado
   (4) oraciones simples
   (5) observación objetiva

2. ¿Por qué el narrador estaba "orgulloso" (renglón 13) de no hacer nada en agosto? Porque

   (1) era perezoso
   (2) así el calor era más tolerable
   (3) estaba observando el comportamiento de los animales
   (4) era el comportamiento indicado para el mes de agosto
   (5) tenía temor de los huracanes

3. El narrador caracteriza a los huracanes y al polio como razones para

   (1) temer al tiempo
   (2) estar preocupado en agosto
   (3) conversar sobre desgracias
   (4) ayudar a los vecinos
   (5) quedarse en casa

4. En el cuarto párrafo, el narrador sugiere que las primeras etapas de un huracán son

   (1) impredecibles
   (2) obvias sólo para la vista de la persona
   (3) notables en la atmósfera
   (4) sentidas antes de ser vistas
   (5) atemorizadoras para los niños

CONTINÚE EN LA PÁGINA SIGUIENTE

PRUEBA 4: LENGUAJE, LECTURA

5. ¿Qué palabras describen mejor los recuerdos del narrador sobre el mes de agosto?

(1) sucesos confusos
(2) conflicto y peligro
(3) sentimientos contrastantes
(4) libertad y relajación
(5) espera y cumplimiento

Las preguntas 6 a 10 se refieren al pasaje siguiente.

¿QUIÉNES SON LOS ÚLTIMOS EN IR DETRÁS DEL SUEÑO AMERICANO?

Una vez más, nuevos inmigrantes están tratando de integrarse al sistema. El mismo hambre los domina. En cualquier día hay millones en todo el mundo ansiando venir a Estados Unidos y compartir el Sueño Americano. Las mismas batallas.

A veces toda la familia ahorra y da el dinero al muchacho o muchacha más despierto. A veces se empeña todo lo que se puede por un año o más. Ponen todas sus esperanzas en esa sola persona, la acompañan al autobús y la dejan irse por mil millas. El inmigrante no habla una palabra de inglés. Tiene sólo diecisiete, dieciocho años de edad, pero está decidido a salvar a su familia. Mucha esperanza está puesta sobre ese muchacho que trabajará de ayudante de camarero en algún hotel.

Va a ser el primer gancho, el primer pionero que penetrará una sociedad extraña, Estados Unidos. A lo mejor llega a Chicago. Trabaja de ayudante de camarero toda la noche. Le pagan el mínimo o menos, y lo hacen trabajar duro. Él nunca se quejará. Si hace cien a la semana, se las arreglará para mandar veinticinco a casa.

Después de que el muchacho haya aprendido algo, siendo sano y joven y enérgico, probablemente obtendrá otro trabajo de ayudante de camarero. Trabajará en otro lugar tan pronto como termine el primer turno del día. Tratará de subir hasta el cargo de camarero. Trabajará una cantidad de horas increíble. No se preocupará de las normas establecidas por los sindicatos. No se preocupará de las condiciones imperantes ni sobre las humillaciones. Éstas las acepta como parte de su destino.

Por dentro arde con energía y ambición. Trabaja más que ningún ayudante de camarero nativo y obtiene el puesto de camarero. Donde puede, maniobra, y con el tiempo trata de convertirse en

dueño. Si lo logra, compite enérgicamente con las empresas locales.

No puedo dejar de recordar la historia de nuestro país. Siempre hemos logrado traer nueva gente y así rejuvenecernos, pese a nuestras peores actitudes y nuestro increíble nacionalismo. Cada nuevo grupo teme terminar en las colas a las oficinas de asistencia social o de desempleo. Van a la escuela nocturna. Aprenden sobre Estados Unidos. Sin ellos, estaríamos perdidos.

Veo toda clase de nuevos inmigrantes comenzándolo todo de nuevo, tratando de formar parte y de progresar dentro del sistema. Batallan nuevas batallas, pero en realidad son batallas antiguas. Desean participar en el Sueño Americano. Un sueño que no termina nunca.

6. La actitud del autor hacia el nuevo inmigrante es

(1) crítica
(2) escéptica
(3) cautelosa
(4) entusiasta
(5) cínica

7. La actitud hacia la emigración que tiene la familia extranjera es de

(1) emigrar en grupo
(2) mandar a una persona joven y prometedora
(3) pedir prestado a parientes
(4) esperar lo peor
(5) poner las esperanzas en una persona mayor

8. Según el pasaje, puede suponerse que

(1) otros miembros de la familia seguirán al pionero
(2) la familia será abandonada
(3) la familia se desesperará por alcanzar el Sueño Americano
(4) la familia terminará abandonando sus esfuerzos
(5) los familiares temerán al extraño nuevo mundo que los espera

CONTINÚE EN LA PÁGINA SIGUIENTE

PRUEBA 4: LENGUAJE, LECTURA

9. El Sueño Americano, tal como es descrito en este artículo, permite a los recién llegados a

   (1) hacer mucho dinero
   (2) ser explotados
   (3) ir subiendo en la nueva sociedad
   (4) ser recibidos con entusiasmo
   (5) ser víctimas de la exclusión

10. La historia de Estados Unidos indica que los inmigrantes

    (1) benefician a Estados Unidos
    (2) están perdiendo sus esperanzas
    (3) pierden fácilmente la fe
    (4) esperan ayuda
    (5) esperan asistencia social

Las preguntas 11 a 15 se basan en la selección siguiente.

¿CÓMO CELEBRA UNA COMIDA DE SABBAT UNA FAMILIA DE ANCIANOS?

Ambos habían comido poco durante el día para tener buen apetito para la comida de sabbat. Shmul-Leibele bendijo el vino de pasas y dio a Shoshe la copa para que bebiera. Des-
(5)   pués, mojó sus dedos en un cazo de estaño, lavó los dedos de ella y ambos secaron sus manos, cada uno a su extremo de la misma toalla. Shmul-Lebeile levantó la hogaza del sabbat y la cortó con el cuchillo de pan, una tajada
(10) para él y una para su esposa.
De inmediato le anunció que la hogaza estaba justo como debía ser, y ella respondió, "Ya, hombre, me dices eso en cada sabbat".
"Pero es que es la absoluta verdad",
(15) contestó él.
Aunque era difícil encontrar pescado durante la estación fría, Shoshe había conseguido tres cuartos de libra de lucio del pescadero. Lo había desmenuzado, mezclado con cebollas, añadido
(20) un huevo, sal y pimienta, y cocido con zanahorias y perejil. A Shmul-Lebeile, el aroma le quitó el aliento y más tarde decidió beberse un vasito de whisky. Cuando comenzó los cantos de sobremesa, Shoshe le acompañó en voz más
(25) baja. Luego vino la sopa de pollo, con fideos y diminutos círculos de grasa que brillaban sobre la superficie como ducados de oro. Entre la

sopa y el plato fuerte, Shmul-Lebele cantó más himnos del sabbat. Como los gansos se vendían
(30) barato en esta época del año, Shoshe le dio a Shmul-Lebele una pata adicional para dejarlo contento. Después del postre, Shmul-Lebeile se lavó por última vez y dio una bendición. Cuando llegó a las palabras: "Y que no tengamos nece-
(35) sidad de sus regalos de carne y sangre ni de sus préstamos", elevó los ojos al cielo y sacudió sus puños.

11. Sabemos que Shmul-Leibele es religioso porque

    (1) da una bendición
    (2) ofrece a Shoshe una copa de vino
    (3) lava sus manos
    (4) corta la hogaza
    (5) ofrece una tajada a Shoshe

12. Podemos deducir la relación entre marido y mujer cuando Shmul-Lebele

    (1) hace un cumplido a Shoshe
    (2) demuestra su apetito
    (3) da bendiciones
    (4) canta himnos
    (5) bebe su whisky

13. Los ritos del sabbat incluyen a todas las opciones siguientes, EXCEPTO

    (1) la bendición del vino
    (2) el lavado de dedos
    (3) el acto de levantar la hogaza
    (4) el acto de beber el whisky
    (5) el canto de himnos

14. Shmul-Lebeile rogó por

    (1) continuar viviendo con Shoshe
    (2) tener comida y bebida
    (3) vivir sin recurrir a prestamistas
    (4) obtener el regalo de carne y sangre
    (5) vivir una larga vida

15. El propósito de esta selección es el de

    (1) describir la relación entre marido y mujer
    (2) destacar la importancia de la plegaria
    (3) describir una comida del sabbat
    (4) revelar la pobreza de esta pareja
    (5) enfocar la soledad de la pareja

CONTINÚE EN LA PÁGINA SIGUIENTE

PRUEBA 4: LENGUAJE, LECTURA

Las preguntas 16 a 20 se basan en la selección siguiente.

¿QUÉ SUCEDE EN LA REUNIÓN DE LAS DOS HERMANAS?

—Oh, Lotte, cuánto me alegro de verte—, dijo Bess, sin hacer comentarios sobre el espléndido aspecto de Lotte. En el dormitorio, Bess colocó en el suelo su desvencijada maleta. —Dormiré
(5) como una roca esta noche—murmuró, sin una palabra de alabanza por el hermoso cuarto. Más tarde se sentó ante la suntuosa mesa con un enorme pavo. —Me serviré carne blanca y morena—, dijo, sin maravillarse del tamaño del
(10) ave ni del hecho que el pavo era para dos muje-res ancianas, una de ellas tan pobre que ni podía comprar su propio pan.

Con el placer de buena comida reposando en su estómago, Bess comenzó a hilar historias.
(15) Éstas abundaban en gente y lugares...Su rostro reflejaba su narración, sobre todo, el amor que era la razón de su vida, el amor que mejoraba al lugar más pobre y a la persona más humilde.

Fue entonces cuando Lotte comprendió por
(20) qué Bess no había mencionado los lujos de su casa, del magnífico cuarto, del pavo de 12 libras de peso. Simplemente no los había visto. Mañana quizás los vería, y vería a Lotte como ésta realmente era. Pero esta noche sólo veía lo
(25) que había venido a buscar...un lugar en la casa y en el corazón de su hermana. —Ya he tenido suficiente—, dijo. —Cuéntame ahora cómo te han usado los años.

—Fui yo la que los ha usado—comentó Lotte
(30) con añoranza. —Ahorré esos años. Olvidé que los mejores años se irían por su cuenta, sin que yo gastara un día o un dólar disfrutándolos. Esa es, en pocas palabras, la historia de mi vida, una vida nunca vivida. Ahora estoy demasiado
(35) cerca del final para tratar de hacerlo.

—Saber cuánto hay por saber es el comienzo del aprendizaje de vivir—, dijo Bess. —No cuen-tes los años que nos quedan. A nuestra edad son los días los que cuentan. Tienes demasiado
(40) aún por hacer para estar perdiendo un minuto o una hora sintiéndote triste por ti misma.

16. Bess

(1) notó el aspecto de su hermana
(2) envidió los lujos que la rodeaban
(3) apreció la bienvenida de su hermana
(4) no se dio cuenta de lo que la rodeaba
(5) quedó satisfecha de ver lo que vio

17. Bess deseaba

(1) gente rica
(2) lugares ricos
(3) un lugar en el hogar de su hermana
(4) una mesa llena de buena comida
(5) un escape de la pobreza

18. Lottie miró hacia su vida pasada con

(1) felicidad
(2) tristeza
(3) satisfacción
(4) nostalgia
(5) esperanza

19. Bess probablemente

(1) sacará provecho de Lottie
(2) enseñará a Lottie a vivir
(3) se sentirá triste por si misma
(4) deplorará su vida pasada
(5) contará los años que le quedan

20. Lottie probablemente

(1) cambiará su manera de vivir
(2) será demasiado vieja para cambiar
(3) continuará sintiéndose triste por si misma
(4) contará los años que le quedan
(5) vivirá en el pasado

CONTINÚE EN LA PÁGINA SIGUIENTE

PRUEBA 4: LENGUAJE, LECTURA

Las preguntas 21 a 25 se refieren al poema siguiente.

¿POR QUÉ EL POETA CRITICA UNA FOTOGRAFÍA?

A un fotógrafo

He conocido amor y odio y trabajo y lucha;
He vivido largo tiempo, he soñado, he planeado,
Y el Tiempo, el Escultor, con mano maestra
Ha esculpido en mi rostro para que todos vean
Arrugas profundas de felicidad y dolor, desarrollo
   e infortunio
De trabajo y de servicio y de mando.
—Y ahora usted me muestra esto, esta cara pálida,
blanda y blanca, plácida, desarrugada.
Este no soy yo, esta cosa fatua que usted me
   muestra,
Retocada y alisada y embellecida para agradar.
Ponga de vuelta las arrugas y las vetas que yo
   conozco;
He gastado lágrimas y sangre para lograrlas,
Señas hechas por dolores, batallas y naufragios
Estas son mis marcas de batalla, ¡póngalas de
   vuelta!

—Berton Braley

21. Por lo que dice el poeta, puede suponerse que

   (1) el poeta ha tomado una foto
   (2) han mostrado al poeta una foto de él
   (3) se le ha tomado una foto que refleja la realidad
   (4) el poeta es todavía joven
   (5) el poeta es un soñador

22. El poeta desea que todos sepan que él

   (1) ha vivido una vida tranquila
   (2) ha experimentado dificultades
   (3) no ha logrado el éxito
   (4) mantiene un aspecto juvenil
   (5) ha envejecido con garbo y donaire

23. El paso del tiempo ha dejado al poeta con un rostro que

   (1) está arrugado
   (2) es plácido
   (3) se ve ceniciento
   (4) está liso
   (5) es insulso

24. El poeta está

   (1) satisfecho con su pasado
   (2) triste por el pasar del tiempo
   (3) orgulloso de sus arrugas
   (4) deseoso de ser joven otra vez
   (5) mintiéndose

25. ¿Por qué la foto no revela la realidad de su rostro?

   (1) Porque la foto critica el paso del tiempo
   (2) Porque las arrugas y "marcas de batalla" no son reales
   (3) Porque el poeta tiene un rostro pálido y plácido
   (4) Porque el Tiempo ha esculpido un rostro falso
   (5) Porque el fotógrafo deseó hacer la realidad más placentera

Las preguntas 26 a 30 se refieren al siguiente trozo de una obra de teatro.

¿POR QUÉ UN CANDIDATO DECIDE NO POSTULAR A UN CARGO POLÍTICO?

GRANT: No voy a engañar a nadie. Nunca lo he hecho.

KAY (*rogándole*): Grant, todos aquí estamos pensando sobre el futuro—cómo lograr que te elijan. Pensar de cualquier otra manera ahora sería estúpido.

CONTINÚE EN LA PÁGINA SIGUIENTE

PRUEBA 4: LENGUAJE, LECTURA

(Grant se desabrocha la chaqueta y se la saca. Alarmada, Kay se dirige a Conover.)

CONOVER *(acercándose a Grant)*: Tengo que hablarles a esas personas y eso significa que tú tienes que hablarme a mí.

GRANT: El jueves por la noche voy a hablar a un montón de gente. Y tú vas a ser uno de ellos. Cuando me metí en esto, me prometí apelar a todo lo que era bueno en los votantes de nuestro país. Y el único consejo que siempre he recibido de ustedes fue el de apelar a los peores sentimientos que ellos puedan tener. Eso es lo que ambos partidos han comenzado a hacer ahora. Terminemos el racionamiento. ¿A quién le importa que Europa pase hambre? Terminemos con el control de los precios y al diablo si eso trae inflación. Reduzcamos los impuestos y hagámosnos todos ricos.

CONOVER: Ya veo. Y tú eres el único político honrado que queda.

GRANT: ¡No Jim! Tenemos unos cuantos buenos. Hay algunos políticos excelentes en el senado y en la cámara de representantes—tanto Demócratas como Republicanos. Pero, Jim, no son suficientes para cambiar las políticas de los partidos y por eso, para obtener votos, ambos partidos han decidido comprar al público estadounidense. Yo no puedo hacer eso, Jim. Me temo que no podré serte útil.

KAY: No, Grant, no puedo aceptar tu decisión. Grant, Grant, siempre hemos conversado sobre este tema antes. Bien, esta noche no lo discutiremos. Estás alterado. Hablaremos mañana. Vamos, Jim *(sale)*.

CONOVER: Creo que Kay tiene razón. Mejor consúltalo con la almohada. Yo puedo quedarme un día más hasta que te aclares.

GRANT: No, Jim. Ya tomé mi decisión.

CONOVER: Grant, en este país sabemos que para trabajar en política debes adaptarte a las circunstancias...*(Sale.)*

GRANT: Gracias a Dios, esto quedó en claro. Espero que todos escuchen el jueves, porque les voy a quemar los oídos. Cualquier candidato postulando a cualquier cargo que crea que por unos votos vale la pena arriesgar la paz mundial, esa persona es un criminal internacional. Los voy a arreglar el jueves próximo—y desde ahora mismo.

26. Basado en lo que Kay y Conover están diciendo, usted puede deducir que

    (1) están en desacuerdo entre ellos
    (2) están de acuerdo con Grant
    (3) están de acuerdo con los votantes estadounidenses
    (4) están en desacuerdo con Grant
    (5) piensan bien de Grant

27. Grant implica que

    (1) no va a adaptarse a la situación
    (2) va a terminar con el control de precios
    (3) va a reducir los impuestos
    (4) va a comprar a los votantes estadounidenses
    (5) va a hacerse rico

28. Grant critica

    (1) a todos los Republicanos
    (2) a todos los Demócratas
    (3) al congreso
    (4) al público estadounidense
    (5) a ambos partidos políticos

29. Grant siente que el público estadounidense

    (1) puede ser comprado
    (2) puede ser embaucado
    (3) puede ser apelado
    (4) se adapta a las circunstancias
    (5) tiene una actitud cínica respecto a los políticos

30. Grant

    (1) será un candidato para un cargo público
    (2) comprometerá sus principios
    (3) atacará a los candidatos deshonestos
    (4) se pondrá de acuerdo con Kay y Conover
    (5) abandonará la política

CONTINÚE EN LA PÁGINA SIGUIENTE

PRUEBA 4: LENGUAJE, LECTURA

<u>Las preguntas 31 a 35</u> se refieren al pasaje siguiente.

¿CUÁL ES EL SIGNIFICADO DEL ACTO DEL PADRE?

Y así fue que nuestro padre, con el corazón lleno de esperanza y ansiedad, nos llevó ese primer día a la escuela. En su vehemencia caminó a trancos largos y nosotros debimos correr y saltar para no quedar atrás.

Por fin los cuatro nos detuvimos ante el escritorio de la maestra y mi padre, en su imposible inglés, nos entregó a la persona que se ocuparía de nuestro futuro. Admito que la señorita Nixon debe haber quedado sorprendida por algo poco común en nuestro grupo...mi hermana menor era bonita como una muñeca, con su cara de rosa pálida, cortos rizos de oro y ojos como violetas cuando subía la mirada. Mi enjuto hermano...parado y tieso ante su maestra americana, tenía la gorra respetuosamente en su mano. A su lado estaba una niña famélica, con ojos saltones y rizos negros y tan cortitos que no servirían ni para peluca de novia judía.

La presentación de los tres fue mejor que la de los pupilos "verdes" tradicionales recibidos por la señorita Nixon, pero la persona que realmente se destacó en el grupo fue la alta y recta figura de mi padre, con su intensa mirada y hermosa frente, manos nerviosas y de gestos elocuentes, y una voz cargada de emoción. Este extranjero que trajo a sus niños a la escuela como si fuera un acto de consagración no era como los demás forasteros que traían a sus hijos en ciega obediencia a la ley, ni era como los padres nativos que estaban muy contentos de poder dejar a otro sus niños maleducados. Yo creo que la señorita Nixon adivinó lo que el mejor inglés de mi padre no pudo transmitir. Yo creo que ella vio que mi padre, en el simple acto de presentarle nuestros certificados escolares, estaba tomando posesión de América.

—Mary Antin

31. El mejor título para esta selección es

   (1) "Nuestro primer día en la escuela"
   (2) "América, tierra de oportunidad"
   (3) "Éramos distintos"
   (4) "La fe de un padre en la educación"
   (5) "La americanización de los extranjeros"

32. Tal como se usan en el pasaje, todas las palabras siguientes son correctas, EXCEPTO

   (1) *vehemencia*—impetuosamente
   (2) *famélica*—hambrienta
   (3) *consagración*—acto sagrado
   (4) *enjuto*—flaco
   (5) *destacó*—ocultó

33. El padre de la autora consideró que las escuelas en Estados Unidos cumplen con todas las opciones siguientes, EXCEPTO

   (1) son un acto de dedicación
   (2) son una responsabilidad de los padres
   (3) son una obligación legal
   (4) son una fuente de esperanza
   (5) son una inversión en el símbolo americano

34. El grupo de palabras que describe *incorrectamente* a una persona en este pasaje es

   (1) la hermana de la autora—rubia y hermosa
   (2) el hermano de la autora—tieso y respetuoso
   (3) el padre de la autora—calmado y sincero
   (4) la autora—observadora y poco atractiva
   (5) la señorita Nixon—comprensiva y sensible

35. Tal como se usa en el pasaje, *verde* significa

   (1) falto de experiencia
   (2) asustado
   (3) desobediente
   (4) enfermizo
   (5) inmigrante

CONTINÚE EN LA PÁGINA SIGUIENTE

PRUEBA 4: LENGUAJE, LECTURA

Las preguntas 36 a 40 se refieren a la carta de recomendación siguiente.

Enero de 2008

Certificado

(A)

(1) Esta carta confirma que el Sr. Shawn Black ha sido empleado por Smith Incorporated durante aproximadamente 4 años.

(B)

(2) Durante el período de su empleo, el Sr. Black ha demostrado una capacidad excelente para identificar y resolver problemas. (3) Su ayuda en la modernización de nuestro departamento de mercadotecnia ha sido considerable. (4) Su experiencia en comercialización y promoción ha sido de gran utilidad para la empresa, como lo será para cualquier otra compañía que desee utilizar sus servicios. (5) Sus ideas son originales e innovadoras, y están siempre en la vanguardia de su especialidad.

(C)

(6) El Sr. Black ha demostrado ser un empleado leal que siempre considera en primer lugar el bienestar de la compañía. (7) La paciencia y las largas horas de trabajo que ha dedicado a los empleados que están bajo su cargo y a la gerencia hacen de él un empleado ideal. (8) De estar disponible, el Sr. Black puede confiar en ser contratado nuevamente por nuestra firma si tal oportunidad se produjera en el futuro.

(D)

(9) Me complace poder recomendar con entusiasmo al Sr. Black a cualquier compañía que considere emplearlo. (10) Considerando su desempeño en nuestra empresa como una indicación de su potencial, el Sr. Black está destinado a grandes logros en su carrera y a proporcionar grandes beneficios para la empresa que lo contrate. (11) Si usted necesita información adicional, sírvase llamarme al (310) 555-9902.

Saluda atentamente a usted,

Kristoph Peterson

Gerente de Mercadotecnia

36. Según la carta, el empleado, Shawn Black,

   (1) está desempleado y está solicitando seguro de desempleo

   (2) está pidiendo una solicitud de empleo con Smith Incorporated

   (3) está escribiendo una carta de recomendación para su empleado, Kristoph Peterson

   (4) ha dejado de trabajar para Smith Incorporated y está buscando empleo en otra empresa

   (5) está recibiendo una carta de reprimenda por su comportamiento en Smith Incorporated

37. Según la carta,

   (1) Kristoph Peterson no estaba satisfecho con el trabajo hecho por el Sr. Black

   (2) El Sr. Black está presentando su carta de renuncia a Kristoph Peterson

   (3) El Sr. Black es un candidato excelente para cualquier trabajo en el campo de la mercadotecnia

   (4) El Sr. Black está altamente recomendado para cualquier cargo en el departamento de contabilidad

   (5) Kristoph Peterson aceptó la carta de renuncia del Sr. Black

38. La carta implica que el Sr. Black

   (1) tiene excelentes habilidades de comunicación

   (2) tiene excelentes habilidades de contabilidad

   (3) ha solicitado empleo en Smith Incorporated

   (4) no ha impresionado a su empleador

   (5) no ha trabajado a plena capacidad

CONTINÚE EN LA PÁGINA SIGUIENTE

PRUEBA 4: LENGUAJE, LECTURA

39. El autor de la carta

    (1) siente que Shawn Black lo ha desilusio-
        nado porque está buscando empleo en otra
        parte
    (2) piensa que Shawn Black está buscando
        hacer carrera en el campo de la contabili-
        dad
    (3) siente que Shawn Black no será leal a su
        nueva empresa
    (4) estima que Shawn Black será un excelente
        empleado en cualquier compañía
    (5) desea contratar a Shawn Black la próxima
        vez que éste solicite trabajo

40. ¿Qué sintió Kristoph Peterson respecto al
    desempeño de Shawn Black en su trabajo?

    (1) frustración
    (2) emoción
    (3) desconfianza
    (4) desagrado
    (5) satisfacción

FIN DEL EXAMEN

PRUEBA 5: MATEMÁTICAS

INSTRUCCIONES

La Prueba de Matemáticas consiste en preguntas de opción múltiple y preguntas de formato alternado que miden sus conocimientos generales de matemáticas y su habilidad para resolver problemas. Las preguntas están basadas en lecturas cortas que frecuentemente incluyen gráficos, diagramas o dibujos.

Dispone de 45 minutos para contestar las preguntas de la Parte I. Trabaje con cuidado, pero no dedique demasiado tiempo a una sola pregunta. Asegúrese de responder todas las preguntas. No se le penalizará por respuestas incorrectas.

Las fórmulas que usted puede necesitar aparecen en la página 752. No todas las preguntas requieren usar las fórmulas ni todas las fórmulas dadas serán necesarias.

Algunas preguntas contienen más información de la necesaria para resolver el problema. Otras preguntas no dan información suficiente para resolver el problema. Si la pregunta no contiene suficiente información para resolver el problema, la respuesta correcta es "No se da información suficiente".

Puede usar una calculadora en la Parte I.

Para indicar sus respuestas en la hoja de respuestas, llene uno de los círculos numerados que aparecen al lado del número de la pregunta que usted está contestando.

POR EJEMPLO:

Si se paga una factura de supermercado de $15.75 con un billete de 20 dólares, ¿cuánto dinero se dará de cambio?

(1) $5.26   ① ② ● ④ ⑤
(2) $4.75
(3) $4.25
(4) $3.75
(5) $3.25

La respuesta correcta es "$4.25"; por lo tanto, debe marcar el círculo número 3 en la hoja de respuestas.

CONTINÚE EN LA PÁGINA SIGUIENTE

PRUEBA 5: MATEMÁTICAS

FÓRMULAS	
Descripción	**Fórmula**
ÁREA (A) de un:	
cuadrado	$A = l^2$, donde l = lado
rectángulo	$A = la$, donde l = longitud, a = altura
paralelógramo	$A = ba$, donde b = base, a = altura
triángulo	$A = \frac{1}{2} ba$, donde b = base, a = altura
trapezoide	$A = \frac{1}{2}(b_1 + b_2)\, a$, donde b = base, a = altura
círculo	$A = \pi r^2$, donde π = 3.14, r = radio
PERÍMETRO (P) de un:	
cuadrado	$P = 4l$, donde l = lado
rectángulo	$P = 2l + 2a$, donde l = longitud, a = ancho
triángulo	$P = a + b + c$, donde a, b, c son los lados
circunferencia (C) de un círculo	$C = \pi d$, donde π = 3.14, d = diámetro
VOLUMEN (V) de un:	
cubo	$V = l^3$, donde l = lado
recipiente rectangular	$V = xyz$, donde x = longitud, y = ancho, z = altura
cilindro	$V = \pi r^2 a$, donde π = 3.14, r = radio, a = altura
pirámide cuadrada	$V = \frac{1}{3}(borde\ de\ la\ base)^2 a$
cono	$V = \frac{1}{3}\pi r^2 a$
Relación pitagórica	$c^2 = a^2 + b^2$, donde c = hipotenusa, a y b son los catetos de un triángulo rectángulo
Distancia (d) entre dos puntos de un plano	$d = \sqrt{(x_2 - x_1)^2 + (y_2 - y_1)^2}$ donde (x_1, y_1) y (x_2, y_2) son dos puntos de un plano
Inclinación de una línea (m)	$m = \dfrac{y_2 - y_1}{x_2 - x_1}$ donde (x_1, y_1) y (x_2, y_2) son dos puntos de un plano
MEDICIONES DE TENDENCIA CENTRAL	media = $\dfrac{x_1 + x_2 + \cdots + x_n}{n}$ donde las x son los valores para los cuales se desea una media y n = número de valores de la serie
	mediana = el punto en un conjunto ordenado de números, en el cual la mitad de los números son superiores y la mitad de los números son inferiores a este valor
Interés simple (i)	$i = crt$, donde c = capital, r = razón, t = tiempo
Distancia (d) como función de razón y tiempo	$d = rt$, donde r = razón y t = tiempo
Costo total (c)	$c = nr$, donde n = número de unidades y r = costo por unidad

CONTINÚE EN LA PÁGINA SIGUIENTE

PRUEBA 5: MATEMÁTICAS, PARTE I

Instrucciones: Dispone de 45 minutos para completar esta sección. Puede usar una calculadora.

1. Luisa trabajó 40 horas y ganó $8.10 por hora. Su amiga Juana ganó $10.80 por hora en su trabajo. ¿Cuántas horas debió trabajar Juana para igualar lo ganado por Luisa en 40 horas?

   (1) 20

   (2) 25

   (3) 30

   (4) 252

   (5) No se da información suficiente

La pregunta 2 se basa en la figura siguiente.

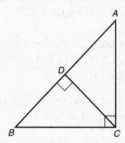

2. △ABC es un triángulo rectángulo y $\overline{CD} \perp \overline{AB}$. Si la medida de ∠CAD = 40°, ¿cuál es la medida de ∠DCB?

   (1) 10°

   (2) 20°

   (3) 40°

   (4) 50°

   (5) 90°

3. El número de estudiantes en una clase es x. Un día, 5 estudiantes están ausentes. ¿Cuál es la parte fraccionaria de la clase que está presente?

   (1) $\dfrac{x}{5}$

   (2) $\dfrac{5}{x}$

   (3) $\dfrac{5}{x-5}$

   (4) $\dfrac{x+5}{5}$

   (5) $\dfrac{x-5}{x}$

4. El marcador de gasolina muestra que el tanque está $\dfrac{1}{3}$ lleno. Para llenar el tanque, se añaden 16 galones de gasolina. ¿Cuántos galones de gasolina caben en el tanque cuando está lleno?

   (1) 20

   (2) 24

   (3) 30

   (4) 32

   (5) 48

La pregunta 5 se basa en el dibujo siguiente.

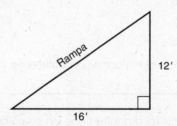

5. ¿Cuál es la longitud de la rampa, en pies?

   Marque su respuesta en los círculos de la cuadrícula de respuestas.

CONTINÚE EN LA PÁGINA SIGUIENTE

PRUEBA 5: MATEMÁTICAS, PARTE I

6. En una comida se sirven 48 medias pintas de jugo de frutas. ¿Cuál es el costo del jugo que se sirve si un galón del jugo de frutas vale $3.50?

   (1) $6.00
   (2) $7.00
   (3) $10.50
   (4) $12.50
   (5) $15.00

7. Si $5x - 1 = 34$, entonces $2\frac{1}{2}x$ es igual a

   (1) 7
   (2) 14
   (3) $16\frac{2}{3}$
   (4) 17
   (5) $17\frac{1}{2}$

La pregunta 8 se basa en la figura siguiente.

8. Si AC = 18 pulgadas y BC = 8 pulgadas, entonces la razón $AB:BC$ es igual a

   (1) 2:1
   (2) 4:5
   (3) 3:2
   (4) 5:4
   (5) No se da información suficiente

9. Un salón rectangular tiene un suelo con un área de 322 pies cuadrados. Si el largo de la habitación es 23 pies, ¿cuántos pies tiene el perímetro de la habitación?

   Marque su respuesta en los círculos de la cuadrícula de respuestas.

10. Daniel ve una cámara digital al precio de $280 en la tienda Triángulo. Luego ve un anuncio de la misma cámara en la tienda CompuCentral, donde se rebaja un 20% a todas las mercancías. ¿Qué información necesita para hacer una compra inteligente?

    (1) La tienda Triángulo tiene mejor reputación que la tienda CompuCentral
    (2) El impuesto sobre la venta por la compra de la cámara es de un 5%
    (3) Ambas tiendas recargan $5 por gastos de envío
    (4) El nombre del fabricante de la cámara es Optomix
    (5) El precio de la cámara digital en CompuCentral es de $280

11. Un grupo de obreros puede cargar un camión en 3 horas. ¿Qué parte del camión pueden cargar en 45 minutos?

    Marque su respuesta en los círculos de la cuadrícula de respuestas.

12. En la ecuación $x^2 + x - 6 = 0$, ¿cuál de las opciones siguientes es válida para la solución de la ecuación?

    (1) 2
    (2) 2 y –3
    (3) –2 y 3
    (4) 2 y 3
    (5) 3 y –3

CONTINÚE EN LA PÁGINA SIGUIENTE

PRUEBA 5: MATEMÁTICAS, PARTE I

13. La Sra. Edwards compra 40 pies de género de lana para hacer bufandas. ¿Cuántas bufandas de 3 pies con 4 pulgadas de largo puede cortar de ese género?

    Marque su respuesta en los círculos de la cuadrícula de respuestas.

14. Enrique tiene $5 más que Roberto y Roberto tiene la misma cantidad que tiene Tomás. Los tres juntos tienen $65. ¿Cuánto dinero tiene Roberto?

    (1) $10

    (2) $12

    (3) $15

    (4) $20

    (5) No se da información suficiente

15. Un motel cuesta $89 por día por una habitación doble. Además, hay un impuesto del 9.5%. ¿Cuánto debe pagar una pareja por estar unos días en el hotel?

    (1) $198.86

    (2) $208.20

    (3) $246.60

    (4) $288.95

    (5) No se da información suficiente

16. Si a un número al cuadrado se le suma el mismo número más 4, el resultado es 60. Si n representa el número, ¿qué ecuación se puede usar para calcular n?

    (1) $n^2 + 4 = 60$

    (2) $n^2 + 4n = 60$

    (3) $n^2 + n + 4 = 60$

    (4) $n^2 + 60 = 4n + 4$

    (5) $n^2 + n = 64$

17. Evalúe $(6 \times 10^5) \div (4 \times 10^3)$.

    (1) 20

    (2) 100

    (3) 150

    (4) 1,500

    (5) 2,000

18. La medida de los ángulos de un triángulo tiene una razón de 3:2:1. ¿Cuál es la medida del ángulo mayor del triángulo?

    (1) 65°

    (2) 70°

    (3) 72°

    (4) 80°

    (5) 90°

CONTINÚE EN LA PÁGINA SIGUIENTE

PRUEBA 5: MATEMÁTICAS, PARTE I

La pregunta 19 se basa en la figura siguiente.

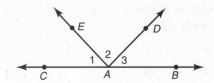

19. Si m∠1 = 36° y m∠2 = 2(m∠3), entonces m∠3 es igual a

(1) 36°

(2) 40°

(3) 44°

(4) 48°

(5) No se da información suficiente

20. La Sra. Adams compró 4 libras de carne de res y $3\frac{1}{2}$ libras de pollo por $21.99. Si la carne de res cuesta $4.29 la libra, ¿cuánto cuesta una libra de pollo?

(1) $1.29

(2) $1.34

(3) $1.38

(4) $1.49

(5) $1.52

21. Un carpintero gana $16 por hora y su asistente gana la mitad. ¿Cuál de estas expresiones representa el dinero que los dos trabajadores ganan en un trabajo que han realizado en 9 horas?

(1) $9(16) + 9\left(\dfrac{1}{2}\right)$

(2) $9(16) + 9(10)$

(3) $16(8) + 9(9)$

(4) $16\left(\dfrac{1}{2}\right) + 9\left(\dfrac{1}{2}\right)$

(5) $9(16) + 9(8)$

22. La diferencia de peso entre dos asteroides es de 63,150,000,000 toneladas. ¿Cómo se expresa este número en notación científica?

(1) 631.5×10^8

(2) 63.15×10^9

(3) 6315×10^7

(4) 6.315×10^{10}

(5) 6.315×10^{-10}

23. Una línea pasa por un punto cuyas coordenadas son (−4, −2). Muestre la ubicación del punto.

Marque su respuesta en la cuadrícula de coordenadas en la hoja de respuestas.

24. El Sr. Barnes ha invertido $12,000 en bonos que le dan un interés del 9% anual. ¿Qué ganancias anuales tiene el Sr. Barnes de esta inversión?

Marque su respuesta en los círculos de la cuadrícula de respuestas.

25. ¿Cuál de los números siguientes es la solución para la desigualdad $3x + 2 < 14$?

(1) 3

(2) 4

(3) 5

(4) 6

(5) 7

FIN DEL EXAMEN

PRUEBA 5: MATEMÁTICAS, PARTE II

Instrucciones: Dispone de 45 minutos para responder las preguntas 26 a 50. Usted NO puede usar una calculadora. Aparte de eso, las instrucciones son iguales a las de la Parte I. Usted PUEDE consultar la hoja de fórmulas.

<u>La pregunta 26</u> se refiere al gráfico siguiente.

26. El gráfico muestra el destino de cada $100 generados por una pequeña empresa. ¿Cuántos dólares de cada $100 representan la ganancia?

   (1) $5
   (2) $6
   (3) $7
   (4) $7.5
   (5) $8

<u>La pregunta 27</u> se basa en la figura siguiente.

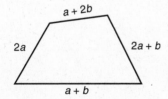

27. ¿Cuál es el perímetro de la figura?

   (1) $6a + b$
   (2) $5a + 5b$
   (3) $6a + 4b$
   (4) $4a + 4b$
   (5) $3a + 5b$

28. Ben obtuvo 7 puntos más que Jack en un partido de baloncesto. Paul obtuvo 2 puntos menos que Jack en el mismo partido. Si los tres muchachos hicieron un total de 38 puntos, ¿cuántos puntos obtuvo Jack?

   (1) 5
   (2) 9
   (3) 11
   (4) 14
   (5) 15

<u>La pregunta 29</u> se refiere al diagrama siguiente.

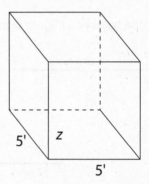

29. Un recipiente para reciclaje (mostrado arriba) tiene forma de sólido rectangular, con una base cuadrada de 5 pies de largo y una altura de z pies. Si el volumen de este sólido rectangular es de 200 pies cúbicos, ¿cuál de las ecuaciones siguientes puede servir para calcular la altura?

   (1) $5z = 200$
   (2) $5z^2 = 200$
   (3) $25z = 200$
   (4) $z = 200 \div 5$
   (5) $z = 5(200)$

CONTINÚE EN LA PÁGINA SIGUIENTE

PRUEBA 5: MATEMÁTICAS, PARTE II

La pregunta 30 se basa en la figura siguiente.

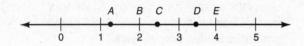

30. ¿Qué punto en la línea numérica se aproxima más a la raíz de 12?

    (1) *A*

    (2) *B*

    (3) *C*

    (4) *D*

    (5) *E*

La pregunta 31 se basa en la figura siguiente.

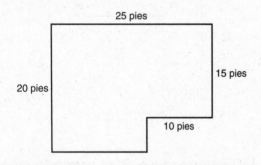

31. El diagrama representa una sala de estar grande. ¿Cuál es el área de la habitación, en pies cuadrados?

    Marque su respuesta en los círculos de la cuadrícula de respuestas.

Las preguntas 32 y 33 se basan en el gráfico siguiente.

32. Lo que gastan los estadounidenses anualmente en videojuegos corresponde al 50% de la inversión extranjera en finanzas y seguros. ¿Cuánto gastan los estadounidenses en videojuegos cada año?

    (1) $300 millones

    (2) $1.5 billones

    (3) $1 billón

    (4) $2 billones

    (5) $.75 billón

CONTINÚE EN LA PÁGINA SIGUIENTE

PRUEBA 5: MATEMÁTICAS, PARTE II

33. ¿Cuánto más se invierte en manufactura que en petróleo?

    (1) 1\frac{1}{2}$ millones

    (2) 3\frac{1}{2}$ millones

    (3) $0.5 billón

    (4) 1\frac{1}{2}$ billones

    (5) 3\frac{1}{2}$ billones

34. Evalúe $y^2(4x - y)$ si $y = -2$ y $x = 8$

    (1) −18
    (2) 18
    (3) 86
    (4) 96
    (5) 136

35. En un mapa de carreteras, $\frac{1}{4}$ pulgada representa 8 millas de la distancia real. Las ciudades de Aston y Waverly están representadas por una distancia de $2\frac{1}{8}$ pulgadas en el mapa.

    ¿Cuál es la distancia real en millas entre estas dos ciudades?

    Marque su respuesta en los círculos de la cuadrícula de respuestas.

36. En un determinado momento del día, un hombre de 6 pies de altura proyecta una sombra de 4 pies de altura. Al mismo tiempo, una torre de iglesia proyecta una sombra de 28 pies. ¿Qué altura, en pies, tiene la torre de la iglesia?

    (1) 30
    (2) 32
    (3) 42
    (4) 48
    (5) 56

Las preguntas 37 y 38 se basan en la tabla siguiente.

Información sobre nutrición de Hojuelas Tastee	
Tamaño de porción: 1 onza (10 hojuelas)	
	% del valor diario
Total 6 g	**9%**
Grasa saturada 0.5 g	**3%**
Colesterol 0 mg	**0%**
Sodio 110 mg	**5%**
Total de carbohidratos 19 g	**6%**
Fibra dietética 1 g	**5%**

37. Si Cristina come 15 hojuelas, ¿qué porcentaje del valor diario del total de carbohidratos habrá consumido?

    (1) 9%
    (2) 12%
    (3) 3%
    (4) 33%
    (5) 28.5%

38. La compañía Tastee introdujo al mercado sus nuevas hojuelas Tastee *Light*, afirmando que el nuevo producto tiene sólo la mitad de las grasas saturadas del producto original descrito más arriba. ¿Cuántos gramos de grasa saturada debieran tener las hojuelas *Light* para que esta afirmación sea verdadera?

    (1) 1 gramo
    (2) .05 gramo
    (3) 1.5 gramos
    (4) .2 gramo
    (5) .25 gramo

CONTINÚE EN LA PÁGINA SIGUIENTE

PRUEBA 5: MATEMÁTICAS, PARTE II

La pregunta 39 se basa en la figura siguiente.

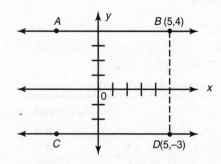

39. En la figura, $\overleftrightarrow{AB}$ y $\overleftrightarrow{CD}$ son paralelas al eje x. Las coordenadas de B son (5, 4) y las coordenadas de D son (5, –3). La distancia perpendicular entre $\overleftrightarrow{AB}$ y $\overleftrightarrow{CD}$ es

   (1) –2
   (2) 5
   (3) 6
   (4) 7
   (5) 10

La pregunta 40 se basa en el gráfico siguiente.

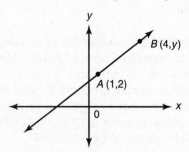

40. Si la pendiente de $\overrightarrow{AB}$ es 1, ¿cual es el valor de y?

   (1) 1
   (2) 2
   (3) 3
   (4) 4
   (5) 5

Las preguntas 41 a 43 se basan en el gráfico siguiente.

El gráfico muestra el número de galones de pintura que una tienda vendió en 1 semana.

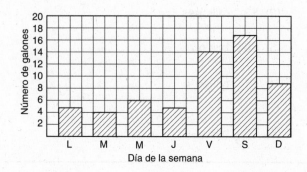

41. ¿Cuántos galones de pintura se vendieron el miércoles?

   (1) 3
   (2) 4
   (3) 5
   (4) 6
   (5) 7

42. ¿En qué porcentaje aumentaron las ventas el sábado en comparación con el martes?

   (1) cerca del 50%
   (2) más del 300%
   (3) entre 150% y 200%
   (4) 100%
   (5) 400%

43. ¿Cuál es la cantidad total de pintura que vendió la tienda durante toda la semana?
   Marque su respuesta en los círculos de la cuadrícula de respuestas.

CONTINÚE EN LA PÁGINA SIGUIENTE

PRUEBA 5: MATEMÁTICAS, PARTE II

Examen de práctica 1

La pregunta 44 se basa en la figura siguiente.

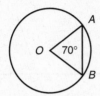

44. *O* es el centro del círculo y la medida de ∠*O* es 70°. ¿Cuánto mide ∠*OAB*?

    Marque su respuesta en los círculos de la cuadrícula de respuestas.

La pregunta 45 se basa en la tabla siguiente.

Tiempo	3:00 P.M.	4:00 P.M.	5:00 P.M.
Distancia recorrida en millas	80	124	168

45. Silvia realiza un viaje en auto. La tabla muestra el millaje que recorre en una tarde. Si condujo a una velocidad constante, ¿cuántas millas habrá recorrido cuando eran las 4:15 P.M.?

    (1) 30
    (2) 132
    (3) 135
    (4) 140
    (5) No se da información suficiente

46. La lista de ingredientes siguiente se usa para hacer galletas.

    1 taza de harina de maíz

    $\frac{1}{2}$ taza de harina de trigo tamizada

    $\frac{2}{3}$ cucharadita de sal

    $\frac{1}{4}$ cucharadita de levadura

    2 cucharadas de manteca derretida

    $\frac{1}{3}$ taza de leche

    Si Juana decide hacer más galletas de lo planeado, y para ello usa una taza llena de leche, entonces deberá usar

    (1) 1 taza de harina de trigo tamizada
    (2) 2 cucharaditas de sal
    (3) 3 cucharaditas de levadura
    (4) 3 cucharadas de manteca derretida
    (5) $2\frac{1}{2}$ tazas de harina de trigo

CONTINÚE EN LA PÁGINA SIGUIENTE

PRUEBA 5: MATEMÁTICAS, PARTE II

La pregunta 47 se basa en el gráfico siguiente.

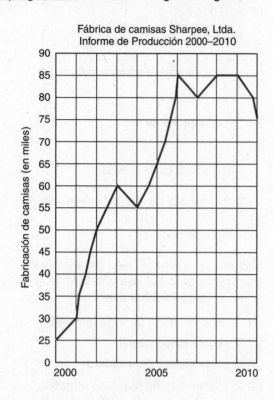

Fábrica de camisas Sharpee, Ltda.
Informe de Producción 2000–2010

47. ¿En qué año experimentó Sharpee una disminución de $10,000 en sus ventas, en compara-
ción con el año previo?

(1) 2000

(2) 2004

(3) 2006

(4) 2007

(5) 2010

48. Una casa y un terreno cuestan $200,000. Si la
casa cuesta tres veces más que el terreno,
¿cuánto cuesta la casa?

(1) $115,000

(2) $120,000

(3) $140,000

(4) $150,000

(5) $175,000

La pregunta 49 se basa en la figura siguiente.

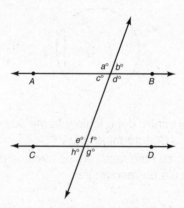

49. Si $\overleftrightarrow{AB}$ es paralela a $\overleftrightarrow{CD}$, todas las opciones de
abajo son correctas, EXCEPTO

(1) $a = d$

(2) $b = f$

(3) $c = b$

(4) $f = c$

(5) $b = g$

La pregunta 50 se basa en la figura siguiente.

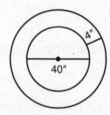

50. Una maceta con flores tiene forma circular con
bordes de concreto. Si el diámetro interior de la
maceta es de 40 pulgadas y la anchura del
borde de concreto es de 4 pulgadas, ¿cuál es
el área del borde, en pulgadas? (Dé su respuesta en términos de π.)

(1) 16π

(2) 176π

(3) 180π

(4) 200π

(5) 240π

FIN DEL EXAMEN

CLAVES DE LAS RESPUESTAS, RESÚMENES DE LOS RESULTADOS Y GRÁFICOS DE AUTOEVALUACIÓN

PRUEBA 1: LENGUAJE, PRUEBA DE ESCRITURA, PARTE I/PÁGINA 704

I. VERIFIQUE SUS RESPUESTAS:

1. **5**	10. **1**	19. **4**	28. **4**	37. **1**	46. **1**
2. **2**	11. **1**	20. **5**	29. **1**	38. **3**	47. **4**
3. **2**	12. **3**	21. **5**	30. **2**	39. **2**	48. **4**
4. **5**	13. **1**	22. **2**	31. **1**	40. **4**	49. **2**
5. **1**	14. **5**	23. **2**	32. **1**	41. **3**	50. **5**
6. **1**	15. **4**	24. **3**	33. **4**	42. **1**	
7. **4**	16. **5**	25. **5**	34. **3**	43. **3**	
8. **1**	17. **1**	26. **3**	35. **5**	44. **1**	
9. **1**	18. **5**	27. **4**	36. **4**	45. **1**	

II. ANOTE SU PUNTAJE

Número de respuestas correctas

Excelente	_____
	45–50
Bien	_____
	39–44
Regular	_____
	33–38

III. EVALÚE SU PUNTAJE: ¿Ha contestado correctamente al menos 35 preguntas? Si no es así, necesita más práctica en la Prueba de Expresión Escrita, Parte I. En todo caso, puede mejorar su calificación a Excelente o Bien si analiza sus errores.

IV. ANALICE SUS ERRORES: Analice sus respuestas incorrectas viendo las respuestas correctas en los análisis de respuestas que comienzan en la página 769. Para determinar mejor sus puntos débiles, diríjase a la tabla de abajo y circunde el número de cada respuesta incorrecta que tuvo. A continuación vea en la columna de la izquierda cada una de las categorías que determinan las áreas en que está más débil. Seguidamente intente el Examen de Práctica Dos.

Categoría	Ejercicio	Su puntaje
Estructura de la oración	1, 3, 5, 6, 9, 10, 12, 15, 23, 32, 39, 41, 48	
Gramática	7, 24, 26, 27, 30, 40	
Mecánica	2, 17, 22, 25, 28, 29, 31, 33, 34, 42, 43, 47, 49	
Organización	8, 11, 13, 19, 36, 37, 38, 45, 50	
Sin error	4, 14, 16, 18, 20, 21, 35, 44, 46	

Total _____

PRUEBA 2: ESTUDIOS SOCIALES/PÁGINA 717

I. VERIFIQUE SUS RESPUESTAS:

1. **2**	11. **3**	21. **1**	31. **5**	41. **3**
2. **4**	12. **3**	22. **3**	32. **1**	42. **4**
3. **2**	13. **1**	23. **2**	33. **3**	43. **4**
4. **4**	14. **1**	24. **1**	34. **4**	44. **2**
5. **4**	15. **2**	25. **4**	35. **3**	45. **1**
6. **3**	16. **2**	26. **4**	36. **2**	46. **3**
7. **1**	17. **4**	27. **4**	37. **4**	47. **4**
8. **4**	18. **3**	28. **4**	38. **2**	48. **5**
9. **2**	19. **1**	29. **3**	39. **3**	49. **3**
10. **4**	20. **4**	30. **2**	40. **1**	50. **3**

II. ANOTE SU PUNTAJE:

Número de respuestas correctas

Excelente   _____
                   45–50

Bien   _____
                   40–44

Regular   _____
                   35–39

III. EVALÚE SU PUNTAJE: ¿Ha contestado correctamente al menos 35 preguntas? Si no es así, necesita más práctica en la Prueba de Estudios Sociales. En todo caso, puede mejorar su calificación a Excelente o Bien si analiza sus errores.

IV. ANALICE SUS ERRORES: Analice sus respuestas incorrectas viendo las respuestas correctas en los análisis de respuestas que comienzan en la página 772. Para determinar mejor sus puntos débiles, diríjase a la tabla de abajo y circunde el número de cada respuesta incorrecta que tuvo. A continuación vea en la columna de la izquierda cada una de las categorías en que está más débil. Revise el material pertinente antes de intentar el Examen de Práctica Dos.

Categoría	Ejercicio	Su puntaje
Ciencia política	1, 2, 3, 4, 5, 6, 8, 9, 21, 22, 34, 35, 36, 39, 41, 42, 43, 44, 45, 46, 47, 49, 50	
Economía	10, 11, 12, 13, 19, 20	
Historia	7, 14, 15, 16, 17, 18, 28, 29, 30, 31, 32, 33, 40	
Geografía	23, 24, 25, 26, 27, 37, 38, 48	

Total _____

PRUEBA 3: CIENCIAS/PÁGINA 730

I. VERIFIQUE SUS RESPUESTAS:

1. **5**	11. **5**	21. **3**	31. **3**	41. **5**
2. **5**	12. **1**	22. **1**	32. **2**	42. **2**
3. **1**	13. **2**	23. **3**	33. **5**	43. **3**
4. **2**	14. **2**	24. **4**	34. **1**	44. **3**
5. **1**	15. **4**	25. **3**	35. **2**	45. **5**
6. **3**	16. **3**	26. **4**	36. **4**	46. **3**
7. **4**	17. **4**	27. **4**	37. **3**	47. **1**
8. **1**	18. **4**	28. **2**	38. **3**	48. **2**
9. **4**	19. **4**	29. **3**	39. **4**	49. **2**
10. **2**	20. **1**	30. **4**	40. **2**	50. **4**

II. ANOTE SU PUNTAJE:

Número de respuestas correctas

Excelente _____
44–50

Bien _____
38–43

Regular _____
32–37

III. EVALÚE SU PUNTAJE: ¿Ha contestado correctamente al menos 32 preguntas? Si no es así, debe practicar más la Prueba de Ciencias. En todo caso, puede mejorar su calificación a Excelente o Bien si analiza sus errores.

IV. ANALICE SUS ERRORES: Para determinar sus puntos débiles, haga un círculo alrededor del número de cada una de las respuestas incorrectas. Esto revelará el área específica que necesita mayor preparación. Después de comparar sus respuestas incorrectas con las respuestas correctas descritas en los análisis de respuestas que comienzan en la página 775, enumere los términos que requieren más estudio y véalos en el "Glosario de Términos Científicos". A continuación intente el Examen de Práctica Dos.

Categoría	Ejercicio	Su puntaje
Biología	1, 2, 3, 4, 5, 6, 7, 8, 9, 10, 11, 12, 13, 14, 15, 16, 17, 18, 19, 20, 21, 22, 32, 33, 41, 44, 45, 47, 48, 49, 50	
Ciencias terrestres	23, 24, 25, 39, 40, 46	
Química	26, 27, 28, 29, 30, 31, 34, 36, 37, 42, 43	
Física	35, 38	

Total _____

PRUEBA 4: LENGUAJE, LECTURA/PÁGINA 742

I. VERIFIQUE SUS RESPUESTAS:

1. **1**	9. **3**	17. **3**	25. **5**	33. **3**
2. **4**	10. **1**	18. **2**	26. **4**	34. **3**
3. **2**	11. **1**	19. **2**	27. **1**	35. **5**
4. **3**	12. **1**	20. **1**	28. **5**	36. **4**
5. **3**	13. **4**	21. **2**	29. **3**	37. **3**
6. **4**	14. **3**	22. **2**	30. **3**	38. **1**
7. **2**	15. **3**	23. **1**	31. **4**	39. **4**
8. **1**	16. **4**	24. **3**	32. **5**	40. **5**

II. ANOTE SU PUNTAJE:

Número de respuestas correctas

Excelente _____
36–40

Bien _____
32–35

Regular _____
28–31

III. EVALÚE SU PUNTAJE: ¿Ha contestado correctamente al menos 28 preguntas? Si no es así, necesita más práctica en la Prueba de Lenguaje, Lectura. En todo caso, puede mejorar su calificación a Excelente o Bien si analiza sus errores.

IV. ANALICE SUS ERRORES:
Analice sus respuestas incorrectas viendo las respuestas correctas en los análisis de respuestas que comienzan en la página 778. Para determinar mejor sus puntos débiles, diríjase a la tabla de abajo y circunde el número de cada respuesta incorrecta que tuvo. A continuación vea en la columna de la izquierda cada una de las categorías en que está más débil. Revise el material pertinente que aparece en las secciones *Habilidades Básicas para la Lectura* y *Lectura de Prosa, Poesía y Teatro*, como también el "Glosario de Términos Literarios" (página 481) antes de intentar el Examen de Práctica Dos.

Categoría	Ejercicio	Su puntaje
Identificación de la idea principal	6, 15, 21, 28, 31	
Enumeración de los detalles	2, 3, 7, 11, 13, 16, 33, 34, 36, 37, 40	
Obtención del significado	4, 12, 14, 18, 19, 20, 22, 29, 30, 32, 35	
Deducción	8, 9, 10, 17, 23, 24, 26, 27, 38, 39	
Determinación de tono y sentimiento	1, 25	
Determinación del carácter	5	

Total _____

Para ver su desempeño según la forma literaria, observe la tabla en la página siguiente, escriba su puntaje y determine sus puntos débiles.

Forma literaria	Ejercicio	Su puntaje
Ficción en prosa	11–20	
Prosa no novelesca	1–10, 31–40	
Poesía	21–25	
Drama	26–30	

Total _____

PRUEBA 5: MATEMÁTICAS/PÁGINA 753

I. VERIFIQUE SUS RESPUESTAS:

Parte I

1. **3**
2. **3**
3. **5**
4. **2**
5. **20**
6. **3**
7. **5**
8. **4**
9. **74**
10. **5**
11. **1/4 o .25**
12. **2**
13. **12**
14. **4**
15. **5**
16. **3**
17. **3**
18. **5**
19. **4**
20. **3**

21. **5**
22. **4**
23.

24. **1,080**
25. **1**

Parte II

26. **5**
27. **3**
28. **3**
29. **3**
30. **4**

31. **450**
32. **3**
33. **4**
34. **5**
35. **68**
36. **3**
37. **1**
38. **5**
39. **4**
40. **5**
41. **4**
42. **2**
43. **60**
44. **55**
45. **3**
46. **2**
47. **5**
48. **4**
49. **5**
50. **2**

II. ANOTE SU PUNTAJE:

Número de respuestas correctas

Excelente _____
40–50

Bien _____
32–39

Regular _____
28–31

III. EVALÚE SU PUNTAJE: ¿Ha contestado correctamente al menos 38 preguntas? Si no es así, necesita más práctica en la Prueba de Matemáticas. En todo caso, puede mejorar su calificación a Excelente o Bien si analiza sus errores.

IV. ANALICE SUS ERRORES: Analice sus respuestas incorrectas viendo las respuestas correctas en los análisis de respuestas que comienzan en la página 780. Para determinar mejor sus puntos débiles, diríjase a la tabla de abajo y circunde el número de cada respuesta incorrecta que tuvo. A continuación vea en la columna de la izquierda cada una de las categorías en que está más débil y revise el material pertinente antes de intentar el Examen de Práctica Dos.

Categoría	Ejercicio	Su puntaje
Números y operaciones básicas	1, 4, 9, 11, 13, 16, 17, 22, 34, 48	
Fracciones y mediciones	6, 20, 35, 46	
Decimales y porcentajes	10, 15, 24	
Análisis de datos	26, 29, 30, 32, 33, 37, 38, 41, 42, 43, 45, 47	
Álgebra	3, 7, 8, 12, 14, 21, 25, 28, 36	
Geometría	2, 5, 18, 19, 23, 27, 31, 39, 40, 44, 49, 50	

Total _____

SU PUNTAJE TOTAL EN EL EXAMEN DE GED

La Prueba de Lenguaje, Escritura _____

La Prueba de Estudios Sociales _____

La Prueba de Ciencias _____

La Prueba de Lenguaje, Lectura _____

La Prueba de Matemáticas _____

Total _____

ANÁLISIS DE LAS RESPUESTAS

PRUEBA 1: LENGUAJE, ESCRITURA, PARTE I/PÁGINA 704

1. **5** Es necesario separar las dos oraciones mediante un punto para que queden claras.

2. **2** La palabra *esfuerzos* se escribe con **z**.

3. **2** La lógica debe vigilarse. Si hablamos del consumidor, esa persona no venderá alimentos sino que los comprará.

4. **5** No es necesaria ninguna corrección.

5. **1** La versión original es la correcta porque las dos ideas son importantes y las cláusulas se deben conectar con la conjunción *y*.

6. **1** *Luz* es un sustantivo femenino; por eso, su artículo debe ser *la* en vez de *el*.

7. **4** A diferencia del inglés, un sustantivo que implique varias personas o cosas no requiere pluralizar el verbo y el adjetivo (la policía *está alerta* en vez de *están alertas*).

8. **1** Se usa la conjunción subordinante causal porque enlaza dos oraciones con ideas subordinadas. En este caso permite eliminar repetición innecesaria.

9. **1** La versión original es correcta porque un punto y coma separa dos cláusulas independientes en una misma oración.

10. **1** La versión original es correcta porque la segunda idea que se presenta se opone a la primera.

11. **1** *Aumentarán* e *incrementará* significan lo mismo. La combinación empleada en la opción 1 elimina la repetición y mejora así la conexión. Las otras combinaciones no tienen sentido.

12. **3** El punto crea dos oraciones con dos ideas distintas, como la lógica demanda en este caso.

13. **1** El verbo en futuro del indicativo es la manera mejor y más simple de reestructurar la oración.

14. **5** No es necesaria ninguna corrección.

15. **4** El artículo (el, la, los, las) debe concordar con el sustantivo. El sustantivo es *aceptación*, palabra femenina.

16. **5** No es necesaria ninguna corrección.

17. **1** Una coma nunca puede separar el sujeto del predicado.

18. **5** No se necesita ninguna corrección.

19. **4** El uso del gerundio compuesto nos permite unir correctamente las dos oraciones.

20. **5** No es necesaria ninguna corrección.

21. **5** No es necesaria ninguna corrección.

22. **2** La palabra *coetáneos* va con acento escrito porque es esdrújula.

23. **2** La conjunción *y* une dos sustantivos singulares (*padre, madre*) y requiere tratamiento plural; es decir, todas las demás partes de la oración, incluyendo el verbo (*pueden*), deben ser plurales.

24. **3** *Acerca de* es una preposición inseparable.

25. **5** Dos conceptos unidos por la conjunción *y* no requieren coma.

26. **3** *Lo* es un pronombre que hace de complemento directo. En este caso, lo que se necesita es *le* con la función de complemento indirecto.

27. **4** La preposición *por* indica el medio y no es la opción adecuada. Debe ser *en*, una preposición que denota lugar (en este caso, el cuerpo).

28. **4** La palabra *caídas* deshace el diptongo con un acento.

29. **1** Los gentilicios (y *estadounidenses* es uno de ellos), no requieren mayúscula en la primera letra.

30. **2** La palabra compuesta *sobrepasan,* igual que otras que están formadas con preposiciones, no se escribe con guión.

31. **1** Delante de la **p** nunca se escribe **n**, sino **m**.

32. **1** La versión original, al separar con un punto dos oraciones que tienen sentido completo, es correcta.

33. **4** En las series y enumeraciones es necesario escribir una coma.

34. **3** Cada vez que la conjunción *o* va seguida por una palabra que empieza con **o**, debe cambiar a *u*.

35. **5** No se necesita ninguna corrección.

36. **4** En este verbo compuesto (*venir + descuidar*) no se puede omitir la conjugación del auxiliar.

37. **1** La mejor manera de volver a escribir la frase con esta cláusula introductoria es la primera opción, ya que tanto la lógica como el tiempo verbal estarán de acuerdo.

38. **3** El *que* después de *contagiosa* indica que la oración continúa y no necesita ser interrumpida por ningún signo de puntuación.

39. **2** En español, *excitante* posee una indeseable connotación sexual y debe evitarse cuando no se trate de sexo o medicina.

40. **4** La contracción *a + el* no es válida. La intención de la oración es "para usted y el medio ambiente".

41. **3** Una cláusula final de una enumeración requiere la conjunción *y* desprovista de signos de acentuación.

42. **1** La palabra *accesorios* lleva dos **c**.

43. **3** La palabra *dispositivos* lleva una **s** antes de la **p**.

44. **1** La versión original en que se usan los dos puntos para hacer una afirmación explicativa es correcta.

45. **1** En esta reestructuración de la oración, la primera opción (con el presente de indicativo) más la locución conjuntiva *ya* es la correcta para darle sentido a la oración.

46. **1** La versión original que separa las dos oraciones es la correcta. Las demás opciones crean confusión o son gramaticalmente incorrectas.

47. **4** Esta locución conjuntiva no se separa por comas.

48. **4** El verbo en tercera persona del plural no es correcto; debe ir en tercera persona del singular ya que el sujeto es el niño.

49. **2** La persona *escoge* con **g** y no con **j**. Este es un error muy común porque *yo escojo* sí que requiere **j**.

50. **5** *Puesto que* es la opción correcta, ya que la segunda oración es una consecuencia de la primera.

PRUEBA 1: LENGUAJE, ESCRITURA, PARTE II/PÁGINA 715

EJEMPLO DE ENSAYO

He conocido a mucha gente en mi vida, pero la persona que tuvo mayor influencia en mi vida ha sido mi padre. Él me enseñó que el trabajo duro recompensa con el tiempo, que las cosas pequeñas tienen más valor de lo que se piensa y que el amor dura más que una vida.

Mi padre me enseñó que el trabajo sacrificado da buenos resultados. Trabajaba día y noche en una pequeña compañía minera y ganaba apenas lo suficiente para alimentar a una familia de siete personas. Nunca lo oí quejarse al traer su salario semanal y entregárselo a mi madre para que comprara comida y las cosas más necesarias. Recuerdo cuánto tiempo y con cuánto esfuerzo trabajó para poder comprarme un abrigo nuevo para el invierno. Eso hizo que yo apreciara el abrigo mucho más.

Mi padre me enseñó que las cosas pequeñas son muy importantes en la vida. Nunca tuvo muchos bienes materiales que ofrecerme, pero a menudo me guardaba un poquito de su almuerzo. Él sabía que yo lo iba a esperar al final de la cuadra para acarrear su caja de almuerzo y que siempre miraría adentro para ver si había algo para mí, y siempre que miré, casi siempre hubo algo.

Mi padre me enseñó que el amor dura y dura. Lo comprobé cuando él murió. Nunca olvidaré el amor que me tuvo y el amor que le dimos yo y toda mi familia. Su caja de almuerzo permanece en una repisa, para recordarnos la vida que compartimos.

Mi padre fue una persona maravillosa que influyó sobre mi vida mucho más de lo que se habría imaginado. Fue un privilegio y un honor ser su hija.

PRUEBA 2: ESTUDIOS SOCIALES/PÁGINA 717

1. **2** Como lo indica el primer párrafo, la palabra *genocidio* es la unión de la palabra griega *genos*, que significa *raza*, y el sufijo en latín *–cida*, que significa *matar*.

2. **4** El tercer párrafo define la amplitud del término *genocidio* al indicar que es un intento de destruir un grupo de personas por motivos nacionales, étnicos, raciales o religiosos. La definición no incluye motivos políticos.

3. **2** De los cinco grupos mencionados, los nazis *practicaron* el genocidio y sus víctimas incluyeron a judíos, eslavos, negros y gitanos.

4. **4** Este texto claramente corresponde a la decisión de una corte. Por eso, de las opcioes dadas, sólo la opción 4 es posible. Dicho sea de paso, la selección es parte de una decisión importante hecha por la Corte Suprema sobre la desegregación de las escuelas en Estados Unidos.

5. **4** El pasaje indica que separar a los niños en las escuelas a causa de su raza les provoca sentimientos de inferioridad. Esta es una razón psicológica para rechazar la segregación.

6. **3** El párrafo final indica que los conocimientos modernos de psicología no respaldan la decisión de *Plessy versus Ferguson*, pudiendo deducirse que los conocimientos sobre psicología de esa época no son relevantes en el mundo actual.

7. **1** Esta foto, ganadora del premio Pulitzer para el periodista Bill Pierce, capturó la rápida y brutal ejecución de un guerrilla del Vietcong en manos de un oficial de Vietnam del Sur. La foto estimuló aún más protestas contra la participación de Estados Unidos en la guerra de Vietnam.

8. **4** Tanto los demócratas como los republicanos tienen seguidores en todos los sectores de la nación y en diferentes grupos sociales y étnicos. Cada partido dispone de líderes y miembros cuyos puntos de vista van del derechismo al izquierdismo. Para ganar control del gobierno, un partido político estadounidense necesita el apoyo de la mayoría de los votantes, lo cual determina su modo de ser. Los demócratas tradicionalmente han tenido el apoyo de los obreros y grupos minoritarios; en cambio los republicanos han simpatizado con los hombres de negocios y granjeros ricos. Las diferencias entre los dos partidos se han basado en asuntos nacionales (p.ej., reducción del monto de los impuestos, gastos en programas sociales) más que en política exterior.

9. **2** El dibujo se refiere a las primeras elecciones libres en Sudáfrica, realizadas en 1994, cuando una nueva constitución garantizó igualdad de derechos para todos los ciudadanos. Los grilletes que caen del brazo del votante negro simbolizan la libertad obtenida gracias al derecho de voto.

10. **4** En el gráfico sobre desarrollo económico, la línea correspondiente al desarrollo real es mucho más alta para 1996-1999 (cerca del 3.6%) que el pronóstico (cerca del 2.4%).

11. **3** Las líneas correspondientes a la inflación real y la inflación pronosticada casi coinciden, indicando la exactitud de los pronósticos hechos por los economistas.

12. **3** El déficit entre la creciente y rápida demanda y la oferta potencial se hace notar cerca de 1990.

13. **1** Los países de Europa y Japón tendrán escasez de petróleo para sus industrias, la producción bajará y como consecuencia habrá desempleo y depresión.

14. **1** Esta resistencia se expresa con frecuencia cuando los que están en el poder no permiten cambios pacíficos mediante métodos formales. El fracaso de llevar a cabo un cambio gradual puede resultar en una revolución.

15. **2** El orador B mantiene que la frontera ha hecho que la historia de Estados Unidos sea única; sólo vería diferencias entre las revoluciones francesa y norteamericana. El orador C hace hincapié en el compromiso histórico entre los grupos en conflicto en Estados Unidos.

16. **2** El orador B seguramente estaría de acuerdo en que la existencia de una frontera inexplotada en Estados Unidos fue una válvula de seguridad para aquellos que deseaban dejar la superpoblada región este del país. Este espacio no lo tenían los países europeos de donde vinieron muchos estadounidenses o sus antepasados.

17. **4** La diferente perspectiva histórica de cada uno asignará diferentes causas y resultados a los mismos acontecimientos.

18. **3** El permiso otorgado a la empresa significó que ésta tuvo el monopolio en la colonización y el comercio en un área, con beneficios compartidos entre los accionistas y el rey.

19. **1** El presidente Johnson mencionó que la primera de las tareas pendientes y el primer objetivo que se debía alcanzar en el interés nacional era la disponibilidad de empleo para todos.

20. **4** "Ampliar los beneficios de la prosperidad" fue una de las tareas que estaban pendientes en la lista presidencial.

21. **1** Si bien el presidente está autorizado para negociar tratados, dos tercios del senado debe ratificar cualquier tratado que éste negocie. Tal es el sistema de frenos y equilibrios.

22. **3** Los actos del senado son autorizados en la Sección 3 del Artículo 1 de la Constitución.

23. **2** Una generalización válida obtenida del gráfico es el hecho de que los países industrializados tienen índices de natalidad y de mortalidad infantil inferiores a los de países en desarrollo. Las primeras seis naciones de la tabla son países en desarrollo, mientras que las seis últimas naciones son países industrializados. El índice de natalidad promedio de los países en desarrollo es cuatro veces mayor que el de los países industrializados. La diferencia entre los índices de mortalidad infantil son aún mayores, desde Uganda, cuyos índices son 12 veces mayores que los de Italia, hasta Angola, con índices 57 veces mayores que los de Japón.

24. **1** Según la tabla, los menores índices de natalidad se encuentran sobre todo en Europa Occidental. Cuatro de los seis países industrializados con bajos índices de natalidad se encuentran en Europa Occidental.

25. **4** Uganda, Somalia, Angola y Etiopía, cuatro de los seis países con mayor mortalidad infantil, se encuentran en África.

26. **4** Los derrames de petróleo han arruinado repetidamente el valor recreativo de las playas y han destruido la vida de peces y aves, causando gran daño económico y ecológico.

27. **4** La definición indica que la topografía está relacionada con la superficie geográfica de una región.

28. **4** El pasaje hace alusión a los principios de la unión, al cemento de la unión y a que los intereses más importantes serían mejor promovidos por la unión.

29. **3** El pasaje se refiere a las "poco razonables envidias" entre la gente de los estados del este y del sur.

30. **2** Las envidias y los prejuicios empezaron a desaparecer cuando los habitantes empezaron a conocerse.

31. **5** El acabamiento de la frontera coincide con el acabamiento de los terrenos gratuitos.

32. **1** El autor menciona las contribuciones de la frontera—escape del estancamiento, nuevas experiencias y oportunidades.

33. **3** Se escribió cien años después de la creación de la Constitución (1789) y cuatrocientos después del descubrimiento de América (1492).

34. **4** La caricatura se refiere al colapso del comunismo a comienzos de la década de 1990. La hoz y el martillo es un símbolo de la Unión Soviética. Una hilera de estos símbolos se asemeja a las costillas del esqueleto de un dinosaurio y el comentario implica que el comunismo, igual que un dinosaurio, no pudo adaptarse a los cambios.

35. **3** La hoz y el martillo son símbolos de la Unión de Repúblicas Socialistas Soviéticas (URSS, 1922–1991).

36. **2** La herencia y el medio ambiente contribuyeron diversos factores al comportamiento de individuos y grupos. Ningún factor *único* puede aislarse e identificarse como un determinante de las acciones humanas.

37. **4** Es el comercio lo que nos mantiene vivos.

38. **2** El incremento de la población se debe a la acelerada unificación económica.

39. **3** Se mencionan dos puntos de vista respecto a la asimilación de los indios norteamericanos en la vida estadounidense: la creencia de que la total integración es inevitable y la creencia de que los indios continuarán manteniendo su propia identidad durante mucho tiempo.

40. **1** La seguridad colectiva requiere que las naciones coordinen sus fuerzas militares para protegerse mutuamente ante una agresión.

41. **3** La movilidad social es el movimiento vertical en las escalas social y económica de la sociedad, en gran parte gracias a la habilidad y al esfuerzo de cada persona. La opción 3 es un ejemplo de esta movilidad.

42. **4** La diversidad cultural, una variedad de modelos culturales, existe cuando distinta gente se reúne y se mezcla. La migración es uno de los medios más comunes para generar la diversidad cultural.

43. **4** El choque cultural es resultado de un cambio social rápido—el movimiento hacia una sociedad que es más (o menos) desarrollada. La opción 4 es un ejemplo del segundo caso.

44. **2** La familia extensa incluye los abuelos, los tíos, las tías y los primos. Por necesidad económica, hay una mutua dependencia para sobrevivir.

45. **1** Una sociedad pluralista estimula la coexistencia de gentes de distinto origen étnico que generalmente tienen puntos de vista diferentes sobre asuntos importantes.

46. **3** El estudio encontró que los adolescentes de Estados Unidos fuman menos que los de muchos países industrializados.

47. **4** Los jóvenes de 15 años quedaron en vigésimo lugar, 14 lugares por debajo de los jóvenes de 11 años, demostrando que son menos adictos a la televisión.

48. **5** El pasaje afirma que la geografía natural deja su marca en la sociedad.

49. **3** En la tabla A, un 65% se opone al allanamiento sin un permiso específico, mientras que un 68% se opone a cualquier método de espionaje electrónico de los ciudadanos sin una orden judicial.

50. **3** La tabla B muestra que el 63% permitiría al gobierno federal el uso de interceptores telefónicos y otros métodos con un permiso específico de

las cortes. Cuando se hizo la misma pregunta negativamente en la tabla A, el 68% se opuso al espionaje electrónico sin permiso.

PRUEBA 3: CIENCIAS/PÁGINA 730

1. **5** La selección define a una población como un grupo de organismos de la misma especie que viven juntos en un lugar determinado. Un ecosistema (o sistema ecológico) consiste en una comunidad de seres vivos de una región y su medio ambiente no vital. La biósfera es la porción de la tierra donde existen los ecosistemas. Una comunidad consiste en poblaciones de diferentes especies.

2. **5** El diagrama ilustra una comunidad simple que consiste en poblaciones de diferentes especies que viven juntas e interactúan.

3. **1** El factor que ayuda a mantener estable la población son los depredadores. Tanto depredadores como sus presas se adaptan entre ellos y al medio ambiente. Si un nuevo organismo es llevado a un nuevo hábitat, tendrá pocos enemigos naturales y su población aumentará.

4. **2** En esta comunidad simple las plantas realizan la fotosíntesis, generan oxígeno y crean comida para sí mismas y para los peces. Los peces respiran y suministran anhídrido carbónico a las plantas, que lo necesitan para el proceso de la fotosíntesis. Los excrementos de los peces son procesados por las bacterias en el barro y producen nitratos para las plantas. Mientras estas interrelaciones se mantengan, el peso total del recipiente y de su contenido se mantendrá inalterado.

5. **1** El factor biótico se relaciona con seres vivientes. Los minerales no están vivos.

6. **3** Una comunidad es un ambiente particular donde los organismos de diferentes especies viven e interactúan. Una comunidad es una unidad de automantenimiento en el cual la energía y los alimentos son reciclados.

7. **4** El gráfico muestra un ciclo de 2 años, pero en cada año las ballenas pasan 5 meses en aguas del ártico.

8. **1** Las crías nacen en enero (flecha 2) y en marzo están emigrando hacia el norte, es decir, a los dos meses de haber nacido.

9. **4** Las ballenas grises son fertilizadas en diciembre (flecha 1) y las crías nacen 13 meses después, en enero. Recuerde que el gráfico muestra un ciclo bienal.

10. **2** En su primer año de vida, la cría pasa sólo 2 meses en las aguas al sur de California. El resto del año la cría vive en aguas del ártico o bien emigra o inmigra a ellas.

11. **5** Esta pregunta le pide encontrar una función que es específica del hemisferio derecho del cerebro. Las opciones 1 a 4 corresponden a funciones del lado izquierdo del cerebro. La habilidad musical (opción 5) es una función del lado derecho y es la respuesta correcta.

12. **1** Las células nerviosas del cerebro se llaman neuronas. Note que esta información es proporcionada al final del primer párrafo. Como es muy frecuente en el Examen de GED, la información que usted necesita generalmente está escrita en el texto.

13. **2** Como lo dice la tabla, el hemisferio izquierdo del cerebro está encargado del razonamiento matemático.

14. **2** Para que las funciones se muevan de un lado del cerebro al otro, debe haber un medio de comunicación entre los lados. El texto explica que el cuerpo calloso es el encargado de ello.

15. **4** El pasaje menciona tanto señales químicas como eléctricas. Las señales hemisféricas no aparecen en ninguna parte.

16. **3** Según el pasaje, el axón es la parte de la neurona que lleva la señal de una neurona a otra y que la sinapsis es la conexión entre las neuronas. Cada una de las otras opciones contiene un error.

17. **4** El gráfico muestra que la tierra cubierta con estiércol y paja posee mayor contenido de humedad y menor variación en el contenido de humedad que la tierra que no fue cubierta con estiércol y paja.

18. **4** La lluvia probablemente aumentará el contenido de humedad; por eso, busque en el gráfico la parte donde el contenido de humedad aumentó al máximo (días 15-20). Note que este aumento afecta tanto a la tierra que está cubierta con estiércol y paja como a la tierra que no lo está.

19. **4** Ni el tamaño ni el color fue un factor en este experimento, como tampoco lo fue el costo. Los mismos ratones no podían volverse a usar, ya que la variable en este experimento es el aprendizaje y los ratones ya habían sido sometidos a él. La opción 4 es la mejor respuesta.

20. **1** Esta opción corresponde a una conclusión obtenida del experimento. Todas las demás opciones son incorrectas o irrelevantes.

21. **3** La respuesta aparece en el pasaje.

22. **1** La iluminación no formó parte del experimento y por consiguiente es irrelevante.

23. **3** Por importantes que fuesen las otras funciones, la pérdida de oxígeno causaría el mayor daño inmediato. Los seres humanos pueden vivir muy pocos minutos sin oxígeno, pero pueden subsistir mucho más tiempo sin comida o agua.

24. **4** Cada persona necesita 1 kilogramo de oxígeno por día. Un kilogramo por persona por día multiplicado por 10 personas multiplicado por 21 días es igual a 210 kilogramos.

25. **3** La falta de gravedad nunca sería un problema para un terrestre, porque nunca le faltaría.

26. **4** El pasaje claramente menciona que los compuestos de calcio son neutralizadores naturales de la lluvia ácida.

27. **4** Las plantas hidroeléctricas no queman combustibles fósiles para generar electricidad. Todas las demás opciones se mencionan como factores contribuyentes a la lluvia ácida.

28. **2** Según la tabla, la sustancia con el pH más elevado es la lejía, la más básica. En el examen, casi siempre se le provee con la información que usted necesita. Su objetivo generalmente consiste en identificar esa información y usarla para responder la pregunta.

29. **3** La neutralización requiere un ácido y una base. La única combinación enumerada entre las opciones que incluye un ácido y una base es la opción 3. La opción 1 consiste en dos ácidos y las opciones 2 y 4 consisten en dos bases. El agua destilada es neutra y no podría actuar en una neutralización.

30. **4** La mejor medida sería reducir o parar el origen del problema. Las otras opciones no harían nada por evitar que el mismo problema se repitiese.

31. **3** El pasaje menciona que el anhídrido carbónico que se disuelve en el agua no causa lluvia ácida. El pasaje menciona además que los óxidos de nitrógeno y azufre son las principales causas de la lluvia ácida. Las opciones 1, 2, 4 y 5 son óxidos de nitrógeno y azufre.

32. **2** Cuando se aplican pesticidas a las plantas, muchas pestes mueren pero algunas tienen resistencia natural a los pesticidas y sobreviven. Si la peste sobrevive y se reproduce, sus descendientes tendrán mayor probabilidad de no ser afectadas por el pesticida.

33. **5** Reptil: culebra. Ave: gorrión. Mamífero: elefante africano.

34. **1** La soda perderá su carbonación más rápidamente a temperaturas elevadas y baja presión. Bajo tales condiciones, el anhídrido carbónico tenderá a no disolverse.

35. **2** Ubique la presión dada, 8 mm, en el eje horizontal. Suba por la línea de los 8 mm hasta alcanzar la curva del gráfico. En el eje vertical a la izquierda verá que el volumen en este punto es de aproximadamente 2 ml.

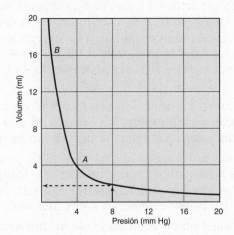

36. **4** El propano (C_3H_8) es un compuesto orgánico. HNO_3, H_2SO_4 y HCl son ácidos. $NaCl$ es una sal.

37. **3** Entre las respuestas, la única solución que está específicamente identificada en el pasaje como un electrolito es el cloruro de sodio.

38. **3** En vuelo horizontal, el impulso del motor empuja al avión hacia delante y la resistencia del aire lo empuja hacia atrás. Si ambas son iguales, no habrá cambio de velocidad. En las opciones 1 y 2, una de las fuerzas verticales es mayor que la otra. La opción 4 es incorrecta porque la fuerza que actúa sobre la pared no tiene nada que ver con la velocidad de la pelota. La opción 5 es incorrecta porque no toma en cuenta la acción de la fuerza de gravedad.

39. **4** No existen planetas pequeños con anillos, pero todos los planetas grandes—con excepción de Júpiter—los tienen. La opción 1 es incorrecta porque Júpiter no tiene anillos. La opción 2 no está bien porque Plutón no tiene anillos. La opción 3 está equivocada porque una clara tendencia ha quedado establecida. La opción 5 es incorrecta porque no hay razón alguna para suponer que Plutón alguna vez tuvo anillos.

40. **2** Sólo en los desiertos hay arena seca en la superficie que puede ser levantada y acarreada por el viento.

41. **5** Si cierta sustancia está presente, no hay razón para suponer que dicha sustancia afecte a las ranas en forma distinta de como afecta a los peces.

42. **2** La muestra original tenía un total de 20.00 gramos. Al terminarse el calentamiento, quedaban 12.00 gramos. Así, sólo queda afirmar que los 8.00 gramos desaparecidos deben haber sido agua que se evaporó con el calor.

43. **3** El porcentaje de lo que era agua fue 8.00 g de agua/20.00 g total; es decir, .4; es decir, 40%.

44. **3** El impulso comienza con la irritación de la córnea, va mediante la neurona sensorial hacia el cerebro y luego pasa por medio de una neurona motriz a la glándula lacrimal.

45. **5** Que ahora existan mosquitos resistentes al DDT en mayor cantidad que 10 años atrás significa que hay diferencias genéticas que han permitido a ciertos mosquitos sobrevivir el DDT. Los mosquitos que no pudieron resistir el DDT murieron. Aquellos con capacidad de sobrevivir vivieron y reprodujeron a otros mosquitos con parecida capacidad de supervivencia. El resultado fue un aumento en el número de mosquitos resistentes al DDT en la especie.

46. **3** Los fósiles se encuentran en rocas sedimentarias depositadas en capas. Las capas más viejas están más profundas en la corteza de la tierra y las más nuevas están más próximas a la superficie. Para concluir que una especie no ha cambiado mucho a través del tiempo, los fósiles inalterados de esa especie deben haber estado distribuidos por todas esas capas.

47. **1** Los gametos—huevo o semen—tienen la mitad de los cromosomas de las células somáticas tales como las células de una hoja. El número de células somáticas queda establecido durante la fertilización.

48. **2** En circunstancias normales, el número total de petirrojos adultos o de salmones adultos no cambia con gran rapidez. Cada par de adultos produce, como promedio, suficientes huevos para reemplazarse, de modo que sólo dos huevos debieran sobrevivir por cada par de adultos.

49. **2** Las plantas de maíz que crecen en la oscuridad son blancas. La explicación más probable es que la expresión del gen del color puede depender del medio ambiente. Las plantas poseen la información genética para la producción clorofílica. Esto se puede deducir ya que son genéticamente idénticas a las plantas que crecen en la luz. La luz se necesita para activar el gen de la clorofila.

50. **4** En la reproducción sexual, nuevas propiedades son producidas por la recombinación de los genes de los dos padres.

PRUEBA 4: LENGUAJE, LECTURA/PÁGINA 742

1. **1** En el primer párrafo, el niño describe cómo "...la tierra firme, el pantano y el océano se fundían en una sola neblina gris, caliente y húmeda" y provee otros detalles descriptivos del medio que lo rodeaba en ese mes de agosto.

2. **4** El escritor declara que, "Agosto era el mes indicado para no hacer nada y estar orgulloso de eso".

3. **2** Agosto es recordado "con algo de ansiedad," pues "era tiempo de huracanes y polio".

4. **3** "...recuerdo también la extraña sensación que producía el aire alrededor. Las primeras brisas del huracán eran tan leves, tan húmedas, tan suaves que apenas podían distinguirse de la sensación que uno sentía en su propia piel".

5. **3** Agosto es recordado como una época tanto de placer como de ansiedad. Los huracanes eran temibles para los adultos, pero para el narrador "...eran mucha diversión más que nada".

6. **4** Como dice el autor, "Sin ellos estaríamos perdidos".

7. **2** La familia manda a la persona joven que sea más despierta.

8. **1** Otros miembros de la familia vendrán, gracias a las remesas de dinero del inmigrante.

9. **3** El recién llegado va progresando de ayudante de camarero a camarero y con el tiempo trata de convertirse en el dueño del establecimiento.

10. **1** Permitiendo la inmigración de gente joven, Estados Unidos se rejuvenece.

11. **1** Siendo persona religiosa, Shmul-Leibele bendice al Señor por la comida disponible.

12. **1** Shmul-Leibele felicita a Shoshe diciéndole que el pan estaba "como debía ser".

13. **4** El whisky no era parte del ritual. Shmul-Leibele lo bebió porque el aroma de la comida "le había quitado el aliento".

14. **3** "Rogó no tener necesidad...de sus préstamos".

15. **3** El propósito es el de describir una cena de sabbat celebrada por una pareja de ancianos judíos.

16. **4** Lottie se da cuenta que Bess no había "visto" los lujos de su casa.

17. **3** Bess "...había venido a buscar...un lugar en la casa y en el corazón de su hermana".

18. **2** Lottie siente que nunca ha realmente vivido su vida.

19. **2** En el último párrafo, Bess da a su hermana consejos sobre la vida. Cabe deducir que así será en el futuro.

20. **1** Lottie probablemente será estimulada por su hermana y tratará de vivir más intensamente.

21. **2** El poeta está reaccionando contra "esta cosa fatua" (una fotografía de sí mismo) que el fotógrafo le está mostrando.

22. **2** El poeta ha "gastado lágrimas y sangre" y experimentado "dolores, batallas y naufragios".

23. **1** El tiempo "ha esculpido...arrugas profundas de felicidad y dolor" sobre su rostro.

24. **3** El poeta desea poner de vuelta en la foto sus "marcas de batalla".

25. **5** El fotógrafo la retocó y embelleció "para agradar".

26. **4** Kay dice a Grant que no puede aceptar su decisión, y Conover dice que Kay tiene razón.

27. **1** Grant afirma que no piensa adaptarse a las circunstancias y que dirá lo que desea decir en su próximo discurso.

28. **5** Grant dice que "...para obtener votos, ambos partidos han decidido comprar al público estadounidense".

29. **3** Grant se promete que apelará a todo lo que es bueno en los votantes de su país.

30. **3** Grant afirma que desde ahora atacará a cualquier candidato que arriesga la paz mundial por obtener votos.

31. **4** Vea la sección que trata sobre la búsqueda de la idea principal. Los renglones que comienzan y terminan el pasaje describen la devoción que el padre muestra por la educación.

32. **5** *Destacó* significa *sobresalió* en vez de *ocultó*.

33. **3** Se dice del padre que "no era como los demás forasteros que traían a sus hijos en ciega obediencia de la ley..."

34. **3** La descripción del padre incluye sus "...manos nerviosas y de gestos elocuentes, y una voz cargada de emoción," es decir, no era ni calmado ni torpe.

35. **5** Aquí, *verde* significa inmigrante, una persona recientemente llegada a Estados Unidos.

36. **4** Según la carta, el Sr. Black fue un empleado que se desempeñó muy bien en Smith Incorporated y que ahora "...está destinado a grandes logros en su carrera y a proporcionar grandes beneficios para la empresa que lo contrate", es decir, el Sr. Black está buscando trabajo en otra compañía.

37. **3** La carta menciona su excelente desempeño en comercialización y promoción (dos ramas de la mercadotecnia), lo cual ha permitido modernizar el departamento de mercadotecnia, implicando así que el Sr. Black sería un excelente candidato en cualquiera de sus campos.

38. **1** "La paciencia y las largas horas de trabajo que ha dedicado a los empleados que están bajo su cargo y a la gerencia" sugiere que él tiene excelente capacidad de comunicación.

39. **4** El autor de la carta declara que le "...complace poder recomendar con entusiasmo al Sr. Black a cualquier compañía que considere emplearlo".

40. **5** La carta alaba el desempeño del Sr. Black y lo recomienda a quienquiera con gran entusiasmo, implicando así un alto grado de satisfacción con su desempeño en Smith Incorporated.

PRUEBA 5: MATEMÁTICAS/PÁGINA 753

Parte I

1. **3** Luisa ganó un total de 40($8.10) = $324. Para encontrar el número de horas que Juana debiera trabajar para ganar $324, divida $324 por $10.80: 324.00 ÷ 10.80 = 30

2. **3** Como m$\angle ACB = 90°$ y m$\angle CAD = 40°$, entonces m$\angle B = 180° - 90° - 40° = 50°$.
En $\triangle BCD$, m$\angle CDB = 90°$ y m$\angle B = 50°$.
Por lo tanto, m$\angle DCB = 180° - 90° - 50° = 40°$.

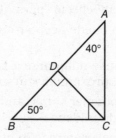

3. **5** Si la clase tiene x estudiantes y 5 estudiantes están ausentes, entonces $x - 5$ están presentes: $\dfrac{x-5}{x}$

4. **2** Si el tanque está $\dfrac{1}{3}$ lleno, significa que está $\dfrac{2}{3}$ vacío.

Que x = capacidad del tanque,

$\dfrac{2}{3} x = 16$, de modo que $x = 16 \div \dfrac{2}{3} = 16 \times \dfrac{3}{2} = 24$.

5. **20**   Que x = longitud de la rampa.

Use el teorema de Pitágoras para obtener la ecuación:

$x^2 = 12^2 + 16^2 = 144 + 256 = 400$

$x = \sqrt{400} = 20$

6. **3**   48 medias pintas = 24 pt
Como 2 pt = 1 qt., 24 pt = 12 qt
Como 4 qt = 1 gal, 12 qt = 3 gal
3($3.50) = $10.50

7. **5**   Usted no necesita el valor de x, usted necesita el valor de

$2\dfrac{1}{2}x = \dfrac{5}{2}x = \dfrac{5x}{2}$.

Como $5x - 1 = 34$, entonces $5x = 35$, y $\dfrac{5x}{2} = \dfrac{35}{2} = 17\dfrac{1}{2}$.

8. **4**   Si $AC = 18$ y $BC = 8$, entonces $AB = 18 - 8 = 10$.
La razón $AB:BC = 10:8$, o $5:4$.

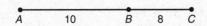

9. **74**   Que x = ancho del salón.
$23x = 322$
$x = 322 \div 23 = 14$
Perímetro = 23 + 14 + 23 + 14 = 74 pies

ÁREA = 322 pies^2

x

23 pies

10. **5**   Para determinar el precio por el que CompuCentral vende la cámara digital, Daniel debe saber el precio que tiene la cámara antes de restarle el 20%.

11. **1/4** o bien **.25**   Si los obreros pueden cargar un camión en 3 horas, pueden entonces cargar $\dfrac{1}{3}$ del camión en 1 hora. En 45 minutos o $\dfrac{3}{4}$ de hora, los trabajadores pueden cargar $\dfrac{3}{4} \times \dfrac{1}{3} = \dfrac{1}{4} = .25$ del camión.

12. **2** $x^2 + x - 6 = 0$
$(x + 3)(x - 2) = 0$
$x + 3 = 0$ o bien $x - 2 = 0$
$x = -3$ o $x = 2$
La opción correcta es (2).

13. **12**   40 pies = 40 × 12 = 480 pulg
3 pies 4 pulg = 3(12) + 4 = 36 + 4 = 40 pulg
480 ÷ 40 = 12 bufandas

14. **4**   Que x = cantidad de dinero que tiene Roberto. Luego x es *también* la cantidad que tiene Tomás, y $x + 5$ es el dinero que tiene Enrique.
Como $65 = x + x + x + 5 = 3x + 5$, entonces $3x = 60$, y $x = 20.

15. **5** Usted no puede calcular el costo ya que no sabemos el número de días que la pareja va a estar en el motel. No se da información suficiente.

16. **3** Que n = número
Entonces n^2 = el cuadrado del número y $n + 4$ = el número más 4
La ecuación es $n^2 + n + 4 = 60$.

17. **3** $6 \times 10^5 = 600,000$
$4 \times 10^3 = 4,000$
$600,000 \div 4,000 = 600 \div 4 = 150$

18. **5** Que x, $2x$, y $3x$ = medidas de los 3 ángulos. Entonces:
$$3x + 2x + x = 180$$
$$6x = 180$$
$$x = 180 \div 6 = 30$$
$$3x = 3(30) = 90°.$$

19. **4** Que x = m∠3 y $2x$ = m∠2.
m∠1 + m∠2 + m∠3 = 180°
$$36 + 2x + x = 180$$
$$3x + 36 = 180$$
$$3x = 180 - 36 = 144$$
$$x = 144 \div 3 = 48°$$

20. **3** La carne de res cuesta 4($4.29) = $17.16.
La carne de pollo cuesta $21.99 - $17.16 = $4.83.

Para encontrar el precio por libra del pollo, divida $4.83 por $3\frac{1}{2}$, o por 3.5.

$4.83 \div 3.5 = $1.38
La libra de pollo cuesta $1.38.

21. **5** El carpintero gana $16 por hora o 9(16) dólares por 9 horas de trabajo. El asistente gana $8 por hora o 9(8) dólares por 9 horas de trabajo. Juntos ganaron 9(16) + 9(8) dólares.

22. **4** Para expresar un número en notación científica, exprésela como el producto de un número entre 1 y 10 y como potencia de 10. En este caso, el número entre 1 y 10 es 6.315. Si vamos de 6.315 a 63,150,000,000, movemos el punto decimal 10 espacios hacia la derecha. Cada espacio recorrido representa una multiplicación por 10. De este modo, el desplazamiento entero del punto decimal representa una multiplicación por 10^{10}. De este modo, $63,150,000,000 = 6.315 \times 10^{10}$.

23. **(–4,–2)** Para la coordenada x (–4), cuente cuatro espacios hacia la derecha del centro (donde las líneas x e y se intersectan) y luego, para la coordenada y (–2), cuente dos espacios hacia abajo. Marque el punto en la cuadrícula de coordenadas.

24. **1,080** $12,000 \times 0.09 = $1,080

25. **1** $3x + 2 < 14$
$$3x < 12$$
$$x < 4$$

La única opción menor de 4 es 3.

Parte II

26. **5** Sume las cantidades dadas: 11 + 6 + 5 + 40 + 30 = $92

$100 – $92 deja $8 de ganancia.

27. **3** Para encontrar el perímetro de la figura, encuentre la suma de los largos de sus lados.

$2a + a + b + 2a + b + a + 2b = 6a + 4b$

28. **3** Que x = número de puntos obtenidos por Jack,

$x + 7$ = número de puntos obtenidos por Ben,

$x – 2$ = número de puntos obtenidos por Paul.

$x + x + 7 + x – 2 = 38$

$3x + 5 = 38$

$3x = 38 – 5 = 33$

$x = 33 \div 3 = 11$

29. **3** Use la fórmula $V = xyz$ (x = largo, y = ancho, z = altura)

En este caso, $x = 5$, $y = 5$, and $z = z$.

Por lo tanto, $V = 5 \times 5 \times z = 25z$ y $25z = 200$.

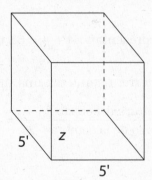

30. **4** Como $3^2 = 9$ y $4^2 = 16$, $\sqrt{12}$ se encuentra entre 3 y 4 . Sólo el punto D

se encuentra entre 3 y 4.

31. **450**   Dibuje el segmento NM para dividir el espacio del piso en dos rectángulos.

Área de un rectángulo = la

Área del rectángulo grande = $20 \times 15 = 300$ pies^2

Área del rectángulo pequeño = $10 \times 15 = 150$ pies^2

Área total del piso = $150 + 300 = 450$ pies^2

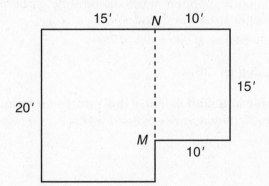

32. **3** Inversión extranjera en finanzas y seguros = \$2 billones. Si los estadounidenses gastan 50% (o la mitad) de esa suma en videojuegos, entonces gastan \$1 billón.

33. **4** Inversión extranjera en manufactura = $\$2\frac{1}{2}$ billones

Inversión extranjera en petróleo = \$1 billón

Diferencia = $\$1\frac{1}{2}$ billones

34. **5** Reemplace las variables con los valores dados.

$-2^2(32 - (-2) = 4(34) = 136$

35. **68** Como $\frac{1}{4}$ pulg representa 8 mi, 1 pulg representa $4 \times 8 = 32$ mi

y 2 pulg representan $2 \times 32 = 64$ mi. $\frac{1}{8}$ pulg $= \frac{1}{2}$ de $\frac{1}{4}$ pulg, de modo

que $\frac{1}{8}$ pulg representa 4 mi.

Entonces $2\frac{1}{8}$ pulg representan $64 + 4 = 68$ mi.

36. **3** Que x = altura de la torre. Establezca una proporción:

$$\frac{\text{altura del objeto}}{\text{largo de la sombra}} : \frac{x}{28} = \frac{6}{4}.$$

$4x = 6(28) = 168$

$x = 168 \div 4 = 42$ pies.

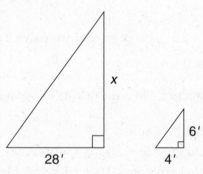

37. **1** Diez hojuelas corresponden al 6% del total de carbohidratos. Por lo tanto, 5 hojuelas serían la mitad, o 3%.

$10 + 5 = 15$ hojuelas, y $6\% + 3\% = 9\%$

38. **5** La mitad de .5 g es .25 g.

39. **4** Para encontrar la distancia entre dos puntos en la misma línea vertical, reste sus coordenadas-y: $4 - (-3) = 4 + 3 = 7$.

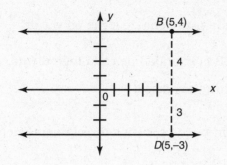

40. **5** Pendiente = $\dfrac{y_2 - y_1}{x_2 - x_1}$

En este caso, $y_2 = y$, $y_1 = 2$, $x_2 = 4$, y $x_1 = 1$.

Por lo tanto, $\dfrac{y-2}{4-1} = 1$

(3) $\dfrac{y-2}{3} = 1$ (3)

$y - 2 = 3$
$y = 3 + 2 = 5.$

41. **4** El tope de la barra del miércoles corresponde al 6 en la escala vertical.

42. **2** Más de 16 galones se vendieron el sábado y 6 galones se vendieron el miércoles. Para encontrar el aumento porcentual, encuentre la cantidad real del aumento $(16 - 4 = 12)$, y divídalo por la cantidad

original, $\dfrac{12}{4} = 3 = 300\%$.

Como las ventas del sábado fueron de más de 16 galones, la respuesta es 2.

43. **60** Los topes de las barras del lunes al domingo corresponden a 5, 4, 6, 5, 14, 17 y 9, y su suma es 60.

44. **55** Que $x = \mathrm{m}\angle OAB$

$OA = OB$ ya que los radios del mismo círculo miden lo mismo.

Por lo tanto, $\mathrm{m}\angle OAB = \mathrm{m}\angle OBA$.

$x + x + 70 = 180$
$2x + 70 = 180$
$2x = 180 - 70 = 110$
$x = 110 \div 2 = 55$

45. **3** Entre las 3 P.M. y las 4 P.M., Silvia recorrió $124 - 80 = 44$ millas. Como estaba manejando a una velocidad constante todo el tiempo, en el

$\dfrac{1}{4}$ de hora entre las 4:00 y las 4:15 ella recorrió un $\dfrac{1}{4}(44) = 11$ mi.

Por lo tanto, a las 4:15 P.M. había recorrido $124 + 11 = 135$ millas.

46. **2** Si Juana usa una taza llena de leche en vez de $\dfrac{1}{3}$ de taza, debe

multiplicar por 3 la cantidad de cada ingrediente.

$3\left(\dfrac{2}{3}\right) = 2$ cucharaditas de sal.

47. **5** Esta información puede ser leída directamente del gráfico.

48. **4** Que x = costo del terreno y

$3x$ = precio de la casa.

$x + 3x = 200,000$
$4x = 200,000$
$x = 200,000 \div 4 = 50,000$
$3x = 3(50,000) = \$150,000$

49. **5** En la figura de abajo, las medidas de los cuatro ángulos obtusos y de los cuatro ángulos agudos son las mismas:

$$a = d = e = g \quad b = c = f = h$$

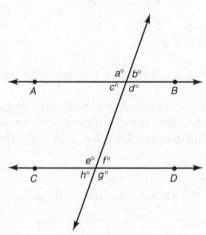

Al verificar las opciones, usted se dará cuenta de que todas son correctas excepto (5):

$b \neq g$

50. **2** Radio del círculo externo = $\dfrac{1}{2}(48) = 24$ pulg

Radio del círculo interno = 20 pulg

Use la fórmula $A = \pi r^2$.

Área del círculo externo = $\pi \times 24 \times 24 = 576\pi$

Área del círculo interno = $\pi \times 20 \times 20 = 400\pi$

Área del borde = $576\pi - 400\pi = 176\pi$

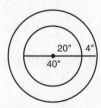

HOJA DE RESPUESTAS
DEL EXAMEN DE PRÁCTICA

PRUEBA 1: LENGUAJE, ESCRITURA

1. ① ② ③ ④ ⑤   21. ① ② ③ ④ ⑤   41. ① ② ③ ④ ⑤
2. ① ② ③ ④ ⑤   22. ① ② ③ ④ ⑤   42. ① ② ③ ④ ⑤
3. ① ② ③ ④ ⑤   23. ① ② ③ ④ ⑤   43. ① ② ③ ④ ⑤
4. ① ② ③ ④ ⑤   24. ① ② ③ ④ ⑤   44. ① ② ③ ④ ⑤
5. ① ② ③ ④ ⑤   25. ① ② ③ ④ ⑤   45. ① ② ③ ④ ⑤
6. ① ② ③ ④ ⑤   26. ① ② ③ ④ ⑤   46. ① ② ③ ④ ⑤
7. ① ② ③ ④ ⑤   27. ① ② ③ ④ ⑤   47. ① ② ③ ④ ⑤
8. ① ② ③ ④ ⑤   28. ① ② ③ ④ ⑤   48. ① ② ③ ④ ⑤
9. ① ② ③ ④ ⑤   29. ① ② ③ ④ ⑤   49. ① ② ③ ④ ⑤
10. ① ② ③ ④ ⑤   30. ① ② ③ ④ ⑤   50. ① ② ③ ④ ⑤
11. ① ② ③ ④ ⑤   31. ① ② ③ ④ ⑤
12. ① ② ③ ④ ⑤   32. ① ② ③ ④ ⑤
13. ① ② ③ ④ ⑤   33. ① ② ③ ④ ⑤
14. ① ② ③ ④ ⑤   34. ① ② ③ ④ ⑤
15. ① ② ③ ④ ⑤   35. ① ② ③ ④ ⑤
16. ① ② ③ ④ ⑤   36. ① ② ③ ④ ⑤
17. ① ② ③ ④ ⑤   37. ① ② ③ ④ ⑤
18. ① ② ③ ④ ⑤   38. ① ② ③ ④ ⑤
19. ① ② ③ ④ ⑤   39. ① ② ③ ④ ⑤
20. ① ② ③ ④ ⑤   40. ① ② ③ ④ ⑤

PRUEBA 2: ESTUDIOS SOCIALES

1. ① ② ③ ④ ⑤   21. ① ② ③ ④ ⑤   41. ① ② ③ ④ ⑤
2. ① ② ③ ④ ⑤   22. ① ② ③ ④ ⑤   42. ① ② ③ ④ ⑤
3. ① ② ③ ④ ⑤   23. ① ② ③ ④ ⑤   43. ① ② ③ ④ ⑤
4. ① ② ③ ④ ⑤   24. ① ② ③ ④ ⑤   44. ① ② ③ ④ ⑤
5. ① ② ③ ④ ⑤   25. ① ② ③ ④ ⑤   45. ① ② ③ ④ ⑤
6. ① ② ③ ④ ⑤   26. ① ② ③ ④ ⑤   46. ① ② ③ ④ ⑤
7. ① ② ③ ④ ⑤   27. ① ② ③ ④ ⑤   47. ① ② ③ ④ ⑤
8. ① ② ③ ④ ⑤   28. ① ② ③ ④ ⑤   48. ① ② ③ ④ ⑤
9. ① ② ③ ④ ⑤   29. ① ② ③ ④ ⑤   49. ① ② ③ ④ ⑤
10. ① ② ③ ④ ⑤   30. ① ② ③ ④ ⑤   50. ① ② ③ ④ ⑤
11. ① ② ③ ④ ⑤   31. ① ② ③ ④ ⑤
12. ① ② ③ ④ ⑤   32. ① ② ③ ④ ⑤
13. ① ② ③ ④ ⑤   33. ① ② ③ ④ ⑤
14. ① ② ③ ④ ⑤   34. ① ② ③ ④ ⑤
15. ① ② ③ ④ ⑤   35. ① ② ③ ④ ⑤
16. ① ② ③ ④ ⑤   36. ① ② ③ ④ ⑤
17. ① ② ③ ④ ⑤   37. ① ② ③ ④ ⑤
18. ① ② ③ ④ ⑤   38. ① ② ③ ④ ⑤
19. ① ② ③ ④ ⑤   39. ① ② ③ ④ ⑤
20. ① ② ③ ④ ⑤   40. ① ② ③ ④ ⑤

PRUEBA 3: CIENCIAS

1. ① ② ③ ④ ⑤	21. ① ② ③ ④ ⑤	41. ① ② ③ ④ ⑤
2. ① ② ③ ④ ⑤	22. ① ② ③ ④ ⑤	42. ① ② ③ ④ ⑤
3. ① ② ③ ④ ⑤	23. ① ② ③ ④ ⑤	43. ① ② ③ ④ ⑤
4. ① ② ③ ④ ⑤	24. ① ② ③ ④ ⑤	44. ① ② ③ ④ ⑤
5. ① ② ③ ④ ⑤	25. ① ② ③ ④ ⑤	45. ① ② ③ ④ ⑤
6. ① ② ③ ④ ⑤	26. ① ② ③ ④ ⑤	46. ① ② ③ ④ ⑤
7. ① ② ③ ④ ⑤	27. ① ② ③ ④ ⑤	47. ① ② ③ ④ ⑤
8. ① ② ③ ④ ⑤	28. ① ② ③ ④ ⑤	48. ① ② ③ ④ ⑤
9. ① ② ③ ④ ⑤	29. ① ② ③ ④ ⑤	49. ① ② ③ ④ ⑤
10. ① ② ③ ④ ⑤	30. ① ② ③ ④ ⑤	50. ① ② ③ ④ ⑤
11. ① ② ③ ④ ⑤	31. ① ② ③ ④ ⑤	
12. ① ② ③ ④ ⑤	32. ① ② ③ ④ ⑤	
13. ① ② ③ ④ ⑤	33. ① ② ③ ④ ⑤	
14. ① ② ③ ④ ⑤	34. ① ② ③ ④ ⑤	
15. ① ② ③ ④ ⑤	35. ① ② ③ ④ ⑤	
16. ① ② ③ ④ ⑤	36. ① ② ③ ④ ⑤	
17. ① ② ③ ④ ⑤	37. ① ② ③ ④ ⑤	
18. ① ② ③ ④ ⑤	38. ① ② ③ ④ ⑤	
19. ① ② ③ ④ ⑤	39. ① ② ③ ④ ⑤	
20. ① ② ③ ④ ⑤	40. ① ② ③ ④ ⑤	

PRUEBA 4: LENGUAJE, LECTURA

1. ① ② ③ ④ ⑤	16. ① ② ③ ④ ⑤	31. ① ② ③ ④ ⑤
2. ① ② ③ ④ ⑤	17. ① ② ③ ④ ⑤	32. ① ② ③ ④ ⑤
3. ① ② ③ ④ ⑤	18. ① ② ③ ④ ⑤	33. ① ② ③ ④ ⑤
4. ① ② ③ ④ ⑤	19. ① ② ③ ④ ⑤	34. ① ② ③ ④ ⑤
5. ① ② ③ ④ ⑤	20. ① ② ③ ④ ⑤	35. ① ② ③ ④ ⑤
6. ① ② ③ ④ ⑤	21. ① ② ③ ④ ⑤	36. ① ② ③ ④ ⑤
7. ① ② ③ ④ ⑤	22. ① ② ③ ④ ⑤	37. ① ② ③ ④ ⑤
8. ① ② ③ ④ ⑤	23. ① ② ③ ④ ⑤	38. ① ② ③ ④ ⑤
9. ① ② ③ ④ ⑤	24. ① ② ③ ④ ⑤	39. ① ② ③ ④ ⑤
10. ① ② ③ ④ ⑤	25. ① ② ③ ④ ⑤	40. ① ② ③ ④ ⑤
11. ① ② ③ ④ ⑤	26. ① ② ③ ④ ⑤	
12. ① ② ③ ④ ⑤	27. ① ② ③ ④ ⑤	
13. ① ② ③ ④ ⑤	28. ① ② ③ ④ ⑤	
14. ① ② ③ ④ ⑤	29. ① ② ③ ④ ⑤	
15. ① ② ③ ④ ⑤	30. ① ② ③ ④ ⑤	

PRUEBA 5: MATEMÁTICAS, PARTE I

1. ① ② ③ ④ ⑤

2. ① ② ③ ④ ⑤

3. ① ② ③ ④ ⑤

4.

5.

6. ① ② ③ ④ ⑤

7.

8. ① ② ③ ④ ⑤

9. ① ② ③ ④ ⑤

10. ① ② ③ ④ ⑤

11. ① ② ③ ④ ⑤

12. ① ② ③ ④ ⑤

13.

14. ① ② ③ ④ ⑤

15. ① ② ③ ④ ⑤

16.

17. ① ② ③ ④ ⑤

18. ① ② ③ ④ ⑤

19. ① ② ③ ④ ⑤

20. ① ② ③ ④ ⑤

21. ① ② ③ ④ ⑤

22. ① ② ③ ④ ⑤

23. ① ② ③ ④ ⑤

24.

25.

PRUEBA 5: MATEMÁTICAS, PARTE II

26. ① ② ③ ④ ⑤

27. ① ② ③ ④ ⑤

28. ① ② ③ ④ ⑤

29. ① ② ③ ④ ⑤

30. ① ② ③ ④ ⑤

31. ① ② ③ ④ ⑤

32. ① ② ③ ④ ⑤

33. ① ② ③ ④ ⑤

34. ① ② ③ ④ ⑤

35.

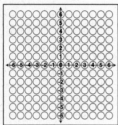

36. ① ② ③ ④ ⑤

37. ① ② ③ ④ ⑤

38. ① ② ③ ④ ⑤

39.

40. ① ② ③ ④ ⑤

41. ① ② ③ ④ ⑤

42.

43. ① ② ③ ④ ⑤

44. ① ② ③ ④ ⑤

45. ① ② ③ ④ ⑤

46. ① ② ③ ④ ⑤

47. ① ② ③ ④ ⑤

48. ① ② ③ ④ ⑤

49. ① ② ③ ④ ⑤

50. ① ② ③ ④ ⑤

EXAMEN DE PRÁCTICA 2

PRUEBA 1: LENGUAJE, ESCRITURA, PARTE I

INSTRUCCIONES

La Prueba de Escritura evalúa su capacidad de usar el español clara y eficazmente. Se evalúa aquí cómo se debe escribir el español y no cómo se habla. La prueba incluye preguntas de opción múltiple y un ensayo. Las instrucciones en esta página se refieren sólamente a la sección de opciones múltiples, mientras que las instrucciones para al ensayo se dan aparte.

La sección de preguntas de opción múltiple consiste en párrafos con oraciones numeradas. Algunas de las oraciones contienen errores de estructura, de uso o de mecánica (ortografía, puntuación, uso de mayúsculas). Después de leer todas las oraciones numeradas, conteste las preguntas que vienen a continuación. Algunas preguntas corresponden a oraciones que son correctas tal como aparecen. La respuesta correcta para estas oraciones es la opción que deja la oración según aparece originalmente. La mejor respuesta para otras preguntas que no se destacan por errores inmediatamente obvios es la de seleccionar la oración en que el tiempo verbal y el punto de vista están conformes con los tiempos y puntos de vista usados en el resto del párrafo.

Tendrá 120 minutos (dos horas) para esta sección del Examen. Le recomendamos que dedique 75 minutos para contestar las preguntas de opción múltiple y 45 minutos para escribir su ensayo. Trabaje con cuidado, pero no dedique demasiado tiempo a una sola pregunta. Cuando haya contestado las preguntas de opción múltiple, se le darán instrucciones para escribir el ensayo.

Para anotar las respuestas, llene uno de los círculos numerados que aparecen al lado del número de la pregunta de la prueba que está contestando.

POR EJEMPLO:

Oración 1: **Nos sentimos muy honrados de conoser al Gobernador Ramírez.**

¿Qué corrección debe hacer a la frase?

(1) poner una coma después de <u>sentimos</u>　　　① ② ● ④ ⑤
(2) cambiar honrados por <u>onrados</u>
(3) cambiar <u>conoser</u> por <u>conocer</u>
(4) cambiar <u>al</u> a <u>el</u>
(5) ninguna

En este ejemplo, la palabra "conoser" es incorrecta y debe cambiarse a "conocer". Por eso, debe llenarse el círculo número 3.

CONTINÚE EN LA PÁGINA SIGUIENTE

PRUEBA 1: LENGUAJE, ESCRITURA, PARTE I

<u>Las preguntas 1 a 10</u> se refieren a los párrafos siguientes.

(1) Cada año, más jóvenes, tanto hombres como mujeres, reconocen cuán gratificadora es la carrera de emfermería y deciden seguirla, pero la demanda de enfermeras y enfermeros continúa superando la oferta.

(2) Si entra a formar parte del personal de un hospital, puede escojer entre diferentes campos. (3) Puede dedicarse a trabajar con niños, a la obstetricia, a la cirugía, o en las fascinantes nuevas técnicas de ortopedia, para las cuales es necesario tener habilidades e imaginación especiales.

(4) Desde que Florence Nightingale fue a Crimea más de cien años atrás, las enfermeras fueron un grupo que viaja con frecuencia. (5) Si quieres viajar, hay muchas plazas vacantes tanto dentro del país como en el extranjero. (6) Puede escoger entre los servicios internacionaes que ofrecen la Organización Mundial de la Salud o formar parte de las operaciones en el extranjero que realiza nuestro propio gobierno o también trabajar en nuestras fuerzas armadas.

(7) Las escuelas necesitan enfermeras. (8) Muchas enfermeras casadas, que quieren disponer de tiempo para sus hijos, encuentran trabajos por hora ideales y fáciles de conseguir. (9) Las prácticas privadas también tienen el beneficio de permitir escoger las horas y los casos.

(10) Las oportunidades de trabajo en las comunidades y en los programas de salud pública en los cuales se requiere un título universitario proveniente de una institución acreditada también están creciendo rápidamente. (11) Una enfermera a domicilio tiene una carrera fascinante. Cada día va de casa en casa, dejando detrás suyo orden y bienestar.

1. Oración 1: **Cada año, más jóvenes, tanto hombres como mujeres, reconocen cuán gratificadora es la carrera de emfermería y deciden seguirla, pero la demanda de enfermeras y enfermeros continúa superando la oferta.**

   ¿Qué corrección se debería hacer en esta oración?

   (1) sacar la coma después de <u>año</u>
   (2) cambiar <u>emfermería</u> a <u>enfermería</u>
   (3) poner una coma después de <u>pero</u>
   (4) cambiar <u>superando</u> a <u>superado</u>
   (5) sin error

2. Oración 2: **Si entra a formar parte del personal de un hospital, puede escojer entre diferentes campos.**

   ¿Qué corrección se debería hacer en esta oración?

   (1) cambiar <u>hospital</u> a <u>ospital</u>
   (2) sacar la coma después de <u>hospital</u>
   (3) cambiar <u>escojer</u> a <u>escoger</u>
   (4) cambiar <u>puede</u> a <u>puedes</u>
   (5) sin error

3. Oración 3: **Puede dedicarse a trabajar con niños, a la obstetricia, a la cirugía, o en las fascinantes nuevas técnicas de ortopedia, para las cuales es necesario tener habilidades e imaginación especiales.**

   ¿Qué corrección se debería hacer en esta oración?

   (1) cambiar <u>trabajar</u> a <u>trabajo</u>
   (2) cambiar <u>obstetricia</u> a <u>abstetricia</u>
   (3) poner acento a <u>ortopédia</u>
   (4) sacar la coma después de <u>cirugía</u>
   (5) sin error

4. Oración 4: **Desde que Florence Nightingale fue a Crimea más de cien años atrás, las enfermeras fueron un grupo que viaja con frecuencia.**

   ¿Qué corrección se debería hacer en esta oración?

   (1) cambiar <u>frecuencia</u> a <u>frecuensia</u>
   (2) cambiar <u>fueron</u> a <u>han sido</u>
   (3) cambiar <u>viaja</u> a <u>viajan</u>
   (4) cambiar <u>cien años atrás</u> a <u>hace cien años</u>
   (5) sin error

CONTINÚE EN LA PÁGINA SIGUIENTE

PRUEBA 1: LENGUAJE, ESCRITURA, PARTE I

5. Oración 5: **Si quieres viajar, hay muchas pla-zas vacantes tanto dentro del país como en el extranjero.**

   ¿Qué corrección se debería hacer en esta oración?

   (1) cambiar quieres a quiere
   (2) sacar la coma después de viajar
   (3) sacar el acento en pais
   (4) poner acento a cómo
   (5) sin error

6. Oración 6: **Puede escoger entre los servicios internacionales que ofrecen la Organización Mundial de la Salud o formar parte de las operaciones en el extranjero que realiza nuestro propio gobierno o también trabajar en nuestras fuerzas armadas.**

   ¿Qué corrección se debería hacer en esta oración?

   (1) cambiar ofrecen a ofrece
   (2) sacar las mayúsculas en organización mun-dial de la salud
   (3) poner una coma después de gobierno
   (4) cambiar fuerzas armadas a Fuerzas Armadas
   (5) sin error

7. Oraciones 7 y 8: **Las escuelas necesitan enfermeras. Muchas enfermeras casadas, que quieren disponer de tiempo para sus hijos, encuentran trabajos por hora ideales y fáciles de conseguir.**

   ¿Cuál es la mejor manera de conectar las dos oraciones?

   (1) enfermeras y como muchas enfermeras
   (2) enfermeras, porque muchas enfermeras
   (3) enfermeras, si muchas enfermeras
   (4) enfermeras, desde que muchas enfermeras
   (5) enfermeras y muchas enfermeras casadas

8. Oración 9: **Las prácticas privadas también tienen el beneficio de permitir escoger las horas y los casos.**

   ¿Qué corrección se debería hacer en esta oración?

   (1) sacar el acento a practicas
   (2) sacar el acento a tambien
   (3) cambiar escoger a escojer
   (4) poner una coma después de escoger
   (5) sin error

9. Oración 10: **Las oportunidades de trabajo en las comunidades y en los programas de salud pública en los cuales se requiere un título universitario proveniente de una insti-tución acreditada también están creciendo rápidamente.**

   ¿Cuál es la mejor manera de escribir la parte de la oración que se encuentra subrayada? Si cree que la versión original es la correcta, escoja la opción 1.

   (1) pública en los cuales se requiere
   (2) pública por el cual se requiere
   (3) pública quien requiere
   (4) pública que se requiere
   (5) pública que requerirá

10. Oración 11: **Una enfermera a domicilio tiene una carrera fascinante. Cada día va de casa en casa, dejando detrás suyo orden y bienestar.**

    ¿Qué corrección se debería hacer en esta oración?

    (1) cambiar a a en el
    (2) cambiar dejando a deja
    (3) sacar el acento a detras
    (4) cambiar suyo a su
    (5) sin error

CONTINÚE EN LA PÁGINA SIGUIENTE

PRUEBA 1: LENGUAJE, ESCRITURA, PARTE I

Las preguntas 11 a 19 se refieren a los párrafos siguientes.

(1) Cuando se compra comida nutritiva, se enfatizan los cuatro aliméntos básicos. (2) El excursionismo también tiene sus cuatro elementos básicos y que aquí presentamos en orden de importancia: botas para caminar, una mochila, un equipo de dormir y una tienda.

(3) La selección de las botas de excursionismo debería ser su prioridad. (4) Incluso un día de excursión puede resultarle miserable si no lleva botas cómodas.

(5) Hoy en día, los excursionistas prefieren botas que son de seis pulgadas de alto, están hechas en cuero y con suelas muy gruesas. (6) Pruebe las botas en pequeñas caminatas, antes de realizar una excursión larga.

(7) Cuando vaya a comprar una mochila, encontrará una amplia seleción de estilos, formas y materiales para escoger. (8) La mochila debe tener correas tanto para la espalda como para la cintura. Las correas para la cintura se han diseñado para que no todo el peso recaiga sobre la espalda, sino para que se reparta también con los robustos huesos de las caderas.

(9) El saco de dormir con sus dos accesorios (un colchón y una manta para poner en el suelo) son los artículos que se deben tener en cuenta a continuación en la lista de elementos básicos.

(10) El cuarto e último elemento es la tienda o alguna protección de emergencia. (11) Un refugio barato es una tienda hecha de tubos de plástico.

11. Oración 1: **Cuando se compra comida nutritiva, se enfatizan los cuatro aliméntos básicos.**

    ¿Qué corrección se debería hacer en esta oración?

    (1) cambiar enfatizan a emfatizan
    (2) sacar la coma después de nutritiva
    (3) cambiar nutritiva a nutritiba
    (4) sacar el acento a alimentos
    (5) sin error

12. Oración 2: **El excursionismo también tiene sus cuatro elementos básicos y que aquí presentamos en orden de importancia: botas para caminar, una mochila, un equipo de dormir y una tienda.**

    ¿Qué corrección se debería hacer en esta oración?

    (1) cambiar excursionismo a escursionismo
    (2) cambiar elementos a elamentos
    (3) cambiar presentamos a presentemos
    (4) cambiar para a de
    (5) sin error

13. Oraciones 3 y 4: **La selección de las botas de excursionismo debería ser su prioridad. Incluso un día de excursión puede resultarle miserable si no lleva botas cómodas.**

    ¿Cuál es la mejor manera de conectar las dos oraciones?

    (1) prioridad, sin embargo
    (2) prioridad. Puesto que
    (3) prioridad, ya que
    (4) prioridad, de tal manera que
    (5) prioridad, entonces

14. Oración 5: **Hoy en día, los excursionistas prefieren botas que son de seis pulgadas de alto, están hechas en cuero y con suelas muy gruesas.**

    ¿Qué corrección se debería hacer en esta oración?

    (1) sacar la coma después de día
    (2) cambiar son a sean
    (3) poner acento a séis
    (4) cambiar en cuero a de cuero
    (5) sin error

CONTINÚE EN LA PÁGINA SIGUIENTE

PRUEBA 1: LENGUAJE, ESCRITURA, PARTE I

15. Oración 6: **Pruebe las botas en pequeñas <u>caminatas, antes</u> de realizar una excursión larga.**

    ¿Cuál es la mejor manera de escribir la parte de la oración que se encuentra subrayada? Si cree que la versión original es la correcta, escoja la opción 1.

    (1) caminatas, antes de
    (2) caminatas; antes de
    (3) caminatas: antes de
    (4) caminatas. Antes de
    (5) caminatas...antes de

16. Oración 7: **Cuando vaya a comprar una mochila, encontrará una amplia seleción de estilos, formas y materiales para escoger.**

    ¿Qué corrección se debería hacer en esta oración?

    (1) cambiar <u>vaya</u> a <u>va</u>
    (2) sacar la coma después de <u>mochila</u>
    (3) cambiar <u>encontrará</u> a <u>encontraría</u>
    (4) cambiar <u>seleción</u> a <u>selección</u>
    (5) sin error

17. Oración 8: **La mochila debe tener correas tanto para la espalda como para la cintura. Las correas para la cintura se han diseñado para que no todo el peso recaiga sobre la espalda, sino para que se reparta también con los robustos huesos de las caderas.**

    ¿Qué corrección se debería hacer en esta oración?

    (1) cambiar <u>se han</u> a <u>se habían</u>
    (2) cambiar <u>reparta</u> a <u>reparte</u>
    (3) cambiar <u>como</u> a <u>y</u>
    (4) cambiar <u>con</u> a <u>por</u>
    (5) sin error

18. Oración 9: **El saco de dormir con sus dos accesorios (un colchón y una manta para poner en el suelo) son los artículos que se deben tener en cuenta a continuación en la lista de elementos básicos.**

    Si escribe de nuevo la oración empezando como sigue:

    <u>Otros artículos que se deben tener en cuenta en la lista de elementos básicos...</u>

    ...debería continuarla con:

    (1) han sido
    (2) habrían sido
    (3) hubieran sido
    (4) son
    (5) serán

19. Oraciones 10 y 11: **El cuarto e último elemento es la tienda o alguna protección de emergencia. Un refugio barato es una tienda hecha de tubos de plástico.**

    ¿Qué corrección se debería hacer en esta oración?

    (1) cambiar <u>El</u> a <u>La</u>
    (2) cambiar <u>e</u> a <u>y</u>
    (3) cambiar <u>emergencia</u> a <u>emerjencia</u>
    (4) cambiar <u>tubos</u> a <u>tuvos</u>
    (5) sin error

<u>Las preguntas 20 a 27</u> se refieren a los párrafos siguientes.

(A)

(1) Hemos nacido para ser creativos en un mundo rico en diseño creativo rico en recursos naturales con gente que considera la creatividad como algo estimulante y necesario. (2) La artesanía es una de las grandes herencias de nuestra nación. (3) En los días de los pioneros, el artesano itinerante viajaba de casa en casa, vendiendo sus mercancías y ganándose el dinero para sobrevivir con sus tejidos, cubrecamas o artículos de madera talladas a mano para la cocina o el granero.

(B)

(4) Si la gente le gusta la artesanía que se hacía en el pasado, puede que también esté interesada en probar sus habilidades manuales. (5) Esta gente no

CONTINÚE EN LA PÁGINA SIGUIENTE

PRUEBA 1: LENGUAJE, ESCRITURA, PARTE I

sólo tiene a su disposición la riquesa de los recursos naturales y temas contemporáneos para sus creaciones, sino que también tiene materiales sintéticos y maquinaria más rápida y eficiente para ayudarla en su creatividad; (6) Sus productos sólo están limitados por la imaginación, la habilidad y los conocimientos de diseño.

(C)

(7) La gente que vive en un área rodeada de bosques y ama coleccionar objetos naturales inusuales, puede empezar a juntar piñas y ramas de pino para crear centros de mesa y coronas Navideñas. (8) Si al hombre de la familia le gusta cazar, la familia puede hacer creaciones con plumas. (9) Las guirnaldas de plumas ya se hacían hace muchos años.

20. Oración 1: **Hemos nacido para ser creativos en un mundo rico en diseño creativo rico en recursos naturales con gente que considera la creatividad como algo estimulante y necesario.**

    ¿Qué corrección se debería hacer en esta oración?

    (1) poner comas después de <u>creativo</u> y <u>naturales</u>
    (2) cambiar <u>diseño</u> a <u>disegnio</u>
    (3) poner acento a <u>nacído</u>
    (4) poner dos puntos después de <u>creativo</u>
    (5) sin error

21. Oraciones 2 y 3: **La artesanía es una de las grandes herencias de nuestra <u>nación. En</u> los días de los pioneros, el artesano itinerante viajaba de casa en casa, vendiendo sus mercancías y ganándose el dinero para sobrevivir con sus tejidos, cubrecamas o artículos de madera talladas a mano para la cocina o el granero.**

    ¿Cuál es la mejor manera de escribir la parte de las oraciones que se encuentran subrayadas? Si cree que la versión original es la correcta, escoja la opción 1.

    (1) nación. En
    (2) nación: en
    (3) nación—en
    (4) nación, en
    (5) nación, En

22. Oración 3: **En los días de los pioneros, el artesano itinerante viajaba de casa en casa, vendiendo sus mercancías y ganándose el dinero para sobrevivir con sus tejidos, cubrecamas o artículos de madera talladas a mano para la cocina o el granero.**

    ¿Qué corrección se debería hacer en esta oración?

    (1) sacar la coma después de <u>pioneros</u>
    (2) cambiar <u>itinerante</u> a <u>intinerante</u>
    (3) sacar el acento a <u>mercancias</u>
    (4) cambiar <u>talladas</u> a <u>tallados</u>
    (5) sin error

23. Oración 4: **Si la gente le gusta la artesanía que se hacía en el pasado, puede que también esté interesada en probar sus habilidades manuales.**

    ¿Qué corrección se debería hacer en esta oración?

    (1) sacar el acento en <u>artesania</u>
    (2) añadir <u>a</u> después de <u>Si</u>
    (3) sacar la coma después de <u>pasado</u>
    (4) cambiar <u>esté</u> a <u>estaba</u>
    (5) sin error

24. Oración 5: **Esta gente no sólo tiene a su disposición la riquesa de los recursos naturales y temas contemporáneos para sus creaciones, sino que también tiene materiales sintéticos y maquinaria más rápida y eficiente para ayudarla en su creatividad;**

    ¿Qué corrección se debería hacer en esta oración?

    (1) cambiar <u>riquesa</u> a <u>riqueza</u>
    (2) cambiar <u>disposición</u> a <u>disposisión</u>
    (3) cambiar <u>sino</u> a <u>si no</u>
    (4) sacar el acento a <u>mas</u>
    (5) sin error

CONTINÚE EN LA PÁGINA SIGUIENTE

PRUEBA 1: LENGUAJE, ESCRITURA, PARTE I

25. Oraciones 5 y 6: **Esta gente no sólo tiene a su disposición la riquesa de los recursos naturales y temas contemporáneos para sus creaciones, sino que también tiene materiales sintéticos y maquinaria más rápida y eficiente para ayudarla en su <u>creatividad; Sus</u> productos sólo están limitados por la imaginación, la habilidad y los conocimientos de diseño.**

    ¿Cuál es la mejor manera de escribir la parte de la oración que se encuentra subrayada? Si cree que la versión original es la correcta, escoja la opción 1.

    (1) creatividad; Sus
    (2) creatividad, sus
    (3) creatividad. sus
    (4) creatividad. Sus
    (5) creatividad—sus

26. Oración 7: **La gente que vive en un área rodeada de bosques y ama coleccionar objetos naturales inusuales, puede empezar a juntar piñas y ramas de pino para crear centros de mesa y coronas Navideñas.**

    ¿Qué corrección se debería hacer en esta oración?

    (1) cambiar <u>un</u> a <u>una</u>
    (2) cambiar <u>inusuales</u> a <u>innusuales</u>
    (3) sacar la coma después de <u>inusuales</u>
    (4) sacar la mayúscula a <u>navideñas</u>
    (5) sin error

27. Oraciones 8 y 9: **Si al hombre de la familia le gusta cazar, la familia puede hacer creaciones con plumas. Las guirnaldas de plumas ya se hacían hace muchos años.**

    ¿Cuál es la mejor manera de conectar las dos oraciones?

    (1) plumas, por ejemplo las guirnaldas
    (2) plumas, por esto las guirnaldas
    (3) plumas, debido a que las guirnaldas
    (4) plumas: las guirnaldas de plumas
    (5) plumas, además de las guirnaldas

Las preguntas 28 a 36 se basan en los párrafos siguientes.

(A)

(1) La vivienda es el centro de la vida privada familiar, la naturaleza de la vivienda tiene un efecto directo en la calidad de vida de la familia. (2) La vivienda efecta la salud, el tiempo y la energía que se requieren para mantener una familia, cuidar sus miembros, sus actitudes, su moral y sus satisfacciones personales. (3) También influye sobre la manera en que una familia se relaciona con otra, con el barrio y con la comunidad.

(B)

(4) Las familias no, esperan o buscan viviendas que sean idénticas. (5) Las familias con limitados recursos están más interesadas en procurarse una vivienda limpia, segura y razonablemente cómoda que encontrando un lugar para vivir que sea psicológicamente estimulante. (6) Al mismo tiempo, muchas familias que tienen ingresos elevados pueden ir más allá de las viviendas básicas y satisfacer sus necesidades a un nivel de vivienda más alto.

(C)

(7) Sin embargo, como nación estamos cada vez más preocupados con la vivienda que es algo más que una mera subsistencia física. (8) En otras palabras, esencialmente todas las familias estadounidenses están aumentando sus expectativas sobre la vivienda. (9) El tema que domina la vivienda es el de las casas unifamiliares.

(D)

(10) Sólo cuando unas familias puedan identificar mejor sus requisitos y cuando los constructores y la administración pública tengan mayor sensibilidad a las necesidades humanas, podrá la nación tener mayor variedad de diseños de casas, construcciones y servicios de acuerdo con los propósitos de las familias.

CONTINÚE EN LA PÁGINA SIGUIENTE

Examen de práctica 2

PRUEBA 1: LENGUAJE, ESCRITURA, PARTE I

28. Oración 1: **La vivienda es el centro de la vida privada** <u>familiar, la naturaleza</u> **de la vivienda tiene un efecto directo en la calidad de vida de la familia.**

    ¿Cuál es la mejor manera de escribir la parte de la oración que se encuentra subrayada? Si cree que la versión original es la correcta, escoja la opción 1.

    (1) familiar, la naturaleza
    (2) familiar; la naturaleza
    (3) familiar: la naturaleza
    (4) familiar: La naturaleza
    (5) familiar. La naturaleza

29. Oración 2: **La vivienda efecta la salud, el tiempo y la energía que se requieren para mantener una familia, cuidar sus miembros, sus actitudes, su moral y sus satisfacciones personales.**

    ¿Qué corrección se debería hacer en esta oración?

    (1) cambiar <u>efecta</u> a <u>afecta</u>
    (2) sacar el acento a <u>energia</u>
    (3) sacar la coma después de <u>sus miembros</u>
    (4) cambiar <u>satisfacciones</u> a <u>satisfaxiones</u>
    (5) sin error

30. Oración 3: **También influye sobre la manera en que una familia se relaciona con otra, con el barrio y con la comunidad.**

    ¿Qué corrección se debería hacer en esta oración?

    (1) poner acento en <u>qué</u>
    (2) cambiar <u>relaciona</u> a <u>relacionan</u>
    (3) sacar la coma después de <u>otra</u>
    (4) cambiar <u>comunidad</u> a <u>comunidad</u>
    (5) sin error

31. Oración 4: **Las familias no, esperan o buscan viviendas que sean idénticas.**

    ¿Qué corrección se debería hacer en esta oración?

    (1) cambiar <u>viviendas</u> a <u>vivendas</u>
    (2) poner una coma depués de <u>esperan</u>
    (3) sacar la coma después de <u>no</u>
    (4) sacar el acento en <u>identicas</u>
    (5) sin error

32. Oración 5: **Las familias con limitados recursos están más interesadas en asegurarse una vivienda limpia, segura y razonablemente cómoda que encontrando un lugar para vivir que sea psicológicamente estimulante.**

    ¿Qué corrección se debería hacer en esta oración?

    (1) sacar la coma después de <u>limpia</u>
    (2) cambiar <u>encontrando</u> a <u>encontrar</u>
    (3) cambiar <u>psicológicamente</u> a <u>sicológicamente</u>
    (4) poner acento a <u>estimulánte</u>
    (5) sin error

33. Oración 6: **Al mismo tiempo, muchas familias que tienen ingresos elevados pueden ir más allá de las viviendas básicas y satisfacer sus necesidades a un nivel de vivienda más alto.**

    ¿Qué corrección se debería hacer en esta oración?

    (1) poner una coma después de <u>elevados</u>
    (2) cambiar <u>satisfacer</u> a <u>satisfaciendo</u>
    (3) cambiar <u>sus</u> a <u>las</u>
    (4) poner acento a <u>nivél</u>
    (5) sin error

34. Oración 7: **Sin embargo, como nación cada vez estamos más preocupados con la vivienda que es algo más que una mera subsistencia física.**

    Si escribe de nuevo la frase empezando por:

    <u>La vivienda como algo más que una mera subsistencia física...</u>

    ...deberá continuarla con:

    (1) como nación
    (2) nos parece como nación
    (3) es lo que pensamos como nación
    (4) nos preocupa como nación
    (5) nos preocupa a la nación

CONTINÚE EN LA PÁGINA SIGUIENTE

PRUEBA 1: LENGUAJE, ESCRITURA, PARTE I

35. Oraciones 8 y 9: **En otras palabras, esencial-**
mente todas las familias estadounidenses
están aumentando sus expectativas sobre la
vivienda. El tema que domina la vivienda es
el de las casas unifamiliares.

¿Cuál es la mejor manera de conectar las dos
oraciones?

(1) vivienda, pero domina el tema de las casas
unifamiliares
(2) vivienda y domina el tema de las casas unifamiliares
(3) vivienda, aunque domina el tema de las
casas unifamiliares
(4) vivienda, siendo el tema dominante el de
las casas unifamiliares
(5) vivienda, al dominar el tema de las casas
unifamiliares

36. Oración 10: **Sólo cuando unas familias pue-**
dan identificar mejor sus requisitos y
cuando los constructores y la administra-
ción pública tengan mayor sensibilidad a las
necesidades humanas, podrá la nación tener
mayor variedad de diseños de casas, cons-
trucciones y servicios de acuerdo con los
propósitos de las familias.

¿Qué corrección se debería hacer en esta
oración?

(1) cambiar <u>mejor sus requisitos</u> a <u>mejor los</u>
<u>requisitos</u>
(2) cambiar <u>podrá la nación</u> a <u>podía la nación</u>
(3) cambiar <u>de acuerdo con</u> a <u>sin el acuerdo</u>
<u>de</u>
(4) cambiar <u>Sólo cuando unas familias</u> a <u>Sólo</u>
<u>cuando las familias</u>
(5) cambiar <u>tengan mayor sensibilidad</u> a
<u>tengan menor sensibilidad</u>

<u>Las preguntas 37 a 45</u> se basan en los párrafos
siguientes.

(A)

(1) El seguro de auto puede ser comprado como un
conjunto de coberturas o cada cobertura del conjunto se puede comprar por separada.

(B)

(2) El seguro de riesgo que es la parte principal de la
póliza de un auto cubre los gastos por las lesiones
humanas y los daños a la propiedad ajena, cuando
usted es el responsable legal del accidente. (3) La
cobertura de riesgo, que se establece por separado
para las lesiones humanas y el daño a la propiedad,
cubre los gastos por lesiones ajenas, pero no las
suyas.

(C)

(4) La cobertura médica cubre las cuotas médicas
de sus pasajeros, sin tener en cuenta quien es el
culpable del accidente. (5) La cobertura por motoristas sin seguro le ofrece protección a usted, a su
esposa y a sus hijos en residencia, si son atropellados por un motorista sin seguro o golpeando
cuando están conduciendo o caminando por un
motorista que se da a la fuga.

(D)

(6) El seguro por colisión cubre los gastos de su
auto cuando choca con otro vehículo o un objeto
como un árbol, un poste de teléfono etc. (7) La
cobertura de colisión normalmente es descontable.
(8) Cuanto más grande sea la cantidad a descontar,
menos vale la prima.

(E)

(9) Las pérdidas por incendio, vandalismo, robo,
colisión con animales, explosiones, inundaciones se
cubren a través de una extensa cobertura contra
todo riesgo.

(F)

(10) La cobertura de muerte en accidente y desmembramiento cubre los gastos totales por la
muerte en acidente de auto, pérdida de miembros
del cuerpo, cegera, fracturas y dislocaciones, más
los beneficios semanales por incapacidad.

CONTINÚE EN LA PÁGINA SIGUIENTE

PRUEBA 1: LENGUAJE, ESCRITURA, PARTE I

37. Oración 1: **El seguro de auto puede ser comprado como un conjunto de coberturas o cada cobertura del conjunto se puede comprar por separada.**

    ¿Qué corrección se debería hacer en esta oración?

    (1) cambiar <u>coberturas</u> a <u>coverturas</u>
    (2) cambiar <u>ser</u> a <u>estar</u>
    (3) poner acento a <u>cómo</u>
    (4) cambiar <u>separada</u> a <u>separado</u>
    (5) sin error

38. Oración 2: **El seguro de riesgo que es la parte principal de la póliza de un auto cubre los gastos por las lesiones humanas y los daños a la propiedad ajena, cuando usted es el responsable legal del accidente.**

    ¿Qué corrección se debería hacer en esta oración?

    (1) poner comas después de <u>riesgo</u> y después de <u>auto</u>
    (2) cambiar <u>lesiones</u> a <u>leciones</u>
    (3) sacar la coma después de <u>ajena</u>
    (4) cambiar <u>accidente</u> a <u>acidente</u>
    (5) sin error

39. Oración 3: **La cobertura de riesgo, que se establece por separado para las lesiones humanas y el daño a la propiedad, cubre los gastos por lesiones ajenas, pero no las suyas.**

    ¿Qué corrección se debería hacer en esta oración?

    (1) cambiar <u>establece</u> a <u>establecía</u>
    (2) sacar la coma después de <u>riesgo</u>
    (3) cambiar <u>ajenas</u> a <u>ahenas</u>
    (4) cambiar <u>suyas</u> a <u>propias</u>
    (5) sin error

40. Oración 4: **La cobertura médica cubre las cuotas médicas de sus pasajeros, sin tener en cuenta quien es el culpable del accidente.**

    ¿Qué corrección se debería hacer en esta oración?

    (1) cambiar <u>cubre</u> a <u>cubren</u>
    (2) cambiar <u>cuotas</u> a <u>quotas</u>
    (3) poner acento a <u>quién</u>
    (4) cambiar <u>culpable</u> a <u>culpado</u>
    (5) sin error

41. Oración 5: **La cobertura por motoristas sin seguro le ofrece protección a usted, a su esposa y a sus hijos en residencia, si son atropellados por un motorista sin seguro o golpeando cuando están conduciendo o caminando por un motorista que se da a la fuga.**

    ¿Qué corrección se debería hacer en esta oración?

    (1) cambiar <u>le</u> a <u>lo</u>
    (2) cambiar <u>protección</u> a <u>proteción</u>
    (3) cambiar <u>atropellados</u> a <u>atropeyados</u>
    (4) cambiar <u>golpeando</u> a <u>golpeados</u>
    (5) sin error

42. Oración 6: **El seguro por colisión cubre los gastos de su auto cuando choca con otro vehículo o un objeto como un árbol, un poste de teléfono etc.**

    ¿Qué corrección se debería hacer en esta oración?

    (1) cambiar <u>colisión</u> a <u>colición</u>
    (2) cambiar <u>vehículo</u> a <u>veículo</u>
    (3) poner una coma después de <u>teléfono</u>
    (4) escribir <u>etcétera</u> en vez de la abreviatura
    (5) sin error

CONTINÚE EN LA PÁGINA SIGUIENTE

PRUEBA 1: LENGUAJE, ESCRITURA, PARTE I

43. Oraciones 7 y 8: **La cobertura de colisión normalmente es descontable. Cuanto más grande sea la cantidad a descontar, menos vale la prima.**

    ¿Cuál es la mejor manera de escribir las partes de las oraciones que se encuentran subrayadas? Si cree que la versión original es correcta, escoja la opción 1.

    (1) descontable. Cuanto
    (2) descontable—Cuanto
    (3) descontable...Cuanto
    (4) descontable; cuanto
    (5) descontable: Cuanto

44. Oración 9: **Las pérdidas por incendio, vandalismo, robo, colisión con animales, explosiones, inundaciones se cubren a través de una extensa cobertura contra todo riesgo.**

    Si escribe de nuevo la oración empezando por:

    Una extensa cobertura contra todo riesgo...

    ...deberá continuarla con:

    (1) causa pérdidas
    (2) ha cubierto
    (3) a través de
    (4) hubiera cubierto
    (5) cubre

45. Oración 10: **La cobertura de muerte en accidente y desmembramiento cubre los gastos totales por la muerte en accidente de auto, pérdida de miembros del cuerpo, cegera, fracturas y dislocaciones, más los beneficios semanales por incapacidad.**

    ¿Qué corrección se debería hacer en esta oración?

    (1) cambiar desmembramiento a desmenbramiento
    (2) sacar el acento a perdida
    (3) sacar la coma después de cuerpo
    (4) cambiar cegera a ceguera
    (5) sin error

Las preguntas 46 a 50 se basan en los párrafos siguientes.

(A)

(1) Cómo puede buscar ayuda en su comunidad, suponiendo que usted y su familia no puede satisfacer sus propias necesidades o resolver sus propios problemas.

(B)

(2) No es fácil, pero puede conseguirlo, (3) la mayoría de los estadounidenses, en casi todas las comunidades, pueden encontrar todo tipo de ayuda necesaria en su área local.

(C)

(4) En casi cada ciudad de la Nación, hay un directorio de teléfono clasificado llamado *Páginas amarillas*. Cualquier servicio público, voluntario o privado que exista, lo puede encontrar en el apartado llamado "Organizaciones de Servicios Sociales".

(D)

(5) Si usamos el listín telefónico de Washington, D.C. como ejemplo, las organizaciones debajo de este apartado sobrepasan el centenar y van desde "Hermanos Mayores" al "Consejo de Rehabilitación de Adultos y Jóvenes". (6) En su listín de teléfonos puede que haya tan sólo cuatro agencias donde pueda llamar pidiendo ayuda, aunque por otra parte tal vez haya 400. (7) Desafortunadamente, mientras más larga la lista, más difícil se hace decidir de entre todas estas entidades cuál será capaz de ayudarle con su problema.

(E)

(8) Aunque parezca extraño, pueda usted pagar por la ayuda que necesite o no, el mejor lugar para llamar o ir es su oficina de asistencia social local o la del condado (en algunas partes ésta se llama oficina de bienestar social o de asistencia pública). (9) Según el Acto de Seguridad Social, todas las agencias de asistencia social locales que son pagadas por el gobierno federal proveen información y servicios de referencia sin tomar en cuenta su aceptabilidad a participar en sus programas por razones de pobreza, etc.

CONTINÚE EN LA PÁGINA SIGUIENTE

Examen de práctica 2

PRUEBA 1: LENGUAJE, ESCRITURA, PARTE I

(F)

(10) Y ahora una palabra sobre en problema muy especial: el problema de dónde mandar para recibir ayuda a una persona que no habla inglés. (11) Debido a una creciente comprensión de este problema, ha aparecido un número de entidades de auto-ayuda dentro de las comunidades que cuentan con un número significativo de minorías étnicas.

46. Oración 1: **Cómo puede buscar ayuda en su comunidad, suponiendo que usted y su familia no puede satisfacer sus propias necesidades o resolver sus propios problemas.**

   ¿Qué corrección se debería hacer en esta oración?

   (1) sacar la coma después de comunidad
   (2) cambiar suponiendo a asumido
   (3) cambiar satisfacer a satisfazer
   (4) cambiar no puede a no pueden
   (5) sin error

47. Oraciones 2 y 3: **No es fácil, pero puede conseguirlo, la mayoría de los estadounidenses, en casi todas las comunidades, pueden encontrar todo tipo de ayuda necesaria en su área local.**

   ¿Cuál es la mejor manera de escribir las partes de las oraciones que se encuentran subrayadas? Si cree que la versión original es correcta, escoja la opción 1.

   (1) conseguirlo, la mayoría
   (2) conseguirlo, aunque la mayoría
   (3) conseguirlo, mientras que la mayoría
   (4) conseguirlo, por lo tanto la mayoría
   (5) conseguirlo. La mayoría

48. Oración 4: **En casi cada ciudad de la Nación, hay un directorio de teléfono clasificado llamado *Páginas amarillas*. Cualquier servicio público, voluntario o privado que exista, lo puede encontrar en el apartado llamado "Organizaciones de Servicios Sociales".**

   ¿Qué corrección se debería hacer en esta oración?

   (1) sacar la mayúscula en nación
   (2) poner *páginas amarillas* en minúsculas
   (3) sacar el acento a publico
   (4) sacar las comillas en Organizaciones de Servicios Sociales
   (5) sin error

49. Oración 5: **Si usamos el listín telefónico de Washington, DC como ejemplo, las organizaciones debajo de este apartado sobrepasan el centenar y van desde "Hermanos Mayores" al "Consejo de Rehabilitación de Adultos y Jóvenes".**

   ¿Qué corrección se debería hacer en esta oración?

   (1) sacar el acento en listin
   (2) sacar la coma después de ejemplo
   (3) poner en minúscula hermanos mayores
   (4) cambiar Rehabilitación a Reabilitación
   (5) sin error

50. Oración 6: **En su listín de teléfonos puede que haya tan sólo cuatro agencias donde pueda llamar pidiendo ayuda, aunque por otra parte tal vez haya 400.**

   Si escribe de nuevo la oración empezando por:

   Sólo cuatro agencias donde puede llamar pidiendo ayuda...

   ...deberá continuarla con:

   (1) puede que existirán
   (2) puede que existan
   (3) puede que existen
   (4) puede que existiesen
   (5) puede que existieren

CONTINÚE EN LA PÁGINA SIGUIENTE

PRUEBA 1: LENGUAJE, ESCRITURA, PARTE II

Esta parte de la prueba tiene como objetivo valorar su habilidad de expresarse por escrito. Se le pide que escriba una composición para explicar algo, para presentar su opinión sobre algún tema o para describir una experiencia personal.

Sugerencia

Cada año, miles de inmigrantes son admitidos a Estados Unidos y terminan convirtiéndose en ciudadanos. Estos inmigrantes llegan a nuestro país de muchos países distintos. Sus motivos para venir son varios, e incluyen el deseo de libertad religiosa, razones políticas u oportunidades económicas.

Tema a tratar

¿Cuál es su opinión sobre este tema? ¿Cree usted que el gobierno de Estados Unidos debiera limitar el número de inmigrantes que entran al país o debiéramos continuar permitiendo a las personas entrar y convertirse en ciudadanos?

INSTRUCCIONES

Escriba un ensayo de unas 250 palabras en la cual usted presenta sus razones y desarrolla así el tema. Provea detalles y ejemplos para respaldar cada una de esas razones. Dispone de 45 minutos para escribir sobre el tema.

Verifique

- Lea cuidadosamente la sugerencia, el tema a tratar y las instrucciones.
- Decida si el ensayo es expositivo, persuasivo o narrativo.
- Planee su composición antes de empezar a escribir.
- Use un papel en blanco como borrador y para preparar un esquema sencillo.
- Escriba su ensayo en las páginas con líneas de una hoja de respuestas separada.
- Lea cuidadosamente lo que ha escrito y haga las correcciones necesarias.
- Verifique el enfoque, la elaboración, organización, las reglas y la integración.

Examen de práctica 2

FIN DEL EXAMEN

PRUEBA 2: ESTUDIOS SOCIALES

INSTRUCCIONES

La Prueba de Estudios Sociales consiste en preguntas de opción múltiple y la mayoría están relacionadas con selecciones cortas que a veces incluyen gráficos, tablas, fotografías y dibujos. Estudie la información que ofrece cada selección y conteste la(s) pregunta(s). Relea la información cuantas veces sea necesario para responder una pregunta.

Dispone de 70 minutos para contestar las preguntas. Trabaje con cuidado, pero no dedique demasiado tiempo a una sola pregunta. Asegúrese de contestar cada una de las preguntas. No se le penalizará por respuestas incorrectas.

Para registrar sus respuestas, llene uno de los círculos numerados en la hoja de respuestas que aparecen al lado del número correspondiente a la pregunta que está respondiendo.

POR EJEMPLO:

Los primeros colonizadores de Norteamérica buscaban lugares donde asentarse que tuvieran un suministro de agua adecuado y a donde se pudiera llegar en barco. Por eso, muchas de las primeras ciudades se crearon cerca de

(1) las montañas   ① ② ● ④ ⑤
(2) las praderas
(3) los ríos
(4) los glaciares
(5) las mesetas

La respuesta correcta es "los ríos"; por lo tanto, debe marcar el círculo número 3 en la hoja de respuestas.

CONTINÚE EN LA PÁGINA SIGUIENTE

PRUEBA 2: ESTUDIOS SOCIALES

<u>Las preguntas 1 a 3</u> se basan en el pasaje siguiente.

El verdadero principio de la república es el poder de la gente de escoger a su gobernante. Este gran manantial de un gobierno libre, la elección popular, debe ser totalmente puro. Al respecto, la libertad más completa debe ser permitida. Cuando se obedece este principio, cuando en la organización del gobierno, los poderes legislativo, ejecutivo y judicial mantienen su individualidad, cuando el poder legislativo está dividido en dos cámaras y las acciones de cada una están controladas y equilibradas y, por encima de todo, están sujetas a la vigilancia del gobierno de los estados, entonces podremos entretenernos hablando de tiranía y subversión de nuestras libertades, seguros de que no ocurrirán. Este equilibrio entre el gobierno federal y los gobiernos estatales es de gran importancia...Estoy convencido de que una firme unión es necesaria tanto para perpetuar nuestras libertades como para hacernos respetables...

—Alexander Hamilton

1. Según el pasaje, ¿qué creencia entre las siguientes tiene Alexander Hamilton?

    (1) Los estados deben determinar las calificaciones para votar
    (2) El sufragio debe estar garantizado para todos los hombres adultos
    (3) El sufragio debe ser limitado
    (4) El sufragio no debe estar restringido
    (5) Los senadores de Estados Unidos deben ser nombrados por los cuerpos legislativos estatales

2. Hamilton considera todo lo siguiente como garantías de un gobierno libre, EXCEPTO

    (1) las elecciones populares
    (2) la separación de los poderes del gobierno
    (3) la separación del poder legislativo en dos cámaras
    (4) los frenos y equilibrios
    (5) la soberanía de los gobiernos de los estados

3. Hamilton cree que la característica más importante de la república es

    (1) la elección popular
    (2) los derechos de los estados
    (3) la milicia nacional
    (4) los impuestos federales
    (5) los frenos y equilibrios

<u>Las preguntas 4 a 6</u> se basan en el pasaje siguiente.

La organización de un partido político está planeada para influir sobre los votantes de modo que éstos apoyen a los candidatos del partido. Por lo tanto, su base de operaciones es el distrito electoral, en el cual votan aproximadamente 700 ciudadanos. Ordinariamente, los miembros del partido eligen dos jefes regionales del partido, o comisionados, en los comicios primarios anuales de otoño en septiembre, excepto cuando se trate de un año de elecciones presidenciales, en cuyo caso este acto ocurre en las elecciones primarias de primavera en junio. Sin embargo, el comité regional puede prolongar el término de servicio a dos años, puede pedir igual representación de ambos sexos (en este caso habrá un comisionado y una comisionada en cada distrito), puede nombrar hasta cuatro miembros en el comité de un distrito grande siempre que la representación sea proporcional. Lo importante es que la elección primaria es para cada partido una elección de sus propios representantes.

4. Las siguientes afirmaciones sobre los comisionados son verdaderas, EXCEPTO de que

    (1) los dos son elegidos en las elecciones primarias de septiembre
    (2) los comicios tienen lugar en las primarias de junio si es un año de elecciones presidenciales
    (3) el término de servicio puede ser fijado a dos años por el comité del distrito
    (4) un distrito grande puede tener cuatro miembros en el comité
    (5) las mujeres no pueden prestar servicio en el comité

CONTINÚE EN LA PÁGINA SIGUIENTE

Examen de práctica 2

PRUEBA 2: ESTUDIOS SOCIALES

5. El propósito de la elección primaria es

   (1) designar al candidato principal
   (2) asegurar la representación proporcional
   (3) igualar el voto para ambos sexos
   (4) permitir a cada partido elegir a sus representantes
   (5) nominar a cuatro comisionados por distrito

6. De acuerdo con el pasaje, se puede deducir que

   (1) el cargo de comisionado es de escasa importancia
   (2) cada comisionado representa a cerca de 350 votantes
   (3) el comisionado está en funciones por dos años
   (4) el comité regional está compuesto de igual número de hombres y mujeres
   (5) todos los candidatos a comisionado tienen la misma oportunidad de ser elegidos

Las preguntas 7 y 8 se basan en la caricatura siguiente.

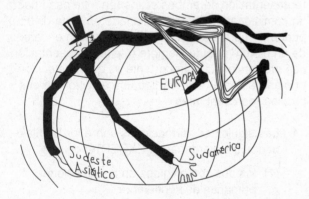

7. La actividad de Estados Unidos en Europa que se indica en la caricatura se refiere probablemente al papel de Estados Unidos en

   (1) la Alianza para el Progreso
   (2) la Unión Europea
   (3) el Tratado Contra la Proliferación Nuclear
   (4) la Organización del Tratado del Atlántico Norte
   (5) el Acuerdo de Helsinki

8. Según la caricatura, se puede concluir que el caricaturista

   (1) critica el papel de Estados Unidos como "el policía del mundo"
   (2) favorece el imperialismo de Estados Unidos
   (3) apoya la política exterior de Estados Unidos
   (4) se opone a volver a una política aislacionista
   (5) expresa su preocupación por la supervivencia del mundo

La pregunta 9 se refiere a la fotografía siguiente.

9. ¿Dónde son inspeccionadas estas personas?

   (1) en una estación ferroviaria
   (2) en un cruce fronterizo
   (3) en un campo de concentración nazi
   (4) en un mercado local
   (5) a la salida de sus casas

CONTINÚE EN LA PÁGINA SIGUIENTE

PRUEBA 2: ESTUDIOS SOCIALES

<u>Las preguntas 10 a 12</u> se refieren al gráfico siguiente.

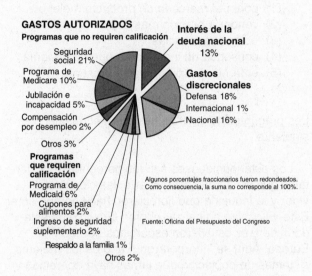

GASTOS AUTORIZADOS
Programas que no requieren calificación

- Seguridad social 21%
- Programa de Medicare 10%
- Jubilación e incapacidad 5%
- Compensación por desempleo 2%
- Otros 3%

Programas que requieren calificación
- Programa de Medicaid 6%
- Cupones para alimentos 2%
- Ingreso de seguridad suplementario 2%
- Respaldo a la familia 1%
- Otros 2%

Interés de la deuda nacional 13%

Gastos discrecionales
- Defensa 18%
- Internacional 1%
- Nacional 16%

Algunos porcentajes fraccionarios fueron redondeados. Como consecuencia, la suma no corresponde al 100%.

Fuente: Oficina del Presupuesto del Congreso

10. El rubro "gastos autorizados" corresponde a programas gubernamentales que proveen beneficios a los miembros de ciertos grupos. Algunos grupos tienen que ser evaluados para ver si tienen derecho a esos beneficios. Según el párrafo, el mayor gasto federal es en

(1) seguridad social
(2) defensa
(3) interés de la deuda nacional
(4) programa de Medicare
(5) programa de Medicaid

11. En los programas que requieren calificación, el que tiene mayor presupuesto es

(1) Medicaid
(2) seguridad social
(3) cupones para alimentos
(4) respaldo a la familia
(5) otros

12. El porcentaje de gastos federales que están autorizados es

(1) 87%
(2) 54%
(3) 41%
(4) 35%
(5) 13%

<u>La pregunta 13</u> se basa en la caricatura siguiente.

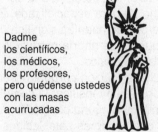

Dadme
los científicos,
los médicos,
los profesores,
pero quédense ustedes
con las masas
acurrucadas

Adaptado de *World Press Review*, Noviembre 1980

13. La caricatura, publicada en un periódico de India, tergiversa la declaración grabada al pie de la Estatua de la Libertad para

(1) convencer al lector del valor de la educación en Estados Unidos
(2) criticar a Estados Unidos por no aceptar inmigrantes pobres
(3) denunciar las políticas de inmigración en los países menos desarrollados
(4) anunciar la necesidad de profesionales en Estados Unidos
(5) apoyar la imposición de cuotas para inmigrantes profesionales

CONTINÚE EN LA PÁGINA SIGUIENTE

Examen de práctica 2

PRUEBA 2: ESTUDIOS SOCIALES

Las preguntas 14 a 16 se basan en el pasaje siguiente.

Se ha dicho que el aumento de las fusiones empresariales no provee nada para la economía en el sentido de nuevas inversiones, mientras que el desarrollo empresarial básico de una compañía individual enriquece la economía. Pero esto no es necesariamente cierto. En muchos casos, una compañía tiene el capital disponible y otros ingredientes para el éxito en un nuevo negocio, pero sólo al adquirir una nueva compañía puede conseguir un ingrediente que no tenía antes, como podría ser la obtención de mano de obra especializada. En este caso, la fusión de dos compañías significa una nueva inversión que no se habría producido con un desarrollo empresarial básico.

De hecho, la diversificación corporativa en el pasado ha servido para intensificar la competencia y continúa haciéndolo. Ninguna compañía puede considerar a sus competidores establecidos como sus únicos competidores en el futuro, pues puede que en un futuro se unan con otras industrias con las que ahora no están relacionados. Si aparecen nuevos competidores gracias a fusiones u otros medios, será solamente porque éstos piensan que a largo plazo podrán poner en el mercado un mejor producto o vender a un precio más bajo, y obtener ganacias haciéndolo.

14. Una razón de las fusiones es

    (1) enfrentar nueva competencia
    (2) incrementar la diversificación
    (3) incrementar el capital disponible
    (4) aumentar el desarrollo empresarial básico
    (5) expandir las opciones del consumidor

15. El autor mantiene que el crecimiento por fusión es a veces necesario para

    (1) adquirir capital
    (2) reducir la competencia
    (3) hacer nuevas inversiones
    (4) ganar mano de obra especializada
    (5) mejorar la economía

16. Los motivos de las fusiones que se mencionan en este pasaje incluyen todas las siguientes, EXCEPTO

    (1) poner al mercado un producto mejor
    (2) vender a precios más bajos
    (3) obtener ganancias
    (4) conseguir un ingrediente que no se tenía
    (5) enfrentar la competencia presente

Las preguntas 17 a 19 se basan en el pasaje siguiente.

Los estadounidenses son los peregrinos occidentales que llevan con ellos el arte, las ciencias, el vigor y la industria que florecieron hace tiempo en el Este. Ellos van a finalizar el gran círculo. Los estadounidenses estuvieron esparcidos por toda Europa. Aquí se incorporaron a uno de los mejores sistemas de población que jamás haya aparecido y que en el futuro irá cobrando caracteres propios según los diferentes climas y parajes que sus miembros habitan. Los estadounidenses debieran amar este país más que al país donde ellos o sus antepasados nacieron, pues aquí las recompensas de su labor van al ritmo del progreso en su trabajo—un trabajo basado en el autointerés. Es decir, una tentación que no tiene rival.

17. La actitud del autor hacia los estadounidenses es de

    (1) cautela
    (2) interrogación
    (3) aprobación entusiasta
    (4) autointerés
    (5) prejuicio

18. El autor predice que los estadounidenses serán únicos debido a

    (1) la nueva forma de vida
    (2) un nuevo gobierno
    (3) un ambiente diferente
    (4) su propia labor
    (5) sus propios intereses

CONTINÚE EN LA PÁGINA SIGUIENTE

PRUEBA 2: ESTUDIOS SOCIALES

19. Según el pasaje, el estadounidense debe ser leal a su nuevo país porque

    (1) aquí es un hombre nuevo
    (2) éste le ha dado nuevas enseñanzas
    (3) es un peregrino occidental
    (4) huyó de Europa
    (5) se beneficia con su trabajo

20. ¿Qué resultado importante trajo la mejora de los medios de comunicación y de transporte?

    (1) Los cambios en una parte del mundo pueden afectar enormemente a otras partes del mundo
    (2) Los países se han vuelto más nacionalistas
    (3) Las barreras para el comercio internacional se han abolido
    (4) Hay menos necesidad de organizaciones internacionales
    (5) Se ha erradicado el aislacionismo

La pregunta 21 se basa en la caricatura siguiente.

21. Según la caricatura, un problema de las elecciones políticas en Estados Unidos es que

    (1) los candidatos tienen pocos temas serios que tratar
    (2) los candidatos ofrecen soluciones simplistas en televisión para ganar votos
    (3) la mayoría de los votantes exigen soluciones rápidas para los problemas nacionales
    (4) la cobertura de los candidatos y de sus campañas es prejuiciada
    (5) estos televidentes creen en lo que ven y escuchan

Las preguntas 22 y 23 se basan en los gráficos siguientes.

DISTRIBUCIÓN DE LA POBLACIÓN MUNDIAL POR REGIONES PRINCIPALES EN 1990 Y 2025 (PROYECCIÓN)

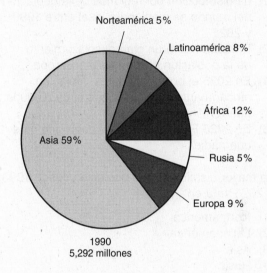

1990
5,292 millones

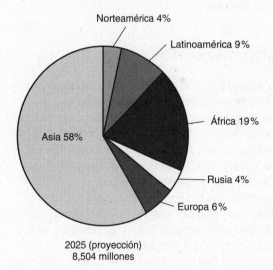

2025 (proyección)
8,504 millones

CONTINÚE EN LA PÁGINA SIGUIENTE

Examen de práctica 2

PRUEBA 2: ESTUDIOS SOCIALES

22. ¿Cuál de las afirmaciones siguientes es correcta?

    (1) La población mundial se duplicará entre 1990 y 2025
    (2) La distribución por regiones de la población del mundo se mantendrá igual entre 1990 y 2025
    (3) En 2025 habrá un gran desplazamiento de la población desde Rusia a Europa
    (4) En 2025 el porcentaje de la población africana aumentará más que el de ninguna otra región
    (5) En 2025 Rusia reducirá su población más que nadie

23. La mayor disminución de población desde 1990 a 2025 será en

    (1) Norteamérica
    (2) Latinoamérica
    (3) Asia
    (4) Rusia
    (5) Europa

Las preguntas 24 a 26 se basan en la cita siguiente.

Es apropiado que entiendan mi concepto de los principios esenciales de nuestro gobierno...

una vigilancia constante del derecho de elección por parte del pueblo—una medida correctiva ligera y segura de abusos, a diferencia de los cortes perpetrados por la espada de la revolución bajo cuya sombra no hay remedios pacíficos;

absoluto acatamiento a las decisiones de la mayoría—el principio vital de las repúblicas, del cual no hay otro recurso que la fuerza, principio vital y padre inmediato del despotismo;

una milicia bien disciplinada—nuestro mejor resguardo en la paz y en los primeros momentos de la guerra, antes de que sea relevada por tropas regulares;

la supremacía de la autoridad civil sobre la militar;

la economía en los gastos públicos, para que la fuerza laboral tolere bien la carga;

el pago honesto de nuestras deudas y la sagrada preservación de la fe pública.

Libertad de religión;
libertad de prensa;
la libertad individual bajo la protección del *habeas corpus* (acto de comparecencia);
y un juicio por parte de un jurado elegido imparcialmente...

—Thomas Jefferson, discurso inaugural

24. Todos los principios mencionados se encuentran en la Declaración de Derechos, EXCEPTO

    (1) la libertad de religión
    (2) la libertad de prensa
    (3) el derecho de elección por parte del pueblo
    (4) una milicia bien disciplinada
    (5) un juicio por un jurado

25. Un ejemplo de la supremacía de la autoridad civil sobre la militar es

    (1) las operaciones de la Guardia Nacional
    (2) el Pentágono
    (3) el presidente como comandante en jefe
    (4) la Agencia de Seguridad Nacional
    (5) el Consejo de Seguridad Nacional

26. La alternativa al "derecho de elección por parte del pueblo", según el pasaje, es

    (1) la fuerza
    (2) el despotismo
    (3) la guerra
    (4) las medidas pacíficas
    (5) la revolución

CONTINÚE EN LA PÁGINA SIGUIENTE

PRUEBA 2: ESTUDIOS SOCIALES

<u>Las preguntas 27 y 28</u> se basan en el pasaje siguiente.

Un mapa es la representación de la superficie de la tierra, en su parte o totalidad, dibujada a escala en una superficie plana. Un mapa, para que cumpla completamente con los objetivos para los que ha sido creado, debe disponer de ciertos elementos básicos. Éstos son el título, la clave de los datos, la dirección, la escala, la latitud, la longitud y la fecha.

La clave de los datos debería definir los símbolos usados en el mapa y explicar los colores y otra información usada para destacar todo tipo de detalles.

La escala se puede definir como la medida proporcional entre la distancia en el mapa y la distancia en la tierra. La escala puede mostrarse como una fracción, como por ejemplo $\dfrac{1}{62,500}$, es decir una unidad del mapa representa 62,500 unidades de la superficie de la tierra...

Una brújula que muestra la dirección es un elemento importante en cada mapa. En algunos mapas se puede eliminar cuando las paralelas que indican la latitud y los meridianos que indican la longitud son líneas rectas que se intersectan en ángulos rectos.

27. "Dibujada a escala" quiere decir

   (1) la dirección de las paralelas y los meridianos
   (2) la relación entre la distancia en el mapa y la distancia en la tierra
   (3) las escalas lineales
   (4) las escalas verbales
   (5) la latitud y la longitud

28. La brújula está asociada con

   (1) el título del mapa
   (2) la clave de los datos
   (3) la escala
   (4) la dirección
   (5) la latitud y la longitud

29. ¿Qué afirmación apoya mejor el argumento a favor de la expansión del poder federal en desmedro del poder de los estados en Estados Unidos?

   (1) La interdependencia económica en todos los ámbitos de Estados Unidos ha aumentado el número y la complejidad de los problemas nacionales
   (2) Un código penal uniforme se necesita para asegurar una imposición idéntica de la ley
   (3) El gobierno federal, con su sistema de frenos y equilibrios, garantiza mejor la libertad individual que los gobiernos de los estados
   (4) El incremento de la población ha hecho casi imposible que los gobiernos de los estados funcionen eficazmente
   (5) La corrupción es más probable que ocurra a nivel estatal

30. "...si las palabras pronunciadas se usan en tales circunstancias y son de tal naturaleza que crean un peligro cierto e inmediato de causar nefastas consecuencias, el congreso tiene el derecho de proteger...La más estricta protección del derecho a la libertad de expresión no debería proteger a un hombre falsamente gritando '¡incendio!' en un teatro y causando el pánico".

Esta cita indica que la libertad de expresión

   (1) está garantizada por la Constitución
   (2) está sujeta a limitaciones
   (3) es claramente peligrosa y nociva
   (4) puede causar pánico
   (5) es imposible de proteger

Examen de práctica 2

CONTINÚE EN LA PÁGINA SIGUIENTE

PRUEBA 2: ESTUDIOS SOCIALES

31. "...necesariamente se ha convertido en importante objetivo de nuestra política económica disminuir lo más posible la importación de productos extranjeros para el consumo nacional e incrementar lo más posible la exportación de los productos de nuestra industria nacional".

Aunque estas palabras fueron escritas en 1776, se pueden aplicar perfectamente a los esfuerzos actuales de Estados Unidos para tratar el problema de

(1) la disminución de la renta nacional bruta
(2) el aumento de las tarifas arancelarias
(3) el superávit del presupuesto federal
(4) el déficit en la balanza de pagos
(5) el costo de la vida

La pregunta 32 se basa en la caricatura siguiente.

32. Según el caricaturista, ¿cuál es el resultado de permitir que el Consejo de Movilización Energética determine la política del gobierno?

(1) Un programa de reconstrucción masiva de las zonas urbanas
(2) La cancelación de los beneficios de las leyes sobre el medio ambiente actuales
(3) Un incremento de la perforación de pozos petroleros mar adentro para reducir nuestra dependencia del petróleo importado
(4) Proyectos de despeje de terrenos y construcción de casas para mejorar el desempleo de los trabajadores de la construcción
(5) La creación de proyectos de trabajo auspiciados por el gobierno para combatir la inflación

Las preguntas 33 y 34 se basan en el gráfico siguiente, el cual muestra la relación entre la oferta y la demanda de bienes y servicios al consumidor en cinco modelos económicos distintos.

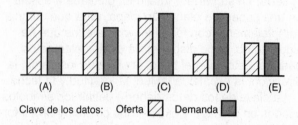

Clave de los datos: Oferta ▨ Demanda ▦

33. Si el modelo B representa la economía de Estados Unidos, ¿qué acción tomaría posiblemente el gobierno para equilibrar la oferta y la demanda?

(1) congelar los salarios
(2) limitar el crédito al consumidor
(3) reducir las tasas de impuestos a la renta
(4) incrementar los impuestos a las ventas
(5) incrementar las tasas de interés

34. ¿Qué modelo económico se parece más a la situación que tenía Estados Unidos durante los años 1929–1939?

(1) A
(2) B
(3) C
(4) D
(5) E

CONTINÚE EN LA PÁGINA SIGUIENTE

PRUEBA 2: ESTUDIOS SOCIALES

<u>Las preguntas 35 y 36</u> se refieren al pasaje siguiente.

Latinoamérica tiene una herencia cultural muy rica y variada. Esta enorme superficie terrestre fue traída a la historia del mundo por Colón, fue colonizada por potencias europeas e integrada por ellas a la cultura occidental. Latinoamérica tuvo gran éxito (salvo pocas excepciones) en conseguir la independencia durante la era revolucionaria de George Washington y Simón Bolívar. Sin embargo, Latinoamérica difiere de Estados Unidos por haber podido preservar desde tiempos precolombinos una población indígena cuya cultura se entremezcló con la europea. Latinoamérica fue colonizada primero por los españoles y portugueses. Estos inculcaron en la gente una tradición religiosa católica, una economía basada en la agricultura, una clase gobernante terrateniente y una clase militar muy influyente. La independencia produjo veinte países. La parte de habla española quedó dividida en dieciocho estados, mientras que la parte portuguesa fue representada por Brasil y la francesa por Haití.

35. Los países que colonizaron Latinoamérica trajeron consigo todo lo siguiente, EXCEPTO

    (1) la tradición religiosa
    (2) la forma de vida agrícola
    (3) la clase militar
    (4) una población de habla principalmente española
    (5) una población indígena

36. La población de Latinoamérica está representada por los grupos siguientes, EXCEPTO los

    (1) españoles
    (2) portugueses
    (3) estadounidenses
    (4) franceses
    (5) indígenas

<u>Las preguntas 37 a 39</u> se basan en los gráficos siguientes.

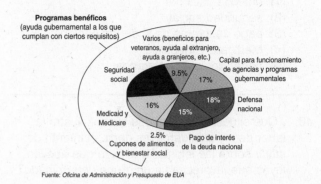

Programas benéficos
(ayuda gubernamental a los que cumplan con ciertos requisitos)

Fuente: *Oficina de Administración y Presupuesto de EUA*

Fuente: *Oficina de Administración y Presupuesto de EUA*

37. El aumento más grande de la deuda nacional ocurrió entre

    (1) 1980–1985
    (2) 1985–1990
    (3) 1990–1995
    (4) 1995–2000
    (5) 2000–2005

38. Según revela el gráfico circular, los programas benéficos correspondieron a qué fracción del presupuesto nacional?

    (1) $\dfrac{3}{4}$

    (2) $\dfrac{2}{3}$

    (3) la mitad

    (4) $\dfrac{1}{3}$

    (5) $\dfrac{1}{4}$

CONTINÚE EN LA PÁGINA SIGUIENTE

PRUEBA 2: ESTUDIOS SOCIALES

39. La parte más grande de los gastos federales corresponde a

    (1) defensa nacional
    (2) seguridad social
    (3) pago de interés de la deuda nacional
    (4) Medicare y Medicaid
    (5) beneficios para veteranos

40. ¿Qué situación en Estados Unidos ilustra la labor de los cabilderos, es decir, el intento de influir sobre los legisladores para que apoyen leyes que favorezcan a un grupo determinado?

    (1) Un candidato al senado derrotado es nombrado miembro del nuevo gabinete del gobierno
    (2) Una corporación contrata a una persona para que presente sus puntos de vista a ciertos miembros del congreso
    (3) Proyectos de trabajo público federales son concedidos a un estado como agradecimiento por ciertas acciones políticas que han realizado los senadores de ese estado
    (4) Dos miembros del congreso se ponen de acuerdo para apoyar mutuamente sus proyectos de leyes
    (5) Un miembro del congreso impide que un proyecto de ley sea sometido a voto

41. La Doctrina Monroe declara que ningún intento por parte de potencias europeas de interferir con sus antiguas colonias o con la independencia de una república en el hemisferio occidental sería tolerado por Estados Unidos, ni tampoco intento alguno de "expandir sus sistemas a cualquier porción de este hemisferio".

    ¿Qué acontecimiento ilustra mejor la aplicación de la Doctrina Monroe en la política exterior estadounidense?

    (1) Estados Unidos se adhiere a la Organización del Tratado del Atlántico Norte (OTAN)
    (2) La orden del presidente Truman de establecer el puente aéreo de Berlín
    (3) La respuesta del presidente Kennedy a la crisis de los cohetes cubanos
    (4) La declaración de guerra por el congreso contra Alemania en la Segunda Guerra Mundial
    (5) La venta de radares volantes de Estados Unidos a Arabia Saudita

42. En Estados Unidos, los cambios en los títulos de oficios, como el de mozo a mesero y de azafata a asistente de vuelo, ilustran el intento de solucionar el problema del

    (1) racismo
    (2) etnocentrismo
    (3) sexismo
    (4) prejuicio por edad
    (5) sindicalismo

La pregunta 43 se basa en la tabla siguiente.

Nivel de sueldos y administración de gerentes según su sexo*		
Sueldo	**Hombres**	**Mujeres**
Sueldo a comienzos de su carrera	$ 68,480	$57,210
Sueldo a mediados de su carrera	102,540	83,370
Nivel administrativo		
Nivel administrativo máximo	23%	9%
Nivel administrativo medio	33%	43%
Nivel administrativo inferior	21%	22%
Administración supervisora	8%	10%
Funciones no administrativas	15%	16%

Fuente: "El impacto del sexo en el desarrollo de las carreras administrativas", de Joy A. Schneer, Universidad Rider, y Frieda Reitman, Universidad Pace, *Journal of Vocational Behavior.*
*Excluye a los empleados que trabajan por su cuenta.

43. La información de la tabla revela que

    (1) las mujeres ganan menos que los hombres en todos los niveles administrativos
    (2) los hombres son más numerosos que las mujeres en todos los niveles administrativos
    (3) los sueldos a mediados de la carrera son similares entre hombres y mujeres
    (4) menos mujeres que hombres llegan a supervisores
    (5) menos mujeres que hombres llegan al nivel administrativo máximo

CONTINÚE EN LA PÁGINA SIGUIENTE

PRUEBA 2: ESTUDIOS SOCIALES

<u>Las preguntas 44 a 46</u> se basan en el pasaje siguiente.

Aturden los suburbios norteamericanos, esas hileras tras hileras de casas idénticas, esas carreteras rellenas de vehículos que llevan hacia esas casas, enjambres de autos, gasolineras, restaurantes de comida chatarra y tiendas sin fin, con problemas de tráfico eternos porque no hay transporte público adecuado por muchas millas a la redonda.

Todo esto se suma en dos palabras: esparcimiento suburbano. El esparcimiento ocurre cuando en los costados de las zonas metropolitanas se construyen casas, tiendas y centros comerciales demasiado rápido y en demasiado número.

Los costos y las consecuencias del desarrollo mal planificado son claros y comunes. Alarmados por la pérdida de zonas verdes, los votantes han aprobado casi 200 propuestas de ley locales y estatales para pagar 7 billones de dólares por terreno silvestre. El esparcimiento es también un motivo frecuente de congestión de tráfico y contaminación del aire. Además, afecta la calidad del agua. La bahía de Chesapeake está pronta a desaparecer ante el avance del desarrollo urbano. Y el esparcimiento no sólo amenaza al entorno, sino que también destruye ciudades y suburbios más antiguos.

La mayoría de los norteamericanos desean controlar el esparcimiento mediante la conservación de las zonas verdes existentes, el rediseño de las áreas urbanas y la inversión de más capital en transporte público.

44. El esparcimiento suburbano es causado por todos los factores siguientes, EXCEPTO

   (1) poblaciones
   (2) vehículos
   (3) tiendas
   (4) transporte público
   (5) centros comerciales

45. El esparcimiento es principalmente el resultado

   (1) del aumento de la población
   (2) del desarrollo mal planificado
   (3) del transporte público inadecuado
   (4) la poca disponibilidad de casas
   (5) del exceso de vehículos

46. Los esfuerzos por controlar el esparcimiento incluyen

   (1) más gasolineras
   (2) más restaurantes de comida chatarra
   (3) más terreno silvestre
   (4) más carreteras
   (5) más centros comerciales

<u>La pregunta 47</u> se basa en la tabla siguiente.

TABLA DE IMPUESTOS	
Ingreso	Porcentaje de impuestos
$0–$3,000	0
$3,001–$8,000	10
$8,001–$14,000	20
$14,001–$20,000	25

47. El impuesto sobre la renta que se muestra es

   (1) gradual
   (2) negativo
   (3) proporcional
   (4) regresivo
   (5) universal

CONTINÚE EN LA PÁGINA SIGUIENTE

PRUEBA 2: ESTUDIOS SOCIALES

48. "Hemos de llevar los beneficios de la civilización occidental y la cristiandad a los menos afortunados".

Esta idea se ha usado para justificar el

(1) imperialismo
(2) nacionalismo
(3) socialismo
(4) feudalismo
(5) regionalismo

49. "Las naciones se esfuerzan en prevenir que algún país se vuelva más poderoso que los demás y los domine".

¿Qué concepto está relacionado con esta afirmación?

(1) el militarismo
(2) el imperialismo
(3) la soberanía nacional
(4) el equilibrio de poderes
(5) el apaciguamiento

La pregunta 50 se basa en la tabla siguiente.

POBLACIONES DE REGIONES DEL MUNDO			
Región	**1980**	**1990**	**2000**
Asia	2,583,477,000	3,112,695,000	3,712,542,000
África	477,231,000	642,111,000	866,585,000
Europa*	749,973,000	786,966,000	818,378,000
Latinoamérica**	362,685,000	448,076,000	538,439,000
Norteamérica	251,909,000	275,866,000	294,712,000
Oceanía	22,800,000	26,481,000	30,144,000
Mundo	4,448,048,000	5,292,195,000	6,260,800,000

*Incluye a la ex-URSS
**Incluye a México, América Central y Caribe

50. La tabla revela que

(1) más de la mitad de los habitantes del mundo entre 1990 y 2000 viven en Asia
(2) la mayor parte de la población mundial vive en las Américas
(3) el mayor crecimiento de la población ocurre en Norteamérica
(4) el menor crecimiento de la población ocurre en Latinoamérica
(5) el crecimiento de la población más estable es en África

FIN DEL EXAMEN

PRUEBA 3: CIENCIAS

INSTRUCCIONES

La Prueba de Ciencias consiste en preguntas de opción múltiple que evalúan sus conocimientos generales de las ciencias. Las preguntas están basadas en lecturas cortas que frecuentemente incluyen un gráfico, un diagrama o un dibujo. Estudie la información que le ofrecemos y luego responda las preguntas que vienen a continuación. Refiérase a la información cada vez que le sea necesaria para contestar las preguntas.

Dispone de 80 minutos para contestar las preguntas. Trabaje con cuidado, pero no pase demasiado tiempo en una sola pregunta. No se le penalizará por respuestas incorrectas.

Para indicar sus respuestas, llene en la hoja de respuestas uno de los círculos numerados que aparecen al lado del número de la pregunta que está contestando.

POR EJEMPLO:

¿Cuál de las opciones siguientes es la unidad más pequeña?

(1) una solución   ① ② ● ④ ⑤
(2) una molécula
(3) un átomo
(4) un compuesto
(5) una mezcla

La respuesta correcta es "un átomo"; por lo tanto, debe marcar el círclo número 3 en la hoja de respuestas.

CONTINÚE EN LA PÁGINA SIGUIENTE

Examen de práctica 2

PRUEBA 3: CIENCIAS

Las preguntas 1 a 3 se refieren a la figura siguiente.

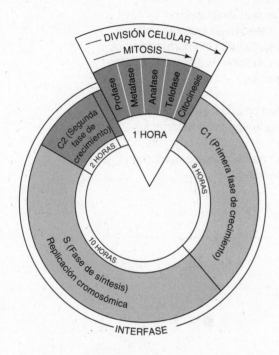

La figura de arriba muestra el ciclo celular, revelando la cantidad de tiempo requerido normalmente por cada etapa del ciclo celular.

1. La mitosis, o división celular, es el período durante el cual las células se dividen para crear nuevas células. ¿Aproximadamente qué porcentaje del ciclo celular corresponde a la mitosis?

   (1) 5%
   (2) 20%
   (3) 40%
   (4) 60%
   (5) 75%

2. ¿Qué etapa del ciclo celular se subdivide adicionalmente en otras etapas?

   (1) C1 (primera fase de crecimiento)
   (2) C2 (segunda fase de crecimiento)
   (3) S (fase de síntesis)
   (4) Mitosis
   (5) Todas las etapas están subdivididas

3. La interfase es el período durante el cual el ciclo celular no está dedicado a la mitosis. En un ciclo celular típico, ¿cuánto dura la interfase?

   (1) 9 horas
   (2) 10 horas
   (3) 12 horas
   (4) 19 horas
   (5) 21 horas

CONTINÚE EN LA PÁGINA SIGUIENTE

PRUEBA 3: CIENCIAS

Las <u>preguntas 4 a 7</u> se refieren a la figura siguiente, la cual describe a los principales componentes de la sangre, sus cantidades y sus funciones.

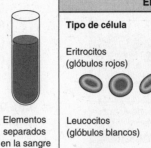

Plasma 55%		
Constituyente	**Funciones principales**	
Agua	Disolvente para acarrear otras sustancias	
Iones (electrolitos sanguíneos)		
Sodio	Equilibrio osmótico,	
Potasio	amortiguación de pH	
Calcio	y regulación de	
Magnesio	permeabilidad	
Cloruro	membranosa	
Bicarbonato		
Proteínas plasmáticas		
Albúmina	Equilibrio osmótico, amortiguación de pH	
Fibrinógeno	Coagulación	
Inmunoglobulinas (anticuerpos)	Defensa	
Sustancias transportadas por la sangre		
Nutrientes (como glucosa, ácidos grasos, vitaminas)		
Productos de desecho metabólico		
Gases respiratorios (O_2 y CO_2)		
Hormonas		

Elementos separados en la sangre

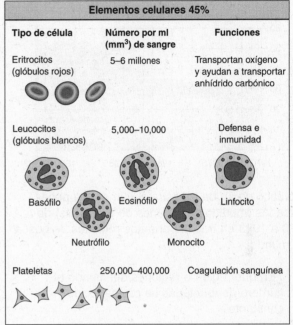

Elementos celulares 45%		
Tipo de célula	**Número por ml (mm^3) de sangre**	**Funciones**
Eritrocitos (glóbulos rojos)	5–6 millones	Transportan oxígeno y ayudan a transportar anhídrido carbónico
Leucocitos (glóbulos blancos)	5,000–10,000	Defensa e inmunidad
Basófilo		Linfocito
	Eosinófilo	
Neutrófilo	Monocito	
Plateletas	250,000–400,000	Coagulación sanguínea

4. ¿Cuál de los siguientes no es una función importante de las proteínas plasmáticas en la sangre?

   (1) permeabilidad membranosa
   (2) coagulación
   (3) equilibrio osmótico
   (4) amortiguación de pH
   (5) defensa

5. ¿Cuál de los siguientes puede tener regulación o funcionamiento deficiente que conduzca a una inadecuada regulación de la permeabilidad membranosa?

   (1) albúmina
   (2) fibrinógeno
   (3) plateletas
   (4) linfocitos
   (5) niveles iónicos del cloruro

6. En cualquier mm^3 de sangre, ¿cuál es la relación aproximada entre el número de glóbulos rojos (eritrocitos) y glóbulos blancos (leucocitos)?

   (1) Hay cerca de 1,000 glóbulos rojos por cada glóbulo blanco
   (2) Hay cerca de 1,000 glóbulos blancos por cada glóbulo rojo
   (3) Hay unos 10 glóbulos rojos por cada glóbulo blanco
   (4) Hay unos 10 glóbulos blancos por cada glóbulo rojo
   (5) Hay un número muy parecido de glóbulos rojos y glóbulos blancos

7. ¿Cuál de los siguientes está envuelto en el proceso de coagulación?

   I. plateletas
   II. neutrófilos
   III. fibrinógeno

   (1) I solamente
   (2) II solamente
   (3) III solamente
   (4) I y III solamente
   (5) I, II y III

CONTINÚE EN LA PÁGINA SIGUIENTE

Examen de práctica 2

PRUEBA 3: CIENCIAS

Las preguntas 8 a 11 se refieren al gráfico siguiente.

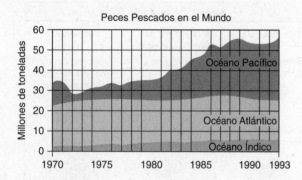

Peces Pescados en el Mundo

El gráfico de arriba muestra el número de peces pescados (medido en millones de toneladas) de 1970 a 1993 en tres importantes regiones de pesca del mundo.

8. ¿En qué región o regiones del mundo el número de toneladas ha permanecido constante?

   (1) Océano Atlántico
   (2) Océano Índico
   (3) Océano Pacífico
   (4) Océano Atlántico y Océano Índico
   (5) Océano Pacífico y Océano Índico

9. ¿Aproximadamente cuántos millones de toneladas de peces se pescaron en los tres océanos en 1980?

   (1) 5
   (2) 20
   (3) 25
   (4) 35
   (5) 50

10. ¿Qué porcentaje de pescado se obtuvo del Océano Pacífico en 1980?

    (1) 5%
    (2) 10%
    (3) 30%
    (4) 50%
    (5) 70%

11. ¿En qué año proporcionó el Océano Pacífico más pescado que los otros océanos?

    (1) 1974
    (2) 1978
    (3) 1982
    (4) 1986
    (5) 1990

Las preguntas 12 a 14 se refieren al gráfico siguiente.

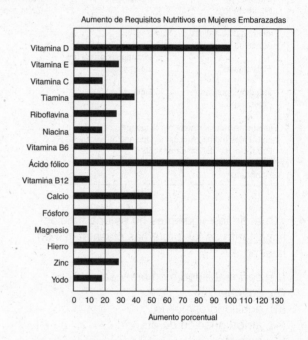

Aumento de Requisitos Nutritivos en Mujeres Embarazadas

Las mujeres embarazadas necesitan cantidades mucho más elevadas de ciertas vitaminas y minerales para adaptarse a los cambios que se producen en sus organismos y estimular el desarrollo óptimo del feto. El gráfico muestra el aumento porcentual de diversas vitaminas y minerales requerido durante el embarazo.

CONTINÚE EN LA PÁGINA SIGUIENTE

PRUEBA 3: CIENCIAS

12. ¿Cuáles son las tres vitaminas y minerales que porcentualmente se necesitan más durante el embarazo?

    (1) vitamina D, hierro y ácido fólico
    (2) hierro, ácido fólico y calcio
    (3) hierro, ácido fólico y vitamina B6
    (4) vitamina D, hierro y calcio
    (5) yodo, hierro y niacina

13. La cantidad normal recomendada de vitamina C es de 1,000 milígramos (mg) diarios para mujeres no embarazadas. Durante el embarazo, ¿cuánta vitamina C necesita una mujer?

    (1) 20 mg
    (2) 200 mg
    (3) 1,200 mg
    (4) 2,000 mg
    (5) 2,400 mg

14. ¿Qué aumento porcentual de calcio se necesita durante el embarazo?

    (1) 10%
    (2) 30%
    (3) 50%
    (4) 70%
    (5) 150%

Las preguntas 15 a 17 se refieren a la información siguiente.

El agua cambia de una fase a otra cuando cambia su temperatura. Cuando la temperatura está más elevada, el agua está en estado gaseoso (vapor de agua). El agua seguirá en estado gaseoso a menos que se le elimine cierta cantidad de calor. Un ejemplo es la condensación del agua sobre el espejo del cuarto de baño cuando alguien se ducha. Como la superficie del espejo está considerablemente más fría que la temperatura y la humedad del cuarto, cuando el caliente vapor de agua toca la superficie fría del espejo empieza a cambiarse a gotas de agua. Esto pasa porque el espejo, siendo más frío, enfría el aire, y el aire que se enfría es incapaz de contener tanta agua como el aire caliente.

El diagrama abajo representa un recipiente de plástico sellado con dos termómetros de escala Celsius. Uno está dentro de un vaso de vidrio que contiene hielo y agua. El propósito de esta demostración es el de estudiar el comportamiento del vapor de agua y de la temperatura a la cual el aire queda saturado por el agua (la temperatura de condensación).

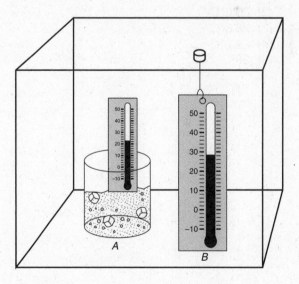

CONTINÚE EN LA PÁGINA SIGUIENTE

PRUEBA 3: CIENCIAS

15. ¿Cuál es la temperatura del aire en el recipiente?

    (1) 23.0°C
    (2) 25.0°C
    (3) 26.0°C
    (4) 28.0°C
    (5) 30.0°C

16. ¿Por qué se han formado gotitas de agua en la parte externa del vaso de vidrio?

    (1) Los vasos de vidrio siempre acumulan gotitas de agua en su exterior cuando se llenan de agua.
    (2) El aire cerca del vaso de vidrio se ha saturado con agua
    (3) El agua se ha filtrado a través de los poros del vidrio en el vaso
    (4) La humedad relativa del agua cerca del vaso de vidrio se aproxima al 0 por ciento
    (5) No se ha alcanzado la temperatura de condensación

17. Si las gotitas de agua sólo acaban de aparecer en el vaso de vidrio, ¿cuál es la temperatura de condensación?

    (1) 5.0°C
    (2) 23.0°C
    (3) 28.0°C
    (4) 29.0°C
    (5) 30°C

Las preguntas 18 a 20 se refieren al artículo siguiente.

Aunque a menudo observamos la condensación del vapor de agua en superficies frías, pocas veces pensamos que las sustancias sólidas también pueden llegar directamente al estado gaseoso. Es posible cambiar algunos sólidos directamente a gases al calentarlos. En estos casos, los sólidos, en vez de derretirse, pasan directamente al estado de vapor porque las conexiones entre las moléculas en estas sustancias son muy débiles, permitiéndoles evaporarse rápidamente. Un buen ejemplo de tal sustancia es la naftalina (bolitas de alcanfor). Usted puede haber notado que, con el transcurso del tiempo, las bolitas paulatinamente se vuelven más pequeñas. Eso ocurre debido a la debilidad de las fuerzas intermoleculares. El proceso por el cual un sólido pasa directamente al estado gaseoso sin derretirse ni volver al estado sólido se llama sublimación.

18. La condensación es un cambio del estado

    (1) gaseoso al sólido
    (2) gaseoso al líquido
    (3) líquido al gaseoso
    (4) líquido al sólido
    (5) sólido al líquido

19. Algunas sustancias se evaporan más fácilmente que otras porque

    (1) se condensan en superficies frías
    (2) pueden calentarse a presión atmosférica
    (3) no cambian del estado sólido al líquido
    (4) pasan del estado sólido al gaseoso
    (5) tienen fuerzas intermoleculares débiles

20. La sublimación es el cambio directo de la fase

    (1) sólida a la gaseosa
    (2) sólida a la líquida
    (3) líquida a la gaseosa
    (4) gaseosa a la líquida
    (5) líquida a la sólida

CONTINÚE EN LA PÁGINA SIGUIENTE

PRUEBA 3: CIENCIAS

Las preguntas 21 a 23 se refieren al artículo siguiente.

Las figuras de abajo muestran la forma y el volumen relativos de los sólidos, líquidos y gases. En un sólido, las partículas se mantienen rígidamente en su lugar y dan al sólido un volumen y una forma que son fijos. En un líquido, las fuerzas que mantienen juntas a las partículas son más débiles, lo cual permite a los líquidos cambiar de forma. El voumen de un líquido no cambia según la forma de su recipiente. En otras palabras, 100 ml de un líquido tendrán un volumen de 100 ml sin importar el recipiente en el cual están. En un gas, la unión de las partículas es muy débil o inexistente. Los gases toman la forma y el volumen del recipiente en el cual están. Los materiales capaces de fluir, tales como los gases y los líquidos se llaman fluidos.

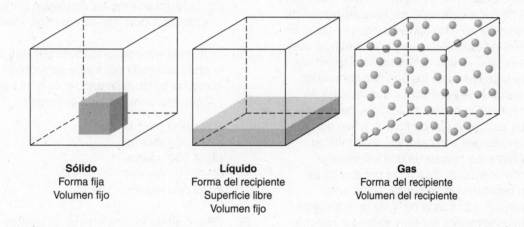

Sólido	**Líquido**	**Gas**
Forma fija	Forma del recipiente	Forma del recipiente
Volumen fijo	Superficie libre	Volumen del recipiente
	Volumen fijo	

21. Una substancia que tiene volumen fijo pero forma indefinida es un

   (1) sólido
   (2) líquido
   (3) gas
   (4) fluido
   (5) sólido o un líquido

22. ¿Cuál de los siguientes sería clasificado como un fluido?

   I. sólido
   II. líquido
   III. gas

   (1) I solamente
   (2) II solamente
   (3) III solamente
   (4) I y II solamente
   (5) II y III solamente

23. Para que un material sea comprimible, debe haber espacio entre las partículas. ¿Qué estado(s) de materia sería(n) *incomprimible(s)*?

   (1) sólido
   (2) líquido
   (3) gas
   (4) sólido y líquido
   (5) líquido y gas

CONTINÚE EN LA PÁGINA SIGUIENTE

PRUEBA 3: CIENCIAS

Las preguntas 24 a 26 se refieren al artículo siguiente.

Las ondas del sonido viajan más rápido mientras más denso sea el medio por el que viajan. Es así que la velocidad del sonido en el aire es de unos 340 metros/segundo, mientras que en el agua es de unos 1,500 metros/segundo. Una roca que golpee una superficie sólida bajo el agua va a generar mucho ruido, aún a gran distancia. Esto ocurre porque el agua, siendo más densa que el aire, es mejor conductora de las ondas sonoras. Esta propiedad de las ondas sonoras ha sido aprovechada por las marinas de guerra de todo el mundo para identificar submarinos enemigos. El uso de sensibles dispositivos auditivos permite escuchar los sonidos generados por las hélices de los submarinos a distancias de varios kilómetros. De hecho, cada clase de submarino produce su propio tipo de sonido y hay detectores tan sensibles que son capaces de identificar diferencias entre las hélices de dos submarinos prácticamente idénticos. Esto hace del sonido de cada hélice una especie de huella digital que permite descubrir y seguir la pista de un submarino. Semejante conocimiento fue muy valioso a nuestra marina durante la segunda guerra mundial.

Las ondas sonoras también se usan para determinar distancias hasta objetos que se encuentran en el fondo del mar. Una onda sonora se envía desde el barco hacia el fondo, el cual refleja esta onda y la envía de vuelta. Sabiendo que la velocidad del sonido en el agua es de 1,500 metros por segundo y midiendo el tiempo que toma a la onda viajar al fondo marino y después volver, se puede calcular la distancia que hay desde el barco hasta el fondo. Que a una señal le tome cuatro segundos en ir y volver significa que ésta fue en dos segundos y volvió en dos segundos. Como las ondas sonoras viajan a 1,500 metros por segundo, se puede calcular que el fondo marino se encuentra a 1,500 m/seg × 2 seg = 3,000 m, o unas 1.9 millas de profundidad. Una estrategia similar se emplea para encontrar la distancia hasta objetos tales como cardúmenes de peces u otros barcos.

24. ¿La razón por la que los submarinos pueden detectar otros objetos sumergidos se debe principalmente a cuál de las opciones siguientes?

(1) Los submarinos pueden aproximarse muy cerca de esos objetos
(2) El sonido viaja muy bien bajo el agua
(3) Es posible determinar la distancia a otros objetos por medio de ondas sonoras
(4) Las ondas sonoras son afectadas por los sonidos de las hélices
(5) Nuestra marina ha empleado ondas sonoras para detectar submarinos enemigos

25. Una onda sonora es lanzada por un barco y la onda reflejada del fondo es captada por el mismo barco seis segundos más tarde. ¿A qué profundidad está el fondo?

(1) 1,500 metros
(2) 3,000 metros
(3) 4,500 metros
(4) 6,000 metros
(5) 9,000 metros

26. ¿Por cuál de los materiales siguientes viajarían mejor las ondas sonoras?

(1) aire
(2) helio
(3) agua
(4) aceite
(5) acero

CONTINÚE EN LA PÁGINA SIGUIENTE

PRUEBA 3: CIENCIAS

Las preguntas 27 y 28 se refieren a la tabla siguiente.

VELOCIDAD NATATORIA APROXIMADA DE ALGUNOS PECES COMUNES

Nombre común	Nombre científico	Longitud (pulg)	Velocidad (mph)
Barracuda	*Sphyraena barracuda*	73	30
Bacalao	*Gadus callarius*	22	4.2
Anguila	*Anguilla vulgaris*	24	2.8
Platija	*Pleuronectes flesus*	11	2.4
Carpa dorada	*Carassius aurataus*	5	3.6
Tiburón	*Negaprion brevirostris*	75	6
Lenguado	*Pleuronectes microcephalus*	3.5	.26
Caballa	*Scomber scombrus*	14	5.4
Trucha arco iris	*Salmo irideus*	8	3.4
Trucha de mar	*Salmo trutta*	14	5.4

27. ¿Cuál de las declaraciones siguientes está respaldada por información provista en la tabla?

    (1) Cuanto más grande es el pez, más rápido nada
    (2) Algunos peces pequeños pueden nadar más rápido que peces más grandes
    (3) Los tiburones son cazadores y deben nadar rápido
    (4) El tamaño de un pez no está relacionado con su velocidad
    (5) Los peces de agua salada son más rápidos que los de agua dulce

28. Aparte de las dos especies de trucha, ¿cuáles de los peces siguientes están probablemente emparentados?

    (1) platija y caballa
    (2) carpa dorada y caballa
    (3) platija y lenguado
    (4) tiburón y lenguado
    (5) bacalao y caballa

CONTINÚE EN LA PÁGINA SIGUIENTE

PRUEBA 3: CIENCIAS

29. Los pescadores comerciales aprovechan todas las ventajas de la tecnología para mejorar su negocio. Emplean dispositivos localizadores que les ayudan a encontrar los cardúmenes más grandes y millas de redes para agarrar el mayor número de peces de una sola vez. Una consecuencia de estos métodos es la disminución del número de peces y del tamaño de los peces en todos los mares del mundo. Lo mismo pasa en el campo de la pesca deportiva, donde ya no hay espectaculares peces espada de más de 1,000 libras o gigantescos róbalos de 500 libras. También otras clases de peces que antes eran muy comunes son ahora cada vez más escasos.

Todas las declaraciones de abajo son opiniones, EXCEPTO

(1) A nadie debiera permitírsele pescar en aguas norteamericanas excepto a los norteamericanos
(2) Debe haber otra explicación en lo que se refiere a la pesca deportiva, ya que nadie podría pescar tal número de estos peces como para provocar su presente escasez
(3) Los océanos son suficientemente grandes como para que todos puedan pescar todos los peces que deseen
(4) Si los pescadores dejasen irse a suficientes peces de edad reproductora, sus poblaciones podrían aumentar
(5) El Departamento de Caza y Pesca de Estados Unidos debe decir a los pescadores cuántos peces pueden pescar

Las preguntas 30 a 32 se basan en los gráficos siguientes.

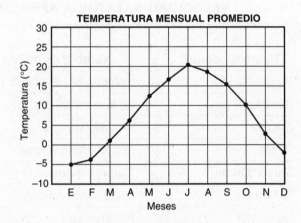

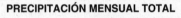

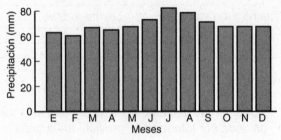

Los dos gráficos representan el promedio mensual de la temperatura y de la precipitación desde enero hasta diciembre en una ciudad determinada cerca del centro de un continente.

30. ¿Entre qué dos meses consecutivos hubo menor cambio en la temperatura promedio?

(1) enero y febrero
(2) febrero y marzo
(3) mayo y junio
(4) octubre y noviembre
(5) diciembre y enero

CONTINÚE EN LA PÁGINA SIGUIENTE

PRUEBA 3: CIENCIAS

31. La temperatura promedio y la precipitación total durante septiembre (S en el eje horizontal de los gráficos) fueron de

    (1) 7°C; 60 mm
    (2) 15°C; 50 mm
    (3) 16°C; 68 mm
    (4) 21°C; 68 mm
    (5) 21°C; 80 mm

32. ¿Cuál es la mejor descripción del modelo climático de esta localidad?

    (1) más caluroso y húmedo en verano que en invierno
    (2) más caluroso en verano que en invierno, sin estación seca o lluviosa pronunciada
    (3) más húmedo en verano que en invierno con temperaturas constantes a lo largo del año
    (4) seco y frío durante los meses de invierno
    (5) seco y caluroso durante los meses de verano

Las preguntas 33 y 34 se basan en el gráfico siguiente.

Calentamiento del etilenglicol

El gráfico de arriba muestra el calentamiento durante 12 minutos del etilenglicol, el componente más común de los anticongelantes comerciales. A temperatura ambiente, el etilenglicol es un líquido. Comienza a hervir a 198°C.

33. En este experimento, ¿cuánto tiempo debió calentarse al etilenglicol antes de que éste empezara a hervir?

    (1) 3 minutos
    (2) 6 minutos
    (3) 9 minutos
    (4) 12 minutos
    (5) 15 minutos

34. Suponga que se fuera a realizar un experimento similar, pero con agua. El agua hierve a 100°C. ¿Cuál será la temperatura del agua hirviendo después de hervir por 5 minutos?

    (1) 20°C
    (2) 95°C
    (3) 100°C
    (4) 105°C
    (5) 198°C

35. El agua pura tiene un pH de 7. Los ácidos tienen un pH menor que 7 y los álcalis tienen un valor más alto que 7. Un jardinero sabe que las plantas que está cultivando necesitan tierra con un pH de 7.5. Si el pH de la tierra es de 6.5, ¿qué debería hacer?

    (1) Usar solamente agua pura para regar las plantas
    (2) Añadir un ácido leve a la tierra
    (3) Añadir un álcali leve a la tierra
    (4) Usar agua del grifo, la cual tiene un pH de 6.5
    (5) Usar un fertilizante orgánico que se convierte en ácido cuando se descompone

Examen de práctica 2

CONTINÚE EN LA PÁGINA SIGUIENTE

PRUEBA 3: CIENCIAS

La pregunta 36 se basa en el diagrama siguiente.

Espejo plano

36. La flecha en el diagrama representa un objeto al frente de un espejo plano. La imagen que se forma en un espejo plano obedece a la regla de que cada punto en la imagen está igual de lejos detrás del espejo que el punto correspondiente en el objeto. ¿Cuál de las flechas siguientes representa a la imagen?

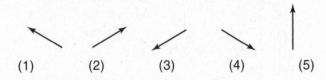

(1)   (2)   (3)   (4)   (5)

Las preguntas 37 y 38 se basan en el gráfico siguiente.

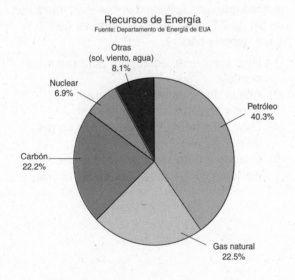

Recursos de Energía
Fuente: Departamento de Energía de EUA

Este gráfico circular describe el porcentaje de fuentes de energía en Estados Unidos en 1998.

37. El carbón, el gas natural y el petróleo se llaman combustibles fósiles. ¿Qué porcentaje de recursos energéticos proviene de combustibles fósiles?

(1) 22.2%
(2) 22.5%
(3) 40.3%
(4) 62.8%
(5) 85.0%

38. ¿Cuál fue la fuente de energía más grande en 1998?

(1) nuclear
(2) petróleo
(3) carbón
(4) agua
(5) gas natural

39. La figura de abajo es un diagrama de fase, el cual muestra el estado en que estará una sustancia sometida a una determinada combinación de temperatura y presión. En el diagrama de fase también pueden marcarse varios otros puntos. ¿En qué estado estará el anhídrido carbónico (CO_2) si la temperatura es de 25°C y la presión es de 0.5 atm?

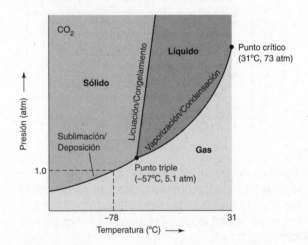

(1) sólido
(2) líquido
(3) gaseoso
(4) sólido y gaseoso
(5) líquido y gaseoso

CONTINÚE EN LA PÁGINA SIGUIENTE

PRUEBA 3: CIENCIAS

Las preguntas 40–49 se basan en la información siguiente.

El comportamiento de los seres vivos es un modelo de actividades que éstos realizan en respuesta a los estímulos del medio ambiente. Abajo presentamos cinco tipos de comportamiento.

(1) acto reflejo—una respuesta automática, simple e innata
(2) instinto—un modelo de comportamiento complejo que se realiza sin aprendizaje
(3) comportamiento condicionado—un estímulo cambiado que produce la respuesta original
(4) hábito—una respuesta consciente que se convierte en automática debido a la repetición constante
(5) comportamiento aprendido—un proceso complejo que comprende razonamiento y discernimiento

Cada una de las preguntas siguientes se refiere a uno de estos tipos de comportamiento. Para cada pregunta, escoja la categoría que mejor describa cada uno de los comportamientos. Una categoría puede usarse más de una vez para responder a las preguntas siguientes.

40. En enero, continuaba escribiendo el año previo cuando hacía un cheque. Este tipo de comportamiento se puede describir como

   (1) acto reflejo
   (2) instinto
   (3) comportamiento condicionado
   (4) hábito
   (5) comportamiento aprendido

41. Se les pidió a los alumnos que escribieran sus nombres tantas veces como fuera posible en dos minutos. Luego, se les pidió que hicieran lo mismo con la otra mano. Se hicieron comparaciones sobre la calidad de la escritura y el número de nombres escritos con cada mano. Este tipo de comportamiento se puede describir como

   (1) acto reflejo
   (2) instinto
   (3) comportamiento condicionado
   (4) hábito
   (5) comportamiento aprendido

42. Primero el cerebro de una rana se destruye de manera indolora. Luego un algodón se sumerge en vinagre (ácido acético al 5%) y se coloca en el muslo de la rana. La pata reacciona. Este tipo de comportamiento se puede describir como

   (1) acto reflejo
   (2) instinto
   (3) comportamiento condicionado
   (4) hábito
   (5) comportamiento aprendido

43. Juan sostiene un trozo de malla de alambre delante de su cara. Martín le advierte que va a tirar una bolita de papel contra su cara. Cuando Martín lanza la bolita, Juan parpadea los ojos. Este tipo de comportamiento se puede describir como

   (1) acto reflejo
   (2) instinto
   (3) comportamiento condicionado
   (4) hábito
   (5) comportamiento aprendido

44. Linda y Margarita han terminado en 60 minutos un crucigrama difícil. Florencia y Regina necesitan más tiempo para hacerlo. Este tipo de comportamiento se puede describir como

   (1) acto reflejo
   (2) instinto
   (3) comportamiento condicionado
   (4) hábito
   (5) comportamiento aprendido

45. Un petirrojo que ha crecido en una incubadora construye un nido muy parecido al que construyen los petirrojos silvestres. Este tipo de comportamietno se puede describir como

   (1) acto reflejo
   (2) instinto
   (3) comportamiento condicionado
   (4) hábito
   (5) comportamiento aprendido

CONTINÚE EN LA PÁGINA SIGUIENTE

Examen de práctica 2

PRUEBA 3: CIENCIAS

46. Un recién nacido llora cuando se siente incómodo, pero un bebé más desarrollado llora simplemente para conseguir atención. Este tipo de comportamiento se puede describir como

    (1) acto reflejo
    (2) instinto
    (3) comportamiento condicionado
    (4) hábito
    (5) comportamiento aprendido

47. Se premia a un delfín con más comida cada vez que hace una pirueta. Este tipo de comportamiento se puede describir como

    (1) acto reflejo
    (2) instinto
    (3) comportamiento condicionado
    (4) hábito
    (5) comportamiento aprendido

48. Se lee un pasaje, muy despacio, en clase para que los alumnos puedan copiar lo que oyen, pero se les pide que NO pongan el palito de la t ni el punto en la i. Luego se contabiliza el número de errores. ¿Cuál es el tipo de comportamiento que causa los errores?

    (1) acto reflejo
    (2) instinto
    (3) comportamiento condicionado
    (4) hábito
    (5) comportamiento aprendido

49. Las personas que han usado este libro para preparar el Examen de GED han obtenido puntuaciones satisfactorias en las pruebas. Este tipo de comportamiento se puede describir como

    (1) acto reflejo
    (2) instinto
    (3) comportamiento condicionado
    (4) hábito
    (5) comportamiento aprendido

La pregunta 50 se refiere a la información siguiente.

Hace cerca de 100 años, dos científicos alemanes extrajeron los páncreas de diferentes perros para estudiar la función del páncreas como órgano digestivo. Un poco más tarde, sus asistentes observaron que una multitud de moscas revoloteaban alrededor de las jaulas donde estaban encerrados esos perros. Aunque éste fue un suceso acidental, muchos lo consideran como el primer paso en la investigación sobre la diabetes. Sin embargo, no fue hasta 1922 que Banting y Best mostraron que el páncreas produce la hormona insulina, que es esencial para el control adecuado del azúcar en la sangre. Éstos concluyeron que si faltaba insulina, el resultado era la diabetes.

50. Las jaulas que contenían perros que no fueron sometidos a cirugía del páncreas no atraían tantas moscas. Esta afirmación puede clasificarse como una

    (1) exposición del problema
    (2) hipótesis
    (3) observación
    (4) suposición
    (5) información no pertinente

FIN DEL EXAMEN

PRUEBA 4: LENGUAJE, LECTURA

INSTRUCCIONES

La Prueba de Lenguaje y Lectura consiste en pasajes extraídos de obras literarias escritas antes de 1920, entre 1920 y 1960, y después de 1960, artículos sobre la literatura y las artes, y por lo menos un documento comercial.

Lea primero cada pasaje y después responda las preguntas que le siguen. Repase la materia de lectura cuantas veces sea necesario para contestar las preguntas.

Cada pasaje va precedido de una "pregunta de orientación". Dicha pregunta le da una razón para leer el texto. Use estas preguntas de orientación para ayudarse a enfocar correctamente el tema de la lectura. Recuerde que no debe contestarlas.

Dispone de 65 minutos para contestar las preguntas. Trabaje con cuidado, pero no dedique demasiado tiempo a una sola pregunta. Asegúrese de responder todas las preguntas. No se le penalizará por respuestas incorrectas.

Para indicar sus respuestas en la hoja de respuestas, llene uno de los círculos numerados que aparecen al lado del número de la pregunta.

POR EJEMPLO:

Era el sueño de Susana. El color azul metálico resplandecía y brillaba el cromo de las ruedas deportivas. Bajo el capó, el motor se había limpiado con el mismo esmero. Adentro, las luces iluminaban el tablero de instrumentos, y los asientos estaban cubiertos de cuero fino.

¿A qué se refiere el pasaje?

(1) a un aeroplano
(2) a un sistema de música
(3) a un automóvil
(4) a una lancha
(5) a una motocicleta

La respuesta correcta es "a un automóvil"; por lo tanto, debe marcar el círculo número 3 en la hoja de respuestas.

CONTINÚE EN LA PÁGINA SIGUIENTE

PRUEBA 4: LENGUAJE, LECTURA

Las preguntas 1 a 5 se refieren al pasaje siguiente.

¿CÓMO AFRONTAR EL PROBLEMA DE CORREGIR A OTROS?

La Señorita Modales está constantemente asediada por personas que desean saber cómo indicar, con el debido tacto, a sus amigos y parientes los defectos que éstos poseen. Estos últimos, según sus acusadores, mastican con la boca abierta, pronuncian mal muchas palabras del vocabulario, hacen sonar sus dedos, escupen, se eructan y silban sin ton ni son. Además tienen mal aliento y medias descosidas, son demasiado obesos, se visten mal y su pelo es un horror.

¿Cómo pueden las personas que aman a esta gente (no se sabe bien por qué) y que desean ayudarlas (por razones que lamentablemente todos conocen) decirles amablemente la verdad?

La Señorita Modales responde que no hay manera de hacerlo, al menos no con amabilidad. Hay momentos, durante relaciones de confianza, en que pueden decirse verdades, pero no amablemente. Uno puede decir a veces, "Esas canciones que silbas me vuelven loco, si continúas, voy a gritar". O bien, "Toma esta pastilla de menta, mira que tu aliento está muy fuerte". O quizás, "¿Qué es esa cosa que tienes en tu diente derecho?" Ninguna persona razonable debiera ofenderse por tales comentarios. Por ser tan francos, no parecen acarrear consigo todo un historial de repulsión nacido mucho tiempo atrás. Además, tratan sobre pecados que son más o menos corregibles (aunque la Señorita Modales conoce a algunos silbadores que no pararán aunque el mundo se venga abajo) y que quizás los culpables ni se han dado cuenta que los cometen.

Lo que no es aceptable es criticar cosas que una persona no puede remediar fácilmente o que no desea hacerlo. La gente que usted considera como demasiado gorda puede tener otras ideas sobre el significado de gordura excesiva, puede ya estar tratando de adelgazar o puede no tener ninguna intención de adelgazar, y en ninguno de estos casos les ayudará enterarse que otras personas las consideran demasiado gordas.

Por cierto que es difícil contener el placer de corregir a otros y preguntarse, ¿quién se sentirá mejor una vez que la corrección se haya hecho: la persona que corrigió o la persona corregida? Pero vale la pena hacerse esa pregunta, no sólo por ser caritativo sino también porque es una ley de la naturaleza que la persona que corrige a otros pronto hace algo muy censurable por su cuenta.

1. La selección trata principalmente sobre

   (1) la corrección del comportamiento de otros
   (2) gente mal educada
   (3) comportamiento inaceptable
   (4) la confianza en las relaciones sociales
   (5) el intento de forzar cambios de comportamiento

2. El comportamiento desagradable incluye todas las opciones siguientes, EXCEPTO

   (1) mal aliento
   (2) hablar en voz alta
   (3) silbar
   (4) vocabulario inadecuado
   (5) escupir

3. Según el pasaje, la gente que critica lo hace debido a

   (1) rencor
   (2) venganza
   (3) sentimiento de superioridad
   (4) repulsión
   (5) amor

4. Aquellos que corrigen a otros debieran enfocar

   (1) temas que pueden notar las personas que son corregidas
   (2) temas que pueden ofender a las personas que son corregidas
   (3) temas que no son fáciles de corregir
   (4) temas que son fáciles de corregir
   (5) temas que acarrean todo un historial de repulsión

CONTINÚE EN LA PÁGINA SIGUIENTE

PRUEBA 4: LENGUAJE, LECTURA

5. El crítico debe considerar

   (1) cómo hacer la crítica con amabilidad
   (2) cosas que son fáciles de remediar
   (3) tanto al criticado como a sí mismo
   (4) el placer de corregir los defectos de otros
   (5) sólo a las personas que aceptan la crítica

Las preguntas 6 a 10 se refieren a esta selección de una obra de teatro.

¿CUÁN DIFÍCIL ES CAMBIAR A UNA PERSONA?

PICKERING: Por cierto, Higgins, que no vas a llamar su atención con lisonjas.

SRA. PEARCE: (incómoda) Oh, no diga eso, señor. Hay muchas maneras de llamar la atención de una joven y nadie puede hacerlo mejor que el Sr. Higgins, aunque a veces no sea su intención. Tengo la esperanza, señor, de que usted no lo lleve a hacer algo imprudente.

HIGGINS: (emocionándose a medida que la idea va creciendo) ¿Qué es la vida sino una serie de locuras aprovechadas? La dificultad reside en hacer que funcionen como uno quiere. Nunca debe perderse una oportunidad, pues ésta no aparece todos los días. Haré una duquesa de esta vaga desaliñada.

LIZA: (con gran desaprobación de semejante comentario) ¡Ua-ua-uaaaa!

HIGGINS: (entusiasmado) Sí, en seis meses, o en tres si tiene buen oído y lengua rápida, la llevaré a todas partes y la haré pasar por quien sea. Comenzaremos hoy: ¡Ahora! ¡En este momento! Sra. Pearce, llévesela y límpiela. Jabón de ropa si la mugre no sale de otra manera. ¿Hay un buen fuego en la cocina?

SRA. PEARCE: (protestando) Sí, pero...

HIGGINS: (arrebatado) Sáquele todas sus ropas y quémelas. Llame a la tienda Whiteley o cualquier otra y cómprele ropa nueva. Envuélvala en papel grueso hasta que la ropa llegue.

LIZA: Usted no es un caballero, no, no es. Mírenlo como habla. Yo soy una joven decente, sí soy, I conozco muy bien a esos como usted, sí, muy bien los conozco.

HIGGINS: No queremos mojigaterías, señorita. Debes aprender a comportarte como una

duquesa. Llévesela, Sra. Pearce. Y si le da problemas, azótela.

LIZA: (dando un salto y poniéndose entre Pickering y la Sra. Pierce para protegerse) ¡No! ¡Llamaré a la policía, sí lo haré!

SRA. PEARCE: Pero no tengo dónde alojarla.

HIGGINS: Póngala en el bote de basura.

LIZA: ¡Ua-ua-uaaa!

PICKERING: ¡Está bueno ya, Higins! ¡Sé razonable!

Pygmalion, de George Bernard Shaw, 1916

6. El Sr. Higgins está tratando de

   (1) crear un magnífico vestuario para Liza
   (2) modernizar a Liza y enseñarle a trabajar
   (3) enseñar a Liza a socializar
   (4) comprender cómo habla Liza
   (5) hacer que Liza sea como una duquesa en habla y aspecto

7. ¿Qué quiere el Sr. Higgins decir con "locuras aprovechadas"?

   (1) hay que saber aprovechar las situaciones extrañas en la vida
   (2) los pobres usan la locura para aprovecharse
   (3) las locuras nunca funcionan en la vida real
   (4) hay que reconocer las locuras de otros y aprovecharlas
   (5) las locuras son parte de la vida

8. En lo que respecta a la ayuda del Sr. Higgins, Liza probablemente

   (1) está feliz y agradecida
   (2) es malagradecida pero curiosa
   (3) está emocionada pero dudosa
   (4) es inocente y suspicaz
   (5) está nerviosa y enojada

9. Al decir, "Sáquele todas sus ropas y quémelas", Higgins quería simbolizar que Liza iba a

   (1) entrar en la alta sociedad
   (2) abandonar por completo su vida previa
   (3) adquirir un vestuario totalmente nuevo
   (4) aprender un nuevo idioma
   (5) deshacerse de su pobreza

CONTINÚE EN LA PÁGINA SIGUIENTE

PRUEBA 4: LENGUAJE, LECTURA

10. La actitud del Sr. Higgins hacia Liza es de

    (1) simpatía
    (2) ayuda relativa
    (3) intolerancia
    (4) impaciencia
    (5) ignorancia

Las preguntas 11 a 15 se refieren al pasaje siguiente.

CÓMO UNA ALDEA PROVOCÓ SU PROPIO DESASTRE

En una mañana de primavera temprana, en 1873, las gentes de Oberfest dejaron sus casas y buscaron refugio en el ayuntamiento. Nadie sabe exactamente por qué. Durante las últimas semanas habían corrido rumores por la aldea; los rumores crecieron y se convirtieron en noticias; las predicciones se volvieron certezas. En esta mañana, el temor se volvió terror y la gente corrió por las angostas calles acarreando sus posesiones más preciadas, arrastrando a sus niños y empujándose para entrar en el edificio. Las puertas se cerraron y luego se clavaron. Los hombres se turnaban para vigilar desde la ventana mayor. Pasaron dos días. Al no llegar el desastre, el temor aumentó, porque las personas empezaron a sospechar que el peligro se encontraba dentro del edificio, encerrado con ellas. Nadie hablaba con nadie, pero todos se miraban, buscando signos e indicios. Y fueron los niños los primeros en tañer la gran campana en la primera torre—un pequeño grupo de niños aburridos que encontraron la cuerda de la campana y tiraron de ella—y resonó la campana. Ésa era la tradicional señal de alarma. En un instante los ancianos del consejo, cegados por el pánico, corrieron hacia las otras torres y repicaron sus campanas. Durante casi una hora el tronar de las campanas voló por el valle y luego, mil pies arriba, el hielo comenzó a trizarse y vino la avalancha: una masiva catarata de hielo y nieve rugió hacia abajo y enterró la aldea y calló las campanas. No queda traza alguna de Oberfest hoy día, ni una punta de torre, pues la nieve es muy profunda. Y a la sombra de las montañas, el frío es eterno.

11. ¿Qué elemento es especialmente importante en este pasaje?

    (1) el diálogo
    (2) el lugar
    (3) las ilustraciones
    (4) los personajes
    (5) el ritmo

12. ¿Cuál es la conclusión más válida en cuando al tema de este pasaje?

    (1) El tema es una característica secundaria en este pasaje
    (2) El tema no está relacionado con el argumento
    (3) El tema no está relacionado con la oración central
    (4) El tema está declarado (no está implícito)
    (5) El tema está implícito (no está declarado)

13. Que la señal de alarma, tradicionalmente empleada para evitar el peligro, se convirtiera en la causa de la avalancha es un ejemplo de

    (1) ironía
    (2) símil
    (3) sátira
    (4) personificación
    (5) exageración

14. El efecto de la última frase del pasaje, "el frío es eterno", depende principalmente

    (1) del ritmo
    (2) de la rima
    (3) de la comparación
    (4) de la connotación
    (5) del sonido

15. ¿Qué palabra expresa mejor la idea principal de este pasaje?

    (1) fe
    (2) suspicacia
    (3) nostalgia
    (4) desastre
    (5) rumores

CONTINÚE EN LA PÁGINA SIGUIENTE

PRUEBA 4: LENGUAJE, LECTURA

Las preguntas 16 a 20 se basan en el poema siguiente.

¿CÓMO SE SIENTE ESTE POETA DE SÍ MISMO?

TODO BUEN MUCHACHO CUMPLE

Practiqué mi corneta en el garaje frío
Donde podía hacerla aullar hasta que los
    barriles de aceite
Daban ecos de respuesta; tiraba tiros libres
(5)   hasta que no podía mover mis dedos;
Corría veloz entre neumáticos y atajaba
    a un maniquí sin cabeza.
En mi primera competencia, tocando un solo
    tembloroso,
(10) Arruiné el pasaje final y quedé mudo, solo en
    el escenario,
Y retorciéndome como mi corbata, vi al juez
Dejando a mi silencio consumirse en la escala.

En mi primer partido de baloncesto, alejado
(15)   de mi casa
Cien millas por autobús a un camarín
Bajo el chaparrón de palabras del entrenador,
    estaba parado yo envuelto en una toalla.
Habiéndome olvidado zapatos, medias y
(20)   uniforme.

En mi primer partido de fútbol americano, el
    primer partido bajo las luces
Intercepté un pase. Por setenta yardas corrí
A través de música y chillidos, impulsado,
(25)   bombeando mis pies,
Sólo para ser aplastado por el defensa del otro
    equipo.
Mis segundas oportunidades las enfrenté con
    menos cuidado, pero en mis sueños
(30) Veía al juez calvo hundido en la primera fila,
Al entrenador y al equipo en la puerta de
    entrada, al defensa
Galopando detrás de mis talones. Ahora me
    vigilan.

(35) Tú que siempre encontraste paso a través de
    los laberintos
Que te sentabas seguro en el banco mientras
    otros llegaban desnudos a la cancha,
Y te librabas de brazos agarradores para
(40)   vencer al final,
Considera a este poema un fracaso, desparra-
    mado sobre la página.

16. La voz, o el "Yo" que habla en el poema, probablemente se ve a sí mismo como un

    (1) atleta
    (2) músico
    (3) perdedor
    (4) cómico
    (5) crítico

17. En cuanto al contenido del poema, su título es
un ejemplo de

    (1) personificación
    (2) alegoría
    (3) lenguaje sensorial
    (4) ironía
    (5) epíteto

18. En la el renglón 41, se pide al lector que

    (1) tome una decisión equivocada
    (2) sienta lástima por el poeta
    (3) se sienta superior al poeta
    (4) se sienta de acuerdo con el poeta
    (5) admire al poeta

19. En el renglón 12, "Y retorciéndome como mi
corbata", es un ejemplo de

    (1) un contraste fuerte
    (2) una vaga referencia
    (3) un significado implícito
    (4) un símbolo usado demasiadas veces
    (5) una comparación vívida

20. ¿Qué grupo de palabras usa el autor para
dirigirse directamente al lector?

    (1) "Practiqué mi corneta" (renglón 1)
    (2) "En mi primera competencia" (renglón 8)
    (3) "Pero en mis sueños veía al juez calvo"
        (renglones 29 y 30)
    (4) "Mientras otros llegaban desnudos a la
        cancha" (renglones 37 y 38)
    (5) "Considera a este poema un fracaso"
        (renglón 41)

CONTINÚE EN LA PÁGINA SIGUIENTE

PRUEBA 4: LENGUAJE, LECTURA

<u>Las preguntas 21 a 25</u> se refieren al siguiente poema.

¿CÓMO DEBIÉRAMOS VIVIR NUESTRAS VIDAS?

TRUEQUE

La vida tiene hermosura para vender —
Cosas todas hermosas y espléndidas.
Olas azules blanqueadas en un acantilado,
Fuego que trepa y canta al vaivén,
(5) Y las caras de niños mirando hacia arriba
Sus curiosidades como un trofeo.

La vida tiene hermosura para vender —
Música como una curva de oro,
Fragancia de pinos en la lluvia,
(10) Ojos que te aman, brazos que te sujetan,
Y para el deleite quieto de tu alma,
Pensamientos sacros que llenan la noche de
    estrellas.

Gasta todo lo que tienes en hermosura,
(15) Cómprala y nunca calcules cuánto ésta vale.
Por una hora gloriosa de canto de paz
Cuenta muchos años de conflicto bien
    perdidos,
Y por un suspiro de éxtasis
(20) Da todo lo que fuiste o pudieras ser.

—Sara Teasdale

21. La principal idea de este poema es la de pedir-nos que

(1) seamos cautelosos en la vida
(2) evitemos los conflictos
(3) aborrezcamos lo que es feo en la vida
(4) gocemos los tesoros que nos da la vida
(5) no nos comprometamos

22. La belleza de la naturaleza se indica en el ren-glón

(1) 3
(2) 6
(3) 10
(4) 12–13
(5) 17–18

23. Hay un símil en el renglón

(1) 2
(2) 4
(3) 8
(4) 10
(5) 17–18

24. La poeta menciona lo espiritual en la vida al decir

(1) "Fuego que trepa"
(2) "Y las caras de niños"
(3) "Brazos que te sujetan"
(4) "Pensamientos sacros"
(5) "Muchos años de conflicto"

25. La palabra trueque significa intercambio sin uso de dinero. En este poema, el intercambio es de

(1) las obligaciones personales por las bellezas de la vida
(2) años de conflicto por éxtasis
(3) deleite del alma por la paz
(4) las caras de niños por sus curiosidades
(5) la música por una curva de oro

CONTINÚE EN LA PÁGINA SIGUIENTE

PRUEBA 4: LENGUAJE, LECTURA

Las preguntas 26 a 30 se basan en el documento siguiente.

¿CUÁLES SON LOS REGLAMENTOS DE LA MANCOMUNIDAD DE VIRGINIA SOBRE EL ALCOHOL Y OTRAS DROGAS?

El Reglamento 1.05 de la Mancomunidad de Virginia Sobre Alcohol y Otras Drogas establece la prohibición de los siguientes actos cometidos por los empleados:

(A)

I. La manufactura, distribución, posesión o uso de alcohol y otras drogas en el lugar de trabajo;

II. los efectos negativos causados por el consumo de alcohol u otras drogas (excepto el consumo de drogas para fines médicos legítimos) en el lugar de trabajo;

III. toda acción que resulte en la condena criminal por:
- una violación de cualquier ley criminal relacionada con drogas causada por comportamiento ilegal en el lugar de trabajo o fuera de él, o
- una violación de cualquier ley que controla el consumo de bebidas alcohólicas, o de cualquier ley relacionada con la conducción en estado de ebriedad, basada en comportamiento ilegal en el lugar de trabajo;

IV. la omisión de informar a los supervisores que la persona fue convicta de cualquier ofensa definida en la sección III arriba, dentro de cinco días hábiles de ocurrido el fallo condenatorio.

(B)

— Se incluye bajo estos reglamentos a todos los empleados de agencias del Poder Ejecutivo, incluyendo empleados de la Oficina del Gobernador, la Oficina del Vicegobernador y la Oficina del Ministro de Justicia.

(C)

— El lugar de trabajo se define como cualquier terreno o propiedad que pertenece al estado o es arrendado por éste y en el cual los empleados estatales realizan labores oficiales.

(D)

— Cualquier empleado que cometa cualquier acto prohibido por estos reglamentos quedará subordinado a la gama completa de actos disciplinarios, incluyendo despido, pudiendo requerírsele participar satisfactoriamente en un programa de rehabilitación adecuado.

(E)

— Una copia de los Reglamentos de la Mancomunidad de Virginia Sobre el Alcohol y Otras Drogas puede obtenerse del Departamento de Personal de la agencia en que usted trabaja.

(F)
CERTIFICADO DE RECIBO
Su firma abajo indica su acuse de recibo del Reglamento 1.05 Sobre el Alcohol y Otras Drogas. El propósito de su firma es sólo el de acusar recibo y no implica su acuerdo o desacuerdo con dicho reglamento. Si usted rehusa firmar este certificado de recibo, se le pedirá a su supervisor que ponga sus iniciales en este formulario para indicar que usted recibió una copia.

26. TODOS los actos mencionados a continuación son ilegales según los reglamentos, EXCEPTO

    (1) la distribución de drogas en el lugar de trabajo
    (2) la manufactura de drogas en el lugar de trabajo
    (3) el abuso de drogas ilegales
    (4) el abuso del alcohol
    (5) el uso de drogas controladas por receta médica

27. El propósito de estos reglamentos es el de

    (1) arrestar a los vendedores de drogas
    (2) detener el consumo de alcohol en el lugar de trabajo
    (3) detener la manufactura de drogas ilegales
    (4) permitir el consumo de drogas controladas por receta médica en el lugar de trabajo
    (5) informar a los empleados sobre los reglamentos de la empresa sobre el alcohol y otras drogas

CONTINÚE EN LA PÁGINA SIGUIENTE

Examen de práctica 2

PRUEBA 4: LENGUAJE, LECTURA

28. Según este documento, ¿quién está subordinado a estos reglamentos?

    (1) algunos empleados en agencias del Poder Ejecutivo
    (2) solamente los empleados de la Oficina del Gobernador
    (3) todos los empleados de la Oficina del Ministro de Justicia
    (4) todos los empleados en agencias del Poder Ejecutivo, incluyendo la Oficina del Gobernador, la Oficina del Vicegobernador y la Oficina del Ministro de Justicia
    (5) todos los empleados que reciban una copia de estos reglamentos

29. Todos los empleados que cometan cualquier acto prohibido por estos reglamentos pueden sufrir TODAS las penas que se mencionan a continuación, EXCEPTO

    (1) despido
    (2) actos disciplinarios
    (3) participación en un programa de rehabilitación
    (4) reducción del salario
    (5) sanciones del supervisor

30. Si el empleado rehusa firmar el certificado de recibo,

    (1) será despedido
    (2) su supervisor deberá archivarlo sin su firma
    (3) será arrestado
    (4) sufrirá una reducción de su salario
    (5) su supervisor pondrá sus iniciales en el formulario

Las preguntas 31 a 35 se refieren al pasaje siguiente.

¿QUÉ PIENSA EL AUTOR SOBRE LA MULTITUD EN LAS PELEAS DE BOXEO?

La multitud es una bestia que acecha en la oscuridad, detrás de la zona de luz blanca descargada por las seis filas de lámparas incandescentes que cuelgan sobre el cuadrilátero, y no

(5) se le puede confiar con botellas de soda ni otros proyectiles.

La personas que van a las peleas de boxeo son unos sádicos.

Cuando dos púgiles famosos están listos

(10) para descargarse golpes en público en una tarde de verano, hombres y mujeres entran al estadio disfrazados de seres humanos y desde ese momento se convierten en parte de una criatura gris desparramada en la oscuridad

(15) hasta que, al finalizar el baile de sangre en el escenario, vueven a sus disfraces originales y se alejan del estadio vestidos tal como vinieron...

Como regla, la muchedumbre que se con-

(20) grega para ver pelear dos hombres es injusta, vengativa, absorta en odios intensos e irrazonables, orgullosa de poder reconocer rápidamente lo que cree ser deportividad. Rápidamente aplaude la falsa caballerosidad del boxeador

(25) que extiende sus manos enguantadas en ayuda hacia su rival que se resbaló o fue empujado al suelo. La muchedumbre celebra este gesto estimulante pero de todos modos engañoso con palmoteo de manos que indica lo siguiente:

(30) "Eres un buen deportista. Reconocemos que eres un buen deportista, porque reconocemos la deportividad muy fácilmente. Y por eso también nosotros somos buenos deportistas. ¡Vivamos nosotros!"

CONTINÚE EN LA PÁGINA SIGUIENTE

PRUEBA 4: LENGUAJE, LECTURA

(35) La misma multitud no ve a este mismo boxeador ensartando su pulgar en el ojo del adversario ni tratando de cortarlo con los lazos de su guante, cabecearlo o meterle el golpe bajo cuando el árbitro no está en posición de ver
(40) bien. Vitorea consistentemente al luchador más pequeño, pero ni por un momento considera al desesperado dilema psicológico del boxeador más grande. Aúlla de felicidad cuando el aventajado va dando los golpes finales. Las hordas
(45) romanas eran más civilizadas. Sus gladiadores les preguntaban si deseaban que el golpe final fuese dado o no. En el boxeo moderno la atracción principal es el espectáculo de un hombre llevando a una completa inconsciencia a un
(50) oponente que ya está vencido y sin defensa. Cuando el árbitro detiene una pelea para rescatar de la vergüenza final a un hombre embrutecido a golpes, la turba de deportistas sentados lo cubre con silbidos e imprecaciones.

31. El autor de este pasaje demuestra

    (1) desagrado
    (2) jovialidad
    (3) indiferencia
    (4) espíritu satírico
    (5) optimismo

32. ¿Qué acción es descrita como "gesto estimulante pero engañoso" en los renglones 27–28?

    (1) empujar al oponente al suelo
    (2) estrechar las manos del contrincante
    (3) extender las manos enguantadas como ayuda
    (4) sonreír al oponente
    (5) dar un golpe bajo

33. "El desesperado dilema psicológico del boxeador más grande" (renglones 42–43) se produce porque la muchedumbre

    (1) apoya al luchador más pequeño pero aplaude al aventajado que vence
    (2) celebra al vencedor pero grita en contra del árbitro
    (3) aplaude un gesto amistoso pero respalda al boxeador más pequeño
    (4) odia al árbitro pero ama al vencedor
    (5) vitorea el gesto amigable pero también vitorea la paliza que recibe el perdedor

34. ¿Qué gupo de palabras mejor representa la opinión del autor?

    (1) *árbitro, oponente, finalista*
    (2) *gladiadores, golpeados, deportividad*
    (3) *vitores, silbidos, imprecaciones*
    (4) *bestia, acecha, criatura gris*
    (5) *espectáculo, dilema psicológico, deportistas*

35. El autor declara que la audiencia de las contiendas de boxeo es

    (1) deportista
    (2) justa
    (3) civilizada
    (4) imparcial
    (5) vengativa

CONTINÚE EN LA PÁGINA SIGUIENTE

PRUEBA 4: LENGUAJE, LECTURA

Las preguntas 36 a 40 se refieren al siguente comentario sobre la literatura.

¿QUÉ HERENCIA NOS DEJÓ WILLA CATHER?

Willa Cather (1873–1947) se convirtió en una importante escritora estadounidense, pero hoy todavía son muy pocos los que reconocen su rostro. Los críticos la ponen al mismo nivel de otros grandes novelistas estadounidenses modernos como Faulkner, Hemingway y Fitzgerald, y por cierto que también fue muy aplaudida en su tiempo. Oliwer Wendell Holmes, magistrado de la Corte Suprema, alabó *Mi Antonia* como "un libro que hace al lector amar más su país".

Willa Cather escribió esa novela y once más. Sus libros todavía ejercen fuerte efecto sobre los lectores, gracias a su capacidad de hacer extraordinarios a gente y lugares comunes. Nadie describió el Oeste estadounidense con mayor robustez y pasión. En cada frase, su prosa plena de fortaleza y disciplina deja entrever sus fuertes sentimientos por la tierra en que vivió. He aquí un extracto de *Mi Antonia*:

Estábamos hablando sobre lo que significa pasar la niñez en pueblitos como éste, enterrados en maíz y trigo, bajo climas de fuertes extremos: veranos quemantes en un mundo de tanta vegetación que llegas a ahogarte, todo ondulante de verdor y con fuertes olores a hierba y enormes cosechas, e inviernos ventosos de poca nieve, todo alrededor desnudo, gris y duro como hierro. Quedamos de acuerdo que el que no ha crecido en un pueblo pequeño de la pradera jamás podría comprenderlo con una mera descripción. Era algo así como pertenecer a una fraternidad, como la masonería, nos decíamos.

Willa Cather se convirtió en la voz de gente que pocos conocían, la generación de inmigrantes que poblaron nuestra frontera en el oeste. Hoy muchos escritores consideran esa historia como algo trágico, un paraíso que se perdió por culpa del descuido y la rapacidad. Cather creía que la promesa de Estados Unidos permanecería con nosotros: *Vamos y venimos, pero la tierra está siempre ahí. Y la gente que la ama y la comprende es la gente que la posee— por un tiempo.*

36. El autor del pasaje expresa impaciencia con

    (1) la escasa fama de Cather en la actualidad
    (2) las pocas alabanzas que sus obras han recibido
    (3) la falta de reconocimiento que Cather obtuvo en su tiempo
    (4) la importancia de Cather como escritora
    (5) el patriotismo de Cather

37. ¿Qué es lo que el autor admira en Cather?

    (1) su enorme producción literaria
    (2) su éxito popular
    (3) el tema inusual de sus obras
    (4) su objetividad
    (5) su robustez

38. En la selección de *Mi Antonia*, la descripción de la niñez de Cather está caracterizada por

    (1) la represión
    (2) la actividad continua
    (3) la pasión
    (4) las características naturales
    (5) las dificultades brutales

39. El autor del pasaje destaca todas las características mencionadas en las opciones siguientes, EXCEPTO

    (1) su estilo
    (2) su pasión
    (3) su claridad
    (4) su fuerte efecto sobre sus lectores
    (5) sus extraordinarios personajes

40. La visión que Cather tuvo de Estados Unidos fue

    (1) cínica
    (2) resignada
    (3) trágica
    (4) optimista
    (5) regional

FIN DEL EXAMEN

PRUEBA 5: MATEMÁTICAS

INSTRUCCIONES

La Prueba de Matemáticas consiste en preguntas de opción múltiple y preguntas de formato alternado que miden sus conocimientos generales de matemáticas y su habilidad para resolver problemas. Las preguntas están basadas en lecturas cortas que frecuentemente incluyen gráficos, diagramas o dibujos.

Dispone de 45 minutos para contestar las preguntas de la Parte I. Trabaje con cuidado, pero no dedique demasiado tiempo a una sola pregunta. Asegúrese de responder todas las preguntas. No se le penalizará por respuestas incorrectas.

Las fórmulas que usted puede necesitar aparecen en la página 842. No todas las preguntas requieren usar las fórmulas ni todas las fórmulas dadas serán necesarias.

Algunas preguntas contienen más información de la necesaria para resolver el problema. Otras preguntas no dan información suficiente para resolver el problema. Si la pregunta no contiene suficiente información para resolver el problema, la respuesta correcta es "No se da información suficiente".

Puede usar una calculadora en la Parte I.

Para indicar sus respuestas en la hoja de respuestas, llene uno de los círculos numerados que aparecen al lado del número de la pregunta que usted está contestando.

POR EJEMPLO:

Si se paga una factura de supermercado de $15.75 con un billete de 20 dólares, ¿cuánto dinero se dará de cambio?

(1) $5.26   ① ② ● ④ ⑤
(2) $4.75
(3) $4.25
(4) $3.75
(5) $3.25

La respuesta correcta es "$4.25"; por lo tanto, debe marcar el círculo número 3 en la hoja de respuestas.

CONTINÚE EN LA PÁGINA SIGUIENTE

PRUEBA 5: MATEMÁTICAS

FÓRMULAS

Descripción	Fórmula
ÁREA (A) de un:	
cuadrado	$A = l^2$, donde l = lado
rectángulo	$A = la$, donde l = longitud, a = altura
paralelógramo	$A = ba$, donde b = base, a = altura
triángulo	$A = \dfrac{1}{2}\,ba$, donde b = base, a = altura
trapezoide	$A = \dfrac{1}{2}(b_1 + b_2)\,a$, donde b = base, a = altura
círculo	$A = \pi r^2$, donde π = 3.14, r = radio
PERÍMETRO (P) de un:	
cuadrado	$P = 4l$, donde l = lado
rectángulo	$P = 2l + 2a$, donde l = longitud, a = ancho
triángulo	$P = a + b + c$, donde a, b, c son los lados
circunferencia (C) de un círculo	$C = \pi d$, donde π = 3.14, d = diámetro
VOLUMEN (V) de un:	
cubo	$V = l^3$, donde l = lado
recipiente rectangular	$V = xyz$, donde x = longitud, y = ancho, z = altura
cilindro	$V = \pi r^2 a$, donde π = 3.14, r = radio, a = altura
pirámide cuadrada	$V = \dfrac{1}{3}(\textit{borde de la base})^2 a$
cono	$V = \dfrac{1}{3}\pi r^2 a$
Relación pitagórica	$c^2 = a^2 + b^2$, donde c = hipotenusa, a y b son los catetos de un triángulo rectángulo
Distancia (d) entre dos puntos de un plano	$d = \sqrt{(x_2 - x_1)^2 + (y_2 - y_1)^2}$ donde (x_1,y_1) y (x_2,y_2) son dos puntos de un plano
Inclinación de una línea (m)	$m = \dfrac{y_2 - y_1}{x_2 - x_1}$ donde (x_1,y_1) y (x_2,y_2) son dos puntos de un plano
MEDICIONES DE TENDENCIA CENTRAL	$media = \dfrac{x_1 + x_2 + \cdots + x_n}{n}$ donde las x son los valores para los cuales se desea una media y n = número de valores de la serie
	$mediana$ = el punto en un conjunto ordenado de números, en el cual la mitad de los números son superiores y la mitad de los números son inferiores a este valor
Interés simple (i)	$i = crt$, donde c = capital, r = razón, t = tiempo
Distancia (d) como función de razón y tiempo	$d = rt$, donde r = razón y t = tiempo
Costo total (c)	$c = nr$, donde n = número de unidades y r = costo por unidad

CONTINÚE EN LA PÁGINA SIGUIENTE

PRUEBA 5: MATEMÁTICAS, PARTE I

Instrucciones: Tiene usted 45 minutos para completar esta sección. PUEDE usar una calculadora.

1. Un vendedor gana $300 por semana más una comisión del 5% por ventas que sobrepasen $8,000. En una semana, sus ventas fueron de $15,000. ¿Cuánto ganó durante esta semana?

   (1) $300

   (2) $450

   (3) $600

   (4) $650

   (5) $700

2. ¿Cuánto pagó Jane por 1 libra y 12 onzas de manzanas a $1.96 la libra?

   (1) $3.43

   (2) $3.60

   (3) $3.64

   (4) $3.72

   (5) $3.96

3. Una mañana Martín viaja en auto 80 millas en 2 horas. Después de almorzar, viaja 100 millas más en 3 horas. ¿Cuál es la velocidad media, en millas por hora, de su viaje?

   (1) 35

   (2) 36

   (3) 37

   (4) 45

   (5) No se da información suficiente

4. Una fotografía de 8 pulgadas de largo y 6 de ancho se amplía de tal modo que la longitud es de 12 pulgadas. ¿Cuál es el ancho de la foto ampliada?

   Marque su respuesta en los círculos de la cuadrícula de la hoja de respuestas.

5. Un hombre compra acciones de *ABC* a $19.625 por acción y las vende a $23.25 por acción. ¿Cuáles son sus ganancias de 80 acciones antes de las deducciones por comisión e impuestos?

   Marque su respuesta en los círculos de la cuadrícula de la hoja de respuestas.

6. La solución de la desigualdad $3x - 1 < 5$ es

   (1) 3

   (2) 2

   (3) 1

   (4) 5

   (5) $2\frac{1}{2}$

7. Un teatro tiene 850 asientos. El 60% de ellos están en la platea. ¿Cuántos asientos NO están en la platea?

   Marque su respuesta en los círculos de la cuadrícula de la hoja de respuestas.

8. En un triángulo rectángulo, la razón de las medidas de los dos ángulos agudos es de 4:1. ¿Qué medida tiene el ángulo agudo más grande, en grados?

   (1) 50°

   (2) 54°

   (3) 70°

   (4) 72°

   (5) No se da información suficiente

CONTINÚE EN LA PÁGINA SIGUIENTE

PRUEBA 5: MATEMÁTICAS, PARTE I

9. Si se cortan 18 pies y 10 pulgadas de un cable que mide 25 pies y 8 pulgadas de largo, ¿cuál es el largo del cable que queda?

   (1) 6 pies 1 pulgadas

   (2) 6 pies 2 pulgadas

   (3) 6 pies 9 pulgadas

   (4) 6 pies 10 pulgadas

   (5) 7 pies 2 pulgadas

10. Bill gana *m* dólares por mes y Francisco gana *n* dólares mensuales. ¿Cuántos dólares ganan los dos en un año?

    (1) $12mn$

    (2) $12m + n$

    (3) $12(m + n)$

    (4) $12n + m$

    (5) $12n - m$

11. Un bote viaja al este durante 15 millas. Luego viaja al norte por una distancia de 20 millas y allí se detiene y bota su ancla. ¿A cuántas millas está el bote de su punto de partida?

    (1) 23

    (2) 25

    (3) 29

    (4) 30

    (5) 35

12. Juana y María ganan dinero cuidando niños. Si Juana gana dos veces más que María y las dos chicas ganan un total de $42, ¿cuánto gana María?

    (1) $8

    (2) $10

    (3) $12

    (4) $14

    (5) No se da información suficiente

La pregunta 13 se basa en la tabla siguiente.

Para hacer la declaración de los impuestos sobre la renta se deben seguir las instrucciones siguientes.

Si los ingresos impositivos son:		
Al menos	**Pero no más de**	**Sus impuestos son**
0	$3,499	un 2% de la cantidad
$3,500	$4,499	$70 más un 3% de cualquier cantidad sobre $3,500
$4,500	$7,499	$100 más un 5% de cualquier cantidad sobre $4,500
$7,500		$250 más un 7% de cualquier cantidad sobre $7,500

13. ¿Cuántos impuestos deben pagarse por los ingresos impositivos de $5,800?

    Marque su respuesta en los círculos de la cuadrícula de la hoja de respuestas.

CONTINÚE EN LA PÁGINA SIGUIENTE

PRUEBA 5: MATEMÁTICAS, PARTE I

14. Halle la x en la fórmula $x = 2a(b + 7)$, si $a = 3$ y $b = 5$.

    (1) 13
    (2) 72
    (3) 108
    (4) 120
    (5) 210

15. Una escuela tiene 18 salones de clases con 35 estudiantes en cada salón. Para reducir el número de estudiantes a 30 por salón, ¿cuántos nuevos salones hay que construir?

    (1) 2
    (2) 3
    (3) 5
    (4) 6
    (5) 8

16. Un comité consta de 7 mujeres y 4 hombres. Si el comité necesita un director y para eso se elige a un miembro al azar, ¿cuál es la probabilidad de que el miembro sea una mujer?
    Marque su respuesta en los círculos de la cuadrícula de la hoja de respuestas.

17. Una bolsa de patatas que pesa 5 libras y 12 onzas cuesta $2.07. ¿Cuánto cuesta 1 libra de patatas?

    (1) $0.36
    (2) $0.38
    (3) $0.40
    (4) $0.45
    (5) $0.48

La pregunta 18 se basa en la figura siguiente.

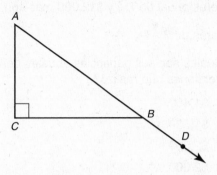

18. Si $\overleftrightarrow{AC}$ es perpendicular a $\overleftrightarrow{CB}$ y m$\angle CBD = 125°$ entonces m$\angle A$ es igual a

    (1) 15°
    (2) 20°
    (3) 35°
    (4) 45°
    (5) No se da información suficiente

19. En una clase, 80 estudiantes dan un examen. Cuando se corrigieron los exámenes, los resultados indicaron que un 10% de los estudiantes obtuvieron una A, un 25% obtuvieron una B, un 30% obtuvieron una C y un 15% obtuvieron una D, mientras que el resto suspendió. ¿Cuántos estudiantes no aprobaron el examen?

    (1) 10
    (2) 12
    (3) 15
    (4) 16
    (5) No se da información suficiente

CONTINÚE EN LA PÁGINA SIGUIENTE

Examen de práctica 2

PRUEBA 5: MATEMÁTICAS, PARTE I

20. Un hombre invierte $20,000 para obtener un interés anual de 7% y $12,000 más con un interés de $7\frac{1}{2}$%.

¿Cuáles son sus ganancias anuales de las dos inversiones que realizó?

(1) $1,400

(2) $1,500

(3) $2,000

(4) $2,300

(5) $2,800

21. ¿Cuántos ladrillos de 4x8 pulgadas se necesitan para construir un sendero de 6 pies de ancho y 24 pies de largo?

(1) 54

(2) 600

(3) 648

(4) 840

(5) 1,000

22. Pedro Rossini se acaba de graduar con honores de la universidad. Se le han ofrecido varios trabajos con los siguientes salarios:

A. $54,000 por el primer año
B. $1,070 por semana por el primer año
C. $4,070 por mes por el primer año
D. $4,000 por mes por los primeros 6 meses y un aumento del 10% por los últimos 6 meses

¿Cuál de esas ofertas le dará a Pedro el mejor ingreso durante el primer año?

(1) A

(2) B

(3) C

(4) D

(5) No se da información suficiente

23. Un comerciante de ropa compra 2 docenas de chaquetas a $48 cada una. Al mes siguiente, compra 15 chaquetas más a $48 cada una. ¿Cuál de las expresiones siguientes expresa el número de dólares que el vendedor ha pagado por las chaquetas?

(1) 24 × 48 + 15

(2) (24 × 48) × 15

(3) 24 + 48 × 15

(4) 48(24 + 15)

(5) 24 + (48 + 15)

24. Un automóvil viaja a una velocidad media de 48 millas por hora. Otro automóvil que va más despacio viaja a una velocidad de 36 millas por hora. En 45 minutos, ¿cuántas millas más recorre el automóvil que va más rápido que el automóvil que va más despacio?

Marque su respuesta en los círculos de la cuadrícula de la hoja de respuestas.

La pregunta 25 se basa en el gráfico siguiente.

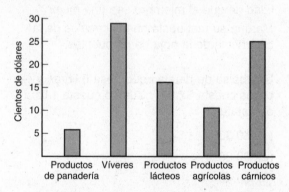

25. ¿Por cuántos dólares las ventas en el departamento de productos cárnicos supera las ventas en el departamento de productos lácteos?

Marque su respuesta en los círculos de la cuadrícula de la hoja de respuestas.

PRUEBA 5: MATEMÁTICAS, PARTE II

Instrucciones: Dispone de 45 minutos para responder las preguntas 26 a 50. Usted NO puede usar una calculadora, aparte de lo cual las instrucciones son iguales a las de la Parte I. Usted SÍ puede consultar la hoja de fórmulas.

<u>La pregunta 26</u> se basa en la figura siguiente.

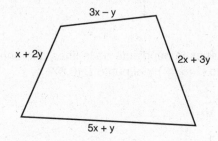

26. ¿Cuál es el perímetro de la figura?

   (1) $11x + 5y$

   (2) $10x + 5y$

   (3) $11x + 4y$

   (4) $9x - y$

   (5) $8x + 3y$

27. El 1 de enero, un tanque de petróleo de 280 galones estaba $\frac{7}{8}$ lleno. El 31 de enero estaba $\frac{1}{4}$ lleno. ¿Cuántos galones de petróleo se usaron ese mes?

   (1) 70

   (2) 105

   (3) 175

   (4) 210

   (5) No se da información suficiente

28. Exprese 2,750,389 en notación científica.

   (1) 27.50389×10^5

   (2) 275.0389×10^3

   (3) 27.50389×10^6

   (4) 0.2750389×10^7

   (5) 2.750389×10^6

29. Un equipo de baloncesto ganó 50 partidos de 75 partidos jugados. El equipo aún tiene que jugar 45 partidos más. ¿Cuántos de estos partidos que tienen que jugar deben de ganar para que al final de la temporada el total de partidos ganados sea de un 60%?

   (1) 20

   (2) 21

   (3) 22

   (4) 25

   (5) 30

<u>La pregunta 30</u> se basa en el diagrama siguiente.

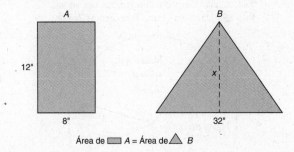

Área de ▨ A = Área de △ B

30. ¿Cuál de las expresiones siguientes proveerá la altura (x) del △B?

   (1) $\frac{1}{2}(32x) = 12(8)$

   (2) $(12 \times 2) + (8 \times 2) = 3(32) + x$

   (3) $\frac{1}{2}(32x) = 8x(24)$

   (4) $16x^2 = 96$

   (5) $\frac{1}{2}(32) = \frac{20}{2}$

CONTINÚE EN LA PÁGINA SIGUIENTE

Examen de práctica 2

PRUEBA 5: MATEMÁTICAS, PARTE II

31. Los pesos de los 11 miembros del equipo de fútbol eran 201, 197, 193, 212, 205, 207, 195, 214, 198, 203 y 184 libras. ¿Cuál es la mediana del peso de un jugador de este equipo?

    (1) 199
    (2) 200
    (3) 201
    (4) 203
    (5) 205

La pregunta 32 se basa en el gráfico siguiente

Distribución de gastos originados por ventas de $240,000 del Grupo Tecnologías Tríada

32. ¿Cuántos dólares se gastaron en mano de obra?

    (1) $4,800
    (2) $9,600
    (3) $48,000
    (4) $96,000
    (5) $960,000

La pregunta 33 se basa en el gráfico siguiente.

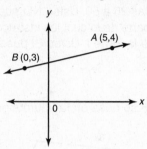

33. ¿Cuál es la pendiente de la línea que une el punto A (5,4)) y el punto B (0,3)?

    (1) $\dfrac{1}{10}$

    (2) $\dfrac{1}{5}$

    (3) $\dfrac{3}{5}$

    (4) $\dfrac{4}{5}$

    (5) 5

34. Un equipo de relevo cuenta con tres corredores. Cada uno debe correr una distancia distinta alrededor de una pista de 400 metros. El primer corredor da 4 vueltas a la pista, el segundo da 6 vueltas y el tercero da 2 vueltas. ¿Cuál es la distancia total corrida por este equipo de relevo?

    1) 48,000 metros
    2) 4.8 kilómetros
    3) 480 milímetros
    4) 9,600 metros
    5) 48 kilómetros

CONTINÚE EN LA PÁGINA SIGUIENTE

PRUEBA 5: MATEMÁTICAS, PARTE II

La pregunta 35 se basa en el gráfico siguiente.

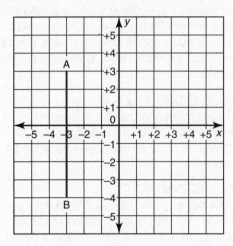

35. La línea $\overline{AB}$ es el lado izquierdo de un rectángulo cuyo largo es de 7 unidades. Si el ancho del rectángulo es de 6 unidades, ¿en qué punto se encontrará la esquina superior derecha del rectángulo?

   Marque su respuesta en el gráfico de coordenadas de su hoja de respuestas.

36. Si $3x - 1 = 11$, ¿cuál es el valor de $x^2 + x$?

   (1) 12
   (2) 15
   (3) 16
   (4) 18
   (5) 20

37. Una campana suena cada 2 horas, una segunda campana suena cada 3 horas y una tercera campana suena cada 4 horas. Si las tres campanas suenan a la misma vez a las 9 A.M., ¿a qué hora volverán a sonar al mismo tiempo?

   (1) al mediodía
   (2) 6:00 P.M.
   (3) 9:00 P.M.
   (4) 10:00 P.M.
   (5) No se da información suficiente

38. Una familia gasta el 20% de sus ingresos mensuales en comida, el 23% en alquiler, el 42% en otros gastos y el resto lo ahorran. Si la familia ahorra $360 al mes, ¿cuáles son sus ingresos mensuales?

   (1) $2,000
   (2) $2,200
   (3) $2,400
   (4) $2,500
   (5) $28,800

La pregunta 39 se basa en la figura siguiente.

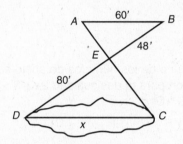

39. Para medir la distancia transversal de un estanque (DC), un agrimensor toma los puntos A y B, de tal manera que $\vec{AB}$ es paralela a $\vec{DC}$. Si $AB = 60$ pies, $EB = 48$ pies y $ED = 80$ pies, y $\triangle ABE$ es similar a $\triangle DEC$, encuentre DC, en pies.

   Marque su respuesta en los círculos de la cuadrícula de la hoja de respuestas.

CONTINÚE EN LA PÁGINA SIGUIENTE

Examen de práctica 2

PRUEBA 5: MATEMÁTICAS, PARTE II

40. Una docena de huevos cuesta *x* centavos. ¿Cuánto cuestan 3 huevos empleando la misma relación?

    (1) $\dfrac{x}{3}$

    (2) $\dfrac{x}{4}$

    (3) $\dfrac{3x}{4}$

    (4) $\dfrac{x}{12}$

    (5) $3x$

41. Cada uno de los números de abajo es una solución para la desigualdad $2x + 3 > 7$ EXCEPTO

    (1) 10
    (2) 5
    (3) 4
    (4) 3
    (5) 0

La pregunta 42 se basa en el gráfico siguiente.

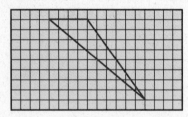

42. ¿Cuál es el área del triángulo en unidades cuadradas del gráfico?

    Marque su respuesta en los círculos de la cuadrícula de la hoja de respuestas.

43. David Gordon es un estudiante de secundaria que planea ir a la universidad. Ha sido admitido a dos universidades y ha decidido seleccionar la universidad que le cueste menos dinero. David usa los datos siguientes para ayudarse a decidir.

    UNIVERSIDAD A
    Cuota por enseñanza—$9,480; cuarto y comida—$6,320; libros y varios—$1,200.
    A David se le ha ofrecido una beca de $4,200 por año.

    UNIVERSIDAD B
    Cuota por enseñanza—$9,200; cuarto y comida—$6,150; libros y varios—$1,200.
    A David se le ha ofrecido una beca de $3,200 por año. También se le ha ofrecido trabajar en la biblioteca de la universidad por horas.

    ¿Qué información adicional necesita David para realizar su decisión?

    (1) ¿Cuántas millas de distancia está la universidad de donde vive?
    (2) ¿Qué universidad tiene la mejor reputación?
    (3) ¿Cuántas becas concede cada universidad?
    (4) ¿Cuánto puede ganar David trabajando en la biblioteca de la universidad B?
    (5) ¿Qué universidad tiene mejores recursos deportivos?

CONTINÚE EN LA PÁGINA SIGUIENTE

PRUEBA 5: MATEMÁTICAS, PARTE II

44. Una habitación mide 24 pies de largo (*l*), 18 pies de ancho (*a*) y 9 pies de altura (*h*). ¿Cuál de las expresiones siguientes representa el número de yardas cuadradas de papel de empapelar necesario para empapelar las cuatro paredes de la habitación?

    (1) $\dfrac{(lah)}{9}$

    (2) $\dfrac{(la)+(ha)}{3}$

    (3) $\dfrac{8(la)+4h}{3}$

    (4) $\dfrac{4(la)+4h}{3}$

    (5) $\dfrac{2(lh)+2(ah)}{9}$

45. Un hombre recorre en auto *x* millas el primer día, *y* millas el segundo día y *z* millas el tercer día. El millaje promedio recorrrido cada día es

    (1) $\dfrac{xyz}{3}$

    (2) $\dfrac{xy+z}{3}$

    (3) $x + y + z$

    (4) $\dfrac{x+y+z}{3}$

    (5) $3xyz$

46. Un fontanero debe cortar una cañería de 64 pulgadas de largo en dos partes, de modo que una sección tenga 8 pulgadas más que la otra sección. Encuentre el largo, en pulgadas, de la sección más larga.

    (1) 28

    (2) 30

    (3) 36

    (4) 40

    (5) No se da información suficiente

47. Depués de trabajar 4 horas, Francisco ha fabricado 21 piezas de máquina. ¿Qué expresión representa el número de piezas que Francisco puede fabricar en 7 horas?

    (1) $\dfrac{7(21)}{4}$

    (2) $\dfrac{7(4)}{21}$

    (3) $7(21)$

    (4) $\dfrac{4(21)}{7}$

    (5) $7(4)\,(21)$

48. Una caja de almacenaje tiene forma de sólido rectangular y una base cuadrada. Si *V* representa el volumen de la caja, *x* representa el largo de la base e *y* representa la altura de la caja, ¿cuál de las ecuaciones siguientes representa la relación entre *V*, *x* e *y*?

    (1) $V = 2xy$

    (2) $V = xy^2$

    (3) $V = 2xy^2$

    (4) $V = x^2y$

    (5) $V = x + xy$

CONTINÚE EN LA PÁGINA SIGUIENTE

Examen de práctica 2

PRUEBA 5: MATEMÁTICAS, PARTE II

49. En su testamento, el Sr. Adams dejó $\frac{1}{4}$ de su herencia a su esposa y dividió el resto entre su hijo y su hija. Si el hijo recibió $36,000, ¿cuál es el valor total de la herencia?

    (1) $45,000
    (2) $72,000
    (3) $80,000
    (4) $90,000
    (5) No se da información suficiente

La pregunta 50 se basa en la información siguiente.

Un pasillo de 3 pies de ancho se construye alrededor de una piscina de 20 pies × 30 pies, como lo muestra la figura de abajo.

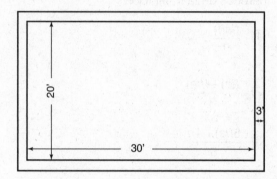

50. Para determinar cuántas baldosas comprar, el propietario de la casa necesita saber el área total del pasillo.

    ¿Cuál de las expresiones siguientes representa a dicha área?

    (1) (23)(33)
    (2) (26)(36)
    (3) (23)(33) − (20)(30)
    (4) (26)(36) − (20)(30)
    (5) (26)(36) − (23)(33)

FIN DEL EXAMEN

CLAVES DE LAS RESPUESTAS, RESÚMENES DE LOS RESULTADOS Y GRÁFICOS DE AUTOEVALUACIÓN

PRUEBA 1: LENGUAJE, PRUEBA DE ESCRITURA, PARTE I/PÁGINA 792

I. VERIFIQUE SUS RESPUESTAS:

1. **2**	10. **5**	19. **2**	28. **5**	37. **4**	46. **4**
2. **3**	11. **4**	20. **1**	29. **1**	38. **1**	47. **5**
3. **4**	12. **5**	21. **1**	30. **5**	39. **5**	48. **1**
4. **2**	13. **3**	22. **4**	31. **3**	40. **3**	49. **5**
5. **1**	14. **4**	23. **2**	32. **2**	41. **4**	50. **2**
6. **1**	15. **1**	24. **1**	33. **5**	42. **3**	
7. **5**	16. **4**	25. **4**	34. **4**	43. **4**	
8. **5**	17. **4**	26. **4**	35. **4**	44. **5**	
9. **1**	18. **4**	27. **4**	36. **4**	45. **4**	

II. ANOTE SU PUNTAJE

Número de respuestas correctas

Excelente _____
45–50

Bien _____
39–44

Regular _____
33–38

III. EVALÚE SU PUNTAJE: ¿Ha contestado correctamente al menos 35 preguntas? Si no es así, necesita más práctica en la Prueba de Expresión Escrita, Parte I. En todo caso, puede mejorar su calificación a Excelente o Bien si analiza sus errores.

IV. ANALICE SUS ERRORES: Analice sus respuestas incorrectas viendo las respuestas correctas en los análisis de respuestas que comienzan en la página 859. Para determinar mejor sus puntos débiles, diríjase a la tabla que sigue y circunde el número de cada respuesta incorrecta que tuvo. A continuación vea en la columna de la izquierda cada una de las categorías que determinan las áreas en que está más débil antes de enfrentar el verdadero Examen de GED.

Categoría	Ejercicio	Su puntaje
Estructura de la oración	4, 6, 9, 15, 21, 25, 28, 32, 43, 46, 47, 50	
Gramática	17, 19, 36, 37, 41	
Mecánica	1, 2, 3, 11, 14, 16, 20, 24, 26, 29, 38, 40, 42, 45, 48	
Organización	5, 7, 13, 18, 2, 23, 27, 31, 34, 35, 44	
Sin error	8, 10, 12, 30, 33, 39, 49	

Total _____

PRUEBA 2: ESTUDIOS SOCIALES/PÁGINA 805

I. VERIFIQUE SUS RESPUESTAS:

1. 4	11. 1	21. 2	31. 4	41. 3
2. 5	12. 2	22. 4	32. 2	42. 3
3. 1	13. 2	23. 5	33. 3	43. 5
4. 5	14. 1	24. 3	34. 1	44. 4
5. 4	15. 4	25. 3	35. 5	45. 2
6. 2	16. 5	26. 5	36. 3	46. 3
7. 4	17. 3	27. 2	37. 5	47. 1
8. 1	18. 3	28. 4	38. 3	48. 1
9. 2	19. 5	29. 1	39. 2	49. 4
10. 1	20. 1	30. 2	40. 2	50. 1

II. ANOTE SU PUNTAJE:

Número de respuestas correctas

Excelente _____
45–50

Bien _____
40–44

Regular _____
35–39

III. EVALUE SU PUNTAJE: ¿Ha contestado correctamente al menos 35 preguntas? Si no es así, necesita más práctica en la Prueba de Estudios Sociales. En todo caso, puede mejorar su calificación a Excelente o Bien si analiza sus errores.

IV. ANALICE SUS ERRORES: Analice sus respuestas incorrectas viendo las respuestas correctas en los análisis de respuestas que comienzan en la página 862. Para determinar mejor sus puntos débiles, diríjase a la tabla que sigue y circunde el número de cada respuesta incorrecta que tuvo. A continuación vea en la columna de la izquierda cada una de las categorías en que está más débil. Revise el material pertinente antes de enfrentar el verdadero Examen de GED.

Categoría	Ejercicio	Su puntaje
Ciencia política	1, 2, 3, 4, 5, 6, 9, 24, 25, 26, 29, 30, 40	
Economía	10, 11, 12, 14, 15, 16, 31, 33, 34, 43, 47	
Historia	7, 8, 13, 17, 18, 19, 39, 41, 42, 44, 45, 46, 48, 49, 50	
Geografía	20, 21, 22, 23, 27, 28, 32, 35, 36, 37, 38	

Total _____

PRUEBA 3: CIENCIAS/PÁGINA 818

I. VERIFIQUE SUS RESPUESTAS:

1. **1**	11. **4**	21. **2**	31. **3**	41. **4**
2. **4**	12. **1**	22. **5**	32. **2**	42. **1**
3. **5**	13. **3**	23. **4**	33. **3**	43. **1**
4. **1**	14. **3**	24. **2**	34. **3**	44. **5**
5. **5**	15. **4**	25. **3**	35. **3**	45. **2**
6. **1**	16. **2**	26. **5**	36. **3**	46. **3**
7. **4**	17. **2**	27. **1**	37. **5**	47. **3**
8. **4**	18. **2**	28. **3**	38. **2**	48. **4**
9. **4**	19. **5**	29. **4**	39. **3**	49. **5**
10. **3**	20. **1**	30. **1**	40. **4**	50. **3**

II. ANOTE SU PUNTAJE:

Número de respuestas correctas

Excelente   _____
44–50

Bien   _____
38–43

Regular   _____
32–37

III. EVALÚE SU PUNTAJE: ¿Ha contestado correctamente al menos 32 preguntas? Si no es así, debe practicar más la Prueba de Ciencias. En todo caso, puede mejorar su calificación a Excelente o Bien si analiza sus errores.

IV. ANALICE SUS ERRORES: Para determinar sus puntos débiles, haga un círculo alrededor del número de cada una de las respuestas incorrectas. Esto revelará el área específica que necesita mayor preparación. Después de comparar sus respuestas incorrectas con las respuestas correctas descritas en los análisis de respuestas de la página 864, enumere los términos que requieren más estudio y véalos en el "Glosario de Términos Científicos". A continuación fortalezca sus puntos débiles antes de enfrentar el verdadero Examen de GED.

Categoría	Ejercicio	Su puntaje
Biología	1, 2, 3, 4, 5, 6, 7, 8, 9, 10, 11, 27, 28, 29, 33, 34, 40, 41, 42, 43, 44, 45, 46, 47, 48, 49, 50	
Ciencias terrestres	12, 13, 14, 15, 16, 17, 30, 31, 32	
Química	18, 19, 20, 35	
Física	21, 22, 23, 24, 25, 26, 36, 37, 38, 39	

Total _____

Examen de práctica 2

PRUEBA 4: LENGUAJE, LECTURA/PÁGINA 832

I. VERIFIQUE SUS RESPUESTAS:

1. **1**	9. **2**	17. **4**	25. **1**	33. **1**
2. **4**	10. **2**	18. **1**	26. **5**	34. **4**
3. **5**	11. **2**	19. **5**	27. **5**	35. **5**
4. **4**	12. **5**	20. **5**	28. **4**	36. **1**
5. **3**	13. **1**	21. **4**	29. **4**	37. **5**
6. **5**	14. **4**	22. **1**	30. **5**	38. **4**
7. **1**	15. **4**	23. **3**	31. **1**	39. **5**
8. **5**	16. **3**	24. **4**	32. **3**	40. **4**

II. ANOTE SU PUNTAJE:

Número de respuestas correctas

Excelente _____
36–40

Bien _____
32–35

Regular _____
28–31

III. EVALÚE SU PUNTAJE: ¿Ha contestado correctamente al menos 28 preguntas? Si no es así, necesita más práctica en la Prueba de Lenguaje, Lectura. En todo caso, puede mejorar su calificación a Excelente o Bien si analiza sus errores.

IV. ANALICE SUS ERRORES: Analice sus respuestas incorrectas viendo las respuestas correctas en los análisis de respuestas que comienzan en la página 868. Para determinar mejor sus puntos débiles, diríjase a la tabla de abajo y circunde el número de cada respuesta incorrecta que tuvo. A continuación vea en la columna de la izquierda cada una de las categorías en que está más débil. Revise el material pertinente que aparece en las secciones *Habilidades Básicas para la Lectura de Prosa, Poesía y Teatro* como también el "Glosario de Términos Literarios" (página 481) antes de intentar el verdadero Examen de GED.

Categoría	Ejercicio	Su puntaje
Identificación de la idea principal	6, 12, 15, 21, 25, 30	
Enumeración de los detalles	1, 2, 5, 8, 9, 13, 20, 22, 23, 24, 28, 32, 33, 35, 37, 38, 39	
Obtención del significado	3, 7, 14, 19, 27, 28, 29	
Deducción	4, 8, 9, 10, 13, 17, 18, 26, 29, 30, 34, 36, 40	
Determinación de tono y sentimiento	31	
Determinación del carácter	16	
Determinación del ambiente	11	

Total _____

Para ver su desempeño según la forma literaria, observe la tabla siguiente, escriba su puntaje y determine sus puntos débiles.

Forma literaria	Ejercicio	Su puntaje
Ficción en prosa	11, 12, 13, 14, 15, 16, 17, 18, 19, 20, 26, 27, 28, 29, 30	
Prosa no novelesca	1, 2, 3, 4, 5, 6, 7, 8, 9, 10, 31, 32, 33, 34, 35, 36, 37, 38, 39, 40	
Poesía	16, 17, 18, 19, 20, 21, 22, 23, 24, 25	
Drama	6, 7, 8, 9, 10	

Total _____

Nota: Aunque el Comentario Sobre las Artes es una categoría, el comentario tal como está escrito pertenece a la forma de prosa no novelesca.

PRUEBA 5: MATEMÁTICAS/PÁGINA 843

I. VERIFIQUE SUS RESPUESTAS:

Parte I
1. **4**
2. **1**
3. **2**
4. **9**
5. **290**
6. **3**
7. **340**
8. **4**
9. **4**
10. **3**
11. **2**
12. **4**
13. **165**
14. **2**
15. **2**
16. **7/11 o .64**
17. **1**
18. **3**
19. **4**
20. **4**

21. **3**
22. **2**
23. **4**
24. **9**
25. **$1,000**

Parte II
26. **1**
27. **3**
28. **5**
29. **3**
30. **1**
31. **3**
32. **4**
33. **2**
34. **2**
35.

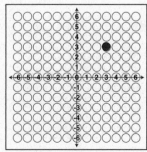

36. **5**
37. **3**
38. **3**
39. **100**
40. **2**
41. **5**
42. **16**
43. **4**
44. **5**
45. **4**
46. **3**
47. **1**
48. **4**
49. **5**
50. **4**

II. ANOTE SU PUNTAJE:

Número de respuestas correctas

Excelente   _____
                    40–50

Bien   _____
                    32–39

Regular   _____
                    28–31

III. EVALÚE SU PUNTAJE: ¿Ha contestado correctamente al menos 38 preguntas? Si no es así, necesita más práctica en la Prueba de Matemáticas. En todo caso, puede mejorar su calificación a Excelente o Bien si analiza sus errores.

IV. ANALICE SUS ERRORES: Analice sus respuestas incorrectas viendo las respuestas correctas en los análisis de respuestas que comienzan en la página 870. Para determinar mejor sus puntos débiles, diríjase a la tabla siguiente y circunde el número de cada respuesta incorrecta que tuvo. A continuación vea en la columna de la izquierda cada una de las categorías en que está más débil. Revise el material pertinente antes de enfrentar el verdadero Examen de GED.

Categoría	Ejercicio	Su puntaje
Números y operaciones básicas	3, 5, 9, 15, 21, 22, 23, 24, 28, 31, 37, 47	
Fracciones y mediciones	2, 16, 17, 27, 34, 49	
Decimales y porcentajes	1, 7, 19, 20, 29, 38	
Análisis de datos	13, 25, 32, 39, 43, 44, 50	
Álgebra	4, 6, 10, 12, 14, 26, 36, 40, 41, 45, 46	
Geometría	8, 11, 18, 30, 33, 35, 42, 48	

Total _____

SU PUNTAJE TOTAL EN EL EXAMEN DE GED

La Prueba de Lenguaje, Escritura   _____

La Prueba de Estudios Sociales   _____

La Prueba de Ciencias   _____

La Prueba de Lenguaje, Lectura   _____

La Prueba de Matemáticas   _____

Total _____

ANÁLISIS DE LAS RESPUESTAS

PRUEBA 1: LENGUAJE, ESCRITURA, PARTE I/PÁGINA 792

1. **2** *Enfermería* se escribe con **n**. Delante de **f** siempre va una **n**.

2. **3** El verbo *escoger* se escribe con **g**, aunque la confusión es frecuente.

3. **4** Cuando se hacen enumeraciones en la preposición final, que puede ser **o** o **y**, no se inserta la coma (lo cual difiere del inglés, en el cual se acostumbra emplear la *serial comma*).

4. **2** Nightingale estuvo una vez en Crimea en una fecha determinada. En tal caso se debe usar el pretérito indicativo *fue*. Las enfermeras han realizado un número impreciso de viajes y en distintas fechas. Eso requiere usar el imperfecto del indicativo *han sido*.

5. **1** En todo el texto se habla de *usted* en vez de *tú*. Por lo tanto se debe continuar empleando la misma persona gramatical.

6. **1** El verbo incorrectamente concuerda con *servicios internacionales* en vez de la *Organización Mundial de la Salud*. Como debe haber concordancia con esta última, la cual es singular, el verbo también debe ser singular (*ofrece*).

7. **5** La conjunción **y** une las dos oraciones, creando una oración coordinada.

8. **5** No es necesaria ninguna corrección.

9. **1** La versión original es la correcta.

10. **5** No es necesaria ninguna corrección.

11. **4** *Alimentos* no lleva acento ya que es una palabra llana terminada en s.

12. **5** No es necesaria ninguna corrección.

13. **3** La locución conjuntiva explicativa *ya que* une adecuadamente las dos oraciones. La segunda oración es consecuencia de la primera.

14. **4** La botas están hechas *de cuero* y no *en cuero*. Decimos pasteles *de* chocolate y no *en* chocolate. Por eso, la preposición *en* es incorrecta.

15. **1** La versión original es la mejor manera de escribir esta oración.

16. **4** La palabra *selección* lleva dos **c**.

17. **4** Tal como la sangre que se reparte *por* todo el cuerpo, de igual modo las correas se reparten *por* todos los huesos.

18. **4** Los tiempos en pasado o en futuro no concuerdan en la oración. La única manera correcta de escribir el verbo es en presente del indicativo.

19. **2** La conjunción **y** cambia a **e** cuando la palabra que viene a continuación empieza con **i** o **hi**. Por lo tanto, en este caso la sustitución es incorrecta ya que la palabra que viene a continuación empieza con **u**.

20. **1** Las comas deben usarse en enumeraciones.

21. **1** La versión original es la mejor manera de escribir esta oración.

22. **4** Engañosamente, parecería que el adjetivo *talladas* concuerda con el sustantivo *madera*. Sin embargo, el verdadero sustantivo es *artículos*, lo cual requiere emplear *tallados*.

23. **2** Para quién piense en inglés, a frase habría parecido correcta ("If people like…"), pero la frase en español debe incluir *a* ("Si a la gente le gusta…").

24. **1** La palabra *riqueza* va con **z**.

25. **4** Después de un punto y coma, la palabra que sigue siempre comienza con minúscula. Pero en este caso, es mejor un punto para separar las dos oraciones.

26. **4** En español, los adjetivos de lugar (*argentinos, neoyorquinos*) y los basados en sustantivos (*navideño*, basado en *Navidad*) van con minúscula.

27. **4** Los dos puntos es el único tipo de conexión que no altera el significado.

28. **5** La coma no separa dos oraciones distintas como éstas. Es el punto el que lo hace.

29. **1** *Efecta* puede confundirse con el verbo inglés *effect*, pero el verbo *efectar* no existe.

30. **5** No es necesaria ninguna corrección.

31. **3** No se puede separar la negación del verbo.

32. **2** El gerundio no concuerda con el resto de la oración. Se debe escribir el infinitivo, ya que *asegurarse* también es infinitivo.

33. **5** No es necesaria ninguna corrección.

34. **4** El verbo *preocupar* es el que debe seguir, ya que el sujeto es la vivienda. Luego, la preposición *como* es la mejor manera de introducir la palabra *nación*.

35. **4** Las conexiones mediante *pero* y *aunque* cambian el sentido de la segunda idea. El uso de *y* y *al* crea oraciones confusas. Sólo la opción 4 logra retener el sentido y la claridad.

36. **4** El artículo indefinido *unas* es ilógico dentro del contexto de la oración, la cual habla de *todas* las familias. Se requiere por tanto emplear el artículo definido *las*.

37. **4** La expresión *por separado* no tiene femenino.

38. **1** Se deben poner comas en las cláusulas explicativas, como sucede en esta subordinada.

39. **5** No es necesaria ninguna corrección.

40. **3** En este caso, *quién* es un pronombre interrogativo y por lo tanto lleva acento.

41. **4** El gerundio no está correcto, ya que se necesita el participio *golpeados* (...si son atropellados...o golpeados).

42. **3** En las enumeraciones se requiere una coma después de cada sustantivo, adjetivo o frase.

43. **4** La separación de la oración mediante un punto seguido sería correcta, pero un punto separa absolutamente dos frases, mientras que el punto y coma indica, correctamente en este caso, que las dos frases están relacionadas.

44. **5** El sujero (*cobertura*) requiere un verbo para indicar lo que la cobertura ha de hacer. El uso del presente indicativo es la manera más sencilla y lógica de lograrlo. Por lo tanto, se debe escribir en presente del indicativo.

45. **4** En la palabra *ceguera* va una **u** muda entre la **g** y la **e**.

46. **4** *Usted y su familia* es un sujeto plural y, por lo tanto, el verbo tiene que ir en plural.

47. **5** En este caso, es mejor hacer una separación de oraciones mediante un punto. El uso de *aunque, mientras* y *por lo tanto* cambia el sentido de la frase, mientras que la mera coma en la opción 1 no es suficiente para separar dos frases completas.

48. **1** La palabra *nación* es un nombre común y debe ir en minúscula.

49. **5** No es necesaria ninguna corrección.

50. **2** Si una parte de la oración usa el subjuntivo (*pueda llamar*), entonces la otra parte también debe usar el subjuntivo (*puede que existan*).

PRUEBA 1: LENGUAJE, ESCRITURA, PARTE II/PÁGINA 803

ENSAYO DE MUESTRA

Tengo una convicción muy fuerte de que los inmigrantes deben tener el derecho de convertirse en ciudadanos de Estados Unidos. Mi convicción se basa en varias razones, tres de las cuales son: Estados Unidos se conoce como una sociedad culturalmente diversa, todos somos o hemos sido inmigrantes, y cada uno de nosotros debiera tener el derecho de tomar decisiones.

Estados Unidos se conoce como una sociedad culturalmente diversa. La razón de esto es la gran diversidad de gente que ha entrado a Estados Unidos a través del procedimiento de inmigración. La gente ha venido en oleadas de inmigración durante siglos.

Cuando recordamos a nuestros antepasados, nos damos cuenta que cada uno de nosotros tenía ancestros de otros países. A menos que la persona sea un norteamericano nativo puro, no hay duda de que tiene antepasados que llegaron a Estados Unidos de otra parte.

Todos y en todo el mundo debieran tener el derecho de decidir entre distintas opciones. Algunos países no permiten que sus ciudadanos tomen decisiones, lo cual crea un estancamiento en esa sociedad. Debe permitirse a la gente que cumpla sus sueños.

Me agrada saber que nadie dijo a mis antepasados que no tenían derecho a venir a Estados Unidos y convertirse en ciudadanos. Si eso hubiera pasado, yo no estaría formando parte de una sociedad culturalmente diversa que me permite tomar mis propias decisiones.

PRUEBA 2: ESTUDIOS SOCIALES/PÁGINA 805

1. **4** Hamilton cree que el sufragio, es decir, el poder del voto por parte del pueblo, debe ser universal, tal como lo afirma en la primera oración.

2. **5** Más que la soberanía de los gobiernos, Hamilton enfatiza el "equilibrio entre el gobierno federal y los estatales".

3. **1** Hamilton menciona las elecciones populares como "el gran manantial de un gobierno libre" que debe mantenerse totalmente puro.

4. **5** Las mujeres pueden servir al partido. De hecho, en la mitad del segundo párrafo se dice que el comité regional puede requerir una representación igual de ambos sexos en un distrito.

5. **4** En el final del segundo párrafo se indica cuál es el objetivo de las elecciones primarias.

6. **2** Si cerca de 700 ciudadanos emiten sus votos en un distrito electoral y lo hacen por dos comisionados, la deducción es que cada comisionado representa a la mitad de los votantes, o sea, cerca de 350.

7. **4** De las opciones que se dan, Estados Unidos está envuelto directamente con Europa sólo mediante la OTAN, la alianza militar creada en 1949 para prevenir la expansión comunista. Bajo este pacto, que es un acuerdo de defensa mutuo, un ataque a cualquier miembro de la OTAN es considerado un ataque contra todos.

8. **1** La posición exagerada, incómoda y desesperada del tío Sam es una forma de crítica. Note el afán de abarcar el mundo y la inestable posición física de la persona. La implicación es que Estados Unidos no puede continuar en esta posición.

9. **2** En las estaciones fronterizas, los guardias uniformados generalmente ordenaban a los viajeros a depositar sus compras en cajas de madera para ser inspeccionadas.

10. **1** La seguridad social representa el 21%, un 3% más que el presupuesto para defensa, que es el segundo gran programa del gobierno.

11. **1** De los programas que requieren calificación de sus beneficiarios, el que tiene el presupuesto más grande es el de Medicaid, tres veces mayor que el de cupones para alimentos o el de ingresos de seguridad suplementarios.

12. **2** El total de los gastos autorizados, tanto los que requieren calificación de los beneficiarios como los que no la requieren es de un 54%, un poco más que el interés de la deuda nacional y los gastos discrecionales.

13. **2** La cita es una perversión del poema original que dice "Dadme a los fatigados, los pobres, las masas acurrucadas" que está inscrito en la Estatua de la Libertad. Pero esta versión está tergiversada para sólo dar la bienvenida a la gente con educación. El caricaturista critica a Estados Unidos por no desear admitir a gente pobre.

14. **1** El segundo párrafo señala que la diversificación corporativa (a través de las fusiones) continuará siendo necesaria para ir al encuentro de nuevos competidores.

15. **4** La tercera frase menciona que una compañía puede conseguir mano de obra calificada sólo mediante la adquisición de otra compañía.

16. **5** El pasaje pone énfasis en los competidores del futuro (no en los competidores establecidos) como motivadores para la fusión.

17. **3** El autor expresa admiración por el carácter y los sistemas económico y social del país.

18. **3** El autor predice que los estadounidenses irán "cobrando caracteres propios según los diferentes climas y parajes que sus miembros habitan".

19. **5** En Estados Unidos, la recompensa por el trabajo realizado está disponible en todo momento.

20. **1** El mundo se está convirtiendo en una "aldea global" como resultado de este aspecto de la Revolución Industrial.

21. **2** La caricatura indica que los candidatos a cargos públicos disponen apenas de 30 segundos en la TV debido al alto costo y se ven así obligados a proponer soluciones sencillas a problemas complejos. Claramente, 30 segundos no son suficientes.

22. **4** El gráfico predice que en 2025 el porcentaje de la población de África aumentará más que ninguna otra región mundial. El porcentaje africano de la población aumentará en un 7%, de 12% en 1990 a 19% en 2025.

23. **5** Norteamérica, Rusia y Asia disminuirán en un1%, Latinoamérica aumentará en un 1% y Europa, con -3%, tendrá el mayor descenso de todos.

24. **3** Todos los demás están mencionados en la Declaración de Derechos: libertad de religión (Enmienda 1), libertad de prensa (Enmienda 1), milicia disciplinada (Enmienda 2) y juicio mediante jurado (Enmienda 7).

25. **3** Según la Constitución de Estados Unidos, "El Presidente será comandante en jefe del Ejército y de la Marina... y de la Milicia".

26. **5** Las elecciones por parte del pueblo corrigen los abusos que de otro modo se habrían corregido "con los cortes perpetrados por la espada de la revolución".

27. **2** La escala es la proporción entre la distancia que se muestra en el mapa y la distancia real de la tierra.

28. **4** El pasaje dice que la brújula muestra la dirección.

29. **1** Problemas como la inflación, la recesión, la escasez de petróleo o fertilizante no pueden ser tratados individualmente por los gobiernos estatales.

30. **2** Esta es la famosa doctrina del "peligro cierto e inmediato" declarada por el juez Oliver Wendell Holmes en el caso de *Schenck versus Estados Unidos* (1919). Cuando el derecho a la libre expresión pone en peligro el bienestar común, tal derecho debe ser limitado.

31. **4** La balanza de pagos muestra todas las transacciones económicas que una nación y su gente tienen con el resto del mundo. Esto incluye el comercio y las inversiones hechas por compañías, el turismo realizado por los ciudadanos, y las subvenciones y los préstamos económicos y militares hechos por el gobierno. Un déficit en la balanza de pagos indica que el dinero en efectivo sale del país en mayor cantidad del que entra como resultado de estos intercambios. La cita dice que tal déficit puede minimizarse o invertirse si se aumentan las exportaciones y se disminuyen las importaciones.

32. **2** Aquéllos que son partidarios del desarrollo de nuevas fuentes de energía tienden a dar menor prioridad a la necesidad de proteger el medio ambiente y conservar nuestros recursos naturales.

33. **3** El modelo B muesta una economía que podría tener como consecuencia la depresión si no se equilibra la oferta y la demanda. Un equilibrio puede ser posible con la reducción de los impuestos a la renta, lo que incrementaría la demanda de bienes de consumo.

34. **1** Entre 1929 y 1939 hubo una depresión en Estados Unidos caracterizada por una enorme oferta y escasa demanda debida al alto nivel de desempleo. Esto se muestra en el modelo A.

Examen de práctica 2

35. **5** La población indígena ya existía en el continente americano antes de que llegara Colón.

36. **3** Estados Unidos no tuvo ningún papel en la colonización o asentamiento de Latinoamérica.

37. **5** La deuda nacional saltó a $2.1 trillones entre 2000 y 2005, el aumento más grande de cualquier período presentado en el gráfico.

38. **3** Los programas benéficos, incluyendo seguridad social, Medicaid y Medicare, recibieron el 50% del dinero presupuestado—la mitad del gráfico.

39. **2** La parte más grande de los gastos federales corresponde a la seguridad social—22%.

40. **2** Los cabilderos usan a personas que tienen experiencia política para que influyan en las decisiones de los legisladores. Esta influencia comprende respaldo financiero, dar testimonios en los juicios, oferta de información y redacción de legislación mutuamente satisfactoria.

41. **3** La Doctrina Monroe afirma que cualquier intento de las potencias europeas de intervenir en el hemisferio occidental será visto por Estados Unidos como un peligro para su paz y seguridad. La doctrina fue aplicada en 1962, cuando la Unión Soviética intentó establecer una base de cohetes en Cuba.

42. **3** El sexismo, la explotación y el dominio de un sexo por el otro (generalmente el dominio de las mujeres por los hombres), ha sido contrarrestado por el movimiento de liberación femenino y la legislación gubernamental. Las mujeres pueden ahora optar a trabajos que antes les eran negados debido a su sexo.

43. **5** El nivel administrativo máximo tiene un 23% de hombres y sólo un 9% de mujeres.

44. **4** La inversión en transporte público se menciona como una de las medidas concebidas para controlar el esparcimiento suburbano.

45 **2** Se menciona que el esparcimiento es resultado del desarrollo mal planificado.

46 **3** El pasaje indica que la compra de terreno silvestre y la conservación de zonas verdes existentes son dos medidas contra el esparcimiento suburbano.

47. **1** El impuesto es gradual porque divide la población que paga impuestos en grupos según sus ingresos. El porcentaje de los impuestos que se deben pagar aumenta gradualmente de grupo en grupo según aumentan los ingresos.

48. **1** El imperialismo es la política de adquirir colonias o establecer control político y económico en regiones extranjeras.

49. **4** Las naciones cooperan entre ellas para prevenir que uno de los países domine a otro. Esta es la definición del equilibrio de poderes.

50. **1** En 1990, Asia tenía aproximadaente 3.1 mil millones de habitantes en comparación al total mundial de 5.3 mil millones. Las proyecciones del año 2000 correspondieron a 3.7 mil millones y 6.3 mil millones, respectivamente. En ambos años, la población de Asia superó el 50%.

PRUEBA 3: CIENCIAS/PÁGINA 818

1. **1** Todo el ciclo celular abarca 22 horas, pero sólo 1 hora corresponde a la mitosis. 1/22 está justo por debajo de 5%, de modo que 1 es la respuesta correcta.

2. **4** La figura muestra que la mitosis está subdividida en cinco subetapas, mientras que las demás etapas del ciclo celular no lo están.

3. **5** El ciclo celular dura 22 horas. Según la figura, 1 hora corresponde a la mitosis y el resto, 21 horas, es la duración de la interfase.

4. **1** Se describe que las proteínas plasmáticas realizan todas las funciones excepto la permeabilidad membranosa, es decir, la opción 1.

5. **5** Según la tabla, la permeabilidad membranosa es controlada por la concentración iónica del cloruro. De las opciones que se ofrecen, sólo el cloruro es un ion.

6. **1** La tabla revela que en 1 µl (mm^3) de sangre hay aproximadamente 5,000,000 eritrocitos y 5,000 leucocitos. Esta es una razón de 1,000:1.

7. **4** La coagulación comprende a las plateletas y al fibrinógeno, pero no se indica en ninguna parte que los neutrófilos cumplan función alguna en el proceso de coagulación.

8. **4** Según el gráfico, el número de toneladas de peces pescados en el Océano Índico no ha cambiado mucho en ese período y lo mismo puede decirse del Océano Atlántico. En el Océano Pacífico, por otra parte, ha habido considerable incremento.

9. **4** El número total de millones de toneladas en 1980 se encuentra entre 30 y 40, lo cual indica que la mejor opción es la 4.

10. **3** En 1970, la cantidad total de peces pescados en los tres océanos fue de unos 35 millones de toneladas. La pesca en el Océano Pacífico fue de unos 12 millones de toneladas, y 12/35 es aproximadamente un 30%.

11. **4** No es hasta 1986 que el Océano Pacífico se convirtió en el principal proveedor de pescado.

12. **1** El gráfico indica claramente que la vitamina D, el ácido fólico y el hierro son los tres nutrientes más requeridos. Observe cómo se destacan estos tres de todos los demás. La mayoría de las preguntas en el Examen de GED ofrecen opciones bastante claras y, en un gráfico de este tipo, nadie le pedirá hacer distinciones de 1%.

13. **3** El aumento de vitamina C es de aproximadamente un 20%. Esto significa que si una mujer que no está embarazada requiere 1,000 mg, el aumento en la embarazada será de 20%, o un total de 1,200 mg.

14. **3** El gráfico muestra que los requisitos de calcio aumentan en un 50%, lo cual indica que la opción 3 es la correcta.

15. **4** La temperatura del aire está indicada en el termómetro B. La escala está marcada en unidades de 10° y el mercurio ha subido a la cuarta subdivisión entre 20° y 30°. Por lo tanto, la temperatura es de 28°C.

16. **2** La temperatura de la mezcla de hielo y agua (23°) es menor que la temperatura del aire en el recipiente (28°). Así, el aire cerca del vaso de vidrio se enfriará, alcanzando una temperatura más baja que el aire que lo rodea. A esta temperatura menor, la cantidad de humedad que el aire puede mantener disminuye. Las gotas de agua representan el exceso de humedad que se ha condensado del aire.

17. **2** La temperatura de condensación es la temperatura a la que el aire se satura (como muestran las gotitas de agua). Debido a que la temperatura del aire cerca del vaso es la misma que la de la mezcla de hielo y agua, la indicación de 23°C del termómetro A es la temperatura de condensación.

18. **2** El cambio de la fase gaseosa a la líquida se llama condensación. El cambio de la fase líquida a la fase gaseosa se llama evaporación. El cambio de la fase sólida a la líquida se llama fusión o derretimiento.

19. **5** El pasaje ofrece el ejemplo de la naftalina, la cual se vaporiza fácilmente debido a fuerzas intermoleculares débiles.

20. **1** Cuando cualquier sustancia sólida experimenta sublimación, cambia a la fase gaseosa. El yodo sólido, mediante sublimación, pasa a yodo gaseoso. Si el yodo se derritiese, se crearía yodo líquido.

21. **2** Los volúmenes de los líquidos son fijos, pero sus formas cambian según sea la forma del recipiente que los contiene.

22. **5** El pasaje indica que tanto los líquidos como los gases son fluidos.

23. **4** Un material incomprimible tiene poco espacio entre sus partículas. Esto es cierto tanto de los líquidos como de los sólidos. Los gases son altamente comprimibles.

24. **2** La detección bajo el agua es sumamente eficaz porque el agua conduce muy bien el sonido. Todas las otras opciones son verdaderas, pero no son la razón por la que los submarinos pueden detectar objetos sumergidos.

25. **3** Si tomó seis segundos al sonido viajar al fondo y volver al barco, entonces le tomó la mitad del tiempo, o tres segundos, viajar en una sola dirección. Multiplique 1,500 metros por segundo por 3 segundos para obtener 4,500 metros. El pasaje proporcionó un ejemplo muy similar.

26. **5** Mientras más denso el material, mejor viaja el sonido por él. De todos los materiales enumerados, el acero es con creces el más denso de todos.

27. **1** Los peces más grandes de la tabla nadan más rápido que los peces más pequeños. De hecho, el pez más lento (lenguado) es también el más pequeño. Aunque es posible que el tamaño y la velocidad no estén relacionados de manera tan directa en la naturaleza, la información de la tabla permite suponer que sí lo están.

28. **3** Los nombres científicos de la platija y el lenguado indican que ambos comparten el mismo género, *Pleuronectes*, y por lo tanto probablemente están emparentados.

29. **4** Si se tomaran medidas para que sobreviviera suficiente número de peces de edad reproductora, se tendría una solución lógica a la disminución de las poblaciones de peces. Todas las demás opciones son opiniones.

30. **1** Observe que entre enero y febrero casi no hay cambio en la temperatura. La temperatura en enero es –5°C y en febrero está apenas por encima de –5°C.

31. **3** En septiembre la tempertura promedio estaba justo por encima de 15°C, pudiendo estimarse como de 16°C. La precipitación para septiembre estuvo entre 60 mm y 80 mm, pudiendo estimarse como de 68 mm.

32. **2** El gráfico de la temperatura muestra un aumento pronunciado en los meses de verano, mientras que las barras que representan la humedad son todas de tamaño muy parecido.

33. **3** Sólo después de pasar 9 minutos llega el etilenglicol a 198°C y empieza a hervir.

34. **3** El etilenglicol en ebullición permanece a 198°C. La temperatura de un líquido que hierve no cambia con el tiempo, y por eso el agua en ebullición permanecerá a 100°C mientras hierve.

35. **3** Como los álcalis tienen un pH alto, la adición de álcali aumentará el pH de la tierra. Las opciones 2 y 5 añaden ácido, reduciendo así el pH. El agua pura elevaría el pH, pero nunca sobre 7. El agua del grifo posee el mismo pH de la tierra, de modo que no haría diferencia alguna.

36. **3** En un espejo plano, cada punto de la imagen está a la misma distancia detrás del espejo que el punto correspondiente en el objeto que se encuentra enfrente. Esto se indica en el diagrama. Observe que la opción 3 señala la misma dirección que la imagen. Además, el ángulo del rayo que entra es igual al del rayo que sale.

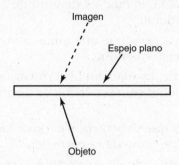

37. **5** Para obtener el total de las tres fuentes consideradas como combustible fósil, hay que sumar el petróleo, gas natural y carbón. Esto dará un total de 85%, es decir, la opción 5.

38. **2** El gráfico circular muestra claramente que en 1998 el petróleo es el mayor recurso energético.

39. **3** A una temperatura de 25°C y una presión de 0.25 atm, el anhídrido carbónico estaría en la sección inferior derecha del gráfico, indicándose así que se trata de un gas. Como es el caso de todos los gráficos utilizados en el Examen de GED, el hecho de que su estimado sea ligeramente distinto no afectará significativamente su respuesta.

40. **4** Después de escribir por tanto tiempo el mismo año en los cheques, el procedimiento se vuelve automático. Normalmente el error se realiza en los primeros días del nuevo año.

41. **4** La formación de un hábito lleva a la eficiencia. Esto explica por qué los nombres escritos con la mano cotidiana fueron más numerosos y legibles.

42. **1** El cerebro no está relacionado con los actos reflejos. Un reflejo es un acto simple, rápido y automático que involucra a las neuronas y la espina dorsal.

43. **1** Vea la explicación para la pregunta 42.

44. **5** Para resolver un crucigrama se necesita memoria y raciocinio.

45. **2** La construcción de un nido es una actividad compleja que requiere encontrar los materiales y luego saber cómo construir el nido. El petirrojo lo hace bien desde la primera vez, aunque nunca haya visto un nido.

46. **3** Cuando el bebé lloró en ocasiones previas, recibió atención. La mente del bebé asoció el llanto con la obtención de atención, aun cuando su llanto original fue en respuesta a un dolor.

47. **3** Todos los entrenamientos de animales requieren comportamiento condicionado. Los delfines asocian el premio (comida) con la realización de una pirueta.

48. **4** Poner un punto en la *i* y una raya en la *t* se ha aprendido con larga práctica y se ha creado un hábito que es difícil de romper.

49. **5** Las facultades cerebrales más avanzadas son las relacionadas con el estudio y la memoria.

50. **3** Ésta es una observación importante que lleva a una investigación más amplia.

PRUEBA 4: LENGUAJE, LECTURA/PÁGINA 832

1. **1** El tema principal de este artículo son las maneras de corregir el comportamiento de otros sin herir sus sentimientos.

2. **4** Todas las opciones abarcan comportamiento desagradable, excepto el vocabulario inadecuado, lo cual es distinto de la mala pronunciación mencionada en el artículo.

3. **5** El artículo se refiere a personas que aman a sus parientes y amigos y por eso desean corregir sus faltas.

4. **4** Como afirma el pasaje, es inaceptable criticar cosas que una persona no puede corregir. Como consecuencia, es aceptable criticar cosas que pueden corregirse.

5. **3** El artículo menciona que deben considerarse los sentimientos tanto de la persona que corrige como de la corregida.

6. **5** El Sr. Higgins está tratando de convertir a Liza en una duquesa en lo que respecta a su habla y su aspecto. Esto se ve en su frase, "Debes aprender a comportarte como una duquesa".

7. **1** El significado de "locuras aprovechadas" puede deducirse del texto, donde se expresa que la vida provee situaciones extrañas cuyo aprovechamiento es difícil pero útil.

8. **5** Liza está claramente nerviosa y enojada debido a la desagradable manera con que Higgins ofrece ayudarla.

9. **2** Higgins deseaba que Liza dejara detrás por completo su vida pasada y dedicarse de lleno a cambiar su modo de hablar y comportarse. Al ordenar que quemasen sus ropas estaba exigiendo un corte con su pasado.

10. **2** La actitud de Higgins es la de ofrecer ayuda pero selectivamente. Se prepara para ayudarla, pero con el único propósito de probar que él es mejor maestro de lenguaje fonético que Pickering.

11. **2** La ubicación de Oberfest al pie de las montañas nevadas adquiere gran importancia por su contribución al trágico final.

12. **5** El tema (el sujeto esencial) no está indicado en ninguna parte de la narración. El tema—que las personas, por actuar basadas en rumores y temor, se destruyen a sí mismas—queda a la espera de que el lector lo deduzca de la evidencia presentada por el autor.

13. **1** Aparte del significado dado en el Glosario de Términos Literarios en la página 481, la ironía se refiere también a una combinación de circunstancias que resulta en lo opuesto de lo que se esperaba. Así ocurre en esta selección, cuando la alarma, concebida para pedir ayuda, trae lo opuesto—la destrucción.

14. **4** La frase *el frío es eterno* tiene dos significados dentro de este contexto: uno literal relacionado con el frío que impera en el clima montañés, y otro adicional que significa muerte.

15. **4** Hubieron rumores y suspicacia, pero no hay duda alguna que el desastre domina toda la narrativa.

16. **3** "Yo" fracasó como cornetista y como jugador de baloncesto y fútbol americano.

17. **4** El título implica que si uno es bueno entonces verá cumplirse sus sueños. La ironía es el hecho de que el muchacho trata con buena voluntad de tener éxito pero fracasa en todos sus intentos.

18. **1** Se pide al lector que considere a este poema como un fracaso, lo cual sería un claro error.

19. **5** El poeta compara su retorcida corbata con su postura física.

20. **5** El poeta dice al lector, "Considera a este poema un fracaso".

21. **4** Los renglones 2-6 y 8-13 enumeran los tesoros que ofrece la vida y el poeta nos urge a gozarlos.

22. **1** El renglón 3 se refiere a las "Olas azules blanquedas en un acantilado".

23. **3** En el renglón 8, la música se compara con una curva de oro. Al usarse la palabra "como", la comparación se transforma en un símil.

24. **4** El poeta menciona que "pensamientos sacros" proporcionarán deleite quieto al alma.

25. **1** El poeta urge al lector a dar "todo lo que fuiste o pudieras ser" por las hermosuras de la vida.

26. **5** Los reglamentos declaran que el consumo de drogas para fines médicos legítimos es aceptable.

27. **5** El propósito de estos reglamentos es simplemente el de informar a los empleados de la empresa en que trabajan sobre la política de dicha empresa en cuanto al alcohol y otras drogas.

28. **4** La empresa declara que todos los empleados de agencias del Poder Ejecutivo, incluyendo empleados de la Oficina del Gobernador, la Oficina del Vicegobernador y la Oficina del Ministro de Justicia quedan subordinados a estos reglamentos.

29. **4** Los reglamentos no mencionan reducciones de salario.

30. **5** Los reglamentos mencionan que si el empleado se niega a firmar el certificado de recibo, su supervisor pondrá sus iniciales en el formulario para indicar así que el empleado recibió una copia.

31. **1** Los sentimientos negativos del autor se notan en su uso de palabras como *muchedumbre sádica* y *vengativa*, *hombre embrutecido*, y *bestia*.

32. **3** La acción es "la falsa caballerosidad del boxeador que extiende sus manos enguantadas en ayuda a su rival".

33. **1** El pasaje señala que la muchedumbre "vitorea consistentemente al luchador más pequeño" y "aúlla de felicidad cuando el aventajado va dando los golpes finales".

34. **4** La opinión del autor es evidente en el uso de palabras como *bestia, acecha* y *criatura gris*.

35. **5** El autor describe a la muchedumbre como "...injusta, *vengativa*, absorta en odios intensos e irrazonables".

36. **1** El comentario, "...hoy todavía son muy pocos los que reconocen su rostro" indica que el autor está consciente de que pocos conocen a esta gran autora estadounidense.

37. **5** El autor escribió que, "Nadie describió el Oeste estadounidense con mayor *robustez* y pasión".

38. **4** Más que nada, Cather describe las estaciones, los climas y la tierra del pueblo en que vivió.

39. **5** Los personajes de Cather y los lugares en que éstos viven son sumamente comunes. Lo extraordinario fue la manera con que Cather los describió.

40. **4** Según el pasaje, "Cather creía que la promesa de Estados Unidos permanecería con nosotros".

Examen de práctica 2

PRUEBA 5: MATEMÁTICAS/PÁGINA 843

Parte I

1. **4** $15,000 – $8,000 = $7,000 de ventas por sobre $8,000

   $0.05 \times $7,000 = $350 de comisión

   $300 + $350 = $650 es el total del salario

2. **1** 12 oz = $\dfrac{12}{16}$ lb de manzanas = $\dfrac{3}{4}$ lb = .75

   Costo de 1.75 lb de manzanas: 1.75 ($1.96) = $3.43

3. **2** Para obtener la velocidad media, dividimos el total de la distancia recorrida por el total del tiempo usado.

   Distancia total = 80 + 100 = 180 millas

   Duración total = 2 + 3 = 5 horas

   180 ÷ 5 = 36 millas por hora de velocidad media

4. **9** Que x = ancho de la foto ampliada.

   Usemos la proporción siguiente: $\dfrac{\text{longitud de la foto}}{\text{ancho de la foto}} : \dfrac{8}{6} = \dfrac{12}{x}$

   $8x = 6(12) = 72$

   $x = 72 \div 8 = 9$ pulg

5. **290** 23.25 – 19.625 (use su calculadora) = 3.625

   3.625 es la utilidad por 1 acción

   $\underline{\times\ \ 80}$

   $290

6. **3** $3x – 1 < 5$

   $\quad 3x < 6$

   $\quad\ x < 2$

   De las opciones que se dan, la única que es menos de 2 es 1.

7. **340** 850 × 0.60 = 510 asientos en la platea

   850 – 510 = 340 asientos que no están en la platea

8. **4** Que $4x$ = medida del ángulo agudo mayor y x = medida del ángulo agudo menor.

   $4x + x = 90$

   $\quad\ 5x = 90$

   $\quad\ \ x = 90 \div 5 = 18$

   $4x = 4(18) = 72°$

9. **4** 25 pies 8 pulg = 24 pies + 12 pulg + 8 pulg

   $\qquad\qquad\quad\ = 24$ pies 20 pulg

   24 pies 20 pulg

   $\underline{- 18 \text{ pies}\ \ 10 \text{ pulg}}$

   $\quad 6$ pies 10 pulg

10. **3** Bill gana m dólares al mes.

Francisco gana n dólares al mes.

Juntos ganan $(m + n)$ dólares mensuales.

En 1 año los dos ganan $12(m + n)$ dólares

11. **2** Use el teorema de Pitágoras.

$$x^2 = (15)^2 + (20)^2$$
$$= 225 + 400 = 625$$
$$x = \sqrt{625} = 25 \text{ millas}$$

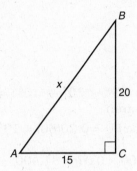

12. **4** Que x = ganancias de María y $2x$ = ganancias de Juana

$$x + 2x = 42$$
$$3x = 42$$
$$x = 42 \div 3 = \$14$$

13. **165** $\$5,800 - \$4,500 = \$1,300$

Los impuestos son $\$100 + 5\%$ de $\$1,300 = 100 + 0.05(1,300) = 100 + 65 = \$165$

14. **2** $x = 2a(b + 7)$

$$= 2(3)(5 + 7)$$
$$= 2(3)(12)$$
$$= 72$$

15. **2** El número de estudiantes en toda la escuela es $18 \times 35 = 630$. Si ha de haber 30 estudiantes por salón, el número de salones requerido será $630 \div 30 = 21$. Por lo tanto, el número de salones nuevos será $21 - 18 = 3$.

16. **7/11 o .64** Como hay 7 mujeres entre los 11 miembros del comité, la probabilidad de escoger a una mujer es $\dfrac{7}{11}$.

17. **1** $12 \text{ oz} = \dfrac{12}{16} = \dfrac{3}{4} \text{ lb}$

$5 \text{ lb } 12 \text{ oz} = 5\dfrac{3}{4} = \dfrac{23}{4} \text{ lb}$

Si $\dfrac{23}{4}$ lb cuestan $\$2.07$, entonces 1 lb cuesta $\$2.07 \div \dfrac{23}{4}$.

$2.07 \div \dfrac{23}{4} = 2.07 \times \dfrac{4}{23} = \$0.36$

18. **3** m∠CBD = 125°

   m∠ABC = 180° – 125° = 55°

   m∠A + m∠ABC = 90°

      m∠A + 55° = 90°

         m∠A = 90° – 55° = 35°

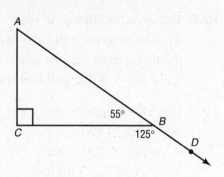

19. **4** 10% + 25% + 30% + 15% = 80%, de modo que 80% aprobaron y 20% fracasaron.

   20% de 80 = 0.20(80) = 16

20. **4** $20,000 × 0.07 = $1,400

   $12,000 × 0.075 = $900

   $1,400 + $900 = $2,300

21. **3** El ancho del sendero es de 6 pies, o 6 × 12 = 72 pulg
   El ancho de cada ladrillo es de 4 pulg
   El número de ladrillos the caben en ese ancho es 72 ÷ 4 = 18
   El largo del sendero es de 24 pies, o 24 × 12 = 288 pulg
   El largo de cada ladrillo es de 8 pulg
   El número de ladrillos que caben en ese largo es 288 ÷ 8 = 36.
   18 × 36 = 648

22. **2** Calcule los ingresos anuales de todas las opciones.

   A. $54,000

   B. $1,070 × 52 (semanas en un año) = $55,640

   C. $4,070 × 12 = $48,840

   D. $4,000 × 6 = $24,000 (primeros 6 meses)
     + $4,000 × 1.10 (aumento) =
     4,400 × 6 = $26,400 (segundos 6 meses)
     $24,000 + $26,400 = $50,400

   B o 2 es la respuesta correcta.

23. **4** Primero, el vendedor compró 2(12) o 24 chaquetas por $48 cada una. Al mes siguiente compró 15 chaquetas por $48. En total, compró (24 + 15) chaquetas por $48 y gastó un total de 48(24 + 15) dólares.

24. **9** 45 min = $\dfrac{45}{60}$ o bien $\dfrac{3}{4}$ hr

   A 48 mph, el automóvil más rápido recorre $\dfrac{3}{4}$ × 48, o 36 millas

   A 36 mph, el automóvil más lento recorre $\dfrac{3}{4}$ × 36, o 27 millas

   36 – 27 = 9 millas

25. **$1,000** Ventas en el departamento de productos cárnicos = $2,500
   Ventas en el departamento de productos lácteos = $1,500
   Diferencia = $1,000

Parte II

26. 1 El perímetro de la figura es $x + 2y + 3x - y + 2x + 3y + 5x + y = 11x + 5y$.

27. 3 $\dfrac{7}{8} - \dfrac{1}{4} = \dfrac{7}{8} - \dfrac{2}{8} = \dfrac{5}{8}$

$\dfrac{5}{8} \times 280 = 175$ galones se han usado.

28. 5 Para expresar un número en notación científica, expresémoslo como el producto de un número entre 1 y 10 y como una potencia de 10. En este caso, el número entre 1 y 10 es 2.750389. Si vamos de 2.750389 a 2,750,389, significa que hemos movido el decimal 6 espacios hacia la derecha. Cada espacio representa una multiplicación por 10^6. De este modo, $2,750,389 = 2.750389 \times 10^6$.

29. 3 El equipo ha jugado 75 partidos y tiene que jugar 45 partidos más.

$75 + 45 = 120$

60% de $120 = 0.6 \times 120 = 72$

El equipo debe ganar 72 partidos y ya ha ganado 50.

De este modo, el equipo debe ganar $72 - 50 = 22$ partidos más.

30. 1 Como las áreas de ambas figuras son iguales, escriba una ecuación para ambas áreas empleando el signo de igualdad.

$\dfrac{1}{2}(b \times a) = la$

Luego emplee las dimensiones dadas en el diagrama: $\dfrac{1}{2}(32x) = 12(8)$

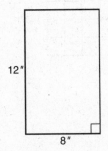
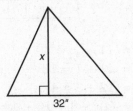

31. 3 Para encontrar la mediana del peso, ordene los pesos de menor a mayor o viceversa. Así pues, 184, 193, 195, 197, 198, 201, 203, 205, 207, 212, 214 libras.

La mediana es el sexto peso (201 lb).

32. 4 El 40% de los gastos totales de $240,000 correspondieron a la mano de obra.

$0.40(\$240,000) = \$96,000$

33. **2** Pendiente $= \dfrac{y_2 - y_1}{x_2 - x_1}$

En este caso, $y_2 = 4$, $y_1 = 3$, $x_2 = 5$, $x_1 = 0$.

Pendiente $= \dfrac{4-3}{5-0} = \dfrac{1}{5}$

34. **2** Primero, encuentre la suma de todas las vueltas realizadas alrededor de la pista: $4 + 6 + 2 = 12$

12×400 metros (1 vuelta) $= 4{,}800$ metros

1000 metros $= 1$ kilómetro

$\dfrac{4{,}800}{1{,}000} = 4.8$ kilómetros

35. **(3,3)** Comenzando desde la esquina superior izquierda (punto A) de lo que sería un rectángulo, cuente 6 unidades (cuadritos) hacia la derecha, a la misma altura de la coordenada x en que está el punto A. Llegará usted al punto (3.3) en el gráfico de coordenadas (ilustrado por un círculo).

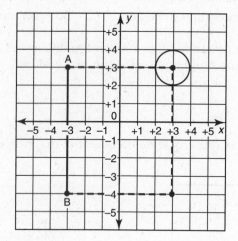

36. **5** $3x - 1 = 11$

$3x = 11 + 1 = 12$

$x = 12 \div 3 = 4$

$x^2 + x = (4)^2 + 4 = 16 + 4 = 20$

37. **3** La primera campana suena a las 9:00 A.M., 11:00 A.M., 1:00 P.M., 3:00 P.M., 5:00 P.M., 7:00 P.M., 9:00 P.M.

La segunda campana suena a las 9:00 A.M., Mediodía, 3:00 P.M., 6:00 P.M., 9:00 P.M.

La tercera campana suena a las 9:00 A.M., 1:00 P.M., 5:00 P.M., 9:00 P.M.

Las tres campanas sonarán de nuevo a las 9:00 P.M.

38. **3** Gastos: $20\% + 23\% + 42\% = 85\%$

Ahorros: $100\% - 85\% = 15\%$

Si $x =$ ingreso mensual familiar, entonces $0.15x = \$360$, de modo que $x = \$360 \div 0.15 = \$2{,}400$